Ottmar Ette
**Aufklärung zwischen zwei Welten**

# Aula

—

Herausgegeben von
Ottmar Ette

Ottmar Ette

# Aufklärung zwischen zwei Welten

Potsdamer Vorlesungen zu den Hauptwerken der
romanischen Literaturen des 18. Jahrhunderts

DE GRUYTER

ISBN 978-3-11-070335-1
e-ISBN (PDF) 978-3-11-070346-7
e-ISBN (EPUB) 978-3-11-070350-4
DOI https://doi.org/10.1515/9783110703467

**Library of Congress Control Number: 2021945436**

**Bibliografische Information der Deutschen Nationalbibliothek**
Die Deutsche Nationalbibliothek verzeichnet diese Publikation in der Deutschen Nationalbibliografie; detaillierte bibliografische Daten sind im Internet über http://dnb.dnb.de abrufbar.

Coverabbildung: Pierre Duflos (1742–1816): Montezuma, Empereur du Mexique (1466–1520), 1780. Kolorierte Gravur. © The Stapleton Collection / Bridgeman Images
Satz: Integra Software Services Pvt. Ltd.
Druck und Bindung: CPI books GmbH, Leck

www.degruyter.com

# Vorwort

*Von den historischen Avantgarden bis nach der Postmoderne. Potsdamer Vorlesungen zu den Hauptwerken der romanischen Literaturen des 20. und 21. Jahrhunderts* sowie *Romantik zwischen zwei Welten. Potsdamer Vorlesungen zu den Hauptwerken der romanischen Literaturen im 19. Jahrhundert* haben die Abfolge literarhistorisch ausgerichteter Bände der Reihe „Aula" eröffnet, in die sich der vorliegende Band zum 18. Jahrhundert einschreibt. Während es beim ersten der genannten Bände mit Blick auf die Literaturen der Gegenwart und des „extrême-contemporain" quasi natürlich schien, die romanischen Literaturen der Welt als eine vielgestaltige und höchst differenzierte Einheit transareal zu behandeln, ist dies bei den Bänden zum 19. sowie zum 18. Jahrhundert weitaus weniger der Fall. Hier dürften die Widerstände noch deutlich größer sein, aus der Sicht der *TransArea-Studien* die Romantik als Einheit zwischen zwei Welten und mehr noch die Aufklärung zwischen zwei Welten als zusammengehörige Gesamtheit zu betrachten. Doch auch im vorliegenden Band ist der Versuch zielführend, Aufklärung nicht als „European Affair" unter Berücksichtigung einiger weniger ‚zentraler' Nationen Europas zu betrachten, sondern eine transareale Sichtweise zu entwickeln, welche die Literaturen und Kulturen der sogenannten ‚Alten' wie der sogenannten ‚Neuen' Welt zusammendenkt. Dass dies eine veränderte Sichtweise dessen beinhaltet, was wir als ‚Okzident' bezeichnen, versteht sich von selbst.

Der Band *Aufklärung zwischen zwei Welten. Potsdamer Vorlesungen zu den Hauptwerken der romanischen Literaturen des 18. Jahrhunderts* enthält die schriftliche Fassung von Vorlesungen, die seit Beginn meiner Lehrtätigkeit an der Universität Potsdam gehalten wurden. Es handelt sich dabei um Vorlesungen, die vielleicht stärker noch als jene zur Romantik oder zur Gegenwartsliteratur ein Licht auf meine generelle Arbeitsweise werfen – die Verschränkung von Forschung und Lehre. Denn viele ihrer Aspekte sind in die Forschung eingegangen, während umgekehrt auch viele Ergebnisse der Forschung wiederum die Vorlesungen speisten, wobei letztere eine wissenschaftliche Spielfläche bildeten, auf der viele Thesen und Gedanken – auch mit Blick auf die Reaktionen der Studierenden – *in vivo* erprobt und getestet werden konnten. Dabei wurde der Text vor Abhalten der Lehrveranstaltung erarbeitet sowie nach den entsprechenden Sitzungen überarbeitet. Mit den Jahren entstand so eine Vernetzung, welche meine Vorlesungen mit meinen Forschungen verbindet und umgekehrt.

Erstere waren und sind für mich stets eine große wissenschaftliche und psychische, bisweilen auch physische Herausforderung: Man kann dabei schon mal ins Schwitzen kommen! Denn bei einem freien Vortrag auf Basis eines vorhandenen Textes schwärmen die Gedanken oftmals aus, um im Kopf Verbindungen herzustellen, die bei der Niederschrift des Skripts nicht angedacht waren und oft den Vortragenden beim Vortrag selbst überraschen. Ich habe es mir daher zur Gewohnheit gemacht, nach einer gehaltenen Vorlesung diesen zusätzlichen Gedanken eine schriftliche Form zu verleihen, was mich nicht selten zu weiteren Forschungen führte. Dankbar denke ich an viele dieser für mich sehr ergebnisreichen und kreativen Wegstrecken zum 18. Jahrhundert zurück, die mich stets vor allem mit einem erfüllten: der Lust am Text, die wiederum den nächsten Vortrag alimentierte. Philologie ist eine genussreiche Wissenschaft!

Es war nie das Ziel dieser Vorlesungen, eine wie auch immer geartete Vollständigkeit zu erreichen. Nicht eine kontinuierliche und gleichsam kontinentale Fläche galt es für mich zu ‚beackern‘, sondern eine relationale Logik zu entwickeln, die archipelisch und transarchipelisch von Insel zu Insel springt. Denn schließlich sollten auch die bei mir Studierenden mit einem nicht nur rationalen, sondern vor allem relationalen Denken ausgerüstet werden, um sich später als Lehrerinnen und Lehrer, als Journalistinnen und Journalisten, als Diplomatinnen und Diplomaten oder in welchem Beruf auch immer selbständig weiterzuentwickeln. Jede Insel des Wissens besitzt ihre eigene Atmosphäre, ihr eigenes Klima, ihre eigene Sprache und ihre eigenen Früchte, bildet folglich eine Welt für sich; und jede Insel ist zugleich mit allen anderen verbunden, bildet daher eine Inselwelt, die vielfältig vernetzt ist und alles miteinander austauscht und teilt. Jede besitzt ihre eigene Logik: Gemeinsam aber entfalten sie eine *Polylogik*, ein Denken in verschiedenen Logiken zugleich.

Das Schöne an der akademischen Gattung der Vorlesung ist ihre für die Studierenden offene Form. Ich habe über einen langen Zeitraum dagegen gekämpft, am Ende einer Vorlesung das erworbene Wissen durch Klausuren abzufragen. Die zunehmende Verschulung des Studiums an Universitäten, die sich selber – oder auch nicht – bald als ‚Exzellenzuniversitäten‘ bezeichneten, schien mir ebenso absurd zu sein wie die Tatsache, dass man je nach Studiengang für den Besuch einer Vorlesung einen, zwei, drei, fünf oder sieben Leistungspunkte erwerben musste. Ich habe diese Windungen und Wendungen des Universitätsbetriebs nur unter Druck, zugleich aber mit Galgenhumor oder Ironie nachvollzogen.[1] Denn eine Vorlesung ist für mich stets freiheits-

---

1 Vgl. hierzu u. a. Ette, Ottmar: Veloziferische Exzellenzen. In: *Lettre International* (Berlin) 97 (Sommer 2012), S. 124-125; sowie (ders.): Exzellenz(en), velociferische. Zum Bestiarium blendender Bologna-Eliten. In: Horst, Johanna-Charlotte / Kaulbarsch, Vera / Kreuzmair, Elias / Kuhn, Léa / Severin, Tillmann / Tkachenko, Kyrylo (Hg.): *Unbedingte Universitäten. Bologna-Bestiarium.* Zürich - Berlin: diaphanes 2013, S. 105-110.

basiert und ein Denken in transarealen Zusammenhängen bei einem gewissen Mut zur Lücke war auch bei der hier in Schriftform vorliegenden das Ziel.

Dass in Europa Forschungszentren für europäische Aufklärung gegründet wurden, erschien mir stets als leicht tautologisch. Damit will ich nicht generell deren Ausrichtung in Frage stellen, wohl aber die Gründe hinterfragen, welche zu einer derartigen territorialen Eingrenzung des Forschungsfeldes führten. Vielen erschien jedoch das ‚Europäische‘ eher als eine Ausweitung und Internationalisierung. Innerhalb einer derartigen Forschungslandschaft sollten meine Vorlesungen Studierenden wie Forschenden Anregungen geben, dass Aufklärung selbstverständlich *kein* rein europäisches Phänomen ist und auch nicht europazentrisch behandelt werden sollte. Zugleich lag es mir ferne, mit diesen Vorlesungen ‚missionarisch‘ engagiert zu sein und mein Anliegen polemisch auszurichten: Es ging mir nur darum, mit Hilfe der *TransArea-Studien* Horizonte zu öffnen und Relationalitäten aufzudecken, die oftmals unerwähnt, ja ungedacht geblieben waren.

Markus Alexander Lenz gilt mein herzlicher und großer Dank für die wie immer stets umsichtige und zielführende redaktionelle Bearbeitung, für kluge Ideen und viele anregende Gespräche, die wir am Rande der Vorlesungen führten. Wenn in nicht allzu ferner Zukunft einmal die Arbeit an diesen Vorlesungen zu Ende gegangen sein wird, werde ich unsere anregenden, nicht selten humorvollen Gespräche, für welche Aspekte der Vorlesung oftmals nur Ausgangspunkt oder gar Vorwand waren, sehr vermissen. Für diesen Band hat Markus überdies die Illustrationen besorgt, wofür ich ihm zusätzlich sehr dankbar bin. Mein Dank gilt des weiteren Ulrike Krauss, die sich von Beginn an beim Verlag Walter de Gruyter für die einzelnen Bände und die Gesamtidee der Reihe *Aula* eingesetzt hat, sowie Gabrielle Cornefert, die auch diesen Band verlagsseitig wieder bestens betreute. Meiner Frau Doris gebührt mein Dank für den initialen Anstoß, die Manuskripte meiner Vorlesungen in Buchform zu veröffentlichen, und für die liebevollen Ermutigungen, das Vorhaben der Reihe weiterzuführen.

Ottmar Ette
Potsdam, 16. November 2021

# Inhaltsverzeichnis

# Zur Einführung: Die Aufklärung in Europa und die Vorgeschichte der Amerikas oder: Warum das europäische *Siècle des Lumières* nicht ohne Amerika verstanden werden kann

Im Jahre 1971, kurz nach den turbulenten Ereignissen des Mai '68 in Paris, eröffnete der renommierte französische Aufklärungsforscher Pierre Chaunu seine Studie zur *Civilisation de l'Europe des Lumières* – zur *Zivilisation im Europa der Aufklärung* – mit den Worten: „Entre 1680 et 1770, voire 1780, une réalité s'impose, dense, difficile à cerner, certes, pourtant irréfutable: l'Europe des Lumières."[1] Zwischen 1680 und 1770, vielleicht sogar 1780, sei eine neue Realität entstanden, welche nur schwer zu fassen, aber auf Grund ihrer Dichte auch nicht zu leugnen sei: das Europa der Aufklärung.

Diese Bemerkung ist heute in der Aufklärungsforschung sicherlich unstrittig.[2] Doch ein halbes Jahrhundert später ließe sich mit guten Gründen die folgende kleine Frage anschließen: Nur in Europa? Unsere komparatistisch angelegte Vorlesung will versuchen, nach der verlorenen, aus dem Bewusstsein zumindest der europäischen Forschung ausgeblendeten Einheit der Aufklärung und nach den transatlantisch verflochtenen Geschichten des 18. Jahrhunderts im Horizont der Vielgestaltigkeit aufklärerischer Diskurse in zwei Welten, in Europa und den Amerikas, zu fragen. Gab es *eine* Aufklärung oder gab es deren viele? Was zeichnet die Texte der „Lumières" in Frankreich und Deutschland, in Spanien und Neuspanien sowie in anderen Areas und Regionen Europas und Amerikas aus? Welche Funktionen besitzen aufklärerische Diskurse innerhalb der jeweiligen nationalen (und protonationalen) Gesellschaften und Nationalliteraturen sowie innerhalb einer umfassenden, nicht auf Europa beschränkten „République des Lettres"? Welche Rolle spielten die Reisenden und Reiseschriftsteller, die „philosophes voyageurs", innerhalb einer Aufklärung zwischen zwei Welten? Was bestimmte die Rezeption der deutschen Aufklärung in Neuspanien beziehungsweise in Mexiko, in welcher Beziehung stehen die Texte Voltaires oder die *Encyclopédie*, die Werke eines Rousseau oder Kant zu den Schriften von Cadalso, Mutis oder Clavijero?

Mit einem deutlichen Schwerpunkt innerhalb der Romania, mit einem romanistisch geprägten Verständnis des Begriffs der Amerikas und ohne jeden

---

1 Chaunu, Pierre: *La Civilisation de l'Europe des Lumières.* Paris: Flammarion 1982, S. 7 f.
2 Vgl. zum Begriff der Aufklärung Krauss, Werner: *Aufklärung.* Bd. III. Hg. M. Fontius. Berlin – New York: de Gruyter 1996.

Anspruch auf Vollständigkeit will unsere Vorlesung ein Verständnis dafür wecken, auf welche Weise im „Siècle des Lumières", im „Siglo de las Luces", inter- und transkulturelle Kontakte und Beziehungen im Bereich von Literatur, Philosophie und Kultur vonstattengingen. Wir wollen verstehen, wie die literarischen Räume der Aufklärung europäisch, amerikanisch und transatlantisch in Bewegung gesetzt und gehalten wurden und wie der reiche Formenschatz der Reiseliteratur als ein entscheidendes Transportmedium für dieses transatlantische „Enlightenment" aufgefasst werden könnte. Ziel der mit diesen einführenden Worten eröffneten Vorlesung ist es, aus vergleichender Sicht nationalliterarisch eingefärbte monolinguale und monokulturelle Bilder der Aufklärung wie der sich anbahnenden Moderne zu hinterfragen und dabei bewusst kein breit ausgemaltes Panorama der Lumières, sondern eine programmatisch *transareale* Ausweitung[3] unseres Blickes auf das 18. Jahrhundert zu entfalten.

Ich möchte dabei als bevorzugten Ort der Transmission vieler Übersetzungsvorgänge zwischen Alter und Neuer Welt eine Area wählen, welche während der ersten wie der zweiten Phase beschleunigter Globalisierung[4] eine enorm wichtige Rolle spielte und als Zone verdichtetster Globalisierung bezeichnet werden kann. Es ist notwendig, bei unserer Annäherung an ein transatlantisches 18. Jahrhundert eine gewisse historische Tiefenschärfe einzubauen, um die historisch akkumulierte Asymmetrie der Beziehungen zwischen beiden Welten besser einordnen und verstehen zu können.[5] So möchte ich Sie gleich mitten ins Geschehen zu Beginn der ersten Phase beschleunigter Globalisierung führen, in welcher sich einer ihrer Protagonisten mit der literarischen Tradition beschäftigte, welche im Abendland über weit entfernte Welten verfügbar war. Wir schauen einer der großen Entdeckergestalten bei der aufmerksamen Lektüre über die Schulter:

> Gehen wir nun zur Beschreibung der Regionen Indiens über; beginnen wir mit der Insel Ciampagu, welches eine Insel im Ostsen auf hoher See ist, von der Küste von Mangi tausendvierhundert Meilen entfernt. Sie ist extrem groß und ihre Einwohner, weiß und schön gestaltet, sind Götzendiener und haben einen König, sind aber gegenüber niemand anderem tributpflichtig. Dort gibt es Gold in größtem Überflusse, doch der Monarch erlaubt es nicht leicht, dass welches von der Insel ausgeführt werde, so dass nur wenige Händler dorthin gehen, und selten laufen Schiffe aus anderen Regionen in die dortigen Häfen ein. Der König der Insel besitzt einen großen Palast, der Dächer aus sehr feinem

---

**3** Vgl. hierzu Ette, Ottmar: *TransArea. Eine literarische Globalisierungsgeschichte.* Berlin – Boston: Walter de Gruyter 2012.
**4** Zu den insgesamt vier Phasen beschleunigter Globalisierung vgl. ebda., S. 1–49.
**5** Vgl. hierzu Ette, Ottmar: Asymmetrie der Beziehungen. Zehn Thesen zum Dialog der Literaturen Lateinamerikas und Europas. In: Scharlau, Birgit (Hg.): *Lateinamerika denken. Kulturtheoretische Grenzgänge zwischen Moderne und Postmoderne.* Tübingen: Gunter Narr Verlag 1994, S. 297–326.

Gold hat, so wie bei uns die Kirchen mit Blei überdacht sind. Die Fenster dieses Palastes sind allesamt mit Gold ausgekleidet, und der Boden der Säle und vieler Gemächer ist von Bohlen aus Gold bedeckt, die zwei Finger dick sind. Dort gibt es Perlen in extremem Überflusse, welche rund und dick und von roter Farbe sind, so dass sie an Preis und an Wert die weißen Perlen noch übertreffen. Auch gibt es viele Edelsteine, weshalb die Insel Ciampagu wunderbar reich ist.[6]

Ich zitiere hier aus einer Ausgabe, die kein Geringerer als Christoph Kolumbus alias Cristóbal Colón vor Augen hatte und aus der er gerne zitierte. Und Kolumbus las sehr aufmerksam. Denn mit diesen Worten beginnt im zweiten Kapitel des dritten Buches von Marco Polos ursprünglich in den Jahren 1298 und 1299 abgefassten *Il Milione* die berühmte Beschreibung der Insel Ciampagu oder Cipango, in der wir die erste Schilderung des japanischen Insel-Archipels erkennen dürfen.

Kolumbus las und notierte, unterstrich und kommentierte. Es ist unmöglich, die vom 1254 in Venedig geborenen und dort im Jahr 1324 verstorbenen Marco Polo angefertigte ‚Urschrift' des Reiseberichts, den der Venezianer in genuesischer Gefangenschaft seinem Freund Rustichello da Pisa diktierte und die dieser in altfranzösischer Sprache aufzeichnete, heute noch ausfindig zu machen. Genauso würde man auch vergeblich versuchen, in der hier nach einer spanischen Fassung zitierten Passage den ‚authentischen' Beginn des Erscheinens der karibischen Inselwelt in der europäischen Literatur zu bestimmen. Zu vielfältig sind die Ursprünge und Herkünfte jener Projektionen, die seit der Antike nach Westen auf eine ‚Neue Welt' übertragen wurden, bevor sie auf der ersten Reise des Kolumbus unter der Feder des genuesischen Seefahrers im berühmten *Bordtagebuch*, dem *Diario de a bordo* der Jahre 1492 und 1493, konkretere Gestalt anzunehmen begannen. Es kann keinen Zweifel daran geben, dass die Erfindungen Amerikas vieles mit den Bildern aus Fernost, aus dem fernen Asien, zu tun haben. Wer wollte in diesem von Europa aus gedachten Entwurf einer golden schimmernden Welt Asiens den Beginn einer Darstellung der karibischen Inselwelt erblicken?

Und doch begann sich spätestens mit Marco Polos *Il Milione* jenes koloniale Kaleidoskop zu drehen, in dessen Bewegungen sich Erfundenes und Gefundenes, ‚Fakten' und ‚Fiktionen', Inselwelten Asiens und Inselwelten der Amerikas auf immer wieder neue Weise miteinander kombinierten. Ich werde mich diesem Problemkreis der Findung und Erfindung Amerikas in einer eigenen Vorlesung zu-

---

6 Polo, Marco / Kolumbus, Christoph / Santaella, Rodrigo de / Gil, Juan: *El libro de Marco Polo anotado por Cristóbal Colón. El libro de Marco Polo versión de Rodrigo de Santaella.* Edición, introducción y notas de Juan Gil. Madrid: Alianza Editorial 1987, S. 132. Alle Übersetzungen ins Deutsche stammen in diesem Band, wo nicht anders angegeben, vom Verfasser. Die Zitate in der Originalsprache finden die Leserin und der Leser im Anhang des Bandes (O.E.).

wenden, in welcher das Erfinden sich vom konkreten Auffinden epistemologisch
kaum trennen lässt.[7] Hatte nicht schon Alexander von Humboldt auf eindrucksvolle Weise in seinem zwischen April 1834 und August 1838 in Paris und in französischer Sprache erschienenen *Examen critique de l'histoire de la géographie du
Nouveau Continent et des progrès de l'astronomie nautique aux quinzième et sei-
zième siècles*[8] gezeigt, wie oberflächlich es wäre, in der langen und widersprüchlichen Geschichte der europäischen ‚Entdeckung' der amerikanischen Hemisphäre
simpel zwischen Fakten und Fiktionen zu unterscheiden?

Denn längst hatte eine genaue Analyse aller im 19. Jahrhundert vorliegenden Dokumente ergeben, in welchem Maße die Fiktionen Fakten geschaffen
hatten, die ihrerseits neue und höchst wirksame Kreisläufe von Fiktionalität
und Faktizität in Gang zu setzen vermochten. Diese verschiedenen Kreisläufe
und Konfigurationen des erfundenen Gefundenen wie des gefundenen Erfundenen setzten sich auf immer wieder neue Weise kaleidoskopartig miteinander in
Beziehung – und man könnte die Behauptung wagen, dass auch wir im 21. Jahrhundert noch immer von diesen Imagologien und Bilder-Welten tiefgründig beeinflusst sind. Wie könnten wir heute behaupten, dass diese Verschränkungen
von Faktischem und Fiktionalem, ja von fiktional erzeugtem Faktischen viel
von ihrer Wirkmächtigkeit eingebüßt hätten? Lange vor dem Erscheinen von
Humboldts *Examen critique* stand das 18. Jahrhundert noch vollständig im
Bann dieser auf langen, eng miteinander verflochtenen Traditionen basierenden Welt-Bilder, in welchen gerade Asien den Bilderspeicher stellte, den man
aus Europa nur allzu gerne auf Amerika richtete.

So ließe sich mit guten Gründen sagen: Die erste Reise eines Europäers durch
die Karibik und somit durch die Tropen Amerikas war eine Reise des Lesens. Und
*Le livre de Marco Polo citoyen de Venise, dit Milione, où l'on conte les merveilles du
monde* hat daran einen wohl kaum zu überschätzenden Anteil. Asien ist tief in die
europäischen Bildwelten Amerikas hineingesenkt. Christoph Kolumbus mag zwar
noch Jahre nach seiner ersten Fahrt ‚seinen' Marco Polo nur aus vielen indirekten

---

7 Vgl. den sechsten Band der Reihe „Aula" in Ette, Ottmar: *Erfunden Gefunden* (2022).
8 Vgl. hierzu auch die deutschsprachige Edition einschließlich ihrer in Humboldts Atlas sicht-
baren und unsichtbaren Kartenwerke in Humboldt, Alexander von: *Kritische Untersuchung zur
historischen Entwicklung der geographischen Kenntnisse von der Neuen Welt und den Fortschritten der nautischen Astronomie im 15. und 16. Jahrhundert*. Mit dem geographischen und physischen Atlas der Äquinoktial-Gegenden des Neuen Kontinents Alexander von Humboldts sowie
dem Unsichtbaren Atlas der von ihm untersuchten Kartenwerke. Mit einem vollständigen
Namen- und Sachregister. Nach der Übersetzung aus dem Französischen von Julius Ludwig
Ideler ediert und mit einem Nachwort versehen von Ottmar Ette. 2 Bde. Frankfurt am Main –
Leipzig: Insel Verlag 2009.

**Abb. 1:** Sebastiano del Piombo: Porträt eines Mannes, möglicherweise Christoph Kolumbus (ca. 1451–1506), 1519.

Quellen geschöpft und diese zunächst ohne die Kenntnis eines unmittelbaren Quellentextes auf die antillanische Inselwelt projiziert haben.[9] Doch tragen die Anmerkungen des Admirals in der ihm spätestens seit 1497 zur Verfügung stehenden und auf uns gekommenen Abschrift doch mit aller Deutlichkeit die Handschrift einer Lektüre, die nach direkter, pragmatischer Übertragung und folglich nach konkretem Handeln drängt. So lauten die direkten Anmerkungen des Genuesen zur eingangs zitierten Passage des *Millione* schlicht: „oro en grandísima abundancia" – „perlas rojas"[10] – Gold in allergrößtem Überfluss und rote Perlen! Das von Colón betätigte koloniale Kaleidoskop projizierte seine glänzenden Bilder in Hülle und Fülle: traumhafte Tropen, fürwahr!

Gleichsam unter der Insel Kuba erscheint eine andere Insel namens Cipango, die den nie erreichten Traum des Kolumbus, nach Indien und den gesamten ‚fernen' Osten auf dem Westweg zu gelangen, in eine schillernde, vielschichtige Realität verwandelte. Ebenso zeichnet sich schon bei Marco Polo im achten Kapitel des dritten Buches die Überzeugung ab, dass wir es nicht mit einer Insel, sondern einer vielgestaltigen, dem asiatischen Kontinent vorgelagerten Inselwelt zu tun haben:

> Das Meer, in welchem sich die Insel von Ciampagu befindet, ist ein Ozean und heißt Meer von Cim, das heißt „Meer von Mangi", da die Provinz von Mangi sich an seiner Küste befindet. In dem Meer, in welchem sich Ciampagu befindet, gibt es andere sehr zahlreiche Inseln, die sorgsam von den Seeleuten und Steuermännern jener Region gezählt wurden, und so hat sich gefunden, dass es siebentausend und 378 sind, von denen der größte Teil von Menschen bevölkert ist. Auf den genannten Inseln sind Bäume und Büsche voll Spezereien, denn dort wächst kein Strauch, der nicht sehr aromatisch und nützlich wäre. Dort gibt es unendliche Spezereien, es gibt Pfeffer, so grellweiß wie der Schnee; es gibt auch den höchsten Überfluss an schwarzem Pfeffer. Bei alledem schiffen nur selten Händler von andernorts hierher, da sie ein ganzes Jahr auf dem Meer verbringen müssen, inso-

---

**9** Vgl. hierzu Gil, Juan: Libros, descubridores y sabios en la Sevilla del Quinientos. In: *El libro de Marco Polo anotado por Cristóbal Colón*, S. vi f.
**10** Ebda., S. 132.

fern sie im Winter losfahren und im Sommer zurückkehren. Denn nur zwei Winde herrschen in jenem Meere, der eine im Winter und der andere im Sommer.[11]

Ohne an dieser Stelle detailliert auf die Präsenz Marco Polos in Cristóbal Colóns Bordtagebuch eingehen zu wollen, sei doch betont, dass der genuesische Seefahrer auch am Rande dieser Passage nicht nur die erwähnten Reichtümer vermerkt sowie die jahreszeitlich genutzten Schifffahrtswege notiert. Zudem blendet er pragmatisch in die von ihm durchfahrene Karibik jene asiatische Inselwelt ein, die sich in seinen Augen *in* und *unter* der amerikanischen Inselwelt abzeichnet. Mit Christoph Kolumbus kommt Asien nach Amerika – und dies wird nicht allein an der Bezeichnung „Indios" für die Ureinwohner Amerikas deutlich.

Doch bleiben wir bei den von Marco Polo beschriebenen Inselwelten, die komplexe Archipele konfigurieren und mit denen der Weltreisende und venezianische Geschäftsmann die Möglichkeit der Etablierung profitabler Handelsbeziehungen nahelegt! Der Genuese überträgt diese Visionen des Venezianers in seine Kartographie, von der er zu keinem Zeitpunkt seines Lebens annahm, dass sie keine asiatische sein könnte. Bekanntlich war sich Christoph Kolumbus bis zu seinem Lebensende nicht der Tatsache bewusst, nicht nach Asien gelangt, sondern einen anderen Kontinent, eine für die Europäer ‚Neue Welt' entdeckt zu haben. So verkörpert sich die Inselwelt Asiens mitsamt ihren altweltlichen Nymphen und Meerjungfrauen in jener archipelischen Welt der Karibik, ohne deren unvermitteltes – wenn auch fälschlich erwartetes – Auftauchen Kolumbus mit seinen Schiffen im Meer verschwunden wäre, hätte er mit seinen Karavellen doch aufgrund der immensen Entfernung die Küsten und Inseln Asiens niemals mehr erreicht. Es war mithin die Fiktion einer Inselwelt, die Kolumbus zunächst anlockte und später als tatsächlich ‚aufgefundene' das Leben rettete. Folglich ließ er sich bis zu dessen Ende niemals mehr von seinem festen Glauben abbringen, mit jenen Inseln und Teilinseln, die wir heute Kuba und Jamaica, Haiti, Santo Domingo oder Martinique nennen, das Asien des Marco Polo erreicht zu haben. Welchem Kontinent also gehört die Karibik?

Bedeutsam scheint mir an der mit dieser Überlagerungsvorstellung aufgeworfenen Problematik weniger die Tatsache, dass Kolumbus von seinen Überzeugungen selbst zu einem Zeitpunkt nicht ablassen wollte, zu dem sich längst die These einer ‚Neuen Welt' zu verbreiten begann. Vielmehr ist die Erkenntnis wichtig, dass sich im erstmals global, also die gesamte Erdkugel umspannend gedachten Projekt des Genuesen, die – wie wir heute wissen – atlantischen und pazifischen Inselwelten untrennbar *transarchipelisch* überlagerten. So sind die

---

11 Ebda., S. 136.

*AsiAmericas*[12] Jahrzehnte vor der Magellan'schen Weltumsegelung aus europäischer Sicht ein Faktum, das spätestens seit Kolumbus, dem ,Entdecker' und zugleich Leugner einer ,Neuen Welt', von Fiktionen unterschiedlicher Provenienz, unterschiedlicher ,Ursprünge', geschaffen wurde.

In einer einflussreichen und für das 18. Jahrhundert charakteristischen Passage hat Voltaire sich mit der berühmten Anekdote beschäftigt, wie Kolumbus seine Neider und kartographischen Gegner von der Kugelgestalt der Erde überzeugen wollte. Dabei fand er für Colombo – den er bei seinem italienischen Namen nennt – die schöne Formulierung, jener habe die Werke der Schöpfung mit einem Male verdoppelt. Dies ließe sich aus unserer Perspektive sowohl für die ,Entdeckung' Amerikas als auch für die Verdoppelung Asiens in Amerika sagen:

> Die Antwort des Colombo auf diese Neider ist berühmt. Sie sagten, dass nichts einfacher wäre als seine Entdeckungen. Er schlug ihnen vor, ein Ei aufrecht zu halten; und da niemand es vermochte, zerbrach er das Ei an einem Ende und stellte es aufrecht hin. „Dies wäre doch sehr einfach, sagten die Anwesenden. – Warum habt Ihr es dann nicht angeraten?", antwortete Colombo. Diese Geschichte wird von dem großen Künstler Brunelleschi berichtet, der die Architektur in Florenz lange vor Colombos Existenz reformierte. Die meisten *Bonmots* sind Nachgesagtes.
>
> Die Asche des Colombo interessiert sich nicht mehr für den Ruhm, den er während seines Lebens dafür genoss, dass er für uns die Werke der Schöpfung verdoppelte; aber die Menschen lieben es, den Toten Gerechtigkeit widerfahren zu lassen, sei es, dass sie sich in der eitlen Hoffnung wiegen, sie den Lebenden zukommen zu lassen, sei es, dass sie natürlich die Wahrheit lieben.[13]

Für Voltaire war Christoph Kolumbus unstrittig jener große Mann, der durch seine Taten die Werke der Schöpfung verdoppelt und „pour nous", also für die Europäer, den Zugang zur gesamten Erdkugel hergestellt hatte. Dies habe die historische Größe des genuesischen Seefahrers ausgemacht, auch wenn dieser zu Lebzeiten die Bedeutung seiner Entdeckungen nicht gänzlich überblickt und verstanden habe. Es erscheint vor diesem Hintergrund als überaus bedeutungsvoll, dass der Admiral im Dienste der Katholischen Könige im Jahre 1498 in das untere linke Feld seines viergeteilten Wappens (Abb. 2) jene Welt von Inseln aufnahm,

---

**12** Vgl. hierzu Ette, Ottmar / Mackenbach, Werner / Nitschack, Horst (Hg.): *TransPacífico. Conexiones y convivencias en AsiAméricas. Un simposio transareal.* Berlin: Verlag Walter Frey – edition tranvía 2013.
**13** Voltaire: *De Colombo, et de l'Amérique.* In (ders.): *Œuvres complètes de Voltaire.* Texte établi par Louis Moland. Bd. 12: *Essai sur les mœurs (2).* Paris: Garnier 1883, S. 379. Zur Präsenz von Kolumbus in der französischen Literatur. vgl. König, Gerd Johann: *Kolumbus-Epik. Die Inszenierungen eines Helden in französischen und neulateinischen Texten ab 1750.* Berlin – Boston: Walter de Gruyter 2021.

deren Auftauchen aus dem Meer ihm buchstäblich das Leben gerettet hatte – und deren Auffindung ihn für alle Zukunft berühmt machen sollte.[14]

**Abb. 2:** Wappen des Christoph Kolumbus, 1498.

Diese heraldische beziehungsweise graphische Darstellung der amerikanischen Inselwelt könnte in gewisser Weise als die erste überlieferte Karte der Karibik angesprochen werden. Doch handelt es sich im Grunde nicht um eine kartographische Repräsentation, sondern um eine hochgradig stilisierte – da heraldischen Zwecken dienende – Darstellung einer Vielzahl von Inseln, die offenkundig einer zusammenhängenden Landmasse vorgelagert sein müssen. Inseln über Inseln bedecken dicht gedrängt diesen Quadranten des kolumbinischen Wappens. Doch sind es im Grunde Inseln unter Inseln, Archipele unter Archipelen: Denn wer könnte bei einer derartigen Karte, die keinerlei zuordenbare Umrisse erkennen lässt, schon bestimmen, ob es sich um eine Inselwelt vor der Küste Amerikas oder vor der Küste Asiens handelt? So sollen auch im Vordergrund der nachfolgenden Überlegungen nicht die intraarchipelischen, sondern die inter- und vor allem transarchipelischen, verschiedene Archipele querenden Beziehungen stehen. Denn diese bilden so etwas wie den Kernbestand einer Vorstellungswelt der *TransArea Studies*.

Die erste im eigentlichen Sinne kartographische Erfassung der Karibik, die auf uns gekommen ist, erfolgte nur zwei Jahre später und wies einen gänzlich anderen Charakter auf. Es handelt sich um die kostbare, heute im Museo Naval zu Madrid aufbewahrte Weltkarte des Kartographen und „Piloto mayor" Juan de la Cosa,[15] der sich als der wohl versierteste Steuermann der spanischen Flotte bei den Expeditionen des Kolumbus, aber auch Amerigo Vespuccis vielfach hervortat. Diese im

---

14 Eine Abbildung dieses Wappens findet sich im „Unsichtbaren Atlas" des von mir neu edierten Werkes über die Entdeckung der Neuen Welt von Humboldt, Alexander von: *Kritische Untersuchung zur historischen Entwicklung der geographischen Kenntnisse von der Neuen Welt und den Fortschritten der nautischen Astronomie im 15. und 16. Jahrhundert* [...]. 2 Bde. Frankfurt am Main – Leipzig: Insel Verlag, 2009, Bd. 2, S. 219.
15 Vgl. Humboldt, Alexander von: *Kritische Untersuchungen*, Bd. 2, Abb. 20.

Jahre 1500 wohl in Puerto de Santa María angefertigte Karte, die erst im 19. Jahrhundert in der Bibliothek des Baron von Walckenaer wieder aufgefunden wurde, zeigt uns auf eine bis heute faszinierende Weise eine kartographisch erstaunlich exakte Aufnahme der zum damaligen Zeitpunkt bekannten Kontinente und Inselwelten.[16] Auf dieser ersten Karte der Neuen Welt im Weltmaßstab kommt gerade den Archipelen sowie transarchipelischen Beziehungen eine herausgehobene Bedeutung zu.

Juan de la Cosas *Mapamundi* verzahnt diese Präzision dabei mit seit der Antike tradierten abendländischen Bildvorstellungen von der außereuropäischen Welt,[17] so dass nicht nur ein detailreiches Kartenbild der Antillen und einiger zirkumkaribischer Festlandsäume entsteht, sondern auch die geostrategische Bedeutung dieser Region im Zentrum des amerikanischen Kontinents sehr deutlich vor Augen tritt.[18] Die in der Karte aufgepflanzten Herrschaftszeichen zeigen es überdeutlich: Die Karibik wurde für die Spanier in der Tat sehr rasch zum militärischen Aufmarschgebiet und Ausgangspunkt ihrer erfolgreichen Eroberungszüge im Norden, in der Mitte und im Süden des amerikanischen Doppel-Kontinents. Von hier, von dieser amerikanischen Inselwelt aus erfolgte die bewegungsgeschichtliche Übersetzung der spanischen beziehungsweise europäischen Expansion in eine Neue Welt, unter der noch immer der asiatische Kontinent verführerisch glänzte. Und auch wenn Indien auf der Weltkarte des Juan de la Cosa noch nicht verzeichnet war, weil der spanische Kartograph nicht über die diesbezüglichen Informationen der Portugiesen verfügte: Die europäischen Projektionen ferner Weltgebiete setzten Asien und Amerika in eine beiderseitige Beziehung.

Ohne jeden Zweifel bietet das bis heute bewegende kartographische Meisterwerk von Juan de la Cosa das um 1500 sicherlich avancierteste kartographische Bild der Erde (Abb. 3). Es lässt bereits sehr deutlich die Umrisse der Großen wie der Kleinen Antillen mit ihren jeweils vorgelagerten Inseln und Inselchen erkennen. Hier war ein Praktiker am Werk, ein wahrhafter und erfahrener Seemann. Bei keiner anderen der frühneuzeitlichen Weltkarten verschränken sich derart eindrucksvoll

---

**16** Vgl. hierzu Wissenschaft und Transzendenz. Literarische und kartographische Weltentwürfe und das Beispiel der „Carta" von Juan de la Cosa. In: Soethe, Paulo Astor (Hg., unter Mitarbeit von Giovanna Chaves): *Weltgermanistik, Germanistiken der Welt. Begegnungen in Lateinamerika*. Bern – Berlin – Bruxelles: Peter Lang Verlag 2020, S. 309–361; sowie das Juan de la Cosa gewidmete Kapitel in meinem Band *ReiseSchreiben. Potsdamer Vorlesungen zur Reiseliteratur*. Berlin – Boston: Walter de Gruyter 2020.
**17** Zu diesen Bilderwelten vgl. u. a. die zahlreichen Abbildungen in Rojas Mix, Miguel: *América imaginaria*. Barcelona: Editorial Lumen – Quinto Centenario 1992.
**18** Vgl. hierzu auch Cerezo Martínez, Ricardo: *La Cartografía Náutica Española de los Siglos XIV, XV y XVI*. Madrid: Centro Superior de Investigaciones Científicas 1994, S. 82–83 sowie die dazugehörigen Kommentare.

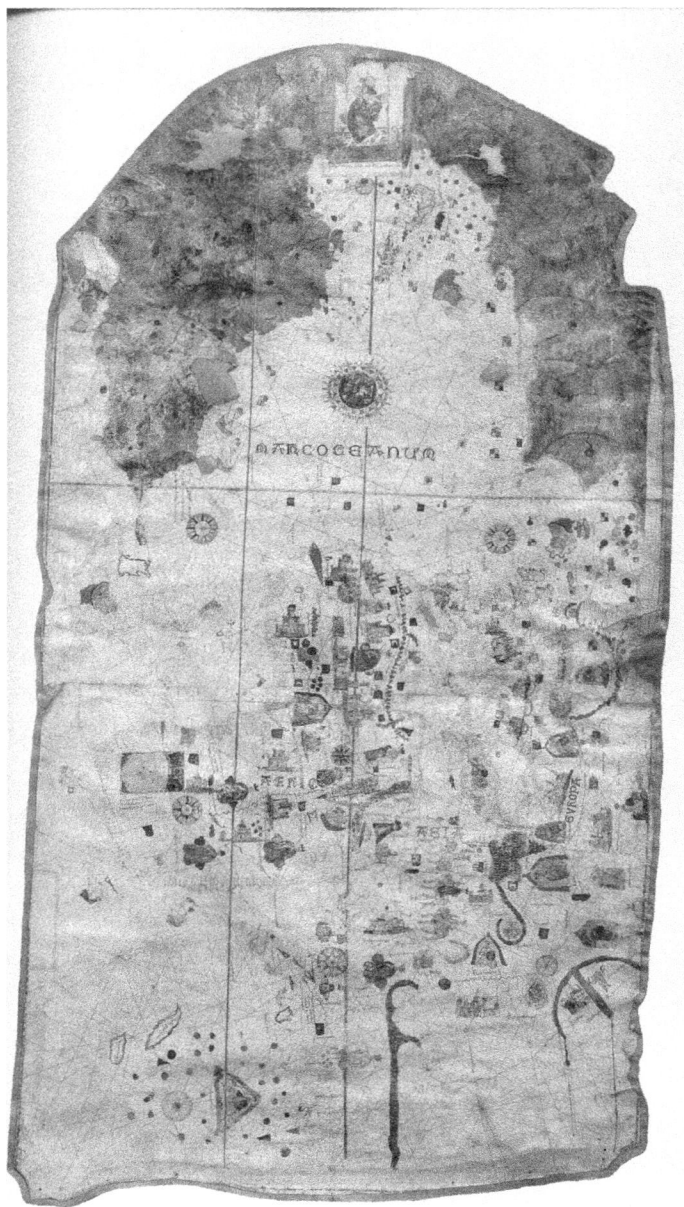

**Abb. 3:** Juan de la Cosa: Mapamundi, circa 1500.

kartographische Bildwelten mit den von Antike wie Mittelalter hervorgebrachten beziehungsweise tradierten Weltbildern, wobei diese geradezu unauflösliche Verbindung ihrerseits mit globalen europäischen Machtansprüchen unübersehbar verquickt wird. In die Findung dieser Inselwelt wird die geostrategische Erfindung dieses Raumes im globalen Maßstab gleichsam kryptographisch eingeschrieben. Die *Erfindung* Amerikas war von den europäischen Vorstellungswelten nicht mehr zu trennen. Vieles von dem, was hier grundgelegt wurde, ging in die *Géographie des Lumières*, in die Weltsichten des europäischen 18. Jahrhunderts ein.[19]

Juan de la Cosas Opus Magnum frühneuzeitlicher Kartenkunst liefert daher nicht nur ein faszinierendes, auf den eigenen Erfahrungen des großen Steuermannes beruhendes erstes Bild der amerikanischen Hemisphäre im globalen Kontext. Es blendet nicht nur im äußersten Osten Asiens das Land von Gog und Magog ein, sondern skizziert eine Momentaufnahme iberischer Expansionsgeschichte, welche die künftig möglichen Entwicklungslinien einer europäischen Bewegungsgeschichte bereits zu lesen gibt. Auch wenn sich unter dem Wissensdruck der zweiten Phase beschleunigter Globalisierung in der zweiten Hälfte des 18. Jahrhunderts viele Kenntnisstände veränderten: Zu Beginn des 18. Jahrhunderts basierten noch zahlreiche Vorstellungen auf dieser um 1500 entworfenen Weltkarte und den sich von ihr ableitenden Kartenwerken.

In diesem Zusammenhang ist es spannend zu beobachten, wie jene Weltkarte des Jahres 1500 die größte der Antillen, die Insel Kuba, bereits acht Jahre nach ihrer Auffindung durch Christoph Kolumbus im Weltmaßstab wiedergibt, hatte Kolumbus Kuba doch teilweise mit dem Cipango des Marco Polo, teilweise aber auch mit der Festlandsmasse des asiatischen Kontinents identifiziert. Diese Tatsache legt einmal mehr Zeugnis ab von der unauflöslichen Verschränkung des Faktischen mit dem Fiktionalen im Dreieck zwischen Erfundenem, Gefundenem und Erlebtem. Juan de la Cosas Weltkarte lässt Kuba/Cipango – das freilich noch nördlich des Wendekreises des Krebses und damit außerhalb der Tropen eingezeichnet ist – im Verbund mit den anderen Inseln der Karibik zum ersten Mal als potenziell globale Insel entstehen.[20]

Es steht angesichts präziser Forschungen über die erste Phase beschleunigter Globalisierung gänzlich außer Frage: Die Karibik wurde – wie Amerika insgesamt – erfunden, bevor sie gefunden wurde.[21] Die Weltkarte des Jahres 1500 kartographiert damit den Eintritt der Karibik in eine von Europa aus gesteuerte *Bewegungs*geschichte, die sich im Übergang vom Mittelalter zur Renaissance in

**19** Vgl. hierzu Broc, Numa: *La Géographie des Lumières*. Paris: Editions Ophrys 1985.
**20** Vgl. hierzu Ette, Ottmar: Kuba – Insel der Inseln. In: Ette, Ottmar / Franzbach, Martin (Hg.): *Kuba heute. Politik, Wirtschaft, Kultur*. Frankfurt am Main: Vervuert Verlag 2001, S. 9–25.
**21** Vgl. hierzu den sechsten Band der Aula-Reihe von Ette, Ottmar: *Erfunden Gefunden* (2022).

der ersten Phase beschleunigter Globalisierung mit – um den von Goethe geprägten Begriff zu verwenden – *velociferischer* Geschwindigkeit vollzieht.[22] Mit guten Gründen wurde in der Forschungsliteratur darauf hingewiesen, dass die Karte des Juan de la Cosa erstmals die geographisch korrekte Position der Äquinoktiallinie sowie des Wendekreises des Krebses angibt.[23] Folglich ließe sich formulieren, dass die Festlegung des Äquators und die Fixierung der Zentralperspektive[24] – beiderseits gewiss auf arabischen Grundlagen fußend – fast gleichzeitig erfolgende Erfindungen der Renaissance in Kunst und Kartographie, in Architektur, Malerei und Erdwissenschaft darstellen. Auch an dieser Tatsache mag man ablesen, von welch entscheidender Bedeutung die Karibik für eine Entfaltung des frühneuzeitlichen wie modernen Weltbildes allgemein war.

Vergessen wir dabei aber ein wichtiges ‚Detail' nicht: Diese mathematisch und astronomisch fundierten Fiktionen erfolgen vom Abendland aus und für das Abendland. Darin bildet auch das europäische 18. Jahrhundert selbstverständlich keine Ausnahme. Beide Erfindungen erscheinen uns in ihren Hervorbringungen heute – wohlgemerkt aus okzidentaler Perspektive – längst völlig ‚natürlich': ganz so, wie wir Photographien unserer Erde aus dem Weltall ‚natürlich' nur in genordeter Form zu verbreiten pflegen. Doch handelt es sich bei diesen kunstvoll von Europa aus über die Welt ausgeworfenen Liniensystemen, Kartennetzen und Fokussierungen – wie uns ein Blick auf andere Kulturen zeigt – um kulturelle Kodierungen, die ihre höchst eigene Geschichte und ihre eigenen, wenn auch interkulturell verwobenen Entstehungsbedingungen besitzen und mitreflektieren. Die Kultur ist uns hier zur zweiten Natur geworden. Auch auf diesen Gebieten liegt in der Regel eine Insel unter einer anderen Insel, ein Archipel unter einem anderen Archipel, eine Karte unter einer anderen Karte. Wir müssen nur lernen, diese unterschiedlichen Ebenen voneinander zu trennen beziehungsweise getrennt *und* gemeinsam zu reflektieren.

Selbstverständlich ist es alles andere als zufällig, dass sich Europa – genauer: die Iberische Halbinsel – mit Blick auf die geographische Länge genau im Zentrum des gewählten Kartenausschnitts wiederfindet. Eine Konstruktion entsteht, in der

---

**22** Vgl. zu der bei Goethe insbesondere zwischen 1825 und 1827 wiederholt auftauchenden Rede von einem „velociferischen Zeitalter" in Zusammenhang mit Goethes Konzept einer Weltliteratur Bohnenkamp, Anne: „Den Wechseltausch zu befördern". Goethes Entwurf einer Weltliteratur. In: Goethe, Johann Wolfgang: *Ästhetische Schriften 1824–1832. Über Kunst und Altertum V–VI.* Hg. v. Anne Bohnenkamp. Frankfurt am Main: Deutscher Klassiker Verlag 1999, S. 937–964.
**23** Vgl. Cerezo Martínez, Ricardo: *La Cartografía Náutica Española de los Siglos XIV, XV y XVI,* S. 82–83 (Abbildungslegende).
**24** Vgl. hierzu Belting, Hans: *Florenz und Bagdad. Eine westöstliche Geschichte des Blicks.* München: Beck 2008.

sich Europa im Mittelpunkt und zwischen beiden Indien wiederfindet, wie dies noch die ab 1770 verwendete Titelformulierung der großen Kolonialenzyklopädie des 18. Jahrhunderts – Guillaume-Thomas Raynals *Histoire philosophique et politique des établissemens et du commerce des Européens dans les deux Indes*[25] – zum Ausdruck bringen sollte. Die Zentralstellung Europas und die Anordnung des Kontinents *oben* auf den Karten ist keineswegs natürlich, sondern eine Erfindung, die mit derjenigen europäischer Weltkarten einhergeht.

Die Festländer und Archipele Asiens und Amerikas erscheinen so in dem von Juan de la Cosa gewählten Kartenausschnitt an den beiden entgegengesetzten ‚Enden‘ der Welt. Damit werden ein Zentrum, aber auch die Peripherien dieses Zentrums definiert. Insofern ließe sich von einer doppelten Zentrierung (und damit einhergehenden Kodierung) der weltumspannenden Seekarte des Juan de la Cosa sprechen. Es handelt sich um eine Anordnung, die mit ihrer machtpolitisch motivierten Verwendung der Zentralperspektive noch für die *Géographie des Lumières* grundlegend geworden ist. Und selbst auf den Kartenwerken unserer Tage findet sich diese doppelte Zentrierung nur allzu oft.

Wir sehen folglich ein Zentrum und zwei Peripherien. Mögliche Verbindungen zwischen den asiatischen und den amerikanischen Inselwelten könnten durch den damaligen Kenntnisstand der Europäer und die damit verbundene Wahl des Kartenausschnitts zugleich ausgeschlossen und nahegelegt werden – würden sich die ‚Extremitäten‘ des *Mapamundi* doch bei einer Darstellung in Kugelform wiederum sehr nahe kommen. Doch dann darf man vor dem Hintergrund des hier Dargestellten durchaus behaupten, dass der Archipel der Karibik aus europäischer Sicht von Beginn an transarchipelisch verstanden und kodiert worden ist. Noch war die Weite des Pazifischen Ozeans nicht bekannt, sondern ein Rätsel der europäischen Kartographie; doch erfolgte im 18. Jahrhundert von Europa aus die systematische Erkundung dieser Breiten- und Längengrade, lagen doch nun – in der zweiten Phase beschleunigter Globalisierung – dank der hochpräzisen mobilen Zeitmessung die technologischen Grundlagen für immer genauere Karten bereit.

Von Beginn der europäischen Expansion an gilt die kurz skizzierte transarchipelische Dimension aber selbstverständlich auch und gerade für die transatlantischen Relationen, also in einem Raum, der in der Anordnung des „atlantischen Längstales", wie Alexander von Humboldt es nannte, räumlich weit besser als der Pazifik von Europa aus zu überblicken und zu beherrschen war. So ist die Lage ebenso der vor den Küsten Afrikas liegenden Inselgruppen der Kanaren wie auch

---

25 Vgl. Raynal, Guillaume-Thomas: *Histoire philosophique et politique des établissemens et du commerce des européens dans les deux Indes*. Genf: Chez Jean-Léonard Pellet, ab 1780.

der Kapverden nicht nur besonders deutlich markiert und eingezeichnet, sondern auch eine Reihe weiterer Inseln in Juan de la Cosas *Carta* hervorgehoben. Diese Inseln und Inselgruppen finden sich entweder – wie die zu Portugal gehörende Insel Madeira oder der Archipel der Azoren – auch noch auf unseren heutigen Weltkarten; oder sie stammen aus der langen Traditionslinie der vorwiegend – von der eingezeichneten Insel Tule im Norden aus – nach Westen und Südwesten erfolgenden Projektion imaginärer Inseln. Viele dieser Fiktionen und erfundenen Land- oder Meerengen wurden noch bis ins 19. Jahrhundert hinein geglaubt und zeitigten unmittelbare Folgen in der Realität. Noch ein Chateaubriand brach an der Wende zum 19. Jahrhundert auf, um die berühmte Nordwest-Passage und damit die Verbindung zwischen Atlantik und Pazifik im Norden des amerikanischen Doppelkontinents zu entdecken.[26]

Bald war der schmale Atlantik in Seerouten eingeteilt, die von europäischen Schiffen stets frequentiert wurden. Von der ersten Reise des Kolumbus an führen alle Schiffsrouten in die Karibik stets über die sich vor den Küsten der Alten Welt befindlichen Archipele, um so auf transatlantisch kürzerem, vor allem aber sichererem Wege die auch etymologisch vor-gelagerten ,Gegen-Inseln' der Antillen, der „Ante-Ilhas", erreichen zu können. So zeichnen sich auf Juan de la Cosas meisterhafter Karte die vielfachen transarchipelischen Dimensionen einer karibischen Inselwelt ab, die ebenso transatlantisch mit Europa verknüpfbar ist wie auch transpazifisch mit Asien verknüpfbar ist. Dazu sollte es genügen, die der Alten Welt entgegengesetzte Küstenlinie der noch unbekannten Neuen Welt jenseits des Atlantiks zumindest teilweise zu erforschen. Bereits wenige Jahrzehnte nach der Eroberung Mexikos wurde die Welt Amerikas über die Philippinen mit Asien in Beziehung gebracht: Ein Vierteljahrtausend lang verband die Galeone von Manila den asiatischen Kontinent über die zu Spanien gehörige Inselgruppe der Philippinen mit dem neuspanischen Hafen von Acapulco, eine Verbindung, die von ungeheurer weltwirtschaftlicher wie künstlerischer Bedeutung war.[27] Die iberischen Mächte bauten Kolonialsysteme und einen Welthandel auf, die weltumspannenden Zuschnitts waren. Das 18. Jahrhundert ererbt diese Welthandelsstrukturen und fügt von Seiten der neuen Kolonialreiche Frankreichs und Englands eine Reihe weiterer Verbindungssysteme hinzu.

---

**26** Vgl. das Chateaubriand gewidmete Kapitel im vierten Band der Aula-Reihe; Ette, Ottmar: *Romantik zwischen zwei Welten. Potsdamer Vorlesungen zu den Hauptwerken der Romanischen Literaturen des 19. Jahrhunderts*. Berlin – Boston: Walter de Gruyter 2021, S. 151–176.
**27** Vgl. zur großen Bedeutung der sogenannten *Biombos* sowie der Namban-Kunst Ette, Ottmar: Magic Screens. Biombos, Namban Art, the Art of Globalization and Education between China, Japan, India, Spanish America and Europe in the 17th and 18th Centuries. In: *European Review* (Cambridge) XXIV, 2 (May 2016), S. 285–296.

Die geostrategische Relevanz von Inseln und Inselgruppen, die nicht für sich alleine stehen, sondern transarchipelisch stets mit anderen Archipelen verbunden sind und auf andere Inseln verweisen, kann deutlicher kaum vor Augen geführt werden. Von Beginn an bilden die Antillen eine Zone verdichteter Globalisierung, die auch im 18. Jahrhundert unter den Bedingungen der zweiten Phase beschleunigter Globalisierung fortbestehen wird. In der Karibik überschneiden sich die europäischen Machtvektoren zwischen Europa und Asien, zwischen Afrika und Amerika. In diese globale Relationalität und Vektorizität ist sie seit dem Ausgang des 15. Jahrhunderts eingeschrieben. Und noch im 18. Jahrhundert werden sich in der Karibik ebenso weltgeschichtlich wie weltpolitisch fundamentale Geschehnisse ereignen, worunter die Haitianische Revolution am Ende des Jahrhunderts der Aufklärung sicherlich einen Höhepunkt bildet. Wir sollten dabei nicht vergessen, dass der weitaus größte Teil der Erdoberfläche, den wir heute als den karibischen Raum bezeichnen, aus Wasser besteht – und damit aus dem beweglichen Element par excellence. Nicht die statische Territorialität, sondern die Transarealität und Vektorizität sollte daher im Vordergrund unserer gesamten Vorlesung stehen.

Wenn es folglich eine Area auf unserem Planeten gibt, die in höchst verdichteter Form keine eigentliche Raumgeschichte, sondern eine *Bewegungsgeschichte* repräsentiert, dann ist es die sich hier erstmals abzeichnende Welt des transozeanisch verknüpften Archipels der kolonialen Karibik. Auch andere Kartenwerke des frühen 16. Jahrhunderts – wie etwa die in Straßburg 1513 erschienene *Tabula Terre Nove*[28] – machen in ihrem Kartenbild aus heutiger Sicht nicht nur auf die Verschränkungen von Gefundenem, Erfundenem und Erlebtem – wobei sich das Erfundene mit dem Gefundenen auf der Ebene des Erlebten verstrickt –, sondern auf diese fundamental transarchipelische Dynamik einer Relationalität zwischen verschiedenen Inselwelten aufmerksam. In Anlehnung an die französischen Warntafeln an Bahnübergängen können wir daher sagen: „Une île peut en cacher une autre".

Es liegt daher gleichsam in der Logik dieser historischen und kulturellen Entwicklungen, dass das erste große literarische Zeugnis Kubas, der *Espejo de Paciencia*, der *Geduldsspiegel*, von einem Autor stammt, der im Juni 1563 in Las Palmas auf den Kanarischen Inseln das Licht der Welt erblickte. Als junger Mann kam er nach mehreren Reisen zwischen den Kanaren und der Neuen Welt schließlich zusammen mit seinem Bruder Rodrigo auf die Karibikinsel Kuba, wo

---

28 *Tabula Terre Nove. Depromta ex ed. Geographiae Ptolemaei Argentor 1513.* Wieder abgedruckt in Humboldt, Alexander von: *Kritische Untersuchungen*, Bd. 2, Tafel 37.

er um 1604 Catalina de la Coba heiratete.[29] Das oft als Gründungstext der kubanischen Literatur apostrophierte epische Gedicht – dem freilich die um wenige Jahre älteren und teilweise Kuba gewidmeten Verse des Langgedichts *Florida* von Fray Alonso de Escobedo an die Seite zu stellen wären[30] –, ist folglich das Ergebnis nicht nur interarchipelischer Kontakte, sondern transarchipelischer Bewegungen. Und als solches wollen wir es auch analysieren!

Es überrascht daher nicht, dass der Text von Silvestre de Balboa Troya y Quesada, der wohl 1608 abgeschlossen wurde, nicht nur in Kuba seit dem 19. Jahrhundert im Verlauf einer eher verworrenen Rezeptions- und Editionsgeschichte[31] zu einem Monument der kubanischen Nationalliteratur stilisiert, sondern später auf den Kanaren aus gutem Grund in die *Biblioteca Básica Canaria* aufgenommen wurde. Denn der *Espejo de Paciencia*, im Umfeld der kubanischen Romantik 1838 von José Antonio Echeverría erstmals aufgefunden (oder vielleicht auch *erfunden*),[32] ist eine zutiefst transarchipelische lyrische Langform, in deren Zentrum die verschiedenartigsten Bewegungen stehen.

Die schon in den ersten Strophen erfolgende Situierung des Geschehens in Raum und Zeit rückt zweifellos die Insel Kuba ins Zentrum des Geschehens, wobei Schönheit und Reichtum ihrer Natur wie ihrer Naturerzeugnisse topisch und tropisch zugleich besungen werden. Hier beginnen jene Diskurse der Tropen, die sich im Verlauf auch der langen kubanischen Literaturgeschichte in charakteristische Tropen der literarischen Diskurse verwandeln.[33] Denn die auf den

---

**29** Vgl. zu den biographischen Daten Santana, Lázaro: Prólogo. In: Balboa, Silvestre de: *Espejo de Paciencia*. Edición de Lázaro Santana. Las Palmas, Islas Canarias: Biblioteca Básica Canaria 1988, S. 9–11; sowie ausführlicher Marrero-Fente, Raúl: *Epic, Empire, and Community in the Atlantic World. Silvestre de Balboa's „Espejo de paciencia"*. Lewisburg: Bucknell University Press 2008, S. 79–82.
**30** Vgl. hierzu Esteban: Angel: „Si no lo veo, no lo creo": sobre „Florida" de Escobedo y el „Espejo de Paciencia". In: Valcárcel, Eva (Hg.): *La literatura hispanoamericana con los cinco sentidos*. Actas del V congreso Internacional de la AEELH. La Coruña: Universidad de La Coruña 2002, S. 208 f.
**31** Vgl. zu der im Gedicht selbst angelegten Lesersteuerung Marrero-Fente, Raúl: Teoría y práctica de la épica en la dedicatoria y prólogos de „Espejo de paciencia" de Silvestre de Balboa. In: *Bulletin of Spanish Studies* (Glasgow) LXXX, 3 (May 2003), S. 309–322.
**32** Vgl. hierzu Vitier, Cintio: Prólogo. In: Balboa, Silvestre: *Espejo de Paciencia*. Las Villas: Universidad Central de Las Villas 1960, S. 7.
**33** Vgl. hierzu Ette, Ottmar: Diskurse der Tropen – Tropen der Diskurse: Transarealer Raum und literarische Bewegungen zwischen den Wendekreisen. In: Hallet, Wolfgang / Neumann, Birgit (Hg.): *Raum und Bewegung in der Literatur. Die Literaturwissenschaften und der Spatial Turn*. Bielefeld: transcript Verlag 2009, S. 139–165.

29. April 1604 datierbaren Ereignisse der Gefangennahme und Entführung des Bischofs der Insel Kuba, Fray Juan de las Cabezas Altamirano, durch französische Piraten unter der Führung von Gilbert Giron werden im kleinen Flecken Yara unweit des Hafens von Manzanillo im kubanischen Oriente angesiedelt. Sie handeln buchstäblich in einem blühenden Garten, in einem tropikalisierten *locus amoenus*, dessen Vorläufer sich selbstverständlich in Cristóbal Colóns *Diario de a bordo* finden. Wieder ist wie schon bei Marco Polo oder Cristoforo Colombo die Fülle in aller Exuberanz für die Tropenlandschaft charakteristisch. Der Diskurs der Tropen ist quasi installiert:

> Zu dieser Zeit war der gute Prälat
> In der berühmten Stadt zugegen,
> Die Überfluss an Vieh und Früchten hat
> Und Blumen bunt an freundlichen Wegen.
> Im Monat April war's, als schon die Saat
> An Lilien und Rosen bot reichen Segen,
> Als Fauna mit Flora die Bühne betrat;
> Das Jahr tausendsechshundertundvier war's grad

> Estaba a esta sazón el buen prelado
> En esta ilustre villa generosa,
> Abundante de frutas y ganado,
> Por sus flores alegre y deleitosa.
> Era en el mes de Abril, cuando ya el prado
> Se esmalta con el lirio y con la rosa,
> Y están Favonio y Flora en su teatro;
> Año de mil y un seis con cero y cuatro.[34]

Dass der *Espejo de Paciencia* ebenso die Insularität wie die spezifische Inselnatur entfaltet, wurde bereits vielfach als wichtiger Ausgangspunkt einer sich im Grunde erst am Ausgang des 18. Jahrhunderts entfaltenden „cubanía" gedeutet, eines spezifisch kubanischen Selbstverständnisses.[35] Es waren gerade die Dichter aus dem Umkreis der *Orígenes*-Gruppe um José Lezama Lima und allen voran Cintio Vitier, die nicht müde wurden, das essentiell Kubanische in der kubanischen Lyrik immer wieder auf diesen Text zurückzuführen. Dieser sei „penetrado de una luz matinal de playa y de un aroma de frutos cubanos que nos hacen encantadores hasta sus desaliños verbales":[36] Alles riecht und duftet

---

**34** Balboa, Silvestre: *Espejo de Paciencia*, S. 45.
**35** Vgl. hierzu u. a. Sáinz, Enrique: Nuestro primer poema: „Espejo de paciencia". In: Prats Sariol, José (Hg.): *Nuevos críticos cubanos*. Selección y prólogo de José Prats Sariol. Havanna: Editorial Letras Cubanas 1983, S. 33–50.
**36** Vitier, Cintio: *Lo cubano en la poesía*. Havanna: Instituto del Libro 1970, S. 26.

nach den wunderbaren Essenzen der Kubanität auf einer Insel, an deren tropischen Stränden das Meer rauscht.

Zugleich aber scheint mir das Argument von Lázaro Santana nicht von der Hand zu weisen zu sein, dass die in den *Espejo de paciencia* aufgenommenen Beschreibungen einer exuberanten Natur nicht zuletzt auf die Tatsache zurückgeführt werden können, dass der Poet des Piraten-Epos, mithin Silvestre de Balboa, als Kanare einerseits mit einer außereuropäischen Natur im Zeichen der Fülle bestens vertraut war. Andererseits kannte er literarische Vorbilder von den Kanarischen Inseln, die – wie der *Templo Militante* (1602) von Cairasco oder das *Poema* (1604) von Viana – für diese Fülle bereits poetische Ausdrucksformen gesucht und gefunden hatten.[37] So ließe sich im Rückgriff auf diese doppelte (also nicht nur ‚natürliche‘ beziehungsweise naturhafte, sondern auch literarische) Beziehung eine spezifische Vorliebe für die sinnliche, aisthetische Qualität des Benennens gleichsam transarchipelisch begründen: „Diese drei Dichter belegen die reine Freude daran, die Sprache in ihrer eigentlichsten Manifestation zu verwenden: mit dem Wort an sich. Kein Adjektiv nuanciert, exaltiert oder bremst. Frank und frei wird der Einbildungskraft des Lesers eine Welt von Fruchtfleisch und Feuchtigkeit, von Farben und Berührungen, von Geschmacksrichtungen geboten allein vermittels der demiurgischen und simplen Tatsache des Benennens."[38]

Diese transarchipelische, zwischen Kuba und den Kanaren oszillierende Logik erschließt sich auch jenseits der recht aufschlussreichen Lexik poetischer Benennungen. Immer wieder finden sich Bezugnahmen auf andere (altweltliche) Inselwelten, welche – gewiss vom Nachnamen des Verfassers beflügelt – Troja und das Archipel der griechischen Inseln zwischen ‚Europa‘ und ‚Asien‘ gleich in den ersten beiden Versen von Balboa Troya y Quesada einblenden.[39] Aber auch die Kanaren werden früh schon als Vergleichspunkt eingeführt,[40] so dass der transarchipelischen Genese bei aller Ausrichtung an Kuba auch eine transarchipelische Diegese und Horizonterweiterung entspricht. Der *Espejo de paciencia* situiert sich voll und ganz im Bewegungsraum zwischen der karibischen und der kanarischen Inselwelt, zwischen Europa, Afrika und Amerika.

---

**37** Vgl. Santana, Lázaro: Prólogo, S. 14 f.; dort findet sich auch ein kurzer Textvergleich mit Viana und Cairasco. Zur Bedeutung insbesondere von Cairasco vgl. ebda., S. 18.
**38** Ebda., S. 15: „Los tres poetas revelan el puro goce de utilizar la lengua en su manifestación más genuina: la palabra por sí misma. Ningún adjetivo matiza, exalta o refrena. Limpiamente se propone a la imaginación del lector un mundo de pulpas y humedades, colores y tactos, sabores, con el hecho demiurgo y simple de nombrar."
**39** Balboa, Silvestre: *Espejo de Paciencia*, S. 43.
**40** Ebda., S. 49.

Nach der Auslösung des Bischofs durch massive Lösegeldzahlungen an den wiederholt als „luterano" bezeichneten französischen Freibeuter erfolgt eine gewiss antikisierende Inszenierung eines kubanischen Garten Eden, der mit all seinen tropischen Früchten und Erzeugnissen in Szene gesetzt wird: „Vienen cargadas de mehí y tabaco, / Mameyes, piñas, tunas y aguacates, / Plátanos y mamones y tomates."[41] Nichts an Früchten und tropischen Gewächsen darf in diesem Versepos fehlen. Aber auch Nymphen und Zentauren schließen sich am Ende des Ersten Gesangs von Silvestre de Balboas Langgedicht dem buntem Reigen jener Feier an, die nicht nur die Freilassung des katholischen Bischofs zelebriert, sondern zugleich ganz selbstverständlich die griechische Inselwelt in die Karibik transportiert und *über-setzt*. Das Bild der Insel ist mit *dem* namengebenden Archipel, mit der Inselwelt Griechenlands, untrennbar verbunden.

Die Asymmetrie dieser transatlantischen Beziehungen ist ebenso auf der politischen, militärischen und sozialen wie auf der kirchlichen, kulturellen und literarischen Ebene evident. Und diese Asymmetrie im transarealen Wechselspiel könnte nicht schärfer ausgeprägt sein. So bündeln sich im *Espejo de Paciencia* jene Vektorenfelder und Vektoren, die eine Geschichte dieses Raumes nur in Form einer relationalen Bewegungsgeschichte als sinnvoll erscheinen lassen. Gerade hierin aber scheint mir der *Espejo de Paciencia* ein gutes Stück karibischer Literaturgeschichte zu sein: als Teil der Geschichte einer Literatur, die niemals nur von einem einzigen Ort, von einer einzigen Insel aus zu denken ist. Das Versepos inauguriert eine Literatur, die zu keinem Zeitpunkt als statische zu verstehen ist: Alles bildet sich in der Area der Karibik aus Wechselbeziehungen und Bewegungen heraus.

Die Anrufung an die weltweit verstreuten Soldaten der Weltmacht Spanien, die den *Canto Segundo* eröffnet – „Valientes caballeros que en Bretaña, / Flandes, Italia y otras cien mil partes, / En honra de Filipo, rey de España, / Enarboláis banderas y estandartes"[42] –, unterstreicht nicht nur die Ansprüche der nach dem Untergang der spanischen Armada angeschlagenen Kolonialmacht. Denn sie spannt auch einen Verstehens-Horizont auf, innerhalb dessen die Bekämpfung des französischen ‚Lutheraners' in der Karibik ganz selbstverständlich in globale Zusammenhänge und Kriegsszenarien eingerückt wird. Das Langgedicht weiß sich all jenen Soldaten verbunden, die für die Sache Spaniens in der Bretagne, in Flandern oder in Italien, aber auch auf tausend anderen Kriegsschauplätzen kämpfen.

---

41 Ebda., S. 58.
42 Ebda., S. 69.

Das in derartigen Passagen literarisch in Szene gesetzte Weltbewusstsein des von den Kanaren stammenden Autors beruht nicht auf einer wie auch immer gearteten kontinentalen, also an einer kontinuierlich zusammenhängenden Territorialität ausgerichteten Vorstellung, sondern auf einem mit unendlich vielen Orten und Räumen in Verbindung stehenden Insel-Selbstbewusstsein, das an tausenderlei Orten diskontinuierlich die „cien mil partes" iberischer Machtpräsenz zusammendenkt. Wie die spanische Expansion ausgehend von der Karibik eine insulare Logik entwarf, mit deren Hilfe der amerikanische Kontinent von dort aufgebauten Machtinseln städtischer Zentren unterworfen und kontrolliert wurde, so zeigt sich auch im *Espejo de Paciencia* insgesamt, dass die von ihm entfaltete Logik eine transarchipelische ist, die anders als im Norden des Kontinents keiner territorial vorrückenden „frontier" verpflichtet scheint. Diese Grundunterscheidung zwischen einer *archipelisch* und einer *kontinental* vorrückenden Grenze eigener Macht hebt die Unterschiede zwischen den einzelnen Kolonisierungsstrukturen auf dem amerikanischen Kontinent hervor.

So tritt der mutige Spanier, der „valeroso hispano",[43] Gregorio Ramos als Rächer in Erscheinung, der sich in einem weltweiten Kampf gegen verschiedenartigste Formen der Häresie, eines „herético concilio",[44] weiß und sich aller häretischen Verschwörungen zum Trotz bewährt. Die sich über lange Verse erstreckende Vorstellung der Helden des Rachefeldzuges zeigt, wie irreführend eine statisch-territoriale Sichtweise nicht nur dieser Episode der Geschichte in der Karibik wäre: „De Canarias, Palacios y Medina / Pasan armados de machete y dardo, / Juan Gómez, natural, con punta fina, / Y Rodrigo Martín, indio gallardo; / Cuatro etíopes de color de endrina; / Y por la retaguardia, aunque no tardo, / Va Melchor Pérez con aguda punta."[45] Wir haben es mit Spaniern von der Halbinsel und mit Kanaren, mit indigenen Helfern und mit Schwarzen, mit „Äthiopiern", zu tun, welche allesamt für die Sache Spaniens aufgeboten werden. Indianer, Afrikaner und Europäer, in Spanien, in Kuba wie auf den Kanaren Geborene setzen es sich zum bald schon erreichten Ziel, dem verhassten Franzosen den Kopf abzuschlagen. Daran wird nicht nur die hohe Mobilität von Freibeuterei und Piraterie, sondern auch jene der Bewohner der Neuen Welt, des „Nuevo Mundo"[46] deutlich – zu denen im Gedicht auch Italiener, Franzosen und Portugiesen zählen. Europa hat in Amerika die Herrschaft übernommen, hat sich zugleich aber fundamental in der transatlantischen Übersetzung verändert.

---

**43** Ebda., S. 63.
**44** Ebda.
**45** Ebda., S. 67.
**46** Ebda., S. 63.

In dieser nur *bewegungsgeschichtlich*, nicht aber statisch-raumgeschichtlich zu verstehenden Dimension liegt aus der hier gewählten Perspektive die eigentliche Bedeutung des *Espejo de Paciencia*, fängt er für uns in seinem Spiegel doch das Weltbewusstsein einer noch in der Kontinuität der ersten Phase beschleunigter Globalisierung stehenden Bevölkerung ein, für die das Territoriale vorrangig als Bewegungs-Raum erscheint. Lange noch ist hierfür der Terminus nicht gefunden, der in Kuba um 1940 erfunden wird: Doch die *transkulturelle* Transformation dieser Bevölkerung hat längst begonnen.[47] So beeindruckt bis heute die Tatsache, dass das höchste Lob von Silvestre de Balboas Versepos jenem schwarzen Sklaven gilt, dessen Freilassung gefordert wird, da er es war, der den Anführer der französischen Piraten Gilbert Giron in edlem Kampfe besiegt hatte:

Kreole Salvador, Du ehrbarer Schwarzer,
Dein Ruhm erschallt und wird niemals vergehen:
Dir gutem Soldaten voller Lob, voll Ehr,
Töne Dein Ruf, mag Schrift nie verwehen.
Nicht weil ich es sagte aus diesem Karzer,
Kein Sterblicher mag es je missverstehen,
Aus Zuneigung schrieb' ich's, für Dich, Du Schwarzer,
Der Du Sklave, grundlos gefangen, magst fortbestehen.

¡Oh, Salvador criollo, negro honrado!
Vuele tu fama y nunca se consuma:
Que en alabanza de tan buen soldado
Es bien que no se cansen lengua y pluma.
Y no porque te doy este dictado,
Ningún mordaz entienda ni presuma
Que es afición que tengo en lo que escribo
A un negro esclavo y sin razón cautivo.[48]

In diesem Hymnus auf einen Schwarzen entsteht das Bild einer Konvivenz, eines friedlichen Zusammenlebens unterschiedlicher Ethnien und Kulturen auf der Insel Kuba. Mit diesen Versen entwirft Silvestre de Balboas *Espejo de Paciencia* in poetischer Form eine „vision of the community" und zugleich die „poetics of community",[49] welche die Möglichkeiten eines künftig einträchtigen Zusammenlebens der ethnischen und kulturell so unterschiedlichen Bevölke-

---

**47** Zum Begriff der Transkulturalität vgl. Ortiz, Fernando: *Contrapunteo cubano del tabaco y el azúcar*. Prólogo y Cronología Julio Le Riverend. Caracas: Biblioteca Ayacucho 1978.
**48** Balboa, Silvestre: *Espejo de Paciencia*, S. 75.
**49** Marrero-Fente, Raúl: *Epic, Empire, and Community in the Atlantic World. Silvestre de Balboa's „Espejo de paciencia"*, S. 175.

rungsteile auf der Insel skizzieren. Mit guten Gründen ließe sich daher sagen, dass in diesen Versen eines karibischen Versepos von 1608 in verdichteter Form ein Zusammenlebenswissen[50] – wenn auch noch vorsichtig – erkundet wird, das die Bewegungslinien eines transarealen Raumes zwischen Europa und Amerika, Afrika und Asien zusammenführt. Denn ein schwarzer Sklave wird zum Helden eines Epos, das die Gemeinschaft eines in den Tropen gelegenen blühenden Gemeinwesens in den Mittelpunkt rückt.

Der *Espejo de paciencia* zeitigte vielfältige Folgen, gerade auch im Bereich der Literatur. Dass diese in der Region von Bayamo angesiedelte Szenerie im weiteren Verlauf der kubanischen wie der karibischen Geschichte zugleich das Zeug hatte, zum symbolischen Akt des Widerstands gegen von außen angreifende und eindringende Mächte stilisiert werden zu können, zeigt der die kubanische Geschichte aus einer karibischen Perspektive durchlaufende Text *Le Roman de Cuba*. Letzteren legte der mit der Nachbarinsel Kuba sehr verbundene und mit einer Arbeit über Alejo Carpentier promovierte haitianische Schriftsteller Louis-Philippe Dalembert Anfang 2009 vor. Dort stoßen wir auf das Kapitel „*Playa Girón*, l'histoire d'un pirate français trop arrogant", in welchem die Ereignisse von April 1604 unmittelbar mit der vom CIA gelenkten, gegen die Revolution Fidel Castros gerichteten, aber rasch in sich zusammengebrochenen Invasion von April 1961 in der Schweinebucht, dem heutigen *Playa Girón*, verknüpft werden:

> Im Gemenge findet sich Giron von Angesicht zu Angesicht mit dem Sklaven Salvador Golomón wieder, einem kreolischen Schwarzen, der also auf der Insel zur Welt kam. Bevor Giron noch die Zeit fand, seine Muskete zu laden, stieß ihm dieser seine Lanze durch die Brust. Der Franzose wird zu Boden gestreckt. Und Salvador Golomón stürzt sich auf ihn, um ihm den Gnadenstoß zu versetzen. Danach schnitt er ihm mit der Machete den Kopf ab. Als sie sahen, dass ihr Anführer tot war, ergriffen die zwei oder drei Halunken, die noch am Leben waren, rasch die Flucht. Der Kopf des Franzosen wird auf dem Hauptplatz von Bayamo aufgepflanzt. Auf diese Weise ging die Karriere des französischen Piraten Gilbert Giron zu Ende, der seinen Namen jenem Strand gab, an dem er mit seinen Gefährten an Land ging.[51]

Mochte die Karriere von Gilbert Giron damit auch zu Ende gegangen sein, diejenige der Korsaren und Freibeuter im gesamten Raum der Karibik war es nicht. Denn gerade im 18. Jahrhundert errichteten die „Brüder der Küste" ein stabiles und wehrhaftes Gemeinwesen, das den europäischen Kolonialmächten und deren Abtransporten amerikanischer Reichtümern noch lange Zeit Paroli bieten konnte.

---

**50** Vgl. zu dieser Begrifflichkeit Ette, Ottmar: *ZusammenLebensWissen. List, Last und Lust literarischer Konvivenz im globalen Maßstab (ÜberLebenswissen III)*. Berlin: Kulturverlag Kadmos 2010; sowie (ders.): *Konvivenz. Literatur und Leben nach dem Paradies*. Berlin: Kulturverlag Kadmos 2012.

**51** Dalembert, Louis-Philippe: *Le Roman de Cuba*. Monaco: Editions du Rocher 2009, S. 74.

Doch können wir in unserer Vorlesung der reizvollen und spannenden Geschichte der Freibeuter, Korsaren und Piraten leider nicht weiter nachgehen – auf diesem Gebiet hat sich in den letzten Jahrzehnten eine eindrucksvolle Forschung entwickelt.[52] Aber eine Frage blieb doch: War die Geschichte um den heldenhaften schwarzen Salvador nicht einfach zu schön, um wahr zu sein?

Seit den ersten Nachrichten von der ‚Entdeckung' des *Espejo de Paciencia* in den Archiven der Sociedad Patriótica de La Habana wurde immer wieder der Verdacht geäußert, dass es sich bei dieser Auffindung eher um eine Erfindung gehandelt habe. Diese sollte dazu dienen, für die kubanische Literatur und mehr noch für das Unabhängigkeitsstreben der Insel Kuba eine ebenso respektable wie jahrhundertealte Genealogie zu schaffen.[53] Gewiss konnte trotz vieler Versuche der Beweis für diese These bisher noch niemals schlüssig erbracht werden. Doch selbst wenn sich dieser Verdacht, der wiederum in Romanform von dem kubanischen Schriftsteller Leonardo Padura in *La novela de mi vida* im Jahre 2002 ins Spiel gebracht wurde, eines Tages bestätigen sollte: Er würde aus der hier gewählten Perspektivik im Grunde nur beweisen, dass die nachträgliche Konstruktion der langanhaltenden Herausbildung einer wie auch immer gearteten essentiell ‚kubanischen Identität' nicht ohne die Grundierung einer transarchipelischen Relationalität möglich gewesen wäre.

Denn im *Espejo de Paciencia* verschränken sich die Dimensionen des Erfundenen und des Gefundenen auf fundamentale Weise miteinander, um sich auf ein Erlebtes und zugleich Nacherlebbares hin zu öffnen, das sich im Verlauf einer langen Rezeptionsgeschichte zu entfalten vermag. Nicht selten hat das Erfundene in der Realität eine stärkere Ausstrahlungs- und Wirkkraft als das Gefundene: Wir leben alle eingebettet in Fiktionen, die für uns die Realität bedeuten. Der peruanische Literaturnobelpreisträger Mario Vargas Llosa hat diese Einsicht mit dem Hinweis versehen, dass es da noch immer besser sei, den wirklich guten (also den literarischen) Fiktionen anheimzufallen als den schlechten, den „malas ficciones", die aber – wie die Börsendaten und in unseren Gesellschaften auch die Verschwörungsideologien – vielen Menschen wie Tatsachen erscheinen, welche das jeweilige Handeln bestimmen. Sie regieren beträchtliche Teile unseres Lebens, auch wenn wir dies nicht immer vor Augen haben.

---

**52** Vgl. etwa Arnold, Albert James: Corsaires, Aventuriers, Flibustiers et Pirates: Identités Régionales à la frontière de l'Empire Espagnol dans la Caraïbe. In: Ette, Ottmar / Müller, Gesine (Hg.): *Caleidoscopios coloniales. Transferencias culturales en el Caribe del siglo XIX. Kaléidoscopes coloniaux. Transferts culturels dans les Caraïbes au XIX^e siècle*. Madrid – Frankfurt am Main: Iberoamericana – Vervuert 2010, S. 213–227.
**53** Vgl. hierzu auch Esteban, Angel: „Si no lo veo, no lo creo": sobre „Florida" de Escobedo y el „Espejo de Paciencia", S. 205–210.

Nehmen wir daher für einen kurzen Augenblick an, dass der *Espejo de paciencia* eine geschickte Fälschung und Erfindung wäre, die von irgend einem kubanischen Autor des ausgehenden 18. Jahrhunderts oder der ersten Hälfte des 19. Jahrhunderts erfunden wurde! Wäre dies aber dann nicht der beste Beleg dafür, dass die Karibik im Grunde nur als Archipel begreifbar ist, hinter dem sich ständig andere Archipele, andere Inselwelten verbergen?

Denn es kann kein Zweifel daran bestehen, dass der karibische Raum dank der Intensität seiner transozeanischen Verbindungen einen Bewegungs-Raum darstellt, der ohne seine viellogische[54] Relationalität, aber auch seinen großen Reichtum auf allen Ebenen nicht adäquat gedacht werden kann. Schauen wir auf das Jahrhundert der Aufklärung, das „Siècle des Philosophes", so heißt es im zehnten Buch der bereits erwähnten *Histoire des deux Indes* von Guillaume-Thomas Raynal mit Blick auf jenen Raum, den wir heute die Karibik nennen: „Amerika schließt zwischen dem achten & dem zweiunddreißigsten Grad nördlicher Breite den zahlreichsten, den umfangreichsten und den überhaupt reichsten Archipel mit ein, den der Ozean jemals der Neugier, der Tatkraft und der Habgier der Europäer dargeboten hat."[55]

In seiner Darstellung des karibischen Raums bezieht der aus dem südfranzösischen Rouergat stammende Abbé Raynal daher von Beginn an die Frage nach der infrastrukturellen Anbindung dieser Inselwelt an die Häfen der verschiedenen europäischen Mutterländer wie auch die Problematik ihrer Vernetzung mit den Küsten Afrikas mit ein. Indem er diesem Aspekt breiten Raum in seiner aufklärerischen Kolonialenzyklopädie gibt, entwirft er einen komplexen, nicht nur transatlantischen, sondern transozeanischen Bewegungsraum, innerhalb dessen Netzwerk die karibische Inselwelt seit der ersten Phase beschleunigter Globalisierung eine wichtige, ja entscheidende Rolle spielt. Die *Histoire des deux Indes* führt mitten in der zweiten Phase beschleunigter Globalisierung eindrucksvoll vor Augen, von welcher Bedeutung diese transarchipelisch vernetzten Transport- und Wirtschaftswege sind, die im Übrigen in den aufgeklärten Kolonialmächten Europas die Gewinne und Profite durch den barbarischen Sklavenhandel hochschnellen ließen.

Mit Hilfe zahlreicher Statistiken versucht der später in der Französischen Revolution als Vorläufer gefeierte Raynal akribisch genau, die sich innerhalb

---

**54** Zum literatur- und kulturtheoretischen Potential des Polylogischen vgl. Ette, Ottmar: *Viellogische Philologie. Die Literaturen der Welt und das Beispiel einer transarealen peruanischen Literatur.* Berlin: Verlag Walter Frey – edition tranvía 2013.
**55** Raynal, Guillaume-Thomas: *Histoire philosophique*, Bd. 5, S. 197: „L'Amérique renferme, entre le huitième & le trente-deuxième dégré de latitude septentrionale, l'archipel le plus nombreux, le plus étendu, le plus riche que l'océan ait encore offert à la curiosité, à l'activité, à l'avidité des Européens."

**Abb. 4:** Nicolas de Launay: Guillaume-Thomas Raynal (1713–1796).

jener strukturellen Veränderungen und Verschiebungen, welche die zweite Phase beschleunigter Globalisierung in der zweiten Hälfte des 18. Jahrhunderts ausmachen, deutlich abzeichnenden Preisschwankungen der „terms of trade" nachzuvollziehen. Seine *Philosophische und politische Geschichte der Niederlassungen und des Handels der Europäer in beiden Indien* bezeugt die ungeheure Kraft, welche in dieser Globalisierungsphase insbesondere von den neuen Führungsmächten Frankreich und England entfesselt wurde. Die Konsequenzen all dieser Bewegungen ergeben sich aus seiner Sicht geradezu zwangsläufig aus dem von Europa gesteuerten Prozess globaler Vernetzung und weltweiter Ausbeutung, der auch die künstliche Erzeugung einer Nachfrage nach Luxusgütern wesentlich miteinschließt. Sehen wir uns die in der *Histoire des deux Indes* vorgebrachten Argumentationen einmal näher an:

Auch wäre der Sklavenhandel schon zusammengebrochen, wenn die Bewohner der Küsten nicht längst ihren Luxusbedarf an die Völker im Binnenlande weitergegeben hätten, von denen sie heute den Großteil der Sklaven nehmen, welche sie uns liefern. Auf diese Weise hat der Handel der Europäer die für den Handel verwertbaren Reichtümer nahezu vollständig erschöpft.

Diese Erschöpfung hat den Preis der Sklaven innerhalb von zwanzig Jahren nahezu vervierfacht; & auf diese Weise ging es vonstatten. Man bezahlt sie zum allergrößten Teil mit Handelswaren aus Ostindien, die ihren Wert in Europa verdoppelt haben. In Afrika muss man wiederum das Doppelte für diese Handelswaren bezahlen. So sind die Kolonien in Amerika, wo sich der letzte Teil des Handels vollzieht, gezwungen, diese unterschiedlichen Erhöhungen zu ertragen & zahlen folglich viermal mehr als früher.

Allerdings erhält der weit entfernte Eigentümer, der seinen Sklaven verkauft, weniger Handelswaren, als vor fünfzig Jahren derjenige dafür bekam, der den Seinigen in der Nachbarschaft der Küste verkaufte. Der Profit der Zwischenhändler; die Kosten für die

Verbringung, die Begleichung der Rechte, denn bisweilen muss man drei Prozent den Herrschern bezahlen, deren Gebiete man quert, all dies absorbiert die Differenz zwischen der Summe, welche der erste Eigentümer erhält, und dem, was der europäische Händler letztlich bezahlt.[56]

Wir erhalten in diesen Erläuterungen eine genaue Darstellung der Mechanismen, Bedingungen und Profitmargen jenes transatlantischen Sklavenhandels, den die europäischen Kolonialmächte zwischen Europa, Afrika und ihren Kolonien in Amerika höchst profitabel etablierten. Auf der Basis vielfältiger Quellen und Dokumente berechnet Raynal die erheblichen Kostensteigerungen, aber auch die exorbitanten Verdienstmöglichkeiten für alle, die mittelbar oder unmittelbar am Handel mit schwarzen Sklaven beteiligt waren oder mit ihrem Kapital auf diesem Markt (wie wohl er auch selbst) spekulierten. Raynal erblickt in der ständigen Verteuerung der Sklaven, die aus immer entfernteren Gebieten Afrikas herbeigeschafft werden müssen, die – wie wir heute wissen – illusorische Möglichkeit, dass der Sklavenhandel sich damit aus wirtschaftlichen Gründen selbst abschaffen könnte. Doch wird auch deutlich, dass der Verfasser und Herausgeber der *Histoire philosophique et politique des établissemens et du commerce des Européens dans les deux Indes*[57] die weltumspannende Dimension des *Black Atlantic*[58] überaus realitätsnah darzustellen verstand.

Die vom Abbé Raynal mit Hilfe eines weltweiten Korrespondenten-Netzes zusammengetragenen und gemeinsam mit vielen anderen Autoren herausgegebenen Daten machen seine Kolonialenzyklopädie auch heute noch zu einer wahren Fundgrube für die Beleuchtung zeitgenössischer Wirtschaftsdaten rund um den abscheulichen und unmenschlichen Sklavenhandel. Dem Titel seiner großen Kolonialenzyklopädie gemäß, gelingt es Raynal in seiner *Histoire des deux Indes*, den Sklavenhandel, die „traite des noirs", als ein globales Phänomen zu porträtieren. In diesem ist die von Europa aus gelenkte Verschleppung von Millionen schwarzer Sklaven von Afrika nach den „Indes Occidentales" (also Amerika) aufs Engste verzahnt ist mit dem Handel Europas mit den „Indes Orientales" (also Asien).

Unser Blick geht zurück zur Weltkarte des Juan de la Cosa, in welcher diese allgemeine Anlage der beiden peripheren Indien mit ihren in Zukunft von Europa abhängigen Kolonialstrukturen zum ersten Mal kartographisch erfasst wurden.

---

56 Ebda., Bd. 6, S. 69.
57 Vgl. hierzu auch Ette, Ottmar: Diderot et Raynal: l'oeil, l'oreille et le lieu de l'écriture dans l'„Histoire des deux Indes". In: Lüsebrink, Hans-Jürgen / Strugnell, Anthony (Hg.): *L'„Histoire des deux Indes": réécriture et polygraphie*. Oxford: Voltaire Foundation 1996, S. 385–407.
58 Vgl. hierzu Gilroy, Paul: *The Black Atlantic. Modernity and double consciousness*. London: Verso 1993; sowie *Der Black Atlantic*. Herausgegeben vom Haus der Kulturen der Welt in Zusammenarbeit mit Tina Campt und Paul Gilroy. Berlin: Haus der Kulturen der Welt 2004.

Wir kommen nicht umhin, dieser frühen Karte, welche den Katholischen Königen Spaniens erstmals einen Überblick über ihr entstehendes Reich auf diesem Planeten verschaffen sollte, eine enorm prospektive Bedeutung beizumessen. Was in der ersten Phase beschleunigter Globalisierung an Kolonialräumen für europäische Mächte erschlossen ward, wurde in der zweiten Phase wesentlich ausgeweitet, vor allem aber dank neuer Technologien intensiviert. So zeigt sich auch in diesem Kontext des Jahrhunderts der Aufklärung, wie sehr die karibische Inselwelt in nochmals verstärktem Maße während der zweiten Phase beschleunigter Globalisierung nicht nur mit Europa und Afrika sowie den Afrika vorgelagerten Archipelen verbunden blieb, sondern zugleich in ein auch Asien umfassendes komplexes System von Handelswegen eingebunden war. Längst waren diese Handelswege und der mit ihnen einhergehende Weltverkehr in und für Europa selbstverständlich geworden. Dies ist die Hintergrundfolie, auf der wir stets das 18. Jahrhundert betrachten sollten: nicht als eine weit im Hintergrund stehende wirtschaftliche oder politische Marginalie, sondern als die Basisstruktur, auf der sich alles entwickelte.

Dabei ist es keineswegs so, dass in dieser Kolonialenzyklopädie des 18. Jahrhunderts die wirtschaftlichen Mechanismen nur teilnahmslos und sachlich beschrieben würden. Die von der Feder Denis Diderots, des sicherlich wichtigsten Mit-Autors, so häufig in der *Histoire des deux Indes* vorgetragene Verurteilung des Sklavenhandels wie des europäischen Kolonialismus fehlt daher gerade in den der Karibik gewidmeten Teilen des Raynal'schen Werkes – wie anhand vieler anderer Passagen zu zeigen wäre – keineswegs. Denn schon zu Beginn wird die Entdeckung und Eroberung Amerikas und damit die erste Phase beschleunigter Globalisierung als Anfang allen Übels verflucht:

> Verflucht sei daher der Augenblick ihrer Entdeckung! Und Ihr, Ihr Herrscher Europas, was kann der Beweggrund für Eure eifersüchtige Ambition zugunsten von Besitzungen sein, deren Elend Ihr nur in alle Unendlichkeit verlängern könnt? & welche Ihr nicht sich selbst wieder zurückgebt, wenn Ihr daran verzweifelt, sie zum Glücke zu führen! Im Verlaufe dieses Werkes habe ich es mehr als ein Mal gewagt, Euch die Mittel dafür anzugeben: Aber ich fürchte wohl, dass meine Stimme nur in der Wüste schrie & noch immer schreit.[59]

Die *Histoire des deux Indes* ist in mehr als nur einer Hinsicht ein für das europäische 18. Jahrhundert charakteristischer und mithin stark schillernder, sich an seinen eigenen Widersprüchen abarbeitender Text, der trotz aller Untersuchungen der letzten Jahrzehnte noch immer im Bewusstsein der Aufklärungsforschung viel zu wenig präsent ist. Dabei kann man nicht einmal sagen, dies

---

59 Raynal, Guillaume-Thomas: *Histoire philosophique et politique*, Bd. 5, S. 54 f.

liege daran, dass diese französische Kolonialenzyklopädie nur eher marginal wahrgenommen worden wäre. Denn tatsächlich zählte das umfangreiche Werk trotz seiner Komplexität zu den großen Bestsellern der Lumières und wurde in zahlreiche europäische Sprachen übersetzt.

Es gehört sicherlich zu den charakteristischen Widersprüchen in diesem aus unterschiedlichen Texten unterschiedlicher Autoren zusammengesetzten und von Raynal in einem textuellen Brennspiegel vereinigten Bestseller der Aufklärung, dass sich die Reflexion der aktuellen Entwicklungen aus europäischer Perspektive auch auf die Möglichkeiten europäischer Machterhaltung im globalen Kontext bezog. In dieser weltpolitischen Frage aber ist die Position der *Histoire des deux Indes* unverkennbar an der Einsicht ausgerichtet, dass die geostrategische Bedeutung der Karibik nur dann in Zukunft noch für die einzelnen europäischen Nationen nutzbar sein dürfte, wenn ein weiterer Ausbau der jeweiligen Seestreitkräfte vorangetrieben werden kann. So heißt es im Schlussteil des vierzehnten Buches über diese fundamentalen geostrategischen Interessenlagen der europäischen Mächte:

> Es gibt kein anderes Mittel, um die Inseln zu behalten, als eine Furcht einflößende Marine. In den Werften & in den Häfen Europas müssen die Bastionen und Boulevards der Kolonien Amerikas gebaut werden. Während die Metropole sie gleichsam unter den Flügeln ihrer Schiffe haben wird; solange sie mit ihren Flotten das weite Intervall ausfüllt, das sie von ihren Inseln, den Töchtern ihres Gewerbfleißes & ihrer Macht trennt; so lange wird ihre mütterliche Wachsamkeit über ihren Wohlstand für ihre anhaltende Anbindung verantwortlich sein. Folglich sind es die Seestreitkräfte, auf welche die Eigentümer der Neuen Welt von nun an ihr Augenmerk richten werden. Die Politik Europas will im Allgemeinen die Grenzen der Staaten mit Hilfe befestigter Plätze beibehalten. Doch für die Seemächte müsste es vielleicht Zitadellen in den Zentren & Schiffe auf den Umwallungen geben. Eine Handel treibende Insel hat selbst keinen Bedarf an befestigten Plätzen. Ihre Verteidigungslinie ist das Meer, das ihre Sicherheit, ihre Subsistenz, ihren Reichtum garantiert. Die Winde stehen ihr zu Befehl, & alle Elemente tragen zu ihrem Ruhme bei.[60]

Dieser geostrategische Entwurf, der auf die Förderung und den Ausbau der Seestreitkräfte setzt, entwirft in dieser Passage nicht nur die „Bastionen und Boulevards der Kolonien Amerikas" in den Räumen zwischen den Inseln der Karibik. Er imaginiert zudem einen von den Mutterländern konzipierten und kontrollierten Bewegungs-Raum, der allein den Zielen der jeweiligen europäischen Macht dient und gerade auch der Piraterie und Freibeuterei ein Ende bereiten muss. Das Meer stellt in dieser Vision die Vielverbundenheit der Inseln sicher, bildet zugleich aber auch ihren Schutzwall vor feindlichen Angriffen jedweder Art. Das Meer ist insoweit das bewegende und verbindende Element schlechthin, zugleich aber auch

---

**60** Ebda., Bd. 7, S. 118.

das Medium einer Flotte, welche das „attachement" der jeweiligen Insel und damit die Herrschaft Europas sicherstellt. Denn außereuropäische Kolonien kann in Europa nur beanspruchen, wer über Furcht einflößende Flotten verfügt.

Es geht um *Insel-Welten* und um *Inselwelten* in Übersee. Die Inseln erscheinen gleichzeitig als *Inselwelt*, mithin als ein weltweit vernetzter, aber in seinen Verbindungen von Europa dominierter Archipel unterschiedlichster Inseln, und als *Insel-Welt*, als je eigene, vom Meer geschützte Welt voneinander getrennter Inseln, die ihre je eigene Logik besitzen.[61] So gibt die hier angeführte Passage des vierzehnten Buches eine klare Antwort auf die dem Schlusskapitel vorangestellte Frage „Quel doit être le sort futur des isles de l'Amérique": Was also wird das künftige Schicksal der Inseln Amerikas sein? Die Antwort von Guillaume-Thomas Raynal ist eindeutig: Nur wem es gelingt, die Welt der Karibik *zugleich* als Boulevard und als Bastion zu nutzen und damit gleichzeitig als Inselwelt und als Insel-Welt zu verstehen, wird es auch gelingen, den karibischen und zirkumkaribischen Raum nicht nur zu begreifen, sondern – wenn nötig – auch zu beherrschen.

Schauen wir nun ein klein wenig über das Ende des 18. Jahrhunderts hinaus in diese von Raynal apostrophierte Zukunft der transatlantischen wie der weltweiten Beziehungen! In einer dem zwischen April 1808 und Juli 1811 erstmals erschienenen *Essai politique sur le royaume de la Nouvelle-Espagne* beigegebenen Weltkarte hat Alexander von Humboldt eine höchst interessante Bewegungskarte weltweiter Verschiffungen von Edelmetallen vorgelegt. Seine „Carte des diverses Routes par lesquelles les richesses métalliques refluent d'un Continent à l'autre", also eine Karte der verschiedenen Wege, auf denen die reichen Bodenschätze von einem Kontinent zum anderen gelangen (Abb. 5). Diese kunstvolle Karte ist mit einigen überraschenden und auch hintersinnigen Details ausgestaltet. So hat Humboldt hier dem kleinen Städtchen Freiberg in Sachsen, wo er an der berühmten Bergakademie studiert hatte, durch die Einzeichnung in eine ansonsten weitgehend städteleere Kartierung Europas ein kleines ironisches Denkmal errichtet. Anders als Juan de la Cosa oder Guillaume-Thomas Raynal wählte er jedoch den Ausschnitt so, dass Europa nicht im Zentrum, sondern am jeweils östlichen und westlichen Kartenrand eingezeichnet wurde. Nur eine kartographische Grille dieses im vollen Wortsinne europäischen Reisenden, der sich strikt gegen jede Art von Kolonialismus wandte?

Auffällig ist, dass Humboldt dabei nicht nur die verschiedenen Routen, sondern in herausgehobener Form auch viele Inseln und Archipele einzeichnete, welche sich – und dies ist kein Zufall – häufig entlang der eingetragenen

---

61 Zur Unterscheidung zwischen *Inselwelt* und *Insel-Welt* vgl. Ette, Ottmar: Von Inseln, Grenzen und Vektoren. Versuch über die fraktale Inselwelt der Karibik. In: Braig, Marianne / Ette, Ottmar / Ingenschay, Dieter / Maihold, Günther (Hg.): *Grenzen der Macht – Macht der Grenzen. Lateinamerika im globalen Kontext*. Frankfurt am Main: Vervuert Verlag 2005, S. 135–180.

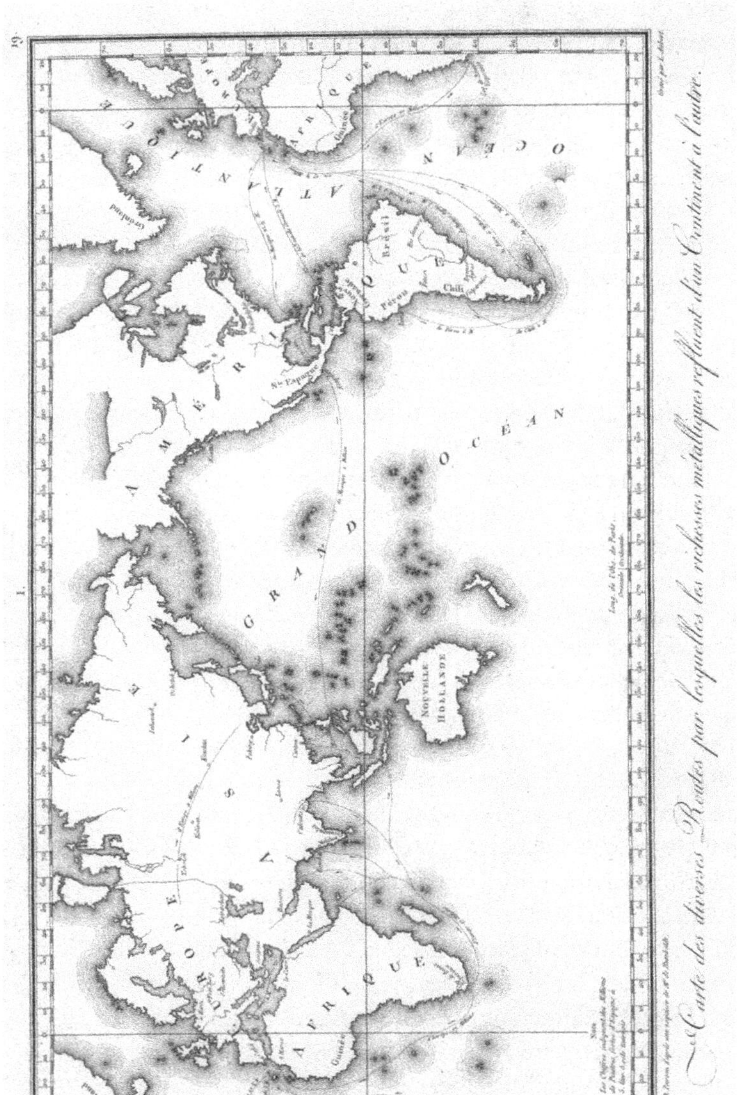

**Abb. 5:** Alexander von Humboldt: *Carte des diverses routes par lesquelles les richesses métalliques refluent d'un continent à l'autre*, aus dem *Essai politique sur le royaume de la Nouvelle-Espagne*, 1808–1811.

Transportwege situieren. Der Versuch, von einer raumgeschichtlichen zu einer bewegungsgeschichtlichen Sichtweise zu gelangen, verknüpft sich bei Alexander von Humboldt stets mit einem ausgeprägten Interesse an Inseln und Inselwelten: In ihnen erkannte er ein immer wieder dynamisierendes, die Zirkulation des Wissens wie der Waren akzelerierendes Element. So lässt sich seine Karte unschwer als eine Bewegungskarte auffassen, welche deutlich das *bewegungsgeschichtliche* Verständnis weltumspannender Verbindungen im Denken des Natur- und Kulturforschers anzeigt.

Bei einer genaueren Betrachtung der Humboldt'schen Wegekarte zeigt sich nicht nur, dass die Karibik über zwei Routen zwischen der Alten Welt und Neuspanien sowie Neugranada verbunden ist, sondern zugleich auch über das neuspanische Festland und den Hafen von Acapulco mit den Philippinen und dem Hafen von Kanton auf dem asiatischen Festland korrespondiert. Dies unterstreicht die herausgehobene Stellung des karibischen Raumes innerhalb des gesamten Weltverkehrs und die Tatsache, dass die Karibik früh schon zu den am dichtesten globalisierten Areas dieses Planeten zählte. Doch gerade die an Umfang geringere Route über Neuspanien und die Philippinen war kulturgeschichtlich wie transkulturell von großer Bedeutung. Anders als im Falle des Atlantik, der auf Humboldts Karte von unterschiedlichsten Routen gequert wird, handelt es sich dabei um den einzigen Transportweg, der den weiten transpazifischen Raum durchläuft, welcher ins Zentrum des Kartenblattes gerückt ist.

Vergessen wir vor dem Hintergrund dieser Bewegungs-Karte nicht, dass Serge Gruzinski in seiner Studie über die Globalisierung im 16. Jahrhundert[62] die Tatsache in Erinnerung rief, dass Spanien mit der Eroberung der Philippinen die Schaffung eines wahrhaft weltumspannenden Reiches abschloss. Dessen einzelne Teile waren nicht nur prioritär an Spanien zurückgebunden, sondern vernetzten sich auch im Rahmen der von der Kolonialmacht gegebenen und überwachten Möglichkeiten intern. Die Inselwelten der Philippinen nahmen in diesem Zusammenhang eine gegenüber den Antillen analoge Stellung ein. Zugleich wuchs insbesondere Neu-Spanien noch im 16. Jahrhundert in eine geostrategisch wie ökonomisch bedeutsame Rolle, insofern von der Hauptstadt des Vizekönigreiches aus über die Häfen Veracruz und Acapulco die transatlantischen mit den transpazifischen Verbindungswegen verknüpft werden konnten. Schon 1566 wurde im Rahmen der Expedition von Miguel de Legazpi eine Route gefunden, die von den Philippinen nach Neu-Spanien zurückführte, so dass ab diesem Zeitpunkt keine Verschiffung von Menschen oder Waren über asiatische Häfen mehr

---

62 Vgl. Gruzinski, Serge: *Les Quatre Parties du monde. Histoire d'une mondialisation.* Paris: Editions de La Martinière 2006, u. a. S. 131.

notwendig war, sondern – wie Gruzinski formulierte – Asien in Amerika ankam.[63] Das von Europa aus gezogene Netz um die Erde war geschlossen – wenn auch noch weitmaschig. Im Folgenden ging es darum, es für die iberischen Kolonialmächte noch effizienter zu gestalten.

Mit diesen globalgeschichtlich bedeutungsvollen Tatsachen und Ereignissen waren weniger als ein halbes Jahrhundert nach der ersten Weltumsegelung Magellans beziehungsweise Elcanos im Auftrag Spaniens die nautischen und infrastrukturellen Grundlagen für eine den gesamten Erdball umspannende Wirtschaft mit ihren ebenso von festen wie schwimmenden Bastionen zu schützenden Transportrouten gelegt. Europa sollte dieses Netzwerk bis zur „Independencia" der iberischen Kolonien, die sich am Ausgang des 18. Jahrhunderts – und Humboldts Reiseberichte liefern hierfür den Beleg – bereits abzeichnete, nicht mehr aus den Händen lassen. Diese asymmetrische ‚Symbiose' liegt auch dem 18. Jahrhundert zu Grunde; und zwar nicht allein der „Géographie des Lumières", sondern der Wirtschafts- und Sozialstruktur der europäischen Mutterländer und der mit ihnen binneneuropäisch verflochtenen Staaten. Zugleich war die karibische Inselwelt damit zu einem überaus wichtigen Teil eines Systems von Häfen und Handelsplätzen, von Werften und Waffenschmieden, von Forts und Finanztransfers geworden, in dessen weiterer Entwicklung die Karibik einschließlich eines Teiles ihrer Festlandsäume mit der zusätzlichen Intensivierung der auf der Arbeit afrikanischer Sklaven beruhenden Plantagenwirtschaft zu einem Raum verdichtetster Globalisierung avancierte. Die Karibik war ohne Europa nicht zu denken – und darüber vergisst man aus europäischer Sicht leicht, dass auch das Umgekehrte galt.

Alexander von Humboldt, der wohl erste Globalisierungstheoretiker, hat sich mit dieser frühen Schlüsselstelle des Welthandels und des Transports von Rohstoffen wie Fertigprodukten über lange Jahrzehnte sehr intensiv beschäftigt. Konsequenterweise hat er in seinen verschiedenen Kartenwerken nicht nur ein Profil Neu-Spaniens zwischen den Häfen Acapulco und Veracruz erstellt und unterschiedliche, auch kartographisch festgehaltene Varianten für den Bau eines interozeanischen Kanals vorgeschlagen, der über den karibischen Raum die transatlantischen mit den transpazifischen Routen noch effizienter verbinden sollte. Auch die exakte kartographische Aufnahme des karibischen und zirkumkaribischen Raumes gehört zweifellos zu den großen Leistungen des Preußen, die keineswegs nur das kartographische Bild von der neuen Welt grundlegend veränderten. Er fasste zu Beginn des 19. Jahrhunderts die Ergebnisse des 18. Jahrhunderts zusammen und hob sie am Ausgang des Siècle des Lumières

---

63 Ebda.

auf eine neue Stufe. Diesbezüglich sprach er selbst von einer weltweit erfolgenden „glücklichen Revolution".[64]

**Abb. 6:** Friedrich Georg Weitsch: Alexander von Humboldt (1769–1859).

Vergleicht man die beiden Humboldt'schen Kuba-Karten des *Atlas géographique et physique* mit kartographischen Darstellungen, wie sie etwa Guillaume-Thomas Raynals *Histoire philosophique et politique des établissemens et du commerce des Européens dans les deux Indes* noch beigegeben wurden, so wird mit Blick auf die Darstellungsweise, die Präzision ihrer astronomischen Messungen und Ortsangaben sowie die Detailtreue ihrer kartographischen Visualisierung deutlich. Ein gewaltiger Sprung wird augenfällig, der die Humboldt'schen Kartenwerke auszeichnet. Sie beruhten auf unermüdlich während seiner Reise durch die amerikanischen Tropen unternommenen Beobachtungen, aber auch auf vielen anderen Messungen und gewiss auch den Ergebnissen des Jahrhunderts der Aufklärung. Das moderne Bild von der Erde, von unserer Welt, war entstanden.

Die gesamte Karibik war für Alexander von Humboldt ein vielgestaltiger Transitraum, in dem sich nicht nur mit Blick auf die Haitianische Revolution weltweit relevante Entwicklungen anbahnten. Auf diese Fragestellungen werden wir in unserer Vorlesung noch ausführlich eingehen. Humboldts Kartographie und die mit ihm verbundenen Kartographen waren an weltweiten Bewegungen ausgerichtet. Lässt sich aber auch ein enger gewählter Ausschnitt kartographisch als Bewegungs-Raum skizzieren? Die beiden Karten der Insel Kuba, die Alexander von Humboldt dem Kartenwerk des *Atlas géographique et physique des régions équinoxiales du Nouveau Continent* in seinem amerikanischen Reisewerk beigab, präsentieren uns den rechteckigen Ausschnitt einer Insel, die als separate Darstellung gleichsam aus dem Zusammenhang der karibischen Inseln und Festlandsäume herausgeschnitten ist. Sie ordnen sich dem erstmals 1826 separat in zwei Bänden

**64** Vgl. hierzu Ette, Ottmar: „Para edificar el templo de la libertad." París – Berlín – Haití – México: Alexander von Humboldt, de revolución en revolución. In: Leyva, Gustavo / Connaughton, Brian / Díaz, Rodrigo / García Canclini, Néstor / Illades, Carlos (Hg.): *Independencia y Revolución. Pasado, Presente y Futuro.* México: Fondo de Cultura Económica – Universidad Autónoma Metropolitana 2010, S. 591–619.

zu Paris erschienenen *Essai politique sur l'île de Cuba*[65] zu, der ursprünglich im Kontext von Humboldts *Relation historique*, dem eigentlichen Reisebericht von seiner Forschungsexpedition mit Aimé Bonpland durch die Amerikas, im dritten Band entstanden war. Diese ikonotextuelle, Text und (Karten-) Bild miteinander verbindende Relation gilt es einen Augenblick lang genauer im Auge zu behalten.

Die auffällige generische Titelgleichheit des *Politischen Versuchs über die Insel Cuba* mit Humboldts Jahre zuvor erschienenen *Essai politique sur le royaume de la Nouvelle-Espagne* darf jenseits wissenschaftlicher, epistemologischer wie literarischer Gründe durchaus auf eine Intentionalität der Benennung zurückgeführt werden. Der preußische Gelehrte wusste sehr wohl, dass sein erster *Essai politique* von vielen gerade auch amerikanischen Lesern wie eine Art Geburtsurkunde eines unabhängigen Mexiko gelesen wurde und dem emergierenden Nationalstaat förmlich in die Wiege gelegt worden war. Was also gab Alexander von Humboldt der größten der Antilleninseln mit auf den Weg? Dachte er bereits an den künftigen Nationalstaat Kuba?

Als anderthalb Jahrzehnte nach dem bisweilen fälschlich als „Mexiko-Werk" bezeichneten *Essai* Humboldts Versuch über Kuba in den Druck ging, war die Entstehung des jungen Staates Mexiko zwar noch immer mit vielen Turbulenzen verbunden, aber ein historisches Faktum, das Humboldt, dessen amerikanisches Reisewerk die Unabhängigkeitsrevolution in den spanischen Kolonien über die entscheidenden Jahrzehnte begleitete, überaus bewusst sein musste. Dass er seinem *Essai politique sur l'île de Cuba* kartographische Darstellungen beigab, die eine spanische Kolonie gleichsam losgelöst von ihren geographischen und topographischen Kontexten in einem separaten Kartenbild präsentierten, darf folglich sehr wohl als ein belastbares Indiz gewertet werden. Es handelt sich um den Hinweis darauf, dass Humboldt die für den europäischen Handel immer wichtiger werdende Insel als protonationale Einheit verstand – und auch verstanden wissen wollte. Humboldt war sich seiner Titelgebung und der Auskoppelung des nun separierten Werkes aus seinem amerikanischen Reisebericht sehr wohl bewusst.

Zwischen den Karten von 1820 und 1826 (Abb. 7a u. 7b) gibt es leicht erkennbare Veränderungen im Verlauf der dargestellten Gebirge, Verbesserungen fehlerhafter Einträge oder leichte Korrekturen der astronomischen Berechnungen, die Humboldt dank zusätzlicher Hinweise sowie fremder Messungen und Berichtigungen einarbeiten konnte. Sie lassen ein Bild der Insel Kuba mit zahlreichen sie umgebenden kleineren und größeren Inseln – einschließlich der Isla de Pinos

---

[65] Humboldt, Alexander von: *Essai politique sur l'île de Cuba*. Avec une carte et un supplément qui renferme des considérations sur la population, la richesse territoriale et le commerce de l'Archipel des Antilles et de Colombia. 2 Bde. Paris: Librairie de Gide fils 1826.

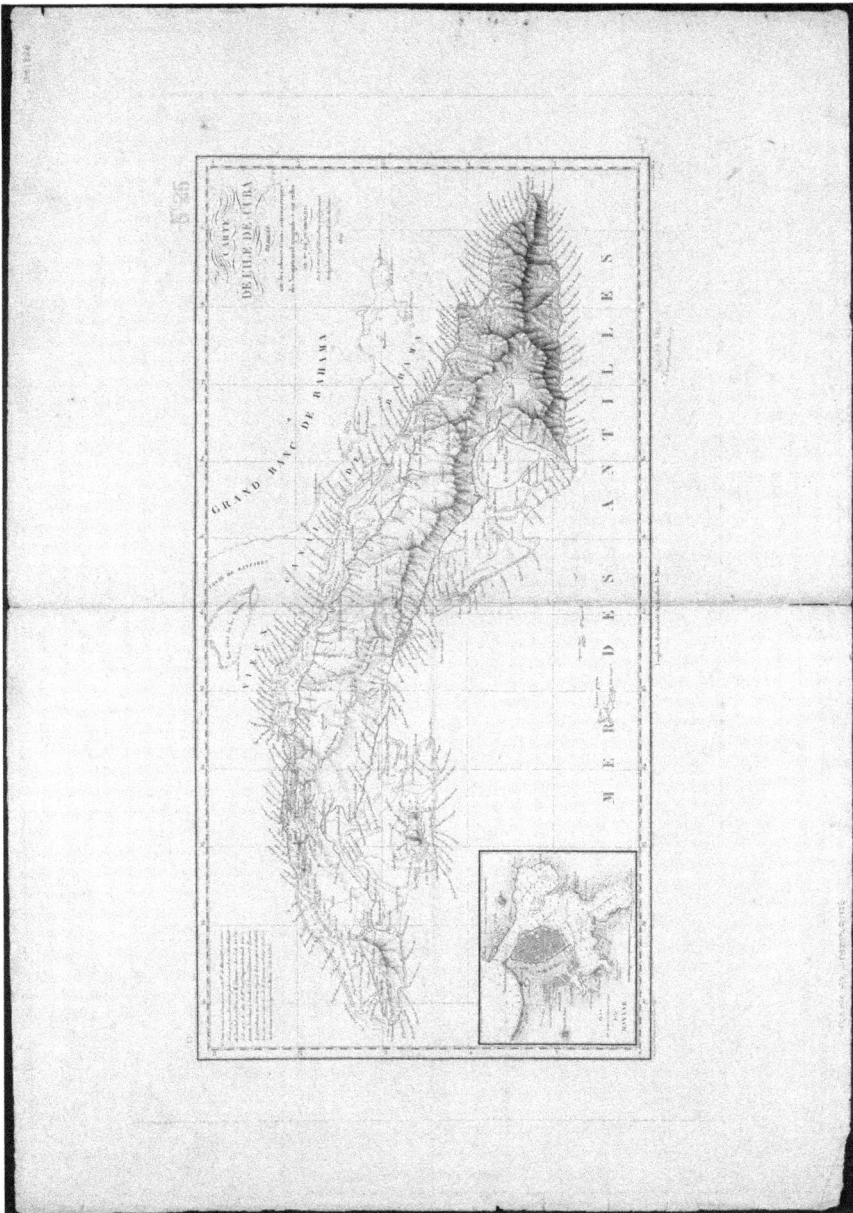

**Abb. 7a:** Alexander von Humboldt: *Karte der Insel Kuba, mit einer Nebenkarte „Plan des Hafens der Stadt Havanna"*, aus dem *Atlas géographique et physique des régions équinoxiales du Nouveau Continent* (1814–1838), 1820.

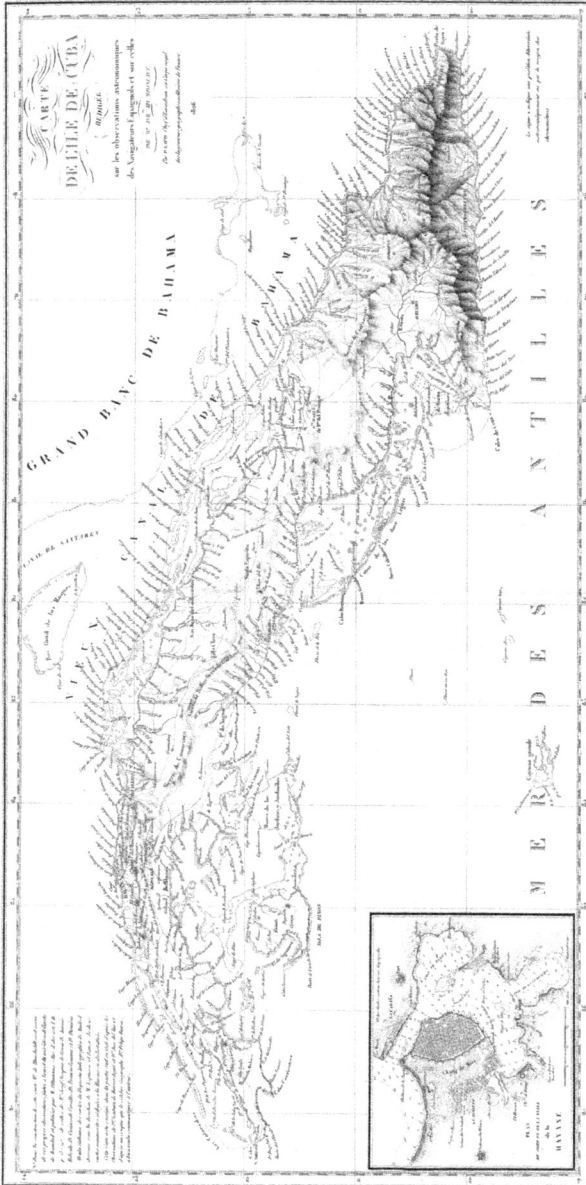

**Abb. 7b:** Alexander von Humboldt: *Karte der Insel Kuba, mit einer Nebenkarte „Plan des Hafens der Stadt Havanna",* aus dem *Atlas géographique et physique des régions équinoxiales du Nouveau Continent* (1814–1838), 1826.

– entstehen, das aktuellen Kartendarstellungen überaus nahe kommt. Man darf daher ohne jede Übertreibung sagen, dass so das Kartenbild des modernen Kuba als unabhängiger Inselstaat geschaffen wurde.

Dabei gelang es Alexander von Humboldt, der gemeinsam mit seinem Freund de Walckenaer die Karte des Juan de la Cosa wiederentdeckt hatte, die Statik einer abgetrennten, separaten Darstellung der Insel durch den in die Karten von 1820 wie von 1826 aufgenommenen detailreichen Plan des Hafens von Havanna zugunsten einer dynamischen Sichtweise zu überwinden. Er integrierte sie in die seit dem Jahres 1500 belegbare Visualisierung einer planetarischen Bewegungsgeschichte. Denn war es nicht dieser Hafen, der einst die gesamte spanische Flotte aufzunehmen vermochte, der Kuba als Teil einer von Europa dominierten Bewegungsgeschichte seit der ersten Phase beschleunigter Globalisierung als globale Insel entstehen ließ?

Es ist mithin von größter Bedeutung, dass Alexander von Humboldt gleich an den Anfang seiner umfangreichen Ausführungen über Kuba ein wohldurchdachtes literarisches Portrait des berühmten Hafens von Havanna stellte. Und so überrascht es auch nicht, dass der kubanische Schriftsteller Alejo Carpentier diese Passage eines von einem Preußen in französischer Sprache verfassten kubanischen Gründungstextes seinerseits als beziehungsreiches Incipit seines schönen Bandes *La Ciudad de las Columnas*[66] über Havanna, *Die Stadt der Säulen*, verwendete. Dabei mag es bedeutungsvoll erscheinen, dass der preußische Reisende und Schriftsteller die kubanische Hauptstadt just im ersten Jahr eines neuen Jahrhunderts erreichte.

Denn Humboldt schilderte im 28. Kapitel seiner *Relation historique*, deren itinerarische Struktur nach dieser wichtigen Passage in eine vorwiegend deskriptive und diskursive Dimension überführt wird, auf spektakuläre Weise aus der Bewegung, einem literarischen *Travelling* heraus[67] jenen Bewegungs-Raum des Hafens. Diesen lernte er zum ersten Mal an jenem 19. Dezember des Jahres 1800 kennen und an ihm kreuzen sich die verschiedenartigsten Wege, die unterschiedlichsten Bewegungen:

> Bei der Einfahrt in den Hafen ist der Anblick von Havanna einer der strahlendsten und malerischsten unter all jenen, die man an den Gestaden des äquinoktialen Amerika nördlich des Äquators genießen kann. Dieser von den Reisenden aller Nationen gefeierte Ort

---

**66** Carpentier, Alejo: *La Ciudad de las Columnas*. Havanna: Editorial Letras Cubanas 1982, S. 7–10.

**67** Vgl. hierzu Ette, Ottmar: Eine „Gemütsverfassung moralischer Unruhe" – „Humboldtian Writing": Alexander von Humboldt und das Schreiben in der Moderne. In: Ette, Ottmar / Hermanns, Ute / Scherer, Bernd M. / Suckow, Christian (Hg.): *Alexander von Humboldt – Aufbruch in die Moderne*. Berlin: Akademie Verlag 2001, S. 33–55.

besitzt weder die Überfülle an Vegetation, welche die Ufer des Flusses von Guayaquil schmückt, noch die wilde Majestät der felsigen Küste von Rio de Janeiro, zwei Häfen der südlichen Hemisphäre: Doch die Anmut, die in unseren Klimaten die Szenerie einer in Kultur genommenen Natur verschönert, mischt sich hier mit der Majestät der Pflanzenformen, mit der organischen Kraft, welche die torride Zone charakterisiert. In einer Mischung von so süßen Eindrücken vergißt der Europäer die Gefahr, die ihn im Schoße der volkreichen Städte der Antillen bedroht; er sucht, die verschiedenartigen Elemente einer weiten Landschaft zu ergreifen, diese Befestigungen zu betrachten, welche die Felsen im Osten des Hafens krönen, dieses innere Becken, das von Dörfern und Höfen gesäumt ist, diese Palmen, die sich in schwindelnde Höhe erheben, diese Stadt, die halb von einem Wald an Schiffsmasten und den Segeln der Schiffe verborgen wird.[68]

Wie in einer literarischen Mise en abyme und ganz jener fraktalen Schreibweise treu, mit deren Hilfe Humboldt immer wieder die überraschendsten Wechselwirkungen und Beziehungsgeflechte zu einer fundamental-komplexen erzähltechnischen Struktur verdichtet,[69] wird der kartographisch-dargestellte Hafen von Havanna hier ästhetisch in Bewegung gesetzt und als Teil einer globalen Bewegungsgeschichte inszeniert. Die ikonotextuelle Verbindung zur kartographischen Hafendarstellung ist dabei evident. Der Hafen von Havanna sowie die gesamte Insel Kuba werden nicht als ein statischer, territorialer Raum, sondern als mobiler Bewegungsraum innerhalb eines weltumspannenden infrastrukturellen Gefüges perspektiviert.

Denn die gleichsam hemisphärische Kontrastierung mit anderen Häfen der Neuen Welt leitet über zu einer Deutung von Hafen und Stadt als dynamischem Zwischenraum, der Bewegungen in nord-südlicher wie west-östlicher Richtung in sich aufnimmt und übersetzt. Dabei soll uns an dieser Stelle nicht kümmern, dass Humboldt wohl den Hafen von Guayaquil, nicht aber jenen von Rio de Janeiro aus eigener Anschauung kannte. Im Hafen von La Habana überkreuzen sich die klimatischen Bedingungen der gemäßigten Zone und die „kultivierte Natur" des Nordens einerseits mit der „Majestät" tropischer Gewächse, wie sie die heiße Zone charakterisieren: Havanna, die Stadt der Säulen Carpentiers, besaß als hochgradig vektorisierter Kreuzungspunkt von Beginn des ersten Kontakts, der Einfahrt in den Hafen, eine enorme Anziehungskraft auf den preußischen Weltreisenden.

---

**68** Humboldt, Alexander von: *Relation historique du Voyage aux Régions équinoxiales du Nouveau Continent ...* Nachdruck des 1814–1825 in Paris erschienenen vollständigen Originals, besorgt, eingeleitet und um ein Register vermehrt von Hanno Beck. Bd. III. Stuttgart: Brockhaus 1970, S. 348.
**69** Zur Bedeutung des Fraktalen für die Literaturen der Welt vgl. Ette, Ottmar: *WeltFraktale. Wege durch die Literaturen der Welt.* Stuttgart: J.B. Metzler Verlag 2017.

So erscheint der Hafen von Havanna von Anfang an als Ort einer Zirkulation, die offenkundig – innerhalb einer hemisphärischen Konstruktion – den Norden mit dem Süden und zugleich – innerhalb eines transatlantischen Übersetzens – Amerika mit Europa, aber auch mit Afrika verbindet. Wir könnten an dieser Stelle sagen, dass genau dies der Raum jenes Jahrhunderts der Aufklärung, jenes Siècle des Lumières ist, welche unsere Vorlesung über die Aufklärung zwischen zwei Welten beleuchten will. Die Insel Kuba wird – dies machen diese faszinierend gestaltete Passage, aber auch viele andere Stellen deutlich – nicht von ihrer Territorialität, ihrer statischen Oberfläche her gedacht, sondern aus ihren historisch akkumulierten Dynamiken konstruiert. Der Raum entsteht erst durch die Bewegungen, die ihn auf den verschiedensten Ebenen queren und kreuzen – eine *transareale* Konstruktionsweise, derer sich Humboldt mit großem literarischen Geschick bedient. Aus eben diesem Grunde ist das eingesetzte literarische *Travelling* der mobilen Beobachterperspektive das ästhetisch adäquate Schreibverfahren, das es überdies erlaubt, autobiographische Modi des 18. Jahrhunderts in den raffiniert gestalteten Reisetext einzublenden.

Nicht zu Unrecht sprach Alejo Carpentier mit Blick auf Havanna „de lo abigarrado, de lo entremezclado, de lo encajado entre realidades distintas":[70] Havanna verweist mit seinem Aufeinandertreffen verschiedenster Realitäten und mit der zutiefst heterogenen Strukturierung seiner gesamten Anlage immer auch auf ein Anderswo. Es deutet auf eine nirgendwo endende Relationalität – oder mit den Worten Carpentiers, welche die Begrifflichkeiten von Fernando Ortiz barockisieren, auf das „Mestizische all dessen, was sich auf diesen Inseln des amerikanischen Mittelmeeres transkulturierte", auf das „mestizo de cuanto se transculturizó en estas islas del Mediterráneo americano".[71] Auf eindrucksvolle Weise präsentiert sich die gesamte Karibik als transkulturiertes und transkulturierendes Meer der amerikanischen Mitte.

Auch bei Alexander von Humboldt steht die Welt der Tropen topisch für die *Fülle*, doch kann sich diese – dem abendländischen Tropenbild gemäß – rasch in eine *Falle* verwandeln, wie die obige Passage ebenfalls andeutet. Denn der unbedarfte Reisende ahnt nichts von den Gefahren, welche hier auf ihn lauern. Die Gegensätze von Natur und Kultur, von Stadt und Land, von mobilem Wasser und festem Fels werden sorgfältig miteinander verwoben und vermischt, so dass sich eine bewegte und zugleich bewegende Szenerie entfaltet, welche die Tropeninsel Kuba vom Hafen von Havanna aus nicht-statisch perspektiviert. Denn Kuba ist – und darum tat Carpentier gut daran, seinen Text mit Humboldt

---

**70** Carpentier, Alejo: *La Ciudad de las Columnas*, S. 14.
**71** Ebda., S. 84.

beginnen zu lassen – nur aus bewegungsgeschichtlicher Perspektive zu begreifen. In dieser Stadt schlägt das Herz der Antillen und Amerikas ebenso wie die Herzen Europas, Afrikas und Asiens.

Mit dem Hafen als fraktalem Muster setzt Humboldt die Insel folgerichtig als wichtigen Teil einer globalen Bewegungsgeschichte in Szene, innerhalb derer höchst gegensätzliche Klimate, Pflanzenformen, Städte und Bevölkerungen miteinander in Austausch treten. Kuba wird unter der Feder Humboldt zu einem *WeltFraktal*. Im Kontext der Migrationen unterschiedlichster (pflanzlicher, tierischer oder menschlicher) Lebewesen setzt eine Zirkulation von Wissen, Waren und Menschen ein – und auch von Menschen als Waren. Denn früh schon wird der Blick des Lesepublikums auf den Verkauf der unglücklichen Sklaven gelenkt, der „malheureux esclaves".[72] Das Zirkulieren umfasst Kulturen und Sprachen, Traditionen und Ideen, die erst entstehen ließen, was in der Folge untersucht werden kann: unter der Insel andere Inseln, unter dem Archipel andere Archipele. Kuba ist die Insel der Inseln.[73]

Wie wäre Kuba, das eine gewichtige Rolle ebenso in der ersten wie der zweiten, aber später auch – im letzten Drittel des 19. Jahrhunderts – in der dritten Phase beschleunigter Globalisierung spielte, besser zu porträtieren denn als Insel im transozeanischen Bewegungsraum? Der tropischen Fülle der Palmen an Land entsprechen ganze Wälder von Masten, die mit ihren Segeln die Fülle der vom Menschen initiierten Zirkulationsformen repräsentieren. Die Welt ist nicht nur zum Archipel gekommen, sie ist zum Archipel geworden. In La Habana zeigt sich das 18. Jahrhundert zwischen zwei Welten dank der Sklaverei von seiner brutalsten und menschenverachtendsten, aber auch dank seiner kreativen Überlappungen in seiner schillerndsten und vielleicht faszinierendsten Art und Weise. Wir werden dieser Doppelgestaltigkeit des Jahrhunderts der Aufklärung, ja dieser – um mit Horkheimer und Adorno zu sprechen – *Dialektik der Aufklärung*[74] in aller wünschenswerten Ausführlichkeit nachgehen. Gerade im karibischen Raum, in den Kolonien Europas, wird sie besonders anschaulich.

Die Sklaverei in den Städten wie auf den Plantagen, gegen die sich Humboldt in seinem *Essai politique* ein ums andere Mal entschlossen aussprach, war für den Schriftsteller und Intellektuellen avant la lettre Teil dieser Realität und ein Produkt dieser weltweiten Austauschbeziehungen, mithin einer Globalisierung, deren Schattenseiten er immer wieder sehr präzise aufzeichnete. Ge-

---

72 Humboldt, Alexander von: *Relation historique*, Bd. III, S. 350.
73 Vgl. hierzu Ette, Ottmar: Kuba – Insel der Inseln. In: Ette, Ottmar / Franzbach, Martin (Hg.): *Kuba heute. Politik, Wirtschaft, Kultur*. Frankfurt am Main: Vervuert Verlag 2001, S. 9–25.
74 Vgl. Horkheimer, Max / Adorno, Theodor W.: *Dialektik der Aufklärung. Philosophische Fragmente*. Mit einem Nachwort von Jürgen Habermas. Frankfurt am Main: Fischer 1986.

rade mit Blick auf die Haitianische Revolution, die zum Zeitpunkt seiner beiden Kuba-Aufenthalte in ihre finale Phase getreten war, wusste Alexander von Humboldt, wie entscheidend die Abschaffung der Sklaverei und die Anbahnung neuer Formen des Zusammenlebens zwischen verschiedenen Kulturen, Ethnien, Religionen und Sprachen für die Zukunft nicht allein auf dem amerikanischen Kontinent sein musste und sein würde.

Vor dem Hintergrund der revolutionären Ereignisse in Saint-Domingue,[75] der ehemals reichsten europäischen Kolonie der Antillen, aber auch angesichts der Französischen Revolution und seines eigenen Erlebens des revolutionären Paris wusste Humboldt, wie rasch sich unter dem Einfluss erst einmal in Zirkulation gesetzter Ideen stets für stabil gehaltene Strukturen fast über Nacht und zukunftsoffen verändern konnten. Das 18. Jahrhundert ist ohne seine Dialektik, aber auch ohne seine Revolutionen nicht zu denken. Gerade die globalhistorisch so wichtige Haitianische Revolution war ein Kind jener Aufklärung zwischen zwei Welten, welche unsere Vorlesung präziser zu fassen sucht. Mit diesen Einsichten und Überlegungen mag diese Einführung in das Feld unserer Vorlesung zu Ende gehen: Der gesamte *Bewegungs*-Raum einer Aufklärung, die sich zwischen zwei Welten entfaltet, liegt nun vor uns und will aus verschiedensten Perspektiven bearbeitet und durchquert werden.

---

75 Vgl. die Kapitel zur Haitianischen Revolution zu Beginn der vierten „Aula"-Vorlesung in Ette, Ottmar: *Romantik zwischen zwei Welten*, S. 100–150 u. S. 191–250.

___

**TEIL 1: Herausforderungen einer Aufklärung
zwischen zwei Welten**

# Drei Annäherungen an Europa und das 18. Jahrhundert

Kehren wir kurz zum Ausgangspunkt unserer Überlegungen zurück! In seinem großen Wurf *La Civilisation de l'Europe des Lumières*, das unmittelbar nach Mai 1968 in Frankreich entstanden war und unter dem Eindruck dieser Ereignisse und Debatten dann 1971 in Paris erschien, versuchte der französische Historiker und Kulturwissenschaftler Pierre Chaunu, sich dem Zeitalter der Lumières nicht in einer anachronistischen und das Nationale betonenden Weise zu nähern. Nicht einzelne Sprachen, Kulturen und Staatswesen, sondern das Zusammenwirken verschiedener Traditionen in Europa wurden Ausgangspunkt seiner Reflexionen. Ich möchte die einleitenden Kapitel dieses wichtigen Textes unsererseits als Ausgangspunkt für unsere Problemstellung wie für die Frage nach der Aufklärung zwischen zwei Welten nehmen und Sie zunächst mit Chaunus einleitenden Bemerkungen konfrontieren, die den gesamten, vor einem halben Jahrhundert veröffentlichten Band eröffnen:

> Grob zwischen 1680 und 1770, ja sogar 1780 setzt sich eine Realität durch, welche dicht und gewiss schwer zu fassen, aber unabweisbar ist: das Europa der Aufklärung. Seit dem Scharnier zwischen dem 12. und dem 13. Jahrhundert vollzieht sich eine Verwandlung auf Ebene des alten mittelmeerischen Raumes, der sich als lateinische Christenheit nach Norden hin verschiebt. Bald schon wird von Europa die Rede sein. Ab dem 16. Jahrhundert haben die Verwandlungen im Schoße dieser Raum-Zeit Mittelmeer-Europa eine planetarische Dimension angenommen. Jeglicher Versuch einer Unterteilung und damit einer Periodisierung erscheint hier als mehr oder minder glückhaft. Aber darum als weniger berechtigt? Gewiss nicht! Die Nahzeit ist auch die Zeit der dichteren, der komplexeren und daher ungleicheren menschlichen Realitäten. Es ist eine Zeit von Überlappungen.
>
> Das Europa der Aufklärung hört auf zu wachsen, als das klassische Europa gerade erst verschwunden ist, wobei die Aufklärung in ihrem Verlöschen nicht enden oder sich am Ausgang des 18. Jahrhunderts zu transformieren nicht aufhören will. Sie lebt fort im Schoße der industriellen Revolution, für die sie weitgehend verantwortlich ist. Und sind wir nicht alle auch heute noch mehr oder minder *Aufklärer*? Zumindest waren wir dies noch gestern.[1]

Pierre Chaunu wirft in dieser Eingangspassage seines Buches gleich eine Vielzahl von Fragen auf, die uns im gesamten Verlauf unserer Vorlesung beschäftigen werden und auf die wir zum Teil unterschiedliche, oder genauer: aus unterschiedlichen Perspektiven gegebene Antwortversuche geben werden. Da ist zum einen Chaunus zeitlicher Hinweis, dass sich das Europa der Aufklärung – wenn

---

1 Chaunu, Pierre: *La Civilisation de l'Europe des Lumières*. Paris: Flammarion 1982, S. 7 f.

wir die französischen Lumières auf diese Weise nicht ganz adäquat ins Deutsche übersetzen dürfen – irgendwo zwischen 1680 und 1780 entfaltet hat, mithin über einen Zeitraum, der extrem lang scheint. Und Chaunu verwendet in seinem französischen Originaltext das deutsche Wort *Aufklärer*, um sogar zu umschreiben, dass wir Europäer „gestern noch" Vertreter der Lumières waren, dass es folglich eine Art transhistorischer Präsenz der Aufklärung gebe. Kann „Aufklärung" folglich wie – sagen wir – „Romantik" oder „Avantgarde" eine transhistorische Bedeutung annehmen und die verschiedensten Epochen querenden Gegenwarten beflügeln?

In der Tat ist das Jahrhundert der Aufklärung – epochenspezifisch gesehen – ein besonders langes Jahrhundert, im Gegensatz etwa zum französischen „Siècle classique", dessen historische Höhepunkte leichter einkreisbar erscheinen. Das Siècle des Lumières erstreckt sich etwa zwischen 1680 – wir werden noch kurz auf die sogenannte *Querelle des Anciens et des Modernes* eingehen – und reicht zumindest bis ins Jahr 1815, als mit dem endgültigen Zusammenbruch des ersten französischen Kaiserreichs unter Napoleon in Europa und für Europa eine neue, zunächst restaurative Ordnung wiedereingeführt wurde. Sie vermochte es freilich nicht, die durch die Französische Revolution ausgelösten Entwicklungen dauerhaft zurückzudrehen. Dass es am Ausgang des 18. Jahrhunderts vielfältige „chevauchements", vielfältige Überlappungen zwischen dem Jahrhundert der Aufklärung und dem 19. Jahrhundert gibt, haben wir in unseren Vorlesungen über das Jahrhundert der Romantik zwischen zwei Welten deutlich gesehen und literarhistorisch reflektiert.[2]

Sehr nachdenkenswert ist aber auch eine weitere Äußerung Chaunus. Denn dieses lange 18. Jahrhundert ist der Ausgangspunkt einer Bewegung, in der wir uns noch immer – als *Aufklärer* – befinden oder doch, wie Pierre Chaunu hier sehr weise sagt, zumindest doch bis gestern noch befanden. Damit ist ganz wesentlich die Frage der Moderne angesprochen, mit der wir uns ebenfalls bald noch beschäftigen werden. Jürgen Habermas hat dem „unvollendeten Projekt" einer *europäischen* Aufklärung zweifellos wichtige Reflexionen gewidmet, die freilich nicht in ihrer gesamten Breite die im 18. Jahrhundert gegebenen Möglichkeiten, ,die' Moderne auf den Weg zu bringen, ausgeleuchtet haben.[3] Der Weg der europäischen Moderne musste nicht zwangsläufig so verlaufen, wie er tatsächlich verlief.[4]

---

2 Vgl. Ette, Ottmar: *Romantik zwischen zwei Welten*, passim.
3 Vgl. Habermas, Jürgen: Die Moderne – ein unvollendetes Projekt (1980). In (ders.): *Kleine Politische Schriften (I–IV)*. Frankfurt am Main: Suhrkamp 1981, S. 444–466.
4 Vgl. Ette, Ottmar: *Weltbewusstsein. Alexander von Humboldt und das unvollendete Projekt einer anderen Moderne. Mit einem Vorwort zur zweiten Auflage*. Weilerswist: Velbrück Wissenschaft 2020.

Allzu sehr sind auch in der Philosophie die ‚selbstverständlichen' Scheuklappen allein auf bestimmte Teile Europas gerichtet gewesen, wobei weite Teile der Welt aus dem Panorama einfach ausgeblendet wurden. An eben diesem Punkt gilt es dann übrigens auch nachzufragen, warum etwa in Pierre Chaunus Buch an dieser Stelle allein die Industrielle Revolution (vor allem in England) und die Französische Revolution genannt werden und nicht etwa jene anderen Revolutionen, die sich in Amerika ereigneten. Da sind zum einen die antikoloniale US-Amerikanische Unabhängigkeitsrevolution mit der daraus resultierenden Entstehung der Vereinigten Staaten sowie die Haitianische Revolution, die sich ebenso gegen den europäischen Kolonialismus wie auch gegen die Sklaverei richtete. Zum anderen sei aber auch nicht die Hispanoamerikanische Unabhängigkeitsrevolution vergessen mit der aus ihr entspringenden Vielzahl heute als Lateinamerika bezeichneter politisch unabhängiger Staaten. Auf derartige Fragen werden wir immer wieder im Verlauf unserer Vorlesung zurückkommen. Denn die amerikanischen Revolutionen waren allesamt die mehr oder minder direkte Nachkommenschaft einer Aufklärung zwischen zwei Welten.

Widmen wir uns jetzt aber einem Problem, das auf den ersten Blick eigentlich gar keines sein sollte! Es betrifft die im obigen Zitat von Chaunu sehr elegant gestreifte Problematik, was denn eigentlich unter Europa zu verstehen sei. Denken wir an Amerika, so wissen wir, dass es sich um einen problematischen geokulturellen Begriff handelt, wurde er doch von außen auf den Neuen Kontinent übertragen und impliziert er doch zugleich auch eine Vielzahl europäischer Projektionen, Visionen und Traumbilder, die bis heute in der einen oder anderen Form fortleben. In gewisser Weise ‚ent-stellt' Amerika perspektivisch also bis heute ein von außen kommender Begriff. Wie aber steht es mit Europa? Nun, diese Frage ist gar nicht so leicht zu beantworten. Pierre Chaunu verweist im obigen Zitat darauf, dass sich Europa ruckartig nach Norden bewegt habe, und zwar am Ausgang des Mittelalters, also im Übergang zur Neuzeit. Dies wollen wir in der gebotenen Kürze etwas näher betrachten.

Die Ränder Europas, so ließe sich anhand vieler Beispiele belegen, waren stets sehr umstritten und gingen zum Teil weit über das hinaus, was ‚wir' zu Beginn des 21. Jahrhunderts darunter verstehen. Ist heute, im Zeitalter eines Europas der verschiedenen Geschwindigkeiten und des Austritts Großbritanniens aus der Europäischen Union, das Europabild fester und stabiler konturiert? An dieser Stelle sind nicht nur generelle Zweifel angebracht. Die Europäer der ursprünglichen Europäischen Gemeinschaft außerhalb des sogenannten ‚Ostblocks' hatten – um nur ein besonders anschauliches Beispiel zu wählen – sicherlich ein anderes Bild von Europa und der Staaten, die hierzu wesensmäßig gehören, als die Bewohner des COMECON. Selbst in Bezug auf Deutschland wäre es mehr als drei Jahrzehnte nach der sogenannten ‚Deutschen Einheit' problematisch, mit Blick auf das Europabild von einem einheitlichen ,Wir' zu sprechen, besaßen die Einwohner der ehemaligen Bundesrepublik doch zweifellos eine andere Vorstellung von Europa als die Staatsbürger der benachbarten Deutschen Demokratischen Republik – und diese unterschiedlichen Perspektiven sind bis heute nicht verflogen. Europa besitzt als Raum nicht die territoriale Griffigkeit und relative Abgeschlossenheit Amerikas, Afrikas oder Australiens: Es ist eine Art Wurmfortsatz des eurasiatischen Kontinents und ist auch heute noch – und heute mehr denn je – in ständiger Bewegung.[5]

Wozu uns also heute noch mit dem Begriff beschäftigen und danach fragen, wie er historisch entstanden und kulturell gewachsen ist? Doch der Hintergrund einer solchen Frage ist durchaus komplex. Denn wie lässt sich Europa aus der Vergangenheit heraus in eine Zukunft denken, die neue Denk-Landschaften, neue Landschaften der Theorie zu eröffnen und entfalten vermag? Wie lässt sich ein „Europa in Bewegung" vorstellen, sobald wir den Versuch unternehmen, dieses Europa archipelisch und transarchipelisch neu zu perspektivieren? Und inwieweit lässt sich damit jene für uns heute zentrale Fragestellung verknüpfen, welche die vielleicht größte Herausforderung für das 21. Jahrhundert darstellt: Wie wir in Frieden und Differenz in Europa – und dies impliziert ganz selbstverständlich: *im globalen Maßstab* – zusammenleben können?

---

5 Vgl. hierzu Ette, Ottmar: Europa als Bewegung. Zur literarischen Konstruktion eines Faszinosum. In: Holtmann, Dieter / Riemer, Peter (Hg.): *Europa: Einheit und Vielfalt. Eine interdisziplinäre Betrachtung.* Münster – Hamburg – Berlin – London: LIT Verlag 2001, S. 15–44.

# Erste Annäherung

Zur Beantwortung dieser Frage möchte ich wie Pierre Chaunu zu Beginn seiner Studie historisch ein wenig ausholen und dabei das wichtige 15. und 16. Jahrhundert nicht übergehen, das für den französischen Kulturhistoriker die Ausweitung Europas im planetarischen Maßstab mit sich brachte. Er sprach dabei nicht von der militärischen oder politischen Expansion europäischer Staaten, sondern von einer Ausweitung *Europas*. Können wir Europa aber überhaupt als diskontinuierliche Landmasse, als ein in sich vielfältig zerrissenes und inselhaft verstreutes Territorium denken?

Wagen wir kurz, auf den Spuren Pierre Chaunus, den Schritt zurück in die italienische Renaissance! Das zwischen 1510 und 1511 in der Stanza della Segnatura[1] im Vatikan entstandene berühmte Fresko Raffaellos, *La scuola di Atene*,[2] gehört zweifellos zu den wirkungsmächtigsten Verherrlichungen der griechischen Antike aus dem Geiste der italienischen Renaissance (Abb. 8). Es führt dem Betrachter all jene Philosophen vor Augen, die aus Sicht des bedeutenden italienischen Malers die Größe der vorbildgebenden Antike begründeten – und mit ihr selbstverständlich auch diejenige ihrer europäischen Wiedergeburt. In diesem für Papst Julius II. ausgearbeiteten Entwurf werden uns im Bildzentrum die beiden wohl einflussreichsten Philosophen des antiken Griechenland, Platon und Aristoteles, so vorgestellt, dass sie die Szenerie um sie her wie zu ihren Füßen beherrschen und den Blick der Betrachterinnen und Betrachter auf sich ziehen. Das hier angebotene bipolare Ordnungsschema abendländischer Philosophiegeschichte ist in seinen Auswirkungen kaum zu überblicken, zugleich aber auch nicht zu übersehen. Gerade in jenen Aspekten, die in dieser Konstruktion abendländischen Denkens ausgeblendet und unsichtbar gemacht werden.

Europa definiert sich in diesem Gemälde neu aus seinen Wurzeln in der Antike. Die von Raffaello entworfene und vermeintlich unmittelbar, gleich auf den ersten Blick lesbare[3] monumentale Architektur[4] überwölbt die Denkwelten der hier versammelten Philosophen und kanonisiert sie in einem nicht weniger fundamentalen Sinne. Ebenso überbrücken die sich an den Seiten der beiden Zen-

---

1 Vgl. Gombrich, Ernst H.: Die Symbolik von Raffaels „Stanza della Segnatura". In (ders.): *Das symbolische Bild. Zur Kunst der Renaissance II*. Stuttgart: Klett-Cotta 1986, S. 104–124.
2 Einen guten Überblick bietet Hall, Marcia (Hg.): *Raphael's „School of Athens"*. Cambridge: Cambridge University Press 1997.
3 Vgl. Most, Glenn W.: *Raffael. Die Schule von Athen. Über das Lesen der Bilder*. Frankfurt am Main: Fischer Taschenbuch-Verlag 1999.
4 Vgl. Lieberman, Ralph E.: The Architectural Background. In: Hall, Marcia (Hg.): *Raphael's „School of Athens"*, S. 64–84.

**Abb. 8:** Raffael: Die Schule von Athen / La scuola di Atene, 1510–1511.

tralgestalten angeordneten Gruppen stärker im Bannkreis Platons oder Aristoteles' stehender Denker zugleich die Zeiten, welche die griechische Antike von der italienischen Renaissance trennen. Diese kruziale Relationierung erfolgt, indem in einer ebenso räumlichen wie zeitlichen Staffelung relationale Bezugssysteme hergestellt werden, in welche das Fresko notwendig all jene verwickelt, die sich ihm nähern. Dies gilt ebenso für die hergestellten Blickachsen zwischen den Philosophen selbst wie für die Sichtachsen, welche dem Bildentwurf wie seinem Gegenstand eine unbestreitbar monumentale Größe verleihen. Die Koordinaten eines neuen, an die griechisch-römische Antike sich anschließenden Europa werden bestimmt.

Raffaello ist zweifellos eine herausragende künstlerische Sichtbarmachung *einer* Geschichte der abendländischen Philosophie, ja des abendländischen Denkens überhaupt gelungen. Kaum ein anderes Werk der Malerei dürfte Selbstverständnis wie Selbstbild europäischen Denkens einflussreicher visualisiert und mitgeprägt haben. Denn allen Betrachtern drängte sich gleichsam selbstverständlich – wie etwa ein Ernst H. Gombrich herausarbeitete – eine klar formulierte philosophische Aussage auf:

> Es ist daher nicht merkwürdig, dass viele Bewunderer der Kunst Raffaels sich veranlaßt fühlten, ihr Erlebnis zu rationalisieren, indem sie die tiefe Bedeutung, deren Vorhandensein in dem Zyklus sie so intensiv empfanden, in eine nicht minder tiefe philosophische Aussage zu übersetzen suchten. Was sie zu dieser zuversichtlichen Suche ansporte, waren eben jene harmonische Schönheit und der überwältigende Beziehungsreichtum der Komposition.[5]

In der Tat ist der in diesem Werk entfaltete Beziehungsreichtum schlicht unabschließbar, erweckt er doch den „Eindruck unerschöpflicher Fülle".[6] Immer wieder können neue Beziehungen geknüpft und vielfältige Verbindungen zwischen den Figuren und dem von ihnen repräsentierten Denken hergestellt werden. Jedoch scheint zugleich von diesem Werk eine zentrale Botschaft auszugehen: die Unbestreitbarkeit der Größe des Abendlands, die hier ins Bild und eindrucksvoll in Szene gesetzt wird. Europa steht in der Tradition dieses Denkens. Doch wie lässt sich dieser Beziehungsreichtum begreifen und erfassen?

Eine erste Antwort auf diese Frage lautet: Nur unter Einbeziehung dessen, was zu sehen ist, wie dessen, was gerade nicht zu sehen ist, sich also zeigt, ohne uns gezeigt zu werden. Ich versuche, dies zu erläutern. Die mit Raffaellos Bildentwurf einhergehenden Bedeutungsprozesse erfassen ausgehend vom Spiel der Sicht- und Blickachsen ebenso die im Fresko ausgetauschten wie die vermiedenen, ja sich wechselseitig ausschließenden Blickbeziehungen, welche dieses gewaltige Ge-

---

5 Gombrich, Ernst H.: Die Symbolik von Raffaels „Stanza della Segnatura", S. 124.
6 Ebda.

mälde in ein dichtes Geflecht unterschiedlichster Bezüge und Bezugssysteme verwandeln. Gerade auch der Ausschluss von Blickbeziehungen ist signifikant – und zieht die Blicke der Betrachter*innen notwendig auf sich.

Wie ließe sich etwa die auf den Treppenstufen unterhalb der beiden Zentralgestalten hingestreckte Figur des Diogenes übersehen, die Platon wie Aristoteles ihren Rücken zuwendet und in reichlich ungeordneter, nachlässiger Kleidung zwischen den unterschiedlichen Gruppen von Philosophen gleichsam eine Insel für sich bildet? Situierung und Gestaltung dieser Bewegungs-Figur machen in einem sehr grundsätzlichen Sinn überhaupt erst auf die Bedeutung jener Zwischen-Räume aufmerksam, deren Schaffung nicht weniger konstitutiv für dieses Werk Raffaellos ist als Anlage und Choreographie der Gruppen diskutierender, lesender oder schreibender Philosophen selbst. Achten wir also auf die bedeutungstragende – und dank ihrer Dynamik ständig neue Bedeutungen generierende – Rolle der Zwischen-Räume mit ihren sich hieraus aufbauenden komplexen[7] Vektorisierungen!

Unterhalb des am linken Bildrand schreibenden und in seiner Selbstvergessenheit wie Selbstbezogenheit fast in die Architektur verwobenen Epikur hat sich beispielsweise eine hochgradig vektorisierte Gruppe im Rücken des in seine Berechnungen versunkenen Pythagoras gebildet. Auf die Ergebnisse seiner Aufschriften richtet sich dabei nicht allein der Blick einer nicht eindeutig identifizierbaren Gestalt, in der sich vielleicht Empedokles oder Anaximander erkennen lassen, sondern auch das sich in ungeheurer Körperspannung vorreckende dunkle Gesicht eines anderen Philosophen, der sich tunlichst nichts von dem entgehen lassen möchte, was der griechische Mathematiker und Philosoph in konzentrierter Schreibhaltung notiert. In der Gestalt des großen arabischen Philosophen Averroës stoßen wir an dieser Stelle auf eine jener Vermittlerfiguren, welche die Zugangsmöglichkeiten des Renaissancedenkens zur Antike für deren angenommene und angemaßte ‚Wiedergeburt' ermöglicht haben. So eröffnet sich im asymmetrischen (da nicht erwiderten) Blickkontakt ein Zwischen-Raum, der in den räumlichen die zeitlichen Dimensionen Relationalität und Dynamik aller Verhältnisse aufscheinen lässt und aus dieser Verbindung von Raum und Zeit ein hochgradig vektorisiertes Bewegungs-Bild entwirft. Dass Raffaello dieser großen arabischen Vermittlerfigur zwischen Abendland und Morgenland in der Stanza

---

7 Diese Komplexität ergibt sich auch aus der Tatsache, daß *La scuola di Atene* selbstverständlich auch im Zusammenhang mit der künstlerischen Gestaltung der gesamten Räumlichkeiten und keinesfalls isoliert zu sehen ist; vgl. hierzu Hall, Marcia: Introduction. In (dies., Hg.): *Raphael's „School of Athens"*, S. 1f. Auf diese Notwendigkeit einer zusammenhängenden Interpretation hatte in seinem Forschungsrückblick auch bereits Gombrich verwiesen: Gombrich, Ernst H.: Die Symbolik von Raffaels „Stanza della Segnatura", S. 104 f.

della Segnatura des Vatikans nur in bedingtem Maße seine Sympathie entgegenzu-
bringen scheint, soll uns an dieser Stelle in unseren Überlegungen nicht weiter beschäftigen. Es zeigt aber auch, wie Europa sich von dem, was es doch nährte,
abwendet und die historisch wie kulturell vermittelnde Figur der arabischen Welt
als Alterität stilisierte.

Auf diese hier in aller Kürze signalisierte Weise entfaltet sich vor dem Auge
des am rechten Bildrand situierten Künstlers Raffaello, aus dessen quer zur dominanten Sichtachse liegenden Blickachse sich eine andere Relationalität der verschiedenen Gruppen und Individuen enthüllt, ein hochkomplexes Vektorenfeld,
das gewiss als hintergründige, wenngleich entschiedene Deutung antiker Philosophie verstanden werden muss. Denn nicht umsonst werden der platonische Entwurf des *Timaios* und die aristotelische *Nikomachische Ethik* in zentraler Stellung
in Szene gesetzt.

Eine lineare Geschichte abendländischer Philosophie wird in dieser *Schule
von Athen* nicht vor Augen geführt: Zu unterschiedlich sind die Blickrichtungen,
zu asymmetrisch die Beziehungen, zu komplex die Relationen, als dass sich hier
im Polylog der Philosophen, der Künstler, der Wissenschaftler und einiger Politiker eine einzige Geschichte – und wäre es die einer sakralen *oder* einer profanen
Heilsgeschichte – herauskristallisieren ließe. Beruht die jahrhundertelange Faszinationskraft dieser künstlerischen Darstellung nicht gerade auf der strukturellen
Offenheit einer Anlage, deren Vieldeutigkeit relational erzeugt wird?

Von großer Bedeutung erscheint mir in diesem Zusammenhang die Tatsache, dass wir die nicht-lineare und auch nicht einfach genealogische Logik der
Bildanordnung als Choreographie verstehen dürfen, in der *Die Schule von Athen*
eine Landschaft der Theorie[8] entwirft, die für Raffaellos Sichtweise der Antike wie
auf die Antike charakteristisch ist. Damit sagt sie über die neue Deutung Europas
durch Raffaello wie die italienische Renaissance sehr viel aus. In dieser Landschaft
der Theorie bilden einzelne Gruppen, aber auch einzelne Gestalten Inseln und Inselgruppen, die sich zu einer vielbezüglichen archipelischen Landschaft zusam-
menfügen lassen. Jede der großen Gestalten bildet dabei eine *Insel-Welt* mit ihrer
eigenen Logik, ihrem eigenen Denken, Lesen und Schreiben. Zugleich aber fügt sie
sich relational in eine *Inselwelt* ein,[9] die wiederum mit anderen Inselwelten wie

---

**8** Vgl. zum Begriff der Landschaft der Theorie Ette, Ottmar: *Viellogische Philologie. Die Litera-
turen der Welt und das Beispiel einer transarealen peruanischen Literatur.* Berlin: Verlag Walter
Frey – edition tranvía 2013, S. 36–46; sowie (ders.): *Roland Barthes. Landschaften der Theorie.*
Konstanz: Konstanz University Press 2013.
**9** Zur Begrifflichkeit des Insularen und Archipelischen vgl. auch Ette, Ottmar: 302. Insulare
ZwischenWelten der Literatur. Inseln, Archipele und Atolle aus transarealer Perspektive. In:
Wilkens, Anna E. / Ramponi, Patrick / Wendt, Helge (Hg.): *Inseln und Archipele. Kulturelle Fi-*

Insel-Welten verbunden ist. Erst so gewinnt der von Ernst H. Gombrich apostrophierte „Beziehungsreichtum"[10] an epistemologischer Durchschlagskraft. Denn diesseits wie jenseits ihrer Verherrlichung abendländischen Denkens wie auch ihrer Monumentalisierung europäischer Kontinuitäten verweist Raffaellos Kon-Figuration einer Landschaft der Theorie auf eine Potenz polylogischer Deutung und Bedeutung, die seine *Scuola di Atene* auszeichnet.

Im Spannungsfeld des griechischen „archipelagus", des Namen und Begriff verleihenden Archipels par excellence, präsentiert *La scuola di Atene* somit eine archipelische und transarchipelische Welt, die keineswegs allein vom Dialog zwischen Platon und Aristoteles bipolar strukturiert wird, sondern sich – und die provozierend hingestreckte Figur des Diogenes macht darauf unübersehbar aufmerksam – auf einen Polylog hin öffnet. Und dies nicht allein im Sinne eines „Sprechens der vielen", sondern weit mehr noch in der komplexen Bedeutung eines viellogischen Sprechens, das der dem Fresko nachträglich vergebene Titel mit seiner Einzahl wohl kaum adäquat wiederzugeben in der Lage wäre. Nicht nur das Vieldeutige, sondern auch das Viellogische wird hier inszeniert, ja in gewisser Weise in seiner Vielverbundenheit *kartographiert*. Raffaellos Meisterwerk arbeitet die neuen Koordinaten Europas heraus.

Die viellogische Dimension dieser Schöpfung, die es erlaubt, mit Hilfe eines gleichsam Humboldt'schen „Totaleindrucks" die vielen unterschiedlichen Denkrichtungen und Logiken *zugleich* und in einem einzigen Bilde zu erfassen, entfaltet sich aus dieser archipelischen Situation. Letztere erlaubt es, immer neue Relationen, immer neue Blickachsen, immer neue Symmetrien[11] und Asymmetrien zu erkennen. Damit macht sie das in einer Bild-Sprache sichtbar, was schwerlich nur im diskursiven Raum der Philosophie zum Sprechen gebracht werden könnte. Die keineswegs geschlossene, dialogische Struktur, sondern die offene, polylogische Strukturierung aller Relationen entsteht dabei aber nicht nur aus dem, was gesehen werden kann – etwa der von Raffaello angewandten Überblendtechnik, die Platons Gestalt die Züge Leonardo da Vincis verleiht –, sondern gerade auch aus dem, was unsichtbar ist und bleibt. Sie generiert sich also auch aus dem, was in dieser *Schule von Athen* nicht direkt visualisiert wurde und wohl auch nicht visualisiert werden sollte.

Doch das Ausgesparte, nahezu unsichtbar Gemachte zählt in diesem Bildentwurf einer Positionsbestimmung Europas ebenso wie das Offensichtliche,

---

*guren des Insularen zwischen Isolation und Entgrenzung.* Bielefeld: transcript Verlag 2011, S. 13–56.

**10** Gombrich, Ernst H.: Die Symbolik von Raffaels „Stanza della Segnatura", S. 124.

**11** Vgl. Oberhuber, Konrad: *Polarität und Synthese in Raphaels „Schule von Athen".* Stuttgart: Urachhaus 1983.

von Raffaello in den Bildvordergrund Gerückte. Zu dem in ihm weitgehend unsichtbar Gebliebenen zählen jenseits jener wenigen und eher randlichen Figuren, die immerhin von Averroës bis Zarathustra reichen, all jene Relationen, die
zwischen griechischer Antike und europäischer Moderne vermittelten. Zu denken wäre etwa an die intensiven Beziehungen zwischen Florenz und Bagdad,[12]
abendländischer und morgenländischer Erzählkunst, aber auch zwischen der
christlichen und der jüdischen Geisteswelt oder gerade auch jenen Übersetzern,
die sich in der Schule von Toledo um die wechselseitige Anreicherung unterschiedlicher Kulturen verdient gemacht haben.

Nur wenige Spuren in *La scuola di Atene* verweisen auf diese Verbindungen
und Vermittlungen, auf diese Setzungen und Übersetzungen – und dies, obwohl
gerade sie so maßgeblich daran beteiligt waren, dass die Vorstellungen der Antike
nicht nur in ein Europa der frühen Neuzeit transferiert, sondern dort auch kreativ
transformiert werden konnten. Die Visualisierung Raffaellos schließt die Unsichtbarmachung wichtiger Traditionslinien mit ein, die zur Herausbildung eines
abendländischen Denkens führten. So erscheint auch das von ihm in Szene gesetzte Europa als Ergebnis nicht allein einer Fülle von Sichtbarmachungen,
sondern auch (s)einer Unsichtbarmachung, insofern mit jeder Inklusion auch
Exklusionen vorgenommen werden. Der Beziehungsreichtum dieses Gemäldes
ist wahrlich nicht zu erschöpfen!

Doch wir könnten mit Blick auf diese ‚Schule von Athen' und ihre Konstruktion abendländischen Denkens im Sinne unserer Vorlesung noch grundlegender
nach der Perspektive fragen. Ist denn die Zentralperspektive selbst, deren sich
Raffaello hier so meisterhaft bedient, nicht eine jener Erfindungen, die ohne die
Beziehungen zwischen arabischer und christlich-abendländischer Welt undenkbar gewesen wären? Und wäre die Zentrierung der Welt in der Kartographie,
etwa in der berühmten und von uns bereits besprochenen Weltkarte des Juan de
la Cosa, die im Jahre 1500 und damit gerade ein Jahrzehnt vor Raffaellos großem
Werk entstand, nicht undenkbar geblieben, hätte die Erfindung der Zentralperspektive nicht zuvor die Grundlagen dafür geschaffen? In einer quasi ‚natürlichen'
Perspektivierung war sie die Kartennetze Europas über die gesamte Welt aus. Die
ganze Macht und Gewalt der ‚europäischen' Zentralperspektive werden wir an
anderer Stelle, bei unserer Vorlesung über die Erfindung und Auffindung Amerikas, noch näher kennenlernen und in ihren Auswirkungen beurteilen.

Was in Raffaellos *Schule von Athen* unsichtbar bleibt, ist damit in die Machart,
in die Technik, in die Perspektivik des Gemäldes selbst schon eingewoben: eine

---

12 Belting, Hans: *Florenz und Bagdad. Eine westöstliche Geschichte des Blicks*. München: C.H.
Beck 2008.

allgegenwärtige Unsichtbarkeit, die doch in der zentralperspektivischen Ausrichtung aller Sichtachsen deutlich zum künstlerischen Ausdruck drängt und findet. Das Fresko visualisiert damit die Bedingungen seiner eigenen Schöpfung, seiner eigenen Findung und Erfindung in einer zentrierenden Perspektivierung, die sich stolz in eine Tradition abendländischen Denkens stellt, ohne doch die Komplexität und Widersprüchlichkeit ihrer eigenen Präsenz und Projektion, ihrer eigenen Genese und Genealogie verbergen zu können. So wird gezeigt, worauf nicht gezeigt wird. Denn viele Stufen der monumentalen Treppe bleiben frei und signalisieren dadurch – und sei es entgegen aller Intentionalität des Künstlers – jenen Frei-Raum, der als Zwischen-Raum gerade das erst semantisiert, was in den Vordergrund gerückt wird. Erst durch die Distanzierung entsteht eine wirkliche Relation – und nicht zuletzt auch und gerade dann, wenn wie im Falle des Diogenes oder des Epikur die Blickverbindungen zu anderen Philosophen augenscheinlich unterbleiben. Denn auch eine explizite Nicht-Relation ist eine Relation!

Wendet man sich vorzüglich der zentralen Sichtachse und der nur auf den ersten Blick rein bipolaren Struktur des Aufbaus von *La scuola di Atene* zu, dann scheinen wir es mit einer ein für alle Mal fixierten, fest-gestellten Konstellation zu tun zu haben, die unverrückbar an einem stabilen und statischen Koordinatensystem ausgerichtet ist. Wer weiß sich auf der Seite des Platon, wer auf der Seite des Aristoteles? In einer solch statischen Raumaufteilung sind die Rollen und Positionen scheinbar fest verteilt, wobei die Zwischen-Räume zwischen den Figuren und Gruppen entscheidend dazu beitragen, dass in sich klar skizzierte Konstellationen entstehen. Geometrie und Statik[13] einer solchen Anlage springen gleichsam ‚natürlich‘ ins Auge und können zugleich mit Hilfe einer graphischen Datenverarbeitung in einem geometrischen Rasterbild[14] zur Anschauung – und zugleich zu einem völligen Stillstand – gebracht werden. Damit entstehen Flächen, die innerhalb ihrer Koordinaten Kontinuitäten erzeugen und jegliche Bewegung auszuschließen scheinen.

Mit dem Rasterbild einer fest-gestellten Konstellation aber ließe sich nur ein zweifellos wichtiger, aber letztlich vordergründiger Sinn erfassen, welcher die dynamische Polysemie dieses Kunstwerks niemals ausleuchten könnte. Nehmen wir aber das dichte Geflecht der unterschiedlichsten Blickachsen und der mit ihnen verbundenen Symmetrien und vor allem Asymmetrien hinzu, so

---

**13** Fichtner, Richard: *Die verborgene Geometrie in Raffaels „Die Schule von Athen"*. München: R. Oldenbourg Verlag – Deutsches Museum 1984.
**14** Vgl. Mazzolo, G. / Krömker, D. / Hofmann, G.R.: *Rasterbild – Bildraster. Anwendung der Graphischen Datenverarbeitung zur geometrischen Analyse eines Meisterwerks der Renaissance: Raffaels „Schule von Athen"*. Mit 20 farbigen und 40 schwarzweißen Abbildungen. Berlin – Heidelberg: Springer-Verlag 1987.

ergibt sich eine Vektorisierung, die bei genauerem Hinsehen nicht nur im Bild-
ausschnitt um Averroës und Pythagoras offenkundig ist, sondern alle Figurengruppen und Figuren dieses Fresko ausnahmslos erfasst. Alle Gestalten werden
zu Bewegungsfiguren, die in ihrer komplexen Relationalität miteinander verbunden sind – wenn auch nicht alle mit allen zum gleichen Zeitpunkt. Sehen
wir uns dieses so erzeugte *Mobile* einmal näher an!

Blickbewegungen, aber auch Körperhaltungen und Gesten erzeugen einen
im höchsten Maße vektorisierten Bewegungs-Raum, innerhalb dessen sich die
festen *Konstellationen* nun als mobile *Konfigurationen* erweisen. In diesen Konfigurationen kommen komplexe Choreographien zum Ausdruck, wobei die
Rahmung aller Figuren durch eine monumentale Architektur aus der dadurch
erzeugten Spannung einen hohen Bewegungskoeffizienten erzeugt. Wir stehen
vor einem Panorama abendländisch-europäischer Beziehungen, das sich in
ständiger und unabschließbarer Bewegung befindet.

Wenn die Zwischen-Räume auf der einen Seite die einzelnen Konstellationen
voneinander trennen, so verbinden sie nun auf der anderen Seite als Spiel-Räume
die untereinander in Beziehung stehenden Figuren und Figurengruppen. Die Zwischen-Räume bilden als Spiel-Räume das verknüpfende Element: Sie generieren
hintergründig jene Allgegenwart, auf deren Folie sich die „figurae" als Bewegungsfiguren abzeichnen, die im Medium der Malerei *in ihren Bewegungen selbst* (nur
vorübergehend) stillgestellt worden sind. Stabile Konstellationen und mobile Konfigurationen bilden voneinander unterschiedliche Logiken aus, welche zugleich
wechselseitig miteinander verbunden sind und folglich zusätzliche relationale Logiken entfalten.

Die „figura" des Diogenes macht dabei in besonderer Weise deutlich, wie
sehr die Zwischen-Räume ihrerseits gleichsam Kippfiguren bilden, die einmal
scharf voneinander abzutrennen, aus anderer Blickrichtung aber intensiv miteinander zu verbinden vermögen. Diogenes wie Epikur bilden Insel-Welten einer jeweils spezifischen Eigen-Logik, die gleichwohl mit den Inselwelten des griechisch
geprägten Denk-Archipels innig verbunden sind. Die spezifischen Eigen-Logiken
einer jeweiligen Insel-Welt werden auf die relationalen Logiken der Inselwelten
bezogen und zugleich in eine Vielbezogenheit integriert, die jenseits der internen
Relationalitäten auch externe Beziehungen aufbaut. Dabei tut sie dies, ohne dass
dabei die Eigen-Logiken der unterschiedlichen Insel-Welten beseitigt würden –
eine komplexe Relationalität, wie sie etwa auch das Verhältnis der sogenannten
‚Schule von Athen' mit den anderen Schöpfungen Raffaellos in den päpstlichen
Gemächern charakterisiert.

Die Eigen-Logiken einer bestimmten Insel-Welt, einer bestimmten Welt-für-sich,
werden gerade dadurch gestärkt, dass jeweils spezifische Beziehungen innerar-
chipelischer oder transarchipelischer Natur entwickelt werden. Die Präponderanz

etwa einer externen Relationalität, wie sie Ernst H. Gombrich mit Blick auf die Stanza della Segnatura vorschlägt, verletzt daher die Kopräsenz unterschiedlicher Logiken, wie sie etwa die Wechselbeziehungen zwischen interner und externer Relationalität im Zyklus des Raffael auszeichnet.[15]

Diese innerarchipelische und transarchipelische, mithin verschiedene Inselwelten durchlaufende Vektorizität lässt so zwischen den Figuren und Gruppen als Inseln und Inselgruppen jene Landschaft der Theorie entstehen, die archipelisch nur insofern sein kann, als sie auf jene Zwischen-Räume zurückzugreifen vermag, die zugleich trennen und verbinden, die zugleich feststellen und wieder in Bewegung setzen, die zugleich stabile Konstellationen und mobile Konfigurationen sind. Jedwede Relation, jedwede Verbundenheit setzt Distanz und Distanzierung voraus, mit deren Hilfe das Diskontinuierliche die Zwischen-Räume immer wieder neu vektorisiert, immer wieder neu konfiguriert, immer wieder neu semantisiert, um im Archipel dem Sinn die Sinne mitzugeben.

Vergessen wir dabei nicht, dass wir das Lexem „Archipel" zwar sehr wohl als „Inselgruppe im Meer" definieren dürfen, dass sich die Etymologie dieses Begriffs aber gerade nicht auf das Land, auf die Inseln bezieht, sondern auf das „große Gewässer" zwischen ihnen, auf jene Zwischen-Räume also, welche dieses Archi-Gewässer oder das „hauptsächliche Meer" – zunächst in der Ägäis – zwischen den Inseln bilden.[16] In einem stets präsenten etymologischen Sinne also meinen das Archipelische und der „archi-pelagus" das flüssige, bewegliche Element, das jede Insel von der anderen trennt, zur Insel-Welt mit ihrer Eigen-Logik gerinnen lässt, zugleich aber jene umfassende Inselwelt hervorbringt, in der alles mit allem (wenn auch niemals zugleich) verbunden ist. Es geht, um es noch einmal deutlich zu sagen, nicht darum, Konfigurationen an die Stelle von Konstellationen zu setzen, sondern um ein Denken von verschiedenen Logiken zugleich.

So sind es auf den frühneuzeitlichen Weltkarten der Europäer auch die Meere, die großen Gewässer, welche den verschiedenen Kontinenten und Archipelen – und gerade auch jenen der sogenannten ‚Neuen Welt' – ihre mobilen Konturen geben, sie de*fi*nieren (mithin abgrenzen) und zugleich doch miteinander relationieren und in Beziehung setzen. In diesem Zusammenhang werden die Konstellationen dieser Kontinente *auch* zu mobilen Konfigurationen, insofern sie sich als Bewegungsfiguren verstehen lassen, die vom Meer miteinander in Verbindung

---

**15** So schrieb Gombrich: „Diese Verwandtschaft mit herkömmlichen Zyklen macht es klar, daß die nicht zerstückelt werden können, ohne ihren symbolischen und künstlerischen Sinn einzubüßen." (Gombrich, Ernst H.: Die Symbolik von Raffaels „Stanza della Segnatura", S. 107 f). Die Hierarchisierung *eines* Sinns ist hier unverkennbar.
**16** Vgl. hierzu Kluge, Friedrich: *Etymologisches Wörterbuch der deutschen Sprache*. Bearbeitet von Elmar Seebold. 23., erweiterte Auflage. Berlin – New York: Walter de Gruyter 1999, S. 51.

gesetzt werden. Die Archipele aber sind auf diesen Karten einer sich rundenden, zunehmend global gedachten und globalisierten Welt die Bewegungs-Räume höchster Vektorizität: Sie werden zu jenen Zwischen-Räumen größtmöglicher Vielverbundenheit, die sich nicht allein auf eine interne Relationalität innerhalb eines Archipels (und damit innerarchipelisch) zu stützen wissen, sondern gerade auch die externe Relationalität (und damit eine transarchipelische Dimension) umfassen. Interne und externe Relationalität sind dabei grundlegend aufeinander bezogen.

So kann uns *La scuola di Atene* folglich auf sehr anschauliche Weise lehren, wie sich in einer archipelischen Landschaft der Theorie die Diskontinuitäten, die durch die Zwischen-Räume geschaffen werden, hin auf Relationalitäten öffnen, welche in ihrer Vielverbundenheit nicht bloß ein vielstimmiges, sondern weit mehr ein viellogisches Denken heraufführen, das innerhalb eines fest-gestellten Rahmens die unterschiedlichsten Choreographien erlaubt. Ein relationales Bewegungsbild entsteht. Gewiss: *Die Schule von Athen* verbirgt in nicht geringem Maße die Schule von Toledo und damit jene Kunst des Über*setzens*, die stets auch eine Kunst des *Über*setzens – mithin von einem Ufer an ein anderes Hinübersetzens – ist.

Entscheidend für die Entstehung einer derartigen offenen Strukturierung, für die Entfaltung einer polylogischen Komplexität aber sind jene auf den ersten Blick unsichtbaren Zwischen-Räume, jene Bewegungs-Räume zwischen den Inseln, die auf eher hintergründige, untergründige Weise gleichsam das geflutete, das überschwemmte, das unter der Wasseroberfläche Liegende verkörpern und in ihrer Unsichtbarkeit sichtbar und denkbar machen.[17] Im Archipel zählen folglich nicht allein die Inseln, sondern gerade auch das, was scheinbar nicht erscheint, aber dennoch da ist und in seiner allgegenwärtigen Abwesenheit unter der Wasseroberfläche verborgen liegt: mithin das, was (an der Oberfläche) nicht mehr ist und doch nicht aufhören kann zu sein.

Von Raffaellos *La Scuola di Atene* und damit dem illustren Mapping abendländischen Denkens ist es nur ein kleiner Schritt zur Kartographie Europas. Und diese lässt sich vereinfachend in zwei Traditionslinien unterteilen: zum einen in die (majoritäre) Darstellung Europas als Kontinent und zum anderen in dessen (minoritäre) Repräsentation als Inselwelt, als Archipel. Dies ist für unser Europa-Denken gerade mit Blick auf das 18. Jahrhundert und die „République des Lettres" aber wichtig, ja entscheidend.

---

17 Vgl. hierzu den Band von Ette, Ottmar / Müller, Gesine (Hg.): *Paisajes sumergidos, Paisajes invisibles. Formas y normas de convivencia en las literaturas y culturas del Caribe*. Berlin: Verlag Walter Frey – edition tranvía 2015.

In diesen historischen Zusammenhängen gewinnt eine wichtige, wenn auch weniger bekannte Tradition der Repräsentation des Wissens von der Welt an Signifikanz, die zwischen dem Ausgang des 15. und dem Übergang zum 17. Jahrhundert – also just in der von Pierre Chaunu so apostrophierten planetarischen Ausweitung Europas – ihre eigentliche Blütezeit erlebte. Sie ist als Gattung mit der Bezeichnung *Isolario* oder Insel-Buch verknüpft und lässt sich vorrangig einer italienischen Tradition (insbesondere der Seemacht Venedig) zuordnen.[18] Die Form des *Isolario* entwickelte sich historisch parallel zu den bereits erwähnten Kartenwelten eines Juan de la Cosa, aber auch den Arbeiten Raffaellos zu Beginn des 16. Jahrhunderts. Sie lässt sich als eine Anordnungsform von Wissen begreifen, die das zeitgenössische Wissen von der Welt in einer zur kontinentalen Darstellungsweise sicherlich komplementären, zugleich aber auch alternativen Form als verräumlichte Epistemologie einer anderen Sichtbarmachung zuführte. Es ist eine Weltsicht, in welcher Diskontinuität, Relationalität und Vektorizität die Hauptrolle spielen.

Der Reigen großer venezianischer Insel-Bücher wurde von Bartolomeo dalli Sonetti eröffnet, der im Jahre 1485 einen *Isolario* über die Inseln der Ägäis veröffentlichte, welcher aus 49 Karten von Inseln sowie ebenso vielen den jeweiligen Insel-Karten zugeordneten Sonetten bestand[19]. Ohne an dieser Stelle auf die spezifischen Formen der Entfaltung des *Isolario* und auf dessen Zusammenhänge mit der ersten Phase beschleunigter Globalisierung eingehen zu können,[20] sei doch betont, auf welch fundamentale Weise ein Verständnis Europas als Archipel in der frühneuzeitlichen Kartographie neue Möglichkeiten, Europa zu denken, eröffnete, um mit Blick auf den ‚Kontinent' eine andere Landschaft der Theorie zu entwerfen. Dies erfolgte just zu jenem Zeitpunkt, als sich Europa im Zeichen seiner erfolgreichen Expansion innerhalb eines von der Alten Welt her globalisierten planetarischen Zusammenhangs anders – und dies heißt: von seiner zunehmend dominanten Stellung her – zu denken und zu deuten begann. Es ist die Epoche der planetarischen Ausweitung Europas.

Bereits im Bewusstsein dieser Vorherrschaft und einer von Europa ausgehenden Erkundung weltweiten Zuschnitts legte Benedetto Bordone 1528 sein eigenes Insel-Buch vor, jenen höchst erfolgreichen *Isolario*, der für sich in Anspruch nehmen durfte, eine ganze Welt von Inseln in weltweiter Projektion entworfen zu

---

**18** Vgl. hierzu Serafin, Silvana: *Immagini del mondo coloniale nella cultura veneziana dei secoli XVI e XVII*. In: *Rassegna Iberistica* (Venezia) 57 (Juni 1996), S. 39–42.

**19** Vgl. Conley, Tom: *Virtual Reality and the "Isolario"*. In: *Annali d'Italianistica* (Chapel Hill) 14 (1996), S. 121.

**20** Vgl. hierzu ausführlich Ette, Ottmar: *TransArea. Eine literarische Globalisierungsgeschichte*. Berlin – Boston: Walter de Gruyter 2012, S. 63–78.

haben.[21] Die drei sehr ungleichen Teile seines einflussreichen Kartenwerkes widmeten sich der atlantischen Inselwelt einschließlich des Baltikums (29 Karten), der Inselwelt des Mittelmeers (43 Karten) sowie den Inseln des Fernen Ostens (10 Karten). Dabei bemühten sich die beigefügten Texte gleichsam landeskundlich darum, Informationen zur geographischen Lage, zu Klima und Geschichte, zur Bevölkerung, zu Fauna oder Flora und vielen weiteren Aspekten von allgemeinem Interesse bereitzustellen. Der Leserschaft wurde eine komplette Weltsicht geboten, ja eine Sicht der Welt als Inselwelt.

Schematische Zeichnungen zur Gradeinteilung der Erdkugel, Angaben zu den Wendekreisen sowie zur Schiefe der Ekliptik des Globus, zur Segmentierung der Windrose in Antike und Gegenwart, aber auch Überblickskarten von Europa, dem östlichen Mittelmeer sowie der gesamten zum damaligen Zeitpunkt bekannten Welt runden Bordones *Isolario* a. Sie vermitteln der zeitgenössischen Leserschaft – und darin dürfte die Attraktivität des Werkes gelegen haben – ein anschauliches und farbenfrohes Bild unseres Planeten. Unübersehbar wird zugleich, wie die europäischen Kartennetze nun den gesamten Planeten erfassen und in die gleiche Spatialität und Temporalität hineinzwingen. Europa hat seine Netze ausgeworfen – und die ganze Welt verfängt sich in ihnen.

Benedetto Bordones Isolarium ist bei aller Informationsfülle ein Imaginarium, in dem sich die europäischen Vorstellungen von der Welt reflektieren. Finden und Erfinden gehen bei Bordone Hand in Hand; in seinem *Isolario* entwirft der zuvor als Miniaturen-Maler tätige Künstler eine Welt, in der in den Begleittexten die unterschiedlichsten Lebensformen und Lebensnormen kopräsent sind und diskontinuierlich aufeinanderprallen. Anders als die am Kontinentalen, Kontinuierlichen und buchstäblich Zusammenhängenden ausgerichteten Kartenwerke zielt Bordones Kartographie auf eine Welt des Unzusammenhängenden, Diskontinuierlichen und auf die Entwicklung einer multiperspektivischen Sicht, die Differenzen nicht tilgt.

Das uns in Zusammenhang mit unserer Vorlesung besonders interessierende Beispiel des transatlantischen Teils seines neuen Mapping mag dies verdeutlichen, denn hier zerfällt nicht nur Europa in unterschiedliche Teil-Inseln (Abb. 9). An die jeweils mit ausführlichen Textteilen versehenen Karten von Island, Irland, Südengland, von der Bretagne, Nordwestspanien und Skandinavien schließen

**21** Bordone, Benedetto: *Libro di Benedetto Bordone nel qual si ragiona de tutte l'isole del mondo, con li lor nomi antichi & moderni, historie, favole, & modi del loro vivere & in qual parte del mare stanno, & in qual parallelo & clima giacciono. con il breve di papa Leone. Et gratia & privilegio della Illustrissima Signoria com' in quelli appare.* Vinegi [Venezia]: per Nicolo d'Aristotile, detto Zoppino 1528. Im Folgenden beziehe ich mich auf diese Ausgabe, die überdies als elektronische Fassung 2006 im Harald Fischer Verlag in Erlangen erschien.

sich die nicht weniger textuell eingebetteten Karten von Nordamerika und des Nordatlantik, der Stadt Temistitan (also das spätere Mexiko), von Zentral- und Südamerika, Hispaniola, Jamaica, Kuba sowie weiterer karibischer Inseln an. Danach erreichen wir über Porto Santo, Madeira, die Kanarischen Inseln, die Kapverden und die Azoren endlich wieder die Bucht von Cádiz in Südspanien und damit die Alte Welt in einem sich rundenden Kreis (Abb. 10). Auch die Kontinente werden archipelisiert, werden in eine offene Relationalität eingebracht, in welcher sich die Logik einer Insel-Welt stets mit der Logik weitgespannter Inselwelten verknüpft. Selbst transarchipelische, die Archipele unterschiedlicher Weltteile miteinander verknüpfende Beziehungen werden erkennbar. So wird nicht nur mit Blick auf Labrador, Zentralamerika, Mexiko oder Südamerika, sondern auch auf Skandinavien, das spanische Galizien oder die kontinentaleuropäische Bretagne eine Welt modelliert, die sich aus den verschiedenartigsten Größen, Lagen und Formen von Inseln zusammensetzt. Eine hochgradig fragmentierte, gleichsam zersplitterte Welt wird vor Augen geführt: eine *Welt in Stücken*,[22] die sich nur schwerlich einer einzigen Logik unterwerfen lässt.

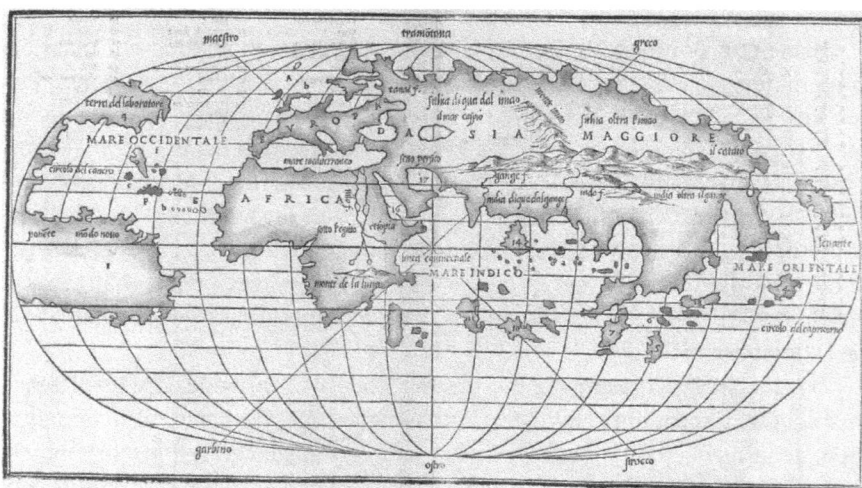

**Abb. 9:** Benedetto Bordone: *Weltkarte* aus dem *Isolario*, 1528.

---

**22** Vgl. Geertz, Clifford: *Welt in Stücken. Kultur und Politik am Ende des 20. Jahrhunderts*. Aus dem Englischen übersetzt von Herwig Engelmann. Wien: Passagen Verlag 1996.

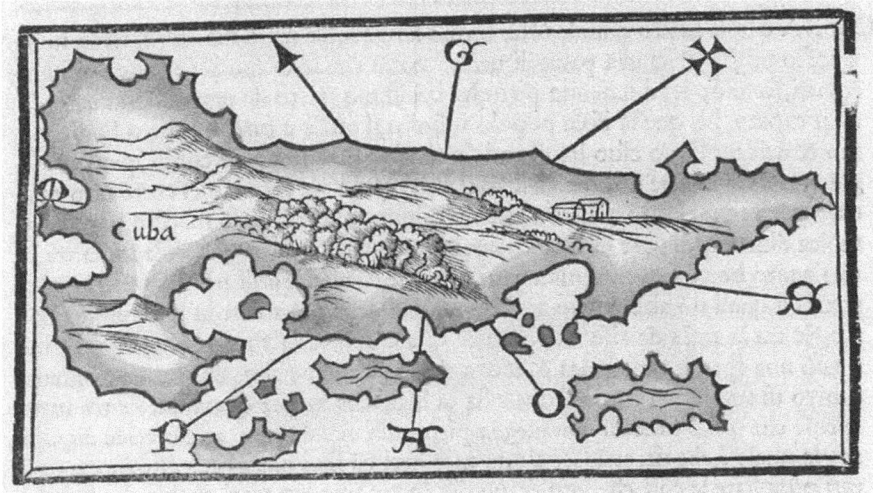

**Abb. 10:** Benedetto Bordone: *Kuba*, Karte aus dem *Isolario*, 1528.

Das Modell für diese Welt – wie sollte es anders sein – bot die Stadt Venedig, deren kartographische Darstellung[23] kaum kleiner als die gesamte Weltkarte Bordones ausfiel, wobei die Insel-Stadt mit ihren funktional so unterschiedlichen Inseln als *Fraktal* der gesamten Welt verstanden werden kann. *Urbi et orbi*: Venedig wird als ein anderes Rom zum Mikrokosmos einer transarchipelischen Welt, in welcher jede Insel ihre Eigen-Logik, ihren Eigen-Sinn behält und doch Teil eines multirelationalen Ganzen ist.

Wie sehr auch dieser transarchipelische Entwurf der Welt mit europäischen Machtansprüchen verknüpft und in die Expansionsgeschichte Europas verwickelt ist, muss an dieser Stelle nicht ausgeführt werden.[24] Entscheidend aber ist, wie sich in der langen Traditionslinie des *Isolario* und seiner Kartographien einer archipelischen Welt andere, vielperspektivische und vielverbundene Deutungsmuster nicht nur konstellieren, sondern weit mehr noch konfigurieren: Deutungsmuster, die in ihrer relationalen, polylogischen Strukturierung als Landschaften der Theorie eine andere Weltsicht vor Augen führen. Diese ist nicht an statischen Geometrien der Macht und nicht an ein für alle Mal fixierten

---

**23** Bordone, Benedetto: *Libro*, Bl. XXX; vgl. hierzu auch Karrow, Robert W.: Benedetto Bordone, S. 93.
**24** Vgl. hierzu Ette, Ottmar: *TransArea. Eine literarische Globalisierungsgeschichte*, S. 72.

Hierarchien der Abhängigkeit ausgerichtet, sondern eröffnet die Formen (und Normen) eines archipelischen, eines *fraktalen* Denkens, das in einer veränderten Landschaft der Theorie das Diskontinuierliche zu imaginieren und zu durchdenken vermag, ohne es auf Kontinuitäten zu reduzieren.

Bordones Weltentwurf kann uns auch heute noch lehren, die Welt auf andere, transarchipelische Weise zu denken. Die verschiedenartigen Logiken eines Denkens, das Europa als Kontinent wie als Archipel zu entwerfen vermag, demonstrieren die Gleichzeitigkeit, die Ko-Existenz gegensätzlicher Entwürfe, welche sich aber auch als Konvivenz, als ein Zusammen-Leben der unterschiedlichen Logiken vorstellen lässt. Nicht nur im Bereich der Kunst, nicht nur im Bereich der Kartographie.

Erich Auerbach hat in seinem zwischen Mai 1942 und April 1945 im Istanbuler Exil entstandenen Hauptwerk *Mimesis. Dargestellte Wirklichkeit in der abendländischen Literatur* auf eindrucksvolle Weise gezeigt, dass diese von ihm durchaus folgenreich konstruierte „abendländische Literatur" von zwei Traditionssträngen durchzogen wird, die man sehr wohl als kontinental beziehungsweise als inselhaft-archipelisch bezeichnen könnte. Denn wenn uns der „biblische Erzählungstext" den totalen Anspruch einer „Weltgeschichte" bietet, die „mit dem Beginn der Zeit, mit der Weltschöpfung" beginnt und „mit der Endzeit" enden soll, dann zeigen uns die „homerischen Gedichte" einen „bestimmten, örtlich und zeitlich begrenzten Ereigniszusammenhang", neben dem auch andere, von ihm teilweise oder völlig unabhängige Ereigniszusammenhänge „ohne Konflikt und Schwierigkeit denkbar" sind.[25] Beide Traditionslinien zielen zwar auf die diskursive Gestaltung einer Totalität, der Gesamtheit unserer Welt, doch bietet uns die Welt Homers gleichsam fraktal ein Verstehens-Modell an, das archipelisch anderen Welten gegenüber offen ist, während das Alte Testament nur eine einzige Deutung und kein Außerhalb der Heilsgeschichte kennt.

Für Auerbachs Ansatz und dessen narrative Umsetzung in *Mimesis* ist dabei entscheidend, dass sich diese beiden Traditionslinien innerhalb der abendländischen Literatur immer wieder wechselseitig überlagern. Das Abendland und in seiner Folge Europa entstehen bei Auerbach aus dieser strukturellen Überlagerung. Die größere Sympathie des deutschen Romanisten für die strukturelle Offenheit der homerischen Gesänge blieb dabei nicht ohne Folgen, weist die Aufteilung in voneinander getrennt lesbare Kapitel in *Mimesis* doch die offene Strukturierung eines Archipels auf. Eine solche durfte Auerbach nicht nur auf den Istanbuler

---

25 Auerbach, Erich: *Mimesis. Dargestellte Wirklichkeit in der abendländischen Literatur.* Bern – München: Francke Verlag ⁷1982, S. 18.

Prinzeninseln, sondern 1938 – übrigens im selben Jahr wie Roland Barthes – auch auf einer Fahrt durch die Inseln der Ägäis erleben.

Es ist einerseits möglich, die Auerbach'sche „Philologie der Weltliteratur"[26] auf ein wie auch immer gestaltetes Konzept einer neuen „Weltliteratur"[27] hin zu erweitern. Andererseits könnte man sie jedoch auch auf ein solches trans-areal zu konzipierender *Literaturen der Welt* hin perspektivieren. Für ein solches Vorhaben wäre es von grundlegender Bedeutung, jene Chancen und Potentiale, jene Risiken und Nebenwirkungen auszuleuchten, welche uns die polylogische Strukturierung dieser niemals auf einen Ursprung, auf eine Herkunft, auf eine Kultur oder Sprache zu reduzierende Vielfalt darbietet. Die so unterschiedlichen Welten des *Gilgamesch*-Epos[28] und des *Shi Jing*[29] belegen nur als kulturhistorisch wie medienästhetisch besonders herausragende Beispiele verschriftlichter und zir-kulierter Texte, dass die Literaturen der Welt von ihren ‚Anfängen' an, die stets auf andere Anfänge verweisen, nicht allein viellogisch sind, sondern zugleich auch vielsprachig. Sie weisen darauf hin, dass sie nicht nur von ihren Herkünften her über die unterschiedlichsten ästhetischen Ausdrucksformen verfügen, sondern stets durch ihre Vieldeutigkeit, durch ihre niemals zu disziplinierende Polysemie nach Kommentaren und Deutungen, nach Fortschreibungen und Überschreibun-gen verlangen, die ihrerseits wieder die Komplexität dieses polylogischen Systems der Literaturen der Welt erhöhen. Auch hier ist eine Kunst des Über*setzens* wie des *Über*setzens von zentraler Bedeutung, enthalten und entfalten doch die Litera-turen der Welt ihr polylogisches System nur insofern, als sie durch die Querung der Zeiten, Räume, Kulturen und Sprachen ihre Transkulturalität immer wieder er-proben und erweitern. Diese Vielgestaltigkeit und Vielstimmigkeit gilt es zu beach-ten, wenn wir von der „Europe des Lumières" sprechen. Europa agiert nicht als homogener Block. wir sollten daher versuchen, einer einzigen Deutung Europas

---

26 Vgl. Auerbach, Erich: Philologie der Weltliteratur. In: *Weltliteratur*. Festgabe für Fritz Strich. Bern 1952, S. 39–50; wieder aufgenommen in Auerbach, Erich: *Gesammelte Aufsätze zur romanischen Philologie*. Herausgegeben von Fritz Schalk und Gustav Konrad. Bern – Mün-chen: Francke Verlag 1967, S. 301–310.

27 Vgl. u. a. Casanova, Pascale: *La République mondiale des Lettres*. Paris: Seuil 1999; Dam-rosch, David: *What Is World Literature?* Princeton – Oxford: Princeton University Press 2003; oder Sturm-Trigonakis, Elke: *Global playing in der Literatur. Ein Versuch über die Neue Weltlite-ratur*. Würzburg: Königshausen & Neumann 2007.

28 Vgl. hierzu das Nachwort zur deutschsprachigen Ausgabe *Das Gilgamesch-Epos*. Neu über-setzt und kommentiert von Stefan M. Maul. München: C.H. Beck 2005.

29 Vgl. hierzu Owen, Stephen: Reproduction in the "Shijing„ (Classic of Poetry). In: *Harvard Journal of Asiatic Studies* (Harvard) LXI, 2 (2011), S. 287–315.

zu entkommen und aus dem Bewusstsein verschiedener Logiken zugleich es nicht allein als einen Kontinent, sondern als einen viellogischen, vielsprachigen, viel-kulturellen Archipel zu begreifen – als eine Teil-Welt, die sich nicht einer einzigen Bewegung, einer einzigen Sinngebung, einer stabilen Geometrie der Macht wie der Möglichkeiten unterwerfen kann.

# Zweite Annäherung

Als Kultur- und Schicksalsgemeinschaft tauchte Europa bekanntlich erst sehr spät auf; eine Tatsache, auf die Gotthard Strohmaier in einem nicht unpolemischen Beitrag unter dem Titel *Die Griechen waren keine Europäer* aufmerksam machte. Er rief ins Bewusstsein, dass die Griechen selbst nach eigener Auffassung die drei Erdteile Europa, Afrika und Asien bewohnten, aus eigener Sicht die Tugenden der Bewohner dieser drei Teile der Welt miteinander verbanden und weit davon entfernt waren, sich mit den Barbaren der nördlich angrenzenden Gebiete zu identifizieren.[1] Erst spät entwickelte sich im 15. Jahrhundert ein zunehmend auch kulturell definierter Begriff von Europa, just zu jenem Zeitpunkt folglich, als dieses Europa erneut militärisch in Bedrängnis geriet. Erste Vorzeichen dafür ließen sich zwar bereits im Jahre 732 beim Zurückschlagen der Angriffe arabischer Truppen, die 711 den Felsen Gibraltar eroberten und sich rasch über Spanien ausbreiteten, vor Tours und Poitiers belegen. Doch mag uns gerade dies als ein weiteres Beispiel für unsere kulturhistorische These dienen, dass sich letztlich Europa nur von den jeweiligen Rändern her zu definieren scheint und in der Tat auch definierte. Europa konstituiert sich in Frontstellungen neu.

Auf ähnliche Weise sollte die sogenannte ‚Entdeckung‘ der Neuen Welt dazu beitragen, dass sich innerhalb der Alten Welt Europa in doppelter Frontstellung herauskristallisierte – als *Reconquista* erneut gegen die Mauren sowie als *Conquista* des indigenen Amerika. Damit war eine doppelte Alterität geschaffen, in welcher sich ein militant vorgehendes Europa bildete. Die Entdeckung der Neuen impliziert vor allem jene der Alten Welt durch die Europäer selbst auf neue Weise. Europa definiert sich stets von seinen Rändern und seinen Bewegungen her, ja ist ohne seine Beziehungen zur außereuropäischen Welt überhaupt nicht vorstellbar. Gerade die transatlantische Beziehung zur amerikanischen Hemisphäre war für sein Selbstverständnis strukturbildend.

Diese Überlegung führt uns zum alten Mythos der Okeanide Europa zurück, die ja bekanntlich nicht an einem europäischen Strand – zumindest im Sinne dessen, was wir heute unter Europa verstehen – Blumen pflückte, sondern an der Küste Kleinasiens, sagen wir in der Nähe der Stadt Sidon, als sich ihr Zeus mit erfreutem und mehr noch erregtem Blicke näherte. Das Mädchen gefiel ihm, so dass er sich ihr in der Form eines Stieres näherte und die junge Dame auf seinem Rücken entführte. Erst in Knossos durfte sie wieder an Land gehen, wo sie der ta-

---

1 Strohmaier, Gotthard: Die Griechen waren keine Europäer. In: Höfner, Eckhard / Weber, Falk Peter (Hg.): *Politia litteraria. Festschrift für Horst Heintze zum 75. Geburtstag.* Glienicke/ Berlin – Cambridge/Massachusetts: Galda + Wilch Verlag 1998, S. 198–206.

tendurstige Gott vergewaltigte und schwängerte. Europa ist also ein Mythos, der auf einer Gewalttat beruht, nämlich einer Freiheitsberaubung und Deportation in brutaler Tateinheit mit Vergewaltigung – Ihr Vergewaltiger wurde niemals dafür belangt.

Sie ist folglich erzwungenermaßen nicht nur eine Deportierte, sondern eine Migrantin, nicht nur eine schöne Frau, sondern eine Vergewaltigte, nicht etwa eine Bewohnerin jener nach ihr benannten Welt, sondern eine in diese Welt – oder zumindest an deren Ränder – Verpflanzte, Verbrachte. Im Mythos von der schönen Europa und dem Stier scheint eine Vielzahl von Elementen auf, die für das Europa auch unserer Tage bis heute charakteristisch geblieben und bedenkenswert sind. Europa ist mithin nicht nur in Bewegung: Der Kontinent ist selbst auch Bewegung, insofern er ständig über seine Grenzen hinausreicht und kein festes Territorium, keine klar gezogenen Grenzen besitzt. Zugleich ist seine Geschichte eine Geschichte der Gewalt. Dies gilt gerade auch in besonderem Maße für das Europa der Aufklärung, wo die kolonialen Führungsmächte überdies gewechselt hatten. Dass diese Bewegung gerade seit 1680 etwas mit den neuen, sich langsam herausschälenden Grundlagen für die spätere Herausbildung der Moderne zu tun hat und diese Moderne in der Tat irgendwann in den sechziger Jahren des 20. Jahrhunderts in ihre vielleicht letzte Phase überging, die wir als Postmoderne bezeichnen können, soll einer anderen Vorlesung überlassen bleiben. Letztere untersucht die Umbesetzungen im Verlauf des langen 20. Jahrhunderts im Übergang zu unserem gegenwärtigen Jahrhundert.[2]

Europa ist zweifellos eine Bewegung, die sich – ganz im Sinne Pierre Chaunus – seit dem Mittelalter zunehmend nach Norden verlagert und den mediterranen Süden, gerade auch im Zeichen der Präsenz des Islam, eher aufgibt oder zurückdrängt. Freilich sorgten der Abschluss der Reconquista und die Expansion gerade der iberischen Mächte nach Übersee für eine neue Aufwertung des Südens; doch sollte sich im 17. Jahrhundert das Kern-Europa nach Norden verlagern, wohin ein guter Teil der iberischen Gold- und Geldabflüsse ging. Nicht umsonst heißt auch heute noch in Spanien ein sprichwörtlich reicher Mann „Fúcar", ein Fugger also, spielte dieses aufstrebende Augsburger Bankhaus doch eine zentrale Rolle bei der europäischen Umverteilung der aus den Kolonien herangeschafften Reichtümer.

Pierre Chaunus Analyse arbeitete überzeugend auf der makrohistorischen Ebene heraus, wie sich weiter im Norden ein neues Kerneuropa konstituierte, irgendwo zwischen England, Nordfrankreich, Holland und dem Rheinland, aber auch noch dem nördlichen Italien, das vielleicht die südlichste Grenze dieses Kern-

---

2 Vgl. Ette, Ottmar: *Von den historischen Avantgarden bis nach der Postmoderne* (2021).

raums markiert. Um 1680 setzte dann das ein, was der französische Aufklärungsforscher als eine Entwicklung von einem „kleinen Europa" zu einem „großen Europa" bezeichnete. Es handelt sich um eine Einschätzung, die man nicht unbedingt in all ihren Details zu teilen braucht, die aber deutlich macht, dass sich nun von den Rändern her gerade im Osten und entlang der Donau wiederum neue Bereiche dem Konzept von Europa gegenüber öffnen. Das Europa der zweiten Phase beschleunigter Globalisierung war von dem der ersten Phase grundlegend verschieden: Es gilt folglich, „L'Europe des Lumières" aus einem komplexen historischen Geworden-Sein heraus als neue archipelische Konfiguration zu verstehen.

Wenn wir Europa nicht nur *in* Bewegung,[3] sondern zugleich *als* Bewegung verstehen, entfaltet sich folglich der Mythos (von) Europa auf neue, prospektive Weise. Am Anfang von Europa stand das Begehren: das Spiel von Verführung und Entführung, die Spannung von Verpflanzung und Fortpflanzung, die Bewegung zwischen Eingrenzung und Ausgrenzung, Begrenzung und Entgrenzung. Europa, die schöne Namensgeberin eines Kontinents mit instabilen Grenzen, eines Kontinents, der niemals einer war, ist von kontinentaler und im Grunde außereuropäischer Herkunft: Sie ist das Opfer von Deportation und Migration und nur als unabschließbare Bewegung zu begreifen. Die Reise der Europa auf dem Rücken jenes Stieres, in den sich ein liebeshungriger Zeus verwandelt hatte, erfolgte ebenso wenig aus freien Stücken wie jene Vereinigung mit dem Göttervater, mit dessen Geschichte diejenige des Okzidents erst ihren mythischen Anfang nahm. Es ist eine Geschichte, die vom Begehren diktiert wird: dem Begehren nach dem Anderen, dem Begehren nach der Anderen, ja selbst dem Begehren nach einem anderen Europa. Vergessen wir darüber nicht, dass die Geschichte dieser Migrantin auch die Geschichte einer Reise vom Kontinent zur Insel, zum griechischen Archipel war. Europa, der selbsterklärte und sich selbsterklärende Kontinent, ist ein Archipel: bestehend aus vielen Inseln und dem Meer, das trennt und verbindet, verhüllt und enthüllt – ein Kontinent, der lernen muss, sich als ein Archipel, als eine sich ständig wandelnde mobile Konfiguration zu sehen.

Das 18. Jahrhundert gehört, wie schon Pierre Chaunu betonte, zu den zwei oder drei wichtigsten Erbschaften, die unsere Gegenwart angetreten hat. In gewisser Weise, so zumindest der französische Historiker, habe es uns zum beständigen Wachstum, zur „croissance continue" verurteilt: Eine Umkehr ist oder scheint ausgeschlossen auf jenem Weg, den die Aufklärung eingeschlagen hat und uns für die Zukunft vorzugeben scheint. Überall in Europa und in allen europäischen Sprachen geht dieser Zeitraum in Metaphorik über, die im Herzen der gesamten

---

**3** Vgl. Bade, Klaus: *Europa in Bewegung. Migration vom späten 18. Jahrhundert bis zur Gegenwart.* München: Verlag C.H. Beck 2000.

Bewegung Europas steht. Es ist eine Lichtmetaphorik, die freilich weder die Lumières noch die Aufklärung erfunden haben, sondern die wir selbstverständlich in der Tradition des Christentums und vor diesem des Judentums finden und die in säkularisierter Form in die Aufklärungsbewegung eingegangen ist.

Daher finden wir überall dieselbe Bildsprache: *Lumières*, Aufklärung, *Enlightenment*, *Ilustración*, *Illuminazione*: Ein einziges *Siglo de las Luces*. Auch aus dieser Wortschöpfung ergibt sich bereits ein Hinweis auf die Einheit dieser Bewegung jenseits ihrer Mannigfaltigkeit, gerade mit Blick auf eine Aufklärung auch außerhalb der sich bewegenden Grenzen Europas. Vielleicht gab es keinen europäischen oder außereuropäischen Reisenden, der so aufwendig und zieloffen die unterschiedlichsten Aufklärungen des europäischen Archipels zwischen Venedig und Paris, zwischen Potsdam und Madrid, zwischen Moskau und Warschau, zwischen Neapel und Wien so stark miteinander vernetzt hat wie Giacomo Casanova. Wir werden uns noch mit ihm beschäftigen. Die unterschiedlichsten Fackeln und Leuchtfeuer dieser europäischen Aufklärungen leuchteten zu verschiedenen Zeiten im 18. Jahrhundert höchst unterschiedlich; und an jedem Fürstenhof, auf jeder einzelnen Insel, würde ein Verweilen lohnen, um die jeweiligen Ausprägungen aufklärerischen Denkens zu studieren. Wenn wir also in dieser Vorlesung von „Aufklärung" sprechen, dann stets schon mit Blick auf Europa im Sinne einer Abstraktion.

Noch komplexer wird diese Aufklärung, wenn wir den Blick über Europa hinaus auf andere, weite Gebiete unseres Planeten richten und zu ergründen versuchen, in welchen Denktraditionen sich die Aufklärung etwa in Mexiko oder in den Vereinigten Staaten, aber auch in Lima oder auf Haiti bewegte. Die Expansionsbewegung, die von Europa ausging, ist zugleich Frucht und Bedingung der Aufklärung. Die planetarische Ausweitung Europas ab Ende des 15. Jahrhunderts ist ein makrohistorisches Faktum, welches im 18. Jahrhundert die transatlantischen Aufklärungen bedingt. Vielleicht hat kein europäischer oder außereuropäischer Reisender auf eine derart zielgerichtete und reflektierte Weise die unterschiedlichen ,Brennpunkte' der ausgehenden Aufklärung zwischen Berlin und Paris, zwischen Wien und Madrid, zwischen Caracas und Havanna, zwischen Mexiko-Stadt und Washington miteinander verbunden wie Alexander von Humboldt. Mit Georg Forster hatte er einst Sand für den Bau des Freiheitstempels zu Paris gekarrt, hatte die Trägerschichten des bevorstehenden Unabhängigkeitskampfes in den noch spanischen Kolonien kennengelernt, hatte die ihrem Höhepunkt zutreibende Haitianische Revolution kommentiert und mit dem Präsidenten jener Vereinigten Staaten gesprochen, die den europäischen Kolonialismus abgeschüttelt hatten. Doch gibt es neben Casanova und Humboldt noch viele andere Reisende und Zeitzeugen, welche für uns die Vielgestaltigkeit der Aufklärung und der von ihr ausgelösten Umwälzungen aus verschiedensten Perspektiven schildern werden.

Die zweite Phase beschleunigter Globalisierung – und damit ein ungeheurer Internationalisierungsschub, der die Moderne und viele Phänomene beflügelte, die unser Leben und Geistesleben noch immer prägen – betrifft die zweite Hälfte des 18. Jahrhunderts. Daher wird – wie ich an dieser Stelle schon vorausschicken will – diese zweite jahrhunderthälfte auch im Vordergrund unserer Vorlesung stehen, ohne freilich wichtige Entwicklungen der ersten jahrhunderthälfte zu vergessen. Komplettieren wir der Vollständigkeit halber unser Bild, so ließe sich mit dem letzten Drittel des 19. Jahrhunderts, einer Phase sogenannter ‚Modernisierung' auf den verschiedensten Ebenen und auch im Bereich der Künste wie der Literaturen, eine dritte Phase beschleunigter Globalisierung erkennen. Ihr wäre wiederum seit den 1980er Jahren mit der elektronischen Revolution und der zunehmend weltweiten Verbreitung der Neuen Medien wie dem Aufbau internationaler Datensysteme eine weitere, vierte Phase beschleunigter Globalisierung in der Neuzeit im Zeichen eines wachsenden Überwachungs-Kapitalismus an die Seite zu stellen. Auch diese Phase ist mittlerweile, vor weniger als einem Jahrzehnt, zu Ende gegangen und historisch geworden. Wie wird nunmehr die Zukunft aussehen?

Genau diese Frage ist ein Erbe der Aufklärung, einer Verzeitlichung, zu der wir bereits in unserer Vorlesung über die Anfänge des 19. Jahrhunderts Stellung bezogen haben. Sie ist das Ergebnis einer zukunftsoffenen Konzeption von Geschichte, die sich nicht mehr in sich wiederholenden Zyklen vollzieht. Wir betrachten folglich aus der Perspektive einer abgeschlossenen Phase beschleunigter Globalisierung die zweite Phase dieser Zeitenbeschleunigung, welche wir unter anderen Vorzeichen auch schlicht als die Aufklärung oder – wie unser längst historisch gewordenes Potsdamer Forschungszentrum – auch als die „Europäische Aufklärung" bezeichnen könnten. Nun, vielleicht ist dieses Potsdamer Forschungszentrum deshalb historisch geworden, weil es sich trotz der Existenz anderer Zentren zur europäischen Aufklärung nicht auf globale Fragen öffnen wollte.

Lassen Sie mich an dieser Stelle noch einen weiteren Punkt, den Pierre Chaunu gleich zu Beginn seines Buches ansprach, zumindest erwähnen: die Tatsache nämlich, dass dieses Europa der Aufklärung – wie wir in den vorausgehenden Überlegungen reflektiert haben – ein extrem heterogenes Europa ist. Denn die leitenden Gedanken und das Vokabular der Aufklärung durchdringen Europa in den unterschiedlichen Regionen, den verschiedensten Sprachen und den diversen Gesellschaftsschichten auf äußerst unterschiedliche Weise und zu unterschiedlichen Zeitpunkten. Man könnte hier mit dem Bloch'schen Begriff von der Gleichzeitigkeit des Ungleichzeitigen sprechen.

Diese Gleichzeitigkeit des Ungleichzeitigen manifestiert sich nicht allein zwischen verschiedenen Nationen und Ländern, sondern auch innerhalb desselben Staatsgebildes. Nehmen wir Frankreich als Beispiel. Mit guten Gründen macht Pierre Chaunu darauf aufmerksam, dass etwa die Bauern in der Auvergne um 1770 noch zu neunzig Prozent Analphabeten waren – daher auch der ihnen bis heute anhaftende innerfranzösische Ruf der Rückständigkeit –, während zum selben Zeitpunkt die Bauern in der Normandie wohl zu achtzig Prozent bereits alphabetisiert waren. In Chaunus bis heute lesenswertem Buch gibt es zur Veranschaulichung auch eine kleine Grafik (Abb. 11).[4]

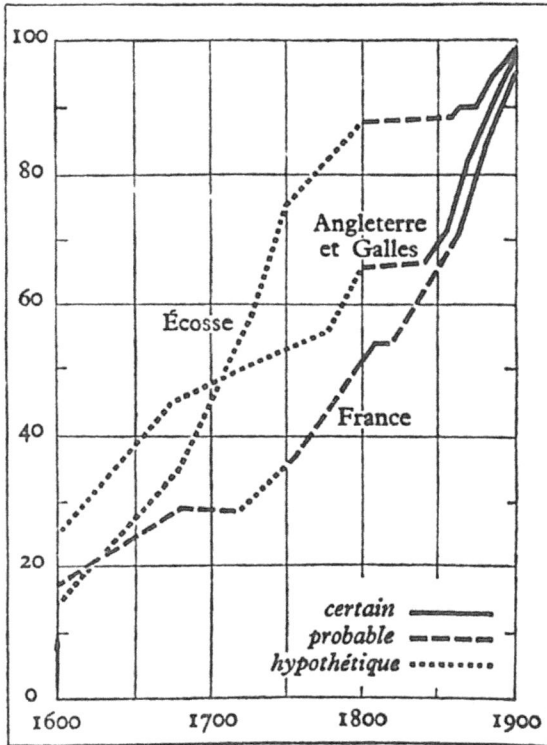

**Abb. 11:** L'Europe éduquée. In: Pierre Chaunu: *La Civilisation de l'Europe des Lumières*. Paris: Flammarion 1982, S. 109.

Wenn diese Gegensätze zwischen verschiedenen Regionen bereits innerhalb Frankreichs gewaltig sind, so sind sie es noch viel mehr zwischen unterschiedlichen Ländern Europas wie – sagen wir – Frankreich mit Paris einerseits oder den Landflächen Weißrusslands andererseits, zwischen Sizilien und London, Skandi-

---

4 Vgl. Chaunu, Pierre: *L'Europe des Lumières*, S. 109.

navien und Königsberg, zwischen der Vorpommer'schen Landbevölkerung und der gebildeten Stadtbevölkerung von Madrid. Diese Heterogenität ist gewaltig, zumindest wenn man dabei gerade den Unterschied zwischen den Eliten und der Landbevölkerung heranzieht. Nicht umsonst hat Alexander von Humboldt die Leibeigenen in den östlichen Regionen Europas mit den aus Afrika deportierten Sklaven Amerikas verglichen: Beide Gruppen wurden von ihren Herren in größtmöglicher Unwissenheit gehalten.

Man darf aber – so scheint mir – nicht vergessen, dass es eine Reihe homogenisierender Elemente und Faktoren gab, die heute nicht mehr oder auf andere Weise funktionieren. Da ist zum einen die Tatsache, dass die zwar im Westen schwindende Akzeptanz des Lateinischen als Sprache der Wissenschaft, des Klerus und der Bildung im Osten Europas (und darunter teilweise auch Deutschland) fortbestand und ein sprachliches Kommunikationsproblem durch die herausgebildeten Vernakular-Sprachen sich noch nicht so gravierend auftut wie etwa später im 19. Jahrhundert. Die in Deutschland spät erfolgende Ablösung etwa des Lateinischen in der Philosophie werden wir am Beispiel eines Philosophen aufzeigen, der sich in der ersten Hälfte des 18. Jahrhunderts mit guten und nachvollziehbaren Gründen noch immer des Lateinischen bediente, um die Scientific Community seiner Zeit auch jenseits der Landesgrenzen zu erreichen.

Zum anderen bot sich das Französische als Verkehrs- und Kommunikationssprache an, wie wir hier, unweit von Sanssouci, an einem Universitätsstandort, dessen Gebäude als die „Communs" bezeichnet werden, vielleicht besser als andernorts begreifen können. Eine französischsprachige „République des Lettres" bildete sich heraus; und dies bedeutete, dass etwa in Berlin oder München deutsche Druckereien französischsprachige Texte holländischer oder polnischer Autoren verlegten. Auch hierfür werden wir in unserer Vorlesung Beispiele kennenlernen. Es gab daher sehr wohl Kommunikationslinien, welche für die Einheit eines „Europa der Aufklärung" stehen.

Doch sollten wir nicht vergessen, dass Europa in keiner Weise eine Einheit in der Realität gesellschaftlicher und regionaler Differenzierungen und Stratifikationen bildete. Hier hilft uns die Vorstellung von Inseln und Archipelen, die miteinander kommunizierten, sehr viel weiter. Wie wir noch sehen werden, ist eine derartige archipelische und transarchipelische Kommunikationssituation in den verschiedenen Areas des amerikanischen Kontinents keineswegs in geringerem Maße an der Tagesordnung. Europa ist in jedem Falle im 18. Jahrhundert eine überaus fragile Begrifflichkeit mit noch fragileren territorialen Grenzen, von denen man nicht abzuschätzen weiß, wie weit sie nach Osten und Südosten reichen, inwieweit sie Russland miteinschließen, was mit dem Norden Skandinaviens ist und welche Rolle der Iberischen Halbinsel zukommt.

Denn die iberischen Nationen Spanien und Portugal hatten in der ersten Phase beschleunigter Globalisierung die europäische Expansion nach Westen, nach Amerika getragen, sahen sich im 18. Jahrhundert aber gleichsam aus dem Europa der Aufklärung ausgebürgert – und dies selbstverständlich auch gleich mitsamt der von ihnen kolonisierten Gebiete des amerikanischen Doppelkontinents. Auf Portugal, vor allem aber auf Spanien konzentrierte sich die ganze Häme der rivalisierenden und sich selbst als ‚aufgeklärt' bezeichnenden europäischen Nationen, allen voran Frankreich, das im 18. Jahrhundert mit allen Mitteln um die Errichtung eines mit Spanien vergleichbaren Kolonialreiches kämpfte. Als Beispiel für derartige Debatten und innereuropäische Polemiken darf ich Ihnen den Artikel *Espagne* von Masson de Morvilliers einmal auszugsweise wiedergeben, der 1783 in der *Encyclopédie méthodique* erschien und Spanien zwar nicht gänzlich aus Europa ausschloss, aber doch aus jenen Werten, die für den Rest Europas offiziell die ‚Leitkultur' darstellten:

> Der Spanier besitzt Eignung für die Wissenschaften, er besitzt viele Bücher, & dennoch handelt es sich um die vielleicht unwissendste Nation Europas. Was kann man von einem Volke erhoffen, das von einem Mönch die Freiheit des Lesens & des Denkens erwartet? Das Buch eines Protestanten ist von Rechts wegen proskribiert, von welcher Materie es auch immer handeln mag, ist doch der Verfasser ein Protestant! Jegliches ausländisches Werk wird festgehalten; man macht ihm seinen Prozess, richtet darüber [...]. Heute sind Dänemark, Schweden, Russland, selbst Polen, Deutschland, Italien, England und Frankreich, all diese Völker, die einander Feinde, Freunde oder Rivalen sind, sie alle sind brennend von einer großzügigen Nachahmung im Sinne des Fortschritts, der Wissenschaften & der Künste erfasst! Ein jeder denkt über die Eroberungen nach, welche er mit den anderen Nationen teilen darf; Ein jeder hat bis zu diesem Punkt irgendeine nützliche Entdeckung gemacht, die der Menschheit zum Vorteile geriet! Was aber verdankt man Spanien? Und seit zwei, seit vier, seit zehn Jahrhunderten, was hat Spanien für Europa getan? Es ähnelt heute diesen schwachen & unglücklichen Kolonien, die unentwegt den stützenden Arm der Metropole benötigen: Wir müssen mit unseren Künsten, mit unseren Entdeckungen helfen; und doch ähnelt dieses Land noch immer den verzweifelten Kranken, welche ihre Krankheit nicht fühlen und den Arm zurückstoßen, welcher ihnen das Leben bringt! Und doch, wenn es eine politische Krise braucht, um Spanien aus dieser schändlichen Lethargie zu befreien, worauf wartet dieses Land dann noch? Die Künste sind dort erloschen; auch die Wissenschaften, der Handel! Spanien benötigt unsere Handwerker und Künstler in seinen Manufakturen! Die Gelehrten sind gezwungen, sich insgeheim mit Hilfe unserer Bücher weiterzubilden! Es fehlt Spanien an Mathematikern, an Physikern, an Astronomen, an Naturforschern![5]

---

5 Morvilliers, Masson de: Espagne. In Panckoucke, Charles-Joseph (Hg.): *Encyclopédie méthodique ou par ordre des matières. Géographie moderne.* Paris: Pandoucke 1782, Bd. 1, S. 554–568, hier S. 565.

Wir haben es in diesem Artikel mit einer absoluten Verurteilung eines Landes zu tun, das spätestens seit Mitte des 18. Jahrhunderts endgültig aus dem Kreis der ‚zivilisierten‘ Nationen Europas ausgeschlossen wurde und vor allem von den französischen Philosophen als Feind des Menschengeschlechts angeprangert wurde. In Verkennung vielfältiger wissenschaftlicher Entwicklungen insistiert der Verfasser dieses enzyklopädischen Artikels auf der Unwissenheit einer Nation, die allzu sehr in den Händen des Klerus verblieben sei und keinerlei Erfindungen gemacht habe, die für das gesamte Menschengeschlecht, das heißt für die Europäer, von Nutzen gewesen wäre. Die wahre Bildung und der wahre Fortschritt seien allein den nicht-spanischen Büchern zu entnehmen; und spanische Gelehrte müssten im Verborgenen verzweifelt danach suchen, sich durch die Lektüre ausländischer Bücher auf dem Stand der Wissenschaften wie der Künste zu halten.

Es wäre sicherlich ein Leichtes, bei aller Rückständigkeit Spaniens im 18. Jahrhundert die großen wissenschaftlichen und künstlerischen Anstrengungen hervorzuheben, welche dieses Land gerade etwa mit Blick auf die Erforschung seiner Kolonien zu leisten imstande war. Es mangelte in Spanien durchaus nicht an fähigen Bergbauingenieuren, an Kartographen, an Naturwissenschaftlern oder humanistischen Gelehrten. Berühmt etwa waren seine Botaniker und Naturforscher. War Spanien auch als Führungsmacht Europas längst hinter Länder wie Holland, Frankreich oder England zurückgefallen, so besaß es doch eine wissenschaftliche und künstlerische Elite, die sehr wohl auf dem europäischen Stand des Wissens war. Doch vermochte Spanien mit diesen Führungsmächten Europas wissenschaftlich nicht mehr vollumfänglich mitzuhalten. Das Zentrum Europas, also das, was wir mit Chaunu als Kern-Europa bezeichnen könnten, war nach Norden gewandert. Was in der „Opinion publique", in der entstehenden öffentlichen Meinung des Aufklärungszeitalters in Europa zählte, war dieses Bild eines rückständigen Landes, das noch immer im Besitz zahlreicher Kolonien war, von Kolonien freilich, die höchst ineffizient geführt wurden und mit Ausnahme der Extraktionswirtschaft von Bodenschätzen für Spanien nur geringe Gewinne abwarfen. Daher auch die gerade von Spaniens Rivalen vorgetragenen – und auch im obigen Artikel diskret geäußerten – Forderungen, man möge Spanien die Herrschaft über Kolonien aus der Hand nehmen, die es nicht zu nutzen vermöge.

Zweifellos zutreffend war die Feststellung, dass Spanien längst mit Blick auf Europa im 18. Jahrhundert keine führende Rolle mehr spielte. Verlockend und höchst interessant vor allem für Franzosen und Engländer waren die spanischen Kolonien, die unmittelbar – so schien es – vor einer möglichen Revolution standen und dann zu einer leichten Beute rivalisierender europäischer Kolonialmächte werden konnten. Noch ahnte niemand, dass die nächste Revolution das französische Saint-Domingue treffen sollte, welches die französi-

schen Kolonialherren zur effizientesten Kolonie weltweit entwickelt hatten, da
mit einem Mindestmaß an weißen Kolonisten und Soldaten und einem Höchstmaß aus Afrika deportierter Sklaven enorme Profite und Gewinne erwirtschaftet
wurden. Doch auf die Haitianische Revolution, der wir einen Exkurs in unseren
Vorlesungen über das 19. Jahrhundert gewidmet haben,[6] kommen wir zurück.

Masson de Morvilliers zeigte sich überzeugt davon, dass es keine Möglichkeit für die spanischen Kolonien geben würde, ohne fremde, also französische
Hilfe wieder auf die Beine zu kommen:

> Es wäre zweifellos ein sehr sonderbares Ereignis, wenn Amerika das Joch Spaniens ab-
> schütteln könnte & wenn sodann ein geschickter Vize-König in den Kolonien, welcher die
> Partei der Amerikaner ergriffe, sie mit seiner Macht & seinem Genie unterstützte. Ihre Länd-
> ereien würden alsbald unsere Früchte hervorbringen; & ihre Bewohner bräuchten bald weder
> unsere Waren noch unsere Lebensmittel mehr, wir würden in etwa in denselben Zustand der
> Bedürftigkeit zurückfallen, in welchem wir uns vor vier Jahrhunderten befanden. Spanien
> scheint, ich gestehe es, vor dieser Revolution geschützt, doch das Reich von Fortuna ist sehr
> weit gespannt; & kann sich die Vorsicht der Menschen schmeicheln, all ihre Kapricen vor-
> herzusehen & zu besiegen?[7]

Aufschlussreich ist an dieser Passage des Artikels aus der *Encyclopédie méthodique* nicht nur das Denkspiel einer möglichen Revolution in Amerika, in den
„Indes occidentales", sondern vielleicht mehr noch die Tatsache, dass der Verfasser hier deutlich von den wirtschaftlichen Interessen Europas in Amerika
und von der umgekehrten Abhängigkeit der europäischen Exportwirtschaft von
diesem Weltmarkt spricht. Denn die noch immer spanischen Kolonien würden
im Falle ihrer „Independencia", ihrer politischen Unabhängigkeit, dank ihrer
naturräumlichen Ausstattung und ihrer soziopolitischen Möglichkeiten schnell
auch wirtschaftlich unabhängig werden.

Nun, Fortuna hat in der Tat an ihrem Rad gedreht und die ehemals spani-
schen Kolonien wurden schon wenige Jahrzehnte später politisch unabhängig.
Die Vorhersagen in diesem Artikel zu einer möglichen „Independencia" erfüll-
ten sich dennoch nicht, wie ein Blick in die Geschichtsbücher Amerikas zeigt.
Denn die gesellschaftlichen Strukturen dieser politisch unabhängig gewordenen
Gemeinwesen waren noch immer vom Kolonialismus geprägt und sollten es noch
lange Zeit bleiben. In unserer Vorlesung über das 19. Jahrhundert haben wir die
Gründe hierfür ausführlich diskutiert.[8] Deutlich wird an dieser Stelle, dass es dem
Verfasser dieses Artikels der *Encyclopédie méthodique* durchaus klar war, wie sehr

---

6 Vgl. Ette, Ottmar: *Romantik zwischen zwei Welten*, S. 216 ff.
7 Morvilliers, Masson de: Espagne, S. 556.
8 Vgl. Ette, Ottmar: *Romantik zwischen zwei Welten*, insb. S. 251–283.

Europa selbst von der fortbestehenden Existenz kolonialer (oder neokolonialer) Beziehungen zu Amerika abhing, wie sehr also beide Welten, die Alte wie die Neue, in einem transatlantischen Wirtschaftssystem von gegenseitiger Abhängigkeit, aber auch von ungleicher Machthierarchie integriert waren und davon abhängig blieben. Beide Welten, Amerika und Europa, sind – wenn auch in unterschiedlicher Weise – im 18. Jahrhundert wie später im 19. und 20. Jahrhundert aufeinander angewiesen. Die fundamentalen Asymmetrien in den Beziehungen zwischen Lateinamerika und Europa haben sich vor allem in den Bereichen Kultur und Literatur seit Ende des 19. Jahrhunderts verschoben.

Doch kommen wir an dieser Stelle unserer Überlegungen zunächst zum 18. Jahrhundert und nach Europa zurück. Denn deutlich wird in diesem Artikel auf die Fortschritte angespielt, die seit der ‚Entdeckung‘ Amerikas und dem Beginn der ersten Phase beschleunigter Globalisierung insbesondere Europa vorangebracht hätten. Das 18. Jahrhundert ist von einer anderen Ausweitung betroffen, nämlich den Übergang im Sinne Pierre Chaunus von einem „kleinen Europa" – einem im Grunde südwesteuropäischen Europa – zu einem „großen Europa", dessen Grenzen und Regionen sich im Osten und Südosten ausweiten und einen enormen Bevölkerungsanstieg zu verzeichnen haben.

Europa verändert sich im 18. Jahrhundert – wie wir gesehen haben – gegenüber dem 16. und 17. Jahrhundert fundamental. Aber diese Veränderungen beschränken sich nicht allein auf den Norden und Westen, sondern auch auf den Osten dieses Kontinents, der keiner ist. Es erscheint nicht als übertrieben, wenn der französische Kulturhistoriker[9] diesen Osten Europas als eine Art europäisches *Eldorado*, als ein Amerika in Europa darstellt, wie es bereits den Zeitgenossen im 18. Jahrhundert sehr bewusst vor Augen gestanden habe. So ergab sich also ein anderes Raumgefüge in Europa, wenn uns dies auch nicht zu der Ansicht verleiten sollte, dass damit andere Weltregionen in den Hintergrund gerückt worden wären. Denn immerhin[10] verzehnfacht sich zwischen 1750 und 1800 der Austausch zwischen Europa und dem Rest der Welt. Die zweite Phase beschleunigter Globalisierung umschreibt eine Epoche von großer wirtschaftlicher, politischer und militärischer Wucht.

Wenn wir über die Beziehungen zwischen Europa und Amerika sprechen, dann sollten wir uns auch über jene Infrastrukturen, jene infrastrukturellen Einrichtungen also, unterhalten, die beide Kontinente, Europa und Amerika, sowie deren wechselseitige Beziehungen prägen. Europa ist im 18. Jahrhundert noch weitgehend in zwei Bereiche geteilt. Auf der einen Seite gibt es einen weit

---

**9** Vgl. Chaunu, Pierre: *L'Europe des Lumières*, S. 50.
**10** Ebda., S. 58.

entwickelten Bereich mit Frankreich, England, Holland, der Schweiz, einem Teil Süddeutschlands und des Rheinlands: Dort existieren äußerst schnelle Verbindungen zwischen den einzelnen städtischen Agglomerationen. Auf der anderen Seite bestehen vor allem im Osten Europas relativ langsame, vor allem in der kalten Jahreszeit und in den Übergangsjahreszeiten sehr mühsame und teilweise periodisch unterbrochene Verbindungen.

Infrastrukturelle Ausstattungen sind von kaum zu überschätzender Bedeutung für alle Bereiche staatlichen Handelns. Kommunikation bildet die Grundvoraussetzung jeglicher Regierung und jeglichen Regierens; und zwar – wie wir seit Marathon wissen – nicht nur die Kommunikation in Kilometern, sondern weit mehr noch die Kommunikation in Zeit. Die Distanzen von den Zentren Europas an die Ränder dauern in der Regel zwischen zwei bis vier Wochen, können sich aber unter schlechten Witterungsbedingungen erheblich verzögern. Gerade der Osten holt im Verlauf des 18. Jahrhunderts erheblich an Geschwindigkeit auf, ohne freilich den Stand Westeuropas zu erreichen.

Sicherlich kann staatlicher Dirigismus bei guten Absichten einiges bewirken. Als kleines Beispiel mögen etwa die Anfang des 19. Jahrhunderts im Russischen Reich erzielbaren Geschwindigkeiten dienen. So konnte Alexander von Humboldt im Verlauf nur weniger Monate im Jahre 1829 auf seiner Russisch-Sibirischen Forschungsreise weite Teile Russlands und Sibiriens bis zur chinesischen Grenze durchqueren. Die Fakten seiner Asienreise sind selbst heute noch beeindruckend. Mit 12244 Pferden und Halt auf 658 Poststationen überwanden die Forscher im Russischen Reich insgesamt über 18000 Kilometer, die sie über Moskau, Kasan und Perm, über den Ural und das Altai-Gebirge bis zur chinesischen Grenze führte, von wo aus man über Minsk, Orenburg und Astrachan am Kaspischen Meer sowie schließlich erneut über Moskau und St. Petersburg nach Berlin zurückkehrte.[11] Es war eine Reise im Zeichen der großen Entfernungen und der hohen Geschwindigkeit, der staatlichen Überwachung und Einbindung in eine Infrastruktur, die Humboldt vom Zarenreich – das alles genauestens kontrollierte – zur Verfügung gestellt worden war.[12] Dieses sicher-

---

11 Vgl. die Zusammenschau des gesamten Reiseverlaufs in Beck, Hanno: *Alexander von Humboldts Reise durchs Baltikum nach Russland und Sibirien 1829*. Mit 36 Abbildungen und 3 Karten. Stuttgart: Edition Erdmann im K. Thienemanns Verlag 1983; sowie Suckow, Christian: Alexander von Humboldt und Rußland. In: Ette, Ottmar / Hermanns, Ute / Scherer, Bernd M. / Suckow, Christian (Hg.): *Alexander von Humboldt – Aufbruch in die Moderne*. Berlin: Akademie Verlag 2001, S. 247–264.
12 Vgl. Ette, Ottmar: Amerika in Asien. Alexander von Humboldts „Asie centrale" und die russisch-sibirische Forschungsreise im transarealen Kontext. In: *HiN – Alexander von Humboldt im Netz. Internationale Zeitschrift für Humboldt-Studien* (Potsdam – Berlin) VIII, 14 (2007), 37 p. <http://www.hin-online.de>.

lich außergewöhnliche Beispiel zeigt, was der Ausbau der russischen Infrastrukturen selbst im weit entfernten Osten des Riesenreiches zu leisten imstande war.

Die Schnelligkeit der Verkehrsverbindungen war nicht zuletzt eine Grundvoraussetzung für den nachfolgenden Take-off der Industriellen Revolution zumindest in den weiter entwickelten Gebieten Europas. Wenn man heute von einem Europa der zwei Geschwindigkeiten spricht, so mutet dies ein wenig amüsant an, denkt man an jenes Europa der zwei Geschwindigkeiten im infrastrukturellen Bereich zurück, welches die Situation in der Alten Welt im europäischen Jahrhundert der Aufklärung charakterisierte. Und doch ist es faszinierend zu sehen, dass die Grenzen zwischen den beiden Europas im 18. und im 21. Jahrhundert noch immer viel miteinander zu tun haben.

Doch dies ist nur die eine der beiden Welten. Betrachten wir die infrastrukturellen Verbindungen innerhalb der Amerikas, so kommt man für den Zeitraum der Aufklärung nicht umhin, sie als äußerst langsam und vor allem als prekär zu bezeichnen. Hinzu kommt ein Effekt, der mit der kolonialen Situation unmittelbar in Verbindung steht. Denn alle Vize-Königreiche und deren Hauptstädte sind weniger untereinander verbunden, als vielmehr mit der Metropole Madrid. Es handelt sich folglich nicht um ein kommunikatives Netzwerk, sondern um einzelne zentrale Verbindungsstränge, die auf ein außerhalbbefindliches Zentrum gerichtet sind. Von Madrid aus werden Befehle gegeben und Weisungen erteilt; umgekehrt wird natürlich auch die koloniale Mehrwertabschöpfung unverzüglich nach Spanien abtransportiert.

Um Ihnen die absolute Abhängigkeit der Kolonien von Spanien vor Augen zu führen, genügt es nicht, Ihnen nur zu sagen, dass alle Führungspositionen in Verwaltung, Heer oder Kirche Spaniern vorbehalten blieben, dass also die in Amerika geborenen Spanier, also die Kreolen („criollos"), von der Macht absolut abgetrennt waren. Sie konnten niemals entscheidende Positionen besetzen. Vize-König eines Vizekönigreiches wie Neu-Granada oder Neu-Spanien konnten nur in Spanien geborene Spanier werden. Die (im Übrigen von Misstrauen geprägte) Abhängigkeit führt am besten die Tatsache vor Augen, dass die von Spanien bestimmten Vize-Könige in aller Regel ihre Familien im Mutterland zurücklassen mussten, damit sie, in den Kolonien erst einmal an die Macht gekommen, nicht auf üble Gedanken etwa bezüglich einer Unabhängigkeit von der „Madre Patria" Spanien kommen konnten. Die Familien dienten, mit anderen Worten, als Geiseln.

Wir können im 18. Jahrhundert davon ausgehen, dass die verschiedenen Teile des iberischen Kolonialreiches infrastrukturell somit vor allem externkolonialistisch und nicht intern erschlossen sind. Zugleich haben sich zumindest seit Mitte des 18. Jahrhunderts auf Grund einer Reihe technischer Veränderungen die schifffahrtstechnischen Möglichkeiten bedeutend verbessert, was insbesondere die Bestimmung der eigenen Koordinaten und der jeweiligen Navigation der Fregatten betraf. Zugleich wurde die Sicherheit der einzelnen Schiffe wie ihrer Konvois erhöht, auch wenn die Geschwindigkeit der Flottenverbände, die noch immer mit Angriffen von Piraten und Freibeutern rechnen mussten, nicht im selben Maße zunahm. Wesentlich ganggenauere Chronometer ermöglichten auf Grund ihrer Verbesserungen eine wesentlich präzisere Ortsbestimmung, so dass eine genauere Position der Schiffe und eine Verbesserung der Seekarten möglich wurden.

Die priorisierte Anbindung der einzelnen Hauptstädte der Vize-Königreiche und „Audiencias" an die iberischen Metropolen vernachlässigte absichtsvoll die Verbindungen zwischen den wichtigsten Städten innerhalb der Kolonien. Ein internes infrastrukturelles Netzwerk fehlte grundlegend. So entstand auf dem amerikanischen Kontinent eine Archipel-Situation mit einer deutlichen Zentrierung auf Europa und einer klar unterentwickelten internen Relationalität der so gebildeten Inseln untereinander. Diese Tatsache führte den brasilianischen Anthropologen Darcy Ribeiro im 20. Jahrhundert zu der Frage, ob es Lateinamerika denn überhaupt gebe. Denn noch immer herrschte eine kolonial geschaffene Außenabhängigkeit bei gleichzeitiger interner Unterentwicklung vor, wie sie bis zum Ende des 18. Jahrhunderts planvoll von der Kolonialmacht betrieben worden war:

> Die geographische Einheit hat in Lateinamerika nie zu einer politischen Einheit geführt, weil die verschiedenen Kolonien, aus denen die lateinamerikanischen Gesellschaften hervorgegangen sind, jahrhundertelang ohne Kontakt nebeneinander bestanden haben. Jede einzelne war indirekt an die Metropole gebunden. Noch heute leben wir Lateinamerikaner wie auf einem Archipel, dessen Inseln miteinander durch Schiffe und Flugzeuge verbunden sind und die mehr nach außen auf die weltwirtschaftlichen Zentren hin ausgerichtet sind als nach innen. Sogar die Grenzen der lateinamerikanischen Länder verlaufen längs der unbewohnten Kordillere oder dem undurchdringlichen Urwald, und sie isolieren mehr, als dass sie verbinden, und sie erlauben selten einen intensiven Kontakt.[13]

In dieser Passage wird nicht mit Blick auf die Karibik, sondern auf ganz Lateinamerika von einer Archipel-Situation gesprochen, mit der wir uns im weiteren Verlauf der Vorlesung noch vielfach beschäftigen werden. Diese Aussage wurde im Übrigen nicht gegen Ende der Kolonialzeit getroffen, sondern gegen Ende der siebziger Jahre des 20. Jahrhunderts. Sie sehen: Die Archipel-Situation, die durch die kolonialen iberischen Strukturen geschaffen oder doch zumindest nicht überwunden worden waren, wurden entgegen aller Vermutungen durch die politische Unabhängigkeit im ersten Drittel des 19. Jahrhunderts keineswegs überwunden: Sie dauern vielmehr unter den Bedingungen unabhängiger Nationalstaaten bis heute fort. Infrastrukturelle Verbesserungen in den Amerikas des 18. Jahrhunderts

---

**13** Ribeiro, Darcy: Gibt es Lateinamerika? In (ders.): *Unterentwicklung, Kultur und Zivilisation. Ungewöhnliche Versuche*. Frankfurt am Main: Suhrkamp 1980, S. 315.

bezogen sich vornehmlich auf die Verbindungen zum kolonialen Mutterland Spanien oder Portugal und waren entlang festgelegter Routen transatlantisch ausgerichtet.

Eine Reise zwischen Europa und Amerika war bezüglich ihrer Zeitdauer nur unwesentlich kürzer als zur Zeit des Kolumbus; wir müssen also je nach Reiseziel von insgesamt zwei bis vier Monaten ausgehen. Der Verlust an Matrosen war zumindest in der ersten Hälfte des 18. Jahrhunderts noch immer hoch und galt für alle Überseeverbindungen sämtlicher Kolonialmächte. Die Ernährung wie die hygienischen Bedingungen für die einfachen Mannschaften verbesserten sich nur höchst langsam; auf das Leben einfacher Matrosen wurde nur selten Rücksicht genommen. So bildete der hohe Verlust an einfachen Seeleuten auf der Fahrt etwa von Bernardin de Saint-Pierre in den Indischen Ozean und wieder zurück im Kontext des 18. Jahrhunderts keine Ausnahme.

Die nach wie vor lange Reisedauer bedeutete, dass oft mehrere Monate vergingen, bevor Vorgänge am spanischen Hofe in den Kolonien wahrgenommen wurden, so dass eine rasche, unmittelbare Kommunikation nur unter Vorbehalt und mit großen zeitlichen Verzögerungen möglich war. Dies also sind die infrastrukturellen Voraussetzungen einer engen transatlantischen Beziehungsvielfalt, die sich gleichwohl zwischen beiden Welten einstellte und zumindest seit der Mitte des 18. Jahrhunderts kontinuierlich verbesserte. Trotz aller Schiffbrüche und Überfälle von Piraten oder feindlicher Kriegsschiffe wurden die transatlantischen Reise- und Transportverbindungen insgesamt sicherer und stetiger.

Die materiellen Rahmenbedingungen des Jahrhunderts der Aufklärung sind nicht nur im infrastrukturellen Bereich von einer Vielzahl kaum merklicher Verbesserungen geprägt, die sich im Verlauf des Jahrhunderts aber dann doch recht stark bemerkbar machen. So verdoppelt sich nicht nur die Bevölkerungszahl während des 18. Jahrhunderts in Europa insgesamt, auch die Lebenserwartung steigt deutlich an: von zwischen fünfundzwanzig und dreißig Jahren zu Beginn des 18. Jahrhunderts auf etwa zweiundvierzig oder dreiundvierzig Jahre gegen Ende des Jahrhunderts. Das Aufklärungszeitalter ist weniger das Jahrhundert der großen technologischen Revolutionen als vielmehr das der vielen kleinen Verbesserungen, die freilich deutliche Nutzeffekte und Gewinne abwerfen. Wir können dies beispielsweise im Bereich der Schifffahrt bei den Überseereisen und Entdeckungsfahrten, aber auch in dem der Wissenschaften etwa mit Blick auf Seechronometer, Präzisionsuhren, Teleskope, Mikroskope und viele weitere Messinstrumente und Hilfsmittel feststellen. Auf diesen Gebieten führen die kolonialen Führungsmächte England und Frankreich auch den technologischen Fortschritt weltweit an. Einen guten Überblick über die Entwicklung der Künste und Wissenschaften, der Messinstrumente und Appa-

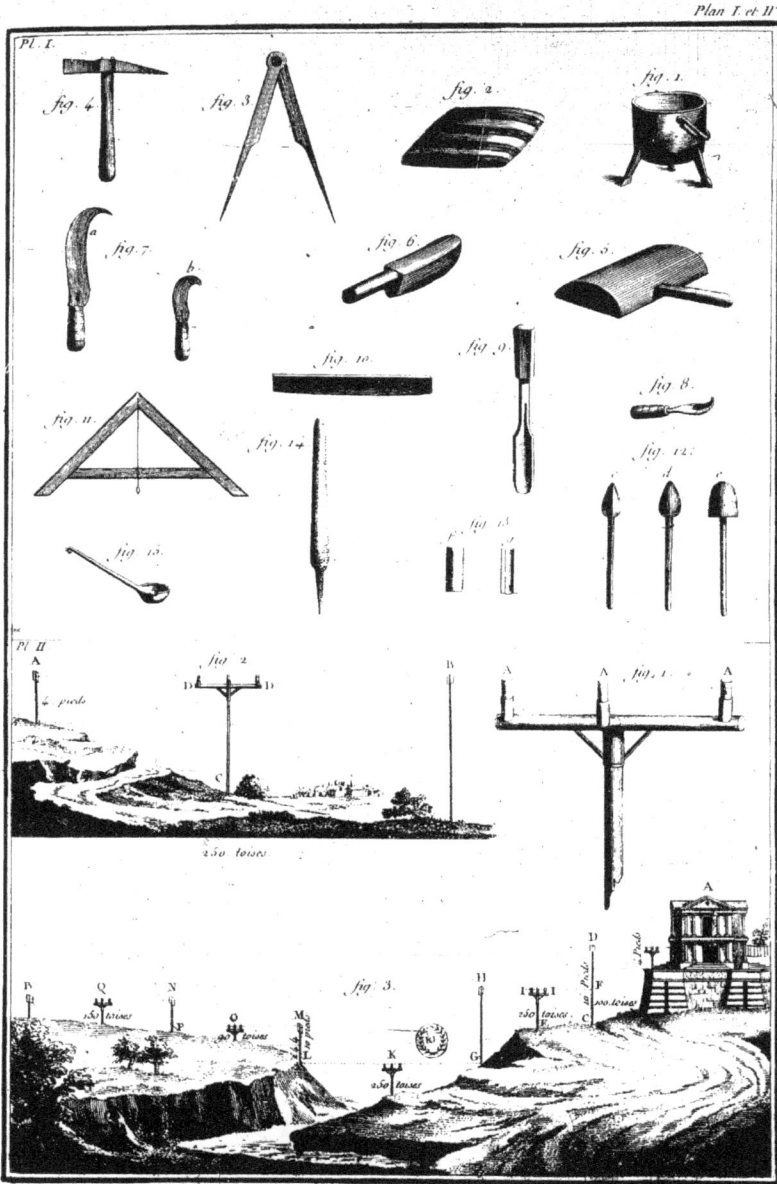

**Abb. 12:** Denis Diderot / Jean-Baptiste le Rond d'Alembert: Beispiel einer Planche aus der *Encyclopédie*, 1762.

raturen vermitteln Artikel wie die berühmten „Planches" der von Diderot und D'Alembert herausgegebenen französischen *Encyclopédie* (Abb. 12).[14]

Nutznießer dieser Entwicklungen sind dabei vor allem die gesellschaftlichen ‚Mittelschichten', man könnte auch sagen das untere Bürgertum, das nun an die technologischen Entwicklungen angekoppelt wird, während ein gut Teil der Gesellschaft, vielleicht die Hälfte der Bevölkerung, von diesen Fortschritten nicht profitiert oder weiterhin ausgeschlossen bleibt. Durch die Verlängerung der Lebenserwartung um mindestens zehn Jahre wurde die Zeit des Erwachsenseins – und diese ist die einzige wirklich ökonomisch wie gesellschaftlich fruchtbare Zeit – gleichsam statistisch verdoppelt. Diese biopolitisch signifikante Veränderung könnte man als die eigentlich hervorstechende und alle anderen bestimmende Verbesserung im soziopolitischen und ökonomischen Leben des Aufklärungszeitalters betrachten. Diese Fakten gelten jedoch *nicht* für die Sklaven, die auf den Plantationen tropischer Anbauprodukte, in den Bergwerken zur Gewinnung von Silber und Gold oder ganz einfach in den Haushaltungen der Kolonialherren dienen mussten und sich unter Zwang zu Tode schufteten. Und sie galten auch nicht für die Leibeigenen, die von ihren Herren vor allem in der Landwirtschaft als billige Arbeitssklaven verwendet wurden.

Die Lebenszeitverlängerung hat evidente Auswirkungen auf die Bedeutung und Gestaltung der Kindheit und damit auf die Erziehung. Diese Veränderungen beschränken sich selbstverständlich nicht auf den Adel, auch wenn dort gerade der Erziehung nun eine besonders hohe Bedeutung im Verbund mit dem dort verbreiteten Kinderreichtum beigemessen wird. Auch mit dieser Frage werden wir uns im Verlauf der Vorlesung noch mehrfach auseinandersetzen, berührt sie doch einen zentralen Punkt der geistigen und kulturellen Beziehungen, die sich im Ausgang des 17. und dann vor allem im 18. Jahrhundert im Spannungsfeld zwischen den spanischen Kolonien Amerikas und der französischen Aufklärung ergeben.

---

14 Vgl. hierzu die schöne Habilitationsschrift von Struve, Karen: *Wildes Wissen in der „Encyclopédie". Koloniale Alterität, Wissen und Narration in der französischen Aufklärung.* Berlin – Boston: Walter de Gruyter 2020.

# Dritte Annäherung

Kommen wir nun zu einem zentralen Element gesellschaftlicher Soziabilität im 18. Jahrhundert. Von größter Bedeutung für die gesellschaftliche Kommunikation des Wissens und die Vergesellschaftung der neuen Erkenntnisse und Wissensbestände in einem mehrfachen Sinne waren die *Salons* innerhalb der nicht nur französischen Aufklärung. In Spanien (wie in der spanischsprachigen Welt) kommt eine vergleichbare Bedeutung der sogenannten *Tertulia* zu,[1] die sich gerade in ihren literarischen Formen über lange Phasen des 20. Jahrhunderts erhalten hat und nicht selten noch heute gepflegt wird. Die nach französischem Vorbild in weiten Teilen Europas unterhaltenen Salons siedeln sich innerhalb einer Gesellschaft an, in welcher die Europe des Lumières eine absolute Elite erreicht, bevor bestimmte vergleichbare Soziabilitätsformen sich dann auch in weiteren Teilen der Gesellschaft bemerkbar machen. Sie werden nun mit Recht fragen: Wieso sind die Salons so wichtig, wenn sie nur eine kleine gesellschaftliche Elite erreichen?

Nun, diese obersten fünf bis maximal zehn Prozent prägen je nach Struktur der aufklärerischen Kommunikationsgemeinschaft den weiteren Verlauf der gesellschaftlichen und kulturellen Entwicklung in erheblichem Maße. Die Salons werden zum Umschlagplatz des Wissens, an dem die neuen Wissensbestände erstmals gesellschaftlich, also in der sozialen Interaktion, erprobt werden. Eine ähnliche und in ihren gesellschaftlichen Wirkungen vergleichbare Rolle wie die Salons des 18. Jahrhunderts in Frankreich sollten dann später, am Ausgang dieses Jahrhunderts der Aufklärung, weiter östlich die jüdischen Salons im preußischen Berlin spielen. Wir werden im Verlauf unserer Vorlesung ein prominentes Beispiel hierfür kennenlernen. Auch sie wurden zu wahren Erziehungsanstalten, in denen sich das Bildungsideal einer Epoche buchstäblich verkörperte und eine Gesellschaft zusammenfand, die sich außerhalb dieser Salons niemals in dieser Form traf. Formen gesellschaftlicher Soziabilität konnten insofern durchaus sozial wie politisch utopische Elemente in sich aufnehmen.

Mithin ist die erzieherische, bildungspraktische und -politische Bedeutung der Salons kaum zu überschätzen. In ihnen spiegelt sich am Übergang vom 17. zum 18. Jahrhundert die unzweideutige Veränderung und grundlegende Transformation, welche in der Literatur und den Künsten den Grundstein für die Entwicklung des zunehmend vom Bürgertum geprägten 18. Jahrhunderts legen sollte. Es handelt sich um den Übergang von einer aristokratischen oder aristokratisch inspirierten Kunstauffassung zu einer letztlich bürgerlichen Kunst und Kunsttheorie, die

---

1 Vgl. Gelz, Andreas: *Tertulia. Literatur und Soziabilität im Spanien des 18. und 19. Jahrhunderts.* Frankfurt am Main: Vervuert 2006.

nun das Jahrhundert der Aufklärung in seiner überwiegenden Gesamtheit prägen wird. In der gesellschaftlichen Institution des Salons zeigt sich dies nicht zuletzt daran, dass an die Stelle höfischer Dekoration und barocken Prunks nun die Expression bürgerlichen Typs mit ihren je eigenen Ausdrucksformen und -forderungen trat.

Auf diese Weise löst sich die höfische Repräsentationskunst unter dem Druck der wachsenden Dominanz des Bürgertums im wirtschaftlichen, sozialen, politischen und kulturellen Bereich immer mehr und diesmal endgültig auf. Selbstverständlich gab es gerade auch im Frankreich des 17. Jahrhunderts wichtige und einflussreiche Salons, die einen gewichtigen Anteil an der Konstellation von „la cour et la ville" besaßen und einen immensen Einfluss auf die Literatur wie die Künste ausübten.[2] Und doch lösen erst im 18. Jahrhundert die Salons endgültig den Hof ab als jene Institution, von der aus die Initiativen im künstlerischen Bereich stilbildend ergriffen werden. Im Zeichen der Aufklärung werden die Salons definitiv zu den Erben der Hofgesellschaft des in Frankreich klassischen Zeitalters, des „Siècle classique".

In der französischen Klassik dominierte noch in den Salons eine Figur, von der Sie sicherlich schon einmal gehört haben: der „honnête homme", der wie kein anderer gleichsam die Ideale einer aus Adel und Großbürgertum, aus „la cour" und „la ville" sich zusammensetzenden Salongesellschaft verkörperte. An die Stelle dieses Menschentypus kommunikativer Kompetenz tritt im 18. Jahrhundert aber zunehmend eine andere Figur, von der Sie mit noch größerer Sicherheit bereits gehört haben dürften, nämlich die Figur des französischen „philosophe". Damit aber nähern wir uns dem – wenn Sie so wollen – Kernbereich aufklärerischer Kommunikationsstrukturen und Wissensvermittlung, wie sie das 18. Jahrhundert prägte. Und in diesem Wissensnetzwerk der Aufklärung nahmen die Salons eine zentrale Stellung als Impulsgeber und ‚Geschmacksverstärker' ein. Mit guten Gründen kann man für den spanischsprachigen Bereich nicht nur in Europa die *Tertulia* für eine den Salons in etwa vergleichbare Funktion heranziehen, wirkte doch auch sie als vernetzende Wissensinstanz.

Vor dem Hintergrund dieser Entwicklungen lässt sich die Aufklärung als Ersetzung alter durch neue Bestände kollektiven Wissens, die sich als wirklichkeitsadäquater erwiesen, verstehen.[3] Dass diese Veränderungen mit fundamentalen epistemischen Transformationen einher gingen und im Verlauf des 18. Jahrhun-

---

**2** Vgl. hierzu Auerbach, Erich: La cour et la ville. In (ders.): *Vier Untersuchungen zur Geschichte der französischen Bildung*. Bern: A. Francke Verlag 1951, S. 12–51.
**3** Vgl. hierzu den grundlegenden Artikel von Gumbrecht, Hans Ulrich / Reichardt, Rolf: Artikel „philosophe – philosophie". In: Reichardt, Rolf / Schmitt, Eberhard (Hg.): *Handbuch politisch-sozialer Grundbegriffe in Frankreich 1680–1820*. Heft 3. München: Oldenbourg 1985, S. 7–88.

derts der bis dahin vorherrschenden „Naturgeschichte" ein Ende bereiteten, werden wir noch sehen.[4] Der *Philosoph* ist in diesem Sinne der Träger oder das Subjekt der Aufklärung, von dem aus, für den und durch den der neue Kommunikationsraum im 18. Jahrhundert geschaffen wurde.

Der Bedeutungsbereich des Begriffs „philosophe" ist überaus weit gespannt, ist er doch auf den ersten Blick gegenläufig zu der hier skizzierten Tendenz bereits in den Wörterbüchern am Ende des 17. Jahrhunderts unter anderem auch derjenige, der seine Überlegenheit durch den Rückzug aus der Gesellschaft demonstriert. Ist der „philosophe" also der Zurückgezogene, der sich im 18. Jahrhundert zur Reflexion in einen Winkel verkriecht und vor sich hindenkt? Nein. Denn entscheidend scheint mir für das 18. Jahrhundert – und dies ist nicht mit der heutigen Situation zu verwechseln – eine Sichtweise zu sein, die ihn als Konvergenzpunkt von selbständiger Reflexion und gesellschaftlichem Handeln versteht. Hier liegt der semantische Kern dieser Zentralfigur des 18. Jahrhunderts.

Schon ein Voltaire – und der wusste, wovon er sprach – setzte den „philosophe" unverkennbar von den „gens de lettres" um 1740 ab. Die Institutionalisierung der Rolle des ersteren nimmt in einigen Zügen – denken wir vor allem wiederum an Voltaire[5] – jene des Intellektuellen des ausgehenden 19. und des 20. Jahrhunderts vorweg: Es gibt direkte Bezüge zwischen „philosophe" und „intellectuel", auf die wir an dieser Stelle unserer Vorlesung freilich noch nicht eingehen können. Die so umrissene Rolle und Institutionalisierung des „philosophe" stabilisiert und festigt sich mit dem enormen Erfolg der französischen *Encyclopédie* ab 1751. Das Bild der verfolgten Tugend, der „vertu persécutée", spielt hierbei eine wichtige Rolle – ein Aspekt, auf den wir im weiteren Verlauf unserer Überlegungen noch zurückkommen werden.

Es kommt mir in dieser dritten Annäherung an die Aufklärung viel weniger auf so interessante Probleme wie die Frage nach dem Habitus an, auch wenn unübersehbar ist, dass der „philosophe" auch eine Lebensform und einen Habitus repräsentierte, welche für das ausgehende Ancien Régime gegen Ende des 18. Jahrhunderts von nicht zu unterschätzender Bedeutung waren. Diese neue Rolle war unabhängig von der Tatsache, dass deren Hauptvertreter in Frankreich zwischen 1778 und 1785 starben, so dass man mit einem gewissen Recht – wie Reichardt und Gumbrecht im angeführten Artikel – sagen kann, dass bereits 1789 die Philosophie in Frankreich eine glorreiche Vergangenheit war. Dabei sollten wir freilich

---

4 Vgl. Lepenies, Wolf: *Das Ende der Naturgeschichte. Wandel kultureller Selbstverständlichkeiten in den Wissenschaften des 18. und 19. Jahrhunderts.* Frankfurt am Main: Suhrkamp 1978.
5 Vgl. hierzu auch den Eröffnungsteil von Julliard, Jacques / Winock, Michel (Hg.): *Dictionnaire des intellectuels français. Les personnes, les lieux, les moments.* Paris: Editions du Seuil 1996.

nicht einen „philosophe" wie Guillaume-Thomas Raynal übersehen, der – wie wir noch sehen werden – nach 1789 als durchaus noch lebender Vertreter dieser Spezies von der Französischen Revolution lange Zeit gefeiert wurde und noch nicht historisch geworden war. Ganz im Gegenteil: Er war noch für manche Überraschung gut.[6]

Doch ab dieser ‚Auslaufphase' der französischen „philosophes" setzte eine Kanonisierung bestimmter Darstellungsschemata der Aufklärung ein. Erst innerhalb der revolutionären Gesellschaft wurden nun die „philosophes" als alleinige Träger revolutionärer und gesellschaftsverändernder Vorstellungen mythisiert – ein Vorgang, der sich rasch auch auf die Situation in Übersee übertrug. Im Übrigen wird die Philosophie erstmals mit den sogenannten französischen „Idéologues" der Spätaufklärung akademisch institutionalisiert, werden Philosophen also zu Vertretern einer akademischen Disziplin, die – wie auch an unserer Fakultät – ihre eigene Institutionalisierung mit eigenen Mechanismen entwickelt hat. Die „Idéologues", auf die wir noch zurückkommen werden, sind die Vorläufer der Berufswissenschaftler, vielleicht auch einer Philosophiewissenschaft, zu der die Schulphilosophie mancherorts verkommen sein soll. Erst Napoleon machte aus ihrer Bezeichnung ein Schimpfwort, das Sie noch bei Karl Marx und Friedrich Engels, aber auch in vielen aktuellen Diskussionen immer wieder hören können.

Doch die Spätaufklärung des ausgehenden 18. Jahrhunderts hat viele Gesichter. Die „philosophes" im eigentlichen Sinne sind jedenfalls nicht an Institutionen gebunden, sondern in der Öffentlichkeit wirkende Gelehrte, die sich gesellschaftskritischen und zukunftsplanenden Zirkeln verpflichtet wussten. Diese prospektive Dimension der Philosophie spielt sicherlich in der aktuellen Schulphilosophie in Deutschland eine geringere Rolle – sie sollten den „philosophe" des 18. Jahrhunderts also nicht mit dem philosophiewissenschaftlich ambitionierten Philosophen in Deutschland oder Europa im anhebenden 21. Jahrhundert gleichsetzen oder verwechseln. Man könnte mit Blick auf diese prospektive, Zukunft gestaltende Dimension – doch darauf gehe ich später noch ein – von der kommunikativen Kompetenz und Performanz der „philosophes" im Jahrhundert der Aufklärung sprechen.

Von entscheidender Bedeutung, so scheint mir, ist im Zusammenhang mit unserer Vorlesung die Verknüpfung der Problemkreise Salon und Philosoph mit der Frage nach der bürgerlichen Öffentlichkeit in der zweiten Hälfte des

---

6 Vgl. hierzu einen ersten Aufsatz von Lüsebrink, Hans-Jürgen: Le rôle de Raynal et la réception de l'„Histoire des deux Indes" pendant la Révolution Française. In (ders. und Tietz, Manfred, Hg.): *Lectures de Raynal. L'„Histoire des deux Indes" en Europe et en Amérique au XVIIIe siècle.* Actes du Colloque de Wolfenbüttel. Oxford: The Voltaire Foundation 1991, S. 85–97; zu diesem Aspekt vgl. auch vom selben Verfasser zahlreiche neuere Aufsätze.

18. Jahrhunderts. Mit anderen Worten: Wie erfolgte der Transport eines Wissens, das gesellschaftsverändernd wirken konnte? Zweifellos war es die Offenheit des Adressatenkreises eines drastisch gewachsenen Lesepublikums, das sich zwischen 1700 und 1800 vervielfacht hatte. Denn dies war die entscheidende gesellschaftliche Veränderung, welche dem „philosophe" überhaupt erst für seine neue gesellschaftsverändernde Rolle die unabdingbare Grundlage verschaffte. Nicht umsonst kommt aus dieser Zeit der Begriff der „opinion publique"; es überrascht deswegen auch nicht, wenn dieser Begriff in die wichtigsten europäischen Sprachen einging und auch im Deutschen Begriff der „öffentlichen Meinung" als Lehnwort aus dem Französischen geborgt wurde.

In Anlehnung an das für das Jahrhundert der Aufklärung zur Verfügung stehende Zahlenmaterial sollten wir uns auch erneut die Bevölkerungszahlen im Frankreich der Aufklärung vor Augen halten. Der Klerus umfasste insgesamt 130000 Personen, der Adel zählte circa 300000 Mitglieder. Die Aufklärung ist unleugbar ein urbanes Phänomen, eine Tatsache, die wir nicht nur in Frankreich, Deutschland, England oder Spanien, sondern auch in Übersee, insbesondere auch in den iberischen Kolonien Amerikas beobachten können. Dort zeigt sich das spezifische Charakteristikum einer „ciudad letrada",[7] einer von den kolonialspanischen Eliten und Gebildeten geprägten Stadt inmitten weiter Landgebiete mit nicht-alphabetisierten Bevölkerungsgruppen. Selbst in Frankreich aber lebten 85 Prozent der damaligen Bevölkerung auf dem Land: Um 1700 waren es 25 Komma 5 Millionen, 1789 aber schon 28 Millionen, wobei der Zuzug in die Stadt, das sogenannte Phänomen des „monter à Paris" ein wichtiger Aspekt gerade auch bei den „philosophes" aus der französischen Provinz war. Auf die sich im Verlauf des 18. Jahrhunderts signifikant verändernde Lebenserwartung habe ich bereits aufmerksam gemacht.

Wie aber sieht die Situation in den Bereichen Bildung und Erziehung aus? Die Universitäten befanden sich zum damaligen Zeitpunkt in Frankreich überwiegend im geistigen Abseits. Impulsgeber waren vielmehr neben den Salons und Gesellschaften die Freimaurerlogen, die zahlreichen, in Frankreich etwa vierzig Akademien in der Provinz, die Lesezirkel und selbstverständlich die Vielzahl an Organen und Zeitschriften, welche die aufklärerischen Ideen unter das Volk, also die Lesekundigen und deren Zuhörer und Kontaktleute, streuten. Gerade den Korrespondenzen kam bei der Zirkulation von Ideen eine wichtige Rolle zu. Die Funktion der Konversation als konstitutivem Element der Salons kann bei all diesen Überlegungen nicht überschätzt werden.

---

7 Vgl. hierzu Rama, Angel: *La ciudad letrada*. Hanover: Ediciones del Norte 1984.

Versucht man, die aufklärerische Spitze in Frankreich zu beziffern, so kommt man nach bisherigen Untersuchungen zu Zahlen von etwa zweitausend wirklichen Innovationsträgern, wobei die Gruppe der Aufklärer ohne jeden Zweifel übernationaler Natur war. Auf die Frage, welcher literarischen Formen sich die Aufklärung bediente, werden wir noch verschiedentlich zurückkommen. Dabei werden wir Montesquieus *Lettres persanes* von 1721 als Prototyp der Philosophie im Gewand des Romans einen Besuch abstatten, ein spannender aufklärerischer Text, der in gewisser Weise auch als Umkehrung des Schemas der Entdeckungsreisen und der Selbstverfremdung angesehen werden darf und die Frage kultureller Alterität in den Mittelpunkt rückt.

Der Königsberger Philosoph Immanuel Kant hatte in seiner Vorrede zur *Kritik der reinen Vernunft* mit guten Gründen betont, dass wir im Zeitalter der Kritik lebten: Alles müsse der Kritik unterworfen werden. Dies ist ein ganz zentrales Element der Aufklärungsliteratur im Speziellen und der Epoche des 18. Jahrhunderts im Allgemeinen. Ich möchte Ihnen gerne einen kurzen Auszug aus dem Vorwort zur 1781 erschienenen *Kritik der reinen Vernunft* vorstellen:

> Unser Zeitalter ist das eigentliche Zeitalter der Kritik, der sich alles unterwerfen muß. *Religion* durch ihre *Heiligkeit* und *Gesetzgebung* durch ihre *Majestät* wollen sich gemeiniglich derselben entziehen. Aber alsdann erregen sie gerechten Verdacht wider sich und können auf unverstellte Achtung nicht Anspruch machen, die die Vernunft nur demjenigen bewilligt, was ihre freie und öffentliche Prüfung hat aushalten können.[8]

Erneut fällt in dieser Passage nicht nur der Schlüsselbegriff der Vernunft, der für die Aufklärungsepoche zentral ist, sondern auch jener des Öffentlichen. Denn jede Art von Kritik ist an eine bestimmte Struktur von Öffentlichkeit gebunden, und zur Aufklärung bedarf es einer kritikfähigen Öffentlichkeit. Diese wiederum muss die Voraussetzungen dafür schaffen, den Übergang von einer geschlossenen, kastenartigen Ständegesellschaft aristokratischen Typs zu einer offeneren, bürgerlich geprägten und zunehmend die verschiedensten Bereiche staatlichen Handelns einer öffentlichen Kontrolle unterziehenden republikanischen Gesellschaft zu bewerkstelligen.

Immanuel Kants Aussage enthält in gedrängter Form wesentliche Grundelemente des Projekts der Aufklärung, das stets ein solches der Kritik und eben deshalb auch der Öffentlichkeit ist. Damit ist an dieses Projekt der Aufklärung und einer Gesellschaft im Sinne der Moderne stets auch die Frage der Vermittlung, der Konstituierung des öffentlichen Raumes und der darauf bezogenen Medien angebunden. Es ist sinnvoll, sich an dieser Stelle als Philologinnen und Philologen vor

---

**8** Kant, Immanuel: *Kritik der reinen Vernunft* [1781]. In (ders.): *Werke: Akademie-Textausgabe.* Bd. 4. Berlin – New York: Walter De Gruyter 1978, Vorrede, S. 9.

Augen zu führen, dass dieses 18. Jahrhundert nicht zuletzt auch das Jahrhundert der entstehenden, sich langsam herausbildenden Literaturkritik war. In diesem Sinne ist letztlich die Wissenschaft, die wir betreiben, eine Art Weiterentwicklung jener Kritik, welche die frühen „critiques littéraires" (der Begriff entsteht um die Mitte des 18. Jahrhunderts in Frankreich) etwa in der französischen Öffentlichkeit betrieben.

Von entscheidender Bedeutung ist in diesem Zusammenhang jedoch nicht nur die Vermittlungsfunktion zwischen Autor und Publikum, sondern letztlich eine auf Öffentlichkeit zielende und Öffentlichkeit schaffende Stoßrichtung der Kritik. Dass dies in der Gegenwart noch immer nicht nur Thema, sondern Herausforderung ist, hat eine Potsdamer Tagung gezeigt.[9] Die Literaturkritik wäre schlechterdings undenkbar ohne die gesellschaftlichen Kontexte, aber auch ohne den sprunghaften Anstieg der Buchproduktion in der zweiten Hälfte des 18. Jahrhunderts. Auf diese Frage kommen wir im Kontext einer Anhäufung von Wissensbeständen und einer Verzeitlichung allen Wissens gegen Ende des 18. Jahrhunderts im Zeichen des bereits erwähnten Wolf Lepenies und seinem Band über das Ende der Naturgeschichte zurück.

In einer früheren Arbeit hat der letzte Leiter des Potsdamer Forschungszentrums Europäische Aufklärung betont,[10] dass oftmals in der Literaturkritik jenes Urteil vorformuliert wurde, das sich die Pariser Salongesellschaft von den Autoren und ihren Werken machte. Wir finden in diesem Umfeld eine zunehmende Institutionalisierung ebenso von Kritik wie von Autorschaft, die sich nur wenige Jahrzehnte später mit der Einrichtung der Autorenrechte und des Schutzes geistigen Eigentums im Gefolge der Französischen Revolution dann auch ihre rechtliche Grundlage schaffen und die Voraussetzungen für die Kommunikationsstrukturen der Moderne festlegen sollte. Man kann getrost formulieren, dass uns diese Rahmenbedingungen bis ins Zeitalter unserer aktuellen Digitalisierung erhalten blieben und dass erst in neuerer Zeit neue Grundlagen für eine derartige Bestimmung des öffentlichen Rahmens – und des Rahmens für Öffentlichkeit – in Entstehung sind und geschaffen werden.

Es ist ganz gewiss kein Zufall, dass der Auftakt zur Sicherung der Autorenrechte, die zum Teil mit erheblichen zeitlichen Verzögerungen international eingeführt wurden, in die zweite Phase beschleunigter Globalisierung fiel, wäh-

---

**9** Vgl. hierzu den Tagungsband von Ugalde Quintana, Sergio / Ette, Ottmar (Hg.): *Poéticas y estrategias de la crítica: ideología, historia y actores de los estudios literarios*. Madrid – Frankfurt am Main: Iberoamericana – Vervuert 2016.
**10** Vgl. Fontius, Martin: Kapitel IX: Literaturkritik im Zeitalter der Kritik. In: *Französische Aufklärung. Bürgerliche Emanzipation, Literatur und Bewußtseinsbildung*. Leipzig: Verlag Philipp Reclam jun. 1979, S. 346–402.

rend die Herausbildung neuer Rahmenbedingungen für ein internationales Copyright unter den Bedingungen elektronischer Medien in der vierten Phase beschleunigter Globalisierung anzusiedeln ist. In beiden Fällen sorgten der Druck durch die Vergrößerung des öffentlichen (Kommunikations-)Raumes im transkontinentalen Maßstab sowie die technologische Fortentwicklung der Kommunikationsmedien für den Anstoß und Impuls zu diesen grundlegenden Neuerungen. Sie können daraus ersehen, dass der im Aufklärungszeitalter geschaffene Raum des Öffentlichen auch noch für unsere Gesellschaften im 21. Jahrhundert von grundlegender Bedeutung ist, auch wenn sich die Kommunikation im öffentlichen Raum im Zeichen neuer elektronischer Medien verändert hat.

In diesem Kontext gilt es mit Blick auf das 18. Jahrhundert zu bedenken, dass damit auch gattungstechnisch eine Verschiebung oder Verlagerung der literarischen *Genres* stattfand, und zwar von der Lyrik, der Poesie hin zur Prosa, die sowohl die „Belles-Lettres" als auch die Literaturkritik, sowohl die Romane und Briefromane als auch die Literatur der Enzyklopädisten umfasst. Auch diese Entwicklungen haben mit der Eigenschaft dieses Jahrhunderts als „Jahrhundert der Kritik" im Sinne Immanuel Kants zu tun. Literatur und Kunst – dies steht bereits seit der Frühaufklärung fest – haben eine gesellschaftsbildende Funktion zu übernehmen, eine Tatsache, die wir bei unserer Annäherung an die Aufklärung auch und gerade zwischen zwei Welten zu bedenken haben.

Es ist folglich ein für uns signifikantes und sogar entscheidendes Faktum, dass die Entstehung des Literaturbegriffs dem 18. Jahrhundert zuzuordnen ist, dass also das, was wir im modernen Sinne unter Literatur verstehen, letztlich im Verlauf des 18. Jahrhunderts angelegt wurde. Erst gegen Ende des 20. und vor allem zu Beginn des 21. Jahrhunderts bildeten sich neue Parameter heraus, die neue und innovative Verfahren notwendig machen, um mit dem Ausgang des 18. Jahrhunderts vergleichbare Bedingungen für den öffentlichen Raum der Zukunft zu schaffen. Dass die Fragen des internationalen Copyrights zentrale Rechte gerade Ihrer Generation in Zeiten eines vorherrschenden Überwachungskapitalismus berühren, brauche ich Ihnen angesichts der starken öffentlichen Proteste und der allgegenwärtigen Debatten um die sogenannten und von US-amerikanischen Konzernen kontrollierten ‚Sozialen Medien' nicht besonders begründen. Dazu genügt ein Blick in den Nachrichtenstand auf Ihren Smartphones!

Die Abtrennung und – um mit Pierre Bourdieu zu sprechen – relative Autonomisierung des Bereichs der „Belles-Lettres" beziehungsweise der Literatur hat im Wesentlichen damit zu tun, dass der Aufstieg der methodischen Wissenschaften im Gefolge des Descartes'schen Rationalismus den bisherigen, humanistisch geprägten Wissenschaftsbegriff aufhob und obsolet werden ließ. Literatur kristallisiert sich zunehmend aus einem Bereich heraus, der zuvor von der Erudition und den „Belles-Lettres" als den Polen eines salonfähigen Wissens geprägt war.

Diese Entwicklung schritt gerade in Frankreich schnell voran; und so entlehnte das Deutsche erneut dem Französischen nicht allein den Begriff der „öffentlichen Meinung", sondern auch das Wort „Literatur". Nicht umsonst war die französische Sprache zur führenden Wissenschaftssprache in Europa geworden. Doch nicht nur dort! Denn man kann dies auch weltweit beobachten, avancierte Frankreich doch ab der zweiten Hälfte des 18. Jahrhunderts in den iberischen Kolonien Amerikas zur geistig-intellektuellen Führungsmacht, so dass man mit Blick auf diese Entwicklungen von einem geokulturellen Dominanten-Wechsel in den Amerikas sprechen kann. Paris wurde zur „ville-lumière" und stieg wenig später zur – wie Walter Benjamin sie nannte – Hauptstadt des 19. Jahrhunderts auf.[11]

Noch die „Belles-Lettres" hatten die Einheit von Kunst und Wissenschaft zum Ausdruck gebracht. Diese Einheit, wie sehr sie auch immer und noch bis hin zum jüngeren Humboldt gesucht wurde, zerbrach doch gegen Ende des 18. Jahrhunderts endgültig. Die „Humanae litterae" lösten sich im Kontext einer sich herausschälenden und profilierenden Moderne zunehmend auf. In diesem Sinne ist das, was wir im Zusammenhang mit der Stellung der Geisteswissenschaften spätestens seit den achtziger Jahren des 20. Jahrhunderts erleben, letztlich nur eine logische Konsequenz jenes Prozesses, der im 18. Jahrhundert sicherlich eingesetzt hatte, aber nicht bis heute kontinuierlich verlaufen ist.

Noch weit bis ins 18. Jahrhundert hinein hatte Literatur, wie wir mit Martin Fontius formulieren könnten, jegliche forscherische Aktivität und deren Ergebnisse mitbezeichnet.[12] Insgesamt bedeutet die Herausbildung des Begriffs „Literatur" in ausgehenden 18. Jahrhundert nicht allein, dass sich dieser Bereich nun endgültig konstituiert hätte, sondern verweist auf eine grundlegende Veränderung in den Bereichen des Wissens und der Wissenschaft sowie auf eine voranschreitende Ausdifferenzierung von Wissenschaftsgebieten, die sich mehr und mehr spezialisierten. Diese Entwicklungen zielten nicht zuletzt auf das, was später die Naturwissenschaften von den Wissenschaften vom Menschen trennen sollte – und vielleicht darf ich in aller Bescheidenheit anmerken, dass ich in Fortsetzung dieser Trennung zwischen den biotechnologisch ausgerichteten *Life Sciences* und umfassender aufgestellten *Lebenswissenschaften* unterscheide.[13] Wir haben es im 18. Jahrhundert folglich mit einer veritablen Neukonfiguration des menschlichen Wissens über Natur und Mensch zu tun.

---

11 Vgl. Benjamin, Walter: Paris, die Hauptstadt des XIX. Jahrhunderts. In (ders.): *Das Passagen-Werk*. Bd. 1. Frankfurt am Main: Suhrkamp 1983, S. 45–59.
12 Vgl. Fontius, Martin: Kapitel IX: Literaturkritik im Zeitalter der Kritik, S. 346–402.
13 Vgl. Ette, Ottmar: *ÜberLebensWissen I–III*. Drei Bände im Schuber. Berlin: Kulturverlag Kadmos 2004–2010.

Lassen Sie uns nun an dieser Stelle zu einem weiteren, für unsere Vorlesung wichtigen Punkt kommen, der ebenfalls noch in unsere dritte und letzte Annäherung an die Thematik gehört! Gewiss, Sie haben Recht: Wir sind schon mitten im Gegenstandsbereich, und dies auch schon seit geraumer Zeit. Dieser Punkt betrifft die Frage, inwieweit sich die Beziehungen zwischen Europa und Amerika im 18. Jahrhundert auf ein Gefühl (und eine deutliche Sensibilität) gründen können, ein und derselben Menschheit anzugehören. Nun, dieses Gefühl existierte in durchaus sehr unterschiedlichen Kontexten, hatte stets aber etwas zu tun mit der Frage nach der Weltbürgerschaft oder dem Weltbürgertum, das wir auch als Kosmopolitismus – auch dies ein nach dem Französischen gemodelter Begriff – bezeichnen dürfen.

Als ein erstes Beispiel möchte ich Ihnen im Folgenden eine wichtige Passage aus Guillaume-Thomas Raynals *Histoire des deux Indes* präsentieren, die erstmals 1770 erschien und auf die ich in unserer Vorlesung noch ausführlicher eingehen werde. Sie ist, so darf ich Ihnen in Erinnerung rufen, so etwas wie die Kolonialenzyklopädie des 18. Jahrhunderts, steht damit in einem Verhältnis der zwei Jahrzehnte zuvor mit ihrem Erscheinen einsetzenden *Encyclopédie* der Herren d'Alembert und Diderot.[14] Denis Diderot hatte auch in Raynals *Geschichte beider Indien* die Finger im Spiel, zumal in der nun gleich zu behandelnden Passage, in der die Erzählerfigur dieser großen Textmaschine – wie die *Histoire des deux Indes* einmal treffend genannt wurde – mit den Worten aus der Feder Diderots festhält:

> Das erhabene Bild der Wahrheit ist mir immer gegenwärtig gewesen. Oh heilige Wahrheit, Dich allein habe ich respektiert! Sollte mein Werk noch in künftigen Jahrhunderten einige Leser finden, so wünsche ich, dass ihnen – da sie sehen, wie sehr ich mich von Leidenschaften und Vorurteilen losgerissen habe –, unbekannt bleibe die Gegend, in der ich geboren wurde, unter welcher Regierung ich lebte, welche Ämter ich bekleidete, welche Religion ich bekannte; so wünsche ich, dass sie mich für ihren Mitbürger und Freund halten.[15]

In dieser Passage der *Histoire des deux Indes* tritt der Appell an eine weit verbreitete Leserschaft, die die internationale Leserschaft der Aufklärung im Sinne der „République des Lettres" repräsentiert, an die Stelle einer Verortung des Denkens im eigenen nationalen Kontext. Dergestalt wird eine Universalisierung des Denkens herausgestellt, welche ihre Prämissen und Resultate auf die gesamte Menschheit ausdehnt und ein Denken hervorbringt, das selbstverständ-

---

14 Vgl. hierzu Ette, Ottmar: Diderot et Raynal: l'oeil, l'oreille et le lieu de l'écriture dans l'„Histoire des deux Indes". In: Lüsebrink, Hans-Jürgen / Strugnell, Anthony (Hg.): *L'„Histoire des deux Indes": réécriture et polygraphie.* Oxford: Voltaire Foundation 1996, S. 385–407.
15 Raynal, Guillaume-Thomas: *Histoire philosophique et politique*, Bd. 1, S. 3.

lich überstaatlich ist und sich einem Kosmopolitismus zurechnet, dessen Grenzen
wir noch genauer kennenlernen werden. In diesem für die europäische Aufklärung charakteristischen Diskurs werden Projektionen im Namen einer Menschheit
entwickelt, welche an einer einzigen Wahrheit, an einem einzigen Weg zur universalen Wahrheit, ausgerichtet sind.

In der logischen Konsequenz dieses universalistischen Diskurses werden wir
im Kontext der Französischen Revolution dann in der Folge auch die für die gesamte Menschheit verfassten Deklarationen wie jene der Menschen- oder Bürger-
rechte erscheinen sehen. Halten wir zunächst fest: In einer durch die zweite
Phase beschleunigter Globalisierung entstandenen Weltgesellschaft ist der Weltbürger in diesem Entwurf eines französischen „philosophe" zum Mitbürger („concitoyen") einer Gemeinschaft geworden, die planetarische Dimensionen erreicht
hat. Dies kann nicht als reines Diskursphänomen abgetan werden, sondern impliziert eine universalistische und weltweite Ausrichtung, die nicht nur in den Köpfen der Haitianischen Revolution eine unmittelbar angesprochene Leserschaft
fand.

Was aber ist ein Weltbürger und wie könnte man ihn im 18. Jahrhundert
definieren? Voltaires *Dictionnaire philosophique* enthält zwar keinen direkten
Eintrag unter Stichwörtern wie „cosmopolite" oder „cosmopolitisme", präsentiert
aber eine für uns wertvolle Äußerung am Ende des Eintrags zum Stichwort „Patrie". Ich möchte Ihnen gerne den Beginn und den Schlussteil dieses Eintrags im
Philosophischen Wörterbuch Voltaires vorstellen, wo wir auf Formulierungen stoßen, welche sozusagen den Beitrag der französischen Aufklärung zur in Deutschland immer wieder periodisch auftauchenden Frage nach dem Nationalstolz
darstellen:

> Ein Vaterland ist ein Kompositum aus verschiedenen Familien; und da man gemeinhin
> seine Familie aus Eigen-Liebe unterstützt, insofern man kein gegenläufiges Interesse be-
> sitzt, so unterstützt man aus derselben Eigen-Liebe seine Stadt oder sein Dorf, welche
> man als sein Vaterland bezeichnet. Je größer dieses Vaterland wird, umso weniger liebt
> man es, denn eine geteilte Liebe schwächt sich ab. Es ist unmöglich, eine zahlenmäßig zu
> große Familie zu lieben, welche man kaum noch kennt.
>
> Wer vor Ambitionen brennt, Ädil, Tribun, Prätor, Konsul oder Diktator zu werden,
> schreit laut heraus, dass er sein Vaterland liebt, und dabei liebt er nur sich selbst. Ein
> jeder will sich sicher sein, bei sich zu Hause zu schlafen, ohne dass sich ein anderer
> Mann das Recht anmaßt, ihn zum Schlafen woandershin zu schicken; ein jeder will sich
> seiner Geschicke und seines Lebens sicher sein. So formulieren alle dieselben Wünsche,
> und es findet sich, dass das partikulare Interesse zum allgemeinen Interesse wird: man
> erhebt Fürbitten für die Republik, wenn man dies nicht nur für sich selbst tut.
>
> Es ist unmöglich, dass es auf Erden einen Staat gibt, welcher nicht zunächst als Re-
> publik regiert worden wäre: Dies ist der natürliche Gang der menschlichen Natur. [...] Es
> bleiben in unserem Europa acht Republiken ohne Monarchen: Venedig, Holland, die

Schweiz, Genua, Lucca, Ragusa, Genf und San Marino. Man kann Polen, Schweden und England als Republiken betrachten, die unter einem König stehen; aber allein Polen leitet daraus seine Landesbezeichnung ab. [...]

So also ist die *Conditio humana*, dass nämlich die Größe seines Landes zu erhoffen heißt, seinen Nachbarn Böses zu wünschen. Wer denn wünschte, dass stets sein Vaterland weder größer noch kleiner, weder reicher noch ärmer wäre, der wäre der Bürger des Universums.[16]

Voltaires Konzept des Vaterlandes, der „Patrie", ist ein uns recht fremd gewordenes. Dort, wo Voltaire das Konzept mit einer Stadt oder mit einem Dorf verknüpft, können wir an die Heimatstadt, an das Heimatdorf und damit an den urdeutschen Begriff „Heimat" denken. Der deutsche Begriff des „Vaterlands" und der französische der „Patrie" sind beiderseits an die Figur des Vaters gebunden, wir sprechen ja in dieser Hinsicht nicht vom „Mutterland" oder der „Matrie". Mit dieser Rückbindung an das patriarchalische System hören die Gemeinsamkeiten zwischen beiden Sprachen aber dann bald auch auf. Die französische Definition der „Patrie" durch Voltaire als ein Kompositum von verschiedenen Familien will da nicht so recht überzeugen.

Dies überrascht im Grunde aber nicht, liegen Voltaires Überlegungen doch vor jenen Nationalismen, die im 19. Jahrhundert eine neue Konzeption des Nationalstaats, eine neue Definition des Eigenen, der Tugend der Vaterlandsliebe, neue Nationaldiktaturen, unzählige Kriege und bis heute ein gärendes Potential des Fremdenhasses geschaffen haben, das jeglichen Kosmopolitismus an die Ränder der Gesellschaften verbannte. Ich will keineswegs verkennen, welche Verdienste zugleich den sich herausbildenden modernen Nationalstaaten des 19. Jahrhunderts zukommen. Doch so nah uns die Aufklärung in vielen Aspekten scheint, so zeigt sich doch an diesem Eintrag, wie sehr uns der unheilvolle Nationalismus des 19. Jahrhunderts den Blick auf eine andere Form des Verständnisses von Zusammenleben zwischen den Völkern verstellt hat. Voltaire, der laut Roland Barthes „letzte der glücklichen Schriftsteller",[17] schrieb noch für eine französischsprachige „République des Lettres", die ganz selbstverständlich die nationalen Grenzen überspannte; und er schrieb für ein Publikum, mit dem er sich verbunden fühlen konnte und von dem er nicht getrennt war.

Aufschlussreich ist in dieser Passage natürlich auch, wie kritisch und klar Voltaire herausarbeitet, wer den Diskurs der Liebe zu seinem Vaterland aus

---

**16** Voltaire: *Dictionnaire philosophique* [1764]. Tome VI. In: *Œuvres complètes de Voltaire*, Tome XXI. Paris: Chez J. Esneaux, Éditeur-Libraire 1822. S. 185 f.
**17** Vgl. Barthes, Roland: Le dernier des écrivains heureux. In (ders.): *Essais critiques*. Paris: Seuil 1964, S. 94–100.

welchen Interessen pflegt. Diese ostentative Vaterlandsliebe können Sie noch heute bei allen Nationalisten wie bei allen Populisten deutlich erkennen – auch in den medientechnisch ganz anderen Zeiten von Donald Trump oder Boris Johnson. Denn diejenigen, so mahnt uns Voltaire, welche die Liebe zu ihrem Vaterland ständig auf ihren Lippen führen, tun dies vor allem, um sich selbst an die Spitze dieser Vaterländer zu setzen und politische Ämter für sich zu ergattern und einzunehmen. Hier ist der Stolz auf das eigene Vaterland mit der Liebe gekoppelt, sich selbst an dessen Spitze zu sehen.

Sie sehen: Nicht überall ist der Diskurs des 18. Jahrhunderts weit von heutigen Problemstellungen oder politischen Werbetechniken entfernt. Menschen fallen immer wieder auf dieselben Worte, auf dieselben Werte, auf dieselben rhetorischen Verfahren herein. Haben die Menschen seit den von Voltaire evozierten römischen Politikern jemals etwas dazugelernt? Ich überlasse die Antwort Ihnen ... Sehen wir uns aber den letzten Abschnitt dieses Eintrags in Voltaires *Dictionnaire philosophique* etwas genauer an!

Denn dort geht es um den „citoyen de l'univers", also den Weltbürger oder Weltenbürger. Nach der Lektüre dieser Passage verstehen wir besser, was das Jahrhundert der Aufklärung unter einem Kosmopoliten verstand, auch wenn wir gleich zu Beginn hinzufügen müssen, dass das „univers", das Universum also, konkret auf die Grenzen Europas, vielleicht sogar Kern-Europas begrenzt blieb. Freilich dürfen wir zugleich auch einräumen, dass die konzeptionellen Möglichkeiten dieser Begrifflichkeiten sehr wohl planetarischen Zuschnitts waren und dass sich Voltaire durchaus für Entwicklungen außerhalb Europas interessierte.

Dieses in gewisser Weise realisierte Ideal des von Voltaire so apostrophierten „citoyen de l'univers" findet sich in einer Passage des sechsundzwanzigsten Kapitels von Alexander von Humboldts *Relation historique* in aller wünschenswerten Deutlichkeit. Der auf Deutsch wie auf Französisch schreibende Schriftsteller verstand es, in vielerlei Hinsicht das Erbe der Aufklärung in das 19. Jahrhundert hinüberzuretten und den neuen Entwicklungen in den Bereichen Wissenschaft, Wirtschaft oder Technologie anzupassen. Im Kontext seiner Erörterungen über die künftigen Beziehungen zwischen Europa und Amerika – worunter er im Gegensatz bereits zu manchen seiner Zeitgenossen und dem heute fast ausschließlich vorherrschenden Sprachgebrauch nicht die Vereinigten Staaten verstand – und seiner Prognosen bezüglich der künftigen Entwicklung der erfolgreich um ihre Unabhängigkeit kämpfenden spanischen Kolonien stellte er fest, dass es zum damaligen Zeitpunkt sehr wohl eine große Ungleichheit zwischen den europäischen Mutterländern und ihren Kolonien, zwischen Europa und Amerika gebe. Aber „allgemach stellt sich das Gleichgewicht wieder her, und es ist ein verderbliches, ja ich möchte sagen gottloses Vorurteil zu meinen, es sei ein Unheil für das alte Europa, wenn auf irgendeinem andern Teil unseres Planeten der öffentliche Wohlstand gedeiht."[18] Und er fügte hinzu: „Die Unabhängigkeit der Kolonien wird nicht zu ihrer Isolierung führen, sie werden vielmehr dadurch den Völkern von alter Kultur nähergebracht werden."[19] Und weiter: „Denn die intellektuelle Kultur, welche die Quelle für den nationalen Reichtum ist, verbreitet sich nach und nach immer weiter; sie weitet sich aus, ohne sich zu deplatzieren."[20]

Alexander von Humboldts Überlegungen folgen nicht nur bis in die Metaphorik den Vorstellungen der Aufklärungsphilosophie, sie betonen auch die Beziehung, die aus europäischer Sicht zwischen den weltweiten Verbindungen und den ökonomischen Interessen der Alten Welt hergestellt wird. Die Frage der globalen Verteilung von Reichtum wird dabei als ethische Verpflichtung verstanden und mit der Ausbreitung einer geistigen Kultur in Beziehung gesetzt. Dass ist ziemlich genau das Gegenteil vom Ellbogendenken eines „America first" im Sinne des Ihnen bekannten Potentaten, der nicht viel von demokratischen Spielregeln hält. Humboldts Verständnis einer gleichmäßigen, egalitären Verteilung des Reichtums wurzelte hingegen in seinem Projekt einer anderen Moderne,[21] welches freilich in der zweiten Hälfte des 19. Jahrhunderts im Kontext immer aggressiverer Nationalismen absichtsvoll verschüttet wurde.

Die Scharnierstellung des Humboldt'schen Denkens zwischen 18. und 19. Jahrhundert wird deutlich. Wird der Handel (ganz im Sinne von Adam Smith) als Motor einer nach Gleichgewicht strebenden wirtschaftlichen Entwicklung gedeutet, so bildet die geistige Kultur das Fundament für den Reichtum der Nationen und ist zugleich Garantin einer künftigen Kulturentwicklung globalen Maßstabs. Entscheidend ist hierbei, dass diese Überlegungen auf dem Gefühl einer planetarischen Verantwortung beruhen, für die Fortschritt als solcher nur möglich ist, wenn er allen zugutekommt. Dies ist im Sinne Voltaires das Denken eines „citoyen de l'univers".

---

18 Humboldt, Alexander von: *Relation historique du Voyage aux Régions équinoxiales du Nouveau Continent fait en 1799, 1800, 1801, 1802, 1803, et 1804 par Al. de Humboldt et A. Bonpland, rédigé par Alexandre de Humboldt.* Neudruck des 1814–1825 in Paris erschienenen vollständigen Originals, besorgt, eingeleitet und um ein Register vermehrt von Hanno Beck. Bd. II. Stuttgart: Brockhaus 1970, S. 58. Das französische Originalzitat in Humboldt, Alexander von: *Reise in die Äquinoktial-Gegenden des Neuen Kontinents*, Bd. II, S. 1465: „peu à peu l'équilibre se rétablit, et c'est un préjugé funeste, j'oserois presque dire impie, que de considérer comme une calamité pour la vieille Europe la prospérité croissante de toute autre portion de notre planète."
19 Ebda.
20 Ebda., S. 59: „La culture intellectuelle, source féconde de la richesse nationale, se communique de proche en proche; elle s'étend sans se déplacer."
21 Vgl. hierzu Ette, Ottmar: *Weltbewusstsein. Alexander von Humboldt und das unvollendete Projekt einer anderen Moderne. Mit einem Vorwort zur zweiten Auflage.* Weilerswist: Velbrück Wissenschaft 2020.

Bereits 1784 hatte Immanuel Kant in seiner *Idee zu einer allgemeinen Geschichte in weltbürgerlicher Absicht* versucht, derartige Fragestellungen durch den Entwurf einer politischen Neuordnung partikularer, stets ungleicher Machtsysteme zu erweitern. Er entwickelte in dieser Schrift die Vorstellung von einem „Völkerbund, [...] wo jeder, auch der kleinste, Staat seine Sicherheit und Rechte, nicht von eigener Macht, oder eigener rechtlichen Beurteilung, sondern allein von diesem großen Völkerbunde (Foedus Amphictyonum), von einer vereinigten Macht, und von der Entscheidung nach Gesetzen des vereinigten Willens, erwarten könnte."[22] Gerne möchte ich Ihnen zumindest einen kleinen Auszug aus Kants achtem Satz dieses Textes bieten, um Ihnen zu zeigen, wie weit wir hinter die hohen, rational begründeten Ansprüche der Aufklärung zurückgefallen sind und wie lange im Kant'schen Sinne „Ideen" brauchen, um sich in einer geistig kaum vorwärtskommenden Menschheit durchzusetzen:

*Man kann die Geschichte der Menschengattung im großen als die Vollziehung eines verborgenen Plans der Natur ansehen, um eine innerlich- und, zu diesem Zwecke, auch äußerlichvollkommene Staatsverfassung zu Stande zu bringen, als den einzigen Zustand, in welchem sie alle ihre Anlagen in der Menschheit völlig entwickeln kann. [...] Obgleich dieser Staatskörper für itzt nur noch sehr im rohen Entwurfe dasteht, so fängt sich dennoch gleichsam schon ein Gefühl in allen Gliedern, deren jedem an der Erhaltung des Ganzen gelegen ist, an zu regen; und dieses gibt Hoffnung, dass, nach manchen Revolutionen der Umbildung, endlich das, was die Natur zur höchsten Absicht hat, ein allgemeiner weltbürgerlicher Zustand, als der Schoß, worin alle ursprüngliche Anlagen der Menschengattung entwickelt werden, dereinst einmal zu Stande kommen werde.[23]*

Rund ein Vierteljahrtausend nach diesen Aussagen Immanuel Kants fällt es nicht leicht, sich einzugestehen, dass wir dem allgemeinen weltbürgerlichen Zustand kaum nähergekommen sind. Eigentlich waren die Vorstellungen ja bezüglich ihrer Realisierung in der menschheitsgeschichtlichen Wirklichkeit greifbar nahe und schon ausgedacht. Warum hat die Menschheit diese Ideen nicht einfach verwirklicht? Oder simpler gefragt: Was also haben wir falsch gemacht? Vielleicht mag uns die Vorstellung trösten, dass Weltmächten, die ihre Macht auf die Ausplünderung anderer Nationen, anderer Gesellschaften stützen, kein langer Verbleib an der Macht beschieden ist. Die künftigen Transformationen deuten sich bereits an. Ob andere, in Wartestellung stehende Mächte ihrer weltpolitischen und ethischen Verpflichtung stärker entsprechen werden, steht in den Sternen. Aber die Sterne waren schon für den Königsberger Philosophen so etwas wie die einzige

**22** Kant, Immanuel: *Idee zu einer allgemeinen Geschichte in weltbürgerlicher Absicht*. In (ders.): *Werkausgabe*. Herausgegeben von Wilhelm Weischedel. Bd. XI. Frankfurt am Main: Suhrkamp 1977, S. 42.
**23** Ebda., S. 45–47.

Zuflucht all seiner Gewissheiten wie seiner Hoffnungen gewesen. In der soeben aufgezeigten Traditionslinie ist das Erbe der europäischen Aufklärung sicherlich nicht eingelöst.

Mehr als nur bemerkenswert an der obigen Passage ist nicht nur die unverbrüchliche Hoffnung Kants, dass es dereinst zu überstaatlichen, die ganze Menschheit miteinschließenden Staatenbünden und Organisationsformen kommen werde und kommen müsse, sondern auch die Körpermetaphorik, deren er sich bedient, um diese seine „Idee" vorzuführen. Denn die sich regenden Glieder, in der Vielzahl ihrer Herkunftsorte, zielen gleichsam auf einen einzigen Schoß, in dem sich das Kommende bilden und aus dem es entsprießen werde. Es handelt sich also um eine Metaphorik, die der männlichen Initialzündung letztlich die Befruchtung einer die Allgemeinheit und das Ganze repräsentierende Weiblichkeit einer ‚Gaia' gegenüberstellt, einer zu befruchtenden Erdmutter, aus welcher sich dann die Einheit des Menschengeschlechts, nach dessen Vertreibung aus dem Paradies, dereinst wieder herstellen werde. Dies ist im Sinne Kants gleichsam der Auftrag der Weltgeschichte. Georg Wilhelm Friedrich Hegel hatte dazu sein Wort in seinen *Vorlesungen über die Philosophie der Weltgeschichte* noch zu sagen; doch dies würde uns weit über das 18. Jahrhundert hinausführen in Denkgefilde, die wir in unserer Vorlesung über das 19. Jahrhundert erkundet haben.[24] Bleiben wir noch ein wenig bei Immanuel Kant, dem – wie unser Begleiter Pierre Chaunu zu Recht anmerkte – östlichsten der großen Denker der europäischen Aufklärung.

**Abb. 13:** Johann Gottlieb Becker: Immanuel Kant (1724–1804).

Die Idee eines Völkerbundes, deren konkrete politische Umsetzungsversuche uns in ihren Stärken und Schwächen ein Gutteil unseres 20. und beginnenden 21. Jahrhunderts lang begleitet haben und noch in Atem halten, wurde von Kant in jenem künftigen Status verankert, den er als „allgemeinen *weltbürgerlichen* Zustand"[25] bezeichnete. Auch wenn die französische Kulturtheoretikerin und Psychoanalytikerin Julia Kristeva in ihrer Analyse zu Recht den kühnen und utopischen Chara-

---

24 Vgl. Ette, Ottmar: *Romantik zwischen zwei Welten*, S. 484 ff.
25 Kant, Immanuel: *Idee zu einer allgemeinen Geschichte in weltbürgerlicher Absicht*, S. 47.

ker des Kosmopolitismus-Gedankens der Lumières hervorhob,[26] so ist doch nicht zu übersehen, dass für den Verfasser der *Kritik der reinen Vernunft* die „allgemeine Geschichte in weltbürgerlicher Absicht" nicht von den konkreten Analysen und Befunden empirischer Forschung zu trennen war. Gewiss bildeten Kants Vorstellungen eine Utopie; aber diese war ganz im Sinne Ernst Blochs eine konkrete Utopie, deren Verwirklichungsmöglichkeiten die Menschheit seit einem Vierteljahrhundert noch immer begleiten.

Es gab Versuche, diese Ideen nicht nur empirisch zu untermauern, sondern auch weiterzuentwickeln und Schritte zu ihrer Verwirklichung zu unternehmen. Alexander von Humboldt etwa knüpfte an die Überlegungen Kants an, ja verkörperte in gewisser Weise jenen „philosophische[n] Kopf (der übrigens sehr geschichtskundig sein müßte)",[27] von dem der Philosoph aus Königsberg so vielsagend gesprochen hatte. Für Alexander von Humboldt war die Herausbildung eines weltbürgerlichen Zustands weder eine Utopie noch ein sich in ‚weiter Ferne' ereignendes Schauspiel philosophischer Denker; vielmehr erblickte er darin eine Entwicklung, die er nicht nur heraufziehen sah und beobachten konnte, sondern an der er selbst teilnehmen und teilhaben wollte. Wir haben in Potsdam und teilweise in Berlin das Glück, die historischen Dekors zu sehen und in ihnen lustzuwandeln, in denen sich sein Denken entfaltete und zugleich an den historischen Realitäten Preußens abprallte. Schon Friedrich, den man später den Großen nannte, hatte die Kluft zwischen seinen aufklärerischen Ideen und seiner eigenen machtpolitischen Orientierung gespürt – doch dies werden wir uns ein wenig später in unserer Vorlesung genauer vornehmen.

Dem Humboldt'schen Kosmopolitismus, ja der Humboldt'schen *Kosmopolitik*,[28] die anders als bei seinem Bruder Wilhelm oder bei Kant auf einem unmittelbaren (empirischen) Er-Fahren nicht zuletzt der außereuropäischen Welt beruhten, kommt eine für unsere Überlegungen zum 18. Jahrhundert wichtige Bedeutung zu. Denn aus Humboldts weltbürgerlicher Sicht war Europa aufgrund der von dieser Weltregion ausgehenden expansiven Bewegung ohne den globalen Horizont von Weltverkehr, Welthandel und Weltgeschichte nicht zu verstehen. In diesem Zusammenhang wurzelt sein Verständnis eines sich herausbildenden Weltbewusstseins. Doch europäisches Weltbürgertum transportiert und verbreitet stets auch ein Selbstverständnis und (Selbst-)Bild Europas. Doch lassen Sie uns nicht bei Alexan-

---

26 Vgl. Kristeva, Julia: *Etrangers à nous-mêmes*. Paris: Gallimard 1988, S. 213.
27 Kant, Immanuel: *Idee zu einer allgemeinen Geschichte in weltbürgerlicher Absicht*, S. 49 f.
28 Vgl. hierzu Ette, Ottmar: Der Wissenschaftler als Weltbürger. Alexander von Humboldt auf dem Weg zur Kosmopolitik. In: Ette, Ottmar / Bernecker, Walther L. (Hg.): *Ansichten Amerikas. Neuere Studien zu Alexander von Humboldt*. Ffankfurt am Main: Vervuert 2001, S. 231–261.

der von Humboldt verharren, der uns gegen Ende der Vorlesung, gleichsam am Ausgang der Lumières, erwarten wird und beschäftigen soll!

Den Begriffen „Kosmopolit" und „Weltbürger" war bis in unsere Tage ein eher wechselvolles Schicksal beschieden. In Zeiten eines forcierten Nationalismus und einer aufgeheizten Xenophobie rasch wieder in Verruf gekommen, schien selbst dem international gesicherteren Terminus „Kosmopolitismus" im 20. Jahrhundert endgültig der Todesstoß versetzt worden zu sein, als er aus ideologisch motivierter Perspektive in einen Gegensatz zum sozialistisch definierten „Internationalismus" gebracht wurde. So entnehmen wir dem von Georg Klaus und Manfred Buhr herausgegebenen (und nicht nur in der Deuschen Demokratischen Republik einflussreichen) *Philosophischen Wörterbuch*, der Kosmopolitismus sei „ideologischer Ausdruck der Klasseninteressen der aufstrebenden Bourgeoisie".[29] ‚Kosmopolitisch' waren bestenfalls das Kapital und dessen Vertreter, die zwischen verschiedenen Staaten zirkulierten. Zwar werden die „weltbürgerlichen Vorstellungen von Lessing, Kant, Fichte, Herder, Schiller, Goethe, der Gebrüder Humboldt u. a." vom Blickwinkel der Aneignung des kulturellen Erbes der deutschen Klassik aus einem Gegensatz zum „feudalen Provinzialismus" heraus positiv gewertet. Doch sei der „heutige Kosmopolitismus der imperialistischen Bourgeoisie" „reaktionär", da er der „Apologie des nationalen Verrats und der Begründung und Rechtfertigung internationaler Vereinigungen des Monopolkapitals"[30] diene. Der Begriff „Kosmopolitismus" war damit ideologisch gebrandmarkt.

Indem man gegen den bürgerlichen Kosmopolitismus den „sozialistischen Internationalismus"[31] ausspielte, versetzte man dem erstgenannten Terminus zweifellos auch außerhalb des sozialistischen Lagers einen schweren Schlag. Es scheint mir daher nicht überraschend, dass das Revival von „Kosmopolitismus" sich nach dem weitgehenden Untergang des sozialistischen Mächteblocks ansiedelt. Seit Ausgang der neunziger Jahre mehrten sich ebenso in der Massenkultur wie im Bereich der akademischen Kulturtheorie Indizien dafür, dass spätestens seit dem Ende des Kalten Krieges Begriff und Konzept des „Kosmopolitismus" mit neuen, positiven Inhalten resemantisiert und in erneuerter Gestalt wiedererweckt wurden.

So hat sich etwa der international ausgewiesene, in Chicago lehrende und aus Indien stammende Kulturtheoretiker Homi K. Bhabha anlässlich des zehnjährigen Bestehens des Berliner Hauses der Kulturen der Welt für die Schaffung

---

29 Klaus, Georg / Buhr, Manfred (Hg.): *Philosophisches Wörterbuch*. Bd. 1. Leipzig: VEB Bibliographisches Institut 1975, S. 667.
**30** Ebda.
**31** Ebda.

der „Sprache einer neuen kosmopolitischen Ordnung" stark gemacht.[32] Er konstatiert verschiedenste Bemühungen, „einen kosmopolitischen Geist zu entwickeln, der die Erfahrung der ‚Minderheit' in den Mittelpunkt des Konzepts einer ‚global citizenship', eines Weltbürgertums, stellt".[33] Ein wirklich interkultureller Dialog, so Bhabha, sei nur dann auf den Weg zu bringen, wenn es gelinge, „unsere eigenen nationalen oder regionalen Interessen und Identitäten als radikal ‚unvollständig' zu begreifen".[34] Die Verbindung zu den Postcolonial Studies ist offensichtlich. Kosmopolitismus wird folglich als Vision einer neuen Ordnung gegen Fremdenhass und Verfolgung von Minderheiten in einen interkulturell bestimmten Diskurshorizont eingeordnet. In ein inter- und transkulturell fundiertes Verständnis von Kosmopolitismus geht an zentraler Stelle die Erfahrung der Unvollständigkeit des Eigenen in seiner partikularen Perspektivierung mit ein.

Ich möchte an dieser Stelle die Möglichkeiten und Grenzen kosmopolitischen Denkens heute im Zeichen des „Global Citizenship" nicht weiterverfolgen, sind die Traditionslinien der Aufklärung doch hinreichend deutlich geworden, sondern wieder auf die Frage der Entstehung des Kosmopolitismus im 18. Jahrhundert zurückkommen. Wir hatten bisher ja vor allem französische Quellen verwendet, zwar bereits auf Immanuel Kant und Alexander von Humboldt hingewiesen, sollten nun aber unsre Sichtweise deutlich erweitern. In der Forschung ist immer wieder eine weitere Epochenschwelle, mal eher sachte und mal als harte Grenze, diskutiert worden.[35] Dabei geht es um die Tatsache, dass um 1800 unter dem Einfluss des erstarkenden Nationalismus kosmopolitische Stimmen überwiegend erstarben. Ich habe hierauf bereits in meiner Vorlesung über das 19. Jahrhundert und etwa auf Fichtes *Reden an die deutsche Nation* hingewiesen.[36] Dass dies bei Alexander von Humboldt nicht der Fall war, hatten wir bereits gesehen; auch daran können wir erkennen, wie sehr bei ihm das Erbe der Aufklärung präsent war und zugleich für andere Sinnhorizonte anverwandelt wurde.

Verfeinern wir kurz unseren Blick auf den Kosmopolitismus! Man könnte mit Pauline Kleingeld[37] zwischen sechs Varietäten des Kosmopolitismus unterschei-

---

**32** Bhabha, Homi K.: Festansprache: Zehn Jahre Haus der Kulturen der Welt. Unveröffentlichtes Typoskript der offiziellen Übersetzung, S. 4. Die gleichfalls noch unveröffentlichte englischsprachige Fassung spricht vom „language of a new cosmopolitan order" (S. 5).
**33** Ebda., S. 6 (deutsche Fassung).
**34** Ebda., „radically ‚incomplete'", S. 7 der englischsprachigen Fassung.
**35** Vgl. als eher sanftere Schwelle in Kleingeld, Pauline: Six Varieties of Cosmopolitanism in Late Eighteenth-Centruy Germany. In: *Journal of the History of Ideas* (Baltimore) LX, 3 (July 1999), S. 505–524.
**36** Vgl. Ette, Ottmar: *Romantik zwischen zwei Welten*, S. 538 ff.
**37** Vgl. Kleingeld, Pauline: Six Varieties of Cosmopolitanism in Late Eighteenth-Centruy Germany, S. 505–524.

den, nämlich zwischen einem moralischen, einem politischen, einem juristischen, einem kulturellen, einem ökonomischen sowie einem romantischen Kosmopolitismus, der die Menschheit vereinigt sieht im Zeichen von Glaube und Liebe, einem gemeinsamen Ziel zusteuernd. Dabei schließen sich selbstverständlich diese sechs Varietäten des Kosmopolitismus nicht wechselseitig aus: Sie überlappen sich vielmehr auf vielfältige Weise.

Gehen wir in der gebotenen Kürze einige dieser Varietäten einmal durch! Der *moralische* Kosmopolitismus sieht alle Menschen als Mitglieder einer einzigen moralischen Gemeinschaft, so dass es moralische Verpflichtungen der Menschen gegenüber anderen Menschen unabhängig von Nationalität, Sprache, Sitten oder Religion gibt. Pauline Kleingeld sieht in dieser Varietät übrigens sehr wohl einen Bezug zur antiken ‚Grundform‘ des Kosmopolitismus bei den Stoikern und Zynikern der griechischen, aber auch römischen Antike. Deren Vorstellungen von einer moralischen Bürgerschaft wirkten insbesondere im Jahrhundert der Aufklärung – wie etwa in Deutschland bei Christoph Martin Wieland – erheblich nach. Bemerkenswert in diesem Zusammenhang ist, dass Immanuel Kant, Johann Gottlieb Fichte und Friedrich Schlegel Europa einen Sonderstatus einräumten als Kristallisationspunkt für eine neue projektierte Weltordnung im Zeichen eines moralischen Kosmopolitismus, einer künftigen Weltordnung mit globaler Stoßrichtung.

In eben diesen Zusammenhang gehört auch Kants Vorstellung von einem Staatenbund, der bei ihm relativ frei und dezentral, bei Fichte und Schlegel hingegen stärker zentralisiert gesehen wird. Die radikalste Auffassung findet sich übrigens in einem deutsch-französischen Zusammenspiel, wenn Sie so wollen, nämlich bei Cloots, eigentlich Jean-Baptiste du Val-de-Grace Baron de Cloots, der von 1755 bis 1794 lebte und als gebürtiger Preuße an einem 24. Juni mit dem deutschen Namen Johann Baptist Hermann Maria Baron de Cloots auf die Welt kam. Dieser Preuße sah sich selbst als überzeugten Weltbürger, der in der Französischen Revolution bei den Jakobinern zu Macht und Ansehen kam und eine vereinte Weltrepublik forderte. Cloots verlangte nichts anderes als einen einzigen Weltstaat, dem alle Individuen vereinigt und mit denselben Rechten und Pflichten ausgestattet angehören sollten. Eine solche Vorstellung, wie sie im Umfeld der Französischen Revolution entstand, ist heute noch immer in allen Science-Fiction-Romanen und -Filmen präsent.

Johann Gottlieb Fichte ließ seine ursprüngliche, zentralistische Vorstellung eines Staates der Staaten zugunsten eines Bundes der Staaten fallen, bevor er sich in seinen *Reden an die deutsche Nation* dann seinem nationalistischen Projekt zuwandte und im Zusammenhang mit der napoleonischen Expansion Frankreichs alsbald als ‚deutscher Denker‘ auf den Thron gehoben wurde. Ohne diesen Sachverhalt an dieser Stelle stärker vertiefen zu wollen, lässt sich doch sagen, dass Friedrich Schlegels Projekt im Verhältnis zu Fichte deutlicher föderativ strukturiert

war. Von besonderer Bedeutung ist aus meiner Sicht das von Kant geforderte Welt-
bürgerrecht, also eine juristische Grundlage, auf deren Basis Rechte auf Aufenthalt, Unversehrtheit, Hospitalität und vieles mehr jeweils individuell in Anspruch
genommen werden sollten. Dies ist freilich eine Dimension, die letztlich erst im
20. Jahrhundert im Zeichen der von der Internationalen Arbeitsorganisation des
Genfer Völkerbundes sowie nach dem Krieg der Vereinten Nationen angeregten
Diskussion um internationale Pässe für Staatenlose teilweise verwirklicht werden
konnte.

Der *kulturelle* Kosmopolitismus im Sinne Pauline Kleingelds ist ebenfalls von
großer Bedeutung für unsere Überlegungen wie unsere Vorlesung. Denn in dieser
Varietät findet sich eine Überzeugung, die auch für heutige Kosmopolitismus-Kon-
zepte von großer Aussagekraft ist, insofern die unterschiedlichen Kulturen Anspruch
auf ihre jeweilige Partikularität haben und diese frei entwickeln und entfalten können. Dahingegen findet sich im Gegenzug die Überzeugung, dass eine Entwicklung
hin zur Uniformisierung eine unverkennbare kulturelle Verarmung der gesamten
Menschheit mit sich brächte.

Für die international angesehene Aufklärungsforscherin war dabei der beste
Repräsentant eines deutschen Kulturkosmopolitismus kein anderer als Georg
Forster, der seinen Vater Reinhold Forster bei dessen Teilnahme an der zweiten
Weltumsegelung von James Cook begleitet hatte und an die vertraglichen Abma-
chungen seines Vaters mit der britischen Admiralität nicht gebunden war. So
konnte er nach der Rückkehr in Rekordzeit eine deutsche wie eine englischspra-
chige Ausgabe seiner *Reise um die Welt* erscheinen lassen, die ihn zu einem der
großen Reiseschriftsteller in deutscher Sprache werden ließ. Wir werden auf diese
*Reise* zurückkommen. Doch für unsere aktuellen Überlegungen ist Georg Forsters
Schrift *Über lokale und allgemeine Bildung* von 1791 besonders wichtig – eine Abhandlung, in welcher es Überlegungen zur verschiedenartigen Entwicklung der
Menschen je nach Klima, Umgebung, Vegetation und weiteren Parametern gibt.

Georg Forster, den Alexander von Humboldt als einen seiner wichtigsten Lehrmeister ansah, betonte, dass der Mensch nirgendwo alles geworden sei, aber überall etwas anderes. Diese Aussage, die weniger auf eine Alterität als vielmehr auf
eine (kulturelle) Diversität abzielte, war ein deutliches Abrücken von einem Eurozentrismus, den wir in der europäischen Aufklärungsliteratur des 18. Jahrhunderts
überall beobachten können. Georg Forster betonte seine Kritik an universalen Modellen, die überall angewendet werden könnten, aber mit großen Risiken eines
Fehlverstehens belastet seien, da sie die unterschiedlichen lokalen Umstände einfach übergehen würden. Gleichwohl hielt Forster an allgemeinen Standards für die
Betrachtung der Kulturen fest. So war es für ihn keine Frage, dass europäische Kulturen weiter entwickelt waren als etwa die Kulturen Feuerlands oder bestimmter
Inselgruppen im Südpazifik. Letztlich implizierte der kulturelle Kosmopolitismus

stets auch einen moralischen Kosmopolitismus, wie dies gerade bei Georg Forster deutlich zu Tage tritt, kritisierte er doch Kulturen, welche Sklaverei betreiben, auf unverkennbare Weise. Forster setzte stets eine Toleranz gegenüber unterschiedlichen kulturellen Gemeinschaften und Gruppen als gegeben voraus.

Der spätere Verfasser der nicht weniger berühmten *Ansichten vom Niederrhein*, einer Reise nicht nur den Unterlauf des Rheines entlang, sondern nach Holland, England und ins revolutionäre Frankreich, auf der ihn der noch junge Alexander von Humboldt begleitete, war ganz zweifellos eine der großen Gestalten des interkulturellen Dialogs. Zudem war er ein für seine Zeit ebenso politisch wie kulturell außergewöhnlich offener Zeitgenosse und Denker. Sie mögen es daher vielleicht als ein wenig hinterhältig empfinden, dass ich Sie ausgerechnet bei diesem außergewöhnlich offenen Reiseschriftsteller und Denker mit Problemen bei der konkreten Umsetzung kosmopolitischer Vorstellungen konfrontiere. Doch soll dies nicht dazu dienen, einen Georg Forster zu kritisieren oder gar zu verunglimpfen, sondern besser zu verstehen, wie komplex und widersprüchlich das vergleichende kosmopolitische Denken der europäischen Aufklärung in der reisetechnischen Praxis war.

Im Folgenden möchte ich Ihnen einen längeren Auszug aus seiner berühmten *Reise um die Welt* vorstellen, in dem der deutsche Reisende und Naturforscher auf die Bevölkerung der Kapverdischen Inseln zu sprechen kam, wo die beiden britischen Schiffe der Expedition von James Cooks vor ihrer Atlantiküberquerung Station gemacht hatten. Diese Passage setzt mit einer Kritik an europäischen Handelsgesellschaften ein, welche die Bewohner der Kapverden, einer wunderschönen portugiesischen Besitzung, gnadenlos ausbeuteten:

Die vorgedachte Handlungsgesellschaft tyrannisirt über die armen Einwohner und verkauft ihnen die elendesten Waren zu ganz unerhörten Preisen.

*S. Jago* hat wenig Einwohner. Sie sind von mittlerer Größe, häßlich und fast ganz schwarz, haben wollicht krauses Haar und aufgeworfne Lippen, kurz sie sehen wie die häßlichsten Neger aus. Der Herr Canonicus *Pauw* zu Xanten scheint es für ausgemacht zu halten, dass sie von den ersten Portugiesischen Colonisten abstammen, und nach und nach, durch neun Generationen, das ist, ihn ohngefähr dreyhundert Jahren, ihre jetzige schwarze Farbe bekommen haben, welche wir jedoch noch weit dunkler fanden als Er sie beschrieben hat. Ob diese aber, nach seiner und des Abts *de Manet* Meynung, lediglich durch die Hitze des heißen Erdstrichs hervorgebracht worden, oder ob sie nicht vielmehr durch ihre Verheyrathung mit Schwarzen von der benachbarten africanischen Küste entstanden sey? darüber will ich nichts entscheiden, wenn gleich der Graf *Büffon* geradezu behauptet „dass die Farbe der Menschen vornemlich vom Clima abhängt". Dem sey wie ihm wolle, so sind doch jetzt höchst wenig Weiße unter ihnen, und ich glaube, dass wir deren, den Gouverneur, den Commandanten und den Handlungs-Agenten mitgerechnet, wohl nicht über 5 bis 6 gesehen haben. In einigen dieser Inseln sind selbst die Gouverneurs und die Priester, Schwartze. Die Vornehmern gehen in alten, abgetragenen, europäischen Kleidungen einher, welche sie noch *vor* Errichtung der monopolisirenden Handlungsgesellschaft eingetauscht haben. Die übrigen begnügen sich mit einzelnen Kleidungsstücken, als einem Hemde, einem Camisol, einer Hose oder einem Huth, und scheinen sich in ihrem Aufzuge, wie er auch ist, wohl zu gefallen. Die Weiber sind häßlich und tragen bloß ein Stück gestreiftes baumwollnes Zeug über die Schultern, das bis auf die Knie vorn und hinten herabhängt; die Kinder aber gehen, bis sie zu mannbaren Jahren kommen, gänzlich nackend. Durch den Despotismus der Gouverneurs, durch die Leitung der abergläubischen und blinden Pfaffen, und durch die Nachläßigkeit der portugiesischen Regierung, ist dies Volk würklich in fast noch elendern Umständen, als selbst die schwarzen Völkerschaften in Africa sind, und eben jene Hindernisse werden es auch in der Folge stets abhalten, sich auszubreiten und zu vermehren, worin doch der wahre Reichthum eines Landes besteht. Es ist natürlich, dass die Bewohner des heißen Erdstrichs eine Neigung zur Faulheit haben [...].[38]

Ich habe am Ausgang unserer dritten Annäherung an das 18. Jahrhundert absichtsvoll eine Passage gewählt, die sich nicht auf Amerika, sondern auf die Kapverden und Afrika bezieht, um zu zeigen, dass sich der europäische Diskurs über Amerika selbstverständlich in denjenigen über die außereuropäische Welt integriert. Nicht von ungefähr benennt der junge Reisende namentlich wesentliche Bezugspunkte seines aufklärerischen Diskurses, indem er etwa auf den in Amsterdam geborenen Cornelius de Pauw, mit dem wir uns noch beschäftigen werden, oder auf den Grafen Buffon aufmerksam macht, der die Naturgeschichte, die *Histoire naturelle*, des 18. Jahrhunderts geradezu in persona verkörperte. Weder Buffon noch de Pauw haben jemals größere Reisen unternommen oder gar Europa verlassen, gleichwohl aber Diskurse gepflegt, die ebenso im Bereich der Natur (Buffon) wie im Bereich der Kultur (de Pauw) im Sinne des 18. Jahrhunderts universalistisch ausgerichtet waren, sowohl Puma und Lama wie Ägypter und Chinesen erfassten.

Unzweifelhaft partizipiert Georg Forster im obigen Zitat sehr dezidiert am aufklärerischen Diskurs, der sich gegen Tyrannis und Despotie, gegen die Abhängigkeit von Willkürherrschaft und Ausbeutung, gegen die Verdummung des Volkes durch Religion und Aberglauben sowie gegen koloniale Gewaltherrschaft wendet und eine spezifische antiklerikale und bei Forster bisweilen antikoloniale Färbung annehmen kann. Der junge Forster hat die Ausbeutungsmechanismen durch europäische Handelsgesellschaften und damit durch den von Europa gesteuerten Welthandel sehr wohl durchschaut und verstanden.

Zugleich wird deutlich, dass von Beginn dieser Passage an Forsters eigene Standards selbstverständlich europäisch geprägt sind. Seine europäischen Schönheitskriterien werden in keiner Weise selbstreflexiv hinterfragt: Er bezeichnet als hässlich, was eben in Europa als hässlich gilt, wobei hier eher von Rassedenken

---

38  Forster, Georg: *Reise um die Welt.* In: Steiner, Gerhard (Hg.): *Georg Forster. Werke in vier Bänden.* Leipzig: Insel-Verlag 1967, Bd. 1., S. 67 f.

geleitete Vorurteile kolportiert als tatsächlich eigene Beobachtungen ins Feld geführt werden. Weiterhin ist wichtig und unhinterfragbar, dass es die Europäer sind, die Theorien über die außereuropäische Welt verbreiten, nicht etwa die Außereuropäer über sich selbst oder gar über Europa. Hinzu kommt, dass Georg Forster als diskursive, seinen eigenen Diskurs legitimierende Instanz den Grafen Buffon nennt, der explizit stolz darauf war, seinen Schreibtisch ein halbes Jahrhundert lang nicht verlassen zu haben und nicht gereist zu sein. Er hatte dies mit den allermeisten der Aufklärungsphilosophen gemein, war doch auch ein Immanuel Kant stolz darauf, nur ein einziges Mal in seinem Leben Königsberg verlassen zu haben. Doch auf dem Wege nach Italien brach er diesen Versuch nach wenigen Meilen ab und kehrte reumütig in die Stadt am Pregel-Flusse zurück.

Wir kommen an dieser Stelle auf den am Eingang unserer Vorlesung geäußerten grundlegenden Kritikpunkt von Jean-Jacques Rousseau zurück. Denn die europäischen Philosophen verließen sich ausschließlich auf ihr Wissen aus Büchern und urteilten ohne eigene Kenntnis über die gesamte Erde, also die unterschiedlichsten Menschen unterschiedlichster Regionen und die Kulturen der Welt. Die Reiseberichte wiederum waren von diesen philosophischen Autoritäten und deren Bild von der außereuropäischen Welt geprägt. So handelte es sich um ein selbstverstärkendes Kommunikationssystem, in welchem die Bewohner der außereuropäischen Welt nur höchst selten einmal – und niemals als Autoritäten – zu Wort kamen. Wir befinden uns hier, mitten in der zweiten Phase beschleunigter Globalisierung, an einem für die Aufklärungsphilosophie mit Blick auf ein entstehendes Weltbewusstsein entscheidenden Punkt. Denn der Blick des Reisenden ist ein gelenkter.

Wir haben auf diese Weise erste Einblicke in Aspekte eines kosmopolitischen Diskurses gesammelt und verstanden, dass der Kosmopolitismus keineswegs Anspruch darauf erheben konnte, eine übergeordnete, weltumspannende Position einzunehmen und gleichsam über den europäischen Diskursen zu schweben. Allein rhetorisch, nicht aber empirisch gesichert konnte er Anspruch darauf erheben, sich in einem unmittelbaren Verhältnis zur nicht parteiischen und damit objektiven Wahrheit zu befinden. Was sich von Europa aus als weltbürgerlicher Diskurs geriert, erweist sich in der Regel schnell als eine zutiefst vom europäischen Denken geprägte Sichtweise. Erst gegen Ende des 18. Jahrhunderts eröffneten sich Chancen auf eine neue empirische Fundierung des europäischen Diskurses über die Welt. Denn nur eine höchst geringe Zahl an Denkern kümmerte sich in Europa um das, was die Aufklärung in außereuropäischen Gefilden zu leisten imstande war. *Dieser* Teil der Aufklärung aber ist entscheidend, um unser Bild *der* Aufklärung und des 18. Jahrhunderts zu komplettieren.

Aber immerhin: Bei dem jungen deutschen Reisenden Georg Forster zeigt sich, dass der sogenannte *ökonomische* Kosmopolitismus (oder Markt-Kosmopolitismus) bereits im 18. Jahrhundert seine scharfen Kritiker fand. Für die Entwicklung des Projekts der Moderne war es freilich entscheidend, dass sich zunehmend ein marktorientierter, wirtschaftlicher Kosmopolitismus ausprägte, für den alle Menschen potentielle Handelspartner waren und vor allem als mögliche Konsumenten in Betracht kamen. Dafür wurde ein Mindestmaß an wechselseitiger Toleranz eingefordert, um den wirtschaftlichen Wohlstand durch wechselseitigen Austausch von Gütern und Waren sicherzustellen. Dies erinnert uns in Potsdam stark an jene kaum ein Vierteljahrhundert zurückliegende Kampagne für Toleranz, mit der die brandenburgische Landesregierung die Bevölkerung dazu anzuhalten versuchte, angesichts einer um sich greifenden Ausländerfeindlichkeit Toleranz walten zu lassen, da man ja schließlich ausländische Investitionen brauche. Man erinnerte an die Geschichte der Toleranz in Brandenburg-Preußen und rief Friedrich den Großen als Vertreter einer Toleranz an, die man im Sinne wirtschaftlicher Entwicklung zu erreichen hoffte. Sie sehen: Wir sind vom 18. Jahrhundert gar nicht so weit entfernt und noch immer Teil eines Projekts, das wir die Moderne nennen. Historisch sich anbietende Alternativen zu diesem Projekt der Moderne wurden verschüttet oder bald wieder vergessen.

Wie auch immer man sich gegenüber dem Kosmopolitismus verhalten mag: Die verschiedenen Spielarten weltbürgerlicher oder kosmopolitischer Diskurse sind Reaktionen auf eine sich im Verlauf des 18. Jahrhunderts deutlich verbessernde Infrastruktur, auf wesentlich enger gewordene Handelsbeziehungen zwischen verschiedenen Areas, auf eine sich verkleinernde Welt. In ihr ist zur Überwindung immer größerer Distanzen immer weniger Zeit aufzuwenden. Es handelt sich auch auf Reaktionen auf das, was wir als zweite Phase beschleunigter Globalisierung bezeichnen dürfen. Es ist spannend zu sehen, dass Kosmopolitismus als Antwort auf die zweite Phase beschleunigter Globalisierung gerade in der vierten Phase wieder auferweckt wurde, um mit spezifischen Aspekten der zurückliegenden Globalisierungsphase, die Mitte der achtziger Jahre des 20. Jahrhunderts begann und Mitte des zweiten Jahrzehnts des 21. Jahrhunderts endete, theoretisch besser umgehen zu können. In jedem Falle waren die Verschiedenen Varietäten des Kosmopolitismus nicht so sehr an der Zeit als an Phänomenen des Raumes ausgerichtet, der sich im Jahrhundert der Aufklärung weltweit signifikant verändert hatte. Es ging im Kosmopolitismus des 18. Jahrhunderts nicht zuletzt um die Frage, wie wir auf einem kleiner werdenden Planeten mit verschiedenartigen Menschen, unterschiedlichen Gesellschaftssystemen und voneinander differierenden Kulturen möglichst friedlich zusammenleben und eine Konvivenz pflegen können, deren Bedingungen die Philosophie der Aufklärung in immer neuen Anläufen erkundete.

——

TEIL 2: **Drei Beispiele für die Präsenz
Außereuropas**

# Montesquieus *Lettres persanes* oder der Blick der Anderen auf das Eigene

Die Frage des Raums und der damit verbundenen Konvivenz steht zweifellos im Zentrum eines Werks, das sich bis zum heutigen Tage immer neuer Ausgaben und Editionen erfreut: die *Lettres persanes* von Montesquieu. Bevor wir uns aber mit diesem Schlüsselwerk der französischen und europäischen Aufklärung beschäftigen können, müssen wir zunächst noch in der gebotenen Kürze eine Reihe zentraler Fragen klären: Hat sich im 18. Jahrhundert lediglich die Dimension des Raumes verändert? Wie steht es mit der Dimension der Zeit? Wie also verhält sich das 18. Jahrhundert gegenüber unterschiedlichen Vorstellungen von Zeit, und lassen sich zwischen diesen signifikante Veränderungen erkennen? Gibt es ein Charakteristikum, das das Jahrhundert der Aufklärung gegenüber anderen, früheren Jahrhunderten im Sinne eines veränderten Zeitbewusstseins auszeichnet?

Die Antwort auf diese Fragen ist klar: Ja, es lässt sich ein verändertes Zeitbewusstsein im Jahrhundert der Aufklärung beobachten. Und zwar nicht erst im Kontext der Französischen Revolution, wo sich mittlerweile unbestritten ein progressives, zukunftsoffenes und vom Menschen zu gestaltendes Bewusstsein der Zeit jenseits zyklischer Zeitvorstellungen herausbildete. Wir werden auf diese grundlegenden Veränderungen, die ich ebenfalls in meiner Vorlesung über *Romantik zwischen zwei Welten* dargestellt habe, in unserer aktuellen Vorlesung aus anderem Blickwinkel zurückkommen, sobald wir im letzten Drittel des 18. Jahrhunderts angekommen sein werden.

Signifikante Veränderungen lassen sich bereits einhundert Jahre vor der Französischen Revolution erkennen. Werfen wir also einen Blick auf die achtziger Jahre des 17. Jahrhunderts, um genauer zu sein: auf den Januar des Jahres 1687! Man könnte formulieren, dass sich in jenem denkwürdigen Januar die Dinge in Bewegung setzten. Denn er markiert den eigentlichen Beginn des Siècle des Lumières. Es handelt sich dabei – vielleicht haben Sie schon davon gehört – um die sogenannte *Querelle des Anciens et des Modernes*, um die Auseinandersetzung zwischen den Alten und den Modernen, deren Verlauf ich Ihnen in aller Kürze vorstellen möchte.

Bei diesem Streit zwischen den Vertretern der Antike und denen, die sich als die „Modernen" bezeichneten, ging es zunächst und im Grunde um eine veränderte Beurteilung der griechisch-römischen Antike. Es handelte sich letztlich um eine Auflehnung gegen die fortbestehende Musterhaftigkeit der Antike, so wie sie – zumindest in der Sichtweise des 17. Jahrhunderts – für die französische Klassik gegolten hatte. Der Freiburger Romanist Erich Köhler hat – in Anlehnung an den großen

Werner Krauss[1] – freilich verdeutlicht, dass diese Auseinandersetzung letztlich nicht mehr und nicht weniger als ein neues Geschichtsbewusstsein der Epoche betraf.

Der Secrétaire perpétuel der Académie Française, Fontenelle, der sich schon zuvor von der Antike als alleinigem Leitmuster distanziert hatte, griff in die *Querelle des Anciens et des Modernes* ein; der Wortführer der „Modernes" aber war Charles Perrault. Zu ihren Parteigängern gehörten des weiteren Saint-Evremond, Pierre Bayle sowie Thomas Corneille, um Ihnen einige der profiliertesten Vertreter der Zeit zu nennen. Zu den Verteidigern der „Anciens" wiederum zählten Racine, Boileau, La Fontaine, die Jansenisten um Port-Royal und viele andere der weitbekannten Vertreter der französischen Klassik, so dass wir es bei dieser *Querelle* folglich mit einem Aufeinandertreffen der bekanntesten Autoren und Philosophen der Zeit in Frankreich zu tun haben.

Der Streit brach nach einigen Vorgefechten während einer Sitzung der Académie Française am 27. Januar 1687 los, als Charles Perrault in seinem Gedicht *Le siécle de Louis le Grand* die folgenden Verse ins Auditorium schleuderte:

> Die schöne Antike war stets zu verehren;
> Doch glaubte ich nie, sie seien Götter, die hehren.
> Ich sehe die Alten, ohne mein Knie zu beugen,
> Sie sind groß, doch als Menschen wie wir zu bezeugen;
> Und man kann ohne Furcht, man wäre iniustus,
> Des Großen Ludwig Zeit vergleichen mit Augustus.

> La belle Antiquité fut toujours vénérable;
> Mais je ne crus jamais qu'elle fust adorable.
> Je voy les Anciens sans plier les genoux,
> Ils sont grands, il est vray, mais hommes comme nous;
> Et l'on peut comparer sans craindre d'estre injuste,
> Le Siècle de Louis au beau Siècle d'Auguste.[2]

Das war verstechnisch versiert in regelmäßige Alexandriner gegossen und wie so oft in Frankreich formvollendet, aber in der Sache kompromisslos hart. Um es mit einem Wort zu sagen: Dieser Angriff traf. Und von nun an ging es Schlag auf Schlag, nachdem man auch noch Platon, den Fürsten der Philosophen, der Langeweile bezichtigt hatte. Erich Köhler schilderte in seinen Vorlesungen zur Frühaufklärung recht hübsch und mit einem schwäbischen Akzent, den ich nicht

---

1 Vgl. hierzu Ette, Ottmar / Fontius, Martin / Haßler, Gerda / Jehle, Peter (Hg.): *Werner Krauss. Wege – Werke – Wirkungen.* Berlin: Berlin Verlag 1999.
2 Perrault, Charles: *Le siècle de Louis le Grand.* Par M. Perrault de l'Académie Françoise. Paris: Chez Jean Baptiste Coignard 1687, S. 3.

mehr vergessen kann, dass Boileau, seit der ersten Zeile des Gedichts finsteren Angesichts, beim Vortrag auf seinem Sitz hin und her zu rutschen begann.[3]

Abb. 14: Philippe Lallemand: Charles Perrault (1628–1703).

Doch Boileau rutschte nicht nur, er tobte und ging alsbald zum Gegenangriff über. Wir sollten uns nicht allzu lange mit den Einzelheiten der sich nun anschließenden Kämpfe und Auseinandersetzungen beschäftigen, die freilich sehr gut die schwierigen Anfangsjahre dessen bezeichnen, was wir als Frühaufklärung verstehen müssen. Perrault reagierte seinerseits auf Boileau und veröffentlichte zwischen 1688 und 1697 seine vierbändigen *Parallèles des Anciens et des Modernes*, eine Reihe von Dialogen im Sinne von Vergleichen zwischen Anciens und Modernes, in denen die Leistungen der Modernen herausgestrichen wurden. Es ging nicht um wirkliche Vergleiche, sondern um polemisch eingefärbte Dialoge, die stets zugunsten der Modernen ausfielen. Erich Köhler betonte mit guten Gründen, dass dem Hauptmotiv jenes ansonsten nicht weiter wichtigen Werkes die Zukunft gehören sollte. Und dieses war nichts Geringeres als schlicht der Gedanke des historischen Fortschritts.

Abb. 15: Jean-Baptiste Santerre: Nicolas Boileau (1636–1711).

Bernard le Bovier de Fontenelle hatte zuvor schon in die laufende Debatte eingegriffen mit der Veröffentlichung seiner *Digressions sur les Anciens et les Modernes*, wo der Fortschritts-Gedanke in Rückgriff auf Descartes entfaltet wird.

---

3 Vgl. Köhler, Erich: *Frühaufklärung*. Herausgegeben von Dietmar Rieger. Stuttgart: Kohlhammer 1983, S. 29.

Schließlich hatte René Descartes bereits die Größe der Antike relativiert und darauf hingewiesen, dass die Zeitgenossen sehr wohl über eine höhere historische Reichweite verfügten, da sie auf die Erfahrungen ihrer Vorläufer zurückgreifen konnten. Fontenelle zog daraus sozusagen die geschichtsphilosophischen Konsequenzen, indem er die cartesianische Mechanik nun geschichtlich wendete, wie Erich Köhler dies in seiner noch immer lesenswerten Vorlesung über die französische Frühaufklärung formulierte.

Damit war eine generelle Fragestellung wesentlich tangiert. Denn es ging um die allmähliche Beseitigung falscher Vorstellungen und die Zunahme an historisch akkumulierten Erkenntnissen im Laufe der Geschichte. Grundlage für eine derartige Anschauung war die Akkumulation des Wissens oder, wie wir auch sagen könnten, die Aufhäufung vernunftbegründeter Einsichten, welche – um eine mittelalterliche Vorstellung zu benutzen – uns zu Zwergen auf den Schultern von Riesen machen, die freilich trotz ihrer zwergenhaften Gestalt die Höhe der Riesen überragen können. Auch der ‚Rückfall‘ des Mittelalters in die ‚Finsternisse‘ einer „Media Aetas" änderte für Fontenelle nichts am Glauben an den allgemeinen Fortschritt in der menschlichen Geschichte. So wird der Fortschritt für ihn zum wesentlichen und absoluten Prinzip, besonders auch mit Blick auf die Geschichte der Menschheit und des menschlichen Bewusstseins: Der Fortschritt wird zum Motor jeder Art von menschlicher Geschichte. das war nun freilich etwas ganz anderes als jenes Paradigma, das in der Antike prinzipiell das unüberbietbare Vorbild erblickte. sie merken, was in dieser Debatte auf dem Spiele stand.

Wir wissen heute selbstverständlich, welche Seite sich letztlich durchsetzen konnte, selbst wenn noch heutzutage in manchen Fächern der Glaube vorzuherrschen scheint, dass die Leistungen der Antike letztlich niemals zu überbieten seien und dass es auch nichts Neues unter der Sonne gebe. Wir können solcherlei Auffassungen, die sich gerne den Anschein des Humanismus geben, in dessen Dunkelkammer verweisen, scheinen die Vertreter*innen derartiger Meinungen doch noch vor der Akademiesitzung, welche die *Querelle des Anciens et des Modernes* auslöste, buchstäblich sitzen geblieben zu sein. Einmal ganz abgesehen von der Tatsache, dass wir hier einen fundamentalen Eurozentrismus am Werke sehen. Derartige Anschauungen können wir getrost unter der Rubrik „Folklore" verbuchen, so wie 23,5 Prozent der US-Amerikaner neuen Umfragen zufolge nicht der Ansicht sind, dass die Erde eine Kugel sei, sondern sich unseren Planeten so flach wie eine Pizza vorstellen – wahrscheinlich nicht einmal wie eine italienische Pizza, sondern eine von Pizza Hut. Doch lassen Sie uns wieder zum Ernst der Diskussionen zurückkehren!

Die Querelle brachte ausgehend von einer Homer-Übersetzung durch Madame Lefèvre-Dadier zugleich eine neue Komponente mit in die Auseinandersetzungen ein, nämlich die Frage, inwieweit die Frauen aktiv in das kulturelle Leben, in die

Kunst eingreifen dürften. Auch in dieser Frage war die Position von Charles Perrault klar gegen jene der Antikenvertreter gerichtet. Perrault machte dies in seiner *Apologie des femmes* deutlich. Auch auf diesem Feld also kündigt sich die Abkehr von der normativen Regelästhetik der französischen Klassik, der „Doctrine classique", an: Eine neue Bewertung, ein neues Paradigma eröffnet sich, das freilich noch keineswegs direkt in die Französische Revolution führt.

Doch werden wir bezüglich dieser sich anbahnenden Entwicklung eine Reihe von zusätzlichen Einsichten benötigen. Jedenfalls schreibt Köhler: „Den modernen gehörte die Zukunft, weil die Zukunft der Fortschrittsidee gehörte."[4] Dem schließe ich mich an, auch wenn sich die beiden Kampfhähne Perrault und Boileau 1694 auf Betreiben Arnaulds unter der „Coupole" der Académie Française wieder versöhnten: Eine entscheidende Schlacht war geschlagen. Und die Fortschritts-Idee begann, sich nicht nur im französischen Geistesleben zusätzliches Terrain zu erobern. Ihre Vorstellungen sickerten langsam auch weit über die Grenzen Europas hinaus.

So wurde im Bereich des Ästhetischen letztlich eine philosophische Frage verhandelt, nämlich die Gewichtung eines dynamischen und progressiven, auf Kosten eines normativ-statischen Prinzips. Mit anderen Worten: Die Dinge gerieten auch hier in Bewegung. Die Modernen erschienen zumindest auf ästhetischer Ebene zunächst noch wie Bilderstürmer, die sich gegen die Tradition wandten, während die Frühaufklärer diesen Kampf gegen die überkommenen Traditionen auf philosophischem Gebiet ausfochten. Kritik und Literaturkritik waren bei der Befreiung von Vorurteilen kritisch bei der Sache: Kants Betonung ihrer Rolle gilt für das gesamte 18. Jahrhundert.

Wir könnten an dieser Stelle folglich hinzufügen, dass wir nicht nur eine Ausweitung des denkbaren Raumes im kosmopolitischen Denken beobachten können, sondern auch eine Ausweitung auf der zeitlichen Ebene insoweit, als dass nun zunehmend eine vierte Dimension, eine veränderte Dimension der Zeit, in das Denken Einzug hielt und die Idee des Fortschritts in den Köpfen verankerte. Mitentscheidend war die Tatsache, dass dieser Fortschritt zu einem Teil zeitgenössischer Erfahrung, also zu einer Lebenserfahrung wurde, die von einem stetig wachsenden Teil der Bevölkerung im Verlauf des 18. Jahrhunderts geteilt wurde. Damit aber veränderte sich die Sichtweise von Welt und Dasein und letztlich die Konzeption raumzeitlicher Zusammenhänge überhaupt. Dies waren sich langsam herausbildende Einsichten und Grundlagen für die zweite Hälfte des Jahrhunderts der Aufklärung.

---

4 Köhler, Erich: *Frühaufklärung*, S. 30.

Damit aber können wir nun endlich zum in diesem Abschnitt unserer Vorlesung zentral gestellten Text kommen. Sechs Jahre nach dem Tode von Louis XIV, der in Charles Perraults Gedicht noch als „Louis le Grand" erschien, veröffentlichte ein junger Adliger anonym in einem zwar angegebenen, aber nicht existierenden Verlag zu Köln eine Schrift, welche die Sichtweise nicht existierender Perser auf das zeitgenössische Frankreich bot. Dieser auf den ersten Blick eher marginale Text, der in den ersten Monaten des Jahres 1721 erschien, wurde zu einem enormen Publikumserfolg, so dass nicht nur im selben Jahr weitere Auflagen folgten, sondern auch Adaptionen und „contrefaçons" publiziert wurden, wie sie die reichhaltige literarische Tradition des 18. Jahrhunderts so liebte.

Die literarische Erfindung von Persern, die zu Besuch in Europa sind, auf Frankreich blicken und dessen Entwicklung sozusagen von außen betrachten, war keineswegs neu: In ihr bestand keineswegs die Originalität und Attraktivität dieses Textes. Es handelte sich vielmehr um die Wiederaufnahme einer literarischen Tradition, die gerade mit Blick auf den Orientalismus,[5] die Orientverliebtheit des französischen Denkens des beginnenden 18. Jahrhunderts, eine Reihe von Vorläufern gekannt hatte, welche etwa nicht weniger erflunkerte Chinesen diesen ‚fremden' Blick auf die ‚eigene' Welt der Europäer und Franzosen hatten werfen lassen. Das Verfahren als solches war also nichts Neues, wohl aber die Meisterschaft, mit welcher es dieser junge französische Adelige namens Montesquieu für seine letztlich philosophischen Zwecke nutzte. Ein großer Denker des 18. Jahrhunderts kündigte sich hier an.

Bevor wir uns der Analyse dieses Textes zuwenden, sollten wir uns zunächst und kurz mit der Frage beschäftigen, warum es denn zu diesem literarischen Bauchrednertum kam, das darin bestand, aus europäischer Sicht außereuropäische Figuren zu erfinden, die sich ihrerseits wiederum über Europa beugten. Warum also diese Maskerade, diese Erfindung eines Anderen, den es gar nicht gab?

Wir könnten an dieser Stelle vielleicht darauf verweisen, dass es noch sehr lange – nämlich bis ins 20. Jahrhundert – dauern sollte, bis es tatsächlich einen solchen außereuropäischen Blick auf die europäische Welt gab, der in Europa überhaupt wahrgenommen wurde. Es gab zwar wesentlich frühere Zeugnisse nicht-europäischer Reisender oder Staatsbürger, die sich über Europa ausließen, aber kein breites Publikum, welches sich für derartige Texte begeistern ließ. Etwas anderes war es mit ‚Ausländern', die von ‚Inländern' erfunden wurden. Denn der Stolz Europas war es ja, sich über andere Weltgebiete auszulassen, Meinungen

---

5 Vgl. hierzu die grundlegende Studie von Said, Edward W.: *Orientalism*. New York: Vintage Books 1979.

und Urteile zu bilden, wobei umgekehrt den ‚Anderen‘ ein Blick auf ‚unser‘ Europa letztlich nicht zugestanden wurde. Ein erster Schritt hierzu war immerhin die *Erfindung* des Anderen, der freilich mit den Worten des Eigenen, also mit europäischen Überlegungen sowie europäischen Zielvorstellungen spricht und Kritik an aktuellen Zuständen in europäischen Gemeinwesen äußern darf. Wann kam diesbezüglich die Wende hin zu einer Situation, in der sich auch Außereuropa in Europa Gehör verschaffen konnte?

Gestatten Sie mir an dieser Stelle unserer Vorlesung einen kleinen Einschub! Bereits vor geraumer Zeit hat der Saarbrücker Aufklärungsforscher Hans-Jürgen Lüsebrink mehrfach auf die Bedeutung hingewiesen, welche den Diskussionen um einen 1921 – also genau zweihundert Jahre nach dem Erscheinen von Montesquieus *Lettres persanes* – in Frankreich mit dem renommierten Prix Goncourt ausgezeichneten Roman zukommt.[6] Sein Verfasser war René Maran, ein auf der Antilleninsel Martinique geborener schwarzer Schriftsteller, der nach seinem Abitur in Frankreich lange Jahre in der französischen Kolonialverwaltung im subsaharischen Afrika arbeitete. Er hatte in seinem Roman *Batouala* mit dem programmatischen Untertitel *véritable roman nègre* „aus der Innensicht afrikanischer Gesellschaften“ den Beginn der militärischen und kulturellen Eroberung jenes Teiles von Afrika dargestellt, den wir unter dem Namen Zentralafrikanische Republik und heute wieder unter jener des Kongo kennen.[7] Dieser *wahrhaft schwarze Roman* erregte Aufsehen, blieb aber nicht ohne Widerspruch in der französischen Öffentlichkeit des 20. Jahrhunderts nach dem Ende der „Grande Guerre“, in der viele schwarze Soldaten für die Sache Frankreichs gekämpft hatten.

René Maran erhielt zwar als erster Schriftsteller der außereuropäischen frankophonen Literaturen diesen angesehensten französischen Literaturpreis und avancierte bald schon zum Vorreiter einer neuen, ‚schwarzen‘ afrikanischen Literatur, die dem kolonialen Blick europäischer Autoren jegliche Legitimität bestritt. Doch verlor er nach diesem gewaltigen und letztlich überraschenden Erfolg umgehend seine Stellung innerhalb der Kolonialverwaltung, und sein Buch wurde schleunigst im französischen Kolonialreich verboten. Eine Zensur des Buches in Frankreich selbst konnte nach einer hitzigen Debatte in der französischen Nationalversammlung am 21. Dezember 1922 gerade noch abgewendet werden, wobei auch ein Argument zum Tragen kam, das der französische Abgeordnete René Guillemant wie

---

6 Vgl. u. a. Lüsebrink, Hans-Jürgen: „Batouala, véritable roman nègre“: la place de René Maran dans la littérature mondiale des années vingt. In: Riesz, János / Ricard, Alain: *Semper aliquid novi. Littérature Comparée et Littératures d'Afrique. Mélanges offerts à Albert Gérard.* Tübingen: Narr 1990, S. 145–155; sowie (ders.): „Identités mosaïques“. Zur interkulturellen Dimension frankophoner Literaturen und Kulturen. In: *Grenzgänge* (Leipzig) II, 4 (1995), S. 6–22.
7 Ebda., S. 14.

folgt formulierte: „Seit langen Jahrhunderten, seit immer schon sind es die Weißen, die schreiben. Sie schreiben, was sie wollen, über die „Neger". Jetzt aber, da zum ersten Male ein „Neger" etwas schreibt, das Ihnen missfällt, verteidigen Sie ihn nicht."[8]

**Abb. 16:** René Maran (1887–1960), 1923.

Wer hat das Recht, über Afrika zu schreiben? Vielleicht alleine die Weißen? Und wer hat das Recht, ein außereuropäisches wie ein europäisches Publikum mit diesem Schreiben zu erreichen? Die hier aufgeworfene Frage blieb nicht auf den afrikanischen Kontinent beschränkt, sondern traf gerade mit Blick auf Europa ins Schwarze. Denn wenn man mit guten Gründen behaupten kann, dass Europa stets von seinen Rändern her konstruiert wurde, von den Orten seiner Bedrohung her wie auch – allgemeiner – von den Orten einer konkreten Erfahrung radikaler Alterität, so lässt sich zugleich behaupten, dass die Meinungen und Ansichten, die Nicht-Europäer über Europa äußerten, in Europa selbst nie wirklich zu Wort kamen. Wer aber hat ein Recht, über Europa zu sprechen?

Jahrhundertelang war das öffentliche Nachdenken über Europa ein wohlgehütetes Monopol der Europäer. Nur sie durften es sich herausnehmen, Kritik an Europa oder an einzelnen Staaten zu üben. Es waren bestenfalls die europäischen Bauchredner, die seit Hernán Cortés, seit der Unterwerfung Amerikas, die anderen zum Sprechen brachten und über Europa und die dortigen Verhältnisse sich äußern ließen. Dies gilt für Cortés[9] und ‚seinen' Moctezuma im 16. Jahrhundert, auf den wir noch im Umfeld von Friedrich dem Großen von Preußen zurückkommen werden; dies gilt für Montesquieu mit ‚seinen' *Lettres persanes* im 18. Jahrhundert;

---

**8** Zit. nach ebda., S. 15: „Depuis des siècles, depuis toujours, ce sont les Blancs qui écrivent. Ils écrivent ce qu'ils veulent sur les Nègres. Pour une fois qu'un Nègre a écrit quelque chose qui vous déplaît, vous ne le défendez pas."
**9** Vgl. hierzu Ette, Ottmar: Funktionen von Mythen und Legenden in Texten des 16. und 17. Jahrhunderts über die Neue Welt. In: Kohut, Karl (Hg.): *Der eroberte Kontinent. Historische Realität, Rechtfertigung und literarische Darstellung der Kolonisation Amerikas.* Frankfurt am Main: Vervuert Verlag 1991, S. 161–182.

und dies gilt aber auch für Scheurmann und ‚seinen' Tuiavii im *Papalagi*[10] im 20. Jahrhundert.[11] Die Nicht-Europäer selbst aber kommen nur selten zu Wort, genauer: Sie werden in Europa nicht gehört, geschweige denn wirklich *wahr*genommen.

Dies gilt im 18. Jahrhundert besonders für jene längst nicht in all ihren Aspekten historisch gewordene *Disputa del Nuovo Mondo*, die Antonello Gerbi[12] darstellte und in der die Europäer sich das alleinige Recht anmaßten, über die außereuropäische Welt und insbesondere über Amerika definitive Urteile abzugeben, unabhängig davon, ob sie die ‚Neue Welt' aus eigener Erfahrung kannten oder nicht.[13] Mit einem Teilbereich dieser *Disputa*, mit der sogenannten *Berliner Debatte um die Neue Welt*, werden wir uns noch in unserer Vorlesung zu beschäftigen haben.[14]

Umgekehrt aber blieben die Ohren verschlossen für Autoren wie den mexikanischen Dominikanermönch Fray Servando Teresa de Mier an der Wende des 18. zum 19. Jahrhundert, für den Argentinier Domingo Faustino Sarmiento oder den Chilenen Benjamín Vicuña Mackenna im 19. Jahrhundert wie für viele andere. Dies selbst dann, als sich im 20. Jahrhundert eine Entwicklung anbahnte, in deren Verlauf nun das (ehemalige) Kolonialreich – gemäß der glücklichen Formel *The Em-*

---

**10** Vgl. Scheurmann, Erich: *Der Papalagi. Die Reden des Südseehäuptlings Tuiavii*. München: Heyne 1989; die Metamorphose dieses Textes der zwanziger Jahre zu einem Kultbuch der siebziger Jahre bleibt bis heute ein erstaunliches und bemerkenswertes Faktum.
**11** Aus diesem Blickwinkel besonders empfehlenswert ist die Lektüre von Barth, Michael u. a. (Hg.): *Einmal Eldorado und zurück. Interkulturelle Texte spanischsprachiges Amerika – deutschsprachiges Europa*. Koordination Eva-Maria Willkop und Dieter Rall. München: Iudicium Verlag 1992.
**12** Vgl. Gerbi, Antonello: *La Disputa del Nuovo Mondo. Storia di una polemica 1750–1900*. Mailand – Neapel 1955.
**13** Vgl. hierzu Ette, Ottmar: Wörter – Mächte – Stämme. Cornelius de Pauw und der Disput um eine neue Welt. In: Messling, Markus / Ette, Ottmar (Hg.): *Wort Macht Stamm. Rassismus und Determinismus in der Philologie (18. / 19. Jh.)*. Unter Mitarbeit von Philipp Krämer und Markus A. Lenz. München: Wilhelm Fink Verlag 2013, S. 107–135; sowie Ette, Ottmar: Circulaciones del saber. Cornelius de Pauw y la Disputa por un Mundo Nuevo. In: Calvo, Luis / Girón, Alvaro / Puig-Samper, Miguel Angel (Hg.): *Naturaleza y laboratorio*. Barcelona: Residència d'Investigadors CSIC – Generalitat de Catalunya 2016, S. 13–53.
**14** Vgl. Von Rousseau und Diderot zu Pernety und de Pauw: Die Berliner Debatte um die Neue Welt. In: Dill, Hans-Otto (Hg.): *Jean-Jacques Rousseau zwischen Aufklärung und Moderne*. Akten der Rousseau-Konferenz der Leibniz-Sozietät der Wissenschaften zu Berlin am 13. Dezember 2012 anläßlich seines 300. Geburtstages am 28. Juni 2012 im Rathaus Berlin-Mitte. Berlin: Leibniz-Sozietät der Wissenschaften (= *Sitzungsberichte der Leibniz-Sozietät der Wissenschaften* 117) 2013, S. 111–130; sowie Bernaschina, Vicente / Kraft, Tobias / Kraume, Anne (Hg.): *Globalisierung in Zeiten der Aufklärung. Texte und Kontexte zur „Berliner Debatte" um die Neue Welt (17./18. Jh.)*. 2 Bde. Frankfurt am Main – Bern – New York: Peter Lang Edition 2015.

*pire writes back*[15] – zurückschrieb und die Vielzahl dieser lauter gewordenen Stimmen auch in Europa nicht länger völlig überhört werden konnte. Der Prix Goncourt für *Batouala* – *véritable roman nègre*, der von ihm ausgelöste Skandal und die vehement geführten Polemiken um das Hauptwerk René Marans markieren diesen wichtigen Moment in der Veränderung des postkolonialen Diskurses auf besonders eindrucksvolle und – angesichts der Rezeption in Deutschland, wo der Roman propagandistisch gegen den Kolonialismus des ‚Erzfeindes‘ Frankreich gelesen wurde – zugleich widerspruchsvolle Weise. All dies verweist nochmals eindrücklich auf die Asymmetrie transatlantischer Beziehungen[16] bis in unsere Gegenwart.

Man sollte die Wirkungen des postkolonialen Diskurses in der sogenannten ‚Ersten Welt‘ – gerade aber auch in Europa und speziell in Deutschland – gewiss nicht überschätzen. Auch sind die philologischen Grundlagen vieler „Postcolonial Studies" oftmals mehr als fragwürdig, eine Tatsache, auf die wir noch an entsprechender Stelle eingehen werden. Der Blick ‚der Anderen‘ ist, gerade wenn er außereuropäisch geprägt ist, noch längst nicht zu einem integralen Bestandteil der Selbstreflexion Europas geworden. Langfristige institutionelle Folgen haben sich daraus auch hierzulande etwa für unser Universitätssystem noch immer nicht ergeben: In einer globalisierten Welt definieren wir unsere innovativen Ansätze noch immer, als ob von Europa alle wichtigen Impulse des kulturellen und gesellschaftlichen Lebens ausgegangen wären und auch weiterhin ausgingen.

Gerade in Deutschland, dessen Wirtschaft sich wie in kaum einem anderen Land der Erde auf globale Strukturen eingestellt hat und weltumspannend verflochten ist, verharrt das Wissenschaftssystem im geistes- und kulturwissenschaftlichen Bereich – wenn auch nicht in der Klimafolgenforschung – auf dem Weltbild und dem Informationsstand der frühen sechziger Jahre. Der Blick in die Welt ist zwar dank neuer Kommunikationsmöglichkeiten und Datenflüsse im Gefolge der vierten Phase beschleunigter Globalisierung prinzipiell wesentlich erleichtert; doch bleibt unser mentales Kartennetz noch immer an jenem Meridian ausgerichtet, der schon für Goethes Blick auf die Weltliteratur prägend war: „Im Bedürfnis von etwas Musterhaftem müssen wir immer zu den alten Griechen zurückgehen."[17]

---

15 Vgl. Ashcroft, Bill / Griffiths, Gareth / Tiffin, Hellen: *The Empire writes back. Theory and practice in post-colonial literatures*. London – New York: Routledge 1989.
16 Vgl. Ette, Ottmar: Asymmetrie der Beziehungen. Zehn Thesen zum Dialog der Literaturen Lateinamerikas und Europas. In: Scharlau, Birgit (Hg.): *Lateinamerika denken. Kulturtheoretische Grenzgänge zwischen Moderne und Postmoderne*. Tübingen: Gunter Narr Verlag 1994, S. 297–326.
17 Eckermann, Johann Peter: *Gespräche mit Goethe in den letzten Jahren seines Lebens*. Herausgegeben von Fritz Bergemann. Bd. I. Frankfurt am Main: Insel Verlag 1981, S. 211 f.

Sie sehen also: Auch für das 18. Jahrhundert und selbst noch im 19. Jahrhundert ist es keineswegs eine ausgemachte Sache, dass der kulturelle Meridian nicht mehr durch die griechische Antike verläuft, die alten Griechen also aufgehört hätten, die unübertrefflichen und überzeitlichen Vorbilder kultureller und ästhetischer Entwicklungen im weltweiten Maßstab zu sein! Doch lassen Sie uns an dieser Stelle zurück zu Montesquieus *Lettres persanes* gehen, indem ich Ihnen – wie in dieser Vorlesung üblich – zunächst einige Biographen ihres Verfassers vorstellen darf, die in Verbindung mit dem behandelten literarischen Werk stehen.

**Abb. 17:** Charles de Secondat, Baron de Montesquieu (1689–1755).

Montesquieu,[18] genauer Charles-Louis de Secondat, Baron de La Brède et de Montesquieu, wurde ein Jahrhundert vor der Französischen Revolution am 18. Januar 1689 auf Schloss La Brède bei Bordeaux getauft und starb am 10. Februar 1755 in Paris. Der künftige Schriftsteller und Staatstheoretiker der französischen Aufklärung stammt aus einer Familie, die als Teil der sogenannten „Noblesse parlementaire" nicht dem Feudaladel angehörte, für dessen Interessen Montesquieu später durchaus eintrat. Als Erstgeborener verbrachte er seine Kindheit auf Schloss und Landgut La Brède, das seine Mutter in die Ehe mit einem Sohn aus altadeliger Familie eingebracht hatte. Seine prägende Erziehung erhielt der junge Montesquieu als Internatsschüler bei den Oratorianern von Juilly bei Paris und damit in einem Umfeld, das für seinen kritischen Geist bekannt war. Einen solchen sollte er ein ganzes Leben pflegen. Aus jener Zeit im Internat stammt ein historisches Drama, das die literarischen Interessen des jungen Montesquieu bezeugt. Sein gesamtes Lebenswerk sollte sich im Spannungsfeld von Literatur und Philosophie bewegen[19].

Nach juristischem Studium in Bordeaux wurde er im Jahr 1714 Rat, 1716 dann Vizepräsident am Gerichtshof der Guyenne, Ämter, in die sich bereits sein Großvater eingekauft hatte und die im Familienbesitz geblieben waren. 1726 verkaufte

---

18 Vgl. Böhlke, Effi / François, Etienne (Hg.): *Montesquieu. Franzose, Europäer, Weltbürger*. Berlin: Akademie Verlag 2005; sowie Hereth, Michael: *Montesquieu zur Einführung*. Wiesbaden: Panorama 2005.
19 Vgl. hierzu auch Starobinski, Jean: *Montesquieu*. Paris: Seuil 1953.

der Baron das Amt wieder. Nach seiner Heirat 1715 mit einer Tochter aus einer reichen Hugenottenfamilie und der Geburt mehrerer Kinder pflegte Montesquieu weiter seine Kenntnisse in verschiedensten Wissensgebieten. Als Richter veröffentlichte er nach dem Tod von Louis-le-Grand eine wirtschaftspolitische Denkschrift über die Staatsschulden, die ihn als Kenner der Materie auswies. Bereits im Folgejahr 1716 wurde er in die Akademie von Bordeaux aufgenommen und tat sich durch mehrere Denkschriften hervor.

Sein eigentlicher literarischer Ruhm basierte freilich auf jenem Briefroman, mit dessen Niederschrift er wohl ab 1717 begann und den er 1721 anonym in Amsterdam veröffentlichte. Es dauerte nicht lange, bis die französische Zensur einschritt und das Werk verbot, eine Erfahrung, die Montesquieu noch mehrfach in seinem Leben machen sollte. Doch hat dies den Erfolg seines Werkes niemals ernsthaft gefährdet. Als Mitglied der Académie des Sciences von Bordeaux war Montesquieu zeitweise aber auch an naturwissenschaftlichen Problemen stark interessiert. Doch die Literatur bot ihm ausgedehntere und weiter gefächerte Erprobungsmöglichkeiten seines Denkens. Wahrscheinlich ist die *Histoire véritable*, die 1902 auf Schloss La Brède entdeckt wurde, eine Erzählung im Stile orientalischer Märchen, noch vor den *Lettres persanes* entstanden. Diese *Persischen Briefe* aber avancierten rasch zu einem Schlüsseltext der Aufklärung, ermöglichten sie doch – wie wir noch sehen werden – ihrem Lesepublikum, gleichsam ‚von außen‘ auf den französischen Staat und auf die Sitten in Paris zu blicken, aber auch neugierige Blicke hinter die Mauern persischer Harems zu werfen. So war für jeden Geschmack etwas dabei!

Der große Erfolg dieses satirischen Briefromans veranlasste Montesquieu, des Öfteren Paris zu frequentieren, wo er Zugang zu wichtigen Salons und zur Sociéte de l'entresol fand. Montesquieu wurde so zu einem Teil frühaufklärerischer Kommunikationszirkel und setzte seinen intellektuellen Bildungsweg unbeirrt von seinen Ämtern und Verpflichtungen fort. Nach dem erwähnten Verkauf seines Richteramtes wurde er 1728 im zweiten Anlauf in die Académie Française gewählt und machte Paris zu seinem regelmäßig besuchten Fensterplatz mit Blick auf die Welt. Doch genügte ihm dies nicht.

Von 1728 bis 1731 reiste der französische Baron durch Europa, neben Deutschland und Holland unter anderem nach England, dessen politische Verfassung ihn – wie etwa gleichzeitig auch den Abbé Prévost oder Voltaire – machtvoll anzog. 1730 wurde er als „Fellow" in die Royal Society sowie weitere britische Zirkel gewählt und damit auch Teil eines europäischen Kommunikationsnetzes, das sich noch durch seinen Beitritt zu einer Freimaurerloge erweiterte. 1731 kehrte er nach La Brède zurück, wo er sich fortan überwiegend aufhielt. Bereits in seinen *Considérations sur les causes de la grandeur des Romains et de leur décadence* von 1734, also seinen *Betrachtungen über die Ursachen der Größe der Römer und ihres Nie-*

*dergangs*, verzichtete Montesquieu auf eine teleologische Geschichtsdeutung, die zuletzt Bossuet sanktioniert hatte, und hob den Einfluss materieller Umstände auf das Schicksal von Nationen hervor. Dabei unternahm er den Versuch, gesetzmäßige Abläufe innerhalb des Lebens von Staaten und Reichen herauszuarbeiten, wobei seine Überlegungen auch geharnischte Kritik am Staat von Louis XIV enthielten.

Dieser gegen jede Teleologie gerichtete Ansatz wird in Montesquieus nächstem Werk weiterentwickelt, aber selbstkritisch auch fragwürdig gemacht. Sein zweifellos wichtigstes und bis heute vieldiskutiertes Werk wurde nach zwölfjähriger Arbeit die Studie mit dem Titel *De l'esprit des lois* oder *Vom Geist der Gesetze*, die 1748 in Genf erschien. Ohne an dieser Stelle ausführlich auf die Überlegungen Montesquieus eingehen zu können, sei doch vermerkt, dass dort – zum Teil basierend auf Vorstellungen von John Locke – allgemeine Prinzipien der Gewaltenteilung zwischen Legislative, Judikative und Exekutive formuliert wurden. Derartige Prinzipien waren seit Ausgang des 18. Jahrhunderts etwa in den Vereinigten Staaten von Amerika modernen Staatswesen westlichen Typs eigen und bestimmen noch heute unsere Demokratien in Europa. Man übertreibt gewiss nicht, wenn man behauptet, dass Montesquieu die vielleicht wichtigsten Prinzipien moderner Staatswesen erdachte. Es ist in diesem Zusammenhang nicht uninteressant, dass *De l'esprit des lois* bereits 1751 auf den berüchtigten *Index Librorum Prohibitorum* kam und in dieser ehrenvollen Liste von der katholischen Kirche verbotener Bücher bis zur Abschaffung des *Index* vor einem halben Jahrhundert, im Jahre 1967, verblieb.

Der Moralist und Staatsphilosoph Montesquieu erlangte epochale Bedeutung – als Autor des in seiner Zeit sehr verbreiteten Romans *Temple du Gnide* von 1725 wäre er wie andere Autoren einer späten Preziosität heute in der Tat vergessen. Ähnliches gilt freilich nicht, wenn wir uns auf die *Lettres persanes* besinnen, die ihn als großen Schriftsteller ausweisen, der früh schon wesentliche Formulierungen seines Denkens erprobte. Montesquieu blieb seinem Weg im Spannungsfeld zwischen Literatur und Philosophie treu; und es macht wenig Sinn, ihn entweder auf die eine oder die andere Seite zu zerren. Denn die Literatur bot – gerade im Bereich des Briefromans – Montesquieus Denken *Spiel-Räume*, die ihm ein philosophisches Schreiben nicht offerieren konnte.

In seinen *Pensées et fragments*, die erst zwischen 1899 und 1901 erschienen, sowie seinen *Cahiers*, die schließlich 1941 veröffentlicht wurden, blicken wir dem späten Montesquieu über die Schulter, der weiter an seinen Hauptgedanken arbeitete, sich nun aber weniger Rücksichten aufzuerlegen brauchte. Seine letzten Lebensjahre waren von seiner zunehmenden Erblindung gekennzeichnet, wobei ihn seine jüngste Tochter bei der Abfassung letzter Schriften und Beiträge unterstützte – unter anderem auch für die große *Encyclopédie* von Diderot und D'Alembert. Mancherlei Ausfälle gegen den „Plagiator" Voltaire sind noch überliefert. Doch dieses Grummeln ist längst verhallt. Montesquieu verstarb nicht auf seinem

Schloss La Brède, sondern in Paris, wohin er noch ein letztes Mal hatte fahren wollen.

Ohne jemals ein Revolutionär zu sein, wirkte Montesquieus Lehre von der Gewaltenteilung stark auf die revolutionäre Ideologie ein – zumindest solange die „Montagnards" nicht die Macht an sich gebracht und die politische Theorie Montesquieus durch Rousseaus Konzept der unteilbaren und nicht übertragbaren Volkssouveränität ersetzt hatten. Mit seinem Denken trat er einer teleologisch bestimmten Universalgeschichte entgegen und für die Eigengesetzlichkeit kultureller Entwicklungen ein. Diesen offenen Geist atmen auch die Briefe seines 1721 veröffentlichten literarischen Hauptwerks.

Beschäftigen wir uns also mit jenem Werk, das den jungen Montesquieu berühmt machte[20], wenn er sich auch als Autor dieser Briefe erst einige Jahre später zu erkennen gab: Die *Lettres persanes* erschienen anonym, und sie trafen auf ein ungeheures Publikumsinteresse. Die Folge war, dass noch im selben Jahr 1721 eine ganze Serie weiterer Ausgaben erschien. Die Forschungen haben ergeben, dass innerhalb eines Jahres mindestens sechzehn verschiedene Ausgaben und „contrefaçons" dieses Textes publiziert wurden – eine durchaus beeindruckende Zahl. Vergegenwärtigen wir uns kurz den zeithistorischen Kontext in Frankreich!

Nach dem Tod von Louis XIV im Jahre 1715 hatte die Régence die Herrschaft übernommen, doch sah sie sich zunehmend einer öffentlichen Kritik an ihrer Führungsrolle ausgesetzt. Diese historischen Ereignisse werden unsere Perser, die Anfang des Jahres 1711 aus der schönen und legendenumwobenen Stadt Isfahan aufgebrochen und im Mai 1712 in Paris eingetroffen waren, aufmerksam aus ihrer vermeintlich ‚exotischen' Perspektive kommentieren und kritisieren. Denn im Grunde schlüpfen die von Montesquieu Erfundenen in die Rolle von Aufklärern, ist Kritik doch ihr zentrales Verfahren und Anliegen, um mit den französischen Verhältnissen umzugehen. Ich darf Ihnen Kants Aussage fast schon im Rückblick auf das gesamte 18. Jahrhundert in Erinnerung rufen: „Unser Zeitalter ist das eigentliche Zeitalter der Kritik, der sich alles unterwerfen muß."[21] Dies galt auch für Frankreich, seine politischen wie seine kulturellen Institutionen.

Die beiden persischen Reisenden oder Besucher werden bis November 1720 bleiben und das gesellschaftliche Leben der Franzosen aus den verschiedensten Blickwinkeln und einer grundsätzlichen Außerhalbbefindlichkeit betrachten und kritisch kommentieren. Die sich in dieser Konstellation abzeichnende Gesellschafts- und Religionskritik machte es erforderlich, 1721 einen imaginären Verlagsort, nämlich Köln, und einen imaginären Verleger, nämlich Pierre Marteau anzugeben – der

---

20 Vgl. u. a. Firges, Jean: *Montesquieu: „Die Perserbriefe"*. Sonnenberg: Annweiler 2005.
21 Kant, Immanuel: *Kritik der reinen Vernunft*, S. 9.

Peter Hammer Verlag in Wuppertal hätte sich gefreut. Tatsächlich aber hieß der Verleger Jacques Desbordes, auch er im Ausland ansässig, freilich weder in Köln noch in Isfahan, sondern im nahen und für die Aufklärungsliteratur so wichtigen Amsterdam.

Der große Erfolg des Buches war so überraschend nicht, denn alles, was aus dem Orient kam, war damals beliebt. Man könnte hier mit Edward Saïd von einem französischen *Orientalism* des 18. Jahrhunderts sprechen, wobei wir uns mit dieser Fragestellung noch später beschäftigen wollen. Doch sei bereits an dieser Stelle festgehalten, dass der Orient – in seiner weiten Begriffsbedeutung, wie er für das französische Aufklärungsjahrhundert charakteristisch ist – so etwas wie den Prototyp des Anderen darstellte. Denn für das Siècle des Lumières repräsentierte der Orient das Fremde, also die Alterität schlechthin, war also zugleich Herausforderung und Abgrenzung einer sich neu konstituierenden kollektiven Identität Frankreichs und – unter dem Einfluss Frankreichs – Europas überhaupt. Abendland und Morgenland standen einander als Bilder absoluter Alterität gegenüber.

Die Quellen für dieses Interesse am Orient und an Asien speisten sich aus den berühmten Berichten der Jesuiten aus dem ‚Reich der Mitte‘, des sprichwörtlichen ‚Kaisers von China‘, sowie – mit Blick auf Persien – aus zeitgenössischen Reiseberichte der zweiten Hälfte des 17. Jahrhunderts. In der Tat enthalten auch die *Lettres persanes* eine ganze Reihe von Zügen, die diesen Text nicht nur mit der Tradition des Briefromans und des späteren „conte philosophique", sondern gerade auch mit der zeitnahen Reiseliteratur verbinden. Dies ist wichtig und aufschlussreich auch hinsichtlich jener Reiseberichte, die wir uns mit Blick auf Amerika noch anschauen werden: Nicht allein für die Aufklärungsliteratur spielt die europäische wie außereuropäische Reiseliteratur eine entscheidende Rolle[22].

Vergessen dürfen wir aber auch nicht den großen Erfolg von *Tausendundeiner Nacht* gerade in Frankreich, wo diese Sammlung von weit über den arabischen Raum hinausreichenden Erzählungen das Bild des Orients auf Dauer nicht unwesentlich mitprägte. Vor diesem Hintergrund wird deutlich, warum Montesquieu auf jeden Fall seinen Lesern einen Harem und ein Serail mit der Darstellung ausgefeilter Sinnlichkeit orientalischer Prägung bieten musste: Er knüpfte gleichsam an die Rolle der Scheherazade in *Tausendundeiner Nacht* an. Freilich handelt es sich, wie man formulieren könnte, um einen diskreten Erotismus, der niemanden – auch nicht die Kirche – verschrecken sollte und die Leserinnen und Leser nur ein wenig kitzelte.

Das literarische Verfahren des Rückgriffs auf Ausländer aus weit entfernten Ländern zur Gewinnung einer Position, die gleichsam von weit draußen die eigene

---

22 Vgl. hierzu den ersten Band der Reihe „Aula", folglich Ette, Ottmar: *ReiseSchreiben* (2020).

Gesellschaft kritisch unter die Lupe nehmen sollte, war – wir haben es schon erwähnt – nicht neu. Montesquieu gab diesem Procedere lediglich eine andere, vielleicht die entscheidende und für das 18. Jahrhundert charakteristische Form überhaupt. Zuvor schon hatte man auf Chinesen, Siamesen, einen türkischen Spion, einen Sizilianer oder auch einen Perser zurückgegriffen, so dass sich die *Lettres persanes* fraglos architextuell, also auf Ebene der Gattung, einer eigenen literarischen Tradition zuordnen konnten. Die Leserschaft war mit dieser Sub-Gattung schon etwas vertraut.

Allerdings gilt es schon jetzt festzuhalten, dass die orientalische Fiktion bei Montesquieu außerordentlich und ungewöhnlich subtil und liebevoll entfaltet wurde. So umfasst der erste Teil der Briefe zunächst einmal eine Selbstsicht des Orients aus der Feder des großen Usbek, aber auch anderer Orientalen wie etwa Eunuchen, Haremsfrauen, Sklaven, begüterte Freunde und vieler Figuren mehr. Mit länger werdender Aufenthaltsdauer in Frankreich können wir in Usbek die frühe Form eines Kosmopoliten, eines Weltbürgers erkennen. Dieser setzte sich zunehmend über die engen Grenzen seiner eigenen Welt, die er von Beginn des Textes an explizit sprengen wollte, hinweg und entwickelt Maßstäbe einer allgemeinen Vernunft, die den Vorstellungen späterer Philosophen wie Voltaire, Immanuel Kant, Georg Forster oder anderer Vertreter der Aufklärung nicht allzu ferne blieben. Darüber hinaus ist Usbek nicht nur Weltbürger, sondern auch ein Mann von Welt.

Natürlich, Sie haben Recht: Wir sind im Jahre 1721, befinden uns noch immer in der Frühaufklärung, und unser Perser ist selbstverständlich ein europäisches Geschöpf, dessen Universalisierung gewiss nur eine vorgegebene Spiegelung aus europäischer Perspektive ist! Usbek und mit ihm sein realer, textexterner Autor wie seine Leserinnen und Leser suchen aber nach einer universellen Wahrheit, nach einem universellen Maßstab. Dies ist die zentrale Linie des Buches, die alle ihre einzelnen Episoden und Aspekte miteinander verbindet. Die *Lettres persanes* sind ein literarischer Brennspiegel, in welchem sich nicht nur zentrale Elemente der Frühaufklärung, sondern der Aufklärung insgesamt konzentrieren.

Intertextueller Hintergrund für Montesquieus Entwurf waren natürlich die umfangreichen Lektüren des jungen Franzosen aus der Region um Bordeaux, der seinen Descartes ebenso kannte wie Bayle, Fontenelle und viele Reiseberichte des 17. wie des beginnenden 18. Jahrhunderts. Die literarische Gattung des Briefromans gab ihm die fiktionalen Möglichkeiten an die Hand, mit diesen Philosophemen anderer nicht-fiktionaler Texte zu experimentieren und zu jonglieren. Gerade die Reiseberichte seiner Zeit waren eine unverzichtbare Schatztruhe für ihn. Übrigens sollte er selbst einen Bericht von seiner eigenen großen Reise quer durch Frankreich, den Norden Italiens, den Süden Deutschlands, das Rheinland und vor allem England veröffentlichen und damit zu dieser im 18. Jahrhundert so beliebten Gattung beitragen.

Die literarische Reise, die der junge Montesquieu mit seinen Helden in den *Lettres persanes* antreten sollte, konnte zunächst keinen Autornamen dulden, sondern stellte eine Weltreise auf dem Fußboden, den Balken seines südwestfranzösischen Schlosses von La Brède dar, in das er die Welt mit Hilfe seiner Lektüren und seines Schreibens hineinholte. Montesquieus familiär vorgezeichneter Weg als Jurist ließ ihn eine berufliche Karriere anstreben, zu der ein derartiges fiktionales Buch nicht passen zu können schien. So sollte er entschuldigend bereits in seiner „Introduction" schreiben, er wolle seinen Namen nicht preisgeben, da sein Buch mit seinem Charakter nicht in Übereinstimmung stehe; man müsse ihn ansonsten mit guten Gründen fragen, ob er sich seine Zeit nicht mit Besserem, Ernsthafterem und Wichtigerem vertreiben könne als eben mit der Abfassung eines Briefromans.

Allerdings: Als politischer Moralist erweist sich Montesquieu auch in seinen *Lettres persanes*! Eine Untersuchung der Montesquieu in seiner Bibliothek zur Verfügung stehenden Werke ergab, dass sich der junge Südwestfranzose sehr wohl mit den unterschiedlichsten Aspekten seiner orientalischen Fiktionen mit intertextueller Hilfe von Reiseberichten, aber auch zahlreicher philosophischer und moralischer Abhandlungen vorbereitet hatte. Für einen juristisch ausgebildeten Verwaltungsbeamten der französischen Monarchie war allein der fiktionale Status seines Schreibens überraschend – zumindest auf den ersten Blick. So ließe sich auch die These verteidigen, dass die *Lettres persanes* zwischen Ende 1717 und Ende 1720 durchaus in Übereinstimmung mit Montesquieus ‚eigentlichen' Tätigkeitsfeldern verfasst wurden.

Ausgangspunkt der gesamten Fiktion ist der Entschluss eines begüterten, der Wahrheit und Offenheit verpflichteten Orientalen, der durch seine Tugend am Hofe des Prinzen von Isfahan zunehmend in Schwierigkeiten gekommen war, gemeinsam mit einem enthusiastischen und noch bildungsfähigen jungen Mann nach Paris zu reisen. Dort wollte er die Sitten der abendländischen Welt und, wie er seinem Fürsten sagt, die Wissenschaften des Okzidents aus eigener Anschauung und Erfahrung kennenlernen. Der etwa neunjährige Aufenthalt in Europa wird dabei keineswegs aus einer gleichbleibenden Perspektive geschildert. Vielmehr machen Usbek und sein junger Begleiter Rica selbst persönliche Entwicklungen durch, in denen eine monokulturelle Ausrichtung in zunehmendem Maße hinterfragt und der Kritik ausgesetzt wird.

Gerade aus dieser sich verändernden Perspektive ist es konsequent, dass die enorme Distanz zum Christentum sich im Verlauf dieser Jahre zwar bedeutend verringert, es aber keineswegs zu einer religiösen Konversion und damit zum Triumph des Christentums kommt, auch wenn eine solche natürlich nicht unspektakulär zu inszenieren gewesen wäre. Der reife und selbstreflexive Usbek kennt am Ende seines Aufenthalts in Paris, als er nach dem Tode Roxannes nach Persien zurückkehrt, verschiedene Welten, ohne doch zu wissen, welche von diesen Welten die bessere wäre. Wir könnten in Usbek nicht nur einen Weltbürger, sondern vor allem einen transkulturellen Vertreter einer Spezies erblicken, deren unterschiedliche Kulturen querende Entwicklung just im 18. Jahrhundert ihren eigentlichen Ausgangspunkt nahm.

Daher auch die genaue Beobachtung des Orients durch einen vorgeblichen Orientalen selbst, die den ersten Teil der Briefsammlung einnimmt. Denn erst durch die Bestimmung des eigenen Herkunftsortes wird eine (transkulturelle) Bewegung überhaupt erst möglich: Die Beschreibung des ‚Eigenen' – bei der sich Montesquieu auf die ihm zur Verfügung stehenden ‚Quellen' bezog – geht der Beschreibung des aus Usbeks Sicht ‚Anderen' voraus. Damit wird der (mono-)kulturelle Hintergrund geschaffen, der als Folie zunächst die interkulturellen Möglichkeiten entstehen lässt und schließlich zu einer transkulturellen Bewegung führt – auch wenn diese lediglich als Entwurf, als Projektion existiert, da es sich ja nicht ‚wirklich' um die Reise eines Persers nach Europa handelt.

Montesquieu kam in den folgenden Jahrzehnten aufgrund seines Briefromans mehrfach unter Beschuss; gerade aus jenen Kreisen, die sich ihrer Wahrheiten sicher glaubten und andere als monokulturelle Dogmen nicht hinzunehmen gewillt waren. Wir sind in unserem 21. Jahrhundert mit derartigen Gruppen wohlvertraut – sie haben immer Hochkonjunktur, ob im beginnenden 18. Jahrhundert oder aber in unserer Gegenwart, und sie sterben auch niemals aus. Beispielsweise hatte noch 1751, also drei Jahrzehnte nach dem erstmaligen Erscheinen des Briefromans, der Abbé Gaultier Montesquieu in seinen *Lettres persanes convaincues d'impiété* direkt angegriffen, so dass sich Montesquieu in einem kurzen Text, der wohl unmittelbar danach entstand, eindrucksvoll wehrte.

Es handelte sich um einen Text, den er als „Supplément" seiner Ausgabe von 1754 – also kurz vor seinem Tod im Jahr 1755 – beigab und der seitdem wohl den allermeisten Ausgaben der *Lettres persanes* vorausging. Ich möchte diesen wichtigen paratextuellen Hinweisen folgen, die unter dem Titel „Quelques réflexions sur les Lettres persanes", mithin „Einige Gedanken zu den *Lettres persanes*", abgedruckt wurden. Schauen wir uns deren Beginn einmal näher an:

> Nichts hat in den *Lettres persanes* mehr Gefallen erregt als dass man darin, ohne daran zu denken, eine Art Roman finden konnte. Denn man sieht hier den Beginn, die Fortschritte und das Ende. Die verschiedenen Figuren sind in eine Kette hineingestellt, die sie miteinander verbindet. In dem Maße, in dem sich ihr Aufenthalt in Europa verlängert, nehmen die Sitten in diesem Teile der *Welt* in ihrem Kopfe einen weniger wunderbaren und weniger bizarren Anstrich an, sie sind mehr oder minder frappiert vom Bizarren und Wunderbaren, wobei sie der Differenz zwischen ihren jeweiligen Charakteren folgen. Auf der anderen Seite wächst in Asien das Durcheinander im Serail in dem Maße, in dem sich die Abwesenheit von Usbek verlängert, das heißt in dem Maße, in welchem die Wut zunimmt und die Liebe abnimmt.

Im Übrigen gelingen diese Spielarten des Romans gewöhnlich, weil man sich selbst von seiner aktuellen Situation Rechenschaft ablegt; was die Leidenschaften stärker fühlen lässt als alle Berichte, die man darüber verfassen könnte. Dies ist einer der Gründe für den Erfolg bestimmter charmanter Werke, welche seit den *Lettres persanes* erschienen sind.

Schließlich können Digressionen in den gewöhnlichen Romanen nur erlaubt sein, wenn sie selbst einen neuen Roman bilden. Man dürfte darunter keine Räsonnements mischen, weil keine der Figuren zum Räsonieren angelegt wurde und weil dies gegenläufig zur Zielsetzung und zur Natur dieses Werkes wäre. Aber in der Form von Briefen, wo die Handelnden nicht gewählt werden und wo die behandelten Gegenstände von keiner Absicht und von keinem vorgefassten Plane abhängen, da hat sich der Autor den Vorteil verschafft, seinem Roman Philosophie, Politik und Moral beifügen und alles mit einer geheimen und in gewisser Weise unbekannten Kette verbinden zu können.[23]

In diesen vielleicht ein wenig umständlichen Worten mag nicht nur der Stolz von Montesquieu deutlich werden, in seinen jungen Jahren ein Werk geschaffen zu haben, das sich noch immer eines großen Erfolges beim Publikum rühmen durfte, sondern auch seine literarische Sensibilität, mit welchen er den eigentlichen Plan und die Konstruktionsprinzipien seines romanesken Textes beleuchtet. Denn die *Lettres persanes* bilden gemäß der Einschätzung ihres mehr für seine Philosophie berühmten Autors eine Art Roman, wobei unter dem Gattungsbegriff zu Beginn des 18. Jahrhunderts keineswegs jene Form der „bürgerlichen Epopöe" zu denken ist, von der Georg Wilhelm Friedrich Hegel ein gutes Jahrhundert später sprechen sollte. Der Roman war vielmehr im Jahrhundert der Aufklärung jene literarische Form, die sich nicht an der Gesetzlichkeit des „vraisemblable", des Wahrscheinlichen, auszurichten brauchte, es also nicht auf die Erzielung von Glaubwürdigkeit abgesehen haben musste.

Daraus entwickelt der angeführte Paratext im Rückblick eine Grundstruktur des Narrativen, die in Lexem-Rekurrenz als Kette, als „chaîne" erscheint, eine wichtige Metapher, die gleich wenige Zeilen später ein zweites Mal in Erscheinung treten sollte, um das geheime Band, die geheime Verbindung zu signalisieren, welche alle Elemente in diesem Text zusammenhalten konnte. Die Ingredienzien dieser „espèce de roman" sind freilich gattungsuntypisch, denn sie stammen allesamt aus ‚höheren' Sphären, die normalerweise – oder ordinärerweise – in den Romanen der damaligen Zeit nichts zu suchen hatten. Denn nach Montequieus Plan sollten Philosophie, Politik und Moral in diesen Briefen, diesen „lettres", mit einer romanesken Grundstruktur narrativ verbunden werden.

In diesem Zusammenhang ist unübersehbar, dass die durchaus ernste Anlage für eine breitere Leserschaft bei aller Leseerfahrung mit viel Reizvollem im

---

**23** Montesquieu, Charles de Secondat, Baron de: Quelques réflexions sur les Lettres persanes. In (ders.): *Lettres Persanes*. Texte établi par André Lefèvre. Paris: A. Lemerre 1873, Bd. 1, S. 1f.

Stile des 18. Jahrhunderts gewürzt werden sollte. Doch alles musste mit Hilfe einer unsichtbaren, unbekannten Kette in seinem Innersten zusammengehalten werden. Entscheidend aber ist, so scheint mir, dass hier aus der Fiktion von Reise, aus der Fiktion interkultureller Begegnung, eine Geschichte entsteht, die in der Tat als transkulturelle Bewegung und Begegnung verstanden werden könnte. Damit ist selbstverständlich keine authentische Erfahrung mit unterschiedlichen Kulturen gemeint; und natürlich konnte sich daraus auch keine transkulturelle Gesellschaft entwickeln, weder in diesem Text noch außerhalb seiner Grenzen. Wir haben es ja schließlich mit einer Fiktion zu tun ...

Aber eben mit der Fiktion einer transkulturellen Begegnung. Und folglich mit der Fiktion einer erlebten Erfahrung, welche als literarischer Erprobungsraum für künftige Erfahrungen in der Realität dienen konnte und – so darf man wohl hinzufügen – auch dienen sollte. Denn was in der Literatur gelebt und erlebt werden konnte, war nichts anderes als ein Experimentierfeld, ein literarisches Labor für das Erleben in konkreten gesellschaftlichen Situationen. Oder mit anderen Worten: Was in der Literatur gelebt werden konnte, das konnte eines Tages auch in der Realität gelebt werden. Und die Leserinnen und Leser der *Lettres persanes* sollten dieses Lebenswissen und Erlebenswissen bereits zu ihrer Verfügung haben und diese Lese-Erfahrungen machen können.[24]

Aktualität, Vielfalt an Einsichten, Differenzerfahrung sowie Inter- und Transkulturalität sind entscheidende Vorgaben, die in literarischem Gewand in diesem Paratext bereits erscheinen. Und von Beginn an auch der Verweis auf den Harem, den Serail, der natürlich bei der zeitgenössischen männlichen wie weiblichen Leserschaft ein enormes emotionales und erotisches Potential in Bewegung setzen konnte, wollte und sicherlich auch sollte. Übrigens sind von insgesamt sechzig Briefen, die dem Orient gewidmet sind, nicht weniger als vierzig auf den Serail bezogen. Darin wiederum nehmen der Eunuch und die Haremsfrau die zentralen Stellungen ein. Dies führt zu einer enormen Bedeutung, die gerade dem Serail bezüglich Breite und Intensität der Lektüreerfahrung im Rahmen der *Lettres persanes* von Anfang an zukommt.

Ich möchte Ihnen dies sogleich an dieser Stelle in aller Kürze zeigen, weil in derartigen Kontexten die Außerhalbbefindlichkeit und die spezifischen Verfahren Montesquieus außerordentlich deutlich zutage treten. Nehmen wir als erstes den dritten Brief der Sammlung, einen Brief von Zachi, einer der jungen Frauen, die Usbek in seinem herrschaftlichen Serail in Isfahan zurückließ, an ihren mittlerweile auf der Reise nach Paris befindlichen Gatten, dem sie ihre Liebe nach-

---

**24** Vgl. hierzu Ette, Ottmar: *ÜberLebenswissen. Die Aufgabe der Philologie.* Berlin: Kulturverlag Kadmos 2004.

schickt. Diese Passage gibt gleichsam den erotischen Grundton für den gesamten Briefroman vor. Es ist eine gebremste Erotik: Das 18. Jahrhunderts sollte auf diesem Gebiet nicht nur beim Marquis de Sade ganz andere Töne anschlagen. Doch ist die bei Montesquieu entfaltete Erotik nicht nur gebremst, sie war zugleich eine *andere* Erotik oder mehr noch eine ‚Erotik des Anderen', in welcher das Andere zugleich als verführerisch und verachtenswert, in jedem Falle aber höchst verlockend erscheinen und wohl seiner Kleider, nicht aber seiner kulturellen Dimension entkleidet werden kann:

> Bisweilen sah ich mich an diesem Ort, wo ich Dich zum ersten Male in meinem Leben in meinen Armen empfangen habe; bisweilen an jenem, wo Du die berühmte Auseinandersetzung zwischen Deinen Frauen entschiedest. Jede einzelne von uns fühlte sich den anderen an Schönheit überlegen. Wir präsentierten uns vor Dir, nachdem wir alles erschöpft hatten, was die Einbildungskraft an Putz und Schmuck zu liefern vermag. Lustvoll sahst Du die Wunder unserer Kunst; Du bewundertest, wie weit uns die hitzige Glut, Dir zu gefallen, getrieben hatte. Aber Du verfügtest bald, dass diese geborgten Reize den Platz einer natürlicheren Anmut überließen: Du zerstörtest unser ganzes Werk. Wir mussten uns dieses Schmuckes entkleiden, welcher Dir unbequem geworden war; wir mussten vor Deinen Augen in der Einfachheit der Natur erscheinen. Ich hielt die Scham für nichts; ich dachte nur an meinen Ruhm. Glücklicher Usbek, wie viele Reize wurden vor Deinen Augen ausgebreitet! Wir sahen Dich lange von Verzauberung zu Verzauberung irren: Deine ungewisse Seele schwankte lange, ohne sich festzulegen; jeder neue Reiz forderte von Dir einen Tribut; in einem gewissen Moment waren wir alle von Deinen Küssen bedeckt; Du trugst Deine neugierigen Blicke an die verborgensten Orte; Du ließest uns in einem Augenblick in tausenderlei verschiedenen Stellungen erscheinen: immer neue Befehle und ein immer neuer Gehorsam.[25]

Wir sollten uns in dieser Passage zunächst einmal die erzähltechnische, aber auch die kulturelle Ausgangssituation vor Augen führen. Dabei ist es keine Frage, dass wir es hier mit erotischen Phantasien aus dem Blickwinkel eines männlichen Subjekts zu tun haben, eines Mannes, der sich aus westlicher Sicht in die Rolle eines männlichen Gebieters mit seinen tausend Frauen im Harem imaginiert und so seine erotischen Wunschvorstellungen auf das kulturell Andere projiziert. Dabei werden die kulturellen Dimensionen bald sogar insofern ausgeblendet, als die Frauen in ihrer Nacktheit, laut Text in der Einfachheit ihrer *Natur*, erscheinen müssen und so für den westlichen Betrachter noch leichter in allen möglichen Positionen imaginierbar sind.

Verdeutlichen wir uns die im französischen Briefroman evozierte Kommunikationssituation, die – und dies trug zum Erfolg des Romans nicht unwesentlich bei – mit einer gewissen erotischen Schlüpfrigkeit spielt. Eine der Frauen Usbeks schreibt in einem Brief wenige Wochen nach dessen Abreise aus Isfahan, einen

---

**25** Montesquieu: *Lettres persanes*, Bd. 1, S. 10 f.

Brief voller Zärtlichkeit und Unterwürfigkeit. Da diese Reise nach Frankreich ihren männlichen Gebieter auf Jahre in weite Entfernung von ihr und seinen Haremsdamen verbannt, schreibt ihm die schöne junge Frau, um ihn in der von Eunuchen bewachten Gesellschaft des Serail ihrer großen Liebe zu versichern und sich als seine Lieblingsfrau zu präsentieren.

Erzähltechnisch ist die Form des Briefes an den direkten Adressaten Usbek gewählt, eine schriftliche Kommunikationsform gleichsam von Perserin zu Perser. Gehen wir von der Tatsache aus, dass es sich bei Montesquieu um einen französischen Autor handelt, so stellen wir fest, dass wir es in diesem Brief mit einer doppelten Verlagerung oder Transposition zu tun haben. Einerseits wird in diesem Schreiben nicht die europäische Perspektive auf Dinge des Orients gewählt, sondern die Fiktion einer orientalischen Erzählerinnenposition, die über den Orient berichtet. Andererseits kommt es zugleich auch zu einer Verwandlung des Geschlechts, insoweit der männliche Autor jetzt die Erzählerposition einer weiblichen orientalischen Erzählerin wählt, welcher er freilich männliche Wunschträume in die Feder diktiert. Damit ist gleichsam ein Spiel mit einer doppelten, also kulturellen und genderspezifischen Alterisierung in Gang gesetzt, das männliche Leser wie weibliche Leserinnen im Frankreich des 18. Jahrhunderts zu fesseln vermag.

Die geschlechtliche Verwandlung wird zudem insoweit in diesem Schreiben stark akzentuiert, als in diesem dritten Brief sich sogleich die anderskulturelle Bewertung von Geschlechtlichkeit den Blicken nicht des orientalischen Gebieters, sondern des europäischen Lesepublikums zeigt und preisgibt. Wir haben es mit einer erotischen Auswahlsituation in einem persischen Serail zu tun, die von einem Westeuropäer auf der Grundlage europäischer Reiseberichte erfunden und in ein bestimmtes Vokabular der Zeit, in ein Vokabular der Aufklärungsepoche, gekleidet wurde. Dabei gewährt die orientalische Erzählerin nicht nur tiefe Einblicke gleichsam in ihre eigene Kultur, sondern auch in ihr eigenes Rollenverhalten, in ihr geschlechtliches Verhalten oder ihre Genderidentität. Diese freilich wird in den Farben einer ‚Natürlichkeit‘ dargestellt, welche der Frau ein schamloses Schönheitsverhalten andichtet. Dieses Bild aber kann nur deshalb bei einer europäischen Leserschaft erfolgreich sein, weil es auf weiblichen Stereotypen nicht morgen-, sondern abendländischer Prägung beruht.

Wir sehen in dieser Passage nicht nur die Auseinandersetzung zwischen zwei als sehr unterschiedlich signalisierten kulturellen Positionen und den Gegensatz zwischen zwei klar voneinander getrennten Geschlechtern gemäß der biologischen Geschlechtlichkeit (*Sex*), sondern vor allem ein abweichendes Geschlechterverhalten im Umgang der Geschlechter miteinander. Die Differenz siedelt sich folglich auf einer kulturell bedingten *Gender*-Ebene an, welche interkulturell, im Dialog zwischen zwei verschiedenen Kulturen, vermittelt werden muss. So bringt Montesquieu nicht nur den Orient gleichsam zum Sprechen, sondern auch die Orientalin – und dass hierbei ein Vexierbild unterschiedlicher Geschlechterbilder entsteht, versteht sich von selbst. Wir können dies als doppeltes Bauchrednertum beschreiben, wobei die Kommunikationssituation des Briefeschreibens nun die innere psychische Verfassung der Briefeschreiberin vor Augen führt. Montesquieu knüpft dabei an das kulturell bedingte Lebenswissen seiner Leserschaft an.

Denn mit dieser Anlage wird zugleich eine Spannung gegenüber den Geschlechterrollen in Europa aufgebaut. Ihre eigentliche Würze erhält diese Passage ja gerade durch die Tatsache, dass in diesem Brief die Fiktion einer orientalischen Erzählerin, die über erotische Praktiken in Isfahan berichtet, mit einem europäischen, mit einem französischen Lesepublikum konfrontiert wird, welches sich gleichsam in den *Voyeur* dieser Szenerie verwandelt. Von diesem Punkt aus wird verständlich, wie nun der Körper-Leib selbst der Orientalin zum Objekt des männlichen und westlichen Begehrens wird. Denn die schöne junge Frau zeigt sich diesem europäischen Publikum zunächst verhüllt und vielfach geschmückt, dann aber plötzlich schamlos in aller Einfachheit ihrer Natur, also ohne jede Hülle, wohl aber im Kontext ihrer anderskulturellen Codes und Selbstverständlichkeiten. So wird der weibliche orientalische Körper zum Objekt westlichen Begehrens, eine Konstellation, die wir zumindest bis in die Mitte des 20. Jahrhunderts weiterverfolgen können.[26]

Damit wird die *Wahrnehmung* anderskultureller Praktiken raffiniert in den Mittelpunkt gerückt. Zugleich wird auch die männliche Psyche in Aktion vorgeführt, insoweit nun der männliche Briefdialogpartner als aktiver Zuschauer in Szene gesetzt wird. Denn er küsst nicht nur die Schönen seines Harems, sondern gibt seinen gehorsamen, ihm unterworfenen Frauen auch die unterschiedlichsten Situationen vor, die unterschiedlichsten Stellungen, in denen er sich seine weiblichen Liebesobjekte imaginiert. Seine neugierigen Blicke dringen selbst zu den verborgensten Orten der ihm dargebotenen weiblichen Körper vor. Dass wir es hier mit erotischen Träumen heterosexueller westlicher männlicher Subjekte zu tun haben, steht außer Frage.

Gleichzeitig ist dies aber eine Position, die von jener des Erzählers und gewiss auch des textexternen realen Autors nicht mehr sehr weit entfernt ist. Denn die imaginierte weibliche Erzählerin verweist auf eine männliche literarische Schreibinstanz, die wir nicht mit dem realen Autor verwechseln dürfen, die uns aber Hinweise auf diese reale Instanz gibt. So ließe sich anhand dieser Passage auch eine Poetik der Bewegungen jenseits der „parure", jenseits des Schmucks und Zierrats herausfiltern, in der die Bewegungen der einzelnen Figuren deutlicher hervortreten. Entscheidend ist freilich auch in diesem Zusammenhang die inter- und trans-

---

26 Vgl. Said, Edward W.: *Orientalism*. New York: Vintage Books 1979.

kulturelle Dimension, die es einmal mehr zu beachten gilt. Dabei ist mir wichtig, dass Sie sich mit der Verlagerung des Geschlechtlichen von der Ebene des biologischen Geschlechts (*Sex*) zur kulturellen Geschlechteridentität (*Gender*) beschäftigen und sich diesen *Shift* klarmachen. Denn er kann in solcher Stärke nur in Form einer doppelten Alterisierung funktionieren, die bereits oben herausgestellt wurde. Insofern hat die Projektion von Körperlichkeit und Kultur in eine außereuropäische Welt einen fundamentalen Bedingungszusammenhang. Und dieser steht in Verbindung mit der Tatsache, dass – und dies ist eine zentrale These dieser Vorlesung – Aufklärung als rein europäisches Phänomen nicht adäquat erfasst werden kann.

Daher könnten wir in dieser Körper-Leib-Dimension des objektivierten weiblichen Körpers noch eine weitere Figur erkennen, jene nämlich der Beziehungen zwischen Orient und Okzident, welche immer wieder ins Zentrum der Aussagen aller Briefschreiber gerückt werden. Das Körper-Haben der orientalischen Frau, die dem europäischen Lesepublikum vor Augen geführt wird, ist nicht unabhängig von einer Verfügbarmachung außereuropäischer Welten, die wir uns im weiteren Verlauf dieser Vorlesung noch näher anschauen werden. Denn die begehrte und unterworfene orientalische Frau verkörpert gleichsam *figural* die Verlockungen des Orients, der in der Figur des Weiblichen erscheint und damit jene orientalisierende Einfärbung erhält, die gleichsam zur Kolonisierung herausfordert: zur Inbesitznahme einer sich darbietenden Schönheit, die nur nach ihrem Herren und Gebieter verlangt.

Sie sehen: Die *Lettres persanes* haben es in sich! Und sie machen von Beginn an klar, dass Aufklärung in Europa stets die Dimensionen außereuropäischer Welten beinhaltet – und seien sie fiktional aufbereitet. Montesquieus Text ist als Briefroman außerordentlich breit angelegt, in seiner Gattungszugehörigkeit wie in seiner Themenvielfalt vielgestaltig und widersprüchlich, stets aber faszinierend und philosophisch anregend. Dabei ist das Leit-Schema der Briefanordnung sehr übersichtlich angeordnet. Dies gibt dem Brief-Konvolut die literarische Struktur eines Briefromans, basierend auf seiner strikten Chronologie, die am Ende stets die Briefe nach dem persischen Kalender datiert.

Durch die große Zahl an Dialogpartnern entsteht ein *Polylog*, ein ständiges Spiel unterschiedlichster Perspektiven und Gesichtspunkte, von verschiedenen Orten des Schreibens aus, die zugleich von einer chronologisch verankerten Veränderung gerade auch der sich wandelnden Protagonisten, der Hauptfiguren dieses Briefromans, berichten. Man könnte Montesquieus Briefroman wohl am besten mit einem *Mobile* vergleichen, in welchem alle Teile in Bewegung sind. Die Chronologie wird dabei nicht nur individuell nach persönlichen Erlebnissen, sondern auch kollektiv und geschichtlich verankert, insoweit etwa der Tod von Louis XIV im September 1715 oder das Exil des Parlaments von 1720 als geschichtliche Orientierungspunkte in den Text eingeblendet werden. Auf diese Weise ergibt sich die folgende Grundstruktur des gesamten Textes, die wir an dieser Stelle kurz zusammenfassen wollen.

Die Reise der beiden Perser von Isfahan nach Paris umfasst insgesamt dreiundzwanzig Briefe und dauert dreizehneinhalb Monate vom 19. März 1711 bis zum 4. Mai 1712. Auf diesen Teil folgt Paris und die abendländische Welt rund um den Tod des Sonnenkönigs Louis XIV: Die Herrschaft von „Ludwig dem Großen" umfasst neunundsechzig Briefe und dreieinhalb Jahre von Mai 1712 bis September 1715 mit einem Bruch im zweiundneunzigsten Brief. Darauf folgt die Zeit der *Régence* mit vierundfünfzig Briefen und insgesamt fünf Jahren von September 1715 bis November 1720 mit einem abschließenden Urteil im hundertsechsundvierzigsten Brief zusammen mit der „conclusion occidentale" der Persischen Briefe. Das Drama des Serails umfasst insgesamt vierzehn Briefe, wobei die Unordnung oder das Durcheinander im Serail drei Jahre andauert, obwohl dieses Thema seit mehr als einem Jahr vergessen schien. Der Große Eunuch stirbt am 5. Juni 1718 und Solim übernimmt die Macht am 4. Oktober 1719.

Im Kontext dieses kurz zusammengefassten Zeitschemas werden die beiden Welten, Abendland und Morgenland, durch die reisende Gestalt Usbeks und deren Bewegungen miteinander vermittelt – zumindest in der Fiktion. Gerade weil es aber diese Fiktion in vielerlei Hinsicht historiographisch und damit nichtfiktional in sich hat, nimmt sie viele nicht-fiktionale Gattungen wie Abhandlung, Traktat, ja auch den Reisebericht in sich auf, so dass es sich im Grunde um ein schönes Beispiel *friktionaler* Schreibtechniken handelt. Als *friktionales* Schreiben bezeichne ich ein Schreiben, das zwischen Fiktion und Diktion ständig hin- und herpendelt.[27] Vor dieser Hintergrundfolie bilden die Motive von Orient und Okzident jene kontrastive Struktur heraus, in deren Bereich sich die eigentümliche Spannung der *Lettres persanes* entfaltet.

Wenn insgesamt sechzig Briefe dem Morgenland gelten, so widmen sich einhundert Briefe dem Abendland, so dass sich ein deutliches Übergewicht zugunsten des Okzidents herausbildet. Dominieren dabei zu Beginn die Sittenstudien, so beherrschen gegen Ende die politischen und soziologischen Überlegungen die Szenerie, besonders mit Blick auf das Abendland. Neben Frankreich kommen auch andere europäische Länder ins Blickfeld, doch herrschen mit Ausnahme Englands in diesen Fällen Humor und Satire gegenüber objektiveren und deskriptiven Darstellungsformen vor.

---

27 Weitere Erläuterungen dieses Begriffs finden sich bereits im vierten Kapitel in Ette, Ottmar: *Roland Barthes. Eine intellektuelle Biographie.* Frankfurt am Main: Suhrkamp Verlag 1998.

Damit ist die Diegese des gesamten Briefromans noch nicht ausgeschöpft. Kleinere Ausflüge führen die Leserschaft in andere Regionen der Welt, so etwa mit Blick auf Spanien und Portugal in die überseeische Kolonialgesellschaft in Amerika, die selbstverständlich auch in Montesquieus *Lettres persanes* nicht fehlen darf. Denn sie ist genuiner Teil des von Europa geprägten und kolonial beanspruchten Raumes. An dieser Stelle möchte ich Ihnen lediglich ein kurzes Beispiel dafür zeigen, wobei Sie ohne Mühe erkennen können, wie sehr Montesquieus Spanienbild den Grundton für das gesamte 18. Jahrhundert vorgab, ein Heterostereotyp Spaniens, das sich noch in dem bereits zitierten Artikel der *Encyclopédie méthodique* wiederfinden lässt. Im Folgenden also in einem Brief Usbeks ein kurzes Resümee der Kolonialgeschichte von Spaniern und Portugiesen:

> Diese beiden Nationen, welche mit einer unbegreiflichen Schnelligkeit unermessliche Königreiche erobert hatten, waren mehr über ihre eigenen Siege erstaunt als die besiegten Völker über ihre Niederlage, und sie sannen auf die Mittel, sie zu erhalten; und so schlugen sie, ein jeder für sich, einen anderen Weg ein.
>
> Die Spanier, verzweifelt darum bemüht, die besiegten Nationen in ihrer Treue zu halten, ergriffen die Partei, diese Völker auszulöschen und aus Spanien treue Völker dorthin zu schicken. Niemals ward ein schrecklicher Plan so genauestens erfüllt. Man sah ein Volk, so zahlreich wie alle Völker Europas, zusammen bei der Ankunft dieser Barbaren von der Erde verschwinden, Barbaren, welche, als sie das westliche Indien entdeckten, allein daran gedacht zu haben schienen, allen Menschen zu entdecken, was die letzte Periode der Grausamkeit sein würde.
>
> Dank dieser Barbarei behielten sie dieses Land unter ihrer Herrschaft. Beurteile an ihren Wirkungen, wie todbringend sie sind: Denn schließlich war ein so grässliches Hilfsmittel einzigartig. Wie sonst hätten sie so viele Millionen von Menschen im Gehorsam zurückhalten können?[28]

Ich wollte Ihnen anhand dieser Passage zeigen, dass es im 18. Jahrhundert geradezu unmöglich ist, über Amerika zu schweigen, wenn über Europa – in welcher Weise auch immer – gesprochen wird. Wollte man leicht übertreiben, so könnte man formulieren: Amerika als Subjekt ist völlig abwesend, als Objekt aber omnipräsent. Und dies auch dann, wenn die Blickrichtung im Grunde eine andere ist, weil in Montesquieus Briefroman ja das Abendland in einen Bezug mit dem Morgenland gestellt wird.

Die angeführte Passage zeigt uns weiterhin, wie sehr die Spanier als kolonialistische Nation in Europa verhasst waren, obwohl die wichtigsten jener Nationen, die sich am meisten über Spanien beklagten, selbst kolonialistische Aktivitäten entfalteten oder zumindest derartige Hoffnungen hegten. Die Allgegenwart der

---

28 Montesquieu: *Lettres persanes*, Bd. 2, S. 71.

„Leyenda negra", der „Schwarzen Legende" um ein blutiges Spanien, prägt das Spanienbild des 18. Jahrhunderts mehr als alles andere. Doch ist die kolonialistische Erfahrung der Europäer so traumatisch, dass die gesamte Schuld gleichsam auf Spanien abgeladen werden muss.

Historisch gesehen steht Usbeks Darstellung also in völliger Übereinstimmung mit den in Europa auf Spanien projizierten Vorwürfen, entspricht aber nicht den geschichtlichen Tatsachen. Es gab in Spanien keinen Plan, die indigene Bevölkerung auszurotten, um die Macht behaupten zu können. Von inselartigen Zentren aus versuchte man vielmehr, die dringend benötigten Arbeitskräfte auf Pflanzungen und in Bergwerken auszubeuten. Der Kolonialismus der zweiten Phase beschleunigter Globalisierung war keineswegs menschenfreundlicher. Denn die Ausbeutung durch die neuen Führungsmächte Holland, Frankreich und England war noch raffinierter und brutaler, wie man am Beispiel von Saint-Domingue und der nachfolgenden Haitianischen Revolution ohne Schwierigkeiten aufzeigen kann.

Sehr verallgemeinernd könnte man festhalten: Der menschenverachtende Kolonialismus Spaniens zielte nicht auf Auslöschung, sondern ging inselhaft vor, während das Vorrücken der britischen Kolonisten flächenhaft war und sich an einer „Frontier"[29] in Amerika orientierte. Auf diesem Territorium wurde die indigene Bevölkerung vertrieben oder ausgelöscht, um beim weiteren Vorrücken dieser „Frontier" wiederum mit Extermination bedroht zu werden. Am Ende dieses Prozesses blieben in der angelsächsischen Kolonisierung nur Reservate kleiner indigener Gruppen, die bis heute entrechtet sind. Machen Sie sich also Ihr eigenes Bild! Doch möchte ich mich an dieser Stelle nicht auf die nutzlose Diskussion einlassen, wer den schlimmeren Kolonialismus, wer die menschenverachtendere Sklaverei zu verantworten hat: Jeder Kolonialismus und jede Sklaverei sind ebenso menschenverachtend wie verachtenswert.

Kommen wir zurück zum Kontrast zwischen Orient und Okzident! Zu beiden Kulturkreisen wurden im Übrigen mehrere Serien von Lektüren als Bezugstexte Montesquieus herausgearbeitet, Forschungsergebnisse, auf die ich mich an dieser Stelle freilich nicht detailliert einlassen kann. Immerhin sei an dieser Stelle zumindest festgehalten, dass Montesquieu ganz entschieden im Sinne der Querelle ein „Moderner" ist: Nur sehr selten verweist er auf antike Quellen, aktuelle Autoren herrschen bei weitem vor. Freilich muss man auch feststellen, dass der Literatur im Netzwerk von Montesquieus auf die *Lettres persanes* bezogenen Intertextualität insgesamt eine eher bescheidene Rolle zukommt.

---

**29** Zur Gegenüberstellung dieser beiden Modelle vgl. auch Ette, Ottmar: Von Inseln, Grenzen und Vektoren. Versuch über die fraktale Inselwelt der Karibik. In: Braig, Marianne / Ette, Ottmar / Ingenschay, Dieter / Maihold, Günther (Hg.): *Grenzen der Macht – Macht der Grenzen. Lateinamerika im globalen Kontext*. Frankfurt am Main: Vervuert Verlag 2005, S. 135–180.

Wie dem auch immer sein mag: Montesquieus Neigung zu den Modernen kommt schon in einer frühen Passage seiner *Lettres persanes* zum Vorschein. In ihr wird aus orientalisierender Sicht über die Bemühungen der *Querelle des Anciens et des Modernes* und über die Gründe dafür nachgesonnen, die Ansichten und den Wert von Männern heißblütig zu diskutieren, die bereits seit über zweitausend Jahren in ihren Gräbern versunken seien. Auch dies ist gewiss eine Möglichkeit, die Querelle zu deuten und Stellung zu beziehen. Für Montesquieu jedenfalls war diese Sache längst entschieden: Die Anhänger der Antike, in einem normativen Sinne wohlgemerkt, waren längst der Lächerlichkeit preisgegeben. Wir sehen dies in aller Deutlichkeit im sechsunddreißigsten Brief seiner *Lettres persanes*, wo sich Montesquieu aus der Perspektive der Perser des Jahres 1713 über diese *Querelle des Anciens et des Modernes* lustig macht. Er lässt seine persischen Briefpartner die Köpfe darüber schütteln, worüber sich ernsthafte Franzosen zur damaligen Zeit noch echauffieren oder den Kopf zerbrechen könnten.

Im Übrigen lag auch für Montesquieu die Zukunft nicht nur Europas, sondern der Welt insgesamt nicht mehr im Süden, sondern im Norden. Er bestätigt damit jene Drift Kern-Europas nach Norden, von der ganz zu Anfang unserer Vorlesung Pierre Chaunu gesprochen hatte. Die tatkräftigen und handeltreibenden Völker des Nordens – und allen voran England und Holland – sind die Modelle und Vorbilder, für die der französische Schriftsteller und Philosoph plädiert. Dies macht uns auf eine zusätzliche Dimension des verbreiteten französischen Spanienbildes im Zeitalter der Aufklärung aufmerksam. Denn es begann zu diesem Zeitraum die Abrechnung mit der ersten Phase beschleunigter Globalisierung durch an ihr nicht oder nur wenig beteiligte Nationen, die nun eine zweite Phase beschleunigter Globalisierung auf den Weg brachten. Es ging folglich um eine Art Tilgung der ersten, iberisch geprägten Globalisierung durch eine stärker west- und mitteleuropäisch geprägte Globalisierungsphase, die sich als ‚gerechtere‘ präsentierte und in Szene setzte.

Wir wissen heute, dass diese zweite Phase beschleunigter Globalisierung keineswegs zum größeren Nutzen der von den neuen Kolonialmächten nicht besuchten, sondern heimgesuchten Völker führte. Sie musste jedoch auf einer fundamentalen Kritik an jenen Nationen beruhen, von welchen die erste Phase ausgegangen war. Diese aufklärerische Kritik vermochte aber gleichwohl nicht zu verhüllen, dass es erneut Europa als Gesamtheit war, von wo aus diese weltverändernden (und die anderen, nicht-europäischen Völker nicht als eigentliche Subjekte anerkennenden) Bewegungen ausgingen. Es handelt sich folglich um eine durchweg interessegeleitete Kritik, die auf ein Dilemma jeglicher Kritik verweist, sobald sie sich bestimmte Interessen zu eigen macht.

Die Schwerpunkte der Impulssetzung haben sich nicht nur innerhalb Europas verschoben: Die Verlagerung hat auch Folgen für die Globalisierungsweise, die nun von Nationen wie England, Frankreich und Holland getragen wird. Eben dies sind die Nationen, welche Montesquieu im Übrigen auch auf seiner Reise besuchen sollte, die er von 1728 bis 1731 durch jene Teile des Alten Kontinents durchführen wird, welche das ‚kleine‘ Europa im Sinne Pierre Chaunus darstellen. Montesquieu wollte aus eigener Erfahrung die Länder kennenlernen, welche zu wesentlichen Impulsgebern der Entwicklung des Kontinents und zum eigentlichen Motor Europas mit Blick auf dessen weltweite Ausweitung wurden. Hatte er in seinen *Lettres persanes* die Blickwinkel persischer Reisender portraitiert, so versuchte er nun, als Franzose neue Blickwinkel gegenüber führenden Ländern Europas einzunehmen und von diesen Vorbildern auf den verschiedensten Ebenen zu lernen. Man darf sagen, dass ihm dieses Vorhaben, den Kreis seiner Ideen und Vorstellungen durch eigene Reisen zu erweitern, unter Berücksichtigung seiner sich anschließenden Werke mehr als überzeugend gelang.

In Montesquieus *Lettres persanes* besteht ein aufschlussreiches Phänomen darin, dass der vorgespiegelte Blick von außen, der ja – wie wir wissen – nur ein maskierter, verkleideter Blick eines Franzosen auf Frankreich und eines Europäers auf Europa ist, eine Art der Distanzierung hervorbringt, bei der das Eigene verfremdet und gerade dadurch in seinen Grenzen und in seinem Selbstverständnis kenntlich gemacht wird. Europa entsteht als Vorstellung aus der Distanzierung, so dass immer wieder die grundsätzliche Andersheit des nicht-europäischen, nicht-christlichen, nicht-abendländischen Lebenswissens und *Way of Life* in den Fokus rückt. Dieses Element, das sich auf allen Ebenen immer wieder durch die Briefe und Überlegungen der verschiedenen Briefpartner zieht, ist folglich von zentraler Bedeutung – eine Tatsache, die auch vor der planetarischen Dimension unseres irdischen Daseins nicht Halt macht.

Gerade für das 18. Jahrhundert und die Aufklärung ist ja diese irdische, planetarische Dimension ein wichtiger Referenzpunkt für philosophische Überlegungen unterschiedlichster Kalibrierung. Sehen wir uns in diesem Zusammenhang das Schreiben des jungen Rica an Usbek an, in dem allgemeine Überlegungen über die Möglichkeiten von Fremd- und Selbsterkenntnis angestellt werden:

> Es scheint mir, Usbek, dass wir die Dinge nur durch einen geheimen Rückgriff auf uns selbst beurteilen. Ich bin nicht überrascht, dass die Neger den Teufel in einem strahlenden Weiß ausmalen und ihre eigenen Götter so schwarz wie Kohle; dass die Venus bestimmter Völker Brüste besitzt, die ihr bis zu den Schenkeln herabhängen; und dass schließlich alle Götzendiener ihre Götter mit einer menschlichen Figur versehen und mit all ihren eigenen Neigungen ausstatten. Trefflich hat man gesagt, dass wenn die Dreiecke einen Gott erschüfen, sie ihm alsbald drei Seiten gäben.
>
> Mein lieber Usbek, wenn ich Menschen sehe, die ein Atom erklimmen, das heißt unsere Erde, die ja nur ein Punkt im Universum ist, und sie direkt davon Modelle für die

Vorsehung abziehen, so weiß ich nicht, wie ich soviel Extravaganz mit soviel Kleingeistigkeit ins Verhältnis setzen soll.[30]

In dieser Briefpassage wird die Relativität aller Vorstellungen des Guten wie des Bösen, des Schönen wie des Hässlichen, des Konkreten wie des Abstrakten herausgestellt. Die textuellen Grundlagen hierfür sind zweifellos die von den Europäern gemachten und in ihren Chroniken und Reiseberichten festgehaltenen Erfahrungen der ersten Phase beschleunigter Globalisierung in der Neuzeit. Die seit Beginn des sogenannten „Descubrimiento" stattgefundenen Debatten und Diskussionen waren für die Auseinandersetzung mit verschiedensten Formen kultureller Alterität von größter Bedeutung,[31] so dass der interkulturelle Dialog ohne jeden Zweifel grundsätzliche Einsicht bei einer intellektuellen Elite in die Relativität kultureller Vorstellungen und Konventionen erzeugte.

Dies war eine wichtige Voraussetzung für die Bewältigung der bald schon heraufziehenden Herausforderungen, die sich ab Mitte des 18. Jahrhunderts im Verlauf der zweiten Phase beschleunigter Globalisierung konkretisieren sollten. Die Vorstellungen Montesquieus weisen dabei – wie der nachfolgende sechzigste Brief der *Lettres persanes* belegen mag – deutlich in Richtung einer Reflexion über kulturelle Differenz vor dem Hintergrund nicht nur der Vertreibung der Juden aus Spanien. Dabei handelt es sich um eine Vertreibung, die Spanien am meisten geschadet habe. Sie generieren darüber hinaus eine Einsicht in die Tatsache, wie sehr die leichte Differenz zwischen zwei christlichen Religionen Frankreich in den Religionskriegen an den Rand des Abgrunds getrieben habe. Montesquieu wandelt hier auf den Spuren seines Landsmannes Montaigne. Denn bei einer historisch etwas distanzierteren Betrachtung und einer klaren Abtrennung des Religiösen vom Politischen wird deutlich erkennbar, wie gering die Unterschiede zwischen beiden Konfessionen doch waren und noch immer sind. Und doch habe man sich wegen derartiger Unterschiede die Köpfe eingeschlagen und erbitterte, selbstmörderische Kriege geführt.

Gleichzeitig wird eine Einsicht in die Tatsache deutlich, dass es gleichsam keine ‚unbefleckte Erkenntnis' gibt, dass also jedes Urteil über andere oder das Andere wie das Eigene vom jeweiligen kulturellen Standpunkt des Urteilenden abhängt. Wir können als Beurteilende nicht von uns und unserem Standpunkt abstrahieren und weisen in unserem Denken stets einen „retour secret" auf uns selbst auf, nehmen uns sozusagen bei der Einschätzung anderer Kulturen mit, wenn wir andere Sichtweisen und Perspektiven beurteilen oder gar verurteilen.

---

**30** Montesquieu: *Lettres persanes*, Bd. 1, S. 126 f.
**31** Vgl. hierzu Todorov, Tzvetan. *La conquête de l'Amérique. La question de l'autre*. Paris: Seuil 1982.

Derartige Einsichten müssen nicht in einen absoluten Kulturrelativismus münden, wie dies auch bei Montesquieu durchweg nicht der Fall war, wohl aber in die Überzeugung, dass eine gewisse Distanz zur eigenen Position sehr hilfreich für ein beiderseitiges Zusammenleben ist, wie es etwa im sechzigsten Brief vorgeführt oder zumindest skizziert wird. Im Kern geht es bei diesen Fragen und Herausforderungen – und hier berühren wir einen, ja vielleicht sogar *den* zentralen Punkt der *Lettres persanes* – um die Problematik, wie wir in Frieden und Differenz auf diesem Planeten zusammenleben können. Es geht, mit anderen Worten, um menschliche Konvivenz und um ein darauf bezogenes ZusammenLebensWissen.[32]

Darüber hinaus wird in Ricas Worten die Relativität des kleinen Menschleins auf einer so geringfügigen Erdkugel deutlich, welche nur einen kleinen Teil jenes Universums darstellt, das wir stets als ,Universalisten' im Munde führen. Damit klingen Aspekte an, welche der von Montesquieu später angegriffene Voltaire in seinen *Contes philosophiques* so meisterhaft erkunden wird. In Ricas Überlegungen wird erneut deutlich, wie sehr das Eigene und das Fremde im planetarischen – und das heißt auch: im globalen und globalisierten – Maßstabe zu einer punktuellen Einheit verschmelzen, welche sich im Rahmen des Universums als eher marginal ausnehmen. Derartige Vorstellungen, wie sie nicht nur Voltaires *Contes philosophiques*, sondern die gesamte Aufklärungsepoche prägen, machen einerseits auf die Relativität aller Begriffe und auf ein Streben nach einem Zusammenleben im Zeichen der Toleranz des 18. Jahrhunderts aufmerksam. Andererseits verweisen sie auch auf die jeweilige Abhängigkeit vom raumzeitlichen Kulturkontext der Betrachter und auf die Notwendigkeit, die unterschiedlichsten Sachverhalte in einem globalen Maßstab zu begreifen.

Neben dieser Distanzierung oder Distanznahme, die für Erkenntnis des Eigenen wie des Fremden unersetzlich ist, gibt es noch einen zweiten Aspekt, der für unsere Überlegungen relevant ist, betrifft er doch die mit dem ersten verknüpfte anthropologische oder ethnographische Dimension. Mit diesem wiederum verbunden ist ein weiterer, nicht weniger wichtiger Komplex, den wir als die *Ethnologie oder Anthropologie des Eigenen* bezeichnen könnten. Es handelt sich um eine Art Geburt des anthropologisch-ethnologischen Blickes, der sich nicht mehr auf das Fremde, sondern auf das Eigene richtet und dieses Eigene als fremd und zugleich doch vertraut, als heimlich und – im Sinne Sigmund Freuds – als unheimlich und beunruhigend zugleich versteht. Beschäftigen wir uns damit etwas näher!

Diese Auto-Anthropologie, dieser von einem französischen Autor mit Hilfe fiktionaler außereuropäischer Reisender auf Frankreich geworfene anthropologi-

---

32 Vgl. hierzu Ette, Ottmar: *ZusammenLebensWissen. List, Last und Lust literarischer Konvivenz im globalen Maßstab (ÜberLebenswissen III)*. Berlin: Kulturverlag Kadmos 2010.

sche Blick, wird gerade in den Briefen Usbeks und Ricas aus Paris immer wieder veranschaulicht, man könnte sagen lustvoll ausgekostet. Zu diesem ganzen für die *Lettres persanes* zentralen Komplex wären Hunderte von Beispielen zu nennen, wenn etwa die Sitten der Pariser und Pariserinnen in Szene gesetzt werden – zu den verschiedensten Anlässen, die das Stadtleben so bieten kann. Wir erleben beispielsweise die Reaktionen der Pariser im Theater und in der Oper, also in kulturellen Institutionen und ‚Vorrichtungen‘, die von den persischen Besuchern in ihrer Intentionalität nicht sogleich durchschaut werden. Vielmehr fällt unseren persischen Besuchern spontan auf, wieviel Pomp sich um die Bühne herum – und nicht nur auf ihr – gebildet hat und wie sehr sich die Inszenierungen nicht nur auf den Bühnenraum beschränken.

Andererseits findet sich viel Kritisches über Kleriker und Kirchenleute, ist der Antiklerikalismus doch ein Grundzug zumindest der französischen Aufklärung, so dass spitze Bemerkungen über Klerus und Kirche über den gesamten Briefroman gut verteilt sind. Die Priester werden in den Briefen der Perser zumeist als Derwische bezeichnet; und diese Verfremdung des gewohnten Bildes entkleidet die Männer der Kirche nicht nur der Normalität und Selbstverständlichkeit, sondern gibt ihnen allein vermittels dieses lexikalischen Kunstgriffs einer fremden Benennung einen exotischen, fremdartigen, bisweilen völlig unverständlichen Habitus. Es ist, als könnte man die gewohnten Riten und Handlungsweisen der eigenen Kultur urplötzlich nicht mehr genau nachvollziehen, so sehr werden an derlei Stellen die Konventionen und die Konventionalität der verschiedenen kulturellen und gesellschaftlichen Ebenen sichtbar und durchsichtig gemacht.

Nicht weniger witzig ist die Beschreibung der Académie Française als soziale Körperschaft, in welcher ein gewaltiger Körper mit vierzig Köpfen voller Figuren und Metaphern spricht und denkt und vor allem daher schwadroniert, wobei dieser Korpus mit einem Tribunal verglichen wird, auf dessen Ratschlüsse und Urteile das Volk freilich niemals höre. Wir können nun besser verstehen, warum es gegen die Kandidatur Montesquieus wenige Jahre später doch einige Widerstände gab, trat er doch nun just in jene Reihen ein, die er zuvor in persischer Verkleidung verhohnepiepelt hatte. Dies hatte man dem jungen Autor durchaus übelgenommen – Sie wissen ja, wie Akademiker sind ...

Aus all diesen verschiedenen Facetten, die ich an dieser Stelle natürlich nicht alle aufzählen kann, ergibt sich eine Art Anthropologie europäischer Alltagskultur, die immer wieder aus den unerwartetsten Blickwinkeln vorgeführt wird, so dass sich gleichsam eine Auto-Exotisierung vollzieht, die stets darauf beruht, dass das eigentlich Gemeinte lediglich aus anderer Perspektive verfremdet, gleichsam karnevalisiert wird, ohne aber unkenntlich zu werden. Das Bekannte schimmert immer durch die Verfremdung durch: Der Blick des Anthropologen erweist sich stets als Blick eines Beobachters, der letztlich das Fremde des Eigenen, das Fremde in uns selbst beschreibt und in Bewegung setzt. Dabei wird das, was wir als „étranger à nous-mêmes"[33] bezeichnen könnten, nicht einfach der Lächerlichkeit preisgegeben, sondern in eine Travestie hineingezogen, welche vielleicht sogar die Essenz, das Wesen der Dinge, durch sich verändernde mobile Blickwinkel freilegt. Denn erst aus verschiedenen Blickwinkeln lässt sich – kubistisch gesprochen – ein Gegenstand in seinem ganzen Umfang begreifen.

Ich möchte Ihnen in diesem Kapitel abschließend gerne einen freilich schmerzlichen Grundzug der beweglichen Positionen Montesquieus in seinen *Persischen Briefen* aufzeigen, ein Grundzug, der für das 18. Jahrhundert und die Wahrnehmung von (kultureller) Alterität von großer Bedeutung ist. Im sechzigsten Brief haben wir es mit einer Darstellung der Juden zu tun, worauf dann eine Reihe von Überlegungen folgen, die uns auch aus heutiger Sicht sehr zu interessieren vermögen. Sie werden zu Beginn dieses Briefes unschwer feststellen, wie sehr auf Gemeinplätze des in ganz Europa verbreiteten Antisemitismus zurückgegriffen wird. Eine negative Sichtweise der Juden findet sich ebenso in anderen Briefen unserer persischen Freunde, doch verbergen sich dahinter letztlich französische Antisemitismen, also Fragmente eines europäischen Antisemitismus, der bis heute nicht überwunden scheint, sondern sein hässliches Antlitz immer wieder manchmal offen, manchmal verborgen zeigt. Antisemitismus und Rassismus sind offenkundig nicht ein für alle Mal auszurotten, sondern müssen immer wieder von Neuem rational angegangen werden.

Im Bewusstsein dieser unabschließbaren Aufgabe möchte ich Ihnen die beiden Seiten dieser Auffassung, Antisemitismus der versteckten Art und Plädoyer für die Toleranz der expliziten Art, anhand von Anfang und Ende des sechzigsten Briefes der *Lettres persanes* vorführen. In diesem Zusammenhang sei nicht vergessen, dass – wie schon Hannah Arendt kritisch feststellte – die französischen Aufklärer mit einer ehrenvollen Ausnahme, jener von Denis Diderot, allesamt vom Antisemitismus mehr oder minder stark angefressen waren. So schreibt denn Usbek an Ibben in Smyrna folgende Sätze:

> Du fragst mich, ob es Juden in Frankreich gibt? So wisse denn, dass es überall, wo es Geld gibt, auch Juden gibt. Du fragst mich, was sie hier tun? Genau das, was sie in Persien tun: Nichts ähnelt mehr einem Juden aus Asien als ein europäischer Jude.
> Sie zeigen bei den Christen ganz wie bei uns eine unbesiegbare Beharrung auf ihrer Religion, die bis zum Wahnsinn reicht.
> Die jüdische Religion ist ein alter Stamm, der zwei Zweige hervorbrachte, welche die gesamte Erde bedeckt haben: Ich will sagen den Glauben an Mohammed und den an Christus; oder vielmehr handelt es sich um eine Mutter, die zwei Töchter hervorbrachte, welche

---

33 Vgl. hierzu Kristeva, Julia: *Etrangers à nous-mêmes*. Paris: Librairie Arthème Fayard 1988.

einander mit tausenderlei Wunden versahen: Denn in Sachen Religion sind die sich nächsten einander die größten Feinde. [...]

Es gab in Europa niemals eine Ruhe, die mit jener vergleichbar wäre, welcher sie sich jetzt erfreuen. Unter den Christen beginnt man, sich von jenem Geiste der Intoleranz freizumachen, der sie einst beseelte. Für Spanien hatte es schlechte Folgen, dass man sie verjagte, und auch für Frankreich, wo man die Christen erschöpfte, weil ihr Glaube nur ein wenig von dem ihres Fürsten abwich. Man hat bemerkt, dass der Eifer für die Fortschritte der Religion von der Bindung verschieden ist, die man für sie besitzen muss, und dass es, um sie zu lieben und ihr zu folgen, nicht notwendig ist, jene zu hassen und zu verfolgen, welche sie nicht befolgen.

Es wäre zu wünschen, dass unsere Muslime ebenso vernünftig über diesen Artikel dächten wie die Christen; dass man zu guter Letzt Frieden zwischen Hali und Abubeker machen und Gott die Sorge für die Entscheidung überlassen könnte, welche Meriten diese heiligen Propheten jeweils hätten. Ich wünschte, dass man sie mit Handlungen der Verehrung und der Achtung ehrte und nicht mit eitlen Präferenzen; und dass man ihre Gunst verdienen wollte, welchen Platz Gott ihnen auch immer angewiesen haben mag, sei es zu seiner Rechten oder unter den Stufen zu seinem Throne.[34]

In dieser Passage werden die Juden gleichsam als transnationales Volk dargestellt, dessen Einheit und Einigkeit – unabhängig davon, ob es sich um Juden in Asien oder in Europa handelt – auf Grund der beobachtbaren „obstination" für die jüdische Religion nicht in Frage gestellt wird. Überall, in den verschiedensten staatlichen und kulturellen Kontexten, ist die Religion das entscheidende Moment ihrer inneren Zusammengehörigkeit. Zugleich ist auf wirtschaftlicher Ebene der Hang zum Geld das äußere Zeichen, das den Juden überall, ob in Persien oder in Frankreich, von Christen wie Muslimen als Erkennungsmerkmal angehängt wird.

Von zentraler Bedeutung in dieser Briefpassage ist das entschiedene Plädoyer für eine Toleranz, die sich aus der geschichtlichen Erfahrung verschiedener Länder speist. Denn zum einen markiert das Jahr 1492 nicht nur die sogenannte ‚Entdeckung' Amerikas durch Kolumbus und damit den Beginn der ersten Phase beschleunigter Globalisierung, sondern auch die Vertreibung der Juden aus Spanien, eine Vertreibung, die – wie mehrfach in den *Lettres persanes* deutlich gemacht wird – Spanien selbst am meisten geschadet habe. Ähnlich negativ waren auch die Folgen für Frankreich, das durch seine bürgerkriegsähnlichen Religionsfehden bekanntlich an den Rand des Abgrunds geführt wurde, nun aber – so gibt es der persische Beobachter zu verstehen – aus diesen Fehlern gelernt habe. Denn religiöse Intoleranz und Fanatismus wirkten sich stets negativ auf das wirtschaftliche Wohlbefinden eines Landes aus.

Doch es gibt Gründe, hoffnungsvoll in die Zukunft zu blicken. Denn es scheinen neue Zeiten größerer Offenheit angebrochen zu sein ... so wird Frankreich zu-

---

34 Montesquieu: *Lettres persanes*, Bd. 1, S. 127 f.

mindest aus persischem Munde bestätigt. Und die wechselseitige Toleranz, die sich in religiösen Dingen einzupendeln begonnen habe, nutze nicht allein den Juden, die relativ unbehelligt geblieben seien und noch niemals zuvor eine größere Ruhe genossen hätten, sondern vor allem den Christen und damit dem Gros der Bevölkerung. Intoleranz erscheint hier als ein Übel aus anderen Zeiten, das man in Europa immer mehr hinter sich lasse. Ein optimistischer Grundzug durchweht diese Passagen – und die Hoffnung, dass die Zugehörigkeit zu Religionen künftig nicht mehr Quelle von Auseinandersetzungen in der Gesellschaft sein werde.

Ist dieses wichtige Schreiben aus Montesquieus Briefroman auch auf die spezifisch *religiöse* Dimension toleranten oder intoleranten Verhaltens gemünzt, so wird doch deutlich, dass daraus Rückschlüsse auf die Gesellschaft im Allgemeinen und die Beziehungen verschiedener Kulturen untereinander im Besonderen gezogen werden können. An eben dieser Stelle, so scheint mir, liegt ein ausschlaggebender Teil des Fundaments der *Lettres persanes* von Montesquieu. Dieses bietet nicht nur die Distanz, welche selbst- und Fremderfahrung erst ermöglicht, und jenen ethnologisch-anthropologischen Blick, der die eigene Alltags-Kultur überhaupt erst kritisch ins Bewusstsein hebt und die historische und kulturelle Bedingtheit und Konventionalität aller Handlungsweisen unterstreicht. Es beinhaltet auch einen neuen Geist in der Erfassung der unterschiedlichen Welten, die auf dieser einen Erde angesiedelt sind, und schließt die Einsicht in die Notwendigkeit mit ein, zwischen diesen Kulturen zu vermitteln, um eine Zeit friedlichen Zusammenlebens in Differenz zu eröffnen.

Usbek und Rica erscheinen als derartige Vermittler, auch wenn sie von Europäers Gnaden handelnde Romanfiguren sind. Zu keinem Zeitpunkt werden sie – und dies ist fürwahr entscheidend – als Angehörige einer unterlegenen und negativ gebrandmarkten Kultur dargestellt, sondern als Menschen, die in einer anderen Kultur aufgewachsen sind, deren Alterität sich nur noch spaßeshalber mit Voltaire der Frage aussetzen muss: „Comment peut-on être persan?" Wie um Gottes Willen kann man ein Perser sein? In den *Lettres persanes* zeigen sich signifikante Entwicklungen hin zu einer offeneren Weltgesellschaft, auch wenn die grundsätzliche Asymmetrie zwischen den Kulturen keineswegs verschwunden ist. Doch eine friedvolle Konvivenz zwischen unterschiedlichsten Völkern und Kulturen scheint auf unserem Planeten nunmehr möglich. Das 18. Jahrhundert sollte zweifellos ein spannender, aber auch gefährlicher Experimentierraum für ein derartiges Zusammenleben im globalen Maßstab werden.

# Anton Wilhelm Amo oder eine verpasste Chance äquipollenter Integration

Wechseln wir an dieser Stelle von der frühen Entwicklung der Aufklärung in Frankreich zur Situation der Frühaufklärung in Deutschland. Wir verlassen damit nur scheinbar den Bereich jener Sprachen, die sich vom Lateinischen herleiten. Zwischen Gottfried Wilhelm Leibniz und Immanuel Kant nahm der 1679 in Breslau geborene und 1754 in Halle verstorbene Christian Wolff die sicherlich herausgehobenste Stellung ein. Wolff ging in seinen philosophischen Schriften vom Lateinischen, der damals im deutschen Sprachraum noch vorherrschenden Wissenschaftssprache, zur deutschen Sprache über, deren Möglichkeiten er grundlegend erweiterte. Angefügt sei, dass ihm bei seinem reichen Schaffen eine Vielzahl deutschsprachiger Begrifflichkeiten ebenso in der Philosophie wie in der Rechtswissenschaft oder der Theologie bis heute zu verdanken sind.

**Abb. 18:** Johann Martin Bernigeroth: Christian Wolff (1679–1754).

Nachdem er im Jahr 1706 Professor für Philosophie und Mathematik an der Universität Halle geworden war, stieg er zu einem der international berühmtesten deutschen Philosophen der Aufklärung auf, insofern er wie nach ihm Montesquieu 1710 als Mitglied in die Royal Society und im Folgejahr in die Berliner Akademie der Wissenschaften aufgenommen wurde. Hohe akademische Mitgliedschaften in Frankreich und Russland folgten. Christian Wolff war zweifellos die herausragende Gestalt der Hallenser Universität. Er behielt diese Stellung bis er sich mit Schriften der chinesischen Philosophie beziehungsweise den lateinischen Übersetzungen des Konfuzius wie des Menzius auseinandersetzte und in der Folge 1721, im Erscheinungsjahr von Montesquieus *Lettres persanes*, seine *berühmte Rede über die praktische Philosophie der Chinesen* hielt. In ihr unterstrich er die Existenz einer Ethik, die sich unabhängig vom christlichen Glauben im Kulturbereich Chinas entwickelt habe. Wolff stand mit seinen Ansichten für ein gegenüber kulturellen Differenzen offenes Denken ein, das ihn als einen der wesentlichen deutschen Aufklärer auszeichnete. Auch während der folgenden Jahrzehnte erwies sich Wolff als entscheidende Brücke zwischen europäischem Denken und chinesischen Traditionen, mit denen er sich ein Leben lang beschäftigte.

Doch eine solche Rede genügte in Preußen 1721, um von der in Halle stark vertretenen Fraktion der Pietisten persönlich angegriffen und des Atheismus beschuldigt zu werden. 1723 musste Christian Wolff auf Grund der Auslegungen seiner Hallenser Rede sein Amt aufgeben und auf Geheiß des preußischen Königs Friedrich Wilhelm I. binnen achtundvierzig Stunden Halle verlassen. Die Gegner der Aufklärung hatten zugeschlagen – nicht zum letzten Mal in Halle. Es war eine Verbannung, die erst 1740, gleich zu Beginn der Amtszeit Friedrichs II. von Preußen, wieder aufgehoben wurde, als der junge aufgeklärte Monarch Christian Wolff wieder nach Halle zurückholte. Diese Auseinandersetzungen mögen uns einen Vorgeschmack auf jene große, aber bislang vernachlässigte Figur in der Geschichte der Philosophie in Deutschland sowie der deutschen Philosophie namens Anton Wilhelm Amo geben, mit der wir uns in diesem Kapitel unserer Vorlesung beschäftigen wollen. Denn Amo war als junger Student ein glühender Anhänger jenes Christian Wolff, der aus Halle vertrieben worden war, dessen tolerante Traditionen aber nachwirkten.

Wie, Sie haben den Namen Anton Wilhelm Amo noch nie gehört? Dann darf ich Ihnen verraten, dass seit kurzem im Herzen Berlins eine Straße, die ehemalige Mohrenstraße, nach diesem deutschen Philosophen benannt ist. Doch wer war dieser Mann?[1] Seine Schriften erschienen, gegenläufig zu Wolff, in lateinischer Sprache, sind aber heute noch immer nicht einfach zu beziehen und konsultierbar. Die Amo-Forschung steckt noch in den Kinderschuhen. Denn die deutsche Philosophie oder die Philosophie in Deutschland hat sich bislang wenig – und dies ist ein Euphemismus – um diesen Aufklärungsphilosophen gekümmert und bemüht. Er gehört zweifellos zu den verschütteten Traditionen unserer Geschichte, welche ich gerne mit Ihnen gemeinsam freilegen will.

Nun, an einem 9. Juni des Jahres 1727 trug sich ein junger Mann unter der laufenden Nummer 488 in die Matrikel der damals preußischen Universität Halle ein, ein Mann, der Philosophiegeschichte schrieb, ohne doch bislang in die deutsche Philosophiegeschichte wirklich als feste Größe eingegangen zu sein. Die eigenhändige Eintragung[2] hält fest, dass der neue Student an der erst 1694, also wenige

---

1 Vgl. hierzu die handliche Monographie von Ette, Ottmar: *Anton Wilhelm Amo: Philosophieren ohne festen Wohnsitz. Eine Philosophie der Aufklärung zwischen Europa und Afrika.* Zweite Auflage mit neuem Vorwort. Berlin: Kulturverlag Kadmos 2020.
2 Vgl. Abb. 7 in Brentjes, Burchard: *Anton Wilhelm Amo. Der schwarze Philosoph in Halle.* Leipzig: Koehler & Amelang 1976, S. 32/33.

Jahrzehnte zuvor gegründeten Universität[3] aus Afrika, „aus Axim in Guinea", stammte und den Namen Anton Wilhelm Amo trug. Wer war dieser junge Mann?

Anton Wilhelm Amo kam nicht in Halle, Deutschland oder Europa zur Welt, sondern in Afrika. Mit dieser Einschreibung nahm Amo „als erster und für über 220 Jahre zugleich letzter Mensch afrikanischer Herkunft das Studium der Philosophie und Rechtswissenschaft an der Universität Halle auf".[4] Amo war in jeglicher Hinsicht ein Einzelfall, in vielerlei Hinsicht aber auch charakteristisch für ein Jahrhundert, das mit all seinen Widersprüchen ein treffliches Experimentierfeld für künftige Entwicklungen abgab. Von der Zahlung der Immatrikulationsgebühren war er offenkundig auf Veranlassung seiner Förderer, von denen wir gleich sprechen werden, befreit worden. Mit dieser ordentlichen Einschreibung begann eine akademische Karriere, von welcher der international berühmte, an der Universität Göttingen lehrende Anthropologe und Schädelkundler Johann Friedrich Blumenbach noch im Jahre 1790, mithin aus großer zeitlicher Distanz, aber offenkundig wohlinformiert festhielt:

> Unser seel. Hollmann hat, da er noch Prof. in Wittenberg war, a. 1734 den Neger Ant. Wilh. Amo zum D. der Weltweisheit creirt, der sich sowohl in Schriften als auch als Docent vortheilhaft gezeigt hat, und von welchem ich zwey Abhandlungen vor mir habe, wovon zumal die eine viele unerwartete und wohlverdaute Belesenheit in den besten physiologischen Werken jener Zeit verräth. In einer Nachricht von Amo's Leben, die bey dieser Gelegenheit im Namen des academischen Concilii gedruckt worden, wird seiner ausnehmenden Rechtschaffenheit, so wie seiner Fähigkeiten, seinem Fleiss und seiner Gelehrsamkeit grosses Lob ertheilt. Es heisst z. B. von seinen philosophischen Vorlesungen excussis tam veterum quam novorum placitis, optima quaeque selegit, selecta enucleate ac dilucide interpretatus est u.s.w.[5]

Johann Friedrich Blumenbach war der große deutsche Spezialist für außereuropäische Wissenschaften und einer der Lehrmeister Alexander von Humboldts an der Universität Göttingen, die als universitäre Neugründung des 18. Jahrhunderts rasch zu einer der großen Bildungseinrichtungen im deutschen Sprachraum geworden war. Der angeführte Exkurs des großen Blumenbach in seinen *Beyträgen zur Naturgeschichte* auf einen „Neger" namens Anton Wilhelm Amo drückt das

---

**3** Vgl. Abraham, William E.: The Life and Times of Anton Wilhelm Amo, the First African (Black) Philosopher in Europe. In: Asante, Molefi Kete / Abary, Abu S. (Hg.): *African Intellectual Heritage. A Book of Sources.* Philadelphia: Temple University Press 1996, S. 429.

**4** Arndt, Susan: *Die 100 wichtigsten Fragen: Rassismus.* München: Verlag C.H. Beck 2012, S. 143. Vgl. auch bzgl. der Geschichte des Rassismus in Deutschland Hund, Wulf D.: Wie die Deutschen weiß wurden. Kleine (Heimat)Geschichte des Rassismus. Stuttgart: Metzler 2017.

**5** Blumenbach, Johann Friedrich: *Beyträge zur Naturgeschichte.* 2 Bände. Erster Theil. Göttingen: Johann Christian Dieterich 1790, S. 98 f.

Erstaunen, aber auch die Anerkennung jenes Mannes aus, der nicht nur als einer der einflussreichsten wissenschaftlichen Lehrer eines Georg Forster und vieler weiterer Reisender im späteren18. Jahrhundert gewirkt hatte, sondern auch als einer der maßgeblichen Erfinder von Rassenkategorien und Rassenhierarchien gelten muss.[6] Die Anerkennung des für seine schwarze Haut weithin bekannten Philosophen,[7] der – wie Blumenbach an anderer Stelle ausführte – in der Folge als „Hofrat"[8] an den Preußischen Hof nach Berlin gegangen sei, gerade aus dem Munde eines das Rassendenken so befördernden Wissenschaftlers mag erstaunen; und doch blieb der Name Anton Wilhelm Amo dem 19. Jahrhundert wohl in weiten Kreisen weitgehend unbekannt. Ich hoffe, dass sich dies im 21. Jahrhundert grundlegend ändern wird, muss aber gestehen, dass meine eigenen Recherchen zum von Blumenbach erwähnten Aufenthalt Amos in Berlin und am preußischen Hof bislang noch keine Früchte getragen haben.

Doch gewiss: Auch das Schweigen rund um diesen Anton Wilhelm Amo war und ist beredt. Denn längst ist es an der Zeit, die ebenso für seine Epoche charakteristischen wie für die Zukunft wegweisenden Dimensionen seines Lebens und Denkens in einem möglichst weiten Umfeld jenseits allen Spezialistentums *wahr*zunehmen und ins öffentliche Bewusstsein zu heben. Es hat mir stets gefallen, mir den Weltweisen Amo in Sanssouci vorzustellen. Und ich bin sicher, dass sich eines Tages in den preußischen Staatsarchiven Spuren von Amo am preußischen Königshof von Friedrichs dem Großen – mit dem wir uns noch beschäftigen werden – finden lassen werden.

Nicht allein die *Lettres persanes* von Montesquieu, sondern auch die faszinierende Gestalt Anton Wilhelm Amos führt uns vor Augen, mit welcher Komplexität die so widersprüchliche Zeit der Frühaufklärung zu betrachten und inwieweit es längst überfällig ist, die Aufklärung in ihrer Gesamtheit als transareales,[9] unterschiedlichste kulturelle Areas miteinander verbindendes weltweites Netzwerk zu

---

6 Vgl. hierzu Painter, Nell Irvin: *The History of White People.* New York – London: W.W. Norton 2010, S. 72–90.

7 Vgl. diese Formulierung im Aufsatz von Damis, Christine: Le philosophe connu pour sa peau noire: Anton Wilhelm Amo. In: *Rue Descartes: Collège international de philosophie* (Paris) (juin 2002), S. 115–127.

8 Blumenbach, Johann Friedrich: Von den Negern. Einige naturhistorische Bemerkungen bey Gelegenheit einer Schweizerreise. In: *Magazin für das Neueste aus der Physik und Naturgeschichte* (Gotha) IV, 3 (1787), S. 9; vgl. hierzu Lochner, Norbert: Anton Wilhelm Amo. A Ghana Scholar in Eighteenth Century Germany. In: *Transactions of the Historical Society of Ghana* (Achimota) III, 3 (1958), S. 178.

9 Vgl. zu diesem Begriff und der auch in der vorliegenden Studie zugrunde gelegten Globalisierungsgeschichte Ette, Ottmar: *TransArea. Eine literarische Globalisierungsgeschichte.* Berlin – Boston: Walter de Gruyter 2012.

begreifen. Der ‚schwarze Philosoph' in Deutschland hat es, wie wir noch sehen werden, durchaus zu internationaler Bekanntheit gebracht. Der Hinweis auf einen namenlos bleibenden Philosophen aus Guinea in Francisco Javier Clavijeros *Alter Geschichte Mexicos* warf hierauf ein scharfes Licht. Denn der neuspanische Philosoph, der zweifellos von Amo gehört hatte, formulierte seine Sichtweise einer möglichst weltumspannenden und auch auf Europa zurückstrahlenden Aufklärung wie folgt:

> Wollte ein Philosoph aus Guinea ein Werk unternehmen, das sich am Modell von Cornelius de Pauw ausrichtete und den Titel *Philosophische Untersuchungen über die Europäer* trüge, so könnte er sich desselben Argumentes wie de Pauw bedienen, um etwa die Schädlichkeit des Klimas von Europa und die Vorzüge des Klimas von Afrika zu beweisen.[10]

Doch greifen wir der Debatte um die Neue Welt und damit einer weltweit geführten Diskussion über die Frage, was Aufklärung ist und von wo aus warum über wen aufgeklärt wird, nicht vor. Es steht jedenfalls zu vermuten, dass der neuspanische, im späteren Mexiko aufgewachsene Philosoph Francisco Javier Clavijero, der sehr wohl die Schriften des Leo Africanus kannte, in seiner erstmals 1780 in vier Bänden erschienenen *Alten Geschichte Mexicos* von der Existenz Anton Wilhelm Amos wusste oder zumindest gehört hatte. Schriftliche Bezugsquellen für ein solches Wissen gab es in der internationalen République des Lettres damals reichlich. Anton Wilhelm Amo wurde so aus einer neuspanischen und damit amerikanischen Perspektive beispielhaft zur Partei in einer Debatte, die – wie wir noch sehen werden – von der Hauptstadt Preußens ausging, weltweite Dimensionen erreichte, aber in Preußen und Deutschland heute weitestgehend vergessen ist. Das sorgsame Verschütten dieser Traditionen sagt uns freilich viel über unsere Geschichte und auch viel über die gegenwärtigen zeitgeschichtlichen Kontexte, welche eine Revision dieses Verschüttens heute angehen oder ihr aber entgegenwirken. Die kleine, aber zum Teil hitzig geführte Berliner Debatte um die Umbenennung der Mohrenstraße ist gleichsam eine winzige Mise en abyme jener Debatten, denen wir uns mit Blick auf das 18. Jahrhundert nähern.

Gute Gründe sprechen folglich dafür, sich den bedeutungsvollen Namen dieses jungen Studenten an der Universität von Halle an der Saale einzuprägen, zumal er sich aus sehr verschiedenen Bestandteilen zusammensetzt, die uns im Grunde einen schon in sich differenzierten Zugang zu dieser ebenso für die afrikanische wie die europäische Ideengeschichte der Aufklärung wichtigen Persön-

---

10 *Clavijero, Francisco Javier: Historia Antigua de México.* Prólogo de Mariano Cuevas. Edición del original escrito en castellano por el autor. México: Editorial Porrúa ⁷1982, S. 462.

lichkeit erlauben.[11] Die lange Rezeptionsgeschichte dieses Philosophen und Rechtswissenschaftlers vermochte sich nicht nur in Deutschland, sondern auch international nur höchst schleppend zu entwickeln. Der Lebensweg wie die philosophische Entfaltung des Anton Wilhelm Amo beleuchten dennoch aus heutiger Sicht Aspekte, wie sie für ein Verständnis der nicht nur europäischen Aufklärung wie auch des philosophischen Diskurses der (ebenfalls nicht allein europäischen) Moderne[12] von großer Bedeutung sind. Denn Anton Wilhelm Amo entwickelte sich im Verlauf seines Lebens in der ersten Hälfte des 18. Jahrhunderts zweifellos zu einem für die Aufklärung charakteristischen Denker.

Doch versuchen wir, die Erwartungen nicht zu hoch zu schrauben! Anton Wilhelm Amo war sicherlich keine Schlüsselfigur für das Denken der Aufklärung; und doch vermag er uns einen wichtigen Schlüssel für ein anderes, adäquateres Verständnis von Aufklärung und Moderne an die Hand zu geben. Denn in diesem deportierten Sklaven und verehrten Doktor der Philosophie, in diesem ‚Versuchsobjekt‘ gnädiger Fürsten und selbstbewusster Denker der Frühaufklärung in Preußen blitzt etwas auf von dem, was wir als eine verschüttete Geschichte Europas bezeichnen könnten, was also in *der* Geschichte nicht mehr präsent zu sein scheint und doch nicht aufhören kann zu sein. Denn die Geschichte Europas ist auch in der ersten Hälfte des Jahrhunderts der Aufklärung und damit noch vor der Berliner Debatte um die Neue Welt[13] voller Widersprüche und enthält nicht nur die fiktionale Einbeziehung anderer ‚aufklärerischer‘ Blickpunkte wie etwa in den *Lettres persanes*, sondern auch Zeugnisse und Dokumente, welche die Präsenz außereuropäischen Denkens in Europa belegen. Im Zentrum dieser Diskussionen stand die Frage, wie wir in Differenz und Frieden zusammenleben wollen und wie sich ein in sich selbst zerstrittenes und doch immer ähnliche Interessen verfolgendes Europa im weltweiten Kontext definieren kann und soll. Denn all diese Fragen berührt das Leben wie das Schreiben des jungen Mannes aus Afrika.

---

**11** Zur Problematik des Nachnamens Amo vgl. u. a. Mabe, Jacob Emmanuel: *Anton Wilhelm Amo interkulturell gelesen*. Nordhausen: Verlag Traugott Bautz 2007, S. 16 f. Die oftmals spekulativen Dimensionen vieler Recherchen zum Nachnamen des verschleppten Jungen sind in der Amo-Literatur kaum zu übersehen.

**12** Vgl. hierzu Habermas, Jürgen: *Der philosophische Diskurs der Moderne. Zwölf Vorlesungen*. Frankfurt am Main: Suhrkamp 1985.

**13** Vgl. Ette, Ottmar: Von Rousseau und Diderot zu Pernety und de Pauw: Die Berliner Debatte um die Neue Welt. In: Dill, Hans-Otto (Hg.): *Jean-Jacques Rousseau zwischen Aufklärung und Moderne*. Akten der Rousseau-Konferenz der Leibniz-Sozietät der Wissenschaften zu Berlin am 13. Dezember 2012 anlässlich seines 300. Geburtstages am 28. Juni 2012 im Rathaus Berlin-Mitte. Berlin: Leibniz-Sozietät der Wissenschaften (= *Sitzungsberichte der Leibniz-Sozietät der Wissenschaften* 117) 2013, S. 111–130.

Wie aber darf man sich die Geschichte Anton Wilhelm Amos vorstellen? Etwa zwanzig Jahre vor seiner Immatrikulation, am 29. Juli 1707, war der Knabe in der Schlosskapelle Salzthal zu Wolfenbüttel evangelisch getauft worden, wodurch sich erstmals ein schriftliches Zeugnis seines von den scharfen Widersprüchen seiner Zeit zutiefst geprägten Lebens findet. Denn der um die Wende zum 18. Jahrhundert im heutigen Ghana geborene, wohl zu den westafrikanischen Nzema und damit zur ethnischen Gruppe der Akan gehörende und zunächst in seiner Heimat aufgewachsene Junge war seinen Eltern entrissen und versklavt worden. In der Folge wurde er wohl im Jahr 1704 von der holländischen West-Indischen Kompanie nach Amsterdam verbracht, ein Weg, der ihn mit großer Wahrscheinlichkeit an Bord eines holländischen Sklaven- oder Handelsschiffes zunächst in die Karibik (wo sein Bruder später als Sklave in der Kolonie Surinam arbeiten musste) und von dort aus dann in den Westen Europas führte. Ein ungewöhnlicher Weg? Nicht für die Unzahl an Opfern des europäischen „Slave Trade" über den *Black Atlantic*.[14]

Als eine Art Werbe-Geschenk[15] der Holländer Händler ging der Junge in das Eigentum eines kunst- und feinsinnigen Herzogs über. Dass die Vertreter der so mächtigen holländischen Handelsgesellschaft dies tun konnten, weist unzweifelhaft darauf hin, dass es sich um einen Sklaven handelte, über den man selbstverständlich frei verfügen zu können glaubte. In der Tat gibt es – wie bereits erwähnt – Zeugnisse und Indizien, die dafür sprechen, dass zumindest ein Bruder des Knaben als Sklave nach Surinam[16] verschleppt und damit in das Sklaverei-System der holländischen Karibik, der holländischen „West Indies", verbracht wurde.

Vieles deutet im Übrigen darauf hin, dass die Herzöge von Braunschweig-Wolfenbüttel auf vielfache Weise in den transatlantischen Sklavenhandel verstrickt waren.[17] Eine Ausnahme bildeten sie diesbezüglich weder auf deutscher noch auf europäischer Ebene. Mit der physischen Überführung des jungen Westafrikaners von der im europäischen beziehungsweise holländischen Kolonialsys-

**14** Vgl. hierzu die längst klassische Studie von Gilroy, Paul: *The Black Atlantic. Modernity and Double Consciousness*. London: Verso 1993; sowie den Band *Der Black Atlantic*. Herausgegeben vom Haus der Kulturen der Welt in Zusammenarbeit mit Tina Campt und Paul Gilroy. Berlin: Haus der Kulturen der Welt 2004.
**15** Vgl. hierzu Abraham, William E.: Anton Wilhelm Amo. In: Wiredu, Kwasi (Hg.): *A Companion to African Philosophy*. Advisory Editors William E. Abraham, Abiola Irele and Ifeanyi A. Menkiti. Blackwell Publishing 2004, S. 191; Vorbehalte gegen diese dominante Annahme formulierte Mabe, Jacob Emmanuel: *Anton Wilhelm Amo interkulturell gelesen*, S. 13.
**16** Vgl. zur Einschätzung dieses Faktums auch Brentjes, Burchard: *Anton Wilhelm Amo. Der schwarze Philosoph in Halle*, S. 30. Verwiesen sei hier auch auf das Zeugnis des Schweizer Schiffsarztes Gallandat, auf das noch einzugehen sein wird.
**17** Vgl. hierzu Mabe, Jacob Emmanuel: *Anton Wilhelm Amo interkulturell gelesen*, S. 14 f.

tem verankerten Institution Sklaverei[18] in das Herzogtum Braunschweig-Wolfen-büttel, in dem nominell keine Sklaverei bestand, war letztlich eine Fortführung dieses versklavten Zustands außerhalb dieser Institution verbunden.

War damit Amos Sklaven-Status ein Ende gesetzt? Keinesfalls! So spricht Michael Zeuske mit Blick auf Anton Wilhelm Amo wie auch auf viele andere historische Figuren mit guten Gründen davon, dass es sich hier um „versklavte Schwarze in Europa" im Rahmen einer „Eigentums-Sklaverei" gehandelt habe[19]. Amo war in das Eigentum einer anderen Person übergegangen: Es gab in Europa Sklaven ohne Sklaverei,[20] eine Feststellung, die auf den ersten Blick nicht zum europäischen Jahrhundert der Aufklärung passen will. Und doch gehört dies zu den Widersprüchen der europäischen Aufklärung: Nicht wenige der – auch in unserer Vorlesung behandelten – Aufklärer waren in den transatlantischen Sklavenhandel verstrickt.

Anton Ulrich, der für sein engagiertes Eintreten für die Künste und Wissenschaften wie auch als Verfasser zweier Romane bekannte regierende Herzog von Braunschweig-Wolfenbüttel, nahm das ihm von der West-Indischen Kompanie überbrachte ‚Geschenk' an und verlieh zusammen mit seinem nicht weniger der Aufklärung zuneigenden Sohn Wilhelm August dem schwarzen Jungen die fürstlichen Vornamen als Taufnamen. Die bereits erwähnte Taufe des Jahres 1707, die in die Zeit vor den Übertritt des Herzogs im Jahre 1709 zum katholischen Glauben fiel, widerspricht im Übrigen der von William E. Abraham vorgetragenen These,[21] dass der Junge aus einer bereits christlichen (und damit notwendig getauften) Familie aus einem Dorf bei Axim im heutigen Ghana[22] stammen könnte. Sie führt vielmehr im Zeichen des christlichen Glaubens den wahrscheinlich, wenn auch nicht unumstritten, von der damaligen Goldküste stammenden Namen Amo[23] mit

---

18 Vgl. hierzu den einführenden Essay „Sklavereien statt Sklaverei: Ein historisch-anthropologischer Essay" in Zeuske, Michael: *Handbuch Geschichte der Sklaverei. Eine Globalgeschichte von den Anfängen bis zur Gegenwart*. Berlin – Boston: Walter de Gruyter 2013, S. 1–26.
19 Ebda., S. 517; vgl. auch Arndt, Susan: *Die 100 wichtigsten Fragen: Rassismus*, S. 142 f.
20 Vgl. Zeuske, Michael: *Handbuch Geschichte der Sklaverei. Eine Globalgeschichte von den Anfängen bis zur Gegenwart*. Berlin – Boston: Walter de Gruyter 2013, S. 517.
21 Vgl. Abraham, William E.: The Life and Times of Anton Wilhelm Amo, the First African (Black) Philosopher in Europe. In: *Current Anthropology* (Chicago) XVI, 3 (September 1975), S. 426.
22 Vgl. Brentjes, Burchard: Anton Wilhelm Amo, First African Philosopher in European Universities, S. 443.
23 Schon Wolfram Suchier mutmaßte, es könne sich um einen Familiennamen von der Goldküste handeln, aber auch um eine Benennung durch die christliche Liebe, wobei der kleine ‚Mohr' am Hofe von Anton Ulrich aber auch bisweilen den Amor dargestellt haben könnte; vgl. Suchier, Wolfram: A.W. Amo. Ein Mohr als Student und Privatdozent der Philosophie in Halle, Wittenberg und Jena 1727 / 1740. In: *Akademische Rundschau. Zeitschrift für das gesamte*

den Vornamen eines europäischen Fürstenhauses zusammen, das sich ganz ‚natürlich' im Besitz afrikanischer Diener befand. Denn in dieser Hinsicht war ‚der Fall Amo' in der Tat nicht außergewöhnlich.

So wurde der kleine Anton Wilhelm Amo zu einem Teil jener schwarzen Dienerschaft, die man sich wie auch an vielen anderen Fürstenhöfen als exotisches Statussymbol und Zeichen eigener Machtfülle zur Verfügung wie zum Vergnügen ‚hielt'. Sie glauben mir das nur schwer? Dann machen Sie mal einige Schritte von der Universität in den Park Sanssouci, wo sie am östlichen Ende auf das sogenannte „Mohren-Rondell" stoßen werden! Selbst die Touristenführer in Schloss und Park wissen bisweilen über diese Seite der Geschichte nichts.

Damit aber entwickelte sich Amos Leben, der seit Ende seiner Studienjahre seinem Nachnamen die Bezeichnung „Afer" beziehungsweise „Guinea Afer" hinzuzufügen begann, von Beginn an in einem Spannungsfeld, das in *geographischer* Hinsicht von Westafrika und der Karibik, Holland und Deutschland gebildet wurde. Es handelt sich um eine Tatsache, die schon auf dieser Ebene die spezifisch *transareale* Dimension des Lebens, aber auch Schaffens Anton Wilhelm Amos unübersehbar vor Augen führt. Es gibt noch viele Zeichen dieser Geschichte aus jener nicht allzu fernen Zeit wie etwa auch die Bezeichnung „Mohrenstraße" oder „Mohren-Apotheke": Wir müssen sie nur zu verstehen lernen ...

Räumen wir an dieser Stelle ein: Die Herzöge von Braunschweig-Wolfenbüttel ließen ihrem Patenkind zweifellos eine überdurchschnittlich gute Behandlung zuteilwerden, zumindest wenn wir diese mit den Lebensbedingungen anderer schwarzer Diener und Pagen an europäischen Fürstenhöfen vergleichen. Wäre dies nicht der Fall gewesen, wir hätten niemals mehr etwas von diesem ‚Sklaven ohne Sklaverei' gehört. Damit soll keineswegs das ungeheure, vom Rassedenken stark geprägte Spannungsverhältnis geleugnet oder auch nur relativiert werden, mit dem sich Anton Wilhelm Amo von Beginn seines Lebens an konfrontiert sah. Er wurde für seine Herren, für seine ‚Besitzer' zum Experiment, zum Versuchsobjekt, an dem die Bildungsfähigkeit ‚des' Afrikaners erprobt werden sollte; und er verwandelte sich durch die Nutzung dieser Chance vom Objekt einer an ihm vollzogenen Handlung in ein handelndes Subjekt, in den ‚Herren' (Span. „amo") seines Schicksals, das ihn freilich niemals gänzlich frei zur Entfaltung kommen ließ.

Nur wenig wissen wir über die Zeit zwischen Anton Wilhelm Amos Taufe und seiner Einschreibung an der aufstrebenden preußischen Universität Halle,

---

*Hochschulwesen und die akademischen Berufsstände* (Leipzig) IV, 9–10 (Juni – Juli 1916), S. 441–448, hier, S. 443.

die zum damaligen Zeitpunkt für ihre herausragende Rolle innerhalb der deutschen Frühaufklärung bekannt war. Noch immer wirkte in Halle der Ruf Wolffs nach, aller Pietisten zum Trotz. Doch einige Belege gibt es aus dieser vouniversitären Zeit, die für Amos geistige Entwicklung sicherlich wichtig, doch für seine intellektuelle Statur zweifellos nicht entscheidend waren. Kammerrechnungen des Wolfenbüttelers Hofs aus den Jahren 1716 und 1717 sowie 1720 und 1721 sowie eine handschriftliche Quittung Amos über erhaltenes Kostgeld belegen wiederholte Zahlungen an den jungen Mann und lassen vermuten, dass er für Dienste bei Hofe entlohnt wurde. Doch bleibt bis heute noch immer unklar, welche Ausbildung Anton Wilhelm Amo in Wolfenbüttel genoss, ob er die in vielerlei Hinsicht ausgezeichnete Ritter-Akademie von Wolfenbüttel besuchen durfte[24] – Wolfram Suchier brachte auch das berühmte Hallische Waisenhaus ins Spiel[25] – oder sich gar zunächst zwischen 1721 und 1727 an der Landesuniversität des Herzogtums in Helmstedt immatrikulierte.[26] Die Amo-Forschung wird diese Lücken sicherlich künftig schließen; doch für die Ausrichtung unserer Überlegungen ist dies nicht von entscheidender Relevanz.

Keine dieser Hypothesen konnte jedenfalls bis heute schlüssig belegt werden. Erblickten seine Herren in ihm noch immer den Sklaven, der ihnen zum Geschenk gemacht worden war, sahen sie in ihm ein Versuchsobjekt, mit dem man Experimente veranstalten konnte, oder die Chance, eine (im europäischen Sinne verstandene) humanistische Ausbildung im Geiste der Frühaufklärung auch Bewohnern anderer Weltteile zukommen zu lassen? Wie auch immer man diese Fragen beantworten mag: Anton Wilhelm Amo wurde zu einem Studenten in Preußen. Und er wuchs zu einem jungen Intellektuellen heran, der seinen eigenen Kopf hatte und seinen eigenen Weg in der Frühaufklärung ging.

Als Anton Wilhelm Amo nach Halle und damit in eines der Zentren der deutschen Frühaufklärung kam, hatten dort – wie bereits angedeutet – die Auseinandersetzungen zwischen Pietisten und aufklärerischen Rationalisten ihren ersten großen Höhepunkt überschritten. Die Verbannung des längst international renommierten Aufklärungsphilosophen Christian Wolff durch den Preußischen König war längst ein Faktum, und dass dies auf Betreiben der Klerikalen erfolgt war ebenso. Anton Wilhelm Amo galt als junger Student wie später als Universitätsdozent lange Zeit als glühender Verehrer Wolffs. Doch auch wenn Carl Günter Ludo-

---

24 Vgl. Abraham, William E.: The Life and Times of Anton Wilhelm Amo, the First African (Black) Philosopher in Europe, S. 429.
25 Vgl. Suchier, Wolfram: A.W. Amo, S. 443.
26 Vgl. Ebda., S. 444; Lochner, Norbert: Anton Wilhelm Amo. A Ghana Scholar in Eighteenth Century Germany, S. 170 f; sowie (ders.): Anton Wilhelm Amo. In: *Übersee-Rundschau* (Hamburg) 10 (1958, S. 22–31, und Arndt, Susan: *Die 100 wichtigsten Fragen: Rassismus*, S. 143.

vici, selbst ein vehementer Vertreter Wolffs, seinen Zeitgenossen Amo auch als „einen fürnehmlichen Wolffianer"[27] bezeichnete – eine Verortung, die bis heute höchst umstritten ist[28] –, so kann der in Afrika geborene Philosoph zumindest in sprachlicher Hinsicht kaum als ein solcher gelten, da er selbst in seiner Sprachenwahl anders vorging.

Denn zählte Christian Wolff zu jenen Philosophen der deutschen Frühaufklärung, die sich maßgeblich und nachhaltig für die Entfaltung des Deutschen als Sprache der Philosophie in Wort und Tat einsetzten, so wählte Anton Wilhelm Amo doch von Beginn an, aber auch in seiner späteren wissenschaftlichen Entwicklung die lateinische Sprache als Idiom seiner akademischen Kommunikation. Ein eher ‚konservativer', rückschrittlicher Akt? Oder gar ein stilles Einverständnis mit den orthodoxen Kräften an der vom preußischen Herrscher gemaßregelten Universität?

Keineswegs: Aus heutiger Perspektive erscheint die Sprachenwahl Amos als konsequent! Denn für die langfristige Entscheidung zugunsten des Lateinischen dürften gute Gründe den Ausschlag gegeben haben. Zum einen war Latein an deutschen Universitäten noch immer die (wenn auch keineswegs mehr unbestritten) dominante Sprache der Wissenschaft, verfügte es gerade in Deutschland doch noch immer über ein hohes Prestige als international verständliche Gelehrtensprache, in der man sich über die Landesgrenzen hinweg verständigen konnte. Zum anderen befand sich das Deutsche im Bereich der Philosophie zweifellos noch in den Kinderschuhen, folglich in einer Phase der Konstituierung und begrifflichen Ausdifferenzierung, deren Ergebnis noch offen war. Innerhalb einer französischsprachigen République des Lettres sollte es auch künftig eine nur marginale Rolle spielen. Das Lateinische aber war – und dies dürfte für Amo das entscheidende Element seiner Sprachenwahl gewesen sein – bereits zu Beginn der ersten Phase beschleunigter Globalisierung neben dem Spanischen und Portugiesischen zu einer globalisierten Weltsprache geworden, in der grundlegend wichtige Schriften nicht allein in Europa, sondern gerade auch in den außereuropäischen Kolonien insbesondere Amerikas verfasst und gelesen wurden. Vielleicht war Amo dies zu

---

27 Ludovici, Carl Günter: *Entwurf einer vollständigen Historie der wolffischen Philosophie.* Teil III. Bd. 1,3. Leipzig 1738, S. 230. Vgl. hierzu kritisch die Dissertation von Edeh, Yawovi Emmanuel: *Die Grundlagen der philosophischen Schriften von Amo. In welchem Verhältnis steht Amo zu Christian Wolff, dass man ihn als einen „führnehmlichen Wolffianer" bezeichnen kann?* Essen: Verlag Die Blaue Eule 2003, S. 11 u. *passim.*

28 Die soeben angeführte Dissertation von Yawovi Emmanuel Edeh bemüht sich vollumfänglich um den wissenschaftlichen Beleg dafür, dass Amo nicht den Wolffianern zuzurechnen sei; vgl. hierzu auch das abschließende Kapitel seines Bandes in ebda., S. 144–162. Die entgegengesetzte Position findet sich u. a. auch bei Abraham, William E.: Anton Wilhelm Amo, S. 195 f.

Beginn seiner akademischen Laufbahn noch nicht bewusst; später aber dürfte es für ihn ausschlaggebend gewesen sein.

Demgegenüber konnte das Deutsche bestenfalls als eine regionale Sprache gelten, der im Übrigen im weiteren Verlauf des 18. Jahrhunderts innerhalb der sich herausbildenden internationalen Netzwerke der europäischen Aufklärung – ihres unbestreitbaren Aufstiegs gerade im Bereich der Philosophie ab der zweiten Jahrhunderthälfte zum Trotz – doch nur eine sekundäre Rolle zufiel. Die Verwendung des Lateinischen hingegen bot zumindest prinzipiell die Chance, von einem spezialisierten Lesepublikum weit über die Grenzen der deutschen Fürstentümer hinaus rezipiert werden zu können und eine internationale Öffentlichkeit zu erreichen.

So stand die Sprachwahl Amos ohne jeden Zweifel im Zeichen einer überregionalen und auch die Grenzen Europas überspannenden Kommunikationsfähigkeit, die den jungen Afrikaner jenseits seiner Sprachkompetenzen im Bereich des Deutschen, Niederländischen, Französischen, Englischen, Lateinischen, Griechischen oder Hebräischen interessieren musste. Amo war zweifelsohne polyglott, was ihn von den meisten seiner deutschsprachigen Zeitgenossen unterschied. Gerade in der Sonderkonjunktur einer Globalisierung unter holländischen Vorzeichen musste dem Studenten und Doktoranden in Halle, Wittenberg und Jena deutlich vor Augen stehen, dass das Deutsche keine Weltsprache war, das Lateinische – das noch immer erhebliche Kommunikationsaufgaben gerade auch in einem globalen Kontext erfüllte – aber sehr wohl. Amos mündliche wie schriftliche Sprachverwendung stand als Sprechen und Schreiben jenseits der eigenen Muttersprache ohnehin im Zeichen einer *translingualen* Sprachenquerung, die von Beginn an eine der zahlreichen weitreichenden Folgen seiner Verschleppung aus Westafrika darstellte. Doch auf dieses Schreiben ohne festen Wohnsitz, also translingual jenseits der eigenen Muttersprache, kommen wir später noch ausführlich zurück.

Die Frage der Sprachenwahl musste für einen Menschen, der in einer (Mutter-) Sprache aufgewachsen war, die er niemals beherrscht hatte, zu der er von Deutschland aus keinen Zugang mehr finden konnte und die nur von lokaler und regionaler Bedeutung gewesen sein dürfte, von großer geistiger Tragweite gewesen sein. Dass der Nachname Amo auf die verlorene Muttersprache verwies und damit eine der Zugehörigkeiten signalisierte, zugleich aber auch mit dem Lateinischen in evidenter Beziehung stand, musste für Anton Wilhelm einen wichtigen zusätzlichen Aspekt darstellen. In der definitiven Form des Namens Antonius Guilielmus Amo Afer stehen damit zwei von außen auferlegte Vornamen zwei selbstgewählten Namen und zugleich zwei Sprachen und Kulturen einander gegenüber, welche die ganze Komplexität, aber auch Vektorizität der Situation des jungen Mannes markieren. „What's in a name?" Der Name des Philosophen bildete gleichsam seinen ersten und fundamentalen Text, der sich bewusst in unterschiedliche Traditionen, Sprachen, Kulturen und Herkunftsbezeichnungen einschreibt. Im Namen ist die transareale Dimension von Leben, Denken und Schreiben dieses Philosophen vital (und für alle sichtbar) verankert.

Zugleich ist das Schreiben des ‚schwarzen Philosophen' in einem mehrfachen Sinne ein Schreiben jenseits und in Ermangelung der Muttersprache: ein Gewinn, der auf einem gewaltsam erzwungenen Mangel beruht. Nicht in seiner Muttersprache zu schreiben, stellt freilich im 18. Jahrhundert – gerade auch im Zeichen der sich herausbildenden République des Lettres – keineswegs ein Novum oder gar ein Alleinstellungsmerkmal dar. Anton Wilhelm Amo freilich wusste, dass viele wissen mussten, dass er aus einer im Europa der Frühaufklärung nicht als Kultur wahrgenommenen Sprachgemeinschaft deportiert worden war, um die Sprache und die Sprachen seiner Herren zu erlernen und zu sprechen.

Dass mit diesem Bewusstsein ein besonderes Verhältnis nicht nur zur Sprache, sondern zur Vielsprachigkeit verbunden ist, zeigt sich in seinem Leben wie in seinen Schriften sehr deutlich. Seine nicht allein begriffliche Arbeit an der Sprache war zweifellos auch dem Versuch geschuldet, mehr als „His Master's Voice" zu sein und mehr als nur die Sprache des kolonisierten Objekts zu sprechen. Wir können diesen langwierigen Prozess, den Amo durchlief, als ein eigentliches *Zur-Sprache-Kommen* begreifen, in dessen Verlauf sich Amo als Subjekt seiner eigenen Geschichte zu konstituieren lernte. Einer Geschichte, die aufgrund seines Bildungsweges außerordentlich war und doch zugleich repräsentativ für all jene Schwarze, die als Eigentum und Besitz von Fürsten an deutschen Höfen ihr Leben fristen mussten. Für die Allermeisten unter ihnen gab es ein solches *Zur-Sprache-Kommen* nicht.

Man muss hier folglich von einem *translingualen* Spannungsfeld sprechen, in welchem die vektorisierten geographischen Bezugssysteme nach ihrem adäquaten sprachlichen Ausdruck suchten, um ihn schließlich im Lateinischen zu finden, jener ‚toten' Sprache aus einer vergangenen Zeit, die seit dem Ausgang des 15. Jahrhunderts wieder zu einer Weltsprache und zur Sprache der Gelehrten geworden war. Amos Arbeit an der Sprache ist freilich niemals monolingual. Selbst dort, wo es um auf den ersten Blick einsprachige Ausdrucksweisen etwa im akademischen Diskurs geht, erscheint doch immer wieder der Bezug zu anderen Sprachen im Text. Dies lässt sich in seiner Wittenberger Dissertation bis hin zur Titelgebung in lateinischer und griechischer Begrifflichkeit beobachten: *Dissertatio inauguralis philosophica de humanae mentis APATHEIA seu sensionis ac facultatis sentiendi in mente humana absentia et earum in corpore nostro organico ac vivo praestantia.*

Translinguale Bewegungen sind bei Antonius Guilielmus Amo Afer folglich eine Konsequenz transarealer Erfahrungsmuster, die er von Kindheit an auf allen Ebenen seines Daseins durchzuerleben hatte. Die Vielsprachigkeit gab ihm zugleich aber auch die Möglichkeit zur Entwicklung einer viellogischen Denkweise, einer polylogischen Grundeinstellung, die sich in seinen Schriften immer wieder herausarbeiten lässt. Hieraus entsteht ein überaus komplexes Verhältnis zwischen dem Zur-Sprache-Kommen und dem Zur-Sprache-Bringen, welche das Subjekt Amo charakterisiert. Und dieses Subjekt konstituiert sich translingual, in der Querung verschiedener Idiome, durch Sprache.

Wohl im November 1729, etwa zweieinhalb Jahre nach seiner Immatrikulation, hielt Amo an der Universität Halle unter dem Vorsitz des renommierten Juristen, Diplomaten und Spezialisten für Internationales Recht, dem damaligen Kanzler der Universität, Johann Peter von Ludewig, seine Disputatio zum Thema *De iure Maurorum in Europa* ab, eine öffentliche Präsentation, mit welcher er sein Studium an der preußischen Universität abschloss. Ludewig, der später auch zu den politischen und diplomatischen Beratern der Könige von Preußen zählte, darf zu den wichtigsten Förderern Amos an der Universität Halle gezählt werden. Er könnte durchaus auf das Thema der öffentlichen Disputatio einen gewissen Einfluss gehabt haben.[29] Gerade in dieser akademischen Anfangszeit war es für Amo von immenser Bedeutung, über Freunde und Förderer im akademischen Bereich zu verfügen.

**Abb. 19:** Johann Jakob Haid: Johann Peter von Ludewig (1688–1743).

---

29 Vgl. hierzu die sicherlich zu weit gehenden Hypothesen von Suchier, Wolfram: A.W. Amo. S. 444; sowie Lochner, Norbert: Anton Wilhelm Amo. A Ghana Scholar in Eighteenth Century Germany, S. 171 f.

Doch bildete inmitten aller verschiedenen Motivationslagen der gewählte Gegenstand aus dem Bereich der Rechtswissenschaften zweifellos *das* Thema für den mittlerweile schon erfahrenen und unter seinen Kommilitonen herausragenden Studenten: Es war ihm buchstäblich auf den Leib geschneidert. Denn hier ging es in erster Linie um die rechtliche Stellung jener ‚Mohren‘ und ‚Hofmohren‘, jener Afrikaner in Europa, die in einer weitgehend rechtlosen Stellung, gleichsam als „Sklaven ohne Sklaverei",[30] in Europa lebten. So ist diese rechtswissenschaftliche Disputation sicherlich nicht nur mit Blick auf die Geschichte des internationalen Rechts in höchstem Maße bemerkenswert.[31] Es ging um nichts weniger als um eine Rechtsbestimmung, aber auch um eine Selbstbestimmung des in Afrika Geborenen hinsichtlich auch und gerade seiner eigenen Rechte in Europa. Im Kern handelte diese öffentliche Erörterung – und so ließe sich „Disputatio" auch übersetzen –von nichts anderem als der Klärung der *Rechte von Afrikanern in Europa*.[32] Hier verhandelte Amo in eigener Sache! Und er war zur Sprache gekommen, um im juristischen Diskurs zur Sprache bringen zu können, was aufs Engste mit seinem eigenen Lebenswissen[33] verbunden war – als Mensch von afrikanischer Herkunft im vorfriderizianischen Preußen.

Diese erste Schrift Anton Wilhelm Amos konnte bislang nirgendwo aufgefunden werden und gilt folglich als verschollen. Auch ist noch immer fraglich, ob sie jemals gedruckt worden ist. Darf man hoffen, dass sie jemals von der Amo-Forschung wieder irgendwo ausfindig gemacht werden kann? Wie auch immer: Ihr Thema war brisant! Die Tatsache, dass die Disputation in Halle nachweislich großes Aufsehen erregte, aber selbst in der historiographischen Auflistung aller juristischen Disputationes nicht auftauchte,[34] mag zusätzlich Erstaunen und nicht von ungefähr einen Verdacht nähren.[35] Denn hier könnte böse Absicht und eine feindliche Hand im Spiel gewesen sein, um Amos Überlegungen ein für alle Mal wieder aus der Welt zu schaffen. Doch sind auch die Argumente, dass es zu einer Drucklegung dieser

---

**30** Zeuske, Michael: *Handbuch Geschichte der Sklaverei. Eine Globalgeschichte von den Anfängen bis zur Gegenwart*. Berlin – Boston: Walter de Gruyter 2013, S. 517.
**31** Vgl. hierzu Mabe, Jacob Emmanuel: *Anton Wilhelm Amo interkulturell gelesen*, S. 20 f.
**32** Vgl. hierzu auch Bess, Reginald: A.W. Amo: First Great Black Man of Letters. In: *Journal of Black Studies* (Thousand Oaks) XIX, 4 (June 1989), S. 387–393, hier S. 391.
**33** Vgl. hierzu Ette, Ottmar: *ÜberLebenswissen. Die Aufgabe der Philologie*. Berlin: Kulturverlag Kadmos 2004.
**34** So weist Wolfram Suchier in seiner frühen, bahnbrechenden Studie darauf hin, dass auch in Christoph Weidlichs Verzeichnis aller juristischen Disputationen zu Halle aus dem Jahre 1789 jeglicher Hinweis auf Amos Disputatio fehlt; vgl. Suchier, Wolfram: A.W. Amo, S. 444.
**35** Vgl. hierzu Sephocle, Marilyn: Anton Wilhelm Amo. In: *Journal of Black Studies* (Thousand Oaks) XXIII, 2 (December 1992), S. 185 f; sowie Bess, Reginald: A.W. Amo: First Great Black Man of Letters, S. 390 f.

Schrift niemals gekommen sei, nicht gänzlich von der Hand zu weisen.[36] So sind wir hier auf Indizien angewiesen und müssen uns mit dem begnügen, was wir über den Inhalt von Amos frühester Schrift über ihren Titel hinaus wissen.

William E. Abraham betonte, Amo habe mit seinen Überlegungen ein möglichst breites Publikum erreichen und ein Nachdenken über die weitgehend rechtlose Lage von Afrikanern in Europa auslösen wollen.[37] Sollte dies in der Tat sein Ziel gewesen sein, so dürfte die Verwirklichung dieser Absicht durch das Verschwinden seiner Schrift (sollte diese überhaupt jemals in gedruckter Form vorgelegen haben) zumindest bis in unsere Tage unterbunden worden sein. In jedem Falle gilt, dass Anton Wilhelm Amo zumindest nach aktuellem Kenntnisstand auf die von ihm in *De iure Maurorum in Europa* entfaltete Problematik in seinen späteren Publikationen nicht mehr zurückgekommen ist. Bedeutet dies, dass er bei seinem Zur-Sprache-Kommen bemerkte, dass er nicht alles zur Sprache bringen durfte?

Über Amos erste Schrift wissen wir dank verschiedener historischer Quellen gar nicht so wenig. In seinen Ausführungen griff Amo auf das Römische Recht ebenso zurück wie auf die Rechtstitel afrikanischer Könige innerhalb des Römischen Reiches. Dies war gewiss notwendig, galt doch – wie im Bereich der Sklaverei – das Römische Recht nach seiner Auffassung noch immer überall dort, wo etwa das Germanische Recht keine näheren Aussagen traf oder Bestimmungen erließ.[38] Im Kern der Amo'schen Argumentation scheinen deutlich die den Afrikanern zugebilligten Rechtstitel gestanden zu haben, die jeglicher Legitimation von Sklaverei entgegenstanden. Amo berührt damit den juristischen Sachverhalt einer Sklavenschaft ohne Sklaverei.

Der politisch so einflussreiche von Ludewig, der weder als Freund der Wolff'schen Philosophie noch ihrer Vertreter gelten darf, setzte sich für den „Mohren in Europa" Anton Wilhelm Amo ein. Er förderte ihn auch auf seinem weiteren Weg und unterstützte ihn bis zum eigenen Tod im Jahr 1743. Dies schließt offensichtlich auch die Überlegungen Amos nicht nur zur abstrakten Rechtslage der Afrikaner allgemein, sondern auch zur konkreten Situation des jungen Philosophen selbst mit ein. Alles deutet darauf hin, dass Amo sich auf von Ludewig als Ratgeber und Freund bis in seine Zeit an der Universität Jena verlassen konnte. An die Stelle seiner fürstlichen Herren und Gönner trat damit zunehmend eine Gestalt, die als Universitätskanzler und Rechtswissenschaftler über subtilste Kenntnisse im akademischen Feld verfügte. Ihr Tod sollte später für Amo mehr als schmerzlich sein.

---

**36** Vgl. Brentjes, Burchard: *Anton Wilhelm Amo. Der schwarze Philosoph in Halle*, S. 37.
**37** Vgl. Abraham, William E.: The Life and Times of Anton Wilhelm Amo, S. 430.
**38** Vgl. hierzu auch ebda., S. 430 f.

Am Beginn von Anton Wilhelm Amos Schriften steht so eine Selbstbestimmung und mehr noch Selbstreflexion, die es ihm erlaubte, seine eigene Lage und Position, von der er aus sprach und sprechen konnte, klug zu thematisieren, zu diskutieren und mit seiner Person, mit seinem Namen zu verbinden. Das Versuchsobjekt hatte sich nicht nur als intelligent erwiesen, sondern zugleich einen eigenen Versuch in Sachen selbstbestimmten Lebens unternommen. Eine Kippfigur aber ergab sich zwischen der „Freyheit" und der „Dienstbarkeit", gerade auch mit Blick auf die „von Christen erkauften Mohren in Europa".[39] Damit waren die Grundlagen für die Gewinnung einer vielperspektivischen philosophischen Position gelegt, wie sie in den afrikanisch-europäischen Beziehungen innerhalb der Aufklärungsphilosophie im deutschsprachigen Raum – und nicht nur dort – wohl einzigartig ist. Dass dieser Aspekt später aus der Geschichte der deutschen Philosophie wie der Geschichte der Philosophie in Deutschland wissentlich getilgt werden sollte, unterstreicht nur die Bedeutung dieses verschütteten Denkers der Aufklärung.

Indem er sich in der Folge Fragen zuwandte, wie sie die Philosophie(n) der deutschen Frühaufklärung bewegten, sicherte er sich die Sympathie und auch die Unterstützung vieler Kollegen und mancher Förderer, allen voran des erwähnten Johann Peter von Ludewig. Aus der Reflexion seiner Deportation wie seiner Transplantation in einen von seinem Geburtsland gänzlich verschiedenartigen Kontext entsteht in der sich herausbildenden Philosophie des Antonius Guilielmus Amo eine durch den Zusatz „Afer" immer wieder neu ins Bewusstsein gerufene spezifische Dimension einer Innerhalb- *und* Außerhalbbefindlichkeit, welche die Untersuchung insbesondere erkenntnistheoretischer Fragestellungen zweifellos als vordringlich erscheinen ließ. Die afrikanische Herkunft des deutschen Philosophen in Europa reduzierte in der Folge in keiner Weise die anderen Bestandteile seines Namens, in dem sich wie in wohl keinem anderen Text sein Zur-Sprache-Kommen konzentriert und kristallisiert.

Wie erwähnt, tobte zu dem Zeitpunkt, als Amo von seinen herzoglichen Förderern, aber auch ‚Eigentümern' und Herren an die aufstrebende preußische Universität von Halle geschickt wurde, dort noch immer der Kampf der starken pietistischen Fraktion gegen die Rationalisten. Wie ebenfalls bereits kurz angesprochen, hatte ihr wichtigster Kopf, der zwischen Leibniz und Kant sicherlich originellste deutsche Aufklärungsphilosoph Christian Wolff, seine philosophische Position mit der sofortigen Verbannung aus Preußen bezahlen müssen. Das vorfriderizianische Preußen hatte Position bezogen und dies war Amo nicht entgangen. Gleichwohl gab es in Halle eine Vielzahl an Professoren, wie etwa den mit Wolfenbüttel eng verbundenen Christian Thomasius, der sich im Bereich der Jurisprudenz

---

39 Zit. nach Brentjes, Burchard: *Anton Wilhelm Amo. Der schwarze Philosoph in Halle*, S. 38.

für ein humanes, an den Ideen der Frühaufklärung ausgerichtetes Strafrecht einsetzte und im Übrigen wesentliche Akzente in der Leib-Seele-Problematik gesetzt hatte. Diese waren ebenfalls für ihre offenen und freiheitsliebenden aufklärerischen Positionen bekannt. Amo konnte folglich hoffen, dass sich aufklärerische Positionen in Philosophie und Rechtswesen doch noch durchsetzen würden.

Rekapitulieren wir nochmals kurz die damalige Situation der Hallenser Wissenschaftsgemeinde. Auch nach dem Jahre 1723 hielten die oftmals vehementen Auseinandersetzungen und Machtkämpfe unvermindert an, in denen sich insbesondere (der allerdings bereits im September 1728 und damit für Amo sehr früh verstorbene) Christian Thomasius und Johann Peter von Ludewig wiederholten Anfeindungen ausgesetzt sahen.[40] Anton Wilhelm Amo muss sehr früh begriffen haben, dass sich wissenschaftliche und intellektuelle Positionen niemals in einem abstrakten Raum ansiedeln, sondern die Ergebnisse komplizierter Vermittlungen sind. Er zog daraus Lehren für die eigene Laufbahn.

Mit den ständigen Veränderungen innerhalb dieses keineswegs autonomen, sondern von staatlichen wie klerikalen Eingriffen unmittelbar betroffenen Feldes hing sicherlich auch Amos Entscheidung zusammen, der Universität Halle und damit Preußen vorerst den Rücken zu kehren und an die damals noch nicht mit letzterer verbundene Universität Wittenberg zu wechseln. Angesichts des skizzierten akademischen Spannungsfeldes war dies zweifellos eine gute Entscheidung, der Amo sicherlich auch die glücklichste Zeit an einer deutschen Universität verdankte.[41] In Halle setzten sich die Auseinandersetzungen zwischen Wolffianern und Pietisten fort, wobei es in der Folge auch zum Weggang mehrerer wichtiger Professoren (wie etwa des bereits erwähnten Ludovici) aus Preußen kam. Die Universität Halle hatte unverkennbar an Bedeutung wie an Ausstrahlungskraft verloren.

Dieser für den Fortbestand der Universität nicht ungefährlichen Abwanderung schloss Amo sich an. Und man könnte im Sinne der Bourdieu'schen Feldtheorie[42] durchaus davon ausgehen, dass das Verlassen Preußens in gewissem Maße auch dem Verlassen eines zum einen für Preußen, aber auch für die Universität Halle spezifischen Teilfelds philosophischer Positionskämpfe gleichkam. Damit eröffnete sich für Amo eine zweite akademische Spielfläche, auch wenn diese schon aufgrund der Nähe zu Halle nicht grundsätzlich von der dortigen Universität getrennt war. Aber das Überschreiten der preußischen Landes-

---

**40** Vgl. ebd., S. 34 f.
**41** Vgl. hierzu auch Brentjes, Burchard: *Anton Wilhelm Amo. Der schwarze Philosoph in Halle*, S. 38 f.
**42** Vgl. hierzu auch Jurt, Joseph: *Das literarische Feld. Das Konzept Pierre Bourdieus in Theorie und Praxis.* Darmstadt: Wissenschaftliche Buchgesellschaft 1995.

grenze bot doch einen zusätzlichen, wenn auch nur momentanen Schutz für die eigene Person vor pietistischen Verfolgungen jeder Art.

So trug sich Amo am 2. September 1730 in die Matrikel der Universität Wittenberg ein, wo die Pietisten zum damaligen Zeitpunkt noch keine vergleichbare Macht zu entfalten in der Lage waren. Bereits wenige Wochen später, am 17. Oktober 1730, wurde er zum Magister der Philosophie und der Freien Künste promoviert: Seine universitären Leistungen aus Halle waren mit einer Schnelligkeit anerkannt worden, die aus heutiger Perspektive Bewunderung, vielleicht auch Scham erregen muss: Sie alle wissen, dass wir in unserem digitalen Zeitalter für Anerkennungen akademischer Leistungen wesentlich länger brauchen. Doch glücklicherweise musste Amo keine übersetzte Geburtsurkunde aus seinem Heimatdorf und kein polizeiliches Führungszeugnis vorlegen. Doch ich erspare mir weitere Kommentare: Selbst eine simple Impfung in Corona-Zeiten verursacht einen wesentlich höheren bürokratischen Aufwand im selben Bundesland als eine damalige Anerkennung akademischer Abschlüsse jenseits der ehemaligen Landesgrenzen! Amos Weggang nach Wittenberg war auch insofern ein geschickter Schritt, als er nun über einen ersten akademischen Abschluss verfügte, auf den er nun an einer weiteren angesehenen Universität aufbauen konnte.

Zugleich veränderte Amo nun sein wissenschaftliches Profil und wandte sich verstärkt den medizinischen Studien zu. Damit legte er die Grundlagen für seine spätere Dissertation, die sich im Grenzgebiet zwischen Medizin, Anthropologie und Philosophie ansiedeln sollte. Unter der fürsorglichen Begleitung des Physikers Martin Gotthelf Loescher, der zu den gemäßigten Mechanisten im Bereich der Medizin zählte,[43] arbeitete sich der frischgebackene Magister in die Erforschung der neuen Gegenstände zügig ein und erwarb sich große Anerkennung bei den Professoren wie den Studierenden in Wittenberg.

Man darf ohne jede Übertreibung sagen, dass die Universität Wittenberg sich ihres schwarzen Magisters rühmte und ihn anlässlich eines Besuchs des neuen Kurfürsten von Sachsen Friedrich Augusts III., des späteren polnischen Königs, in der Universitätsstadt bewusst an die Spitze der Abordnungen stellte, die den Souverän empfingen.[44] Binnen weniger Jahre hatte sich Amo ein hohes Prestige in der Universitätsstadt erworben. Es sah gut aus für die akademische Laufbahn des jungen Schwarzen in Deutschland.

---

**43** Brentjes, Burchard. *Anton Wilhelm Amo. Der schwarze Philosoph in Halle*, S. 41.
**44** Vgl. hierzu Lochner, Norbert: Anton Wilhelm Amo: A Ghana Scholar in Eighteenth Century Germany, S. 174 f.

Am 10. Mai des Jahres 1733, so bezeugen es die *Hamburgischen Berichte von neuen Gelehrten Sachen* vom 2. Juni desselben Jahres, seien die Ehrenformationen in Gegenwart des gnädigen sächsischen Kurfürsten zur Erbhuldigung und Ehrenbezeugung angetreten. Bereits ein kleiner Ausschnitt aus dem detaillierten Bericht mag uns ein anschauliches Bild davon vermitteln, welche Rolle Anton Wilhelm Amo übernahm:

> Der Herr M. Amo, ein Africaner, stand in der Mitten, als Commandeur über das gantze Corpo, schwarz gekleidet, einen propren Stock in der Hand tragend, und über die Weste mit einem breiten weissen Ordens-Bande angethan, worauf das Chur-Sächs. Wapen mit Gold und untermengten schwartzen Seide prächtig gestickt war. Die beyden Marschälle aber, welche ihn in das Collegium begleitet, trugen schwartze Ordens-Bänder über das Hemde, damit zwischen ihnen, was den Putz anlanget, ein Unterschied seyn mögte.[45]

Der ‚schwarze Philosoph‘, der in einem prachtvollen schwarzen Ornat erschien, war endgültig zu einem Vorzeigeobjekt geworden, mit dem man bei offiziellen Gelegenheiten Staat machen konnte. Sicherlich kann man diese Herausstellung des an mehreren Aufzügen zu Ehren des sächsischen Kurfürsten beteiligten und seine Marschälle kommandierenden schwarzen Magisters auch als eine Kippfigur lesen. Dies insofern, als sich die Ausnahmestellung Amos von der Inklusion sehr rasch in ihr Gegenteil einer Exklusion verkehren konnte, mochte sich doch der eine oder andere der erlauchten Zuschauer an die Rolle der Hofmohren gerade auch an deutschen Fürstenhöfen erinnert fühlen. Die herausgehobene Stellung Amos ist folglich durchaus ambivalent zu beurteilen. Und sie sollte sich auch in der Tat mit Blick auf die künftige Rolle des Philosophen in Deutschland als höchst ambivalent erweisen.

Seine Ehrung beruhte zweifellos auf dem hervorragenden Ruf, den sich der junge Magister der Philosophie und freien Künste im Verlauf der zurückliegenden Jahre an der Universität Wittenberg erworben hatte. Und auch sonst scheint der „Africaner" durchaus in das universitäre Leben integriert gewesen zu sein, bewahrt das Stadtarchiv Wittenberg doch noch Listen auf, in denen – wie der Stadtarchivar Kühne herausfand[46] – die säumigen Zecher erfasst wurden – unter ihnen kein Geringerer als der Herr Magister Amo. Es gab offenkundig genügend Gründe zum Feiern.

Doch dieser in Wittenberg weithin anerkannte und respektierte angehende Philosoph trug sich auch in eine andere Liste ein: jene der Doktoranden, die ihre

---

45 *Hamburgische Berichte von neuen Gelehrten Sachen* (Hamburg) XLIX (2. Juni 1733), S. 366.
46 Hierauf macht aufmerksam Brentjes, Burchard: *Anton Wilhelm Amo. Der schwarze Philosoph in Halle*, S. 46.

Dissertationen vorbereiteten und sich im Schuldiskurs deutscher Philosophie in der Zeit der Frühaufklärung übten. Wenn Anton Wilhelm Amo sich in Halle mit einer juristischen Problematik auseinandergesetzt hatte, die für ihn von vitalem Interesse war, so bestand seine List in Wittenberg darin, nunmehr einer erkenntnistheoretischen Fragestellung zu folgen, die sich mit dem Verhältnis von Körper und Seele, mit der Leib-Seele-Problematik, beschäftigte. Bei dieser Thematik, die zweifellos zu den wichtigen, vielleicht sogar zentralen, in jedem Falle stark umkämpften Fragestellungen der damaligen Philosophie gehörte, ging es Amo um eine höchst innovative Sichtweise des Verhältnisses zwischen Körper und Seele, wobei die selbstgestellte Aufgabe darin bestand, die Zurechnung der Empfindungen dem Körper oder der Seele zuzuordnen. Nur auf den ersten Blick erscheint diese Fragestellung als ein rein akademisches Problem. Worin aber besteht das Spannende in ihr?

In seiner vierundzwanzig Seiten umfassenden Inaugural-Dissertation *De humanae mentis apatheia* (deren vollständiger Titel zu übersetzen wäre mit *Die Apatheia der menschlichen Seele oder über das Fehlen der Empfindung und der Fähigkeit des Empfindens in der menschlichen Seele und das Vorhandensein von beiden in unserem organischen lebenden Körper*) ging Amo dieser Frage in lateinischer Sprache auf höchst systematische und konzise Weise nach. Bereits im Titel findet sich dabei das für die Arbeit zentrale Lexem „vivo". Dieses eminent wichtige Lebens-Lexem wird Amo in seiner straff und klar strukturierten Dissertation nach der Aufzählung zweier negativer Thesen in der dritten, nun affirmativen These in der Titelformulierung gleich auf der ersten Seite wiederholen, wo von *„unserem organischen lebenden Körper"* die Rede ist.[47]

---

47 Ich benutze hier die deutsche Ausgabe von *De humanae mentis apatheia* in: Antonius Guilielmus Amo Afer aus Axim in Ghana: *Übersetzung seiner Werke*. [Übers. A. Blaschka?]. Halle (Saale): Martin-Luther- Universität Halle-Wittenberg 1965, hier S. 71. Diese Übersetzung ist nicht unproblematisch, wie schon die aktualisierende Angabe des Verfassers (aus Ghana, nicht wie im Original aus Guinea) zeigt. Die Originalausgabe in lateinischer Sprache erschien 1734 in Wittenberg bei Schlomacher unter dem Titel *Dissertatio inauguralis philosophica de humanae mentis* **APATHEIA** *seu sensionis ac facultatis sentiendi in mente humana absentia et earum in corpore nostro organico ac vivo praestantia*. Eine etwas differierende Übersetzung findet sich im Anhang zu Brentjes, Burchard: *Anton Wilhelm Amo. Der schwarze Philosoph in Halle*, S. 87–108. Das Originalzitat in lateinischer Sprache lautet: „corpori nostro organico et uiuo" (hier wie in der Folge zitiert nach der faksimilierten Edition der *Dissertatio inauguralis philosophica de humanae mentis* **APATHEIA** *seu sensionis ac facultatis sentiendi in mente humana absentia et earum in corpore nostro organico ac vivo praestantia*. Philosophische Inauguraldissertation, Wittenberg 1734, Facsimile-Ausgabe. Halle (Saale: Martin-Luther-Universität Halle-Wittenberg 1978, S. 3.)

Gute Gründe lassen sich dafür ins Feld führen, in dieser Inaugural-Dissertation zumindest in einem weiten Sinne eine lebenswissenschaftlich ausgerichtete Studie zu erkennen. Denn ging es in *De iure Maurorum in Europa* um eine das eigene Lebenswissen des in Afrika Geborenen und nach Europa Verschleppten integrierende rechtswissenschaftliche Fragestellung, so verfolgte die Dissertation die Frage nach dem Leben aus der Perspektive des Leib-Seele-Dualismus. Die intertextuellen Gesprächspartner waren in dieser Studie nicht nur Verfasser medizinischer oder physiologischer Abhandlungen, sondern auch Philosophen vom Range eines John Locke oder René Descartes, mit denen sich der schwarze deutsche Philosoph kritisch befasste. Denn er hatte die Reichweite seiner philosophischen Studien deutlich ausgeweitet.

Die im Jahr 1734 in Wittenberg vorgelegte, unter dem Vorsitz von Martin Gotthelf Loescher öffentlich verteidigte und noch im selben Jahr im Druck erschienene Inaugural-Dissertation geht dabei davon aus, dass der menschliche Körper „als etwas sehr Vollkommenes aus verschiedenen lebenskräftigen und beseelten Organen zuerst von dem Schöpfer kunstreich verfertigt und auch durch Zeugung fortgepflanzt worden" ist.[48] Hier wird der Körper als *lebendige*, von einem Schöpfer *erzeugte*, von Menschen *gezeugte* und von einer Lebenskraft („vis vitalis") vorangetriebene Einheit verstanden, wobei sich Amo hier auf eine von ihm angeführte Schrift Christian Vaters stützt.

Die zentrale und für die Aufklärungsperiode wichtige Setzung Amos ist die einer Lebenskraft. Allen Dingen wohnt laut Amo eine solche inne. Der zentrale Begriff der Empfindung wird dabei mit jenem des Lebens verbunden:

Alles, was empfindet, das lebt. Alles, was lebt, nimmt Nahrung auf. Alles, was lebt und Nahrung aufnimmt, wächst. Alles, was von dieser Art ist, wird schließlich in seine Urstoffe (prima principia) aufgelöst. Alles, was in seine Urstoffe aufgelöst wird, ist aus Urstoffen zusammengesetzt (principiatum). Alles, was aus Urstoffen zusammengesetzt ist, hat seine konstitutiven Teile. Alles, was von dieser Art ist, ist ein teilbarer Körper. Wenn also die menschliche Seele empfindet, so folgt daraus, dass sie ein teilbarer Körper ist.[49]

---

**48** Antonius Guilielmus Amo Afer: *Übersetzung seiner Werke*, S. 76. Im lateinischen Original: „ad corpus quod adtinet est: elegantissimum e diuersibus organisuitablibus et animalibus a creatore primum fabrefactum, et de hinc quoque per generationem propagatum." (*De humanae mentis **apatheia***, S. 9.)
**49** Ebda., S. 101f. Im lateinischen Original: „Quidquid sentit, illud uiuit, quidquid uiuit nutritur, quidquid uiuit et nutritur augmentatur, quidquid huius modi est, tandem in sua Prima principia resoluitur, quidquid in sua prima principia resoluitur, est principiatum, omne principiatum habet suas partes constituias, quidquid eius modi est, est corpus diuisibile si igitur mens humana sentit, sequitur quod sit corpus diuisibile." (*De humanae mentis **apatheia***, S. 15.)

Anton Wilhelm Amo verwendet die ganze Schärfe seines Geistes darauf, mit Hilfe seiner Logik und mancherlei Syllogismen zu beweisen, was er bereits im ersten Teil seiner Arbeit, gleich zu Beginn seiner Ausführungen, als Behauptung oder Arbeitshypothese deutlich formuliert hat. Dass nämlich „jeder Geist außerhalb jedes Leidens steht"[50] – und er bekräftigt, dass wenn etwas materiell sei, „dass es nicht immateriell sein" könne.[51] In seinem radikalen Körper-Geist-Dualismus trennt er beide Bereiche folglich scharf voneinander ab.

Folgen wir der Hauptthese der Inaugural-Dissertation, dann ist die menschliche Seele, dann ist der menschliche Geist von allem Materiellen, allem Sinnlichen, allem Körperlichen getrennt und gleichsam ‚gereinigt' (und damit vom Körperlichen abgezogen, also *abstrakt*). Man könnte den Körper-Geist-Dualismus Amos, den man wohl einem gemäßigten Mechanismus zuordnen darf[52] und der eine durchaus deutliche Kritik an den Positionen von René Descartes enthält,[53] sehr wohl mit einer analogen Abtrennung in Verbindung bringen, die das Seelische, das Geistige vor allem Körperlichen schützt und damit von aller physischen Verfasstheit klar scheidet. Wir werden die Konsequenzen dieser wechselseitigen Abtrennung von Leib und Seele gleich erkennen.

Die Freiheit des Geistes zählt zweifellos zu den zentralen Theoremen der Philosophie Anton Wilhelm Amos. Es ist eine Freiheit, die von jedem Körperlichen abgetrennt ist. Und diese zentrale Überzeugung dürfte sich aus Quellen und einem Lebenswissen speisen, das für Amo höchst spezifisch ist und in seiner lebenspraktisch nicht hintergehbaren Rolle als Mensch schwarzer Hautfarbe unter Weißen begründet liegen dürfte. Insofern transportiert seine Philosophie nicht nur mit Blick auf seine rechtliche Situation, sondern auch auf die zentralen Begriffe zeitgenössischer philosophischer Debatten sehr viel Autobiographisches. Das Denken Amos erklärt sich für frei von jeglicher körperlichen Bindung oder Verfasstheit.

Man könnte aus den Überlegungen Amos auch die Folgerung ableiten, dass die Immaterialität des Geistes zugleich eine Freiheit impliziert, welche eine „apatheia" im positiven Sinne, also Gleichmut und Seelenruhe, ganz in der Tradition der Stoa ermöglicht. Diese Form der unerschütterlichen Seelenruhe, auf deren

---

50 Ebda., S. 73. Im lateinischen Original: „Omnem spiritum esse extra omnem passionem." (*De humanae mentis* **apatheia**, S. 5.)
51 Ebda., S. 74. Im lateinischen Original: „Si aliquid est immateriale sequitur quod materiale esse nequeat." (*De humanae mentis* **apatheia**, S. 6.)
52 Vgl. hierzu Brentjes, Burchard: *Anton Wilhelm Amo. Der schwarze Philosoph in Halle*, S. 46.
53 Vgl. hierzu Wiredu, Kwasi: Amo's Critique of Descartes` Philosophy of Mind. In (ders., Hg.): *A Companion to African Philosophy*, S. 200–206.

Vertreter Anton Wilhelm Amo in seinem späteren *Tractatus de arte sobrie et accurate philosophandi* verwies,[54] kann aber auch eine Waffe im philosophischen Kampf sein, insbesondere dann, wenn das Denken, wenn die Tätigkeit des Geistes, nicht an die materielle, physische Dimension des Körpers zurückgebunden und von dieser abhängig ist. Die Seelenruhe dieser ‚Apathie' schließt eine Seelengröße in sich ein, die auch den Anspruch darauf erheben kann, unabhängig von der jeweiligen Betrachtung des Körpers ganz selbstverständlich auf gleicher Augenhöhe argumentieren zu können. Auch in Amos *Tractatus*, auf den später noch zurückzukommen sein wird, taucht die „apatheia" bereits im Titel wieder auf, geht es Amo hier doch um ein Philosophieren im Zeichen nicht allein des Akkuraten und Präzisen, sondern auch des „sobrie", des Nüchternen, Unerschütterlichen und Seelenruhigen. Es ist beeindruckend, wie viel Stärke und Kraft, aber auch Selbstbeherrschung und Dagegenhalten aus den Überlegungen des jungen, sich profilierenden Philosophen spricht. Es handelt sich um eine Dissertation, welche die Grundlagen des Amo'schen Denkens umschreibt.

Mit *De humanae mentis apatheia* bewies Anton Wilhelm Amo nicht allein den Erfolg seiner wissenschaftlichen Sozialisation an deutschen Universitäten, sondern auch sein Talent, die Schärfe eigenständigen Denkens mit der Einsicht in die Spielregeln des akademischen Feldes zu verbinden. Amo ist auch im Sinne Bourdieus ein „Homo academicus" geworden. In der philosophischen Reflexion von Lebenswissen stellte er sein eigenes Überlebenswissen[55] im Bereich der Philosophie philosophisch ausdrucksstark unter Beweis.

Es sind für Amo wie für Amos Philosophie unzweifelhaft glückliche Jahre. Noch im selben Monat der öffentlichen Verteidigung seiner Dissertation wurde Anton Wilhelm Amo am 16. April 1734 zum „Magister legens" an der Universität Wittenberg ernannt und zugelassen. Er durfte hoffen, als Wissenschaftler in Deutschland Karriere machen zu können. Denn mit der Verteidigung der Dissertation im Folgejahr standen für Amo – so schien es – alle Türen im akademischen Bereich offen. Martin Gotthelf Loescher, Vorsitzender der Disputation Amos, hielt einmal mehr die herausragenden Fähigkeiten des jungen Mannes fest und verwies gleich zu Beginn seiner Ausführungen auf „Afrika und sein Land Guinea, das ganz weit von uns entfernt liegt und das einst von den Europäern Goldküste genannt wurde

---

**54** Vgl. zur Tradition der Stoa in Amos Denken sowie zu seinem Versuch einer Synthese zwischen Epiktet und dem Christentum u. a. Firla, Monika: *Ein Jenaer Stammbucheintrag des schwarzen Philosophen Anton Wilhelm Amo aus dem Jahr 1746*. Stuttgart: AfriTüDe Geschichtswerkstatt 2012, S. 9 f sowie 21.
**55** Vgl. hierzu Ette, Ottmar: *ÜberLebenswissen. Die Aufgabe der Philologie* (2004).

wegen der ungemein reichen Vorkommen von Gold".[56] Es ist gewiss kein Zufall, dass auch in den beiden zuletzt genannten Dokumenten die durchlauchten Gönner und Förderer, aber auch Herren von Anton Wilhelm Amo zuvörderst genannt wurden. Ist hier zumeist zwar von Gnade, Güte und väterlicher Milde die Rede, so wirft dies doch ein bezeichnendes Licht auf jene abhängige Lage, in der man den ‚schwarzen Philosophen' sehr wohl wusste. Denn seine Eigentümer und Besitzer brachten sich diskret in Erinnerung. Dennoch hatte Anton Wilhelm Amo allen Grund, die von ihm angestrebte Universitätskarriere zum Greifen nahe zu wähnen und die Hand nach ihr auszustrecken.

Bald schon verdüsterten sich jedoch die Aussichten für den aufstrebenden promovierten Philosophen. Nicht allein, weil im Jahr 1735 der letzte seiner Förderer unter den Herzögen von Braunschweig-Wolfenbüttel, Herzog Ludwig Rudolf, verstarb. Uns nicht allein deshalb, weil im selben Jahr auch Löscher verschied, der Freund und Lehrer Amos.[57] Für die Veränderung der Situation ausschlaggebend war sicherlich die Tatsache, dass nunmehr auch in Wittenberg der Kampf gegen alle, die als Anhänger der Wolff'schen Philosophie galten, mit zunehmender Vehemenz geführt und in orthodoxen Kreisen allen Ernstes sogar ein „Kanzelverbot für alle Anhänger der Wolff-Leibniz'schen Philosophie erörtert" wurde.[58] Fundamentalismen hatten schon immer Konjunktur.

Damit verwandelte sich das akademische Feld für Amo, der in Wittenberg seinem Namen wiederholt den geographischen Zusatz „Afrikaner aus Guinea" beilegte, erneut und deutlicher als je zuvor in ein gleichsam militärisches Feld von Auseinandersetzungen, die sein materielles Überleben als Philosoph ernsthaft bedrohten. Denn Anton Wilhelm Amo war kein Studiosus mehr: Er lehrte selbst und hatte bereits erste Schüler gefunden. Das Versuchsobjekt war zwar zu einem Vorzeigeobjekt geworden; doch erschien Amo offenkundig manchen nun zunehmend als Bedrohung. Freunde und Förderer, die ihn schützen konnten, wurden rar. Amo war zunehmend auf sich allein gestellt.

Doch er handelte: Er kehrte wieder zurück nach Preußen, um an der Universität Halle in einer zu diesem Zeitpunkt etwas weniger erhitzten Atmosphäre einen zweiten Versuch zu wagen, seine eigenständige, auf seinem Lebenswissen und ÜberLebensWissen aufbauende Philosophie im Rahmen des frühaufklärerischen

---

56 In deutscher Übersetzung wieder abgedruckt in Antonius Guilielmus Amo: *Übersetzung seiner Werke*, S. 87. Im lateinischen Original: „Africam & ejusdem longissime a nobis dissitam regionem Guineam, olim ora aurea, ob copiosissimum auri proventum ab Europaeis appellatam" (*De humanae mentis* **apatheia**, S. 23.)
57 Vgl. Brentjes, Burchard: *Anton Wilhelm Amo. Der schwarze Philosoph in Halle*, S. 47.
58 Ebda.

Diskursuniversums weiterzuentwickeln. Preußen schien ihm hierfür immer noch verlockend. Er wusste, dass er sich weiterqualifizieren und als Philosoph eine umfangreichere Schrift vorlegen musste, wollte er seine noch immer bestehende Chance wahrnehmen, seinen Traum von einer akademischen Laufbahn an deutschen Universitäten fortzusetzen. Es gab zu diesem Zeitpunkt keinen Grund, diese Zielstellung, die er nun schon über Jahre verfolgt hatte, unvermittelt aufzugeben. So setzte er seine Hoffnungen erneut auf Preußen.

Amo hatte seine universitäre Laufbahn im preußischen Machtbereich zu einem Zeitpunkt begonnen,[59] zu dem die seit Anfang der 1680er Jahre entstandene „Brandenburgisch-Afrikanisch-Amerikanische Kompanie" auch weiterhin die Verschiffung deportierter afrikanischer Sklaven von der sogenannten Goldküste in den karibischen Raum unter brandenburgischer beziehungsweise preußischer Flagge betrieb. Dieses Faktum bildet einen höchst widersprüchlichen Hintergrund für eine Karriere, die aus den unterschiedlichsten Perspektiven als emanzipatorisch anzusehen war. Anton Wilhelm Amo stand mit seinem Lebenslauf für diese Emanzipation.

Erst 1738, nach der Deportation von mindestens 30000 Afrikanern, liquidierte der „Soldatenkönig" die aufgrund schlechter Geschäfte längst in Schwierigkeiten befindliche Handelsgesellschaft, deren Auflösung somit noch vor den Tod von König Friedrich Wilhelm I. am 31. Mai 1740 und vor die Thronbesteigung seines Sohnes Friedrich II. von Preußen fällt. In diesem Preußen also, dessen kolonialistische Träume nach dem ersten Drittel des 18. Jahrhunderts vorerst ausgeträumt schienen, nimmt sich die in wachsendem Maße registrierte Präsenz des aufstrebenden und erfolgreichen, nun deutlich über dreißig Jahre alten Philosophen wie die inverse Darstellung einer Gesellschaft aus, die in ihren kolonialistischen Ambitionen gescheitert war. Vor dem Hintergrund kolonialer Träume Preußens und der Verwicklungen des Landes in den transatlantischen Sklavenhandel erscheint die Figur des Anton Wilhelm Amo geradezu als Provokation.

Der nach Leibniz im deutschsprachigen Raum zweifellos größte Philosoph, Immanuel Kant, in dessen Werk sich anders als bei seinem Zeitgenossen Blumen-

---

59 Vgl. Lennert, Gernot: Kolonisationsversuche Brandenburgs, Preußens und des Deutschen Reiches in der Karibik. In: Carreras, Sandra / Maihold, Günther (Hg.): *Preußen und Lateinamerika. Im Spannungsfeld von Kommerz, Macht und Kultur.* Münster LIT-Verlag 2004, S. 11–23; sowie Weindl, Andrea: The Slave Trade of Norther Germany from the Seventeenth to the Nineteenth Centuries. In: Eltis, David / Richardson, David (Hg.): *Extending the Frontiers: Essays on the New Transatlantic Slave Trade Database.* New Haven: Yale University Press 2008, S. 250–271. Zur Quellenlage vgl. Jones, Adam: *German Sources for West African History.* Wiesbaden: Franz Steiner Verlag 1983; sowie (ders.): *Brandenburg Sources for West African History 1680–1700.* Stuttgart: Franz Steiner Verlag 1985.

bach keinerlei Verweis auf Amo zu finden scheint, sollte Jahrzehnte später zu einer wichtigen Legitimationsfigur nicht nur des Rassedenkens, sondern rassistischer Vorstellungen werden. Diese schrieb der Königsberger Philosoph gerade mit Blick auf die schwarze Bevölkerung in Afrika und anderswo in seinen Schriften nieder.[60] Sollte er in seinem Preußen wirklich niemals etwas von dem in Halle, Wittenberg und Jena lehrenden deutschen Philosophen aus Afrika, der auch auf internationale Resonanz gestoßen war, vernommen haben? Dies ist alles andere als wahrscheinlich: Immanuel Kant war der sicherlich prominenteste all jener, die Anton Wilhelm Amo ebenso zu dessen Lebzeiten wie auch lange nach seinem Tode buchstäblich totschwiegen.

Umgekehrt dürfte die Geschichte des brandenburgisch-preußischen Kolonialismus Anton Wilhelm Amo sicherlich sehr vertraut gewesen sein, auch wenn sich in seinen Schriften dazu keinerlei Aussagen finden lassen. Wie hätte er von diesen Aktivitäten nicht wissen sollen, die sich überdies in einem geographischen Raum ansiedelten, zu dem auch die Region des zwischen verschiedenen europäischen Kolonialmächten aufgeteilten afrikanischen Küstensaums gehörte, in welchem er selbst zur Welt gekommen war? Amo war sich zweifellos der antikolonialen Tragweite und Sprengkraft seiner schieren Existenz und mehr noch seiner akademischen Brillanz bewusst.

Im Dekanatsbuch der Philosophischen Fakultät der Universität Halle ist jener Vermerk zu finden, mit dem am 21. Juli 1736 die Zulassung von Anton Wilhelm Amo nunmehr als Dozent an seiner Alma Mater bestätigt wurde.[61] Eine für den Philosophen wichtige Rolle innerhalb der wieder veränderten, für die Wolffianer offeneren Situation dürfte dabei erneut der Kanzler der Universität, Johann Peter von Ludewig, gespielt haben, zu dem Amo sicherlich die Verbindung aus dem nahen Wittenberg gehalten hatte. So konnte Amo unter dem Schutz von Ludewigs in Halle seine Tätigkeit als Dozent fortführen, die er – wie wir sahen – mit offenbar so großem Erfolg bereits in Wittenberg ausgeübt hatte. Der Akademiker

---

**60** Vgl. hierzu u. a. Arndt, Susan: *Die 100 wichtigsten Fragen: Rassismus*, S. 61–63; sowie vor dem Hintergrund der Beschäftigung mit Amo u. a. Gordon, Lewis R.: *An Introduction to Africana Philosophy*. Cambridge: Cambridge University Press 2008, S. 37 f; Mougnol, Simon: *Amo Afer. Un Noir, professeur d'université, en Allemagne au XVIIIe siècle*. Paris: L'Harmattan 2007, S. 25–27; sowie auch die angesichts der diesbezüglich einschlägigen Kant-Zitate aufgebrachten Äußerungen in der Amo nur kurz behandelnden Publikation von Schilling, Georg: *„Who was Anton Wilhelm Amo?"* – *„Remapping the Jungle"* vs. *„Vom faulen Holze lebend"*?! *An attempt against forgetting and „white"–washing, sad, racist „(a)e(sthe)tic(al)" texts of so called German „prime fathers" et al.* München: GRIN Verlag 2009, S. 24 und *passim*.
**61** Dieser Vermerk findet sich abgedruckt in Brentjes, Burchard: *Anton Wilhelm Amo. Der schwarze Philosoph in Halle*, Faksimile zw. S. 47/48.

wusste aufgrund seiner bedrückenden finanziellen Verhältnisse, die er in seinem Antrag an die Philosophische Fakultät sehr wohl erwähnte,[62] nur allzu gut, in welch umkämpftem Feld er sich bewegte. Doch war er gewillt, für sein Leben und Überleben im akademischen Milieu weiterzukämpfen.

In dieser Etappe seines Lebens freilich musste der Philosophus in erster Linie darauf bedacht sein, sein im engeren Sinne philosophisches Oeuvre entscheidend zu erweitern. Beharrlichkeit und Fleiß zählten neben der Klugheit zweifellos zu den Charakterzügen und Eigenschaften des ambitionierten Hochschullehrers. Und so konnte im Jahr 1738 – also just in jenem Jahr, als die preußische Krone aus dem transatlantischen Sklavenhandel ausstieg – in Halle sein eigentliches philosophisches Hauptwerk erscheinen: *Antonii Guilielmi Amo Guinea-Afri, philosophiae et artium liberalium magistri, Tractatus de arte sobrie et accurate philosophandi*. Weder im Vorfeld noch im Nachgang seiner Publikation scheint dieses Werk jedoch von jenen Auseinandersetzungen verschont worden zu sein, die Amo bereits zum Wechsel nach Wittenberg gedrängt, ja gezwungen hatten und ihn im Folgejahr 1739 erneut zum Verlassen der Universitätsstadt Halle bewogen haben dürften. Das ehemalige Vorzeigeobjekt wurde immer stärker in die Defensive gedrängt und sah zunehmend seine Chancen schwinden, eine glänzende akademische Laufbahn in Preußen, Sachsen oder anderen deutschen Ländern mit einer festen Professur krönen zu können.

Dass der *Tractatus de arte sobrie et accurate philosophandi*[63] im Lager der Pietisten kaum positiv aufgenommen werden konnte, zeigt sich bereits im paratextuellen Bereich dieses Werkes. Dort bedankt sich der Verfasser in seiner umfangreichen und auf den 6. Juli 1737 datierten Widmung nicht allein bei Johann Peter von Ludewig, sondern auch bei anderen Vertretern eines rationalistischen, kirchlichen Zwängen nicht unterworfenen und deutlich antipietistischen[64] Philosophieverständnisses höchst wortreich, wobei er seine Dankbarkeitsbeweise und Ehrerbietungen mit einem denkwürdigen Bescheidenheitstopos abschloss:

---

62 Vgl. Brentjes, Burchard: *Anton Wilhelm Amo. Der schwarze Philosoph in Halle*, S. 50.

**63** *Amo, Anton Wilhelm: Tractatus de arte sobrie et accurate philosophandi*. Halle: Kitler 1738; ich greife zurück auf die Übersetzung ins Deutsche unter dem Titel *Traktat von der Kunst nüchtern und sorgfältig zu philosophieren*. In: Antonius Guilielmus Amo Afer: *Übersetzung seiner Werke*, S. 103–281. Die lateinischen Originalzitate sind in der Folge jeweils entnommen dem *Tractatus de arte sobrie et accurate philosophandi. Antonii Guilielmi Amo Guinea-Afri, Philosophiae et artium liberalium magistri*. Nendeln: Kraus Reprint 1971.

**64** Vgl. hierzu auch Glötzner, Johannes: *Anton Wilhelm Amo. Ein Philosoph aus Afrika im Deutschland des 18. Jahrhunderts*. Vortrag anlässlich der 500-Jahrfeier der Universität Wittenberg-Halle am 27. Juni 2002 in Halle. München: Editionen Huber 2002, S. 14.

Wollen Sie daher diese meine wie immer gearteten Versuche, mich um die Öffentlichkeit verdient zu machen, freundlich aufnehmen und Nachsicht üben, sollte mir dabei etwas Menschliches zugestoßen sein; das ist's, worum ich inständig bitte. Im Übrigen möge Gott Sie, meine Mäzene, für beide Gemeinwesen, den Staat und die Gelehrtenrepublik, um die beide Sie sich auf das beste verdient gemacht haben und bis zur Stunde verdient machen, bis in die spätesten Tage in vollkommenem Wohlstand erhalten und noch viele Jahre zurücklegen lassen. Leben Sie wohl und bleiben Sie mir gewogen![65]

Ein Dank mit Abschied? Dies mag erstaunen. Doch erstmals wird eine veröffentlichte Schrift von Anton Wilhelm Amo nicht mehr mit dem Verweis auf seine Gönner, Herren und ‚Eigentümer‘, die Herzöge von Braunschweig-Wolfenbüttel, ‚gerahmt‘, sondern mit der Nennung jener Förderer eröffnet, die Amo – und dafür dürfte er gute Gründe gehabt haben – hier als seine Mäzene bezeichnet. Damit ist zweifellos eine deutlich markierte Eigenständigkeit verbunden, welche die (versklavte) Dienstbarkeit hinter sich lässt und sich bewusst zum Bereich eigener Freiheit bekennt.

Hierbei macht Amo zwei unterschiedliche Felder auf, die er mit den Bezeichnungen „Staat" und „Gelehrtenrepublik" belegt, wobei die Autonomie der letzteren – wie Amo sehr wohl wusste – nur eine höchst relative und stets prekäre sein konnte. Er wusste nur zu gut, was selbst einer so renommierten Figur wie Wolff widerfahren war. Doch wird hier unverkennbar signalisiert, dass sich der Verfasser explizit als Afrikaner aus Guinea in dieser Gelehrtenrepublik, dieser République des Lettres, frei bewegt und nunmehr frei seine eigenen Wege wählen will: Gerade auch als Afrikaner aus Guinea! Hieran lässt er keinen Zweifel, im Bewusstsein der Tatsache, wie prekär seine Situation nicht nur im finanziellen Bereich geworden war. Zeichnet sich hier nicht deutlich die Intention Anton Wilhelm Amo Afers ab, dass Philosophie nicht länger das ‚Eigentum‘ der Europäer sein kann? Wird nicht deutlich der Anspruch erhoben, jenseits aller rassedenkerischen Vorurteile und Grenzziehungen philosophieren zu dürfen, unabhängig von körperlichen Attributen?

Hatte sich Amo in *De iure Maurorum in Europa* einer juristischen und in *De humanae mentis apatheia* einer anthropologisch-medizinisch-philosophischen Fragestellung bedient, so bewegt er sich in seinem Traktat über das Philosophie-

---

65 *Amo, Anton Wilhelm: Traktat*, S. 106. Im lateinischen Original lautet diese Passage: „Quare vt qualescunque hos meos, de publico bene merendi conatus, serena fronte accipiatis, & quidquid humani passus fuerim ignoscatis, est, quod vehementer rogo. Caeterum Deus *Vos, Maecenates*, rei vtrique, publicae ciuili, ac literariae, de que vtraque optime meriti estis, & adhuc meremini, diutissime sospites seruet, pluresque annos perennare faxit. Valete & fauete!" (*Tractatus*, o.P.)

ren, in seinem *Tractatus de arte sobrie et accurate philosophandi*, von Beginn an auf dem genuin philosophischen Gebiet der Logik. Dabei geht er in einem seiner Arbeit vorangestellten allgemeinen Teil von Frage und Begrifflichkeit der Intention aus und verbindet sie mit ihrer Beziehung zu Gott, aber auch und gerade der menschlichen Seele,[66] so dass er in seinem *Tractatus* im Grunde unmittelbar an seine Inaugural-Dissertation wieder anzuknüpfen vermag. Der Bewegungskoeffizient der Amo'schen Philosophie ist in thematischer, gegenständlicher und methodologischer Hinsicht hoch; doch lassen sich sehr wohl die starken Kontinuitäten seiner Kunst des Philosophierens erkennen. Der *Tractatus* bildet sicherlich deren bisherigen Höhepunkt.

Auf welche Weise Amo in seinem *Traktat* die mobilen, beweglichen Elemente seiner Philosophie verstärkte, bemerkt man, wenn man sich dem Abschnitt über „Die intellektuellen Ideen" nähert. Dort heißt es, die Idee sei „entweder *gewiß* oder *wahrscheinlich* oder *möglich*".[67] Dabei wird die wahrscheinliche Idee einer Erkenntnis zugeschlagen, „die auf einer Beweisführung von Ähnlichem auf Ähnliches beruht, die immer mit Zweifel verbunden" sei.[68] Die *mögliche* Idee aber „ist eine wegen *Äquipollenz* der gegeneinander streitenden Gründe nach beiden Seiten disputable Erkenntnis".[69] Was ist unter einer solchen Äquipollenz zu verstehen?

Die Äquipollenz bezeichnet eine Gleichmächtigkeit, meint das Gleichviel-Geltende, zielt damit – wenn man so will – auf eine Gleich-Gültigkeit, die aber nicht mit Gleichgültigkeit zu verwechseln ist. Dieser aus der traditionellen Logik stammende Begriff, den Amo selbstverständlich nicht erfunden und der ebenso in den Rechtswissenschaften wie den Sprachwissenschaften Verwendung gefunden hat, ist für das Philosophieren im *Tractatus de arte sobrie et accurate philosophandi* von großer Bedeutung. Dies insofern, als hier äquipollente Begriffe als das Disputable schlechthin jeweils unterschiedliche Blickwinkel und Sichtweisen auf einen Gegenstand zulassen und damit ein Moment des Oszillierens in ein Denken integrieren, das sich seines Standorts, seines Gesichtspunktes nicht (mehr) sicher sein kann. Oder anders: eines Denkens, das sich der gleichen Gültigkeit unterschiedlicher Perspektiven, unterschiedlicher Traditionen, unterschiedlicher

---

66 Ebda., S. 107.

67 Ebda.; im lateinischen Original: „Idea alia *certa*, alia *probabilis*, alia *possibilis*." (*Tractatus*, S. 79.)

68 Amo, Anton Wilhelm: *Traktat*, S. 170; im lateinischen Original: „Cognitio consistens in argumentatione a similibus ad similia, Semper cum dubitatione." (*Tractatus*, S. 79.)

69 Ebda., S. 171; im lateinischen Original: „Cognitio in utramque partem disputabilis, ob aequipollentiam rationum pugnantium inter se." (*Tractatus*, S. 79.)

Blicke bewusst ist. Dies aber ist angesichts des Lebensweges Amos ein fürwahr fundamentaler Gedanke.

Wenn damit neben das Gewisse und das Wahrscheinliche im Bereich der intellektuellen Ideen bei Amo auch das Mögliche tritt, so tritt dieses nicht einfach als ein Hinzugefügtes auf, sondern als das Disputable schlechthin, in welchem ein Gegenstand aus unterschiedlichen Blickrichtungen zugleich und durchaus gleichwertig konstruiert und analysiert werden kann. Ist aus dieser Sicht aber dann nicht auch der Begriff „Theologie" ein äquipollenter in dem Sinne, dass man ihm aus einer religiösen und kulturellen Verschiedenheit heraus auch unterschiedlichen Sinn und Bedeutung – um hier die Frege'sche Begrifflichkeit einzuführen[70] – zubilligen müsste?

Amo bedient sich hier spezifischer Begriffe der Logik nicht nur, um terminologische Definitionen zu fixieren, sondern auch, um die Möglichkeit der Engführung verschiedener Blickpunkte und letztlich auch verschiedener religiöser sowie kultureller Logiken einzuführen. Dies ist der erste Schritt zu einem multiperspektivischen Denken. Dabei werden die äquipollenten Terme als Zwillingsbegriffe auf den ersten Blick durchaus stark miteinander verstrebt, zugleich aber auch mit dem Begriff der *Fiktion* in Verbindung gebracht: „Die Zwillingsform der möglichen Idee ist die fiktive; sie ist eine andere Vorstellung eines Dinges, als es an sich ist. [...] Die Fiktion selbst erfolgt in doppelter primärer Weise: indem geistig zusammengesetzt und getrennt wird, hinsichtlich des Ausspruchs bejaht und verneint wird."[71]

Ohne an dieser Stelle die von Amo ausgeführte ‚Ideenlehre' weiter verfolgen zu können, dürfte doch deutlich geworden sein, dass gegenüber der Inaugural-Dissertation *De humanae mentis* **apatheia** Elemente eines beweglicheren, gleichsam freieren Philosophierens in den *Tractatus de arte sobrie et accurate philosophandi* eingeführt wurden. Es handelt sich um Elemente und Philosopheme, die – wie es das Beispiel von Amos Definition der Theologie gleich zeigen wird – nicht ohne klare Gefährdungspotentiale für den Philosophen selbst bleiben konnten. Denn dieser *Traktat* behandelt nicht allein Leitlinien der Vorlesungen und Veranstaltun-

---

**70** Vgl. hierzu die sprachphilosophischen Überlegungen von Frege, Gottlob: Über Sinn und Bedeutung. In: *Zeitschrift für Philosophie und philosophische Kritik* (Halle / Saale) NF 100 (1892), S. 25–50; wieder abgedruckt in (ders.): *Funktion, Begriff, Bedeutung. Fünf logische Studien.* Herausgegeben und eingeleitet von Günther Patzig. Göttingen: Vandenhoeck & Ruprecht 1962, S. 38–63.

**71** Amo, Anton Wilhelm: *Traktat*, S. 171; im lateinischen Original: „Gemina possibili idea ficta, quae: Repraesentatio rei aliter ac secundum se est. [...] Fictio ipsa duplici sit modo primario, componendo & separando mentaliter, affirmando & negando qua enunciationem." (*Tractatus*, S. 79.)

gen Amos, sondern stellt eine umfangreiche philosophische Schrift dar, die mit einer gewissen zeitlichen Verzögerung im Jahr 1738 in Halle erscheinen konnte.

Anton Wilhelm Amo legte damit zweifellos eine mutige, selbstbewusste (da sicherlich auch möglicher Gefahren sich bewusste) Veröffentlichung vor, in der die Äquipollenz so etwas wie das Wasserzeichen einer sich unterschiedlichen Logiken gegenüber öffnenden Prozessualität der Philosophie darstellt. Der *Tractatus de arte sobrie et accurate philosophandi* steht für ein sich abzeichnendes Philosophieren ohne festen Wohnsitz, mit dem der sich selbst insistierend (und geradezu obsessiv) als „Afrikaner aus Guinea" bezeichnende deutsche Philosoph gewiss auch zunehmend das Risiko in Kauf nahm, in einem ganz konkreten Sinne und mit Blick auf seine Alma Mater in Preußen buchstäblich wohnsitzlos zu werden. Diese Zeit kam schneller, als sich Amo dies wohl hätte vorstellen können.

Im Kontext von dessen Schriften weist auch dieses Werk eine ähnlich klare und konzise Struktur auf, wie dies schon in *De humanae mentis* **apatheia** zu beobachten gewesen war. Auch hier zeigt sich die klar erkenntnistheoretisch ausgerichtete Blickrichtung Amos, die in der Regel von der terminologischen Klärung und danach der begrifflichen Entfaltung ihres jeweiligen Terms ausgeht. Wie in *De iure Maurorum in Europa* und in *De humanae mentis* **apatheia** lässt sich auch im *Tractatus* ein optimistisches Menschenbild erkennen, das überdies von der Wirkkraft des Denkens, von der Deutungsmacht der Philosophie fraglos überzeugt ist. Wie bereits erwähnt, war Amo von Wolffianern zeitgenössisch als Wolffianer bezeichnet worden. Und auch Burchard Brentjes (im Verein mit vielen, die ihm darin nachfolgten) pflichtete dieser Einschätzung in seiner Monographie bedingungslos bei.[72] Doch sollte man unbedingt zur Kenntnis nehmen, dass gerade mit Blick auf die expliziten intertextuellen Relationen Amo sehr wohl – wie Yawovi Emmanuel Edeh[73] in der ersten dem Philosophieren Amos gewidmeten Dissertation zeigte – eine deutliche Distanz gegenüber dem ihm zweifellos vertrauten Denken Christian Wolffs (und sei es aus feldtaktischen Gründen) einnahm. Anton Wilhelm Amo präsentiert sich in seinem *Traktat* als eigenständiger Denker, der zwar Mäzene, aber keine ‚Vor-Denker', keine eigentlichen Diskursbegründer kennt. Spätestens mit dem *Tractatus* beschreitet er philosophisch seinen eigenen Weg.

Freilich sind dabei stets die Schranken der kirchlichen Lehre auszumachen – nicht im Sinne einer pietistischen Orthodoxie, aber doch eines Anspruchs des Christentums auf diskursive Setzung und Rahmung aller Philosophie. Die Über-

---

**72** Auch mit Blick auf den *Tractatus*, vgl. Brentjes, Burchard: *Anton Wilhelm Amo. Der schwarze Philosoph in Halle*, S. 52f.

**73** Vgl. Edeh, Yawovi Emmanuel: *Die Grundlagen der philosophischen Schriften von Amo*, u. a. S. 163f.

schneidungsbereiche der Felder Philosophie und Theologie waren häufig zu Ausgangspunkten hitziger Auseinandersetzungen nicht zuletzt in Halle geworden, so dass es als höchst mutig, vielleicht sogar als verwegen oder halsbrecherisch gelten darf, wenn sich Amo gerade auf diesem Feld in Abschnitt IX des ersten Kapitels seines Hauptwerkes mit einer Definition der Theologie aus der Deckung wagte. Dort heißt es nach einer ersten, heilsgeschichtlich fundierten Definition der *„christliche[n] Theologie"* als „Habitus der intellektuellen und effektiven Intention, kraft dessen wir uns mit der echten und soliden Erkenntnis der Wahrheit befassen"[74] unvermittelt: *„Ich sage ausdrücklich: Die Theologie der Christen. Es gibt nämlich außerdem eine Theologie der Heiden, der Türken usw., ferner je nach Verschiedenheit der Völker."*[75]

Das klang wie Wolffs Öffnung gegenüber dem Konfuzianismus. Damit stellte Anton Wilhelm Amo nicht nur den alleinigen Anspruch des Christentums auf eine (von Gott selbst begründete) Theologie in Frage, sondern eröffnete auch, wenn auch nur blitzartig, einen Ein- wie Ausblick auf eine Verschiedenartigkeit der Religionen sowie eine Verschiedenartigkeit der Kulturen, ja erkannte die *„Verschiedenheit der Völker"*[76] in einer Formulierung ohne jede Abwertung dieser Völker an. Die Philosophie Anton Wilhelm Amos lässt sich daher in eine Entwicklungslinie einreihen, die man – keineswegs nur im Bereich der Literaturen der Welt – als ein *ZwischenWeltenSchreiben*[77] bezeichnen könnte. Wir können sehr wohl mit Blick auf diesen Philosophen und im Rahmen der historisch gegebenen Möglichkeiten von einer Philosophie ohne festen Wohnsitz sprechen, die sich in seinen Arbeiten auszuprägen begann. Dies ist mit Blick auf die Entwicklung der europäischen Aufklärung im 18. Jahrhundert etwas ganz Besonderes.

Denn eine solche Philosophie ist nicht einem einzigen Ort, einer einzigen Perspektive verpflichtet und zuzuordnen, sondern entfaltet sich auf Ebene der bislang genannten Spannungsfelder auf eine zutiefst vektorielle Weise. Sie lässt die Blickpunkte anderer auf dieselben Gegenstände hervortreten und macht seit *De iure Maurorum in Europa* immer wieder deutlich, dass sie Europa aus seinem Span-

**74** Amo, Anton Wilhelm: *Traktat*, S. 117; im lateinischen Original: „Habitus intellectivae & effectivae intentionis, quo versamur circa veram & solidam veritatis cognitionem." (*Tractatus*, S. 15.)
**75** Amo, Anton Wilhelm: *Traktat*, S. 118; im lateinischen Original: „*Notantur dico, Theologia Christianorum. Alia enim Theologia Gentilium, alia Turcarum, alia & alia pro diversitate Gentium.*" (*Tractatus*, S. 15.)
**76** Amo, Anton Wilhelm: *Traktat*, S. 118; im lateinischen Original: „*pro diversitate Gentium.*" (*Tractatus*, S. 15.)
**77** Vgl. zur Entfaltung dieses Begriffs Ette, Ottmar: *ZwischenWeltenSchreiben. Literaturen ohne festen Wohnsitz* (ÜberLebenswissen II) (2005).

nungsverhältnis zu anderen Kontinenten, zu anderen Religionen, zu anderen Völkern und Kulturen begreift. Das Projekt der Amo'schen Philosophie, so rudimentär es auch immer in den auf uns gekommenen Schriften ausgebildet sein mag, erlaubt es durchaus, die Differenzen innerhalb einer keineswegs notwendig auf Europa begrenzten République des Lettres zu denken und sie auf einen Horizont zu beziehen, der sich letztlich auf die Existenz der Philosophien der Welt hin entgrenzt. Amos Philosophie(ren) hatte an diesem Punkt des *Tractatus* zweifellos einen spannenden und zukunftsweisenden Punkt erreicht, der sich für seinen Verfasser aber auch als höchst spannungsgeladen und gefährlich erweisen konnte. Denn für die im Kern polylogische Anlage seines Philosophierens, für ein Denken der Differenz, das im Entstehen war, gab es im Europa der Aufklärung eng gesetzte Grenzen.

Dass Anton Wilhelm Amo das preußische Halle trotz aller ihm durchaus entgegengebrachten Wertschätzung dennoch ein zweites Mal verließ, hat seine Ursachen gewiss nicht in einer mangelnden Qualifikation in den Bereichen Forschung oder Lehre. Vielmehr ist dieser Aufbruch wohl vor allem mit dem sich wieder verschlechternden Umfeld zu begründen, in dem Amos prekäre Situation für diesen unmittelbar gefährlich werden konnte. Das Ziel bei seinem zweiten Auszug aus Halle war diesmal aber nicht mehr Wittenberg, sondern die Universität von Jena: und damit jenseits der bisherigen Ortswechsel eine Bewegung, die keinen festen Bezugspunkt, keinen festen Wohnsitz mehr kennt. Nach Halle sollte der Philosoph nicht mehr zurückkehren, nach Preußen wohl schon. Die letzte Phase des uns bislang bekannten Lebensweges von Anton Wilhelm Amo in Deutschland hatte begonnen.

Am 27. Juni 1739 stellte er seinen im Original erhaltenen[78] Antrag auf Nostrifikation an der Universität Jena. Es handelt sich um ein mit „Anton Wilhelm Amo, ein Afrikaner, Magister und Dozent der Philosophie und der freien Künste und Rechte Kandidat" unterzeichnetes Gesuch, das mit der Bitte um Stellungnahme in der dortigen Fakultät rasch in Umlauf gesetzt wurde und bereits am 8. Juli 1739 zu einem positiven Bescheid führte. Ich verkneife mir an dieser Stelle jede Bewunderung für eine solche Schnelligkeit, die an heutigen Fakultäten undenkbar wäre. So konnte Amo bereits wenige Tage später, am 17. Juli desselben Jahres, seinen selbstverständlich in lateinischer Sprache abgefassten Vorlesungsanschlag universitätsöffentlich aushängen. Das Programm der angekündigten Veranstaltung ist überaus breit gefächert und bildet im Grunde zentrale Teile der wissenschaftlichen Aktivitäten des Philosophen ab. Dass sich Amo hierbei aber auch auf das

---

**78** Abdruck des Faksimiles in Brentjes, Burchard: *Anton Wilhelm Amo. Der schwarze Philosoph in Halle*, S. 60.

Gebiet der Kryptographie wagte, kann angesichts seiner Erfahrung im kryptographischen Schreiben nicht wirklich überraschen.

Seine kommentierte Vorlesungsankündigung veröffentlichte Amo damit an jener Universität aus, die in Halle noch immer als „der Ort „wolffianischer Verderbnis" der königlich-preußischen Landeskinder" galt.[79] Man kann vermuten, dass sich Amo in Jena ein für seine Anliegen wie für seine Person offeneres geistiges Klima erhoffte. Sein Hinweis auf seine eigene finanziell prekäre Lage und das Fehlen jeglichen Verweises auf die Herzöge von Braunschweig-Wolfenbüttel machen noch einmal deutlich, dass seine Situation nicht mehr mit jener des jungen Studenten und angehenden Magisters vergleichbar war. Denn der Status einer (zumindest Sklaverei-ähnlichen) Dienstbarkeit bestand in sichtbarer Weise nun nicht mehr. Die Professoren Wideburg und Stolle wiesen als Befürworter der Nostrifikation Amos in Jena unter anderem darauf hin, dieser habe die „commiseration" verdient, da er „aus einem andern Theile der Welt in seiner zarten Jugend entführt" und vom „heydenthum zu christl. Religion bekehrt" worden sei[80]. Ein Plädoyer zur Gewährung eines universitären Gnadenbrotes? Fast will es so scheinen. Denn Amo habe keine Eltern und keine Angehörigen, an die er sich wenden könne, wolle aber „nun nicht betteln", sondern sich auf der Grundlage seiner Fähigkeiten ehrlich ernähren.[81]

So scheint aus dem deportierten versklavten Jungen zunächst und für einige wohl recht glückliche Jahre ein aufstrebender junger Wissenschaftler, bald aber ein mittelloser, auf sich allein gestellter Privatdozent geworden zu sein, der – dies dürfte sich für Amo spätestens in Jena abgezeichnet haben – auch nur geringe Chancen auf eine gesicherte Stellung innerhalb der Professorenschaft in Deutschland haben würde. Die eigenhändig niedergeschriebene Vorlesungsankündigung in Jena unterzeichnete der Autor des *Tractatus*, dessen Beharrlichkeit immer wieder beeindruckt, mit seinem selbstgewählten Namenszusatz „Afer" und seinem Status als „Magister legens".[82]

Mit dem Regierungsantritt Friedrichs II. von Preußen, der den von seinem Vater verbannten Christian Wolff nach Halle zurückrief, brach für Preußen im Kontext einer nicht allein europäischen, sondern auch weltweit zu verstehenden Aufklärungsbewegung eine Zeit intensiver geistiger Anstöße an. Allerdings gibt es

---

**79** Ebda., S. 61.
**80** Zit. nach ebda., S. 63.
**81** Ebda.
**82** Abdruck des Faksimile in Brentjes, Burchard: *Anton Wilhelm Amo. Der schwarze Philosoph in Halle*, S. 66.

bislang keinerlei Belege dafür, dass Amo noch ein drittes Mal versucht haben könnte, nach Halle zurückzukehren oder etwa an die Viadrina nach Frankfurt an der Oder zu wechseln – Berlin verfügte damals bekanntlich nicht über eine eigene Universität. Die Rückholung Wolffs aus der Verbannung musste auch auf Amo Eindruck gemacht haben. Und so kann man mit guten Gründen spekulieren, dass Blumenbachs Informationen, denen zufolge sich Amo am preußischen Hof aufgehalten haben sollte, zutreffend waren. Der Göttinger Anthropologe und Schädelkundler behauptete, Anton Wilhelm Amo sei als Hofrat[83] an den Preußischen Hof nach Berlin gegangen. William E. Abraham spekulierte zudem – wie vor ihm bereits Wolfram Suchier[84] –, der Ruf an den Hof nach Berlin und Potsdam könne von dem jungen Friedrich II. ausgegangen sein, der 1740 seinem Vater auf dem preußischen Thron nachfolgte.[85] All dies scheint überaus plausibel, lässt sich bislang aber nicht belegen. Nur: Die von Amo erträumte Professur wäre mit einer solchen Hofratsstelle nicht verbunden gewesen.

Ein möglicher Aufenthalt Amos in Berlin oder Potsdam könnte in der Tat auch erklären, warum es von ihm in der Folge keine Nachrichten mehr aus den Universitätsstädten Halle, Wittenberg oder Jena gab.[86] Amo war aus dem akademischen Leben für Jahre verschwunden. Zu den wenigen Lebenszeichen des Philosophen zählt ein später Hinweis, dass Amo noch im Jahr 1747 ein letztes Mal in Jena als dort lebender Bürger genannt worden sein soll.[87] Dies würde einen zeitweiligen Aufenthalt in Berlin jedoch nicht zwangsläufig ausschließen. Vieles spricht mithin für eine ,Rückkehr' Amos nach Preußen auf der Suche nach einer besseren Stellung bei Hofe oder anderswo. Gewiss aber wäre ihm niemals in den Sinn gekommen, sich den Diensten jener ,Hofmohren' anzuschließen, die ihren Sklavendienst am preußischen Hofe versahen und die ihre Karikatur im ,Mohren-Rondell' zu Sanssouci erfuhren. Es ist verlockend, sich in jener Zeit, die in Amos Lebenslauf im Dunklen liegt, den in Preußen ausgebildeten Philosophen in Berlin oder in Sanssouci vorzustellen. Doch wird es weitere Recherchen brauchen, um derlei Vor-

---

83 Vgl. Blumenbach, Johann Friedrich: Von den Negern. Einige naturhistorische Bemerkungen bey Gelegenheit einer Schweizerreise, S. 9; für wenig glaubhaft hält Blumenbachs Darstellung freilich Mabe, Jacob Emmanuel: *Anton Wilhelm Amo interkulturell gelesen*, S. 34.
84 Vgl. Suchier, Wolfram: Weiteres über den Mohren Amo. In: *Altsachsen. Zeitschrift des Altsachsenbundes für Heimatschutz und Heimatkunde* (Holzminden) 1–2 (Januar – Februar 1918), S. 7–9, S. 9. Im Geheimen Staatsarchiv zu Berlin war bislang aber entgegen der Hoffnungen Suchiers keine Aufklärung zu finden.
85 Vgl. Abraham, William E.: Anton Wilhelm Amo, S. 197.
86 Vgl. hierzu ebda., S. 197.
87 Vgl. Brentjes, Burchard: *Anton Wilhelm Amo. Der schwarze Philosoph in Halle*, S. 66.

stellungen, die auf den gewöhnlich gut informierten Blumenbach zurückgehen, zu konkretisieren.

Früh schon dürfte Amo erkannt haben, dass sich für ihn die Bedingungen seines Schaffens wohl nur schwerlich wieder verbessern würden. Bereits am 5. Mai des Jahres 1740 schrieb er seinem Studenten und Freund Gottfried Achenwall, dem später berühmt gewordenen Begründer der Statistik in Deutschland, einen Satz des von ihm verehrten Epiktet ins Stammbuch: „Necessitati qui se accomodat, sapit estque rerum Divinarum conscius."[88] Und er unterzeichnete seinen Eintrag einmal mehr mit „Antonius Guilielmus Amo Afer / Philos. et Art. Liberal. Magister Legens".[89] Die stoische Gelassenheit, die Amo hier an den Tag legte, mag vor dem Hintergrund der gewiss auch stoischen Prägung seiner Philosophie[90] verdeutlichen, dass er längst begriffen hatte, wie eng die Grenzen waren, welche ihm das akademische Feld für seine Philosophie, für sein eigenes Philosophieren, gesetzt hatte. Man könnte das Diktum Epiktets, des späten Vertreters der stoischen Philosophie, wie folgt übersetzen: „Wer sich der Notwendigkeit anzupassen weiß, ist weise und sich göttlicher Dinge bewusst."

Die vierziger Jahre standen für Amo in Deutschland gewiss unter keinem guten Stern. Sein letzter großer Förderer, Johann Peter von Ludewig, verstarb 1743, was ihn sicherlich mancher Hoffnungen beraubte, doch noch einen Weg zu einer sicheren Stellung an eine Universität in Deutschland zu finden. Nach dem Tod von Ludewigs verschlimmerte sich Amos Situation wohl weiter. Im Jahr 1747 wurde gar ein übles Schmähstück über ihn verfasst, das ohne jeden Zweifel protorassistische Angriffe gegen ihn enthielt. Im Zentrum dieses verleumderischen Machwerks stand der gelehrte Mohr Amo, der unsägliche Anträge an eine schöne Brünette macht. Doch das deutsche Mädchen lacht den Freier wegen seiner körperlichen Attribute aus und schickt den so lächerlich Gemachten wieder nach Hause.[91] Das Schmähstück gibt uns einen Eindruck von jener immer rassistischer werdenden Atmosphäre, in der Anton Wilhelm Amo sich in deutschen Landen mittlerweile bewegen musste. Seine brillante Gelehrsamkeit diente seinen Neidern und Spöttern nur mehr dazu, sich über ihn noch zusätzlich lustig zu machen.

---

**88** Zit. nach Suchier, Wolfram: A.W. Amo, S. 446. Auf einen zweiten Stammbucheintrag vom 3. März 1746 macht aufmerksam Firla, Monika: *Ein Jenaer Stammbucheintrag des schwarzen Philosophen Anton Wilhelm Amo aus dem Jahr 1746*, S. 16 f. Dort spricht Firla auch von einer von Amo angestrebten Synthese zwischen Epiktet und dem Christentum (ebda., S. 21).
**89** Zit. nach Suchier, Wolfram: A.W. Amo, S. 446.
**90** Vgl. hierzu Firla, Monika: *Ein Jenaer Stammbucheintrag des schwarzen Philosophen Anton Wilhelm Amo aus dem Jahr 1746*, S. 7 f.
**91** Ein Abdruck dieses literarisch stümperhaften Schmähgedichts findet sich unter http://www.theamoproject.org.

Es stimmt traurig, dass der Rassist avant la lettre ein Professor war. Denn Autor jener Verunglimpfungen in gereimter Form gegen den „gelehrten Mohren" war ein ehemaliger Mitstudent Anton Wilhelm Amos, der zeitweilige Professor der deutschen Sprache und Beredsamkeit Johann Ernst Philippi.[92] Man sollte diesem Machwerk nicht zu viel Gewicht beimessen! Denn ob man daraus auf eine reale Begebenheit der Zurückweisung Amos als Liebhaber in spe schließen darf, ist mehr als fraglich. Wirkliche Belege für die Stichhaltigkeit einer derartigen Begebenheit gibt es nicht. Doch die Existenz dieses Stückes zeugt ohne jeden Zweifel davon, welch wachsenden Anfeindungen sich der Philosoph in Deutschland ausgesetzt sah. Vor allem aber gibt diese unschöne ‚Affäre' den Blick frei auf die unverkennbar rassistischen Vorurteile und auch mancherlei Angriffe, denen Anton Wilhelm Amo im Verlaufe seines Lebens in Europa und nicht zuletzt auch während seiner Zeit an deutschen Universitäten ausgesetzt gewesen war. Dass der schwarze deutsche Philosoph und „doctissimus magister legens" eine Figur des öffentlichen Lebens war, die fraglos enorme Aufmerksamkeit auf sich zog, mögen Philippis Schmähreden sicherlich belegen. Doch als diese Spottverse und Gelegenheitsergüsse erschienen, hatte der seinen Gegnern an Geisteskräften weit überlegene Amo – wie wir noch sehen werden – die Universitätsstadt Jena, Preußen, Deutschland und Europa längst hinter sich gelassen. Und wie die erste Phase seines Lebens abrupt mit einer Reise geendet hatte, so begann die letzte Phase dieses Lebensweges wiederum mit dem Besteigen eines Schiffes. Anton Wilhelm Amo hatte einen Entschluss gefasst. Folgte er aus seiner Sicht dem Diktum Epiktets? In jedem Fall stellte er sich philosophisch einer gewaltigen Herausforderung, die ihn noch einmal weit über die Grenzen seiner Zeit hinaus führen sollte.

Noch hatte Amo seine Reise in eine ihm unbekannte afrikanische Herkunft nicht angetreten. Ein Stammbucheintrag[93] von Amos Hand am 3. März 1746 belegt wohl zweifelsfrei, dass sich Anton Wilhelm Amo zu diesem Zeitpunkt noch in Deutschland aufhielt. Doch hatte er wohl bereits bei der holländischen

---

92 Brentjes, Burchard: *Anton Wilhelm Amo. Der schwarze Philosoph in Halle*, S. 70; nähere Ausführungen hierzu auch bei Abraham, William E.: Anton Wilhelm Amo, S. 197 f. Unklar sind die Quellen für die von Johannes Glötzner erzählte Geschichte einer Liebe, die auch mit einem gemeinsamen Kind und damit einem Nachfahren Anton Wilhelm Amos in Deutschland ihren Höhepunkt erreicht: vgl. Glötzner, Johannes: *Anton Wilhelm Amo. Ein Philosoph aus Afrika im Deutschland des 18. Jahrhunderts*, S. 17. Ist dies nur eine weitere der mittlerweile recht zahlreichen Amo-Legenden? Nicht gänzlich unschuldig an zahlreichen Ausschmückungen könnte die Tatsache sein, dass Johannes Glötzner der Verfasser des wohl ersten Anton Wilhelm Amo gewidmeten Romans ist.
93 Vgl. Firla, Monika: *Ein Jenaer Stammbucheintrag des schwarzen Philosophen Anton Wilhelm Amo aus dem Jahr 1746*, S. 15–22.

West-Indischen Kompanie einen Antrag beziehungsweise ein Bittschreiben eingereicht, in dem er um eine kostenlose Passage an die Goldküste ersuchte[94]. Die mächtige Handelsgesellschaft, die ihn einst nach Europa entrissen hatte, sollte ihn wieder an die Küsten Afrikas transportieren. Dies war eine ungeheuer mutige Entscheidung!

Seinem Gesuch wurde stattgegeben. Und so dürfte Amo im Spätjahr 1746 – Jacob Emmanuel Mabe gibt allerdings als Abreisedatum von Rotterdam den 20. Dezember 1746 an[95] – oder spätestens Anfang[96] des Jahres 1747 Deutschland verlassen haben. Da Amos Schiff bereits im April 1747 die westafrikanische Küste erreichte – Mabe datiert hier wiederum präzise auf den 7. April diesen Jahres[97] –, dürfte er sich unmittelbar nach seinem Verlassen Deutschlands in Holland eingeschifft und Axim im heutigen Ghana wohl problemlos nach sicherer Schifffahrt erreicht haben.[98] Ein *retour au pays natal*? *Back to Africa*? Hatte Amo also die Heimreise angetreten?

Nichts wäre irreführender, als diesem simplistischen Glauben anzuhängen. Die wichtigste Quelle für unser Wissen über die letzten Lebensjahre Amos in Westafrika bildet noch immer der Bericht des Schweizer Reisenden und Schiffsarztes in holländischen Diensten, David Henri Gallandat. Die von ihm im Jahre 1752 aufgezeichneten Notizen erschienen in den *Verhandelingen, uitgegeven door het Zeeuwsch Genootschap der Wetenschappen te Vlissingen* im Jahr 1782.[99] Ohne

---

94 Ebda., S. 25. Vgl. hierzu auch Mabe, Jacob Emmanuel: *Anton Wilhelm Amo interkulturell gelesen*, S. 26.

95 Ebda.

96 Firla, Monika: *Ein Jenaer Stammbucheintrag des schwarzen Philosophen Anton wilhelm Amo aus dem Jahr 1746*, S. 25.

97 Vgl. Mabe, Jacob Emmanuel: *Anton Wilhelm Amo interkulturell gelesen*, S. 26.

98 Näheres zur Schiffsreise Amos und zu seiner „Rückkehr in die Heimat" vgl. Firla, Monika: *Ein Jenaer Stammbucheintrag des schwarzen Philosophen Anton Wilhelm Amo aus dem Jahr 1746*, S. 26–31.

99 Zit. nach Brentjes, Burchard: *Anton Wilhelm Amo. Der schwarze Philosoph in Halle*, S. 68 f. Wegen ihrer großen Bedeutung für die Amo-Forschung sei diese Passage auch im Original angeführt: „Terwyl hy op deeze reis te Axim op de Goudkust in Africa was, ging hy den beroemden Heer Anthonius Guilielmus Amo Guinea Afer, Philosophiae Dr. et Artium Liberalium Magister bezoeken. Hy was een Neger, die ruim 30 Jaaren in Europa verkeerd had. Hy was in den Jaare 1707 in Amsterdam, en werd vereerd aan den Hertog van Brunswyk, Anthoni Ulrich, die hem aan zyn zoon Augustus Wilhelmus gaf. Deeze liet hem studeeren te Hall; en in Wittenberg, waar hy in den Jaare 1727 tot Doctor in de Philosophie en Meester in de Vrye konsten Gepromoveerd werd. Eenigen tyd daarna overleed zyn Meester: dit maakte hem zeer droefgeestig, en deed hem bessuiten naar zyn Vaderland te rug te keeren; hy leefde daer toen als een Heremiet, en had den naam van een Gelukzegger te zyn; hy sprak verscheiden taalen, Hebreeuws, Grieks, Latyn, Fransch, Hoog- en Nederduitsch; was zeer kundig in de Astrologie en Astronomie, en een groot

jeden Zweifel können die dort zusammengetragenen Nachrichten in ihrem Kern nur aus Amos Mund stammen, doch ist die Mündlichkeit dieses Gesprächs von Gallandat in schriftliche Notizen übertragen worden, die ihrerseits Jahrzehnte später in „niederdeutscher", mithin niederländischer Sprache gedruckt wurden. Wie auch immer wir die einzelnen aufgezählten Biographeme werten und den Wahrheitsgehalt der Verweise auf Vater, Schwester und Bruder Anton Wilhelm Amos beurteilen mögen, so wird doch deutlich, dass sie genügend Spielraum für jeweils unterschiedliche Spekulationen eröffnen.

Die Vorstellung davon, Amo sei wieder ‚in sein Vaterland zurückgekehrt', wie man allenthalben lesen kann, ist im Kern kolonialistisch. Denn Amo kehrte keineswegs dorthin zurück, ‚wohin er eigentlich hingehörte'. Denn er gehörte eigentlich nach Deutschland. Anton Wilhelm Amo aber stand vor der vielleicht größten Herausforderung seines wahrlich bewegten Lebens. Denn er reiste in ein Land, in dem er zwar das Licht der Welt erblickt hatte, das er aber nicht kannte, dessen Sprache er nicht sprach, dessen Kultur er nicht kannte und das überdies unter europäischer Kolonialherrschaft stand. Es dürfte zu den großen Widersprüchen und Rätseln seines Lebens zählen, dass er das Ende seiner Existenz – frei oder erzwungen – im Fort von Chama zubrachte und damit in einer Festung, die unter der Herrschaft der West-Indischen Kompanie in das weltweite System des Sklavenhandels eingebunden war.

Mit seiner Reise nach Afrika verschwand der schwarze Philosoph hinter dem Horizont Europas. Die Bekanntheit von Anton Wilhelm Amo Afer beschränkte sich damals keineswegs auf den deutschsprachigen Raum. In seinen berühmten Ausführungen zu *De la littérature des nègres* aus dem Jahre 1808 wies Abbé Henri Grégoire,[100] der jakobinische französische Philosoph und Kämpfer gegen Sklaverei und Sklavenhandel, auf nicht weniger als fünf Seiten auf Anton Wilhelm Amo sowie dessen Herkunft aus Guinea und Aufenthalt an den Universitäten von Halle und Wittenberg hin. Wie in Zedlers *Grossem vollständigem Universal Lexicon aller Wissenschaften und Künste*, mit dem sich mehrere Übereinstimmungen ergeben, wird unter explizitem Rückverweis auf Blumenbachs Ausführungen gleich zu Be-

---

Wysgeer; zynde toen omtrent 50 Jaaren oud. Zyn Vader en eene Zuster leefden noch, en woonden vier dagreizen landward in; hy had een Broeder, die Slaaf was in de Colonie van Suriname; naderhand is hy van Axim verhuist en gaan woonen in de Fortres der West-Ind. Comp. St. Sebastiaan, te Chama." (*Verhandelingen uitgegeven door het Zeeuwsch Genootschap der Wetenschappen te Vlissingen.* Middelburg: Pieter Gillissen 1782, S. XIX-XX.)
**100** Vgl. hierzu den Hinweis in Damis, Christine: Le philosophe connu pour sa peau noire: Anton Wilhelm Amo, S. 119.

ginn über Amos Untersuchung der rechtlichen Situation der Schwarzen in Europa aufmerksam gemacht. Dabei wurde die Vielsprachigkeit des Philosophen von Anfang an hervorgehoben: „Amo était versé dans l'astronomie et parloit le latin, le grec, l'hébreu, le français, le hollandais et l'allemand."[101] Darüber hinaus griff Grégoire auf den „hommage public" des Rektors der Universität Wittenberg zurück, der zurecht in Erinnerung gerufen habe „que Térence aussi étoit d'Afrique".[102] Zweifellos wusste der französische Abbé sehr wohl, dass sich schon Terenz den Beinamen „Afer" gegeben hatte: Er stellte Amo in eine Tradition, die bis in die Antike zurückreichte. Auch wenn Abbé Henri Grégoire die Dauer des Aufenthaltes Amos in Europa deutlich unterschätzte, so wird doch die Dimension der geographischen „Rückkehr" an die westafrikanische Goldküste erwähnt und zugleich in den Kontext einer „tiefen Melancholie" gerückt, des französischen „mal du siècle" an der Wende zum 19. Jahrhundert.[103]

Damit wurden Amo zum ersten (aber keineswegs zum letzten) Mal Züge eines romantischen Helden verliehen, der als Fünfzigjähriger schließlich „la vie d'un solitaire" geführt habe.[104] Dem von ihm erwähnten Akademiemitglied Gallandat entlehnte Grégoire zugleich die Biographeme, der Vater und eine Schwester Amos hätten damals noch gelebt, und Amos Bruder sei als Sklave nach Surinam verbracht worden.[105] Damit waren bei Grégoire im Grunde die wesentlichen biographischen Bezugspunkte entwickelt, die noch heute jede Darstellung Amos strukturieren. Abschließend betont der französische „philosophe", er habe durch seine Recherchen nicht in Erfahrung bringen können, ob Amo andere Werke veröffentlicht habe und wann genau er verstorben sei. Doch es ist hier nicht der Ort, die Rezeption Anton Wilhelm Amos zwischen der Romantik und den Debatten um die Entkolonialisierung Afrikas aufzuarbeiten[106]. Anton Wilhelm Amos Lebenslauf eignete sich hervorragend dafür, die Stationen eines zwar nicht poetischen, aber philosophischen *Cahier d'un retour au pays natal* ganz im Sinne von Aimé Césaires

---

**101** Grégoire: Henri: *De la Littérature des nègres, ou Recherches sur leurs facultés intellectuelles, leurs qualités morales et leur littérature; suivies de Notices sur la vie et les ouvrages des Nègres qui se sont distingués dans les Sciences, les Lettres et les Arts.* Paris: chez Maradan Libraire 1808, S. 198.

**102** Ebda., S. 199.

**103** Vgl. hierzu Ette, Ottmar: *Romantik zwischen zwei Welten*, S. 177–190.

**104** Ebda. Vgl. hier auch den Eintrag in die *Nouvelle Biographie Universelle* von 1852, auf den erstmals aufmerksam machte Struck, Bernhard: Nochmals A.W. Amo. In: *Akademische Rundschau* (Leipzig) V (1916–1917), S. 54–56.

**105** Grégoire, Henri: *De la Littérature des Nègres*, S. 201.

**106** Ich habe dies im Schlussteil meiner Monographie zu Anton Wilhelm Amo getan.

großer, in einer ersten Fassung 1939 erschienenen Schöpfung[107] nicht nur nachzu-zeichnen, sondern historisch beispielhaft zu illustrieren.

Wir sollten uns davor hüten, Anton Wilhelm Amo auf seine ‚Afrikanität' zu re-duzieren und gleichsam afrikanisch zu re-territorialisieren: Die wichtigste Zeit sei-nes Lebens hat der Student und Dozent im deutschsprachigen Raum zugebracht. Es wäre parallel zur Re-Afrikanisierung Amos leicht zu belegen, dass die Schriften und wissenschaftlichen Aktivitäten Anton Wilhelm Amo Afers aus der Geschichte der deutschen Philosophie weitestgehend getilgt wurden. Selbst die biographi-schen Einträge, die noch zu seinen Lebzeiten etwa in Zedlers *Universal Lexicon* er-schienen waren, verschwanden ebenso wie sein Name, ja selbst die Erinnerung an seinen Namen. Sein Ausschluss aus der Geschichte Preußens und Deutschlands war vollständig und radikal.

So kann man dem eigentlichen ‚Wiederentdecker' Amos für den zumindest deutschsprachigen Raum, dem Bibliothekar Wolfram Suchier, nur zustimmen, wenn er betont, dass die Beschäftigung mit Amo „weitere Bausteinchen zur deut-schen Gelehrtengeschichte"[108] erbringen werde. Diese Beschäftigung aber sei be-gründet, sei Amo doch „denkwürdig" wegen „des Aufsehens, das er zu seiner Zeit in Deutschland erregte, und wegen seiner Schriften für die Universitäts-, Gelehr-ten- und Kulturgeschichte".[109] Die mit Blick auf Afrika vollzogene Inklusion und die hinsichtlich der deutschen und europäischen Wissenschafts-, Geistes- und Philosophiegeschichte sehr weitreichend durchgeführte Exklusion sind komple-mentär miteinander verwobene Prozesse, die es in ihrer wechselseitigen Stützung aufzubrechen gilt. Denn sie beruhen stets auf simplen Territorialisierungen und exklusiven Zurechnungen wie Ausschlüssen, welche die Komplexität von Leben und Werk Anton Wilhelm Amos in vielen Fällen wissentlich und willentlich zu reduzieren suchen. Wir sollten heute den Versuch unternehmen, Amo als einen aus Afrika stammenden Philosophen *und* als einen Vertreter der deutschen Früh-aufklärung zu denken und damit seine Position als eine Bewegung zwischen zwei Welten zu bestimmen, welche nicht einseitig fixiert werden darf. Denn Anton Wil-helm Amo ist weit mehr als die Addition beider Einschreibungen und Traditionen, sondern vielmehr der kühne und zugleich immer prekäre Versuch, nicht die Ad-dierung, sondern die *Bewegung* zwischen diesen Traditionssträngen zu sein und explizit als Afrikaner an der deutschen Frühaufklärung teilzuhaben – und zwar ohne sich auf sie allein reduzieren zu lassen.

---

107 Vgl. Césaire, Aimé: Cahier d'un retour au pays natal. In: *Volontés* (Paris) 20 (1939).
108 Suchier, Wolfram: Weiteres über den Mohren Amo, S. 7.
109 Ebda.

Amos Philosophie ist ganz im Sinne seines *Tractatus de arte sobrie et accurate philosophandi* eine Kunst des *Philosophierens*, eines Denkens und Schreibens aus der Bewegung zwischen den Welten, einer Philosophie der Aufklärung ohne festen Wohnsitz. Sie lässt sich nicht auf eine einzige Perspektivik, auf eine einzige Zugehörigkeit, auf einen einzigen Standpunkt reduzieren. Die transareale Vektorisierung eines Lebenswissens, das sich als Überlebenswissen gerade auf dem Feld des Denkens erprobte, hat Amos Philosophieren stark bestimmt, insofern die Querung unterschiedlicher Sprachen, verschiedenartiger Kulturen und oft widersprüchlicher Traditionen eine dynamische Polylogik entstehen ließ, die Theologie wie gewiss auch Philosophie in Amos Denken nachdenklich, aber auch nachdrücklich in den Plural setzte. Eben darin liegt die immense Bedeutung seines Denkens heute.

Im Kontext der deutschen Frühaufklärung und aus deren Tradition heraus warf Anton Wilhelm Amo Fragen auf, die (sich) ein (nur) deutscher Philosoph niemals gestellt hätte. Denn über die Rechtsstellung der Schwarzen in Europa nachzudenken, wäre kaum einem deutschen Denker des 18. Jahrhunderts in den Sinn gekommen. Anton Wilhelm Amo aber wusste, wovon er sprach, wenn von Sklaverei an europäischen Fürstenhöfen die Rede war. Er situierte sich in seinem Denken entschlossen in einem Spannungsverhältnis zwischen Afrika und Deutschland, eröffnete einen Raum des Denkens ohne festen Wohnsitz, den erst die letzten Jahrzehnte unserer heutigen Zeit verständlich und nachvollziehbar gemacht haben. Er begründete damit eine Tradition, die es in Deutschland von Beginn an nicht leicht gehabt hat. Heute jedoch können wir diesen Philosophen besser verstehen und nicht auf eine statische, unbewegliche Position festnageln.

Die Vielzahl an Sprachen, derer er sich bediente und die er souverän meisterte, verraten uns etwas von den Deutschland weit übersteigenden Horizonten seines Denkens, verweisen uns auf Amos *Weltbewusstsein*, das aus jeder Zeile seiner Schriften spricht. Das Lateinische seines Schreibens war keinem Ort, war keinem ‚Vaterlande‘ zuzurechnen. Nein, Amo war nicht aus freien Stücken nach Deutschland gekommen, hatte sich nicht nach Abwägung aller Argumente für Deutschland entschieden. Aber er nahm Deutschland als jenen Ort an, von dem aus er zu denken begonnen, den er zu seinem Reflexions-Ort gemacht hatte und dessen Denktraditionen er mit seinem Philosophieren ohne festen Wohnsitz bereichern wollte. Ja, er war als Sklave an einen Fürstenhof gekommen, war nicht mehr als ein Geschenk gewesen, ein Objekt, mit dessen Hilfe man gute Geschäftsbeziehungen bekräftigen wollte. Ein Luxusartikel sozusagen. Doch der Luxusartikel dachte nach und reflektierte über sein eigenes Schicksal wie auch das vieler anderer, die ein rassistisches Kolonialsystem in alle Ecken der Welt verbracht hatte. Er war Opfer einer unmenschlichen Asymmetrie der Macht. Damit war und ist er ein Vorbild für all jene, die ebenfalls nicht freiwillig nach Deutschland kamen, aber

Deutschland zu ihrem Lebens- und Denk-Raum gemacht haben. Auch hiermit begründete Amo eine Tradition, die wichtig ist für unser Land. Denn das Objekt war zum Subjekt geworden und ließ uns an diesem schwierigen Subjektwerdungsprozess teilhaben.

Vergessen wir nicht: Amo ist Teil einer Geschichte des Rassismus, die hierzulande stattgefunden hat und weiter stattfindet! Wir sollten ihn gleichwohl nicht politisch instrumentalisieren. Der Verweis darauf, dass schwarze Leben zählen, sollte ihn nicht vor einen ideologischen Karren spannen, sondern unseren Blick dafür öffnen, dass sein Leben für uns zählt und in Zukunft immer stärker zählen wird. Anton Wilhelm Amo ist aus unserer Geschichte nicht mehr wegzudenken: Er ist der Fremde, der zu unserem Eigenen geworden ist und unser eigenes Fremd-Sein mit dem Licht der Aufklärung beleuchtet.

Wenn sich Amo ganz bewusst an einer preußischen Universität *als Afrikaner* einschrieb, so ließ er von Beginn an keinen Zweifel daran, dass er sich im Bewegungsraum zwischen Afrika und Europa situierte. Er wollte nicht verdrängen, dass er als Sklave herbeigeschafft und verschenkt worden war, er wollte nicht geflissentlich übersehen, dass er in Afrika geboren worden war. In seinen Schriften zeigen sich ständige Blickwechsel, welche belegen, dass er seine Philosophie von mehreren Orten zugleich aus entwickelte und dabei in mehreren Logiken zugleich zu denken vermochte. Dieses viellogische, polylogische Denken bildet eine kostbare Tradition in einem Land, das nicht immer auf der Höhe derartiger Denkmöglichkeiten argumentierte. Es handelt sich dabei vielleicht um das Kostbarste überhaupt: die Fähigkeit, in verschiedenen Logiken gleichzeitig denken zu können. Wir dürfen nicht übersehen, dass Amo ein Philosophieren im Zwischenraum und eine Philosophie ohne festen Wohnsitz entfaltete, welche brutal durch den gegen ihn entfachten Rassismus zum Schweigen gebracht wurde.

Das Schweigen jener deutschen Philosophen, die zweifellos von Amos Existenz wussten – war Amo doch zu seiner Zeit (wie wir sahen) eine Berühmtheit, die in der *Wikipedia* des 18. Jahrhunderts einen langen Eintrag besaß –, war sicherlich (proto-)rassistisch motiviert. Er verfügte über eine internationale Notorietät, welche ein Immanuel Kant in seiner strikten Ablehnung alles Afrikanischen wie viele seiner Kollegen nicht zur Kenntnis nehmen wollte. All dies wiegt schwer und lastet noch immer auf einer gerechten Einschätzung der wunderbaren intellektuellen Fähigkeiten dieses Philosophen. Und was ist mit dem Schweigen der deutschen Philosophen heute? Die Frage stellt sich durchaus, warum es auch heute noch nicht karrierefördernd zu sein scheint, in Deutschland über diesen schwarzen Philosophen eine Monographie zu verfassen. Die Amo'sche Philosophie ist längst Teil unserer Denktradition – auch und gerade weil sie aus unserem Denken wie aus unseren Traditionen ganz bewusst ausgeschlossen wurde. Doch schwarze Leben zählen.

Amos Leben zeigt auch, dass Toleranz allein zur Gestaltung einer Gemeinschaft und Gesellschaft *nach* dem Rassismus nicht ausreicht. Denn das Versuchsobjekt Amo wurde zwar rasch zum Vorzeigeobjekt, in dessen Licht man sich sonnen konnte; doch tolerieren heißt, wie schon Goethe wusste, letztendlich dulden; und als es keine Geduld mehr für die Duldung gab, fiel das Vorzeigeobjekt schnell in Ungnade. Es braucht nicht Toleranz, sondern Achtung und Respekt vor jenem, der für manche das Fremde repräsentiert, im Grunde aber nur jenes Fremde in uns ist, das wir doch so dringend benötigen, um uns selbst besser und tiefer zu verstehen.

Wir dürfen ohne Übertreibung festhalten: Amo, der deutsche Aufklärungsphilosoph, ist wieder da! Sein Leben wie sein Denken sollten bewusst als die frühen Anfänge von Traditionen verstanden werden, die über lange Zeit verschüttet waren, den Schichten der Geschichte entstiegen und nun langsam wieder an der Erdoberfläche erscheinen. Anton Wilhelm Amo in Deutschland? Ein Glücksfall für das Denken – nicht nur der Aufklärung. Ihm gebührt ein fester Platz innerhalb einer im deutschsprachigen Raum angesiedelten Geistesgeschichte und Philosophie im Spannungsfeld eines Denkens und Schreibens ohne festen Wohnsitz zwischen Afrika und Europa: einer Aufklärung zwischen den Welten.

# Charles-Marie de La Condamine, Voltaire oder die Dialektik der Aufklärung

Das 18. Jahrhundert bot viele Möglichkeiten, sich von Europa aus mit anderen Teilen unseres Planeten zu beschäftigen. Die im Jahrhundert der Aufklärung so beliebten Reiseberichte[1] europäischer Reisender besitzen den unschätzbaren Vorteil, gleichsam implizit die Aufklärung als einen grundlegenden Aspekt der Beziehungen zwischen unterschiedlichen Welten darzustellen, auch wenn in der Regel das aufgeklärte Subjekt Europäer ist und dessen Forschungsobjekte Bewohner der Welten außerhalb Europas sind, die es im besten Falle aufzuklären gilt. Insofern verkörpern sie in hohem Maße das Selbstbild der Europäer als allen Völkern an Wissen und Wissenschaften weit überlegenen Vertretern eines Kontinents, der zu Recht über Wohl und Wehe weiter Gebiete unseres Planeten bestimmte und vor allem in der zweiten Jahrhunderthälfte auf Grund großer materieller Überlegenheit seine kolonialen Ansprüche noch auszuweiten versuchte. Die unterschiedlichsten Teile der Erde werden vermessen und miteinander in Beziehung gesetzt, wodurch sich ein Spiel von Selbst- und Fremdbild, von Auto- und Heterostereotypen ergibt, das uns sehr viel über die Leitlinien einer Konvivenz im 18. Jahrhundert mitteilen kann.

Europa vermaß die Erde und machte damit den Rest des Planeten zum Gegenstand seines unstillbaren und zumeist interessegeleiteten Wissensdurstes. Selbst das vom französischen ‚Zentrum‘ der Aufklärung so gescholtene Spanien erforschte unentwegt die von ihm in Besitz genommenen Kolonialgebiete und rüstete im Verlauf der gesamten Kolonialzeit mehrere hundert Expeditionen aus,[2] um seine eigenen wie angrenzende Territorien zu erkunden. Freilich war es mit der Weitergabe dieser Informationen höchst zurückhaltend, stellten jene Forschungsergebnisse doch Staatsgeheimnisse dar, die man an andere mögliche Kolonialmächte nicht weiterzugeben gewillt war. Von diesen Reisen im Interesse von Kolonialmächten kann man jene Forschungsreisen unterscheiden, die überwiegend einem wissenschaftlichen Interesse dienten und deren Resultate zur Veröffentlichung bestimmt waren, wollte man dadurch doch den Fortschritt der ‚Menschheit‘ respektive Europas befördern und das auf dem Alten Kontinent gesammelte Weltwissen vergrößern.

---

1 Vgl. den ersten Band der Reihe „Aula“, Ette, Ottmar: *ReiseSchreiben. Potsdamer Vorlesungen zur Reiseliteratur*. Berlin – Boston: Walter de Gruyter 2020.
2 Vgl. Fendler, Ute: Kolonialisierung als frühe Globalisierung? Hispanoamerika in Reiseberichten des 18. Jahrhunderts. In: Pinheiro, Teresa / Ueckmann, Natascha (Hg.): *Globalisierung avant la lettre. Reiseliteratur vom 16. bis 21. Jahrhundert*. München: Lit Verlag 2005, S. 75–90.

Mit der in der ersten Hälfte des 18. Jahrhunderts durchgeführten Reise von Charles-Marie de La Condamine und anderer Teilnehmer einer Expedition,[3] die von der französischen Académie des Sciences ausgesandt die spanischen Kolonien in Amerika zum Ziel hatte, beginnt in gewisser Weise eine neue Etappe innerhalb der Reiseliteratur, vor allem aber der Auseinandersetzung Europas mit Amerika. Denn es sind nun nicht mehr iberische Konquistadoren, Missionare oder Abenteurer, die diese Reise in die Neue Welt spült, sondern die akademisch renommierten Boten eines wissenschaftlichen Interesses und wissenschaftlicher Fähigkeiten, zu deren Ziel im 18. Jahrhundert der amerikanische Kontinent in steigendem Maße wurde. Denn für viele Wissenschaftler des 18. und des beginnenden 19. Jahrhunderts wurde Amerika – und insbesondere das tropische Amerika – zu einem wahren Eldorado des Wissens und zugleich der ‚Wunder‘, die man nicht nur zu beschreiben, sondern weit mehr noch zu erklären suchte. Amerika stand damit freilich noch immer im Zeichen des „merveilleux“, des Wundersdamen und Wunderbaren. Denn diese Neue Welt war alles andere als zufriedenstellend untersucht und harrte noch jener Beschreibungen, die einen modernen Blick – und den Blick der Moderne – auf die Amerikas eröffnen und damit die moderne Weltsicht kreieren sollten.

**Abb. 20:** Äquatormonument „Mitad del Mundo" in San Antonio de Pichincha bei Quito.

Wie präsent diese Reise aus der Sattelzeit der Moderne noch heute ist, erlebt man in Quito, der Hauptstadt des heutigen Ecuador. Dort kann man einen Bus zu einem wunderschönen Ort wenige Kilometer nördlich des Zentrums der Andenstadt nehmen, von wo aus man nicht nur einen herrlichen Blick über die Andenkette hat, sondern wo der Äquator die Kordillere im heute danach benannten Ecuador schneidet. Wo einst die französischen Forscher im Verbund mit spanischen Offizieren und kolonialspanischen Gelehrten ihre Messungen

---

3 Vgl. das La Condamine gewidmete Kapitel in Ette, Ottmar: *ReiseSchreiben. Potsdamer Vorlesungen zur Reiseliteratur*, S. 368–395.

unternahmen, da treffen Sie heute auf einen gewaltigen Monumentalbau. Bemerkenswert ist noch immer, wie groß auch heute noch die Verehrung für all jene französischen Wissenschaftler ist, die nicht zu Zwecken der Eroberung das damalige Teilgebiet des spanischen Weltreichs bereisten. Denn die französischen Gelehrten kamen als „Académiciens", als Mitglieder der Französischen Akademie der Wissenschaften, vorsichtig beäugt und kontrolliert von den spanischen Kolonialbehörden, denen sie als potentielle Unruhestifter galten. Doch im Grunde führten die Franzosen nichts Böses im Schilde, sondern versuchten allein, eine wissenschaftliche Frage einer wissenschaftlichen Antwort zuzuführen. Die Frage lautete, ob die Erde so aussieht wie der Globus in Ihrem Kinderzimmer, also eine perfekte Kugel darstellt, oder ob sie an den Polen abgeplattet und am Äquator gleichzeitig ausgebeult ist. Nicht mehr, aber auch nicht weniger war von den französischen Akademikern zu klären.

Sicherlich war dies eine Frage, die nicht nur rein theoretischen Charakter besaß, sondern auch unmittelbare Konsequenzen für die Berechnung von Schiffspositionen auf unserem Planeten haben konnte. Denn das Kartennetz, das Europa seit der berühmten Karte des Juan de la Cosa im Jahr 1500 über die ganze Welt ausgeworfen hatte, musste ständig präzisiert und konkretisiert werden, um bestimmte Navigationsberechnungen noch präziser durchführen zu können. In der Tat wurden im Verlauf des 18. Jahrhunderts die Welt- und Detailkarten immer genauer und näherten sich ihrer modernen Form an, die im Grunde schließlich in vielerlei Hinsicht mit den Kartenwerken Alexander von Humboldts zu Beginn des 19. Jahrhunderts erreicht war. Die von den französischen „Académiciens" gestellte und von ihnen – wir wir gleich sehen werden – auch gelöste Frage schreibt sich ein in die Eroberung des Raumes durch Europa und in die Grundlagen eines wissenschaftlichen Wissens über unsere Erde, das zugleich auch Herrschaftswissen war. Die (durchaus kolonialistisch zu verstehende) Ambivalenz dieses Wissens, das in Europa gesammelt wurde, gilt es stets im Gedächtnis zu behalten, fragt man nach den Zielen und Zwecken europäischer Wissenschaften.

Die wissenschaftliche Frage also, wie die Erde beschaffen sei und ob sie eine Kugelgestalt besitze, ob sie eher elliptisch, abgeplattet oder ausgebuchtet an den Polen beziehungsweise am Äquator sei, war also ein Problem, das durchaus militärpolitisch von Bedeutung sein konnte. Man kann die spanische Krone folglich verstehen, wenn sie die Einreise von französischen Forschern zur Klärung einer wissenschaftlichen Frage erlaubte, diesen zugleich aber eine geostrategisch ausgebildete Überwachung durch spanische Offiziere angedeihen ließ, um keine nationalen Risiken in Kauf nehmen zu müssen. Schließlich hinterließen die Franzosen zur Markierung ihrer Messpositionen auch trigonometrische Punkte, die kunstvoll mit dem Wappen der Könige von Frankreich verziert waren, ein auf den ersten Blick eher ornamentales Detail, das später dazu führen sollte, dass diese Punkte von der spanischen Kolonialmacht wieder zerstört wurden.

Die genaue Form der Erde war seit den Anfängen der europäischen Expansion eine offene Frage. Christoph Kolumbus hatte entgegen aller Überlieferungen die Erde nicht mit einer Kugel verglichen – und übrigens auch nicht mit einem Ei, dem sogenannten Ei des Columbus –, sondern mit einer Frucht, genauer einer Birne. Dabei gesellte er dieser Vorstellung zugleich noch einige mittelalterliche Akzente zu, indem er der Birne in etwas krasser Metaphern-Sprache eine – wie er sich ausdrückte – weibliche Brust aufsetzte, deren Brustspitze sozusagen das Paradies anzeigte. Denn dieses musste ja – ähnlich wie Dantes Läuterungsberg – erhoben und erhaben sein, damit von ihm auch die vier Flüsse des Paradieses herabfließen konnten; eine Vorstellung, die sich noch in den Literaturen des 19. Jahrhunderts immer wieder findet. Vor einem dieser gewaltigen Flüsse glaubte sich Kolumbus ja auch in der Tat im Mündungsbereich des Orinoco, wie später auch die Reisenden am Amazonas die Größe dieses Flusses mit den Paradiesversprechungen der Bibel in einen Zusammenhang brachten. Hatte es nicht etwas Paradiesisches, dass diese Ströme solche Massen an Süßwasser verfrachteten, dass man selbst auf hoher See weit draußen vor dem Mündungsbereichen von Orinoco oder Amazonas Süßwasser im Meer aufnehmen konnte?

Doch Kolumbus war keineswegs der Einzige, der dies schon bei seinen ersten Fahrten in Begleitung des Juan de la Cosa bemerkte. Und er blieb auch nicht der Einzige, der die Erde mit einer Frucht verglich. Denn der erste Globus der Menschheit entstand schon wenige Jahre nach der Kunde von Amerika, und sein Erfinder, Martin Behaim, hatte ihm die Form eines Apfels gegeben, eines Erdapfels also, den sie im Übrigen noch heute im Museum in Nürnberg sehen können. Bei der Frage nach der Gestalt der Erde handelte es sich also um ein Thema, das von Beginn der großen Entdeckungsfahrten an präsent gewesen war.

**Abb. 21:** Martin Behaims „Erdapfel".

Sie sehen also: Die Frage nach der genauen Gestalt der Erde, deren Globalität spätestens mit der Reise des Kolumbus und nach ihm der ersten Weltumsegelung des Magalhães oder Magellan eine bewiesene Sache war, bot von Beginn an genügend Stoff für allerlei Theorien und Mutmaßungen, aber auch Träume und Imaginationen. Für die französischen Akademiker war eines wichtig: Der Brite Isaac Newton vertrat die These, dass die Erde ein Ellipsoid sei mit abgeflachten Polen und einem ausgebuchteten Äquatorbereich, dass sie also durchaus nicht so aussähe, wie wir uns dies gerne perfekt ausmalen oder auch die zusätzlich noch genordeten NASA-Bilder von unserem „Lonely Planet" vorgaukeln. Gegen Newtons These freilich gab es früh und vor allem in Frankreich Widerstand, vor allem durch den Astronomen Cassini. Die Sache wurde zu einem Problem zwischen England und Frankreich, den beiden kommenden Führungsmächten der bevorstehenden zweiten Phase beschleunigter Globalisierung.

Daher entschied sich die französische Académie des Sciences dafür, zwei Expeditionen auszusenden. Eine erste Erkundungsreise sollte unter der Leitung von Maupertuis, den wir als den ersten Präsidenten der Königlich Preußischen Akademie der Wissenschaften zu Berlin kennen, nach Lappland führen. Dies war eine Expedition, die Voltaire – mit dem wir uns gleich noch beschäftigen werden – in einem seiner *Contes philosophiques* behandelte, wobei er ihr dadurch langanhaltenden literarischen Ruhm verschaffte. Eigentlich hätte diese eine Expedition schon genügt, konnte man doch deren Ergebnisse mit jenen Meridianmessungen vergleichen, die in Frankreich selbst bereits angestellt worden waren. Doch richtete man, um ganz sicher zu gehen, eine zweite Expedition einer französischen Wissenschaftlergruppe zum Äquator aus, um einen zweiten Vergleichswert zu erhalten.

Wenn man in der französischen Akademie der Wissenschaften zum damaligen Zeitpunkt die Erdkugel drehte, um mögliche Zielregionen für diese zweite Expedition zu bestimmen, so zeigte sich rasch, dass sich als damals einzig zugängliche Region die Audiencia de Quito anbot, also jene Region, die im Bereich des heutigen Ecuador liegt. Die Leitung dieser im Vergleich mit Lappland wesentlich aufwendigeren Expedition wurde dem Mathematiker Louis Godin anvertraut, da es sich um letztlich mathematische Berechnungen handelte. Charles-Marie de La Condamine war zum damaligen Zeitpunkt nur ein einfacher Teilnehmer dieser französischen Expedition, doch sollte er aus verschiedenen Gründen recht bald der tatsächliche Leiter der an ihr beteiligten Académiciens und ein Rivale Godins werden.

Gestatten Sie einige wenige Worte zu Charles-Marie de La Condamine! Er war mit dem neuen Jahrhundert am 28. Januar des Jahres 1701 in Paris zur Welt gekommen, die er am 4. Februar 1774 ebendort wieder verließ. Als Sohn eines adeligen Steuerbeamten kam er an das renommierte Collège Louis-le-Grand und erfuhr eine ausgezeichnete Ausbildung. La Condamine schlug zunächst eine militärische Laufbahn ein und war mit einem Dragoner-Regiment 1719 am Krieg gegen Spanien und an der Belagerung von Roses beteiligt, bevor er seinen Lebensweg noch einmal änderte und sich den – im damaligen Sinne verstandenen – Naturwissenschaften und „Sciences physiques" zuwandte. Dies sollte ihn zu hohen Ehren und unter anderem bereits ab 1730 zu einem Mitglied der Pariser Académie des Sciences sowie später der Académie française machen. Es ist nicht unwahrscheinlich, dass der mit ihm befreundete Voltaire bei der Aufnahme in die erstgenannte Akademie die Finger mit im Spiel hatte – und im Spiel hatten beide große Erfahrungen. Denn Voltaire und La Condamine soll es auf Grund der mathematischen Berechnungen des letzteren 1729–30 gelungen sein, die französische Lotterie zu knacken und zu zweit einen Reingewinn von immerhin einer runden Million Livres zu erzielen. Sie sehen: Das Studium der Wissenschaften kann manchmal für die eigene Laufbahn recht förderlich und ertragreich sein ...

Im Auftrag der Académie des Sciences sollte er bereits 1731 eine Reihe wissenschaftlicher Fragen des Mittelmeerraumes klären und insbesondere die nordafrikanische Küste erforschen. An Bord eines Freibeuterschiffes bereiste er die Mittelmeerküste bis zur Levante und trug später die Ergebnisse seiner Reise als *Observations mathématiques et physiques faites dans un voyage de Levant* vor. Doch seine größte Reise stand ihm noch bevor. In der britisch-französischen Auseinandersetzung um die Gestalt unseres Planeten unterstützte La Condamines Freund Voltaire die These Newtons gegen Cassini; so gibt es gute Gründe dafür, mit der Forschung anzunehmen, dass Voltaire bei der Auswahl seines Freundes als Teilnehmer der Expedition in die Audiencia de Quito wiederum seine Finger mit im Spiel hatte. Auch später setzte sich La Condamine sehr geschickt für das wissenschaftlich Gebotene ein und plädierte in der zweiten Jahrhunderthälfte vehement für die Impfung gegen die Pocken, welche in der zweiten Phase beschleunigter Globalisierung bereits eine wichtige Rolle spielen sollten. Doch kehren wir zur Forschungsexpedition nach Südamerika zurück!

**Abb. 22:** Charles-Marie de la Condamine (1701–1774).

Der spanische Hof gab sein Placet zu dieser Expedition relativ leicht, wenn man – wie bereits betont – aus verständlichen Gründen auch beschloss, die nie ungefährlichen Franzosen unter Bewachung zu stellen, oder sagen wir vornehmer: von spanischen Offizieren, die zum Teil ihrerseits wichtige wissenschaftliche Beobachtungen im Umfeld der Reise veröffentlichten, begleiten zu lassen. Vieles ist von dieser Expedition noch erhalten, nicht aber die französischen Orientierungsmarken der geometrischen und astronomischen Messungen, welche die Académiciens im spanischen Amerika durchführten, trugen sie doch die königlichen Lilien in provokativer Größe auf ihren Sockeln. Dies konnte auf spanischem Boden in den Kolonien nicht lange geduldet werden: Sie waren längst verschwunden, als ein gutes halbes Jahrhundert später Alexander von Humboldt auf seiner Expedition die Ergebnisse der französischen Messungen zu überprüfen versuchte.

Heutzutage führt man sehr viel präzisere Messungen durch, um die Frage nach der genauen Gestalt der Erde zu klären. Denn diese ist für die unterschiedlichsten Anwendungsgebiete vor allem im infrastrukturellen und militärischen Gebiet von großer Wichtigkeit. Dabei hat man es mittlerweile freilich leichter, kann man doch die Erde von außerhalb, vom Weltraum – sogar schon als gut zahlender Tourist – sehen, photographieren und selbstverständlich auch messen. Im 18. Jahrhundert verfügte man über eine Reihe terrestrischer Methoden, von denen die Triangulation besonders zuverlässig war, wobei man den zu messenden Bereich in Dreiecke einteilte, die man dann durch kleine Pyramiden für weitere Messungen kennzeichnete. Bereits 1670 hatte man in Frankreich mit Hilfe dieser Methode einen Meridians-Bogen ausgemessen, so dass man über genaue Vergleichsdaten zur Krümmung der Erdoberfläche verfügte. Die von Colbert gegründete Académie des Sciences beauftragte daraufhin verschiedene Wissenschaftler mit der Berechnung der Oberfläche ihres Heimatlandes; und diese Arbeiten wurden 1682 mit einer deutlichen Verbesserung der Karte Frankreichs abgeschlossen. Diese Experimente, Messungen und Erfahrungen wurden nun durch die Wissenschaftlergruppen der Expeditionen nach Lappland wie nach Südamerika auf die Messung des Äquatorialbogens übertragen. Im Grunde also ganz einfach!

So segelt denn ein französisches Kriegsschiff im Mai 1735 von La Rochelle aus los, an Bord zehn Wissenschaftler, die von der Académie für diese Untersuchung ausgewählt wurden. Unter ihnen, die allesamt durch den Monumentalbau unweit von Quitos Zentrum verewigt wurden, seien hier der Mathematiker und Astronom Louis Godin, der Astronom und Mathematiker Pierre Bouguer, der Naturalist und Arzt Joseph de Jussieu, ein Geograph, ein Uhrenspezialist – was, wie wir gleich einsehen werden, besonders wichtig war –, ein Ingenieur, ein Techniker, ein Chirurg sowie eben unser Charles-Marie de La Condamine genannt. Diese französische wissenschaftlergruppe wurde im heute kolumbianischen Cartagena de Indias durch die kolonialspanischen Behörden ehrenvoll in Empfang genommen. Zwei Leutnants der spanischen Marine kümmerten sich um die französischen Gäste und deren Messungen, und zwar die später ausgezeichneten Jorge Juan y Santacilia sowie Antonio de Ulloa, die durch ihre Tätigkeiten und Kenntnisse hinsichtlich der Erforschung Amerikas ebenfalls zu Berühmtheiten wurden. Die beiden waren entgegen mancher französischen Darstellung keineswegs vorrangig mit Überwachungsaufgaben betraut: auch in Spanien und seinen amerikanischen Kolonien hatte längst die Aufklärung mit ihren wissenschaftlichen Methoden Einzug gehalten.

Die ab diesem Zeitpunkt in Begleitung kolonialspanischer Vertreter durchgeführte Reise führte unsere Akademiker von Cartagena de Indias nach Portobelo, dann weiter durch den mittelamerikanischen Isthmus über den Río Chagres und zu Fuß nach Panamá am Pazifischen Ozean, von dort dann nach Manta und schließlich Guayaquil im heutigen Ecuador. La Condamine und sein späterer Gegenspieler Bouguer verließen die Expedition bereits in Manta und begannen mit ihren Messarbeiten schon auf dem Weg hoch nach Quito. Dies ist eine Route, von der wir quer durch die Jahrhunderte immer genauere Messungen haben. Durch die astronomische Beobachtung der glücklich eingetretenen Mondfinsternis von 1736 gelang es ihnen, die genauen Koordinaten der Küste und des Küstenverlaufs zu bestimmen, welche in diesem Bereich den westlichsten Vorsprung der Küste Südamerikas bildet. Das Ergebnis all dieser mühseligen Messungen war eine Berichtigung der Karten hinsichtlich des genauen Küstenverlaufs in diesen Breiten, ein mit Blick auf die Sicherheit der Schifffahrt keineswegs nebensächlich zu nennendes Resultat.

Doch die Spannungen innerhalb der binationalen Gruppe steigen: Gegenseitige Rivalitäten und Verdächtigungen verschaffen sich zunehmend gehör. Die unterschiedlichen Messungen und Forschungen der Franzosen werden recht argwöhnisch auch vor Ort von den spanischen Kolonialbehörden beäugt. Die französische Reiseliteraturforscherin Hélène Minguet verweist sogar darauf – und ich lege nicht die Hand dafür ins Feuer, dass dies nicht noch Auswirkungen der französischen Sichtweise des ungebildeten und habgierigen Spanien sind –, man habe den Verdacht geschöpft, die Franzosen könnten den Plan gefasst haben, sich des berühmten, aber niemals gefundenen Inkaschatzes zu bemächtigen.[4] Als die Franzosen 1739 in Cuenca und damit im andinen

---

4 Vgl. hierzu Minguet, Hélène: Introduction. In: La Condamine, Charles-Marie de: *Voyage sur l'Amazone*. Choix de textes, introduction et notes de Hélène Minguet. Paris: François Maspéro, 1981, S. 5–27.

Hochland ankommen, erfahren sie, dass Maupertuis und dessen Expedition mittlerweile aus Lappland zurückgekehrt sind und die These Newtons bestätigt wurde: Die Erde – dies weiß man also seit 1739 – ist an den Polen abgeplattet und am Äquator ausgebuchtet. Damit stand auch fest, dass die französische Südamerika-Expedition nicht mehr als erste den Nachweis für diese These Isaac Newtons würde erbringen können.

Die Enttäuschung der französischen Wissenschaftler muss riesig gewesen sein. Denn sie waren nun bestenfalls noch in der Lage, die Ergebnisse ihrer Landsleute in Lappland zu bestätigen. Wissenschaftsgeschichte aber konnten sie, das wussten nun alle, nicht mehr schreiben – zumindest schien es so. Doch in diesem Punkte ging La Condamine eigene Wege und ließ später aus einer persönlichen Perspektive diese Reise doch noch zu einem Triumphzug für sich werden, wenn die eigentliche Aufgabe der Académie des Sciences auch längst erfüllt war.

Allerdings war das weitere Geschick der gesamten Expedition als überaus problembehaftet zu bezeichnen, denn es stellten sich allerlei Schwierigkeiten und Auseinandersetzungen zwischen den Mitgliedern der Expedition untereinander, aber auch mit der Bevölkerung ein, die unter anderem sogar zur Ermordung eines der Expeditionsmitglieder führten. Die Atmosphäre um die Franzosen verdüsterte sich. Man verdächtigte sie etwa, französische Spione zu sein, Liebeshändel kamen hinzu und La Condamine sowie seine Begleiter wurden vor Gericht gestellt. 1743 schließlich brach der sich langsam aufschaukelnde Streit zwischen Bouguer und La Condamine offen aus: Ersterer brach alle laufenden Arbeiten ab und reiste nach Cartagena, um sich von dort aus zurück nach Frankreich einzuschiffen und als erster vor der Académie des Sciences von den Ergebnissen der Expedition zu berichten. La Condamine fühlte sich daher frei, dem Vorschlag des Forschers Maldonado zu folgen und den Amazonas hinunterzufahren, um von dessen Mündung aus dann den Rückweg nach Frankreich anzutreten. Damit nahm er sich vor, eine der bis zum damaligen Zeitpunkt immer noch unbekanntesten Binnenregionen des Subkontinents zu erforschen. Es hätte sicherlich leichtere und sicherere Wege gegeben, die La Condamine nach Frankreich zurückgebracht hätten.

Die gewählte Reiseroute führte den französischen Naturforscher und Wissenschaftler zunächst nach Loja in den Hochanden, das auch unter der Schreibweise Loxa zum damaligen Zeitpunkt für seine Fieberrinde berühmt war – auch Alexander von Humboldt sollte sich diese Kulturen auf seiner Reise durch die Anden näher ansehen und untersuchen. Der Weg führte dann, möglicherweise über das schöne Huancabamba, hinunter nach Borja und damit zum Übergang in das Tiefland am Amazonas. Wir werden uns diese Passage des Reiseberichts gleich noch aus der Nähe anschauen. Es folgte eine faszinierende Flussfahrt mit der Untersuchung von Flora und Fauna des Amazonas-Tieflands, wobei vieles bis zu diesem Zeitpunkt in Europa völlig unbekannt war. Die Wahrnehmung des Franzosen blieb freilich ganz auf den Flusslauf des Hauptstromes begrenzt, da keine Zeit für Expeditionen blieb, welche diesen ‚Tunnelblick' hätten erweitern können. La Condamine bemühte sich, Neueres über die Flussverbindung zwischen Amazonas und Orinoco über den Río Negro und den Casiquiare herauszufinden. Jedoch zweifelte er an dieser tatsächlich existierenden Verbindung, die später durch Alexander von Humboldt nachgewiesen wurde, ebenso wenig wie an der Existenz der Amazonen, jener mythischen Frauen, gegen welche die spanischen Konquistadoren des 16. Jahrhunderts gekämpft zu haben vorgaben und die dem Fluss in der Nachfolge dieses unter anderem von Orellana transponierten Mythos auch den Namen gaben. Die Kartenwerke des 18. Jahrhunderts wiesen gerade im Binnenland Amerikas große weiße Flecken und sagenumwobene Gebiete auf; La Condamine stand im Begriff, für eine der wichtigsten dieser Regionen nähere Informationen zu liefern.

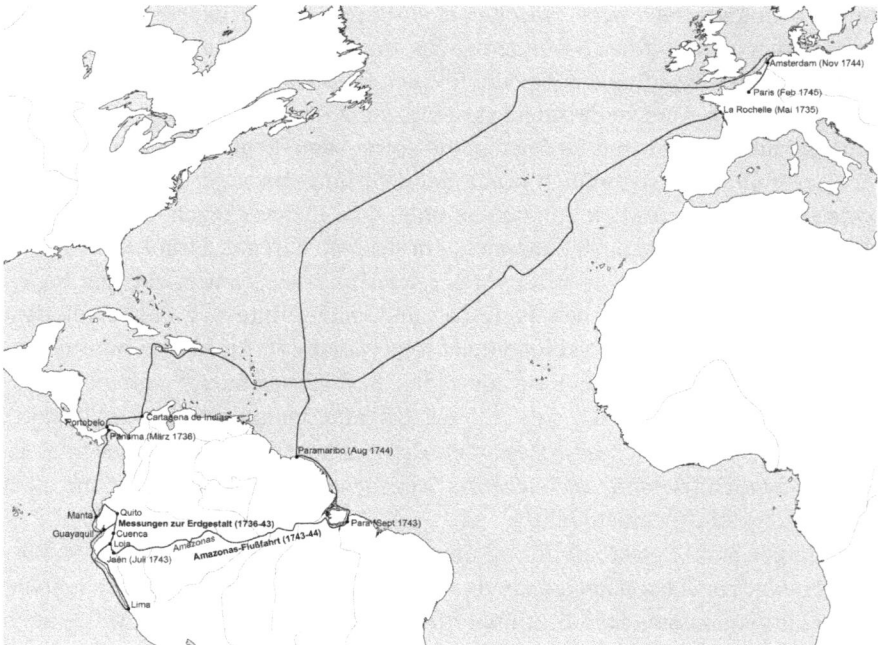

**Abb. 23:** La Condamines Reiseroute.

Doch der Franzose stand nach seiner Rückkehr in Frankreich vor einem doppelten Problem. Zum einen war die Frage der Abplattung der Pole und der Ausbuchtung des Äquators längst und definitiv geklärt, so dass Messungen und

Angaben hierzu als völlig redundant angesehen werden mussten. Zum anderen war sein Rivale Bouguer lange vor ihm zurückgekehrt und hatte ausführlich in mehreren Vorträgen vor der Académie des Sciences über die Ergebnisse der Expedition berichtet, so dass La Condamine auch in diesem Bereich kaum wissenschaftliche Lorbeeren würde ernten können. Denn auch dieses Kapitel war mit Bouguers Vorträgen seit November 1744 abgeschlossen, hatte La Condamines Gegenspieler doch ausführlich von den Resultaten in den Hochanden berichtet. La Condamine konnte seinerseits erst im April 1745 wieder vor der französischen Akademie der Wissenschaften auftreten. Bereits bei diesem ersten Auftreten trug er einen gekürzten Bericht von seiner Flussfahrt den Amazonas hinunter vor. Das wissenschaftliche Interesse verlagerte sich nun ganz auf diese Episode seiner insgesamt zehnjährigen Reise, waren die französischen Wissenschaftler doch im Mai 1735 nach Südamerika aufgebrochen.

Charles-Marie de La Condamine verknüpfte fortan geschickt seinen Namen mit der eher kurzen Zeit im Amazonas-Gebiet. Zu diesem Bereich des Inneren Südamerikas gab es vor ihm nur spärliche Berichte. Der Franzose verstand es, die Aufmerksamkeit seiner Zuhörer und später seiner Leserinnen und Leser gerade dadurch zu gewinnen, dass er in recht kunstvollen Perioden nicht nur einen Bericht seiner Reise bot, sondern zugleich auch auf eine Vielzahl einschlägiger Mythen und Legenden einging. Diese reichten von den kriegerischen Amazonen über die in Frage stehende Flussgabelung, und vor allem von der französischen „Géographie systématique" bezweifelte Bifurkation des Casiquiare bis hin zur Legende um El Dorado vom Parime-See, dem vergoldeten König, der noch immer die europäischen Träume von einem versteckten Schatz mit viel amerikanischem Gold befeuerte. La Condamine versuchte zudem, die bisherige Entdeckungs- und Eroberungsgeschichte des Oberen Marañón und des Amazonas darzustellen: von den Fahrten Orellanas bis zum Pater Fritz. In besonderem Maße bezog er sich aber auf jene legendenträchtige Reise des Lope de Aguirre den Amazonas hinunter, die nicht nur zu einer Vielzahl literarischer Darstellungen und Romane führte, sondern darüber hinaus den Ausgangspunkt für die Ihnen sicherlich bekannte monumentale Filmfassung Werner Herzogs mit dem Titel *Aguirre oder der Zorn Gottes* bot.[5] Sie sehen, wir befinden uns in einem mythenreichen und bis heute mythenreich gebliebenen Landstrich!

---

5 Vgl. hierzu die nicht weniger monumentale Habilitationsschrift von Galster, Ingrid: *Aguirre oder Die Willkür der Nachwelt. Die Rebellion des baskischen Konquistadors Lope de Aguirre in Historiographie und Geschichtsfiktion (1561–1992)*. Frankfurt am Main: Vervuert 1996.

Widmen wir uns also jenem Abschnitt der Reise, für den Charles-Marie de La Condamine berühmt wurde: der Amazonasfahrt. Im Mai 1743 trat La Condamine seine Reise von Tarqui aus an, wobei er zunächst einen Umweg wählen muss, da die Mörder seines ehemaligen Mitreisenden ihm einen Hinterhalt legten, um jegliche Prozessakten und Aktennotizen auf dem einfachsten Wege zu vernichten und ihn ins Jenseits zu befördern. Am 4. Juli 1743 begann dann die eigentliche Flussfahrt La Condamines: Am nächsten Tag schon ist der Marañón, der obere Amazonas also, erreicht. Schließlich gelangt man zum Pongo de Manseriche, wobei der Begriff „Pongo" gleich „Tor" hier sowohl landschaftlich als auch reiseliterarisch überaus zutreffend erscheint. Denn der französische Literat – der Wissenschaftler hegte durchaus literarische Ambitionen und gelangte nicht von ungefähr später in die Académie française – verwandelte diese Passage in einen literarischen Höhepunkt seines ausgefeilten Reiseberichts. Der Pongo de Manseriche wurde gleichsam zum Eingangstor in den Zentralbereich seines Berichts von der Flussfahrt über den Amazonas. Und plötzlich befinden wir uns im Zentrum jener Welt, die La Condamine nun meisterhaft darzustellen beginnt:

In Borja angekommen, fand ich mich in einer neuen Welt wieder, weitab von jedem menschlichen Verkehr, auf einem Meer von Süßwasser, inmitten eines Labyrinths aus Seen, Flüssen und Kanälen, die in allen Himmelsrichtungen einen ungeheuren Urwald durchziehen, den sie allein zugänglich machen. Ich stieß auf neue Pflanzen, neue Tiere, neue Menschen. Meine Augen, seit sieben Jahren daran gewöhnt, die Berge sich in den Wolken verlieren zu sehen, konnten nicht davon ablassen, ständig den Horizont zu umgreifen, ohne dass sich ihnen ein anderes Hindernis in den Weg gestellt hätte als die Hügel des Pongo, die aus meinem Gesichtskreis bald verschwinden sollten. Dieser Menge an unterschiedlichen Gegenständen, welche die bebauten Ländereien in der Umgebung von Quito bereichern, folgte nun der gleichförmigste Anblick: Wasser, Grün, und nichts weiter. Man durchfurcht die Erde mit seinen Füßen, ohne sie zu sehen; sie ist so von dichten Gräsern, von Pflanzen und Gebüschen bedeckt, dass es einer recht langen Arbeit bedürfte, um die Fläche eines einzigen Fußes freizulegen. Unterhalb von Borja und vier- bis fünfhundert Meilen den Fluss hinunter ist ein Fels, ein einfaches Steinchen, etwas ebenso Seltenes wie ein Diamant. Die Wilden dieser Gegenden wissen nicht, was ein Stein ist, ja haben davon nicht einmal eine Vorstellung. Es ist ein vergnügliches Schauspiel, einige von ihnen nach Borja kommen zu sehen und zu beobachten, wie sie zum ersten Male darauf stoßen und ihre Bewunderung durch ihre Zeichen kundtun, sich beeilen, sie zusammenzuraffen, sich damit wie mit einer wertvollen Handelsware zu beladen und doch bald darauf voller Verachtung wegzuwerfen, sobald sie bemerken, dass diese Steinchen so verbreitet sind.[6]

---

6 La Condamine, Charles-Marie de: *Voyage sur l'Amazone*, S. 60 f.

Da ich einen Teil dieser Passage bereits ausführlich im theoretischen Teil meiner Vorlesungen zur Reiseliteratur interpretiert habe,[7] will ich an dieser Stelle einige Aspekte von La Condamines ,Eingangstor' in seinen Reisebericht betonen und weitere Überlegungen zu der hier entfalteten *Landschaft der Theorie*[8] anschließen. Denn der Pongo markiert den Übergang von einer Welt des Dreidimensionalen zu einer Welt des Zweidimensionalen, wo sich Wasser und Grün ständig neu kombinieren. Sie tun dies nicht zuletzt in Form labyrinthischer Verschlingungen, die sich aus der Perspektive der Zweidimensionalität kaum entwirren lassen, sondern die eine Aufzeichnung als Karte notwendig machen, so dass ein Blick von oben entstehen kann, der Klarheit schafft. In dieser Welt miteinander verbundener Gewässer ist alles mit allem verbunden, wobei die Wege nun zu Wasserwegen geworden sind: Das Land zwischen den Wassern ist nicht für Wege gemacht.

Der Europäer betritt diese neue, von der andinen abgetrennte Welt mit dem Blick eines Entdeckers, der die geheimen Verbindungen aufdecken und die gesamte Anlage verstehen will. Geradezu euphorisch tritt Klarheit in diese Landschaft, die sich dem Blick erschließt. Fast will es scheinen, dass die Last der Dreidimensionalität, die noch im andinen Raum schwer auf dem Reisenden lastete, nun von ihm abfällt und einer wachsenden Begeisterung Platz macht, da diese Neue Welt nun seinem Verstehen und Begehren offensteht.

Voraussetzung für die erstrebte Klarheit und Transparenz ist aber die Erstellung eines Plans, einer Karte, welche diesen Strom, seine Flüsse und Nebenflüsse zu erfassen vermag. Auch wenn der reale La Condamine all diese Informationen mit den ihn begleitenden spanischen Gelehrten, den indianischen Ruderern sowie weiteren Begleitern, die im Reisebericht des Franzosen freilich weitestgehend ausgespart werden, teilt, entsteht eine Fokussierung auf ein sich wandelndes, dieser Landschaft der Theorie anpassendes Subjekt. Dieses hat bereits den Weg zu einer modernen Subjektwerdung eingeschlagen und beginnt im Verhältnis zur amerikanischen Natur, ja in der Konfrontation mit der amerikanischen Natur, sich selbst viel klarer zu reflektieren. Dieses Ich erlebt sich selbst als die gesamte sich darbietende Natur umfassende europäische Forscherpersönlichkeit. Eine Landschaft der Theorie als Landschaft der Zweidimensionalität erlaubt es dem Forscher, sich selbst gegenüber den Objekten der Natur wie auch den Menschen, die dort leben, in eine kritische, unverkennbar wissenschaftliche Distanz zu setzen.

---

7  Vgl. Ette, Ottmar: *ReiseSchreiben. Potsdamer Vorlesungen zur Reiseliteratur*. Berlin – Boston: Walter de Gruyter 2020, S. 161–163.
8  Vgl. hierzu Ette, Ottmar: *Roland Barthes. Landschaften der Theorie*. Konstanz: Konstanz University Press 2013.

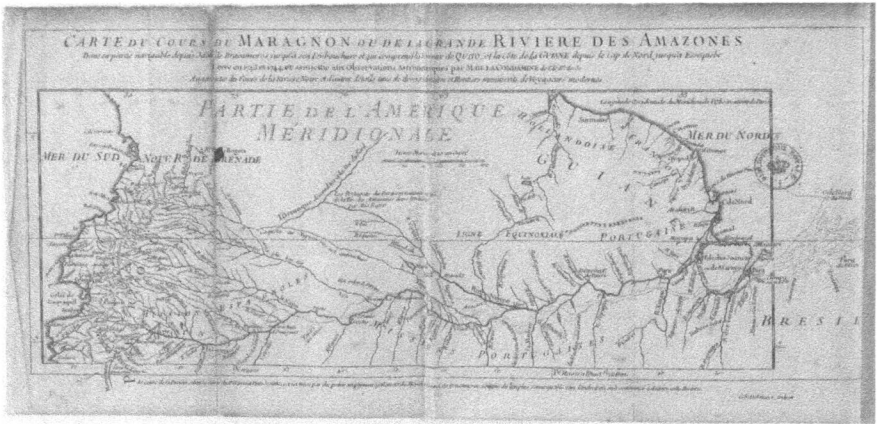

**Abb. 24:** Amazonas-Karte in La Condamines *Relation abrégée d'un voyage fait dans l'intérieur de l'Amérique méridionale.*

Die mythischen Gegenstände, die den Forscher erwarten, verwandeln diesen Europäer in eine historische Größe, die alles – die amerikanische Flora wie die Fauna, die Menschen wie ihre Mythen, die Gewässer und die Wasserwege beherrscht. Er erblickt die Kleinheit der Menschen, vermag ihr Erstaunen zu verstehen, ihre Begrenzungen zu erkennen, ihre Lage zu beschreiben. Nichts ist vor seinem analytischen, alles durchdringenden Blicke geschützt. Das reisende Ich weiß sich in der Kontinuität dieser abendländischen Mythen, die von der Alten in die Neue Welt transportiert und anverwandelt wurden: Die Amazonen sind Teil jener Bildungsausstattung, welche die Welt der griechischen Antike, die mythische Welt des Mittelmeeres, in diese Welt einer Flusslandschaft mit ihren Flussinseln und Verzweigungen projiziert. Die Neue Welt des Amazonas ist dem Reisenden damit zugleich eine vertraute Welt, die auch für das Lesepublikum nach einer ersten Überraschung bald als fremd und vertraut zugleich erscheinen wird. Im prüfenden, strukturierenden Blick des reisenden Ich ordnet sich ein zunächst undurchdringliches Chaos des Verschlungen-Seins zu einem *Kosmos* an, zu einer Welt, die in Ordnung und Schönheit den rational alles durchdringenden Verstand des Ich umfängt. Trotz aller Gefahren, die den Reisenden im Labyrinth erwarten, trotz aller Bedrohungen, für welche die noch unbekannten Amazonen im Verbund mit den „Sauvages", den „Wilden", stehen mögen, ist der reisende Europäer sich doch seiner selbst sicher. Nicht mit Angst, sondern mit großen Erwartungen betritt der europäische Forscher die für ihn neue, labyrinthische Welt: Er wird aus diesem Labyrinth mit Hilfe seines Fadens der Ariadne gewiss wieder herausfinden.

Mit Charles-Marie de La Condamines *Voyage sur l'Amazone* lesen wir einen Text, der weit über das Dokumentarische eines Reiseberichts hinausgeht und als literarischer Text eines Schriftstellers anerkannt und gelesen werden will. Es geht nicht nur um eine ‚Beschreibung' der Reise auf dem Amazonas, sondern um erzählende Prosa, in deren Mittelpunkt die Vielzahl von Verweisen auf andere literarische Texte, Mythen und Legenden steht. Dabei bedient sich La Condamine eines literarischen Stils, der den Aufbau eines komplexen innerliterarischen Raumes begünstigt, möchte er doch weniger, dass seine Leserschaft eine möglichst genaue Vorstellung von den materiellen Grundlagen und Bedingungen seiner Flussfahrt erhält, sondern vielmehr die Möglichkeit erhält, diese Reise in komplexe literarische Muster vergleichbarer Erkundungsreisen zu stellen. Und diese unzweideutig als literarisch zu bezeichnenden Zielsetzung erreicht der französische Schriftsteller mit Bravour. Die simple Augenzeugenschaft tritt angesichts der selbstgestellten Aufgabe merklich in den Hintergrund.

Dies entspricht sehr wohl den architextuellen Vorgaben für den Reisebericht im 18. Jahrhundert. Denn diese Gattung oszilliert oder pendelt zwischen Diktion, also der möglichst ästhetischen Darstellung real durchquerter Landschaften und Gebiete, und der Fiktion: Reiseliteratur ist *Friktion*,[9] mithin die gezielte Bewegung zwischen nicht-fiktionalen und fiktionalen Bestandteilen des Erzählens. Die auf die außersprachliche Wirklichkeit verweisenden, von späteren Reisenden auch überprüften Landschaftselemente wie etwa der Pongo de Manseriche werden im Verbund mit spezifisch literarischen Techniken von Inszenierung und intertextuell potenzierter Semantisierung in eine unabschließbare oszillierende Bewegung gebracht, die nicht auf das Dokumentarische reduziert werden kann, sondern den friktionalen Status dieser Querung einer aquatischen Landschaft unterstreicht. Das Labyrinth ist tausendfach präsent.

Die narrative Grundstruktur der *Voyage sur l'Amazone* ist daher aufschlussreich: Führen wir uns die Komplexität der Ich-Figur in diesem Reisebericht vor Augen! Das Ich ist in dieser Passage *zugleich* auf einer referentialisierbaren Ebene der Reisende und Naturforscher, der den oberen Marañón durchquert. Auf einer historisch-literarischen Ebene ist es der Erbe des Christoph Kolumbus, der einst vor der Mündung des Orinoco von einem Süßwassermeer gesprochen hatte. Auf einer Ebene der griechischen Mythologie wird es zum Nachfolger des Theseus, diesen überbietend, indem es mit Hilfe seiner von ihm selbst gezeichneten Flusskarte den Faden finden wird, der ihn aus dem Labyrinth siegreich wieder herausführen kann. Auf einer psychoanalytischen Ebene feiert jenes Ich

---

9 Vgl. hierzu Ette, Ottmar: *ReiseSchreiben. Potsdamer Vorlesungen zur Reiseliteratur*, S. 141–149.

die Immersion im Wasser wie eine Ekstase und die aquatische Landschaft der „mer d'eau douce" wie eine pränatale Wiedervereinigung mit der Mutter ekstatisch. La Condamines literarischer Reisebericht öffnet sich unterschiedlichsten Lesarten.

So wird die angeführte Passage in mehrfacher Hinsicht kodiert und als Höhepunkt (sowie als Überschreitung einer Grenze) inszeniert. Der in der realen Landschaft vorhandene Pongo de Manseriche fungiert auf Ebene des literarischen Textes wie die Eröffnung des Betretens einer neuen, aquatischen Welt, in welcher die Dreidimensionalität zurücktritt, um der Verschlungenheit des Zweidimensionalen den Raum zu überlassen. Eine Einebnung des Textes auf die erste, referentialisierbare Ebene würde dem friktionalen Textstatus bei weitem nicht gerecht: Wir würden die polysemen, vieldeutigen Inhalte des *Voyage sur l'Amazone* nicht erfassen. Denn die Polysemie des verdichteten semantischen Materials eröffnet viele parallele Lesarten und Lese-Modi, die sich nicht auf eine dokumentarische Eindimensionalität zurückführen lassen, sondern eine Lust am Text entfalten, die sich aus dessen Viellogik und Vieldeutbarkeit speist. Dass La Condamines Reisebericht in Frankreich Furore machte und sowohl auf seiner beschreibenden wie auf seiner literarischen Ebene eine herausragende Stellung innerhalb der damaligen französischen Reiseliteratur beanspruchte, versteht sich von selbst. Der Autor war nicht nur mit guten Gründen in die Académie des Sciences aufgenommen worden, er wurde auch zu Recht in die Académie française gewählt.

Man kann durchaus die Behauptung wagen, dass mit La Condamines Reisebericht eine neue Etappe innerhalb der reiseliterarischen Gattung beginnt, zugleich aber auch eine neue Phase in der Auseinandersetzung Europas mit dem amerikanischen Kontinent und insbesondere dessen Naturphänomenen. Amerika – und vor allem das tropische Amerika – war nun deutlich in den Fokus abendländischer Erkundung und okzidentalen Wissens gerückt. Zugleich wurden auch im ästhetischen Bereich neue Sichtweisen des amerikanischen Kontinents erprobt, welche die Landschaftsdarstellungen von Amerika vor allem in der zweiten Hälfte des 18. Jahrhunderts zu verändern begannen. In diesem Zeitraum wurden nicht mehr nur europäische Bergwelten ästhetisiert, wie wir dies in Jean-Jacques Rousseaus Briefroman *Julie ou la Nouvelle Héloïse* beobachten können, sondern auch außereuropäische Gebirgswelten, wofür Bernardin de Saint-Pierres kleiner, aber einflussreicher Roman *Paul et Virginie* stehen mag. Mit Alexander von Humboldt springt die Ästhetisierung der dritten Dimension auf eine neue Sichtweise der Gebirge und Vulkane in den Hochanden über und erzeugt eine grundlegend veränderte, auch literarisch innovative Sichtweise amerikanischer Landschaften. Dass eine solche veränderte Sichtweise auch eine andere Landschaft der Theorie und damit Epistemologie beinhaltet, ist angesichts der wissenschaftlichen Relevanz des letztgenannten Beispiels offenkundig. Dieser neue Blick war der im 18. Jahrhundert sich herausbildende und gegen Ende des Jahrhunderts konkretisierende Blick der Moderne auf die amerikanischen Landschaftsformationen.

Doch Charles-Marie de La Condamine beschränkte sich keineswegs auf die Beschreibung und literarische Darstellung von Naturphänomenen, also auf das, was wir klassisch als ‚Landschaft' zu bezeichnen pflegen. Unmittelbar im Anschluss an die zitierte Eingangspassage, an deren Ende ja bereits ein Ausblick auf die Bewohner des Tieflandes rund um den Oberen Marañón oder Amazonas erfolgt, schließt sich eine zweite, für die anthropologische oder ethnologische Dimension sehr wichtige Passage an, welche die Frage der Ureinwohner, der indigenen Bevölkerung also, berührt. La Condamine versuchte, dem französischen beziehungsweise europäischen Lesepublikum einen allgemeinen Eindruck von diesen „Wilden" („sauvages") im Allgemeinen und von den Bewohnern des Oberen Marañón im Besonderen zu vermitteln. Wir müssen uns an dieser Stelle auf die zentralen Elemente dieser Passage beschränken:

> Bevor ich mich mit anderem beschäftige, glaube ich ein Wort über Geist und Charakter der ursprünglichen Bewohner des südlichen Amerika sagen zu müssen, welche man gemeinhin, wenn auch fälschlich, als Indianer bezeichnet. An dieser Stelle geht es nicht um die Frage der spanischen oder portugiesischen Kreolen und auch nicht um die verschiedenen Arten von Menschen, die ein Produkt der Vermischung der Weißen aus Europa mit den Schwarzen aus Afrika und den Roten aus Amerika sind, seitdem die Europäer hier auftraten und Neger aus Guinea eingeführt haben.
>
> [...]
>
> Um eine genaue Vorstellung von den Amerikanern zu geben, bräuchte es fast ebenso viele Beschreibungen, wie es Nationen unter ihnen gibt; doch sind sie wie alle Nationen Europas zwar untereinander verschieden in ihren Sprachen, Sitten und Gebräuchen, entbehren aber keineswegs gemeinsamer Züge in den Augen eines Asiaten, der sie aufmerksam betrachtete, und so schienen mir alle amerikanischen Indianer der unterschiedlichen Gebiete, die ich im Verlauf meiner Reise zu sehen Gelegenheit fand, gewisse Züge der Ähnlichkeit miteinander zu teilen; und (von einigen Nuancen abgesehen, die zu erfassen es einem Reisenden, der die Dinge nur im Vorübergehen sieht, kaum erlaubt sind) so habe ich geglaubt, bei ihnen allen denselben charakterlichen Grundzug zu erkennen.
>
> Für alles bildet ihre Unempfindlichkeit die Grundlage. Ich lasse zur Entscheidung offen, ob man sie mit dem Namen Apathie beehren oder mit dem der Stumpfheit in den Schmutz ziehen möchte. Sie entsteht zweifellos aus der kleinen Anzahl ihrer Ideen, die sich nicht über den Bereich ihrer Bedürfnisse hinaus erstrecken. Bis zur Gefräßigkeit verschlingend, wenn sie über alles zu deren Befriedigung verfügen; sparsam, sobald die Notwendigkeit sie dazu treibt, sogar bereit, auf alles zu verzichten, ohne überhaupt etwas zu begehren; im Übermaße furchtsam und feige, wenn die Trunkenheit sie nicht beflügelt; der Arbeit gegenüber feindselig, unempfindlich für jeden Anreiz des Ruhmes, der Ehre oder der Dankbarkeit; einzig mit dem gegenwärtigen Gegenstand beschäftigt und stets

von ihm eingenommen; ohne jede Sorge um die Zukunft; unfähig zur Voraussicht und zum Nachdenken; sich einer kindlichen Freude überlassend, die sie durch Sprünge und unbändiges Lachen grund- und planlos kundtun, wenn nichts sie stört; sie verbringen ihr Leben, ohne zu denken und werden älter, ohne ihre Kindheit, von der sie alle Fehler bewahren, zu verlassen.[10]

Diese Passage aus La Condamines *Voyage sur l'Amazone* macht deutlich, wie sehr die Betonung einer kritischen Distanz, welche der Betrachter zu Beginn der Ausführungen einnimmt, einer Position Platz macht, die umso unverblümter ihre pauschalen Beurteilungen und Verurteilungen im Gewande überlegter Kritik kundtut. Kritik – und sie steht ja im Zentrum der Aufklärung – ist also nicht gleich Kritik! Denn die eigene europäische Position wird nicht wirklich selbstkritisch reflektiert, sondern dünkt sich erhaben über die beschriebenen Gegenstände und all jenen Kulturen überlegen, welche hier in wenigen generellen Werturteilen eindeutig verurteilt werden. Auch die Geste, den Leserinnen und Lesern die Entscheidung darüber zu lassen, wie die Indianer letztlich zu beurteilen seien, erweist sich nach Lektüre der gesamten Passage als rein rhetorische Floskel.

Die Passage macht überdies deutlich, wie sehr die Einschätzung der Indianer – sehr zurückhaltend formuliert – bestimmten Gesetzlichkeiten interkultureller Wahrnehmung gehorcht. La Condamine ist durchaus nicht jener unbeteiligte Asiate, der die indigene Bevölkerung aufmerksam (und vorurteilsfrei) beobachtet. Er ist vielmehr Partei: Er ist ein Forscher, der als Europäer auf der Seite des europäischen Kolonialismus steht. Denn das hier entfaltete Bild der indigenen Bevölkerung entspricht genauestens jenen Vorurteilen, die man in Europa mit den ‚Indianern' im 18. Jahrhundert zu verbinden pflegte und bestätigt alle Heterostereotypen, die sich gerade auch in den nachfolgenden Debatten im Europa der Aufklärung über die Amerikaner verfestigen sollten. Die Indianer, so lernen wir, sind dumm und arbeitsscheu. Und doch sind sie es, die etwa als Ruderer den französischen Wissenschaftler durch das Labyrinth sich verzweigender Flussläufe nicht nur geleiten, sondern führen.

Gehen wir die Argumente La Condamines einzeln durch! Da ist zum einen die Frage der Heterogenität, der Mannigfaltigkeit, die in irgendeiner Weise behandelt und überwunden werden muss, um ein einheitliches Gesamtbild – in diesem Falle der indigenen Bevölkerung – zu liefern. Denn jede indigene „Nation" unterscheidet sich von den anderen durch ihre Sprache, ihre Sitten und Gebräuche, ja selbst durch ihr Aussehen und wohl auch ihr Verhalten. Gewiss

---

10 La Condamine, Charles-Marie de: *Voyage sur l'Amazone*, S. 61 ff.

ist hierbei die extreme Sprachenvielfalt, die Vielzahl an höchst unterschiedlichen Sprachen, aber auch Ethnien und Völkerschaften, ein nicht hinweg zu leugnendes Faktum, welches ein Reisender – oder eher ‚Durchreisender‘ – nicht adäquat zu erfassen vermag. La Condamine macht mit dieser Diversität indigener Lebensformen kurzen Prozess. Er stellt die kulturelle Heterogenität und Diversität kurz fest, um dann umso besser und allgemeiner alle Völkerschaften über denselben Leisten, einen europäischen Leisten, zu schlagen. Noch sind wir weit von einer tatsächlichen Auseinandersetzung mit anderen Kulturen und deren Vielgestaltigkeit entfernt.

Dennoch betont der französische Wissenschaftler die von ihm durchaus beobachtete Heterogenität. Deren Darstellung gelingt ihm mit Hilfe eines kleinen Kunstgriffs, indem er vor Augen führt, wie unterschiedlich die einzelnen europäischen Nationen sind, wie gleichförmig sie aber doch einem außenstehenden Beobachter – wie etwa einem Asiaten – erscheinen müssten, wenn dieser auch sie, also die Europäer insgesamt, in den Mittelpunkt seiner Überlegungen rückte. Von daher wird eine Art genereller Grundlage konstruiert, wobei deutlich wird, dass hier auch nicht die Franzosen den Amerikanern entgegengestellt werden, sondern die Europäer insgesamt. So bildet sich durch eine imaginär angenommene und *pro forma* eingenommene Außenperspektive ganz rasch die Einheit des vermeintlich Eigenen heraus. Und zugleich auch die Einheit des vermeintlich ‚Anderen‘, das nun als absolute Alterität zum ‚absolut Anderen‘ stilisiert werden kann.

Doch La Condamines Argumentation versichert sich noch einer weiteren Vorkehrung. Denn zum Zweiten wird eine Art Kautele eingeführt, insoweit der Reisende seinen eigenen Beobachterstandpunkt relativiert, sei dieser doch lediglich der Blickwinkel des rasch Vorüberziehenden, des vorbeifahrenden Reisenden, der die Dinge nur *en passant* sehen und wahrnehmen könne. Dies ist bei einem so langjährigen Aufenthalt von La Condamine im Reich der Indianer eine etwas überraschende Wendung, auch wenn man sicherlich eingestehen muss, dass die eigentliche Flussfahrt auf dem Amazonas und die sich daraus ergebenden Möglichkeiten, die Tieflandindianer am Amazonas zu beobachten und mit ihnen in Kontakt zu kommen, höchst gering und bestenfalls sporadisch waren. Doch die Relativierung ist reine Rhetorik, denn diese Kautele erlaubte es dem Franzosen, ein generelles Bild der Indianer zu zeichnen, ohne sich um Details wie die Überprüfung der eigenen Aussagen kümmern zu müssen. Wie aber sah dieses Bild der höchst unterschiedlichen Völker am Amazonas nun aus? Wie beurteilte er jene indigene Bevölkerung, die ihn in Gestalt von Ruderern und Führern auf dem Fluss begleitete?

Die ‚kritische‘ Wahrnehmung der ‚Indianer‘ durch La Condamine geht von einem Negativum aus: ihrer „insensibilité“, ihrer Gefühllosigkeit und Dumpfheit, welche alle ihre Lebensbereiche erfasse. Damit wird ein Fehlen zur Grundlage gemacht, ein Nicht-Vorhandensein, welches stets den Hinweis auf ein Vorhandensein, auf ein andernorts, in Europa, Gegebenes miteinschließt, das wiederum positiv bewertet wird. Gewiss, wir haben es noch nicht mit jener „sensibilité", mit jener „Empfindsamkeit" zu tun, welche in einer Phase des Übergangs das Aufklärungszeitalter hin auf die Romantik öffnete. In der Tat sind die meisten Charakteristika, die in der Folge mit Blick auf die indigene Bevölkerung aufgezählt werden, Negativa, die für einen Mangel, für ein Fehlen stehen, das nur einen behaupteten Mangel gegenüber Europa darstellt. Man geht folglich von etwas in Europa (ganz selbstverständlich) Gegebenem aus, um dessen Fehlen in den Amerikas zu konstatieren. So erscheinen die Europäer im Umkehrschluss als sensibel und empfindsam, zugleich aber auch an der Arbeit sowie an Ruhm, allerlei Ehren und Verdienst(möglichkeit)en ausgerichtet. La Condamine zeichnet im Grunde zwei Stereotype: ein Heterostereotyp, das zugleich und aus umgekehrter Perspektive betrachtet aber auch ein Autostereotyp bilden kann.

Umgekehrt werden in diesem Zusammenhang positive Werte aus den Amerikas ausgeschieden, die auf einen Mangel in Europa hinweisen könnten, rücken also überhaupt nicht ins Blickfeld, ja wohl nicht einmal ins Bewusstsein des scheinbar so objektiven europäischen Betrachters. Denn was ließe sich über die Vertrautheit der indigenen Bevölkerung mit ihrer Umwelt sagen? Welche Stellung kommt bei ihnen der Natur im Verhältnis zur Kultur zu, ja gab es bei ihnen überhaupt eine Scheidung von Natur und Kultur? Welches sind die positiven Werte, an denen sich diese Männer und Frauen orientieren? Welches ist ihre Konzeption des Zusammenlebens? Auf all diese Fragen, die man sich aus heutiger Perspektive stellen könnte, bietet La Condamines Reisebericht keine Antwort.

Diese von negativen Zuschreibungen gekennzeichnete Passage setzt sich ungeheuer lang fort, und es ist erkenntnisreich, dass La Condamine dabei nicht nur zu der Einsicht gelangt, dass die Indianer in einem wortwörtlichen Sinne nicht bis drei zählen können, sondern dass ihnen jegliche Begrifflichkeit fehlt, die ein abstraktes Denken ermöglichen könnte. Gleichwohl bezeichnet La Condamine eine solche Fähigkeit aber als „universelle", die mithin der gesamten Menschheit zustünde. Das ist im Grunde eine *Contradictio in adjecto*, denn wenn etwas universell oder universell gültig ist, dann muss es selbstverständlich auch überall gelten. Dies ist aber gerade nicht der Fall. Überdies haben sich Aussagen, dass ‚Indianer' nicht bis drei zählen könnten, nachweisbar längst als falsch herausgestellt, was die Herangehensweise des ‚aufgeklärten' europäischen Forschers einmal mehr in Frage stellt.

Für das zeitgenössische europäische Publikum aber waren diese Gegenfragen allesamt Aspekte, die hinter den Kernaussagen des französischen „Académicien" an Wichtigkeit bei weitem zurücktraten. Im französischen Universalismus sehen wir aber das Hauptverfahren am Werk, wie europäische Sitten und Gebräuche in einem ersten Schritt als universal gültig angenommen werden konnten, um in einem zweiten Schritt dann vor Ort festzustellen, dass ein bestimmtes Volk oder eine gewisse Ethnie diese universal gültigen Werte in keiner Weise beachtet oder pflegt. Ein derartiges Argumentationsmuster war im 18. Jahrhundert sehr verbreitet und zählte zu den Kernverfahren aufklärerischer Rhetorik.

Wir sehen bei Charles-Marie de La Condamine all jene Elemente ausgebreitet, die zum zentralen Streitpunkt in der für das 18. Jahrhundert zentralen Berliner Debatte um die Neue Welt werden sollten. Mit dieser Debatte werden wir uns noch ausführlich beschäftigen und deren Entstehen wie auch deren Konsequenzen diskutieren. Denn die Dumpfheit, ja Stupidität der indigenen Bevölkerung, ihre Antriebslosigkeit und Unfähigkeit, in abstrakten Begriffen zu denken, ja ihr fortgesetztes Leben in einer ewigen Kindheit, die von keinerlei Anreizen gequert wird, werden zu Kernpunkten einer Debatte, die wir uns nach diesem Ausflug zu La Condamine als aufklärerisches Diskurselement noch genauer anschauen werden.

In La Condamines Text sind mit den Bestimmungen indigener Stupidität andere Entwicklungsmöglichkeiten ausgeschieden, welche der indigenen Bevölkerung nicht (mehr) offenstehen. Dies betrifft eine Vielzahl von Entwicklungsbereichen menschlicher Kultur, die wir an dieser Stelle nicht ausführlich erörtern können. Für den Franzosen aber sind mit den beschränkten Geistesfähigkeiten auch die Möglichkeiten notwendig begrenzt, komplexere Sprachen auszubilden. Und wer weiß, wie eng das 18. Jahrhundert die Pflege der Sprache und die Ausbildung menschlicher Kognitionsmöglichkeiten zusammendachte, für den sind damit grundlegende Beschränkungen kultureller Entwicklungsfähigkeiten verbunden – also die Fähigkeiten zu eigener, selbstbestimmter Weiterentwicklung:

> Alle Sprachen des südlichen Amerika, von denen ich mir einen Begriff machen konnte, sind höchst arm; mehrere davon sind energisch und fähig zur Eleganz, darunter besonders die alte Sprache Perus; aber allen fehlt es an Begriffen, um abstrakte und universelle Ideen auszudrücken; dies ist der offenkundige Beweis für die geringen Fortschritte, welche der Geist dieser Völker gemacht hat. *Zeit, Dauer, Raum, Sein, Substanz, Materie, Körper*, all diese Worte und viele andere besitzen kein Äquivalent in ihren Sprachen: nicht allein die Benennungen des metaphysischen Seins, sondern auch des moralischen können in ihren Sprachen nur unvollkommen und mit Hilfe langer Umschreibungen wieder-

gegeben werden. Es gibt kein eigentliches Wort, das exakt Ausdrücke erfasst wie *Tugend, Gerechtigkeit, Freiheit, Dankbarkeit, Undankbarkeit* [...].[11]

In diesem Zitat ist es beeindruckend, in welchem Maße Charles-Marie de La Condamine in seinen Erörterungen über die amerikanischen Sprachen das zentrale Vokabular der französischen und europäischen Aufklärung aufruft. Denn es dürfte kaum wichtigere Begriffe innerhalb der philosophischen Debatten des Siècle des Lumières geben als Raum und Zeit, die sich in der Tat im 18. Jahrhundert sehr rasch veränderten, oder auch als Materie und Körper, die vor allem im Umfeld der Debatten um die *Encyclopédie* künftig heiß umkämpft sein sollten. Die zweite Serie von Begriffen wie Freiheit, Gerechtigkeit oder (Un-)Dankbarkeit betrifft dabei eine eher politisch ausgerichtete Diskussion, mit der wir uns im weiteren Fortgang unserer Vorlesung noch stärker beschäftigen werden. Doch erstaunt es schon, wie kategorisch die Einschätzungen La Condamines zu den indigenen Sprachen Amerikas ausfallen. Indem der französische Gelehrte den amerikanischen Sprachen die Fähigkeit abspricht, derartige Kategorien überhaupt benennen und letztlich denken zu können, erklärt er auch deren Sprecher für unfähig, an den zentralen Auseinandersetzungen des aktuellen Geisteslebens teilzuhaben und zu den Fortschritten menschlichen Denkens Wesentliches beizutragen. Wir haben in diesen Wendungen ein höchst erfolgreiches Argumentationsmuster vor uns, wie es im Übergang zum 19. Jahrhundert und insbesondere im Umfeld der entstehenden modernen abendländischen Philologie aus einem in Entstehung begriffenen rassistischen Blickwinkel[12] etwa auf nicht-flektierende Sprachen wie das Chinesische projiziert wurde. Dabei ist die linguistische Basis dieser Argumentationen – wie wir aus heutigen Forschungen wissen – mehr als fragwürdig, ist es doch keineswegs so, dass indigene amerikanische Sprachen über keinerlei Abstrakta verfügten.

Mit vergleichendem Blick auf unser voriges Zitat handelt es sich um denselben Kunstgriff, mit Hilfe dessen La Condamine nunmehr die Sprachen der Neuen Welt beurteilt und letztlich verurteilt. Denn der französische Reisende geht immer von einer europäischen Fülle aus, welcher er eine amerikanische Defizienz als scheinbaren Mangel gegenüberstellt. In diesen Formulierungen wird deutlich, wie sehr im *Voyage sur l'Amazone* von europäischen Begriffen

---

11 La Condamine, Charles-Marie de: *Voyage sur l'Amazone*, S. 62 f.
12 Vgl. hierzu Messling, Markus: *Gebeugter Geist. Rassismus und Erkenntnis in der modernen europäischen Philologie*. Göttingen: Wallstein Verlag 2016; sowie Messling, Markus / Ette, Ottmar (Hg.): *Wort Macht Stamm. Rassismus und Determinismus in der Philologie (18. / 19. Jh.)*. Unter Mitarbeit von Philipp Krämer und Markus A. Lenz. München: Wilhelm Fink Verlag 2013.

aus auf ein amerikanisches Nicht-Begreifen geschlossen wird. Auf eine gleichsam sprachphilosophische Manier wird auf die Existenz eines zivilisatorischen Fortschritts oder dessen Ausbleiben rückgeschlossen; ja mehr noch: Das vermeintliche Fehlen abstrakter Begriffe, das vom Reisenden einfach unterstellt wird, disqualifiziert die Sprecherinnen und Sprecher dieser Idiome als differenziert und ,fortschrittlich' denkende Menschen.

Dabei macht La Condamine mit den amerikanischen Sprachen *in toto* kein großes Federlesen: Sie alle werden von ihm ob ihrer Unfähigkeit, abstrakte europäische Begriffe auszudrücken, in den Orkus der Geschichte verbannt. Denn wie könnte gedacht werden, was in der amerikanischen Sprachenfamilie begrifflich überhaupt nicht vorhanden und damit denkbar ist? Dass die behaupteten ,Ausfälle' amerikanischer Sprachen gar keine sind, haben neuere Sprachforschungen gezeigt: Aufschlussreich ist folglich vor allem, wie und auf welcher Ebene La Condamine die indigenen Sprachen und deren Sprecher abqualifiziert. Schon im Übergang zum 19. Jahrhundert sollten die Sprachforschungen eines Wilhelm von Humboldt wie seines Bruders Alexander ein gänzlich anderes Bild ergeben.[13]

Die umgekehrte Frage, welche amerikanischen Begriffe oder Vorstellungen in unseren europäischen Sprachen nicht vorhanden sein könnten, wird selbstverständlich nicht gestellt. Sie hätte selbstverständlich auch ein umfangreicheres Sprachstudium erforderlich gemacht, welches La Condamine gewiss nicht im Sinn hatte: Ihm ging es nur um die intellektuelle Abqualifizierung der indigenen Völker Amerikas in Gänze. Dass diese argumentative Zuspitzung aufgeklärter Stellungnahmen eines europäischen Reisenden in der zweiten Jahrhunderthälfte noch wesentlich weiter getrieben werden konnten, wird die Diskussion derartiger Positionen im vorliegenden Band unserer Vorlesungen zeigen.

Die von La Condamine in den amerikanischen Sprachen konstatierten ,Mängel' sind aus Sicht des Franzosen gravierend. Diese Feststellung bedeutet aber keineswegs, dass der Universalitätsanspruch – wie die obige Passage deutlich zeigt – aufgegeben würde. Denn die europäischen Begriffe seien selbstverständlich universaler Natur und überall gültig; erstaunlich und beeindruckend sei nur, dass sie von vielen Völkern erst gar nicht gedacht werden könnten.

---

13 Vgl. hierzu Trabant, Jürgen: Les frères Humboldt et les langues. In: Savoy, Bénédicte / Blankenstein, David (Hg,): *Les frères Humboldt, l'Europe de l'Esprit*. Paris: Editions de Monza 2014, S. 83–96; (ders.): *Weltansichten. Wilhelm von Humboldts Sprachprojekt*. München Verlag C.H. Beck 2012; sowie Ette, Ottmar: Wilhelm & Alexander von Humboldt oder: Die Humboldtsche Wissenschaft. In: Spies, Paul / Tintemann, Ute / Mende, Jan (Hg.): *Wilhelm und Alexander von Humboldt: Berliner Kosmos*. Köln: Wienand Verlag 2020, S. 19–23.

Doch dieses Argument ließ sich in sein Gegenteil verkehren: Gerade das Ausbleiben belege wie der Mangel an universalen Begriffen ja nur, dass diese Universalitätskriterien eben nicht erfüllt sind, weil die indigenen Völker noch nicht dieser gesetzten europäischen Universalität teilhaftig werden konnten. Mehr noch: Die amerikanischen Sprachen und damit auch die amerikanischen Völker könnten noch auf längere Zeit diesen ‚universellen' Kriterien nicht entsprechen. Daher würden sie noch lange auch sprachlich in ihren Kinderschuhen stecken bleiben und keinen Anteil am Fortschritt einer universal genannten, aber französisch gedachten Menschheit haben können.

Der *Voyage sur l'Amazone* ist durchaus für weite Teile der Aufklärungsliteratur – insbesondere in Form des Reiseberichts – charakteristisch. Wir haben es hier mit einer der Argumentationsschleifen in La Condamines Diskurs zu tun, die verhindern, das jeweils für andere Kulturen Spezifische, das sie Auszeichnende, überhaupt zu erkennen. Das scheinbar Vor-Gewusste steuert den diskriminierenden Blick auf das ‚Andere' und befeuert einen Alteritätsdiskurs, der – wie zumeist im europäischen Diskurs – das konstruierte Andere in seiner Fremdheit festlegt und anschließend disqualifiziert.[14] Gleichzeitig bleibt der Universalitätsanspruch des Eigenen, die Setzung der eigenen Kultur zur Universalkultur, unhinterfragt und muss auch unhinterfragt bleiben, will die Superiorität Europas nicht untergraben oder zumindest teilweise in Frage gestellt werden. Wir stoßen im *Voyage sur l'Amazone* fraglos auf die grundlegenden diskursiven Muster, mit deren Hilfe die Europäer ihre Herrschaft über die Welt begründeten und ihre Überlegenheit legitimierten. Das Objekt dieser Untersuchungen kommt niemals selbst zu Wort, wird niemals zum eigenständigen und selbstverantwortlichen Subjekt, das seine eigene *Agency* besitzt, sondern verbleibt im subalternen Status des Objekts, über das zu Gericht gesessen wird.

Sehr leicht können wir an all diesen Überlegungen und Ausführungen La Condamines erkennen, dass auch und gerade der europäische Reisende selbstverständlich die Vorstellungen seiner eigenen Kultur im Gepäck mit dabei hat, dass es also nicht darum gehen kann, den Blick des Reisenden schlicht zu privilegieren und ihm eine unmittelbare, direkte Erkenntnis der Wirklichkeit zuzugestehen. Vielmehr handelt es sich um einen vorperspektivierten, von der eigenen Kultur gelenkten und bestimmten Blick, der bisweilen mehr über das

---

**14** Vgl. zur Frage des Anderen im Zusammenhang mit der ersten Phase beschleunigter Globalisierung Todorov, Tzvetan. *La conquête de l'Amérique. La question de l'autre.* Paris: Seuil 1982.

Subjekt als das Objekt dieses Blicks aussagt. Bei den interkulturellen Beziehungen liegen die Dinge vielmehr wesentlich komplizierter. Denn der Reisende führt gleichsam sein eigenkulturelles Archiv an Optionen, an Binarismen, an kulturellen Setzungen mit sich, mit dessen Hilfe das Andere zunächst einmal definiert wird, dann aber vor allem stets im Zeichen des Fehlens, des Mangels, des Nicht-Vorhandenseins in Bezug zur eigenen Kultur erscheint.

So gut wie nie erfolgt ein Blickwechsel, der die Gerichtetheit des eigenen Blicks thematisieren und in Frage stellen könnte. Wir scheiden und unterscheiden von uns den Anderen, das Andere, ohne überhaupt das behauptete Eigene zu hinterfragen und eine graduelle Diversität der verschiedenen Kulturen anzunehmen. Die Todorov'sche Zwickmühle schnappt hier wie an so vielen anderen Stellen erbarmungslos zu: In der „Question de l'autre" versagt die europäische, die abendländische Kultur beim Versuch, das Unterschiedene nicht antinomisch, sondern komplementär zu denken. Diese abendländische Alteritätskonstruktion ist kulturell bedingt: Stets als binäre Opposition, ja als Gegner und Feind, nie aber – um es einfach auszudrücken – in Begrifflichkeiten von Yin und Yang, werden Kulturen gedacht, die voneinander differieren, voneinander verschieden sind. In westlich geformten Augen werden Kulturen meistens im Alteritätsdiskurs konstruiert, in ihrem scheinbaren Antagonismus, niemals aber in ihrer wechselseitigen und mobilen Komplementarität. Die angeführten Passagen von La Condamine zeigen auf, wie dieser abendländische Diskurs der Alterität im 18. Jahrhundert, aber auch bis zum heutigen Tage funktioniert.

All dies bedeutet letztlich, dass die ‚andere' Kultur dank ihrer ‚Inferiorität' nicht als Herausforderung für die ‚eigene' Kultur erfahren wird, um deren jeweilige Optionen und epistemische Denkmöglichkeiten zu überprüfen. Die Auseinandersetzung mit dem ‚Anderen' dient vielmehr dazu, das ‚Eigene' gegenüber diesem ‚Anderen' zu immunisieren, ihm also jene Winzigkeit zu entnehmen, die wie bei einer Impfung gespritzt werden kann, um das ‚Eigene' gänzlich unverwundbar zu machen. Die ‚eigene' Kultur wird zur Universalkultur oder, wie man früher gesagt hätte, zur Kultur des Menschen überhaupt. Sie wird damit letztlich zur Messlatte, an der alle ‚abweichenden' Kulturen gemessen (und für ungenügend befunden) werden können. War die Frage des Anderen – um mit Todorov zu formulieren – bereits im ausgehenden 15. Jahrhundert zentral für die abendländische Erfahrung im Umgang mit anderen Kulturen außerhalb Europas gewesen, so ist sie dies im 18. Jahrhundert auf eine noch deutlich stärkere und zugleich wesentlich ausdifferenziertere Weise. Dies insofern, als die europäische Zivilisation seit Beginn der ersten Phase beschleunigter Globalisierung einen ungeheuren ökonomischen wie intellektuellen Schub erfahren hatte.

Daher sehen sich die Europäer selbst im Fokus und Brennpunkt aller zivilisatorischen Entwicklungslinien, ganz so, wie Friedrich Schiller in seiner Antrittsvorlesung *Was ist und zu welchem Ende studiert man Universalgeschichte* alle Völkerschaften um uns her, also um die normgebende europäische Kultur, gelagert sah.[15] Europa musste notwendig das Entwicklungsziel, das ferne Ideal aller anderen Menschheitskulturen sein: Dies stand außer Frage! Wir werden freilich noch sehen, wie diese Gewissheiten zumindest in bestimmten aufklärerischen Kreisen langsam erschüttert wurden. Dass dies ein Prozess war und ist, dessen Notwendigkeit heute noch immer besteht, gereicht nicht gerade zum Ruhme vorgeblicher europäischer Superiorität und Überlegenheit. Doch ist immerhin die Einsicht in eine derartige Lage eine wesentliche Triebfeder dafür, die abendländische Kultur und Zivilisation immer wieder neu einem sich verändernden Umfeld anzupassen. Am Umgang mit anderen Kulturen hat sich dabei freilich nichts Wesentliches geändert.

Sie sehen: Ein globalisiertes Selbstverständnis muss nicht notwendig mit einem globalen Verstehen gekoppelt sein, sondern kann dieses sogar verhindern oder unterlaufen. Der Rückfall in ein Denken von Superiorität und Inferiorität ist im abendländischen Denken genauso angelegt wie die Umdeutung von (kultureller) Differenz und Diversität in (kulturelle) Gegnerschaft, ja Feindschaft. All dies wird gerade an dieser Passage, die eine Reihe sprachlicher Setzungen der abendländisch-europäischen Kultur und ihren Diskursuniversen scheinbar erprobt, überaus deutlich erkennbar.

Denn La Condamine gibt ja – wie bereits erwähnt – am Ende der Passage zu verstehen, dass die Indianer buchstäblich nicht bis drei zählen könnten, da ihnen selbst hierfür die Begriffe fehlten. Dies ist eine angesichts der existierenden komplexen Zahlensysteme bei unterschiedlichen indigenen Kulturen ungeheuerliche Behauptung, die ganz gewiss auch nicht damit zu rechtfertigen ist, dass der französische Reisende ja nur *en passant* verschiedene indigene Gruppen besucht habe. Denn dieser Reisende in Bewegung erlaubt sich pauschalisierende Einschätzungen und Urteile, die von ganz fundamentaler Bedeutung für die betroffenen Kulturen sind, ohne dass er die Grundlagen oder Bezugspunkte für seine Wertungen jemals offenlegen müsste. Wir können hieran abschätzen, wie im Gewand wissenschaftlicher Objektivität die ungerechtfertigtsten europäischen Vorurteile munter fortbestehen – auch und gerade in einer Epoche, in der vorgeblich alle Werte und Urteile einer beständigen aufklärerischen Kritik ausgesetzt sind.

---

15 Vgl. Schiller, Friedrich: *Was ist und zu welchem Ende studiert man Universalgeschichte?* Eine Akademische Antrittsrede bey Eröfnung seiner Vorlesungen gehalten von Friedrich Schiller. Professor der Philosophie in Jena. Zweite Auflage. Jena: In der Akademischen Buchhandlung 1790.

An dieser Stelle darf ich Ihnen eine kleine Brücke vom 18. Jahrhundert über die erste Hälfte des 19. Jahrhunderts bis in die zweite Hälfte des 20. Jahrhunderts anbieten. Denn gegen eine solche Einschätzung sollte sich Alexander von Humboldt in seiner *Relation historique*, seinem eigentlichen Reisebericht von seiner Expedition in die amerikanischen Tropen, vehement aussprechen. Humboldt hatte im Gegensatz zu La Condamine verschiedene Zahlensysteme bei unterschiedlichen indigenen Gruppen untersucht, gerade weil er derartigen pauschalen Verurteilungen anderer Kulturen und Sprachen misstraute. In diesem Zusammenhang ist es freilich erstaunlich, dass gerade diese Passage der Rechtfertigung indigener Zahlensysteme in den späteren Ausgaben seiner sogenannten *Südamerikanischen Reise* so beschnitten und gekürzt wurde, dass er gleichsam dem Argument La Condamines zuzustimmen scheint. Gleichzeitig wurde die gesamte lange und ausführliche Begründung, warum die Vorstellung, dass Indianer nicht einmal bis drei zählen könnten, falsch sei, ,versehentlich' aus seinem Text in dieser populären Ausgabe entfernt. Ein Schalk, der Böses dabei denkt! Auch dies mag ein Hinweis darauf sein, dass La Condamines Probleme bei weitem nicht nur solche des 18. Jahrhunderts sind – sie haben sehr wohl etwas mit uns und unseren Vorurteilen heute zu tun.[16] Offenkundig erachteten die Herausgeber einer eher noch umfangreichen Edition des Humboldt'schen Reisebericht alle Bemühungen seines Verfassers für überflüssig, ausführlich zu belegen, warum derartige (und offenkundig proto-rassistische) Vorurteile wie die von La Condamine als hochgradig tendenziös und an den Haaren herbeigezogen erscheinen mussten. Es schien für die Edition erfolgversprechender, einem deutschsprachigen Lesepublikum zu suggerieren, Indianer könnten nicht bis drei zählen.

An anderen Stellen seines *Voyage sur l'Amazone* bemühte sich der französische Verfasser deutlicher darum, Aufklärung über einen umstrittenen Sachverhalt herzustellen. Mitten im 18. Jahrhundert, dem Jahrhundert der Aufklärung, versuchte La Condamine, Aufschluss über die Existenz von Amazonen entlang jenes Flusses zu sammeln, dem diese sagenhaften kriegerischen Frauen – freilich gänzlich unschuldig – ihren Namen gaben. Denn bekanntlich war und ist die Sage von den Amazonen, ein überaus schöner Mythos aus der griechischen Antike, der bis heute die Literatur und die Künste beflügelt und beschäftigt. Bei ihnen handelt es sich um jene wehrhaften Frauen, die keine Männer unter sich dulden, sie nur einmal pro Jahr zu sich lassen, um den weiblichen Nachwuchs zu sichern, und sich ansonsten dadurch auszeichnen, dass sie sich eine Brust

---

16 Vgl. hierzu Ette, Ottmar: *Alexander von Humboldt und die Globalisierung. Das Mobile des Wissens*. Frankfurt am Main – Leipzig: Insel Verlag 2009, S. 277–295.

entfernen, um den Bogen besser spannen und ihre Pfeile besser abschießen zu können. Dass diese männliche Obsession gen Westen projiziert wurde, wie es ab dem beginnenden 16. Jahrhundert geschah, ist die eine Sache; dass diese Vorstellung im 18. Jahrhundert nun im wissenschaftlichen Bereich weitergesponnen wurde, eine andere. La Condamine leistet hier im Sinne Hans Blumenbergs ganze *Arbeit am Mythos*.[17] Denn er ging mit ,wissenschaftlicher' Methodologie jenen Gründen nach, die nach seinem Dafürhalten dazu geführt hatten, dass ähnlich wie Christoph Kolumbus in der Inselwelt der Karibik auch Orellana in den Flusslandschaften des Amazonas derartige Gruppen wehrhafter Frauen erblickt zu haben glaubte. Doch hören wir ihn selbst:

> Im Verlaufe unserer Schifffahrt haben wir überall die Indianer der verschiedenen Nationen befragt und uns mit großer Sorgfalt von ihnen berichten lassen, ob sie irgend eine Kenntnis von jenen kriegerischen Frauen hätten, bezüglich derer Orellana vorgibt, sie getroffen und mit ihnen gekämpft zu haben, und ob es wahr sei, dass sie von den Männern weit entfernt lebten und diese nur einmal im Jahr zu sich ließen, wie dies Pater Acuña in seinem Bericht angibt [...].[18]

Lassen Sie uns kurz auf die historischen Zusammenhänge eingehen! Als die Spanier und Portugiesen im 16. Jahrhundert den Amazonas hinauffuhren, glaubten sie in der Tat, derartige kriegerische Frauen zu erblicken. Dies war keineswegs etwas Neues, hatte ja schon Kolumbus in der Karibik vermeint, Amazonen im Meer der Antillen, der Vorinseln entdeckt zu haben. Diese Amazonen sollten nach seiner Ansicht als eigenständige Gemeinschaft auf einer separaten Insel leben, einer reinen Fraueninsel. Auch nach Kolumbus' Ansicht würden Männer nur zur Generierung von Nachwuchs zeitweise auf die Insel zugelassen. Der Mythos der Amazonen, erst einmal von der Alten auf die Neue Welt übertragen, begleitete die Entdeckungsgeschichte Amerikas jahrhundertelang.[19] Die Übertragung dieses aus der griechischen Antike durch die iberischen Konquistadoren auf den südamerikanischen Kontinentalbinnenraum war auch nach der europäischen Renaissance[20] durchaus dauerhaft, zumal die tropischen Regenwaldgebiete am Amazonas noch für die Forschungsbedingungen des 18. Jahrhunderts so undurchdringlich waren, dass eine leichte Überprüfung des Mythos nicht möglich war.

---

**17** Vgl. Blumenberg, Hans: *Arbeit am Mythos*. Frankfurt am Main: Suhrkamp [4]1986.
**18** La Condamine, Charles-Marie de: *Voyage sur l'Amazone*, S. 84.
**19** Vgl. hierzu Gewecke, Frauke: *Wie die neue Welt in die alte kam*. Stuttgart: Klett – Cotta 1986.
**20** Vgl. Rojas-Mix, Miguel: Mito y estilo en el imaginario iberoamericano. In: Saladino, Alberto / Santana, Adalberto (Hg.): *visión de América Latina. Homenaje a Leopoldo Zea*. México: Instituto Panamericano de Geografía – Fondo de Cultura Económica 2003, S. 461–468.

Charles-Marie de La Condamine wusste, was ein französisches Lesepublikum von einem Reisebericht verlangte, der eine Fahrt auf dem Amazonas zum hauptsächlichen Gegenstand hatte. Wie hätte darin nicht von den Amazonen gesprochen werden können? Daher machte sich La Condamine an die Arbeit und führte allerlei Befragungen bei den ortsansässigen Indianern entlang der von ihm gewählten Flussroute durch. Derartige Befragungen sind noch heute en vogue. Es überrascht vor diesem Hintergrund kaum, dass nahezu alle Befragten dem französischen Gelehrten gerne bestätigten, dass es solche kriegerischen Frauen in der Tat tief in den Regenwäldern verborgen gegeben habe und noch immer gebe. Ein siebzigjähriger Indianer, leider vor kurzem verstorben, solle sie noch persönlich mit eigenen Augen gesehen haben – zumindest versichert sein Sohn glaubhaft, der Vater habe noch von Angesicht zu Angesicht Amazonen gekannt. In der Kürze der Zeit konnte La Condamine nicht tiefer in die Materie eindringen, geschweige denn zu den schönen Amazonen vordringen – eine Begegnung im Regenwald, bei der es dem Franzosen gewiss nicht an galanten Einfällen gemangelt haben würde.

La Condamine berichtet, dass niemand unter den befragten Amazonas-Indianern am Vorhandensein und der Existenz von Amazonen zu zweifeln schien. Wie hätten die indigenen Gruppen dies auch tun können, hatten sie doch in einer langen und für sie schmerzlichen Geschichte gelernt, dass es für sie stets am besten war, allen Gerüchten der Europäer Nahrung zu geben und ihnen den Weg zu weisen, wenn sie auf der Suche nach El Dorado, dem vergoldeten König, oder dem sagenumwobenen Schatz der Inkas waren. Die lästigen Weißen konnte man am schnellsten wieder loswerden, wenn man ihre Vorstellungen und Sehnsüchte – nach Gold und Silber, aber auch nach Sagen und Mythen – einfach bestätigte und ihnen gleich noch den Weg dorthin wies. La Condamine freilich schloss aus den verschiedenen Auskünften der von ihm an unterschiedlichen Orten befragten Indianer, dass es offensichtlich ein gemeinsames Rückzugsgebiet der Amazonen geben müsse: die Berge von Guyana, die zu den undurchdringlichsten Gebieten des südamerikanischen Binnenlandes zählten, wurden dort die Quellen des Orinoco doch erst Mitte des 20. Jahrhunderts entdeckt.

Zweifel kamen La Condamine freilich dennoch, müssten die benachbarten Indianerstämme doch, wie er in seiner *Voyage sur l'Amazone* festhielt, zumindest von Zeit zu Zeit Nachrichten von diesen kriegerischen Frauen geben können, von denen auch die christlichen Missionare stets berichtet hatten. Doch La Condamine, nicht unerfahren in den Windungen und Wendungen der europäischen Aufklärung, erklärte sich dies mit dem Verweis auf eine „nation ambulante", die eben ständig ihren Wohnort wechsle. Denn es machte Sinn, sich die Amazonen nicht wie Kolumbus auf einer festen Insel, sondern als nicht-sesshafte kriegeri-

sche Nomadinnen im Amazonas-Tiefland vorzustellen. Auch Auflösungserschei-
nungen zog La Condamine in Betracht: Möglich, dass sie erobert wurden, möglich
aber auch, dass die Töchter den Ratschlägen der Mütter – oh heimlich-süße Hoffnung der Männer – nicht mehr länger gefolgt seien und sich nun doch wieder
mit Männern dauerhaft verbunden hätten. Überflüssig hinzuzusetzen: Wir befinden uns hier im Reich der freien Spekulation, der freien Erfindung – und der Reisebericht als *friktionale* Gattung vermag derlei Gegenstandsbereiche, dies dürfte
auch La Condamine sehr bewusst gewesen sein, hervorragend abzudecken: A
beau mentir qui vient de loin ...

LES SINGVLARITEZ
mieres Amazones. Elles font guerre ordinairemēt contre quelques autres nations: & traitent fort inhumaine-
*Côme les* ment ceux qu'elles peuuent prendre en guerre. Pour les
*Amazo-* faire mourir elles les pendent par vne iambe à quelque
*nes trai-* haute branche d'vn arbre: pour l'auoir ainsi laissé quelque
*tēt ceux* espace de temps, quand elles y retournent, si de cas for-
*qu'ils prē-* tuit n'est trespassé, elles tirerōt dix mille coups de flesches:
*nent en* & ne le mangent comme les autres Sauuages, ains le pas-
*guerre.* sent par le feu, tant qu'il est reduit en cendres. D'auanta-

*Origine* ge ces femmes approchans pour combatre, iettent hor-
*des A-* ribles & merueilleux cris, pour espouuēter leurs ennemis.
*mazo-* De l'origine de ces Amazones en ce païs n'est facile d'en
*nes Ame-* escrire au certain. Aucuns tiennent, qu'apres la guerre de
*riques in-* Troïe, ou elles allerent (côme desia nous auons dit) soubs
*certaine.* Pente-

**Abb. 25:** Kriegerische Amazonen in *Les
singularitez de la France antarctique* von
André Thevet, 1558.

So lässt La Condamine keinen Zweifel an einer im Grunde unbezweifelbaren
Tatsache: Selbst wenn man heute keine Amazonen mehr antreffen sollte, so bedeutete dies nicht, dass es niemals Amazonen am Amazonas gegeben hätte.
Wer könnte gegen ein solches Argument mit guten Gründen vorgehen? Außerdem erweiterte La Condamine den Definitionsbereich des Begriffs „Amazone" –
Sie wissen, wir Heutigen verstehen darunter schlicht eine Reiterin –, indem er
betonte, es würde genügen, wenn diese Frauen nur einmal im Jahr Männer
zu sich ließen. Sie müssten sich nicht – wie dies einst Pater Acuña berichtet

hatte – zusätzlich noch eine Brust abgeschnitten haben.[21] Es gebe Reiseberichte genug, so La Condamine, die das Vorhandensein derartiger Amazonen, freilich mit beiden Brüsten, bestätigt hätten. Der Mythos lebte fort!

Doch wir befinden uns im Jahrhundert der Aufklärung, im Siècle des Lumières, und so musste La Condamine einfach Licht in diese sagenumwobene, aber letztlich niemals aufgehellte Wissenslücke bringen. Mythenkritisch, wie die europäischen Aufklärer nun einmal waren, betonte der französische „Académicien", dass die Indianer starrköpfig, dem Wunderbaren stets erliegend, erzählsüchtig und unglaubwürdig seien, dass aber niemand von ihnen jemals von den Amazonen des Diodorus von Sizilien gehört habe, so dass letztlich ihre Glaubwürdigkeit in diesen Dingen nicht leicht erschüttert werden könne. Und als starkes Argument könne schließlich auch die Tatsache gelten, dass sich der Amazonenmythos bei allen Indianern in Amerika finde, nicht nur bei jenen, die den tropischen Regenwald entlang der großen Ströme des Binnenlandes bevölkern. Auch die unterschiedlichsten europäischen Autoren hätten von den Amazonen gesprochen: so etwa Amerigo Vespucci, Ulrich Schmidl, Walter Raleigh und so viele mehr: La Condamine breitete sein literarisches Wissen über die Geschichte von Entdeckung und erster Kolonisierung Amerikas aus. Damit verwies er freilich auf Autoren, welche – wie wir heute wissen – nicht weniger starrköpfig, am Wunderbaren ausgerichtet und erzählsüchtig waren als jene Indianer, von denen La Condamine uns berichtete. Denn er hatte zwar bei diesen Indianern eine Umfrage gestartet, traute ihnen als Informanten aber nicht über den Weg.

Doch da gab es noch ein anderes Problem, mit dem sich in Europa das Forschungsgebiet von Amazonas und Orinoco verband, eine Frage, die gerade zum damaligen Zeitpunkt in Frankreich heiß diskutiert wurde: Die Frage einer natürlichen Flussverbindung zwischen Orinoco und Amazonas. La Condamine hatte versucht, sich auf diesem Gebiet möglichst umfassend zu informieren und zur Klärung der Frage beizutragen, ob es diese Bifurkation nun gebe oder nicht. Gesichert war: Es gab verschiedenste Hinweise darauf, dass sie über die Gabelteilung des Casiquiare liefe, von der die Zeitgenossen seit dem 17. Jahrhundert wussten. Entsprach dieses Wissen nun den Tatsachen oder war die Existenz einer Bifurkation zwischen den Flusssystemen von Orinoco und Amazonas eine Mähr?

Wir wissen heute, dass es diese berühmte Gabelteilung des Casiquiare gibt. Doch unter den französischen Zeitgenossen La Condamines war dies umstri-

---

21 Vgl. La Condamine, Charles-Marie de: *Voyage sur l'Amazone*, S. 87.

tetn. Trotz La Condamines bestätigender Berichte wurde die Gabelteilung wenige Jahrzehnte später von einer in Frankreich überhand nehmenden sogenannten *systematischen Geographie*[22] kurzerhand für unmöglich erklärt: Zu sehr war man in hierarchisierten Bezügen von Hauptfluss und Nebenflüssen gefangen, als dass man sich nicht-hierarchische netzartige Fluss-Systeme ohne weiteres hätte vorstellen können. Auch dies war ein in abendländischen Hierarchien verfangener Gedanke, der leichtfertig auf die Neue Welt übertragen wurde. So konnte nicht sein, was nicht sein durfte.

Heute wissen die meisten Studierenden der Geographie, dass es nicht notwendig ist, in die Tropen zu reisen, um eine Bifurkation zu sehen; denn auch in unseren Breiten gibt es eine Gabelteilung, nämlich die (allerdings weit weniger weltberühmte) zwischen Hase und Hunte im norddeutschen Tiefland. Man hätte es folglich auch schon im 18. Jahrhundert besser wissen können. Doch war dieses Faktum damals nicht bekannt. Als Beleg für die Existenz der Bifurkation des Casiquiare zwischen Orinoco und Amazonas führte La Condamine den Bericht einer Indianerin an, die vom Orinoco über den Río Negro bis nach Pará an der Amazonasmündung gefahren sei.[23] Auch die Jesuitenoberen besuchten sich gegenseitig über diese Flussverbindung – aber konnte man denn als Aufklärer, der etwas auf sich hielt, diesen Jesuitenberichten trauen?

Für La Condamine freilich stand fest, dass man eine derartige Verbindung nicht mehr in Frage stellen konnte, auch wenn 1741 der Autor des *Orinoco ilustrado*, Pater Gumilla, dies noch für gänzlich unmöglich erklärt hatte. Unser französischer Reisender verwies darauf, dass die Flussverbindung sehr wohl auf den alten Karten verzeichnet gewesen sei; allein die neueren Geographen (sprich Kartographen) hätten sie auf ihren Karten unterdrückt. Eine Möglichkeit, die Sache endgültig zu entscheiden, wäre die Befahrung dieser in Frage stehenden Gabelteilung gewesen. Aber für eine so mühselige Expedition konnte La Condamine am Ende eines zehnjährigen Aufenthalts auf dem amerikanischen Kontinent keine Zeit aufwenden, war seine Flussfahrt auf dem Amazonas doch Teil seiner Rückreise von Quito nach Paris.

Doch immerhin kam auch La Condamine auf diese Weise endlich in den von allen Europäern erträumten Genuss dieses Gefühls, ein wahrer Entdecker zu sein, sei es ihm doch gelungen, trotz derlei konträrer Einschätzungen in Europa die Existenz der Flussverbindung zu belegen. Die Argumentationslinie des

---

22 Vgl. hierzu Broc, Numa: *La Géographie des Philosophes. Géographes et voyageurs français au XVIIIe siècle*. Paris: Editions Ophrys 1975.
23 Vgl. La Condamine, Charles-Marie de: *Voyage sur l'Amazone*, S. 92f.

französischen Reisenden war dabei aufschlussreich, konnte sein Reisebericht in dieser Frage doch mit einer Entdeckung aufwarten:

> Die vor kurzem anerkannte Flussverbindung zwischen Orinoco und Amazonas kann umso mehr als eine Entdeckung in der Geographie gelten, als alle modernen Geographen, war auch die Vereinigung dieser beiden Ströme unmissverständlich auf den alten Karten vermerkt, diese Verbindung auf den neuen Karten gemeinschaftlich getilgt hatten und sie als Chimäre von all jenen behandelt wurde, die doch am besten über ihre Realität Bescheid wissen mussten. Es ist wohl nicht zum ersten Male, dass Wahrscheinlichkeiten und rein plausible Mutmaßungen über Fakten siegten, die doch von Reiseberichten bestätigt worden waren, so dass ein zu weit vorwärts getragener Geist der Kritik entschieden das leugnen ließ, was bestenfalls nur hätte bezweifelt werden können.[24]

Ganz im Geiste der Aufklärung stellte Charles-Marie de La Condamine die Frage der natürlichen Verbindung zwischen zwei riesigen Stromsystemen sehr bewusst in den Kontext der Glaubwürdigkeit und damit auch der Quellenbasis für unterschiedliche wissenschaftliche Positionen. Denn es war in der Tat eine ganz grundsätzliche Frage, um die es an dieser Stelle ging: Ließen sich die Fakten erhärten oder obsiegte der Geist einer Kritik, die nach Regeln der Wahrscheinlichkeit und Plausibilität vorging und die Fakten außer Acht ließ? Oder setzten sich vielmehr jene Positionen durch, die unabhängig von allen Wahrscheinlichkeiten auf der schieren Existenz dieser Flussgabelung beharrten?

In diesem Falle entschied sich La Condamine gegen eine alles in Frage stellende Kritik, welche alle offenen Fragen anhand eines verfügbaren Vorwissens entschied und letztlich nichts von dem glauben mochte, was als schieres Faktum in der Natur gegeben war. Der französische Mathematiker zog daraus sogar eine Kritik einer übermäßigen aufklärerischen Kritik, warnte also vor einer Kritik, die nur nach Plausibilität und Wahrscheinlichkeit entschied, nicht aber auf der Basis von Faktenwissen. Es handelt sich, wenn Sie so wollen, um die Kritik einer ins Leere laufenden Kritik, um eine Kritik an einer Kritik, die nur um der Kritik willen gegen Fakten vorging und diese in Frage stellte.

Damit wird zugleich ein zweiter Punkt berührt. Denn die Problematik der Glaubhaftigkeit von Reiseberichten wirft das seit Beginn allen Reisens vorhandene Problem einer Scheidung zwischen Reisenden und Daheimgebliebenen, zwischen den Augenzeugen und den Fabrikanten von Theorien auf, die im fernen Europa und ohne jede Kenntnis vor Ort zu beurteilen versuchten, wie es in der Realität der Kolonialländer aussehen konnte. Die Entscheidung darüber war nun wirklich keine leichte Aufgabe. An dieser Frage der Glaubwürdigkeit von Reisenden entzündete sich eine der grundlegenden Debatten, welche das

---

24 Ebda.. S. 93.

18. Jahrhundert nicht nur in Europa, sondern gerade auch außerhalb Europas in eine wahre Rage versetzte. Denn es gab, wie wir ja wissen, sehr wohl eine Aufklärung auch außerhalb Europas, auch wenn diese Tatsache von Europa über einen langen Zeitraum und bis hinein in unsere Tage beständig geleugnet worden ist. Was aber, wenn diese amerikanischen Aufklärer dank ihrer Augenzeugenschaft etwas bezüglich ihrer Länder vor Ort behaupteten, was in Europa für völlig unwahrscheinlich angesehen wurde? Diese Problematik ist keineswegs als marginal zu bezeichnen: Sie stellte sich häufig und war dringlich.

Wir sehen an diesem Beispiel allerdings auch, wie sehr sich in La Condamines Reisebericht ebenfalls das Hörensagen mit Messungen und Mythen zu einer solchen Mischung verbinden, dass es schlechterdings nicht mehr möglich ist, die Theorie (oder die Konventionen) vom eigenen Sehen, von der eigenen Augenzeugenschaft zu trennen. Die so wichtige Kritik stieß hier an eine offenkundige epistemische Grenze. Dies ist nicht nur eine Frage des 18. Jahrhunderts. Denn selbstverständlich sind unsere Blicke längst kodiert, unterscheiden scheinbar Wichtiges von scheinbar Unwichtigem, ja das Richtige vom vermeintlich Unrichtigen, noch bevor wir sie auf eine uns neue Welt richten: Unsere Blicke sind stets vor-perspektiviert. Dieses Verhältnis zwischen Reisen und Schreiben wird von unserem Autor freilich nicht reflektiert: Er bewegt sich in der Neuen Welt mit einer selbstverständlichen Sicherheit des Verstehens, für das man sich die Unsicherheit und das Tastende eines Michel de Montaigne dringlich gewünscht hätte. Eine selbstkritische Überprüfung der Grundlagen eigenen Sehens und Begreifens wäre in derartigen Fällen von Nutzen gewesen. Sie sehen: Es handelt sich nicht allein um eine Frage der Wissenschaft, sondern um eine Problematik rund um deren epistemische Grundlagen! Letztlich geht es um eine philosophische Frage, mit welcher wir uns gleich beschäftigen werden.

Gerade die Reiseberichte des 18. Jahrhunderts führen uns diese Problematik in aller Deutlichkeit vor Augen. Ebenso bestätigen sie das beständige Verlangen der Europäer, in fremden Weltgegenden als Entdecker aufzutreten, also den europäischen Entdeckungsgeist gleichsam zu verkörpern und in der eigenen Figur zu personalisieren. Dies gilt auch für La Condamine, der hier von einem neuen Mesopotamien spricht und fast bruchlos auf den Mythos vom *Dorado* wie auch demjenigen von *Manoa* zu sprechen kommt, einer Stadt aus purem Gold.[25] Es gibt an dieser Stelle seines Reiseberichts Wegbeschreibungen und Passagen, die zeitweise aber unter Wasser gesetzt sind, so dass alles über den Zugang zu dieser sagenhaften Stadt in der Tat an den wunderbaren Roman

---

25 Ebda., S. 95 f.

*Los pasos perdidos* von Alejo Carpentier erinnert. Bei letzterem handelt ges sich um einen kubanischen Schriftsteller des „real maravilloso", der sich mit der Literatur rund um den Orinoco und seine Mythen sehr gut auskannte. La Condamine freilich machte – mythenkritisch wie immer auf seine eigene Weise – einfach Abstriche, da vieles übertrieben worden sei: Am Grundsätzlichen mochte er jedoch nicht rütteln, sondern verwies auf die üblichen Reiseberichte. Dass daraus ein fundamentales Problem für ein gesichertes Wissens entstand, war bereits im weiteren Verlauf des Jahrhunderts der Aufklärung offensichtlich.

La Condamine hatte für seinen Reisebericht freilich eine einfache und überzeugende Struktur gewählt, wie sie für den Reisebericht, die „Relation historique", im 18. Jahrhundert geradezu klassisch war: Er folgte seinem Itinerarium, seinem Reiseverlauf. So ging es im Bericht des Franzosen Stück für Stück den Amazonas in Richtung seiner Mündung hinunter gemäß eines natürlichen Verlaufs, in welchem ein Fluss oder Strom die Unumkehrbarkeit einer Geschichte vor Augen führt. Schließlich traf La Condamine am 19. September 1743 in Pará an der Amazonasmündung ein. Vier Monate waren seit seiner Abreise aus Cuenca im Andenhochland vergangen. An diesem Punkt seiner Reise angelangt, glaubte sich der Franzose nun bereits nach Europa versetzt, in eine Stadt mit geraden Straßen, mit Häusern aus Stein und allen Bequemlichkeiten, welche die europäische Zivilisation dem Reisenden bieten konnten.[26] Er war damit zurück in einer Welt, die bald schon im Begriff stand, in eine weitere, die zweite Phase beschleunigter Globalisierung einzutreten. Die genaue Datierung deutet es an: La Condamine war wieder zurück in einem Koordinatensystem, in welchem Raum und Zeit von Europa her bestimmt waren und in welcher die zyklischen Zeitvorstellungen der Amazonas-Indianer keine Gültigkeit mehr besaßen.

Auf die Ankunft an der Mündung des Amazonas in den Atlantik folgte die Rückkreise in eine französisch beherrschte Region des amerikanischen Subkontinents und damit eine etwa zweimonatige Schifffahrt von der Amazonasmündung nach Cayenne, das Ihnen zumindest als jener Ort bekannt sein dürfte, ‚wo der Pfeffer wächst'. Noch heute gibt es die Herkunftsbezeichnung „Cayenne-Pfeffer". Die Reisenden finden sich am 26. Februar 1744 erstmals wieder in einer französischen Kolonie, wobei La Condamine als Wissenschaftler der Aufklärung auch in dieser französischen Besitzung nun noch mancherlei Versuche und Experimente durchführte, mit denen wir uns aber nicht mehr weiter beschäftigen müssen. Denn der eigentliche *Voyage sur l'Amazone* war abgeschlossen, die Koordinaten des größten Stromes der Amerikas waren bestimmt.

---

26 Ebda., S. 117.

Je näher man an die europäische Zivilisation und deren Einflussbereich heranrückt, desto mehr rast die Zeit. In etwas mehr als sechzehn Stunden wird die Weiterreise von Cayenne zum Fluss Surinam bewerkstelligt, wo man im August 1744 ankommt. Dort geht es dann flussaufwärts weiter nach Paramaribo, der Hauptstadt der holländischen Kolonie Suriname. Von dort aus schifft man sich auf einem holländischen Kauffahrer nach Amsterdam ein, um den Atlantik zu überqueren: Längst lebten Hunderttausende von Europäern in allen Teilen der Welt, um eine weltumspannende und zuverlässige Infrastruktur mit Schiffen, Häfen, Befestigungen, Forts, Lagern oder Verkaufsstellen in Gang zu halten und sicherzustellen. Im November 1744 ist man schließlich wieder im Ärmelkanal, wo das niederländische Kaufmannsschiff prompt von einem Korsaren aus Saint-Malo bedroht wird, der laut La Condamine zumindest höflicher auftritt als jener englische Korsar, der das Schiff noch vor der Küste Amerikas zu kapern gedroht hatte. Mit La Condamine lernen wir: Französische Korsaren haben wenigstens Manieren! Im Februar 1745 trifft er dann wieder in Paris ein, insgesamt fast zehn Jahre nach seiner Abreise aus der französischen Hauptstadt. An die ursprüngliche Aufgabe der Expedition, sicheres Wissen über die genaue Gestalt der Erde zu erhalten, dachte kaum noch jemand: Alle Beweise waren längst erbracht.

La Condamines *Voyage sur l'Amazone* wurde, wie ich schon betonte, eine sehr positive Aufnahme zuteil. Doch sein nicht minderer, vielleicht sogar größerer Ruhm ging auf eine literarische Bearbeitung seines Reiseweges durch einen Freund zurück, der ihm schon manches Mal beigestanden und seine Pläne unterstützt hatte. Lassen Sie mich also an dieser Stelle unserer Vorlesung auf einen kleinen Text verweisen, der – in einer typischen Herausgeberfiktion, wie sie für das 18. Jahrhundert so charakteristisch sind – in deutscher Sprache in Minden im Jahre des Herrn 1759 gefunden worden sein soll und von einem gewissen Voltaire unter dem Titel *Candide ou l'optimisme* in französischer Sprache veröffentlicht wurde.[27]

François-Marie Arouet, bekannter unter seinem „Nom de plume" Voltaire, zählt sicherlich zu den herausragenden Gestalten der europäischen Aufklärung. Er wurde am 24. November 1694 in Paris geboren, wo er am 30. Mai 1778 verstarb. Von Roland Barthes in einem denkwürdigen Essay als „der letzte der

---

27 Voltaire: Candide ou l'optimisme. In: *Romans et Contes*. Texte établi sur l'édition de 1775, avec une présentation et des notes par Henri Bénac. Paris: Editions Garnier Frères 1966, S. 137–221.

glücklichen Schriftsteller" bezeichnet,[28] schrieb Voltaire für ein breites internationales Publikum in französischer Sprache, ebenso für den Adel wie für ein sich herausbildendes Bildungsbürgertum, mit dem er sich – und daher auch die Formulierung von Roland Barthes – vereint fühlte. Denn er war von seinem Publikum noch nicht wie die Schriftsteller des 19. Jahrhunderts und insbesondere die „Poètes maudits" durch Abgründe getrennt,[29] sondern brachte in vielerlei Hinsicht zum literarischen Ausdruck, was sein Publikum fühlte und dachte.

**Abb. 26:** Nicolas de Largillière: Voltaire (1694–1778).

In Frankreich fand Voltaire eine so starke Aufnahme, dass man bisweilen das ganze Jahrhundert nach ihm benannte und bis heute den Ausdruck „Le Siècle de Voltaire" noch hören kann. Doch er war eine gesamteuropäische Figur; und nicht umsonst ist Voltaires Name mit Friedrich II. von Preußen und Schloss Sanssouci hier in Potsdam eng verbunden. Er gab dem Hof des Preußenkönigs für einige wenige Jahre intellektuellen Glanz und französischen Esprit. In jüngerer Zeit verbindet ein weiteres Faktum Voltaire mit unseren Potsdamer Gefilden. Wenn es auch bisweilen mit dem Argument, Voltaire sei ein Rassist gewesen – wir werden gleich Passagen kennenlernen, die eine andere Sprache sprechen –, bescheidene Angriffe dagegen gab, ist der Preis für politisch verfolgte Wissenschaftlerinnen und Wissenschaftler, Völkerverständigung und kulturelle Differenz, den die Universität Potsdam jährlich vergibt, nach diesem großen Franzosen benannt. Letzterer setzte sich wie kaum ein anderer in seiner Zeit für das Recht auf freie Meinungsäußerung ein.

Der über lange Zeit außerhalb Frankreichs lebende Voltaire erreichte mit seinen literarischen und philosophischen Schriften ein breites Publikum in Europa wie auch außerhalb der Grenzen der Alten Welt, das die von ihm gegen

---

28 Vgl. Barthes, Roland: Le dernier des écrivains heureux. In (ders.): *Essais critiques*. Paris: Seuil 1964, S. 94–100.
29 Vgl. hierzu auch Ette, Ottmar: *Romantik zwischen zwei Welten*, S. 899–922.

die Missstände absolutistischer Regime wie gegen die Kirche gewendeten Waffen Ironie und Sarkasmus zu schätzen wusste. Mit seinem Witz und seiner Zielsicherheit begeisterte er als Intellektueller avant la lettre insbesondere jene gesellschaftlichen Gruppen, die zu den Trägerschichten der Französischen Revolution wurden. Gegen seinen korrosiven Spott war nichts geschützt, und er legte sich mit den Mächtigen seiner Zeit an.

Doch sollte man in ihm vielleicht weniger den Wegbereiter einer Revolution, welche Voltaire für sich reklamierte, sondern den unnachgiebigen Vertreter einer Aufklärung sehen, die mit vielen gesellschaftlichen und kulturellen Tabus seiner Zeit brach. Voltaire war in seinem Leben stets bereit, sich vor dem Zugriff der Macht in ein jeweiliges Ausland zu flüchten. Das Leben richtete er, durch mehrere Gefängnisaufenthalte gewitzt, an diesen ständigen Fluchtmöglichkeiten aus. Seine Liebe zu und Verbundenheit mit Gabrielle-Emilie du Châtelet,[30] die sicherlich für einen weiblichen Lebensentwurf in Wissenschaft und Philosophie des 18. Jahrhunderts stellvertretend stehen mag,[31] runden ein Leben ab, das über weite Strecken im öffentlichen Rampenlicht stand. Voltaire suchte diese grenzüberschreitende Öffentlichkeit und er fand sie.

Der französische „philosophe" war ein typischer Jesuitenschüler. Am renommierten Jesuitenkolleg Louis-le-Grand äußerte sich erstmals seine literarische Begabung, die verschiedentlich von seinen Lehrern gefördert wurde. Vom Vater zu einer juristischen Karriere gezwungen und immer wieder in seinem freidenkerischen Lebenswandel eingeschränkt, setzte sich die anfangs ebenso galante wie geschmeidige Literatenseele des stets in ‚intellektuellen' Kreisen verkehrenden Voltaire durch, der bald schon mit ersten Werken und Publikationen auf sich aufmerksam machte. Doch seine geistreichen Satiren, die auch vor intimen Anspielungen nicht zurückschreckten, ließen ihn ins Gefängnis wandern, was ihn freilich nicht davon abhielt, ein insgesamt spöttisches Verhältnis zu den herrschenden Schichten des Adels zu pflegen. Die erfolgreiche und Aufsehen erregende Aufführung seines Theaterstückes _Œdipe_ machte den Schriftsteller erstmals bei einem breiten französischen Publikum bekannt.

Nach einer erneuten Auseinandersetzung mit adeligen Auftraggebern ging Voltaire diesmal nicht in die Bastille, sondern in die Verbannung nach England, wo er sich zweieinhalb Jahre lang aufhielt und sich mit dem Denken insbesondere von John Locke vertraut machte. England wird für den aufmüpfigen

---

**30** Vgl. etwa Du Châtelet, Gabrielle-Emilie: _Discours sur le bonheur_. Edition critique et commentée par Robert Mauzi. Paris 1961.
**31** Vgl. hierzu Badinter, Elisabeth: _Emilie, Emilie. Weiblicher Lebensentwurf im 18. Jahrhundert_. München: Piper Verlag 1984.

Franzosen auch später stets ein positiver Referenzpunkt bleiben. Wir hatten diese englische Seite Voltaires bereits in seiner Stellungnahme zugunsten der Theorien Isaac Newtons bezüglich der Gestalt der Erde kennengelernt.

Als er 1728 wieder nach Frankreich zurückkehrte, hatte er entschieden aufklärerische Schriften aus eigener Feder im Gepäck, die den bereits bekannten französischen Schriftsteller immer stärker als Philosophen der Aufklärung profilierten. Doch Voltaire wusste, dass er eine unabhängige intellektuelle Position im Frankreich des Ancien Régime nur würde bewahren können, wenn es ihm gelänge, seine finanzielle Unabhängigkeit zu sichern. Zum einen knackte er – wie bereits berichtet – mit seinem Freund La Condamine die französische Lotterie, ein Reingewinn, den er – wie auch später in seinem Leben das erworbene Vermögen – geschickt anlegte; und zum anderen beteiligte er sich am Sklavenhandel, der in der damaligen ökonomischen Situation die größten Profite versprach. Er wurde damit ohne jeden Zweifel mitschuldig an einem wirtschaftlichen System, das die barbarische Ausbeutung schwarzer Menschen aus Afrika zum Gegenstand hatte, und verstrickte sich wie viele andere französische Aufklärer in Widersprüche, wie sie für diese Epoche durchaus charakteristisch waren.

Seit Juni 1733 wurde die höchst selbständige und unabhängige Emilie du Châtelet Voltaires Geliebte. Sie war eine Frau, die mit ihm auf Augenhöhe stand. Die Mathematikerin lenkte sein Interesse auf die Naturwissenschaften, zeigte sich aber auch als wichtige Gesprächspartnerin in philosophischen Dingen, war sie doch als Anhängerin von Leibniz auch eine Philosophin, die großen Einfluss auf das Denken ihres Geliebten ausübte. Voltaire freilich blieb aller Ausweitungen seiner Interessen zum Trotz ein Mann des Theaters, der regelmäßig Bühnenstücke schrieb und regelmäßig deswegen mit den staatlichen Autoritäten in Konflikt geriet. Als sich Emilie in den zehn Jahre jüngeren Saint-Lambert verliebte, von diesem ein Kind erwartete und im September 1749 im Kindbett starb, war Voltaire, für den sie neben anderen Geliebten immer noch die „Amante en titre" gewesen war, tief betroffen.

Viel ist über die Zeit Voltaires am Hofe Friedrichs II. von Preußen in Sanssouci geschrieben worden, und viel wäre über diese Zeit ab 1750 zu berichten. Sie alle kennen das Ölgemälde Adolph von Menzels, das Voltaire in der Tafelrunde von Sanssouci zusammen mit dem König, Giacomo Casanova und weiteren illustren Gästen zeigt. Doch dieses Bild, hundert Jahre nach Voltaires Zeit am preußischen Hof gemalt, gehört in die Rubrik der Mythenbildung – und zwar der Mythen, die sich um den Preußenkönig rankten. Dass sich Friedrich der Große und Voltaire schließlich als Feinde trennten, kann nicht verbergen, dass Voltaire am Hofe dieses ‚aufgeklärten' Monarchen und preußischen Despoten, dem die Hohenzollern und manche Monarchisten in diesem Lande noch immer nachtrauern, viel von der Rücksichtslosigkeit beobachtete, mit der ein Staatswesen absolutistisch gelenkt werden konnte.

Die schon 1737, also noch vor dem Machtantritt Friedrichs und zu Zeiten von dessen *Anti-Machiavell* – auf den wir noch zurückkommen werden – begründete Freundschaft konnte über längere Zeit nicht gut gehen. Irgendwann musste es zum Bruch kommen. Es war aber wohl die Rivalität mit dem von ihm selbst Friedrich anempfohlenen Präsidenten der Berliner Akademie, Maupertuis, der einst die Expedition der Pariser „Académiciens" nach Lappland geleitet hatte, die zur endgültigen Trennung Voltaires vom Hofe Friedrichs II. führen sollte. Voltaire ließ sich in seiner Gegnerschaft zu Maupertuis nicht mehr ruhig stellen. Was folgte, waren allerlei politische und gerichtliche Auseinandersetzungen, eine Menge Theaterdonner und später die formelle Wiederaufnahme eines offiziellen Briefwechsels zwischen Voltaire und Friedrich II., welcher freilich an die intellektuelle Intensität der Beziehung zwischen dem französischen Philosophen und dem preußischen Potentaten nicht mehr anschließen konnte.

Ich möchte mich nicht mit dem Historiker Voltaire befassen, auf den wir in dieser Vorlesung schon früher gestoßen waren und dessen Universalgeschichte heute nur noch einen eher marginalen Platz innerhalb der Literatur der Aufklärung einnimmt, sondern mich jenem kleinen Werk zuwenden, in das er Elemente der Reise seines Freundes La Condamine integrierte. Denn dieser Kurzroman gilt zu Recht als eines der großen Werke der europäischen Aufklärung und wurde zudem zu einem der größten ‚Bestseller' des Siècle des Lumiéres.

Keineswegs kann ich an dieser Stelle auf eine detaillierte Gesamtdeutung dieses wunderschönen und wunderschön komplexen Textes zusteuern. Ich will Ihnen wohl aber bewusst machen, wie sehr im Kontext der Kritik der Leibniz'-schen Philosophie die Reflexion über außereuropäische Weltregionen und Kulturen, aber auch über den außerhalb Europas von den Europäern expansiv betriebenen Kolonialismus die Literatur des 18. Jahrhunderts in Frankreich wie im Rest des alten Kontinents prägten. Daher sollten wir uns ein wenig näher ansehen, was dem arglosen Candide, der im schönen Westfalen im Schloss des Barons von Thunder-ten-tronckh erzogen wurde, nicht zuletzt auch in Amerika zustieß. Beschäftigen wir uns also mit diesem Erzähltext, der – in deutscher Sprache verfasst – nur von Voltaire herausgegeben zu sein vorgab, und beginnen wir mit dem Incipit:

> In Westfalen gab es im Schloss des Herrn Baron von Thunder-ten-tronckh einen jungen Burschen, den die Natur mit den sanftesten Sitten ausgestattet hatte. Seine Physiognomie kündigte seine Seele an. Er besaß eine recht gerade Verstandeskraft, gepaart mit dem einfachsten Geiste; dies ist, so glaube ich, der Grund dafür, warum man ihn Candide nannte. Die alten Domestiken des Hauses vermuteten, dass er der Sohn der Schwester des Herrn Baron und eines guten und ehrbaren Adeligen aus der Nachbarschaft war, den dieses

Fräulein freilich niemals heiraten wollte, weil er nur einundsiebzig Generationen an Vorfahren belegen konnte, und weil der Rest seines Stammbaumes den Wirren der Zeit zum Opfer gefallen war.[32]

Dies also ist der berühmte Beginn von *Candide ou l'optimisme*, ein Erzähltext, den Voltaire wohl bei seinem Aufenthalt in Schwetzingen verfasst haben dürfte, der alsbald von der Zensur verboten wurde – was das Werk in den Augen des Publikums nur umso lesenswerter machte – und dessen Autorschaft der französische Schriftsteller unter Angabe fadenscheiniger Gründe noch eine Zeitlang bestritt. Wir haben von Beginn eine Gegenüberstellung von Natur und Kultur, ist der Name des westfälischen Schlosses und Adelsgeschlechts doch eine witzige Verballhornung von Englisch und Französisch und steht für einen Stammbaum des Barons, in den Donner und Blitz hineingefahren seien. Auf der anderen Seite verlangt dagegen die Schwester des Barons einen ausreichend langen Stammbaum vom Vater ihres Sohnes, den dieser aber nicht beizubringen vermag. Auch wenn man im damaligen Deutschland anspruchsvoller als in Frankreich mit dem Nachweis adeliger Abstammung umging: einundsiebzig Generationen waren selbstverständlich eine sanfte Übertreibung, die insgesamt einen Adelsnachweis von mehr als zweitausend Jahren bedeutet hätten. Die Übertreibung ist ein Stilelement, das bereits im ersten Absatz dieses Kurzromans erscheint.

Candide, der Protagonist von Voltaires geistreicher Fiktion, wächst also auf einem Schlosse in Westfalen auf, wo der von der Natur bestens ausgestattete junge Mann schon vor seiner Geburt mit dem Dünkel einer Adelskultur konfrontiert wird. Auch später wird einer gütigen, zugleich aber auch ambivalenten Natur, die vom Menschen behütet und gepflegt werden muss, stets die Kultur eines Menschengeschlechts gegenüber gestellt, welche von falschen Ambitionen und Vorurteilen geprägt ist. Angesichts einer derartigen Ausgangssituation, die im Incipit bereits angedeutet wird, fällt es dem Ich, das bereits in diesem ersten Zeilen erscheint, sehr schwer, den Optimismus deutscher Aufklärungsphilosophen wie vor allem Gottfried Wilhelm Leibniz oder Christian Wolff, mit denen wir ja bereits Bekanntschaft geschlossen haben, zu übernehmen. Besonders Leibnizens Grundsatz, dass unsere Welt die beste aller möglichen Welten sei, kehrt als wiederholt lächerlich gemachtes Philosophem immer wieder auf die Textebene, auf die Bühne des Textes, zurück. Doch die Natur kann, wie Donner und Blitz im Namen des Schlosses bereits von Anfang an zeigen, zerstörerische Wirkungen zeitigen: Das Erdbeben von Lissabon, welches das Aufklärungszeit-

---

32 Voltaire: *Candide*, S. 137.

alter buchstäblich erschütterte, dient dem Erzähler als mahnendes Beispiel. Und so bekommen auch ein Jean-Jacques Rousseau und dessen die Natur lobpreisende Jünger in diesem an Philosophemen so reichen Erzähltext ihr Fett weg und den Spott Voltaires zu spüren.

Als äußere Form wählt der spöttische Philosoph dabei die Persiflage auf den damaligen Abenteuerroman, der es mit seinen höchst unwahrscheinlichen Handlungselementen dem Schriftsteller erlaubte, auf wenigen Seiten in diesem philosophischen Kurzroman ein Höchstmaß an turbulenter Handlung zu entfalten. Der damals Frankreich, aber nicht das französische Lesepublikum meidende Autor nutzt seinen den *Contes philosophiques* zugerechneten Text dahingehend aus, dass er in ihm die unterschiedlichsten, im Aufklärungszeitalter ‚angesagten' Themenbereiche behandelt. Auch die Romandiegese wird rasch vom marginalen Westfalen auf die gesamte Welt erweitert, wodurch sich diese Themenvielfalt bei der zeitgenössischen Leserschaft rasch mit der Welt der amerikanischen Kolonien verbindet. So hält sich Voltaires Titelheld ganz selbstverständlich – ich komme später noch auf dieses Thema zu sprechen – bei den dem Jesuitenzögling nicht unbekannten Jesuiten in Paraguay auf, gilt ihr Herrschaftsbereich doch für lange Zeit als der geographisch eingrenzbare Ort einer neuen Utopie, eines neuen Gottesstaates christlicher Prägung. Ein gefundenes Fressen für einen Antiklerikalen wie Voltaire!

Die Jesuiten hatten im Landesinneren Südamerikas ein eigenes Reich, geradezu einen eigenen Staat errichtet, der keinen weltlichen Maßregelungen iberischer oder europäischer Kolonialpolitik unterlag. In diesem Staat im Staate herrschten eigene Regeln, die gleichsam von Gott höchstselbst diktiert zu sein scheinen. Doch unser Candide schaut sich aufmerksam und kritisch in diesem Jesuitenreich um und stößt auf allerlei Abscheuliches, den gesunden Menschenverstand Verletzendes. Danach folgt Voltaires Protagonist in einem „Conte", der mit ungeheuer beschleunigten raumzeitlichen Koordinaten arbeitet, dann recht genau der Route unseres guten Amazonasforschers La Condamine, so dass Candide, wen wundert's, geradezu notwendig nach Eldorado kommen muss und damit einen der großen Mythen, die Amerika für die Europäer auch noch im 18. Jahrhundert bereit hielt, weiter zu erforschen vermag.

Bei der Annäherung an dieses Land lässt Cacambo, der Begleiter Candides, freilich keinen Zweifel daran, dass die amerikanische Hemisphäre keineswegs besser sei als die andere, also die altweltliche.[33] Voltaire vermeidet alles, was die Amerikas in ein besseres Licht rücken könnte als das einheimische Europa – dies war selbstverständlich schon beim Jesuitenstaat von Paraguay der Fall ge-

---

33 Ebda., S. 174 f.

wesen. Und doch glaubt Candide bei seiner ersten Annäherung an das Land von Eldorado zu vermeinen, es handle sich dabei um ein besseres Land als sein Westfalen mit Minden, das er einst hinter sich gelassen hatte.

So nähert sich Candide mit seiner aufgeschlossenen Leserschaft jenem Eldorado an, das La Condamine auf seiner Reise noch verschlossen blieb. Er erfährt von einem Mann im biblischen Alter, dass dies die eigentliche Heimat der Inkas sei und dass Europa dieses Land immer wieder bedroht habe, dass letztlich aber weder die Spanier noch die Engländer mit ihrem Raleigh genauere Kenntnis über es erhalten hätten.[34] Im Kontext der gattungsüblichen Übertreibungen entsteht zugleich eine derbe Kritik des europäischen Kolonialismus, wie sie deutlicher kaum hätte ausfallen können:

> „Ich bin einhundertzweiundsiebzig Jahre alt und habe von meinem Herrn Vater, dem Knappen des Königs, von den erstaunlichen Revolutionen Perus erfahren, deren Augenzeuge er war. Das Königreich, in dem wir uns hier befinden, ist das ehemalige Vaterland der Inkas, die es sehr unvorsichtiger Weise verließen, um einen anderen Teil der Welt zu erobern, und so wurden sie schließlich von den Spaniern aufgerieben. Die Fürsten ihrer Familie, die in ihrem Geburtsland blieben, waren vernünftiger; in Übereinstimmung mit der ganzen Nation ordneten sie an, dass kein Bewohner jemals unser kleines Königtum verlassen dürfe; und eben dies ist es, was uns unsere Unschuld und unser Glück bewahrt hat. Die Spanier hatten eine unklare Vorstellung von diesem Lande, das sie *El Dorado* nannten; und ein Engländer, den man den Ritter Raleigh nennt, kam vor etwa hundert Jahren diesem Gebiet sehr nahe; da wir aber von unbesteigbaren Felsen und von Abgründen umgeben sind, haben wir bis heute stets Schutz vor der Raffgier der Nationen Europas gefunden, welche eine unbegreifliche Leidenschaft für die Steine und für den Schlamm unserer Erde besitzen, und die uns, um sich diese Güter zu verschaffen, bis auf den Letzten töten würden."[35]

Zunächst ein kleines, aber bedeutungsvolles Detail: Haben Sie in diesem Diskurs des hundertzweiundsiebzigjährigen Greises bemerkt, dass die Europäer wie versessen sind auf die Steine, welche sie in diesem Königreiche vorzufinden hoffen? Nun, es waren just diese Steine gewesen, die in La Condamines *Voyage sur l'Amazone* doch für die Amazonas-Indianer so faszinierend waren, kannten sie doch als Bewohner des fluviatilen Tieflandes nicht die Gebirgsformationen – und damit auch die Steine – der Anden, die sich jenseits des Pongo de Manseriche auftürmten. Für die Amazonas-Indianer waren diese „cailloux" von so ungeheurer Bedeutung, dass sie alle sofort einsammelten und wie einen Schatz horteten, bevor sie begriffen, dass es Unmengen davon geben müsse. Voltaire hatte wie wir diese Passage des Reiseberichts seines Freundes gelesen

---

**34** Ebda., S. 178.
**35** Ebda., S. 177 f.

und das Argument nun mit Blick auf die raffgierigen Europäer umgedreht: ein schönes Beispiel für eine Intertextualität, die jedem aufmerksamen Leser von La Condamine und von Voltaire die beiderseitig starke Beziehung zwischen dem *Voyage sur l'Amazone* und Voltaires *Candide* gleichsam augenzwinkernd vor Augen führt.

Es war die Weisheit der im Lande gebliebenen Fürsten, welche die Bewohner des Landes davor bewahrte, wie andere Völker der Amerikas zu Opfern der habgierigen Europäer zu werden. Hier trifft Candide nun endlich auf ein Land, in dem es keine Mönche gibt, welche regieren, herrschen, intrigieren und all jene Leute verbrennen, die nicht ihrer Ansicht und Überzeugung sind. Die Einwohner dieses kleinen Königreiches verlassen ihren angestammten Raum nicht, überfallen keine benachbarten Nationen, gehen nicht auf Kriegszüge aus und führen keinerlei Verbrechen durch, für die sie sich vor ihren Mitmenschen verantworten müssten. Folglich glaubt sich Candide dem von ihm gesuchten und ersehnten Traumlande nahe, wo alles aufs Beste eingerichtet ist und ein glückliches Gemeinwesen besteht.

Der junge Mann glaubt sich am Ziel seiner Träume von einer besseren Welt. Hätte nur sein Lehrmeister, der Philosoph Pangloss, dieses Land gesehen, seufzt Candide, er würde nicht mehr behaupten, dass das Schloss Thunder-ten-tronckh das beste sei, was es auf Erden gebe und geben könne. Sie sehen, Voltaire spielt mit der Differenz zwischen den Reisenden und den Daheimgebliebenen, wobei er letzteren freilich das längere Ende lässt. Kein Wunder, zählte er selbst doch auch nicht zu jenen Philosophen, von denen sich Rousseau im zweiten *Discours* wünschte, sie würden sich auf eine Weltreise begeben. Aber mit dieser Fragestellung und Herausforderung werden wir uns noch ausführlich in unserer Vorlesung befassen, sobald wir uns intensiv mit der Berliner Debatte um die Neue Welt beschäftigen. Klar ist freilich schon jetzt, dass es Rousseau hier um ein verändertes Verhältnis von Reisen und Schreiben ging. Voltaire war seinerseits kein sehr sesshafter Philosoph: Im Gegensatz zu Immanuel Kant, der sein geliebtes Königsberg niemals verließ, hielt er sich in verschiedensten Ländern Europas auf.

Anders als sein Schöpfer Voltaire aber hatte sich Candide auf eine solche Weltreise begeben, die ihn – wie wir sahen – insbesondere nach Südamerika führte. Auf seiner Reise lernte Candide allerlei hinzu: Der Ehrgeiz treibt die Europäer vorwärts und geradewegs aus dem Glück hinaus, wie der König von El Dorado, wo es übrigens auch keine Gefangenen und Eingekerkerten gibt, sehr wohl bemerkt.[36] So reisen Cacambo und Candide – gleichsam auf den Spuren von La

---

36 Ebda., S. 180.

Condamine – weiter nach Surinam, wo sie mit den Schrecken des europäischen Kolonialismus konfrontiert werden. Voltaire wählte hierfür vorsichtshalber nicht das französische Herrschaftsgebiet (und heutige Überseedepartement) Guyane, das heutzutage in Europa vor allem dafür bekannt ist, dass von dort aus die europäischen Trägerraketen für allerlei europäische Satelliten starten. Nein, er wählte vielmehr klug die holländische Kolonie, vielleicht auch um französische Empfindlichkeiten zu schonen, die einer Akzeptanz der Darstellung von Gräueltaten sowie einer beißenden Kritik hieran wohl im Wege gestanden hätten. Oder sollte auch die Tatsache, dass er Geld im französischen Sklavenhandel angelegt hatte, ein Grund dafür sein?

In jedem Fall können sich in Suriname die europäischen Reisenden der Tatsache versichern, zu welchem Preise man in Europa den ach so süßen Zucker genieße.[37] Denn schnell wird klar, was hier den schwarzen Sklaven angetan wird, in welcher Weise sie unmenschlich und selbstverständlich misshandelt werden und überdies noch Hohn und Spott über sie ausgegossen wird. Voltaire ließ an dieser brutalen Ausbeutung deportierter Sklaven nicht den geringsten Zweifel und stellte alles in den drastischsten Farben dar. Nein, dies konnte nicht das von Candide auf seiner Suche nach einer besseren Welt ersehnte Land sein!

An dieser Stelle also geht der *Conte philosophique* unmittelbar in eine scharfe Kolonialismus-Kritik über, freilich nicht des französischen Kolonialismus, sondern vorsichtshalber des holländischen, der in Frankreich in keinem guten Rufe stand. Alle kolonialistischen Länder Europas behaupteten stets, bei ihren Nachbarn ginge es im Kolonialreich noch viel schlimmer zu. Voltaire mag seine Gründe für eine ‚Schonung' der französischen Sklavenausbeutung gehabt haben. Doch soll das holländische System von Sklaverei und Kolonialismus für Voltaire als pars pro toto für den europäischen Kolonialismus in seiner Gänze stehen. Und er übersetzte seine scharfe Kritik in eine Erzählhandlung von besonderer Schärfe.

So trifft Candide in Suriname auf einen schwarzen Sklaven, dem die rechte Hand und das linke Bein fehlen, der halbnackt am Boden liegt und, wie er gleich erzählen wird, von seiner Mutter aus Guinea für einige patagonische Münzen – Voltaire nimmt es hier geographisch nicht so genau – in die Sklaverei verkauft worden war. Es könnte sich gleichsam um den nach Suriname verkauften Bruder von Anton Wilhelm Amo handeln, unseres schwarzen Philosophen, den ein halbes Jahrhundert zuvor die Holländer als Geschenk nach Wolfenbüttel verbrachten. Hören wir das Zeugnis dieses bedauernswerten Sklaven, der in Voltaires

---

37 Ebda. S. 182.

*Conte philosophique* für die gesamten Gräuel der Europäer stellvertretend als Opfer steht:

> Oh mein Gott!, sagte ihm Candide auf Holländisch, was tust Du da, mein Freund, in diesem schrecklichen Zustand, in welchem ich Dich sehe? – Ich warte auf meinen Besitzer, den Herrn Vanderdendur, den berühmten Händler, antwortete der Schwarze. – Ist es Herr Vanderdendur, sagte Candide, der Dich so behandelt hat? – Ja, mein Herr, sagte der Schwarze, so ist es Brauch. Man gibt uns eine Unterhose aus Tuch als einziges Kleidungsstück zweimal im Jahr. Wenn wir in den Zuckerfabriken arbeiten und uns das Schleifrad den Finger zerquetscht, dann schlägt man uns die Hand ab; wenn wir flüchten wollen, dann amputiert man uns ein Bein; beides war bei mir der Fall. Zu diesem Preise naschen Sie Zucker in Europa.[38]

Gewiss, Wir sind in einer Fiktion, in einem *Conte philosophique*, der sich der Form des literarischen Reiseberichts bedient, und nicht in einer Abhandlung mit abolitionistischem Grundton, die auf eine Abschaffung der Sklaverei abzielt. Doch deutlicher können Kolonialismus-Kritik und Verdammung der Sklaverei nicht ausfallen. Den in diesen Passagen werden Grausamkeiten aufgezeigt, die in das Jahrhundert der Aufklärung zumindest auf den ersten Blick nicht zu passen scheinen. Und doch ist es das Jahrhundert der Aufklärung, welches mit all seiner Rationalität ein Sklaverei-System kapitalistisch weiterentwickelt und noch die letzten Erträge aus den Sklaven herauspresst. Es verfeinerte also die Versklavungen früherer Jahrhunderte auf seinen Plantagen in den holländischen, englischen, französischen, spanischen oder portugiesischen Kolonien noch und passt genauestens zu diesem Siècle des Lumières mit all seiner Verfeinerung der Sitten und seiner absolutistischen Königsherrschaft.

Der kubanische Schriftsteller Alejo Carpentier sollte in seinem Roman mit dem spanischen Titel *El Siglo de las Luces*[39] genau diesen Widerspruch zwischen der europäischen Aufklärung und dem europäischen Sklavenhandel am Beispiel der transatlantischen Beziehungen in aller Schärfe herausarbeiten. Denn es gehörte zu den Widersprüchen dieses Zeitalters, dass die Verfeinerung der Sitten mit der Verfeinerung von Sklaverei-Methoden einherging. Aber es waren Max Horkheimer und Theodor W. Adorno, die philosophisch präzise das Miteinander von Aufklärung und finsterster Despotie, von Rationalität und Unmenschlichkeit, von Kapitalismus und Lagersystem in ihrer *Dialektik der Aufklärung*[40] herausarbeiteten. Es war in keiner Weise ein Zufall, dass die Hüttenlager schwarzer Skla-

---

**38** Ebda.
**39** Der erstmals 1962 erschienene Roman sollte in der deutschen Übersetzung 1964 leider den Surkamp-Titel *Exposion in der Kathedrale* erhalten.
**40** Horkheimer, Max / Adorno, Theodor W.: *Dialektik der Aufklärung. Philosophische Fragmente*. Frankfurt am Main: S. Fischer Verlag 1986.

ven in Südafrika oder auf Kuba zu den Vorbildern für die ersten Konzentrationslager am Ausgang des 19. Jahrhunderts in diesen spanischen beziehungsweise britischen Kolonialgebieten wurden, jenen Konzentrations- und Vernichtungslagern, die später von den deutschen Nationalsozialisten mit derselben aufgeklärten Rationalität weiter perfektioniert wurden. Und so war es auch kein Zufall, dass dieses wichtige philosophische Buch unter dem Eindruck der nationalsozialistischen Barbarei im Schatten der Konzentrationslager geschrieben wurde.

Doch zurück zu Voltaire und *Candide ou l'optimisme*, einem Werk, in dem der französische Philosoph bitter und kühl zugleich mit dem Optimismus Leibniz'scher Prägung abrechnete! Die Literatur wird in diesem *Conte philosophique* zu einem Experimentierfeld, in welchem die Möglichkeiten des Imaginierbaren und Denkbaren erprobt und in das Schreibbare umgesetzt werden, lange bevor sie in der Wirklichkeit etwa als tatsächliche politische Maßnahmen erprobt werden können. Der Literatur ist eine prospektive Funktion eigen, die auf künftige Veränderungen zielt, welche zunächst auf dem Gebiet der Fiktion durchgespielt und erprobt werden müssen. Wenn Voltaire in der gesellschaftlichen und ökonomischen Realität des 18. Jahrhunderts einen Teil seiner Mittel in den barbarischen Sklavenhandel gesteckt hatte, um Gewinne zu erzielen und seine eigene finanzielle Unabhängigkeit zu sichern, so konnte er *zugleich* als Schriftsteller sehr wohl jene Möglichkeiten aufleuchten lassen und literarisch durchspielen, die auf eine Überwindung dieser unmenschlichen Zustände abzielten. Dies macht Voltaire nicht zu einem Helden des Abolitionismus, wohl aber zu einem kritischen Schriftsteller, der mit den Mitteln der Literatur die gesellschaftlich gegebenen Möglichkeiten verbessern wollte. Auch in diesem Sinne lassen sich die berühmten Schlussworte Candides verstehen: „mais il faut cultiver notre jardin"[41] – konzentrieren wir uns darauf, unseren Garten zu bestellen!

Die gesellschaftliche Realität des Jahrhunderts der Aufklärung sah immer noch anders aus. Noch war die Haitianische Revolution, die Teil dieser Dialektik der Aufklärung werden sollte, Jahrzehnte entfernt. Und nicht nur Voltaire, das Mitglied der Tafelrunde Friedrichs II. von Preußen, sondern auch Guillaume-Thomas Raynal, ebenfalls Besucher und Gast am Tische des Preußenkönigs in Sanssouci, besaßen realiter Aktien in diesem Zucker- und Sklavenhandelsgeschäft, das Europa, Afrika und Amerika transatlantisch zusammenband. Bei letzterem handelt es sich um die zentrale Autorfigur der *Histoire philosophique et politique des établissements des Européens dans les deux Indes*, der großen französischen Kolonialenzyklopädie des 18. Jahrhunderts, die mit Angriffen gegen die Sklaverei – vor allem aus der Feder Diderots – nur so gespickt war.

---

**41** Voltaire: *Candide*, S. 221.

Diese Tatsache entwertete zwar nicht die Kolonialismus-Kritik der französischen Aufklärungsphilosophen, lässt sie gleichwohl aber in einem anderen, widersprüchlicheren und komplexeren Licht erscheinen. Mit diesen Widersprüchlichkeiten einer Dialektik der Aufklärung müssen wir leben; denn letztlich sind es dieselben Widersprüche, welche noch immer die asymmetrischen Beziehungen innerhalb der aktuellen Weltwirtschaft nach der vierten Phase beschleunigter Globalisierung bestimmen.

Die Allgegenwart dieser Problematik und die Präsenz der außereuropäischen Welt in den Literaturen Europas, die an vielen anderen Beispielen der Zeit hätte aufgezeigt und belegt werden können, sei anhand dieses kleinen Beispiels, das so oft überlesen wird, einmal mehr herausgearbeitet und betont. Wir wollen uns in der unmittelbaren Fortführung unserer Vorlesung ausführlicher mit derlei Problemstellungen beschäftigen und dabei vor allem danach fragen, wie denn im Kontext des Gegensatzes zwischen Reisenden und Daheimgebliebenen und vor dem Hintergrund der zahlreichen europäischen Reiseberichte, in denen die Neue Welt behandelt wurde, das Verhältnis zwischen Alter und Neuer Welt neu angesprochen und bestimmt wurde. Dazu aber müssen wir den Titel dieser Vorlesung ernst nehmen und die *Aufklärung zwischen zwei Welten* aus dem Blickwinkel der Amerikas fortsetzen und näher verfolgen.

TEIL 3: **Zwischen zwei Welten**

# Literaturen zwischen zwei Welten im 18. Jahrhundert

Bevor wir uns mit den Stimmen der Aufklärung aus den Amerikas und ihrem Zusammenklang mit europäischen Stimmen beschäftigen, müssen wir uns zunächst einen Überblick darüber verschaffen, wie das literarische System im 18. Jahrhundert transatlantisch funktionierte. Wir verlassen in unserer Vorlesung ganz bewusst das enge Terrain der nationalliterarischen Historiographie und bekommen es dann simultan mit mehreren Literaturen zu tun, welche miteinander in einem wechselseitigen Austauschprozess stehen. Es handelt sich um einen Austausch, der von einer national ausgerichteten Literaturgeschichtsschreibung stets zu einem beträchtlichen Teil übergangen und ausgeblendet wird. Wenn wir uns mit jenen Literaturen auseinandersetzen, die in kulturellen Areas entstanden, die wir heute als „Lateinamerika" bezeichnen, so müssen wir für das 18. Jahrhundert selbstverständlich davon ausgehen, dass es weder diese Bezeichnung, die im Verlauf des 19. Jahrhunderts entstand,[1] noch entsprechend unabhängige Staaten gab, die in diesem Bereich unseres Planeten existiert hätten. Im Bereich der amerikanischen Romania handelt es sich folglich um Kolonien, die unter der Herrschaft Spaniens, Portugals oder Frankreichs standen.

Welche Bezeichnung verwenden wir also für einen Bereich, den mit „Lateinamerika" zu bezeichnen anachronistisch wäre? Würden wir einen Term wie die Literaturen Hispanoamerikas wählen, so wären die frankophonen Literaturen Kanadas oder der französischsprachigen Antillen ebenso ausgeschlossen wie die portugiesischsprachigen Brasiliens, wobei diese wiederum bei der Verwendung des Begriff der Literaturen Iberoamerikas miteingeschlossen blieben. Bei der Bezeichnung „lusophones Amerika" würden wir nur die portugiesischsprachigen Bereiche meinen, die unter der Herrschaft Portugals standen, während Spanisch-Amerika den gesamten amerikanischen Kolonialraum der spanischen Krone umfasst.

Für das 18. Jahrhundert macht also eine Beschränkung auf nationalliterarische Phänomene keinen Sinn: Die Zugehörigkeit zu einem bestimmten geographischen, kulturellen und literarischen Raum ist zwar von Bedeutung, ordnet sich aber einer „République des Lettres" zu, die sich ebenso auf den europäischen Raum wie – von einer starken Asymmetrie geprägt – auf den amerikanischen Raum erstreckte. Mit Blick auf das 20. Jahrhundert wurde versucht, zwischen dem Konzept der Nationalliteratur und jenem der lateinamerikanischen Literaturen eine Unterscheidung

---

1 Vgl Ette, Ottmar: *Romantik zwischen zwei Welten*, S. 251–492.

zwischen verschiedenen literarischen Regionen des Subkontinents einzuführen und damit eine Art Zwischenebene zu schaffen, welche die plurale Vielfalt und Unterschiedlichkeit dieser Literaturen und Kulturen zum Ausdruck bringt.[2] Man kann eine Unterteilung in verschiedene Areas innerhalb des Kolonialraums der Romania durchaus auf das 18. Jahrhundert übertragen, auch wenn es mir im Rahmen dieser Vorlesung nicht möglich ist, wie für das 19., 20. oder 21. Jahrhundert feingliedrig zwischen diesen Areas zu unterscheiden. Es scheint mir gleichwohl wichtig, am gegebenen Ort zwischen kulturellen Areas wie dem pazifischen Andenraum oder dem Cono Sur, Neuspanien und Mittelamerika, Brasilien oder der Karibik zu unterscheiden.

Adalbert Dessau, der Begründer des Rostocker Lateinamerika-Zentrums in der damaligen Deutschen Demokratischen Republik, sprach ebenfalls mit Blick auf das 20. Jahrhundert von der Dialektik zwischen dem Nationalen, dem Kontinentalen und dem Internationalen.[3] Das waren damals erste Anfänge einer transarealen Konzeption der lateinamerikanischen Literaturen, und sie lassen sich grob durchaus für das 18. Jahrhundert übernehmen, wenn wir den Begriff der Nation durch den der jeweiligen Kolonialmacht ersetzen. Denn es ist selbstverständlich nicht gleichgültig, in wessen Herrschaftsbereich sich welche literarischen oder philosophischen[4] Phänomene entwickelten, auch wenn sich im Verlauf des 18. Jahrhunderts an die Stelle der traditionellen kolonialen Zentren Lissabon und Madrid immer stärker die französische Hauptstadt Paris zu setzen begann. Mit der Rolle der „Ville-lumière" und diesem geokulturellen Determinantenwechsel werden wir uns noch zu beschäftigen haben.

Wenn ich das 18. Jahrhundert nicht – wie es durchaus möglich gewesen wäre – als ein kurzes Jahrhundert zwischen 1715 und 1789 behandle, sondern die gesamte Länge der hundert Jahre in den Fokus nehme, dann liegt dies nicht zuletzt an den Literaturen Amerikas. Denn es gäbe gute Gründe dafür, aus einer rein europäischen Perspektive die Zeit zwischen dem Tode von Louis XIV, dem französischen Sonnenkönig, dessen Strahlen noch in die hintersten Win-

---

2 Vgl. etwa Losada, Alejandro: *La Literatura en la Sociedad de América Latina.* Editado por Daniel Cano, Hans-Albert Steger, Roberto Ventura y Ulrich Fleischmann. München: W. Fink Verlag 1987.

3 Vgl. Dessau, Adalbert: Das Internationale, das Kontinentale und das Nationale in der lateinamerikanischen Literatur des 20. Jahrhunderts. In: *Lateinamerika* (Rostock) (Frühjahrssemester 1978), S. 43–87.

4 Vgl. die grundlegende Arbeit von Krumpel, Heinz: *Aufklärung und Romantik in Lateinamerika. Ein Beitrag zur Identität. Vergleich und Wechselwirkung zwischen lateinamerikanischem und europäischem Denken.* Frankfurt am Main: Lang 2004.

kel Europas drangen, und der Französischen Revolution zum Maßstab zu nehmen, was dann ganze vierundsiebzig Jahre und damit ein sehr kurzes Jahrhundert ergäbe.

Makrohistorisch gesehen zerfällt das 18. Jahrhundert ohnehin in zwei Hälften, wobei die zweite Jahrhunderthälfte von der zweiten Phase beschleunigter
Globalisierung[5] gekennzeichnet wird, die – wie bereits erwähnt – in den Beginn
des 19. Jahrhunderts hinüberreicht und es daher auch vereinzelt notwendig
macht, Phänomene jenseits der Grenze des Jahres 1800 näher in Augenschein
zu nehmen. Aber unsere Vorlesung über das 19. Jahrhundert[6] hat auch Fragen
behandelt, die in ein Verständnis des 18. Jahrhunderts tief hineinreichen und
auf die ich in unserer aktuellen Vorlesung nicht zurückkommen will.

Die romanischen Literaturen der Welt sind in einem 18. Jahrhundert, dessen
beide Jahrhunderthälften wir untersuchen, damit ein ganz bewusstes ästhetisches,
philosophisches, literarisches, ideengeschichtliches und selbstverständlich
auch literarhistorisches Konstrukt, dem wir uns ebenso sorgsam wie aufmerksam zuwenden müssen, wollen wir seine transatlantischen Dimensionen erfassen und integrieren. Dass die Pluralität der Literaturen nicht nur für die
europäische, sondern auch für die amerikanische Seite gilt, haben wir bereits
zu Beginn unserer Vorlesung betont. Doch sprechen wir ebenso von *einem* Europa, wie wir uns auf *ein* koloniales Amerika beziehen. Dass wir dies tun, hat
mit politischen und vor allem kulturellen, nicht zuletzt auch literarischen
Gründen zu tun, deren Bedingungen und Kontexte wir uns in dieser Vorlesung ebenfalls noch weiter erarbeiten werden.

Wir müssen uns freilich vor Augen führen, dass es im 18. Jahrhundert ein
„Lateinamerika" in einem modernen Sinne noch nicht gab. Alexander von Humboldts Idee, von einer „Amérique de l'Europe latine" zu sprechen und damit die
spätere Vorstellung von einem „Lateinamerika" vorzuformulieren, fällt deutlich
in die erste Hälfte des 19. Jahrhunderts. Doch es regte sich zumindest bei der
kreolischen Bevölkerung, die zur maßgeblichen Führungs- und Trägerschicht
der Aufklärung wie der Unabhängigkeit der iberischen Kolonien werden sollte,
das Bedürfnis, von „Nuestra América", von „Unserem Amerika" zu sprechen,
was die wachsende Identifikation einer in Amerika geborenen Bevölkerung mit
dieser Weltregion zum Ausdruck bringt. Im politischen und verwaltungsrechtli-
chen Sinne können wir innerhalb des kolonialen Amerika zwischen verschiedenen
Vizekönigreichen wie etwa Neuspanien und verschiedenen „Capitanías generales"

---

**5** Zu den vier bisherigen Phasen beschleunigter Globalisierung vgl. Ette, Ottmar: *TransArea.*
*Eine literarische Globalisierungsgeschichte.* Berlin – Boston: Walter de Gruyter 2012.
**6** Vgl. Ette, Ottmar: *Romantik zwischen zwei Welten*, insb. S. 67–99.

wie Kuba unterscheiden, wobei wir uns vor Augen halten sollten, dass all diese kolonialen Zentren und Subzentren nicht so sehr untereinander als vielmehr direkt mit der europäischen Metropole verbunden waren. Was wir also mit Blick auf die iberische Kolonisierungsstrategie in Abgrenzung zum *Frontier*-Modell im angelsächsischen Bereich beobachteten, gilt auch für die Verwaltungstechnische und soziale wie auch für die kulturelle Ebene.

Unsere Vorlesung wird auch für den Zeitraum des 18. Jahrhunderts versuchen, eine Verschiedenheit der Kulturen und der verschiedenartigen Identitätszuschreibungen, der unterschiedlichen Ausdrucksformen und der populären oder elitären Seinsweisen, die nicht zum Verschwinden gebracht werden sollen, herauszuarbeiten und in ihrem jeweiligen Wechselspiel mit den europäischen Kulturen und Literaturen zu beleuchten. Ein gewisser Schwerpunkt wird dabei auf dem Gebiet des Vizekönigreichs Neuspanien oder des heutigen Mexiko liegen. Doch Differenzen sind das Kapital der Literaturen der Welt – auch wenn dieses System noch in weiter zeitlicher Ferne lag und selbst die Epoche der Weltliteratur sich für das 19. Jahrhundert erst anzukündigen begann. Aber Differenzen auf den unterschiedlichsten Ebenen sind genau das, was wir in einer Vorlesung, in der wir in verschiedenen Logiken zugleich denken lernen sollen, in den Mittelpunkt rücken müssen und rücken werden. Die amerikanischen Kolonien sind für die Aufklärung nicht einfach ein ‚weiterer‘, sondern ein gänzlich anders strukturierter Bereich, für den wir uns weitere Grundlagen erarbeiten müssen.

Wenden wir uns also entschlossen der faszinierenden Geschichte der literarischen Beziehungen zwischen den iberischen und frankophonen Kolonien in Amerika und Europa zu! Die bekannte US-amerikanische Lateinamerikanistin Jean Franco hat in ihrer noch immer lesenswerten, wenn auch heute teilweise überholten *Historia de la literatura hispanoamericana – a partir de la Independencia*[7] der eigentlichen Geschichte seit der Unabhängigkeit ein einleitendes Kapitel vorangestellt, das schlicht mit der Überschrift *La imaginación colonizada* versehen ist, der kolonisierten Imagination oder Einbildungskraft also. Der Ausdruck ist plakativ und sicherlich nicht schlecht gewählt, doch greift er ein wenig zu kurz: Ist denn das Denken, die Phantasie, die kulturelle Ausdruckskraft im kolonialspanischen Lateinamerika nichts weiter als ein kolonisiertes Bewusstsein, ein von außen geprägtes, bestimmtes, man könnte auch sagen ‚entfremdetes‘ Imaginieren?

Die Antwort auf diese Frage ist leicht zu finden: Dem ist nicht so! Zweifellos ist die Kolonisierung durch äußere Mächte ein Faktum, an dem ebenso wenig zu rütteln ist wie an der teilweisen oder vollständigen Zerstörung bestimmter

---

7 Vgl. Franco, Jean: *Historia de la literatura latinoamericana. A partir de la independencia*. Barcelona: Ariel 1979.

indigener oder schwarzer Kulturen, die von den europäischen Kolonisatoren auf unmenschliche Weise eingeschränkt und verstümmelt wurden. Dies müssen wir uns stets vor Augen halten. Aber es wäre doch überaus verkürzend und verfälschend – und Jean Franco hat dies auch nicht in einer absoluten Form getan –, zunächst von einer durch und durch kolonisierten kolonialspanischen Literatur bis zur Independencia, aber nach der erreichten politischen Unabhängigkeit von einer unabhängig gewordenen Imagination, von einer frei und autonom gewordenen Kultur zu sprechen. Ich kann Sie nur vor einer derartigen Sichtweise warnen, die zwar griffig sein mag, aber irreführend ist. Denn eine Vielzahl neuerer Untersuchungen über den pazifischen Andenraum[8] – und darunter auch eine ausgezeichnete Potsdamer Dissertation – haben ein wesentlich komplexeres Bild ergeben.

Bis in die achtziger Jahre des 20. Jahrhunderts, vereinzelt aber auch noch bis zum heutigen Tag finden Sie mit Blick auf das 18. Jahrhundert Vorstellungen von einer vollständig kolonisierten Imagination in der Forschungsliteratur. Sie verstellen den Blick für die aktiven und kreativen Formen kultureller Aneignung, für den reichen Formenschatz an Phänomenen, die wir vor allem mit Hilfe des Ortiz'schen Konzepts der Transkulturation präziser verstehen können. Sie übergehen die vielfältigen Möglichkeiten der Resemantisierung ,europäischer' Elemente im amerikanischen Kontext, für die Refunktionalisierung und Rekontextualisierung bestimmter Schreibformen, Stoffe, Gattungen oder Motive in den kolonialen iberischen Literaturen, die in Amerika geschrieben und weiterentwickelt wurden.[9] Allein das gewaltige Werk eines Guamán Poma de Ayala hat wahre Forschungsbibliotheken auf sich gezogen und deutlich gemacht, wie eigenständig und zugleich viellogisch die kulturellen Entwicklungen auch und gerade in Zeiten asymmetrischer Machtbeziehungen waren.[10] In unserer Vorlesung waren wir allerdings nicht im andinen pazifischen Raum, sondern in Neuspanien

---

**8** Vgl. hierzu Bernaschina Schürmann, Vicente: *Angeles que cantan de continuo. La legitimación teológica de la poesía en el virreinato del Perú*. Potsdam: Universitätsverlag Potsdam 2019.
**9** Vgl. hierzu Borchmeyer, Florian: *Die Ordnung des Unbekannten. Von der Erfindung der neuen Welt*. Berlin: Matthes & Seitz 2009; sowie Fritz, Sabine: *Hybride andine Stimmen. Die narrative Inszenierung kultureller Erinnerung in kolonialzeitlichen Chroniken der Eroberten*. Hildesheim – Zürich – New York: Olms 2009.
**10** Vgl. aus dieser Forschungslawine etwa Chang-Rodríguez, Raquel: *El discurso disidente. Ensayos de literatura colonial peruana*. Lima: Pontificia Universidad Católica del Perú 1991; oder López-Baralt, Mercedes: *Guamán Poma. Autor y artista*. Lima: Pontificia Universidad Católica del Perú 1993.

bereits auf das Beispiel des Chimalpahin gestoßen, der von ähnlicher Bedeutung wie Guamán Poma de Ayala[11] für diese Area Amerikas war.

Es wäre ein Leichtes, derartige kreative Veränderungen bereits im *Bordbuch* des Christoph Kolumbus ausfindig zu machen,[12] in einem Text also, der lange Zeit als eine Art Gründungstext *der* lateinamerikanischen Literaturen und insbesondere ihrer Wunderbaren Wirklichkeit, ihres „real maravilloso" im Sinne des kubanischen Autors Alejo Carpentier gelesen wurde. Die zurückliegenden und in der Kolonialforschung überaus ergebnisreichen Jahrzehnte haben uns durch die erneuerten und methodologisch grundlegend veränderten Forschungen ein neues Bild der kolonialspanischen kulturellen Ausdrucksformen und ihrer spezifischen Art transkultureller Aneignung und Kreativität vermittelt, wobei die Forschungen eines Walter Mignolo sicherlich besonders hervorzuheben wären. Es ist folglich keineswegs so, dass mit der Independencia etwas völlig Neues in den Blick geraten würde und alles Vorherige als Vorgeschichte, als bloße Prähistorie erschiene: Die an die großen Städte gebundenen kolonialen Literaturen Amerikas besitzen ihre eigenen Logiken und ihren eigenen ästhetischen Wert.

In den letzten Jahrzehnten hat sich auf dem Gebiet der Erforschung der Kolonialzeit in den Amerikas wahrlich viel getan. Es ist daher nicht verwunderlich, dass wir heute im Bereich der Literatur sehr wohl die aktiven Aneignungsprozesse anderskultureller Phänomene stärker betonen müssen und wir ohne weiteres von einem *Polylog* zwischen Europa und seinen Kolonien in Amerika sprechen dürfen, der unverkennbar transkulturelle Züge im Sinne von Fernando Ortiz[13] aufweist. Damit soll nicht das Mörderische, das Menschen und Kultur verachtende bei der sogenannten ‚Entdeckung' wie bei der sogleich einsetzenden Eroberung, der Conquista, überspielt werden, wie es beispielsweise noch immer im Rahmen der Fünfhundert-Jahr-Feiern des Jahres 1992 geschah, die ja bekanntlich vom „Encuentro de las culturas" sprachen, also verharmlosend von der Begegnung der Kulturen. Es gab sicherlich diese ‚Begegnung', doch ging es – wie man in Mexiko ironisch

---

11 Auch für diesen Autor sei auf eine diesbezügliche Potsdamer Dissertation verwiesen. Vgl. Matienzo León, Ena Mercedes: Ficcionalizar el referente. Violencia, Saber, Ficción y Utopía en *El Primer Nueva corónica y Buen Gobierno* de Felipe Guamán Poma de Ayala. Phil. Diss. Universität Potsdam 2013.

12 Vgl. hierzu das zweite Kapitel „Vom Auftauchen Amerikas zum Verschwinden Europas" in Ette, Ottmar: *Literatur in Bewegung. Raum und Dynamik grenzüberschreitenden Schreibens in Europa und Amerika.* Weilerswist: Velbrück Wissenschaft 2001, S. 85–117.

13 Vgl. zur Bedeutung des Modells der *transculturación*, das 1940 unter der Feder des kubanischen Anthropologen Fernando Ortiz entstand, das entsprechende Kapitel in Ette, Ottmar: *Romantik zwischen zwei Welten*, S. 230–244.

als Reaktion auf die „Encuentro"-Terminologie rasch hervorhob – eher um einen „Encontronazo", einen Zusammenstoß der Kulturen.

Dieser löste eine Art Trauma aus, das von manchen als Geburtstrauma Lateinamerikas verstanden werden konnte und sich – wie wir sehen werden – auch im 18. Jahrhundert immer wieder textuell ausdrückte. Ich meine dennoch, dass man von einem Polylog, einem Gespräch zwischen vielen Stimmen sprechen darf, solange man sich der Tatsache bewusst bleibt, dass man damit ebenso das Furchtbare wie das Fruchtbare der Ereignisse rund um „Descubrimiento" und Conquista meint und klar zum Ausdruck bringt, dass es sich bei diesem Polylog um zum Teil scharf asymmetrische Sprecherpositionen handelte. Der Begriff der Transkulturation eignet sich hierfür weit besser als jener der Alterität[14] und blendet keineswegs die scharfen Asymmetrien aus, welche die transatlantischen Beziehungen weitestgehend beherrschten. Er macht freilich deutlich, dass es sich keineswegs nur um Prozesse einer Entwertung ganzer Kulturen im Sinne von Fernando Ortiz handelte, einer „Deculturación" etwa indigener oder schwarzer Kulturen. Wir werden dies nur wenig später in unserem Modell der verschiedenen kulturellen Pole noch genauer besprechen.

Ich möchte daher aus der Perspektive eines derartigen Polylogs zwischen Europa und den Literaturen Amerikas eine Art Grundmuster entwerfen, auf dessen Hintergrund wir die kolonialen Literaturen des 18. Jahrhunderts in „Nuestra América" besser einordnen und verstehen können. Denn die Asymmetrie der Beziehungen bestand seit Beginn der sogenannten ‚Entdeckung', zog sich über die gesamte Kolonialzeit hin, veränderte ihre Stoßrichtung im Jahrhundert der Independencia, aber verschwand auch im 20. Jahrhundert wie in unseren Tagen keineswegs.[15] Die Transformationen dieser asymmetrischen transatlantischen Beziehungen kamen gerade im 18. Jahrhundert nicht nur in der transhistorischen *Disputa del Nuovo Mondo*, sondern vor allem in der *Berliner Debatte um die Neue Welt* zum Ausdruck, mit der wir uns ebenfalls noch beschäftigen werden.

Die Fülle von Filmen, Publikationen und Kommentaren zu den Fünfhundert-Jahr-Feiern hat anlässlich der sogenannten ‚Entdeckung' Amerikas den Blick gerade der Europäer ab 1992 auf einen ganz bestimmten Zeitraum gelenkt. Dieser wurde schon von den herausragenden Kolonialgeschichtsschreibern des

---

14 Vgl. dennoch die in ihrer Zeit sicherlich bahnbrechende Studie von Todorov, Tzvetan: *La conquête de l'Amérique. La question de l'autre.* Paris: Seuil 1982.

15 Vgl. hierzu Ette, Ottmar: Asymmetrie der Beziehungen. Zehn Thesen zum Dialog der Literaturen Lateinamerikas und Europas. In: Scharlau, Birgit (Hg.): *Lateinamerika denken. Kulturtheoretische Grenzgänge zwischen Moderne und Postmoderne.* Tübingen: Gunter Narr Verlag 1994, S. 297–326.

ausgehenden 18. und beginnenden 19. Jahrhunderts, Guillaume-Thomas Raynal, William Robertson und Alexander von Humboldt, in seltener Einmütigkeit als der wichtigste Augenblick innerhalb der weltgeschichtlichen Entwicklung der Neuzeit bezeichnet. Auch die Geschichtswerke eines Voltaire ließen sich auf einer abstrakteren, noch vorgängigen Geschichtsvorstellungen verpflichteten Ebene durchaus auf eine solche Sichtweise der transatlantischen Relationen beziehen. Doch sollten wir uns hüten, mit dem (freilich nicht in allen Regionen Amerikas zu konstatierenden) Ende des Kolonialismus durch die Independencia und der zunehmenden Einschreibung der Literaturen des entstehenden Lateinamerika im 19. Jahrhundert in den Bereich der Weltliteratur einen Prozess zu vermuten, der etwa die historisch akkumulierten Asymmetrien, die wir im 18. Jahrhundert noch so ausgeprägt sehen, aufzulösen imstande wäre.

Ebenso, wie die großen literarischen Erfolge der *Boom*-Autoren[16] – vor allem der zweiten Hälfte des 20. Jahrhunderts – die literarische Vorgeschichte teilweise stark verdunkelten, erweckte auch die vorrangige Beschäftigung mit der Figur des Christoph Kolumbus sowie der Chronisten der ersten Stunde oftmals den Eindruck, als habe die Literatur erst mit dem Genuesen Einzug in Amerika gehalten. Es scheint gerade so, als habe es nur eine einzige, eine schriftkulturelle Tradition in der von den Europäern so benannten ‚Neuen Welt' gegeben. Dagegen hatten sich, wie wir im nächsten Kapitel sehen werden, gerade im 18. Jahrhundert deutliche Stimmen amerikanischer Aufklärungsphilosophen gewandt. Sie sollen in dieser Vorlesung wieder stärker zu Gehör gebracht werden und – gleichsam nebenbei – den in Europa gängigen Begriff der ‚Aufklärung' transformieren.

Doch halten wir an dieser Stelle fest: Die ganze kulturelle Vielfalt und multirelationale Vielgestaltigkeit Amerikas, die gerade auch für den Bereich der Literaturen dieses Raumes charakteristisch ist, wurde in Europa von einem breiten Publikum erst in Ansätzen ab der zweiten Hälfte des 20. Jahrhunderts bemerkt. Mit dieser einsetzenden Wahrnehmung war noch keine historische Tiefenschärfe verbunden, die zwischen Kolumbus oder Vespucci und Borges oder García Márquez etwa das 18. Jahrhundert hätte ausleuchten oder zumindest in Augenschein nehmen können. Selbst die Forschungen zu Alexander von Humboldt bemühten sich über bis in die Gegenwart reichende Phasen nicht, Licht auf amerikanische Autoren des 18. Jahrhunderts zu werfen, die dem Jüngeren der beiden Humboldt-Brüder noch ganz geläufig gewesen waren. Innerhalb der deutschen wie größten Teilen

---

16 Vgl. hierzu Müller, Gesine: *Die Boom-Autoren heute: García Márquez, Fuentes, Vargas Llosa, Donoso und ihr Abschied von den großen identitätsstiftenden Entwürfen.* Frankfurt am Main: Vervuert 2004.

der europäischen Forschungslandschaft bildet Alexander von Humboldt mit seiner Wahrnehmung auf Augenhöhe eine erfreuliche, rühmliche und verpflichtende Ausnahme.

Was also zwischen Christoph Kolumbus' *Bordbuch* und den *Fiktionen* von Jorge Luis Borges oder García Márquez' *Hundert Jahre Einsamkeit* geschrieben wurde, ist hierzulande nur den universitären Spezialisten bekannt und kaum in deutscher Sprache zugänglich. Das Jahrhundert der Aufklärung als das Jahrhundert einer kolonialspanischen, -iberischen oder -französischen Aufklärung ist noch immer weitestgehend unbekannt. Denn auch mit Blick auf die Erforschung der Amerikas kam Alexander von Humboldt nicht aus dem Nichts: Er konnte auf Studien zurückgreifen, die im Verlauf des 18. Jahrhunderts in Amerika durchgeführt worden waren.

Seit der vor allem ab der zweiten Hälfte des 19. Jahrhunderts beobachtbaren Einschreibung der lateinamerikanischen Literaturen in das Konzept der Weltliteratur haben die ,westlichen' Verlage Lateinamerika und seine Autorinnen und Autoren als homogenen Block behandelt und darin nicht mehr zwischen verschiedenen Ländern oder Areas unterschieden. Dies zählt zweifellos zu den bevorzugten Vermarktungsstrategien jener Verlage, die ,Weltliteratur' machen.[17] Es wäre sicherlich verfehlt, bei westlichen Verlagen ein wachsendes Interesse an amerikanischen Autorinnen und Autoren des 18. Jahrhunderts vorauszusetzen; doch innerhalb der spezialisierten Forschung müsste es ein derartiges Interesse sehr wohl geben.

Eine unabdingbare Voraussetzung für die Überwindung asymmetrischer Beziehungen aber wäre ein Verständnis der historischen Entwicklungslinien, welche die Herausbildung dieser Literaturen charakterisierten. Dabei kann man zunächst getrost davon ausgehen, dass die kolonialen Literaturen der sogenannten ,Neuen Welt' bis zum Ende des 19. Jahrhunderts, genauer bis zum hispanoamerikanischen Modernismo, für die europäischen Literaturen von vernachlässigbarer Bedeutung waren. Es ist jedoch im höchsten Maße aufschlussreich, dass in den Debatten um die ,Neue Welt' im Zeitalter der Aufklärung auch Autoren aus Amerika eine gewisse Präsenz eingeräumt wurde, so dass man zwar von einer zutiefst asymmetrischen Beziehung, aber nicht von einer völlig ausbleibenden Interaktion zwischen den beiden Seiten des Atlantik in den Bereichen Literatur und Philosophie sprechen kann.

Von Beginn des kolonialen Ausgreifens Europas nach Amerika an gab es ebenso wirtschaftliche wie kulturelle Beziehungen zwischen der ,Alten' und

---

17 Vgl. hierzu kritisch Müller, Gesine: *Wie wird Weltliteratur gemacht? Globale Zirkulationen lateinamerikanischer Literaturen.* Berlin – Boston: Walter de Gruyter 2020.

der ‚Neuen' Welt. Der kubanische Essayist und Kulturkritiker Roberto Fernández Retamar hat dies einmal auf die Formel gebracht, das Gold des Siglo de Oro, des Goldenen Zeitalters der spanischen Literatur, stamme aus Amerika. Er hatte dabei allerdings nicht die lateinamerikanischen Literaturen, wohl aber einen bestimmten Teil der asymmetrischen wirtschaftlichen Beziehungen zwischen Spanien und dessen Kolonien im Sinn. Fernández Retamar hat mit guten Gründen darauf verzichtet, eine direkte literarische Beziehung zu konstruieren. Doch Amerika konnte selbstverständlich Thema und Objekt europäischen Schreibens sein. Quevedos berühmte Klage, dass das Geld, *Don Dinero*, in Amerika „ehrenhaft" das Licht der Welt erblicke, dann aber „zum Sterben nach Spanien" käme und schließlich „in Genua begraben liege",[18] lässt sich als in Verse gefasste Kritik eines Spaniers an der wirtschaftlichen Abhängigkeit seines Landes innerhalb Europas lesen, nicht aber als Kritik am transatlantischen Kolonialsystem selbst. Dieses war von Beginn an ein sich immer weiter ausdifferenzierendes kapitalistisches Welthandelssystem globalen Ausmaßes, in welchem die Fundamente für unsere heutigen weltweiten Verbindungen und Abhängigkeiten gelegt wurden. Es ist verblüffend, wie sehr sich viele der damals initiierten (kolonialen) Asymmetrien bis in unsere Tage erhalten haben.

Darüber hinaus ist dieses Globalsystem bereits ganz an der Abschöpfung von Kapital und anderen Reichtümern in den Kolonien ausgerichtet; ein in einem zuvor unbekannten Maßstab akkumuliertes Kapital, welches dann in Europa für Kriege, die Verbesserung von Infrastrukturen oder den Erwerb von Luxusgütern eingesetzt werden konnte. Ohne die satten Erträge aus den Kolonien wären die großen finanziellen Spielräume nicht nur in den kolonialen Mutterländern, sondern auch in den mit diesen wirtschaftlich wie finanziell verflochtenen europäischen Staaten und damit der gesamte Aufstieg Europas seit der ersten Phase beschleunigter Globalisierung nicht wirklich nachvollziehbar. Denn es waren diese Profite, welche ab dem Jahre 1500 die Distanz etwa gegenüber der arabischen Welt ständig vergrößerten und die weltweite Dominanz Europas zementierten, die in der zurückliegenden vierten Phase beschleunigter Globalisierung von der Hegemonie der europäisch geprägten Vereinigten Staaten von Amerika abgelöst wurde. Dass diese Hegemonie nun zu Ende gegangen ist und einem mehrpoligen System Platz zu machen beginnt, scheint sich im transatlantischen Westen freilich noch nicht wirklich herumgesprochen zu haben.

---

**18** Quevedo, Francisco: *Poesías de D. Francisco Gómez de Quevedo y Villegas*. Madrid: Libro de oro 1859, S. 59 ff.

Unübersehbar ist, dass der von Quevedo in seinem Gedicht angesprochene Verfall traditioneller Werte und sozialer Hierarchien gerade auch in den spanischen Besitzungen der ‚Neuen Welt' gesellschaftspolitisch virulent wurde und hinsichtlich der eklatanten Unterschiede zwischen den in Spanien und den in Amerika Geborenen eine enorme Sprengkraft am Vorabend der politischen Unabhängigkeit von Spanien entfalten konnte. Wenn Quevedo den in den spanischen Kolonien Amerikas überaus verbreiteten „Pícaro" besang und diese Figur sich seit 1816 mit dem Erscheinen von José Joaquín Fernández de Lizardis *El Periquillo Sarniento* in den Literaturen bis in unsere Gegenwart verbreiten konnte, so deutet dies auf strukturelle Elemente, die ebenso Spanien wie seinen bald in die lediglich politische Unabhängigkeit gelangenden Kolonien gemeinsam waren.

Für Quevedo und seine spanischen Zeitgenossen wäre es wohl kaum denkbar gewesen, dass neben dem Geldsegen aus den überseeischen Kolonien auch literarische Formen und Traditionen aus Amerika in Spanien eine breite Aufnahme hätten finden können. Amerika als Hort einer eigenständigen Literaturentwicklung, die Europa beeinflussen könnte? Die kulturellen Selbstverständlichkeiten im Europa jener Epoche schoben derlei Gedanken und Praktiken einen Riegel vor. Im günstigsten Falle erweckten die kulturellen Erzeugnisse aus der Neuen Welt in Europa Bewunderung gemischt mit Verwunderung, ohne dass aber eigene kreative Ausdrucksmöglichkeiten neue Impulse erhalten hätten. Die Bewunderung von Albrecht Dürer für die in Brüssel ausgestellten und von Hernán Cortés erbeuteten Gegenstände aus der Mexica-Kultur bildet hierfür ein beredtes Beispiel.[19] Dürer konnte die Ingeniösität der von ihm erblickten Kultgegenstände zwar erkennen und sich daran erfreuen, aber nicht in seine eigenen Konzeptionen von Kunst überführen. Dies gilt in vielleicht noch stärkerem Maße für den literarischen Bereich und für textuelle Ausdrucksformen. Über punktuelle Kulturberührungen[20] hinaus, die sich aus der konkreten Lebensgeschichte einzelner Autoren ergeben, lassen sich keine Indizien für eine wie auch immer geartete ‚Beeinflussung' europäischer Schriftsteller durch die Literatur, die in den spanischen Kolonien geschrieben wurde, feststellen. Die Ausstrahlung bestimmter literarischer und kultureller Ausdrucksformen schien nur in einer einzigen Richtung möglich: von Europa nach Amerika.

---

**19** Dürer, Albrecht: *Das Tagebuch der Niederländischen Reise. 1520–1521.* Herausgegeben von J.-A. Goris und G. Marlier. Brüssel 1970, S. 65; die Passage wird kommentiert in Gewecke, Frauke: *Wie die neue Welt in die alte kam.* Stuttgart: Klett-Cotta 1986, S. 150 f.
**20** Vgl. zur Terminologie von Kulturberührung, Kulturkontakt usw. das Werk von Bitterli, Urs: *Die „Wilden" und die „Zivilisierten". Die europäisch-überseeische Begegnung.* München: Deutscher Taschenbuch Verlag 1982.

Für die nachfolgenden Überlegungen zum 18. Jahrhundert wird es deshalb von großer Bedeutung sein, im literarischen wie im nicht-literarischen Bereich Richtungen und Bedingungen des Informationsflusses zu untersuchen, der sich zwischen Europa und den amerikanischen Kolonien, später dann auch zwischen dem Norden und dem Süden des amerikanischen Doppelkontinents entwickeln sollte. Dabei werden unterschiedliche Asymmetrien dieses Flusses an Informationen ohne Zweifel zu beobachten sein: Das 18. Jahrhundert ist gerade auf Grund des bereits angesprochenen geokulturellen Dominanten-Wechsels von zahlreichen Verwerfungen und Mobilitäten gekennzeichnet. In einer der künftigen Vorlesungen werden wir uns mit der spezifischen Zirkulation von Wissen im transatlantischen Zusammenhang rund um das Wechselverhältnis von Finden und Erfinden bei der sogenannten ‚Entdeckung' Amerikas beschäftigen.[21]

Dabei werden wir den Prozess von Descubrimiento, Conquista und Colonia detailliert an verschiedensten Beispielen sehen. Seit dem Beginn der Eroberung Amerikas vor weit mehr als fünfhundert Jahren wurde die ‚Neue Welt' ebenso partiell nach einzelnen Areas unterschieden, wie sukzessiv in einen wirtschaftlichen, sozialen und politischen Prozess integriert, der fremdgesteuert von Spanien und Portugal aus seine Impulse erhielt. Die kolonialen Ergänzungs- und Ausplünderungsgebiete wurden dabei in zunehmend enger verflochtene Abhängigkeitsbeziehungen mit den sogenannten ‚Mutterländern' eingebaut. Die Beschleunigung einer Vielzahl politischer, sozialer oder wirtschaftlicher Entwicklungen durch den kolonialen Ausgriff der iberischen Mächte auf Amerika in diesen Mutterländern selbst steht heute außer Frage. Die Reichtümer Amerikas waren von enormem Einfluss auf die Entwicklungen in Europa. Denn die Finanz-, Wirtschafts- oder Sozialbeziehungen der iberischen Mächte wurden durch die von ihnen ausgehenden Kolonialstrukturen grundlegend geprägt. Die Etablierung eines weltweiten kapitalistischen Systems beruhte von Beginn an auf einer Ungleichverteilung von Macht und Gewalt sowie auf einer Ausplünderung der ‚peripheren' Kolonialgebiete. Mit Fug und Recht behauptete Alexander von Humboldt als Globalhistoriker im modernen Sinne, dass innerhalb von sechs Jahren – noch vor dem Jahre 1500 – die Verteilung von Macht und Gewalt über die Erdoberfläche entschieden ward. Die Konsequenzen dieser Asymmetrien sind noch heute spürbar.

Dabei vollzog sich die Umwandlung der Kolonien in zu Europa komplementäre Wirtschaftsgebilde über die städtischen Zentren der neu geschaffenen staatlichen Strukturen. Alle Formen von Zirkulation, von der Zirkulation von

---

21 Vgl. hierzu Ette, Ottmar: *Erfunden / Gefunden. Potsdamer Vorlesungen zur Genese der Amerikas* (2022).

Macht und Schrift bis zur Zirkulation von Herrschaft und Wissen verliefen über die kolonialen Verwaltungsstädte. Nicht nur im politischen oder ökonomischen, sondern auch im kulturellen und literarischen Bereich wurden auf diese Weise Beziehungen aufgebaut, die beide Kontinente – Europa wie Amerika – in einen gemeinsamen, aber gegensätzlichen und äußerst widerspruchsvollen Raum verwandelten, der als ein *Bewegungs*raum *bewegungs-* und nicht raumgeschichtlich aufzufassen ist.

Die kolonialen Herrschafts- und Verwaltungsstädte waren dabei einzeln an ihre jeweiligen Metropolen angebunden, kaum aber untereinander infrastrukturell *ver*bunden. So entstand auch auf dem amerikanischen Kontinent eine Archipel-Situation mit einer deutlichen Zentrierung auf Europa und einer klar unterentwickelten internen Relationalität der so gebildeten Inseln untereinander. Diese Tatsache, die bis in die Gegenwart zahlreiche Konsequenzen hat und Folgen generiert, führte den brasilianischen Anthropologen Darcy Ribeiro zu der Frage, ob es heute Lateinamerika denn überhaupt gebe:

> Die geographische Einheit hat in Lateinamerika nie zu einer politischen Einheit geführt, weil die verschiedenen Kolonien, aus denen die lateinamerikanischen Gesellschaften hervorgegangen sind, jahrhundertelang ohne Kontakt nebeneinander bestanden haben. Jede einzelne war indirekt an die Metropole gebunden. Noch heute leben wir Lateinamerikaner wie auf einem Archipel, dessen Inseln miteinander durch Schiffe und Flugzeuge verbunden sind und die mehr nach außen auf die weltwirtschaftlichen Zentren hin ausgerichtet sind als nach innen. Sogar die Grenzen der lateinamerikanischen Länder verlaufen längs der unbewohnten Kordillere oder dem undurchdringlichen Urwald, und sie isolieren mehr, als dass sie verbinden, und sie erlauben selten einen intensiven Kontakt.[22]

Im 18. Jahrhundert lebten die Vertreter der Aufklärung in Mexiko-Stadt oder in Lima, in La Habana oder in Caracas auf Inseln, die nicht wie in einem Archipel – insoweit müssen wir Darcy Ribeiro leicht korrigieren – untereinander vernetzt waren, sondern voneinander getrennte Insel-Welten darstellten, die extern mit dem Mutterland verbunden waren. Diese starke Behinderung der relationalen Kommunikation stellte zweifellos ein stabilisierendes Element spanischer Kolonialherrschaft dar, erschwerte es doch Absprachen zwischen den ‚Köpfen' der aufklärerischen Trägerschichten in den verschiedenen Vizekönigreichen der amerikanischen Welt. In den jeweiligen Kolonial- und Verwaltungsstädten konnte man umgekehrt die Vertreter der neuspanischen, neugranadinischen oder rioplatensischen Aufklärung recht gut kontrollieren, trafen sich diese aufklärerischen Zirkel doch an öffentlichen Orten in „Tertu-

---

**22** Ribeiro, Darcy: Gibt es Lateinamerika? In (ders.): *Unterentwicklung, Kultur und Zivilisation. Ungewöhnliche Versuche.* Frankfurt am Main: Suhrkamp 1980, S. 315.

lias", die – wie bereits betont – die Zirkulationsformen aufklärerischer Wissenssoziabilität – also die gemeinschaftliche Partizipation am Wissen der Zeit – im spanischsprachigen Raum prägten.[23]

Die Tatsache, dass die Unabhängigkeitsrevolution in den Amerikas an dieser vom brasilianischen Anthropologen beklagten Archipel-Situation nur wenig änderte und auch im weiteren Verlauf des 19. und des 20. Jahrhunderts Entwicklungen stattfanden, welche dieses Charakteristikum nicht tiefgreifend transformierten, soll in dieser Vorlesung nicht im Zentrum unserer Überlegungen stehen. Doch die voneinander weitgehend isolierten Insel-Welten bilden eine wichtige Voraussetzung, um die Verhältnisse in Amerika sowie die Struktur der transatlantischen Beziehungen genauer zu verstehen. Abhängigkeit und Außenorientierung prägten von Beginn an auch den kulturellen Sektor innerhalb der rasch errichteten asymmetrischen Kolonialstrukturen. Der kolonialen Stadt kam dabei die Funktion eines Hortes der Schrift zu: *La ciudad letrada*.[24] Der Aufbau administrativer Strukturen nach europäischem, das heißt schriftkulturellem Vorbild und die Entstehung einer kolonialen Literatur hängen aufs Engste miteinander zusammen. Sie sind weder von der Schrift- oder Buchkultur der christlichen Religion noch von den auf Schrift basierenden Verwaltungsstrukturen zu trennen, welche Portugal und Spanien in ihren Kolonien rasch aufbauten und mit geeigneten Verwaltungsbeamten untersetzten. Letztere bildeten im 18. Jahrhundert eine wesentliche Leserschicht und zugleich eine der Trägerschichten der Aufklärung in den Amerikas.

Was aber ist mit dem Begriff „Schrift" in diesem Zusammenhang gemeint? Die eurozentrische Definition von Schrift, der Ausschluss aller dieser Norm nicht genügenden Schriftsysteme (etwa Piktogramme oder Knotenschriften) und die auf der jüdisch-christlichen Tradition beruhende Gleichsetzung von Buchstabenschrift, historischer Überlieferungsfähigkeit und Wahrheitsanspruch[25] tilgten das kulturell Andere aus der Vorstellungswelt der kolonialspanischen Eliten, aus dem von ihnen abgesteckten Raum der Kultur. Die indigene Bevölkerung, die ‚Wilden' und ‚Nicht-Zivilisierten', konnten in den Augen der Europäer unter keinen Umständen über eine Kultur verfügen – und eben dort, wo man auf die unterschiedlichsten indigenen Aufbewahrungs- und Schriftsysteme stieß, versuchte man, diese alsbald zu vernichten. Im Verlaufe dieses

---

**23** Vgl. Gelz, Andreas: *Tertulia. Literatur und Soziabilität im Spanien des 18. und 19. Jahrhunderts*. Frankfurt am Main: Vervuert 2006.
**24** Auf das wichtige Werk von Rama, Angel: *La ciudad letrada*. Hanover: Ediciones del Norte 1984, habe ich bereits aufmerksam gemacht.
**25** Vgl. Mignolo, Walter D.: La historia de la escritura y la escritura de la historia. In: Forster, Merlín H. / Ortega, Julio (Hg.): *De la crónica a la nueva narrativa mexicana. Coloquio sobre literatura mexicana*. México: Editorial Oasis 1986, S. 13–28.

durchaus widersprüchlichen Prozesses wurden bisweilen – wie das Beispiel von Bernardino de Sahagún zeigt – aus den schlimmsten Vertretern einer Ausmerzung allen indigenen Wissens die künftigen Kenner jener Schriftsysteme und Schriften, die sie nun zu sammeln und zu befördern suchten.[26]

**Abb. 27:** Fray Bernardino de Sahagún (1499–1590).

Dem verwaltungstechnisch und schriftkulturell definierten kulturellen Raum der Städte, der „Ciudades letradas",[27] diente das Nicht-Urbane, dienten die weiten amerikanischen Territorien gleichsam als Möglichkeit kontrastiver Abgrenzung. Der Raum der Kultur bildete sich in Opposition zu einem ihn umgebenden Raum von Wildheit und Barbarei: Die ‚Wilden' waren fein säuberlich von den ‚Zivilisierten' getrennt.[28] Im nachfolgenden Kapitel möchte ich Ihnen einen Vertreter der neuspanischen Aufklärung vorstellen, der mit seinen Forschungen den Bereich der indigenen ‚Wildheit' aufwertete und in das Feld der Zivilisation transferierte. Dadurch wurde er zugleich zum Wegbereiter von Forschungen, die Alexander von Humboldt auch im Rückgriff auf die Arbeiten Bernardino de Sahagúns zu einem der Begründer der modernen Altamerikanistik machten und die indigenen Kulturen aus dem Schatten einer angedichteten ‚Wildheit' herausholten. Dass im 19. Jahrhundert allerdings an diese aus der Kolonialzeit erebten Strukturen eine Vielzahl von Autoren anknüpfte, die in ihren Identitätsentwürfen für ein künfti-

---

26 Vgl. die didaktisch gute Auswahl für ein deutsches Lesepublikum im Umfeld des damaligen „Horizonte-Festivals" in Sahagún, Bernardino de: Die Azteken sprechen. In: Rodríguez Monegal, Emir (Hg.): *Die Neue Welt.* Frankfurt am Main: Suhrkamp 1982, S. 153–168; für ein genaueres Studium vgl. Sahagún, Bernardino de: *El México antiguo. (Selección y reordenación de la "Historia general de las cosas de Nueva España de fray Bernardino de Sahagún„ y de los informantes indígenas.)* Edición, prólogo y coronología José Luis Martínez. Caracas: Biblioteca Ayacucho 1981.
27 Vgl. zum Begriff der *Ciudad letrada* des Uruguayers Angel Rama die programmatische Studie von Adorno, Rolena: La „ciudad letrada" y los discursos coloniales. Inb: *Hispamérica* (Gaithersburg) 48 (1987), S. 4–24.
28 Vgl. hierzu Bitterli, Urs: *Die „Wilden" und die „Zivilisierten". Die europäisch-überseeische Begegnung* (1982).

ges Lateinamerika dem *barbarischen* Raum der amerikanischen ‚Natur' die Urbanität einer europäischen *Zivilisation* in Amerika entgegenstellten, soll an dieser Stelle freilich den Erörterungen einer anderen Vorlesung[29] vorbehalten bleiben.

Glauben Sie nicht, dass sich die Dinge seit den Veröffentlichungen von Clavijero und Humboldt rasch verändert hätten: Die Raynals und Robertsons sollten noch über lange Zeit die Oberhand behalten und mit ihnen eine eurozentrisch exklusive Verstehensweise von Schrift. Der Ausschluss von Mündlichkeit und nicht-alphabetischen Schriftsystemen setzt sich nämlich noch bis in die heutigen Literaturgeschichten hinein fort. Erst seit den achtziger Jahren des 20. Jahrhunderts bahnt sich auf diesem Gebiet ein Paradigmenwechsel an, der zu einer grundlegenden Erweiterung des Literaturbegriffs in Hinblick auf die Vielfalt der Sprachen, Diskurse und Zeichensysteme während der Kolonialzeit in Amerika führt. Dass dies auch heute noch ein sehr langsam, wie in Zeitlupe ablaufender Prozess ist, hat nicht zuletzt auch mit der Tatsache zu tun, dass die disziplinäre Ausdifferenzierung der unterschiedlichsten Fachgebiete eine zusammenschauende Sichtweise dessen sehr verzögert, was man im Sinne ‚der lateinamerikanischen Literaturen' als Literaturen versteht, die in Lateinamerika geschrieben werden.

So ist etwa in Guatemala die kulturelle und politische Gleichstellung des Maya-Quiché noch immer ebenso prekär wie ein Literaturpreis für in indigenen Sprachen abgefasste Texte, den der guatemaltekische Schriftsteller Rodrigo Rey Rosa für sein Heimatland gestiftet hatte. Die ehedem ‚kolonialspanische Literatur' könnte so dereinst als nur mehr *eine* unter vielen diskursiven Praktiken im literarischen Raum der Gegenwart erscheinen. Doch davon sind wir noch weit entfernt. Dass diese kolonialspanische Literatur bereits in der Kolonialzeit nur eine unter verschiedenen diskursiven Praktiken war, aber zugleich die im indigenen Bereich konkurrierenden Praktiken zum Verschwinden zu bringen suchte, ist in der heutigen Forschungsliteratur unstrittig. Die Gleichstellung der indigenen Bevölkerung und die Behandlung ihrer Rechtsauffassungen oder kulturellen Vorstellungen auf Augenhöhe ist auch heute noch ein fernes Ziel, das es gleichwohl zu erreichen gilt. Grundlagen hierfür wurden ohne Zweifel im 18. Jahrhundert gelegt.

Die Zirkulationen des Wissens und die literarischen Beziehungen zwischen Spanien und Portugal, den beiden europäischen Führungsmächten der ersten Phase beschleunigter Globalisierung, und ihren amerikanischen Kolonien waren also von Beginn an ebenso asymmetrisch wie der ökonomische und finanzielle Transfer zwischen den beiden ungleichen Kontinenten. Einerseits wurden europäische Normen und Vorstellungen im (und über den) kulturellen Bereich in den

---

29 Vgl. Ette, Ottmar: *Romantik zwischen zwei Welten*, S. 383–424, 659–694 u. 984–1009.

amerikanischen Kolonien durchgesetzt oder übernommen; andererseits war der Informationsfluss von Amerika nach Europa an den Informationsbedürfnissen und Durchsetzungsansprüchen der hegemonialen Zentren orientiert. Das ist für uns im 21. Jahrhundert gar nicht so schwer vorstellbar: Denn noch heute können wir ohne weiteres diese Asymmetrie in unserem scheinbar so weltweit verwobenem Gewebe feststellen, dienen doch die Auslandskorrespondenten europäischer Sender überwiegend dazu, Lateinamerika in den Nachrichten als Subkontinent von Naturkatastrophen, Finanzkrisen oder staatlicher Unterdrückung zu porträtieren. Sie lassen so ein kaum dieser komplexen Welt adäquates Nachrichtenbild in den Medien des ach so aufgeklärten Westens entstehen. Wir sind auch in diesem Sinne die Erben eines weltumspannenden Kolonialsystems, das nicht nur die Strukturen unserer Wirtschaft, sondern auch unseres Wissens und Verstehens geprägt hat.

Wir sind also die Erben eines jahrhundertelangen geschichtlichen Vorgangs und aller furchtbaren ‚Begleiterscheinungen', welche er implizierte. Zu Zeiten des iberischen Kolonialismus erfüllten die Chronisten wie die Missionare eine kaum zu überschätzende Funktion innerhalb des Wissenstransfers und Informationsflusses zwischen Kolonie und Mutterland. Sie waren die Transmissionsriemen einer Zirkulation des Wissens und von Ideen, welche das tatsächliche Handeln stark beeinflussten. Dies galt selbstverständlich auch für den Bereich kultureller oder religiöser Handlungen!

In den spanischen Chroniken des 16. Jahrhunderts werden ausgegrenzte kulturelle Praktiken, etwa bestimmte Riten, Vorstellungen oder nicht-schriftliche Überlieferungsmöglichkeiten, angesichts der alles überwachenden Inquisition oft nur mit dem Hinweis darstellbar, dass ein Wissen über derartige (‚satanische') Praktiken eine nachfolgende Christianisierung erleichtern könne. Schon ein hoher Kleriker wie Bernardino de Sahagún musste sich wie seine eigenen Forschungen über die altamerikanischen Kulturen und Schriftsysteme mit diesem Argument vor dem Zugriff der allgegenwärtigen Inquisition schützen. Im Wissenstransfer von Europa nach Amerika spielte gerade die den Europäern kulturell selbstverständliche Schriftpraxis eine entscheidende Rolle bei der Missionierung, war doch das *Wort* Gottes in der *Schrift* der Bibel, im Buch der Bücher aufgehoben und für alle Zeiten konserviert. Diese Dominanz der (alphabetischen) Schrift und des Schriftlichen in der kolonialen Ciudad letrada war von ungeheurer Bedeutung und wirkte durch das gesamte 18. Jahrhundert der Aufklärung und bis weit nach der Independencia fort. Selbst noch die Boom-Autoren der zweiten Hälfte des 20. Jahrhundert griffen in Symbolik und Form ganz selbstverständlich auf dieses kulturelle und literarische Reservoir zurück.

Die Fixierung auf die Buchstabenschrift war jedoch trotz all ihrer zerstörerischen Wirkung – denken wir nur an die gezielte Vernichtung indigener Kulturgüter und Aufzeichnungsformen durch kolonialspanische oder kirchliche Organe – weit davon entfernt, die kulturelle Vielfalt auf dem amerikanischen Kontinent auszulöschen. Sie führte aber sehr wohl eine Hierarchie ein, die andere kulturelle Praktiken in ausgegrenzte (und diffamierte) soziale Räume abdrängte und selbstverständlich vom Zugang zur (offiziellen) Macht ausschloss. Damit leistete sie einer grundlegenden kulturellen Heterogenität und mehr noch einer Hybridität Vorschub, welche die Kulturen Lateinamerikas bis heute kennzeichnet.[30]

Erkennbar wird dies, wenn wir den vermeintlich absoluten Gegensatz zwischen schriftlichen, das heißt auf einer alphabetischen Schrift beruhenden, und nicht auf einem Alphabet basierenden schriftlichen Tradierungsmöglichkeiten überwinden und die kreative Anverwandlung fremder kultureller Praktiken durch indianische Schriftkundige betrachten. Veranschaulichen wir dies an einem kurzen Beispiel aus dem neuspanischen Raum am Beispiel eines vielkulturell Gelehrten, auf dessen Bedeutung ich Sie bereits aufmerksam gemacht habe! In Neuspanien wird der Übergang von vorherrschend mündlichen zu vorherrschend schriftlichen Ausdrucksformen in einem Bericht von Domingo Francisco de San Antón Muñón Chimalpahin Quauhtlehuanitzin oder einfach Chimalpahin aus dem 16. Jahrhundert als Kontinuum dargestellt:

> Dann wurden das bemalte Papier und die Geschichte der Erblinien seinem geliebten Sohne, dem Herrn Don Domingo Hernández Ayopochtzin, überlassen, der sich in der Wissenschaft des Erzählens der Bücher unterrichtet hatte und ein Buch malte, das er ganz in Buchstaben ohne alle Zusätze schrieb, wie ein getreuer Spiegel der Dinge, die er von dort übertrug. Neuerlich habe ich nun gemalt und habe mit Buchstaben ein Buch geschrieben, in welchem ich alle alten Geschichten vorgelegt habe.[31]

Es ist frappierend, in dieser Zeit eines historischen und kulturellen Übergangs die Kontinuitäten von Malen und Schreiben hier betont und ausgeführt zu sehen. Chimalpahin entstammte der alten Adelsschicht der Mexica oder Azteken und schrieb auf Spanisch wie auf Náhuatl, war in den alten Künsten bewandert und hatte alle Techniken der spanischen Eroberer erlernt, was ihm erlaubte, Berichte über die Herrschaft der alten Adelsfamilien der Mexica und deren Herkunft zu verfassen. Er trat aber auch als sorgfältiger Chronist zeitge-

---

**30** Vgl. García Canclini, Néstor: *Culturas híbridas. Estrategias para entrar y salir de la modernidad.* Buenos Aires: Sudamericana 1992. Vgl. zu den Theorie-Bildungen im Umfeld von Hybridität und Heterogenität auch Ette, Ottmar: ¿Heterogeneidad cultural y homogeneidad teórica? Los "nuevos teóricos culturales„ y otros aportes recientes a los estudios sobre la cultura en América Latina. In: *Notas* (Frankfurt am Main) 7 (1996), S. 2–17.
**31** Bericht des Chimalpahin, zitiert nach Mignolo, Walter: Zur Frage der Schriftlichkeit in der Legitimation der Conquista. In: Kohut, Karl et al. (Hg.): *Der eroberte Kontinent.* Frankfurt am Main: Vervuert 1991, S. 87.

schichtlicher Ereignisse auf, so dass er etwa vom Besuch einer japanischen Delega-
tion in Neu-Spanien berichten konnte, welche im Übrigen die Eliten Neuspaniens
erstmals mit japanischen „Biombos", mit in Japan verfertigten Paravents vertraut
machte.[32]

Auf diese Weise besitzen wir einen kostbaren Beleg für die frühen Verbindungen zwischen der asiatischen und der amerikanischen Welt, welche auf
dem Weg über die Galeone zwischen Manila und Acapulco hergestellt wurden.
Die ursprünglich aus chinesischer Tradition stammenden Paravents und die für
einen christlichen Käuferkreis bestimmten Biombos ausgewählter chinesischer
Mal-Schulen vergegenwärtigen uns auf bis heute eindrucksvolle Weise, dass
ein weltweites System des Handels bereits seit dem 16. Jahrhundert funktionierte und sich kulturelle Traditionen herausbildeten, welche asiatische sowie
europäische und amerikanische Elemente miteinander verbanden. Die Geschichte
dieser Paravents ist überaus spannend und wirft ein bezeichnendes Licht auf die
Vielfalt der wirtschaftlichen wie der kulturellen Beziehungen zwischen Europa,
Amerika und Asien. Dies hatte letztlich – ganz nebenbei – zur Folge, dass Paravents im deutschen Sprachraum bis in unsere Zeit hinein nicht mit Hilfe eines französischen Ausdrucks, sondern als „spanische Wand" bezeichnet wurden – auch
wenn Spanien nichts weiter als das Einlasstor für diese exquisiten Waren nach Europa war.

Wie aber lassen sich Vielfalt und Verschiedenheit von Kulturen denken und
darstellen, auf die wir seit dem 16. Jahrhundert, aber selbstverständlich auch im
18. Jahrhundert in den iberisch kolonisierten Amerikas stoßen? Ich möchte Ihnen
an dieser Stelle unserer Vorlesung ein kleines Modell oder Schema an die Hand
geben, das Ihnen erlauben soll, den weiten kulturellen Fächer an unterschiedlichen Kulturen in Lateinamerika übersichtlicher zu strukturieren. Sie können mit
dieser Auflistung auch jedes Schriftzeugnis des 18. Jahrhunderts befragen, um
herauszubekommen, in welchem Maße dieses als literarischer (oder philosophischer) Text auf die Vielgestaltigkeit der in Amerika präsenten Kulturen reagierte.

Es ist mir – und dies möchte ich betonen! – nicht darum zu tun, mit Hilfe
eines solchen Schemas die kulturelle Komplexität der sogenannten ‚Neuen
Welt' für altweltliche Benutzerinnen und Benutzer zu reduzieren und gerade
auch die unterschiedlichen Formen der Hybridisierung und Transkulturation
zu überspielen. Wenn es gewiss auch notwendig wäre, areale und regionale Besonderheiten in den Amerikas stärker herauszuarbeiten, so lässt sich im Rah-

---

**32** Vgl. hierzu Ette, Ottmar: Magic Screens. Biombos, Namban Art, the Art of Globalization and
Education between China, Japan, India, Spanish America and Europe in the 17th and 18th Centuries. In: *European Review* (Cambridge) XXIV, 2 (May 2016), S. 285–296.

men unserer Fragestellung die kulturelle Vielfalt in den so unterschiedlichen Areas der lateinamerikanischen Welt als ein Spannungsfeld darstellen, das im 18. Jahrhundert von zumindest fünf verschiedenen kulturellen Polen geprägt ist:

Ein **erster** Pol umfasst die vorbildgebende iberische Kultur im Kontext ihrer unterschiedlichen abendländischen Traditionsstränge. Dabei ist die anfänglich sehr stark an den jeweiligen Mutterländern ausgerichtete Orientierung im 18. Jahrhundert zunehmend offen für eine Verlagerung, den geokulturellen Dominanten-Wechsel hin zu Paris als der eigentlichen kulturellen und literarischen Referenzposition. Allerdings zeigen sich im Jahrhundert der Aufklärung Unterschiede zwischen einzelnen Areas, insoweit der neuspanische und beispielsweise auch der karibische Raum stärker an spanischsprachigen Modellen ausgerichtet bleiben, während sich etwa im Cono Sur deutlicher der Einfluss französischsprachiger Vorbilder bemerkbar macht.

Einen **zweiten** Pol bilden die sehr verschiedenartigen indigenen Kulturen, deren Fortbestehen im 18. Jahrhundert verschiedentlich in Erinnerung gerufen und – wie etwa im *Museo histórico indiano* von Lorenzo Boturini Bernaduci[33] – aufmerksam dokumentiert werden. Ihre noch vormoderne Erforschung insbesondere in Neuspanien während des Zeitalters der Aufklärung geht im beginnenden 19. Jahrhundert über in eine zunehmende wissenschaftliche Aufarbeitung, welche zeitgleich jedoch von vielen literarischen Akteuren insbesondere im südlichen Teil Amerikas um den Río de la Plata negiert wird. Die Arbeiten des 18. Jahrhundert stellen gleichwohl noch heute wichtige und relevante Zeugnisse für die Erforschung der sogenannten ‚altamerikanischen' Kulturen bereit. Mit einem Vertreter der neuspanischen Aufklärung, der sich vehement für die Erforschung und Wertschätzung dieser Kulturen einsetzte, werden wir uns gleich im Anschluss zu beschäftigen haben.

Einen **dritten** kulturellen Pol stellen die schwarzen Kulturen dar, die durch koloniale Sklavenwirtschaft zwangsweise aus unterschiedlichen Kulturzonen des afrikanischen Kontinents nach Amerika deportiert wurden und auf amerikanischem Boden reiche Formen der Transkulturation entwickelten. Über einen langen Zeitraum wurden die kulturellen und religiösen Praktiken der Schwarzen nicht als Ausdrucksformen eigentlicher Kulturen angesehen. Erst an der Wende zum 20. Jahrhundert erfolgten zunächst ausgehend von der Kriminologie in Kuba erste Studien durch Fernando Ortiz und später Lydia Cabrera, in

---

33 Vgl. hierzu Thiemer-Sachse, Ursula: El „Museo histórico indiano" de Lorenzo Boturini Bernaduci y los esfuerzos del erudito alemán Alejandro de Humboldt para preservar sus restos para una interpretación científica. In: *HiN – Alexander von Humboldt en la red* (Potsdam – Berlin) IV, 6 (2003), S. 1–22.

denen im zunehmenden Maße zwischen den einzelnen Herkunftskulturen in Afrika unterschieden und diese transkulturellen Phänomene genauer erforscht wurden.

Einen **vierten** kulturellen Pol stellen die iberischen Volkskulturen dar, welche die iberischen Eroberer mitgebracht hatten und die in unterschiedlichem Maße Eingang in ‚hochkulturelle' Ausdrucksformen fanden. Auch wenn sich viele davon erst seit 1816 und mit dem Beginn des modernen ‚lateinamerikanischen' Romans in Form von José Joaquín Fernández de Lizardis *El Periquillo Sarniento* verstärkt in den Erzählwerken Amerikas nachweisen lassen, manifestieren sich in den Texten des 18. Jahrhunderts doch vielerlei literarische Elemente und Kennzeichen dieser iberischen Volkskulturen.

Einen **fünften** Pol bilden unterschiedliche kulturelle Formen der Hybridisierung sowie transkulturelle Ausdrucksformen, die aus Kulturkontakten zwischen den vorher genannten Polen entstanden waren und über lange Zeit vom an Europa ausgerichteten städtischen Raum negiert und marginalisiert wurden. Die kulturelle Ausprägung dieser Formen geht ihrer systematischen Erfassung weit voraus. So bildeten sich transkulturelle Ausdrucksweisen rund um die afrikanischen Kulturen, lange bevor dieser Pol als *Kultur* wirklich angesehen oder gar anerkannt wurde: Die „ñáñigos" auf Kuba gab es längst, bevor ihre Praktiken im 20. Jahrhundert im Zeichen der Transkulturationsthese von Fernando Ortiz wissenschaftlich untersucht wurden.

Damit sind selbstverständlich noch nicht all jene kulturellen Phänomene erfasst, die an bestimmten Orten etwa der Niederlassung asiatischer Gruppen oder auch anhand der sogenannten „Nambán-Art" in den Amerikas identifiziert werden können. Es geht an dieser Stelle nur um kulturelle Ausdrucksformen, die auf einen großen Teil beziehungsweise weite Gebiete der Kolonien in den Amerikas bezogen werden können. Die Ausdifferenzierung in für das 18. Jahrhundert fünf verschiedene Pole tritt an die Stelle einer einfachen Unterscheidung zwischen ‚Volkskultur' und ‚Hochkultur', welche der kulturellen Hybridisierung Lateinamerikas nicht in ausreichendem Maße gerecht wurde und eine notwendige Anpassung an sehr unterschiedliche regionale und kulturelle Spannungsfelder nicht erlaubte.

Bei der Analyse von Texten sollte man sich immer fragen, inwieweit und in welcher Form diese fünf verschiedenen Pole innerhalb bestimmter zu untersuchender Texte berücksichtigt wurden. Dies erlaubt einen guten Aufschluss über die Darstellung oder Nicht-Darstellung kultureller Vielgestaltigkeit. Insbesondere die indigenen und die schwarzen Kulturen sind für weite Teile der Landbevölkerung, aber auch für städtische Randgruppen von großer Bedeutung; sie bilden einen über lange Zeit negierten, verdrängten Teil der Identitätszuschreibungen der sich an Europa orientierenden ‚offiziellen' Literaturen. Es bedarf keiner weiteren Erläuterungen, dass es innerhalb der indigenen wie der schwarzen Kulturen weiterer Differenzierungen bedarf, um das in einer bestimmten Area wie etwa der Karibik oder dem Andenraum bestehende kulturelle Spannungsfeld präzise beschreiben zu können. Doch soll am Beispiel der nachfolgend erörterten Texte zugleich aufgezeigt werden, was zu einem bestimmten Zeitpunkt im 18. Jahrhundert in den Amerikas nicht nur imaginierbar und denkbar, sondern auch schreibbar, druckbar und vielleicht sogar lebbar war.

In einem ganz allgemeinen Sinne ließe sich ein Charakteristikum der lateinamerikanischen Literaturen in der unterschiedlichen Herstellung von Beziehungen erblicken, welche den dominanten ersten Pol der abendländischen Kulturtradition mit anderen Polen des genannten Spannungsgefüges verbinden. Dabei geht es jedoch nicht allein um die jeweils besondere Art der Auseinandersetzung mit oder Integration von anderen kulturellen Polen in das je eigene Schreiben, wie sich dieses dann vor allem im postkolonialen Umfeld nach der Erlangung der politischen Unabhängigkeit manifestierte. Gerade das Ausblenden bestimmter kultureller Traditionen lässt sich als ein wichtiger und tiefgreifender Hinweis für die Deutung eines Textes aus den Amerikas verstehen. Daraus ergibt sich keinerlei Zwang oder umgekehrt auch keinerlei normative Bewertung, wohl aber eine Möglichkeit literatur- und kulturwissenschaftlicher Analysen, welche die jeweiligen Texte präziser zu deuten erlauben.

Für den Verlauf des 18. Jahrhunderts lässt sich für den ersten Pol des skizzierten Spannungsfeldes eine Ausweitung des geokulturellen Raumes insoweit beobachten, als zunehmend philosophische oder literarische Einflüsse des nicht-iberischen Europa auf die Bildungseliten der lateinamerikanischen Städte einwirkten. Dies gilt für Schriften etwa aus dem englischsprachigen Bereich, für den Übergang zum 19. Jahrhundert aber auch zunehmend für den deutschsprachigen Raum. Das sicherlich eindrücklichste Beispiel für diese Verschiebungen und Veränderungen aber ist der wachsende Einfluss, den die Schriften französischer Aufklärungsphilosophen im 18. Jahrhundert auf die kreolische Oberschicht in den Kolonien ausübten.

Die dominante Rolle Frankreichs ist im Aufklärungszeitalter nicht allein in den französischen, sondern auch in den portugiesischen und spanischen Kolonien der Neuen Welt ein Faktum, das uns sehr viel über die Ausbreitung der „République des Lettres" zu sagen vermag. Die Erfassung privater Bibliotheken des 18. Jahrhunderts in den amerikanischen Kolonien ist zwar längst nicht flächendeckend fortgeschritten, doch deuten die eher stichprobenartigen Befunde auf eine weite Verbreitung insbesondere französischer oder französischsprachiger Aufklärungsschriften hin, welche wie etwa Guillaume-Thomas Raynals *Histoire des deux Indes* mit ihren eingeschalteten „discours incendiaires" den Veränderungswillen insbesondere kreolischer Eliten deutlich vergrößerten.

Man könnte insgesamt anmerken, dass die iberischen Mutterländer längst nicht mehr den intellektuellen Wissensdurst insbesondere der jungen Gebildeten in den Kolonien befriedigten. In einer Situation, in welcher das Lateinische als Sprache internationaler Kommunikation auch in den Amerikas zunehmend von geringerer Bedeutung erschien, rückte das Französische in die Stellung eines intellektuellen Kommunikations- und Zirkulationsmittels der Gebildeten ein, die dieser Sprache ganz selbstverständlich mächtig waren und keine Übersetzungen benötigten.

Das geokulturelle Gefälle ließ zunehmend Paris zur Hauptstadt von „Nuestra América" werden. Die inter- und transkulturellen Bezüge zwischen Europa und dem iberischen Amerika stellten, so dürfen wir festhalten, einen kulturellen Raum dar, der gemeinsam war (und in gewisser Weise auch blieb), weil sich intensive Beziehungen seit Anfang des 16. Jahrhunderts entwickelt hatten. Zugleich war er widersprüchlich oder gegensätzlich, weil diese Beziehungen keinen egalitären Raum bildeten, sondern sich innerhalb einer im Übergang zu postkolonialen Strukturen sich stark verändernden Asymmetrie ausbildeten. Denn ganz wie im wirtschaftlichen, politischen oder sozialen Bereich sind diese Beziehungen während der Kolonialzeit zutiefst asymmetrisch und verändern sich auch nach der Independencia nur graduell. Die vorbildgebenden europäischen Literaturen boten nicht nur Textmodelle, welchen man gegebenenfalls nacheifern konnte, sondern bildeten für einzelne Gattungen – wie etwa für den gesamten Bereich der Lyrik –[34] Vorgaben, die für die literarischen Entwicklungen in Amerika trotz aller kreativen Aneignungsprozesse normbildend waren.

Diese Überlegungen sollen zum einen deutlich machen, dass Rückgriff und Aneignung ‚fremder‘ literarischer Bezugstexte und Modelle keineswegs erst mit dem Ende des 19. Jahrhunderts oder mit der Independencia nach dem Ausgang des 18. Jahrhunderts einsetzten. Zum anderen aber zeigt sich genau an diesem Punkt, dass eine noch immer verbreitete Vorstellung, der zufolge das Schreiben in Amerika weitgehend auf einer *Imitation* europäischer Vorgaben beruhe, schon für den kolonialspanischen Zeitraum – wie eine Vielzahl von Studien zeigte – viel zu kurz greift. Denn Begriffe wie Original und Kopie verlieren innerhalb des skizzierten widersprüchlichen kulturellen Raums weitgehend ihren Erkenntnisgewinn und vermögen nicht zu erklären, wie vielfältig die kulturelle und literarische Produktion in den amerikanischen Kolonien tatsächlich war. In diesem Zusammenhang konnte die jüngere Forschung eine Reihe gerne ge-

---

**34** Vgl. hierzu nochmals Bernaschina Schürmann, Vicente: *Angeles que cantan de continuo. Auge y caída de una legitimación teológica de la poesía culta en el virreinato del Perú.* Potsdam: Universitätsverlag Potsdam 2019.

glaubter Vorurteile verschwinden lassen und unser Bild des kolonialen Amerika und seiner Literaturen ungeheuer bereichern.

Denn die ‚nachgeahmten‘ literarischen Formen stehen in den iberischen Kolonien in einem anderen kulturellen Spannungsfeld und erfüllen auch andere soziale Funktionen als in Europa. Der vielbemühte *Pierre Menard, autor del Quijote* von Jorge Luis Borges hat literarisch vorgeführt, dass ein mit Cervantes' *Don Quijote* textidentischer, aber später verfasster Roman in Fragmenten schon auf Grund seines veränderten historischen Kontexts ein anderer Text (geworden) ist. Dass eine solche Erkenntnis gerade im Bereich der lateinamerikanischen Literaturen ästhetisch überzeugend vorgeführt wurde, hängt mit der hier skizzierten Grundlegung des Schreibens seit der Kolonialzeit in wesentlicher Weise zusammen. Auch wenn diese einschließlich des 18. Jahrhunderts lange aus dem *Bewusstsein* literarischer Tradition im iberischen Amerika ausgeblendet wurde, bildete sie doch ein wichtiges Element darin.

Jorge Luis Borges' ingeniöse Fiktion führt folglich auch für frühere, kolonialspanische Zeiten vor, dass eine Übersetzung – denn um eine solche handelt es sich ja bei dem Franzosen Pierre Menard – auch auf der Ebene des *Über-Setzens* zwischen Alter und Neuer Welt neue Funktionen eröffnen und erfüllen kann. Die Überquerung des Atlantik, der Übergang von der einen auf die andere Seite der ‚beiden Welten‘ veränderte damit über Funktion und Kontext die literarischen Formen selbst, die in Lateinamerika heimisch wurden – über Jahrhunderte freilich in einer Art und Weise, die keine literarischen Rückwirkungen auf die europäischen Literaturen zeitigte. Europa war an der Weiterentwicklung seiner literarischen Formen in Übersee weitestgehend desinteressiert. Es wäre einem Diderot, einem Voltaire oder einem Raynal nicht in den Sinn gekommen, sich von Schriften inspirieren zu lassen, die in der Neuen Welt entstanden waren. Selbst die große Offenheit Alexander von Humboldts bildete im Übergang zum 19. Jahrhundert noch eine völlige Ausnahme.

Gewiss traten in der zweiten Hälfte des 18. Jahrhunderts Paris und in geringerem Maße London, ja selbst der deutschsprachige Raum – und hier wären vor allem die sehr verdienstvollen Arbeiten von Heinz Krumpel zu nennen[35] – an die Stelle der iberischen Hauptstädte als vorherrschende kulturelle Zentren,

---

35 Vgl. hierzu Krumpel, Heinz: *Die deutsche Philosophie in Mexiko. Ein Beitrag zur interkulturellen Verständigung seit Alexander von Humboldt.* Frankfurt am Main – Bern – New York: Peter Lang 1999; (ders.): *Aufklärung und Romantik in Lateinamerika. Ein Beitrag zu Identität, Vergleich und Wechselwirkung zwischen lateinamerikanischen und europäischen Denkern.* Frankfurt am Main – Berlin – New York: Peter Lang 2004; (ders.): *Barock und Moderne in Lateinamerika. ein Beitrag zu Identität und Vergleich zwischen lateinamerikanischem und europäischem Denken.* Frankfurt am Main – Berlin – New York: Peter Lang 2008.

an denen sich die lateinamerikanischen Bildungseliten orientierten. Wer etwas auf sich hielt, musste zumindest einmal für längere Zeit in der „ville-lumière" gewesen sein. Literatur, Kunst und Kultur richteten sich im iberischen wie im frankophonen Amerika noch immer an europäischen Zentren aus, auch wenn in der zweiten Phase beschleunigter Globalisierung nun England und Frankreich als Führungsmächte der europäischen Expansion als quasi-obligatorische Referenzpunkte hinzugetreten waren.

Mit Blick auf den Informationsfluss zwischen Neuer und Alter Welt waren im 18. Jahrhundert in gewisser Weise die europäischen Reisenden an die Stelle der spanischen Chronisten getreten, insofern sie den wissenschaftlichen wie ökonomischen Zentren der europäischen Gesellschaften die primär für deren Interessen notwendigen Informationen aus Amerika lieferten.[36] Amerikanische Interessen standen in diesem Zusammenhang gar nicht oder bestenfalls in geringem Maße zur Debatte. Es ist beeindruckend und zugleich für die fortbestehende intellektuelle Abhängigkeit charakteristisch, dass sich die kulturelle und politische Elite der verschiedenen Areas im Kolonialbereich hinsichtlich der Beschaffenheit ihrer Staaten auf nicht immer wissenschaftlich abgesicherte europäische Quellen bezog. Daraus aber entstand ein Wissensdruck, der in den verschiedenen Bereichen der iberischen Kolonialreiche umfangreichere Forschungsarbeiten auf den Weg brachte, welche in zunehmendem Maße auf genauen Kenntnissen vor Ort beruhten.

Dieser Druck betraf wirtschaftlich zentrale Bereiche wie etwa Bergbau oder Schifffahrt, aber auch die Erzielung breiterer wissenschaftlicher Erkenntnisse, wie sie etwa die über zwei Jahrzehnte fortdauernde *Expedición botánica* des José Celestino Mutis in Neugranada lieferte.[37] Seine 1763 begonnenen umfangreichen naturgeschichtlichen Studien der Flora, aber auch der Fauna des nördlichen Südamerika ließen ein riesiges Werk entstehen, das im Zusammenspiel mit

---

**36** Vgl. speziell zur Rolle der britischen Reisenden Pratt, Mary Louise: Humboldt y la reinvención de América. In: *Nuevo Texto Crítico* (Stanford) 1 (1987), S. 35–53; sowie spezieller zu Humboldt Ette, Ottmar: „Unser Welteroberer": Alexander von Humboldt, der zweite Entdecker, und die zweite Eroberung Amerikas. In: *Amerika: 1492–1992. Neue Welten – Neue Wirklichkeiten. Essays.* Herausgegeben vom Ibero-Amerikanischen Institut Preußischer Kulturbesitz und Museum für Völkerkunde Staatliche Museen zu Berlin. Braunschweig: Westermann 1992, S. 130–139.
**37** Vgl. hierzu den Ausstellungskatalog des Real Jardín Botánico in Madrid zu *José Celestino Mutis (1732–1808) y la Expedición botánica del Nuevo Reino de Granada.* Real Jardín Botánico, Madrid Octubre – Noviembre 1992; sowie in der seit den Fünfhundertjahrfeiern der Entdeckung Amerikas nochmals deutlich erweiterten Forschungslandschaft Wilson, Edward O. / Gómez Durán, José: *Kingdom of Ants. José Celestino Mutis and the Dawn of Natural History in the New World.* Baltimore: The Johns Hopkins University Press 2010.

europäischen Wissenschaftlern und wissenschaftlichen Institutionen für die Bewohner vor Ort eine wesentlich genauere Kenntnis der natürlichen Umwelt in den Kolonien erbrachte. Das Beispiel von José Celestino Mutis, der in seinem wissenschaftlichen Leben durchaus mit der Heiligen Inquisition unsanfte Bekanntschaft machte, da er das kopernikanische Weltbild in seine Vorlesungen miteinflocht, zeigt auf eindrucksvolle Weise auf, wie im 18. Jahrhundert mit Hilfe spanischer, aber auch vieler einheimischer Wissenschaftler Wissensstrukturen entstanden, die sehr wohl auf dem Stand der Wissenschaften in Europa waren. Dies ließe sich an vielen wissenschaftlichen Einrichtungen nicht nur in Neugranada, sondern etwa auch anhand des renommierten Colegio de Minería in Neuspanien zeigen.

Die kolonialen Literaturen des Aufklärungszeitalters verdienen eine substanzielle Aufwertung, welche bereits – dies gilt es mit Optimismus festzuhalten – in vollem Gange ist. Diese Vorlesung will ihren Beitrag dazu leisten. Und zugleich unser Bild von einer Aufklärung korrigieren, die Europa fälschlicherweise für sich – und für sich allein – reklamierte und noch immer reklamiert.

# Francisco Javier Clavijero oder die amerikanische Antike

Wenn wir uns nun Francisco Javier Clavijero zuwenden, so tun wir dies im Bewusstsein der Tatsache, dass jede Geschichte eine Vision nicht nur der Gegenwart und ihrer möglichen Zukünfte, sondern ganz grundsätzlich auch der Vergangenheiten ist, die für ein bestimmtes Verständnis von Geschichte als grundlegend angesehen werden und damit Traditionen bilden, aus denen sich die Sicht der Gegenwart speist. Und mit dem Neuspanier Clavijero wenden wir uns zugleich einem streitbaren Geist zu, der in der bereits erwähnten „Disputa del Nuovo Mondo" eine herausragende Rolle spielte und damit in den transatlantischen Auseinandersetzungen um die Neue Welt ein gewichtiges Wort bezüglich der Aufklärungsphilosophie mitzureden hatte. Dass die Lebensläufe neuspanischer Aufklärer nicht selten in den Bereich des Klerus führen und damit die Verwicklung in mancherlei innere Widersprüche verbunden ist, werden wir im Verlauf dieser Vorlesung noch wiederholt bemerken.

Francisco Javier Clavijero wurde am 9. September 1731 im damals neuspanischen und heute mexikanischen Puerto de Veracruz, der wichtigen Hafenstadt an der Karibikküste, geboren und starb am 2. April 1787 im italienischen Bologna. Er war das dritte von insgesamt elf Kindern und kam durch seinen Vater, der im Auftrag der spanischen Krone das Landesinnere Neuspaniens und damit stark von den indigenen Kulturen geprägte Regionen durchzog, früh schon in Kontakt mit der indigenen Bevölkerung, ihren Sitten, Gebräuchen und Vorstellungen. Dieser Kontakt war für den künftigen Jesuiten grundlegend und erklärt, warum er sich früh schon Kenntnisse des Náhuatl aneignete, der Sprache der Mexica. Seine Ausbildung erfuhr der Junge im Colegio de San Jerónimo zu Puebla, das ebenso von den Jesuiten betrieben wurde wie das Colegio de San Ignacio, wo er seine Studien bei den Jesuiten fortsetzte. Er verfügte damit von Beginn an über einen weiten Bildungshorizont, den er im weiteren Verlauf seines Lebens beständig ausbaute.

Im Jahre 1748 trat Clavijero im Colegio de Tepotzotlán dem Jesuitenorden bei, an dessen Disziplin er sich anfangs rieb. Er bereitete sich auf die Priesterweihe vor, fiel seinen Ordensbrüdern aber schnell als hochtalentierter junger Mann auf, der in seinen Lektüren unstillbar war. Rasch arbeitete er sich auch in das Gebiet der Philosophie ein und las die Arbeiten von René Descartes, Pierre Gassendi, Isaac Newton oder Gottfried Wilhelm Leibniz. Daneben studierte er aber auch das Náhuatl, dessen Erlernen für angehende Priester damals wohl obligatorisch war. In seinen Studien wandte er sich Carlos de Sigüenza y Góngora zu, einem Spezialisten des 17. Jahrhunderts für indigene Kulturen, und beschäftigte sich verstärkt mit den schriftlichen Überlieferungen der altamerikanischen Kulturen. Daneben setzte er seine Lektüren ‚moderner‘ europäischer Philosophen fort.

Auf Grund seines Talents und seiner Fähigkeiten unterrichtete er bald an den Colegios beziehungsweise Universitäten von Puebla, Morelia und Guadalajara, wobei er der Rhetorik und der ‚modernen‘ Philosophie seine besondere Aufmerksamkeit schenkte. Er verfasste in dieser Zeit mehrere Aufsätze in lateinischer Sprache, die zum größten Teil nicht mehr auf uns gekommen sind, in denen sich der Jesuit aber ebenso der griechischen Philosophie wie der zeitgenössischen Aufklärungsphilosophie Europas zuwandte.

1754 wurde er zum Priester geweiht; doch seinen Wünschen, in die Indianermissionen etwa nach Kalifornien versetzt zu werden, wurde nicht stattgegeben. 1758 kam er ins Colegio de San Gregorio in Mexiko-Stadt, wo er intensiv mit indigenen Schülern in Berührung kam und zugleich seine Studien altamerikanischer Kulturen fortsetzen konnte. Dabei griff er auch auf die Sammlungen von Carlos Sigüenza y Góngora zurück. Clavijero beschäftigte sich in dieser Zeit ausführlich mit den „Pinturas", also mit indigenen Aufschreibesystemen, die ihm in den Archiven der Hauptstadt zur Verfügung standen.

Der noch junge Jesuit wurde, darin durchaus seinen Wünschen entsprechend, vorwiegend in der Unterweisung indianischer Schüler eingesetzt. In Mexiko-Stadt und anderswo übte er mit seinen Lehren und Vorstellungen einen starken Einfluss auf seine Schüler aus, zu denen – dann in Morelia – unter anderem Miguel Hidalgo zählte, eine der großen Figuren der mexikanischen Unabhängigkeit, der man auf Grund der von Hidalgo initiierten revolutionären Aktivitäten bis heute den Ehrentitel eines „Padre de la Patria" gab. In Neuspanien wie anderswo in den Amerikas gab es eine Beziehung zwischen Aufklärung und Revolution, obwohl man mit direkten Verbindungen zwischen beiden vorsichtig umgehen muss. Auch andere Vertreter der neuspanischen Aufklärung wie der neuspanische Philosoph und Historiker José Antonio de Alzate y Ramírez zählten zu Clavijeros Schülern.

Dann aber erfolgte jener historische Einschnitt, der sein Leben in zwei Hälften teilte. Dieser Bruch begann 1767 mit dem Dekret des spanischen Königs Carlos III, das zur Vermeidung einer Unterwanderung staatlicher Strukturen durch die Gefolgsleute des Heiligen Ignatius von Loyola alle Jesuiten zum sofortigen Verlassen der spanischen Kolonien in Amerika zwang. Die Auswirkungen dieses Erlasses waren weitreichend, befand sich doch ein wesentlicher Teil des kolonialen Bildungswesens traditionell in jesuitischer Hand. Aus weiten Teilen des öffentlichen Lebens und der Verwaltung waren sie kaum noch wegzudenken – und ihre beherrschende Rolle in Paraguay war selbst den Leserinnen und Lesern von Voltaires *Candide* plakativ vor Augen geführt worden. Um das

Verbot des reichen Ordens und die sofortige Ausweisung rankten sich zahlreiche Mythen, insofern man etwa die Jesuiten verdächtigte, ihre großen Schätze noch rechtzeitig vor dem Zugriff des Kolonialstaates in Sicherheit gebracht zu haben, so dass sich nachfolgende Generationen insbesondere im 19. Jahrhundert immer wieder darum bemühten, den vielberufenen „Schatz der Jesuiten" aufzufinden.

**Abb. 28:** Francisco Xavier Clavijero (1731–1787).

Mit der Ausweisung aller Jesuiten wurde über Nacht aus Clavijero ein Exilant. Er musste von Guadalajara aus das Nötigste zusammenpacken und über den Hafen von Veracruz zunächst im Oktober 1767 nach La Habana ausreisen. Schließlich führten in die Wege des Exils wie viele andere Jesuiten nach Bologna, das damals zum Kirchenstaat gehörte und wo er 1770 ankam. In den Folgejahren wurde Bologna bis zu Clavijeros Tod im Jahr 1787 der Ausgangspunkt all seines Denkens und Schreibens. Aus dem Leser, Lehrer und Denker wurde nun der Intellektuelle und Schriftsteller, als der er in die Geschichte einging.

Im italienischen Exil griff Francisco Javier Clavijero auf seine vielen Erinnerungen und Begegnungen mit indigenen Kulturen in Neuspanien, vor allem aber auf zahlreiche Dokumente in den Archiven des Kirchenstaates über die Geschichte der indianischen Kulturen zurück. In spanischer Sprache verfasste er sein historisches, philosophisches und anthropologisches Hauptwerk, seine berühmte *Historia antigua de México*, die 1780/81 zunächst auf Italienisch unter dem Titel *Storia antica del Messico* erschien. Erst 1826 wurde sein Werk in London in spanischer Sprache veröffentlicht; doch fand bereits die italienische Übersetzung in Europa eine nicht geringe Verbreitung und erregte Aufsehen. Dies war wichtig, denn Clavijero hatte bemerkt, wie falsch, abfällig und irreführend sich im Jahrhundert der Aufklärung europäische Philosophen wie der Holländer Cornelius de Pauw oder der Schotte William Robertson über indigene Kulturen äußerten. Sie taten dies ohne jede eigene Kenntnis, waren nicht an Forschungen interessiert, lehnten alle zur Verfügung stehenden indigenen Quellen ab und entwarfen ein Bild der altamerikanischen Kulturen, das auf grausam eurozentrische Weise negativ entstellt war. Dagegen schrieb der neuspanische Jesuit nun von Europa aus an!

In seiner *Historia antigua de México* wandte sich Clavijero gegen alle europäischen Philosophen und Länder wie Frankreich, England, Österreich oder Preußen, in denen zumeist in französischer Sprache derartige Verunglimpfungen der indigenen Kulturen Amerikas erschienen waren. Clavijero kämpfte mit sachlichen, bisweilen aber auch polemisch eingefärbten Argumenten gegen jeden Versuch, die Kulturen Amerikas als barbarisch und alles Indigene als Barbarei abzutun. Wie schon der Titel seines Hauptwerkes suggerierte, unterstrich der Jesuit nicht nur die Gleichwertigkeit der indigenen Kulturen mit der europäischen Kulturentwicklung, sondern stellte die Welt des alten Amerika auf eine Stufe mit der griechisch-römischen Antike des Mittelmeerraumes. Wir werden auf die Argumente wie auf die Polemiken, die Clavijero anstieß und die sein Werk vorantrieb, sogleich detailliert eingehen.

Auch in seinem Dialog *Filaletes y Paleófilo* hatte der Jesuit zuvor schon seine Auffassung unterstrichen, dass die Wahrheit nicht bei den herrschenden Lehrmeinungen und den jeweils dominanten Doktrinen, sondern nur beim Studium der physischen Dinge und Realitäten gefunden werden könne. Diese Überzeugungen setzte er nun um: Entschieden sprach er sich für eine empirische Fundierung allen Wissens und für erfahrungsbasierte Wissenschaftskonzepte aus, welche nach eigenem Bekunden die Grundlage seines ganzen Schaffens bildeten.

Zugleich aber war er als Jesuit darum bemüht, das neu gefundene Wissen mit der christlichen Lehre zu verbinden. In Übereinstimmung mit seinem Orden glaubte er fest daran, dass die Erforschung alter Traditionen mit der ‚modernen' Philosophie des 17. und 18. Jahrhunderts ausgesöhnt werden könne und das Fundament für ein neues Wissen bieten würde, das es gegen alle oberflächlichen europäischen „Philosophes" und deren vorgefasste Meinungen zu verteidigen gelte.[1] Dass sich aus diesen Auffassungen Widersprüche zwischen der christlichen Lehre und der Aufklärungsphilosophie ergeben mussten, liegt auf

---

1 Vgl. zur philosophischen Einschätzung Clavijeros Krumpel, Heinz: *Aufklärung und Romantik in Lateinamerika. Ein Beitrag zu Identität, Vergleich und Wechselwirkung zwischen lateinamerikanischen und europäischen Denkern.* Frankfurt am Main – Berlin – New York: Peter Lang 2004.

der Hand. Doch war es die große Leistung des neuspanischen Philosophen, auf Basis zahlreicher Quellen und Dokumente ein neues, deutlich ausgewogeneres Bild der altamerikanischen Kulturen entworfen zu haben, als die europäischen Aufklärungsphilosophen dies jemals entfaltet hatten. Zugleich weckte Clavijero Verständnis für die soziale Lage der indigenen Bevölkerung in den Kolonien, ein wichtiger Aspekt, der nicht zuletzt in die sozialrevolutionäre Seite der mexikanischen Unabhängigkeitsrevolution einging.

Francisco Javier Clavijero hatte mit seinem kulturhistorischen Werk die Vergangenheit Neuspaniens verändert, womit er zugleich eine neue Zukunft für Mexiko eröffnete. Gerade die kreolischen Trägerschichten der Unabhängigkeitsrevolution fassten Clavijeros Werk als wichtigen Impuls für ihr Aufbegehren gegen die spanische Kolonialherrschaft auf. Wir werden beim Dominikanermönch Fray Servando Teresa de Mier noch sehen, wie gerade die Neubewertung der Vergangenheit, aber auch die Verbindung von Aufklärung und christlichem Glauben zu einer der wesentlichen Grundlagen der Independencia werden konnte. Clavijeros neues Bild der altamerikanischen Kulturen stimulierte ein erneuertes amerikanisches Selbstbewusstsein, das sich nunmehr auf eine eigene große Vergangenheit, auf eine eigene Antike stützen konnte und auf dieser Grundlage neue Zukunftsmöglichkeiten entwarf.

In der seiner mehrbändigen Geschichte vorangestellten „Noticia de los escritores de la historia antigua de México" listete der belesene Jesuit, der im Exil seine Kenntnisse weiter vertieft hatte, nicht etwa – wie dies ein europäischer Leser hätte erwarten können – die in Europa bekannten Autoritäten auf. Der kämpferische Geistliche, der weit davon entfernt war, sich wie viele Ordensbrüder in Italien einen gemächlichen Ruhestand zu verbringen, setzte gleich zu Beginn ein unübersehbares Zeichen. Er erweiterte in diesem seiner *Historia antigua de México* vorangestellten Text nicht nur die Basis schriftlicher Quellen, indem er eine große Zahl bislang weitgehend unbekannter, in Mexiko verfasster Texte einbezog, sondern auch indem er den Begriff von Schrift selbst radikal veränderte.

Dabei nahm er kein Blatt vor den Mund: Die von Antonello Gerbi so benannte *Disputa del Nuovo Mondo* trägt die Bezeichnung völlig zurecht.[2] So warf er William Robertsons einflussreicher Geschichte Amerikas[3] nicht nur vor, eine Vielzahl in alphabetischer Schrift vorliegender Texte übergangen und aus Unkenntnis ihre Existenz geleugnet zu haben; er unterstrich vielmehr mit Nach-

---

2  Vgl. das Standardwerk von Gerbi, Antonello: *La Disputa del Nuovo Mondo. Storia di una polemica 1750–1900.* Mailand – Neapel 1955.

3  Vgl. Robertson, William: *The History of America.* 2 Bde. London: W. Strahan 1777.

druck, dass es nicht angehen könne, die indianischen Bilderhandschriften als unverständlich (beziehungsweise von unklarer Bedeutung, „de significación ambigua") abzuqualifizieren.

Der Schotte habe, von europäischen Vorurteilen geleitet, sich nicht mit den indigenen Kulturen beschäftigt und auch keine nähere Kenntnis gehabt über jene Zeugnisse indianischer Schreibkunst, die Robertson längst zerstört geglaubt hatte. Francisco Javier Clavijero aber hielt dagegen:

> Es gibt nicht wenige historische Malereien (*pinturas*), die der Inquisition der ersten Missionare entkamen, und sie wurden mit Respekt für den unsagbaren Überfluss, den es davon, wie man in meiner *Geschichte* sieht, zuvor gab, in jener von Torquemada und von anderen Schriftstellern erwähnt [...]. Weder sind diese Malereien von unklarer Bedeutung, außer für Robertson und für all jene, die nicht die Zeichen und die Figuren der Mexikaner verstehen, noch kennen sie das Verfahren, welches diese hatten, um die Dinge zu repräsentieren, so als wären unsere Schriften von unklarer Bedeutung für all jene, die eben nicht lesen können. Als man für die Missionare jene beklagenswerte Verbrennung der Malereien durchführte, lebten noch viele Geschichtsschreiber der Acolhuas, der Mexicas, der Tepaneken, der Tlaxkalteken usw., welche daran arbeiteten, den Verlust dieser Denkmäler wettzumachen, wie sie es zum Teil auch erreichten; denn sie machten neue Malereien oder bedienten sich unserer Zeichen, die sie bereits erlernt hatten, oder unterrichteten mündlich ihre eigenen Prediger in ihren Altertümern, und auf diese Weise konnten sie diese in ihren Schriften bewahren, ganz wie dies Motolinia, Olmos und Sahagún taten.[4]

Von Beginn seiner mehrbändigen *Historia* an lässt Clavijero keinen Zweifel daran, dass er nicht nur die Alphabetschrift, sondern auch andere Schreibverfahren als *Schrift* und zugleich Ausdruck einer verehrenswerten Kultur ansieht. Wichtig ist ferner, dass ebenso die Schrift wie die Schreiber, ebenso die Tradition wie die Kultur in ihrer Gesamtheit mit jener des Abendlandes auf ein und dieselbe Stufe gestellt werden. Wer die Texte dieser altamerikanischen Kulturen nicht zu lesen vermag, verhält sich nicht anders als einer, der des Lesens der Alphabetschrift nicht kundig ist, sich gleichwohl aber ein vernichtendes Urteil darüber erlaubt. Damit stellt Clavijero explizit die Kulturtechnik der ihm bekannten Bilderhandschriften aztekischer, tlaxcaltekischer oder anderer Herkunft gleichrangig neben die Kulturtechnik der Alphabetschrift, derer sich im Übrigen auch indianische Autoren bedient hatten. So erweitert der neuspanische Geschichtsschreiber die Quellenbasis, indem er die nicht weniger eindeutige Lesbarkeit derartiger *Pinturas* unterstreicht: Wer etwas Ernstzunehmendes

---

4 Clavijero, Francisco Javier: *Historia antigua de México.* Prólogo de Mariano Cuevas. Edición del original escrito en castellano por el autor. México, D.F.: Editorial Porrúa 1982, S. xxxiv.

über diese Kulturen aussagen möchte, der muss schon deren grundlegende Kulturtechniken beherrschen!

Dies ist eine Kritik, die nicht nur für die vielen selbsternannten Kulturkritiker Altamerikas vernichtend ausfällt; sie trägt auch deutlich den Stempel der Aufklärung – freilich einer Aufklärung, die aus Amerika kommt. Der in dieser „Noticia" aufgespannte explizite literarische Raum, der durch die ausdrückliche Erwähnung von und Bezugnahme auf literarische beziehungsweise naturhistorische Schriften und Dokumente gebildet wird, ist unverkennbar als Gegenraum zu jenem der europäischen „Philosophes" konstruiert. Der gebildete und an den Konventionen seiner Zeit orientierte Jesuit konnte es jedoch schon mit Rücksicht auf seine Autorität bei einem traditionell an Europa orientierten Lesepublikum nicht unterlassen, seine Leserschaft darauf aufmerksam zu machen, dass er ungeachtet der großen Kosten, die die Literaturbeschaffung von Europa aus verursacht habe, alles gelesen habe, was zum Thema der altamerikanischen Kulturen veröffentlicht worden sei. Dabei unterstrich er einmal mehr – ganz wie Raynal und in Befolgung der diskursiven Normen seiner Zeit – seine quellenkritische Haltung:

> Ich habe aufmerksam alles gelesen und untersucht, was bis zum gegenwärtigen Zeitpunkt über diese Materie veröffentlicht wurde; ich habe die Berichte der verschiedenen Autoren miteinander konfrontiert und ihre Autorität auf der Waage der Kritik gewogen; ich habe sehr viele historische Malereien der Mexica studiert; ich habe mich dabei ihrer Manuskripte bedient, welche ich damals las, als ich noch in Mexiko weilte, und viele erfahrene Männer aus jenen Ländern konsultiert.[5]

In konzentrierter Form macht Clavijero in diesen Zeilen klar, dass er sich mit den altamerikanischen Kulturen nicht nur mit Hilfe von Büchern in europäischen Bibliotheken beschäftigte, sondern konkrete Feldforschung vor Ort in Neuspanien betrieb, sich viele Manuskripte ansah und mit Experten beriet.

Auch wenn wir uns hier der in epistemologischer Hinsicht wichtigen Tatsache nicht länger zuwenden können, dass der Autor in der Folge ebenso auf die Befragung von Schrifttexten und Informanten wie auch auf seine sechsunddreißigjährige Lebenserfahrung in verschiedenen Landesteilen („provincias") Mexicos hinweist, so bleibt doch festzuhalten, dass der so ausgespannte literarische Raum zugleich wesentlich breiter angelegt und pluri-kulturell zusammengesetzt ist. Mit anderen Worten: Bei der Behandlung der indigenen Kulturen der Vergangenheit sprengt der neuspanische Jesuit den Alphabet-schriftlichen Raum und eröffnet der Forschung wie der Aufklärungsphilosophie zu den Kulturen Amerikas zuvor nur selten befragte Bereiche nicht-europäischer Schriftsysteme.

---

5 Ebda., S. xxii.

Der Raum des ‚Eigenen' ist für den amerikanischen Autor ein gegenüber dem der europäischen Autoren *anderer*; und er ist vor allem *mehr*, umfasst er doch auch das europäisch-okzidentale Schrifttum, das Clavijero als Jesuit ebenso im Bereich der christlichen Religion vertrat. Dass dies eine Distanzierung von den Verbrennungen indigener Texte und Manuskripte durch die (keineswegs nur frühneuzeitlichen) Kirchenoberen mit einschließt, versteht sich von selbst.

Francisco Javier Clavijero verfügte vor der Ausweisung der Jesuiten im Jahre 1767 über die Möglichkeit, die besten Bibliotheken und Archive des Landes wie auch gelehrte Vertreter der Universität von Mexico konsultieren zu können, der er seine *Historia antigua de México* auch zueignete[6]. Die Vertreter dessen, was man damals unter ‚moderner' Philosophie aus Europa verstand, waren ganz selbstverständlich in seine Forschungen miteinbezogen. Descartes, Leibniz, Buffon, Robertson, de Pauw, Raynal, Montesquieu oder Rousseau waren gleichsam ‚natürliche', aber keineswegs ausschließliche Dialogpartner des Jesuiten. Ihre Schriften wurden nicht nur mit Vertretern der spanischen und neuspanischen Aufklärung, sondern auch mit indigenen Quellentexten und eigenen Erfahrungen vor Ort konfrontiert, die freilich aus der Distanz des Exils, die Clavijero zu erwähnen nicht vergisst, oftmals nicht erneut überprüft werden konnten. Doch steht zweifelsfrei fest, dass sie wohl in die Konstituierung eines eigenen kulturellen Raumes ebenso in Hinblick auf das Objekt wie auf das Subjekt (und die Subjekte) dieser Geschichtsschreibung Amerikas einbezogen wurden.

So konnte ein Raum entstehen, der in kultureller Hinsicht weitaus komplexer war als die ausschließlich durch Lektüre erzeugten spekulativen Entwürfe europäischer „Philosophes", deren politisch-appellative Funktion in den spanischen Kolonien breiten Widerhall fand, deren monokulturell-eurozentrische Konzeption aber bei den kreolischen Eliten nachhaltigen Widerstand hervorrief. Dies war nicht jene universalistisch ausgerichtete Philosophie der Aufklärung, von der die Philosophen Europas gesprochen hatten. Nein, ein kulturphilosophischer Entwurf, der die Amerikaner bestenfalls als Marginalie innerhalb eines evolutiven Prozesses der „Histoire universelle" verstand, dessen Impulse von Europa ausgingen und nach Europa zurückkehrten, konnte ihren Ansprüchen und Bedürfnissen nach einer Legitimierung jener Protagonisten-Rolle, die zu spielen sie sich in eben jenen Jahrzehnten anschickten, keinesfalls gerecht werden. Die vorgeblich universalistische Perspektive, aus der die Mehrzahl der

---

6 Vgl. hierzu auch Buche, Irina: Mexikos Dialektik der Aufklärung in den Diskursen von Fray Francisco Javier Clavijero und Fray Servando Teresa de Mier y Guerra. In: Schönberger, Axel / Zimmermann, Klaus (Hg.): *De Orbis Hispani linguis et litteris historia moribus*. Festschrift für Dietrich Briesemeister zum 60. Geburtstag. Bd. 2. Frankfurt am Main: Domus Editoria Europaea 1997, S. 1300.

europäischen Philosophen schrieb, war aus amerikanischem Blickwinkel nichts anderes als eine europäische, ja eurozentrische Perspektivik, die sich universalistisch gerierte.

Die auf Amerika gerichtete Differenz, die von den französischen Philosophen des 18. Jahrhunderts fast ausschließlich negativ konnotiert und als Degenerierung gedeutet worden war, sollte nicht etwa verschwinden, sondern positiv umgedeutet werden. Dies bedeutete, dass die ‚Abweichung' vom europäischen Modell nicht als „écart", sondern in ihrem *eigenen* Recht als *eigener* Weg wahrgenommen werden sollte, den die amerikanischen Zivilisationen eingeschlagen hatten. Es gab nicht ein einziges Modell, eine einzige Norm, selbstverständlich diejenigen Europas, die für alle Wege der Zivilisation verbindlich sein mussten, sondern viele Wege, die sich voneinander unterschieden, aber jeweils ihr eigenes Recht beanspruchen durften. Für ein solches Denken aber eignete sich die Rede von einer eigenen, nicht mehr neuspanischen, sondern alt-mexikanischen Antike vorzüglich. Diese Funktionalisierung des Indigenen durch den kreolischen Gelehrten dürfen wir bei aller Bewunderung für die umfangreichen, ja epochemachenden Studien und Überlegungen Clavijeros nicht vergessen; handelte es sich doch um eine „historia polémica, una respuesta a la mirada de los europeos",[7] um eine durchaus *auch* polemische Antwort auf den Blick der Europäer.

Die Konstruktion eines grundsätzlich anderen, vor allem aber *weiteren*[8] kulturellen Raumes wird von Beginn der *Historia antigua de México* an sehr bewusst nicht nur in den Paratexten, sondern auch im Hauptteil dieser „Geschichte des alten (oder vielleicht besser noch des antiken) Mexiko" betrieben. Denn der kulturelle Raum der Amerikas ist auf Grund der europäischen Eroberung und Besiedelung kein fundamental anderer, da er als ersten kulturellen Pol die okzidentalen Traditionslinien berücksichtigt, aber sehr wohl ein gegenüber dem europäischen deutlich weiterer und erweiterter, weil in ihm kulturelle Pole vorhanden sind, die in Europa fehlen. Sehen wir von weiteren paratextuellen Elementen wie Illustrationen und der Beigabe einer Karte einmal ab, die der Leserschaft das „Anáhuac o Imperio Mexicano con los Reinos de Acolhuacán y de Michuacán &c." zeigt, dann schlägt sich dies bereits im ersten Satz des ersten Kapitels der *Historia antigua de México* nieder: „Der Name Anáhuac, der gemäß seiner Etymologie anfangs allein auf das Hochtal von Mexiko bezogen

---

7 Gallardo Cabrera, Salvador: La disputa por la diferencia: acerca de Clavijero, Buffon y la historia natural. In: *Cuadernos Americanos* (México) XI, 61 (enero – febrero 1997), S. 153.

8 Vgl. zur Kategorie des Weiteren Ette, Ottmar: Weiter denken. Viellogisches denken / viellogisches Denken und die Wege zu einer Epistemologie der Erweiterung. In: *Romanistische Zeitschrift für Literaturgeschichte / Cahiers d'Histoire des Littératures Romanes* (Heidelberg) XL, 1–4 (2016), S. 331–355.

war, insofern dessen Hauptansiedelungen an dessen beiden Seiten liegen, wurde später ausgeweitet auf den gesamten Landraum, der heute unter dem Namen Neuspanien bekannt ist."[9] In diesem Eingangssatz spannt Clavijero zunächst jenen geographischen Raum auf, in welchem er die historischen und kulturellen Ereignisse und Phänomene situieren wird, mit denen er sich in seiner *Historia antigua de México* auseinandersetzt. Er buchstabiert mit seinen Leserinnen und Lesern die verschiedenen Benennungen dieses „espacio de tierra" durch, um unter der kolonialspanischen Bezeichnung „Nueva España" gleichsam archäologisch die historischen Tiefenschichten freizulegen, welche durch die gesamte neuspanische Geschichte hindurchwirken.

Auf diese Weise entsteht ein Raum, der einerseits – wie es die Verschiedenartigkeit seiner Benennungen schon andeutet – heterogen ist, der sich aber andererseits als historisch-politische Einheit erhalten hat. Und man könnte hinzufügen: bis zum heutigen Tag. Innerhalb dieser quer zur kulturellen Heterogenität verlaufenden politischen Kontinuität wiederum zeigt sich ein expansiver Prozess, der von den Ufern zweier Seen, vom Hochtal von Mexiko ausgeht und von diesem Zentrum aus eine Einheit schafft, welche sich auf allen Ebenen – von der politischen bis hin zur gastronomischen – weiterzuentwickeln vermochte.

Der Akzent oder das Gewicht dieses ersten Satzes liegt mithin weniger auf der Heterogenität als auf einer Kontinuität, die in grundlegender Weise auf eine Differenz gründet, welche es näher zu erkunden gilt. Die Bezeichnung „Neuspanien" legt sich nur über die zuvor bereits gegebene Einheit, die das Ergebnis eines historischen Prozesses der Expansion einer bestimmten indigenen Gruppe ist, der Mexica. Damit wird ganz bewusst und absichtsvoll eben jene Bruchlinie unterlaufen, die die bisherige europäische Geschichtsschreibung mit der Conquista ansetzte und die alles zuvor Dagewesene aus dem Bereich der Zivilisation, ja aus dem Bereich der Geschichte verbannt. Der geschichtliche Ausgangspunkt dieses Raumes wird um Jahrhunderte zurückverlegt in die präcortesianische Zeit, die zum Orientierungspunkt für eine aktuelle Geschichte wird, die zunehmend als transitorisch und ephemer, vor allem aber als vom Menschen gestaltbar erfahren werden kann. Denn die Geschichte der amerikanischen Antike hat notwendigerweise Rückwirkungen auf diejenige einer amerikanischen Zukunft.

*What's in a name?* Die Bezeichnung „Neuspanien" erscheint als Usurpation, ist dem bereits bestehenden Raum nur übergestülpt, nicht aber aus ihm heraus gewachsen. „Neuspanien" wird damit zu einer Bezeichnung, die historisch auch

---

**9** Clavijero, Francisco Javier: *Historia antigua de México*, S. 1: „El nombre de Anáhuac que según su etimología se dio al principio a sólo el valle de México, por estar situadas sus principales poblaciones en la ribera de dos lagos, se extendió después a casi todo el espacio de tierra que hoy es conocida con el nombre de Nueva España."

wieder verschwinden kann und die in der Tat auch wieder verschwand. Ergebnis dieser folgenschweren Umgewichtung ist nicht Heterogenität, sondern kulturelle Differenz und eine damit verbundene Legitimation kultureller und letztlich auch politischer Selbständigkeit, die in der Tat die letztgenannte Bezeichnung („*hoy* es conocida con el nombre de Nueva España") abstoßen und verdrängen wird. Es scheint mir daher verkürzt und der kulturell wie symbolisch komplexen Situation der Kreolen unangemessen, den Rückgriff auf die indianische Geschichte als reine Propaganda (die es sicherlich auch gab und die zweifellos in den Augen der Trägerschicht der Unabhängigkeitsrevolution auch sinnvoll war) zu deuten und damit als etwas nur nachträglich Aufgestülptes zu werten.[10] Die gesamte Anlage der *Historia antigua de México* widerspricht einer derart einseitig politischen Zielsetzung und so hat Clavijero für sein Buch auch nicht diese kolonialspanische, sondern die autochthone Bezeichnung „México" gewählt.[11]

Damit ist die gewollte Aussparung der amerikanischen Kulturen *als Kulturen*, wie wir sie bei Guillaume-Thomas Raynal, aber auch bei vielen anderen europäischen Autoren des 18. Jahrhunderts konstatieren können, zugunsten einer Konzeption überwunden, die das spezifisch Amerikanische zum Element der Gründung und Begründung eines Eigenen werden lässt. Dabei wird das Europäische – wie etwa die christliche Religion oder die wissenschaftlichen Schreibgattungen – nicht aus diesem Panorama herausgetrennt, was für den jungen neuspanischen Jesuiten und Kulturhistoriker freilich eine Selbstverständlichkeit war. Analog lässt sich dies auch auf den literarischen Raum übertragen, der nicht so sehr als Raum des Heterogenen als vielmehr der Differenz – und zwar einer Differenz im Sinne einer Erweiterung – in Szene gesetzt wird. Dies sichert auch auf dieser Ebene eine Einheit, die zusammen mit der Differenz überhaupt erst die konstruktive Grundlage für eine eigene (tendenziell nationale) Identitätsstiftung schafft.

Die Zentralstellung des Valle de México, die wir bereits im ersten Satz der *Historia* bemerken konnten, findet sich auf verschiedenen Ebenen des kulturhistorischen und historiographischen Textes wieder. So heißt es etwa im zweiten Kapitel des ersten Buches der *Historia antigua de México*: „Der beste Teil

---

10 Vgl. König, Christoph: Staaten – keine Nationen. Die Heterogenität der Kulturen Lateinamerikas. In: *Agora* (Eichstätt) 2 (1997), S. 8: „Doch läßt die Art und Weise, wie die Kreolen sich selbst in die dreihundert Jahre dauernde Unterdrückung der Indios einbezogen und eine ‚gemeinsame' Geschichte als Eroberte und Unterdrückte konstruierten, deutlich erkennen, daß die Kreolen die Existenz der Indios lediglich zu Propagandazwecken nutzten, um die Überwindung von Unfreiheit als Ziel der Bewegung angeben zu können."
11 Häufig findet sich in seiner *Historia* nach der Einführung einer indigenen Bezeichnung der Hinweis auf den spanischen Ortsnamen, der zumeist mit der Formel „que los españoles dicen ..." eingeleitet wird.

dieses Landes – und zwar ebenso durch seine vorteilhafte Lage wie durch seine größeren Bevölkerungsballungen – war eben das Hochtal von Mexiko, welches rundherum von großen grünen und herrlichen Bergen gekrönt wird.[12]

Diese Orientierung am Hochtal, am Valle de México hat von Beginn an kulturelle wie politische Implikationen, werden doch schon auf den ersten beiden Seiten andere indigene Völkerschaften als „barbarisch" bezeichnet. So ist etwa von den „bárbaros chichimecas"[13] oder von einem vom Hochtal entfernten Gebiet die Rede, das „estaba ocupado de bárbaros que ni tenían domicilio alguno ni reconocían soberanos",[14] das also nicht sesshaft und keinem Souverän untergeordnet war.

Nach diesen zunächst überraschenden Worten wird auf Ebene der amerikanischen Völkerschaften eine kulturelle Hierarchie eingeführt, deren Unterscheidung zwischen ‚zivilisierten' und ‚barbarischen' Stämmen an Kriterien ausgerichtet bleibt, die – wie etwa Sesshaftigkeit, feste politische Struktur, Schriftlichkeit oder Geschichtsschreibung – von den europäischen Autoren des 18. Jahrhunderts zwar nicht erfunden, wohl aber mit dem Neologismus „civilisation" fest verbunden wurden. Dies mag die Richtigkeit der Bemerkung Salvador Gallardos belegen, der darauf aufmerksam machte, dass sich nicht nur die europäischen, sondern alle an der *Disputa* um die Deutung der Neuen Welt beteiligten Autoren auf dieselbe und gemeinsam geteilte Vernunft beriefen. Auch ein Clavijero war noch weit entfernt von der Einsicht, dass dieser abendländischen Vernunft totalitäre Züge zukommen könnten[15] – zumindest im Sinne von Max Horkheimers und Theodor W. Adornos *Dialektik der Aufklärung*.

Kritisierte Francisco Javier Clavijero auch bitter die Haltung der Europäer, alle amerikanischen Völker über denselben Leisten zu schlagen – „los críticos de Europa, acostumbrados a medir por un rasero a todas las naciones americanas"[16] –, so nutzte er die dadurch ermöglichte Differenzierung doch nur wieder, um innerhalb der amerikanischen Völker Hierarchien (etwa zwischen „cultos" und „bárbaros") zu errichten. Andererseits unterlag er immer wieder der Versuchung, eine von ihm konstatierte Heterogenität im Kontrast zu den Spaniern zumindest tendenziell in Homogenität umzudeuten.

---

**12** Clavijero, Francisco Javier: *Historia antigua de México*, S. 2: „La porción mejor de esta tierra, así por su ventajosa situación como por sus grandes poblaciones, era el mismo valle de México, coronado por todas partes de verdes y hermosas montañas."
**13** Ebda.
**14** Ebda., S. 1.
**15** Gallardo Cabrera, Salvador: La disputa por la diferencia, S. 155.
**16** Clavijero, Francisco Javier: *Historia antigua de México*, S. 50.

Charakteristisch hierfür ist der Beginn des 17. Kapitels seiner Naturge-schichte des Landes Anáhuac, die das erste Buch seiner *Historia* bildet:

> Jene Nationen, welche diese Landstriche vor den Spaniern besaßen, waren zwar unterein-ander in ihrer Sprache und teils auch in ihren Sitten sehr voneinander unterschieden, doch waren sie gleichsam von ein und demselben Charakter. Die physische und morali-sche Konstitution der Mexikaner, ihre Einbildungskraft wie ihre Neigungen, waren diesel-ben bei den Acolhuas, den Tlaxkalteken, den Tepaneken und den anderen Nationen, ohne einen anderen Unterschied als den, welche eine verschiedenartige Erziehung her-vorbringt. Und was ich so von den einen sage, möchte ich so auch bezüglich der übrigen verstanden wissen. Verschiedene Autoren der alten wie der modernen Zeit haben es un-ternommen, ein Portrait dieser Nationen anzufertigen; doch unter so vielen hat sich nicht eines gefunden, das präzise und in allen Aspekten getreu wäre. Leidenschaft und Vorur-teile bei den einen Autoren sowie der Mangel an Kenntnissen und an Reflexion bei ande-ren haben sie Farben verwenden lassen, welche sich von denen sehr unterschieden, die sie hätten verwenden müssen. Was ich sagen werde, basiert auf einem ernsthaften und umfangreichen Studium ihrer Geschichte sowie auf einem intimen und jahrelangen Um-gang mit den Mexikanern. Andererseits entdecke ich in mir nichts, was mich für oder gegen sie hätte einnehmen können. Weder die Vernunft eines Landsmannes neigt mein Unterscheidungsvermögen zu ihren Gunsten, noch führen mich die Liebe zu meiner Na-tion oder der Eifer, den Angehörigen meiner Nation die Ehre zu erweisen, zu ihrer Verur-teilung; und so werde ich frei und Ehrlich das Gute wie das Schlechte sagen, das ich an ihnen erkannte.[17]

Die Formulierung mit dem Verweis auf die „antiguos" wie die „modernos" kommt nicht von ungefähr: Clavijero war bezüglich der Auseinandersetzungen im Frankreich der Frühaufklärung (oder auf dem Weg zur Frühaufklärung) durchaus auf dem Laufenden. Überhaupt teilte er mit den Autoren der europäi-schen Aufklärung wesentliche Grundüberzeugungen. Es wäre ein Leichtes, an dieser Passage die Übereinstimmung mit grundlegenden, von der europäischen Aufklärung propagierten Werten wie Unabhängigkeit, Wahrheitsanspruch, Zer-störung von Vorurteilen, wissensbasierte Kritik oder objektive Interesselosigkeit nachzuweisen, die hier aber nun gerade *gegen* die Europäer und die europäische Aufklärung ins Feld geführt werden. Wie die haitianischen schwarzen Sklaven die Argumente der Französischen Revolution gegen ihre gleichwohl fortge-setzte Versklavung und damit gegen die europäischen Revolutionäre in Stellung brachten, so ging es auch Clavijero darum, die von der europäischen Aufklärung propagierten Werte auch auf die europäische Aufklärung selbst zu beziehen und anzuwenden.

Genau an dieser Stelle befindet sich der eigentliche Kern der Aussagen des neuspanischen Jesuiten: Hier liegt sozusagen der ‚philosophische Hund' begra-

---

17 Ebda., S. 44 f.

ben. Denn die neuspanische – wie die hispanoamerikanische – „Ilustración"
bedient sich der Vorstellungen und Grundwerte der europäischen Aufklärung,
partizipiert daran und muss sie doch im Sinne ihres eigenen Standpunktes im
Grunde noch extremer verwirklichen, noch radikaler einsetzen, wobei sie ihre
eigene ideologische und ideengeschichtliche Basis gefährdet. Doch ging es
darum, das von den europäischen Aufklärern ganz selbstverständlich beanspruchte Recht, von Europa aus alle Erscheinungen auf dem Planeten beurteilen zu können, einer Kritik zu unterziehen und damit einen europäischen
‚Universalismus', der sich zumindest selbst als universalistisch ausgab, grundlegend zu hinterfragen.

In der obigen Passage erscheint zugleich die Idee der menschlichen Formbar-
keit durch Erziehung, die – kaum überraschend für einen Jesuiten – ‚vervollkom-
menbare' Gestaltung des menschlichen Geistes durch Bildung und Ausbildung am
Horizont eines evolutionistischen Denkens, das Heterogenität nicht als Chance,
sondern eher als Gefahr für die Einheit versteht. *Die Historia antigua de México*
kann ohne den Kontext der polemischen Auseinandersetzung mit Raynal, Robertson und de Pauw – wobei letzterer als bevorzugte (da am leichtesten zu treffende)
Zielscheibe die schärfste Kritik auf sich zog – nicht adäquat verstanden werden.
Doch dient der Rückgriff des kreolischen Jesuiten auf die ‚eigene', die amerikanische Antike gerade nicht der Ausgestaltung einer Hybridität von Kulturen amerikanischer und europäischer Provenienz. Wir werden uns noch wiederholt im weiteren
Verlauf der Vorlesung mit den Schriften des Cornelius de Pauw zu beschäftigen
haben, doch sei in dieser Vorlesung zunächst einmal die amerikanische Seite gehört. Ich bitte Sie also noch um eine Weile Geduld, bevor wir uns den Thesen des
in Amsterdam geborenen Denkers gleich auf den nächsten Seiten zuwenden!

Clavijeros letztlich erfolgreich und überzeugend geführter Kampf gegen die
Ausgrenzung, Verdrängung und Leugnung der amerikanischen Hochkulturen
durch europäische Philosophen wie etwa Guillaume-Thomas Raynal – die er
polemisch als „la franqueza de un filósofo del siglo XVIII"[18] brandmarkt – verfolgt ohne jeden Zweifel das Ziel, eine kulturelle Alterität und politische Legitimität der Bewohner Neuspaniens und insbesondere der Kreolen zu begründen.
Dies beinhaltete nicht die kulturelle und politische Einbeziehung der präsenten
(und nicht historischen) indigenen Völker, sondern macht eine Differenzposi-
tion gegenüber Europa auf, deren *Ratio*, deren Vernunft sich Clavijero als Bewohner der Ciudad letrada in Amerika gleichwohl verpflichtet weiß. So wird
jenseits aller Polemik ein Europäern und Kreolen gemeinsamer diskursiver
(und kultureller) Raum nicht verlassen: Clavijero versteht und weiß sich als

---

18 Ebda., S. xxxiii.

Mitglied jener Gemeinschaft aufklärerischer Geister, die sich zwischen Europa und den Amerikas zu etablieren begann.

Seine Überlegungen müssen im Kontext jener zweiten Phase beschleunigter Globalisierung, die mittlerweile längst eingesetzt hatte, und jener Auseinandersetzungen verstanden werden, die vom Selbstverständnis eines in ständiger Expansion begriffenen Europa ausgelöst wurden, das unter seinen verschiedenen Kolonialmächten die Welt neu aufzuteilen begonnen hatte. Es mag vielleicht kein Zufall sein, dass mit dem Franzosen Raynal, mit dem Schotten Robertson und mit dem Holländer de Pauw Philosophen aus jenen Nationen an der *Disputa del Nuovo Mondo* beteiligt waren, die ihre jeweiligen Kolonialreiche längst auszuweiten begonnen hatten und zugleich in ständigen Konflikten untereinander standen. Längst hatten sie – wie etwa die Kolonialmacht Frankreich in Saint-Domingue, dem späteren Haiti – ihre Ausbeutungssysteme weiter modernisiert und neue Formen und Varianten des europäischen Kolonialismus erprobt.

Die andere, philosophische und ideengeschichtliche Seite dieser Expansion ist der Universalismus, die universalisierende Tendenz eines Denkens, das aus der Erfahrung der Überlegenheit europäischer Konzeptionen zugleich auch das unheimliche (im Sinne Freuds) und ungeheure Recht ableiten zu können glaubt, über die allein seligmachenden, allein das wahre Menschsein entwickelnden Vorstellungen zu verfügen. Die eigene Entwicklung wird mit der eigentlichen Hauptentwicklungsachse des Menschengeschlechts schlechthin gleichgesetzt. Entscheidend für ein solches Denken ist im Sinne Tzvetan Todorovs,[19] dass es im Grunde implizit sofort den Gedanken der Überlegenheit und der Unterlegenheit mitzutransportieren beginnt, wobei in diesem Falle die Inferiorität nach Amerika projiziert wurde.

Es handelte sich dabei um die Vorstellung einer grundlegenden Unterlegenheit der Amerikaner, die übrigens mit dem Ende des 18. Jahrhunderts als europäische Projektion noch keineswegs verschwand. Dies gilt keineswegs nur für so zentrale Philosophen wie Georg Friedrich Wilhelm Hegel, sondern auch hinsichtlich eines für den Marxismus so essentiellen Denkers wie Friedrich Engels. Er billigte etwa im Zuge seiner Aufwertung des Nordens den noch jungen, aber höchst dynamischen Vereinigten Staaten von Amerika das Recht zu, sich nach Westen und Süden auszudehnen, um so Völker einer unterlegenen Kultur in den Entwicklungsgang der Weltgeschichte mithineinzunehmen oder, besser vielleicht noch, in diese von den Völkern des Nordens gelenkte Strömung der Weltgeschichte hineinzureißen.

---

**19** Vgl. hierzu Todorov, Tzvetan: *La conquête de l'Amérique. La question de l'autre.* Paris: Seuil 1982.

Nach der Abwertung der amerikanischen Natur *in toto* durch den Franzosen Buffon, den Verfasser der berühmten *Histoire naturelle*, war sicherlich der in Amsterdam geborene Cornelius de Pauw mit seinen *Recherches philosophiques sur les Américains* der entscheidende Autor für eine Abwertung alles ursprünglich Amerikanischen im Bereich des Menschen, also innerhalb einer universalen Anthropologie des europäischen 18. Jahrhunderts. Der erste Band dieses Werks, mit dem wir uns noch gesondert auseinandersetzen werden, ist auf Berlin im Jahre 1768 datiert. De Pauw stand ganz in der Linie der französischen Enzyklopädisten – nicht nur auf Grund seiner ständigen Angriffe gegen die Religion und speziell gegen die Jesuiten, deren Vertreibung aus Spanien und aus den spanischen Kolonien zeitgenössisch gerade abgeschlossen beziehungsweise noch im Gange war. Denn Cornelius de Pauw vertrat auch in einer absoluten Form das Vertrauen auf den materiellen wie geistigen Fortschritt der Menschheit sowie eine grundlegende Skepsis gegenüber jedweder behaupteten Existenz einer natürlichen Güte des Menschen. Die notwendigen Konsequenzen dieser Position gerade auch für den europäisch-amerikanischen Dialog – wenn von einem solchen in einem gleichberechtigten Sinne denn gesprochen werden kann – sind leicht auszumalen, da er der Inferioritätsthese alles Amerikanischen im Gefolge Buffons breitesten Raum gab.

Die philosophische Positionen des Holländers de Pauw, der übrigens von 1739 bis 1799 lebte und damit die Französische Revolution – gleichsam in der dritten Generation der „Philosophes" – noch erleben konnte, ist in vielerlei Hinsicht bedeutsam geworden. Sein Anti-Rousseauismus war unverkennbar: Er hielt nichts von einem Rückzug des Menschen in die Natur, schrieb dieser auch keinerlei positiven Einfluss auf den Menschen zu, erwartete sich aber alles von der Entwicklung der Zivilisation und vom Einfluss der Gesellschaft auf den einzelnen Menschen.[20] Ohne seine Kultur, ohne eine ständige Kulturarbeit, die an ihm vollzogen werde, war der Mensch im Sinne de Pauws, der seine Vorstellungen auch von Potsdam und Berlin aus in der Berliner Debatte um die Neue Welt vertrat, schlicht nichts.

**Abb. 29:** Obelisk zu Ehren Cornelius de Pauws in Xanten.

---

20 Vgl. hierzu Gerbi, Antonello: *La Disputa del Nuovo Mondo*, S. 71.

Schon für den Grafen Buffon war die Natur der amerikanischen Hemisphäre, zumindest in ihrer tropischen Variante, eine ihrem Alter nach jüngere, ‚neue' Natur, die sich noch nicht hatte stark entwickeln können und zugleich degeneriert war. Der Begriff der „Neuen Welt" wurde auch geologisch verstanden in einem Sinne, demzufolge diese Welt neueren Datums wäre und sich noch nicht vollständig aus den vielen Flussgebieten, Seen und Sümpfen heraus habe entwickeln können. Die Übertragung einer solchen Anschauung vom natürlichen auf den menschlichen Bereich, also von Flora und Fauna auf den Menschen lag nahe. Diese naturhistorische (und damit dem damaligen Stand der europäischen Wissenschaft entsprechende) Übertragung erfasste in der Folge alle kulturellen und ethnischen Gruppen der Neuen Welt, die indigenen Völkerschaften ebenso wie die Kreolen, die im Übrigen natürlich auch wegen des tropischen Klimas der Degenerierung anheimfallen würden. Alle Bereiche der Natur wie der Kultur – und damit alle Bereiche des menschlichen Lebens – wurden vom Klima der Tropen geprägt: So glaubte man, selbst in der Literatur einen vom tropischen Klima geprägten Stil erkennen zu können.[21]

Nur nebenbei sei bemerkt, dass auch Montesquieu zu den Hauptvertretern einer Klimatheorie zählte, die von der ersten Hälfte des 18. Jahrhunderts bis tief ins 20. Jahrhundert und wohl auch bis tief ins kollektive Unbewusste der Europäer des 21. Jahrhunderts fortwirken konnte und weiter fortwirkt. Ganz so fern sind uns die Polemiken des 18. Jahrhunderts bei weitem nicht. Für Cornelius de Pauw jedenfalls stehen Amerika und Europa sich als zwei Teile ein und desselben Globus gegenüber, die im Grunde wenig miteinander zu tun haben, da sie repräsentativ für gegenteilige Phänomene innerhalb dieser unserer einen Welt stehen.[22] De Pauws Vorstellungen gingen mithin deutlich über eine Replik auf die von ihm kritisierten Berichte der Missionare und über eine Grundsatzkritik an der Vorstellung vom „bon sauvage" hinaus. Die Degenerierung alles Amerikanischen manifestierte sich für de Pauw auf allen Bereichen, ebenso in der körperlichen und physischen Schwäche der amerikanischen Bevölkerungen wie in der Unterlegenheit an Intelligenz und kognitiven Fähigkeiten einer

---

21 Das Fortdauern derartiger Konzepte des 18. Jahrhunderts im nachfolgenden 19. Jahrhundert hat aufgezeigt Ventura, Roberto: *Estilo tropical. História cultural e Polêmicas literárias no Brasil 1870 – 1914*. São Paulo: Companhia das Letras 1991.

22 Vgl. hierzu auch Gerbi, Antonello: *La Disputa del Nuovo Mondo*, S. 79; sowie allgemein zu de Pauw Ette, Ottmar: Wörter – Mächte – Stämme. Cornelius de Pauw und der Disput um eine neue Welt. In: Messling, Markus / Ette, Ottmar (Hg.): *Wort Macht Stamm. Rassismus und Determinismus in der Philologie (18. / 19. Jh.)*. Unter Mitarbeit von Philipp Krämer und Markus A. Lenz. München: Wilhelm Fink Verlag 2013, S. 107–135.

,Rasse', welche sich vollständig und unausweichlich in einer Phase völliger Dekadenz befinde. Gerade mit Blick auf seine folgenschweren Äußerungen zu verschiedenen ,Rassen' in seinem Bestseller *Recherches philosophiques sur les Américains* übte Cornelius de Pauw weit über das Aufklärungszeitalter hinaus einen langanhaltenden Einfluss auf ganz Europa aus.

Seine Ansichten führten gleich nach der Publikation der *Recherches* in Berlin im Jahr 1768 zu vielfältigen Polemiken in Europa, insbesondere mit Pernety, auf den de Pauw freilich in seiner ebenfalls auf Berlin im März 1770 datierten *Défense des Recherches philosophiques sur les Américains* antwortete. Ich werde in dieser Vorlesung noch detailliert auf die *Berliner Debatte um die Neue Welt* eingehen. Doch so viel vorab: De Pauw wertete ganz so, wie dies auch Buffon oder Diderot getan hätten, die bloße Beobachtung der sogenannten „faits", der Tatsachen also ab; hinderten diese doch nur daran, die wahren Ursachen und Entwicklungen zu erkennen.[23] Man war noch meilenweit entfernt von einer empirischen Fundierung der Wissenschaften und von durch Feldforschung erzielten Ergebnissen, wie sie dann zunehmend an der Wende zum 19. Jahrhundert in den Vordergrund treten sollten.

Im Laufe der Polemik modifizierte de Pauw seine ursprüngliche These von der generellen Degenerierung der Amerikanischen Völker dahingehend, dass er nun behauptete, die Indianer seien zum Zeitpunkt der Eroberung durch die iberischen Mächte in voller Dekadenz gewesen; nun aber – seit der Eroberung durch die Spanier – habe eine neue Entwicklung begonnen, die wiederum im Zeichen eines beginnenden Fortschritts stehe. Aus diesem Grunde seien die vergangenen dreihundert Jahre also keineswegs verlorene Jahre, denn die Europäer hätten die amerikanischen Völker wieder auf den Weg des Fortschritts gebracht – und dies sei der vorgezeichnete Weg der Menschheit überhaupt. Dazu merkte der holländische, in preußischen Diensten stehende Kleriker an: „Nach dreihundert Jahren wird Amerika nur noch wenig mit dem übereinstimmen, was es heute ist, so wie es heute nur noch wenig mit dem übereinstimmt, was der Kontinent zum Zeitpunkt seiner Entdeckung war."[24]

Mit diesen Überlegungen wurde der Entwicklungsgedanke auch den Amerikanern, also vorrangig der indigenen Bevölkerung Amerikas zugebilligt, was durchaus einen grundlegenden Unterschied zu den ersten Stellungnahmen und

---

**23** Vgl. hierzu auch Gerbi, Antonello: *La Disputa del Nuovo Mondo*, S. 132.
**24** De Pauw, Cornelius: *Défense des Recherches philosophiques sur les Américains, ou Mémoires intéressants pour servir à l'Histoire de l'Espece humaine*. Berlin: Chez J. G. Baerstecher 1772, Bd. 2, S. 112: „Au bout de trois-cents ans, l'Amérique ressemblera aussi peu à ce qu'elle est aujourd'-hui, qu'elle ressemble aujourd'hui peu à ce qu'elle étoit au temps de la découverte."

Einschätzungen de Pauws darstellte. Doch seine grundlegenden Thesen, Behauptungen und Überzeugungen änderten sich keineswegs, wie auch der weitere Verlauf der internationalen Diskussion, der „Disputa" zeigen sollte. Antonello Gerbi wies mit Recht darauf hin, dass sich Voltaire in einer ersten Reaktion für die Thesen von de Pauw erwärmen konnte und den Holländer als einen „vrai philosophe", als wahren Philosophen bezeichnete.[25] Doch de Pauw ließ auch auf anderen Gebieten nicht locker und veröffentlichte fünf Jahre nach seinen *Recherches philosophiques* über die Amerikaner nun ebensolche über die Ägypter und Chinesen: Er war längst zu einer europäischen Berühmtheit geworden.

Charakteristisch für die Rezeption der *Recherches* war eine Rezension von Jacobi, in welcher der Rezensent die Talente und den Stil des Holländers lobte.[26] Auch stellte er manche Übereinstimmungen mit den Überzeugungen Winckelmanns fest. Jacobi enthielt sich explizit und willentlich aller tiefer gehenden Kritik. Es erstaunt zudem in keiner Weise, dass auch Immanuel Kant einem Briefpartner die erweiterte Ausgabe der *Recherches philosophiques sur les Américains* empfahl.[27] Herder und Kant nahmen de Pauws Überlegungen zu den Ägyptern voller Respekt auf. Der holländische Abt hatte mit seinen polemisch ausgerichteten, scharfzüngigen Schriften nicht nur einen kurzfristigen, sondern einen langfristig sich auswirkenden nachhaltigen Erfolg, dessen Einfluss auf die Entfaltung des Rassedenkens wie des Rassismus keineswegs nur in Deutschland, sondern in ganz Europa von fundamentaler Bedeutung war.

Freilich gab es auch in Europa einige Gegenstimmen: Voltaire etwa distanzierte sich zunehmend ebenso von den Thesen de Pauws gegenüber den Amerikanern, also der indigenen Bevölkerung der Amerikas, wie von jenen gegenüber Ägyptern und Chinesen. Voltaire tat dies nicht nur, weil de Pauw ohne jede Kenntnis vor Ort behauptete, die Chinesen seien von den Ägyptern kolonisiert worden. Immerhin war De Pauw von keinem geringeren als dem Preußenkönig Friedrich dem Großen protegiert worden; und dieser berichtete 1776 amüsiert an Voltaire, de Pauw sei ganz eitel und stolz darauf, dass Voltaire ihm einige Briefe gewidmet habe.[28] Wir werden uns im Anschluss noch etwas näher mit den Beziehungen zwischen Cornelius de Pauw und Friedrich dem Großen beschäftigen, freilich weniger auf einer persönlichen als auf einer strukturellen Ebene.

Zwar ist Cornelius de Pauw heute längst vergessen und nur noch wenigen Spezialisten für das 18. Jahrhundert bekannt. Doch er hat das europäische Denken über die außereuropäische Welt entscheidend mitgeprägt und nicht nur

---

**25** Vgl. Gerbi, Antonello: *La Disputa del Nuovo Mondo*, S. 211.
**26** Vgl. ebda., S. 213.
**27** Vgl. ebda.
**28** Vgl. ebda., S. 216 f.

kurzfristig die entstehende öffentliche Meinung beeinflusst, sondern langfristig gerade im Bereich der Philosophie gewirkt. Nicht nur ein Kant, sondern vor allem ein Hegel nahmen seine Thesen begierig auf – sehr zum Ärger Alexander von Humboldts, der über Hegels Rede von den degenerierten und schwächlichen Krokodilen in Amerika herrlich spottete. Es stünde der Philosophiegeschichte in Deutschland gut zu Gesicht, wenn sie nicht allein die Frage von Immanuel Kants Rassismus, die noch immer in den Medien heiß diskutiert wird, sorgfältig wissenschaftlich klärte, sondern auch diese intensive Beziehung zwischen Hegels weltgeschichtlicher Sichtweise und den Thesen de Pauws stärker – und unter Einbeziehung der amerikanischen Aufklärung – aufarbeiten würde. Humboldt, der zunächst mit hohen Erwartungen Hegels Vorlesungen an der noch jungen Berliner Universität hörte, hatte jedenfalls ohne weiteres erkannt, woher der große deutsche Philosoph seine Einsichten über die so degenerierten Krokodile und Alligatoren Amerikas bezogen hatte und vor welchem Hintergrund der globale Denker der Weltgeschichte die indigenen Völker Amerikas aburteilte.

Lassen Sie mich an dieser Stelle unsere kurze erste Beschäftigung mit Cornelius de Pauw abschließen und zwei knappe Passagen aus zwei unterschiedlichen Ausgaben der *Recherches philosophiques sur les Américains* zitieren, welche einerseits seine Abwertung des Naturzustandes, den Rousseau ja mitpropagiert hatte, und zugleich auch seine Begründung für die militärische Durchsetzung der Europäer und des Genozids an den Indianern zeigen:

> Alle Gewalt & alle Ungerechtigkeit waren auf Seiten der Europäer: Die Amerikaner hatten nur ihre Schwäche, so mussten sie ausgelöscht werden, & wurden ausgelöscht in einem Augenblick. [...]
> Er ist in der Welt allein & weiß nicht, dass man wohltätig, barmherzig & großzügig sein kann. Man könnte sich keine größere Verrohung unserer Natur vorstellen als diesen Zustand des Nichtstuns & der Trägheit, in welchem man die Tugend, Ghutes zu tun, nicht kennt & in dem man sich damit beschäftigt, lediglich an sich oder an seine Herren zu denken.[29]

Der Naturzustand hat für de Pauw also ebenso wenig etwas Anheimelndes wie eine kulturelle Lage, in der die Entwicklung der Menschheit letztlich darauf abzielt, dass sich die überlegene Kraft und Kultur der Europäer gleichsam geschichtsphilosophisch legitimiert und sie – wenn auch unter Selbstanklagen

---

[29] Pauw, Cornelius de: *Recherches philosophiques sur les Américains, ou Mémoires intéressants pour servir à l'Histoire de l'Espèce Humaine.* Par Mr. De P\*\*\*. Avec une Dissertation sur l'Amérique & les Américains, par Dom Pernety. Bd. 1. London 1775, S. IV f.; sowie (ders.): *Recherches philosophiques sur les Américains, ou Mémoires intéressants pour servir à l'Histoire de l'Espèce humaine.* Par Mr. De P\*\*\*. Berlin: Chez Georges Jacques Decker 1769, Bd. 2, S. 207.

späterer Generationen – auf Kosten aller anderen Kulturen durchsetzt, die in Amerika existieren. Cornelius de Pauw, der im Übrigen als Beiträger für die *Encyclopédie* sowohl an den Artikeln über die Besiedlung Amerikas wie auch an jenen über China beteiligt war und sich nicht besonders um die damals bekannten Fakten, sondern allein um die Verteidigung seiner Vorstellungen kümmerte, hatte einen enormen Einfluss auf die öffentliche Meinung in ganz Europa. Gegen diesen Einfluss, ja gegen diese Meinungsführerschaft waren zuvor bestenfalls die Stimmen der Jesuiten lautgeworden, die durch Berichte ihrer Ordensbrüder sowohl in Amerika als auch in China über die weitaus besseren Informationen verfügten.

Zu diesen Stimmen zählte zweifellos auch jene Francisco Javier Clavijeros, zu dem wir nach unserem kurzen ersten Ausflug zu de Pauw wieder zurückkehren dürfen. Clavijero betonte immer wieder seine Augenzeugenschaft, betonte stets sein eigenes Sehen, was ihm eine große Legitimität verschaffte; zumal er von Europa aus schrieb und seine Geschichte, seine *Historia antigua de México* doch in Italien und auf Italienisch ausarbeitete. Häufige Verweise auf den frühen Altamerikanisten Carlos de Sigüenza y Góngora sowie auf eine Reihe von Sammlungen und „Códices" belegen zugleich, dass diese Augenzeugenschaft stets durch andere authentische Quellen ergänzt wurde.

Aufschlussreich ist dabei, dass Clavijero immer wieder betonte, dass die Menschen Amerikas („hombres de América") genauso seien wie jene Europas, nur dass die fehlende Erziehung und andere Zeitumstände der Unterdrückung ihnen nicht erlaubten, die für ihre Entwicklung notwendigen „luces" zu ihrer Erhellung zu erwerben.[30] Die von Clavijero aus den verschiedensten Quellen abgeleitete Geschichte ist zunächst eine der Herrscher, vor allem aber auch der von diesen bewerkstelligten Expansionen, wobei diese Geschichte nicht nur narrativiert, sondern auch durch zahlreiche fingierte Ansprachen indigener Sprecher rhetorisch ausgeschmückt wird. Die Frühzeit der Mexica vom See im Hochtal und ihrem Tenochtitlán als beginnendem Machtzentrum wirkt in der Historiographie Clavijeros wie die frühe Phase der Geschichte Roms und der Expansion der Römer über immer größere, umfangreichere Regionen Italiens. Die ganz bewusst eingefügten Parallelen sind offenkundig: Clavijeros *Historia antigua de México* ist, der Zeit und seinem Status als Jesuit gemäß, eine Herrschergeschichte, die sich aus verschiedenen Quellen speist und die Geschichtsschreibung des Spaniers Torquemada quellenkritisch in Frage stellt. Für lange Zeit – und nicht nur bis zu Alexander von Humboldt, der sie lobte und immer wieder benutzte – sollte sie

---

**30** Clavijero, Francisco Javier: *Historia antigua de México*, S. 78.

der Bezugspunkt für die präkolumbische Geschichtsschreibung im Umfeld der entstehenden Altamerikanistik bleiben.

Clavijeros *Historia antigua de México* liest sich wie eine Geschichte der heroischen Zeit der Römer, wobei gerade die Herauspräparierung bestimmter Heldengestalten im Grunde einer neoklassizistischen Ästhetik folgte, wie sie in der zeitgenössischen kolonialen Literatur an der Tagesordnung war. Nichts deutet auf entstehende präromantische Entwicklungen, wie sie gerade bei der Gestaltung der Heldensagen leicht hätten Anwendung finden können.

Eine besondere Bedeutung kommt dieser Art der Geschichtsschreibung insoweit zu, als sie den Aufstieg der Mexica und ihrer Stadt Tenochtitlán von einer völlig unbedeutenden Ansiedlung, die anderen Völkern Tribut zahlen musste, zur Herrin über den ganzen See von Tenochtitlán und der zentralen Bereiche des Hochtals von Mexiko in fast epischer Breite darstellt. Spannend und bisweilen schillernd sind nicht nur die ‚Mexikaner‘ im engsten Sinne, sondern auch manch andere mythische Gestalt, allen voran der König von Texcoco, Nezahualcóyotl, der bis heute als einer der großen Dichter in der lyrischen Tradition Mexikos gilt und dessen Name bis heute nichts von seinem Glanz verloren hat.

Gerne möchte ich Ihnen eine längere Passage aus diesem Abschnitt des vierten Buchs der *Historia antigua de México* vorführen, um damit das Idealbild eines gleichsam aufgeklärten Herrschers in präkolumbischer Zeit zu evozieren und vorzustellen. Nezahualcóyotl war durch sein engagiertes Eintreten für die mexikanische Sache nach dem Sieg der Azteken über die Tepaneken wieder in seine alten und im zustehenden Rechte als König von Texcoco eingesetzt worden. Und dieses Reich nun organisierte und lenkte er mit dem Gestus eines aufgeklärten Herrschers:

> Nezahualcóyotl war neben der einzigartigen Liebe, die er gegenüber seiner Nation empfand, mit einer seltenen Umsicht begabt, und er gab solche Vorsehungen für die Reform des Königreiches, dass man es binnen weniger Jahre viel mehr aufblühen sah als in den Zeiten seiner Vorgänger. Eine neue Form gab er den Räten, welche sein Großvater eingerichtet hatte, und besetzte wichtige Stellen mit Personen, die er als dafür geeignet fand.
>
> Es gab einen Rat für die rein zivilen Angelegenheiten, und unter anderem waren in ihm fünf Herren zugegen, die ihm in der Zeit seiner Schwierigkeiten sehr treu geblieben waren; einen anderen gab es, der für Verbrechensangelegenheiten zuständig war, dem zwei Fürsten vorstanden, die seine Brüder und von hoher Integrität waren. Der Kriegsrat wiederum setzte sich aus den berühmtesten Kapitänen zusammen, unter denen den Vorsitz sein Schwiegersohn hatte, der Herr von Teotihuacán, der General im Heere und einer der dreizehn Helden des Königreiches war. Der Finanzrat bestand aus den Kämmerern des Königs und den hauptsächlichen Händlern am Hofe; drei waren die vorstehenden Kämmerer, zu deren Aufgabe die Eintreibung der Tribute und königlichen Renten zählte.
>
> Er schuf eine Art Akademie der Dichtkunst, der Astronomie, der Musik, der Malerei, der Geschichtsschreibung und der hellseherischen Künste und berief in sie die geschick-

testen Professoren des Königreiches; diese versammelten sich beizeiten an einem bestimmten Ort, um ihre Erhellungen und Lehrmeinungen auszutauschen, und für jede
einzelne dieser Wissenschaften und Künste gründete er Schulen bei Hofe. Was die me-
chanischen Künste angeht, so teilte er die Stadt Tezcoco in über dreißig Stadtviertel
und gab jeder Kunst das ihre, unter Ausschluss der anderen; in einem Viertel waren die
Silberschmiede, in einem anderen die Edelsteinschleifer, in wieder einem anderen die
Sticker und so die übrigen alle.

Zur Förderung der Religion erbaute er verschiedene Tempel, ernannte Oberpriester
für den Kult ihrer Götter, gab ihnen Häuser und teilte ihnen Renten für ihren Unterhalt
und für die übrigen religiösen Ausgaben zu; und für den größeren Glanz seines Hofes
führte er große Gebäude innerhalb wie außerhalb der Stadt auf und schuf neue Gärten
und Forste, die zum Teil viele Jahre nach der Eroberung noch bestanden, und bis heute
bemerkt man manche Überreste jener Großartigkeit. Ich bitte die Leser, meinen Glauben
an diese und andere ähnliche Gegenstände nicht zu verurteilen, bevor sie nicht das erfahren haben, was wir in dieser Geschichte noch an anderem sagen werden, insbesondere
auch in unseren *Dissertationen*.[31]

In diesem Zitat entwirft Francisco Javier Clavijero das Bild einer präkolumbischen Gesellschaft, die sich nach kriegerischen Auseinandersetzungen wieder
sehr gut zu organisieren weiß und von einem Staatsmanne gelenkt wird, der
mit den „luces" seiner Zeit und damit ganz im Sinne der Aufklärung als absoluter Monarch und Wohltäter seines Volkes wirkt und herrscht. Es scheint mir offensichtlich, dass die Bedeutung dieser Passage sowie der Schlussappell an die
Leserschaft der *Historia antigua de México* erst in vollem Maße verständlich
und nachvollziehbar wird aus dem Kontrast gegenüber dem im 18. Jahrhundert
in Europa vorherrschenden Diskurs über Amerika und die Amerikaner. Denn
dieser hatte in der Nachfolge eines Buffon, der selbstverständlich die außereuropäische Welt niemals gesehen hatte, ein Bild der amerikanischen Natur wie
der Bewohner Amerikas bei Tieren wie bei Menschen entfaltet, welches von
Schwäche, Unvermögen und fehlenden körperlichen wie kognitiven Fähigkeiten gekennzeichnet war. Wie sollte man da einem Jesuiten glauben, der behauptete, in der Zeit vor der Entdeckung Amerikas habe es rational entworfene
und ‚modernisierte' Staatswesen in den Amerikas gegeben?

Gegen die radikale Abwertung alles Amerikanischen und aller amerikanischen Kulturen aber zog die *Historia antigua de México* entschlossen zu Felde.
Clavijero wusste, dass er angesichts der vorherrschenden Meinung und dem Su-
perioritätsdünkel in Europa ein Glaubwürdigkeitsproblem hatte, gegen das er
offensiv angehen musste. Daher enthielt seine *Historia* an einer Unzahl von
Stellen Hinweise auf die Fundierung des eigenen Wissens, auf vorhandene Dokumente, überlieferte Schriften und nachvollziehbare Zeugnisse, die seine Ar-

---

**31** Clavijero, Francisco Javier: *Historia antigua de México*, S. 103 f.

gumentation stützen konnten. Selbstverständlich wusste Clavijero auch, dass er als Mitglied der Societas Jesu in den Augen vieler europäischer Aufklärer als Kleriker nicht glaubwürdig war, auch wenn viele der europäischen ‚Philosophes pro forma' ebenfalls als „Abbés" wie Guillaume-Thomas Raynal oder Cornelius de Pauw beschäftigt waren. All dies erzeugte eine bisweilen defensive Argumentation in der *Historia*, wie wir sie in der obigen Passage antreffen und wie sie ohne dieses Vorwissen um die diskursive Stellung von Clavijeros Schrift nicht wirklich begriffen werden kann. Denn Clavijero stand in der Debatte, im internationalen Disput um die Neue Welt und damit in den Auseinandersetzungen zwischen einer europäischen und einer amerikanischen Aufklärung von Beginn an unter Druck.

In der obigen Passage kann es keinen Zweifel an der Strategie des neuspanischen Jesuiten geben: Clavijero bemühte sich redlich, alle Funktionen und Aufgaben innerhalb des Staatswesens, von der Spitze, dem König, bis hinunter zu den Professoren oder Lehrern an der Akademie für seine Leserschaft in ein europäisches Sinnsystem zu übersetzen und damit natürlich auch für Europa zu ‚aktualisieren'. Nur allzu deutlich schimmert die Idealvorstellung von einem guten Herrscher und seinem „buen gobierno" in diesen Schilderungen der Herrschaft Nezahualcóyotls durch. Der Dichter-Fürst erscheint als aufgeklärter Monarch im Stile des 18. Jahrhunderts.

Doch Clavijero war bezüglich des Staatswesens von Tezcoco keineswegs auf seine eigene Phantasie angewiesen. Denn es gab gerade in diesem Bereich eine Vielzahl von Quellen und Dokumenten, die – neben den Gedichten Nezahualcóyotls selbst – die dessen Bedeutung und die mit ihm verbundene Regierungsform belegen konnten. So ergab sich gerade bei der Behandlung der Herrschaft von Nezahualcóyotl der größte Gegensatz zu den Behauptungen eines de Pauw, eines Robertson oder eines Raynal, die den sogenannten Indianern jegliche kulturelle Entwicklung absprachen und sie ausschließlich im Lichte ihrer inhärenten Schwäche und Inferiorität präsentierten. Denn das von Clavijero geschilderte Staatswesen war höchst vernünftig konzipiert und mit Institutionen ausgestattet, welche geradezu einer abendländischen Rationalität entsprungen zu sein schienen.

Francisco Javier Clavijero forderte ganz bewusst für die altamerikanischen Kulturen und deren Zivilisationen eine Position und Stellung ein, welche zumindest mit jener der griechischen Stadtstaaten oder den Anfängen des Römischen Reiches vergleichbar war. Darauf macht dieses Zitat und auch der Hinweis auf den Aufbau einer Akademie, der Anlage von Parks und Forsten, der Einrichtung von Schulen und Bildungsstätten im Kontext einer umsichtigen Politik und einer großen Vaterlandsliebe aufmerksam – allesamt Zeugnisse einer zivilisatorischen Entwicklung, wie sie in der mediterranen Antike entstanden und noch im 18. Jahrhundert sehr geschätzt wurden.

Wüssten wir nicht, von welchem Kontinent, von welchem Zeitalter und von welchem Herrscher gerade die Rede ist, wir könnten uns in die Epoche von Friedrich dem Großen versetzt fühlen, der ebenfalls die Arbeit der Akademie förderte, selbst musisch aktiv war und sowohl Bildungsinstanzen wie die Verwaltung seines aufblühenden Staatswesens unterstützte. Dass er für zahlreiche Bauwerke innerhalb wie außerhalb der Stadt, aber auch für großzügige Parks, Forste und Wälder verantwortlich zeichnete, können Sie noch heute in und um Potsdam eindrucksvoll erleben. Größer könnte der Unterschied zum indolenten Indianerbild eines de Pauw, Robertson oder Raynal nicht mehr sein. Hier ist das Bild der Aufklärung nach Amerika übergewechselt und wird in eine Vergangenheit zurückprojiziert, die nun zur eigenen Vergangenheit der Kreolen geworden ist. Und über eine solche Welt brach der Sturm der Conquista, brach die Unterjochung durch die Soldateska der Spanier herein! Dies ist eine literarische und künstlerische Konfiguration, die kein Geringerer als Friedrich der Große – wie wir gleich sehen werden – in Form einer Oper durchspielen sollte; eine Oper, von der Clavijero jedoch wohl nichts wissen konnte.

Am Ende des obigen Zitats verweist letzterer auf die „Disertaciones"; dabei handelt es sich um insgesamt neun längere Texte und Untersuchungen, die seiner *Historia antigua de México* angehängt wurden und die unterschiedlichsten Themenbereiche abdecken. Das vom neuspanischen Jesuiten bearbeitete Themenspektrum reicht von den Hauptepochen der amerikanischen Geschichte bis zu den in Amerika vorkommenden Tieren, von der Religion der Indianer bis hin zu Herkunft und Verbreitung der Syphilis nach dem damaligen Kenntnisstand. Denn Clavijero hatte sehr wohl verstanden, welche Rolle den Epidemien bei der Entstehung einer vernetzteren Welt zukam.

Ich möchte sie zu diesen Themen allerdings nicht näher unterrichten, denn wir haben uns zum Teil ja bereits damit beschäftigt. Aber ich möchte Ihnen doch noch einige wenige Überlegungen Clavijeros aus diesen nachgestellten „Disertaciones" seiner *Historia antigua de México* vorstellen, damit Sie sich ein Bild davon machen können, dass die Aufklärung nicht nur einfach in die Vergangenheit projiziert wurde, sondern in Clavijeros Werk in Amerika voranschreitet und sich entwickelt.

Ich habe dafür die fünfte Dissertation ausgesucht, die sich in einem ersten Teil zunächst mit der körperlichen Beschaffenheit der indigenen Bevölkerung auseinandersetzt, bevor sich der Seelenhirt Clavijero – nicht umsonst ein Jesuit – mit den indianischen Seelen in einem zweiten Teil beschäftigt. Ich kann auf diese spezielle Frage an dieser Stelle unserer Vorlesung jedoch aus Zeitgründen nicht eingehen, so spannend die Erörterung dieser Problematik auch wäre. Doch möchte ich Ihnen gerne zeigen, dass wir mit Montesquieu und seinen *Lettres persanes* nicht nur die Geburt eines anthropologischen oder ethnographischen Blickes auf das Eigene in Europa beobachten können, sondern auch eine Art Geburt des kritischen amerikanischen Blickes auf Europa.

Man könnte diesbezüglich leicht ironisch von einer ‚Gegenaufklärung' sprechen, welche sich gegen die europäische Aufklärung und weit mehr noch gegen bestimmte europäische Aufklärer richtet. Denn in mancherlei Hinsicht war die europäische Aufklärung mit Blick auf die Amerikas weder Aufklärung noch Verklärung, sondern schlicht die Verbreitung europäischer Vorurteile: ein Diskurs bar jeglicher Selbstkritik. In dieser unsere Auseinandersetzung mit Clavijero abschließenden Passage ist die Umkehrung dieses Blickes spürbar. Es handelt sich um einen ‚Gegen-Blick', der noch im 20. Jahrhundert – wie wir bereits sahen – für die Europäer weithin unerträglich war. Dieser Blick aber wird von Clavijero in diesen beiden Schlussabschnitten seiner „quinta disertación" bereits um 1780 deutlich eingefordert:

> Aber jedwedem Amerikaner von mittlerer Intelligenz und einiger Bildung, der es in derselben Münze diesen Schriftstellern (wie wir anderswo über einen Philosophen aus Guinea gesagt haben) heimzahlen wollte, fiele es leicht, ein Werk mit diesem Titel zu verfassen: *Philosophische Untersuchungen über die Bewohner des Alten Kontinents*. Indem man dieselbe Methode von de Pauw befolgte, würde man das wiederaufnehmen, was über sterile Länder der Alten Welt geschrieben wurde, über unerreichbare Berge, über sumpfige Ebenen, undurchdringliche Wälder, sandige Wüsten und schlechte Klimate, eklige und schädliche Reptilien und Insekten, Schlangen, Schädlinge, Skorpione, Termiten, Frösche, Tausendfüßler, Kakerlaken, Wanzen und Läuse, ungleiche, kleinwüchsige, verquere und furchtsame Vierfüßler, über degenerierte Menschen von hässlicher Farbe, unausgewogener Statur, deformierten Gesichtszügen, schlechter Haltung, von gedrückter Stimmung, verdunkelter Einsicht und grausamem Äußeren.
>
> Wenn es dann zum Artikel über die Laster käme: Welche unendliche Vervielfachung von Materialien gäbe es hier nicht für ein solches Werk! Welche Exemplare von Niedertracht, Perfidie, Grausamkeit, Aberglaube und Auflösung gäbe es hier! Welche Exzesse in jedweder Art von Lastern! Allein die Geschichte der Römer, der berühmtesten Nation der Alten Welt, würde einem eine unglaubliche Vielzahl der horrendesten Übeltaten liefern. Man müsste einräumen, dass derartige Defekte und Laster weder in allen Ländern noch bei allen Bewohnern des Alten Kontinents verbreitet waren; doch zählte all dieses nicht, denn man würde entlang desselben Modells von de Pauw schreiben und sich derselben Logik bedienen. Ein solches Werk wäre ohne Zweifel weitaus beliebter und glaubwürdiger noch als dasjenige von de Pauw, denn wenn dieser Philosoph nicht gegen Amerika und die Amerikaner nur aus europäischen Autoren zitiert, so würde im Gegensatz dazu der amerikanische Schriftsteller für sein kurioses Werk ausschließlich Autoren benutzen, die von diesem selben Kontinente stammen, gegen den sich diese Schrift richtete.[32]

In dieser hochpolemischen Passage kann es Francisco Javier Clavijero nicht unterlassen, erneut auf den Philosophen aus Guinea hinzuweisen und eine Ver-

---

32 Clavijero, Francisco Javier: *Historia antigua de México*, Quinta Disertación, S. 524.

bindung zu der bereits früher in unserer Vorlesung zitierten Passage aus seiner *Historia antigua de México* herzustellen. Es ist offenkundig, dass der neuspanische Jesuit Kunde haben musste von jenem Anton Wilhelm Amo, der zum Zeitpunkt des Erscheinens der *Historia* längst Deutschland wieder verlassen hatte, aber sich im gesamten 18. Jahrhundert einer großen nationalen wie internationalen Bekanntheit erfreute. Darum wiegt, so will mir scheinen, das Schweigen der deutschen Philosophen des 18. Jahrhunderts wie Immanuel Kant auch so schwer, gemahnt es doch an ein Totschweigen des in Deutschland akademisch sozialisierten und durchaus erfolgreichen schwarzen Philosophen.

In diesem Zusammenhang ist unklar, wieviel Clavijero von Amos Philosophie bekannt war. Aber es dürfte unstrittig sein, dass er ihn als ein Beispiel für eine Perspektivik auf Europa und die europäische Philosophie der Aufklärung wählte, welche ebenso wie die seine Europa nicht allein von einer inneren, sondern zugleich von einer äußeren Perspektivik aus mit einer der Aufklärung würdigen kritischen Haltung betrachtete. Der „Philosoph aus Guinea", wie sich Amo bisweilen selbst nannte, war für den in Neuspanien geborenen Philosophen sehr wohl ein Begriff.

In der obigen Passage wurde ein Buchprojekt skizziert, das auf den ersten Blick als völlig undurchführbar erscheinen könnte. Denn fürwahr: Welch ein Buchprojekt! Doch wir könnten hinzufügen: Es wurde wenige Jahrzehnte später von einem Landsmann Clavijeros und einem weiteren Mann der Kirche verwirklicht – freilich nicht von einem Jesuiten, sondern einem Dominikaner. Es war kein Geringerer als Fray Servando Teresa de Mier, eine der großen Figuren der mexikanischen und hispanoamerikanischen Unabhängigkeitsrevolution, mit dessen späteren Schriften wir uns bereits in unserer Vorlesung zum 19. Jahrhundert beschäftigt haben, war er doch auch der Verfasser der wohl ersten Übersetzung von Chateaubriands romantischem Schlüsseltext *Atala* ins Spanische.[33]

Fray Servando Teresa de Mier y Guerra ließ in seinem „Reisebericht eines Amerikaners" in Europa keinen der Ratschläge Clavijeros aus, eine Art umgedrehte Sichtweise von Cornelius de Pauws *Recherches philosophiques sur les américains* zu verfassen. Darum sollen ihm auch in dieser Vorlesung noch einige Seiten gewidmet sein. In der Tat finden sich in seinem Reisebericht degenerierte Ureinwohner in Europa zuhauf, wie schon ein erster Blick auf die Einwohner der spanischen Hauptstadt, also der Hauptstadt des Kolonialreiches verdeutlichen sollte. Der neuspanische Dominikanermönch machte sich einen Spaß daraus, die großen Eroberer und Herrscher über die Neue Welt als schwäch-

---

[33] Vgl. hierzu den vierten Band der Reihe „Aula" in Ette, Ottmar: *Romantik zwischen zwei Welten*, S. 153 ff.

liche, missgestaltete, dümmliche und übelmeinende Menschlein zu porträtieren, von denen man sich nun aus amerikanischer Sicht endgültig trennen müsse. Er verwirklichte mit großer Lust – ob bewusst oder unbewusst, das bedürfte weiterer Forschungen und muss hier offen bleiben – jenes literarische Schreibprogramm, das Francisco Javier Clavijero in seiner fünften „Disertación" Jahrzehnte zuvor als Verhohnepiepelung de Pauws skizziert hatte.

In dem oben aufgezeigten Sinne sehen wir mithin eine Seite der europäischen Aufklärung, die bislang in Europa unbeleuchtet und damit unaufgeklärt blieb: die radikale Aussperrung eines Teiles der Menschheit durch europäische Aufklärungsphilosophen unter dem Vorwand einer Universalisierung von Werten, die wir selbst noch bei Georg Wilhelm Friedrich Hegel, bei Karl Marx oder bei Friedrich Engels wiederfinden können. Es wäre ein Leichtes, diese Spuren bis ins 20. und 21. Jahrhundert nachzuzeichnen. Doch möchte ich Ihnen zumindest an dieser Stelle einmal aufgezeigt haben, in welch erstaunlichem Maße das 18. Jahrhundert – wenn wir das programmatische Bild von der „Aufklärung zwischen zwei Welten" ernstnehmen – Möglichkeiten zutage förderte, das Eigene in neue Beziehungen einzubeziehen und gemeinsam mit der Entdeckung des Anderen auch eine Entdeckung des Eigenen hervorzubringen. Dabei ist diese ‚Entdeckung des Eigenen' nicht als ein Sich-Abschließen über einem wie auch immer sich konstituierenden ‚Eigenen' zu denken, sondern als eine Weitung und Erweiterung, deren Epistemologie zu diesem Zeitpunkt noch nicht ausgedacht war.

Denn unbestreitbar ist: Clavijeros *Historia antigua de México* ist eine Ethnographie und Kulturgeschichte, die auf die zeitgenössischen Diskussionen des 18. Jahrhunderts bezogen ist und Teil hat an jenen aufklärerischen Auseinandersetzungen, die das „Siglo de las Luces", das „Siècle des Lumières" mit Blick auf die welthistorischen Veränderungen Im Umfeld der zweiten Phase beschleunigter Globalisierung entfesselte. Die Geschichte des Altamerikanischen als Amerikanischem ist zugleich die Konstruktion eines Eigenen, das dann auch wenige Jahre später den amerikanischen Kreolen dazu dienen sollte, eine Frontstellung gegenüber dem Anderen, den Spaniern aufzubauen, obwohl diese den Kreolen doch genealogisch sehr viel näher standen als der indigenen Bevölkerung. Doch die Konstruktion von Vergangenheit geht mit der von Zukunft Hand in Hand.

Die indigenen Bevölkerungen wiederum sollten in diesem Spiel der kreolischen Eliten nicht zum Anderen im Eigenen, sondern erneut – und auf vielleicht noch stringentere, radikalere Weise – ganz aus dem Eigenen ausgeschlossen werden. Aber auch dies ist eine Geschichte, die im 19. Jahrhundert ihre eigentliche Fortsetzung in der politischen Unabhängigkeit und ihren Höhepunkt in der Konstituierung der verschiedenen Nationalstaaten des künftigen Lateinamerika erreichen sollte; eine Geschichte, an der auch wir noch am Beginn des 21. Jahrhunderts partizipieren. So ist Clavijeros Projekt einer anderen, einer altamerikanischen Antike und damit einer amerikanischen Moderne weit davon entfernt, in diesem Sinne eingelöst oder erlöst worden zu sein. Denn von einer politischen Gleichstellung der indigenen Bevölkerungen kann nicht im Ansatz die Rede sein. Das eigentlich Spannende an dieser Geschichte ist die Tatsache, dass in dieser Aufklärung zwischen zwei Welten nun die Werte der europäischen Aufklärung als immerhin ‚universalgültige' Werte nun gegen diese europäische Aufklärung oder doch einen Teil ihres vorgeblichen Universalismus – und keinen geringen Teil! – in Stellung gebracht wurden und daraus eine kulturelle Problematik entstand, die bis heute nicht ansatzweise aufgearbeitet wurde.

Doch ich hatte Ihnen die Verfolgung einer Linie versprochen, die ganz in unsere räumliche Nähe führt, nach Schloss Sanssouci, und keinen Geringeren als Friedrich den Großen in den Zeugenstand ruft. Wenden wir uns also Fragestellungen zu, die erneut dem Zusammenhang zwischen Alter und Neuer Welt gelten. Wir stellen Friedrich II. einen Autor an die Seite, dessen Name längst wieder in der Dunkelheit versunken ist, der aber – wie wir auch bei Clavijero sahen – einer der zentralen Autoren des 18. Jahrhunderts war und dessen Name in der sogenannten *Berliner Debatte um die Neue Welt* hell leuchtete. Es war eine weltweite Debatte, die sich gleichsam vor unserer Haustür abspielte und die uns zeigt, dass wir hier an der Universität Potsdam in den wunderbaren historischen Gebäuden, die uns direkt mit dem 18. Jahrhundert verbinden, hautnah dran sind an jenem Geschehen, das wir nun aus einer anderen Perspektive diskutieren wollen. Wir befinden uns nämlich unweit jener Gebäude und Wandelhallen, in denen sich einst Voltaire und Friedrich der Große oder Cornelius de Pauw, Guillaume-Thomas Raynal und Giacomo Casanova aufhielten. Vielleicht spüren Sie noch etwas von jenem Geist, wenn Sie unter den Kolonnaden am Neuen Palais lustwandeln …

# Cornelius de Pauw, Friedrich der Große oder die aufgeklärte Macht der Sinne

Anders als im 21. Jahrhundert war Cornelius de Pauw dem Jahrhundert der Aufklärung kein Unbekannter. Er darf zweifellos als einer der unter seinen Zeitgenossen weltweit berühmtesten Repräsentanten der europäischen Aufklärung gelten, der vor allem durch seine Werke über außereuropäische Völker auf sich aufmerksam machte. Seine oftmals im globalen Maßstab Aufsehen erregenden französischsprachigen Schriften wurden in einer nationale Grenzziehungen ganz selbstverständlich überspannenden „République des Lettres", die man allzu oft und fälschlicherweise auf die Dimensionen Europas begrenzt zu denken geneigt ist, im Kontext jenes „Disputs um die Neue Welt" gelesen, dessen Geschichte Antonello Gerbi in dem bereits angeführten Standardwerk dargestellt hat.[1] Ohne de Pauw wäre eine entscheidende Phase dieses Disputs, die *Berliner Debatte um die Neue Welt*, nicht vorstellbar gewesen. Nehmen wir also diesen illustren Vertreter der europäischen Aufklärung näher unter die Lupe!

Warum ist es bereits ab dem 19. Jahrhundert so still um den holländischen Gelehrten geworden? Die Vielzahl an Polemiken, die de Pauw insbesondere mit seinen *Recherches philosophiques sur les Américains*, aber auch mit anderen Schriften auslöste, scheint heute längst vergessen, auch wenn man seinen Namen bisweilen noch in flüchtigen Fußnoten oder beiläufigen Nebensätzen findet. Ein Blick auf die internationale Forschungslandschaft zeigt, dass es kaum neuere Publikationen zu den Arbeiten des 1739 in Amsterdam geborenen und 1799 in Xanten verstorbenen Philosophen, geschweige denn ausgedehntere Monographien gibt, die sein gesamtes philosophisches Oeuvre untersuchen würden.[2] Es ist ruhig, ja verdächtig ruhig geworden um den Mann, der einst die Gemüter erhitzte und einen der zweifellos entscheidenden Dispute des Jahrhunderts der Aufklärung auslöste. Ist er nicht doch, wie zuvor bereits angedeutet, auf vielerlei Weise in unserer Geschichte, ja vielleicht in unserem Denken präsent? Haben uns seine Texte heute nichts mehr zu sagen?

Die Fragestellungen, mit denen sich Cornelius de Pauw über weite Strecken seines Schaffens beschäftigte, sind gerade in ihrer kulturphilosophischen Stoßrichtung gewiss auch heute noch von größter Relevanz, will man die Geschichte

---

1 Vgl. Gerbi, Antonello: *La Disputa del Nuovo Mondo. Storia di una Polemica: 1750–1900.* Nuova edizione a cura di Sandro Gerbi. Mailand – Neapel: Riccardo Ricciardi Editore 1983.
2 Erwähnung findet das Werk de Pauws immerhin in Cañizares-Esguerra, Jorge: *How to Write the History of the New World. Histories, Epistemologies, and Identities, in the Eighteenth-Century Atlantic World.* Stanford: Stanford University Press 2001, S. 26–28.

der Beziehungen zwischen Europa und der außereuropäischen Welt mit historischer Tiefenschärfe begreifen. Dies gilt, um mit der Begrifflichkeit des 18. Jahrhunderts zu sprechen, ebenso für die „Indes occidentales" wie für die „Indes orientales", also für „Westindien" wie für „Ostindien" auf der Karte der kolonialen Expansion Europas. Denn der wegen seiner Scharfzüngigkeit gefürchtete Philosoph war ohne jeden Zweifel ein Denker der Globalität und sein gesamtes literarisch-philosophisches Werk eine Antwort auf jene zweite Phase beschleunigter Globalisierung,[3] welche die zweite Hälfte des 18. Jahrhunderts bis deutlich über die Jahrhundertwende hinaus umfasst.

Dies war ein Zeitraum, der sich im Übrigen innerhalb des deutschsprachigen Raumes seit Mitte des Jahrhunderts auch in einer deutlich steigenden Zahl an Übersetzungen spanischer Geschichtswerke zur ersten Globalisierungsphase niederschlug.[4] Das Interesse des Zeitalters der Aufklärung und damit der zweiten Phase beschleunigter Globalisierung an der ersten Phase sowie die damit verbundene koloniale Ausbreitung insbesondere der iberischen Mächte war in ganz Europa enorm.

Doch wie hatte man sich im 18. Jahrhundert unter nicht allein geographischen, sondern auch politischen und militärischen Vorzeichen die Gesamtheit unseres Planeten von Europa aus vorzustellen? Einheit und Aufteilung der gesamten Welt stellen zunächst unter geologischen und geomorphologischen Gesichtspunkten Problematiken dar, die de Pauws gesamtes Werk über die Alte wie die Neue Welt durchziehen. Dabei begreift der Autor der *Recherches philosophiques sur les Américains* ganz im Sinne der Naturgeschichte Buffons, die für ihn eine unhinterfragbare wissenschaftliche Leitlinie darstellt, diese ‚Neue' Welt auch als eine geologisch wie geomorphologisch jüngere:

> Die fast unendliche Anzahl von Seen & von Sümpfen, von denen Westindien bedeckt ist, wurde nicht allein von den überschüssigen Flusswassern gebildet noch von den Nebeln, welche von den Bergen und den Wäldern angezogen werden: Diese Seen scheinen vielmehr aus Wasserdepots gebildet, die noch nicht aus den jeweiligen Orten auslaufen konnten, die einst von einer gewaltigen Erschütterung geflutet worden waren, welche der gesamten Maschine des Erdglobus ihren Stempel aufdrückte: Die zahlreichen Vulkane der Kordilleren & die Felsen Mexikos, die Erdbeben, welche niemals in dem einen wie

---

**3** Vgl. hierzu erstmals Ette, Ottmar: *Weltbewußtsein. Alexander von Humboldt und das unvollendete Projekt einer anderen Moderne.* Weilerswist: Velbrück Wissenschaft 2002, S. 25–27; eine umfangreiche Übersicht der unterschiedlichen Phasen beschleunigter Globalisierung findet sich in Ette, Ottmar: *TransArea. Eine literarische Globalisierungsgeschichte.* Berlin – New York: Verlag Walter de Gruyter 2012.
**4** Vgl. hierzu Birkenmaier, Anke: *Versionen Montezumas. Lateinamerika in der historischen Imagination des 19. Jahrhunderts. Mit dem vollständigen Manuskript von Oswald Spenglers „Montezuma: ein Trauerspiel" (1897).* Berlin – New York: Verlag Walter de Gruyter 2011, S. 14.

dem anderen Zweig der Anden aufhören, beweisen, dass in unserer Zeit die Erde dort noch nicht zur Ruhe gekommen ist.[5]

Die Vorstellungen des Cornelius de Pauw in erdgeschichtlicher oder geologischer Hinsicht entsprechen durchaus dem Stand der damaligen europäischen Wissenschaft über unseren Erdkörper. Der gesamte Planet bildet mithin eine Einheit, jene „Maschine des Globus", die sich freilich naturhistorisch gesehen gleichzeitig in erdgeschichtlicher Ungleichzeitigkeit befindet. Dies entsprach vollkommen den empirisch nicht abgesicherten, aber systematischen Vorstellungen, die man sich von der Erdoberfläche in der Aufklärungsepoche machte, wobei Katastrophentheorien hierbei eine wichtige Rolle spielten. Denn während es in der Alten Welt längst zu einer gewissen Beruhigung („repos") gekommen sei, brodelt und schüttelt es in den Gebirgen der Neuen Welt, wo die Landmassen sich erst wesentlich später aus dem Wasser gehoben hätten und noch immer weite aquatische Binnenräume bildeten.

Dies bedeutet, dass sich die europäischen Philosophen des 18. Jahrhunderts die Erde als einen in Bewegung befindlichen Körper oder als „Maschine" vorstellten, die keineswegs gleichzeitigen Erschütterungen ausgesetzt worden sei. Die Erdgeschichte der Alten Welt war mit der Erdgeschichte in der Neuen Welt nicht vergleichbar: Beide Welten, beide Hemisphären der Erde, waren streng voneinander geschieden. Die Unterschiede zwischen den Welten waren folglich unmittelbar sinnlich wahrnehmbar und von jedermann zu beobachten. Zur Erkundung der erdgeschichtlichen Verhältnisse bedurfte es keiner Forschungsreisen und keiner Expeditionen. Die ‚Alte' und die ‚Neue' Welt bildeten zwei voneinander verschiedene Hemisphären: ‚Alt' steht dabei ‚neu' direkt gegenüber beziehungsweise entgegen. Die Maschine des Erdkörpers ist zwar durchaus eine einzige, spaltet sich aber in zwei Hemisphären auf, die in ihrer Gegensätzlichkeit bis in unsere Tage fortbestehen und in ihrer Gewalt infolge der zahlreichen Erdstöße für den menschlichen Körper sinnlich erfahrbar werden. Die zahlreichen Vulkane der Kordillere der Anden waren dafür der beste Beweis. Aus eben diesem Grunde war es gegen Ende des Jahrhunderts Alexander von Humboldt so wichtig, auf seiner eigenen Forschungsreise durch die amerikanischen Tropen nicht nur die Tiefländer

---

5 Pauw, Cornelius de: *Recherches philosophiques sur les Américains, ou Mémoires intéressants pour servir à l'Histoire de l'Espèce humaine.* Berlin: Chez Georges Jacques Decker, Imp. du Roi 1768–1769, Bd. 1, S. 102. Der Band erschien unter dem leicht auflösbaren Pseudonym „Mr. de P***". Eine deutsche Ausgabe folgte im Übrigen rasch: *Philosophische Untersuchungen über die Amerikaner, oder wichtige Beyträge zur Geschichte des menschlichen Geschlechts.* Übersetzt von Carl Gottlieb Lessing. 2 Bde. Berlin: Decker und Winter 1769. Die französischsprachigen Originalausgaben verfügen über zahlreiche orthographische Nachlässigkeiten insbesondere bei der Akzentsetzung, die im vorliegenden Text nicht gesondert signalisiert werden.

am Orinoco oder am Amazonas, sondern auch die Kordilleren zu erkunden und einzelne Vulkane zu besteigen. Seine Forschungen sollten die Vorstellungen einer systematischen, aber nicht empirisch fundierten Geographie und Geologie Stück für Stück zertrümmern und die geologisch-geographische Einheit beider Welten wiederherstellen. Doch zurück zur Vorstellungswelt des Cornelius de Pauw und seiner sich durchaus als wissenschaftlich fundiert verstehenden Welt-Anschauung!

Die naturhistorisch verankerte Unterscheidung und Scheidung zweier Hemisphären bildet die grundsätzliche diskursive Setzung seiner *Recherches philosophiques sur les Américains*. Von dieser Unterscheidung, von dieser Diskriminierung leitet sich alles andere ab. Sie ist zunächst zwar rationaler, aber nicht relationaler Natur. Sie gibt der Menschheitsgeschichte wohl einen Sinn, koppelt diesen aber – wie wir sehen werden – von den Sinnen rasch wieder ab: Denn was die Natur (oder eben der christliche Gott) geschieden hat, ist auch bei den Menschen und ihrer Kultur strikt voneinander geschieden. De Pauws *Recherches* setzen auf die Macht des Sinns, nicht auf die Macht der Sinne und des sinnlich vom Reisenden wie vom Publikum Erlebbaren. Die sinnliche, empirische Überprüfung aller rein theoretischen Vorstellungen bleibt außerhalb seiner argumentativen Welt.

Dem im obigen Zitat deutlich werdenden Argumentationsschema folgen nicht allein die naturhistorischen, sondern auch die kulturhistorischen Überlegungen der *Philosophischen Untersuchungen* über jene Amerikaner, die selbstverständlich nicht – ich darf noch einmal daran erinnern – entgegen unserer aktuellen Sprachverwirrung die Bewohner der USA, sondern die indigene Bevölkerung des amerikanischen Kontinents bezeichnen. Sie allein – und nicht die erdgeschichtlichen Verhältnisse in der Neuen Welt – stehen im Fokus der Überlegungen des holländischen Philosophen.

Gleich zu Beginn seines „Discours Préliminaire" zum ersten, 1768 unter dem Namen eines „Mr. de P***" in Berlin erschienenen Bandes seiner umfangreichen Schrift machte de Pauw dabei deutlich, welches für ihn jenes historische Ereignis war, das aus seiner Sicht die Geschichte des Planeten am nachhaltigsten geprägt und gleichsam die naturhistorische Differenz zwischen Alter und Neuer Welt am stärksten hervorgetrieben hatte. Wir konnten diese menschheitsgeschichtliche diskursive Setzung schon bei einem Voltaire beobachten:

> Es gibt kein denkwürdigeres Ereignis unter den Menschen als die Entdeckung von Amerika. Wenn man von den gegenwärtigen Zeiten in die entferntesten Zeiten hinaufsteigt, gibt es keinerlei Ereignis, das man mit diesem vergleichen könnte; & ohne Zweifel ist es ein großes & schreckliches Schauspiel, die eine Hälfte dieses Globus derart von der Natur benachteiligt zu sehen, insofern alles dort entweder degeneriert oder monströs war.
>
> Welcher Naturforscher der Antike hätte jemals vermutet, dass ein und derselbe Planet zwei so unterschiedliche Hemisphären haben würde, von denen die eine von der anderen besiegt, unterworfen & gleichsam verschlungen wurde, sobald ihr die andere bekannt,

nach einem Ablauf von Jahrhunderten, die sich in der Nacht & in den Abgründen der Zeit verlieren?

Diese erstaunliche Revolution, welche das Antlitz der Erde & das Schicksal der Nationen veränderte, war absolut augenblicklich, weil es auf Grund einer fast unglaublichen Fatalität keinerlei Gleichgewicht zwischen Angriff und Verteidigung gab. Alle Gewalt & alle Ungerechtigkeit waren auf Seiten der Europäer: Die Amerikaner hatten nur ihre Schwäche, so mussten sie ausgelöscht werden, & wurden ausgelöscht in einem Augenblick.[6]

Der nicht umsonst an Jesuitenkollegs in Lüttich und Köln ausgebildete und überdies wohl an der für außereuropäische Fragen bestens ausgestatteten Göttinger Universität eingeschriebene Cornelius oder Corneille de Pauw[7] entfaltete in den wie stets bei ihm scharf konturierten Wendungen seines französischsprachigen Werkes eine Gegensätzlichkeit, welche die Opposition von ‚alter‘ und ‚neuer‘ Welt nun auf jene von ‚Europäern‘ und ‚Amerikanern‘ übertrug. Sie sind Bewohner *einer* Welt, die schroffer zweigeteilt jedoch kaum vorgestellt werden könnte. Cornelius de Pauw gelang es diskursiv wie rhetorisch blendend, im weiteren Verlauf seiner Argumentation diese Zweiteilung vor allem auf der kulturgeschichtlichen und zivilisationsgeschichtlichen Ebene fruchtbar zu machen und die eingeborenen Völker Amerikas als den Europäern hoffnungslos unterlegen und schwach darzustellen. Was brauchte es da noch Überprüfungen vor Ort und empirisch fundierte Kenntnisse über die altamerikanischen Kulturen in Mexiko oder Peru?

Die in dieser Eingangspassage diskursiv in Gang gesetzten Mechanismen der Inklusion und Exklusion erzeugen somit eine strukturelle Ambivalenz, die im Ergebnis der hier evozierten geschichtlichen Prozesse jedoch sofort in eine radikale Scheidung zurückgenommen wird. Cornelius de Pauws *Recherches philosophiques sur les Américains* wirkten auf die europäischen Zeitgenossen überzeugend, weil eine scheinbar natürliche Zweiteilung auch auf der kulturellen Ebene vollständig durchgehalten wurde und damit die kulturelle Inferiorität der indigenen Bevölkerungen gleichsam naturhistorisch verankert schien.

Diese natur- wie kulturhistorische Zweiteilung bestimmt geschichtsphilosophisch die gesamte Anlage des de Pauw'schen Schreibens, das im Zeichen eines großen Zusammenstoßes steht, welcher im Grunde noch immer kein Ende gefunden habe. Denn die Auseinandersetzungen zwischen beiden Welten gehen auch im 18. Jahrhundert, im Zeitalter der Aufklärung mit nochmals verstärkten Kräften

---

6 Ebda., Bd. 1, S. a2v f.

7 Vgl. hierzu Church, Henry Ward: Corneille de Pauw, and the controversy over his „Recherches philosophiques sur les Américains„. In: *PMLA* (New York) LI, 1 (March 1936), S. 180 f.; sowie Beyerhaus, Gisbert: Abbé de Pauw und Friedrich der Große, eine Abrechnung mit Voltaire. In: *Historische Zeitschrift* (München – Berlin) 134 (1926), S. 465–493.

weiter. Die europäischen Mächte treffen auf die amerikanischen – und dies wahrlich nicht in einer Art und Weise, wie man sie später als ‚Begegnung der Kulturen‘ zu bemänteln gesucht hat. Aus der Perspektive von de Pauw war der Ausgang dieses Zusammenstoßes geradezu von der Natur her vorbestimmt und damit der (bösen) Absicht der Europäer entzogen. Dies aber verleiht der ungeheuren Macht in ihrer Asymmetrie ihren geschichtsphilosophisch begründeten Sinn. Man versteht, warum eine solche Argumentation noch einen Hegel beeindrucken musste.

Kultur wird in dieser Argumentation folglich in Natur transformiert: Die geschichtlichen Vorgänge erscheinen als ‚natürlich‘. Und mehr noch: Die Welt Amerikas wird in ein Reich der Natur (zurück-)verwandelt, während Europa im Zeichen einer erfolgreich vorrückenden Kultur erscheint. Dieses Vorrücken Europas wiederum zeigt sich als quasi-natürlich, als gleichsam naturgegeben. Aus dem Bereich der Kultur aber wird die Neue Welt folgenreich exkludiert.

So entfaltet sich eine Mechanik, die mit unbeirrbarer Kraft immer weiter voranschreitet. Was naturhistorisch gegensätzlich angelegt ist, äußert sich mit geradezu deterministischer Gewalt auf kulturhistorischer Ebene. So steht die kulturell erzeugte Macht der Europäer der ‚natürlichen‘ Ohnmacht und Schwäche der Amerikaner statisch und gleichsam absolut gegenüber. Die Schwäche der indigenen Bevölkerung aber ist diejenige der amerikanischen Natur, die noch in stetiger Unruhe ist und keine Zeit finden konnte, sich langsam zu stabilisieren und zu kräftigen. Wir haben es hier mit jener (gezielten) Konfusion von Biologie und Kultur zu tun, die Claude Lévi-Strauss in seiner Auseinandersetzung mit ‚Rasse‘ und Geschichte so stark betont hatte:

> Aber die Erbsünde der Anthropologie besteht in der Verwechslung zwischen einem rein biologischen Begriff von Rasse (wenn man denn überhaupt annimmt, dass dieser Begriff aus einem Grenzgebiet überhaupt auf irgendeine Objektivität Anspruch erheben könnte, was die moderne Genetik bestreitet) und den soziologischen und psychologischen Produktionen der menschlichen Kulturen.[8]

Die prägnanten Formulierungen des französischen Anthropologen, kurze Zeit nach dem Ende des Rassenwahns und der rassemedizinischen Gräueltaten der Nazis in Deutschland formuliert, mögen uns eine Leitlinie dafür bieten, die Positionen de Pauws im Kontext eines Rassedenkens wie eines langsam entstehenden wissenschaftlichen Rassismus neu zu verorten und neu zu denken. Alles Leben der Natur wie der Kultur wird in dem obigen Textauszug de Pauws miteinander in Beziehung gesetzt und ins Zeichen der Scheidung zwischen Alter und Neuer Welt, dieser Konstruktion der gesamten Erde in Form einer schroffen Opposition gestellt.

---

**8** Lévi-Strauss, Claude: *Race et histoire*. Suivi de L'œuvre de Claude Lévi-Strauss par Jean Pouillon. Paris: Denoël 1984, S. 10.

Dabei wird freilich nicht vergessen, dass die beiden so unterschiedlichen Hemisphären noch immer die Einheit eines von einer tiefen Trennung durchlaufenen Planeten bilden. Die angebliche physische und kognitive Schwäche der indigenen Bevölkerungen aber wird als quasi-natürlich angenommen und stellt einen Teilaspekt des Gegensatzes zwischen Stärke und Schwäche dar, welcher naturhistorisch verankert wird, wodurch Natur und Kultur nicht länger als voneinander trennbar erscheinen.

So fügte Cornelius de Pauw bereits dem Incipit seines sicherlich meistdiskutierten und umstrittensten Werkes jene grundlegenden Isotopien bei, welche seine *Recherches philosophiques sur les Américains* in ihrer Gesamtheit durchziehen. Es handelt sich um eine bewusste literarisch-rhetorische Arbeit, die gerade durch ihre oft polemische Pointe – der de Pauw seine rasche Bekanntheit wie wohl auch sein nicht weniger rasches Vergessen verdankte – ihre Wirkung auf die zeitgenössische internationale Leserschaft nicht verfehlte. Ein größerer Gegensatz als jener zwischen ‚Alter‘ und ‚Neuer‘ Welt wird als kaum denkbar präsentiert – und dies ebenso auf Ebene der Natur wie auf jener der Kultur. Der Text entfaltet die Macht eines einzigen Sinnes, einer einzigen Bewegungsrichtung, deren Vektorizität klar festgelegt und für den Philosophen offenkundig ist. Kultur und Zivilisation erscheinen als natürlicher Ausfluss der Natur.

Die Langzeitwirkung der de Pauw'schen Analyse darf – auch wenn der Name ihres Verfassers aus vielen Werken und Kompendien des 19. Jahrhunderts verschwunden ist – ebenso wenig unterschätzt werden wie die Vielfalt an philosophischen und politischen Folgen, die sie zeitigte. Ich hatte bereits auf den direkten Einfluss von de Pauw auf einen der großen philosophischen Denker des 19. Jahrhunderts in Deutschland aufmerksam gemacht. Denn noch Hegels weltgeschichtlicher Entwurf zeigt gerade mit seiner sattsam bekannten These von der Inferiorität Amerikas, seiner naturräumlichen Ausstattung, seiner Tiere und seiner indigenen Bevölkerung die unverkennbaren Spuren eines Denkens, das Cornelius de Pauw mit seinen *Recherches philosophiques* sicherlich auf die argumentative Spitze getrieben hatte. In Hegels *Vorlesungen über die Philosophie der Weltgeschichte* sind diese Vorstellungen noch immer höchst lebendig, verweist der Philosoph doch in Übernahme eines solchen Denkens mit Blick auf die Neue Welt darauf, dass diese Weltteile „nicht nur relativ neu, sondern überhaupt neu, in Ansehung ihrer ganzen physischen und geistigen Beschaffenheit,"[9] seien. Auch an dieser Stelle können

---

9 Hegel, Georg Wilhelm Friedrich: *Vorlesungen über die Philosophie der Weltgeschichte*. Bd. XII. Auf Grund des aufbehaltenen handschriftlichen Materials neu herausgegeben von Georg Lasson. Leipzig: Felix Meiner ²1923, S. 107.

wir unschwer die von Lévi-Strauss inkriminierte „Confusion" von Natur und Geist, die gezielte Vermischung von natürlichen und kulturellen Dingen erkennen. Die Kulturen in Mexiko oder Peru, also bei den Azteken oder bei den Inkas, seien „ganz natürliche"[10] gewesen. Hegel zweifelte daher nicht an der „Inferiorität dieser Individuen in jeder Rücksicht, selbst in Hinsicht der Größe"[11], so dass es aus Sicht seiner geschichtsphilosophischen Thesen nur ‚natürlich' war, dass diese Kulturen – wenn er denn überhaupt von „Kulturen" sprechen wollte – von der Erdoberfläche verschwinden. Sie hatten keinen Platz in seiner Geschichtsteleologie.

Auch in solchen Zusammenhängen wird die Kultur der Anderen, der Nicht-Europäer, der Bewohner der Neuen Welt dadurch negiert, dass sie in Natur rückverwandelt und damit historisch ausgeschaltet wird. Es genügt, dass sich ihr der (europäische) Geist nähert, um all dies in seiner Irrelevanz für die Menschheitsgeschichte sichtbar werden zu lassen und zum Einsturz zu bringen: Die amerikanischen Kulturen, die verschiedenartigen Kulturen der indigenen Völker haben für Hegel keinen Wert an sich. Eine eigene Studie könnte zweifellos erhärten, auf welch grundlegende Weise die gewiss nicht von de Pauw erfundene, aber von seinen erfolgreichen Schriften sehr weit auf die Reflexion des Verhältnisses zwischen europäischer und außereuropäischer Welt ausstrahlende Methode gerade im 19., ja bis weit ins 20. Jahrhundert hinein wirkte. Wie aber ließe sich diese Methode näher beschreiben?

Mit Blick auf seine Denk- und Vorgehensweise gilt es zunächst einmal festzuhalten, dass der andere Teil der Welt weder im Incipit noch im weiteren Verlauf der *Recherches philosophique*, die nicht umsonst *sur les Américains* betitelt sind, selbst zu Wort kommt. Wie sollte er dies auch? Denn ihm fehlen, folgt man de Pauw, die Worte, um sich differenziert auszudrücken. So heißt es in seinem einflussreichen Beitrag zum *Supplément* der *Encyclopédie* hinsichtlich der von ihm mit Blick auf die Bewohner Amerikas behaupteten Sprachlosigkeit:

> [...] die Armut ihrer Sprache, deren Wörterbuch auf einer einzigen Seite Platz fände, hindert sie daran, sich zu erklären. Man weiß, dass selbst die Peruaner, auch wenn sie in einer Art politischer Gesellschaft vereint waren, noch keine Begriffe erfunden hatten, um die metaphysischen Seinsweisen oder die moralischen Qualitäten auszudrücken, welche den Menschen am stärksten vom Vieh unterscheiden, Begriffe also wie Gerechtigkeit, Dankbarkeit, Barmherzigkeit. Diese Qualitäten zählten zu jenen Dingen, welche keinen Namen besaßen: Die Tugend selbst hatte keinerlei Namen in diesem Lande, über welches man so viele Übertreibungen zum Besten gab. Nun, bei den kleinen umherziehenden Völkern ist die Hungersnot an Wörtern noch unvergleichlich größer; und dies in einem

---

10 Ebda.
11 Ebda., S. 107 f.

Maße, dass jede Art von Erläuterung über Gegenstände der Moral & Metaphysik bei ihnen unmöglich ist.[12]

Ein Wörterbuch von einer einzigen Seite? Cornelius de Pauws Äußerungen gehen an derartigen Stellen weit hinter den eigentlichen Wissensstand der Europäer über die Sprachen in der Neuen Welt zurück. Denn selbstverständlich wusste man, dass die Inkas, die im obigen Zitat direkt angesprochen werden, über eine komplexe Sprache verfügen, von der nicht nur Grammatiken, sondern ausführliche Wörterbücher erstellt wurden, die selbstverständlich weit über eine Seite hinausgehen. Doch de Pauw unterschlug dieses Wissen geflissentlich und setzte an dessen Stelle eine Vielzahl unhaltbarer Behauptungen, die sich freilich in vielen europäischen Köpfen einnisteten. Er machte die Sprache zum Verhandlungsort einer Bewertung von Kulturen und eröffnete damit – gemeinsam mit anderen europäischen Denkern – ein Spielfeld, welches im 19. Jahrhundert breit von der Philologie in Anspruch genommen und zum Entstehungsort unterschiedlicher Rassismen gemacht wurde.[13]

Sprache wird fortan zum Bestimmungsort menschlicher Kultur und menschlicher Kognition, ja einer gegebenen oder nicht gegebenen Möglichkeit künftiger Perfektibilität. Sprache – und die Verfügung über Sprache – wird in diesen wohlkalkulierten Wendungen in einen fundamentalen Bezug zu einer nicht zuletzt politischen Entmündigung gebracht, wobei der Bezug zwischen Sprachfähigkeit und Physis im Kontext der gesamten Passage ähnlich strukturiert wird wie in der eingangs untersuchten Relation zwischen naturhistorischer und kulturhistorischer Inferiorität. Diese Relation disqualifizierte – wie wir bereits sahen – alles Amerikanische als monströs oder degeneriert.

Dies musste weitreichende Konsequenzen haben: Denn wie hätten sich die indigenen Kulturen gegenüber derlei Vorwürfen verteidigen können, wenn sie doch nicht einmal über ihre eigene Sprache verfügten? Der holländische Philosoph tritt damit geradezu notwendig an die Stelle derer, die über keine Wörter, keine abstrakten Begriffe und damit auch über keine Macht (und Fähigkeit in jeglichem Sinne) verfügen. Er wird zum Wortgewaltigen, des Wortes Mächtigen schlechthin und spricht folglich anstelle derer, denen angeblich keine ausreichend differenzierte

---

12 Pauw, Cornelius de: Amérique. In: *Supplément à L'Encyclopédie ou Dictionnaire raisonné des Sciences, des Arts et des Métiers. Par une Société de Gens de Lettres. Mis en ordre et publié par M\*\*\**. Tome premier. Amsterdam: Chez M.M. Rey, libraire 1776, S. 352.

13 Vgl. hierzu die Ergebnisse eines von Markus Messling geleiteten Potsdamer Forschungsprojekts mit der Habilitationsschrift von Messling, Markus: *Gebeugter Geist. Rassismus und Erkenntnis in der modernen europäischen Philologie*. Göttingen: Wallstein Verlag 2016; sowie der Dissertation von Lenz, Markus Alexander: *Genie und Blut. Rassedenken in der italienischen Philologie des neunzehnten Jahrhunderts*. Paderborn: Wilhelm Fink Verlag 2014.

Sprache zur Verfügung steht. Der Europäer spricht damit nicht allein *über* die Amerikaner, er spricht auch *für* sie und an ihrer Stelle. Dies ist eine Selbstermächtigung, deren fundamentale Folgen wir überdenken müssen.

Was kümmerte da den großen europäischen Philosophen der Wissensstand der Epoche? So zahlreich zu jenem Zeitpunkt die meist von Missionaren zusammengestellten Grammatiken und Wörterbücher unterschiedlichster amerikanischer Sprachen waren: Cornelius de Pauw beharrt auf jener amerikanischen „disette des mots", welche ihm die Macht verleiht, seine eigenen an die Stelle der Wörter des Anderen (und zum Anderen Gemachten) zu setzen. Dieser zutiefst sinnbildende und sinngebende Vorgang ist in seiner Bedeutung kaum zu überschätzen: Der vorgebliche Sprachenspezialist und Philologe spricht auch im weiteren Verlauf nur *über*, niemals aber *mit* (Worten) der indigenen Bevölkerung, die – nebenbei bemerkt – natürlich nicht nur über *eine*, sondern über eine außerordentlich hohe Zahl unterschiedlichster Sprachen auf dem amerikanischen Kontinent verfügt.

Dabei zeigt sich bereits im Incipit der de Pauw'schen *Recherches philosophiques sur les Américains*, dass sich Europa, dass sich das Europäische nur zu begreifen vermag, wenn es sich in einen weltweiten Vergleich stellt (freilich: nach eigenen Regeln und ganz im Sinne der eigenen Macht). Europa, so scheint es, kann nur Europa sein, wenn es sich gegenüber außereuropäischen Kulturen als überlegen absetzt. Der Ausgang dieses Vergleichs ist vorbestimmt, eine Reziprozität zwischen beiden Seiten des Atlantik nicht gegeben.

Das Lexem „européen" erfüllt fortan in den *Recherches philosophiques* die diskursive Aufgabe, ein Eigenes – durchaus in seiner internen europäischen Vielgestaltigkeit – von einem außereuropäischen Anderen abzusetzen, ohne dass beide quasi berührungslos nebeneinander koexistierten. Denn sie verbindet, was sie auf tragische Weise trennt: die Geschichte einer Asymmetrie der Macht, die keineswegs allein die evidente Ungleichheit ihrer materiellen Waffenarsenale betrifft. Europa aber kann nach der ersten Phase beschleunigter Globalisierung, deren früher historischer Höhepunkt die sogenannte ‚Entdeckung' Amerikas durch Kolumbus war, nicht länger ohne Außereuropa konzipiert werden. Dies wird auch von Cornelius de Pauw unterstrichen, erachtete er sie doch, wie wir sahen, als das größte und einschneidendste Ereignis in der bisherigen Geschichte der gesamten Menschheit. Der Augenblick der Entdeckung und Beherrschung Amerikas ist der Ausgangspunkt, von dem aus der in Amsterdam geborene Abbé seine Leserinnen und Leser in seine Neue Welt führt. Dies ist zugleich der Sinn, den de Pauw seinen Untersuchungen mit aller Macht zu vermitteln sucht – ein Sinn, der sich der Wahrnehmung der Sinne weitgehend entzieht und sich allein dem Universum der Texte anvertraut. Denn in der Tat bewegen wir uns, wie schon Francisco Javier Clavijero kritisch anmerkte, in einem Netzwerk von europäischen Texten über die Neue Welt, in welchem nur die Europäer, nicht aber die Amerikaner zu Wort kommen.

Die *Recherches philosophiques sur les Américains* bilden ein Werk aus Worten, das sich auf keinen empirischen, von de Pauw sinnlich er*fahr*enen Gegenstand, sondern ausschließlich auf andere Werke und Worte, auf andere Texte bezieht. Um über die Neue Welt und ihre Kulturen schreiben zu können, muss man nicht reisen, muss man keine Expeditionen dorthin unternehmen, muss man sie nicht kennenlernen, muss ihre Sprachen nicht sprechen, geschweige denn mit ihren Bewohnern überhaupt reden. Denn was könnten der Sprache nicht mächtige Einheimische einem schon über ihre eigene Welt sagen? So stehen diese Schriften des Holländers für das ein, was man als eine Textwissenschaft im schwachen Sinne bezeichnen könnte. Weder hat der holländische Abbé je die Neue Welt gesehen und bereist noch hat er – wie etwa nach ihm Guillaume-Thomas Raynal – ein weitgespanntes Netz von Korrespondenten auch in Übersee unterhalten und transatlantisch Informationen ausgetauscht. Die Methode des Cornelius de Pauw, so ließe sich (auch mit Francisco Javier Clavijero) sagen, war rein textbasiert: In diesem Sinne ist sie philologisch, zielt auf den Sinn und schließt die Sinne textuell weitgehend aus. Dabei handelt es sich um eine *europäische* und weit mehr noch *eurozentrische* Philologie, insofern alle Texte, auf die sich diese Textwissenschaft stützt, europäische Texte und Texte von Europäern sind.

Mit guten Gründen könnte man daher die *Recherches philosophiques sur les Américains* als eine nicht enden wollende Reise durch die Welt der europäischen Texte, nicht aber durch die Welt sinnlichen Erlebens und die Resultate empirischer Forschungen charakterisieren. Ohne jegliche empirische Basis, ohne jede Reise zu seinen Gegenständen und ohne direkte Kenntnis der von ihm beschriebenen, diskutierten und bewerteten Objekte (in) der Neuen Welt konsultierte de Pauw ebenso historische Chroniken wie zeitgenössische Reiseberichte, ebenso ihm zugängliche Bordbücher wie Manuskripte von Handelsreisenden, ebenso historiographische Werke des 16. Jahrhunderts wie philosophische Traktate des 18. Jahrhunderts. In seinem Xanten häufte de Pauw eine große amerikanistische Bibliothek auf, welche seine Thesen zu stützen bereit stand.

In den Bewegungen zwischen den Texten entsteht nicht nur eine gewisse Autonomie der von ihm durchquerten Textuniversen, sondern vielleicht mehr noch eine textuell erzeugte Autonomie und Eigen-Logik eines „Philosophe", der von einer erhöhten philosophischen Beobachterposition aus seine Urteile fällt und im Namen einer universalen Vernunft zu sprechen vorgibt. Letztere ist allein textbasiert, ist philologisch – und monologisch europäisch. Die dadurch erzeugte Kohärenz machte zweifellos die Faszinationskraft und auch die damit verbundene Wirkmächtigkeit seines stets an klarer Sinngebung interessierten Schaffens aus. Sie beruht weniger auf Beherrschung der Gegenstände als auf Beherrschung der Texte: Denn allein auf letztere kommt es an. Die Philologie de Pauws könnte man sehr wohl als Macht, ja als Gewalt über Texte begreifen.

Daher gründet sich de Pauws eigenes Verständnis der amerikanischen Geschichte – wie er in seinem bereits erwähnten Artikel für den Supplement-Band der *Encyclopédie* festhielt – auf einem kritischen (wenn auch nur im Kritiker selbst verankerten) Umgang mit den historischen Quellentexten und damit auf einer spezifischen Qualität der eigenen Lektüre. An deren Qualität knüpfen sich bestimmte Anforderungen:

> Wenn man eine Vorstellung vom Zustand erhalten will, in welchem sich die Neue Welt zum Zeitpunkt ihrer Entdeckung befand, muss man die Berichte studieren & ohne Unterlass eine kluge & strenge Kritik anwenden, um die Verfälschungen & die Wunder abzutrennen, von denen sie nur so wimmeln: Die Zusammenstellungen, zumeist ohne jeden Geist verfasst, häufen alles auf, was sie in den Journalen von Reisenden finden & lassen daraus abgeschmackte Romane entstehen, welche sich in unseren Tagen nur allzu sehr vervielfacht haben; weil es leichter ist, ohne jedes Nachdenken zu schreiben, als nachdenkend zu schreiben.[14]

Der für den Aufklärungsphilosophen Cornelius de Pauw wichtigste Begriff ist hier zweifellos die Kritik, von der wir bereits zu Beginn unserer Vorlesung sahen, dass sie fraglos einer der höchsten Werte der Aufklärung ist. Denn die Kritik verschafft gegenüber den vorhandenen Gegenständen und Texten jene notwendige Distanz, von der aus mit Augenmaß beurteilt (oder gegebenenfalls verurteilt) werden kann. Woran aber soll sich diese Kritik orientieren? Was sind wiederum ihre Kriterien, welches ihre Grundlagen? Bei Cornelius de Pauw gelangen wir an die Grenzen aufklärerischer Kritik: Denn weder legt der „Philosophe" seine Kriterien offen noch besitzt er mit Blick auf die Neue Welt Kenntnisse, die ihm dabei helfen würden, das Vorgefundene vom Erfundenen zu scheiden. Allein von Europa aus soll alles kritisch bewertet und gelesen werden.

Für de Pauw jedoch, so scheint es, existiert Kritik als Wert an sich, der im kritischen Subjekt verankert ist. Erst die kritische Lektüre des zuvor Geschriebenen ermöglicht ein Schreiben, das diese Lektüre reflektiert: Lesen und Schreiben sind die grundlegenden Handlungen, die im Mittelpunkt des de Pauw'schen Textuniversums stehen. Das „écrire en réfléchissant" spiegelt diese Bewegung des Reflektierens des Gelesenen und dessen Transformation in den Schreibakt wider. Die Normen und Kriterien für die Beurteilung dessen, was in dieser Welt der Texte als glaubwürdig gilt oder als lügnerisch ausgeschlossen werden muss, können allein von einem aufgeklärten Europa, ja von Xanten oder von Preußen aus definiert werden. Die Amerikaner sind Objekte, nicht aber Subjekte eines nicht auf Reziprozität beruhenden Diskurses, der ihnen mit Macht das Wort abschneidet und ihrer Existenz im Weltganzen einen klar umrissenen Sinn als Gegenstände und als Gehandelte in der Geschichte beimisst. Aus Sicht dieser neuweltlichen ‚Gegenstände'

---

14 Pauw, Cornelius de: Amérique, S. 353.

handelt es sich folglich um eine Kritik ohne Kriterien, die den Phänomenen der Neuen Welt angemessen wären.

Welches Bild des (indigenen) Amerikaners also entfaltet de Pauw auf der Grundlage der nach seinem Verständnis textkritischen Arbeit? Es ist in jedem Falle ein stereotypes Bild, das seinerseits nichts zu tun hat mit jenem Heterostereotyp des „bon sauvage":

> Er ist im eigentlichen Sinne weder tugendhaft noch böse: Welches Motiv hätte er, es zu sein? Die Schüchternheit seiner Seele, die Schwäche seines Geistes, die Notwendigkeit, sich sein Überleben inmitten der Hungersnot verschaffen zu müssen, die Herrschaft seines Aberglaubens & die Einflüsse des Klimas führen ihn fort & führen ihn sehr weit fort; doch er bemerkt es nicht einmal. Sein Glück ist es, nicht zu denken, in einer vollkommenen Untätigkeit zu verharren, viel zu schlafen, sich um nichts zu sorgen, sobald sein Hunger befriedigt ist, & und sich lediglich um die Mittel zu sorgen, Nahrung zu finden, sobald der Hunger ihn wieder umtreibt. Er würde keine Hütte bauen, wenn die Kälte & die Unwirtlichkeit der Luft ihn nicht dazu zwängen: Er würde seine Hütte nicht verlassen, würde er daraus nicht von seinem Bedürfnis verjagt: Seine Vernunft reift nicht: Bis zu seinem Tode bleibt er ein Kind, sieht nichts voraus, vervollkommnet nichts & lässt die Natur unter seinen Augen, unter seinen Händen, degenerieren, ohne sie jemals zu stärken & ohne sie aus ihrer Erschöpfung zu ziehen. Von Natur aus zutiefst faul, ist er rachsüchtig aus Schwäche & grauenhaft in seiner Rache, weil er selbst unempfindlich ist: Da er nichts zu verlieren hat als das Leben, sieht er alle seine Feinde als seine Mörder an.[15]

Dies ist ein Bild des Amerikaners, des Indianers, des Eingeborenen, wie es eindimensionaler und negativer kaum sein könnte. Denn es gibt nichts, was den Indigenen antreibt, nichts, was ihn zu Anstrengungen führt, nichts, was ihn seine Lage verbessern lässt, da es bei ihm einzig und allein um die Befriedigung seiner simpelsten Bedürfnisse wie Hunger und Schlaf gehen kann. Er empfindet in keiner Weise das Bedürfnis, die Natur, seine Situation oder gar sich selbst zu vervollkommnen, da er nicht daran interessiert ist, aus seiner Lethargie zu erwachen, ja überhaupt einmal zu denken. Zukunft und Vergangenheit interessieren ihn nicht: Er sorgt sich nicht um das Vergangene, lebt bestenfalls in einer Gegenwart, die ihm nicht zu denken gibt, und sieht für die Zukunft nichts voraus, ja trifft keinerlei Vorkehrungen für das, was kommen könnte. Das Denken ist für den Indianer de Pauws eine Tätigkeit, die ihm in keiner Weise eigen ist.

Die in dieser Passage erwähnte „insensibilité" des Indigenen steht – wie gleich zu zeigen sein wird – in direkter Verbindung mit einer Stumpfheit der Sinne, wie sie de Pauw für den weit überwiegenden Teil der nicht-europäischen Menschheit nicht nur annimmt, sondern ,fest-stellt'. De Pauw spricht dem Rest der Menschheit ab, was er den Europäern im Übermaß zuerkennt: die Fähigkeit

---

15 Pauw, Cornelius de: *Recherches philosophiques sur les Américains*, Bd. 1, S. 123.

zu denken und das eigene Schicksal zu verbessern. Der Reduktion der unterschiedlichsten amerikanischen Kulturen auf das statische Bild ‚des‘ Amerikaners entspricht die Reduzierung dieses Menschen auf eine quasi tierische Existenz, die von keinerlei Entwicklung, keinerlei Dynamik und keinerlei Perfektibilität gekennzeichnet ist. Kultur wird in Natur umcodiert: Die Stumpfheit und Borniertheit des Indigenen erscheinen gleichsam als natürlich – und daher natürlich auch als verzichtbar. Denn er verfügt nicht über eine wie auch immer geartete Kultur.

Damit wird ‚der‘ ursprüngliche Bewohner Amerikas – in einer unüberwindlichen Unmündigkeit gefangen – *de facto* aus der Geschichte der Menschheit ausgeschlossen, zu der er nichts beizutragen scheint; ja mehr noch: Er wird aus dem Menschengeschlecht ausgebürgert. Es handelt sich um eine Exklusion, die im zweiten, 1769 ebenfalls in Berlin erschienenen Band noch radikaler ausgestaltet wird. Für diese zusätzliche Radikalisierung de Pauws gab es keine in der Forschung liegenden Gründe, sondern eher solche, die auf das Publikum in der République des Lettres schielten und einen noch höheren Erfolg bei noch weiter zugespitzten Thesen versprachen. So lesen wir im zweiten Band von der Spezies Mensch – und nicht umsonst geht es in den *Recherches philosophiques* de Pauws laut Untertitel um nichts weniger als um die *Histoire de l'Espèce humaine* – im Allgemeinen:

> Das wahrhafte Land, wo seine Spezies immer florierte & prosperierte, ist die gemäßigte Zone im Norden unserer Hemisphäre: Dies ist der Sitz seiner Macht, seiner Größe & seines Ruhmes. Rückt man weiter nach Norden vor, so werden seine Sinne stumpf & zerfasern sich: so festigen sich seine Fibern und seine Nerven & stärken sich durch die Wirkung der Kälte, die sie zusammenziehen, & so verlieren seine Organe an Freiheit; desto mehr scheint die Flamme des Genies in allzu robusten Körpern zu erlöschen, wo alle Lebensgeister damit beschäftigt sind, die Federn der gesamten Struktur & der tierischen Ökonomie in Gang zu halten. [...] Unter dem Äquator verändert sich seine Hautfarbe & wird dunkel; die Züge einer entstellten Physiognomie revoltieren durch Rauheit: Das Feuer des Klimas verkürzt das Ende seiner Tage & verstärkt die Glut seiner Leidenschaften, worauf die Sphäre seiner Seele sich zurückzieht: Er hört auf, sich selbst regieren zu können und kommt aus der Kindheit nicht mehr heraus. Mit einem Wort, er wird zu einem Neger, & dieser Neger wird zum Sklaven der Sklaven.
>
> Wenn man folglich die Bewohner Europas ausnimmt, wenn man vier oder fünf Völker Asiens ausnimmt & einige kleinere Kantone Afrikas, dann setzt sich die überwiegende Mehrzahl des Menschengeschlechts aus Individuen zusammen, die weniger Menschen als wilden Tieren ähneln: Und doch nehmen diese sieben- bis achtmal mehr Raum auf unserem Globus ein als alle zivilisierten Nationen zusammen, & sie verlassen ihr Vaterland so gut wie nie. Hätte man nach Amerika nicht Afrikaner gegen ihren Willen transportiert, so wären sie niemals dorthin gegangen: die Hottentotten reisen nicht mehr als die Orang Utans.[16]

---

16 Pauw, Cornelius de: *Recherches philosophiques sur les Américains*, Bd. 2, S. 68 f.

Es entbehrt in dieser Passage nicht einer unfreiwilligen Komik, dass gerade Cornelius de Pauw, der selbst nicht in die von ihm behandelten Gebiete reiste, dem Reisen eine so hohe, ja entscheidende Bedeutung für die Ausprägung kultureller und zivilisatorischer Fähigkeiten und Vervollkommnungen beimisst. Der Zusammenhang zwischen Klima und Entfaltung des Menschengeschlechts, den de Pauw in dieser Passage konstruiert, steigert sich in seinem Verlauf immer mehr in ein Rassedenken, das sich pseudo-wissenschaftlich verproviantiert und damit vom europäischen Rassismus kaum noch eine Handbreit entfernt ist. Die einst von Montesquieu entfaltete und an Europa ausgerichtete Klimatheorie wird Jahrzehnte später bei de Pauw zum Instrument überspitzten Rassedenkens, das für die europäischen Nationen einen weitaus größeren Anteil an der Besiedlung des Erdkörpers einfordert und den überwiegenden Teil der Menschheit dem Tierreich zurechnet.

Im Laufe dieser um wissenschaftliche Begründungen auf dem Stand des 18. Jahrhunderts ringenden Argumentation wird deutlich: Die Mehrheit der Menschen wird in das Menschengeschlecht nur inkludiert, um sie danach umso besser exkludieren und die Europäer an die Spitze eines so definierten Menschseins setzen zu können. Allein in der gemäßigten Zone Europas habe sich die Menschengattung so prächtig entwickelt, dass sie in der Tat für ein vollständiges, vollkommenes Menschsein eintreten könne.

Die Europäer sind hier die einzigen Bewohner der Erdkugel, die zwischen großer Hitze und großer Kälte leben und daher von der Natur (oder vom christlichen Gott) in ihrer Entwicklung begünstigt sind. Aus der klimatheoretisch erzeugten Inferiorität und ‚ewigen Kindheit‘ aber kann mit Cornelius de Pauw sehr wohl das Recht abgeleitet werden, die von der Natur weniger Begünstigten einer wohlverdienten Sklaverei zuzuführen, die notwendig unter der weisen Führung der europäischen Menschheit stehen muss. In dieser wie in nachfolgenden Passagen rechtfertigt Cornelius de Pauw folglich eine Expansion der Europäer auf Kosten jener Stämme und Horden, die sieben- bis achtfach mehr Raum auf dem Globus einnähmen als alle zivilisierten Völker („nations policées") zusammen. Dass mit Hilfe derartiger Argumentationen Cornelius de Pauw einem verstärkten europäischen Kolonialismus das Wort reden will, kann wohl kaum bezweifelt werden.

Die machtpolitischen Konsequenzen liegen folglich auf der Hand. Die somit letztlich zweigeteilte Menschheit ist aber ebenso unauflöslich aneinander gekettet wie die zweigeteilte Welt auf Gedeih und Verderb aufeinander bezogen und miteinander verwoben ist. De Pauw entfaltet so das Denken einer Globalität, die unaufhebbar von einer fundamentalen Gegensätzlichkeit geprägt ist und diese Opposition – auf der wissenschaftlichen Grundlage der Buffon'schen *Histoire naturelle* und Montesquieus Klimatheorie – in Begriffe vollständiger europäischer Superiorität und geradezu animalischer amerikanischer Inferiorität übersetzt. In seiner Deutung des globalgeschichtlichen Ereignisses der sogenannten Entdeckung Amerikas war all dies schon *in nuce* enthalten.

Cornelius de Pauw wäre aber nicht Cornelius de Pauw, wenn er nicht auch auf dieser Ebene für sich einen kritischen Blick reklamieren würde, den Blick der aufklärerischen Kritik. Denn die absolute europäische Überlegenheit wird hinsichtlich der ersten Phase beschleunigter Globalisierung auf moralischer Ebene einer fundamentalen Kritik unterzogen. Vor dem Hintergrund der kolonialen Expansion des ausgehenden 15. und 16. Jahrhunderts warnt der Verfasser der *Recherches philosophiques sur les Américains* zugleich eindringlich vor den Konsequenzen jener zweiten, sich von Europa aus über den Globus ausbreitenden Expansionswelle, als deren kritischen Zeitgenossen und Zuschauer sich der holländische Abbé selbst portraitiert. Europa stehe im Begriff, unter der Anleitung von „Politiques" und unter dem Beifall mancher „Philosophes" die „Terres Australes" machtpolitisch und wissenschaftlich in Besitz zu nehmen, ohne zu bedenken, wieviel Unglück man notwendig über die dort lebenden Völker bringen werde.[17]

Und de Pauw ging noch einen Schritt weiter! Denn für die Aufklärung einiger strittiger geographischer Fragen oder die überprüfbare Durchführung von Temperaturmessungen sei man in diesem aufgeklärten Jahrhundert jederzeit und ohne größeres Zögern bereit, die Zerstörung eines Teils unseres Erdkörpers, „la destruction d'une partie du globe", in Kauf zu nehmen.[18] So erscheint die Wissenschaft Europas in ihrer verselbständigten Eigenlogik als Impulsgeberin und Mittel europäischer Expansionspolitik zugleich. Die Wissenschaft wird als Teil (des Problems) der europäischen Expansion selbst erkannt; eine Einsicht, mit welcher der Holländer sicherlich als einer der Ersten den Finger in die Wunde europäischer Forschung legte.

Wie aber sollte man sich von deren Seite aus gegenüber außereuropäischen Gebieten in der zweiten Hälfte des 18. Jahrhunderts nun verhalten? De Pauw wusste, dass er in einer Zeit der Beschleunigung lebte, die wir heute als die zweite Phase beschleunigter Globalisierung benennen dürfen, und dass sein wohl bekanntestes Werk eine Reaktion auf diese globalgeschichtliche Entwicklung war. Einer derartigen, sich zeitgenössisch unstritig beschleunigenden Entwicklung gelte es entgegenzutreten, so de Pauw: „Mettons des bornes à la fureur de tout envahir, pour tout connoître."[19] Setzen wir also dem Wüten, alles zu erobern, um alles zu wissen, deutliche Grenzen! Wissen ist in diesem Zusammenhang nicht nur Macht, sondern trägt – auch und gerade im Erkenntniswillen europäischer Wissen-

---

17 Ebda.
18 Ebda., Bd. 1, S. a4v.
19 Ebda., Bd. 2, S. 68 f.

schaft – den Keim und die Macht von Zerstörung und Selbstzerstörung in sich. De Pauw macht klar: Bei der Eroberung der Welt hat die Wissenschaft gleich mehrfach, als Akteur und Vehikel, die Hand im Spiel. Und sie ist eine der grundlegenden Instanzen, die Macht über den Sinn verschaffen und ausüben. Dass de Pauws eigene Wissenschaftskonzeption eine solche auf empirische Erkenntnis abzielende Ausrichtung nicht benötigte, dürfte zur Genüge deutlich geworden sein.

Als Reaktion auf die Entwicklungen während der zweiten Phase beschleunigter Globalisierung betonte de Pauw zugleich, dass ein friedliches Zusammenleben unter den Bedingungen der Globalität stets von Europa aus gefährdet sei, konnte jede scheinbar lokale Auseinandersetzung doch einen Weltbrand entfachen, bei dem es dann kein Halten mehr gebe. Längst seien die politischen und wirtschaftlichen Interessengegensätze zwischen den Europäern gerade in den Kolonialgebieten so ausgeprägt, dass es nur eines Funkens bedürfe, um die ganze Welt in Flammen aufgehen zu sehen. So formulierte Cornelius de Pauw mit deutlich erhobenem Zeigefinger:

> [...] ein Funken der Zwietracht, ausgelöst von wenigen Hektar Land in Kanada, setzt Europa in Flammen und in Brand; & wenn Europa im Krieg ist, dann ist das ganze Universum mit dabei: alle Bereiche des Globus werden einer nach dem anderen wie von einer elektrischen Gewalt geschüttelt: Man hat die Bühne für die Massaker und das Hinschlachten von Canton bis nach Archangelsk vergrößert; von Buenos Aires bis nach Quebec. Da der Handel der Europäer die verschiedenen Teile der Welt mit derselben Kette auf intime Weise aneinander gefesselt hat, werden sie gleichermaßen in diese Revolutionen & die Wechselfälle von Angriff & Verteidigung geworfen, ohne dass sich Asien hierzu neutral stellte, wenn sich einige Händler in Amerika wegen Biberfellen oder Holz aus Campeche in die Wolle bekommen.[20]

Dieselbe Kette („une même chaîne") verbindet die Welt und bindet sie mit all ihren Teilen als Fessel auf Gedeih und Verderb zusammen. Lokale Auseinandersetzungen sowie Konflikte im Welthandel konnten unversehens zu militärischen Konfrontationen eskalieren, die man – wie etwa mit Blick auf den Siebenjährigen Krieg (1756–1763) – mit Fug und Recht als Weltkriege bezeichnen darf. Und seien wir einmal ehrlich: Haben wir aus diesen historischen Erfahrungen wirklich etwas gelernt? Haben wir für das 21. Jahrhundert internationale Strategien entwickelt, um irgendwelche Handelsunstimmigkeiten zu entschärfen? Können die Handelskonflikte etwa zwischen den USA und China nicht unversehens zu Handelskriegen ausarten und schließlich in militärische Auseinandersetzungen einmünden, die weit über das Südchinesische Meer hinausgehen? Die Antwort auf derartige Fragen ist ein klares Nein!

---

20 Ebda., Bd. 1, S. 90.

Nach der Veröffentlichung des von de Pauw in vielerlei Hinsicht noch zuge-spitzten zweiten Bandes der *Recherches philosophiques sur les Américains* setzte zunächst in Berlin, rasch aber auch in verschiedenen Ländern Europas und vor allem in Übersee eine heftige Auseinandersetzung ein, deren erste Phase man mit guten Gründen als die *Berliner Debatte um die Neue Welt* bezeichnen kann.[21] Denn rasch trat Antoine-Joseph Pernety, der als ehemaliger französischer Benediktiner und Schiffskaplan auf Bougainvilles 1763 durchgeführter Reise auf die Malwinen die Protektion Friedrichs II. und eine Anstellung beim „Roi philosophe"[22] als Bibliothekar erhalten hatte, in einem Vortrag vor der Berliner Akademie am 7. September 1769 vehement gegen die Thesen des Niederländers auf. Er veröffentlichte gleich im Folgejahr seine *Dissertation sur l'Amérique et les Américains, contre les Recherches philosophiques de Mr. de P\*\*\**.[23] Damit hatte ein Disput begonnen, dessen Folgen weit über die Grenzen Berlins, Preußens und Europas hinaus reichten und zugleich aufzeigten, dass die Aufklärung kein Privileg einiger weniger europäischer Länder war. Denn diese Debatte beleuchtete mit aller wünschenswerten Deutlichkeit, dass die Aufklärung längst auch auf jenem Kontinent gepflegt und weiterentwickelt wurde, den Cornelius de Pauw – drücken wir uns edel aus – in so unvorteilhaftem Lichte erscheinen ließ.

Wir werden uns in der Folge noch ausführlich mit der Berliner Debatte um die Neue Welt auseinandersetzen. Doch soviel sei vorab schon gesagt: Die Schwäche von Pernetys Angriff auf de Pauw lag zweifellos darin, dass er sich an vielen Stellen darauf beschränkte, wortreich dessen Thesen einfach umzupolen, schlicht das Gegenteil zu behaupten. De Pauws Abwertung alles Amerikanischen setzte er folg-lich eine Idealisierung der indigenen Bevölkerung entgegen, die auch vor dem Rückgriff auf das beliebte europäische Heterostereotyp vom „bon sauvage", vom „edlen Wilden" nicht haltmachte. Pernetys beständige Beteuerungen, das von ihm Geschilderte mit eigenen Augen gesehen zu haben, konnten folglich nur begrenzt überzeugen: Weder konnte die Berufung auf die Augenzeugenschaft eine höhere epistemologische Wertigkeit für sich im Wissenschaftssystem des 18. Jahrhunderts in Anspruch nehmen noch machte die Betonung des Vor-Ort-gewesen-Seins die Ausführungen des nach Amerika gereisten Kontrahenten glaubwürdiger.

---

21 Vgl. hierzu die beiden Potsdamer Bände von Bernaschina, Vicente / Kraft, Tobias / Kraume, Anne (Hg.): *Globalisierung in Zeiten der Aufklärung. Texte und Kontexte zur „Berliner Debatte" um die Neue Welt (17./18. Jh.)*. 2 Bde. Frankfurt am Main – Bern – New York: Peter Lang Edition 2015.

22 Vgl. hierzu auch Fontius, Martin: Der Ort des „Roi philosophe" in der Aufklärung. In (ders., Hg.): *Friedrich II. und die europäische Aufklärung*. Berlin: Duncker & Humblot 1999, S. 9–27.

23 Vgl. hierzu Gerbi, Antonello: *La Disputa del Nuovo Mondo*, S. 120–125.

Kein Wunder also, dass es de Pauw gelang, dadurch Kapital aus der anhebenden Polemik zu schlagen, dass er Pernetys *Dissertation* großzügig noch 1770 selbst in eine dreibändige Neuausgabe aufnahm und mit einem wohlkalkulierten Gegenangriff verband. Gewiss darf man bei Pernety „elements of a modern ethnological attitude"[24] erkennen, zu denen man sicherlich „the critique of Eurocentrism; the importance of gathering data in the field and verifying sources; the recognition of the cultural diversity of the Other"[25] rechnen kann. Doch blieb seine Argumentationsweise doch allzu sehr an die von de Pauw ins Feld geführten Thesen gebunden, die der Bibliothekar zumeist nur mit anderen Vorzeichen versah; und es half ihm auch wenig, sich (mit Verweis auf seine Reise an der Seite Bougainvilles in die Neue Welt) als kenntnisreicher Reisender zu präsentieren, während sein Kontrahent bekanntlich Europa nie verlassen hatte.

Eine mit allen Sinnen geführte Beschäftigung mit Amerika zählte in dieser Debatte wenig: „A beau mentir qui vient de loin." In der Berliner Debatte, in die Friedrich II. nach heutigem Kenntnisstand nicht direkt eingriff und an der er seine Freude gehabt haben dürfte, behielt Cornelius de Pauw souverän die Oberhand. Er vermochte mehr denn je öffentlichkeitswirksam zu behaupten, die kultivierten Völker Europas seien den „barbares de l'Amérique, qui ne savent ni lire, ni écrire, ni compter au-delà de leurs doigts",[26] unendlich überlegen. Denn diese ‚Indianer' konnten weder lesen noch schreiben noch über die Zahl ihrer Finger hinaus zählen: Dabei blieb de Pauw, mochte sein Kontrahent auch das Gegenteil behaupten.

Grundsätzliche und weit über den Horizont Pernetys hinausgehende Ein- und Widersprüche gegen Cornelius de Pauws Thesen ließen noch im 18. Jahrhundert jedoch nicht lange auf sich warten.[27] Wir hatten bereits gesehen, dass Francisco Javier Clavijero den Thesen de Pauws in breiter Vielfalt amerikanische Quellen einschließlich der Bilderhandschriften und anderer indigener Dokumente entgegenstellte. Zugleich trieb der neuspanische Jesuit eine Konstruktion der amerikanischen Vergangenheit voran, die als – im besten Sinne – Findung und Erfindung einer anderen Herkunft auch eine andere Zukunft für seine amerikanische Heimat ermöglichen sollte. Die präkolumbischen Kulturen erschienen hier nicht länger

---

**24** Mannucci, Erica Joy: The savage and the civilised: observations on a dispute between an enlightened writer and an illuminist. In: *Studies on Voltaire and the Eighteenth Century* (Oxford) 303 (1992), S. 384.
**25** Ebda.
**26** Pauw, Cornelius de: *Recherches philosophiques sur les Américains*, Berliner Ausgabe 1770, Bd. 3, S. 7.
**27** Vgl. hierzu ausführlich E:te, Ottmar: Réflexions européennes sur deux phases de mondialisation accélérée chez Cornelius de Pauw, Georg Forster, Guillaume-Thomas Raynal et Alexandre de Humboldt. In: Bancarel, Gilles (Hg.): *Raynal et ses réseaux*. Textes réunis et présentés par Gilles Bancarel. Paris: Honoré Champion Editeur 2011, S. 183–225.

als vernachlässigbare Randerscheinungen der Menschheitsgeschichte, sondern stellten sich selbstbewusst – wie wir bereits sahen – als amerikanische Antike einer europäischen gegenüber. Als Barbaren aber durften nun nicht mehr die inkriminierten Indianer de Pauws, sondern jene Konquistadoren gelten, die über die Kulturen des ‚antiken' Amerika hereingebrochen waren.

Mit dem neuspanischen Jesuiten trat die Berliner Debatte um die Neue Welt in einen weit größeren Zusammenhang ein und öffnete sich zu einer Diskussionsplattform. An ihr nahmen neben Clavijero nicht nur de Pauw und Pernety, Raynal und Robertson, sondern auch der neuspanische Dominikaner Servando Teresa de Mier, „Le Philosophe la Douceur" alias Zaccaria de Pazzi de Bonneville,[28] Giovanni Rinaldo Carli, Delisle de Sales, Drouin de Bercy, George Washington und viele andere teil. Dabei ging es – neben der Frage, wie die Gewichte in einer Aufklärung zwischen zwei Welten künftig verteilt sein würden – im Kern um die Problematik, auf welcher Seite des Atlantik die Macht über den Sinn der Geschichte der Neuen Welt liege. Es wurde zudem darüber debattiert, ob man diesen Sinn allein von einem Universum der Texte aus – und damit ohne ein sinnliches Erleben Amerikas – bestimmen könne.

War es da ein Zufall, dass mit der Berliner Debatte im Jahr 1769 die eigentliche ‚heiße Phase' des internationalen Disputs um die Neue Welt ausgerechnet in der gegenüber Madrid und Lissabon, vor allem aber Paris, Amsterdam und London eher provinziell wirkenden Hauptstadt Preußens begann? Gewiss war mit Friedrich II. eine Persönlichkeit König in Preußen geworden, die bereits wenige Wochen nach der Thronbesteigung mit dem Überfall auf Schlesien im Dezember 1740 keinerlei Zweifel daran aufkommen ließ, für das Konzert der Großmächte eine neue Partitur schreiben zu wollen und diese auch international aufzuführen. Doch war Preußen in der zweiten Phase beschleunigter Globalisierung kein Global Player und besaß keine überseeischen Besitzungen, genauer: Das territorial zerrissene Königreich war keine Kolonialmacht *mehr*. Warum entbrannte also gerade in Berlin dieser Disput?

Es gab in preußischen Landen durchaus eine Sensibilität für die koloniale Frage. Denn entgegen aller landläufigen Annahmen hatten Brandenburg und Preußen zuvor durchaus koloniale Aktivitäten entfaltet und versucht, sich ihren Anteil an der Expansion Europas sowie am lukrativen ‚Kolonialgeschäft' zu sichern. Schon der Große Kurfürst hatte mit freilich wechselhaftem Glück und Geschick versucht, aus den einträglichen Wirtschaftsbeziehungen zwischen Alter und Neuer Welt Gewinne zu erzielen. Er setzte dabei auf den profitabelsten Teil dieser kolonialistischen Geschäftspraktiken: den Sklavenhandel.

---

**28** Vgl. hierzu Zantop, Susanne: *Colonial Fantasies. Conquest, Family, and Nation in Precolonial Germany, 1770–1870.* Durham – London: Duke University Press 1997, S. 47.

Nicht umsonst hatte Friedrich Wilhelm I. (1640–1688) in Amsterdam studiert und aus nächster Nähe beobachten können, wie Seehandel und Kolonialpolitik auch ein kleines Land in die Rolle einer international führenden Handelsmacht katapultieren konnten.[29] 1647 schlug ein ehemaliger niederländischer Admiral, Arnoult Gijsels, als Berater des Kurfürsten vor, eine Handelskompanie unter brandenburgischer Führung und Flagge zu gründen. Parallel hierzu führte man Verhandlungen mit Dänemark über den Verkauf des dänischen Stützpunktes Tranquebar.[30] Nach mancherlei Rückschlägen war es erneut ein Niederländer, der Reeder Benjamin Raule, der Brandenburg beim Aufbau einer Flotte half und 1677 zum „Oberdirektor in Seesachen" und später zum Minister für Seefahrt und die Kolonien ernannt wurde.[31] Wir hatten bereits am Beispiel und Schicksal von Anton Wilhelm Amo gesehen, welch enorme Bedeutung gerade die Niederländer für den kolonialen Blick und die damit verbundenen Geschäfte im deutschen Sprachraum hatten, war der kleine Amo doch nicht umsonst den Herzögen von Wolfenbüttel als guten Geschäftspartnern von niederländischer Seite zum Geschenk gemacht worden.

Die ‚Geschäftsidee' griff auch in Brandenburg: 1680 stachen zwei Expeditionen unter brandenburgischer Flagge in See. In unmittelbarer Nähe zu holländischen und britischen Niederlassungen entstand der erste Kolonialstützpunkt Brandenburgs in Afrika, die Niederlassung Großfriedrichsburg, die einen Küstenstreifen des heutigen Ghana von etwa fünfzig Kilometer Länge kontrollierte. Der zweiten brandenburgischen Flotte gelang es unterdessen, vor Ostende das spanische Schiff „Carolus Magnus" aufzubringen und zu kapern, so dass es unter dem Namen „Markgraf von Brandenburg" eine zweite Karriere als Flaggschiff der brandenburgischen Flotte erlebte.[32] Dies war das übliche Verfahren, dessen sich auch die Piraten und Freibeuter in der Karibik bedienten, war der Schiffbau doch als solcher zu kostspielig und aufwendig.

Den ersten Kaperfahrten der Brandenburger in der Karibik folgte 1682 die Gründung der „Brandenburgisch-Afrikanischen Kompanie", die stark mit Niederländern und zum Teil mit Hugenotten besetzt war und 1692 in die „Brandenburgisch-Africanische-Americanische Companie" umbenannt wurde. Zum Haupthafen der brandenburgischen Flotte wurde vertraglich das ostfriesische Emden erklärt: Das kleine Brandenburg war zu einer Kolonialmacht aufgestiegen, die hoffnungs-

---

**29** Vgl. hierzu Lennert, Gernot: Kolonisationsversuche Brandenburgs, Preußens und des Deutschen Reiches in der Karibik, S. 11.
**30** Ebda.
**31** Ebda., S. 12.
**32** Ebda., S. 12f.

voll versuchte, möglichst hohe Gewinne mit Kolonialwaren, vor allem aber aus dem lukrativen Sklavenhandel einzustreichen und zu erwirtschaften.

Über diesen Teil der brandenburgischen, preußischen und deutschen Geschichte als Kolonialgeschichte ist bis heute in der Öffentlichkeit wenig bekannt. Ich kann an dieser Stelle unserer Vorlesung nur einige wenige Ausführungen machen, die für das Verständnis der sich anschließenden literarischen und künstlerischen Entwicklungen unbedingt notwendig sind. Die Hoffnungen auf Gewinne wie auf Machtzuwachs schienen sich für Brandenburg zunächst zu erfüllen. So steuerte bereits 1686 ein erstes brandenburgisches Schiff mit vierhundertfünfzig afrikanischen Sklaven aus Großfriedrichsburg die gemeinsam mit Dänemark genutzte Insel St. Thomas an. Zu dieser brandenburgischen Niederlassung in der Karibik zählten bald dreihundert Europäer und einige hundert schwarze Sklaven. Etwa dreißigtausend Sklaven wurden unter brandenburgischer Flagge und unmenschlichen Bedingungen von Afrika nach Westindien verschleppt, verschifft und verkauft.[33]

Auch wenn Kurfürst Friedrich III., der 1688 die Nachfolge des „Großen Kurfürsten" antrat und seit 1701 als Friedrich I. den noch prekären Titel eines Königs in Preußen trug, die kolonialen Ambitionen und Aktivitäten seines Vorgängers fortzusetzen versuchte, versank die „Brandenburgisch-Africanisch-Americanische" Companie doch in Schulden. Schließlich wurde sie von Friedrich Wilhelm I., der seit 1713 regierte, zu einem Zeitpunkt liquidiert, als das koloniale Geschäft im Konzert der europäischen Mächte vor der sich noch nicht abzeichnenden zweiten Phase beschleunigter Globalisierung als immer weniger attraktiv erschien. 1738 wurde das letzte Eigentum der Companie versteigert:[34] Die Kolonialgeschichte Preußens war fürs Erste zu Ende.

Kaum zwei Jahre später bestieg Friedrich II. nach dem Tod des verhassten Vaters den preußischen Thron. Eine sechsundvierzig Jahre währende Regierungszeit begann, in deren Verlauf der König Preußen nach seiner Façon ummodelte und zweifellos – um es mit den Worten Richard von Weizsäckers anlässlich des zweihundertsten Todestages Friedrichs im Jahre 1986 zu sagen – ein „unsentimentales, charakterstarkes, reformbereites Gemeinwesen"[35] zu schaffen, aber gewiss auch ein Land mit einer für lange Zeit unberechenbaren Großmachtpolitik als Erbe zu hinterlassen. Doch erst das neugegründete Deutsche Reich sollte in der dritten Phase beschleunigter Globalisierung wieder eine Kolonialpolitik im eigentlichen, im expansiven Sinne betreiben und mit der von Bismarck konzipierten berüchtig-

---

33 Vgl. hierzu eda., S. 16 f.
34 Ebda., S. 23.
35 Weizsäcker, Richard von: Friedrich der Große: Geschichte und Mythos. In (ders.): *Demokratische Leidenschaft. Reden des Bundespräsidenten.* Herausgegeben und eingeleitet von Eberhard Jäckel. Stuttgart: Deutsche Verlags-Anstalt 1994, S. 76.

ten Berliner Afrika-Konferenz im Jahre 1884/85 ein deutliches Zeichen seiner erneuerten Machtansprüche setzen. Eine Großmachtpolitik begann, deren desaströse Folgen erst im 20. Jahrhundert in all ihren Ausmaßen sichtbar wurden.

Doch zurück ins Zeitalter der Aufklärung! Dass man bereits am preußischen Königshof Friedrichs II. bisweilen auch wieder von kolonialen Phantasien[36] eingeholt werden mochte, wird man nicht mit Sicherheit ausschließen können, auch wenn man in der preußischen Hauptstadt anders als in London und Paris, den europäischen Metropolen der zweiten Phase beschleunigter Globalisierung, keine unmittelbaren kolonialen Eigeninteressen mehr verfolgen konnte. Der unberechenbare preußische Monarch diskutierte aber nicht nur in seiner Tafelrunde mit Voltaire, Casanova, Raynal und anderen über das, was sich als Weltpolitik gerade neu herauszukristallisieren begann, sondern legte sehr wohl ein nachhaltiges Interesse an jenem Denker der Globalität an den Tag, den wir in den zuvor angestellten Überlegungen bereits kennengelernt haben. Nicht umsonst erschienen dessen Schriften in den sechziger und siebziger Jahren auf Französisch in Berlin.

**Abb. 30:** Anton Graff: Friedrich II, König von Preußen (1712–1786).

So wurde de Pauw auch „Vorleser Friedrichs des Großen, in dessen Zirkeln die Anwesenheit des freigeistigen Abbé nun einmal ein unentbehrliches Dekorationsstück war".[37] Nicht nur während des ersten Aufenthalts de Pauws in Berlin und Potsdam zwischen 1767 und 1768, sondern auch während des zweiten zwischen 1775 und 1776 bemühte sich der charismatische Monarch um den Abbé und führte ihn als „neue Erwerbung" in seine illustre Tafelrunde (die freilich schon bessere Tage gesehen hatte) ein.[38] Wir wissen im Detail bislang wenig über die Beziehungen zwischen Friedrich II. und seinem Vorleser. Der Name de Pauws glänzt heute

---

**36** Vgl. hierzu aus Sicht der Postcolonial Studies die Arbeit von Zantop, Susanne: *Colonial Fantasies*, insbes. S. 46–65.
**37** Vgl. Beyerhaus, Gisbert: Abbé de Pauw und Friedrich der Große, eine Abrechnung mit Voltaire. In: *Historische Zeitschrift* (München – Berlin) 134 (1926), S. 467.
**38** Ebda., S. 468.

auch in den Standardwerken zu Friedrich dem Großen zumeist durch Abwesenheit. Dies scheint auch deshalb der Fall zu sein, weil man heute im deutschsprachigen Raum nichts mehr vom internationalen Renommee des Autors der *Recherches philosophiques sur les Américains* zu ahnen scheint. Doch darf man sicherlich davon ausgehen, dass der preußische König nicht unbeteiligt gewesen sein konnte an jener am 7. September 1769 entbrannten Berliner Debatte, die zwischen seinem Bibliothekar Pernety und seinem (ehemaligen) Vorleser de Pauw an jener Akademie der Wissenschaften ausbrach, die Friedrich 1744 als Förderer der Künste und Wissenschaften wiederbegründet hatte. Diese Debatte war einfach zu wichtig, als dass sie der Aufmerksamkeit des intellektuell wie künstlerisch hellwachen Herrschers entgangen sein konnte.

Umgekehrt kann auch von Cornelius de Pauw nicht unbemerkt geblieben sein, dass sich sein königlicher Gastgeber anderthalb Jahrzehnte zuvor in einem erst in neuerer Zeit wieder stärker von der Forschung in Augenschein genommenen Libretto mit einem amerikanischen Sujet beschäftigt hatte, das wir aus heutiger Sicht der ersten Phase beschleunigter Globalisierung zurechnen dürfen. So erscheint es wie ein ironisches Augenzwinkern, wenn der 1739 in Amsterdam geborene und noch nicht dreißigjährige Abbé in seinen *Recherches philosophiques* die Eroberung des Aztekenreiches durch die Spanier als den Raubzug von vierhundert Mördern und Banditen brandmarkt,[39] die Hernán Cortés ebenso eigenmächtig wie habgierig um sich geschart habe. De Pauw kannte ‚seinen' Friedrich und dessen Sichtweise auf die historischen Umstände der Eroberung Mexikos durch den spanischen Konquistador Hernán Cortés.

Sicherlich war Cornelius de Pauw auch nicht jene Passage des königlichen Librettisten unbekannt geblieben, in welcher sich der Aztekenherrscher Montezuma – in der italienischen Versübersetzung von Friedrichs Hofdichter Giuseppe Tagliazucchi[40] – über die Warnungen seines Generals Pilpatoè vor der Gefährlichkeit der heranrückenden Spanier hinwegsetzt:

> Wie sehr, oh Himmel! kann dir deine Furcht
> Den Muth benehmen ... Ist denn

---

39 Pauw, Cornelius de: *Recherches philosophiques sur les Américains*, Bd. 1, S. 58.
40 Vgl. hierzu Polzonetti, Pierpaolo: Political and Operatic Reforms of Frederick the Great. In (ders.): *Italian Opera in the Age of the American Revolution*. Cambridge: Cambridge University Press 2011, S. 109. Zur Rezeptionsgeschichte Montezumas bzw. Moctezumas im spanischen Theater vgl. u. a. Pérez-Amador Adam, Alberto: La constitución del modelo dramático del personaje de Moctezuma II en el teatro español de finales del siglo XVIII e inicios del siglo XIX. In: Floeck, Wilfried / Fritz, Sabine (Hg.): *La representación de la Conquista en el teatro español desde la Ilustración hasta finales del franquismo*. Hildesheim – Zürich – New York: Georg Olms Verlag 2009, S. 161–177.

Gegen dreihundert irrende Flüchtlinge,
Die das Meer an dieses Ufer gespien hat,
Mexico zu vertheidigen, ein ganzes Heer nöthig?
lidi?

Cieli! fin a qual segno il tuc timore
Avvilir ti può il core! Alla difesa
Del Messico sia d'uopo
D'un Esercito intero
Contro trecento fuggitivi erranti
Vomitati dal mare a questi lidi?[41]

Dieser Stoff musste den Preußenherrscher sehr interessieren: Montezuma unterschätzt die sich aufbauende militärische Situation, obwohl er von seinen Gefolgsleuten über alle notwendigen Informationen verfügt. In seiner Menschlichkeit und Gutherzigkeit verkennt er die ihm und seinem Reiche drohende Gefahr. Denn diese dreihundert marodierenden Flüchtlinge, die bisweilen auch als Vagabunden erscheinen,[42] werden aller Warnungen zum Trotz ins Herz von Montezumas Reich vorstoßen und sich mit aller Brutalität und Habgier an die Stelle des rechtmäßigen Herrschers der Azteken setzen. Zu Ehrenmännern wurden sie durch diese höchst riskante Machtergreifung – nicht nur in Friedrichs Augen – freilich keineswegs. Doch sehen wir uns diese machtpolitische Konstellation etwas genauer an!

Unsere kurze Zusammenfassung präsentiert in äußerster Verdichtung den Handlungsverlauf jener in jüngster Zeit wieder stärker ins öffentliche Bewusstsein gerückten Oper *Montezuma*,[43] an deren Libretto Friedrich II. seit dem Spätsommer des Jahres 1753 gearbeitet hatte.[44] Ist es ein Zufall, dass sie im Karneval des Jahres 1755 just an einem 6. Januar ihre Premiere im Königlichen Opernhaus Unter den Linden erlebte, an jenem Dreikönigstage also, an dem im Jahre 1492

---

**41** Friedrich II. / Tagliazucchi, Giuseppe: *Montezuma. Tragedia per musica.* Da rappresentarsi nel Regio Teatro di Berlino per Ordine di Sua Maestà il Re nel Carnovale del MDCCLV. Berlino: Appresso Haude e Spener con licenza di Sua Maestà 1755, S. 32; dort auch die abgedruckte deutschsprachige Fassung, S. 33.
**42** Vgl. hierzu Klüppelholz, Heinz: Die Eroberung Mexikos aus preußischer Sicht – Zum Libretto der Oper „Montezuma" von Friedrich dem Großen. In: Gier, Albert (Hg.): *Oper als Text: Romanistische Beiträge zur Libretto-Forschung.* Heidelberg: Winter 1986, S. 82.
**43** Aufführungen von *Montezuma* fanden in jüngster Zeit statt u. a. an der Oper Mannheim (26. März 2010), in der Hamburger Kulturfabrik Kampnagel (10. Juni 2010), in Mühlheim an der Ruhr (1. Juli 2010), im Schlosstheater zu Potsdam (21. Januar 2012) sowie eine konzertante Aufführung in der Staatsoper Unter den Linden (Ausweichquartier Schiller-Theater, 28. Januar 2012) statt.
**44** Vgl. hierzu Henze-Döhring, Sabine: *Friedrich der Große: Musiker und Monarch.* München: Verlag C.H. Beck 2012, S. 85.

die Katholischen Könige Fernando und Isabel mit ihrem feierlichen Einzug in Granada die Eroberung des Nasriden-Reiches abschlossen? Damit beendeten sie die jahrhundertelange Herrschaft der Araber auf der Iberischen Halbinsel und ließen die *Reconquista* in eine künftige *Conquista* von Ländern außerhalb Europas – im Blick lagen zunächst die maurischen Reiche südlich der Straße von Gibraltar – umschwenken.

Fest steht, dass sich der preußische Monarch von Anfang an der politischen Tragweite seines heute sicherlich bekanntesten Opernprojekts bewusst war, ja dass es ihm um eine möglichst effizient und nachhaltig zu vermittelnde politische Botschaft ging, wie er dies Francesco Algarotti schon früh in einem Schreiben wohl von Oktober 1753 mitteilte.[45] Darin berichtete Friedrich dem engen Freund von seiner Arbeit am Libretto:

> Es ist Montezuma. Ich habe dieses Sujet gewählt und passe es derzeit an. Sie fühlen wohl, dass ich mich für Montezuma interessieren werde, dass Cortés der Tyrann sein wird, und das man folglich in der Musik selbst ein Stückchen Speck auslegen kann gegen die Barbarei der k[atholischen] R[eligion]. Doch ich vergesse, dass Sie in einem Land der Inquisition sind; so entschuldigen Sie mich bitte, und ich hoffe, Sie bald in einem häretischen Lande wiederzusehen, wo die Oper selbst zur Reform der Sitten und zur Zerstörung des Aberglaubens dienen kann.[46]

In diesem Schreiben lässt der preußische Monarch keinen Zweifel an seiner politischen Interessenlage und an seiner Absicht erkennen, gegen die Barbarei der Spanier und gegen die Katholische Kirche ein (literarisches) Zeichen zu setzen. Dafür bot ihm die Kunst, dafür bot ihm gerade die Oper ein reich ausgestattetes Spielfeld in einem Land, das nicht der Inquisition unterlag und in dem in religiösen Dingen jeder nach seiner Façon selig werden konnte. Dass Friedrich in seiner geplanten Oper folglich auf die „religion catholique", auf den Katholizismus und seine Unterdrückungsmaschinerie abzielt, ist von Beginn des Vorhabens an damit ebenso klar wie die Tatsache, dass es in seiner Oper *Montezuma* nicht weniger um die Frage der Macht als um die (Unter-) Scheidung zwischen Barbarei und Zivilisation gehen muss.

Dass er dies „en musique même" – was man nicht, wie des Öfteren geschehen, mit „selbst in der Musik", sondern „in der Musik selbst" übersetzen sollte – zu tun gedenkt, wirft ein bezeichnendes Licht auf sein Verständnis von einem Zusammenwirken der Künste, welches auf ein Zusammenwirken der Sinne innerhalb eines hochpolitischen Zusammenhanges abzielt. Und diese Orchestrierung der Sinne ist,

---

**45** Vgl. zu dieser Datierung ebda., S. 217.
**46** Friedrich II.: *Correspondance de Frédéric Second, Roi de Prusse, avec le Comte Algarotti. Pour servir de suite aux éditions des œuvres posthumes de ce Prince.* Berlin: Chez George Gropius, Libraire 1887, S. 98.

wie im Folgenden ausgeführt werden soll, im Medium der Oper mit der Frage nach der Macht auf intime, höchst sinnliche Weise verbunden. Denn *Montezuma* ist eine Oper über den guten wie den schlechten Gebrauch politischer Macht.

Am 16. April 1754 schreibt Friedrich II. aus Potsdam an seine Lieblingsschwester und erprobte musische Ratgeberin, die Markgräfin Wilhelmine von Bayreuth, und übermittelt ihr das in französischer Sprache verfasste Libretto mit den folgenden Worten:

> Ich erlaube mir, Dir einen Mexikaner zu Füßen zu legen, der noch nicht ganz kultiviert ist. Ich habe ihm Französisch beigebracht; jetzt muss er Italienisch lernen. Ehe ich ihn aber dieser Mühe unterziehe, bitte ich Dich sehr, mir offen Deine Meinung zu sagen und ob Du glaubst, dass es sich lohnt. Die Mehrzahl der Arien soll kein Da capo erhalten; nur zwei Arien des Kaisers und zwei der Eupaforice sind dazu bestimmt. Ich weiß nicht, wie Du das Ganze, die Szenenfolge, den Dialog finden wirst und ob die Handlung interessant ist. Da aber die Sache nicht eilt, könnte ich das, woran Du etwas auszusetzen hast, leicht ändern. Die Wirkung des Stückes ließe sich sogar leicht erproben. Da Du eine wunderbare französische Theatertruppe hast, braucht sie es nur in Deinem Zimmer aufzuführen, auch wenn die Rollen nur abgelesen werden.[47]

In seinem Schreiben zeigt Friedrich durchaus gewisse Unsicherheiten gegenüber seiner künstlerischen Ratgeberin, auf deren Urteil er sehr viel gab. Doch von Beginn an setzt er auf die Wirkung des Wortes wie auf die der Musik, für deren Ausführung er bereits klare Vorgaben entwickelt hat – insbesondere die Abkehr von den Dacapo-Arien und die Hinwendung zur zweigliedrigen lyrischen Form der Kavatine.[48] Wie würde die hochgeschätzte Schwester auf sein Ansinnen reagieren?

---

**47** Brief von Friedrich II. an Markgräfin Wilhelmine von Bayreuth, 16. April 1754; ich danke Ruth Müller-Lichtenberg für die freundliche Übermittlung des Briefwechsels zwischen den beiden Geschwistern. Im Französisch Friedrichs des Großen lautet die Passage: „Ma tres chere Sœur. Je prens la liberté de metre a Vos pieds un Mexsiquain qui n'est pas encore toutafait de crassé je lui ai apris a parler français, il faut apresent quil aprene L'Italien, mais avans que de Lui donnér cette pene je vous suplie de me dire Naturelement Votre sentiment et si Vous Croyéz quil merite qu'on Lui donne ce soin; La plusparc des airs sont faits pour ne point etres repetéz il n'y a que deux airs de L'Empereur et deux d'eupaforis qui sont destinéz pour L'Etre, je ne sai Coment Vous trouveréz le tout ensemble L'enchainement des Scenes, Le Dialogue et L'Interet que j'aurois Voulû y faire regnér, mais Comme rien ne presseje pourai changér facilement ce que Vous y trouverais a redire; il seroit meme facile de jugér de L'Efet que le Spectacle peut produire, Vous avéz une admirable troupe françaisse il n'yauroit qu'a la lui faire representér dans Votre chambre qund meme chaqun ne ferait que Lire son role." GStA BPH Rep. 47 № 305–10, fol. 19 r.
**48** Vgl. hierzu aus einer der Oper gegenüber künstlerisch recht kritischen Sicht Detering, Susanne: Friedrich II: Camouflage und Selbstverteidigung im Bild Montezumas. In (dies.): *Kolumbus, Cortés, Montezuma: Die Entdeckung und Eroberung Lateinamerikas als literarisches Sujet in der Aufklärung und im 20. Jahrhundert.* Weimar: Verlag und Datenbanken für Geistes-

Nun, ihre Reaktion ließ nicht lange auf sich warten: In einem Schreiben an ihren Bruder zeigte sie sich am 25. April 1754 „entzückt";[49] eine Entzückung, die später zu ihrem Vorhaben führte, das Werk im Markgräflichen Opernhaus zu Bayreuth aufzuführen. Die nicht selten enthusiastischen Kommentare Friedrichs gipfeln im nachfolgenden Briefwechsel schließlich in jenem Schreiben vom 11. Januar 1755, in welchem der König seiner Schwester selbstironisch, aber nicht ohne Begeisterung und fürstlichen Stolz von der ersten Aufführung des *Montezuma* an der Königlichen Oper Unter den Linden berichtete: „Der Dekorateur und der Kostümbildner haben den armseligen Textdichter aus der Affäre gezogen. Hauptsächlich zwei Pistolenschüsse haben außerordentlichen Beifall gefunden. Die Astrua hat die letzte Szene mit bewundernswürdigem Pathos gespielt und Graun hat sich in der Musik selber übertroffen."[50]

Auf überzeugende Weise hat Ruth Müller-Lindenberg die von ihr konzipierte und im Januar 2012 eröffnete Ausstellung im Berliner Musikinstrumentenmuseum unter dem Titel „Friedrichs *Montezuma*" ganz ins Zeichen all jener Sinne gestellt, die von Friedrich II. ganz bewusst angesprochen werden sollten. *Montezuma* ist eine machtpolitisch höchst reflektierte Oper und ein Zeugnis des Nachdenkens, ja bisweilen der Rechtfertigung eines Herrschers an der Macht. All dies galt es operntechnisch und künstlerisch umzusetzen. Denn nicht ohne Grund ist in den Briefen des Königs nicht allein von seinem französischen Libretto und dessen italienischer Übersetzung oder von der Musik seines Hofkapellmeisters Carl Heinrich Graun die Rede, sondern auch von den Stars der Aufführung. Zu ihnen zählten neben den hochbezahlten Kastraten die nicht geringer entlohnte Primadonna Giovanna Astrua, die Kostümbildner und Theaterarchitekten, allen voran Giuseppe Galli Bibiena, sowie all jene Künstler und Handwerker, die gleichsam für die ,special effects' verantwortlich zeichneten – von den Pistolenschüssen bis hin zur auf der Bühne zum Einsatz kommenden Pyrotechnik. Diese Oper sollte ein (machtpolitisches) Spektakel werden!

---

wissenschaften 1996, S. 196; aus musikwissenschaftlicher Sicht vgl. Henze-Döhring, Sabine: *Friedrich der Große: Musiker und Monarch*, S. 85 ff.

**49** Brief von Wilhelmine von Bayreuth an Friedrich II. vom vom 25. April 1754. Im französischen Original: „J'ai eu L'honneur de recevoir votre Heros Mexiquain j'en ai étée enchantée. Les Sentiments, Les positions et la Conduite de la piece, touts cella dis je est exelant je faits ecrire les Rôles pour Les faire distribuer aux Comediens, et je conte que dans 3 semaines La piece sera jouée." GStA BPH Rep 46 W 17, Bd. III,5 (1754), fol. 11 r/v.

**50** Brief von Friedrich II. an Wilhelmine von Bayreuth am 11. Januar 1755. Im französischen Original: „Le decorateur et le tailleur ont tiré Le pauvre Auteur d'aiffaire [!] surtout deux Mauvais Coups de pistolet ont etéz extremement aplaudi. L'astrua a joué la Derniere Scene avec un patetique admirable et Grauen s'est surpassé en Musique." GStA BPH Rep. 47 № 305–10, fol. 71 v.

Die Macht des Zusammenwirkens all dieser Kräfte hatte der junge Kronprinz wohl erstmals bei seinem Besuch im Januar und Februar 1728 am königlich-kursächsischen Hofe in Dresden am eigenen Leibe erfahren. Dort hatte er die „schwindelnd machende Berührung mit einem höfischen Szenarium, das in seinem strahlenden Glanz, seiner verlockenden, spielerischen Leichtigkeit und der atemlosen Aufeinanderfolge von Komödien und Balletten, von Galatafeln und Redouten, Maskeraden und Feuerwerken als grandioses, die Sinne betörendes Blendwerk" genossen.[51] All dies sollte einen bleibenden Einfluss auf den künftigen preußischen Monarchen und seinen Wunsch haben, Dresden und Sachsen auch auf diesem Gebiet den Rang abzulaufen.

Ruth Müller-Lindenberg schreckte in ihrer wegweisenden Ausstellung nicht davor zurück, mit Hilfe eines Geruchsdesigners jenen Duft nachkomponieren zu lassen, der sich in einem geschlossenen Opernhaus aus den Kerzen und Lüstern, den verwendeten Parfums und dem Schweiß, aber auch dem Feuerwerk und dem Pulverdampf während der Vorstellung gebildet haben muss. Nicht umsonst gab sie ihrer Einführung in den Katalog zur Aufführung den Titel „Macht und Sinne?" und stellte ihrer Ausstellung ein Zitat aus Julius Bernhard von Rohrs *Einleitung zur Ceremoniel-Wissenschaft der großen Herren* aus dem Jahre 1733 voran:

> Sollen die Unterthanen die Majestät des Königs erkennen, so müssen sie begreiffen, dass bey ihm die höchste Gewalt und Macht sey, und demnach müssen sie ihre Handlungen dergestalt einrichten, damit sie Anlaß nehmen, seine Macht und Gewalt daraus zu erkennen. Der gemeine Mann, welcher bloß an den äusserlichen Sinnen hängt, und die Vernunfft wenig gebrauchet, kann sich nicht allein recht vorstellen, was die Majestät des Königs ist, aber durch die Dinge, so in die Augen fallen, und seine übrigen Sinnen rühren, bekommt er einen klaren Begriff von seiner Majestät, Macht und Gewalt.[52]

Die Prachtentfaltung in der Kunst zielte demnach auf die Machtentfaltung im Denken des ‚gemeinen Mannes' beziehungsweise des preußischen Adels. Die Autonomie der Kunst sollte erst im nachfolgenden Jahrhundert ein deutlich wichtigeres Thema sein: Im Preußen Friedrichs II. war alles dem Staatsziel und der absoluten Herrschaft eines aufgeklärten Monarchen untergeordnet. Das Spektakel der Oper war in diesem Sinne ein Spektakel von Macht und Gewalt, das vor allem auf eines gerichtet war: beim Publikum eine möglichst große Wirkung zu erzielen.

In Friedrichs *Montezuma* geht es daher nicht nur auf der Inhaltsebene, sondern nicht weniger auf der des Ausdrucks um das, was die Sinne überwältigt, was

---

**51** Vgl. hierzu Kunisch, Johannes: *Friedrich der Große. Der König und seine Zeit*. Mit 29 Abbildungen und 16 Karten. München: Deutscher Taschenbuch Verlag ²2010, S. 22.
**52** Rohr, Julius Bernhard von: *Einleitung zur Ceremoniel-Wissenschaft der großen* Herren, zit. nach Müller-Lindenberg, Ruth: *Macht und Sinne? Zum Konzept der Ausstellung.* (Einleitung in den noch unveröffentlichten Ausstellungskatalog 2012).

sich der bloßen Vernunft entzieht, was nicht allein in einem Universum der Texte vom armen Textdichter entfaltet werden kann. Friedrich II. war sich dieser Tatsache sehr wohl bewusst, wie seine ironischen Anmerkungen im oben angeführten Brief andeuten. Die Pistolenschüsse auf offener Bühne, die Feuerwerke in einer gewagten Bühnenarchitektur, die exotischen Kostüme und aufwendigen Ausstattungen sind keinem „effet de réel", sondern einem „effet de pouvoir" verpflichtet, der kraft seiner Macht über die Sinne den Sinn der Macht ebenso kunstvoll wie gleichsam ,natürlich' unter die Haut zu bringen vermag. Unter den Händen des Königs geriet die Oper zum Spektakel der Macht.

Kein Zweifel: Wer Oper sagt, der sagt gewiss auch Macht – ganz im Sinne Friedrichs II., der schon im Jahr nach seinem Machtantritt den Grundstein seines großen Opernhauses legen ließ, das die Berliner noch heute erfreut! Das Opernhaus Unter den Linden war das erste der vielen großen Bauvorhaben Friedrichs, welche die Residenzstädte Berlin und Potsdam entscheidend gestalten sollten. Es demonstriert eindrucksvoll, wie der preußische König die Förderung der Künste mit der Förderung (und Reflexion) seiner eigenen Machtfülle zu verbinden wusste. Der reflektierte Einsatz von Machtmitteln ist das eigentliche Signum der Ära Friedrichs des Großen.

In welchem Verhältnis aber stehen Politik und Ästhetik? Die angestrebte Verwirrung der Sinne zielt folglich auf eine Verführung der Sinne, deren ästhetische Kraft nicht ohne Rückwirkungen auf das Verhältnis zur politischen Macht des Monarchen bleibt. Dies bedeutet keineswegs, dass damit die Vernunft weitgehend ausgeschaltet oder im Sinne der Ideen von Rohrs vollständig überwältigt wäre. Denn auch die Vernunft – nur eben nicht die „bloße", die nackte Vernunft – wird in das Spiel der Verwirrungen gezogen und mit Hilfe der Worte in Bewegung gesetzt, die wir im Libretto wie in einem Lesedrama isoliert betrachten können. Dies geschieht in Friedrichs Oper *Montezuma* gleich in der ersten Szene des ersten Aktes, die von Beginn an alles mit der Frage nach der Macht und ihrem gerechten, angemessenen Gebrauch verknüpft.

Dies war selbstverständlich keine Problematik, die sich allein im künstlerischen Bereich höchst dringlich präsentierte. Sie stand nicht weniger im Zentrum der politisch-philosophischen Schriften, die Friedrich II. zugerechnet werden. Nach seiner Lektüre von Machiavellis *Il Principe* teilte er in einem Brief vom 31. März 1738 an Voltaire bereits sein Vorhaben mit, dieses im Geist mittelalterlicher Fürstenspiegel verfasste Werk, das Friedrich in französischer Übersetzung las, sorgfältig zu widerlegen.[53] Voltaire bestärkte den preußischen Kronprinzen in seinem Vorhaben und sprach davon, dieses Werk könne dereinst zum „Katechismus

---

53 Vgl. hierzu Kunisch, Johannes: *Friedrich der Große. Der König und seine Zeit*, S. 124.

der Könige und ihrer Minister" werden.[54] Wenn es auch nicht zum Katechismus der Könige wurde, so war es doch das Fingerspiel und vielleicht mehr noch die Etüde eines angehenden preußischen Königs.

Friedrich begann mit der Niederschrift wohl im Mai 1739 und schloss seine Gesamtkonzeption wahrscheinlich im November desselben Jahres ab, wobei er nachfolgend sein Werk noch mehrfach überarbeitete. Am 26. April schickte er seine Schrift an Voltaire in der Hoffnung, sein Text werde unter der Feder des französischen Philosophen sicherlich gewinnen. Es waren vertrauensvolle Jahre in der Korrespondenz zwischen dem preußischen Thronfolger und dem französischen Schriftsteller. Auf diese Weise entstanden zwei Fassungen, die unabhängig voneinander im Jahr 1740 in Den Haag veröffentlicht wurden: Zum einen Friedrichs *Examen du Prince de Machiavel, avec des notes historiques et politiques*, und zum anderen der *Anti-Machiavel, ou Essai de critique sur le Prince de Machiavel, publié par Mr de Voltaire*.[55]

Auch wenn an dieser Stelle die komplexe Entstehungsgeschichte dieser Schrift nicht weiter verfolgt werden kann, so ist für die Fragestellung unserer Vorlesung doch bedeutsam, dass Friedrich schon früh und gleich zu Beginn dieser zunächst anonym erschienenen „Réfutation du Prince de Machiavel" seine Auffassung betonte, Machiavellis *Il Principe* sei „eins der gefährlichsten unter allen Büchern von Weltverbreitung".[56] Und mit derselben Stoßrichtung führte er kämpferisch aus: „Machiavell pflanzte den Keim des Verderbens in das staatliche Leben und unter-

---

**54** Zit. nach ebda., S. 125.

**55** Rasch erschienen weitere und erweiterte Ausgaben, wie etwa die im Folgejahr in Amsterdam veröffentlichte von Friedrich II.: *Anti-Machiavel, ou Essai de critique sur le Prince de Machiavel, publié par Mr de Voltaire*. Nouvelle Edition, où l'on a ajouté les variations de celle de Londres. Amsterdam: Chez Jaques La Caze 1741. Die komplexe Geschichte der Entstehung und Verbreitung dieser Schrift kann hier nicht dargestellt werden; vgl. hierzu die kritische Edition des *Anti-Machiavel*. Ed. par Werner Bahner et Helga Bergmann. *Les Œuvres Complètes de Voltaire*. Bd. 19. Oxford: the Voltaire Foundation 1996. Dort findet sich auch der Text der französischen Ausgabe, die Friedrich konsultierte.

**56** Hier zitiert nach der verbreiteten Fassung in Friedrich der Große: Antimachiavel. In (ders.): *Historische, militärische und philosophische Schriften, Gedichte und Briefe*. Mit Illustrationen von Adolph von Menzel. Herausgegeben von Gustav Berthold Volz. Köln: Anaconda Verlag 2006, S. 331. Das französische Original dieser Schrift wird zitiert nach Friedrich der Große: *Anti-Machiavel ou Examen du Prince de Machiavel*. Corrigé pour la plus grande partie d'après le manuscrit original de Frédéric II. Avec une introduction et des notes historiques. Hambourg : Chez Frédéric Perthes 1834, S. 4: „J'ai toujours regardé le Prince de Machiavel comme un des ouvrages les plus dangereux qui se soient répandus dans le monde."

nahm es, die Vorschriften gesunder Sittlichkeit zu zerstören."[57] Anders als in den Schriften des Philosophen Spinoza hätten Machiavellis machttheoretische Überlegungen in *Der Fürst* nicht (nur) in die „Verirrungen des Denkens" geführt, sondern eine (zweifellos fatale) „Bedeutung für das Leben selbst" entfaltet.[58] Daher der Plan des jungen Kronprinzen und angehenden Königs, die „Verteidigung der Menschlichkeit aufzunehmen wider ein Ungeheuer, das sie verderben will".[59] Eine Absage an die (Ausübung von) Macht, gar ihr Abgesang?

Keineswegs! Liest man Friedrichs *Antimachiavel* aus der Perspektive der anderthalb Jahrzehnte später entstandenen Oper und ihres Libretto, so kann kein Zweifel daran bestehen, dass Friedrichs Hernán Cortés die Verkörperung all jener Eigenschaften darstellt, die Machiavellis Fürsten auszeichnen: „Gier", „Launen", „Ehrgeiz", „Tücke", „Grausamkeit" – kurzum: das Bild eines „politischen Ungeheuer[s]".[60] Der junge Thronfolger dachte wesentlich komplexer, als ihm dies selbst ein Voltaire zugetraut haben dürfte. Noch in seinem auf den 26. Februar 1740 datierten und Voltaire zugeeigneten Gedicht *Tod des Vaters* wird Friedrich unmittelbar vor seiner Thronbesteigung ein weiteres Mal an „Machiavellis Frevelgeist" erinnern und ein gekonntes Verstellungsspiel betreiben, als zögerte er, jetzt nach der Macht zu greifen.[61] Gerade in den nicht selten gewalttätigen Auseinandersetzungen mit dem Vater hatte sich der Thronfolger jene „an Verschlagenheit grenzenden Verstellungskünste" angeeignet, „mit denen er erst den Vater und

---

57 Friedrich der Große: Antimachiavel, S. 331. Im französischen Original: Friedrich der Große: *Anti-Machiavel ou Examen du Prince de Machiavel*, S. 4: „Machiavel corrompit la politique, et entreprit de détruire les préceptes de la saine morale."

58 Friedrich der Große: Antimachiavel, S. 331. Im französischen Original: Friedrich der Große: *Anti-Machiavel ou Examen du Prince de Machiavel*, S. 3: „erreurs de spéculation", „regardoient la pratique."

59 Friedrich der Große: Antimachiavel, S. 331. Im französischen Original: Friedrich der Große: *Anti-Machiavel ou Examen du Prince de Machiavel*, S. 4: „J'ose prendre la défense de l'humanité contre un Monstre qui vent la détruire."

60 Friedrich der Große: Antimachiavel, S. 332. Im französischen Original: Friedrich der Große: *Anti-Machiavel ou Examen du Prince de Machiavel*, S. 6: „[...] et quelle situation déplorable que celle des peuples, lorsqu'ils doivent tout craindre de l'abus du pouvoir souverain, lorsque leurs biens sont en proie à l'avarice de leur prince, leur liberté à ses caprices, leur repos à son ambition, leur sûreté à sa perfidie, et leur vie a sa cruautés. C'est lá le tableau d'un empire où régneroit un monstre politique tel quel Machiavel prétend le former."

61 Friedrich der Große: Tod des Vaters. In (ders.): *Historische, militärische und philosophische Schriften, Gedichte und Briefe*, S. 545. Im französischen Original: Friedrich der Große: *Correspondance de Frédéric avec Voltaire*. Tome I. Depuis la première lettre de Frédéric jusqu'à son avénement. (8 Aout 1736–4 ou 5 Juin 1740). In: Preuss, Johann D (Hg.): *Oeuvres de Frédéric le Grand*. Tome XXI. Berlin : Imprimerie Royale (R. Decker) 1853, S. 398: „Dans ce terrain scabreux, raboteux, difficile / De machiavélisme infecté!"

dann die Kontrahenten im Konzert der Mächte hinters Licht zu führen verstand".[62] Friedrich, von seinem Vater brutal unterdrückt, hatte nach der Hinrichtung seines Freundes Hans Hermann von Katte seine Lektion gelernt.

Würde Friedrich also nach der Macht greifen? Aber selbstverständlich, er zögerte nicht! Allerdings hatte er gegen das Abbild des Despotismus und der Tyrannei eindrucksvoll in seinem *Antimachiavel* ein anderes Herrscherbild gestellt: „So läuft es darauf hinaus, dass der Herrscher, weit entfernt, der unumschränkte Gebieter über seine Untertanen zu sein, nur ihr erster Diener ist, das Werkzeug ihres Glückes, wie jene das Werkzeug seines Ruhmes."[63] Der Philosoph auf dem Thron: Welche Rolle, welche Partitur hat Friedrich je mit größerer Hingabe, mit größerer Inbrunst gespielt?

Mit eben diesem Bild des dienenden Herrschers eröffnet Friedrich II. 1755 seine Oper *Montezuma*, in deren erster Szene der Aztekenherrscher voller Stolz auf eine für seine Untertanen wie für ihn selbst glückliche und ruhmreiche Herrschaft blicken kann. Alles ist für ihn noch vollkommen in der besten aller denkbaren Welten. Vor dem Hintergrund dreier großer Palmengänge in seinem kaiserlichen Garten wendet er sich an Tezeuco, einen Bediensteten aus seinem zahlreichen Gefolge:

> Ja, mein Tezeuco, Mexico ist glücklich.
> Dieses ist die Frucht jener Freiheit, welche auf
> Vernunfft gegründet, nur der Herrschafft solcher
> Gesetze unterworfen ist, die ich selbst zu erst beobachte.
> Mein Volk genießt in Ueberfluß eines
> Festgegründeten Glücks und einer holden Ruhe,
> Und meine Macht gründet sich auf dessen Liebe.

> Sí, mio Tezeuco, il Messico è felice.
> Frutto di quella libertà, che, unica
> Alla prudenza, al solo fren soggiace
> Delle leggi, ch'io stesso
> Sono il primo a osservare, il Popol mio
> Di stabil gaudio, e bel riposo abbonda,
> E il mio poter su l'amor suo si fonda.[64]

Mexikos Glück ist wie das seiner Bewohner dank eines vorausschauenden Herrschers in dessen eigenen Worten unermesslich. So präsentiert sich das Gemein-

---

**62** Kunisch, Johannes: *Friedrich der Große. Der König und seine Zeit*, S. 25.
**63** Friedrich der Große: Antimachiavel, S. 332. Im französischen Original: Friedrich der Große: *Anti-Machiavel ou Examen du Prince de Machiavel*, S. 10: „il se trouve que le souverain, bien loin d'être le maître absolu des peuples qui sont sous sa domination, n'en est en lui-même que le premier domestique."
**64** *Montezuma. Tragedia per musica*, S. 10 f.

wesen der Mexica im ersten Rezitativ ihres Herrschers in offenkundiger Übereinstimmung mit jenem Idealbild, das der angehende preußische König für alle in der République des Lettres so hoffnungsvoll in seinem ersten politisch-philosophischen Traktat entworfen hatte. Sprach Friedrich dort nicht – als redete er von einem „contrat social" – von jenen Völkern, „die einen Herrn über sich gesetzt haben lediglich, damit er ihnen Schirm und Schutz sei", hätten sie sich ihm doch „nur unter dieser Bedingung unterworfen"?[65]

Friedrich aber spielt mit den Bildern der Macht und testet ihre Grenzen aus: Das Libretto, die Literatur, die Oper werden zu seiner Versuchsanordnung, zum Laboratorium seiner machtpolitischen Versuche. So war König Ferdinand von Aragonien für Machiavelli noch der Inbegriff des mit großer Geschicklichkeit vorgehenden Fürsten gewesen. Derselbe Ferdinand, der Granada eroberte und zusammen mit Königin Isabel den Machtimpuls Spaniens auf die Küsten der Neuen Welt richtete, wir nun einer harten aufklärerischen Kritik unterworfen, habe er doch die Religion „als Deckmantel" für seine Pläne benutzt und für sein „heuchlerisches Tun den frommen Glauben des Volkes" missbraucht.[66]

Damit aber wird jener europäische Monarch abgestraft, der nicht nur im Bunde mit der Kirche und der „Heiligen Inquisition" – die Friedrich in seinem bereits angeführten Brief an Algarotti verhohnepiepelte – zu herrschen verstand, sondern die erste Phase beschleunigter Globalisierung politisch entscheidend prägte. So sind im *Antimachiavel* schon früh jene Feinde der Vernunft ausgemacht, für die man die Spanier im französisch geprägten 18. Jahrhundert ohne großes Federlesen hielt – wir haben dies in unserer Vorlesung bereits mehrfach und deutlich gesehen. Friedrich II. lag mit seinem *Montezuma* also ganz im Trend der Zeit und des anti-spanisch eingestellten Aufklärungszeitalters.

Spanien und die Katholische Kirche, beiderseits mit der „Santa Inquisición" im Verbund: Damit werden im politisch-philosophischen Traktat früh schon jene allseits verhassten Störfaktoren für einen gerechteren Gang des Menschengeschlechts identifiziert, gegen welche Friedrichs Oper *Montezuma* ihr sinnenbetörendes Feuerwerk abzubrennen sucht. Hat nicht Cortés wie ein zweiter Ferdinand vor seinen Gräueltaten und Massakern an einer unschuldigen Bevölkerung in der siebten Szene des zweiten Akts noch versucht, sein schändliches Tun mit dem Hinweis auf die christliche Religion zu bemänteln, und die von ihm hingeschlachteten Mexica

---

65 Friedrich der Große: Antimachiavel, S. 334. Im französischen Original: Friedrich der Große: *Anti-Machiavel ou Examen du Prince de Machiavel*, S. 11: „qui se sont donné des souverains pour qu'ils les protègent", „qui ne se sont soumis qu'à cette condition."

66 Friedrich der Große: Antimachiavel, S. 337. Im französischen Original: Friedrich der Große: *Anti-Machiavel ou Examen du Prince de Machiavel*, S. 169: „un voile pour couvrir ses desseins", „son hypocrisie la crédulité des peuples au profit de son ambition."

unter Verweis auf ihre Menschenopfer als Barbaren bezeichnet? Und ist nicht vielmehr er selbst die Inkarnation menschlicher Barbarei?

> Unser Gesetz will, dass wir die Götzen-Diener verabscheuen,
> Welche barbarischen Göttern menschliche Opfer bringen.
> Wir sind weniger darauf bedacht, Länder zu erobern,
> Als vielmehr hier unsern Gott bekannt zu machen,
> Und unter euch denjenigen vollkommenen
> Gottes-Dienst zu stiften, der diesem Gotte angenehm ist.

> Noi per legge abboriam l'empio Idolatra,
> Ch'offre a barbari Dei vittime umane.
> Più, che di far conquiste,
> Cercham di farvi noto il nostro Dio,
> E stabilir fra voi quella perfetta
> Religion, che a questo Nume è accetta.[67]

Damit führt Friedrich ein weiteres zentrales Thema des Aufklärungszeitalters ein: die Frage nach den Grenzen zwischen Zivilisation und Barbarei. Doch wer die ‚wahren‘ Barbaren und wer die ‚Zivilisierten‘[68] in dieser Szenerie aus dem Jahre 1521 sind, liegt für das Publikum in der Lindenoper offen zutage. Wie sehr sich schon der junge Kronprinz mit Fragen und Herausforderungen des Globalisierungsprozesses nicht nur des 16. Jahrhunderts, sondern auch seiner eigenen Zeit beschäftigte, zeigt sich – neben vielen anderen Schriften aus seiner Feder – auch in verschiedenen Passagen seines *Antimachiavel*. Dort geht es etwa um die Strategien Frankreichs, die Handelswege von England und Holland, der „beiden blühendsten und reichsten Länder der Welt“,[69] zu durchkreuzen und zum eigenen Vorteil zu nutzen. Auch wenn sich Preußen gerade aus dem transatlantischen Sklavenhandel zurückgezogen hatte: Friedrich wusste sehr wohl, wer sich an den Schätzen der Kolonien im transatlantischen Handel bereicherte.

Friedrich war sich der Tatsache bewusst, dass es längst nicht mehr Spanien und Portugal, sondern Holland sowie vor allem England und Frankreich waren, die mit zunehmender Dynamik im weltweiten Maßstab agierten und folglich eine wirkliche Großmachtpolitik entfesseln konnten, der er selbst nichts Gleichwertiges

---

67 *Montezuma. Tragedia per musica*, S. 70 f.

68 Zu dieser Konfliktlinie europäischer Reflexion über die Begegnung mit außereuropäischen Kulturen vgl. Bitterli, Urs: *Die „Wilden" und die „Zivilisierten". Grundzüge einer Geistes- und Kulturgeschichte der europäisch-überseeischen Begegnung*. München: C.H. Beck'sche Verlagsbuchhandlung 1976.

69 Friedrich der Große: Antimachiavel, S. 339. Im französischen Original: Friedrich der Große: *Anti-Machiavel ou Examen du Prince de Machiavel*, S. 174: „l'Angleterre et la Hollande, ces deux pays les plus beaux et les plus riches du monde."

hätte entgegensetzen können. Die globale Dimension dieses Handelns erschien ihm im Bereich des Handels zweifellos am vielversprechendsten, ohne dass er jedoch aus dem, was noch im 18. Jahrhundert als Welthandel bezeichnet zu werden begann, eine Epoche des Weltfriedens heraufziehen sah. Sein *Montezuma* situiert sich nicht zufällig zu Beginn einer Epoche, die wir als die zweite Phase beschleunigter Globalisierung benennen dürfen.

Dem angehenden Monarchen waren sicherlich die kolonialen Aktivitäten Brandenburgs und Preußens bestens bekannt, waren die letzten Reste der ehemaligen Kompanie des preußischen Überseehandels – wie wir sahen – doch erst ein Jahr vor der Veröffentlichung seines *Antimachiavel* aufgelöst und liquidiert worden. Erblickte er in einer möglichen Wiederbelebung kolonialer Aktivitäten Preußens ein eigenes Feld politischen Handelns?

Nichts in seinem Traktat, nichts in seiner Oper, nichts in der Friedrich gewidmeten Forschung deutet direkt darauf hin. Und doch ist es vor diesem Hintergrund bedeutsam zu begreifen, dass Friedrich II. künstlerische Beschäftigung mit der ersten Phase beschleunigter Globalisierung in seiner Oper *Montezuma* von einem eigenen Erfahrungs- und Erwartungshorizont geprägt ist, der ohne den Beginn der zweiten Phase beschleunigter Globalisierung nicht möglich gewesen wäre. Mit der Macht der Kunst spannt Friedrich einen transmedialen Experimentierraum aus, der keiner Mimesis konkreter historischer Machtfülle, wohl aber der ästhetischen Erprobung abstrakter Vorstellungen von Macht im weltweiten Maßstab dient.

Friedrichs Oper *Montezuma* ist auf intime Weise mit seinen politisch-philosophischen Schriften verbunden. Man darf das Rezitativ unmittelbar vor der ersten Arie des Montezuma als eine direkte Reminiszenz an den *Antimachiavel* begreifen, wenn der Aztekenherrscher auf die Lobeshymnen seines Bediensteten Tezeuco mit Wendungen antwortet, welche in buchstäblich verdichteter Form sein ideales Herrscherbild in den geschlossenen Raum einer preußischen Opernaufführung mit überklarer Helligkeit projizieren:

> Ach, erhebe nicht eine schwache Tugend so sehr!
> Thue ich ettvas anders, als meine Pflicht?
> Ich verlange von dir, Freund! nicht Lobes-Erhebungen,
> Sondern Rath: Ist es uns ein Verdienst,
> Nicht ein Ungeheuer zu seyn?
> Ach, verflucht sey jene grausame Staats-Kunst,
> Welche in dem Blute der Unterthanen den Thron gründet.
> Nein, für einen so unwürdigen Preiß
> Könnte sich mein Hertz niemahls zu dem Besitz
> Eines Thrones entschliessen.

> Non innalzar cotanto
> Sì deboli virtù. Faccio altro mai

Che il mio dovere? Jo ti domando, amico,
Non lodi, ma consigli. E merito in noi
Il non essere un mostro? Eh pera questa
Politica crudele,
Che stabilisce il soglio
De' sudditi col sangue.
No, non saprebbe a prezzo così indegno
Questo mio cor deliberarsi al Regno.[70]

Der im Kriegshandwerk längst erfahrene Friedrich exerziert in seinem *Montezuma* die einzelnen Machttheorien und Machtpraktiken wie in einem Exerzier- oder besser Experimentierraum durch. Im zentralen Vers – „Ist es uns ein Verdienst, / Nicht ein Ungeheuer zu seyn?" – wird in den Worten Montezumas jene antimachiavellistische Position des jungen Friedrich auf die Spitze getrieben, die den Herrscher nicht als absoluten Souverän, sondern als einen seinem sich ihm anvertrauenden Volk verpflichteten ‚ersten Diener' des Staates begreift. Damit aber ist eine Position markiert, die es uns – wie auch die weitere Entwicklung der Oper deutlich belegt – weder erlaubt, die Figur Montezumas als die eines ‚edlen Wilden' zu charakterisieren noch gleichsam identifikatorisch mit der historischen Gestalt des königlichen Librettisten in einer Art von Camouflage[71] gleichzusetzen.

Friedrich zitiert sich gleichsam selbst, kommt auf seine früheren Schriften zurück. Wir haben es mit einem intratextuellen Verweissystem nicht selten ironischer Markierungen zu tun, das Montezuma – entgegen aller Behauptungen, die sich immer wieder in der Forschung finden[72] –- keinesfalls als „bon sauvage" im Sinne des 18. Jahrhunderts idealisiert, sondern als eine *Figura*,[73] als eine ästhetische Modellierung vorstellt, die im Verlauf der Oper einer kritischen Überprüfung unterzogen wird. Dass Friedrichs in *Montezuma* durchexerziertes Programm der Macht ein *figurales* war, steht außer Frage.

Mit guten Gründen ist wiederholt auf die Tatsache verwiesen worden, dass das Sujet der spanischen Conquista auf den europäischen Bühnen des 18. Jahr-

---

**70** *Montezuma. Tragedia per musica*, S. 14 u. 16.

**71** Vgl. hierzu Detering, Susanne: Friedrich II: Camouflage und Selbstverteidigung im Bild Montezumas, S. 203.

**72** Vgl. jüngst Henze-Döhring, Sabine: *Friedrich der Große: Musiker und Monarch*, S. 87. Zur Problematik einer solchen Sichtweise vgl. auch Detering, Susanne: Friedrich II: Camouflage und Selbstverteidigung im Bild Montezumas, S. 199.

**73** Vgl. zu diesem Begriff Auerbach, Erich: Figura. In (ders.): *Gesammelte Aufsätze zur romanischen Philologie*. Herausgegeben von Fritz Schalk und Gustav Konrad. Bern – München: Francke Verlag 1967, S. 55–92. Vgl. auch in neuester Zeit die auf Erich Auerbach zurückgreifende Potsdamer Habilitationsschrift von Gwozdz, Patricia: *Ecce figura. Anatomie eines Konzepts in Konstellationen (1500–1900)*.

hunderts bereits lange vor der Jahrhundertmitte Verwendung und im Bereich der Oper in Antonio Vivaldis *Montesuma* (1733) den wohl berühmtesten künstlerisch-musikalischen Ausdruck fand. Doch bestand die Tradition der preußischen Hofoper seit 1747/48 gerade darin, „überwiegend zu italienischsprachigen Opern umgewandelte französische Tragödien aufzuführen", so dass man den *Montezuma*, der 1755 in der Oper Unter den Linden aufgeführt wurde, sehr wohl als einen „Fremdling" bezeichnen darf,[74] auch wenn er sich gattungskonform als „Tragedia per musica" präsentierte.[75]

Dieser Fremdling freilich musste dem Publikum seltsam vertraut erscheinen, besaß er doch nichts von jener grobschlächtigen Wildheit, deren Archäologie Hayden White in seinem Essay über die *Forms of Wildness* erforschte und in einem „reappearing in the imagination of Western man – as the Wild Man, as the monster, and as the devil"[76] erblickte. Als Wilder Mann und Ungeheuer aber erscheint gerade Montezuma als gebildeter und feinfühliger Aztekenkaiser nicht, wobei er zugleich das Verdienst weit von sich weist, selbst unter dem Druck einer grausamen Politik kein Ungeheuer zu werden. Montezuma bleibt seinem Charakter als Mensch mit Herzensgüte und voller Vertrauen in die Menschheit treu.

Den Wilden Mann, dessen archetypisches Bild die westliche Kulturgeschichte geradezu verfolgte und verfolgt, gibt vielmehr der Schüler Machiavellis, der mit List und Tücke, mit Mordlust und Massakern vorgehende Hernán Cortés, der zwar die Mexica als ungebildete Barbaren beschimpft, in seinem Reden wie in seinem Handeln aber stets als der eigentliche Barbar auftritt und gebrandmarkt wird. Von Anfang an ließ Friedrich II. an dieser stabilen Konstellation, wie das Schreiben von Oktober 1753 an Algarotti zeigte, keinen Zweifel. Friedrichs tyrannischer Cortés – und nicht sein aufgeklärter Montezuma – ist es, der jenen „abyss into which mankind might fall"[77] aufweist; jenen Abgrund also, der sich unter der dünnen Decke abendländischer Kultur nicht nur in Preußen so leicht zu öffnen vermag. Friedrich der Große wusste von diesem dünnen Firnis, der in einem letzten Anstrich mit den angenehm bunten Mustern der Zivilisation die darunter schlummernde Barbarei des Menschen überzieht.

---

**74** Müller-Lindenberg, Ruth: Macht und Sinne? Zum Konzept der Ausstellung, S. 8. Zur Rezeptionsgeschichte aus der Perspektive Oswald Spenglers vgl. auch Birkenmaier, Anke: *Versionen Montezumas. Lateinamerika in der historischen Imagination des 19. Jahrhunderts*, S. 6f.
**75** Zur traditionalistischen Ausrichtung Friedrichs als Musiker wie als Komponist im Kontext bereits seiner Zeit als Kronprinz zu Preußen vgl. auch Kunisch, Johannes: *Friedrich der Große. Der König und seine Zeit*, S. 85.
**76** White, Hayden: The Forms of Wildness: Archaeology of an Idea. In (ders.): *Tropics of Discourse. Essays in Cultural Criticism*. Baltimore – London: The Johns Hopkins University Press 1978, S. 180.
**77** Ebda.

So ist der auf die Berliner Bühne gebrachte Montezuma weder der üble Wilde noch der edle Wilde,[78] sondern die *Figura* jenes im *Antimachiavel* gezeichneten Herrschers, die nun freilich im geschlossenen Raum der Oper wie in einem Experimentierraum *öffentlich* einem Härtetest unterworfen wird. Noch zu Beginn der Oper steht er in strahlendem Glanze da, weiß sich und sein Land in höchstem Maße glücklich und begreift sein eigenes Tun in vollständiger Übereinstimmung mit den Wünschen und Bedürfnissen seiner Untertanen, deren Willen er repräsentiert und als deren Diener er sich letztlich begreift. Mit dem Auftauchen des Hernán Cortés und seiner zu allem entschlossenen Soldateska aber erfolgt nun eine Überprüfung dieser Position und mehr noch eine Prüfung, deren Tragweite der Monarch – aller Warnungen zum Trotz – zu Beginn nicht überblickt und deren Tragik er am Ende schutzlos ausgeliefert ist. Er begreift erst, als es längst zu spät ist. Denn am Ende dieser Prüfung stehen der Zusammenbruch des Staates und die Hinrichtung des beim Volk zumindest zu Beginn so populären Herrschers.

So ließe sich die These wagen, dass in Friedrichs Libretto und in Carl Heinrich Grauns Oper der frühfridericianische Antimachiavel zugleich in Szene gesetzt, auf seine Widerstandsfähigkeit überprüft und schließlich als Herrscher nicht als überlebensfähig eingestuft wird. Des jungen Friedrich philosophische Ideen halten einem ,Härtetest' nicht stand, sobald sich der König nicht mehr im Bereich der Theorie, sondern der politischen Praxis bewegt. Zumindest könnte dies eine Art Rechtfertigung und Legitimation des eigenen politischen Handelns durch den an der Macht ,erfahrener' gewordenen Monarchen sein.

Mag Montezuma auch für das Berliner Publikum ein Fremdling gewesen sein: Die zu Beginn der Oper entworfene Figur des Herrschers war es nicht! In diesem transmedialen Transfer aus der Theorie des philosophisch-politischen Traktats in die inszenierte Praxis der realen Oper erfolgt eine fundamentale Transformation. Denn im Gewitter der Spezialeffekte im Bühnen- und Zuschauerraum wird die Tatsache grell beleuchtet, dass die Reinheit der Figura – wie Friedrich in seinem *Antimachiavel* festhielt – weder im „staatliche[n] Leben" noch in der Bedeutung für das „Leben selbst"[79] aufrechterhalten werden kann. Der Herrscher als Antimachiavel bricht unter dem Ansturm Machiavels in kürzester Zeit zusammen – und

---

78 Aus der ungeheuren Literatur zum „bon sauvage" seien hier nur genannt Kohl, Karl-Heinz: *Entzauberter Blick. Das Bild vom Guten Wilden und die Erfahrung der Zivilisation.* Berlin – Frankfurt am Main: Verlag Medusa 1981; sowie Duviols, Jean-Paul: Contribution des récits de voyage à la formation de l'image du „Bon Sauvage" Américain. In: *Les Amériques et l'Europe. Voyage – émigration – exil.* Actes de la 3ème semaine latino-américaine. Toulouse: Université de Toulouse – Le Miral 1985, S. 27–36.
79 Friedrich der Große: Antimachiavel, S. 331. Im französischen Original: Friedrich der Große: *Anti-Machiavel ou Examen du Prince de Machiavel*, S. 3: „la politique", „la pratique".

mit ihm sein gesamtes Staatswesen, das am Ende in Flammen aufgeht und aus der Weltgeschichte verschwindet. Dass Friedrich II. allerdings kurz nach seiner Thronbesteigung, als er sich seiner schlesischen Beute versichern wollte, bereits ungerührt zu kriegerischen Mitteln griff, mag zeigen, dass der noch junge Herrscher dem *Principe* von Beginn seiner Herrschaft an gar nicht ferne stand.

Friedrichs Montezuma versucht, seine zwar einerseits abstrakte, andererseits aber durchaus in der staatlichen Realität gemeinschaftlichen Lebens erprobte Überzeugung von der ethisch fundierten guten Regierung auch angesichts all jener skrupellosen Feinde aufrechtzuerhalten, die das Meer gleichsam ausgespuckt und in sein eigenes Land geworfen hat. Deren zahlenmäßige Unterlegenheit spielt dabei keine Rolle. Friedrichs Cortés erkennt sehr früh die Ethik guter Herrschaft als eine Schwäche des Systems und sucht, ihr mit aller Macht die Inszenierung eigener Macht entgegenzuhalten, die just auf die Verwirrung aller Sinne setzt. Er tut dies als guter Schüler Niccolò Machiavellis und mit durchschlagendem Erfolg.

So sind es die Pistolenschüsse, von denen Friedrich nicht von ungefähr in seinem Brief an Markgräfin Wilhelmine von Bayreuth kurz nach der Aufführung berichtet, die auf der Bühne abgefeuert auf jene listige Taktik der zu allem entschlossenen Spanier verweisen, zuallererst die Sinne ihrer Gegner zu verwirren. Sind erst die Sinne überwältigt, kann geradezu unbegrenzt Macht über die Azteken ausgeübt werden. Es sind die „special effects" einer menschenverachtenden Bühnenkunst, die es den Spaniern erlauben, die von Furcht ergriffenen Azteken vor sich herzutreiben und Montezuma seinem fatalen Schicksal zuzuführen. Wer sich die Macht über die Sinne seiner Feinde wie seiner Untertanen verschafft, macht daraus jeden Sinn, den er der Geschichte seiner eigenen Macht verschaffen will: Vor diesem Hintergrund muss Montezuma untergehen. Friedrich II. aber wollte ein solches Schicksal nicht teilen.

Friedrichs Oper *Montezuma* führt dies ein ums andere Mal in aller Deutlichkeit vor Augen und bringt es zu Gehör. Im Vollbesitz rücksichtsloser Sicherheit macht der Spanier Narvès in der siebten Szene des ersten Aktes Montezuma klar, dass man bereits die ganze Welt erobert habe. Am Ende der fünften Szene des zweiten Aktes gehen die spanischen Truppen unter der Führung des Hernán Cortés unter den Klängen einer kriegerischen Symphonie mit aller Entschlossenheit und Brutalität gegen die Mexica vor, die bereits beim Klang der ersten für sie fremden, unbegreiflichen Schüsse jedweden Widerstand einstellen. Nicht seine Ehre und hehren Werte, wohl aber die Widerstandskraft des Montezuma sind gebrochen, erscheint er doch zu Beginn der unmittelbar folgenden sechsten Szene als „attonito, e spaventato":[80] Montezuma erkennt, dass

---

80 *Montezuma. Tragedia per musica*, S. 66.

er einen fatalen Fehler begangen hat. Die Spanier hingegen wissen sich als Protagonisten einer Welt, deren Geschichte sie längst aus ihrer Sicht umzuschreiben begonnen haben. Und doch sind sie Barbaren und herrschen über ein Land, das sie nur auszuplündern und zu zerstören fähig sind. In einer Welt, die im Zeichen brutaler Gewaltausübung steht, genügt dies freilich.

Auch dies ist gewiss nicht das Herrscherbild, dem Friedrich II. sich verpflichtet fühlte. Und doch: Hatte er, der in seinem *Antimachiavel* so kurze Zeit vor seinem Machtantritt das Bild des edlen Fürsten malte, nicht schon nach wenigen Monaten auf dem Thron alle Regeln zwischenstaatlicher Vertragstreue und Reziprozität gebrochen? Mit List und Tücke, vor allem aber mit brutaler Waffengewalt hatte er Schlesien überfallen, um erfolgreich die reiche Provinz aus dem nach dem Tod Kaiser Karls VI. zeitweise führungsschwachen Habsburgerreich herauszubrechen und seinem eigenen Reich einzuverleiben? Gewiss wollte Friedrich nicht mit der Figur des Barbaren Cortés verwechselt werden; aber ein Montezuma, dessen Widerstand im schreckenerregenden Pulverdampf zu erliegen kommt und dessen Reich unter den Hufen der für die Mexica unbekannten Pferde zerfällt, wollte er ebenso wenig sein. *Montezuma* ist somit ein Stück über Macht im Medium der Macht; es macht daher nur Sinn, insofern es die Macht über die Sinne reflektiert. Und genau dies tut diese Oper aus der Feder eines aufgeklärten, aber gleichwohl absoluten Monarchen.

So führt die Oper *Montezuma* am 6. Januar 1755 gleichsam in ihrer ganz konkreten Aufführungspraxis vor, wie die Figura eines Herrschers, der sich allein abstrakten Werten verpflichtet weiß, im Angriffswirbel seiner Feinde untergehen muss und folglich alle medialen Gewalten dafür aufzubieten hat, die eigene Macht zu erhalten und wo möglich auszuweiten. Die Oper selbst, „l'opéra même",[81] wird daher für Friedrich II. zu einem mitreißenden Spektakel, zum – wie Algarotti ihm noch vor der Premiere von *Montezuma* schrieb – „spectacle magnifique du Nouveau monde".[82] In ihm verwirrt der preußische Monarch und Musiker die Sinne seiner Untertanen nicht nur mit Worten und Musik, sondern auch mit der exotischen Farbenpracht der Kostüme oder mit dem Pulverdampf seines Feuerwerks und kann sie folglich überwältigen. Dies ist der Sinn, dies sind die Sinne, welche die Neue Welt Friedrichs des Großen bestimmen!

Bereits die Zeitgenossen wussten es: Der preußische König hat sich nicht allein als Librettist betätigt und nicht nur den stärksten Einfluss auf die Musik wie auch (durch seine häufige Anwesenheit bei Proben) auf deren Ausführung genommen.

---

**81** Friedrich II.: *Correspondance de Frédéric Second, Roi de Prusse, avec le Comte Algarotti*, S. 98.
**82** Brief Algarottis vom 11. Januar 1754 aus Venedig an Friedrich II. In: Friedrich II.: *Correspondance de Frédéric Second, Roi de Prusse, avec le Comte Algarotti*, S. 100.

Vielmehr entwarf er auch Bühnendekorationen und Kostüme, all das also, was in der Oper auf Wirkung und Zusammenwirken angelegt ist. Sicherlich hat dies mit Friedrichs großer Liebe zu den Künsten zu tun, aber auch mit kalter machtpolitischer Berechnung. Da er in alles wie ein Fürst und mehr noch wie ein Feldherr einzugreifen pflegte, sagte der englische Musikhistoriker Charles Burney nach einem Besuch im Jahr 1773 wohl zurecht vom preußischen Monarchen: „Der König hält im Opernhaus genauso Manneszucht wie in seinem Lager."[83] Die horrenden Kosten der Lindenoper standen zur vielberufenen ‚Sparpolitik' des Königs nur in einem scheinbaren Widerspruch; denn „Macht äußerte sich nicht nur in einem schlagkräftigen Heer" – die Oper war ein vortreffliches „Machtinstrument"[84], dessen sich Friedrich auf hervorragende Weise zu bedienen wusste. Für diese Art der Machtausübung standen in der preußischen Staatskasse ausreichend Mittel zur Verfügung.

**Abb. 31:** Christian Gottlob Fechhelm (1723–1816): Kostüm für die Oper „Montezuma". Musik: Carl Heinrich Graun, Text: Friedrich der Große.

---

**83** Zit. nach Leithold, Norbert: *Friedrich II. von Preußen. Ein kulturgeschichtliches und bebildertes Panorama von A bis Z*. Frankfurt am Main: Eichborn (Die Andere Bibliothek) 2011, S. 327.
**84** Leithold, Norbert: *Friedrich II. von Preußen. Ein kulturgeschichtliches und bebildertes Panorama von A bis Z*, S. 327.

Noch heute zeugen die von Christian Gottlob Fechhelm gearbeiteten Figurinen des mexikanischen Kaisers[85] von der enormen Prachtentfaltung einer Ausstattung, die der preußische Monarch mit ungeheurem materiellen Aufwand und enormen Gagen für seine Opernstars[86] wie für sein Orchester, seine Dekorateure und Bühnenarchitekten betrieb.[87] Mit der Macht über die Sinne seiner Untertanen führte die Oper in ihrer sinnlich erfahrbaren Fülle selbst den Sinn der Macht vor, die sich im königlichen Librettisten leibhaftig verkörperte. Es ist ein Spektakel der Macht, das nicht die Macht als Spektakel, wohl aber den Sinn der Macht in der Macht über die Sinne zelebriert.

Lässt sich Friedrichs fürstliches Libretto und die Aufführung ‚seiner‘ Oper in der Musik von Carl Heinrich Graun, der Theaterarchitektur von Giuseppe Galli Bibiena, den Arien von Giovanna Astrua und Hunderter weiterer Mitwirkender als Vorspiel jener Berliner Debatte um die Neue Welt begreifen, die seit Ausgang der sechziger Jahre des 18. Jahrhunderts in einer längst weltweiten *République des Lettres* die Gemüter erhitzte?

Die Antwort auf diese Frage kann nicht einfach sein, sondern wird differenziert ausfallen müssen. Denn Friedrich II. verlegte ganz entgegen der von ihm selbst protegierten preußischen Traditionen der Hofoper den Schauplatz zwar ins räumlich wie zeitlich weit entfernte Land der Azteken, tat dies aber nicht, um einen wie auch immer gearteten anthropologischen Disput über die Bewohner der Alten wie der Neuen Welt in Gang zu setzen. Dass sich Friedrich II. nur mit Mythen und Legenden rund um die Eroberung Mexikos beschäftigt habe, ist eine in der Forschung immer wiederkehrende Behauptung.[88] Tatsächlich griff der preußische Monarch nachweislich auf die als historiographisches Standardwerk geltende *Historia de la conquista de México* von Antonio de Solís y Ribadeneyra von 1684 zurück.[89]

Zwar entfaltete Friedrich aus dem Erleben einer Phase beschleunigter Globalisierung, in der die neuen Mächte der europäischen Expansion ihre eigene Überlegenheit gegenüber Spanien und Portugal ebenso auf der materiellen wie – dank Zuhilfenahme der „leyenda negra“ – auf der ethisch-moralischen Ebene lautstark

---

**85** Vgl. hierzu Henze-Döhring, Sabine: *Friedrich der Große*, S. 89.

**86** Vgl. hierzu Leithold, Norbert: *Friedrich II. von Preußen. Ein kulturgeschichtliches und bebildertes Panorama von A bis Z*, S. 327; dort finden sich auch genauere Angaben etwa für die Primadonna Astrua oder den Kastraten Salimbeni.

**87** Ebda., S. 328 sowie Müller-Lindenberg, Ruth (Hg.): Katalog zur Ausstellung.

**88** Vgl. etwa Detering, Susanne: Friedrich II: Camouflage und Selbstverteidigung im Bild Montezumas, S. 198.

**89** Vgl. hierzu u. a. Klüppelholz, Heinz: Die Eroberung Mexikos aus preußischer Sicht – Zum Libretto der Oper „Montezuma“ von Friedrich dem Großen, S. 68–79.

proklamierten, einen kritischen, ja vernichtenden Rückblick auf die Protagonisten der ersten Phase beschleunigter Globalisierung. Doch war es ihm dabei gewiss nicht um die programmatische Aufwertung außereuropäischer Kulturen zu tun, wie wir sie auf anthropologisch fundierter Basis in Preußen ein halbes Jahrhundert später im Werk Alexander von Humboldts sich entwickeln sehen, sondern um die Schaffung eines ästhetischen Erprobungsraums, in dem das historisch Vorgefundene wie das künstlerisch Erfundene einem unmittelbar sinnlichen Erleben zugeführt werden sollte. Friedrich war nicht an Fragen von Inferiorität und Superiorität innerhalb der kolonialen Asymmetrie transatlantischer Beziehungen interessiert. Die Oper als politische Demonstration von Macht wie als Demonstration politischer Macht lieferte und schuf vielmehr jenen Projektionsraum und Resonanzboden, mit deren Hilfe sich die Frage der Macht auch und gerade in einem weltweiten Maßstab stellen ließ. Wir werden uns erneut mit der Berliner Debatte um die Neue Welt beschäftigen müssen, um die Beziehung von Friedrich des Großen Oper zu den in der Debatte behandelten Themen und Fragen zu klären.

Spätestens seit der Abwicklung der Restbestände seiner überseeischen Handelskompanie war Preußen kein Protagonist innerhalb der um die Mitte des 18. Jahrhunderts wieder einsetzenden Phase beschleunigter Globalisierung mehr. Die Preußen hatten sozusagen den entscheidenden historischen Moment verpasst – man darf sagen: glücklicherweise! Vielleicht schuf gerade diese Distanz eine Möglichkeit, die Globalisierungsschübe umso besser zu analysieren und theoretisch zu beurteilen. Vielleicht war es gerade diese Distanz, welche Berlin zu Schauplatz und Bühne dieses Disputs um die Neue Welt machte.

So ist es sicherlich ebenfalls kein Zufall, dass in Potsdam und Berlin mit außereuropäischen Fragen vertraute Schriftsteller und Philosophen wie Maupertuis oder Voltaire, wie de Pauw, Pernety oder Raynal verkehrten. Gewiss spielte die Berliner Debatte in der Provinz. Am preußischen Hof wie im aufstrebenden Berlin entwickelte sich aber mit einer gewissen Kontinuität eine Beschäftigung mit außereuropäischen Fragestellungen, an die ein Alexander von Humboldt Jahrzehnte später anknüpfen konnte. Diese warf grundsätzliche Probleme jener Phasen beschleunigter Globalisierung auf, als deren wohl erster Theoretiker ein im provinziellen Berlin geborener Forscher, Gelehrter und Schriftsteller angesehen werden darf: eben der Jüngere der beiden Humboldt-Brüder.[90]

Alexander von Humboldts Schriften lassen sich wie eine späte, aber keinesfalls verspätete Antwort auf die zweite Phase beschleunigter Globalisierung begreifen. Dem gegenüber sind die in Potsdam und Berlin entstandenen Werke eines

---

90 Vgl. Ette, Ottmar: *Alexander von Humboldt und die Globalisierung. Das Mobile des Wissens.* Berlin: Suhrkamp Verlag 2019.

Cornelius de Pauw oder eines Antoine-Joseph Pernety, aber auch der Opernent-
wurf von Friedrichs *Montezuma* komplexe und in sich widersprüchliche Reaktionen auf eine sich verändernde politische, ökonomische und kulturelle Situation,
welche die zweite Hälfte des 18. Jahrhunderts gerade im transatlantischen Zusammenspiel charakterisierte. *Montezuma* ist als Oper Friedrichs II. sicherlich *nicht*
Teil der an ‚seiner' Akademie entbrannten Berliner Debatte; doch ist sie zugleich
erheblich mehr als deren bloßes Vorspiel.

Diese „Tragedia per musica" stellt die erst heute wieder unter veränderten
Bedingungen neu zu beleuchtende Frage nach der Macht in ihrer globalen Dimension, wobei der preußische Monarch die Verwirrung der Sinne, die einst Hernán Cortés mit Pferdegetrampel und Artillerie zur Überwältigung der Mexica
genutzt hatte, als Machtfaktor sinnlich erlebbar werden lässt. Diese Überwältigung war in der Menschheitsgeschichte stets ein Machtfaktor von allergrößter
Wichtigkeit. Gewiss sind heute in dieser Funktion längst andere mediale Ver-
bundsysteme an die Stelle der Oper getreten. Doch die von Friedrich in Szene gesetzte Überwältigungsstrategie demonstriert nicht nur die Macht, welche die
Sinne über unser Denken und unser Leben ausüben, sondern auch die Notwendigkeit, eine die Sinne berauschende Gewalt stets mit der kritischen Frage nach
dem Sinn der Macht zu konfrontieren, soll eine neue Welt ästhetisch vorgedacht
und vorbereitet werden. Doch lassen wir Eupaforice, Montezumas Braut, jener
furchtlosen indigenen Frau, die anders als alle anderen Figuren eine reine Erfindung Friedrichs ist, wie am Ende des zweiten Akts für heute das letzte Wort:

Der Himmel steht dem Kühnen bey,
Wenn er sich mit Muth bewaffnet,
Nicht erschrickt, und die Strenge des
Schicksals verachtet.

Seconda il Ciel l'audace,
Che di coraggio armato
Sprezza il rigor del Fato,
E paventar non sa.[91]

---

91 *Montezuma. Tragedia per musica*, S. 102 f.

TEIL 4: **Intermezzo**

# Jean-Jacques Rousseau oder die Erfindung des modernen Subjekts

Nicht allein die Figurenkonstellationen in Friedrich des Großen Libretto, sondern auch die Figuren der Oper selbst besaßen etwas Statisches, Fixiertes, Unwandelbares; sie verkörperten eher Typen als Subjekte in einem modernen Sinne. Dies sollte uns nicht verwundern, da sie im Grunde eher bestimmte philosophische beziehungsweise machtpolitische Positionen, ja mehr noch Figuren innerhalb einer figuralen Deutung von Geschichte, als Personen mit einer humanen Tiefenschärfe darstellten. Um die Mitte des 18. Jahrhunderts aber ergaben sich literarische und philosophische Entwicklungen, die just diese psychologische Tiefenschärfe entfalteten, welche für die Entstehung des modernen Subjekts von so zentraler Bedeutung sind.

Diese Entwicklungen verbinden sich mit einem Namen: Jean-Jacques Rousseau. Ich habe Ihnen diesen aus Genf stammenden Schriftsteller und Philosophen bereits in meiner Vorlesung über die *Romantik zwischen zwei Welten*[1] ausführlich vorgestellt, da er für die Sattelzeit von Empfindsamkeit und Romantik von überragender Bedeutung war. Doch ich kann auf Grund seiner zentralen Funktion für das 18. Jahrhundert nicht darauf verzichten, ihn an mehreren Stellen in den Ablauf unserer Vorlesung nun mit veränderter Themenstellung einzubauen. Denn beim Studium der Schriften von Jean-Jacques Rousseau lässt sich die Entstehung, ja die Erfindung des modernen Subjekts gleichsam in Zeitlupe mitverfolgen, eine Entwicklung, die – wie wir schon im ersten Teil unserer Vorlesung sahen – nicht nur für die philosophische, literarische oder literarhistorische Progression, sondern für die Grundlegung der abendländischen Moderne von entscheidender Bedeutung ist. Im Übrigen waren wir schon mehrfach auf den von ihm kreierten Neologismus der ‚Perfektibilität' gestoßen. Beschäftigen wir uns aber zunächst mit einigen Biographemen des berühmten „Citoyen de Genève".

Wollte man Rousseaus Leben mit einem Satz überschreiben, so müsste man vor allem sagen, dass er – in Abwandlung von Roland Barthes' Sentenz über Voltaire – sicherlich nicht der letzte der glücklichen Schriftsteller war. Gewiss, der Genfer Bürger wurde von seinen Anhängern geliebt und in den Himmel gehoben, aber zu Lebzeiten erfuhr der Schriftsteller und Philosoph nicht nur viel Widerstand und Kritik, sondern Häme, Spott und Erniedrigungen. Als er sich ins Schweizer Val de Travers zurückzog, machte man Jagd auf ihn und versuchte, dieses Gottlosen habhaft zu werden oder ihn zumindest außer Landes

---

1 Vgl. Ette, Ottmar: *Romantik zwischen zwei Welten*, S. 489 ff. u. 590 ff.

zu treiben, so dass sich Rousseau auf nahe gelegenes preußisches Gebiet zurück-
ziehen musste und auf der Halbinsel von Saint-Pierre die *Rêveries du promeneur
solitaire* schrieb, eines seiner sicherlich schönsten literarischen Werke.

Doch es war keineswegs nur die Tatsache, dass er von vielen der französischen Aufklärungsphilosophen einschließlich Voltaire mit Hohn und Spott verfolgt wurde, was einen davon überzeugen könnte, in Rousseau den ersten der
unglücklichen Schriftsteller zu sehen. In der Auseinandersetzung mit einem
Ich, auf das wir gleich mit Blick auf seine *Bekenntnisse* zurückkommen werden,
entfaltete er all jene Spaltungen, die für das Subjekt in der Moderne charakteristisch sind und nach Rousseaus Tod die Schriftstellerinnen und Schriftsteller
der Romantik prägten. Doch wir sollten uns davor hüten, den Rousseauismus
mit Rousseau zu verwechseln.

**Abb. 32:** Maurice Quentin de La Tour: Jean-Jacques Rousseau
(1712–1778).

Der Bürger Rousseau wurde 1712 als Sohn eines protestantischen Uhrmachers
in der Stadt Genf geboren. Seine Mutter verstarb bei der Geburt, und dieses Ereignis hat den Philosophen stark geprägt, schwebte so doch über seinem gesamten Leben der Schleier eines Todes, der mit seiner eigenen Geburt in eins
fiel. Der alte Rousseau erblickte in diesem Faktum zweifellos ein Zeichen, das
nicht nur sein Verhältnis zu Frauen und seine sexuellen Erfahrungen mit dem
weiblichen Geschlecht, sondern sein ganzes weiteres Leben prägen sollte.

Nach einer Zeit als Lehrling in einer Kanzlei und bei einem Graveur verließ
er 1728 seine Heimatstadt und lernte im nahe gelegenen Annecy Madame de
Warens kennen, die den Bürgersohn dazu bewegte, zum Katholizismus überzu-
treten. Madame de Warens war für Rousseau nicht nur in erotischen Dingen
von großer Wichtigkeit – manche ihrer Züge hat er später in seinem Roman
*Julie ou la Nouvelle Héloïse* verarbeitet, einem Bestseller der „Lumières". Wir
werden auf diesen Liebesroman in Form des für das 18. Jahrhundert charakteristischen Briefromans später noch zurückkommen.

Nach mehreren Reisen nahm Rousseau auf Anraten seiner späteren Geliebten 1732 in Besançon ein Musikstudium auf, welches er freilich erfolglos wieder
abbrach. Dennoch brillierte er 1741 in Paris auf dem Gebiet der Musik, was ihm
wichtige Kontakte mit französischen Philosophen und Autoren wie Fontenelle,

Marivaux oder Diderot eintrug. Die Musik begleitete Rousseau ein Leben lang; als Komponist musikalischer Werke, als Theoretiker von Musik oder als Kopist von Musikstücken, womit er sich in bestimmten Phasen seines Lebens über Wasser halten konnte. Denn in dieser Funktion galt er als überaus präzise.

Weniger präzise ausgerichtet war sein beruflicher Werdegang. Denn in der Folge führten ihn diverse Beschäftigungen etwa als Sekretär und Faktotum nach Venedig, von wo aus er 1744 aber wieder nach Paris zurückkehrte. In der französischen Hauptstadt arbeitete er an verschiedenen Opern und Singspielen – nichts hätte einen in diesem jungen Mann den späteren Philosophen und Schriftsteller vermuten lassen, als welcher er in die Geschichte einging. Er zog mit Thérèse Levasseur zusammen, mit der er insgesamt fünf Kinder zeugte, welche ausnahmslos ins Waisenhaus gegeben wurden. Gleichwohl wurde er zu einem der für das 18. Jahrhundert fortschrittlichsten Theoretiker zeitgenössischer Pädagogik. Rousseau galt damals aber vor allem als ausgesprochener Fachmann auf dem Gebiet der Musik, worüber er später den einschlägigen Artikel in d'Alemberts und Diderots *Encyclopédie* verfasste. Seine *Lettre sur la musique française* von 1753 fand große Beachtung beim französischen Publikum.

Der Kopf der berühmten *Encyclopédie*, Denis Diderot, war es auch, der Rousseau wesentlich zu seinem ersten *Discours* sowie seinem zweiten *Discours sur l'origine et les fondements de l'inégalité parmi les hommes* anregte. Vor allem das letztgenannte Werk bildete die Grundlage für Rousseaus Aufstieg zum „Philosophe" und Vertreter der Aufklärung. Zugleich zeichnete sich schon früh sein Bruch mit den Aufklärungsphilosophen um die *Encyclopédie* ab, insofern Rousseau ein gänzlich anderes Entwicklungsmodell der (europäischen) Gesellschaft entwarf. Seine *Lettre à d'Alembert* von 1758 vollzog mit der Abwertung des Theaters als moralischer Anstalt diesen Bruch bewusst, isolierte Rousseau aber zunehmend. Die Trennung von den einstigen philosophischen Mitstreitern lastete schwer auf Rousseaus Schultern und führte ihn dazu, sich immer stärker von der Pariser Bühne der an Frankreich ausgerichteten *République des Lettres* zurückzuziehen. Das Bild vom ‚Einsiedler' Rousseau machte bald die Runde: Für große Teile des damaligen Lesepublikums wurde der „Citoyen de Genève", der als Philosoph wie als Schriftteller seine eigenen Wege ging, fortan zum Sonderling.

1762 wurde der Verfasser des *Contrat social* und Staatstheoretiker nach der Veröffentlichung seines *Emile* von staatlicher Seite in Frankreich verfolgt und entzog sich seiner Festnahme durch Flucht in die Schweiz und später – auf Einladung von David Hume –nach England. Vor allem in seinen *Confessions*, mit denen wir uns intensiver beschäftigen werden, sowie seinen *Rêveries du promeneur solitaire* entfaltete er die moderne Form der Autobiographie, in welcher der Selbstreflexion und ständigen Selbstbehauptung wie kritischen Selbstbefragung eine wichtige Rolle zukommt. Mit allen Mitteln der Literatur gestaltete Rousseau die Zerrissenheit des modernen Subjekts akribisch nach und schrieb aus einer Position der Abspaltung von seinem Publikum die sicherlich präzisesten Darstellungen eines Ich, das an seiner Einzigartigkeit freilich nicht zu zweifeln vermag. Auch wenn das Pariser Publikum zunächst seine *Bekenntnisse* unschlüssig und teilweise perplex aufnahm, waren sie doch von ungeheurer Bedeutung nicht allein für die Gattung der Autobiographie, sondern auch für das auf uns gekommene Bild von Jean-Jacques, wie er selbst in der literaturwissenschaftlichen Forschung immer wieder genannt wird. Denn der Verfasser von *Les Confessions* trat seinem Lesepublikum textextern erhobenen Hauptes, mit dem Buch seines Lebens in der Hand und dem gut in Szene gesetzten Versprechen entgegen, sich ganz so zu zeigen, wie er war.

Doch nicht nur in *Les Confessions* erwies sich Rousseau als überragender Schriftsteller, der in Frankreich und ganz Europa, aber auch längst in Übersee große Erfolge für sich verbuchen konnte. Sein Briefroman *Julie ou la Nouvelle Héloïse* wurde zu einem der großen Bestseller des Jahrhunderts der Aufklärung und wird im Zentrum unserer nachfolgenden literaturwissenschaftlichen Analyse stehen. Zugleich blieb der *Citoyen de Genève* für einen wichtigen Teil der französischen Aufklärungsphilosophie eine Zielscheibe des Spotts und der gehässigen Satire. Die Tatsache, dass ihn sein früherer Freund Denis Diderot 1778 in seinem *Essai sur les règnes de Claude et de Néron* als Verbrecher darstellte, der die Maske des Heuchlers trage, blieb bei weitem nicht der einzige Angriff, dem der Philosoph aus Genf in Frankreich ausgesetzt war. Umso mehr drängte es ihn, sich in immer neuen Spiegelungen literarisch seinem Lesepublikum als ganzen Menschen, als Menschen in seiner Ganzheit zu präsentieren. Dieses Begehren war, wie wir noch sehen werden, literarisch höchst produktiv.

Doch die Anhänger Rousseaus, zu denen unter anderem Bernardin de Saint-Pierre, Louis-Sébastien Mercier oder Germaine de Staël zählten – und ich darf Sie an dieser Stelle erneut auf die Vorlesung über die *Romantik zwischen zwei Welten* verweisen[2] –, traten vehement für den verstorbenen Genfer Bürger ein und betonten den Zusammenhang zwischen dessen der gesellschaftlichen Entwicklung gegenüber pessimistischem Denken und seiner eigenen Lebensführung. Jean-Jacques' Erbe wirkte ebenso im Bereich der Philosophie und des politischen Handelns wie im Bereich der „Belles-Lettres". Im Kontext der Französischen Revolution blühte ebenso ein Rousseau-Kult auf wie die Verehrung von Jean-Jacques im Kontext einer vor- und frühromantischen Ästhetik, als deren Wegbereiter der Autor von *Julie ou la Nouvelle Héloïse* bald schon galt.

---

2 Vgl. Ette, Ottmar: *Romantik zwischen zwei Welten*, S. 69–99 u. 493–518.

Jean-Jacques Rousseaus schier unaufhaltsamer Siegeszug als Philosoph, als Schriftsteller und öffentliche Figur begann schon zu Lebzeiten, nahm nach seinem Tod aber einen noch viel stärkeren Verlauf, auch wenn man nicht scharf genug zwischen Rousseau und dem Rousseauismus unterscheiden kann. 1794 wurden seine sterblichen Überreste ins Pariser Panthéon überführt: Die Französische Revolution hatte ihn nach seinem Tod zu einem ihrer wichtigsten Vorläufer gemacht. Gerade die Romantiker unterstrichen den von Rousseau ihrer Meinung nach evidenten Sinnverlust der Gesellschaft im Lichte eines Kulturpessimismus, dem man die Züge Rousseaus gab. Hätte für die Anhänger der romantischen Schule in Europa wie in Übersee das 18. Jahrhundert ein Gesicht gehabt, dieses Gesicht hätte die Züge des „Citoyen de Genève" getragen. Rousseau stand so als Literat wie als öffentliche Figur für die unterschiedlichsten Entwicklungen Pate – von der Französischen Revolution bis hin zum kulturpessimistischen Zweig der Romantik. Seine Rolle als intellektueller Impulsgeber kann daher kaum überschätzt werden.

Rousseaus *Les Confessions* stellen die erste Autobiographie im modernen Sinne und zugleich die erste Autobiographie in der Moderne dar. Um besser zu verstehen, inwiefern die Rousseau'sche Autobiographie sich von der literarischen Gattung der Memoiren unterscheidet und abgrenzt, der sich im 18. Jahrhundert vorwiegend Angehörige des hohen Adels bedienten und in unserer Epoche vor allem Politiker und all jene, die sich für ‚Very Important Persons' halten, werden wir uns eines Close Reading, mithin einer sehr genauen, präzisen Textlektüre bedienen. Die nicht selten allographen, also von anderen als der porträtierten Person verfassten Memoiren ziehen ihren Seins-Grund aus der Tatsache, dass sich die oder der Dargestellte mit vielen hochwichtigen Persönlichkeiten traf, welche allesamt zur Freude des an derartigen VIP's interessierten Leserinnen und Lesern dargestellt werden müssen. Im Unterschied dazu zieht das *Eigen-Leben-Schreiben* der Autobiographie – denn nichts anderes bedeutet dieser Ausdruck etymologisch – seine Bedeutung aus der Außerordentlichkeit des repräsentierten Subjekts, das sich in seiner ganzen Vielschichtigkeit zu erkennen gibt. Und dies bedeutet, dass eine Vielzahl komplexer literarischer Verfahren zur Ausführung kommen und analysiert werden wollen.

Beginnen wir also mit der Analyse dieses sicherlich zentralen Texts des – um es noch einmal zu wiederholen – 1712 in Genf geborenen, sich sein Leben lang stolz als „Citoyen de Genève" apostrophierenden und 1778 in Ermenonville verstorbenen Jean-Jacques Rousseau, der mit der Niederschrift der ersten Fassung seiner *Confessions* im Jahr 1764 begann. Dieses Vorhaben von Rousseau wurde dabei durchaus unterstützt von einem enormen verlegerischen Interesse an den Bekenntnissen dieses großen Repräsentanten der französischsprachigen

Aufklärung: Die Verleger erhofften sich ein lukratives Geschäft. Sie sollten nicht enttäuscht werden – zumindest mittelfristig betrachtet.

Aber es sollten eben keine Memoiren werden, sondern ein gänzlich anders gearteter Text, mit dessen literarischen ‚Gemacht-Sein' wir uns nun beschäftigen wollen. Beginnen wir dabei mit dem Incipit, mit den ersten Sätzen dieser *Confessions*:

> Ich gestalte eine Unternehmung, welche niemals zuvor je ein Beispiel hatte, und deren Ausführung keinerlei Nachahmer finden wird. Ich will Meinesgleichen einen Menschen in der vollständigen Wahrheit der Natur zeigen, und dieser Mensch werde ich sein.
>
> Ich allein. Ich fühle mein Herz und ich kenne die Menschen. Ich bin gemacht wie kein einziger derer, die ich gesehen; ich wage zu glauben, dass ich wie keiner gemacht bin von all jenen, die existieren. Bin ich nicht mehr wert als diese, so bin ich doch zumindest anders. Wenn die Natur es gut oder schlecht tat, die Form zu zerbrechen, in die ich gegossen ward, so ist dies etwas, das man nur beurteilen kann, nachdem man mich gelesen.
>
> Möge die Trompete des Jüngsten Gerichts ertönen, wann auch immer sie will: Ich werde mit diesem Buch in der Hand kommen, um mich vor dem Höchsten Richter zu präsentieren. Ich werde es laut sagen: Hier ist, was ich gemacht, hier ist, was ich gedacht, hier ist, was ich war. Ich habe das Gute und das Schlechte mit derselben Offenheit gesagt. Ich habe nichts Schlechtes verschwiegen, nichts Gutes hinzugefügt, und wenn es mir widerfuhr, irgend eine gleichgültige Ausschmückung zu benutzen, so geschah dies nie, um eine Leere zu tilgen, die einem Fehler meines Gedächtnisses entsprang; ich konnte als wahr annehmen, was ich als solches wissen konnte, und niemals das, was ich als falsch erkannt. Ich habe mich gezeigt, so wie ich war, verachtenswert und gemein, wenn ich es war, gut, großzügig und erhaben, wenn ich dies war: Ich habe mein Innerstes entschleiert, so wie Du es selbst gesehen. Oh Ewiges Wesen, versammle um mich her die unzählige Masse aller, die mir gleichen; mögen sie meine Bekenntnisse hören, mögen sie über mein unwürdiges Verhalten seufzen, mögen sie über all meine Erbärmlichkeit erröten. Möge ein jeder von ihnen am Fuße Deines Thrones sein Herz mit derselben Aufrichtigkeit enthüllen; und möge Dir dann auch nur ein einziger sagen, wenn er es wagen sollte: *Ich war besser als dieser Mann.*[3]

Dies also sind die berühmt gewordenen Anfangsworte der wohl ersten und damit gattungsbegründenden Autobiographie der Welt: Jean-Jacques Rousseaus *Les Confessions*! Wenn sich Rousseau gleich im ersten Satz seiner Autobiographie in einem täuschte, dann darin, dass seine „entreprise" keine Nachahmer finden würde: Denn die Nachahmer der von ihn geschaffenen autobiographischen Form sind Legion – und noch heute werden es tagtäglich mehr. Fast ebenso zahlreich sind die literarischen Formen autobiographischen Schreibens, die sich von diesem literarischen ‚Big Bang' herleiten.

---

3 Rousseau, Jean-Jacques: *Les Confessions*. Paris: Launette 1889, I, S. 1f.

Doch nichts kommt in der Literatur, in den Literaturen der Welt aus dem Nichts! Dies bewahrheitet sich auch bei diesem Unterfangen des illustren Genfers. Denn Rousseaus *Les Confessions* spielen bereits in ihrem Titel auf die *Confessiones* des Augustinus an, betonen zugleich aber massiv und wiederholt, eine zuvor nie dagewesene Form und Reflexion eines Menschen darzustellen, die es so nie wieder geben werde. Auch wenn wir heute wissen, dass auch dieser Text keine creatio ex nihilo ist und auf eine Vielzahl von Vorläufern zurückblicken kann, so handelt es sich doch um ein Buch, das gattungsgeschichtlich wie literarhistorisch einen Einschnitt markiert, gerade weil es repräsentativ für eine generelle und keineswegs nur individuelle Entwicklung steht. Denn *Les Confessions* von Jean-Jacques Rousseau sollten den Weg bereiten für eine der großen literarischen Gattungen, die im Zeichen des Autobiographischen die Literaturen der Moderne prägten – sowie für die Entfaltung jener Epoche und jenes Denkens, das wir gemeinhin mit dem Begriff der Romantik belegen.

Ich möchte Ihnen ausgehend vom Incipit die große Unternehmung des Jean-Jacques als den Versuch beschreiben, die Erfindung des modernen Subjekts in diesem wie auch eventuell in nachfolgenden Werken anzugehen und zu bewerkstelligen. Rousseau ist ganz gewiss nicht der Erfinder der modernen Subjektivität, zu deren Genese ein Joachim Ritter bereits wertvolle Hinweise gab,[4] wohl aber die gewiss gewichtigste Stimme derer, die dieses Subjekt für die Moderne neu erfanden. So wird es im Folgenden vorrangig um eine Beleuchtung jener Aspekte und Entwicklungen gehen, die für die unterschiedlichsten Aspekte der Herausbildung moderner Subjektivität im Akt des Lesens wie im Akt des Schreibens stehen. Denn in *Les Confessions* wurden die Grundlagen für ein Schreiben und Lesen gelegt, welche im Kontext eines Lebens in der Moderne von entscheidender Bedeutung waren.

In *Les Confessions* geht es also erstmals um die bewusste Entfaltung moderner Subjektivität und damit um eine Konstellation, die selbst aufgrund ihrer Infragestellung erneut seit der zweiten Hälfte des 20. Jahrhunderts im Zeichen der vorwiegend französischen (Neo-)Avantgarden zu einem fortdauernden Referenzpunkt philosophischen und literarischen Schreibens geworden ist. Noch Alain Robbe-Grillets *Tintenspiegel* sind ohne die Schreib- und Leseerfahrungen eines Jean-Jacques nicht zu denken. Gehen wir jedoch bei unserer Annäherung – dem Verfahren eines Close Reading nahe – Satz für Satz vor und haben wir dabei stets auch das französische Original vor Augen: Denn die Worte und die Wendungen, welche Rousseau gleich zu Beginn dieses Buchs wählt, haben es in sich!

---

4 Vgl. hierzu Ritter, Joachim: *Subjektivität. Sechs Aufsätze.* Frankfurt am Main: Suhrkamp 1989.

Das Incipit und der Anfangssatz beginnen mit einem Ich, einem „Je", ganz so, wie auch der zweite Satz – und eine Reihe weiterer Sätze – mit der ersten Person Singular anhebt und der erste Abschnitt auch mit einem „moi" endet, also erneut mit einem betonten Verweis auf die erste Person. Im Zentrum aller Überlegungen, aller Fokussierungen, steht von Beginn an das Subjekt.

Zugleich ist dieser erste Satz autoreflexiv, bezieht sich also auf das Buch selbst und besitzt damit einen metadiskursiven Status, der gleich im ersten Absatz souverän ausgeführt und ausgespielt wird. Auf Inhaltsebene propagiert er seine eigene Einmaligkeit: Weder Beispiele oder Vorläufer gebe es noch Nachfolger oder Nachahmer werde es je geben können. Das ist von Beginn an starker Tobak: Rousseaus Text behauptet, um es im aktuellen Bürokratendeutsch zu sagen, sein unbedingtes Alleinstellungsmerkmal. Der Einzigartigkeit der vom Verfasser ins Auge gefassten Unternehmung entspricht aber zugleich die Einzigartigkeit des von ihm dargestellten und in Szene gesetzten Subjekts.

Damit kommt eine wesentliche Dimension von Beginn an in den Text: das Moment der Einmaligkeit, des Unwiederholbaren und der gesamte Pathos, der diesem großen Augenblick, diesem herausragenden Moment der Fertigstellung dieses Buches eignet, mit dem der Verfasser vor seinen Schöpfer, vor Gott selbst tritt. Dabei ist das *Sujet* nicht mehr ein Mensch als Unterworfener, der seinem absoluten, göttlich legitimierten Herrscher entsprechend unterwürfig gegenübertritt, sondern ein modernes *Subjekt*, das seinem Schöpfer kühn ins Auge blickt und mit diesem gleichsam auf Augenhöhe ist.

Das Ich dieses ersten Satzes stellt überdies nun eine direkte Brücke her zwischen der textinternen Instanz des Ich-Erzählers und der textexternen Instanz des realen Autors, des Schriftstellers mit Namen Jean-Jacques Rousseau. Es ist ein Ich, in welchem sich diese Linien kreuzen. Es führt damit jene gattungskonstitutive Dimension ein, die Philippe Lejeune[5] als den autobiographischen Pakt bezeichnete, also die Übereinkunft, welche – grob gesagt – der reale Leser mit dem realen Autor über den literarischen Text und dessen Figuren (und Figurationen des Ich) trifft. Es geht um die Identität zwischen der textinternen Instanz (wir werden gleich sehen, dass es deren mehrere gibt) und der textexternen Instanz und damit um die Frage, ob wir also die Textfigur des Ich mit dem textexternen realen Schriftsteller identifizieren wollen oder nicht. Spricht das Ich für den Autornamen, für den es stellvertretend auftritt? Im Incipit der *Confessions* wird von Anfang an also das schriftstellerische Projekt, die „entreprise", als eine Art Schwelle zwischen textexterner und textinterner Ebene benutzt und damit in der ersten Person Singular gebündelt. Dies hat weitreichende Konse-

---

5 Vgl. die klassische Studie von Lejeune, Philippe: *Le pacte autobiographique*. Paris: Seuil 1975.

quenzen nicht nur für die verschiedenen ‚Benennungen', sondern für das moderne Subjekt selbst.

Doch verweilen wir noch einen Augenblick beim ersten Satz, zweifellos einem der berühmtesten Auftaktsätze innerhalb der Literaturen der Welt. Denn die Tatsache, dass es für die *Confessions* – und gerade die Wahl des an Augustinus angelehnten Titels spricht dagegen – kein Beispiel, kein Vorbild gebe, macht uns darauf aufmerksam, dass wir es hier mit einem Ausscheren aus literarischen Traditionen, aber vielleicht auch aus gesellschaftlichen Konventionen und Normen zu tun haben. Dieses konstituiert nun den Raum des Eigenen, den Raum des Ichs, den Raum der Subjektivität, der mit der Originalität und Einmaligkeit der gesamten Unternehmung verbunden ist. Die Einmaligkeit und Unwiederholbarkeit des Subjekts meint nicht dessen Ursprungslosigkeit: Es gibt Ursprünge, doch unterliegen sie einer radikalen Transformation, was vom Titel an unmittelbar und direkt signalisiert wird.

Das sich ins Zentrum rückende Subjekt etabliert sich damit schon über sein Schreib- und Lese-Projekt in einem Zwischenraum zwischen der Masse der Gesellschaft und allerhöchster Individualität. Es ist ein Subjekt, das unverwechselbar ist. Denn es ist auch innerhalb eines geschichtlichen Ablaufs ohne Vorläufer und ohne Nachfolger: Es ist einzig und einzigartig: Seine Vorläufer sind einzig dazu da, diesem nie dagewesenen Subjekt den Weg freizumachen und sich als Zeugen vor dem Einzigartigen zu verneigen. Auch dies ist von grundlegender Bedeutung für die Konstituierung moderner Subjektivität, jener Konstellation, von welcher der französische Philosoph und Wissenschaftshistoriker Michel Foucault in Metaphern des Transitorischen sprach. Erinnert sei an den berühmten – berüchtigten – letzten Abschnitt seines Buches *Les mots et les choses* aus dem Jahr 1966:

> Wenn diese Dispositionen verschwänden, so wie sie entstanden sind, wenn durch irgendein Ereignis, dessen Möglichkeit wir höchstens vorausahnen können, aber dessen Form oder Verheißung wir im Augenblick noch nicht kennen, diese Dispositionen ins Wanken gerieten, wie an der Grenze des achtzehnten Jahrhunderts die Grundlage des klassischen Denkens es tat, dann kann man sehr wohl wetten, dass der Mensch verschwindet wie am Meeresufer ein Gesicht im Sand.[6]

Wir können in diesen Auftaktpassagen das vollständige Erscheinen dieses Menschen in der Form des modernen Subjekts mit all seinen ‚Ausstattungen', das heißt all seiner Individualität, Außerordentlichkeit und Einzigartigkeit, erkennen und aus unserer heutigen Perspektive sehen, wie das Gesicht im Sand unter der Wirkung ferner Meere allmählich seine bislang charakteristischen

---

6 Foucault, Michel: *Die Ordnung der Dinge*. Frankfurt a. M.: Suhrkamp 1974, S. 462.

Züge im Wellenschlag verliert. Doch kehren wir rasch vom 21. Jahrhundert zurück in die Mitte des Aufklärungsjahrhunderts, des Siècle des Lumières!

Der zweite Satz nun formuliert den Willen dieses Ich, all seinen „semblables", also den ihm Gleichen, aber von ihm doch Unterschiedenen, einen Menschen und zugleich einen Mann, wie wir auch mit genderspezifischem Bedeutungsklang sagen könnten, zu zeigen, verbunden mit dem Anspruch auf Wahrheit und von der Natur verbürgt. Dieses Zeigen ist ein Zeigen-Wollen, ein Willensakt, der vom Ich ausgeht: „Je veux montrer." Dabei richtet sich dieser Wille auf eine Totalität, also darauf, *alles* zu zeigen. Das „toute", die *ganze* Wahrheit, steht dabei für die Totalität dieses Anspruchs ein: Es ist ein totaler, ja vielleicht sogar totalitärer Anspruch, welcher hier erhoben wird und sich mit dem Ich des Schreibenden verbindet.

Zugleich ist das entscheidende Verb das „montrer", das Zeigen, das im weiteren Verlauf dieser Passage auch in das „dévoiler", das Entschleiern, und das „découvrir", das Aufdecken und Entdecken, übergeht. Wir haben es folglich mit einem Zeigen und Beweisen („démontrer") der Wahrheit in ihrem absoluten Sinne zu tun, was zugleich auch auf eine Tiefe aufmerksam macht, die nicht der Oberfläche des Menschen und alles Menschlichen, seinen Normen und Konventionen entspricht. Das „montrer" ist mit dem Willensakt des Ich verbunden und verdeutlicht das Wollen des Subjekts, zu zeigen, zu belegen und zu beweisen, dass es anders ist als all seine „semblables", dass es in seinem Sein einzigartig ist und sich auch in seinem Tun, hier in seinem Zeigen, als unvergleichliches Individuum erweist.

Doch genügt es nicht, allein zu schreiben und zu zeigen. Es muss eine Kommunikationssituation hergestellt werden, um überhaupt erst alles in Bewegung zu setzen. So braucht es Leserinnen und Leser. Das Zielpublikum aller Lektüren ist klar formuliert, klar ausgemacht: Die Konstituierung des Ich benötigt die Präsenz eines Lesepublikums. Denn moderne Subjektivität kann sich in einem modernen Sinne nur dann konstituieren, wenn sie sich anderen zeigt, mit anderen kommuniziert, sich von anderen abgrenzt und als *different* darstellt. Mit anderen Worten: Subjektivität konstituiert sich erst, wenn ihr Schreiben oder Handeln ostentativ wird und von einer Latenz in etwas Manifestes übergeht. Der Mensch, der gezeigt werden soll, ist das „moi", ist das Ich. Damit kommt nun der autoreflexive Charakter in die autobiographische Strukturierung hinein. Denn das moderne Subjekt vermag sich nur dadurch zu konstituieren, dass es sich selbst reflektiert.

Diese Autoreflexivität hat Folgen, insoweit diese zu einer Duplizierung, zu einer Verdoppelung führt. Das Zurückbeugen des Ich auf sich selbst führt zu einem zweiten Ich, das hier im betonten Personalpronomen in anderer Form erscheint, in einer Form, die wir im deutschen nicht nachahmen können – als ein

„moi", das noch immer derselbe Mensch zu sein scheint, und doch vom „je" her gezeigt und konstruiert wird. Die Betonung dieses Ich, dieses „moi", wird noch dadurch erhöht, indem ihm ein zweiter Einsilber an die Seite gestellt wird, der gleichsam explodiert: „Moi seul." Das Ich, das hier als „Ich allein" auftritt, hat sich verdoppelt: Es tritt auseinander in ein zeigendes Ich und in ein gezeigtes Ich, die im Französischen von „je" und „moi" stellvertretend re-präsentiert werden.

Machen wir uns diese Verdoppelung klar: Das eine Ich ist das Subjekt des Vorgangs des Zeigens und das andere Ich ist das Objekt desselben Vorganges und wird somit gezeigt! Es kommt damit zu einer Spaltung, zu einer Trennung; ganz so, wie das Projekt des Schreibens selbst eine Trennung, eine Spaltung gegenüber allen anderen Projekten ankündigte und hier nun eine andere Dimension der Konstituierung von Subjektivität einbringt. Moderne Subjektivität beruht auf dieser Spaltung. Damit deutet sich eine Spaltung an in ein erzählendes oder wenn sie so wollen *zeigendes* Ich und ein erzähltes, dargestelltes oder *gezeigtes* Ich, das freilich in seiner ganzen Wahrheit schonungslos entschleiert werden soll. Dies ist ein wichtiger gattungskonstitutiver Augenblick, der sehr früh in Rousseaus *Confessions* erscheint. Man könnte daran freilich die Frage anknüpfen, ob denn zusätzlich zum gezeigten Ich, das vollständig gezeigt werden soll, auch das zeigende Ich einer solchen totalen Entschleierung unterliegt.

Doch stellen wir die Frage nochmal anders und verändern wir die Perspektivik! Die soeben gewählte Benennung *zeigendes* versus *gezeigtes* Ich nehme ich an dieser Stelle nur aufgrund der entsprechenden Textvorgabe; denn im Grunde handelt es sich bei beiden Ichs um gezeigte und auch konstruierte Ich-Figuren. Ich möchte sie also nur vorläufig heranziehen. Denn an einem kann es keinerlei Zweifel geben: Bei beiden geht es nicht um den realen Autor, also um Jean-Jacques Rousseau, sondern um Subjektkonstruktionen im innerliterarischen Raum. Dies bedeutet, dass die Vervielfachung des Ich weitaus größer ist als eine simple Duplizierung, dass die Spaltung des Ich mit einer Vervielfachung von Ich-Figuren einhergeht. Die Fiktion – auch gerade die Fiktion der Wahrheit und der absoluten Aufrichtigkeit – gestaltet und bildet den Raum, innerhalb dessen sich die Authentizität des Ich konstruieren lässt und gleichsam erprobt, experimentell untersucht und konstituiert werden kann. Diese Fiktion des Ich ist durch die Aufspaltung oder Vervielfachung in verschiedene Ichs von Beginn an eine *Friktion*[7]: Sie pendelt mithin zwischen textexterner Wirklichkeit und innerliterarischer Imagination.

---

7 Vgl. zum Begriff der *Friktion* Ette, Ottmar: *Roland Barthes. Eine intellektuelle Biographie.* Dritte, unveränderte Auflage. Berlin: Edition Suhrkamp 2012, S. 308–312.

Vor diesem Hintergrund ergibt sich die Anlage des gesamten Buchs überdies als ein ständiges Pendeln zwischen den beiden Ichs, dem „je" und dem „moi", die sich selbstverständlich auf zwei verschiedenen Zeitebenen ansiedeln, welche sich zumindest tendenziell im weiteren Verlauf von *Les Confessions* einander annähern werden. Geht es beispielsweise um die Geburt des erzählten Ich, dann ist der zeitliche Abstand zum erzählenden Ich sehr groß; geht es um das Alter des erzählten Ich, dann ist der zeitliche Abstand zum erzählenden Ich relativ gering. Nicht umsonst beginnt nach diesem Incipit der Text mit dem Beginn, mit der eigenen Geburt und damit mit einem Datum, das schlechterdings nicht aus der Perspektive eigenen Erlebens gezeigt und dargestellt werden kann. Denn wir sind bei unserer Geburt zwar selbstverständlich anwesend, können sie aber nicht aus dem eigenen Erleben bewusst reflektieren und aus der Distanz schildern.[8] Die Literatur kann durchaus diesen Augenblick der Geburt gestalten; und sie hat dank der langen Geschichte der Literaturen der Welt sehr viele literarische (und literarisch akkumulierte) Mittel dafür. Doch befinden sich diese außerhalb der klassischen Autobiographie und zugleich in einem thematischen Bereich, dem eine eigene Vorlesung gilt. Dieser Vorlesung, die Sie im nächsten Semester erwartet, will ich freilich nicht vorgreifen ...

Der zweite Absatz des Incipit führt die beobachtete Konzentration auf das Ich radikal weiter. War es zunächst um einen Menschen, einen Mann überhaupt gegangen, der in seiner ganzen Wahrheit gezeigt werden sollte, so geht es nun um das Ich, das an die Stelle von „un homme" tritt. Als Objekt des Schreibens wird allein das Subjekt herausgestellt. Jetzt also tritt das Ich auf, es erscheint definitiv auf der Bühne des Textes, gibt sich dem Lesepublikum in seiner ganzen Größe preis: Es erscheint das Ich, das „moi" allein: „Moi seul." An die Seite des Totalitätsanspruchs tritt hier nun der Individualitätsanspruch und zugleich, das Wörtchen ist fürwahr verräterisch, das „seul", das Alleinige, das Einzige, aber auch das Einsame, das Individuum, das von allen anderen abgetrennt wird und sich in seiner Eigenheit und Einsamkeit zugleich präsentiert. Noch im Titel der *Rêveries d'un promeneur solitaire* taucht dieses einzigartige und einsame Ich wieder auf. Doch dazu später mehr, umfasste die „entreprise" des Zeigens doch nicht allein die Niederschrift von Rousseaus *Les Confessions*, sondern auch anderer autobiographischer Vorhaben des Genfer Schriftstellers.

Gezeigt wird allein das *Ich*: allein das *gezeigte* Ich. Aber vielleicht deutet sich hier auch schon an: Es folgt und erfolgt der Leseauftritt des Ich allein, als Ich allein, das Ich in seiner Einsamkeit, als sich gegenüber der Gesellschaft, gegenüber den „semblables" als von diesen getrenntes Ich auffasst und kraft sei-

---

**8** Vgl. hierzu die Potsdamer Vorlesung von Ette, Ottmar: *Geburt, Leben, Sterben, Tod* (2022).

nes Willens konstruiert. Die (rhetorische, literarische und philosophische) Ellipse des „moi seul" ist daher von einem ungeheuren Gewicht. Sie wird in keinen Satz eingebunden und steht für sich allein. Und Rousseau hat mit dieser Formel tatsächlich noch einmal beide Gedanken zusammengefasst: Das Vorhaben wie der Gegenstand des Vorhabens werden von diesem Ich allein bestritten. Damit ist die Einsamkeit, aber auch die Originalität erfasst: die Originalität des Vorhabens wie des Ich selbst, das nicht nur als gezeigtes, sondern auch als zeigendes Ich einzigartig und unvergleichlich ist. Das Ich wird selbst – ganz etymologisch – zum Urheber seiner selbst und des Vorhabens oder der Unternehmung, wird zum Chef der „entreprise", ganz das Ich allein.

Daraus ergibt sich eine grundsätzliche Problematik: jene der Beziehung – ja der trennenden Beziehung – zwischen diesem einmaligen, diesem unhintergehbaren Ich und der Masse der Menschen, seinen „semblables", die ihm nur ähnlich sind und denen er gegenübertritt. Diese Problematik ist dem Ich von Beginn an bewusst: Sie ist Teil der Problematik moderner Subjektivität. Und eben hier setzt die Beziehung zwischen moderner Subjektivität und Kollektivität an: „Ich fühle mein Herz und ich kenne die Menschen, *Je sens mon cœur et je connais les hommes.*"

Was in und mit diesen simplen Worten geschieht, ist eine Art Verortung des Anderen, *der* Menschen an und im eigenen Körper des Ich. Das Herz wird zum Organ der Erkenntnis der anderen, wird zum Erkenntnisorgan der Menschen überhaupt, insoweit es vom Fühlen (dem „sentir") direkt den Zugang zum Wissen (dem „connaître") herzustellen vermag. Zugleich übersteigt das gefühlte Herz in seiner ich-bezogenen Erkenntnis die Schwelle zwischen Individuum und Kollektivität auf eine überraschende, ja geradezu schockierende Weise: Wieso sollte das zentrale Organ eines Ich, das doch von allen anderen unterschieden ist, gerade diese anderen kennen und erkennen?

Affektives Gefühl und intellektuelle Erkenntnis vereinigen sich an diesem Punkt. Das Individuum wird damit zu einer Art Synekdoche, zu einem pars pro toto der gesamten Menschheit – oder sollten wir geschlechterspezifisch besser sagen ‚Mannheit'? Dadurch ergibt sich eine generelle Verschränkung zweier Bewegungen, die wir durchaus als Paradox verstehen dürfen: Das Ich ist anders, einzigartig wie sein Vorhaben, von allen Menschen geschieden, allein – und doch zugleich mit allen anderen verbunden über das Organ seines eigenen Herzens. Über das Herz verläuft die Verbindung zur Kollektivität, über das gefühlte Herz – und nicht etwa über das Gehirn, den Intellekt – ergibt sich die Verbindung des modernen Subjekts mit der gesamten Menschengattung.

In diesem Zusammenhang entwickelt sich eine Topographie des Körpers, eine Anordnung von Körperorten, die von größter Bedeutung für die Topographie, die Schreib- und Leseweise, aber auch die Körperlichkeit von Empfindsamkeit und Romantik werden wird. Es ist eine Schreibweise, die an das Herz als Schreiborgan angeschlossen ist und in gewisser Weise eine erkaltete Herzensschrift darstellt. Angedeutet wird in diesen Formulierungen, was ich in unserer Vorlesung über die Romantik zwischen zwei Welten bis hin zu Juana Borrero ausgeführt habe, jener kubanischen Dichterin, die an ihren Geliebten einen berühmten Brief mit der Tinte ihres eigenen Blutes schrieb.[9]

Wir finden all dies höchst entwickelt im Diskurs der Romantik und vor allem im romantischen Liebesdiskurs, der sich als Diskurs der Erkenntnis des Herzens präsentiert. Denn dort ist das Herz ebenfalls das zentrale Organ: Es wird vom Blut durchströmt, das letztlich jene Flüssigkeit darstellt, welche metaphorisch neben die Flüssigkeit der Tinte beim Schreiben tritt. Das moderne Subjekt ist nicht nur vom Intellekt gesteuert: Es ist Teil eines strömenden, allpräsenten und mit Intellekt und Erkenntnis verquickten Körper-Leibes, in welchem sich der Körper als ein Körper-Haben und der Leib als ein Leib-Sein miteinander unauflöslich verschränken.

Selbst das intime Transportmittel, das vom Herzen circa sechzigmal pro Minute angesaugt und abgepumpt und damit in ständiger Bewegung gehalten wird, kann von der Ebene des Leib-Seins in die Objektivierung eines Körper-Habens überführt und damit in ein Objekt verwandelt werden, welches das Ich benutzen kann. Es ist das Blut als rote Tinte, die erkaltete Spur des Herzens, zur Herzensschrift koaguliert, welche tiefste Erkenntnis sein will. Die Erkenntnisse dieses Herzens, soviel dürfen wir festhalten, bleiben nicht auf den eigenen Körper, auf die Erkenntnis des eigenen Ich beschränkt, sondern werden entgrenzt, übersteigen das Eigene, den eigenen Körper-Leib. Sie geben Auskunft über die gesamte Menschheit, unabhängig von ihrer Kultur, ihrer Zivilisation oder Religion: *Je sens mon cœur et je connais les hommes.* Der Anspruch des Rousseau'schen Ich ist selbstverständlich universal. Keine kulturelle Differenz, keine genderspezifischen Erfahrungen, nichts entzieht sich einer Erkenntnis, die aus den Tiefen des von Rousseau in Szene gesetzten Körpers kommt.

Ist diese die gesamte Menschheit umfassende, umspannende und im vollen Wortsinne universalistische Verbindung erst einmal hergestellt, bedarf es zugleich auch einer Betonung der Abtrennung des Nicht-Trennbaren, des In-Dividuums: Ich bin gemacht wie keiner all jener, die ich je gesehen. Das moderne Subjekt konstruiert sich als ein Anderes, als „autre", um sich im selben Atemzug zum Eigenen zu machen, das sich von allen *Anderen* abspaltet und ihnen gegenübertritt. Noch scheint das Fremde in diesem Eigenen nicht auf, auch wenn dieses Fremde in der Aufspaltung in eine Vielheit der Ichs implizit schon präsent ist. Denn das moderne

---

9 Vgl. Ette, Ottmar: *Romantik zwischen zwei Welten*, S. 1049 ff.

Subjekt hat aufgehört, ein homogener Block, ein Monolith zu sein, den nichts zu spalten vermag. Spaltungen sind, wie wir bereits sahen, konstitutiv für die moderne Subjektivität.

An dieser Stelle wird zugleich die Parallele zwischen Ich und Schreibprojekt im Vorhaben Jean-Jacques Rousseaus offenkundig. Das Ich ist ebenso konstituiert und konstruiert wie das Projekt der *Confessions* selbst: nämlich aus dem Bewusstsein einer radikalen Differenz heraus. Wir könnten hinzufügen: Aus einer Differenz, die gleichsam im eigenen Ich anthropologisch verkörpert wird, in ihm verkörpert ist. Die radikale Differenz verkörpert sich als Alterität. Erst ein Arthur Rimbaud[10] wird bei seinem Abschied von der Romantik diese Alterität in das Ich nicht weniger radikal zurückbiegen und zur berühmten Formulierung in seinen *Seherbriefen* kommen: „je est un autre" – Ich ist ein Anderes, ich ist ein Anderer!

Doch davon sind wir bei Jean-Jacques Rousseau in *Les Confessions* noch weit entfernt, auch wenn selbst diese Spaltung bereits in seinem Denken, in seiner Setzung, in seiner „entreprise" angelegt ist. Die Betonung des Andersseins verschließt freilich nicht den Zugang zu den anderen, wohl aber die Identifikation mit den „semblables", mit denen das Ich sich nicht vermischen will. Dies bedeutet wiederum nicht, dass sich nicht die Anderen, dass sich nicht die Leserinnen und Leser mit diesem Ich identifizieren könnten. Denn gerade weil es anders ist und alle Markierungen der Ähnlichkeit trägt, kann es als eine Projektionsfläche für eine sich konstituierende moderne Subjektivität aller Anderen dienen.

Wir werden sehen, dass es über das Herz möglich wird, den Kommunikationsprozess umzukehren und das Herz des Ich zu jenem Organ zu machen, das mir als Leserin oder Leser die Selbsterkenntnis ermöglicht, wobei der Akt des Lesens bei diesem Prozess sehr hilfreich wirken kann, ja bisweilen unabdingbar wird. Immerhin sind von hier, vom Herzen aus alle anderen begreifbar, erkennbar, gleichsam lesbar. Und zugleich erlaubt mir das Herz als kommunikatives, vernetztes Organ die Möglichkeit der Identifikation, die allen Leserinnen und Lesern weit offen steht.

So erkennen wir im Herzen das menschliche Organ, das eine neue Kommunikationssituation zwischen Autor und Leserschaft erlaubt. Denn es sind nicht allein die Gehirne, die sich untereinander austauschen, sondern auch die Gefühle, welche sich miteinander verbinden: Es ist das „sentir", welches zum „connaître", zur ganzen Erkenntnis führt. Noch im 18. Jahrhundert wird diese von Rousseau vorgenommene ‚Umwertung aller Werte', die paradoxerweise zu-

---

**10** Vgl. ebda., S. 901–922.

gleich eine Beibehaltung aller Werte ist, literarisch wirksam und wird beispielsweise bei seinem Schüler Bernardin de Saint-Pierre und dessen Roman *Paul et Virginie* erstmals ihre Leistungskraft auch im außereuropäischen Raum erproben. Die Tiefen des Körpers und der Organe sind hier bereits mit der abgründigen Melancholie, in welche der zweite Teil des Romans gekleidet ist, grundlegend beteiligt. Da wir uns ausführlich mit diesem im Indischen Ozean spielenden Roman in unserer Vorlesung über die Romantik zwischen zwei Welten[11] beschäftigt haben, soll in unserer aktuellen Vorlesung dieses 1789 erstmals veröffentlichte und damit dem 18. Jahrhundert zugehörige Werk nicht ein weiteres Mal besprochen werden.

Im zweiten Abschnitt von *Les Confessions* betont das Ich das Wagnis einer solchen Abtrennung des Ich, das Wagnis der Behauptung (und des Glaubens, „j'ose croire") einer radikalen Andersartigkeit des Ich: „Bin ich nicht mehr wert als diese, so bin ich doch zumindest anders." Identität aus der Alterität, so will es zumindest scheinen. Dies ist der Grundsatz der Spaltung zwischen dem Ich und der Gesellschaft, zwischen dem Ich und den Anderen: die Proklamation eines Individuationsprozesses, der freilich nicht transkulturell oder Kulturen überspannend so verläuft, sondern eine spezifische Form westlicher Identitätsbildung darstellt. Denn selbstverständlich ist das moderne Subjekt keine transkulturelle Erfindung, sondern die spezifische Reaktionsweise einer bestimmten kulturellen und gesellschaftlichen Formation auf veränderte Bedingungen in der Zeit der (europäischen) Aufklärung. Werden wir jenseits des Atlantiks ähnliche oder vergleichbare Entwicklungen hin zu einer modernen Subjektivität beobachten können?

Zweifellos haben wir es hier mit der konstitutiven Abtrennung des Ich zu tun, die nicht einmal für die westliche Kultur überhaupt, wohl aber für eine bestimmte Phase der westlichen beziehungsweise abendländischen Kultur grundlegend geworden ist. Es ist die Sattelzeit der Moderne, die jene Züge des menschlichen Antlitzes und des menschlichen Körper-Leibs zeichnete, welche Foucault zwei Jahrhunderte später fast schon im Begriff sah, wie ein Gesicht im Sand von den Wellen des Meeres ausgelöscht zu werden. Das Ich ist unverwechselbar und einzigartig, weil es anders ist; und von dieser Einmaligkeit und Andersartigkeit aus konstruiert es seine Beziehungen zu den Anderen, zur Gesellschaft, zur Kollektivität. In den Begriff der modernen abendländischen Subjektivität ist der Begriff der Alterität – fruchtbar und kreativ, aber auch furchtbar zugleich[12] – eingeschrieben.

---

11 Vgl. ebda., S. 69 ff.

12 Zur Problematik der Rede vom Anderen und der Alterität vgl. Ette, Ottmar: Weiter denken. Viellogisches denken / viellogisches Denken und die Wege zu einer Epistemologie der Erweiterung. In: *Romanistische Zeitschrift für Literaturgeschichte / Cahiers d'Histoire des Littératures Romanes* (Heidelberg) XL, 1–4 (2016), S. 331–355.

Dann folgt eine Metapher, die nicht beiläufig, sondern tief in der abendländischen Kulturgeschichte verwurzelt ist. Denn die Natur hat gleichsam eine Leerform geschaffen, die das Ich gestaltet hat, eine Backform, die das Ich geformt und gebildet hat. Doch die Natur hat diese Form sogleich wieder zerbrochen und für immer dieses Modell, diese *Figura* zerstört. In der „nature" wird die Urheberin jener Form des Ich und zugleich auch jene Dimension der „vérité de la nature" erkannt, die wir bereits im zweiten Satz bemerkt hatten. Die Natur wird damit auch zum Gegenstandsbereich einer Zugangsmöglichkeit zum Grundlegenden, zur Grundform, auch wenn eine derartige „moule", eine derartige Leerform wie jene, die für Rousseau gefertigt wurde, niemals mehr auftauchen wird. Das Ich verweigert sich damit jeglichem Versuch, es in eine *figurale* Geschichte des Menschen zu integrieren, es einer transhistorischen *Figura* einzuverleiben, welche in immer neuen Wendungen in der Geschichte auftaucht und in nur scheinbar neuer Form zyklisch wiederkehrend erscheint. Mit anderen Worten: Das Ich entzieht sich jeglicher Figuraldeutung, ebenso in der Vergangenheit wie – denn die Form ist zerbrochen – in aller Zukunft.

Zugleich ist das Ich dieser einzigartigen Form entsprungen. Hätte es von der Natur diese Form nicht gegeben, wie hätte es überhaupt entstehen und in die Welt kommen können? Das Ich erscheint in diesen Wendungen als eine von der Natur gegebene Leerform, die es dann erst in einem Prozess sukzessiver Füllung konstituieren wird. Das Ich ist nicht von vorneherein und ein für alle Mal gegeben. Diese von Rousseau gewählte Metapher ist aufschlussreich, denn das vorab Gegebene ist allein die Leerform, auch wenn sie die sich später weiter entwickelnde Vollform modelliert. Noch entscheidender aber ist das Ende dieses Satzes: Denn urteilen und beurteilen könne der Leser erst, wenn er dieses Buch des Lebens gelesen habe. Entscheidend mithin ist die Lektüre: entscheidend der Andere, der den Text liest.

Doch sehen wir genauer hin: Denn der Leser liest im eigentlichen Sinne nicht das Buch, sondern das Ich – nachdem er *mich* gelesen hat! An die Stelle des Buchs und des Buchprojekts tritt hier also endlich das „ich", das unbetonte Personalpronomen, das interpretiert, entziffert, gedeutet, eben *gelesen* werden kann. Im Mittelpunkt also stehen die Lektüre und das Lesen des Ich, des modernen Subjekts, das einen Leser braucht.

Damit tritt explizit jene Identifikation von Ich und Buch ein, die in der Parallelisierung bereits angelegt war, nun aber erst zum Tragen kommt: Das Ich ist das Buch, das in einem längeren Leseprozess einer aufmerksamen Lektüre unterzogen und erst danach be- oder verurteilt werden kann. Die Leserschaft ist essentiell für das moderne Subjekt, das weit davon entfernt ist, autonom zu sein. Dieser Leser, der das Ich studiert, kann ein menschlicher Leser, eine menschliche Leserin sein; aber es ist sehr gut denkbar, dass es sich bei Rousseaus urteilender Leserfigur *auch* um einen göttlichen Leser handelt. Aus seiner Sicht erscheinen die Menschen universalistisch als *eine* Menschheit, ist der konkrete, sozial, kulturell oder religiös geprägte Mensch ganz essentialistisch *der* Mensch.

Soviel zunächst zu diesen beiden ersten Absätzen des Incipit. In ihnen wohnen wir der Herausbildung des modernen abendländischen Subjekts bei. Oder anders formuliert: Hier werden Stück für Stück die Grundlagen jenes Vorgangs gelegt, den wir als die Erfindung moderner Subjektivität bezeichnen können. Und es scheint mir nicht unwichtig zu sein, dass dieser Bereich gerade mit dem Leseprozess, mit dem Vorgang des Lesens abgeschlossen oder zugleich eröffnet wird. Denn das moderne Subjekt will sich zu lesen geben, will gelesen werden, als wäre es bereits jenes Subjekt, das auf der Couch des Psychoanalytikers liegt. Oder als wäre es schon jenes Subjekt, das in Italo Calvinos *Se una notte d'inverno un viaggiatore* gelesen wird (ital. *letto*) und durch diesen Leseprozess endlich im Bett (ital. *letto*) vom liebenden Leser geliebt wird.[13]

Im Lesen, in der Lektüre kulminiert die Selbstrepräsentation des Ich. Das moderne Subjekt ist erst im vollen Sinne ein Subjekt, wenn und sobald es zum Objekt einer Deutung, einer Analyse wird. Das Lesen ist in der Tat seit der zweiten Hälfte des 18. Jahrhunderts eine Tätigkeit, die immer weitere gesellschaftliche Bereiche und Sektoren erfasst. Die Alphabetisierungsrate steigt vor allem in der zweiten Hälfte des Jahrhunderts der Aufklärung. Zugleich wird das Lesen zu einem semiotischen Prozess, einem sinnbildenden Prozess, der über das Buch den Menschen, den *ganzen* Menschen, erfasst und erfassen soll. Das Lesen – gleichviel, ob als individuelle oder auch als kollektive Lektüre – wird zu einer immer verbreiteteren Kulturtechnik, zu welcher immer größere Teile der Gesellschaft Zugang haben. Es gibt folglich eine Verbindung zwischen der Erfindung des modernen Subjekt und der Revolution des Lesens, die sich in der zweiten Hälfte des Jahrhunderts der Aufklärung ereignet.[14]

Doch der Vorgang der Lektüre impliziert für das moderne Subjekt noch eine weitere bedeutungsvolle Entwicklung. Denn in derselben Bewegung rückt das Buch auch an die Stelle des Körpers, wird zu jener grundlegenden Metonymie, die es erlaubt, dass die Literatur in der Moderne und für die Moderne zur entscheidenden sinnstiftenden und sinnbildenden Tätigkeit wird. Die Schriftstellerin und der Schriftsteller geben als moderne Subjekte ihre Texte, ihre Bücher so zum Lesen frei, als wären es ihre ureigensten Verkörperungen, ihre Körper-Leiber: Nur wenn Du mich liest, kannst Du mich erkennen – und dies selbstverständlich nicht nur mit dem Verstand, mit dem Intellekt, sondern

---

**13** Vgl. hierzu Ette, Ottmar: *LiebeLesen* (2020), S. 33–59.
**14** Vgl. ebda., S. 93 ff.

auch und gerade mit dem Herzen ... Vergessen wir dabei nicht, dass das Ich mit dem Buch in der Hand vor seinen göttlichen Richter tritt und gleichsam mit seinem Lebensbuch Zeugnis ablegt von jener Aufrichtigkeit und Wahrheit, welche in den Augen des göttlichen Lesers erscheinen mögen!

Nun aber zum dritten und längsten Abschnitt dieses wahrlich famosen Incipit, das uns tief in einige der wesentlichen Veränderungen in der zweiten Hälfte des 18. Jahrhunderts führt, welche am Ursprung unserer Moderne – auch der philosophischen Moderne[15] – stehen! Wir wollen unser Bild von der Erfindung moderner Subjektivität komplettieren und benötigen dazu noch das weite Feld der literarischen Fiktion.

Denn Jean-Jacques Rousseau greift an dieser Stelle in der Tat auf die Mittel der Fiktion zurück und imaginiert eine denkwürdige Szenerie. Im dritten Abschnitt tritt das Ich dem Höchsten Richter am Tag des Jüngsten Gerichts gegenüber. Wir könnten auch sagen: Das Ich tritt mit dem Buch in der Hand – auf diese Buchmetaphorik, die wir auch in vielen mittelalterlichen Darstellungen des Jüngsten Gerichts immer wieder antreffen, komme ich noch zurück – dem allerhöchsten Leser gegenüber. Denn Gottvater wird zum Leser des Ich, ja muss zum Leser des Ich werden. Er ist am Jüngsten Gericht, aber gewiss auch schon vorher, der „lecteur suprême", der am Ende seiner Lektüre in den Himmel hebt oder in die Hölle hinabstößt.

Doch werden wir sogleich einer bemerkenswerten Substitution dieses göttlichen Lesers beiwohnen: Denn wir hören die Trompete des Jüngsten Gerichts, vielleicht zugleich aber auch jene Trompete der Fama, des Ruhmes, der so häufig in der allegorischen Darstellungsweise im Abendland mit einer Trompete ausgestattet erscheint. Das Ich präsentiert sich natürlich nicht allein und nackt vor dem Schöpfer, dem Höchsten Richter, sondern erscheint mit dem Buch seines Lebens, mit seinen *Confessiones* in der Hand. Es tritt selbstbewusst vor seinen Höchsten Richter, sich seiner selbst und des Urteils gewiss, ja sogar davon überzeugt, dass es einen besseren Menschen vor dem Antlitz Gottes nicht geben könne. Deshalb habe dieses Ich auch nicht gezögert, sein eigenes Herz zu enthüllen: „Mon cœur mis à nu", wie Charles Baudelaire sagen würde.

An die Stelle des Ich, des Körper-Leibs, ist eine Art Ersatz getreten – freilich in der Situation der Verdoppelung. Denn es erscheint das Ich – und das Ich trägt ein Buch, das wiederum auf das Ich verweist, das seinerseits auf das Buch verweist, welches auf das Ich verweist und so weiter: eine Endlosschleife der Verweisungen, in deren Netz sich das moderne Subjekt stets in der Bewegung

---

15 Vgl. hierzu Habermas, Jürgen: *Der philosophische Diskurs der Moderne. Zwölf Vorlesungen.* Frankfurt am Main: Suhrkamp 1985.

und aus der Bewegung konstituiert. Auf diese Weise entsteht eine zirkuläre, sich unendlich spiegelnde Beziehung zwischen ich und Buch, die – so scheint es – jedem Jüngsten Gericht spielend zu trotzen in der Lage wäre. Denn das Objekt des Buches wird zum Subjekt des Ich und umgekehrt.

Das Jüngste Gericht wird in Rousseaus Fiktion unverzüglich entsakralisiert; denn es sind nicht die religiösen, die christlichen Aspekte, die hier vor diesem Gericht im Vordergrund stehen. An die Stelle des christlichen Gottes ist der „souverain", der „juge" und vor allem der „souverain juge" als Ewiges Wesen getreten, als „être eternel": also ein oberster, souveräner, unbestechlicher, unabhängiger Richter, an dessen Stelle in der sich entsakralisierenden Moderne allzu bald der Kollektivsingular der Geschichte rücken wird. Dieser „souverain juge" ist bereits auf halbem Wege zwischen dem Thron Gottes und dem Thron der Geschichte, vor dem selbst ein Fidel Castro auftreten und sich inszenieren wird, um sich vor diesem Höchsten Gericht selbst freizusprechen: Ihr niederen Richter könnt mich ruhig verurteilen, „La historia me absolverá" – die Geschichte wird mich freisprechen! Es ist eine Gerichtsszene, die im Zeichen moderner Subjektivität tausendmal – fiktional wie friktional – imaginiert worden ist

Grundlage seines Gerichtsurteils ist dabei in der Rousseau'schen Fiktion ganz offensichtlich im Wesentlichen das Buch, das Buch – wie wir sagen könnten – des Lebens, die Autobiographie, die durch die Graphie, das Schreiben, selbst („auto") das Leben, „bíos", zeugt. Dieses Buch zeigt alles unverschleiert, nicht verdeckt, in glänzender und ehrlicher Transparenz,[16] wie es stets Rousseaus Ansinnen und Begehren war. Das Ich verweist auf die Schrift und präsentiert sich selbst, indem es sein Buch präsentiert: „Hier ist, was ich gemacht, hier ist, was ich gedacht, hier ist, was ich war." Das Sein – und auch das gewesene Sein – umschließt also das Handeln, das Tun, das „faire", ebenso wie das Denken, das „penser": Beides bildet den Menschen, der sich dem göttlichen Urteil präsentiert, sich diesem aber nicht einfach als hilfloses *Sujet* wie gegenüber seinem Monarchen unterwirft. Nein, das moderne Subjekt unterwirft sich nicht mehr, denn es hat sich schon lange selbst sein Urteil gebildet.

Es geht nicht allein um das Handeln und nicht allein um das Denken, sondern um ein Zusammenwirken im Sein und Geworden-Sein. Das Ich hat als modernes Subjekt eine Geschichte; und es ist Herr über diese Geschichte, weiß sie zu deuten und sein Urteil zu fällen. Kein absoluter Richter, kein absoluter Monarch steht über diesem modernen Subjekt. Wie könnte man hierbei nicht allein

---

16 Vgl. zur Wichtigkeit der Transparenz im Schreiben des Genfer Schriftstellers die noch immer lesenswerte Studie von Starobinski, Jean: *Jean-Jacques Rousseau. La transparence et l'obstacle. Suivi de Sept Essais sur Rousseau.* Paris: Gallimard 1971.

an die Sphäre des Göttlichen und der Religion, sondern auch an die Sphäre des politischen Handelns und der Politik denken? Wäre an dieser Stelle nicht eine Verbindung zwischen der Entstehung moderner Subjektivität und einer politischen Emanzipation gegenüber allen unterdrückenden Mächten herzustellen?

Auch auf diesen Punkt werden wir nochmals – und ebenfalls mit Blick auf die transatlantischen Verbindungen – zurückkommen und insbesondere bei Fray Servando Teresa de Mier die Ausbildung moderner Subjektivität in der Neuen Welt betrachten. Doch kehren wir zurück zum dritten Abschnitt des Incipit der *Bekenntnisse* Rousseaus! Dieses Sein als ein Geworden-Sein ist im Buch – so wird uns glaubhaft versichert – enthalten: Das Buch und die Schrift rücken an die Stelle des Seins gerade auch in Hinblick auf dessen historische Tiefenschärfe. Und mehr noch: Sie werden zu dessen Legitimierung, zu dessen Rechtfertigung. Das Buch legt Zeugnis ab wie die Märtyrer, die (ein blutiges) Zeugnis ablegen von ihrem Gott; es wird selbst zum unbestechlichen, quasi-dokumentarischen Zeugnis und zugleich zur Legitimation des Ich vor Gott und den Menschen, die freilich bestenfalls „semblables" sind, nicht aber wirklich vergleichbar mit dem Ich oder diesem gleichgestellt.

In diesem Zusammenhang erscheint weniger das Schreiben als das Sagen: mehr noch, das Sprechen im Vordergrund zu stehen. Es zählt unverkennbar eine Mündlichkeit, die offensichtlich für den Wunsch der Unmittelbarkeit, der Direktheit, der Unvermitteltheit steht. Das Ziel unmittelbarer, direkter Kommunikation ist von grundlegender Bedeutung für diesen Text und für Jean-Jacques Rousseau; auch diese Ebene hängt mit dem Begehren nach Transparenz zusammen, das Jean Starobinski so klar in den Schriften des „Citoyen de Genève" herauszuarbeiten vermochte. Doch die direkte, unver*mittel*te Kommunikation zwischen Autor und Leser*in ist eine Zielstellung jeglicher Lektüre, jeglichen Lesens und insbesondere auch der Lesevorgänge in der schon bald heraufziehenden Romantik selbst. Die „franchise", die Offenheit, das Frei-Heraus, wird zur Grundbedingung dieser direkten, unverstellten Kommunikation, deren Träger das Buch ist. Dabei spielt es keinerlei Rolle, ob es sich um die Darstellung des Guten oder jene des Schlechten im Charakter des Ich handelt: Alles soll mit derselben unvermittelten Wahrheit dargestellt werden. Nichts wird verschleiert! Die Schrift ermöglicht in ihrer nachgebildeten Mündlichkeit eine Lektüre, welche die Direktheit der Verbindung zwischen Rousseau und seinem Lesepublikum sicherstellt. So erst kann sich die moderne Subjektivität unverhüllt zu lesen geben: Vor den Leserinnen und Lesern liegt das Herz des Ich ganz unverhüllt in seiner Nacktheit.

Beschwörend äußert sich das Ich gegenüber seinem Leser, gegenüber seinen ‚Höchsten Leserinnen und Lesern': Nichts an Bösem sei verschwiegen, nichts an Gutem hinzugefügt worden. Auch an dieser Stelle findet sich wieder die Behauptung des Unverfälschten, der absoluten Wahrheit, deren Anspruch zumindest in diesem Incipit alles in großer, beeindruckender Radikalität durchdringt. Es handelt sich um einen Text mit totalem, fast totalitärem „truth claim", der keine abweichende Ansicht, keine anderen Gesichtspunkte erlaubt. Das Ich liegt in seiner ganzen Wahrheit als ein eindeutig zu dechiffrierendes Subjekt vor uns – und es erhebt Anspruch auf diese (s)eine Wahrheit!

Das erzählende Ich räumt die Möglichkeit ein, dass ihn sein Gedächtnis verlassen habe. Das Ornamentale, Ausschmückende komme nur dort vor, wo dem Verfasser eben dies widerfahren sei. Das Gedächtnis des Ich erscheint zwar als unbestechlich, aber nicht als grenzenlos verlässlich und treu. Die Kautelen Rousseaus sind deutlich vernehmbar: An solchen Stellen habe er die Leerstellen ‚gefüllt'. Das Gedächtnis ist gewiss nicht das Archiv, wohl aber jenes lebendige Organ, dem sich das Ich und das Buch vollumfänglich anvertrauen. Zu keinem Zeitpunkt aber sei etwas eingefügt worden, um eine darzustellende Wahrheit zu verfälschen.

Das erzählende Ich tritt hier als sein eigener Zensor auf. Das Falsche sei durch dieses Gedächtnis als das Falsche auch aus dem Buch, aus der Niederschrift der *Confessions* ausgeschlossen worden. Nicht alles, was das Gedächtnis enthält, ist mithin in das Buch eingegangen; und das Buch selbst enthält mehr, als das Gedächtnis seinerseits enthält. Beide aber werden am Ideal nicht des „vraisemblable" ausgerichtet, des Wahrscheinlichen oder allem Anschein nach Wahren, sondern an der radikalen Instanz des „vrai", des absolut und vollständig Wahren. Nur dieser Wahrheit fühlen sich das zeigende wie das erzählende Ich verpflichtet: Bei diesem Buch handelt es sich um eine „confessio", um ein Bekenntnis oder eine Beichte, bei der niemals das Wahrscheinliche Gegenstand sein kann. Moderne Subjektivität ist dem „truth claim" verpflichtet.

Daher nun erneut das Zeigen, das „montrer" und „démontrer" des Ich: „Ich habe mich gezeigt, so wie ich war." In diesem Satz erscheint nochmals deutlicher die Gespaltenheit des Ich als ein Zeigendes und zugleich Gezeigtes und, damit einhergehend, die temporale Verschiedenheit von „je" und „moi". Das zeigende Ich zeigt auf, was am gezeigten Ich an Wahrheiten aufzuzeigen ist. Es nimmt für das gezeigte Ich ein Bekenntnis vor, ja setzt eine Beichte in Gang. Die damit einhergehende Verdoppelung, das Doppelt-Sein der beiden fundamentalen Ich-Figuren, ist zugleich das von Schreibendem und Lesendem, von Sich-Selbst-Schreibendem und Sich-Selbst-Lesenden, welcher sich als Schreibender und als Schreibenden selber liest und einer genauen Lektüre unterzieht. Dies erfolgt in der Form einer Prüfung: Das Ich habe sich als verachtenswert und schlecht (zwei Adjektive) gezeigt, wenn es dies gewesen sei, und als gut, großzügig und erhaben (drei und damit mehr Adjektive), sobald dies der Fall gewesen sei. Das moderne Subjekt weiß, dass ihm Vergebung und Absolution zustehen, ja mehr noch – eigentliche Bewunderung!

An dieser Stelle tritt eine Dimension des Erhabenen, des Sublimen mit in den Diskurs, die uns noch später beschäftigen wird, auf die ich hier aber bereits aufmerksam machen will. Denn das Sublime, das Erhabene, wird zu einer das 19. Jahrhundert prägenden Kategorie, welche freilich schon im Kontext der Landschaftsbeschreibungen der Empfindsamkeit auftaucht und in den verschiedensten Künsten ihren angemessenen Ausdruck zu finden sucht.

An die Stelle des Zeigens, des „montrer", tritt jetzt die Metaphorik des Aufdeckens, des Enthüllens, des „dévoiler", der Entschleierung aller Gegenstände, um die vollkommene Transparenz zu erreichen. Jean Starobinski hat in der bereits erwähnten denkwürdigen Folge von Studien diese Bedeutung des Schleiers enthüllt und auf die Wichtigkeit der Transparenz für Jean-Jacques Rousseau hingewiesen, ein Begehren nach Transparenz, das wir später in Rousseaus Briefroman *Julie ou la Nouvelle Héloïse* vorfinden werden. Hier ist also jener Ausdruck und jene Formel zu sehen; auf die – wenn auch in anderem Kontext – noch ein Charles Baudelaire zurückgreifen wird, wenn er von „Mon cœur mis à nu", meinem gänzlich entschleierten und nackten Herzen sprechen wird. Auch eine Juana Borrero wird sich auf die Flüssigkeit ihres Herzens verlassen, um ihrem Liebhaber ihre Absichten vollständig transparent vor Augen zu führen. Denn der Schleier wird weggezogen; und das Ich erscheint so, wie es vor den Augen seines Schöpfers, des Schöpfers aller Dinge erscheint. Denn der *Creator* taucht in dieser Passage als unmittelbarer Gesprächspartner auf und rückt in den Blick des Lesepublikums als oberste Instanz, deren Urteil jedoch vom zeigenden Ich vorweggenommen wird. Denn es hat sich bereits in seiner Größe und Unschuld gezeigt.

Mit dieser Geste, mit dieser Einbeziehung ist damit neben den Leser, neben das menschliche Lesepublikum, eine Art Überleser getreten, das „être suprême", das oberste Wesen, das im Grunde alles schon weiß, aber an dieser Stelle nun zum doppelten Leser des Ich wird. Das Ich ist bereits durch seine Geschichte freigesprochen und kommt am Tage des Jüngsten Gerichts zu jenen, die bei Gott im Himmel sind. Doch das Innere des Ich wird nach außen gekehrt: Es kommt eine Dynamik ins Spiel, die das Innere als Bedingung des Zeigens und des Schreibens auf ein Äußeres bezieht, das demgegenüber abgewertet wird. An die Stelle des Äußeren, des Schleiers, tritt das De-Voilierte, das Ent-Hüllte, das seiner Hülle Entkleidete, oder anders: das Wahre, das Wahrhaftige, das nackt erscheint!

Dies bedeutet keinesfalls, dass die Oberfläche, die nackte Außenhaut, vorherrschen würde, ganz im Gegenteil: Durch die *Bekenntnisse* kommt ja gerade das Innere nach außen und gibt so die Tiefe dem erkennenden Blick preis. Wir haben es folglich sehr wohl mit dem Inneren und mit der Tiefe des Ich zu tun: sie bilden die Grundlage für die Erkenntnis, für die Wahr-Nehmung der Wahrheit des modernen Subjekts. Denn die Wahrheit des modernen Subjekts liegt nicht in seiner Oberfläche, sondern in der Tiefe – ganz so, wie der Psychoanalytiker von der Oberfläche des Manifesten zur Tiefe und Latenz vordringen muss, um das Ich – im Verbund mit dem Es und dem Über-Ich – in seiner Ganzheit erkennen zu können.

In diesem Teil des Incipit stoßen wir auf eine Topik, die auch eine Topographie beinhaltet, und die dem Verborgenen, dem Tiefen, dem in der Tiefe Befindlichen die eigentliche Wahrheit zuschreibt. Die Oberfläche kann uns täuschen, die Tiefe tut dies nicht. Dies entspricht noch dem Umgang der Psychoanalyse Sigmund Freuds mit dem modernen Subjekt: Sie sucht und findet ihre Wahrheit und Erkenntnis nicht im Manifesten, nicht in dem an der Oberfläche Befindlichen, sondern im Verborgenen, Tiefen und Aufzudeckenden, zu Enthüllenden. Die Psychoanalyse sucht die Wahrheit in der Latenz: Sie geht von einer modernen Subjektivität aus, wie sie *Les Confessions* von Jean-Jacques Rousseau Stück für Stück aufbauen. Dies bedeutet nicht, dass Rousseau der Erste oder der Einzige gewesen wäre: Doch er hat in seiner gattungsbegründenden Schrift wie kein anderer die Grundlagen moderner Subjektivität auf den Punkt gebracht.

Bemühen wir noch einmal die Psychoanalyse Sigmund Freuds, die in ihrer epistemologischen und symbolischen Ordnung ebenso für die Moderne wie für die Form einer modernen europäischen Subjektivität einsteht! Sie ist ein Vordringen in die Tiefe, vom Manifesten zum Latenten, vom Bewussten ins Unbewusste, das die Tiefen des Es erreicht und Stück für Stück dem Ich zugänglich macht. Für Freuds psychischen Apparat bedeutet dies: Wo Es war, muss Ich werden. Sie verstehen jetzt vielleicht ein wenig besser, warum die Psychoanalyse von sich aus stets autobiographisch sein muss, den Analytiker also miteinbezieht und miteinbeziehen muss. Der Analytiker ist der Leser der Tiefe. Das in der Tiefe Gefundene ist wahrer als das, was wir an der Oberfläche vorfinden. Das postmoderne Denken wird in der zweiten Hälfte des 20. Jahrhunderts versuchen, diese Beziehung, diese Topik zu verändern, umzudrehen, um der Oberfläche ihren Rang, ihre Erkenntnis- und Sinnhaftigkeit zurückzugeben. Dies bedeutete freilich nicht, dass sie der modernen Subjektivität, ja noch nicht einmal der Subjektivität in der Moderne ein Ende setzte.

Vor diesem hier breit ausgefalteten Hintergrund überrascht es nicht, dass Jean-Jacques Rousseau schon wenige Seiten später in seinen *Confessions* gerade dem Lesen, der Lektüre eine überaus wichtige Rolle bei der Herausbildung von Subjektivität sowie gleichzeitig für seinen eigenen Entwicklungsgang und Lebensweg zuschreibt. Die Lektüre wird – auf den nachfolgenden Seiten von *Les Confessions* wie auch anderer Schriften Rousseaus – zu einem bevorzugten und privilegierten, wenn auch nicht unkritisch wahrgenommenen Mittel und Vehikel der eigenen Entwicklung des Ich. Letzteres liest sich selbst als Schreibendes und sich Entwickelndes: Es ist sein eigener Leser.

Bei aller Kritik und bei aller Einsicht in die Gefahren der Lektüre überwiegt doch deutlich eine positive Sichtweise darauf als beschleunigender Kraft bei der Herausbildung des Menschen im eigentlichen Sinne. Das Lesen vervielfacht die Möglichkeiten der komplexen Entfaltung eines modernen Subjekts. Nehmen wir uns also ein zweites Zitat vor, das sich nur wenige Seiten nach dem Incipit der *Confessions* findet.

> Ich fühlte, bevor ich dachte: Dies ist das allgemeine Schicksal der Menschheit. Ich empfand mehr als ein Anderer. Ich weiß nicht, was ich bis zum Alter von fünf oder sechs Jahren machte; und ich weiß nicht recht, wie ich lesen gelernt; ich erinnere mich lediglich an meine ersten Lektüren und an ihre Wirkung auf mich: Dies ist der Zeitpunkt, von dem an ich ein ununterbrochenes Bewusstsein meiner selbst herleite. Meine Mutter hatte mir Romane hinterlassen. Mein Vater und ich machten uns daran, sie nach dem Abendessen zu lesen. Es ging zunächst nur darum, mich durch amüsante Bücher an die Lektüre zu gewöhnen: Aber bald schon war das Interesse an ihnen so lebendig, dass wir sie Buch für Buch ohne Unterlass lasen und alle Nächte mit dieser Beschäftigung zubrachten. Wir konnten niemals damit aufhören, bevor wir nicht das Ende erreicht hatten. Bisweilen, wenn mein Vater des Morgens die Schwalben hörte, sagte er ganz schuldbewusst: Gehen wir zu Bett; ich bin kindlicher noch als du.
>
> Innerhalb kurzer Zeit erlernte ich mit Hilfe dieser gefährlichen Methode nicht nur eine hohe Fähigkeit des Lesens und mich Verstehens, sondern eine für mein Alter einzigartige Intelligenz für die Leidenschaften. Ich besaß keinerlei Vorstellung von den Dingen, als mir schon längst alle Gefühle vertraut waren. Ich hatte noch nichts gesehen, aber schon alles gefühlt. Diese konfusen Gefühlsbewegungen, die ich Zug um Zug empfand, entstellten keineswegs den Verstand, den ich noch nicht besaß; aber sie unterrichteten mich von einem ganz anderen Schlage, und sie vermittelten mir vom menschlichen Leben bizarre und romaneske Begriffe, von denen mich Erfahrung und Reflexion niemals mehr gänzlich geheilt.[17]

Wir stoßen in dieser Passage zum Erlernen des Lesens auf einen Leser, der ähnlich wie Italo Calvinos Gian dei Brughi in *Il Barone rampante* mit dem Lesen nicht mehr aufhören kann und gemeinsam mit seinem Vater pausenlos Buch um Buch verschlingt. Es gibt vor allem in der zweiten Hälfte des 18. Jahrhunderts vielfach Indizien für diese Art atemloser Lektüre, die nicht aufhören kann, bevor das Ende eines Buchs erreicht ist. Diese Leidenschaft des Lesens prägt alle Gefühle vor: Wir erlernen die Liebe ganz so,[18] wie wir Lesen, Schreiben und Rechnen erlernen und malen uns unsere Gefühle aus, noch bevor wir sie auf die Außenwelt richten. Wir lernen zu lieben, noch bevor wir uns erstmals verlieben. Wir stoßen hier auf eine Figur des Lesens und zugleich auf eine Leserfigur, wie sie in der Literatur aus dem 18. Jahrhundert oder *über* das Jahrhundert der Aufklärung sehr präzise beschrieben worden ist. Bei Jean-Jacques

---

**17** Rousseau, Jean-Jacques: *Les Confessions*, S. 4.
**18** Dies ist eine der Hauptthesen der Vorlesung von Ette, Ottmar: *LiebeLesen* (2020).

Rousseau ist diese Selbstzeichnung dabei mit deutlich aufklärerischer Kritik ausgestattet.

Wir begreifen anhand des obigen Zitats vielleicht prägnanter, in welchem Maße im Sinne Rousseaus die Subjektwerdung, der Prozess der eigentlichen Bewusstwerdung des Ich gegenüber sich selbst, mit der Erfahrung des Lesens verknüpft ist oder verknüpft wird. Lesen ist einer der wichtigsten Nährstoffe moderner Subjektivität. Denn es bleibt nicht ohne längerfristige Auswirkungen auf das Ich: Lesen formt das Ich in seinem Werdegang. Um es auf eine bekannte Formel moderner Subjektwerdung zu bringen: Sag' mir, was du liest, und ich sage Dir, wer du bist!

Dabei ist bei Rousseau entscheidend, das sich dieses Lesen der Bücher aus der Bibliothek der Mutter zunächst auf Romane richtet, welche das Ich gemeinsam mit seinem Vater liest oder vielleicht besser noch verschlingt. Diese gemeinsame Lektüre ist eine „lecture à voix haute", also keine leise, sondern eine laute Lektüre, wobei sich die beiden jeweils abgewechselt zu haben scheinen. Wir haben es an dieser Stelle mit einem deutlichen Verweis auf jene Revolution des Lesens zu tun, die im Verlauf des 18. Jahrhunderts stattfand; und die gebildete Schicht der Uhrmacher mag in Genf auf besondere Weise dafür soziologisch einstehen.

Zugleich manifestiert sich in dieser Passage eine ausgeprägte und weiter wachsende Lesewut, die gleichsam nächtelang von beiden in einer Art kindlicher Euphorie und kindlicher Lektüre ausagiert und befriedigt wird. Nicht umsonst bemerkte Roland Barthes in *S/Z*, dass nur die Professoren, die Alten und die Kinder Bücher mehrfach läsen. Längst geht es nicht mehr um das Lesen-Lernen, denn rasch hat die Lektüre selbst auf das Leben übergegriffen: Lesen ist lebensverändernd oder kann dies doch zumindest sein. Das erzählende Ich zeigt in *Les Confessions* am Beispiel des erzählten Ich aus großer zeitlicher Distanz, dass sich dies schon sehr früh auf die affektive Ökonomie des Ich, auf die Art und Vielfalt seiner Gefühle auswirkte.

Das Lesen-Lernen mit Hilfe dieser – wie der Verfasser der ersten modernen Autobiographie schreibt – gefährlichen Methode bringt auch Veränderungen mit sich, die unbeabsichtigt sind. Denn eine überreiche Gefühlswelt wird angelegt, welche die affektive Ausstattung anderer Menschen weit übertrifft. Im Zentrum der Romane steht ein Wissen um die Leidenschaften; und diese einzigartige Intelligenz, die das ich in diesen Dingen entwickelt, ist nicht auf eine Erfahrung in der textexternen Welt zurückzuführen, sondern geht allein auf die gemeinsam gelesenen Romane zurück. Ihre Fiktionen verwandeln sich in lebendige, zugleich erlebte und gelebte Realität. Das Ich wird so schon bald zu einem Experten nicht in den Dingen („les choses"), sondern in den Worten („les mots"), weiß über all das Bescheid, was im eigenen Leben außerhalb des Lesens noch nicht erfahren werden konnte. Fiktionalität geht als zentrales Element in Realitätserfahrung mit ein: Die Wirklichkeit moderner Subjektivität ist weit davon entfernt, allein von einer textexternen, außersprachlichen Realität gebildet zu werden.

Auf diese Weise prägt dieses Lesen dann auch die späteren Erfahrungen im Leben, prägt die Wahrnehmung wie die Reflexion über Vorgänge und Erfahrungen, die doch immer aller Rationalität und Vernunft zum Trotz von den Leseerfahrungen anstelle der Lebenserfahrungen ausgerichtet werden. Das Lebenswissen der Romane, die Vater und Sohn in der Bibliothek der verstorbenen Mutter finden, wird gleichsam auf das Leben selbst direkt und unvermittelt bezogen, das Lesen also mit dem Leben kurzgeschlossen. Wir wissen alle, was daraus entstehen kann – Rousseau spricht nicht umsonst von der Gefährlichkeit dieser Methode, Lesen zu lernen. Auch bei dem Genfer Bürger wird ein Warntäfelchen aufgestellt: Vorsicht, Lesen ist gefährlich! Lesen bildet das Leben und Fiktion ist von Realität nicht einfach abzutrennen: Sie konfiguriert unsere Realität.

Auch wenn der ,Archileser' Gott, wenn der göttliche Leser noch immer im Hintergrund schlummern könnte – ein schläfriger Gott, der nur von Zeit zu Zeit in die Bücher seiner Menschen schaut: Entscheidend ist doch, was der irdische Leser, die irdische Leserin in Rousseaus *Bekenntnissen* liest. Und jenseits aller Werke und Schriften, die der Schriftsteller Jean-Jacques Rousseau vom Leser Rousseau sich berichten und auflisten lässt, zeigt sich hier doch deutlich, dass es im Grunde ohne den Prozess des Lesens bei Rousseau eine völlig andere Entwicklung des Lebens gegeben hätte. Es wäre wohl unwahrscheinlich, dass wir jemals mit einem Schriftsteller namens Rousseau in Berührung gekommen wären, hätte es diese Lesewut, dieses nächtelange gemeinsame Verschlingen von Büchern, welche die Mutter hinterließ, nicht gegeben. Denn zum einen ist das Lesen für den Schriftsteller und Philosophen noch immer mit der Utopie der Direktheit gekoppelt: Literatur als Kommunikation, aber mehr noch Literatur als Lebenswissen. Es handelt sich um jenes Wissen, welches das Leben von sich selbst hat und uns als Schreibenden in die Feder und als Lesenden ins Ohr diktiert. Und zum anderen ist es das Vermächtnis der bei der Geburt des Ich verstorbenen Mutter: Sie stillt und nährt den Knaben noch mit Hilfe ihrer Bücher. Diese mütterliche Hinterlassenschaft kann in ihrer Wirkung gar nicht überschätzt werden.

Rousseau hat nicht nur Kritik an seiner frühen Lektüre von Romanen geübt, welche seine Mutter einst gesammelt und gelesen hatte, sondern er hat sich selbst auch als Romanschriftsteller erprobt. Und dies tat er mit einem gewaltigen Erfolg: Rousseau hat einen wahren Bestseller des 18. Jahrhunderts verfasst, der zu einem Klassiker der Liebesliteratur geworden und aus den Bücherschränken der nachfolgenden Jahrhunderte kaum wegzudenken ist. Dabei hat die Liebeskonzeption, welche Rousseau in seinem Roman über eine fundamentale Dreiecksbeziehung verfasste, stark auf das Verständnis der Liebe im 19. Jahrhundert gewirkt. Doch bleiben wir an dieser Stelle im Jahrhundert der Aufklärung!

Jean-Jacques Rousseau ist unter den wahrlich großen Figuren des 18. Jahrhunderts zweifellos der für die Moderne wohl folgenreichste Philosoph, in jedem Falle aber jener Kopf, der zusammen mit sehr wenigen anderen aus dem Jahrhundert der Aufklärung dauerhaft herausragt. Sein literarisches wie sein philosophisches Erbe lassen sich kaum überblicken. Und zu seinen wichtigsten Hinterlassenschaften zählt der Entwurf der modernen Autobiographie und die damit zutiefst verbundene Entfaltung einer modernen Subjektivität, die trotz aller Umgestaltungen auch in den ersten Jahrzehnten des 21. Jahrhunderts – aller postmodernen Unkenrufe zum Trotz – nichts von ihrer grundlegenden Bedeutung verloren hat.

Lassen sie mich an dieser Stelle die „entreprise", die autobiographische Unternehmung des Jean-Jacques Rousseau, über *Les Confessions* hinaus ein wenig weiterverfolgen und zu einem Buch kommen, das für den „Préromantisme" sowie für die europäische wie außereuropäische Romantik von großer Bedeutung war. Ich spreche von *Les Rêveries du promeneur solitaire*, die der in Genf geborene Schriftsteller zwischen 1776 und 1778 in Paris und Ermenonville verfasste, wo Rousseau am 2. Juli desselben Jahres verstarb.

Dieses kleine und unabgeschlossene literarische Werk fällt also in die allerletzte Schaffenszeit des Genfer Literaten, geht aber auf Aufenthalte auf der St. Petersinsel im Bieler See, gar nicht so weit vom Genfer See entfernt, zurück; eine Landschaft, in der ich mich selbst recht oft aufgehalten habe und die mir rund um die Presqu'île de Saint-Pierre etwas ans Herz gewachsen ist. Selbstverständlich – und ich räume dies sofort ein – habe ich auch in dieser Landschaft zum ersten Mal die *Rêveries* gelesen, diese *Träumereien des einsamen Spaziergängers*. Hier also hielt sich Rousseau wiederholt im Jahre 1765 auf und legte in einer an Verfolgungen unterschiedlichster Art recht reichen Phase seines Lebens die Grundlagen für ein gelungenes Ausklingen seines autobiographischen Vorhabens, dessen Schlusspunkt wir uns nun etwas näher anschauen wollen.

Das Werk ist in verschiedene Spaziergänge, in verschiedene *Promenades* eingeteilt; es ist unumgänglich, Sie auch bei diesem Werk zunächst mit dem Incipit zu konfrontieren, weil dieses den Ton vorgibt und Ihnen vielleicht nochmals näherbringen kann, warum ich Rousseau als den vielleicht ersten der unglücklichen Schriftsteller bezeichnete:

> So bin ich denn alleine auf der Erde und habe keinen Bruder, keinen Nächsten, keinen Freund, keine Gesellschaft außer mir selbst. Der soziabelste und liebendste der Menschen wurde auf einstimmigen Beschluss hin daraus verbannt. In allen Verfeinerungen ihres Hasses haben sie gesucht, welche Folter für meine empfindsame Seele am grausamsten

wäre, und sie haben gewaltsam alle Bande zerbrochen, die mich mit ihnen verbanden. Ich hätte die Menschen geliebt, ihnen selbst zum Trotze.[19]

Vom ersten Satz an ist die Einsamkeit des Ich absolut – zumindest in dessen literarischer Inszenierung. Niemand mehr wünscht in Kontakt mit diesem Ich zu sein, bei dem nun erzählendes und erzähltes, zeigendes und gezeigtes Ich zeitlich sehr nahe beieinander liegen. Die Selbsteinschätzung des Ich als höchst soziabel, die Gesellschaft anderer Menschen suchend, ist ein Selbstbild, das in krassem Widerspruch zur sozialen Ausgeschlossenheit des Ich steht. Die gesamte Passage ist von schroffen Gegensätzen gekennzeichnet: Dem Ich stehen die Anderen, der Liebe steht der Hass, der Gesellschaft und Gemeinschaft steht die radikale Einsamkeit gegenüber. Dabei haben sich die ,Anderen' gegen das Ich verschworen, haben eine Front gegen das Ich aufgebaut, um es von aller Kommunikation auszuschließen und zu quälen.

Haben wir es von Beginn an mit einer Paranoia, mit einem Verfolgungswahn des Ich zu tun? Auf den ersten Blick will es so scheinen. Doch in der Tat war Rousseau aus der Gruppe der französischen Aufklärer ausgebürgert worden, hatte sich mit seinem früheren Freund Denis Diderot überworfen, war aus der Gemeinschaft der *Encyclopédistes* gestoßen worden, hatte den Spott eines Voltaire auf sich gezogen, kurz: Er war zu einem der berühmtesten Ausgestoßenen des Aufklärungszeitalters geworden. Wir werden später noch sehen, dass er auf Grund seines schlechten Renommees selbst den Hohn und Spott von Menschen auf sich zog, die ihn im Grunde gar nicht kannten, die ihm als ,Outcast' aber begegnen und über ihn lachen wollten.

Doch zugleich ist es auch die literarische Inszenierung einer Einsamkeit, die sich im Projekt seiner *Bekenntnisse* mit der Formulierung der eigenen radikalen Außergewöhnlichkeit und des „moi seul" bereits angedeutet hatte. Solle es doch nur einer der anderen Menschen wagen zu behaupten, er sei besser als dieser eine Mensch mit Namen Jean-Jacques Rousseau! Derartige Formulierungen deuten an, warum das Ich in *Les Rêveries du promeneur solitaire* aus einer literarischen Logik heraus zum Solitär werden musste. Und diese gesellschaftliche Rolle innerhalb einer feudalistischen Ständegesellschaft des Ancien Régime durchdachte der Genfer Bürger wie kein anderer vor ihm. Auch hierin kommt die Radikalität und Kompromisslosigkeit Rousseaus zum Ausdruck.

Das in zehn ungleich lange „Spaziergänge" eingeteilte und im Jahre 1782, also nach Rousseaus Tod, veröffentlichte Werk knüpft an *Les Confessions* an, verlagert den Schauplatz des Geschehens aber von der Außenwelt noch stärker

---

**19** Rousseau, Jean-Jacques: *Les Rêveries du promeneur solitaire*. In (ders.): *Collection complète des œuvres de J. J. Rousseau*, 17 Bde. Genf 1782, Bd. 10: *Les Confessions*, S. 369.

in die Innenwelt eines Ich, das seiner Leserschaft nicht nur die eigene Seinsweise, sondern auch die eigene Sichtweise der Welt näherbringen will. Dieses
Schreibprojekt entfernt sich daher noch weiter von der Gattung der Memoiren,
als es bereits *Les Confessions* tat. Folgerichtig enthalten die *Rêveries* damit eine
Vielzahl zwischen Literatur und Philosophie oszillierender Betrachtungen, welche in die Form von Spaziergängen gekleidet sind, eine literarische Form, die
sich seit der Antike beobachten lässt, aber auch in einem so anderen Geist wie
Friedrich Nietzsche ihren äquivalenten philosophisch-literarischen Ausdruck
gefunden hat.

Les Rêveries du promeneur solitaire sind von ihrer ersten Zeile an ein literarisches Dokument der Introspektion, einer Abkehr von der Gesellschaft, in welcher der Philosoph nichts mehr zu gewinnen hat, und einer Innerlichkeit,
welche den Ton für den Individualismus wie den Rückzug aus der Gesellschaft
der nachfolgenden Generation der Romantiker vorgeben wird. Das Incipit eröffnet damit nicht den Weg in eine Verzweiflung am eigenen Ausgestoßen-Sein,
sondern die Wege in eine Innerlichkeit, in welcher der Schriftsteller seinen Frieden mit der Welt machen wird.

Dafür aber ist der räumliche Kontext, die landschaftliche Umgebung des
Ich, sein Habitat von allergrößter Bedeutung. Hier kommt die Landschaft am
Bieler See zum Zuge, an deren Ufern sich nicht nur die Stadt Biel beziehungsweise Bienne, sondern das damals noch zu Preußen gehörige Neuchâtel ansiedeln. Weit von diesen städtischen Agglomerationen entfernt befindet sich die
St. Petersinsel an der südlichen Seite des langgestreckten Sees. So heißt es gleich
zu Beginn der fünften „Promenade", also im Zentrum dieses Werks, an dem Rousseau noch in den letzten Wochen vor seinem Tode schrieb:

> Unter allen Wohnungen, wo ich geweilt (und ich hatte wirklich charmante), hat mich
> keine so wahrhaft glücklich gemacht und weckt so zärtliche Erinnerungen wie die St. Pe-
> tersinsel inmitten des Bieler Sees. Diese kleine Insel, welche man in Neuchâtel die *Île de
> La Motte* nennt, ist wenig bekannt, selbst in der Schweiz. Meines Wissens hat kein Rei-
> sender sie jemals erwähnt. Und doch ist sie sehr angenehm und einzigartig gelegen für
> das Glück eines Menschen, der sich zu beschränken sucht; Denn obwohl ich vielleicht
> der Einzige auf der Welt bin, dem sein Schicksal zu einem Gesetz geriet, kann ich nicht
> glauben, der Alleinige zu sein, der einen so natürlichen Geschmack besitzt, wenngleich
> ich einen solchen noch bei keinem anderen fand.[20]

Wir erkennen ohne weiteres das Beharren auf der eigenen Einzigartigkeit wieder, das bereits *Les Confessions* auszeichnete, und sehen es an dieser Stelle verbunden mit der Einzigartigkeit eines Ortes, der selbst den Schweizern nicht

---

20 Rousseau, Jean-Jacques: *Les Rêveries du promeneur solitaire*, S. 434.

bekannt zu sein scheint. Zwar wird die „Insula Comitum", die „Grafeninsel", bereits 1107 erwähnt und geht als Schenkung an das Kloster Cluny durch Wilhelm III. von Burgund-Mâcon, doch erwähnt Rousseau das ehemalige Cluniazenser-Priorat nicht, um die Einsamkeit der von ihm gewählten landschaftlichen Szenerie nicht zu stören und seine Verbundenheit mit der Natur zu betonen.

Denn letztere spielt eine überragende Rolle nicht nur in den philosophischen, sondern auch in den autobiographischen Reflexionen des einsamen Spaziergängers, der sich als Botaniker betätigt. In seiner Nachfolge werden sich ganze Heerscharen von Amateur-Botanikern auf die Wiesen und in die Wälder begeben, um mit ihrer Botanisiertrommel jenes Glück und jenen Seelenfrieden einzusammeln, von dem der Genfer Bürger sprach. Sehen wir uns hierzu den Ausgang der siebten „Promenade" einmal näher an:

> Es ist die Kette an zugehörigen Ideen, die mich mit der Botanik verbindet. Sie versammelt und erinnert in meiner Einbildungskraft alle Ideen, die ihr so sehr schmeicheln. Die Wiesen, die Gewässer, die Wälder, die Einsamkeit, der Frieden vor allem und die Ruhe, die man inmitten all dessen findet, werden von ihr ohne Unterlass meinem Gedächtnis eingraviert. Sie lässt mich die Verfolgungen der Menschen, ihren Hass, ihre Verachtung, ihre Unverschämtheiten und alle Übel vergessen, mit der sie meine zärtliche und ehrliche Bindung an sie vergolten haben. Sie bringt mich an friedliche Wohnsitze, wo einfache und gute Menschen wie etwa jene weilen, mit denen ich einstens gelebt habe. Sie erinnert mich an meine Jugendzeit und an meine unschuldigen Freuden, sie lässt mich alles noch einmal genießen und macht mich sehr häufig noch inmitten des traurigsten Schicksals glücklich, das jemals ein Sterblicher erlitt.[21]

Das Bild des botanisierenden Rousseau hat sich allen Leserinnen und Lesern eingeprägt und verbindet sich mit der Landschaft um den Lac de Bienne und die St. Petersinsel, in welcher sich diese Träumereien bevorzugt ansiedeln. Die Botanik steht für die intensive Beschäftigung mit einer Natur, welche nicht etwa die Natur der Tropen, sondern eine Natur in den gemäßigten Zonen ist, wo das erzählende Ich für uns eine Landschaft mit Wäldern und Hügeln, mit Seen und Bächlein, mit Wiesen und Wegen aufbaut, die ohne Zweifel dem idyllischen Register und einem *locus amoenus* entnommen sind. Jean-Jacques Rousseau ruft aus einer langen literarischen Tradition Landschaftselemente auf, die in den erzählenden Texten einer nachfolgenden romantischen Generation nicht mehr fehlen dürfen.

Diese intensive Beschäftigung mit der Natur versöhnt das Ich mit seiner eigenen Geschichte, lässt die ältesten Spiele und Freuden wieder lebendig werden, blendet all das aus, was das Ich an Verfolgungen hat erleiden müssen, lässt all das vergessen, was von Seiten der Kultur eine gute, friedvolle und ruhige

---

**21** Ebda., S. 480 f.

Natur niederzudrücken sucht. Die Botanik eröffnet so das Tor zur Natur, die dem Ich all das wiederzugeben scheint, was durch die Natur dem leidenden Menschen genommen ward: die Ruhe, die eine Seelenruhe ist, und der Frieden, der sich aus der Verbindung mit der Natur nährt. In einer solchen Landschaft sind auch die Menschen einfach und gut, ganz wie das Ich selbst. Das Reich der Botanik führt zu einer Natur, die den Menschen in ihre Arme schließt und ihn von den Bedrückungen durch eine ständig zerstörerische und hasserfüllte Kultur erlöst, mit der die Zeitgenossen und die zeitgenössische Ständegesellschaft das Ich verfolgen.

Gegen diese das Ich umkreisende und verfolgende Gesellschaft errichtet sich das Bollwerk moderner Subjektivität, konstituiert sich das Ich aus einem Dagegen, das einer Kultur zivilisatorischer Verfeinerung ebenso gilt wie einer Welt, in welcher die „philosophes" die Welt nur immer neu interpretieren. Es kommt aber darauf an, das Ich aus dieser zivilisatorischen Umlagerung zu befreien und zu seiner Ruhe, zu seinem Seelenfrieden zu führen – zu seiner Erlösung und Erfüllung, wie es Rousseaus *Träumereien* hier andeuten. Auch hierin ist ein Stück weit jenes Begehren der Transparenz und jene inständig erhoffte Transparenz des Sinnes zu erkennen, nach der sich der Genfer Bürger immer stärker sehnte.

Die scharfe Opposition zwischen Subjekt und Gesellschaft schafft an solchen Stellen vor allem den Raum, um dem modernen Ich Platz für die eigene Entwicklung und Ausprägung zu geben: *gegen* die Gesellschaft, *gegen* die Zivilisation, *gegen* die Anderen. Nehmen wir die Aufspaltung des Ich in verschiedene Ichs, also die Vervielfachung von Ich-Positionen, zusammen mit dieser Frontstellung des Ich gegenüber allem und allen anderen, die von ‚außen' das Ich umgeben, so sehen wir leicht, dass die Emanzipation und Individuation moderner Subjektivität nicht notwendig mit einem gesteigerten Glücksgefühl dieses Subjekts einher geht. Zumindest ist diese Gefahr gegeben: Und das Beispiel des Ich in *Les Confessions* sowie in *Les Rêveries du promeneur solitaire* zeigt diese Möglichkeit schonungslos auf.

Welche Heilmittel können an diesem wunden Punkt moderner Subjektwerdung in Stellung gebracht werden? Wie lässt sich dieser neuen Positionalität des modernen Subjekts in ihren negativen Konsequenzen entgegenwirken? Wie also kann sich das in Bedrängnis geratene Subjekt Hilfe und Heilung verschaffen? Die Antwort Rousseaus auf all diese Fragen und Verunsicherungen ist der Verweis auf die Natur.

Denn das Ich muss sich endlich mit der Natur versöhnen, muss die Kluft überwinden, welche es von der Natur so schmerzhaft trennt. Den Königsweg dafür, so schreibt Jean-Jacques, biete die Botanik, jenes Sammeln und Ordnen eines Sinnes, den die Natur selbst vorgibt und der dem Botaniker unmittelbar und unvermittelt vor Augen tritt. Wir müssen also wieder lernen, im Buch der Natur[22] zu lesen und aus dieser Lektüre stärkende Kräfte zu ziehen. Rousseau knüpft auf diesem Weg an die sich zeitgenössisch stark entwickelnde Botanik an. Und doch kann das Ich trotz aller Anstrengungen die Verfolgungen und alle Verwundungen, welche ihm diese Gesellschaft beigebracht hat, nicht vergessen und nicht leicht verwinden. Die Versöhnung mit der Natur – denken Sie in heutiger Zeit etwa an das sogenannte ‚Waldbaden' und an die Umarmung von Bäumen – ist ein Prozess, den das Ich Schritt für Schritt lernen muss; ein Prozess, der das Ich näher an die Natur heranführen soll. Der kurze Vergleich mit unserer heutigen Zeit, in der selbst Politiker wie der aktuelle bayerische Ministerpräsident sich beim Umarmen von Bäumen ablichten lassen, sollte Ihnen zeigen, dass die Vorstellungen Rousseaus von uns Heutigen so schrecklich weit nicht entfernt sind.

Damit aber nimmt das moderne Subjekt eine hochgradig autoreflexive und zugleich von vielen Seiten bedrohte Positionalität ein. Zu jedem Zeitpunkt muss sich dieses Subjekt vergewissern, in welcher Beziehung es nicht allein zu anderen Menschen steht, sondern wie seine Relationen mit der Kultur und mit der Natur, mit Gesellschaft und Gemeinschaft geprägt sind. Es sind diese Überlegungen und Reflexionen, welche ebenso das gezeigte wie vor allem das zeigende Ich charakterisieren und damit eine Landschaft formen, die man – und dies keineswegs nur mit Blick auf den Topos des *locus amoenus* – sehr wohl als eine Seelenlandschaft bezeichnen kann. Denn die innere Seele des Ich findet und weiß sich eins mit dieser Landschaft der Natur, mit dieser Landschaft der Theorie,[23] die das Ich in der Art und Weise, wie es über sich nachdenkt, sukzessive geschaffen hat.

Dazu gehört das verschärfte Sinnieren über die glückliche Gemeinschaft und ihre Feinde. Jean-Jacques Rousseau gibt diesem Nachdenken seiner Ich-Figuren in *Les Rêveries du promeneur solitaire* ungeheuer viel Raum. Dieser Raum der Selbstreflexion, des Nachdenkens, der Meditation, des Tagtraums macht das Spezifische dieses Bandes aus Rousseaus letzten Lebensjahren aus. In ihm sind schon die romantische Aufwertung des Traums und die Öffnung gegenüber dem Irrationalen oder sich der alles beherrschenden Vernunft nicht einfach Unterwerf-

---

**22** Vgl. zu dieser die verschiedenen Phasen des Abendlandes durchlaufenden Metaphorik und Metaphorologie Blumenberg, Hans: *Die Lesbarkeit der Natur*. Frankfurt am Main: Suhrkamp 1986.

**23** Vgl. zum Begriff der Landschaft der Theorie Ette, Ottmar: *Viellogische Philologie. Die Literaturen der Welt und das Beispiel einer transarealen peruanischen Literatur*. Berlin: Verlag Walter Frey – edition tranvía 2013, S. 36–46; sowie (ders.): *Roland Barthes. Landschaften der Theorie*. Konstanz: Konstanz University Press 2013.

enden enthalten, wie dies später die Vertreterinnen und Vertreter der Romantik prägten. Vor allem aber kennzeichnet ihn das immer wieder bohrende Bemühen um die Frage, wie das Glück auf dieser Erde vom Menschen erreicht werden kann; eine Frage, wie sie sich zu Beginn der neunten und damit vorletzten „Promenade" dieses zu Lebzeiten nicht mehr fertiggestellten Buches mit aller Dringlichkeit stellt:

> Das Glück ist ein permanenter Zustand, der hienieden für den Menschen nicht gemacht zu sein scheint. Alles befindet sich auf Erden in einem kontinuierlichen Flusse, welcher keinem Gegenstande erlaubt, eine konstante Form einzunehmen. Alles verändert sich um uns her. Wir verändern uns selbst, und nichts kann sich versichern, dass es morgen noch lieben wird, was es heute liebt. So sind alle Projekte des Glückes für dieses Leben letztlich Chimären.[24]

Das zentrale Element dieses Spaziergangs, also eines Denkens in Bewegung und aus der Bewegung, ist der kontinuierliche Wandel, die ständige Veränderung, die permanente Umformung alles Seienden und nur scheinbar fest Gefügten. Auf den ersten Blick scheint diese Passage von der Wortwahl an das berühmte „Alles fließt", an das „panta rhei" des griechischen Philosophen Heraklit anzuknüpfen, der zu seiner Zeit bereits bekanntlich feststellte, dass sich auf der Erde alle Dinge in stetigem Wandel befänden. Bei näherer Betrachtung aber wird diese Idee, dass alles im Flusse sei, mit der Sehnsucht des Menschen nach Glück und mit der Problematik verbunden, dass nichts garantieren könne, dass wir auch morgen noch lieben werden, was wir heute so stark mit unserer Liebe umfangen.

Aus dieser beweglichen, gleichsam im Vorübergehen erstellten Konfiguration entsteht ein tragisches Lebensgefühl, ein – um mit dem spanischen Philosophen Miguel de Unamuno zu sprechen – *Sentimiento trágico de la vida*, das eindeutig aus der Perspektivik des modernen Subjekts heraus wahrgenommen wird. So befindet sich selbst das antike „panta rhei" im Wandel, wird es in dieser Passage bei Rousseau doch auf eine Frage moderner Subjektivität projiziert, die das Subjekt selbst und sein Lebensgefühl in stetigem Wandel weiß. Nichts ist sicher, nichts ist gewiss: Alle Dinge verändern sich so, dass sie vom Menschen niemals *fest*-gestellt werden können. Sicher ist folglich nur, dass nichts unwandelbar und sicher ist. Und daher könne es auch kein permanentes Glück des Menschen auf Erden geben.

Was aber, wenn sich selbst das, was den Schriftsteller auszeichnet, wenn sich die Grundlage all seines Schreibens, all seinen Formulierens selbst verändern würde? Was also, wenn ihm seine Sprache selbst entglitte, wenn sie sich also nicht mehr seinem Willen unterwerfen würde? Rousseau geht nur wenige Seiten später in seinem neunten Spaziergang dieser Frage nach:

---

24 Rousseau, Jean-Jacques: *Les Rêveries du promeneur solitaire*, S. 497.

Zu keinem Zeitpunkt besaß ich je eine Geistesgegenwart oder die Fähigkeit, gut zu sprechen; aber seit meinen Unglücksfällen sind meine Sprache und mein Kopf immer stärker
gestört. Ebenso entgleiten mir die Idee und das richtige Wort, und nichts fordert von mir
eine klarere Unterscheidung und eine zutreffendere Wahl von Ausdrücken als jene Sätze,
die man an Kinder richtet. Dies vergrößert in mir noch die Störung, nicht zuletzt auch die
Achtsamkeit der Zuhörenden, die Deutungen und das Gewicht, das sie allem beimessen,
was von einem Manne kommt, der ausdrücklich für die Kinder geschrieben hat und von
dem man annimmt, dass er ständig in Orakeln zu ihnen spricht. Diese extreme Scheu und
die Unfähigkeit, die ich in mir fühle, verstören mich, bringen mich aus dem Konzept, und
ich fühle mich weitaus wohler vor einem Monarchen aus Asien als vor einem Kindchen,
das es zum Plappern zu bringen gilt.[25]

Diese Passage führt uns eindrucksvoll vor Augen, welche Art von Geständnissen,
von *Bekenntnissen* nun in diesen *Träumereien* eines spazieren gehenden Subjekts
erscheinen. Es geht nicht um irgendwelche Ereignisse, Vorkommnisse, Gegebenheiten, sondern um innere Befindlichkeiten, Schwächen und Unsicherheiten, die
das Ich reflektiert und seinem Lesepublikum zu Gehör bringt. Von keinen berühmten Persönlichkeiten, von keinen noch unentdeckten Genies ist die Rede,
sondern allein von einem Ich, das über seine inneren Reaktionen auf alltägliche
Situationen nachdenkt. Das Ich berichtet und erzählt von Dingen, die nicht nur
im 18. Jahrhundert zum Intimsten gehörten, die man niemandem anvertrauen
mochte, und die doch in *Les Rêveries du promeneur solitaire* einen Kern jener
Überlegungen betreffen, die das zeigende und über sich reflektierende Ich seiner
Zuhörerschaft, seinem Lesepublikum offenlegen will.

Rousseau thematisiert zunächst ausgehend von der für das Ich im Zeitalter
der Aufklärung nicht unbedingt schmeichelhaften Feststellung, dass es – wie
schon in *Les Confessions* berichtet – über keine Geistesgegenwart verfüge und
daher am beliebtesten Gesellschaftsspiel des französischen 18. Jahrhunderts,
also an der Konversation in den Salons des Adels, nur wenig Anteil nehmen
könne. Der Genfer Bürger hatte sich mit dieser seiner Unfähigkeit, mündlich
zu brillieren, längst abgefunden. Doch dann gehen die Bekenntnisse weiter,
spricht dieses Ich doch in der Folge von Störungen („embarras"), die sich ausgelöst von all jenen Verfolgungen, deren Gegenstand das Ich geworden ist, in
ihm gebildet haben und die ebenso seine Zunge und Sprechfähigkeit wie sein
Denken, seinen Kopf beträfen. Dies ist schon eine weitergehende Aussage, welche nur noch wenige Zeitgenossen zu Protokoll gegeben hätten. Kein Wort wird
hier darüber verloren, dass es sich um eine Alterserscheinung handeln könnte:
Vielmehr sieht das Ich in seinen „malheurs", in seinen Unglücksfällen die Aus-

---

**25** Ebda., S. 501.

löser jener Störungen, die es belasten und beeinträchtigen. Das Ich spricht von Sprachstörungen, deren es nicht Herr werden kann.

Doch anders als noch in *Les Confessions* werden nicht die Schwierigkeiten erwähnt, die das Ich empfindet, wenn es vor einem im Salon versammelten größtenteils adeligen Publikum, vor einer gesellschaftlichen Elite, möglichst frei und ungezwungen sprechen und sich gefällig ausdrücken soll. Es werden gerade die Sprach- und Sprechstörungen thematisiert, die vor einem Publikum auftreten, welches auf den ersten Blick als das einfachste überhaupt angesehen werden dürfte: eine Schar von Kindern, die sich um das Ich versammeln. Doch diese Kinderschar stellt ein besonders schwieriges und anspruchsvolles Publikum für einen Rousseau dar, der sich in seinem *Emile* wie auch in anderen Schriften direkt oder indirekt an dieses Publikum gewandt hatte und das nun von diesem weltberühmten Schriftsteller große und entscheidende Worte zu vernehmen hofft – zumindest will es dem Ich, das von erwarteten „Orakeln" spricht, so scheinen. Und genau in diesem Augenblick fehlen dem ihm – und wir können seine Verstörung verstehen – die richtigen Worte. Dies kann man gerade bei einer mündlich und frei vorgetragenen Vorlesung sehr gut begreifen.

Ein Schriftsteller mit Sprachstörungen? Versuchen wir, aus einer anderen Perspektive auf den berühmten Autor Jean-Jacques Rousseau zu blicken und dies in einer Weise zu tun, wie dies die Zeitgenossen wohl überwiegend taten. Unter diesen freilich gab es viele, die Rousseau anfeindeten und sogar lauthals verspotteten. Wir werden auf diesen Punkt gleich noch einmal zurückkommen. Jedenfalls halte ich vor diesem Hintergrund meine Bezeichnung von Jean-Jacques Rousseau als dem ersten der unglücklichen Schriftsteller aufrecht. Zu präzise hat er in seinen autobiographischen Schriften – und in *Les Rêveries du promeneur solitaire* bis zu seinem Tode – eben diesen Sachverhalt immer wieder intensiv reflektiert.

Doch Jean-Jacques ist auch durch seine Betonung der Liebe, durch die Entfaltung einer wegweisenden Liebeskonzeption und durch einen Briefroman berühmt geworden, der im 18. Jahrhundert und weit darüber hinaus in beiden Welten äußerst erfolgreich war. Vielleicht wäre als Einstieg in unsere Auseinandersetzung mit der Liebeskonzeption Rousseaus am besten eine kurze Passage aus dem fünften Band von Giacomo Casanovas *Histoire de ma vie* geeignet, die ein knappes Portrait des Genfers zeichnet; denn über die Liebe wie auch über die Philosophie vermochte der Venezianer, mit dem wir uns noch eingehender auseinandersetzen wollen, Treffliches zu schreiben. Es handelt sich zugleich um eine Passage, die ein helles Licht auf die gegen Rousseau gerichtete Stimmung in weiten Teilen zumindest der ‚Salongesellschaft' Frankreichs wirft. Nur konnte Casanova auf keinen Fall auf der Seite des Genfer Bürgers stehen, war er doch dem Rationalismus der Aufklärung viel zu nahe:

Um diese Zeit gelüstete es Madame d'Urfé, die Bekanntschaft von J.-J. Rousseau zu machen, und so fuhren wir nach Montmorency, um ihn zu besuchen; wir brachten ihm Musiknoten zum Abschreiben, was er ganz hervorragend verstand. Man bezahlte ihm doppelt soviel wie einem anderen, aber er verbürgte sich auch dafür, dass man keine Fehler darin finden würde. Er lebte davon.

Wir fanden in ihm einen Menschen, der richtig urteilte und sich einfach und bescheiden gab, der aber weder durch seine Person noch durch seinen Geist hervorragte. Wir fanden aber nicht, was man einen liebenswürdigen Menschen nennt. Er schien uns ein wenig unhöflich, und mehr bedurfte es nicht, damit Madame d'Urfé ihn als Grobian betrachtete. [...] Auf der Rückfahrt nach Paris lachten wir über die Absonderlichkeit dieses Philosophen. Hier ein genauer Bericht über den Besuch, den der Prinz von Conti, der Vater des damaligen Grafen de la Marche, ihm abgestattet hatte.

Dieser liebenswürdige Prinz fuhr ganz allein nach Montmorency, nur um einen angenehmen Tag im Gespräch mit dem Philosophen zu verbringen, der bereits berühmt war. Er traf ihn im Park, sprach ihn an und sagte, er sei gekommen, mit ihm zu speisen und den Tag über ungezwungen mit ihm zu plaudern.

„Eure Durchlaucht werden eine recht kärgliche Tafel vorfinden; ich sage schnell Bescheid, dass man noch ein Gedeck auflegen soll."

Er ging, kam zurück und führte den Prinzen, nachdem er zwei oder drei Stunden mit ihm spazieren gegangen war, in das Wohnzimmer, in dem sie speisen sollten. Als der Prinz drei Gedecke auf dem Tisch sah, fragte er:

„Wer ist denn der Dritte, mit dem Sie mich speisen lassen wollen? Ich glaubte, wir würden nur zu zweit bei Tisch sitzen."

„Dieser Dritte, Monseigneur, ist mein anderes Ich. Es ist ein Wesen, das nicht meine Frau, nicht meine Geliebte, nicht meine Bedienerin, nicht meine Mutter und nicht meine Tochter ist, und doch alles zusammen."

„Mag sein, lieber Freund; aber da ich nur hierher gekommen bin, um mit Ihnen zu speisen, will ich Sie lieber mit ihrem Universalwesen allein essen lassen. Leben Sie wohl."

Solche Dummheiten begehen Philosophen, wenn sie aus Großmannssucht den Sonderling spielen. Die Frau war Mademoiselle Levasseur, der er, bis auf einen Buchstaben getreu, die Ehre seines Namens in Form eines Anagramms hatte zuteil werden lassen.[26]

Anhand dieser Passage erkennt man recht hübsch, welche gesellschaftliche Rolle Philosophen in der feudalistischen Gesellschaft des 18. Jahrhunderts für die Adeligen spielen. Sie sind oftmals kaum mehr als Kuriositäten, die man auch in einem gleichnamigen Kabinett hätte besichtigen können. Denn rasch wird in dieser sehr selbstverständlich daherkommenden Darstellung deutlich, wie sehr ein Philosoph wie Jean-Jacques Rousseau als Kuriosität und seltsames Tierchen, das man jederzeit im Zoo besuchen kann, herhalten muss und zugleich auch diese Rolle zu spielen gelernt hat. Casanova steht hier ganz auf der Seite der gesell-

---

26 Casanova, Giacomo: *Geschichte meines Lebens*. Frankfurt a. M.: Ullstein 1985, Bd. V, S. 253–255.

schaftlichen Normen seiner Zeit, wusste er selbst sich doch an diese sozialen Umgangsformen hervorragend anzupassen – nicht aber Rousseau!

Schon zu Beginn des Zitats wird auch klar, wie man in der vorherrschenden Elite des 18. Jahrhunderts Menschen behandelte, die nicht über eine hohe Geistesgegenwart, über schnelle, witzige Einfälle, über in Sekundenbruchteilen entstehende tiefgründige philosophische Gesprächsthemen und über jene Reaktionsschnelligkeit verfügen, die man in Frankreich im Zeitalter der Aufklärung von den maßgeblichen „philosophes" und Geistern der Zeit verlangte. Wer da nicht gleich positiv auffällt, dem wird rasch mangelnder Geist zum Vorwurf gemacht.

Nicht uninteressant ist aber auch, wie Rousseau seinerseits seine Lebenspartnerin einführt und ihr in der Tat letztlich die Züge eines weiblichen Universalwesens zuschreibt, das Mutter und Tochter, Geliebte und Ehegattin in sich vereinigt. So wird ein Frauenbild projiziert, das gleichsam die unterschiedlichsten Schichten der Geschlechterdifferenz aus männlicher Sicht fürwahr inkarniert. Die so bezeichnete Thérèse Levasseur erscheint zugleich in all diesen Rollen, die für den Genfer Philosophen durchaus lebenswichtig waren: Denn sie war es, die sozusagen – etwas salopp gesagt – Rousseaus Laden schmiss.

Zweifellos hatte Rousseau in dieser von Casanova kolportierten Anekdote versucht, gegenüber dem sich selbst einladenden Adeligen ein besonders geistreicher Gesprächspartner zu sein. Doch dieser Schuss ging nach hinten los. Die als Bonmot gedachte Äußerung des Philosophen mag vielleicht ein erster Vorgeschmack auf Rousseaus Liebeskonzeption sein, spielen doch die spezifischen Rollen der Frauen bei ihm eine grundlegende Rolle. Doch aus der Erzählung von Giacomo Casanova dürfte zugleich herauszulesen gewesen sein, wie sehr Rousseaus Kollisionen mit der adeligen Pariser Gesellschaft ihm das Bild eines gesellschaftsfremden Einzelgängers aufprägten, das ihn weit über seinen Tod hinaus begleitete. Es ist Rousseaus zeitlebens geführter Kampf gegen eine gesellschaftliche Anpassung, welcher seiner Sozialtheorie und seiner Gegenüberstellung von Gesellschaft und Gemeinschaft sehr überzeugend entsprach und zugleich an den Grundfesten eines feudalistisch verfassten Gemeinwesens rüttelte.

Persönliches Glück spricht freilich weder aus dieser hier nur kurz skizzierten Anlage wie aus den verschiedenen Epochen von Rousseaus Leben selbst. Weder *Les Confessions* noch die *Rêveries du promeneur solitaire* sprechen einem Glücksgefühl das Wort, das wir mit dem Namenszug Rousseaus verbinden könnten. Nicht das ersehnte Glück, in einer von ihm konzipierten Gemeinschaft zu leben, war dem Genfer Bürger und Uhrmachersohn beschieden, wohl aber die Intensität einer Reflexion und Selbstreflexion, die sein Leben zweifellos reicher machte. Dabei holte ihn immer wieder nicht nur seine kritische Haltung gegenüber einer Gesellschaft im Stile des Ancien Régime ein, sondern seine kulturpessimistische Sichtweise der gesamten gesellschaftlich-zivilisatorischen Entwicklung des Abendlandes überhaupt. Mit Rousseau stellt das moderne Subjekt die Grundlagen eines zivilisatorischen Prozesses, der die Entfaltung einer modernen Subjektivität überhaupt erst möglich machte, grundlegend in Frage. Dies ist eine in sich selbst widersprüchliche, paradoxe Konfiguration, in der das Erleben persönlichen Glücks und die Erfüllung gemeinschaftlicher Vorstellungen kaum als realisierbar erscheinen.

Und doch hat Jean-Jacques Rousseau immer wieder Bilder eines zeitweiligen persönlichen Glücks entworfen – eines Glücks freilich, das niemals permanenter Natur sein darf. Es sind Bilder eines bisweilen ekstatischen, aber dann bald schon abbrechenden Gefühls. Das Moment des Unglücks ist mit dem Moment der Trennung verbunden und diese Trennung ist durchaus unterschiedlicher Natur. In diesem Sinne einer selbstkritischen, autoreflexiven Subjektkonstituierung ist Rousseau nicht nur moderner – wenn Sie so wollen – als Voltaire; er repräsentiert auch die Moderne in einem anderen, zerrisseneren Sinne als jener letzte der glücklichen Schriftsteller. Letzterer avancierte gleichwohl für Jean-Paul Sartre nicht zu Unrecht zu einer der prägenden Gestalten für ein anderes Element der Moderne, für das *Engagement* innerhalb der bürgerlichen Gesellschaft. Die Kinder der Aufklärung sind, wie die der Revolution, sehr zahlreich und brachten eine Nachkommenschaft hervor, die bis in unsere Zeit reicht. Geht diese Epoche in den Wirren eines um sich greifenden Populismus, mit absichtsvollen Wirrköpfen wie Donald Trump, Boris Johnson oder Jair Messias Bolsonaro zu Ende? Wir wollen nicht hoffen, dass Flauberts geschichtspessimistische „éternelle bêtise de tout" und die Verdummung ganzer Gesellschaften über Selbstreflexion und kritische wissenschaftliche Überprüfung obsiegen. Nicht nur die Aufklärung, sondern auch die Bedrohung der Aufklärung ist transatlantisch!

An dieser Stelle aber sollten wir uns nun definitiv einer für die Liebeskonzepte Rousseaus, aber auch des nachfolgenden Jahrhunderts zentralen Narration annähern, der bis heute wie kein anderer Text Rousseaus die nach eigener Diktion ‚romanesken' Züge des Genfer Schriftstellers repräsentiert: dem Briefroman *Julie ou la Nouvelle Héloïse*. Im Titel dieses äußerst erfolgreichen Romans, der zusammen mit Voltaires *Candide* und Guillaume-Thomas Raynals *Histoire des deux Indes* den größten Bucherfolg des französischen 18. Jahrhunderts darstellte – im Rahmen unserer Vorlesung beschäftigen wir uns mit allen drei Texten –, findet sich bereits der Hinweis auf eine Liebespassion. Es handelt sich um eine Liebesleidenschaft, die eine tiefe Spur aus dem Mittelalter bis in die Gegenwart hinterlassen hat. Sehen wir uns diese Spur der Passion von Abélard und Héloïse in aller notwendigen Kürze einmal näher an!

Abélard oder Abaelardus war ein scholastischer Theologe und Philosoph, der im Jahre 1079 in Palet bei Nantes das Licht der Welt erblickte und am

21. April 1142 im Kloster St. Marcel bei Châlon verstarb. Den Zeitgenossen Rousseaus war seine Gestalt durchaus vertraut. Weltberühmt wurde er freilich weniger durch seine wichtigen philosophischen Schriften und Einsichten, als vielmehr durch seinen unglücklichen Liebes- und Ehebund mit der schönen Héloïse, der Nichte des Kanonikus Fulbert in Paris, der ihn aus Rache für diese unerlaubte Liebesbeziehung letztlich entmannen oder kastrieren ließ. Sie merken schon: Auch diese Geschichte geht nicht gut aus ...

Gegenüber seiner großen Liebesgeschichte mit Héloïse tritt Abaelardus' Rolle als Mitbegründer und Hauptvertreter der scholastischen Methode etwas in den Hintergrund. In Philosophie wie Theologie hinterließ er jedoch sichtbare Spuren: Im Universalien-Streit milderte er den extremen Nominalismus seines Lehrers Roscelinus zum Konzeptualismus, in der Theologie suchte er Glauben und Wissen zu versöhnen. In seiner Ethik wiederum vertrat er den Standpunkt, dass es nicht auf die Schriften und Werke, sondern vor allem auf die Gesinnung ankomme. Doch wir wollen uns nicht mit dem Scholastiker beschäftigen, sondern mit dessen unsterblicher Liebe.

Im Kern dieser Liebesgeschichte steht die Tatsache, dass der bereits berühmte Abélard die im Rufe hoher Gelehrsamkeit stehende Héloïse – sie lebte von 1100 bis 1163 – verführte. Es war ihr Onkel, der Kanonikus selbst gewesen, der den erfahrenen Abélard zu ihrem Lehrer bestellt hatte. Nach ihrer Liebesvereinigung entführte sie Abélard zu seiner Schwester in die weit entfernte Bretagne, wo sie einen Jungen als Frucht der gemeinsamen Liebe zur Welt brachte. Verschiedene Versionen sprechen von einer geheimen Eheschließung; doch ging Héloïse, um allen Gerüchten ein Ende zu bereiten, in das Kloster von Argenteuil. Ihr Onkel glaubte freilich an Betrug, ließ Abélard überfallen und kurzerhand kastrieren. Während Héloïse ganze sieben Jahre in ihrem Kloster zubrachte, brachte sich Abélard zunächst im Koster Saint-Denis in Sicherheit, wandte sich aber dann einem Zufluchtsort in der Nähe von Troyes zu, von wo aus er wieder zu lehren begann und wiederum Schüler um sich versammelte. Im Jahre 1131 übergab Abélard seinen Zufluchtsort an Héloïse und deren aus Argenteuil geflohenen Mitschwestern, musste sich angesichts übler Nachrede aber bald wieder von seiner Geliebten trennen. Doch so wechselvoll und tragisch diese Liebesgeschichte auch verlief: Um in die Überlieferung und damit in die Ewigkeit einzugehen, musste noch die Schrift hinzutreten – und so geschah es!

Héloïses und Abélards berühmter Briefwechsel soll durch seine autobiographische Schrift *Historia calamitatum mearum* ausgelöst worden sein, in welchem die junge Frau ihre andauernde Liebe beschwor, ihr Liebespartner sie aber auf die Liebe zu Gott verwies. Abélard, dem der Papst verziehen hatte, starb letztlich in dem einsamen Kloster von Saint-Marcel. Héloïse gelang es, seine Umbettung in ihr Kloster, seine alte Wirkungsstätte, zu erreichen, wo sie später Äbtissin war und schließlich an seiner Seite beerdigt wurde. Seit 1817 ruhen beider Gebeine auf dem Friedhof Père-Lachaise zu Paris und fanden damit am Begräbnisort der Illustren ihre wohlverdiente Vereinigung.

Das Schicksal dieses unglückseligen mittelalterlichen Liebespaares wurde von einer Vielzahl von Schriftstellern bearbeitet und entwickelte sich zu einem wichtigen Stoff der europäischen Liebesliteratur. Die Briefe der beiden gerieten nach ihrer Veröffentlichung im 17. Jahrhundert zum Ausgangspunkt für literarische Bearbeitungen vielfältigster Art. Im 18. Jahrhundert kam es vor allem ausgehend von England aus zu einer intensiven Auseinandersetzung mit diesem Stoff, in dessen Zentrum immer wieder diese Liebesbriefe zweier Schmachtender stehen. An diese auch in Frankreich weitergesponnene Traditionslinie des Stoffes konnte Rousseau 1761 mit seinem großen Briefroman über zwei Liebende am Fuße der Alpen anknüpfen. Dabei diente ihm gerade die häufige Fokussierung auf die junge Frau als Leitlinie seiner freien Bearbeitung; eine Fokussierung, die bereits in der Titelwahl seines Romans signalisiert wird.

Der in seinem Briefroman zum Ausdruck kommende Konflikt zwischen subjektiver Empfindung und gesellschaftlicher ‚Vernunft‘ (im Sinne von Normen und Moralvorstellungen) entspricht ganz der gegen die einseitige Vernunftausrichtung weiter Teile der französischen Aufklärungsphilosophie gerichteten Position Rousseaus. Die fiktionale Literatur gab seinem philosophischen Denken ein gegenüber der Philosophie weiteres Erprobungs- und Spielfeld. Der Genfer Philosoph situiert diesen Konflikt innerhalb einer radikalen Gesellschaftskritik, innerhalb derer er unterschiedliche Gesellschaftsmodelle im Roman fiktional gegeneinander aufbietet. Dies ist die erprobende und vielleicht mehr noch spielerische Dimension in Rousseaus Briefroman.

Denn es sind die simplen sozialen Schranken einer überkommenen Ständeordnung des Ancien Régime, welche eine eheliche Verbindung zwischen Julie d'Etanges und ihrem bürgerlichen Hauslehrer Saint-Preux untersagen und definitiv verunmöglichen. Wie bei Héloïse und Abélard geht es also um eine große Liebe, die nicht sein darf und schmerzhaft an gesellschaftliche Schranken stößt.

Die junge Frau muss sich entscheiden. Julies Entschluss, den älteren Herrn de Wolmar zu ehelichen, um im Schutze des Ehesakraments ihrem eigentlichen Geliebten treu bleiben zu können, trägt der in Julie unsterblich verliebte Saint-Preux unter Qualen mit. Von Mylord Edouard überzeugt, geht der noch immer liebestrunkene Hauslehrer auf eine für die Epoche charakteristische Weltumsegelung, von welcher er erst nach Jahren wieder an den Genfer See zurückkehrt. Jean-Jacques Rousseau besaß ein geradezu seismographisches Gespür für seine Zeit und hatte verstanden, dass sich die Horizonte in der zweiten Hälfte des 18. Jahrhunderts grundlegend geweitet hatten: Es war die Zeit einer sich beschleunigenden zweiten Phase der Globalisierung, die Saint-Preux auf einer englischen Fregatte hautnah miterleben darf.

Doch diese Abwesenheit hat romanintern nur aufschiebenden Charakter. Das tragische Ende einer sich selbst gegenüber stets treuen Julie, die im Roman zunehmend zu einer Heiligen stilisiert wird, erlebt der gereifte, aber noch immer im Überschwang seiner Gefühle lebende Saint-Preux tragisch mit. Diese Tragik entspricht durchaus jener Analyse, wie sie Denis de Rougemont über die *Liebe im Abendland*, dem wir ein Kapitel unserer Vorlesung über *LiebeLesen*[27] gewidmet haben, vorangetrieben hat. Nur über die glückende und glückliche Liebe gibt es nichts zu sagen.

Die Liebe von Héloïse und Abélard im 18. Jahrhundert aber ist höchst wortreich und füllt einen umfangreichen Briefroman. Die stark von den Landschaften am Genfer See und in den nahegelegenen Alpen angeregten und durch die Naturempfindungen stimulierten Liebesbriefe zwischen Saint-Preux und seiner Julie machen nahezu die erste Hälfte dieses weite Leserkreise ansprechenden Briefromans aus. Immer mehr weitet sich die Zahl der Briefeschreiber und -empfänger aus und macht einer Reflexion gesellschaftlicher Utopien Platz, in welchen der ideale Gesellschaftszustand mehr herbeigesehnt und herbeigeschrieben als beschrieben und analysiert wird. Doch dient auch in diesem Zusammenhang der Roman dem Philosophen als ein Erprobungsraum, der seine Ideen und Vorstellungen einem breiten Lesepublikum zugänglich macht.

Die von Rousseau gewählten Landschaften verwandeln sich in Landschaften der Theorie: nicht nur in den Alpen, wo die Transparenz des Blickes zu einem wichtigen Gut wird, sondern auch in den welligen und fruchtbaren Landschaften des Schweizer Voralpenlands und Alpenvorlands. Clarens steht im Roman für jenen Ort, an welchem Julie im Kreise ihrer Familie, ihres Mannes und ihrer beiden Kinder zu sich selbst gefunden zu haben scheint; an diesem schon namentlich von Klarheit durchfluteten *locus amoenus* situiert sich die eigentliche gesellschaftliche Utopie, mit welcher Rousseau seinen philosophischen Gesellschaftsroman ausstattet. Die beiden Liebenden jedoch können einander nicht vergessen und sind auf immer aneinander gebunden, so vernunftbezogen Julie und deren adeliger Ehemann auch immer argumentieren mögen. Die Liebe durchzieht alle Ebenen und Episoden des Romans selbst dort, wo von ihr nicht die Rede ist oder wo wir – wie etwa bei der Weltumsegelung Saint-Preux' – Tausende von Meilen vom Ort des Geschehens entfernt sind.

So gehen die beiden Liebenden in die Geschichte des Romans ein als die neuen Héloïse und Abélard des 18. Jahrhunderts, die von den gesellschaftlichen

---

27 Vgl. Ette, Ottmar: *LiebeLesen* (2020), S. 135 ff.

Normen ebenso um ihre Liebe betrogen wurden wie das unsterbliche französische Liebespaar aus dem Hochmittelalter. Nichts kann einer solchen Liebe widerstehen! Und doch ist Saint-Preux nicht mehr in Julie de Wolmar verliebt, sondern in jene junge und unbeschwerte Julie d'Etanges, die der junge Hauslehrer kennen und lieben gelernt hat. Ihr Zauber umgibt ihn ein Leben lang. Ist seine Liebe damit aber ruhig gestellt? Keineswegs! Denn es werden die gesetzten Grenzen zwar von den beiden Liebenden anerkannt und respektiert, aber ohne dass sich an der Tragik ihrer Liebesbeziehung dadurch etwas geändert hätte. Die Liebe wird durch den Verzicht im eigentlichen Sinne verklärt und gleichsam sublim(iert) sakralisiert. Es ist eine Liebesbeziehung in den Zeiten moderner Subjektivität, polyperspektivisch von allen Seiten kommentiert.

Clarens ist Rousseaus konkrete Utopie, der literarische Ort, an dem er seine Gesellschaftsvorstellungen liebevoll ausmalte. Es ist eine Gesellschaft *und* Gemeinschaft, an der alle gleichmäßige Anteile haben und partizipieren. In dieser Ausrichtung ist sie deutlich gegen alle Gesellschaftsmodelle des Ancien Régime gerichtet, auch wenn sie sich deutlich unter patriarchalischer Führung befindet. Gesellschaftliche Zivilisation und Natur sowie Naturempfinden sind miteinander versöhnt, wie dies etwa am Erntefest in Clarens programmatisch vorgeführt wird. Die patriarchalische Leitung prägt alles. Doch zugleich gibt es auch eine unbestrittene weibliche Autorität. Wie in einem französischen Salon des 18. Jahrhunderts ist alles um die schöne, aber zugleich pragmatische Julie im Kreis versammelt – es ist ein Gemeinschaftsmodell, das rund um den Mittelpunkt der Frau seine Erfüllung findet, während im Hintergrund die männliche Macht die Fäden in der Hand behält. Doch die schöne Héloïse regiert über alle und alles: Wie eine Salonière herrscht Julie über ihren Kreis.

In all dies hinein ist die erkaltete, aber immer noch allgegenwärtige Herzensschrift einer unabgegoltenen und letztlich tragischen Liebe geschrieben. Dieser Schrift, die sich nicht allein durch die Liebesbriefe, sondern durch alle Seiten des Briefromans zieht, kann niemand ausweichen – auch und gerade das Liebespaar nicht. Die Liebe ist allgegenwärtig und zugleich auf Erden nicht zu leben. Nach dem Unfall in der Seenlandschaft bereits im Sterben liegend, gesteht Julie in einem letzten Brief Saint-Preux ihre unveränderte und starke, aber zugleich schuldige und himmlische Liebe. Ihre Liebe wird himmlisch sein, weil sie auf Erden nicht zu verwirklichen ist.

Wie stark diese Liebeskonzeption, die allein in ihrem Verzicht lebbar wird, auf die nachfolgenden Schriftstellerinnen und Schriftsteller nicht nur Frankreichs gewirkt hat, lässt sich kaum ermessen. Die Empfindsamkeit des Rousseau'schen Paares prägte zum einen die Vorstellungswelt von Paul und Virginie in Bernardin de Saint-Pierres großem gleichnamigen Roman, befeuerte aber auch die Vorstellungswelt einer Emma Bovary, mit der sich Gustave Flaubert über die Liebeskonzeptionen der Vorromantik durchaus mokierte. Ebenso als Liebesroman wie auch als Gesellschaftsroman zeugte *Julie ou la Nouvelle Héloïse* eine reiche Nachkommenschaft, selbst wenn die Gattung des Briefromans im weiteren literarhistorischen Verlauf ihre Ausstrahlungskraft verlor. Die „beiden Liebenden am Fuß der Alpen", wie es paratextuell heißt, zogen viele Leserinnen und Leser mehrerer Generationen auf beiden Seiten des Atlantiks in ihren Bann.

Dieser Briefroman der Aufklärungszeit bot den Autor\*innen wie ihren Leser\*innen viele Vorteile. Jürgen von Stackelberg betonte wie viele andere die Verbindung zwischen dem Briefroman des 18. Jahrhunderts und der Subjektivität des Individuums, die sich im Brief ausdrückt, womit gleichsam eine bürgerliche Öffentlichkeit begonnen habe.[28] Natürlich dürfen wir über aller Liebesrhetorik nicht vergessen, dass die Epoche des Briefromans auch mit der Epoche eines modernen Postwesens zusammenfällt. Selbstverständlich hatten schon Héloïse und Abélard sich gegenseitig Briefe geschrieben – aber eben nicht mit derselben Schnelligkeit, wie dies im 18. Jahrhundert der Fall war. Die spätere Abwertung des Briefromans in den beiden nachfolgenden Romanen führte auch zu einer Abwertung des Briefs und der Korrespondenz als literarischer Gattung; eine Tatsache, die lange Zeit der literarischen Einordnung der Briefe von Rahel Levin Varnhagen überaus schadete. Doch auf diesen Punkt kommen wir noch zu sprechen ...

Im 18. Jahrhundert ist dies noch anders: Der Brief wird im Kontext der Empfindsamkeit – so Jürgen von Stackelberg weiter – wie der Abdruck einer Seele gelesen. Zugleich wird der Briefroman um 1750 unverkennbar als sich herausbildende Gattung begriffen, welche literarisch eine Vielzahl von Vorteilen bot. Dabei kommen ihm Unmittelbarkeit des Ausdrucks, Anteilnahme des Lesepublikums an der Leidenschaft, Improvisationscharakter und Gefühlsausdruck wie bei keiner anderen Gattung zugute, wobei zugleich auch eine Nähe zum Konversationsstil (in den Salons) und zur Mündlichkeit besteht. Man könnte zudem auch von einer Ästhetik der „négligence" sprechen, die in ihm zum Tragen kommt: scheinbar schnell hingeworfene Skizzen, spontan und unmittelbar entworfen und die intime Seele, die heimlichen Gefühle aufdeckend. Überdies zeigt sich auch die Nähe zum Theater, wobei im Briefroman auf Grund der Kommunikationssituation freilich die Dimension der Seelenanalyse stärker gegeben ist. Ganz im Sinne Rousseaus spricht hier das Herz zum Herzen auf direkte, unverschleierte und transparente Weise.

Nun haben wir ausreichend über den Liebesdiskurs bei Rousseau und seine Einbettung ins Jahrhundert der Aufklärung gesprochen, um uns nun dezi-

---

28 Vgl. Stackelberg, Jürgen von: Der Briefroman und seine Epoche. Briefroman und Empfindsamkeit. In: *Romanistische Zeitschrift für Literaturgeschichte* (Heidelberg) 1 (1977), S. 293–308.

diert der Textanalyse und einem Close Reading der Liebe in *Julie ou la Nouvelle Héloïse* zuzuwenden. Diese genaue und detaillierte Textanalyse und Interpretation soll herausarbeiten, welche Besonderheiten die Liebeskonzeption Rousseaus in dieser Übergangszeit zwischen den Lumières, der Empfindsamkeit und der nachfolgenden Romantik aufweist. Steigen wir also ein in die Liebesbriefe zwischen unseren beiden Liebenden und sehen wir, was Julies berühmter Kuss bei ihrem schmachtenden jungen Hauslehrer anrichtet:

> Was hast Du getan? Ah! Was hast Du getan, meine Julie? Du wolltest Dich bei mir bedanken, und Du hast mich verloren. Ich bin trunken oder bin vielmehr der Sinne bar. Meine Sinne sind verändert, all meine Fähigkeiten sind verwirrt durch diesen tödlichen Kuss. Du wolltest meine Übel besänftigen! Du Grausame!, Du hast sie noch bitterer gemacht. Gift ist es, was ich auf Deinen Lippen trank: Es fermentiert und verbrennt mein Blut, es tötet mich, und Dein Mitleid lässt mich sterben.
>
> Oh, unsterbliche Erinnerung an diesen Augenblick der Illusion, des Deliriums und der Verzückung. Niemals, niemals wirst Du aus meiner Seele getilgt; und solange die Reize von Julie dort eingemeißelt stehen, solange dieses hin und her geschüttelte Herz mir Gefühle und Seufzer liefern wird, wirst Du die Folter und das Glück meines Lebens sein![29]

Dies also kann ein simpler Kuss eines jungen Mädchens auf die Lippen ihres Hauslehrers bewirken. Lassen Sie uns nach diesem Schwelgen im vorromantischen Liebesdiskurs vorsichtshalber die Regeln dieses Diskurses durchbrechen und zu einer nüchternen Sprache literaturwissenschaftlicher Analyse finden! Denn man könnte zu dieser Passage im Grunde mehr oder minder trocken anmerken: Es geht eigentlich um drei Flüssigkeitskreisläufe. Erstens ist da die Flüssigkeit, die Saint-Preux von den Lippen Julies empfängt; zweitens die Flüssigkeit seines eigenen Blutkreislaufs; und drittens die Flüssigkeit der Tinte bei seinem eigenen Schreiben in jener Schrift, die fraglos die Schrift seines Herzens ist, das nicht umsonst im obigen Zitat ekstatisch angerufen wird.

Schauen wir uns diesen komplexen Kreislauf noch etwas genauer an! Die drei Kreisläufe von Flüssigkeiten durchdringen sich und träufeln das Gift in die Blutbahn, die Blutbahnen nähren das Herz und seine Emotionen, das Herz wiederum antwortet auf die Flüssigkeit jenes Giftes, das Saint-Preux auf den Lippen von Julie sammelte, mit einer absoluten Verwirrung aller Sinne. Wie, diese Verwirrung aller Sinne ist Ihnen sprachlich noch nicht nahe genug? Dann lassen Sie uns von einer „Total Eclipse" sprechen, die alle Sinne und alles Einsehen verdunkelt! Das Gift ist in den germanischen Sprachen stets ein doppeltes Liquid: Es ist einerseits eine zerstörerische Flüssigkeit, die bisweilen hinterrücks und insgeheim ihre Wirkung tut, zum anderen ist es zugleich aber immer auch Gabe und Geschenk, wie wir das aus

---

**29** Rousseau, Jean-Jacques: *Julie ou la Nouvelle Héloïse*, Paris: A. Houssiaux 1852–1853, S. 30.

dem englischen „gift" kennen. Ebenso ist die gesamte Szenerie des Kusses zwischen Julie und Saint-Preux ein „supplice" und zugleich das „bonheur" des jungen Mannes: Der Kuss ist ein ambivalentes *Pharmakon*, das Verzückung und Verzweiflung zugleich in seine Seele träufelt.

In diesem kurzen Auszug aus dem vierzehnten Brief, den Saint-Preux an seine geliebte Julie d'Etange richtet, erfahren wir Grundlagen nicht nur der Liebeskonstellation und deren Fortschritte, sondern auch eine Vielzahl von (literarischen) Aspekten der Topik der Liebe im Kontext des Rousseau'schen Entwurfs und Schreibens. Aus dieser Passage wird deutlich, dass die Liebe des Hauslehrers zu seiner gelehrigen Schülerin Julie eine leidenschaftliche in dem Sinne ist, als sie in ihrer höchsten Ambivalenz stets auf dem Leiden beruht und mit aller Macht Leiden schafft. Insofern wird sie der zeitgenössischen Sichtweise der Liebesbeziehung zwischen Abélard und Héloïse durchaus gerecht.

Die Liebe beinhaltet das Glück und zugleich die Folter, wie Saint-Preux seiner Schülerin gesteht, die ihm als Lohn einen einzigen schüchternen Kuss gab. Dieser Kuss aber wird zum „baiser mortel", zum tödlichen oder todbringenden Kuss, da der Liebende von den Lippen Julies zugleich die Liebe und das Gift, den Liebestrank und den Todestrank gekostet hat. Sofort ist in der abendländischen Liebeskonzeption – ganz im Sinne von Denis de Rougemont – die Liebe von Tristan und Isolde präsent und mit ihr eine Fülle transzendenter, religiöser Vorstellungen. All dies ist in der Ambivalenz des *Pharmakons* als Gabe und als Gift enthalten. Beides ist in dieser Körperflüssigkeit allgegenwärtig: Glück und Folter, Leben und Tod sind unausweichlich miteinander verbunden. Es wird für Julie wie für Saint-Preux fortan nicht mehr möglich sein, sich entweder für das eine oder das andere zu entscheiden: Beide sind auf immer miteinander liiert.

Die Konsequenzen dieses Kusses und dieser Liebe sind in ihrer Ambivalenz beiden Liebenden präsent. Liebe und Tod werden von der Szene des „baiser mortel" an aufs Engste miteinander verbunden. Zugleich ist die Liebe in diesem ersten Teil des Romans einerseits unschuldig, in „naiveté" und „franchise" vorgetragen und gelebt; zum anderen aber ist diese Auffassung von Liebe sich auch der unüberwindlichen Standesgrenzen bewusst, welche es nicht erlauben, dass die adelige junge Dame einen Bürgersohn niederer Herkunft heiratet. Denn die Möglichkeit eines kurzen Flirts – eines One-Night-Stand – ist in dieser Liebeskonzeption ohnehin nicht vorgesehen. Beide Liebende wissen von der realgesellschaftlichen Unmöglichkeit ihrer Liebesbeziehung und können ihr doch nicht ausweichen. Liebe ist stets etwas, das eine bestehende Gesellschaftsordnung herausfordert, unabhängig von der Art und Weise dieser Liebe – zumindest dann, wenn sie an geltende Normen und Verpflichtungen rührt und mit diesen kollidiert. Denn die Liebe ist *nie* unschuldig – erst recht nicht bei Rousseau!

Die Konsequenzen für den Briefroman des Genfer Bürgersohnes sind unmissverständlich: Denn aus der genannten Konstellation ergibt sich die ganze Rhetorik von Geburtsadel, Geldadel und Seelenadel, welche diesen Briefroman durchzieht und nicht selten auch in einen geradezu sozialrevolutionären, die Standesgrenzen überschreitenden Diskurs einmündet. Die Trennlinie zwischen Bürgertum und Adel wird nach der Heirat Julies mit dem Adligen de Wolmar aufrechterhalten, zusätzlich aber mehr als alles andere durch die unbeweglichen Grenzen zwischen leidenschaftlicher Liebe und christlicher Ehe – und somit der christlichen institutionalisierten Liebe – verstärkt.

Die *Passion*, also gelebte Leiden und Leidenschaften, entzündet sich an dieser Konstellation einer Unwegbarkeit und Unwägbarkeit der Liebe, die doch immer wieder nach Formen ihres Ausdrucks und ihrer Selbstversicherung sucht. Die Entstehung von Liebesbeziehungen wirft stets ein präzises Licht auf die sie ermöglichenden oder verunmöglichenden Gesellschaftsbeziehungen. Für die Liebenden in der Fiktion ergibt sich freilich kein Ausweg, keine Ausflucht; für die Gesellschaft in der Sozialtheorie Rousseaus dagegen schon. Eben hier liegt der sozialrevolutionäre Akzent dieses so facettenreichen Briefromans: Der Bürgersohn schreibt gegen eine feudalistische Stände- und Liebesordnung an.

So wird die Liebe zum eigentlichen Katalysator für die Entfaltung der eigenen Subjektivität des Individuums und einer kollektiv verstärkten Subjektivität, wie sie für unsere Moderne charakteristisch geworden ist. In immer neuen Anläufen, in immer neuen Briefen versichern sich unsere Liebenden, aber auch andere Stimmen im Briefroman ihres individuellen, ihres einzigartigen Subjektcharakters. Die moderne Subjektivität wird – wieder und wieder gespiegelt in der Liebe – dadurch zum Herzstück innerhalb einer sich ständig modernisierenden Gesellschaft, wie sie gerade die von Julie und de Wolmar geschaffene Gesellschaftsutopie von Clarens am Genfer See darstellt. Dort zeigt Rousseau unweit seiner Geburtsstadt auf, wohin die Auflösung einer Ständegesellschaft tendieren müsste. Die Liebe weist dabei den Weg, wenn der utopische Grundzug auch zunehmend deutlicher hervortritt.

Der Liebestrank, von den Lippen Julies getrunken, und damit die körperliche Flüssigkeit führt zur Trunkenheit von Saint-Preux, zugleich aber auch zum Verlust aller sinnlichen und kognitiven Fähigkeiten des armen Hauslehrers, wirkt also in der Tat wie ein Gift, das den anderen zugleich lähmt und lahmlegt. Die junge unschuldige Frau, die diesen Trank verabreicht, bleibt dadurch zwar das geliebte Wesen, wird andererseits aber auch zur Grausamen, zur „belle dame sans merci", welcher Saint-Preux willenlos ausgeliefert ist. Denn sie ist es ja, die die Leidenschaft erregt, aber im Grunde nicht stillt, sondern nur immer von neuem entfacht, bis dass sein Blut entflammt und seine ganze Person in Flammen steht. Und dies alles, so werden Sie fragen, wegen eines unschuldigen Kusses?

Ja, nur wegen eines Kusses! Das Mitleiden der höhergestellten Dame – und auch hier sehen wir noch die Bezüge zur höfischen Liebe und zur „belle dame sans merci", nur mehr transportiert in den Kontext einer Gesellschaft auf dem Weg in ihre vom Bürgertum beherrschte Form – beendet das Leiden des Liebenden nicht. Vielmehr verstärkt es nur die tödliche Wirkung jener Flüssigkeit, die er von ihr entzückt empfangen hat. Zugleich ist all dies in seiner Sterblichkeit – vor dem Hintergrund des drohenden Todes – doch immer prospektiv ins Ewige, ins Unvergängliche, in ein Stillstehen der Zeit gehoben. Denn der Augenblick der Liebe wird zum unvergänglichen Zeitraum, der in der Tat Saint-Preux niemals mehr vergehen wird, auch wenn ihn die Gesellschaft zwingt, diesen Augenblick einer für immer vergangenen Zeit zu überantworten. Doch vergessen kann er niemals mehr. Und – wie schon Nietzsche wusste – alle Lust will Ewigkeit ... [30]

Hierin besteht das „enchantement", die Verzauberung und Verzückung durch die Liebe. Sie hält sich hinter den Reizen, hinter den „charmes" der schönen Julie grausam verborgen. Zugleich gibt es eine Art Topographie des Menschen beziehungsweise des menschlichen Körpers, genauer: des Körper-Leibs des Liebenden, die sich deutlich abzeichnet. Dabei geht es weniger um eine Objektivierung bestimmter Körperteile, um ein bestimmtes Körper-Haben, als vielmehr um ein Leib-Sein und um das Fühlen gewisser Organe.

Denn so wie die „charmes", das Kharma von Julie, in die Seele eingeschrieben sind – und die Schreibmetaphorik ist hier bedeutungsvoll –, so ist auch das Herz zu jenem Ort und Organ des Körpers des Liebenden geworden, das die Gefühle der Liebe hervorbringt, die unauslöschlich bleiben. Ungezählte Male wird immer wieder dieses Herz des Liebenden beschworen, das den Ort der Liebe darstellt, das zugleich aber auch jene Flüssigkeit – das Blut – zur Verfügung stellt und in Umlauf setzt, das die erkaltete Herzensschrift der Romantiker erzeugt. Der Blutkreislauf ist nicht nur ein Phänomen der Natur, sondern auch eines von Kultur und Literatur.

Man könnte in diesem Zusammenhang von einer körper-leiblichen Dreiecksbeziehung sprechen. Im Dreieck von Kopf, Herz und (schreibender) Hand nimmt das liebende Herz die beherrschende Position ein. Es wird in der Schrift gespiegelt und erreicht den Liebespartner über das Lesen, über die Lektüre, welche direkt ins Herz gehen: So stellt sich über das Lesen der Schrift des Liebespartners eine Kommunikation direkt von Herz zu Herz ein – und nicht mehr, wie die Rationalität der Aufklärung noch vermuten ließe, von Hirn zu Hirn.

---

30 Vgl. Nietzsche, Friedrich: Das andere Tanzlied. In (ders.): *Werke in vier Bänden*, Bd. 4, S. 286.

Als versierter Schriftsteller vermag Rousseau auf der intertextuellen Klaviatur virtuos zu spielen. Das Modell der unglücklichen Liebe von Héloïse und Abélard ist in Rousseaus Text implizit, nicht selten aber auch explizit als Bezugsgröße ständig präsent. Im vierundzwanzigsten Brief etwa schreibt der gebildete Hauslehrer Saint-Preux an seine Julie von jenen Warnungen, die er ihr mit Blick auf die Briefe zwischen den beiden Liebenden einst mitgegeben hatte:

> Als die Briefe von Héloïse und Abélard Ihnen in die Hände fielen, so wissen Sie, was ich Ihnen von dieser Lektüre und vom Verhalten dieses Theologen sagte. Stets habe ich Héloïse beklagt; sie besaß ein Herz, das für die Liebe gemacht war, doch Abélard erschien mir immer als ein Elender, der seines Schicksals würdig war und ebenso wenig die Liebe wie die Tugend kannte. Nachdem ich ihn verurteilt, ist es da notwendig, dass ich ihn nun nachahme? Unglück für einen jeden, der eine Moral predigt, welche er selbst nicht praktiziert![31]

Am Ende des 17. und zu Beginn des 18. Jahrhunderts hatte eine wahre Schwemme von Ausgaben und Veröffentlichungen zum Briefwechsel zwischen Héloïse und Abélard eingesetzt, so dass schon die *Encyclopédie* in ihrem Artikel zur Scholastik fragen musste, ob es denn noch jemanden gebe, der nicht diese berühmten Liebenden kenne. Rousseau schrieb also bewusst im Geist seiner Zeit und beflügelt von den Vorstellungen, die man auf das mittelalterliche Liebespaar projizierte. Denn die unglückliche Liebe zwischen den beiden christlichen Liebenden war längst sprichwörtlich geworden. Zugleich waren die gesellschaftlichen, theologischen und kirchlichen Zusammenhänge einem Mittelalter verpflichtet, das man aus der Perspektive des Aufklärungszeitalters eher als finstere Periode ansah.

Jean-Jacques Rousseau machte in seinem Briefroman – wie wir aus obigem Zitat ersehen können – explizit auf den Bezug zum mittelalterlichen Liebespaar aufmerksam und baute die Briefe in die Diegese geschickt und zugleich mit einer Deutung beider Figuren durch den liebenden Hauslehrer ein. Im Mittelpunkt von Saint-Preux' Lektüre der Liebesbriefe steht Julie, die Abélard bei weitem an Liebesfähigkeit und Gefühlen überlegen sei. Und diese Einschätzung prägt auch den Briefroman des Genfer Autors, der den Hauslehrer zum Schüler seiner Julie macht.

Dies bedeutet, dass die mittelalterliche Héloïse für die neue, die moderne Héloïse, unsere Julie d'Etange nämlich, längst zum Vorbild und Modell geworden ist; trotz aller Warnungen von Saint-Preux, der im Übrigen seinerseits nur feststellen kann, dass er nicht sicher sei, die hohen moralischen Standards zu erfüllen, die er selbst an den Theologen Abélard angelegt habe. Immerhin sah er Gründe für das Schicksal Abélards, rechtfertigte also letztlich die Kastration. Und es wäre ein Leich-

---

**31** Rousseau, Jean-Jacques: *Julie ou la Nouvelle Héloïse*, S. 41.

tes, daraus auch immer wieder die von den Vaterfiguren wie de Wolmar ausgehenden Kastrationsängste unseres jungen Hauslehrers im Briefroman nachzuweisen.

Da hat es auch nichts zu bedeuten, dass die schöne Julie gegen Ende des Briefromans den Tod findet und Saint-Preux seine Geliebte beweinen muss. In der gesamten nachfolgenden Romantik werden die schönen Frauen sterben, und nichts geht im romantischen Roman, wenn es nicht über *ihre* Leiche, über die Leiche der schönen Frau geschieht.[32] Saint-Preux steht zweifellos ständig im Schatten ihrer überlegenen Intelligenz und ihrer ausbalancierten, ausgeglicheneren Gefühlslandschaft. Das ermöglicht es freilich seinem Autor, ihn vielleicht stärker noch als Julie als Typus des modernen Subjekts zu zeichnen und in all seinen Verlegenheiten und Unsicherheiten zu portraitieren. Saint-Preux ist zweifellos die schwächere Figur; und eben deshalb dazu geeignet, dass Rousseau ihm eine Reihe autobiographischer Züge verlieh.

Doch ist in Jean-Jacques Rousseaus Briefroman die Lektüre *das* privilegierte Medium, das – wie sich hier, aber auch an vielen anderen Stellen zeigt – die Köpfe der jungen Mädchen verdreht und mit Liebesvorstellungen und Sehnsüchten füllt. Sie tut dies freilich in einer ständischen Gesellschaft, welche so depraviert ist, dass sie Romane und insbesondere Liebesromane benötigt, um ein wenig Zerstreuung und Nervenkitzel zu empfinden. Unverkennbar aber ist die Tatsache, dass sich die beiden Liebenden nun in einem anderen gesellschaftlichen und historischen Kontext bewegen, dass wir es also mit einer Art Modernisierung und Readaptation der legendären Liebenden des Mittelalters zu tun haben. Dabei besitzt die Geschichte – wie wir schon wissen – ihren historischen Kern. Rousseau hat damit das mittelalterliche Liebespaar in seine zeitgenössische Gegenwart übersetzt und die Normen, gegen welche einst Héloïse und Abélard aufbegehrten, in die gesellschaftlichen Ständeschranken seiner Zeit, des Jahrhunderts der Aufklärung übertragen. Der Genfer Bürger hat seine Liebesgeschichte mit viel Aufbegehren und mit viel durchaus sozialrevolutionärer Gesellschaftskritik gewürzt. ,Ma non troppo', um das Lesevergnügen einer adeligen Leserschaft, die durchaus bereit war, sich auf Gedankenspiele und Experimente einzulassen, nicht entscheidend zu trüben.

Zentral musste aber die Liebesgeschichte sein. Vor diesem Hintergrund verwundert es uns selbstverständlich nicht länger, dass es im vierundfünfzigsten Brief – wiederum von Saint-Preux an Julie – den lange erwarteten Bericht von der geradezu unvermeidlichen Liebesnacht gibt und daher der Liebesvollzug

---

**32** Vgl. hierzu Bronfen, Elisabeth: *Nur über ihre Leiche. Tod, Weiblichkeit und Ästhetik.* München: Deutscher Taschenbuch Verlag 1994; sowie (dies., Hg.): *Die schöne Leiche. Weibliche Todesbilder in der Moderne.* Wien: Goldmann 1992.

gemeldet wird, der schon die beiden Liebenden des Mittelalters vereinte. Wie hätte Rousseau dieses nächtliche Schäferstündchen auch vermeiden können, orientierte er seine Leserschaft doch auch schon im Titel an jener Liebesgeschichte, die seinen Leserinnen und Lesern im 18. Jahrhundert bestens vertraut war.

Ich möchte Ihnen diese Passage nicht vorenthalten, zeigt sie doch auf, dass zumindest für einen Augenblick die Vereinigung des Liebespaares trotz aller gesellschaftlichen Grenzen und Schranken doch möglich war, während in der Folge dann die beiden Liebenden durch die Gesellschaft wieder auseinandergetrieben werden. Genießen wir also diese Szene, denn sie kommt nicht wieder:

> Julie! So bin ich denn in Deinem Gemach, so bin ich denn im Heiligtum all dessen, was mein Herz anbetet. Die Fackel der Liebe leitete meine Schritte, und ich glitt hinein, ohne dass man mich gesehen hätte. Oh reizender Ort, glückseliger Ort, der Du einstens so viele zärtliche Blicke unterdrückt, so viele brennende Seufzer erstickt gesehen hattest: Du, der Du meine ersten feurigen Gefühle entstehen und sterben sahst, zum zweiten Mal wirst Du sie nun gekrönt sehen: Du Zeuge meiner unsterblichen Beständigkeit, sei nun der Zeuge meines Glückes und verschleiere für immer die Lüste des treuesten und des glücklichsten der Menschen.
>
> Wie dieser mysteriöse Aufenthalt doch reizend ist! Alles schmeichelt und nährt die Glut, die mich verschlingt. Oh Julie! Er ist voll von Dir, und die Flamme meiner Begehren breitet sich über all Deine Spuren aus: Ja, alle meine Sinne sind zum gleichen Zeitpunkt trunken. Ich weiß nicht welcher unmerkliche Duft, süßer noch als die Rose und leichter als die Iris, hier all überall geatmet wird, ich glaube, hier den schmeichelnden Klang Deiner Stimme zu hören. Alle verstreuten Bestandteile Deiner Bekleidung zeigen meiner brennenden Einbildungskraft all jene Dinge von Dir selbst, die sie umhüllen: diese leichte Haartracht, von langen blonden Haaren geschmückt, die sie doch zu verdecken vorgeben; dieser glückliche Stofffetzen, gegen den ich ein einziges Mal zumindest nicht anzumurren brauche; dieses elegante und einfache Negligé, das so trefflich den guten Geschmack jener Frau wiederspiegelt, die es trägt; diese allerliebsten Pantöffelchen, die ein geschmeidiger Fuß so mühelos füllt; dieser von seinen Fesseln befreite Körper, der berührt und küssend umfängt ... Welch bezaubernde Taille! Obenan zwei leichte Konturen ... Oh Schauspiel der Wollust! ... Die Stangen des Korsetts sind unter der Kraft des Druckes gewichen ... Deliziöse Formen, die ich Euch tausendfach küsse! Ihr Götter, Götter, was wird sein, wenn ... Ah! Ich vermeine schon dieses zärtliche Herz unter einer glücklichen Hand schlagen zu spüren! Ah, Julie, meine charmante Julie! Ich sehe Dich, ich spüre Dich überall, ich atme Dich mit der Luft ein, die Du geatmet; Du durchdringst meine gesamte Substanz; wie ist das Zusammensein mit Dir brennend und schmerzhaft für mich! Wie schrecklich ist dies für meine Ungeduld! Oh komme, fliege, oder ich bin verloren.
>
> Welch ein Glück, Tinte und Papier gefunden zu haben! Ich bringe zum Ausdruck, was ich fühle, um das Übermaß zu bändigen; ich halte meine Gefühlsbewegungen im Zaume, indem ich sie beschreibe.
>
> Mir scheint, ich hörte Lärm: Sollte dies Dein barbarischer Vater sein? [...]

> Oh!, sterben wir, meine süße Freundin! Sterben wir, oh Du Geliebte meines Herzens! Was sollen wir fortan mit einer schalen, faden Jugend anfangen, deren Wonnen wir sämtlich gekostet?[33]

So also sieht die Beschreibung einer auf den Höhepunkt zutreibenden Vereinigung beider Liebender in der Zeit der Aufklärung aus! Wir erleben in dieser Passage sozusagen Schritt für Schritt die Annäherung, die Berührung, die wechselseitigen Durchdringungen der beiden Liebenden in einem Setting des 18. Jahrhunderts nach. Glücklicherweise hatte Saint-Preux – wie er auch schreibt – sogleich Papier und Feder bereit, um seine Leserschaft nacherlebend an diesem erotischen Höhepunkt teilnehmen zu lassen. Es ist dieses Erlebenswissen, das die Literatur uns zugänglich macht und uns als Nacherlebenswissen durch die Lektüre, durch das Lesen offeriert. Gewiss, die Sprache mag uns ferne sein, aber die Gefühle doch nicht. Denn wir können mit dem Liebenden uns langsam der Liebenden nähern und aus einer männlich determinierten Perspektive den weiblichen Körper in seiner Entschleierung unter dem männlichen Blick, unter dem Druck der männlichen Hände sehen. Dabei erscheint dieser weibliche Körper zunächst in den Formen der Kleidungsstücke, denen er seine Konturen aufprägte, bevor er für Saint-Preux hand-greiflich wird – ein gelungenes literarisches Verzögerungsspiel, das zugleich die *Figura* der Geliebten zum Vorschein bringt. Welch anderes Medium als die Literatur wäre in der Lage, diese Empfindungen während einer Liebesszene im Jahrhundert der Aufklärung uns so unmittelbar vor Augen zu führen, uns einen Eindruck von der Gefühlswelt zu geben, welche die Liebe im 18. Jahrhundert hervorrief und bedeutete! Der Roman lässt uns in Form von unmittelbar verfassten Briefen fast hautnah an den Ereignissen teilhaben.

Und selbst die Unterbrechung der Liebesszene ist Programm: Keine erste Liebesnacht ohne die Gefahr der plötzlichen Entdeckung! Es verwundert uns keineswegs, dass auch hier eine paternalistische Figur – in diesem Falle anders als bei Abélard und Héloïse nicht der Onkel, sondern der Vater selbst – als bedrohliche Gefahr evoziert wird und näher kommt. Es ist ein Vater, an dessen Stelle bald schon de Wolmar treten und den Liebenden von der Liebenden abtrennen und ins Abseits stellen wird. Aber immerhin: Saint-Preux hat sich unsterblich mit seiner Julie vereinigt und wird diese zärtliche Erfahrung nie mehr in seinem Leben vergessen. Die nachfolgende symbolische Kastration des liebenden männlichen Subjekts: Sie erscheint noch nicht am Horizont der selig miteinander Vereinten. Lassen wir die beiden Liebenden ihre einzigartige, aber auch einzige literarische Vereinigung genießen!

---

33 Rousseau, Jean-Jacques: *Julie ou la Nouvelle Héloïse*, S. 71 f.

Denn der erotische Augenblick ist selbstverständlich ein literarischer Augenblick. Von großer Wichtigkeit ist in diesem Zusammenhang die Verbindung zwischen Liebe und Schreiben bezüglich einer Liebe, die nicht nur in der Lektüre verwurzelt und verankert ist, sondern zugleich auch zum Schreiben drängt. Die obige Passage macht deutlich, wie eng das Schreiben mit der Liebe verbunden ist und über das *LiebeSchreiben* vor allem auch die Gefühlswelt des Verfassers Einfluss nimmt. Ist die Liebe des Saint-Preux, ist die Liebe der Julie ohne das Schreiben und die wechselseitige Durchdringung in den gegenseitigen Briefen durch die Lektüre überhaupt vorstellbar? Das Schreiben enthält hier ein Lebenswissen und auch ein Überlebenswissen, denn nur so scheint sich Saint-Preux der Gefahr zu entziehen, die Spannung nicht mehr ertragen zu können, die durch seine Liebe zu Julie d'Etange entstanden ist. Insofern erfüllt das Schreiben wie auch das Lesen des Schreibens einen unmittelbar therapeutischen Zweck, der zugleich die Liebe der beiden Liebenden verlängert und letztlich – dank der Tätigkeit des Schriftstellers, der lediglich der Herausgeber dieser Briefe zu sein vorgibt – unsterblich macht.

Wie aber ist dieses Schreiben von der Liebe, dieses Schreiben über die Liebe beschaffen? Was sind die Ausdrucksformen, welches die rhetorischen Figuren, welche dieses Schreiben aus der unmittelbaren Erfahrung, aus dem unmittelbaren Erleben der Liebe prägen? Die Antwort auf diese Fragen ist schnell gegeben und ich will Sie nicht auf die Folter spannen: Asyndeton, Katachrese, Agrammatikalität, Eine Vielzahl von Interjektionen und alogischer Perioden führen jene Verwirrungen der Sinne und der geistigen Fähigkeiten vor, die von der Liebe und vom Verliebt-Sein beim Liebenden ausgelöst werden. Logische Kognition ist in der Liebesvereinigung nicht angesagt, denn das liebende Subjekt kann sich seiner nicht mehr sicher sein und drückt dies auch sprachlich aus: Seine Gefühle durchdringen alles!

Die erste Liebesnacht mit Julie, die auch die letzte bleiben soll, ist noch vom Stoff, noch vom Schleier bedroht; doch dieser zerreißt – und auch hier ist dies bis hinein in die Körperlichkeit der Liebenden nachvollziehbar, wird damit doch der Vorgang der Entjungferung angedeutet. Doch die Durchstoßung des Jungfernhäutchens, des *Hymen*, räumt letztlich nicht das Hindernis, das „obstacle" beiseite, das den Liebenden wie die Liebende von ihrer Erfüllung trennt. Endgültige Klarheit tritt nicht ein, da der Schleier, der die ersehnte Transparenz aller Dinge bedeckt, nicht verschwunden ist. Es wird nur kurze Zeit vergehen, bis dieser „voile" wieder in anderer Form zwischen Liebendem und Liebender auftauchen wird. Zugleich wird von Beginn an deutlich, dass wir es hier unverkennbar mit der Resakralisierung des Profanen, mit der Heiligsprechung des Objekts einer Liebe zu tun haben, die den Liebenden gleichsam in einen Anbetenden angesichts der von ihm vergötterten Frau verwandelt. Nicht umsonst bedient sich Saint-Preux des Verbums „adorer": Die Angebetete wird in ihrem Tempel verehrt und geliebt.

Entscheidend aber ist die massive und zugleich ausdifferenzierte Sinnlichkeit dieser Passage, in der die einzelnen Sinne angesprochen, zugleich aber auch Synästhesien entfaltet werden, welche alle Sinne wieder miteinander verquicken. Auch das „je ne sais quoi" darf hier nicht fehlen, jener Restbestand des Irrationalen, der in diesem Zitat im Verbund mit den Düften, die am weitesten in die Kindheit als Erinnerungsspuren zurückreichen, genannt wird.[34] Jean-Jacques Rousseau bietet alle literarischen und rhetorischen Mittel auf, um seiner Leserschaft die Atemlosigkeit und den Höhepunkt dieses Liebes-Augenblicks literarisch adäquat zu vermitteln.

Und immer wieder ist es die Metaphorik des Feuers, das brennende Begehren und die in Brand gesteckte Imagination, welche den Liebenden mit all seinen „feux" vorwärtstreiben und schließlich auch den Körper Julies – in einem Brief an Julie selbst, die sich gleichsam in der literarischen Pupille wie in einem Spiegel betrachten kann – in all seinen Einzelheiten erfassen, darstellen und berühren. Die weibliche Körperlichkeit erscheint leibhaftig, in ihrer konkreten wie in ihrer symbolischen Form, gleich zweifach vor der Sinneswahrnehmung des männlichen Liebenden. Denn an dieser Stelle taucht auch das menschliche Herz in seiner konkreten Form gleichsam als weibliche Brust in der – wie es in diesem Zitat des Liebenden heißt – „glücklichen" Hand des männlichen Geliebten auf: als Körperform und als Sitz der überwältigten Gefühle. Die einzelnen Teile des weiblichen Körpers werden personifiziert und gewinnen unter dem männlichen Blick, unter der männlichen Hand gleichsam ein Eigenleben. Die *Ver-Körperung* Julies ist geschlechterspezifisch determiniert und führt uns vor Augen, dass die Orchestrierung dieses Briefromans diejenige eines männlichen heterosexuellen Schriftstellers ist.

So also wird ein Spektakel der Wollust im 18. Jahrhundert in Szene gesetzt! *Julie ou la Nouvelle Héloïse* wurde nicht umsonst zu einem Bestseller des Aufklärungszeitalters. Die Inszenierung des Erotischen erfolgte mit Hilfe all jener literarischen Verfahren, über die Rousseau bereits in Perfektion verfügte und die im Grunde über eine lange Traditionslinie der Romantik hindurch präsent sein werden. Und doch ist selbst noch im Liebesgenuss, in der „volupté", doch immer der Schmerz, der brennende Schmerz des Liebenden präsent: Nichts kann ihn tilgen oder vergessen machen, ihm kann sich das liebende Subjekt nicht entziehen!

---

**34** Zur Bedeutung des „Je ne sais quoi" vgl. die erhellende Studie von Köhler, Erich: „Je ne sais quoi". Ein Kapitel aus der Begriffsgeschichte des Unbegreiflichen. In (ders.): *Esprit und arkadische Freiheit. Aufsätze aus der Welt der Romania.* Frankfurt am Main: Klostermann 1966, S. 230 ff.

Auch dies gehört zweifellos in das Umfeld der Liebestheorie von Denis de Rougemont,[35] der seinen Genfer Uhrmachersohn sehr gut kannte und wusste, aus welchen kulturellen und religiösen Quellen Jean-Jacques Rousseau schöpfte.

Im Grunde wird der Liebende erst so die Authentisierung seiner *Leiden*schaft, seiner *Passion*, an sich selbst erfahren können. Und im Grunde wird erst diese Dimension geteilter Leidenschaft und geteilten Leidens später erklären, wieso es am Ende mit dem Tod Julie de Wolmars doch noch zu der zuvor immer wieder abgewendeten Katastrophe kommt. Der Liebesroman von Jean-Jacques Rousseau hat kein Happy Ending und kann auch keines haben. Denn schon am Ende des obigen Zitats, das eigentlich den Beginn des nachfolgenden und überaus interessanten Briefes darstellt, zeigt sich, dass nun bereits der Tod am Horizont erschienen ist. Denn die Lust ist genossen, die Wollust ein erstes Mal befriedigt: Alles andere kann nun nur noch ein vergeblicher Kampf gegen die gesellschaftlichen Kräfte und – vielleicht schlimmer noch – immer nur die Wiederholung dieser so stürmisch und leidenschaftlich ersehnten „délices", dieser Wonnen, sein. So enthält der Liebesvollzug sozusagen *in nuce* nicht nur den kleinen, sondern auch den großen Tod. Ein permanentes, dauerhaftes Glück ist für den Menschen – wie Rousseau später in seinen *Rêveries du promeneur solitaire* schrieb – hienieden nicht erreichbar.

Die stets ersehnte Liebe wird in der Konstellation, die von Rousseau in seinem Briefroman entfaltet wird, zum eigentlichen Konstituens des Individuums, zu jener Kraft, die das moderne Subjekt überhaupt erst konstituiert und ausmacht. Denn in die Liebe gehen all jene Aspekte moderner Subjektivität – einschließlich der Einzigartigkeit des Subjekt wie auch der Einzigartigkeit seines Objekts – ein, so dass die Gefühle der Liebe fortan zu einem Gradmesser des modernen Subjekts in einer sich zunehmend verbürgerlichenden Welt des ausgehenden 18. Jahrhunderts werden. Sag' mir, wie Du liebst, und ich sage Dir, wer Du bist!

Dies wird in einem langen Brief des zweiten Teils, dem elften Brief von Julie an Saint-Preux, deutlich, stellt die schöne Julie doch jene Frage, die natürlich für viele Romanfiguren mehr als vital ist: Was wären wir noch ohne die Liebe? Was wäre ein Liebespaar, das der Liebe verlustig gegangen wäre?

> Mein Freund, man kann auch ohne Liebe die erhabenen Gefühle einer starken Seele empfinden: Aber eine Liebe so wie die unsrige belebt und erhält sie solange sie brennt; sobald sie erlöscht, verfällt sie in Lähmung, und ein verbrauchtes Herz ist zu nichts mehr nutze. Sage mir, was wir wären, wenn wir uns nicht mehr liebten? Nun? Wäre es da nicht besser, nicht länger zu sein, als zu existieren, ohne etwas zu fühlen, und könntest Du Dich dazu durchringen, auf der Erde umher zu wandeln und das abgeschmackte Leben eines gewöhnlichen Menschen zu führen, nachdem Du alle Gefühlsbewegungen gekostet, die

---

**35** Vgl. Rougemont, Denis de: *L'Amour et l'Occident*. Paris 1939.

eine menschliche Seele verzaubern können? [...] Ich weiß nicht, ob Du woanders das Herz von Julie wiederfinden würdest; aber ich fordere Dich heraus, jemals bei einer anderen zu fühlen, was Du bei ihr gefühlt´. Die Erschöpfung Deiner Seele wird Dir das Schicksal ankündigen, das ich Dir vorhergesagt; Traurigkeit und Überdruss werden Dich im Schoße Deiner frivolen Amüsements niederstrecken; die Erinnerung an unsere erste Liebe wird Dich Dir zum Trotze verfolgen; mein Bildnis, hundertmal schöner als ich es jemals war, wird Dich urplötzlich überkommen. Und sofort wird der Schleier der Abscheu all Deine Lüste bedecken, und tausendfaches bitteres Bedauern wird in Deinem Herzen wach werden. Mein Geliebter, mein süßer Freund, ah! Solltest Du mich je vergessen ... Oh weh, ich könnte daran nur sterben; aber Du würdest gemein und unglücklich leben, und ich wäre im Sterben nur zu gut gerächt.[36]

Über Julies ‚liebevollem‘ Diskurs stehen die Einzigartigkeit des Liebenden Subjekts und die Einzigartigkeit des geliebten Objekts, die Unverwechselbarkeit und Unwiederholbarkeit einer Liebe, die niemals von anderen Subjekten, die niemals mit anderen Objekten wiederholt werden kann. Daraus ergeben sich die Drohungen der liebenden Frau, diese Liebe niemals aufzugeben, niemals für eine andere einzutauschen, weil sie einzigartig ist und niemals hintergangen werden kann. Denn für diesen Fall droht sie dem männlichen Subjekt mit Vergeltung und Rache: Ein Schleier werde sich für immer zwischen ihn und alle anderen Vergnügungen und Lüste legen, sollte Saint-Preux seiner Julie irgendwann einmal untreu werden.

Was sind dies für liebevoll geäußerte herzensliebe Drohungen! Und welche Verfluchung des Liebespartners ist diese liebevolle, zärtliche Umarmung, in der sich noch die Verwünschung all seiner Tage, die er auf Erden ohne sie verbrächte, äußert! In dieser Passage wird deutlich, wie sehr die Konstruktion der eigenen Subjektivität an der Konstruktion des Ich als liebendem Subjekt ausgerichtet ist. Die Gattung des Briefromans ermöglicht es, die Perspektiven zu wechseln und damit auch die Sichtweise einer liebenden Frau einzunehmen, die ihrem Geliebten gleichsam ihr allgegenwärtiges Bildnis zur raschen Bestrafung wünscht, sollte er sie jemals aus dem Blick verlieren. Julie wünscht ihrem Saint-Preux folglich nicht den Tod; aber über ihre eigene Leiche[37] wünscht sie ihm ein ewiges Schmachten nach ihr, selbst und gerade in den Stunden der Lust mit einer anderen. Auch dies kann ein Diskurs, kann eine Sprache der Liebe sein: die Bilder des leidenden Anderen, der mir nach meinem Tode untreu geworden ist – ihm sei ewige Verdammnis beschieden! Denn in einem solchen Fall hätte er sich nicht allein an ihr und an der gemeinsamen Liebe,

---

**36** Rousseau, Jean-Jacques: *Julie ou la Nouvelle Héloïse*, S. 112.
**37** Vgl. zu diesem Themenkomplex Bronfen, Elisabeth: *Nur über ihre Leiche. Tod, Weiblichkeit und Ästhetik* (1994).

sondern an ihrem ganzen Wesen, an ihrem ganzen Sein als Subjekt vergangen. Man darf hier sehr wohl von einer Verfluchung sprechen.

Die Literatur transportiert ein Wissen vom Leben und ein Wissen vom Lieben, das zweifellos auch und gerade die Grenze zwischen Leben und Tod übersteigt. Denn – mit Nietzsche gesprochen – „alle Lust will Ewigkeit, will [...] tiefe, tiefe Ewigkeit".[38] Das Wissen über die Liebe und deren Vision bestimmen das Wissen über ein Leben, das es zu führen, aber auch über ein Leben, das es zu vermeiden gilt. Denn selbst das Leben nach dem Tod des Liebespartners muss noch immer im Zeichen dieses verstorbenen geliebten Menschen stehen.

Dies ist ein Lebenswissen, das sich gegen das „ordinaire" richtet, gegen das gewöhnliche bürgerliche Leben, gegen ein Leben ohne Passion, ohne diese Einzigartigkeit des unverwechselbaren Individuums, das nur von und durch die Liebe garantiert wird. Es sind durchaus gewalttätige Metaphern, die Julie ihrem geliebten Saint-Preux da schreibt. Es ist ein Lebenswissen und ein Liebeswissen, das sich gegen die Norm, gegen die Konventionen, gegen die Gewohnheiten der Masse richtet, um eine eigene, unverwechselbare Form der Liebe und des Lebens zu errichten. Die Abgrenzung von allen anderen ist für das moderne Subjekt auch in der Liebe konstitutiv. Liebe strebt nicht allein nach Ewigkeit: Sie will auch vollumfängliche Einmaligkeit und Unwiederholbarkeit, zumindest in ihrer absoluten Lebens- und Liebesform. Das moderne Subjekt fordert Liebe und Anerkennung bis weit über den Tod hinaus.

Dieser Liebesschwur und die Liebesbeschwörung von Julie d'Etange bilden eine Aussage, die auf den ersten Blick in Kontrast und Konflikt mit der erzwungenen Vernunftehe mit de Wolmar und deren Akzeptanz durch die junge Frau wie ihren bürgerlichen Liebhaber zu stehen scheint. Denn war Julie nicht eine Vernunftehe mit einem vernünftigen Adeligen eingegangen und hatte ihren Saint-Preux damit hintergangen? Hätte sie nicht mit ihm fliehen, unerkannt in irgendeinem Alpendorf, in irgendeiner Großstadt leben können – stets ihrer gemeinsamen Liebe treu?

Doch die Ehe mit einem klugen Patriarchen, der Saint-Preux' Gegenwart aus guten Gründen toleriert, vermag die ewige Liebe der Julie nicht auszulöschen. Gerade die finale Katastrophe des Untergangs von Julie de Wolmar zeigt, dass in Julie d'Etange letztlich doch die fortbestehende, unverändert liebende Julie als *Nouvelle Héloïse*, als neue Héloïse des 18. Jahrhunderts, zu erblicken ist. Ihre Gesellschaftsutopie von Clarens wirkt aus dieser Perspektive wie das Kloster von Heloïse, eine Gemeinschaft von Gleichdenkenden, die doch letztlich nie die Passion für und mit dem anderen, mit der einzigen und niemals

---

38 Nietzsche, Friedrich: Das andere Tanzlied. In (ders.): *Werke in vier Bänden*, Bd. 4, S. 286.

ersetzbaren Liebe, substituieren können. Denn die Gemeinschaft der Gleichgesinnten tröstet, kann aber die individuelle Liebe des Liebespaares niemals ersetzen. Denn letztere ist einzigartig und schließt alle anderen aus dieser heterosexuellen Zweiergemeinschaft aus. Mag sein, dass Julie inmitten ihres Lebens mit de Wolmar das erschien, was sie auf Saint-Preux projizierte: Das Bildnis ihres Liebhabers, das sie noch in alle Stunden der Intimität hinein verfolgte. Mag sein, dass sie selbst so litt, wie sie es ihrem Saint-Preux androhte!

Freilich zeigt sich in dieser Passage nicht nur der absolute Liebesanspruch des liebenden Subjekts sowie die geradezu existenzgefährdende Weise, mit welcher dem Liebespartner gleichsam eine „malédiction" nachgeschleudert wird, falls er oder sie das geliebte Objekt je vergessen und sich in den Armen einer oder eines anderen wiederfinden sollte. Wir haben hier noch immer das „amabam amare" des Augustinus, jene feine Beobachtung von Denis de Rougemont, dass in der Passion von Tristan und Isolde eben jene Liebe zum eigenen Ich, die Liebe zum Ich als Liebendem oder Liebender, immer wieder die Oberhand gewinnt. Doch es ist ein „amabam amare", das in der *Take-off-Phase* der Moderne in die Bedingungen moderner Subjektivität übersetzt worden ist. Vergessen wir diese Selbstliebe also nicht in der Liebesbeziehung zwischen beiden Liebenden am Genfer See: Sie bildet ganz zweifellos eine wichtige Komponente, die gerade auch in der sanften, liebevollen Verfluchung des Anderen zu Tage tritt! Diese Verfluchung des (sich) liebenden Subjekts und die unverbrüchliche Liebe gehören zusammen.

Doch just in diesem Kontext wird die Ich-Konstruktion von der Liebe geleitet, so dass nicht verwundern kann, dass der Andere paradoxerweise letztlich doch immer außerhalb dieser Konstruktion des Subjekts bleibt. Das geliebte Objekt ist dabei zunächst einmal völlig gleichgültig, wird auch noch so oft und so vehement Anspruch auf dieses „objet" von der oder dem Liebenden erhoben. Die Einzigartigkeit des Subjekts erweist sich in der Einzigartigkeit seiner Liebe, die allein sie oder ihn davor sichert, in den Bereich des Gewöhnlichen, des Normalen, ja des ordinären zurückzufallen und damit die eigene Größe und Unverwechselbarkeit aufzugeben. Stets schwingt das „amabam amare" bei der Subjektkonstruktion mit: Es zielt auf die Größe und Unverwechselbarkeit eines modernen Subjekts, das sich ruhelos selbst befragt und hinterfragt, aber an seiner eigenen Individualität und Einzigartigkeit nicht zweifeln kann, nicht zweifeln darf.

Genau an dieser Stelle aber findet sich die tiefe Beziehung zu Rousseaus *Les Confessions*, zur Konstruktion der Subjektivität als Abgrenzung von allen anderen, ohne den Anspruch aufzugeben, doch für alle anderen stehen und verstehen zu können: „Je sens mon cœur et je connais les hommes", hieß es gleich zu Beginn jener *Bekenntnisse*. In dieser Hinsicht ist die Liebe das zentrale Konstruktionselement des Lebens; das Wissen über die Liebe ist damit ein Wissen über das Leben und letztlich auch über die Möglichkeiten und Unmöglichkeiten des Überlebens – und eben hierin wird das Wissen um Liebe auch zu einem Überlebenswissen, das Julie de Wolmar nicht im ausreichenden Maße zur Verfügung steht. So kann auch Rousseaus Liebesgeschichte – im Wissen um die von Elisabeth Bronfen herausgearbeiteten Zusammenhänge zwischen Tod, Weiblichkeit und Ästhetik – *nur über ihre Leiche*, nur über den Tod der weiblichen Protagonistin, verhandelt werden. Julie wird so trotz allem doch noch zur tragischen Figur, tragischer als ihr stets in sich verhakter Saint-Preux.

Wie bei Héloïse und Abélard, aber auch wie bei Tristan und Isolde bringt erst der Tod die wahre Vereinigung, auf die die Vereinigung im Leben nur ein erster Vorgeschmack, ein vorübergehender Augenblick war. Die Vereinigung im Tod ist das, was die moderne Subjektivität über den Tod hinaus in die Ewigkeit projiziert. Der kleine Tod geht stets dem großen Tod voraus. Doch in der geschlechtlichen Vereinigung – im Liebesakt also – ruht freilich immer ein Versprechen von Ewigkeit und von unverbrüchlicher Passion. Dieses Versprechen aber gilt nicht für die christliche Liebe, nicht für das Sakrament der christlichen Ehe, die in Clarens, in *Julie ou la Nouvelle Héloïse* als Gegenbild entworfen wird – und zwar als ein Gegenbild in fast vollständiger Perfektion. Denn die Ehe mit dem älteren und adeligen de Wolmar steht für diese Konzeption, aber letztlich auch für deren Scheitern ein. Die ideale Gemeinschaft von Clarens kann die Liebe der „Neuen Héloïse" zu Saint-Preux nicht überstrahlen: Im Angesicht dieser Liebe tritt sie in den Schatten des Vernünftigen, ja des Ordinären.

Denn es ist die gegen die gesellschaftlichen Normen, gegen die Ständegrenzen des Ancien Régime, gegen die Konventionen, gegen die Gebote der Kirche gelebte Leidenschaft, welche seit dem Mittelalter als dauerhafte Strömung nachweisbar nun in der Vorromantik und der Empfindsamkeit mit einer ungeheuren Kraft hervorbricht und alles mitzureißen scheint, was sich alledem entgegenstellt. Genau an dieser Stelle brechen sich die sozialrevolutionären Implikationen der Vorstellungswelt Rousseaus Bahn, wird die Liebe also zum experimentellen Labor einer Gesellschaft, die in dieser Form nicht länger Bestand haben wird. Denn dieses auf der feudalen Ständeordnung basierende Gesellschaftssystem wird nicht länger die Form bilden können, in welcher sich die moderne Subjektivität entfaltet. So wie die festgefügte Ordnung eines europäischen Wissens, das sich selbst ins Zentrum aller Erkenntnis und später allen Fortschritts setzt, nicht länger jenem Drucke standhalten wird, welcher in einer beschleunigt zusammenrückenden Welt von den Philosophen wie den Wissensbeständen der außereuropäischen Welt ausgeübt werden wird. Die zweite Hälfte des 18. Jahrhunderts steht ganz im Zeichen dieser Umwälzungen, die in erster Linie Umwälzungen des Wissens sind – einschließlich des Lebenswissens.

# TEIL 5: **Zwischen Welten**

# Die Berliner Debatte um die Neue Welt oder das europäische Wissen über das Globale

Doch noch sind wir nicht zu dem gelangt, was Alexander von Humboldt mit Blick auf den Übergang vom 18. zum 19. Jahrhundert – wie wir noch sehen werden – als eine „glückliche Revolution" im Bereich eines empirisch fundierten Wissens bezeichnete. Auch auf diesem Gebiet tat Jean-Jacques Rousseau einen wichtigen Schritt, indem er auf die Defizite des europäischen Wissens seiner Zeit über die außereuropäische Welt aufmerksam machte. Denn in einer der wohl wichtigsten Anmerkungen zu seinem *Discours sur l'origine et les fondements de l'inégalité parmi les hommes* setzte sich der Genfer Philosoph im Jahre 1755 kritisch mit dem im Europa seiner Zeit erreichten Stand anthropologischer Kenntnisse auseinander. Er hatte die praktischen wie die epistemischen Grenzen dieses Wissens über die Welt, über das Globale erkannt.

Dabei hob er die unübersehbare, von den meisten der europäischen Philosophen aber sehr wohl übersehene Asymmetrie zwischen dem Wissensstand der aus den verschiedensten europäischen Ländern stammenden Reisenden einerseits und dem Reflexionsstand all jener Philosophen andererseits hervor, die ihre generalisierenden Überlegungen und Theorien zur Diversität des Menschengeschlechts nicht zuletzt auf der Grundlage mehr oder oftmals auch minder ausgedehnter und aufmerksamer Lektüren von Reiseberichten anstellten und entwickelten. Rousseau machte auf das Auseinanderklaffen des Wissens der Reisenden und der Daheimgebliebenen aufmerksam und stellte sehr wohl in Frage, dass diejenigen, die in Europa das Wissen sammelten, aber selbst nicht reisten und andere Kontinente, andere Kulturen nicht aus eigener Erfahrung kannten, den Diskurs über die außereuropäische Welt beherrschten – eine Position, für die etwa sein ehemaliger Freund Denis Diderot stellvertretend stand.

Jean-Jacques Rousseau betonte in diesem Zusammenhang die unabdingbare Notwendigkeit, diese fundamentale Asymmetrie innerhalb der weltweiten Zirkulation des Wissens zu durchbrechen, die im Übrigen nicht zuletzt durch die mangelnde Vorbereitung der allermeisten Reisenden verschärft werde. Er forderte, das in Europa gesammelte Wissen sozusagen einem ‚Faktencheck' zu unterziehen, wie wir das mittlerweile auf Neudeutsch ausdrücken. Es suchte also, dem in Europa akkreditierten Wissen eine stärker empirisch fundierte Grundlage zu geben.

Zugleich hielt er auch einen gewissen Mangel hinsichtlich der (wissenschaftlichen) Ausrichtung mancher „hommes éclairés" fest, die sich dessen ungeachtet vielfältigen Gefahren ausgesetzt und lange, anstrengende Reisen unternommen hätten, um bestimmte naturwissenschaftlich ausgerichtete Theo-

rien zu überprüfen. Dabei kam er auch auf jene beiden Expeditionen zu sprechen, die wir in unserer Auseinandersetzung mit der ersten Hälfte des 18. Jahrhunderts bereits erwähnt beziehungsweise analysiert haben:

> Die Mitglieder der Akademie, welche die nördlichen Teile Europas und die südlichen
> Teile Amerikas durchlaufen haben, hatten sich mehr zum Ziele gesetzt, diese Gegenden
> als Geometer und weniger als Philosophen zu besuchen. Insofern sie jedoch das eine wie
> das andere waren, kann man die Regionen, welche von den La Condamine und den Mau-
> pertuis gesehen und beschrieben wurden, nicht als gänzlich unbekannt erachten.[1]

Rousseau hatte durchaus wahrgenommen, welche Expeditionen die „Académiciens" nach Lappland wie ins heutige Ecuador unternommen hatten, um die Thesen Newtons bezüglich der Abplattung der Pole und der Gestalt der Erde zu
verifizieren oder zu falsifizieren. Man darf also sehr wohl annehmen, dass er die
Berichte von Maupertuis und von La Condamine gelesen hatte. Der Verfasser des
*Discours sur l'inégalité*, wie dieser *Second Discours* auch in abgekürzter Form oft
benannt wird, ließ jedoch keinerlei Zweifel an seiner kritischen Einschätzung
aufkommen: Nicht von den Geometern, sondern von den Philosophen erhoffte
sich Rousseau die entscheidenden Verbesserungen des Kenntnisstandes über die
außereuropäische Welt. Schon Rousseau ging es folglich um wesentlich mehr als
um die Vermessung der Welt.

Räumte der Bürger von Genf auch gerne Gehalt und Qualität mancher Reiseberichte ein, die im 18. Jahrhundert veröffentlicht worden waren, so verbarg
er doch seine fundamentale Kritik am allgemeinen Niveau anthropologischer
beziehungsweise ethnologischer Kenntnisse nicht. Dabei nahm er bei aller Bewunderung für das Werk eines Buffon auch den Bereich der Naturgeschichte
und insbesondere der von ihren Vertretern genutzten Quellen nicht von dieser
Kritik aus. Rousseau beabsichtigte sicherlich nicht, die Naturgeschichte Buffon'scher Prägung und ihre Grundlagen in Frage zu stellen; doch legte er zweifellos seinen Finger in die Wunde einer mangelnden empirischen Basis europäischen
Wissens und forderte insbesondere neuere Untersuchungen zur anthropologischen und kulturellen Vielfalt auf unserem Planeten, die von Vorurteilen der ‚Daheimgebliebenen', der die außereuropäische Welt nicht bereisenden europäischen
Philosophen, geschützt bleiben sollten.

---

1 Rousseau, Jean-Jacques: *Discours sur l'origine et les fondements de l'inégalité parmi les hommes*. In (ders.): *Œuvres complètes*. Bd. III. Edition publiée sous la direction de Bernard Gagnebin et Marcel Raymond avec, pour ce volume, la collaboration de François Bouchardy, Jean-
Daniel Candaux, Robert Derathé, Jean Fabre, Jean Starobinski et Sven Stelling-Michaud. Paris:
Gallimard 1975, S. 213.

Dabei überrascht der frühe Zeitpunkt der Rousseau'schen Kritik, die lange vor der Berliner Debatte um die Neue Welt erfolgte. Sehen wir uns kurz die zentralen Kritikpunkte des Genfer Bürgersohns näher an! Nach der Erwähnung einiger weniger glaubwürdiger Berichte stellte er mit aller wünschenswerten Deutlichkeit fest:

> Von diesen Berichten einmal abgesehen, kennen wir die Völker in den weiten Regionen des Ostens nicht, die allein von Europäern frequentiert werden, die mehr darauf versessen sind, ihre Geldbörsen zu füllen als ihre Köpfe. [...] die ganze Erde ist bedeckt von Nationen, von denen wir nur die Namen kennen, und wir machen uns anheischig, das ganze Menschengeschlecht zu beurteilen! Nehmen wir an, dass ein Montesquieu, ein Buffon, ein Diderot, ein Duclos, ein D'Alembert, ein Condillac oder Männer von diesem Schlage Reisen unternähmen, um ihre Landsleute zu unterrichten, dass sie die Türkei, Ägypten, das Berberland, das Reich von Marokko, Guinea, die Kaffernländer, das Innere Afrikas und seine östlichen Küsten beobachteten und beschrieben, wie sie dies *zu tun wissen* [...]: dann in der anderen Hemisphäre dasselbe täten mit Mexiko, Peru, Chile, den Magellanischen Gebieten, ohne dabei die wahren oder falschen Patagonier zu vergessen [...]; nehmen wir an, dass diese neuen Herkules, zurück von ihren denkwürdigen Fahrten, im Anschluss nach Belieben die Naturgeschichte, die Sitten- und politische Geschichte dessen verfassten, was sie *gesehen*, so *sähen* wir selbst eine neue Welt unter ihren Federn erstehen, und so würden wir lernen, die unsrige zu kennen.[2]

Die Einschätzung des europäischen beziehungsweise französischen Wissensstandes über die *Indes orientales* wie die *Indes occidentales*, also die (Kolonial-)Gebiete im Osten wie im Westen Europas, könnte fataler kaum ausfallen. Gewiss, einige positive Ausnahmen europäischer Reiseberichte merkt der Genfer Philosoph in seiner umfangreichen *Note* zu seinem *Second Discours* durchaus an. Aber aufgrund ihrer alles beherrschenden persönlichen wie kommerziellen Interessen entgehen die meisten europäischen Reisenden mit ihren so zahlreichen, aber oft auch so ungesicherten und vor allem interessegeleiteten Berichten dem letztlich vernichtenden Urteil des Bürgers von Genf nicht.

Doch Rousseau stand der Gattung des Reiseberichts nicht etwa ablehnend gegenüber. Denn der Verfasser des *Diskurses über die Ungleichheit* leugnete die grundlegende Bedeutung der Reisen für die Ausweitung der menschlichen Kenntnisse und die umfassende Zirkulation von Wissen im europäisch-außereuropäischen Spannungsfeld keineswegs. Ganz im Gegenteil: Für ihn ging es darum, wohlvorbereitete Reisende, Philosophen (im Sinne des 18. Jahrhunderts) auszusenden, die nicht nur über ein Wissen ("savoir"), sondern mehr noch über ein "savoir faire" und ein "savoir voir" verfügten. Sie mussten in der Lage sein, nach ihrer Rückkehr nach Europa das, was sie gesehen hatten, ebenso an ihre

---

2 Ebda.

Landsleute wie an ihr Lesepublikum innerhalb einer tendenziell weltumspannenden République des Lettres der Aufklärung weiterzugeben. Denn nur auf diese Weise sei es möglich, neue Grundlagen für ein neues Wissen zu schaffen, das nicht länger auf ungesicherten Grundlagen beruhen dürfe. Es gelte mithin, Männer vom Schlage eines Buffon, Condillac oder Diderot zu entsenden und diese vor Ort Untersuchungen durchführen zu lassen, welche den Kenntnisstand europäischer Wissenschaft auf ein deutlich höheres Niveau heben würden.

Die Vorstellungen Rousseaus sind von größter epistemologischer Tragweite: „Savoir faire" und „savoir voir" sollten auf diese Weise für die künftigen Leser des Reisenden in ein „savoir faire voir" umschlagen. Dabei handelt es sich um ein Wissen und eine Technik des Vor-Augen-Führens, das nicht nur die europäische Sichtweise der Neuen Welt modifizieren und den „Nouveau-Monde" in einen „monde nouveau" verwandeln, sondern den Blick auch auf die europäischen Länder selbst grundlegend verändern könnte.[3] Dabei dachte Rousseau ein durchaus dialektisches Verhältnis bei der internationalen Zirkulation von Wissen an: Fremderkenntnis impliziert stets Selbsterkenntnis – und mehr noch: Selbsterkenntnis ist ohne Fremderkenntnis nicht zu haben.

Ob Rousseau sich dieses Verhältnis wirklich als dialektischen Prozess dachte, kann man durchaus bestreiten oder in Frage stellen. Doch als ein Wechselverhältnis dachte sich der Verfasser des *Discours sur l'inégalité* diese weltumspannende Zirkulation von wissen sehr wohl. Im Übrigen kann nicht übersehen werden, dass innerhalb einer weltweiten – wenn auch zweifellos von Europa beherrschten – Relationalität die Kenntnisse reisender europäischer Philosophen auch für die Bewohner anderer Areas und Weltregionen von Nutzen sein mussten. Dies galt selbst unter den Bedingungen einer extremen Asymmetrie des Wissens. Rousseaus Argumente sind jener Ethik mit universalisierendem Anspruch verpflichtet, wie sie der (europäischen) République des Lettres zugrunde lag.

In der angeführten Passage erscheinen Sehen und Schreiben in ihrer Verbindung mit dem Reisen als komplementäre Handlungen, die in ihrer Abfolge einen Sinn (bezüglich) der Neuen Welt hervorbringen, den Rousseau dann auch zu glauben bereit wäre: „il faudra les en croire" – dann müsse man ihnen eben glauben.[4] Doch gründet dieser Glaube für Rousseau nicht auf dem Schreiben, der „écri-

---

3 Diese Überlegungen habe ich aus einer anderen Perspektive und mit Blick auf die Epistemologie von Auge und Ohr erstmals vorgestellt in Ette, Ottmar: Diderot et Raynal: l'œil, l'oreille et le lieu de l'écriture dans l'„Histoire des deux Indes". In: Lüsebrink, Hans-Jürgen / Strugnell, Anthony (Hg.): *L'„Histoire des deux Indes": réécriture et polygraphie*. Oxford: Voltaire Foundation 1996, S. 385–407.

4 Rousseau, Jean-Jacques: *Discours sur l'origine et les fondements de l'inégalité parmi les hommes*, S. 214.

ture" allein. Nicht die Bewegung des Diskurses, sondern die Bewegung des Reisens, das eine direkte Sicht auf die Dinge gewährt, jene Ortsveränderung also, die ein unmittelbares Sehen des Anderen ermöglicht, verleiht dem Schreiben über das Andere Autorität und damit erst eine Autorschaft im starken Sinne. Und in der Hierarchie der Sinne räumte Rousseau dem Gesichtssinn die erste Stelle ein: Er wollte sich als *Augenzeuge* nicht länger auf ein Hörensagen verlassen, das überdies von finanziellen Interessen gelenkt sei. Die Glaubwürdigkeit dieser Autorschaft ist in diesen Passagen des *Second Discours* folglich an die Legitimation durch eine Augenzeugenschaft zurückgebunden, die mit Blick auf das Wissen über weit entfernte Länder das eigene Reisen voraussetzt. Und überdies besaß Rousseau im Gegensatz zu anderen Philosophen keinerlei Aktien im lukrativen Geschäft mit dem transatlantischen Sklavenhandel.

Rousseau war in diesen Überlegungen zweifellos seiner Zeit voraus; und doch zog er lediglich die Bilanz bezüglich eines europäischen Wissens von der außereuropäischen Welt, das sich seiner Beschränktheit noch nicht einmal bewusst war. Es ist faszinierend, diesen Kritikpunkten zu folgen, die freilich noch weit entfernt von jeder Kritik am selbstverständlichen Eurozentrismus waren. Zugleich glimmt in diesen Überlegungen ein Gedanke auf, der für unsere Zeit, für unsere eigenen wissenschaftlichen und wissenschaftspolitischen Epistemologien (und ,Selbstverständlichkeiten') von größter Aktualität und Dringlichkeit ist.

Denn über lange Zeit – und bis in unsere Gegenwart – hielt sich die Vorstellung, man habe die ,allgemeine', die generalisierende Theorie klar von den sogenannten Regionalwissenschaften, den *Area Studies*, als ,systematische' oder systematisierende Wissenschaft abzutrennen, da letztere nur ein regional begrenztes Wissen – etwa über die Türkei, Nordafrika oder Südamerika, um bei den Beispielen Rousseaus zu bleiben – hervorzubringen in der Lage wären. Nichts aber ist – und auch dies wird die Berliner Debatte um die Neue Welt in der historischen Rückschau zeigen – anmaßender und den Gegenständen inadäquater als eine derartige Trennung. Denn es stellt sich selbstverständlich die Frage, anhand welcher Beispiele die allgemeine, die systematische Theorie sich universalistisch zu entwickeln vermag, kurz: worauf sie ihre Theorien beispielhaft gründet, um zu allgemeinen Schlüssen zu kommen.

Die Antwort auf diese zentrale Frage fällt erstaunlich einfach aus. Denn die vorgeblich ,allgemeine' Theorie beruht zumeist auf äußerst lückenhaften Kenntnissen, die sich in der Regel auf das Wissen über einen mehr oder minder kleinräumigen und bestenfalls europäischen Ausschnitt beschränken, der ungerührt und unhinterfragt als normgebend gesetzt wird. So wird über *die* Entfaltung der Moderne ausgehend von den USA geschrieben, über *die* Entwicklung literaturtheoretischer Herausforderungen nur auf der Basis einer oder zweier europäischer Literaturen debattiert, werden Veränderungen in *der* Massenkultur nur am Beispiel westlicher Medien erörtert. Die Verallgemeinerung und Universalisierung deutscher, europäischer oder westlicher Modelle ist dabei ein in der westlichen Wissenschaftslandschaft völlig selbstverständlicher Prozess.

Um aber eine allgemeine Theorie adäquat fundieren und entwickeln zu können, ist schon aus wissenschaftstheoretischen und epistemologischen Gründen die Kenntnis verschiedenster Areas in den jeweiligen Sozial- und Geisteswissenschaften gänzlich unverzichtbar. Denn dann erst kann die Zielvorstellung Rousseaus greifen, unsere Welt in ihrer Gesamtheit auf neue Weise zu erfassen: „nous verrions nous mêmes sortir un monde nouveau de dessous leur plume, et nous apprendrions ainsi à connoître le nôtre."[5] Davor aber schützt sich nationale, europäische oder westliche Wissenschaft durch die Universalisierung jeweils der eigenen partikularen Exempel und Modelle.

Man könnte den ausführlich zitierten Überlegungen Rousseaus eine Passage aus der Feder des von ihm im obigen Zitat erwähnten Diderot an die Seite stellen, die erstmals[6] 1780 im elften Buch der dritten Ausgabe der *Histoire philosophique et politique des établissements et du commerce des européens dans les deux Indes* veröffentlicht wurde. Es handelt sich bei dieser Ausgabe um den letzten der drei genannten Bestseller des Siècle des Lumières, die wir in dieser Vorlesung analysieren und mit denen wir uns ausführlicher beschäftigen wollen.

Wenden wir uns, bevor wir uns dieser französischen Enzyklopädie der kolonialen Welt in ihrer Gesamtheit widmen, zunächst dieser aus der Feder von Denis Diderot stammenden und unter dem Namen von Guillaume-Thomas Raynal veröffentlichten Beobachtung zu. In gewissem Sinne handelt es sich um eine Antwort und mehr noch um eine scharfsinnige erkenntnistheoretische Replik fünfundzwanzig Jahre nach der Veröffentlichung von Rousseaus zweitem *Discours*. Zu Beginn von Rousseaus Überlegungen findet sich seine Klage darüber, niemals „deux hommes bien unis, riches, l'un en argent, l'autre en génie, tous deux aimant la gloire" gefunden zu haben; einen Ruhm, für den der eine bereit wäre, „zwanzigtausend Taler" zu opfern, der andere „zehn Jahre seines Lebens" zugunsten einer erfolgreichen Reise um die Welt.[7] Uns interessiert hier nicht die bemerkenswerte Beziehung zwischen den Zahlenangaben, sondern die Tatsache, dass Diderot die diskursive Struktur dieser Passage wiederauf-

---

5 Ebda., S. 213.

6 Vgl. Duchet, Michèle: *Diderot et l'Histoire des Deux Indes ou l'Ecriture Fragmentaire*. Paris: Nizet 1978, S. 84.

7 Rousseau, Jean-Jacques: *Discours sur l'origine et les fondements de l'inégalité parmi les hommes*. S. 213.

nahm, um zugleich ihrem kritischen Sinn eine neue Wendung zu geben: „Der reiche Mann schläft und der Gelehrte wacht; doch er ist arm. Seine Entdeckungen sind den Regierungen zu gleichgültig, als dass er Hilfsmittel beantragen oder Dank und Entschädigung erhoffen dürfte. Man würde unter uns mehr als einen Aristoteles finden; aber wo ist der Monarch, der ihm sagen würde: Meine Macht steht zu Deiner Verfügung [...]."[8]

Ein Vierteljahrhundert nach dem Erscheinen des zweiten *Discours* Rousseaus ist die Verbindung zwischen dem Reichen und dem Genie, zwischen dem Monarchen und dem Gelehrten nicht realistischer geworden. Wissenschaft und Forschung sind stets auf die Unterstützung eines reichen Mäzens oder eines Staates angewiesen – daran hat sich wenig geändert. Anders als Rousseau, der am liebsten einen Buffon, Duclos, D'Alembert oder Condillac, aber auch einen Diderot auf eine Weltreise geschickt hätte, war der Co-Autor von Guillaume-Thomas Raynals *Histoire des deux Indes* in keiner Weise dazu bereit, sein Arbeitszimmer in Paris zu verlassen und die Welt zu umsegeln. Und in einer Passage aus seiner Feder führte er hierzu keineswegs persönliche, sondern epistemologische Gründe an: „Der Beobachter, der *homo contemplativus*, ist sesshaft; & der Reisende ist ignorant oder ein Lügner. Wem das Genie zuteil wurde, verachtet die kleinlichen Details der Erfahrung; & derjenige, der die Erfahrungen und Experimente macht, ist fast immer ohne jedes Genie."[9]

Bei Rousseau basiert das Wissen auf dem Sehen, das „sa-voir" auf dem „voir". Bei ihm liegt der Fokus auf der Augenzeugenschaft, auf der direkten eigenen Erfahrung, wodurch gleichzeitig der Gesichtssinn privilegiert wird.[10] Ist die Verbindung zwischen dem mit Geld und dem mit Genie gesegneten Menschen zufälliger Natur, so ist die Einheit zwischen dem Philosophen und dem

---

**8** Raynal, Guillaume-Thomas: *Histoire philosophique et politique des établissements et du commerce des européens dans les deux Indes*. Tome cinquième. Genf: Chez Jean-Léonard Pellet, Imprimeur de la Ville & de l'Académie 1781, S. 43: „L'homme riche dort; le savant veille; mais il est pauvre. Ses découvertes sont trop indifférentes aux gouvernemens pour qu'il puisse solliciter des secours ou espérer des récompenses. On trouveroit parmi nous plus d'un Aristote; mais où est le monarque qui lui dira: ma puissance est à tes ordres [...]."

**9** Raynal, Guillaume-Thomas: *Histoire philosophique et politique des établissements et du commerce des européens dans les deux Indes*. Tome cinquième. Genf: Chez Jean-Léonard Pellet, Imprimeur de la Ville & de l'Académie 1781, S. 43: „L'homme contemplatif est sédentaire; & le voyageur est ignorant ou menteur. Celui qui a reçu le génie en partage, dédaigne les détails minucieux de l'expérience; & le faiseur d'expériences est presque toujours sans génie."

**10** Vgl. zur Hierarchie der Sinne in der Beschäftigung mit der außereuropäischen Welt Ette, Ottmar: Diderot et Raynal: l'œil, l'oreille et le lieu de l'écriture dans l'„Histoire des deux Indes". In: Lüsebrink, Hans-Jürgen / Strugnell, Anthony (Hg.): *L'„Histoire des deux Indes": réécriture et polygraphie*. Oxford: Voltaire Foundation 1996, S. 385–407.

Reisenden, zwischen „philosophe" und „voyageur" für Rousseau bewusst und konzeptionell fundiert: Sie ist erkenntnistheoretisches Programm.

**Abb. 33:** Louis-Michel Van Loo: Denis Diderot (1713–1784).

Bei Denis Diderot finden wir zwar die Spaltung zwischen dem Mächtigen und dem Gelehrten wieder, doch unternimmt dieser „savant" keine physischen Reisen, sind seine Bewegungen doch rein geistiger Natur: Denn der Gelehrte reist nicht. Diderot weist ihm einen Ort zu, den er nicht verlassen wird: Der Ort des Arbeitens und der Ort des Schreibens unterscheiden sich in einem rein räumlichen Sinne nicht voneinander. Dem *homo contemplativus* stellt Diderot nicht den *homo faber*, sondern den Reisenden, eine Art *homo migrans*, gegenüber, der entweder unter einem Mangel an Wissen („ignorant") oder unter einem Mangel an Wahrheit und Wahrhaftigkeit („menteur") leide und daher für Diderot in einem System hierarchisierter Wissenszirkulation auf eine bestenfalls zweitrangige Bedeutung herabgestuft werden muss.

Diese Herabstufung hat weitreichende epistemologische Konsequenzen. Denn damit werden zugleich der Vorrang der Augenzeugenschaft, der Vorrang des eigenen Sehens und die empirische Fundierung allen Wissens aufgegeben. „A beau mentir qui vient de loin" – und man könnte aus heutiger Sicht fast glauben, dieses Sprichwort sei auch geprägt worden für jene Wissenschaften, die vor wenigen Jahren von einem ansonsten renommierten Berliner Wissenschaftshistoriker einmal ein wenig unglücklich als „Fernwissenschaften" bezeichnet wurden. Diese Bezeichnung macht innerhalb der bundesrepublikanischen Wissenschaftslandschaft nur insofern Sinn, als diese Wissenschaften fernab der als sinnvoll erachteten Bereiche des wissenschaftlichen Main Stream liegen. Mit Blick auf die Ergebnisse, welche diese „Fernwissenschaften" liefern, sind sie freilich weit davon entfernt, hinter den ‚naheliegenden' Wissenschaften zurückzustehen.

Doch bleiben wir im 18. Jahrhundert! Denn die in der Folge zu schildernden Debatten sind selbst noch für unsere Gegenwart von großer Bedeutung. Nicht umsonst ließ Denis Diderot die Dialogpartner seines *Supplément au voyage de Bougainville* darüber debattieren, ob der berühmte französische Entdeckungsreisende bei seiner Weltumsegelung nicht eher ein sesshafter Bewohner auf den Planken seines schwimmenden Hauses („maison flottante"[11]) gewesen sei. Dagegen müsste der Leser von Bougainvilles berühmtem Reisebericht als der eigentliche Weltreisende betrachtet werden, sei er es doch, der – scheinbar unbeweglich auf den Dielen seines fest gebauten Hauses – kraft seiner Lektüre die Welt umrundet habe.[12] Man könnte hier mit guten Gründen gewiss nicht von einem Diderot'schen „paradoxe sur le comédien", wohl aber vom Paradox über den Reisenden, vom „paradoxe sur le voyageur" sprechen, welcher in seiner höchsten Form der Leser ist – und wäre er ein Leser des Buches der Welt.[13] Doch mit diesem spannenden Aspekt haben wir uns bereits in der Vorlesung über das *Reise-Schreiben* und die Reiseliteratur ausführlich auseinandergesetzt.[14]

An dieser Stelle kann die Tatsache nicht ausführlich erörtert werden, dass die epistemologisch so relevante Scheidung zwischen den Reisenden und den Daheimgebliebenen keineswegs eine Erfindung des 18. Jahrhunderts war. Denn sie zieht sich bereits seit der ersten Phase beschleunigter Globalisierung durch den gesamten abendländischen Diskurs über die Neue Welt und war im Übrigen bereits in der Antike hinsichtlich des Zusammenspiels von Auge und Ohr als Quellen der Information über eine unbekannte Welt präsent.[15] Doch sei darauf verwiesen, dass jenseits des hier markierten und in der Tat markanten epistemologischen Gegensatzes zwischen Rousseau und Diderot die beiden großen Philosophen der europäischen Aufklärung in einem nicht unwesentlichen Punkt miteinander übereinstimmen. Denn der reisende Philosoph, der „philosophe voyageur" Rousseaus, wählt ganz wie der sesshafte *homo contemplativus* Diderots denselben Ort, um sein Werk niederzuschreiben: den europäischen Schreibtisch. Er bleibt als Ort der Macht und als Ort des Wissens über die außereuropäische Welt von beiden europäischen Philosophen unangetastet.

Das hermeneutische Bewegungsmuster der Reise beruht für beide europäische „philosophes" als Verstehensprozess stets auf einem Kreis. Von Europa geht die Reise aus, wird am europäischen Schreibtisch konzipiert, und nach Europa führt die Reise zurück, wird am europäischen Schreibtisch durch die Nie-

---

**11** Diderot, Denis: *Supplément au Voyage de Bougainville ou Dialogue entre A et B*. In (ders.): *Oeuvres*. Edition établie et annotée par André Billy. Paris: Gallimard 1951, S. 964.

**12** Vgl. hierzu Ette, Ottmar: „Le tour de l'univers sur notre parquet": lecteurs et lectures dans l'„Histoire des deux Indes". In: Bancarel, Gilles / Goggi, Gianluigi (Hg.): *Raynal, de la polémique à l'histoire*. Oxford: Voltaire Foundation 2000, S. 255–272.

**13** Vgl. Blumenberg, Hans: *Die Lesbarkeit der Welt*. Frankfurt am Main: Suhrkamp 1986.

**14** Vgl. den Auftaktband der Reihe „Aula" in Ette, Ottmar: *ReiseSchreiben. Potsdamer Vorlesungen zur Reiseliteratur* (2020).

**15** Vgl. zu diesen Zusammenhängen umfassender das dritte Kapitel in Ette, Ottmar: *Literatur in Bewegung. Raum und Dynamik grenzüberschreitenden Schreibens in Europa und Amerika*. Weilerswist: Velbrück Wissenschaft 2001.

derschrift eines Reiseberichts zur Vollendung geführt. Und so ist es auch keineswegs zufällig, dass Rousseau in der oben angeführten Passage von einer Reise um die Welt spricht: Schon die Reise des Christoph Kolumbus machte nur dadurch Sinn, dass sie den Genuesen nach Europa zurückführte und in einem Admiral verwandelte. Die großen Forschungsreisen des 18. Jahrhunderts wie etwa diejenigen von Bougainville, Cook oder La Pérouse waren allesamt Reisen um die Welt und stehen mit ihren hermeneutischen Bewegungen für die zweite Phase beschleunigter Globalisierung ein.

Ist der reisende Philosoph erst einmal nach Hause zurückgekehrt und aufgrund seiner Mühen und seines Leidens in einen ‚neuen Herkules' verwandelt, wird er sich bald an seinen Schreibtisch setzen und seine Ansichten niederschreiben. Er tut dies aus einer europäischen Perspektive, die zugleich eine Universalisierung seines Wissens miteinschließt. Dass die Niederschrift des Textes, die eigentliche Textproduktion ‚selbstverständlich' nicht in Übersee, sondern in Europa erfolgt, erscheint beiden Europäern an ihren europäischen Schreibtischen als geradezu natürlich. Denn der Ort des Schreibens kann als Ort der Wissensproduktion innerhalb eines zutiefst asymmetrischen Zirkulationssystems von Wissen nur in Europa angesiedelt sein: Kein anderer Ort dieser Welt käme dafür in Frage. Das Lesen im Buch der Natur mag oder muss weltweit erfolgen; die Niederschrift dieser Lektüre der Natur aber kann – dies braucht weder ein Rousseau noch ein Diderot zu thematisieren – ‚natürlich' nur in den europäischen Zentren des Wissens erfolgen. Die ganze Welt mag ein Reich der Zeichen sein: Europa aber versteht sich als das Reich des Wissens – eines Wissens, das diese weltweiten Zeichen zu deuten vermag.

Innerhalb der hier von Jean-Jacques Rousseau und Denis Diderot skizzierten Problematik der Beziehung zwischen Reisen und Wissen sowie Reisen und Schreiben situiert sich auch die *Berliner Debatte um die Neue Welt*, die als ein eminent wichtiger Teil des von Antonello Gerbi in einer längst kanonisch gewordenen Studie so bezeichneten *Disputs um die Neue Welt*[16] angesehen werden muss. Wir haben bereits aus der Perspektive des Cornelius de Pauw einiges von dieser weltweit geführten Debatte gehört, aber diese vielleicht wichtigste in Berlin im Aufklärungszeitalter geführte Auseinandersetzung noch nicht als eine vielstimmige Gesamtheit erkundet.[17] Dies wollen wir jetzt in unserer Vorlesung nachholen!

---

16 Vgl. Gerbi, Antonello: *La disputa del nuovo mondo. Storia di una polemica: 1750–1900.* Nuova edizione a cura di Sandro Gerbi. Con un profilo dell'autore di Piero Treves. Mailand – Neapel: Riccardo Ricciardi editore 1983.
17 Vgl. hierzu auch Ette, Ottmar: Die „Berliner Debatte" um die Neue Welt. Globalisierung aus der Perspektive der europäischen Aufklärung. In: Bernaschina, Vicente / Kraft, Tobias / Kraume, Anne (Hg.): *Globalisierung in Zeiten der Aufklärung. Texte und Kontexte zur „Berliner*

Die *Berliner Debatte um die Neue Welt* hatte viele Disputanten, deren Positionen in der Folge nicht in allen Einzelheiten dargestellt werden können.[18] Einer der beiden wichtigsten Protagonisten dieser nicht nur in Europa, sondern auch in Übersee mit größter Aufmerksamkeit registrierten und kommentierten Berliner Debatte, Antoine-Joseph Pernety, war einst in der Funktion eines Schiffskaplans mit keinem Geringeren als Bougainville zwar nicht um die gesamte Erdkugel, wohl aber in die einst von Amerigo Vespucci so genannte „Neue Welt" gereist. Diese Tatsache sollte in jenen Auseinandersetzungen, die in der aufstrebenden Hauptstadt des ehrgeizigen Preußenkönigs Friedrich II. ihren Ausgang nahmen, aber rasch auf ein weltweites Echo stießen, eine wichtige Rolle spielen. Uns interessieren im Kontext unserer Vorlesung über die Aufklärung zwischen zwei Welten weniger die unterschiedlichen Positionen einzelner Vertreter der Debatte als vielmehr die grundlegenden epistemologischen *Enjeux*, um die es in dieser Debatte ging. Denn sie wirft nicht nur ein Licht auf die Problematik der Aufklärung in verschiedenen Ländern Europas sowie auf die République des Lettres, sondern auf ein Aufklärungszeitalter, das längst transatlantische Dimensionen angenommen hatte.

Pernety ist dabei ein überaus interessanter Aufklärer, auf den sich die internationale Forschung stärker konzentrieren sollte. Viele seiner Tätigkeiten am Hofe Friedrichs des Großen, aber auch und vor allem in dessen Berliner Akademie liegen noch im Dunkeln. Zu lange hat sich die Aufklärungsforschung mit bestenfalls europäischen Fragestellungen beschäftigt und musste darüber die weltumspannenden Dimensionen vernachlässigen. Mit einigen der zentralen Fragen aufklärerischer Anthropologie, aber auch mit den hier dargestellten Problemen wahrnehmungstheoretischer Epistemologie beschäftigte sich der früher von der Inquisition in Avignon verfolgte und nach Preußen geflüchtete Benediktiner Antoine-Joseph Pernety bereits in seinem 1769 in französischer Sprache zu Berlin erschienenen *Journal historique*. Auf dessen Titelseite bezeichnete er sich stolz als „Membre de l'Académie Royale des Sciences & Belles-Lettres de Prusse" und als „Bibliothécaire de Sa Majesté le Roy de Prusse" und berichtet von seiner Reise unter der Leitung von Louis-Antoine de Bougainville zu den tropischen Küsten des heutigen Brasilien, zu den Malwinen-Inseln und an die Südspitze des amerikanischen Kontinents.[19]

---

Debatte" um die Neue Welt (17./18. Jh.). Teil 1. Frankfurt am Main – Bern – New York: Peter Lang Edition 2015, S. 27–55.

**18** Vgl. hierzu die beiden Bände von Bernaschina, Vicente / Kraft, Tobias / Kraume, Anne (Hg.): *Globalisierung in Zeiten der Aufklärung. Texte und Kontexte zur „Berliner Debatte" um die Neue Welt (17./18. Jh.).* 2 Bde. Frankfurt am Main – Bern – New York: Peter Lang Edition 2015, S. 27–55.

**19** Vgl. Pernety, Antoine-Joseph: *Journal historique d'un Voyage aux Iles Malouïnes en 1763 & 1764, pour les reconnoître, & y former un établissement; et de deux Voyages au Détroit de Magellan, avec une Relation sur les Patagons.* 2 Bde. Berlin: Etienne de Bourdeaux 1769.

In seinem *Journal* betonte Pernety immer wieder die grundsätzliche Andersartigkeit der Neuen Welt. So schilderte er auch auf nicht weniger als zwanzig Seiten die am 10. November 1763 erfolgte Querung des Äquators und damit jene Szenerie, die sich so oder in vergleichbarer Form auf allen französischen wie europäischen Schiffen vollzog, welche die Äquatoriallinie, den Zentralbereich des Tropengürtels, passierten und in eine andere Hemisphäre eintraten. Längst waren die Tropen für die europäischen Seefahrtnationen zum planetarischen Bewegungs-Raum *par excellence* geworden,[20] doch stellten sie sich damit zugleich den Schwellenbereich eines Übergangs dar, den man bei diesem sich auf Süd-Kurs nach Brasilien befindenden Schiff als einen symbolträchtigen Übergang von der östlichen in die westliche Hemisphäre, gleichzeitig aber auch von der nördlichen auf die südliche Halbkugel beschreiben darf. Diesen doppelten Übergang markiert der Reisebericht des Franzosen auf durchaus eindrückliche Weise.

**Abb. 34:** Darstellung von Antoine-Joseph Pernety (1716–1796) bei den Patagonen.

Pernetys ausführliche Darstellung des *„Baptême de la ligne"*[21] beginnt noch in der glühenden Mittagshitze an Deck des französischen Schiffes mit der Aufstel-

---

**20** Vgl. hierzu Ette, Ottmar: Diskurse der Tropen – Tropen der Diskurse: Transarealer Raum und literarische Bewegungen zwischen den Wendekreisen. In: Hallet, Wolfgang / Neumann, Birgit (Hg.): *Raum und Bewegung in der Literatur. Die Literaturwissenschaften und der Spatial Turn.* Bielefeld: transcript Verlag 2009, S. 139–165; dort habe ich mich bereits mit dieser zuvor wohl noch nicht behandelten Darstellung der sogenannten Äquatortaufe auseinandergesetzt.
**21** Pernety, Antoine-Joseph: *Journal historique d'un Voyage aux Iles Malouïnes en 1763 & 1764,* Bd. 1, S. 95.

lung eines Beckens mit Meerwasser, eines Throns für den „Seigneur Président de la Ligne" sowie weiterer Sitzgelegenheiten für den „Chancelier" und den (aus Sicht des „aumônier" sicherlich besonders interessanten) „Vicaire" nebst einer Versammlung der gesamten Mannschaft und aller Passagiere.[22] Detailreich und nicht ohne literarisches Geschick wird anschließend der zeremonielle und rituelle Charakter dieser Äquatortaufe hervorgehoben.

Die Tropen waren für die abendländische Welt von jeher ein Faszinosum und diese Querung der Äquatoriallinie stellt vergleichbar mit dem Zeit-Raum des Karnevals die ‚natürlichen' Hierarchien gleichsam auf den Kopf und bildet einen „monde à l'envers". Dies ist eine Tatsache, die das karnevaleske Element mit der Vorstellung der Antipoden – einer Welt, deren Bewohner buchstäblich auf dem Kopf stehen und in der die Bäume nach unten wachsen – zu verbinden scheint. Dem vorwiegend europäischen Lesepublikum wird auf diese Weise anschaulich vor Augen geführt, dass es dem Reisenden in eine andere, in eine fremde Welt folgt, die über einen eigenen Zeichenvorrat verfügt und nicht mit den Maßstäben Europas gemessen werden kann. Nichts scheint in dieser ‚anderen' Welt gleich zu sein, alles muss sich hier notwendig unterscheiden. Es lohnt daher, der literarischen Ausgestaltung dieser Szenerie, die zweifellos den reiseliterarischen Ort eines Höhepunkts von Pernetys *Journal historique* markiert, etwas Aufmerksamkeit zu schenken.

Mit der Reise in die Tropen tauchen wir also in eine andere Welt ein. Die kolonialen Tropengebiete sind daher von Europa nicht allein durch die ökonomischen oder sozialen, politischen oder juristischen Grenzen getrennt: Diese Trennlinie verläuft auch und vor allem durch das Symbolische. Ohne die von Perneti entworfene literarische Szene in all ihren Details wiedergeben zu können, ist es doch aufschlussreich zu beobachten, dass die Inszenierung einer Gegen-Ordnung, die für einen Tag zwischen den Wendekreisen symbolisch in Kraft tritt, jene Wendungen und Wandlungen vorführt, welche die Tropen als gegenüber Europa *andere* Welt im Zeichen der Trennlinie des Äquators repräsentieren. Sie sind in diesem Sinne auch rhetorisch eine andere Figuration des Planetarischen.

Die karnevalesken Züge der Szenerie sind unübersehbar, betritt doch zunächst – selbstverständlich mit dem Einverständnis Kapitän Bougainvilles – ein von sechs Schiffsjungen sekundierter und in einen Schafspelz gehüllter und bemalter Matrose die Bühne, dessen Verkleidung und Verwandlung präzise beschrieben wird,[23] bevor der ebenfalls in Schafsfelle gekleidete „bon-homme de la Ligne" höchstselbst, umgeben von seinem herausgeputzten Hofstaat, das Kommando an Bord übernimmt. Das Schauspiel travestierter Alterität beginnt.

---

**22** Ebda., Bd. 1, S. 96.
**23** Ebda., Bd. 1, S. 98 f.

Inwieweit diese andere Ordnung aus einer ihrerseits nicht unterlaufenen patriarchalischen Perspektive zugleich auf das ‚andere' Geschlecht projiziert wird,
mag das folgende Zitat der fruchtbaren ‚Versprechen' des Kapitäns Louis-Antoine
de Bougainville belegen:

> Nachdem die Dinge so angeordnet waren, sagte der Vikar Herrn von Bougainville: „Um in
> die noble & mächtige Gesellschaft des Herren Präsidenten der Äquatoriallinie aufgenom-
> men zu werden, muss man vorab bestimmte Verpflichtungen eingehen, von denen Sie
> versprechen müssen, sie auch einzuhalten. Diese Verpflichtungen haben nur vernünftige
> Dinge zum Ziele. Zum Glücke, antwortete Herr von Bougainville. Versprechen Sie, erwiderte
> darauf der Vikar, ein guter Bürger zu sein & zu diesem Behufe an der Bevölkerung zu arbei-
> ten & folglich die Mädchen nicht ruhen zu lassen, und zwar immer dann, wenn sich eine
> günstige Gelegenheit ergibt? – Ich verspreche es."[24]

Der Einbau dieser Passage wirft ein deutliches Licht darauf, auf welchen Ebenen sich die europäischen Kolonialherren nun einer eigenen Gesetzlichkeit verpflichtet fühlten. Mit der Überschreitung der Äquatoriallinie wussten sie sich in
einer anderen Welt, in welcher sie selbst die absoluten Herrscher waren. Denn
in den Tropen ging es für die männlichen europäischen Kolonialherren nicht
nur darum, das Land und die Ländereien militärisch zu unterwerfen und auszubeuten, sondern auch sexuell zur eigenen Lusterzeugung auszuplündern und
überdies noch künftige Sklaven zu zeugen.

In dieser Szenerie wird gleichsam ein Versprechen eingeholt, welches nicht allein eine große sexuelle Freizügigkeit der männlichen Besatzungen in der Neuen
Welt beinhaltet, sondern zugleich auch eine männliche Unterwerfung der weiblich
gegenderten Kolonien symbolisiert. Sexueller Missbrauch und die sexuelle Ausbeutung junger Frauen, dies wissen wir aus allen Kolonialakten, erschienen als
selbstverständlich und waren völlig an der Tagesordnung. In der Neuen Welt galten folglich für die Männer andere Formen und Normen der Konvivenz, die ganz
unverkennbar die männliche Potenz ins Zentrum jeglicher Geschlechterordnung
rücken. Dies war zwar nicht von den patriarchalischen Gesellschaftssystemen in
den Herkunftsländern verschieden, lässt aber erkennen, dass die phallozentrische
Geschlechterordnung ohne alle Rücksichtnahme ausgelebt werden konnte.

Damit werden beim Übertritt von der einen in die andere Hemisphäre
schon einmal klar die männlich zentrierten Unterwerfungswünsche vorformuliert und fixiert. Es ist, als würde in diesem Akt auf einer symbolischen Ebene
die Inbesitznahme einer neuen Welt, wie sie am Ausgang des 15. Jahrhunderts
bei Kolumbus in einer genau festgehaltenen juristischen Vorgehensweise
abgespult wurde, nun für die Geschlechterordnungen definiert. Auch im Auf-

---

24 Ebda., Bd. 1, S. 107 f.

klärungszeitalter gilt diese Geschlechterordnung fort, in der zwischen zwei Geschlechtern, einem herrschenden und einem beherrschten, klar unterschieden wird. Wir sehen also, welch eminent politische und symbolische Bedeutung die Geschlechterbeziehungen im Reisebericht wie in der Wirklichkeit – einmal in die Neue Welt projiziert – besitzen. Der militärischen, sozialen und kulturellen Unterwerfung folgt unmittelbar eine sexuelle, welche am Phallogozentrismus dieser ‚aufgeklärten' Kolonialgesellschaften keinerlei Zweifel lässt.

Doch die von Pernety literarisch nachgestaltete Szenerie an Bord der Fregatte unter dem Kommando des renommierten und erfahrenen Kapitän Bougainville erzählt uns noch mehr. Die Serie von Versprechen, die mit einem Schwur und einer ritualisierten Taufszene abgeschlossen wird, in der aus christlicher Sicht stets die Symbolik des Beginns eines anderen Lebens gegenwärtig ist, eröffnet eine Abfolge weiterer Lustbarkeiten. Bei diesen dürfen auch zwei paradiesische „Demoiselles Acadiennes"[25] sowie allerlei neckische Spiele nicht fehlen, die sich in der Folge auf Bougainvilles Fregatte unter dem Kommando des „bon-homme de la Ligne" abspielen. Die Projektion männlich beherrschter sexueller Freizügigkeit auf die Tropen, auf die ‚andere' Welt, zählt zum Kernbestand europäischer Bilderwelten von fernen Ländern. Denn diese Neue Welt erscheint in ihrer unterworfenen und immer wieder von neuem zu unterwerfenden Form in weiblicher Repräsentation. Blicken wir uns heute in den Katalogen der Veranstalter von Fernreisen in die Karibik oder nach Thailand um, so wird deutlich, dass derlei Traditionen keineswegs verloren gegangen sind, sondern noch immer einen – notwendig gezügelten – Bestandteil des europäischen Blicks auf außereuropäische Welten darstellen.

So werden von europäischen Sexualphantasien geprägte Erörterungen über die Geschlechtlichkeit und das Geschlechtsleben der indigenen Bevölkerungen nicht von ungefähr auch in der Berliner Debatte über die Neue Welt eine wichtige Rolle spielen. Wir sollten uns dies stets vor Augen halten: Die koloniale Unterwerfung wird auch genderspezifisch umgesetzt und geht ein in die phallokratischen Selbstdarstellungs- und Verhaltensweisen europäischer Kolonialherren! In diesem Zusammenhang werden in den Amerikas die ‚Indianer' im Gegensatz zu den lasziven ‚Indianerinnen', die sich nur so nach Europäern sehnen, zu impotenten Eunuchen degradiert, die es an sexueller Potenz mit den europäischen Männern niemals aufnehmen könnten. Gewiss lassen sich zwischen den einzelnen europäischen Kolonialländern signifikante kulturelle Unterschiede auf diesem Gebiet beobachten; doch stellen diese Unterschiede nur Nuancen innerhalb der kolonialen Unterwerfung dar.

---

**25** Ebda., Bd. 1 S. 109.

All dies ist ein symbolischer Akt mit Folgen, die sich selbstverständlich nicht allein in Bezug auf die Geschlechterordnungen auswirken. Innerhalb der narrativen Abfolge des *Journal historique* schärft die ausführliche Darstellung der Äquatortaufe die Aufmerksamkeit des Lesepublikums für die diskursive (und epistemologisch grundlegende) Andersartigkeit der ‚anderen' Welt. Die Neue Welt wird, wie schon zu Beginn der sogenannten ‚Entdeckung' Amerikas, auch noch im Aufklärungszeitalter als radikale Alterität projiziert: Die *Question de l'autre*,[26] die Frage nach dieser Alterität, beherrscht alle Bereiche, nicht allein den geschlechtlichen. Denn zwischen den Kapverden und der brasilianischen Küste quert die Fregatte nicht nur die Äquatoriallinie, sondern tritt mit ihrer Besatzung und ihren Passagieren symbolisch in eine andere Welt, in ein für die französische Besatzung neues Leben ein. Nichts bleibt, wie es war: Selbst die innerhalb der europäischen Hierarchien Untersten können sich, wie etwa Matrosen oder einfache Schiffsjungen, in den Tropen als kleine Herrscher aufführen.

Entscheidend ist nicht, dass sich die Formen der Taufe von Nation zu Nation, aber auch von Schiff zu Schiff unterscheiden; ausschlaggebend ist vielmehr die Tatsache, dass dieses „Baptême" stets an Bord durchgeführt wird und ein verbrieftes Recht der Mannschaften darstellt.[27] Dabei ist die Taufe nicht vorrangig an die Querung der Äquatoriallinie selbst, sondern an den Eintritt in die Zone der Wendekreise gebunden, wie Pernety in seinem schönen Reisebericht abschließend erläutert:

> Wenn das Schiff auf seiner Fahrt nicht die Äquatoriallinie, sondern nur die Tropen quert, sind diejenigen von der Mannschaft, die bereits dort waren, aber nicht ihr Tributrecht verlieren wollen, darauf gekommen, den Tropenbereich als den *ältesten Sohn des Kerls der Äquatoriallinie und den folgerichtigen Erben seiner Rechte* zu nennen. Sie führen folglich bei der Querung der Tropen dieselbe Farce wie die unter dem Äquator auf.[28]

Dieser Zusatz macht deutlich, dass es sich um ein Recht der Mannschaften handelt und damit auch symbolisch ein Teil der Macht auf die im Grunde Unterprivilegierten unter den Europäern übergeht. Zumindest ein Teil von diesem karnevalesken „monde à l'envers", von dieser Welt auf dem Kopf, wird eingelöst. So stellen die Tropen als weltumspannender Bewegungs-Raum den ‚eigentlichen' dynamischen Kern europäischer Alteritätsvorstellungen dar. In den Tropen scheint wenn nicht alles, so doch vieles erlaubt. Tropen sind sie folglich in einem dreifachen Sinne: als Raum der Bewegungen (der Sonne zwischen den Wendekreisen) und als Bewegungsraum (der Europäer in ihren transozeanischen Verbindungen), zugleich

---

26 Vgl. Todorov, Tzvetan: *La conquête de l'Amérique. La question de l'autre.* Paris: Seuil 1982.
27 Pernety, Antoine-Joseph: *Journal historique*, Bd. 1, S. 111.
28 Ebda., Bd. 1, S. 112.

aber auch als Tropen in einem rhetorisch-literarischen Sinne, in welchem die über-
tragenen, projizierten Bedeutungen vorherrschen und bestimmend sind.[29]

Dass diese gerade auch religiöse Elemente karnevalisierende Szenerie in
der Folge freilich ebenso auf andere ‚Grenzlinien' übertragen wurde und – wie
etwa die rituelle „Polartaufe" an Bord des deutschen Forschungsschiffs *Polar-
stern* noch heute zeigen kann – auch in unseren Tagen an Bord vieler Schiffe
gefeiert wird, vermindert keineswegs die anhand dieser „rites de passage" erkennbar werdende symbolische Bedeutung der Bewegungsfigur der Tropen.
Denn diese abendländisch entworfenen Tropen sind Tropen der Verwandlung,
der Metamorphose, in denen der Transfer von einer ‚Alten' in eine ‚Neue' Welt
mit einer fundamentalen Transformation aller Sitten, Gewohnheiten und Lebens-
verhältnisse einhergeht. Allerdings stets nach den Regeln der Europäer: Die karnevaleske Welt auf dem Kopf bedeutet gerade nicht, dass die Kolonisierten –
und sei es auch nur für wenige Stunden – die Macht zurückerhielten. Die Neue
Welt ist in den europäischen Reiseberichten des 18. Jahrhunderts eine andere
Welt, die von der Alten Welt als klar geschiedene Gegen-Welt re-präsentiert wird.

Diese Andersheit der Tropen und des tropischen Amerika steht im europäischen Wissenschaftsdiskurs nur allzu oft im Zeichen einer fundamentalen Inferiorität, einer Unterlegenheit, die sich auf alle Bereiche von Natur und Kultur in
den Amerikas bezieht. In der zweiten Hälfte des 18. Jahrhunderts, während der
zweiten Phase beschleunigter Globalisierung, mögen sich auch die historischen
Kontexte gewandelt haben. An die Stelle der iberischen Mächte sind längst
Frankreich und England als globalisierende Führungsnationen getreten. Doch
jene Tropen, die aus europäischer Perspektive den Blick auf die Tropen bestimmen, finden sich weitgehend unverändert in den Schriften der „philosophes"
der *europäischen* Aufklärung. Und weit darüber hinaus, bis in unsere Tage ...

Ohne über einen längeren Zeitraum jemals Gehör in Europa zu finden,
wehrten sich amerikanische Aufklärer wie der neuspanische Jesuit Francisco
Javier Clavijero,[30] mit dem wir uns bereits ausführlich beschäftigt haben, vehement und mit guten Gründen dagegen, in der Nachfolge Buffons von der zeitge-

---

**29** Vgl. auch Ette, Ottmar: Diskurse der Tropen – Tropen der Diskurse: Transarealer Raum
und literarische Bewegungen zwischen den Wendekreisen. In: Hallet, Wolfgang / Neumann,
Birgit (Hg.): *Raum und Bewegung in der Literatur. Die Literaturwissenschaften und der Spatial
Turn.* Bielefeld: transcript Verlag 2009, S. 139–165.
**30** Vgl. das zunächst im italienischen Exil in italienischer Sprache erschienene Werk von
Clavijero, Francisco Javier: *Storia Antica del Messico.* 4 Bde. Cesena: Gregorio Biasani 1780.
Vgl. hierzu allgemein auch Ette, Ottmar: Archeologies of Globalization. European Reflections
on Two Phases of Accelerated Globalization in Cornelius de Pauw, Georg Forster, Guillaume-
Thomas Raynal and Alexander von Humboldt. In: *Culture & History Digital Journal* (Madrid) I, 1
(June 2012) <http://dx.doi.org/10.3989/chdj.2012.003> (20 pp.).

nössischen europäischen Wissenschaft zum inferioren Anderen Europas abgestempelt zu werden. Jenseits ihrer Fülle aber erscheint die Tropenwelt Amerikas in den Augen der meisten europäischen Philosophen als eine Falle, die ganz im Zeichen ihrer behaupteten grundlegenden Inferiorität eine von der ‚eigenen‘ grundsätzlich geschiedene ‚andere‘ Welt konfiguriert. Dass in dieser ‚anderen Welt‘ auch ‚anders‘ und auf Augenhöhe gedacht wurde, kam dabei nicht in Betracht: Die großen Autoren der europäischen Aufklärung konnten sich in der überwiegenden Mehrzahl kaum vorstellen, dass es in den Amerikas Philosophen geben könnte.

Vor diesem Hintergrund verweist die Beschreibung der am 10. November 1763 erfolgten Querung des Äquators im *Journal historique* von Antoine-Joseph Pernety bereits voraus auf grundsätzliche Auseinandersetzungen, die im Verlauf der wenige Jahre nach dieser Reise ausgebrochenen Berliner Debatte um die Neue Welt geführt werden sollten. Denn gerade die These von der fundamentalen Schwäche und Unterlegenheit der Neuen Welt hatte in der europäischen Aufklärungsliteratur Bilder erzeugt, die in den 1768 und 1769 in Berlin erschienenen *Recherches philosophiques sur les Américains*[31] des Cornelius de Pauw im Zeichen der Degenerationsthese die Stufe einer teilweise geradezu apokalyptischen Bilderwelt erreichten. Wir haben uns im Zusammenhang mit den Berliner Verhältnissen und insbesondere mit der Oper *Montezuma* von Friedrich dem Großen bereits ausführlich mit dem holländischen „philosophe“ auseinandergesetzt. Unser Augenmerk haben wir in diesem Kapitel bislang stärker auf seinen Gegenspieler Antoine-Joseph Pernety gerichtet. Daher möchte ich im Folgenden nur noch einige wenige Aspekte der de Pauw'schen *Philosophischen Untersuchungen über die Amerikaner* in Erinnerung rufen.

Die Inferiorität einer noch nicht so alten ‚Neuen Welt‘ war für de Pauw offenkundig, betraf alle Bereiche des natürlichen wie des kulturellen und zivilisatorischen Lebens, schloss aber auch eine Reihe von Gefahren und Gefährdungen mit ein, vor denen er seine europäischen Zeitgenossen zu warnen versuchte. Für den 1739 in Amsterdam geborenen und 1799 in Xanten verstorbenen Kleriker de Pauw war es schließlich evident, dass sich von den Tropen ausgehend Krankheiten und Epidemien wie Syphilis oder Gelbfieber über den gesamten Erdball ausbreiten würden und das menschliche Leben auf dem Planeten in seinem Fortbestand gefährden mussten. Er hatte begriffen, dass seine Zeit die Zeit

---

**31** Vgl. Pauw, Cornelius de: *Recherches philosophiques sur les Américains, ou Mémoires intéressants pour servir à l'Histoire de l'Espèce humaine*. 2 Bde. Berlin: Chez Georges Jacques Decker, Imp. du Roi 1768–1769.

eines erheblich intensivierten Austausches war, eine Zeit, in der jener Prozess *de longue durée*, den wir heute ‚die' Globalisierung nennen, wieder erheblich an Fahrt aufgenommen hatte. Was also konnten die Europäer in einer solchen Phase ihrer Geschichte gegen die Ausbreitung derartiger (fälschlich Amerika zugeschriebener) Krankheiten tun? Der durch seine Reise in die Neue Welt hervorgetretene Antoine-Joseph Pernety entwickelte in seiner Rede vom 7. September 1769 vor jener Berliner Académie des Sciences & Belles-Lettres, deren Mitglied er war, auch eine dezidierte Gegenposition gegen Cornelius de Pauw. Doch zeigte sich gleichwohl, dass in dieser *Berliner Debatte über die Neue Welt*, die weit über die Grenzen Preußens und Europas hinaus wahrgenommen wurde, die Position de Pauws obsiegte. Es handelt sich dabei um eine Position, in der die ‚Neue Welt', die auch geologisch jünger als die Alte und folglich viel später erst aus den Wassern emporgestiegen sei, als Ort einer prinzipiellen, von Anfang an gegebenen Inferiorität stigmatisiert wurde. Warum waren die Thesen von de Pauw in Europa so erfolgreich? Neben den großen rhetorischen Fähigkeiten und der klugen Taktik, nicht einfach die Argumente seines Gegenüber in das Gegenteil zu verkehren, war es sicherlich auch die Tatsache, dass einer europäischen Öffentlichkeit die Thesen des in Xanten wirkenden Klerikers wesentlich genehmer waren, welche sich im Übrigen an die populären Aussagen eines Naturhistorikers wie Buffon anschlossen. Wie bereits zuvor betont, sah Cornelius de Pauw die Europäer als die Krönung des Menschengeschlechts an, während die Bewohner der Tropen völlig inferiorisiert, ja aus dem Menschengeschlecht geradezu ausgeschlossen wurden.

Bei Cornelius de Pauw meint Tropikalisierung unübersehbar Inferiorisierung – und zugleich eine Animalisierung, welche jene Debatte um die Grenze zwischen Mensch und Tier wiederaufnahm, die bereits in der ersten Phase beschleunigter Globalisierung zum Kernbestand der europäischen Diskussionen über den „Mundus Novus" gehört hatte. Die wissenschaftlich im Verständnis des 18. Jahrhunderts legitimierten Äußerungen des Holländers spitzten Buffons *Histoire naturelle* zu, der selbst niemals in Amerika, dafür aber zweimal für einige Monate am preußischen Hof in Berlin und Potsdam geweilt hatte. Sie entwerfen einen Gegensatz zwischen den gemäßigten Zonen insbesondere Europas einerseits und den Tropen Afrikas, Asiens und Amerikas andererseits, den als ein Zeugnis des Eurozentrismus zu bezeichnen wohl eher ein Euphemismus wäre. Wie kaum ein anderer europäischer Autor des 18. Jahrhunderts verstand es der Verfasser der *Recherches philosophiques sur les Américains*, seine philosophischen Untersuchungen zur indigenen Bevölkerung Amerikas ebenso polemisch wie protorassistisch zuzuspitzen.

Die bewusste und gezielte Abwertung der Welt der Tropen wie ihrer Bewohner kam überdies zum für Europas Interessen richtigen Zeitpunkt. Denn de

Pauw verfasste seine Bände just, als die ökonomische Ausplünderung der Tropen insbesondere von England und Frankreich aus auf einen neuen Höhepunkt geführt und ebenso transkontinental wie transareal – unterschiedlichste Kulturräume der Tropen miteinander verknüpfend – organisiert wurde. Längst bildeten die Tropen eine intern vernetzte, aber kolonialistisch von außen kontrollierte transareale Struktur, die von Europa aus als komplementärer Ergänzungsraum funktionalisiert und gezielt globalisiert wurde. Die Verwandlung der Tropen in *planetarisch* ausgeweitete, dependente Gebiete, die freilich noch immer an den Tropen der Verwandlung partizipierten, wurde in der zweiten Phase beschleunigter Globalisierung spektakulär abgeschlossen. Spätestens ab diesem Zeitpunkt begannen die *Traurigen Tropen*[32] eines Claude Lévi-Strauss konkrete historische Gestalt anzunehmen.

Daran vermochte letztlich auch das Akademiemitglied Pernety nichts zu ändern. Gleich zu Beginn seiner am 7. September 1769 vor der Berliner Akademie vorgetragenen und im Folgejahr veröffentlichten *Dissertation sur l'Amérique et les Américains, contre les Recherches philosophiques de Mr. de P\*\*\**[33] baute Antoine-Joseph Pernety eine Frontstellung gegen die Thesen de Pauws auf, deren Strategie wir bereits an ihrem Beginn leicht erkennen können:

> Herr von P. hat soeben ein Werk unter dem Titel *Philosophische Untersuchungen über die Amerikaner* veröffentlicht. Er ist darin bemüht, die unvorteilhafteste Vorstellung von der Neuen Welt & deren Bewohnern zu vermitteln. Der affirmative & entschlossene Ton, mit dem er seine Fragen vorstellt und beantwortet; der Brustton der Sicherheit, mit dem er vom Boden & den Anbauprodukten Amerikas, von der dortigen Temperatur, der körperlichen & geistigen Beschaffenheit der dortigen Bewohner, von deren Sitten & Gewohnheiten und schließlich von ihren Tieren spricht; all dies könnte uns glauben lassen, dass er in all diese Länder einer weit sich erstreckenden Erde gereist wäre; dass er recht lange mit allen dort wohnenden Völkern zusammengelebt hätte. Man wäre versucht zu vermuten, dass unter den Reisenden, die dort lange Aufenthalte machten, die einen uns nur Märchen erzählt und die Wahrheit mit zahlreichen Dummheiten verkleidet hätten, oder aber die Wahrheit aus Schläue und Berechnung vergewaltigten.[34]

---

**32** Vgl. Lévi-Strauss, Claude: *Tristes Tropiques*. Paris: Librairie Plon 1955.

**33** Vgl. hierzu auch Gerbi, Antonello: *La Disputa del Nuovo Mondo*, S. 120–125.

**34** Ich zitiere nach der von Cornelius de Pauw in den dritten Band seiner 1770 erschienen dreibändigen Ausgabe der *Recherches philosophiques* aufgenommenen Fassung; vgl. Pernety, Antoine-Joseph: Dissertation sur l'Amérique et les Naturels de cette partie du Monde. In: Pauw, Cornelius de: *Recherches philosophiques sur les Américains, ou Mémoires intéressants pour servir à l'Histoire de l'Espèce humaine par Mr. de P. Nouvelle Edition, augmentée d'une Dissertation critique par Dom Pernety; & de la Défense de l'Auteur des Recherches contre cette Dissertation.* 3 Bde. Berlin: Decker 1770, Bd. 3, S. 7 f.

Dom Pernety legte – wie bereits dargestellt – im selben Jahr 1769 ebenfalls in Berlin und in französischer Sprache seinen zweibändigen Reisebericht vor. Er spielte hier von Beginn an die Karte dessen aus, der als Augenzeuge jene Länder bereiste, die sein Widersacher Cornelius de Pauw ungeachtet des Grundtons größter Selbstsicherheit, mit der er nicht zuletzt auch die Berichte von Reisenden in der Tat einer pauschalen Kritik unterwarf, niemals selbst zu Gesicht bekommen hatte. Es handelt sich um die Trumpfkarte des Reisenden gegenüber den Beschränkungen des Daheimgebliebenen.

Dementsprechend stellte sich Pernety selbst – der als Akademiemitglied zurecht auf eine positive Aufnahme seiner Überlegungen durch die Berliner Akademie hoffen durfte – als weitgereisten Philosophen in den ihm sicherlich bekannten Zusammenhang jener Forderung nach einem „philosophe voyageur", welche Rousseau in seinem *Discours sur l'origine et les fondements de l'inégalité parmi les hommes* erhoben hatte. Daher betonte er bereits auf den ersten Zeilen seiner „Préface", dass er sich der Welt Amerikas nicht allein als Leser angenähert habe: „J'avois lu & relu quantité de rélations de l'Amérique; j'avois vu de mes propres yeux la plupart des choses, qui y sont rapportées."[35] Pernety präsentiert sich mithin als einen der Wahrheit verpflichteten Augenzeugen, der die Dinge selbst gesehen habe, von denen er berichtet. Und es habe ihn sehr erstaunt, all die Dinge, die er mit eigenen Augen gesehen habe, verworfen oder verkleidet zu *sehen*: „voir contredites, ou travesties par Mr. de P."[36] Wie bei Rousseau sind auch bei Pernety das eigene Sehen und damit der Gesichtssinn des reisenden Philosophen von entscheidender Bedeutung für eine fundierte Beurteilung sowie für die Glaubwürdigkeit eines Reisenden, welcher nur der wissenschaftlichen Wahrheit verpflichtet ist.

Auch an anderen Stellen dieser vor der Berliner Akademie vorgestellten *Dissertation* lässt sich unschwer erkennen, dass die Gedankenwelt Rousseaus in den Argumentationen Pernetys eine nicht zu unterschätzende Rolle spielt. So kehrt Pernety de Pauws Bild von den schwachen, geistig wie körperlich unterlegenen und unmännlichen (da bartlosen) Indianern um in ein genau gegenläufiges Bild. Denn die indigene Bevölkerung besitze „une santé ferme, vigoureuse, une vie qui passe ordinairement les bornes de la nôtre":[37] Die Indianer seien robust und stark, führten sie doch ein Leben in der Natur, das eine solche Konstitution begünstige. Dem starken, langlebigen Naturmenschen eigne aber auch ein wacher Geist: „un esprit sain, instruit, éclairé & guidé par une philosophie vrai-

---

35 Ebda., S. 4f.
36 Ebda., S. 5.
37 Ebda., S. 114.

ment naturelle, & non subordonnée comme la nôtre, aux préjugés de l'éducation; une âme noble, courageuse, un cœur généreux, obligeant: que faut-il donc de plus à Mr. de P. pour être véritablement hommes?"[38] Denn wer inmitten der Natur lebe, der sei auch geistig aufgeweckt und pflege eine Naturphilosophie, die sich nicht den Vorurteilen einer europäischen Erziehung unterordne. Die indigene amerikanische Bevölkerung sei daher von edler Seelengröße.

Die Gedankenwelt Antoine-Joseph Pernetys ist unzweifelhaft von Jean-Jacques Rousseau und dessen Vorstellung vom „natürlichen Menschen" geprägt. Die Diskussion des Mensch-Tier-Gegensatzes nutzt Pernety geschickt, um neben der schon früh in seinen Text eingefügten und oft wiederholten Erwähnung amerikanischer Hochkulturen wie der Inkas zugleich seine Gegen-These von der Superiorität des „Homme naturel", also der Urbevölkerung Amerikas, gegen de Pauw in Stellung zu bringen. Die Vertreter einer „philosophie vraiment naturelle" dürfe man aber auch keinesfalls als Wilde, als „sauvages", bezeichnen, müssten sich doch eher die Europäer ein derartiges Etikett gefallen lassen: „puisqu'en effet nos actions sont contraires à l'humanité, ou du moins à la sagesse qui devroit être le guide des hommes, qui se piquent d'être plus éclairés qu'eux."[39] Denn stünden die Handlungen der Europäer nicht in offenkundigem Widerspruch zu den Interessen des gesamten Menschengeschlechts?

Dies waren fraglos Thesen und Themen, die man in Europa nicht einfach mit offenen Ohren hören und mit offenen Armen begrüßen mochte. Ich glaube nicht, dass sich in diesem Zusammenhang – etwa hinsichtlich der historischen Frage der Klimaentwicklung heute – an diesem Sachverhalt viel geändert hätte. Mokiert sich hier Pernety über die von seinem Gegner in der Berliner Debatte vorgetragene „Belle leçon dictée par les lumières de la pure raison",[40] so beklagt er im gleichen Atemzug das Unglück und die Unruhe eines Teils des Menschengeschlechts, das sich über alle anderen Teile erhaben glaube. Pernety sieht sich auf der Seite der universalen Vernunft, deren Walten er voranzubringen hoffte. Auch er sah die Neue Welt und deren indigene Bevölkerung als absolute Alterität, doch erblickte er dieses Andere nicht im Lichte einer Inferiorität, sondern vielmehr einer zumindest moralischen und philosophischen Superiorität: der des „Homme naturel", des natürlichen Menschen, gegenüber dem durch einen langen zivilisatorischen Prozess degenerierten.

---

38 Ebda., S. 114 f.
39 Ebda., S. 115.
40 Ebda.

Die Gesellschaft derer, die man als ‚Wilde' bezeichne, sei folglich eine Gemeinschaft, die auf einem „contrat social", auf einem Gesellschaftsvertrag im Sinne Rousseaus gründe:

> Ich gestehe, dass wir die einen für die anderen gemacht sind & dass aus dieser wechselseitigen Abhängigkeit der ganze Vorteil der Gesellschaft erwächst. Doch die erste Absicht dieser Vereinigung oder dieses Gesellschaftsvertrages; bestand darin, alle Vertragspartner darauf zu verpflichten, sich gegenseitig Hilfe zuzusichern & sich nicht von einer Seite usurpieren zu lassen; ja sie sogar in ihren Usurpationen zu bestärken & die andere Seite gänzlich im Mangel zu belassen.[41]

Dank einer derartigen Argumentation wird deutlich, dass Antoine-Joseph Pernety der vernichtenden Einschätzung der indigenen Bevölkerung durch Cornelius de Pauw nicht nur den starken Naturmenschen und Naturphilosophen auf der individuellen Ebene, sondern auch den Menschen der Gemeinschaft, den Menschen des „contrat social", auf der kollektiven Ebene geradezu idealtypisch – und in jedem Falle idealisierend – gegenüberstellt. Aus seiner Sicht kommt es darauf an, über den von ihm beschriebenen Gesellschaftsvertrag eine Gemeinschaft zu entfalten, die im Zeichen des Zusammenlebens stehen sollte.[42]

Eine solche Konvivenz auf der Grundlage eines Gesellschaftsvertrages, eines „contrat social", schien nur wenigen Europäern eine verlässliche Grundlage für ein gedeihliches Zusammenleben zu sein: Waren denn die Indianer überhaupt auf der Höhe der Europäer, um mit diesen Verträge schließen zu können? So konnte Pernetys Argumentation nicht leicht bei seiner europäischen Leserschaft verfangen. Man darf hierin sehr wohl eine Schwäche der Argumentationsstrategie Pernetys erkennen, stellt er überdies den negativ eingefärbten Bildern de Pauws doch einfach – wie schon angemerkt – allzu oft positiv eingefärbte Gegen-Bilder entgegen. Diese gleichsam inverse Darstellung macht seine eigene Argumentation abhängig von jener seines Gegners, da sich Pernety immer wieder darauf beschränkt, die negativen Vorzeichen in der Darstellung des Cornelius de Pauw auf allen Ebenen in positive zu verwandeln. Darunter aber leidet die Eigenständigkeit seiner Beobachtungen wie die Originalität und Beweglichkeit seiner *Dissertation*, die zeitweise zum reinen Gegen-Diskurs verkommt. Eine solche Argumentationsstrategie machte es seinem Gegner leicht, die Oberhand zu behalten, ja sogar die *Dissertation* seines Gegners eigens abzudrucken, um noch deutlicher als Sieger aus dieser Debatte hervorzugehen.

---

**41** Ebda., S. 115 f.
**42** Vgl. zu dieser für die Literatur (und für die Literaturwissenschaft) zentralen Frage Ette, Ottmar: *ZusammenLebensWissen. List, Last und Lust literarischer Konvivenz im globalen Maßstab (ÜberLebenswissen III)*. Berlin: Kulturverlag Kadmos 2010.

Die Argumentationslinie, das genaue Gegenteil dessen zu behaupten, was de Pauw in seinen *Recherches philosophiques sur les Américains* vorstellte, prägt auch die „Seconde Partie" der Pernety'schen Akademierede, die sich schon auf den ersten Zeilen von dem abwendet, was man „Herrn de P. zufolge glauben müsste".[43] Denn dieser Teil der Erde sei weltweit der beste, das Land sei äußerst fruchtbar, die Bäume überladen mit Früchten, wie er selbst im Garten des Gouverneurs von Montevideo mit eigenen Augen gesehen habe.[44] Überhaupt könne man diesen wunderbaren Erdteil am besten mit dem Irdischen Paradies[45] und mit den Gärten des Goldenen Zeitalters vergleichen: eine Welt der Wunder und einer Fülle, wie sie einst ein Vergil besungen habe.[46] Pernety griff damit nicht nur auf die Suche des Christoph Kolumbus nach dem Irdischen Paradies in den Tropen Amerikas zurück, sondern tief in den abendländischen Fundus der griechisch-römischen Antike.

Umgekehrt versuchte er, die sich auf Buffon berufenden Argumente seines Widersachers dadurch zu entkräften, dass er diesen seine eigene Erfahrung, seine eigene Augenzeugenschaft entgegenstellte. Würde man de Pauw folgen, so müsste man die amerikanische Hemisphäre als eine „terre maudite", als eine verfluchte Erde begreifen;[47] in Wirklichkeit aber habe sich Pernety selbst davon überzeugen können, dass in Amerika „le principe de vie", folglich das Lebensprinzip und wohl auch die Lebenskraft, wesentlich stärker ausgeprägt sei als in Europa.[48] Nichts von dem, was de Pauw in seinen *Recherches philosophiques* behauptet, bleibt in Pernetys Gegen-Diskurs bestehen. Aber war dies eine intelligente Diskursstrategie?

Zweifellos war es ebenso zutreffend wie klug, gegen die einseitigen Anschuldigungen de Pauws, der amerikanische Kontinent habe den Rest der Welt mit Epidemien und Krankheiten – allen voran der Syphilis – überzogen, mit guten Gründen auf eine wechselseitige Globalisierung von Krankheiten aufmerksam zu machen, wie sie in der Tat mit der ersten Phase beschleunigter Globalisierung einhergegangen war. Die Bewohner Amerikas würden keineswegs von unendlich vielen und schrecklichen Krankheiten gepeinigt, sondern seien vielmehr als überaus gesund und robust anzusehen:

---

43 Pernety, Antoine-Joseph: Dissertation sur l'Amérique et les Naturels de cette partie du Monde, S. 32.
44 Ebda.
45 Ebda., S. 35.
46 Ebda., S. 36.
47 Ebda., S. 43.
48 Ebda., S. 42.

Sei es durch körperliche Ertüchtigung oder sei es durch die Konstitution ihres Tempera-
ments sind sie höchst gesund, sie sind frei von Lähmungen, von Wassersucht, von Gicht,
von Atemnot, von Asthma, von Steinen aller Art; dies sind Krankheiten, mit denen die
Natur, die diesem Kontinent so viel gegeben hat, uns nochmals begünstigen wollte. Sie
hatte freilich die Rippenfellentzündung Canada gelassen; & wir haben ihr die kleinen Pocken (*small pocks*) gebracht. Die Amerikaner haben uns die ihrigen mit dem Rechte des
Austausches & des Handels übertragen.[49]

Während Europa bei Pernety zum Kontinent der Gebrechlichen wird, die unter
allen möglichen Krankheiten leiden, gerät dem Franzosen Amerika zum Inbegriff einer körperlichen Gesundheit, die allenthalben sichtbar sei. Nicht umsonst griffen auch spätere Verteidiger der Sache Amerikas und der dortigen
Bevölkerungen gerne auf die Argumente Pernetys zurück, indem sie die Degenerierung der europäischen Bevölkerung im ‚alten Europa‘ hervorhoben. Wir
werden mit dem neuspanischen Dominikanermönch Fray Servando Teresa de
Mier noch eine dieser Stimmen näher kennenlernen.

Gegen die gewiss nicht nur von de Pauw vertretene These von der Degenerierung des Menschengeschlechts in den Tropen der Neuen Welt setzt Pernety
eine hemisphärische Konstruktion, die den amerikanischen (das heißt indigenen) Menschen vom hohen Norden bis zum tiefen Süden unter Verweis auf die
unterschiedlichsten Reisenden in das glanzvollste Licht rückt:

Wenn wir vom Norden bis zum äußersten südlichen Rand des Neuen Kontinents fort-
schreiten, so stellen alle Völker, auf die wir auf unserem Wege stoßen, gut gebaute Menschen dar. Denn so sind, wenn wir Vincent le Blanc & den anderen Reisenden glauben,
die Mexikaner, die Brasilianer, die Peruaner, jene aus Paraguay, aus Chile & schließlich
die Patagonier.[50]

Das Urteil des französischen Reisenden umfasst trotz aller ethnischen Verschiedenheit, die Pernety vielleicht nicht gänzlich bewusst gewesen sein dürfte, alle
so unterschiedlichen indigenen Völker – gleichviel, ob sie in tropischen Tief-
ländern oder in den Außertropen, ob sie in hochandinen Regionen oder in Küs-
tenbereichen siedelten. Alle seien sie weit davon entfernt, im Sinne de Pauws
degeneriert zu sein, sondern würden durch ihre Robustheit und ihre eiserne Gesundheit gegenüber den unter allerlei Krankheiten leidenden Europäern höchst
positiv hervorstechen. Für Antoine-Joseph Pernety musste der „Homme naturel" natürlich stark sein.

Doch Pernetys Lob der indigenen Bevölkerung beschränkte sich nicht auf
deren bloßen stattlichen Körperbau. Vielmehr führte er auch zahlreiche Ele-

---

**49** Ebda., S. 48.
**50** Ebda., S. 49 f.

mente ihrer Kultur an, die den französischen Reisenden beeindruckt hätten und die Thesen eines Cornelius de Pauw glatt widerlegten. Dabei zeichneten sich nicht nur einzelne Völker, sondern alle Amerikaner ebenso durch eine den Europäern gegenüber weit größere und ehrlichere Gastfreundschaft aus, ja legten Tugenden an den Tag, die man zu bewundern nicht umhin könne:

> Ohne dass sie einen Lykurg als Gesetzgeber gehabt hätten, respektieren die Kariben & im Allgemeinen alle amerikanischen Völker ihre Greise unendlich, hören ihnen aufmerksam zu, verweisen auf die Gefühle der Alten & verhalten sich nach ihrem Willen. Sie sind auf natürliche Weise frank und frei, wahrheitsliebend & haben zu allen Zeiten Zeichen von Offenherzigkeit, von Höflichkeit, von Freundschaft, von Großzügigkeit & von Dankbarkeit gegeben. Diejenigen, die lange mit ihnen in Beziehung standen, schreiben ihnen mehr Gerechtigkeit zu als Herr von P. Wenn man heute bei ihnen die Lüge, die Perfidie, den Verrat, die Freizügigkeit & mehrere andere Laster findet, dann muss man sich an die schädlichen Beispiele der Europäer & an die schlechten Behandlungen halten, welche diese an ihnen verübten. Auf jeder Seite der Berichte sieht man, wieviel diese vom Alten Kontinent in der Neuen bewirkten einschließlich der Kunst, die sie so gut beherrschen, auf gemeine Weise zu täuschen.[51]

Antoine-Joseph Pernety ist bereit, alle Übel und Missetaten der Alten Welt und alle moralische Größe der Neuen Welt zuzuschlagen. Daher zögert er auch nicht, Lüge und Betrug dort, wo sie in Amerika überhaupt vorkämen, auf den schädlichen Einfluss der Europäer zurückzuführen. Von Natur aus seien die indigenen Völker Amerikas aber moralisch wie charakterlich gut und seien die Repräsentanten einer Welt, die der Perfidie der Europäer unterlegen sei. Auch an diesen Stellen, wo es im Grunde um den „Homme naturel" geht, ist der Einfluss von Rousseau auf das Denken Pernetys unübersehbar, seien es doch die pervertierten Gesellschaften Europas, die den moralischen Verfall der Naturvölker in der Neuen Welt zu verantworten hätten.

Angesichts eines derartigen Sittengemäldes, das in einem scharfen Kontrast den robusten und guten Naturmenschen vom nicht nur verdorbenen, sondern weit mehr noch die anderen Völker verderbenden Europäer absetzt, verwundert es nicht, dass Pernety die Bewohner Amerikas auch zu den glücklicheren Menschen erklärt.[52] Denn sie lebten noch im Einklang mit der Natur: Wie könnten sie da nicht glücklicher sein als die von einem langen zivilisatorischen Prozess zu Grunde gerichteten Europäer? Die wenig nuancierende Argumentationsstrategie Pernetys, die es alleine darauf anlegt, de Pauws Behauptungen durch Gegen-Behauptungen zu widerlegen, affiziert letztlich weite Teile der *Dissertation*, die sich in diesen langen Passagen weder empirisch noch epistemologisch den Aus-

---

51 Ebda., S. 81–83.
52 Ebda., S. 87.

führungen de Pauws als überlegen erweist. Pernetys Sichtweise der Amerikaner ist in einem hohen Maße ebenfalls bestimmten Positionen der europäischen Aufklärung verpflichtet, ganz wie dies bei de Pauw der Fall war: Nur sind seine Vorbilder deutlich auf der Seite Rousseaus zu finden. Auch wenn er als Reisender anders als der holländische Philosoph Teile Amerikas aus eigener Anschauung kannte, so wurzeln die Voraussetzungen seines Blicks auf die Neue Welt doch nicht weniger in Vorstellungen, die in Europa während des Aufklärungszeitalters entwickelt wurden.

Mit der von Pernety immer wieder vorgetragenen Frage nach den Patagoniern greift das Mitglied der Berliner Akademie eine Problematik auf, die auch Jean-Jacques Rousseau nicht von ungefähr erwähnt hatte („sans oublier les Patagons vrais ou faux"[53]). Zweieinhalb Jahrhunderte nach Pigafettas ersten Berichten von Riesen in Patagonien wollte er die noch immer ungelöste Frage endlich einer wissenschaftlichen Erforschung und abschließenden Bewertung zuführen. Diese Frage war insofern von großer epistemologischer Bedeutung, als das bestätigte Vorkommen von Riesenmenschen unverkennbar gegen die noch immer gültige These Buffons gestanden hätte, dass alles in Amerika, in Flora und Fauna, in allen Bereichen von Natur und Kultur, kleiner und schwächlicher sei als in der Alten Welt. Noch ein Hegel wird im 19. Jahrhundert in seinen Vorlesungen zum Ärger Humboldts davon faseln, die Krokodile oder Alligatoren Amerikas seien so viel schwächer als deren Vertreter in der Alten Welt, verglichen etwa mit ihren Artgenossen am Nil.

Nicht umsonst hatte Pernety seinem Reisebericht eine *Relation sur les Patagons* beigefügt, die er publikumswirksam bereits in den Titel seines *Journal historique* aufnahm – und hatte nicht Pierre Moreau de Maupertuis, der Präsident der Berliner Akademie, zu den riesenhaften Patagoniern verlauten lassen, dass man vernünftigerweise nicht mehr an ihrer Existenz zweifeln könne?[54] Es dürfte kaum überraschen, dass er de Pauws Behauptung, bei der Rede von den Menschen mit riesenhaftem Wuchs in Patagonien handele es sich um von europäischen Reisenden erflunkerte Fabelwesen, nicht nur die teilweise Manipulation von Quellen vorwarf,[55] sondern in ganz grundsätzlicher Manier entgegentrat: „Ich begreife nicht, wie Herr von P. es unternehmen konnte, die Existenz von riesenhaften Patagoniern auszulöschen. Räsoniert man seiner philosophischen

---

**53** Rousseau, Jean-Jacques: *Discours sur l'origine et les fondements de l'inégalité parmi les hommes*, S. 213.

**54** Vgl. hierzu Moureau, François: L'Amérique n'a aucun avenir: les idées ‚philosophiques' de Cornelius De Pauw. In: *Travaux de Littérature* (Genf) 24 (2011), S. 66.

**55** Pernety, Antoine-Joseph: Dissertation sur l'Amérique et les Naturels de cette partie du Monde, S. 68.

Methode folgend, so wäre nichts fähig, in seinen Augen durch deren Existenz die Degradation & Degenerierung der Menschenrasse in Amerika zu belegen."[56] Es ging folglich um nicht mehr und nicht weniger als um die Einschätzung des zivilisatorischen Prozesses der Menschheit im Sinne einer ständigen Degenerierung und eines ständigen Abstiegs oder im Sinne eines Vorgangs, der das Menschengeschlecht aus tiefster Barbarei herausgeführt hätte. Pernety – dies war offenkundig – neigte der ersten, von Rousseau vertretenen These zu; de Pauw vertrat in seinen *Recherches philosophiques sur les Américains* offensiv die zweite.

Doch gerade an dieser Stelle wird deutlich, wie sehr Pernety mit seinem nicht selten sehr mechanisch wirkenden Bemühen, de Pauw in allen Punkten zu widerlegen, über sein Ziel hinaus schoss und die Legitimität und Autorität seines eigenen Diskurses beschädigte. Er war in den Augen seiner Zeitgenossen keineswegs glaubwürdiger, nur weil er selbst auch für eine nicht allzu lange Zeit in die amerikanischen Tropen gesegelt war. De Pauw schätzte diesen Sachverhalt richtig ein und wusste, dass allein eine gewisse Augenzeugenschaft seinem Kontrahenten noch lange keine stärkere Position verschaffen konnte. All dies dürfte entscheidend zu dem unbestreitbaren Faktum beigetragen haben, dass sich die von Pernety inkriminierte „méthode philosophique" des Cornelius de Pauw in der Berliner Debatte, also in jener zunächst von Berlin ausgehenden *europäischen* Phase des Disputs um die Neue Welt, letztlich durchzusetzen vermochte und für lange Zeit die Oberhand behielt. Um über die Neue Welt glaubwürdig zu berichten, musste man nicht vor Ort gewesen sein – eine epistemisch fundamentale Position, der selbstverständlich ein Diderot ebenso wie ein Voltaire, ein Raynal ebenso wie ein Kant zuzurechnen waren. Erst am Ausgang des 18. Jahrhunderts sollte sich auf diesem Gebiet, wie wir noch sehen werden, eine gewisse ‚Revolution' ereignen.

Worin aber bestand die ‚Methode' des Cornelius de Pauw, die – wie bereits gezeigt wurde – als solche von dem neuspanischen Jesuiten Francisco Javier Clavijero inkriminiert worden war? Denn hatte sich letzterer über sie nicht aus amerikanischer Sicht lustig gemacht und sich auf einen afrikanischen Philosophen wie Anton Wilhelm Amo bezogen, um eben diese ‚Methode' auf Europa und dessen Bewohner anzuwenden? Und welche Folgen hatte sie für ein Verständnis der unterschiedlichsten Phänomene der Globalisierung aus einer europäischen Perspektive im Zeitraum *vor* jenem Alexander von Humboldt, der

---

**56** Ebda., S. 51: „Je ne conçois pas comment Mr. de P. a entrepris d'anéantir l'existence des Patagons Géants. En raisonnant suivant sa méthode philosophique, rien n'étoit plus capable que cette existence, de prouver à ses yeux, la dégradation & la dégénération de la race humaine en Amérique."

genau eine Woche nach der Rede Pernetys vor der Berliner Akademie nach eigenem Bekunden im Zeichen eines Kometen in der preußischen Hauptstadt das Licht der Alten Welt erblickte?

Zweifellos war Cornelius de Pauw ein Denker der Globalität und sein Werk eine findige und zeitgemäße Antwort auf jene zweite Phase beschleunigter Globalisierung,[57] welche die zweite Hälfte des 18. Jahrhunderts bis deutlich über die Jahrhundertwende hinaus umfasst. Einheit und Aufteilung des Planeten stellen Problematiken dar, die de Pauws gesamtes Werk über die Alte wie die Neue Welt durchziehen und um die sein Denken auch mit Blick auf seine Werke über die Chinesen wie die Ägypter kreist. Dabei begreift der Autor der *Recherches philosophiques sur les Américains* ganz im Sinne der Naturgeschichte Buffons diese ‚Neue' Welt als eine auch geologisch wie geomorphologisch jüngere, neuere Welt, in der es überall von Sümpfen wimmele.[58] Wir hatten gesehen, dass man sich in der ersten Hälfte des 18. Jahrhunderts den Kopf über die genaue Form der Erde zerbrach und Expeditionen dazu ausrüstete, die von Isaac Newton vertretene These von der Abplattung der Pole wissenschaftlich und empirisch zu überprüfen.

In der zweiten Hälfte des 18. Jahrhunderts ging es im Zeichen einer anhebenden Beschleunigung der Globalisierung weit mehr um die Frage, wie sich die beiden Hemisphären, wie sich die ‚Alte' und die ‚Neue' Welt zueinander verhalten. So bildet für de Pauw wie für viele seiner Zeitgenossen – immerhin handelte es sich um die vorherrschende Lehrmeinung in den zuständigen Wissenschaften! – der gesamte Planet eine Einheit, jene ‚Maschine des Globus', die sich freilich naturhistorisch gesehen gleichzeitig in erdgeschichtlicher Ungleichzeitigkeit befindet. Daran, dass unser Planet eine Einheit bildet, war nicht zu zweifeln; dass diese Einheit jedoch in zwei ungleiche Hälften zerfiel, war in vielen europäischen Wissenschaften *State of the Art*. Denn während es in der Alten Welt längst zu einer gewissen Beruhigung („repos") gekommen sei, brodele und schüttele es in den Gebirgen der Neuen Welt, wo sich die Landmassen sich erst wesentlich später aus dem Wasser gehoben hätten. Und dieser Prozess sei noch lange nicht abgeschlossen. ‚Alt' steht ‚neu' auch geologisch gegenüber – und das ‚Alte' ist dem ‚Neuen' überlegen! Noch bei Hegel werden Sie – wie ich bereits anmerkte – auf derartige Formulierungen noch in seinen Berliner Vorlesungen immer wieder stoßen.

---

57 Vgl. hierzu ausführlicher Ette, Ottmar: *Weltbewußtsein. Alexander von Humboldt und das unvollendete Projekt einer anderen Moderne.* Weilerswist: Velbrück Wissenschaft 2002, S. 25–27; sowie (ders.): *TransArea – eine literarische Globalisierungsgeschichte*, S. 14–18.
58 Vgl. hierzu Pauw, Cornelius de: *Recherches philosophiques sur les Américains, ou Mémoires intéressants pour servir à l'Histoire de l'Espèce humaine*, Bd. 1, S. 102.

Doch diese zweigeteilte Welt ist eins – und beide Hemisphären, so wird rasch deutlich, sind fortan unauflöslich miteinander verwoben und aneinander gekettet. Cornelius de Pauw erweist sich gleich zu Beginn seines Werkes als ein Denker der Globalität, genauer: als Denker einer Globalität, die von einer scharf asymmetrischen Struktur geprägt ist. Diese Asymmetrie brachte es mit sich, dass das alte Amerika, „l'ancienne Amérique", das noch die Zeitgenossen der Conquista kannten, nicht mehr besteht, ist es doch „entièrement bouleversé par la cruauté, l'avarice, l'insaciabilité des Européens".[59] Deklamatorisch prangert de Pauw die Unersättlichkeit der europäischen Suche nach Reichtümern an. Aus den spanischen Konquistadoren sind Europäer geworden – und die von ihnen ausgehende zerstörerische Gewalt öffnet sich bei de Pauw sogleich auf mögliche Katastrophen von planetarischem Ausmaß. Eine selbstverschuldete Auslöschung des gesamten Menschengeschlechts wird plötzlich vorstellbar, eine „extinction totale"[60], die keiner Naturkatastrophe, sondern im Wesentlichen menschlichem Handeln geschuldet wäre. Die Zerstörung unseres Planeten: Mit de Pauw wird sie im 18. Jahrhundert konkret vorstellbar! Diese Vorstellung von der totalen Vernichtung unseres Habitats sollte seit der Aufklärung und der Sattelzeit der Moderne die gesamte Epoche einer europäischen Moderne begleiten. Denn vor dem Hintergrund der kolonialen Expansion des 15. und 16. Jahrhunderts warnt de Pauw vor den Konsequenzen jener zweiten, sich von Europa aus über den Globus ausbreitenden Expansionswelle, deren Zeitgenosse und Zuschauer der holländische Abbé selbst ist. Europa stehe im Begriff, unter der Anleitung von „politiques" und unter dem Beifall mancher „philosophes" die „Terres Australes" machtpolitisch und wissenschaftlich in Besitz zu nehmen, ohne zu bedenken, wieviel Unglück man notwendig über die dort lebenden Völker bringen werde.[61]

Die Maschine des Erdkörpers ist zwar für die europäische Aufklärung durchaus eine einzige, spaltet sich aber in zwei Hemisphären auf, die in ihrer Gegensätzlichkeit in manchen Köpfen bis in unsere Tage fortbestehen. Die Langzeitwirkung derartiger Bilder ist zumindest mit Blick auf das 19. Jahrhundert kaum zu überschätzen. Die Unterscheidung und Scheidung zweier Hemisphären bildet jedenfalls die grundsätzliche diskursive Setzung der *Recherches philosophiques sur les Américains* und ist zunächst zwar rationaler, aber nicht relationaler Natur. Auf diesen beiden Ebenen, jener der Zweiteilung der Erde wie der Nicht-Relationalität des Verhältnisses zwischen beiden Welten, sind die

---

**59** Ebda., Bd. I, S. a4r.
**60** Ebda., Bd. I, S. a3r.
**61** Ebda.

Unterschiede zwischen den Sichtweisen de Pauws und Pernetys im Grunde nicht sehr erheblich.

Dem fundamentalen Argumentationsschema einer Zweiteilung, ja mehr noch einer Gegensätzlichkeit der beiden Hemisphären folgen nicht allein die naturhistorischen, sondern auch die kulturhistorischen Überlegungen von de Pauws *Recherches philosophiques*. Dabei ließ Cornelius de Pauw keinerlei Zweifel daran aufkommen, dass für ihn die Entdeckung Amerikas durch Christoph Kolumbus jenes globalgeschichtliche Ereignis war, das aus seiner Sicht die Geschichte des Planeten am nachhaltigsten geprägt und gleichsam die naturhistorische Differenz zwischen Alter und Neuer Welt am stärksten hervorgetrieben und in den kulturgeschichtlichen Bereich deterministisch übersetzt hatte.[62] Wir konnten bei unserer Analyse der Auseinandersetzungen zwischen dem Jesuitenschüler de Pauw und dem neuspanischen Jesuiten Clavijero bereits sehen, wie der in Amsterdam geborene Kleriker, der wohl auch an der für außereuropäische Fragen bestens ausgestatteten Göttinger Universität studiert hatte,[63] in scharf konturierten Wendungen seines französischsprachigen Werkes eine Gegensätzlichkeit auf die Spitze trieb. Diese übertrug die Opposition von ‚alter‘ und ‚neuer‘ Welt nun auf ‚Europäer‘ und ‚Amerikaner‘. So sind die Menschen zwar Bewohner *einer* Welt, die schroffer zweigeteilt jedoch kaum vorstellbar sein könnte.

Zugleich wird in dieser Argumentations- und Diskursstruktur durchaus absichtsvoll Kultur in Natur verwandelt. Und mehr noch: Die Welt Amerikas wird in ein Reich der Natur (zurück-)verwandelt, während Europa im Zeichen einer erfolgreich vorrückenden Kultur und Zivilisation steht. Einem Reich der Zeichen steht ein Reich des Wissens und der Deutung dieser Zeichen gegenüber. Aus dieser (europäischen) Kultur aber wird die Neue Welt folgenreich exkludiert. Damit schuf de Pauw die Voraussetzungen für ein Rassedenken und einen später aufkeimenden Rassismus, der stets – wie Roland Barthes in seinen *Mythologies* darlegte – darauf zurückgreift, ein kulturelles Phänomen zu naturalisieren und damit als Natur erscheinen zu lassen.

An spektakulärer Inszenierung und überscharfer, dramatischer Beleuchtung ist de Pauws Argumentationsweise, die sich in ihrem weiteren Verlauf als ein gutes Beispiel für Rassismus avant la lettre begreifen ließe, kaum zu über-

---

**62** Ebda., Bd. I, S. a2v f.
**63** Vgl. hierzu Church, Henry Ward: Corneille de Pauw, and the controversy over his „Recherches philosophiques sur les Américains". In: *PMLA* (New York) LI, 1 (March 1936), S. 180 f; sowie Beyerhaus, Gisbert: Abbé de Pauw und Friedrich der Große, eine Abrechnung mit Voltaire. In: *Historische Zeitschrift* (München – Berlin) 134 (1926), S. 465–493; sowie Moureau, François: L'Amérique n'a aucun avenir, S. 68.

bieten. Dabei bilden die *Recherches philosophiques sur les Américains* ein Werk aus Worten, das sich auf keinen empirisch untersuchten Gegenstand, sondern ausschließlich auf andere Werke und Worte, auf andere Texte und intertextuelle Netzwerke bezieht. Wir haben hierzu im Kapitel über Cornelius de Pauw und Friedrich den Großen ausführlich gesprochen.[64]

Folglich steht das Werk de Pauws ein für eine Textwissenschaft im schwachen Sinne. Die Methode des Cornelius de Pauw, so ließe sich mithin sagen, war rein textbasiert: Sie ist in diesem Sinne eine philologische Methode. Mit guten Gründen könnte man daher die *Recherches philosophiques* als eine absichtsvolle und nicht enden wollende Reise durch die Welt der Texte charakterisieren. Ohne jegliche empirische Basis und ohne direkte Kenntnis der von ihm beschriebenen, diskutierten und bewerteten Gegenstände konsultierte de Pauw ebenso historische Chroniken wie zeitgenössische Reiseberichte, ebenso ihm zugängliche Bordbücher wie Manuskripte von Handelsreisenden, ebenso historiographische Werke des 16. Jahrhunderts wie philosophische Traktate des 18. Jahrhunderts. Und er tat dies stets, um seine eigenen vorgefassten Meinungen zu unterstützen, verwandte Intertextualität folglich rein diskursaffirmativ. Cornelius de Pauws ,Neue Welt' war eine Welt der Texte, auch wenn diese Welt keine Bibliothek (und schon gar keine Borgesianische „Bibliothek von Babel") war.

*Diese* ,Neue Welt' wurde den rhetorischen Verfahren aufklärerischer Kritik ausgesetzt – und man kann an dieser Stelle unschwer die Schattenseite einer aufklärerischen Konzeption von Kritik erkennen. Dabei schenkte der sich zum damaligen Zeitpunkt in Potsdam und Berlin aufhaltende Holländer in aller Regel europäischen Stimmen weitaus mehr Glauben als Autoren, die – wie etwa Garcilaso de la Vega el Inca – amerikanischer Herkunft waren, französischen Verfassern weit mehr Vertrauen als spanischen usw. Es gab durchaus einige wenige amerikanische Stimmen in den *Recherches*, doch wurden diese absichtsvoll ebenso verworfen wie die Stimmen spanischer Kleriker, die vor den Augen dieses holländischen Jesuitenschülers keine Gnade fanden. Entscheidend für seinen kritischen Umgang mit den ihm zur Verfügung stehenden Texten aber war, dass es für de Pauw darauf ankam, einzelne Textbausteine zu finden, die für seine eigene, völlig unabhängig von empirischen Befunden getroffenen Einschätzungen amerikanischer Gegenstände nützlich und diskursstützend erschienen. Man darf getrost diese Vorgehensweise als die ,philosophische Methode' des Cornelius de Pauw bezeichnen.

---

64 Vgl. des weiteren Ette, Ottmar: Wörter – Mächte – Stämme. Cornelius de Pauw und der Disput um eine neue Welt. In: Messling, Markus / Ette, Ottmar (Hg.): *Wort Macht Stamm. Rassismus und Determinismus in der Philologie (18. / 19. Jh.).* Unter Mitarbeit von Philipp Krämer und Markus A. Lenz. München: Wilhelm Fink Verlag 2013, S. 107–135.

De Pauws Verhältnis zur zeitgenössischen Wissenschaft offenbart uns aber noch andere Einsichten: Denn bei ihm zeichnet sich ein höchst aufschlussreiches Verständnis abendländischer Wissenschaft ab. Letztere ist niemals nur bloßes Instrument einer anderen, insbesondere einer politischen Macht, sondern stets auch eine Macht für sich und verfolgt eigene Interessen, bei deren Durchsetzung sie auch zerstörerische ‚Nebeneffekte‘ einkalkuliert. Die Kritik des Klerikers an der europäischen Expansion wie an der europäischen Wissenschaft schloss freilich die Kritik an der eigenen Wissenschaft – an der de Pauw'schen Wissenschaftspraxis also – nicht mit ein. Denn diese Praxis *seiner* Wissenschaft verteidigte er bedingungslos.

An der Tatsache, dass de Pauw für seinen eigenen Ansatz im Allgemeinen und für seine philosophischen *Recherches* im Besonderen den Status des Wissenschaftlichen einforderte, kann keinerlei Zweifel bestehen. So hielt er in der nach der Veröffentlichung seines zweiten Bandes ausbrechenden Berliner Debatte um die Neue Welt seinem ärgsten Widersacher im dritten, bereits 1770 erschienenen Band seiner *Recherches philosophiques sur les Américains* entgegen, dieser habe weder die Wissenschaftlichkeit seines Ansatzes erkannt noch auf der Höhe seiner Wissenschaft argumentiert.[65] Die sich gegen einen bloß ‚parlierenden‘, ohne Methode und System vor sich hinschreibenden Gegner wendende Replik de Pauws fiel daher vernichtend aus:

> Hört man ihn sprechen, so scheint es, als ob es ihm genügte, die Feder zu ergreifen, um in aller Form eine Ablehnung niederzuschreiben [...]. Er steuert daher keinerlei Bemerkung über die *Naturgeschichte* bei: Er liebte es mehr, über Moral zu schwafeln, Zusammenstellungen von diesem Zusammensteller Gueudeville zu übernehmen & endlos zu räsonieren.
>
> Wenn man ein Buch über eine Wissenschaft angreift, dann muss man sich der Argumente bedienen, die aus dieser Wissenschaft stammen, & nicht aus einer anderen.[66]

De Pauw greift nicht allein die Argumente, sondern die gesamte Methode von Pernety an – und diese erscheint ihm als gänzlich unwissenschaftlich! Interessant an dieser Argumentationsweise ist, dass sich de Pauw nicht allein auf die im Zeichen Buffons stehende Wissenschaft der „Histoire naturelle", sondern auch auf seine eigene philologische Vorgehensweise beruft. Letztere habe sich

---

**65** Diese neue Ausgabe von 1770 wurde in den Folgejahren mehrfach auch an anderen Druckorten wieder aufgelegt.

**66** Pauw, Cornelius de: *Recherches philosophiques sur les Américains ou Mémoires intéressants pour servir à l'Histoire de l'Espèce Humaine. Par Mr. de P\*\*\*. Avec une Dissertation sur l'Amérique & les Américains, par Dom Pernety. Et la Défense de l'Auteur des Recherches contre cette Dissertation.* Berlin: Chez Georges Jacques Decker 1770, Bd. 3, S. 11.

– anders als die seines Widersachers – niemals unkritisch irgendwelcher Kompilationen bedient. Auch habe er sich nicht einfach über Moral ausgelassen und darüber eine wissenschaftliche Auseinandersetzung vergessen. De Pauw setzt sich damit auf das hohe Ross der zeitgenössischen Wissenschaft und reklamiert für sich eine Naturgeschichte und eine methodologisch abgesicherte Vorgehensweise, von der sein Kontrahent nichts wisse.

Diese scheinbar wissenschaftliche Argumentation entpuppt sich weniger für die Zeitgenossen, wohl aber für uns Heutige aus der zeitlichen Distanz als eine pseudo-wissenschaftliche. Denn diese ‚philologisch-kritische' Arbeit am Text unterwirft der holländische „philosophe" keinerlei eigener Kritik mehr. Er überprüft mithin auch nicht, welche weltweiten Folgen seine eigenen wissenschaftlichen Interessen – parallel zu den Interessen jener Wissenschaften, die sich auf Gegenstände der Natur (wie Temperatur und Territorium) richten – zeitigen könnten. Wie schwerwiegend diese Konsequenzen aber sein konnten, sollte der weitere Fortgang der von den *Recherches philosophiques* ausgelösten Debatte in aller Deutlichkeit vor Augen führen. Wir hatten bereits bei Clavijero deutlich gesehen, in welchem Maße die Argumente von de Pauw aus amerikanischer Sicht der Lächerlichkeit preisgegeben werden konnten. Das Problem freilich bestand darin, dass diese transatlantische Kritik in Europa kaum wahrgenommen wurde und sich daher erst ein europäischer Wissenschaftler finden musste, um diese Kritikpunkte in Europa selbst entsprechend stark zu machen. Denn noch für lange Zeit vertraute die europäische Wissenschaft allein sich selbst, folgten etwa in der Philosophie ein Kant oder ein Hegel, aber auch noch ein Marx oder Engels keinen ‚außereuropäischen' Argumenten.

Dabei demonstrierte diese auf den ersten Blick lokale, periphere Berliner Debatte um die Neue Welt – aus dem heutigen Blickwinkel betrachtet – zugleich sehr deutlich, dass es unzureichend und grob fahrlässig ist, wenn man sich alleine auf die *europäische* Aufklärung konzentriert und verlässt. Denn allein von Europa aus ist selbst das Phänomen *der* Aufklärung nicht adäquat zu durchdringen und zu begreifen. Längst hatte die République des Lettres einen transarealen Zuschnitt: Was in Berlin diskutiert wurde, konnte und musste auch die Gemüter in Mexico-Stadt, in Philadelphia oder in Lima erhitzen. Vergessen wir also nicht, dass die Aufklärung im Zeichen der zweiten Phase beschleunigter Globalisierung – und dies heißt ab der Mitte des 18. Jahrhunderts – ein tendenziell weltweites, weltumspannendes Phänomen darstellt, das auch in seinen lokalen Entwicklungen translokale und damit letztlich transareale Dimensionen beinhaltet und entfaltet.

Die ersten Runden dieses von Berlin ausgehenden und in Berlin geführten Disputs gingen ohne Frage an Cornelius de Pauw. Denn dieser hatte geschickt nur auf die Chance eines Gegenangriffs, der im wesentlichen seine Abwertung

der Amerikaner in ein idealisierendes Gegen-Bild alles Amerikanischen umzukehren suchte, gewartet und druckte großzügig Pernetys Attacke in seiner bereits
erwähnten und noch 1770 wiederum in Berlin veröffentlichten dreibändigen Neuausgabe der *Recherches philosophiques sur les Américains* ab. Es handelt sich keineswegs um eine großzügige Geste gegenüber seinem Widersacher, sondern um
wohlkalkulierte Berechnung in einer rasch sich erhitzenden Debatte, die weit
über Berlin, Preußen und Europa hinaus ausstrahlte. Ihr fügte er eine vehemente
Verteidigungsschrift seiner eigenen, vielfach weiter zugespitzten Thesen bei. Pernetys über weite Strecken inverse Darstellung der Thesen seines Kontrahenten
konnte von diesem leicht diskursiv vereinnahmt werden.

Gewiss darf man bei Antoine-Joseph Pernety „elements of a modern ethnological attitude"[67] erkennen, zu denen man sicherlich „the critique of Eurocentrism; the importance of gathering data in the field and verifying sources; the
recognition of the cultural diversity of the Other"[68] rechnen kann. Doch blieb
seine Argumentationsweise – wie wir bereits sahen – allzu sehr an die von de
Pauw ins Feld geführten Thesen gebunden, die der Bibliothekar Friedrichs II.
oftmals nur mit anderen Vorzeichen versah, ohne ihnen eine neue argumentative (und wissenschaftlich begründbare) Fundierung zu geben. Selbst die
schärfsten transatlantischen Gegner de Pauws bezogen weniger die Positionen Pernetys, deren Schwächen sie sehr wohl erkannten, als vielmehr eigene,
amerikanische Stellungen, um die Debatte zwischen zwei europäischen „philosophes" endgültig auszuweiten.

So wurde de Pauw nur in Europa zum Mann der Stunde – ungeachtet aller
weiteren Publikationen von Pernety, die freilich kaum noch Wesentliches zur
Debatte beitrugen.[69] Sein Werk sollte noch für lange Jahre im Zentrum der von
ihm ausgelösten hitzigen und weltweit erbittert geführten Debatten um Amerika
und die Amerikaner stehen, bevor es dann in ein im Grunde bis in die jüngste Vergangenheit andauerndes Vergessen fiel. Selbst an der Berliner Akademie erinnert
man sich nicht mehr an jene Debatte, die wohl im 18. Jahrhundert die weltweit
größte Resonanz fand und die global folgenreichsten Konsequenzen zeitigte. Die
in Europa dominanten Positionen wurden von de Pauw sehr scharf umrissen und
wirkten weit ins 19. Jahrhundert. Nicht umsonst erklärte die französische Nationalversammlung in einem Dekret vom 26. August 1792 Cornelius de Pauw gemeinsam

---

**67** Mannucci, Erica Joy: The savage and the civilised: observations on a dispute between an
enlightened writer and an illuminist. In: *Studies on Voltaire and the Eighteenth Century* (Oxford) 303 (1992), S. 384.
**68** Ebda.
**69** Vgl. u. a. Pernety, Antoine-Joseph: *Examen des Recherches philosophiques sur les Américains et de la Défense de cet ouvrage.* 2 Bde. Berlin: G.J. Decker, Imprimeur du Roi 1771.

mit anderen um die Freiheit der Völker verdienten Persönlichkeiten, zu denen auch George Washington zählte, zum „citoyen français".[70] An den von Napoleon zu Ehren de Pauws in Xanten aufgestellten Obelisken hatte ich Sie bereits aufmerksam gemacht. Napoleon, der die Sklaverei im französischen Kolonialreich wieder einführte und die Haitianische Revolution durch die Entsendung eines großen Heeres blutig niederzuschlagen versuchte, wusste, was er an seinem Abbé aus dem Xantener Stift hatte.

Von Beginn an hat sich die unmittelbar nach Erscheinen von de Pauws erstem Band einsetzende Rezeption in der europäischen wie in der außereuropäischen République des Lettres des 18. und beginnenden 19. Jahrhunderts auf die These von der essentiellen und von Natur aus angelegten Inferiorität der Neuen Welt und ihrer Bewohner konzentriert. Gewiss nicht ohne Grund wurde bis ins 20. Jahrhundert ein Verständnis des Werks als „probably the most scathing denunciation of America and everything American that was ever written" perpetuiert.[71] Wie wir sahen, hatte de Pauw schon auf der ersten Seite seiner *Recherches philosophiques* keinen Zweifel daran gelassen, dass alles auf der anderen ‚Hälfte des Globus' von Natur aus ‚defiguriert', degeneriert' und ‚monströs' sei.[72] So war es dieser zentrale Aspekt und nicht die Warnungen de Pauws vor einer exzessiven Zerstörungsmacht der Wissenschaft oder einer extremen Bedrohung Europas durch weltumspannende Pandemien, welcher sich in der Diskussion um die *Recherches philosophiques sur les Américains* festsetzte.

Zweifellos – und eine Vielzahl von Untersuchungen hat dies deutlich herausgearbeitet – stand Cornelius de Pauw hier in einer Diskurstradition, die zum einen auf das gigantische Werk der *Histoire naturelle* Buffons zurückgeht,[73] andererseits aber Argumentationslinien aufnimmt, die bis in die frühen Debatten

---

**70** Vgl. hierzu Moureau, François: L'Amérique n'a aucun avenir, S. 68.

**71** Church, Henry Ward: Corneille De Pauw, S. 179.

**72** Pauw, Cornelius de: *Recherches philosophiques sur les Américains*, Bd. I, S. a2v.

**73** Vgl. hierzu u. a. Church, Henry Ward: Corneille De Pauw, S. 189 und passim; Duchet, Michèle: *Anthropologie et histoire au siècle des Lumières. Buffon, Voltaire, Rousseau, Helvétius, Diderot*. Paris: Flammarion 1971, S. 206; Tietz, Manfred: Amerika vor der spanischen Öffentlichkeit des 18. Jahrhunderts. Zwei Repliken auf de Pauw und Raynal: Die „Reflexiones imparciales" von Juan Nuix y Perpiñá und die „México conquistada" von Juan de Escoiquiz. In: López de Abiada, José Manuel / Heydenreich, Titus (Hg.): *Iberoamérica. Historia – sociedad – literatura. Homenaje a Gustav Siebenmann*. Bd. 2. München: W. Fink 1983, S. 991–993; oder Ventura, Roberto: Lectures de Raynal en Amérique latine au XVIII$^e$ et au XIX$^e$ siècles. In: Lüsebrink, Hans-Jürgen / Tietz, Manfred (Hg.): *Lectures de Raynal. L'"Histoire des deux Indes„ en Europe et en Amérique au XVIII$^e$ siècle*. Actes du colloque de Wolfenbüttel. Oxford: The Voltaire Foundation 1991, S. 341–359.

zu Beginn des 16. Jahrhunderts zwischen Las Casas und Sepúlveda zurückreichen. Insofern beziehen sie auch Beschreibungs- und Diskurselemente von Aristoteles' ebenso berühmter wie berüchtigter Rechtfertigung einer gleichsam naturhaft gegebenen Sklaverei mit ein.[74] Die Einschreibung von de Pauws zweibändiger Schrift in diese doppelte Diskurstradition ist ebenso unbestreitbar wie die Tatsache, dass der zeitweilig am Hofe von Friedrich dem Großen Weilende zugleich eine Zuspitzung der Inferioritätsthese und deren radikale Ausweitung auf die Amerikaner, die indigene Bevölkerung der Neuen Welt betrieb. Von ihr durfte er annehmen, dass dies – bei aller Kritik an einem Europa, das seine unhinterfragte „supériorité" auf allen Gebieten missbraucht habe[75] – auf entschiedenen Widerspruch stoßen musste. Dieser kam nicht nur von all jenen, die sich – gleichviel, ob sie Rousseaus berühmtem *Discours sur l'origine et les fondements de l'inégalité parmi les hommes*[76] nahestanden oder nicht – als Anhänger der These vom ‚edlen Wilden' verstanden. Denn weder vom „bon sauvage", vom „Edlen Wilden", noch von dem, was Bernardin de Saint-Pierre später als die *Harmonies de la nature* bezeichnen und in einem mehrbändigen Werk bearbeiten sollte,[77] ist auch nur das Geringste zu spüren.

Grundsätzliche und weit über den Horizont Pernetys hinausgehende Ein- und Widersprüche gegen Cornelius de Pauws Thesen ließen daher noch im 18. Jahrhundert nicht lange auf sich warten.[78] Auf die umfangreiche und für ihre Zeit bestens fundierte Geschichte der mexikanischen ‚Antike' des aus seiner neuspanischen Heimat ausgewiesenen Francisco Javier Clavijero waren wir in unseren Überlegungen bereits ausführlich eingegangen.[79] Diese *Historia antigua de México*, in welcher Clavijero eindrucksvoll die Diversität der indigenen

---

**74** Am deutlichsten hat diese Traditionslinie herausgearbeitet Gerbi, Antonello: *La Disputa del Nuovo Mondo*, S. 99–109.

**75** Pauw, Cornelius de: *Recherches philosophiques*, Bd. I, S. a3r.

**76** Vgl. Rousseau, Jean-Jacques: *Discours sur l'origine et les fondements de l'inégalité parmi les hommes*. In (ders.): *Œuvres complètes*. Bd. III. Edition publiée sous la direction de Bernard Gagnebin et Marcel Raymond avec, pour ce volume, la collaboration de François Bouchardy, Jean-Daniel Candaux, Robert Derathé, Jean Fabre, Jean Starobinski et Sven Stelling-Michaud. Paris: Gallimard 1975; vgl. in diesem Zusammenhang zur Epistemologie von Auge und Ohr Ette, Ottmar: *Literatur in Bewegung*, S. 119–192.

**77** Vgl. Ette, Ottmar: *Romantik zwischen zwei Welten*, S. 72–96.

**78** Vgl. hierzu ausführlich Ette, Ottmar: Archeologies of Globalization. European Reflections on Two Phases of Accelerated Globalization in Cornelius de Pauw, Georg Forster, Guillaume-Thomas Raynal and Alexander von Humboldt. In: *Culture & History Digital Journal* (Madrid) I, 1 (June 2012) <http://dx.doi.org/10.3989/chdj.2012.003> (20 pp.).

**79** Vgl. Clavijero, Francisco Javier: *Storia Antica del Messico*. 4 Bde. Cesena: Gregorio Biasani 1780.

Kulturen Amerikas auf dem Gebiet des heutigen Mexiko aufzeigte, stellt sicherlich die ausführlichste und in ihren Folgen glanzvollste amerikanische Replik innerhalb der Berliner Debatte um die Neue Welt dar.

Mit der Veröffentlichung seines altamerikanistischen Grundlagenwerks gelang es diesem neuspanischen Autor nicht nur, den Thesen von de Pauw, aber auch von Raynal oder Robertson dadurch entgegenzutreten, dass in breiter Vielfalt amerikanische Quellen einschließlich der Bilderhandschriften und anderer indigener Dokumente miteinbezogen wurden. Er trieb vielmehr – wie wir bereits sahen– eine Konstruktion der amerikanischen Vergangenheit voran, die als – im besten Sinne – Findung und Erfindung einer anderen Herkunft auch eine andere Zukunft für seine amerikanische Heimat ermöglichen sollte. Die präkolumbischen Kulturen erschienen hier nicht länger als vernachlässigbare Randerscheinungen der Menschheitsgeschichte, sondern stellten sich selbstbewusst als amerikanische Antike einer europäischen Antike gegenüber. So wurden die indigenen amerikanischen Kulturen wieder in Bewegung gesetzt und eröffneten neue Perspektiven und Einsichten in eine andere, von Amerika aus zu gestaltende Zukunft. Dass die kreolischen Eliten als soziale Trägerschichten der Unabhängigkeitsrevolution in den spanischen Gebieten Amerikas diese Vorgaben bestenfalls propagandistisch für sich ausnutzen, zugleich aber in ihren politischen Konsequenzen nicht wirksam werden ließen, steht freilich auf einem anderen Blatt der kontroversen Geschichte der amerikanischen Hemisphäre.

Doch entwickelte sich die vielleicht entscheidende Widerstandsfront gegen die Vorstellungen de Pauws ausgehend von Berlin selbst. Denn es wäre ein Leichtes zu belegen, dass den in der Berliner Debatte vorgetragenen Positionen bereits jene Schriften, die der „philosophe voyageur" Alexander von Humboldt wenige Jahre nach der Rückkehr von seiner Reise in die amerikanischen Tropen (1799–1804) veröffentlichte, den wissenschaftlichen Todesstoß versetzten. Doch möchte ich an dieser Stelle unserer Vorlesung noch nicht zu Alexander von Humboldt kommen, sondern uns zunächst – wie versprochen – mit einem weiteren, dem dritten Bestseller der Lumières beschäftigen, den ein weiterer der berühmten Abbés aus der französischen Provinz gemeinsam mit einem ganzen Stab an Mitarbeitern verfasst hatte. Dieser Enzyklopädie der kolonialen Expansion Europas über die damals bekannte Welt wollen wir uns zum Abschluss dieses Kapitels widmen.

Halten wir zunächst einmal fest: Es kann kein Zweifel daran bestehen, dass Berlin und Potsdam durch die *Recherches philosophiques sur les Américains* und die sich anschließenden Debatten zwischen Antoine-Joseph Pernety, Zaccaria de Pazzi de Bonneville, Giovanni Rinaldo Carli, Delisle de Sales, Francisco Javier Clavijero, Drouin de Bercy und vielen anderen zeitweise ins Zentrum einer internationalen Debatte über die außereuropäische Welt gerückt wurden.

Diese setzte sich bis weit ins 19. Jahrhundert hinein fort. Aus heutiger Sicht lässt sich dieser Zeitraum zweifellos als eine ideengeschichtlich bedeutungsvolle Periode begreifen, die freilich innerhalb der Geschichtsschreibung wie in der kollektiven Erinnerung ebenso einem weitgehenden Vergessen anheimfiel wie die Kolonialpolitik Brandenburgs beziehungsweise Preußens im ausgehenden 17. und beginnenden 18. Jahrhundert.

Wie sehr die internationalen Debatten vor dem Hintergrund der britischen und französischen, aber auch spanischen oder russischen Forschungsreisen der zweiten Phase beschleunigter Globalisierung die Bedeutung außereuropäischer Gegenstände im Allgemeinen und von Fragen, die sich mit der neuen Welt beschäftigten, im Besonderen veränderte, mag ein kurzer Blick in die französische *Encyclopédie* verdeutlichen.[80] Im ersten, 1751 erschienenen Band dieses großen Gemeinschaftswerkes der europäischen Aufklärung wurden dem Stichwort „Amérique" nur wenige Zeilen gewidmet: nicht mehr als für den Eintrag „Amer" (bitter) und weit weniger als für „Améthyste". Unter dem Stichwort „Amérique" erfährt man, dass Amerika einer der vier Weltteile sei, 1491 (sic!) vom Genuesen Kolumbus entdeckt wurde und seinen Namen von „Améric-Vespuce Florentin" erhielt, der die Neue Welt 1497 erreicht habe.[81] Im Übrigen ist wenig mehr vermerkt, als dass sich der Kontinent in Südamerika und Nordamerika unterteile und dass der Süden neben vielen anderen aufgelisteten Kolonialerzeugnissen namentlich Gold und Silber, der Norden aber vor allem Biberfelle liefere.[82]

Im bereits erwähnten Supplementband der *Encyclopédie*, der 1776 in Amsterdam erschien, umfasst der Eintrag „Amérique" hingegen nicht weniger als circa zwanzig dicht bedruckte Seiten. Der Umfang des Eintrags hat sich im Verlauf der beiden Jahrzehnte folglich versiebzigfacht. Der erste, deutlich umfangreichere der beiden Teile stammt aus der Feder von Cornelius de Pauw, der sich hier einer wesentlich weniger polemischen und weitaus moderateren Ausdrucksweise bedient.[83] Er hatte sein Ziel einer internationalen Aufmerksamkeit ja längst erreicht. Kategorisch schloss de Pauw gleichwohl wie in seinen *Recherches philosophiques* mit der souveränen Geste des (quellen-)kritischen Aufklärers „les

---

**80** Zur *Encyclopédie* vgl. neuerdings die Arbeit von Struve, Karen: *Wildes Wissen in der „Encyclopédie". Koloniale Alterität, Wissen und Narration in der französischen Aufklärung.* Berlin – Boston: Walter de Gruyter 2020.
**81** Vgl. den Eintrag „Amérique". In: *Encyclopédie, ou Dictionnaire raisonné des Sciences, des Arts et des Métiers.* Bd. 1. Paris: chez Briasson 1751, S. 356.
**82** Ebda.
**83** Vgl. den Eintrag „Amérique". In: *Supplément à l'Encyclopédie, ou dictionnaire raisonné des Sciences, des Arts et des Métiers*, Bd. I. Amsterdam:Chez M.M. Rey, libraire, 1776, S. 343–362.

anciennes relations", die alten Chroniken, Dokumente und Berichte pauschal als völlig unglaubwürdig aus seinen Überlegungen aus, habe man es dort doch nicht nur mit der „crédulité d'un enfant", sondern auch mit den „délires d'un vieillard"[84] zu tun. Derartige Lektüren könne man folglich nur Kindern und Alten zumuten, die keinerlei Ansprüche an Wahrheit oder zumindest Wahrscheinlichkeit stellten. Damit verfügte der niederländische Abbé über ausreichend Platz, um an prominenter und prestigeträchtiger Stelle seine Thesen noch einmal detailliert einem internationalen Lesepublikum vorstellen zu können. Nicht von ungefähr hatten Amerika und die Debatten um die Neue Welt im Kontext einer neuen Globalisierungswelle nun auch im Umfeld der *Encyclopédie* erheblich an Raum gewonnen.

Es ist bedeutungsvoll und zugleich wenig überraschend, dass sich jenes andere, in seiner Entstehung wie in seiner „écriture" weitaus komplexer angelegte französischsprachige Werk Raynals, das mit guten Gründen als Enzyklopädie der kolonialen Expansion Europas bezeichnet worden ist und sich zu einem der großen Bestseller des französischen 18. Jahrhunderts entwickeln sollte,[85] vielerorts derselben Diskursstrategien und -traditionen bediente. Damit wollte es eine international breit gestreute Leserschaft für seinen auf mehreren tausend Seiten behandelten Gegenstand interessieren. So heißt es gleich in der „Introduction" zum ersten Band der *Histoire philosophique et politique des établissements et du commerce des européens dans les deux Indes* in Formulierungen, die an die ersten Sätze von Cornelius de Pauws *Recherches philosophiques sur les Américains* oder seines Artikels für den Supplementband der *Encyclopédie* erinnern:

> Es gibt kein anderes ebenso interessantes Ereignis für das Menschengeschlecht im Allgemeinen & für die Völker Europas im Besonderen wie die Entdeckung der Neuen Welt & der Seeweg nach Asien über das Kap der Guten Hoffnung. Damals begann eine Revolution im Handel, in der Macht der Nationen, in den Sitten, dem Gewerbefleiß und der Regierung aller Völker. [...]
> Alles ist verändert & muss sich weiter verändern. Aber die vergangenen Revolutionen & jene, die folgen müssen: Sind sie oder werden sie für die menschliche Natur von Nutzen sein? Verdankt ihnen der Mensch in seinem Tagewerk mehr Ruhe, mehr Glück & mehr Vergnügen? Wird sich sein Zustand verbessern oder lediglich verändern?[86]

---

84 Ebda., S. 344.

85 Vgl. hierzu u. a. Lüsebrink, Hans-Jürgen: Die „Geschichte beider Indien" – ein verdrängter Bestseller. In: Raynal, Guillaume [sic] / Diderot, Denis: *Die Geschichte beider Indien*. Ausgewählt und erläutert von Hans-Jürgen Lüsebrink. Nördlingen: Franz Greno Verlag 1988, S. 329–347.

86 Raynal, Guillaume-Thomas: *Histoire philosophique et politique des établissements et du commerce des européens dans les deux Indes*. Tome cinquième. Genf: Chez Jean-Léonard Pellet, Imprimeur de la Ville & de l'Académie 1781, Buch 1, S. 1f.

Mit diesen Worten knüpfte Guillaume-Thomas Raynal, der de Pauws Werk sehr gut kannte, mit kaum veränderten Formulierungen an den Diskurs von der weltgeschichtlich herausragenden Bedeutung der sogenannten Entdeckung Amerikas an,. Er erweiterte die ‚westindische' Perspektive aber programmatisch durch die ‚ostindische' und rückte den Handel – wie schon im Titel seiner Kolonial-Enzyklopädie vermerkt – in eine wichtige, ja entscheidende Stellung im Hinblick auf jene Umwälzungen, die die Welt seit dem Ausgang des 15. Jahrhunderts so fundamental verändert hätten. Zugleich stellte er die philosophische Frage nach den Veränderungen für das Leben des Menschen und sein Glück selbst, fragte also danach, wie sich die Umwälzungen im europäischen Handel mit den Kolonien im Westen wie im Osten Europas auf die Zufriedenheit des (europäischen) Menschen ausgewirkt hätten.

Der Blick des aus der südfranzösischen Rouergue stammenden Philosophen orientiert sich damit am Handel und an dessen Konsequenzen in einer sich beständig verändernden Welt inmitten aller Umwälzungen, die sich seit dem Ausgang des 15. Jahrhunderts ergeben hätten. Die Entdeckung des Seewegs nach Indien wie die Entdeckung der Neuen Welt bilden jene Ereignisse, die alle gesellschaftlichen Verhältnisse in einen raschen und in seinen Folgen unabsehbaren Wandel einbezogen hätten. Handel und Wandel gehen Hand in Hand! Doch dieser Blick auf die erste Phase beschleunigter Globalisierung wurde ergänzt um die Einsicht, dass sich an die von ihr ausgelösten „Révolutions" in Gegenwart und Zukunft neuerliche anschließen würden, die weitere grundlegende Umwälzungen mit sich bringen müssten. Deren Auswirkungen auf das Glück und den Wohlstand der Menschheit aber gelte es erst noch abzuwägen und abzuwarten, bevor man sich ein abschließendes Urteil erlauben könne. Denn Raynal wusste sich und seine Zeitgenossen in einer offenen globalgesellschaftlichen Entwicklung, die weit davon entfernt war, früheren geschichtlichen Vorbildern zu folgen.

Guillaume-Thomas Raynal verfasste seine *Histoire des deux Indes* im Bewusstsein jener Beschleunigungen und Veränderungen, die sein Zeitalter in der zweiten Hälfte des 18. Jahrhunderts fundamental erfasst hatten. Er war sich der beispiellosen Herausforderungen für eine zusammenwachsende Menschheit in einer globalgesellschaftlichen Epoche, die zugleich im Zeichen der Aufklärung stand, höchst bewusst und erkannte die ungeheure Wucht, welche von diesen „Révolutions" ausgehen musste. Damit inszeniert das Incipit der *Histoire des deux Indes* eine Archäologie der Globalität aus dem Bewusstsein einer im Verlauf des vielbändigen Werkes immer wieder herausgearbeiteten verdoppelten Globalisierung: jener des ausgehenden 15. und beginnenden 16. Jahrhunderts einerseits und jener der zweiten Hälfte des 18. Jahrhunderts andererseits.

Aber wusste man, wohin die Reise ging? *Est-ce que l'on sait où l'on va?*, könnten wir mit Diderots *Jacques le fataliste et son maître* fragen?[87] Die Zukunft dieser Umwälzungen – wie auch mit ihr die Geschichte selbst – erschien als vollständig offen. Die entscheidende Antriebskraft und Dynamik einer derartigen Welt im Wandel aber – dies erkannte der französische „philosophe" sehr genau – bildete der Welthandel.

So wirft die Figur des Philosophen, dessen Stimme die heterogenen, oft in Widersprüchen sich verfangenden Teile der *Histoire des deux Indes* immer wieder zusammenhält, zunächst einen Blick auf das Europa vor der Epoche der Entdeckungen („l'Europe avant les découvertes"[88]). Sie tut dies, um sodann einen höheren Beobachterstandpunkt zu gewinnen, der aus einer geradezu extraterrestrischen, die Erde insgesamt umspannenden Perspektive die fundamentale Bedeutung eines globalisierten Handels für den gesamten Erdball unterstreicht. Die planetarische Metaphorologie dieses Blickes eines französischen Philosophen aus dem letzten Drittel des 18. Jahrhunderts ist bemerkenswert:

> Erhaben über allen menschlichen Erwägungen schwebt man dann über der Atmosphäre & erblickt den Globus unter sich. Von dort aus lässt man Tränen tropfen auf das verfolgte Genie, auf das vergessene Talent, auf die unglückselige Tugend. [...] Von dort aus erblickt man das stolz erhobene Haupt des Tyrannen, das sich neigt & mit Schlamm bedeckt, während die bescheidene Stirne des Gerechten das Himmelsgewölbe berührt. Von dort aus konnte ich wirklich aufschreien *Ich bin frei* & mich auf der Höhe meines Gegenstandes fühlen. Von dort aus konnte ich endlich zu meinen Füßen diese schönen Gegenden erblicken, wo die Wissenschaften & die Künste erblühen & welche die Finsternisse der Barbarei so lange bedeckt hielten, & so fragte ich mich: Wer hat diese Kanäle gegraben? Wer hat diese Ebenen trockengelegt? Wer hat diese Städte gegründet? Wer hat diese Völker zusammengeführt, gekleidet, zivilisiert? & sodann haben mir alle Stimmen der aufgeklärten Menschen, die sich darunter befinden, geantwortet: Es ist der Handel, es ist der Handel.[89]

Diese literarische Inszenierung eines über der Erde, über der Atmosphäre schwebenden Philosophen, der den Astronautenblick aus dem Kosmos auf unseren Planeten, auf den ‚Lonely Planet' vorwegnimmt, ist ebenso spektakulär wie aufschlussreich. Denn der Erdball erscheint, um nicht nur ein Denken der Globalität, sondern auch der zeitgenössischen Globalisierung in Szene zu set-

---

**87** Vgl. hierzu auch das Denis Diderot gewidmete Kapitel im ersten Band der reihe „Aula" von Ette, Ottmar: *ReiseSchreiben. Potsdamer Vorlesungen über die Reiseliteratur* (2020), S. 169 ff. sowie S. 222.
**88** Raynal, Guillaume-Thomas: *Histoire philosophique et politique des établissements et du commerce des européens dans les deux Indes*. Tome cinquième. Genf: Chez Jean-Léonard Pellet, Imprimeur de la Ville & de l'Académie 1781, Buch 1, S. 2.
**89** Ebda., Buch 1, S. 3 f.

zen und zugleich die Umwälzungen des Handels mit einem anzustrebenden Gesellschaftssystem zu verbinden, in welchem die Barbarei im Lichte der Zivilisation verschwinden und die Tyrannei ein für alle Mal den Kopf senken werde.
Eine Epoche werde anbrechen, in welcher sich eine freiere Gesellschaft im Zeichen eines freien Welthandels fortentwickeln werde. Alle Unterdrückungen
aufklärerischen Denkens würden dann ein Ende finden.

Die mit einer ausgeklügelten Ökonomie von Leserfiguren[90] spielende Rhetorik der *Histoire des deux Indes* vermochte nicht nur, eine im Vergleich zu den
*Recherches philosophiques* de Pauws noch größere Resonanz beim Lesepublikum zu entfalten,[91] sondern vor allem einen weitaus größeren räumlichen, thematischen und philosophischen Bogen zu spannen. Dies geschah nicht zuletzt
auf Grund der Aufnahme vieler statistischer Daten, die Raynal, Diderot und die
zahlreichen Mitarbeiter und Korrespondenten beibrachten. Das europäische
und in Ansätzen weltweite Netzwerk an Korrespondenten verschaffte diesem
Kollektivprojekt für mehrere Jahrzehnte den Status eines Referenzwerks über
die außereuropäische Welt und den Welthandel, wie er sich in der zweiten
Hälfte des 18. Jahrhunderts rund um das Zentrum Europa entwickelte. Guillaume-Thomas Raynal, der sich während seiner Exilierung aus Frankreich freilich nur kurz am Hofe Friedrichs des Großen aufhielt und in Deutschland eine
gegenüber Frankreich wesentlich reserviertere Aufnahme fand, hatte seit der
Erstausgabe seiner *Histoire des deux Indes* im Jahr 1770 das Werk des holländischen Abbé am preußischen Hof zunehmend in den Schatten gestellt.

Doch die Rezeption des Hauptwerks von Guillaume-Thomas Raynal beschränkte sich keineswegs auf Frankreich, Preußen oder Europa, sondern
reichte weit in die transatlantische Welt hinein. In seiner berühmten, 1815 in
seinem Zufluchtsort Kingston verfassten *Carta de Jamaica* verlieh Simón Bolívar seiner Hoffnung auf eine nationale und kontinentale Befreiung vom spanischen Joch Ausdruck, wobei er sich explizit auch auf jenen Autor bezog,
dessen Name seit 1780 die Titelseite der erstmals 1770 veröffentlichten *Histoire des deux Indes* zierte:

---

**90** Vgl. Ette, Ottmar: Figuren und Funktionen des Lesens in Guillaume-Thomas Raynals „Histoire des deux Indes". In: Briesemeister, Dietrich / Schönberger, Axel (Hg.): *Ex nobili philologo-
rum officio*. Festschrift für Heinrich Bihler zu seinem 80. Geburtstag. Berlin: Domus Editoria
Europaea 1998, S. 589–610.
**91** Vgl. u. a. Bancarel, Gilles: Le succès inattendu d'un Rouergat au XVIII^e siècle. In: *Procès
Verbaux des Sciences de la Société des Lettres, Sciences et Arts de l'Aveyron* (Rodez) XLV, 2º
fasc. (1988), S. 218–225; sowie (ders.): G. Thomas Raynal: de la séduction à la sévérité. In:
*Revue de Rouergue* (Rodez) 28 (hiver 1991), S. 477–488.

> Trotz alledem werden die Mexikaner frei sein, weil sie die Partei des Vaterlandes ergriffen haben, verbunden mit dem Entschlusse, entweder ihre Vorfahren zu rächen oder ihnen ins Grab zu folgen. Denn sie sprechen mit Raynal: Die Zeit ist endlich gekommen, den Spaniern Folter mit Folter zu vergelten und diese Rasse von Mörderbanden in ihrem eigenen Blute oder im Meere zu ertränken.[92]

In diesem für ein Verständnis des „Libertador" grundlegenden Text griff der Vertreter der jungen kreolischen Eliten des künftigen Amerika, des künftigen Venezuela, ohne weitere Erläuterungen auf den Namen des französischen Philosophen nicht etwa zurück, um seine politischen und ideologischen Überzeugungen zu begründen. Vielmehr bediente er sich seines Namens als Waffe im Kampf der Texte und Diskurse gegen ein Spanien, dessen zwischenzeitlich verstärkte Truppen in den Kolonien eine Reihe von Siegen über die Aufständischen errungen hatten. Der Kampf um die Unabhängigkeit der spanischen Kolonien Amerikas stand auf Messers Schneide; und da galt das Werk Raynals gerade mit seinen scharfen Formulierungen, für die Denis Diderot gesorgt hatte, als ein aufwühlendes Manifest des Kampfes gegen jede Form von Tyrannei.

Gewiss handelte es sich beim Verweis auf Raynal um den Rückgriff auf eine eher zweischneidige Waffe. Denn einerseits war der französische „philosophe" – der bei den aufgeklärten amerikanischen Kreolen noch immer unbestritten als der Verfasser der *Histoire des deux Indes* galt – für seine vehementen Ausfälle gegen die Spanier und ihr ebenso ungerechtes wie ineffizientes Kolonialsystem berühmt geworden. Doch wussten die Angehörigen der kreolischen Oberschicht andererseits auch um seine Angriffe auf die Dekadenz, die Trägheit und Unfähigkeit der Bewohner des südlichen Amerika – wohlgemerkt unter Einschluss der Kreolen, denen er wie de Pauw oder andere europäische Autoren des 18. Jahrhunderts vorwarf, sich nicht selbst regieren und eigene Regierungsformen entwickeln zu können.

Derlei Anschuldigungen hatten den Ruf und das Prestige des französischen Philosophen in den intellektuellen Zirkeln der amerikanischen Kolonien allerdings stark beschädigt. Nicht umsonst hatten in Neuspanien bestimmte ‚mexikanische' Vordenker wie Francisco Xavier Clavijero oder Fray Servando Teresa de Mier y Guerra eine Polemik gegen europäische Philosophen in Gang gesetzt. Sie wandten sich gegen jene Vertreter der europäischen Geisteswelt, welche die abwertenden Urteile Montesquieus oder Buffons gegenüber Amerika noch verschlimmert hatten und damit für eine andere Seite der Dialektik der Aufklärung verantwortlich zeichneten.

---

**92** Bolivar, Simon: *Carta de Jamaica. The Jamaica Letter. Lettre à un Habitant de la Jamaïque.* Caracas: Ediciones del Ministerio de Educación 1965, S. 58.

Wenn die Rezeption des Raynal'schen Werks in Lateinamerika auch von einer grundlegenden Ambivalenz gekennzeichnet war, so konnte die *Histoire des deux Indes* – und insbesondere ihre zahlreichen gegen die spanische Kolonialverwaltung gerichteten Anklagen – doch als eine wichtige Waffe für jene, die für eine politische Selbständigkeit der spanischen Kolonien kämpften, von großem Nutzen sein. Denn sie untergrub die Legitimität des spanischen Mutterlandes in seinen überseeischen Kolonien. Die angeführte Passage belegt, dass nicht nur Simón Bolívar um die subversive Kraft dieses vielgestaltigen und widersprüchlichen Werks wusste. Auch die spanische Kolonialverwaltung war sich dieser Gefahr bewusst, so dass man bald versuchte, ein Gegengewicht zu dieser gefährlichen Wirkung von Raynals Attacken auf die aufgeklärte kreolische Elite zu schaffen.

Dies mag die dauerhaften Anstrengungen von spanischer Seite erklären, eine offizielle Geschichte des eigenen Kolonialreichs vorzulegen.[93] Diese um Sachlichkeit bemühten Gegendarstellungen beruhten auf der spanischen Krone allein zugänglichen Informationen – und hierzu zählten nicht nur die Kolonialarchive, sondern auch eine Reihe von Berichten spanischer Reisender, die in ihrem Auftrag die Kolonien besuchten.[94] Aller Widersprüche und Ambivalenzen zum Trotz, welche die Wirkung der *Histoire des deux Indes* in den Kreisen der Hispanoamerikaner beeinträchtigten, standen Raynal und sein bekanntestes Werk doch symbolhaft für eine Befreiung aus kolonialer Unterdrückung, waren doch viele der am Befreiungskampf auf hispanoamerikanischer Seite Beteiligten mit den berühmt gewordenen Anklagen oder „harangues" in dieser Enzyklopädie der europäischen Expansion vertraut. Auch in der Neuen Welt verfehlte die revolutionäre Rhetorik der Alten Welt ihre Wirkung nicht und fand Eingang in den Diskurs der „Libertadores". Da konnten alle spanischen Gegendarstellungen, die Teil des Disputs um die Neue Welt, aber nicht der Berliner Debatte um die Neue Welt waren, nichts Entscheidendes ausrichten.

Zweifellos ist die in der *Carta de Jamaica* zu beobachtende Instrumentalisierung und Lesart Raynals nur eine unter unzähligen Einverleibungen, die

---

**93** Vgl. hierzu Tietz, Manfred: L'Espagne et l'Histoire des deux Indes de l'abbé Raynal. In: Lüsebrink, Hans-Jürgen / Tietz, Manfred (Hg.): *Lectures de Raynal. L'Histoire des deux Indes en Europe et en Amérique au XVIIIe siècle. Actes du Colloque de Wolfenbüttel.* Oxford: The Voltaire Foundation 1991, S. 99–130.

**94** Vgl. hierzu Tietz, Manfred: Amerika vor der spanischen Öffentlichkeit des 18. Jahrhunderts. Zwei Repliken auf de Pauw und Raynal: Die „Reflexiones imparciales" von Juan Nuix y Perpiñá und die „México conquistada" von Juan de Escoiquiz. In: López de Abiada, José Manuel / Heydenreich, Titus (Hg.): *Iberoamérica. Historia – sociedad – literatura. Homenaje a Gustav Siebenmann.* Bd. 2. München: W. Fink Verlag 1983, S. 989–1016.

sich zwischen dem letzten Drittel des 18. und dem ersten Drittel des 19. Jahrhunderts in den amerikanischen Kolonien Spaniens beobachten lassen. Simón Bolívars Lektüre ist ein schönes Beispiel für einen ‚interessierten' Lektüretyp, der uns freilich oftmals mehr über den Leser als über das Gelesene zu sagen vermag. Doch gibt es auch andere, vielleicht weniger spektakuläre, aber darum nicht weniger aufschlussreiche Lektüretypen. So wäre es – um bei dem von Bolívar erwähnten Raum Neuspaniens zu bleiben – leicht zu belegen, wieviel der erste von einem Hispanoamerikaner in Hispanoamerika geschriebene Roman, *El Periquillo Sarniento* von José Joaquín Fernández de Lizardi, einer aufmerksamen Lektüre der *Histoire des deux Indes* verdankt.[95]

Von Simón Bolívar im Norden bis hin zu Domingo Faustino Sarmiento im Süden des südamerikanischen Subkontinents, von den verschiedenen Repräsentanten einer politischen und philosophischen Aufklärung in Mexiko bis hin zu Vertretern der Raynal'schen Ideen in Kanada: diese Enzyklopädie des europäischen Kolonialismus provozierte auf dem gesamten amerikanischen Kontinent eine Vielfalt verschiedener, aber stets produktiver Lektüren. Dieser Bestseller der Lumières wurde zweifellos zu einer Triebfeder von Umgestaltungen. Wie ein in Wolfenbüttel veranstaltetes Raynal-Symposium zeigen konnte, war die Wirkung des Raynal'schen Oeuvre ebenso groß und weitverzweigt wie die Divergenz der von ihm ausgelösten Lektüren.[96] Das sicherlich nicht brisanteste, aber wohl doch weitreichendste und erfolgreichste Werk des französischen Abbé brachte eine Vielzahl von Lesarten in beiden Welten hervor, die den Einfluss der Schriften von Cornelius de Pauw doch bei weitem überstrahlten.

Mag die Geschichte dieser Lektüren auch nichts von ihrer Faszination eingebüßt haben, so gilt doch, dass dieser französische Bestseller der zweiten Hälfte des 18. Jahrhunderts seinerseits auf einem weitgespannten Gewebe von Lesevorgängen aufbaute, deren Komplexität bis heute überrascht und beeindruckt. In ihrem Bezug zur Tradition der Reisesammlungen präsentiert sich die *Histoire des deux Indes* unseren heutigen Augen als eine Fortsetzung und zugleich Radikalisierung der *Histoire générale des voyages* des Abbé Prévost, den Raynal buchstäblich plünderte. Eine Reihe von Forschungen haben detailliert aufgezeigt, in welchem Maße Raynal, der „Abbé der Neuen Welt", nicht gezögert hatte, sich bei der *Histoire générale* zu bedienen und zahlreiche Passagen dieses wichtigen Bezugstextes dekontextualisierend zu übernehmen.

---

95 Vgl. zu diesem herausragenden Roman das entsprechende Kapitel in Ette, Ottmar: *Romantik zwischen zwei Welten*, S. 285–334.
96 Vgl. Lüsebrink, Hans-Jürgen / Tietz, Manfred (Hg.): *Lectures de Raynal. L'Histoire des deux Indes en Europe et en Amérique au XVIIIe siècle. Actes du Colloque de Wolfenbüttel*. Oxford: The Voltaire Foundation 1991.

Die *Histoire des deux Indes* ist eine wahre Kriegsmaschine, eine „machine de guerre". Zwischen den Polen schöpferischer Umsetzung und simplen Plagiats oszillierend, erweist sich die „écriture Raynals" doch stets als hochdosierte Anverwandlung und Aneignung fremder Texte. Schreiben und Neuschreiben, Lesen und Neulesen werden zu Prozessen, die sich nicht mehr voneinander abtrennen lassen. Sie produzieren eine Intertextualität, die durch die beschleunigte Proliferation fremder Textfragmente und verschiedenster Informationsquellen seit der ersten Ausgabe der *Histoire des deux Indes* im Jahr 1770 zunehmend zentrifugalen Charakter erhielt und so das in den frühen Rezeptionszeugnissen bereits feststellbare Bedürfnis nach einer das gesamte Werk zentrierenden Autorfigur noch erhöhte.

Dieses Bedürfnis nach diskursiver Zentralisierung leitete schließlich zu einer wachsenden *Autor*isierung des über die verschiedenen Ausgaben in ständiger Expansion befindlichen kollektiven Textes über und wir werden darauf am Ende dieses Kapitels nochmals zurückkommen. In gewisser Weise benötigte die *Histoire des deux Indes* nicht so sehr die Figur eines Kompilators, als vielmehr jene eines Gewährsmannes, eines Autors im modernen Wortsinn. Guillaume-Thomas Raynal, der mit allen Wassern der République des Lettres des 18. Jahrhunderts gewaschen war, verlieh seinem Text eine größere *Autor*isierung und Autorität, indem er von Ausgabe zu Ausgabe der Figur *eines* Autors schärfere Konturen und schließlich auch seinen Namen gab.

Diese Strategie erwies sich als überaus wirksam, denn der Abbé aus dem Aveyron wurde bis zu seiner berüchtigten *Adresse à l'Assemblée Nationale* von 1791 nicht nur als einer der großen „philosophes", sondern auch als einer der „Väter der Revolution" verehrt. Gleichzeitig handelte es sich um eine Textstrategie von großer Subversivität, die das gesamte Werk mit einer hohen Ausstrahlungskraft versah. Die *Histoire des deux Indes* war ein ungeheurer Bucherfolg, ihr vermeintlich einziger Autor, Raynal, ein zugleich von der französischen Geheimpolizei gejagter und in ganz Europa berühmter, gewiss auch berüchtigter, in jedem Falle aber viel- und heißdiskutierter Mann.

Raynals Unterfangen veränderte die Leselandschaften des Aufklärungszeitalters. Denn die Frage der Beziehung zwischen Europa und den außereuropäischen Gebieten erhielt im historischen Kontext der damaligen Globalisierungsphase zunehmend Zugang zu den breitesten Kreisen der Bevölkerung – dies dürfen wir gerade bezüglich des publizistischen Echos nicht vergessen! Ich möchte Ihnen daher auch gerne zwei Zeugnisse der internationalen Reaktion auf Raynal, die aus Deutschland stammen, präsentieren, um daran auch die aufklärerische Bedeutung Raynals und seiner Überlegungen zu erkennen. So erschien nach seinem Tod im *Genius der Zeit*, einem in Altona erscheinenden Journal, im November 1796 ein Nachruf auf den französischen Philosophen, der für unsere Fragestellung interessant ist:

> Wenn das menschliche Geschlecht je einen aufrichtigen Freund, einen warmen Verteidiger seines Rechts und einen eifrigen Arbeiter für sein allgemeines Wohl hatte, wer war es mehr als Wilhelm Thomas Raynal. – Mag doch Rousseau mit trügerischen Sophismen die Welt entzücken und zugleich den Bruder gegen den Bruder waffnen – mag er mit geprahlter Wahrheitsliebe Grundsätze aufstellen, die untereinander im Widerspruche zur Anarchie, zum Aufruhr und Verbrechen aufrufen – mag er sich als den wahren Freund seines Vaterlandes und seiner Mitbürger zeigen und den gerühmten Machtspruch tun: „Mancher liebt die Hottentotten, damit er nicht nötig habe, seine Nachbarn zu lieben": Die Welt wird einst sein Herz erkennen und sein Verdienst sichten. [...] Der wahre Philanthrop, der feurige Sachwalter seines unterdrückten Geschlechts, gleich tugendhaft in seinem öffentlichen Wandel und in seinem Hause, in seinen Schriften und seinen Handlungen, der ist eines schönen Siegs über alle menschenfeindliche Philosophie, alle hypokritische Tugend gewiss. O Raynal! [...]
>
> Raynals Werk ist nicht für jedermann überall gleich interessant. Die Franzosen, die Engländer und andere haben die Angriffe für überflüssig gehalten, die er auf den Aberglauben und die päpstliche Gewalt getan hat. Aber schrieb denn Raynal für den Franzosen? O nein, der Spanier und Italiener haben so gut ein Recht auf sein Wohlwollen als seine Landsleute, und jene wissen ihm recht herzlichen Dank, dass er gegen eine Herrschaft geeifert hat, unter deren unerträglichem Joche ihr Vaterland seufzt. Man hat es Raynal ferner vorgeworfen, dass er in seinen Beschreibungen zu ungenau und fehlerhaft gewesen sei. Dieser Vorwurf trifft ihn nicht so sehr als diejenigen, aus deren Nachrichten er geschöpft hat; er konnte nicht überall gewesen sein –
>
> aber der Tadel verschwindet fast ganz, wenn man den unermüdeten Fleiß wahrnimmt, mit welchem er alles sammelte, verglich, aufklärte, Widersprüche hob und so eine Wahrscheinlichkeit aufstellte, die seine Bescheidenheit dennoch nie als Spruch angesehen wissen wollte, sondern wobei er es immer der eigenen Beurteilung der Leser überließ, zwischen dem einen oder dem andern zu wählen.[97]

Sie sehen also: Nicht nur für Simón Bolívar und die lateinamerikanische Unabhängigkeit war Guillaume-Thomas Raynal ein wichtiger Bezugspunkt, sondern auch für den deutschsprachigen Raum, wobei freilich ein Bewusstsein darüber verbreitet war, dass Raynals Leserschaft eine gesamteuropäische war! Weitaus weniger war der europäischen Leserschaft klar, dass Raynals *Histoire des deux Indes* auch in diesen „Indes", in den Kolonialgebieten selbst, gelesen wurde. Diese *Geschichte beider Indien* war, wie wir heute sagen dürfen, ein weltumspannendes Ereignis, insofern sie sich nicht nur mit weltumspannenden Entwicklungen auseinandersetzte, sondern auch eine tendenziell weltumspannende Rezeption erfuhr. Dies war bei Cornelius de Pauw weitaus weniger der Fall.

---

**97** Nachruf auf Guillaume-Thomas Raynal. In: *Genius der Zeit* (1796). Ich entnehme dieses Zitat der Ausgabe der Geschichte beider Indien von Lüsebrink, S. 313 ff:.

Aufschlussreich ist in obigem Zeugnis, wie sehr Raynal dem Genfer Rousseau vorgezogen wird, der letztlich nur Zwietracht gesät habe und bald schon von den Menschen vergessen sein würde. Interessant ist dies auch deshalb, weil diese beiden Autoren, Rousseau und Raynal, zwar die beiden großen Bestseller des Jahrhunderts verfasst haben, nur der eine von beiden – Rousseau – aber tatsächlich einen langfristigen Ruhm ernten konnte, während Raynals Büste bald wieder aus dem Pantheon der großen Väter des Vaterlandes entfernt und buchstäblich ins Irrenhaus getragen wurde. Doch auch ohne diese diskreditierenden Akte, die dem Verhalten Raynals *nach* der Französischen Revolution galten, hätte die *Geschichte beider Indien* den epistemologischen Übergang zum 19. Jahrhundert nicht überlebt: Der weit gespannte Fächer des darin ausgebreiteten Wissens war zu wenig in einer direkten, konkreten Erfahrung fundiert.

Die Kritik an Raynal kam nicht erst im transatlantischen Netzwerk einer Aufklärung zwischen zwei Welten zustande. Von Beginn an hatte es scharfe Kritiken nicht nur in Frankreich, sondern auch in ganz Europa gegeben. Ein Beispiel hierfür – und aus der spezifischen Position der deutschen Geistesgeschichte mit ihrer zunehmend prononciert antifranzösischen Stoßrichtung – mag Johann Gottfried Herder sein, der in einem Brief von Juni 1782 an Johannes Müller vom Eintreffen des Philosophen in Weimar berichtete. Diese Passage macht zugleich auf den enormen Bekanntheitsgrad Raynals, auf die hohe Akzeptanz des von den französischen Behörden Verfolgten in den deutschen Fürstentümern – später zeitweise ja auch in Brandenburg und Potsdam –, aber auch auf die gegenüber Frankreich vorgetragene Kritik am „Geist des Jahrhunderts" von Seiten deutscher ‚Intellektueller' aufmerksam:

> Raynal ist hier gewesen, und mich freut's, dass Sie nicht hier waren. Es ist der geschwätzigste Deklamator, der mir im Leben vorgekommen ist, völlig die Blüte unseres Jahrhunderts – denn auch die Distel blüht! Übrigens ist nichts an ihm hochachtungswürdig als sein *jargon philosophique et politique*, nach dem er in Europa in jedem Kabinett so gut zu Hause ist wie in den beiden Indien und sehr fein seine Menschen zu finden und zu messen weiß. Er ist, vom Prinzen August begleitet, wie ein Gott hier angekommen und hat sich wie ein *oracle politique et philosophique* hier betragen. Wohl den Göttern und Orakeln![98]

Herder gewährt uns in diesen Zeilen einen tiefen Einblick in die internationale Rezeption des französischen „philosophe" ebenso bei den Fürsten wie bei einem breiteren Lesepublikum. Raynal besaß einen Ruf wie Donnerhall. Zum damaligen Zeitpunkt – die dritte Ausgabe der *Histoire des deux Indes* war gerade

---

**98** Herder, Johann Gottfried: *Brief vom 1. Juni 1782*. In Otto, Regina (Hg.): *Herders Briefe in einem Band*. Berlin: Aufbau-Verlag 1970, S. 224.

erschienen – stand Raynal im Zenit seines internationalen Ruhms. Er wurde von den französischen Behörden verfolgt, erhielt gleichwohl aber insgeheim seine Bezüge („rentes") unverändert ausbezahlt. Seine Kolonialismus-Kritik wurde trotz aller Unkenntnis und Verzerrung der Verhältnisse in den Kolonien doch zu einem Sprengstoff, der in der Tat auch gegen die Kolonialherren eingesetzt werden konnte. Man musste dabei nur vorsichtig vorgehen und es vermeiden, nicht einen Teil der eigenen Machtansprüche gleichzeitig mit der Verwendung dieses Sprengstoffes mit in die Luft zu sprengen.

Die „rhétorique incendiaire" von Raynal beziehungsweise Diderot spielte in den Kolonien weit mehr noch als in Europa eine entscheidende Rolle. In Übersee wirkte sie in der Tat wie eine „machine de guerre", die – fand sie erst die richtigen Leser – mögliche Aufstände beflügelte. Der Name Raynal stand in jedem Falle nicht nur in den Kolonien für die Vision vom Ende einer dreihundertjährigen kolonialen Unterdrückung; und diese Tatsache macht auf den hochgradig ambivalenten Charakter seines Werkes – ebenso des Textes selbst wie seiner Rezeption – aufmerksam:

> Allem Anscheins nach wird der Hof von Madrid niemals die Anzahl der Truppen vermindern, die er in Neuspanien unterhält: Aber der Anteil des öffentlichen Einkommens, welchen die Befestigungen auffressen, wird schon bald die Schätze nicht vergrößern, es sei denn, dass der Hof diese Schätze in der Kolonie selbst darauf verwendet, nützliche Niederlassungen zu gründen. Schon öffnen sich an den Ufern des Flusses Alvarado, wo sehr viel Bauholz gedeiht, große Werkstätten. Diese Neuerung sagt Glückliches voraus. Andere werden zweifellos diesem Beispiele folgen. Vielleicht wird Mexiko nach drei Jahrhunderten der Unterdrückung oder der Lethargie die hohe Bestimmung erfüllen, zu der es die Natur seit so langer Zeit rief.[99]

Mit diesen Worten einer „douce espérance"[100] verlässt die *Histoire des deux Indes* des Abbé Raynal im letzten Abschnitt des sechsten Buches geographisch korrekt den nordamerikanischen Raum, um sich in der Folge dem Bereich Südamerikas zuzuwenden. Die zitierte Passage verdient unsere Aufmerksamkeit nicht nur aufgrund ihres Übergangscharakters, sondern vor allem, weil hier ein eigener Raum konstruiert wird, für den die Bezeichnung „le Mexique" an die Stelle der kolonialspanischen „Nouvelle-Espagne" tritt. Die kolonialspanische Bezeichnung „Neuspanien" macht ganz wie bei der Titelfindung von Francisco Javier Clavijeros *Historia antigua de México* jener zukunftsgerichteten Bezeichnung „Mexiko" Platz, welche auf die präkolumbische und damit vorspanische Bezeichnung zurückgreift.

---

**99** Raynal, Guillaume-Thomas: *Histoire des deux Indes*, Bd. 3, S. 344.
**100** Ebda.

Diese neue Begrifflichkeit ist von großer Bedeutung: Mit dieser Verschiebung tritt zugleich einem Geschichtsraum von drei Jahrhunderten, der die Kolonialzeit als Zeit des Stillstands, der Untätigkeit und der Unterdrückung charakterisiert, der Raum einer zukünftigen eigenen Entwicklung entgegen. Innerhalb dieser könne – ob in kolonialer Abhängigkeit oder politischer Eigenständigkeit bleibt noch offen – unter dem Impuls einer sich entwickelnden Industrie die naturräumliche Ausstattung und Infrastruktur endlich genutzt und zum Wohle des künftigen Mexiko in Wert gesetzt werden. Repräsentiert der Begriff „Neuspanien" paradoxerweise das zu überwindende Alte, so steht mit „Mexiko" ein Begriff für die zukünftige Entwicklung ein, der auf die vor der spanischen Eroberung liegende präcortesianische Zeit zurückverweist. Damit lässt er einen Geschichtsraum entstehen, in welchem „Conquista" und „Colonia" im Grunde als Unterbrechung, ja als Fremdkörper innerhalb eines eigenen historischen Seins stehen, das sich aus der präkolumbischen Zeit ableitet.[101]

Die Position der *Geschichte beider Indien* ist freilich trotz allem ambivalent. In der wenige Jahrzehnte später losbrechenden Unabhängigkeitsrevolution ist der bewusste wie unbewusste Rückgriff auf die Zeit vor der Eroberung in der politischen Symbolik überall mit Händen zu greifen. Ja es gelingt den politischen Führern – beziehungsweise den kreolischen Eliten –, die indianischen Mythen neu für ihre eigenen politischen Interessen dienstbar zu machen und eine wahre aztekisierende Mode[102] auszulösen, mit welcher die Kolonialzeit sichtbar zum Verschwinden gebracht und die neue Nationalität im alten „Imperio Mexicano" verankert werden sollte. In Raynals erstmals 1770 erschienener *Histoire des deux Indes* ist eine derartige Zeitstruktur inhaltlich jedoch nicht verankert. Am Ende des siebten Kapitels im sechsten Buch im Übergang zur Beschäftigung mit Geschichte und Gegenwart Neuspaniens hatte die für die Geschichtsschreibung der *Histoire* zentrale narrative Instanz die barbarischen Grausamkeiten der spanischen Eroberer im karibischen Raum gegeißelt und heiße Tränen vergossen über die längst verschwundene indigene Bevölkerung. Doch werden wenige Seiten später durch diese Erzählinstanz selbst die Vergangenheit der indianischen Völker und ihre differenzierten kulturellen Formen mit

---

**101** In einer Vielzahl von Schriften – nicht zuletzt im Anfangskapitel von *Sor Juana Inés de la Cruz o las trampas de la fe* mit seiner Interpretation des Vizekönigreiches – hat Octavio Paz eine derartige, in seinen Augen bis heute anhaltende Geschichtsvision diagnostiziert und harte Kritik an ihr geübt.

**102** Vgl. hierzu O'Gorman, Edmundo: Prólogo. In: Mier, Fray Servando Teresa de: *Ideario político*. Caracas: Biblioteca Ayacucho 1978, S. xxv. Nicht zu Unrecht ist dort auch in politischer Hinsicht die Rede von einem damals angestrebten „imperio azteca liberal y parlamentario" (S. xxvi).

einem Federstrich beseitigt. So heißt es in der *Geschichte beider Indien*: „Ihre Rasse ist nicht mehr. Ich muss einen Augenblick an dieser Stelle verharren. Meine Augen füllen sich mit Tränen & ich sehe nicht mehr, was ich schreibe.“[103] Zur epistemologischen Bedeutung der Augen, die auch in dieser Passage nicht der Aufnahme fremder Informationen (von außen nach innen) dienen, sondern den Informationsfluss umkehren und (von innen nach außen) dem Lesepublikum Hinweise über die so geschaffene explizite Autorfigur geben, wäre hier viel anzumerken, doch müssen wir uns dem Ende dieses Kapitels zuwenden.[104]

Unter der Feder Raynals und Diderots begegnen wir erneut der Frage (und Problematik) aufklärerischer Kritik. Denn mit der Geste des aufgeklärten Philosophen und des erfahrenen Geschichtsschreibers, der es gewohnt ist, seine Quellen nicht für bare Münze zu nehmen, sondern sie einer tiefgründigen Kritik zu unterziehen, werden alle Berichte der Spanier über jene für die europäischen Leser wundersame Welt, die sie eroberten und zugleich zerstörten, ins Reich der Phantasie und der absichtsvollen Übertreibung verwiesen. Mit einem einzigen Federstrich werden ganze Bibliotheken getilgt und von einer aufklärerischen Kritik aus dem Reich von Wahrheit oder zumindest Wahrscheinlichkeit ausgebürgert. Was bleibt dann noch übrig von der zivilisatorischen Leistung der indigenen Bevölkerung des Kontinents, von der Baukunst, dem Staatswesen, den Handelsverflechtungen, den kulturellen Errungenschaften der indigenen Hochkulturen? Die Antwort auf diese Frage ist denkbar einfach und mechanisch; sie lässt jene Dialektik der Aufklärung erkennen, auf die wir schon so häufig stießen:

> Ohne die Wissenschaft der Mechanik & die Erfindung ihrer Maschinen gäbe es keine großen Monumente. Ohne Viertelkreise & ohne Teleskop keinen wunderbaren Fortschritt in der Astronomie, keine Genauigkeit in den Beobachtungen. Ohne Eisen keine Hämmer, keine Zangen, keine Einfassungen, keine Schmieden, keine Sägen, keine Äxte, keine Holzfällerbeile, keinerlei Werke aus Metall, die es verdienten, angeschaut zu werden, nichts an Mauerwerk, nichts an Fachwerk, nichts an Zimmermannskunst, nichts an Architektur, an Gravur, an Skulptur. [...]

> Entkleiden wir daher Mexiko all jener Dinge, welche fabelhafte Erzählungen ihm zuschrieben, & so werden wir herausfinden, dass dieses Land, das den wilden Gebieten

---

**103** Raynal, Guillaume-Thomas: *Histoire des deux Indes*, Bd. 3, S. 223: „Leur race n'est plus. Il faut que je m'arrête ici un moment. Mes yeux se remplissent de larmes, & je ne vois plus ce que j'écris.“

**104** Vgl. Ette, Ottmar: Diderot et Raynal: l'œil, l'oreille et le lieu de l'écriture dans l'„Histoire des deux Indes“. In: Lüsebrink, Hans-Jürgen / Strugnell, Anthony (Hg.): *L'"Histoire des deux Indes„: réécriture et polygraphie*. Oxford: Voltaire Foundation 1996, S. 385–407.

weit überlegen war, welche die Spanier bis dahin in der Neuen Welt durchstreift, nichts war im Vergleich mit den zivilisierten Völkern des alten Kontinents.[105]

Diese Passage aus der Feder Denis Diderots[106] zeigt mit aller wünschenswerten Deutlichkeit, wie eine (in diesem Falle materialistisch fundierte) eurozentrische Sichtweise nicht nur die eigene Kultur beziehungsweise Kulturgeschichte und insbesondere deren Techniken zum Maß aller Dinge macht. Vielmehr negiert sie auch die ‚andere' „Kultur" als solche und charakterisiert sie nur durch den Mangel, durch das Fehlen bestimmter aus europäischer Sicht für essentiell gehaltener Elemente. Das ‚Andere' wird im Namen des ‚Eigenen', das zum ‚Universalen' wird, getilgt und aus der Geschichte *der* Menschheit mit kritisch-aufklärerischer Geste ausgeschlossen. Man könnte auch formulieren: Im Namen des ‚Universalen' wird das ‚Andere' schlicht durch das Licht der Aufklärung ausgeblendet.

Diese Passage zeigt zugleich, dass damit alles, was vor der Eroberung durch die Europäer lag, aus der Kulturgeschichte Amerikas ausgebürgert wird. Damit wird Platz geschaffen für eine Entwicklung, die die spanische Eroberung und Kolonialzeit zwar kritisiert sowie verurteilt, zugleich aber die Begründung dafür liefert, dass die künftige Entwicklung dieser außereuropäischen Regionen für universalgültig gehaltenen europäisch-okzidentalen Prinzipien folgen muss. Aufklärung kann eben auch Verdunkelung sein: Die Dialektik der Aufklärung erweist sich auch im transarealen Zusammenhang.

Im Kontext unserer Überlegungen geht es mir dabei weniger um die offenkundige Bewegung einer eurozentrischen und logozentrischen Kolonialisierung, die sich – wie so häufig und bis in unsere Tage – im Gewand der Modernisierung präsentiert. Sie tut dies so, als ginge es nur darum, diese Gesellschaften in Übersee stärker zu modernisieren, um sie von aller Rückständigkeit zu befreien und den europäischen Gesellschaften gleich zu machen. Von gewiss nicht geringerer Bedeutung ist die Tatsache, dass damit ein kultureller Raum geschaffen wird, der als Grundlage für den künftigen politischen, wirtschaftlichen und gesellschaftlichen Bewegungsraum von einer grundlegenden Homogenität geprägt ist, die freilich stets bemüht sein muss, ‚störende' Elemente auszublenden. Die neue soll in die Fußstapfen der alten Welt treten, doch kann sie ihrer Bewegung ständig beschleunigter Modernisierung nur dann unterworfen werden, wenn aus europäischer Sicht fremdkulturelle Praktiken in einem stets erneuerten Ritual verdrängt werden. Dies ist gerade in einer Phase beschleunigter Globalisierung der Fall, die stets auch eine Phase beschleunigter Modernisierung ist.

---

**105** Raynal, Guillaume-Thomas: *Histoire des deux Indes*, Bd. 3, S. 248 f.
**106** Vgl. hierzu die grundlegende Arbeit von Duchet, Michèle: *Diderot et l'Histoire des deux Indes. L'Ecriture Fragmentaire*. Paris: Nizet 1978, S. 73.

Dies betrifft alle Kulturtechniken: Mit derselben Geste, mit der auf die mexikanischen Bilderhandschriften hingewiesen wird, werden diese Piktogramme aus dem Bereich der alphabetischen Schrift ausgegrenzt. Jahrhunderte noch seien die Mexikaner von der „écriture", „ce moyen puissant & peut-être unique de lumière" aufgrund der „imperfection de ces hiéroglyphes"[107] entfernt gewesen. Alphabetschrift und Aufklärung sind ein Bündnis eingegangen, das nun aus europäischer Sicht universalisiert wird. Nur der von Europa beschrittene Weg, nur die von Europa gewählte Schriftweise ist die allein richtige und erfolgversprechende Lösung für alle Probleme und kulturellen ‚Rückständigkeiten'. Nur mit Hilfe derartiger Mechanismen kann ein kulturell homogener Raum erzeugt werden, der als Grundlage für importierte Modernisierungsprozesse taugt. Die in der *Histoire des deux Indes* mehrfach geäußerte Kritik an den „kastilischen Geschichtsschreibern" verdeckt freilich nur für die nicht näher mit den amerikanischen Verhältnissen vertrauten Leser, dass diese ‚aufgeklärte' Kritik das Verschweigen, die Nicht-Beschäftigung mit anderen, mit indigenen beziehungsweise aus dem Lande selbst stammenden Quellen notdürftig kaschiert. Eine simple Konfrontation mit Francisco Javier Clavijeros *Historia antigua de México* zeigt die ganze Gefährlichkeit dieser europäischen Aufklärungskritik auf.

Es kann an dieser Stelle unserer Vorlesung nicht darum gehen, jene bereits aus verschiedenen Perspektiven beleuchtete Geschichte der Auseinandersetzung um die Neue Welt noch weiter aufzurollen. Sie verschärfte sich ausgehend von den Schriften Montesquieus und Buffons und der von ihnen abgeleiteten Klima- und Kulturtheorie im letzten Drittel des 18. Jahrhunderts deutlich und führte zu verbitterten Kontroversen um die These vom Degenerieren aller Lebens- und Kulturformen in der sogenannten Neuen. Es scheint mir aber noch nicht ausreichend untersucht worden zu sein, welche Auswirkungen und Nebeneffekte die in dieser Polemik von amerikanischer Seite oft als Gegenprojekte präsentierten Entwürfe in Hinblick auf die Ausgestaltung (eigener) kultureller Räume in Amerika hatten und haben. Dabei hatten wir bereits gesehen, dass Clavijero in seiner *Historia antigua de México* einen plurikulturellen Raum ersonnen hatte, der im Grunde wesentlich zukunftsträchtiger war als jene Visionen künftiger Homogenität nach europäischem Vorbild. Wir stoßen hier gewiss nicht zum letzten Mal im Verlauf unserer Vorlesung an die Grenzen Europas und eines universalisierenden europäischen Denkens. Wir sollten dabei nicht vergessen, dass wir die Erben dieser Aufklärung sind. Allein die Tatsache, dass die außereuropäische Aufklärung nur bestenfalls sporadisch an den europäi-

---

107 Raynal, Guillaume-Thomas: *Histoire des deux Indes*, Bd. 3, S. 254.

schen Forschungszentren untersucht wird, sollte uns vor Augen führen, dass es an dieser wichtigen Stelle transarealer Beziehungen in Europa ein großes Problem dabei gibt, die eigene Geschichte *kritisch* aufzuarbeiten und zu reflektieren. Die dringliche Notwendigkeit eines neuen Verständnisses der Aufklärungsepoche scheint mir evident.

Wir haben gesehen, dass sich Europa in dieser zweiten Phase beschleunigter Globalisierung sehr intensiv mit Außereuropa auseinandersetzte und auch in der außereuropäischen Welt eine sehr spezifische Reaktion und Appropriation des europäischen Denkens sich bemerkbar machte. Dies erfolgte ebenso auf der Ebene der intellektuellen, philosophischen, literarischen und kulturellen wie politischen Entwürfe als auch auf jener der konkreten Realisierung bis hin zur Unabhängigkeitsrevolution in den hispanoamerikanischen Kolonien. Wir haben daher auch gesehen, dass die europäische Aufklärung sehr wohl diese außereuropäische Welt wahrnahm, ihre Probleme behandelte und die Ergebnisse dieser Auseinandersetzung an zentraler Stelle in das Denken der europäischen Aufklärung Eingang fanden. Die Frage Außereuropas ist also keine Marginalie innerhalb der Aufklärung, sondern ein sehr wesentlicher Bestandteil eines Denkens, auf das wir uns heute noch immer beziehen. Die Problematik dieses Denkens, unserer eigenen Denktraditionen also, muss uns heute vor Augen stehen.

Wichtig ist diese Tatsache nicht nur für eine veränderte Sichtweise der Aufklärung zwischen zwei Welten, sondern auch für die Einsicht in die Tatsache, dass wir zunächst die Lehren aus der Aufklärung des 18. Jahrhunderts – also aus der zweiten Phase beschleunigter Globalisierung – zu ziehen haben werden. Erst danach erkennen wir wirklich unsere eigene Geschichte und damit auch alle Denkmöglichkeiten nach der zurückliegenden vierten Phase beschleunigter Globalisierung. Wir sind noch immer weit davon entfernt, einen neuen Begriff des Verhältnisses zwischen Europa und Außereuropa und der Entwicklung gleichrangiger Beziehungen auf unserem Planeten entwickelt zu haben. Wenn ich die intellektuellen Entwicklungen mit Optimismus betrachte, dann scheint mir, dass wir uns in der historisch einmaligen Situation einer möglichen Öffnung des europäischen Denkens befinden. Dafür ein Bewusstsein zu schaffen, ist ein Ziel dieser Vorlesung. Verzeihen sie mir daher bitte ein gewisses Insistieren auf diesem Aspekt!

Wir kehren noch ein allerletztes Mal zu Raynals *Geschichte beider Indien* und zu deren Rezeption zurück. Nach der Wende zum 19. Jahrhundert neigte sich die große Zeit erhitzter Debatten wie abgeklärter Auseinandersetzungen um die Neue Welt nicht nur für das auf schroffen Antinomien aufgebaute Werk von Cornelius de Pauw, sondern auch für die *Histoire des deux Indes* von Guillaume-Thomas Raynal einer Phase der Abkühlung und schließlich ihrem Ende zu. Für lange Zeit, wohl bis ins letzte Drittel des 20. Jahrhunderts, war Raynal nur noch einigen wenigen Spezialisten bekannt, waren hinter den epistemologischen Umbrüchen des ausgehenden 18. wie des 19. Jahrhunderts auch seine Schriften hinter dem Horizont der Zeitgenossen verschwunden. Einer der großen Bestseller des Aufklärungszeitalters hatte seinen Glanz bei der Leserschaft eingebüßt.

Einer der profiliertesten Kritiker des Holländers war Drouin de Bercy, der von sich selbst behauptete, als französischer „colon" in Saint-Domingue tätig gewesen zu sein, als Offizier an der letztlich gescheiterten Expedition der französischen Armee unter General Leclerc während des Feldzuges gegen die Haitianische Revolution teilgenommen und insgesamt dreizehn Jahre in Amerika verbracht zu haben. Es ist bedeutungsvoll, dass er in seinem 1818 in zwei Bänden zu Paris erschienenen Buch *L'Europe et l'Amérique comparées* Cornelius de Pauw vierzig Jahre nach dem erstmaligen Erscheinen der *Recherches philosophiques sur les Américains* angriff. Er tat dies, indem er Alexander von Humboldt gegen ihn in Stellung brachte: „His chief method of refuting De Pauw is to confront him with statements from Alexander von Humboldt, whom he quotes as absolute authority."[108] Der epistemologische Bruch, welcher de Pauws und Raynals Werke zum Verschwinden brachte, erhielt so einen wissenschaftsgeschichtlich präzisen Namen – und dies gleichsam am Ende der Auseinandersetzungen zwischen den so unterschiedlichen Kontrahenten in der Berliner Debatte um die Neue Welt.

In der Tat befand sich der jüngere der beiden Humboldt-Brüder, der sich seit der Rückkehr von seiner großen, zwischen 1799 und 1804 gemeinsam mit Aimé Bonpland durchgeführten Amerikareise für lange Jahre in Paris niedergelassen hatte, zu diesem Zeitpunkt längst im Besitz der Diskurshoheit über die amerikanische Hemisphäre. Ein neuer Diskurs über die Neue Welt war entstanden – und erneut spielten dabei Berlin und Potsdam im Verlauf der ersten Hälfte des 19. Jahrhunderts eine wichtige Rolle. Doch auf Alexander von Humboldt werde ich zu einem späteren Zeitpunkt zurückkommen ...

Es ist kurios, den Aufstieg des Abbé Raynal aus der Anonymität zum ‚eigentlichen' Verfasser und Autor der großen Kolonialenzyklopädie zu verfolgen, für die ihm Denis Diderot in mit der Erweiterung seiner Ausgaben zunehmendem Maße die spektakulärsten und beim Publikum wirkungsvollsten Passagen lieferte. Die erste, 1770 erschienene Ausgabe der *Histoire des deux Indes* besaß noch keinerlei Illustrationen. Sie wurde wahrscheinlich in Holland gedruckt und gab eine falsche Adresse in Amsterdam an, verschwieg aber wohlweislich

---

**108** Church, Henry Ward: Corneille De Pauw, S. 204.

den Namen ihres Verfassers. Warum trug man Sorge dafür, die Spuren dieses anonymen Verfassers zu verwischen?

Nun, die Erklärung dafür ist leicht zu geben. Denn angesichts des subversiven Charakters zahlreicher Passagen in den sechs Bänden dieser ersten Ausgabe konnte dies nicht überraschen. Viele Zeitgenossen verstanden (sich auf) dieses Versteckspiel aufklärerischer Autorschaft sehr gut. 1774 meldete die Korrespondenz von La Harpe bezüglich dieses anonym erschienen Werkes, „noch kecker als dessen Niederschrift wäre es wohl, diese zuzugeben".[109] Seit 1772 war die *Geschichte beider Indien* in der Tat zum Gegenstand erster staatlicher Zwangsmaßnahmen und Verbote geworden, deren mehrfache Wiederholung gleichsam offiziell den subversiven Charakter dieser Bände über die europäische Kolonialexpansion bestätigte und auf diese Weise dessen Bekanntheitsgrad, Prestige und Wirkung beim französischen Publikum beträchtlich verstärkte. Der Verfasser dieser Bände musste um seine Sicherheit fürchten.

Für die regelmäßigen Besucher Pariser Salons und die Leser der damaligen „Presse manuscrite", also der literarischen Korrespondenzen oder der sogenannten „Nouvelles à la main"[110] – und damit für das gebildete Publikum –, war die Anonymität freilich eher relativer Natur. Raynal war weit davon entfernt, etwas gegen die Gerüchte zu unternehmen, er sei der Verfasser des inkriminierten Werkes. In gewöhnlich wohlinformierten Kreisen glaubte man also zu wissen, wer der wirkliche Verfasser der *Histoire des deux Indes* war. Vor dem Hintergrund eines steigenden Bekanntheitsgrades, der durch die offiziellen Verbote noch werbewirksam verstärkt wurde, überrascht es nicht, allenthalben in der Presse Nachrichten über den eigentlichen Verfasser der *Geschichte beider Indien* und überdies seit 1772 im *Journal littéraire de Berlin* nachdrückliche Hinweise zu finden, die das Werk einem gewissen „M. l'Abbé R***" zurechneten. Die Berliner Kreise waren zu diesem Zeitpunkt längst thematisch sensibilisiert, griff dieses Werk doch direkt in die Berliner Debatte um die Neue Welt ein. Für die Eingeweihten hätte die Anspielung in einem „von der Preußischen Akademie kontrollierten"[111] Periodikum kaum deutlicher ausfallen können, war Raynal doch bereits seit 1750 offizielles Mitglied der Berliner Akademie.

So begann ein literarisches Spiel, dessen ästhetische und poetologische Implikationen neue Ausblicke auf ein faszinierendes und facettenreiches Werk er-

---

109 Zitiert nach Bancarel, Gilles: L'Histoire des deux Indes. Un best-seller du Siècle des Lumières. *Impressions du Sud* 25 (printemps 1990), S. 55.
110 Vgl. Guénot, Hervé: La réception de l'„Histoire des deux Indes" dans la presse d'expression française (1772–1781), S. 67–84.
111 Ebda., S. 72.

öffnen. Es macht auch deutlich, dass wir uns bei Raynal noch mitten in der Berliner Debatte befinden. Die zweite Ausgabe der *Histoire des deux Indes* erschien 1774 in Den Haag und enthielt erstmals eine Reihe von Stichen.[112] Das Frontispiz dieser sechsbändigen Oktavausgabe verdient unsere besondere Aufmerksamkeit, zeigt es uns doch auf wunderbare Weise, auf welch hohem Niveau sich derartige Versteckspiele in den internationalen Zirkeln der République des Lettres des 18. Jahrhunderts vollzogen.

**Abb. 35:** Porträt von Guillaume Thomas Francois Raynal in der 1774 erschienenen Ausgabe der *Histoire des deux Indes*.

Gab die Titelseite dieser Ausgabe auch noch immer den Autornamen nicht preis, so bediente das Titelkupfer doch die Neugier des Lesepublikums. Das medaillonförmig geschnittene rechte Profil Raynals wurde durch eine Legende ergänzt, die den Namen von „G.^me T.^mas RAYNAL" sowie seine Zugehörigkeit zur „Société Royale de Londres et de l'Académie / des Sciences et Belles-Lettres de Prusse" präzisierte. Damit verwies sie just auf jene Institution, deren *Journal littéraire* recht unmissverständlich auf die Autorschaft des aus einem kleinen Örtchen in der Nähe des südfranzösischen Rodez stammenden Philosophen hingewiesen hatte. Enthält diese Legende auch keinen Hinweis auf seinen Status als Geistlicher, so lässt die Kleidersprache des Portraits doch keine Zweifel daran aufkommen. Raynals Portrait „en costume ecclésiastique" zeigt uns „ein von Gutherzigkeit geprägtes beschwichti-

---

[112] Aus einer anderen Perspektive hat Lise Andries auf die Wichtigkeit der Illustrationen der *Geschichte beider Indien* aufmerksam gemacht; vgl. Andries, Lise: Les illustrations dans l'„Histoire des deux Indes". In: Lüsebrink, Hans-Jürgen / Strugnell, Anthony (Hg.): *L'„Histoire des deux Indes": réécriture et polygraphie.* Oxford: Voltaire Foundation 1995, S. 11–41.

gendes Gesicht"[113] eines (ebenso offenkundig wie ostentativ) von guten Absichten beseelten Geistlichen. Man denke dabei an die Topoi von der verfolgten Unschuld, wie sie Raynal auch in einem vorhergehenden Zitat selbst verwendet hatte.

Die (wohlgemerkt relative) Anonymität wird durch dieses Frontispiz gelüftet, ohne dass der Autorname auf die Titelseite rückte. Noch erschien er nicht in gedruckter Form. Dies ist der Auftakt zu einem komplizierten Spiel zwischen den verschiedenen schrifttextlichen und nicht-schrifttextlichen Teilen des Paratextes und der semiotischen Strukturierung der *Histoire des deux Indes*. Dieses schloss einen kreativen Umgang mit den ikonologischen Gepflogenheiten der Zeit mit ein: Nicht von ungefähr zählte der für diesen zeichnerischen Entwurf gewählte Künstler zu den berühmtesten und gesuchtesten Künstlern der Epoche. Denn der auf dem Frontispiz vermerkte Name Charles-Nicolas Cochin war, zusammen mit dem ebenfalls festgehaltenen Namen des Graveurs, sehr wohl in der Lage, die Wichtigkeit der dargestellten Persönlichkeit zu unterstreichen. Gemäß der Konventionen eines Frontispizes, von denen[114] hier nur die identifikatorische Beziehung zwischen dem Bild der dargestellten Person und den Inhalten der jeweiligen Bildlegende (in diesem Fall unter Angabe der akademischen Titel) erwähnt sei, vermittelte ein so gestaltetes Eingangstor dem gesamten nachfolgenden Werk eine wesentlich höhere Authentizität und Legitimität. Die Bild-Text-Beziehungen bestätigen jenen Prozess einer *Autor*isierung, in deren Verlauf Guillaume-Thomas Raynal zum ,wirklichen' Autor seiner *Histoire des deux Indes* wurde.

Dieses erste, in seiner Entstehung auf das Jahr 1773 zurückgehende Frontispiz führte im Gefolge der zweiten Ausgabe zu einer Reihe von Varianten, die auf der Zeichnung Cochins beruhten und unseren Autor bisweilen im rechten, bisweilen im linken Profil zeigten. Der Blick des so Porträtierten richtet sich nach rechts, auf die Titelseite, oder nach links, aber niemals auf die Leserin oder den Leser. Dies verändert sich erst mit der dritten Ausgabe der *Histoire des deux Indes*, die in Genf 1780 in einer vierbändigen, luxuriös ausgestatteten Quartausgabe erschien. Hier stoßen wir schließlich auf den Autor in seinem Arbeitszimmer, mit der Schreibfeder in der Hand – und mit dem Namen des Autors auf der Titelseite.

Ich möchte an dieser Stelle nicht mehr auf die Bedeutung der Arbeit am Schreibtisch und in einem geschlossenen Raum eingehen – eine Frage von

---

**113** Bancarel, Gilles: G. Thomas Raynal. De la séduction à la sévérité. In: *Revue du Rouergue* (Rodez) 28 (hiver 1991), S. 480.

**114** Die Trennung zwischen *Dessinateur* und *Graveur* war im Verlauf des 18. Jahrhunderts immer häufiger geworden; vgl. Wagner, Peter: *Lust & Liebe im Rokoko. Lust & Love in the Rococo Period.* Nördlingen: Delphi 1986, S. 12. In ganz Europa zählten die französischen Künstler im Siècle des Lumières zu den gesuchtesten Buchillustratoren.

hoher epistemischer Bedeutung, die ich an anderer Stelle erläutert habe.[115] Mir geht es am Ende dieses Kapitels nur mehr um die Problematik der Autorschaft der *Histoire des deux Indes*. Denn in Wirklichkeit war Guillaume-Thomas Raynal mehr der kluge und versierte Koordinator der von ihm orchestrierten Texte als deren hauptsächlicher Verfasser. Die Forschungen der letzten Jahrzehnte haben ergeben, welche Vielzahl an Autoren an diesem Gemeinschaftswerk mitarbeitete. Aber sie zeigten auch, welch wichtige Rolle darin Denis Diderot zukam.[116]

Auch wenn wir bei Francisco Javier Clavijero sahen, dass der neuspanische Aufklärer nicht viel Federlesens mit seinen europäischen Kontrahenten machte und einen de Pauw oder Robertson wie einen Raynal behandelte und abtat, so dürfen wir doch in der *Geschichte beider Indien* den eigentlichen Höhepunkt einer europäischen Epistemologie erkennen. Für sie war der von Jean-Jacques Rousseau so vehement reklamierte „philosophe voyageur" keine Option, sondern eher ein Schrecknis. Denn wie de Pauw und so viele andere europäische Philosophen war auch Raynal niemals außerhalb Europas gewesen. Er stand daher in den Debatten klar für einen überlegenen europäischen Standpunkt, welcher die Kritik der transatlantischen Aufklärung im Grunde nicht wahrnahm – zu sehr war man in Europa daran gewöhnt, dass die außereuropäischen Gebiete Objekte, aber nicht Subjekte der Forschung und öffentlichen Meinungsbildung waren.

Raynals Bild des über unserem Planeten schwebenden Philosophen, dessen Position für den Anspruch des Universalismus stand, der über alles auf diesem Globus abschließend zu urteilen befähigt sei, steht für eine Position, die noch immer ein schweres Erbe der europäischen Aufklärung für unsere Zeit ist. Denn die Problematik eines derartigen Universalismus europäischer Prägung ist noch längst nicht vorüber: Ihre Präsenz ist allzu oft mit Händen zu greifen. So mag denn das Gesicht des europäischen Philosophen, das wir im Verlauf der verschiedenen Ausgaben der *Histoire des deux Indes* haben aufleuchten sehen und das im Übrigen in der zuletzt genannten Kombination mit dem Autornamen nicht mehr die Züge Raynals trug, wieder verschwinden sehen – um Michel Foucault zu zitieren: wie am Meeresufer ein Gesicht im Sand. Die markanten Gesichtszüge einer solchen Epistemologie sind freilich selbst in der europäischen Aufklärungsforschung unserer Tage noch nicht verschwunden, das diffuse Fortwirken der Berliner Debatte ist noch immer nicht zu einem Ende gekommen.

---

**115** Vgl. hierzu Ette, Ottmar: La mise en scène de la table de travail: poétologie et épistémologie immanentes chez Guillaume-Thomas Raynal et Alexander von Humboldt. In: Wagner, Peter (Hg.): *Icons – Texts – Iconotexts. Essays on Ekphrasis and Intermediality*. Berlin – New York: Walter de Gruyter 1996, S. 175–209.
**116** Vgl. das Diderot-Kapitel in Ette, Ottmar: *ReiseSchreiben* S. 169–185.

# Europäische Forschungsreisen um die Welt oder die Ausweitung des Wissens

Das europäische 18. Jahrhundert strahlt gleichwohl auch im Glanze seiner zahlreichen Forschungsreisen und damit der empirischen Annäherung an die außereuropäische Welt in dem Sinne, in welchem Jean-Jacques Rousseau vom „philosophe voyageur" sprach. Die europäische Expansion des Aufklärungszeitalters schreitet im Rhythmus dieser Forschungsreisen voran, die vor allem von Briten und Franzosen, den Hauptakteuren der zweiten Phase beschleunigter Globalisierung, unternommen wurden. Lassen Sie mich jedoch mit einem Nachzügler in dieser Mächtekonstellation beginnen, mit Russland, an dessen wissenschaftlichen wie militärischen Expeditionen auch zahlreiche deutschsprachige Wissenschaftler, Künstler und Kapitäne beteiligt waren.

Die reiseliterarische Schilderung der ersten Annäherung von Georg Heinrich Freiherr von Langsdorff an die Küsten Brasiliens steht von Beginn an im Zeichen der tropischen *Fülle*. So lesen wir im ersten Band seiner erstmals im Jahr 1812 in Frankfurt am Main erschienenen *Bemerkungen auf einer Reise um die Welt in den Jahren 1803 bis 1807*[1] zunächst von einem am 18. Dezember 1803 durchgeführten Versuch, sich der „Insel *St. Catharina*"[2] und damit auf den Spuren von Bougainville und Pernety der brasilianischen Küste zu nähern: „und schon bewillkommnten [sic] uns, in einer Entfernung von 60 bis 80 Seemeilen, mehrere Schmetterlinge, die wahrscheinlich durch einen starken Wind dem Lande entrissen waren."[3] Doch diese erste Begegnung mit ungeheuer großen und bunten, vielfarbigen Bewohnern der Neuen Welt muss aufgrund eines aufziehenden schweren Sturms – der gleichsam für die andere, gefährliche Seite der Tropen, also die *Falle* der Tropenwelt, steht – zunächst abgebrochen werden, bevor dann am 21. Dezember endlich die erste Berührung mit Brasilien erfolgt:

> Kaum konnte ich, belebt von so manchen schönen Bildern meiner Einbildungskraft, die wiederkehrende Sonne erwarten, um die nahe paradiesische Gegend zu besuchen. Meine Ideen waren, ich gestehe es, groß und gespannt, dem ungeachtet übertraf nun, je mehr ich mich dem Lande näherte, die Wirklichkeit meine Erwartung.

---

1 *Bemerkungen auf einer Reise um die Welt in den Jahren 1803 bis 1807* von G.H. von Langsdorff, Kaiserlich-Rissischer Hofrath, Ritter des St. Annen-Ordens zweiter Classe, Mitglied mehrerer Akademien und gelehrten Gesellschaften. Mit acht und zwanzig Kupfern und einem Musikblatt. 2 Bde. Frankfurt am Main: Im Verlag bey Friedrich Eilmans 1812.
2 Ebda., S. 27.
3 Ebda.

Die an Farben, Größe, Bau und Verschiedenheit mannichfaltigen Blüthen, hauchten in die Atmosphäre eine Mischung von Wohlgeruch, die mit jedem Athemzug den Körper stärkte und das Gemüth erheiterte.

Große Schmetterlinge, die ich bisher nur als Seltenheiten in unsern europäischen Cabinetten sah, umflatterten viele, noch nie oder in unseren Gewächshäusern nur als Krüppel gesehene und hier in üppigem Wuchs blühende Prachtpflanzen.– Die goldblitzenden Colibri's umschwirrten die honigreichen Blumen der Bananenwälder und wiederhallender Gesang noch nie gehörter Vögel ertönte in den wasserreichen Thälern, und entzückte Herz und Ohr.– Dunkele, überschattete Wege schlängelten sich von einer friedlichen Hütte zur andern, und übertrafen an Schönheit und Anmuth, an Abwechslung und Einfalt jede noch so gekünstelte Anlage unserer europäischen Gärten.– Alles was ich um mich her sah, setzte mich durch seine Neuheit in Erstaunen und machte einen Eindruck, der sich nur fühlen aber nicht beschreiben läßt.–[4]

Sagte ich gerade, dass diese europäischen Forschungsreisen die empirisch basierte Annäherung an das ‚Andere' darstellten, an die Gestade der Neuen Welt? Haben wir es hier aber nicht mit der Beschreibung einer tropischen Idylle, eines *locus amoenus* zu tun, für dessen Darlegung es wohl kaum der Mühe wert gewesen wäre, eine so weite und beschwerliche Reise zu unternehmen? Denn steht die erste physische Annäherung dieses Europäers an die Wunder eines tropischen Amerika nicht im Zeichen all dessen, was er zuvor über diese amerikanischen Tropen gelesen hatte?

In dieser kurzen, aber ästhetisch wie kulturtheoretisch wohldurchdachten Passage sind all jene Gemeinplätze und Topoi versammelt, die seit der ersten Annäherung des Christoph Kolumbus an die Inselwelt der Antillen die Wahrnehmungs- und Darstellungsmuster von Europäern prägen, welche die unterschiedlichsten Phänomene der *für sie* ‚neuen' Welt im Zeichen des Reichtums und der Überfülle erstmals wahrnehmen. In einer Art der Überbietungsstrategie setzt sich der amerikanische *locus amoenus* an die Stelle des weitaus kargeren europäischen ‚Originals', ohne freilich im Geringsten die Darstellungsmodi der abendländischen Antike zu verlassen.

Die Fülle der Tropenwelt übersteigt alles, was die europäischen Gärten zu bieten vermögen: Die tropische Natur erweist sich jeder künstlichen Nachahmung in den Botanischen Gärten und Orangerien Europas als überlegen. Reichtum und Exuberanz prägen alles, was sich dem ankommenden Europäer darbietet. Alle Sinne des Reisenden sind überwältigt, befindet er sich doch nun in einem Reich der Sinne, in welchem er aufpassen muss, nicht von Sinnen zu kommen. Wir werden später noch ein weiteres Beispiel für diese Überwältigung aller Sinne kennenlernen …

---

4 Ebda., S. 29.

Zugleich handelt es sich um einen Diskurs der amerikanischen Fülle, aber auch einer freilich nur kurz angedeuteten tropischen Falle, deutlich *nach* jenem anderen, insbesondere das letzte Drittel des 18. Jahrhunderts dominierenden europäischen Diskurs angesiedelt, der unter Rückgriff auf Buffon oder de Pauw Amerika im Zeichen der Unterlegenheit und der Schwäche sah. In diesen Passagen entfaltet sich vielmehr die Kraft und Stärke der amerikanischen Vegetation, die sich als weitaus stärker erweist als alles, was die Natur in den gemäßigten Zonen Europas aufzubieten hat.

Als Teilnehmer der ersten russischen Weltumsegelung, die unter dem Befehl von Adam Johann von Krusenstern durchgeführt wurde, hatte sich Langsdorff – wie er in seinem auf St. Petersburg, den 12. Juni 1811 datierten Vorwort zu seinen *Bemerkungen auf einer Reise um die Welt* ausführte – „als Arzt und Naturforscher"[5] erstmals der amerikanischen Hemisphäre zugewandt. Er partizipierte damit an einer Unternehmung, wie sie charakteristisch war für die zweite Phase beschleunigter Globalisierung: Weltumsegelungen also, wie sie auf französischer Seite Bougainville und „der unsterbliche"[6] Lapérouse oder auf britischer Seite James Cook durchgeführt hatten. Im deutschsprachigen Raum ist zweifellos die Weltumsegelung des Adelbert von Chamisso auf der russischen Brik *Rurik* noch berühmter geworden; eine ausgedehnte Weltumrundung, auf welcher der große französische Dichter der deutschen Romantik seine Offenheit nicht nur gegenüber der Natur in den verschiedensten Breiten, sondern auch gegenüber der Vielfalt menschlicher Kulturen auf unserem Planeten demonstrieren konnte.[7] Chamissos Reisebericht hat sicherlich den Glanz des Langsdorff'schen Bandes übertroffen, gehört jedoch fraglos dem 19. Jahrhundert zu und steht ganz im Zeichen einer Romantik, die der französisch-deutsche Poet vertrat.

Doch jene Expedition, an der Freiherr von Langsdorff teilnahm, eröffnete den Reigen russischer Forschungsreisen und wurde noch ganz im Geist des 18. Jahrhunderts konzipiert. Das Russische Reich war auf diesem Gebiet ein Nachzügler; und so verwundert es nicht, dass lange Jahrzehnte die paradigmatischen Weltumsegelungen der Franzosen und Engländer von jenen der Russen trennten, die ihrerseits ein ausgeprägtes Interesse insbesondere an der Erforschung der Küsten des Pazifiks und des russischen Amerika besaßen. Das Rus-

---

5 Ebda., S. xix.
6 Ebda., S. 26.
7 Vgl. hierzu auch Ette, Ottmar: Welterleben / Weiterleben. Zur Vektopie bei Georg Forster, Alexander von Humboldt und Adelbert von Chamisso. In: Drews, Julian / Ette, Ottmar / Kraft, Tobias / Schneider-Kempf, Barbara / Weber, Jutta (Hg.): *Forster – Humboldt – Chamisso. Weltreisende im Spannungsfeld der Kulturen*. Mit 44 Abbildungen. Göttingen: V&R unipress 2017, S. 383–427.

**Abb. 36:** Georg Heinrich von Langsdorff (1774–1852).

sische Reich versuchte, erfolgreich in die Fußstapfen der westeuropäischen Mächte zu treten.

Und doch ergab sich auch eine bedeutungsvolle Um-Akzentuierung europäischer Reisepläne. Denn aus dieser Perspektive ist es aufschlussreich zu konstatieren, dass in der Figur von Georg Heinrich Freiherr von Langsdorff ein grundlegender Paradigmenwechsel aufscheint, der sich noch im Verlauf dieser zweiten, im Zeichen der Führungsmächte England und Frankreich stehenden Beschleunigungsphase der europäischen Globalisierung vollzog. Es handelt sich dabei um den Wechsel von der *Entdeckungsreise* (sei es in Form von Seereisen zu bestimmten Küstenstrichen, sei es in Form spektakulärer Weltumsegelungen) zur *Forschungsreise*, wobei die erstere stets nur die Küstenbereiche berührte, die zweite hingegen auf eine Erforschung gerade auch der Binnenräume der Kontinente abzielte. Noch ein Alexander von Humboldt hatte in den ausgehenden neunziger Jahren des 18. Jahrhunderts darauf gehofft, sich einer weiteren französischen Weltumsegelung unter Kapitän Baudin anzuschließen, bevor er sich – durchaus mit hohem Risiko und auf eigene Kosten – im Juni 1799 zusammen mit Aimé Bonpland auf seine eigene Forschungsreise in die amerikanischen Tropen begab. Und seine gleichsam das Jahrhundert der Aufklärung abschließende und das 19. Jahrhundert eröffnende Forschungsreise zielte weniger auf die Küstensäume der amerikanischen Tropen, als auf deren weite und teilweise noch unbekannte Binnenräume.

Zwei Jahrzehnte nach der Krusenstern'schen Weltumsegelung erfüllte die von 1824 bis 1828 durchgeführte Langsdorff'sche Expedition – wiederum in russischem Auftrag – alle Kriterien jener nun vermehrt angestrebten Erforschung des Landesinneren, die nunmehr im Zentrum der europäischen Expansionsbemühungen stand, seien sie vorwiegend wissenschaftlicher oder politischer beziehungsweise ökonomischer Ausrichtung. Da auch diese Expedition eindeutig dem 19. Jahrhundert zugehört, wollen wir uns nur kurz mit ihr beschäftigen. Langsdorff selbst hatte die wissenschaftliche Notwendigkeit eines langfristigen Aufenthalts in Brasilien bereits in seinem Reisebericht bezüglich der Insel Santa Catarina festgehalten; in einer Art Vorwegnahme seines späteren Lebens merkte er im Angesicht der Überfülle von Naturphänomenen in einer epistemologisch wie autobiographisch nicht unwichtigen Fußnote an, dass man hier eines Botanikers bedürfe, „der sich nicht Tage und Wochen, sondern Jahre lang hier aufhalten muß", könne dieser Forscher doch nur so „durch die Entdeckung einer Menge neuer *genera* und *species* an Pflanzen belohnt werden".[8] Die Dringlichkeit längerer Forschungsaufenthalte, wie sie fast zeitgleich etwa auch ein Christian Gottfried Ehrenberg, der spätere Begleiter Humboldts auf dessen 1829 durchgeführter Russisch-Sibirischen Forschungsreise, von 1820 bis 1825 im Nahen Osten und in Afrika durchführte, war damit zum Ausdruck gebracht.

Georg Heinrich Freiherr von Langsdorff verkörpert als Teilnehmer wie als der spätere Leiter einer Entdeckungs- wie einer Forschungsreise damit einen paradigmatischen Wechsel, der in seinem Falle gerade auch angesichts der Schwierigkeiten, auf die seine Expedition stieß – zahlreiche Dokumente belegen die internen Spannungen zwischen den einzelnen Mitgliedern[9] –, auch das Oszillieren zwischen Fülle und Falle miteinschloss. Denn das, was sich zunächst den Sinnen des europäischen Reisenden als *Fülle* darbot, konnte sich schon rasch und jederzeit in eine gefährliche *Falle* verwandeln.[10] Dass sich der noch junge Reisemaler Johann Moritz Rugendas seinerseits der Falle, welche für ihn die Langsdorff-Expedition darstellte, zu entziehen vermochte, wirft ein bezeichnendes Licht auf die große Bedeutung, welche dem Zusammenleben, der Konvivenz, für das Überleben und den wissenschaftlichen wie künstlerischen Ertrag jedweder Forschungsreise zukommt.[11] Der autoritäre Führungsstil Langsdorffs war offenkundig den wissenschaftlichen Ergebnissen nicht immer zuträglich.

Der Paradigmenwechsel von der Entdeckungs- zur Forschungsreise lässt sich auf einen noch umfassenderen Wandel beziehen, den ein Zeitgenosse Langsdorffs, der bereits erwähnt wurde und uns noch am Ende unseres Parcours beschäftigen soll, als eine „révolution heureuse", als eine glückliche Revolution bezeichnete. Dabei ging es bei dieser Formulierung weder um die industrielle Revolution in England noch um die politische Revolution in Frank-

---

8 Langsdorff, Georg Heinrich Freiherr von: *Bemerkungen auf einer Reise um die Welt*, S. 49.

9 Vgl. hierzu die wichtige Zusammenstellung von Costa, Maria de Fátima / Diener, Pablo (Hg.): *Viajando nos Bastidores: Documentos de Viagem da Expediçao Langsdorff*. Cuiabá: Ministério da Educaçao e do Desporto 1995.

10 Zur historischen Dimension des Wechselspiels von Fülle und Falle vgl. insbes. Kapitel III in Ette, Ottmar: *Konvivenz. Literatur und Leben nach dem Paradies*. Berlin: Kulturverlag Kadmos 2012, S. 102–146.

11 Zu den Dokumenten der Zerrüttung zwischen Langsdorff und Rugendas in Brasilien vgl. Costa, Maria de Fátima / Diener, Pablo: Entorno dos documentos. In (dies., Hg.): *Viajando nos Bastidores: Documentos de Viagem da Expediçao Langsdorff*, S. 20–25.

reich, weder um die antikoloniale Revolution in den Vereinigten Staaten noch um die gegen Sklaverei und Kolonialismus gerichtete Haitianische Revolution. Es ging vielmehr um eine neue Zirkulation des Wissens, um eine veränderte diskursive Konfiguration, welche die vielfältigen und asymmetrischen Beziehungen zwischen Europa und der außereuropäischen Welt betraf. Um die Langsdorff'sche Expedition vor dem Hintergrund dieser „révolution heureuse" einschätzen zu können, bedarf es jedoch einer kritischen Rekonstruktion dieser asymmetrischen Wissenszirkulation in der zweiten Hälfte des 18. Jahrhunderts.

Denn denken wir noch einmal zurück an die Schilderung der spannungsvollen Beziehung zwischen dem Gelehrten („savant") und dem Mäzen („homme riche"), wie sie Denis Diderot in einem obigen Zitat entwickelte. Auf welche Weise man auch immer die Beziehung zwischen dem Monarchen und dem großen Gelehrten im Falle Langsdorffs deuten mag, der ‚seinem' Zaren eine ebenso starke wie zugleich auch formelhafte Widmung seines Reiseberichtes zukommen ließ:[12] Die Krusenstern'sche Weltumsegelung gehorchte noch dem alten Paradigma und damit dem Gebot des *europäischen* Schreibtischs, der über weite Strecken des 18. Jahrhunderts zum eigentlichen Ort des Wissens über die außereuropäische Welt geworden war. Nun, für die spätere Langsdorff'sche Expedition galt dies nicht länger! Sie schreibt sich unverkennbar in einen Paradigmenwechsel ein, den die erwähnte Fußnote Langsdorffs freilich schon ankündigt. Bestimmte Sitten und Gebräuche auf europäischen Schiffen waren gleichwohl beibehalten worden, wie die „Rites de passage" bei der Überquerung der Äquatoriallinie durch das russische Schiff zeigen. Sehr einfach wäre es, Antoine-Joseph Pernetys Schilderung der Querung der Linie mit jener reiseliterarischen Darstellung in Verbindung zu bringen, die Langsdorff als Teilnehmer der ersten russischen Expedition, die je die Grenze zwischen Nord- und Südhalbkugel passierte, von einer nicht weniger lustvollen Taufe an Bord von Kapitän Krusensterns Schiffen vorlegte.[13] Auch die russische Expedition machte an diesem Ort ihrer Reise keine Ausnahme: Alle Länder, alle Schiffsbesatzungen Europas partizipierten an diesem kollektiven Imaginären einer radikal anderen tropischen Welt.[14]

---

**12** Vgl. Langsdorff, Georg Heinrich von: *Bemerkungen auf einer Reise um die Welt in den Jahren 1803 bis 1807* von G.H. von Langsdorff, Kaiserlich-Russischer Hofrath, Ritter des St. Annen-Ordens zweiter Classe, Mitglied mehrerer Akademien und gelehrten Gesellschaften. Mit acht und zwanzig Kupfern und einem Musikblatt, Bd. 1, S. vf.

**13** Vgl. hierzu Langsdorffs Darstellung in seinen *Bemerkungen auf einer Reise um die Welt in den Jahren 1803 bis 1807*, Bd. 1, S. 22f.

**14** Vgl. hierzu Ette, Ottmar: Diskurse der Tropen – Tropen der Diskurse: Transarealer Raum und literarische Bewegungen zwischen den Wendekreisen. In: Hallet, Wolfgang / Neumann, Birgit (Hg.): *Raum und Bewegung in der Literatur. Die Literaturwissenschaften und der Spatial Turn*. Bielefeld: transcript Verlag 2009, S. 139–165.

Und noch an einer anderen Stelle können wir in Langsdorffs Reisebericht ohne jeden Zweifel die tropische Bilderwelt des 18. Jahrhunderts konstatieren. Denn er hatte zweifellos auch das *Journal historique* von Dom Pernety gelesen und auf diesen Reisebericht zurückgegriffen. Nicht umsonst prägt letzterer, der auf seiner Reise unter Kapitän Bougainville Brasilien berührt und entzückt die Insel Santa Catarina in Augenschein genommen hatte, noch die Darstellungsweisen des Langsdorff'schen Brasilienberichts, die uns diesen Teil des amerikanischen Kontinents – wie wir sahen – wie einen tropikalisierten *locus amoenus* mit nicht wenigen paradiesartigen Zügen zeigen, besingt Langsdorff doch nicht selten in bewegten Worten und mit einigen Anleihen bei Pernety diese „paradiesische Gegend" als ein neues Eden.[15]

Seit dem Beginn der zweiten Phase beschleunigter Globalisierung waren in Europa unzählige Expeditionen ausgerüstet worden, die als Entdeckungsreisen direkten kolonialen Zielen gehorchten und von Beginn an wissenschaftliche Forschungsprogramme integrierten, welche später – dies klang bereits an – das Paradigma kolonialer Reiseunternehmungen Europas grundlegend verändern sollten. Diese gewaltige Bewegung wurde selbstverständlich auch außerhalb der beteiligten europäischen Mächte – wie etwa im deutschsprachigen Raum – wahrgenommen. So hat im Jahre 1774 kein Geringerer als Johann Gottfried Herder in seiner Schrift *Auch eine Philosophie der Geschichte zur Bildung der Menschheit* sehr pointiert diese ungeheure Welle an Reisen beschrieben, die eine sich von Europa aus über die gesamte Welt ausbreitende Dynamik globalen Ausmaßes erreichte. Dieser beeindruckenden Welle stand die Philosophie selbst im weltpolitisch marginalen deutschsprachigen Raum keineswegs fremd gegenüber. Denn sie wurde ihrerseits von der Wucht einer Dynamik erfasst, die sie schnell – Jahrzehnte vor Hegel – in weltgeschichtliche Fragestellungen trieb. Sahen sich nicht die Wissenschaften und viele Wissenschaftler in einen Bewegungstaumel versetzt, der rasch die tableauförmige Anordnungsmöglichkeit des Wissens überforderte und am Ausgang des 18. Jahrhunderts das Ende der Naturgeschichte[16] heraufführen sollte?

Diese sich in der zweiten Hälfte des Siècle des Lumières – und hier bildeten die siebziger und achtziger Jahre einen deutlichen Höhepunkt aus – stetig beschleunigende Dynamik, diese Vektorisierung aller Dinge und aller Sinne machte zweifellos das entscheidende Epochenmerkmal aus. Es handelt sich

---

**15** Vgl. hierzu Langsdorff, Georg Heinrich von: *Bemerkungen auf einer Reise um die Welt in den Jahren 1803 bis 1807*, S. 29.

**16** Vgl. Lepenies, Wolf: *Das Ende der Naturgeschichte. Wandel kultureller Selbstverständlichkeiten in den Wissenschaften des 18. und 19. Jahrhunderts*. Frankfurt am Main: Suhrkamp 1978.

dabei um ein zentrales Element der Aufklärung zwischen zwei Welten. Folglich konnte Johann Gottfried Herder mit gutem Grund und mit bewegten, bisweilen aufgewühlten Worten gerade auf die damalige Leitgattung der Reiseberichte und die in ihnen zutage geförderte Fülle an Materialien nicht ohne ein Augenzwinkern verweisen:

> Unsre Reisebeschreibungen mehren und bessern sich; alles läuft, was in Europa nichts zu tun hat, mit einer Art philosophischer Wut über die Erde – wir sammeln „Materialien aus aller Welt Ende" und werden in ihnen einst finden, was wir am wenigsten suchten, Erörterungen der Geschichte der wichtigsten menschlichen Welt.[17]

Herders Aussage war zweifellos auf viele europäische Reisende gemünzt. Aber sie passte besonders gut auf einen jungen Mann, dem das Glück zuteilwurde, mit seinem Vater an der zweiten Weltumsegelung des Briten James Cook teilnehmen zu können und so bereits in jungen Jahren einmal die Erde zu umrunden. Der junge Georg Forster war zweifellos einer jener hochgradig vektorisierten Protagonisten, die in dieser Expansionsgeschichte des Wissens – und nicht ohne „philosophische Wut" – das aussagekräftigste Material in Umlauf zu setzen verstanden.

Doch stand er den von Herder ironisch auf den Punkt gebrachten Entwicklungen keineswegs unkritisch gegenüber. Vielmehr versuchte er, in seinem schriftstellerisch-philosophischen Schaffen grundlegende Einsichten zur Epistemologie des Wissens über die außereuropäische Welt zu entwickeln, um damit sein Erleben der Welt – und nicht allein „der wichtigsten menschlichen Welt"[18] – so zu erweitern, dass daraus ein neues, grundlegend erweitertes Weltverstehen, Welterleben und Weltbewusstsein sich herausbilden konnten. Nicht ohne Grund verwende ich dabei den von Alexander von Humboldt später geprägten Begriff des Weltbewusstseins.[19] Und nicht umsonst heftete sich der junge Alexander von Humboldt an Forsters Spuren, während Adelbert von Chamisso letzterem noch in den Titelformulierungen seines Reisewerkes eine sichtbare Hommage erwies. Georg Forster wurde im deutschsprachigen Raum zu einem literarischen Vorbild, das mit seinem ästhetischen Stilwillen und seiner ethnographischen Offenheit eine lange Traditionslinie von Reisenden aus den deutschsprachigen Ländern begründete.

---

**17** Herder, Johann Gottfried: *Auch eine Philosophie der Geschichte zur Bildung der Menschheit.* Frankfurt am Main: Suhrkamp 1967, S. 89.
**18** Ebda.
**19** Vgl. hierzu Ette, Ottmar: *Weltbewusstsein. Alexander von Humboldt und das unvollendete Projekt einer anderen Moderne. Mit einem Vorwort zur zweiten Auflage.* Weilerswist: Velbrück Wissenschaft 2020.

In seiner auf London, den 24. März 1777 datierten „Vorrede" zu seiner *Reise um die Welt* hat der junge Georg Forster die epistemologische Positionierung seines Reiseberichts vorgestellt und damit zugleich Eckdaten für einen ebenso reisetheoretischen wie reiseliterarischen Paradigmenwechsel am Ausgang des 18. Jahrhunderts festgehalten. Dabei nahm er von Beginn an eine Position ein, welche die zeitgenössische Aufklärungsphilosophie im Auge hatte:

> Die Philosophen dieses Jahrhunderts, denen die anscheinenden Widersprüche verschiedener Reisenden sehr misfielen, wählten sich gewisse Schriftsteller, welche sie den übrigen vorzogen, ihnen allen Glauben beymaßen, hingegen alle andere für fabelhaft ansahen. Ohne hinreichende Kenntniß warfen sie sich zu Richtern auf, nahmen gewisse Sätze für wahr an, (die sie noch dazu nach eigenem Gutdünken verstellten,) und bauten sich auf diese Art Systeme, die von fern ins Auge fallen, aber, bey näherer Untersuchung, uns wie ein Traum mit falschen Erscheinungen betrügen. Endlich wurden es die Gelehrten müde, durch Declamation und sophistische Gründe hingerissen zu werden, und verlangten überlaut, dass man doch nur Thatsachen sammeln sollte. Ihr Wunsch ward erfüllt; in allen Welttheilen trieb man Thatsachen auf, und bey dem Allem stand es um ihre Wissenschaft nichts besser. Sie bekamen einen vermischten Haufen loser einzelner Glieder, woraus sich durch keine Kunst ein Ganzes hervorbringen ließ; und indem sie bis zum Unsinn nach *Factis* jagten, verloren sie jedes andre Augenmerk, und wurden unfähig, auch nur einen einzigen Satz zu bestimmen und zu abstrahiren; so wie jene Mikrologen, die ihr ganzes Leben auf die Anatomie einer Mücke verwenden, aus der sich doch für Menschen und Vieh nicht die geringste Folge ziehen läßt.[20]

Mit der ihm eigenen kritischen Klarsichtigkeit wendet sich Georg Forster hier im Grunde gegen zwei einander konträr gegenüberliegende Positionen der Wissenschaftsgeschichte nicht allein des 18. Jahrhunderts. Zum einen lehnt er vehement die Werke jener „philosophes" der europäischen Aufklärung ab, die sich – wie etwa der Holländer Cornelius de Pauw in seinen *Recherches philosophiques sur les Américains* oder der Franzose Guillaume-Thomas Raynal in seiner *Histoire des deux Indes* – zu Richtern über den Wahrheitsgehalt von Reiseberichten und anderen Texten aufschwangen, ohne doch jemals selbst den Fuß auf außereuropäischen Boden gesetzt oder Reisen unternommen zu haben. Keinesfalls konnten sie so die von ihnen für zutreffend oder falsch gehaltenen Schriften aus einer empirisch fundierten Kenntnis vor Ort kritisch beurteilen. Ihnen fehlte ein sinnliches, körperliches, hautnahes Erleben einer Welt, die sie – gleichsam als Philologen avant la lettre[21] – allein durch die Lektüre von Texten

---

**20** Forster, Georg: *Reise um die Welt*. Herausgegeben und mit einem Nachwort von Gerhard Steiner. Frankfurt am Main: Insel Verlag 1983, S. 16 f.
**21** Vgl. hierzu Ette, Ottmar: Wörter – Mächte – Stämme. Cornelius de Pauw und der Disput um eine neue Welt. In: Messling, Markus / Ette, Ottmar (Hg.): *Wort Macht Stamm. Rassismus und*

**Abb. 37:** Johann Heinrich Wilhelm Tischbein: Georg Forster (1754–1794).

doch bestens zu kennen glaubten. Wir haben diesen Ansatz in der Philosophie des europäischen Aufklärungszeitalters ausführlich bearbeitet.

Weit über die Berliner Debatte um die Neue Welt hinaus war die grundlegende Problematik der „Armchair Travellers" einer auch außereuropäischen Leserschaft immer deutlicher vor Augen getreten. Aber wie war dieser Problematik zu begegnen? Einfach durch Reisen in außereuropäische Weltgegenden? Georg Forster war auf der Höhe der Debatten seiner bewegten Zeit und wusste zweifelsfrei, dass gerade die neuweltlichen Leser der beiden europäischen „philosophes" diese Unkenntnis der Verhältnisse vor Ort vehement angeprangert und eine empirische Vertrautheit auch und gerade der europäischen gelehrten mit ihren außereuropäischen Gegenständen eingefordert hatten.

Es galt daher, eine deutlich an die jeweiligen arealen und lokalen Verhältnisse angepasstere und produktivere Lösung zu finden. Allein auf eine philologische Textkenntnis war ein Wissen von der Welt nicht länger zu stützen – auch wenn die „géographes de cabinet", die besten Kartographen ihrer Zeit wie etwa ein D'Anville, der sich niemals weiter als vierzig Meilen von Paris entfernte, auch weiterhin die Erdoberfläche kartierten, ohne sie jemals außerhalb eines kleinen Kreises gesehen zu haben.[22] Doch dies war, folgen wir Georg Forster, nur die eine Hälfte des Problems.

Denn auf der anderen Seite distanzierte sich Forster auch von einer empirisch ausgerichteten Faktensammelei, die ohne Sinn und Verstand vonstattenging und gleichsam ‚mikrologisch' sich in den unwichtigsten Details verirrte, eine – wie Forster nahelegt – Fliegenbeinzählerei betrieb und dabei jene Gesamtheit aus den Augen verlor: jene Welt, die in ihren inneren Zusammenhängen dem Verfasser der *Reise um die Welt* doch so sehr am Herzen lag. Man darf aus der heutigen Rückschau mit Sicherheit behaupten, dass das Sammeln un-

---

*Determinismus in der Philologie (18. / 19. Jh.).* Unter Mitarbeit von Philipp Krämer und Markus A. Lenz. München: Wilhelm Fink Verlag 2013, S. 107–135.

**22** Vgl. hierzu Broc, Numa: *La Géographie des Philosophes. Géographes et voyageurs français au XVIIIe siècle.* Paris: Editions Ophrys 1975, S. 34.

terschiedlicher Massen von ‚Tatsachen' durchaus epistemologische Konsequenzen hatte, insofern die traditionelle Naturgeschichte des 18. Jahrhunderts auf Grund der Vielzahl an gesammelten Fakten buchstäblich gesprengt und die Dimension der Zeit in die vorhandenen *Tableaus* eingefügt werden musste.[23] Aber dies allein konnte nicht genügen, um eine Gesamtsicht zu erzeugen und in diese umfassendere Weltsicht auch die von Rousseau schon geforderte Perspektive auf die Vielheit des Menschengeschlechts zu integrieren. Nicht umsonst wird der Begriff „Welt" bei Georg Forster stets in seiner etymologisch „menschhaltigen" Bedeutung als Totalität verstanden, die nur als Ganzes zu erfassen ist und den Menschen an zentraler Stelle einschließt. Auf ein Erleben dieser Totalität zielte sein Welterleben, wie es reiseliterarisch in seinen Schriften zum Ausdruck kommt.

Forster selbst war es auf und nach der Weltumsegelung mit James Cook keineswegs darum gegangen, möglichst viele isolierte ‚Fakten' aneinanderzureihen, sondern tunlichst die vor Ort gemachten Beobachtungen in größere Zusammenhänge einzuordnen, ohne dabei auf jene chimärischen ‚Systeme' zu verfallen, die ohne empirische Grundlage eine nur auf Bezügen zu anderen Texten aufbauende Textwissenschaft betrieben – eine Art Philologie im negativen Sinne. Georg Forster ging es weder um Systeme noch um Fliegenbeine: Es ging ihm in seinen Forschungen und in seinem Denken – wie nach ihm und in seinen Fußstapfen auch Alexander von Humboldt – schlicht ums Ganze.[24] Er zielte folglich auf eine empirische Grundlage aller erhobenen Fakten, zugleich aber auf deren Zusammenschau in einem wissenschaftlich-philosophischen Gesamtverständnis. Und in dieser Ausrichtung entsprach Forster durchaus Herders stiller Hoffnung, über den Menschen in seiner planetarischen Verteilung und in seinen verschiedenartigen Kulturen wesentlich mehr und Genaueres zu erfahren.

Georg Forster hatte zusammen mit seinem Vater Reinhold James Cook auf dessen zweiter Reise um die Welt begleitet. Er war, da ihm dies anders als seinem Vater vertraglich nicht untersagt blieb, zum Verfasser des im Jahre 1777 zunächst in englischer Sprache und von 1778 bis 1780 dann in deutscher Bear-

---

**23** Vgl. hierzu nochmals Lepenies, Wolf: *Das Ende der Naturgeschichte*, a.a.O.

**24** Vgl. hierzu auch den Aufsatz von Schmitter, Peter: Zur Wissenschaftskonzeption Georg Forsters und dessen biographischen Bezügen zu den Brüdern Humboldt. Eine Vorstudie zum Verhältnis von „allgemeiner Naturgeschichte", „physischer Weltbeschreibung" und „allgemeiner Sprachkunde". In: Naumann, Bernd / Plank, Frans / Hofbauer, Gottfried / Hooykaas, Reijer (Hg.): *Language and Earth: Elective Affinities between the emerging Sciences of Linguistics and Geology*. Amsterdam: Benjamins 1992, S. 91–124.

beitung erschienenen Berichts seiner *Reise um die Welt*[25] geworden, die von Alexander von Humboldt so geschätzt wurde. Der junge Forster schuf damit ein reiseliterarisches Monument – nicht nur für den deutschsprachigen Raum. Die enorme Resonanz dieses ebenso umfangreichen wie ästhetisch ausgefeilten Reiseberichts verwandelte Georg Forster zumindest in Deutschland, wo es aus naheliegenden Gründen an Weltumseglern mangelte, rasch in die emblematische Figur des Weltreisenden schlechthin. Doch er setzte über seinen Bekanntheitsgrad hinaus auch im wissenschaftlichen Bereich neue epistemologische Akzente und begründete eine höchst fruchtbare Tradition deutschsprachiger Weltreisender und deren Reiseberichte.

Und Forster blieb, auch im globalen Maßstab, auf der Höhe des Zeitgeschehens im letzten Viertel des 18. Jahrhunderts. In seiner im Jahre 1791 – also nach der Französischen Revolution – veröffentlichten Schrift über *Die Nordwestküste von Amerika* nahm er den scheinbar marginalen Handel im Norden des amerikanischen Kontinents zum Anlass, sich grundlegenderen Überlegungen zu stellen. Seine Reflexionen zogen bereits in gewisser Weise eine Bilanz der zweiten Phase beschleunigter Globalisierung. Er griff dabei auf den Handel mit Biberfellen im Norden des amerikanischen Doppelkontinents zurück und wählte dabei just jenes Beispiel, dessen sich Cornelius de Pauw bedient hatte, um die weltweit geführten Auseinandersetzungen europäischer Mächte um Handelsprodukte und die damit verbundene Gefahr eines „Weltbrandes" zu benennen:

Der Zeitpunkt nähert sich mit schnellen Schritten, wo der ganze Erdboden dem Europäischen Forschungsgeiste offenbar werden und jede Lücke in unseren Erfahrungswissenschaften sich, wo nicht ganz ausfüllen, doch in so weit ergänzen muß, dass wir den Zusammenhang der Dinge, wenigstens auf dem Punkt im Äther den wir bewohnen, vollständiger übersehen können. Bald ist es Nationaleitelkeit, bald politisches Interesse, Spekulation des Kaufmanns oder Enthusiasmus für Wahrheit, was auf jenes Ziel hinarbeitet und dem wichtigen Endzwecke mit oder ohne Bewußtseyn dienen muß. Wie greifen alsdann die Räder des großen kosmischen Mechanismus so wunderbar in einander! [...]

Hier beginnt eine neue Epoche in der so merkwürdigen Geschichte des Europäischen Handels, dieses Handels, in welchen sich allmählig die ganze Weltgeschichte aufzulösen scheint. Hier drängen sich dem Forscher so viele Ideen und Thatsachen auf, dass es die Pflicht des Herausgebers der neuen Schifffahrten und Landreisen in jener Gegend mit sich zu bringen scheint, alles, was auf die Kenntniß derselben Beziehung hat, in einen Brennpunkt zu sammeln und zumal einem Publikum, wie das unsrige, welches nur einen litterarischen, mittelbaren Antheil an den Entdeckungen der Seemächte nehmen kann,

---

**25** Vgl. hierzu Steiner, Gerhard: Georg Forsters „Reise um die Welt". In: Forster, Georg: *Reise um die Welt*. Herausgegeben und mit einem Nachwort von Gerhard Steiner. Frankfurt am Main: Insel Verlag 1983, S. 1015.

die Übersicht dessen, was bisher unternommen worden ist, und das Urtheil über die Wichtigkeit dieser ganzen Sache zu erleichtern.[26]

Kein Zweifel: Der Verfasser der *Reise um die Welt* war ein Protagonist jener Vorgänge, die der Reisende und Revolutionär in diesen Zeilen beschrieb. Denn am Ineinandergreifen der „Räder des großen kosmischen Mechanismus" hatte Georg Forster durch seine Teilnahme an der zweiten Weltumsegelung von James Cook zweifellos seinen Anteil gehabt. Die französischen und britischen Weltumsegelungen setzten den Maßstab jener Erforschung und Erkundung, aber auch Vermessung und Verteilung der Welt, an denen das deutschsprachige Publikum – wie Forster sehr bewusst betont – keinen direkten Anteil hat. Noch war die Kolonialpolitik in den deutschen Landen nur rudimentär und bruchstückhaft, so dass das Publikum vor allem einen intellektuellen Anteil am Ausgreifen wie am Ausgriff Europas in dieser Phase der Weltgeschichte hatte. Aber auch dieser Anteil war – zusätzlich zu jenem deutscher Kaufleute und Händler im großen kosmischen Mechanismus der Globalisierung – keineswegs gering. Und Georg Forster wusste dies besser als jeder andere, ging es ihm doch darum, die Mechanismen des Welthandels dieser Globalisierungsphase genauer zu verstehen.

Sein zeitgenössischer Kommentar zur europäischen Expansion der zweiten Hälfte des 18. Jahrhunderts, die wir im Kontext unserer Vorlesung wie auch der transarealen Studien insgesamt als Beschleunigungsphase identifiziert haben, macht deutlich, wie endlich der planetarische Raum und wie absehbar seine detaillierte Erkundung geworden zu sein schien. Es ist die Literatur – und ganz besonders auch die Reiseliteratur – dieser Zeit, die uns den lebendigsten und zugleich präzisesten Eindruck davon vermittelt, wie die Zeitgenossen die damalige Akzeleration erlebten. Bald also wurden die weißen Flecken auf den Landkarten und Globen der europäischen Herrscher, der wissenschaftlichen Gesellschaften und der großen Handelshäuser und Kaufleute kleiner und kleiner. Die Metaphorik der schnellen Schritte, mehr aber noch jener „Räder des großen kosmischen Mechanismus", die sich immer schneller drehten und für den Menschen immer erkennbarer ineinandergriffen, verdeutlicht den Glauben an eine auf Fortschritt, Beherrschbarkeit und (Erfahrungs-) Wissenschaften setzende Vernunft, die jene des „Europäischen Forschungsgeiste[s]" ist. Georg Forster stand mit beiden Beinen fest auf dem Fortschrittsglauben der europäischen Aufklärung: Er war ein beispiel-

---

26 Forster, Georg: Die Nordwestküste von Amerika, und der dortige Pelzhandel. In (ders.): *Werke. Sämtliche Schriften, Tagebücher, Briefe.* Bd. 5: *Kleine Schriften zur Völker- und Länderkunde.* Herausgegeben von Horst Fiedler, Klaus Georg Popp, Annerose Schneider und Christian Suckow. Berlin: Akademie-Verlag 1985, S. 390 u. 395.

hafter Vertreter jener *Lumières*, die Besitz von ihrer eigenen Geschichte ergriffen und sie in Zukunft selbst bestimmen wollten.

Georg Forster gehört in Deutschland zweifellos zu jenen Autoren, die am meisten für die Entwicklung dieser im wahrsten Sinne des Wortes auf Erfahrungswissen beruhenden Kenntnisse einer sich verändernden und an Bedeutung noch zunehmenden Reiseliteratur am Ausgang des 18. Jahrhunderts beitrugen.[27] Damit öffneten sie ihren Zeitgenossen die Augen für die ihnen nun gegebenen Gestaltungsmöglichkeiten. Forster war zweifellos einer der Protagonisten und wichtigsten Verkünder der europäischen Expansion, ohne freilich bezüglich dieser kolonialen Ausbreitung Europas Schuld auf sich geladen zu haben. Im Gegenteil: Er machte seine Zeitgenossen auf die Risiken dieser gewaltigen Beschleunigung von globaler Geschichte aufmerksam.

Doch die Räder dieser kosmischen Maschinerie drehten sich so schnell, so dass sie – wie wir in kinematographischer Metaphorik hinzufügen könnten – bisweilen ,stillzustehen' schienen. Die letzten verbliebenen Lücken des Erdraumes[28] waren bald schon ausgefüllt: War es dann nicht bald auch die Zeit als Zeit-Raum wie als Raum-Zeit? Georg Forster, den Alexander von Humboldt mehrfach zu Recht nicht nur als seinen Freund, sondern als seinen Lehrmeister bezeichnete, hielt mit Blick auf die Erforschung der Nordwestküste des amerikanischen Doppelkontinents fest, wie sehr sich all dies in eine allgemeine Geschichte der Menschheit einfügte. Diese aber begann sich in den Augen Forsters grundlegend zu verändern. War es da nicht die Pflicht des Weltreisenden, an diesem Geschäft der Veränderung teilzuhaben?

Die zentrale Beobachtung Georg Forsters war erhellend und provokativ zugleich: Löste sich also die gesamte Weltgeschichte in den Welthandel auf? Kam die allgemeine Geschichte der Menschheit vielleicht dadurch zu einem Stillstand, dass sie durch Vervielfältigung von Kommunikation ersetzt wurde? Diese Darstellung einer Epoche der Nachzeitlichkeit will uns aus heutiger Sicht

---

**27** Vgl. hierzu Wuthenow, Ralph-Rainer: *Die erfahrene Welt. Europäische Reiseliteratur. im Zeitalter der Aufklärung.* Mit zeitgenössischen Illustrationen. Frankfurt am Main: Insel Verlag 1980; sowie Wolfzettel, Friedrich: *„Ce désir de vagabondage cosmopolite." Wege und Entwicklung des französischen Reiseberichts im 19. Jahrhundert.* Tübingen: Max Niemeyer Verlag 1986.
**28** Forster, Georg: Die Nordwestküste von Amerika, und der dortige Pelzhandel, S. 393: „So ist nicht nur unsere jetzige physische und statistische Kenntniß von Europa zur Vollkommenheit gediehen, sondern auch die entferntesten Welttheile gehen allmählig aus dem Schatten hervor, in welchem sie noch vor kurzem begraben lagen." Auch hier kommt das Licht aus Europa, die Kenntnisse und Selbstkenntnisse außereuropäischer Völker liegen noch im Schatten europäischer Interessen. Forster war zweifellos ein privilegierter Beobachter dieser gesamten Entwicklung.

als *nach-modern* erscheinen. Konstatierte Forster in diesen Zeilen ein Ende der Geschichte und den Beginn einer Nachzeitlichkeit?

Die zitierte Passage bringt aber nur ein verändertes, beschleunigtes Zeitempfinden zum Ausdruck, das nicht bloß den Verfasser der *Reise um die Welt* am Ausgang des 18. Jahrhunderts – und keineswegs allein auf Grund der Erfahrung der Französischen Revolution – ergriffen hatte. Eine neue Zeit und ein neues Verständnis von Zeit waren zugleich entstanden! Georg Forster war allerdings kein Jules Michelet: Der französische Historiker hatte in seiner Sichtweise der Geschichte die Epochenerfahrung der Französischen Revolution als Orientierungspunkt gesetzt, für den alles, was danach kommen sollte, nur eine Zeit *nach* dem Ende der Geschichte war – schaler Abklatsch eines Ereignisses von menschheitsgeschichtlichem Rang, das ein für alle Male den Lauf der Geschichte im Weltmaßstab verändert hatte.

Nicht so Forster, obwohl auch für ihn die Französische Revolution ein einschneidendes Epochenereignis und Epochenerlebnis war. Die prägnante Charakterisierung dieser weltgeschichtlichen Ära der europäischen Expansion, ihrer weltweiten Handelsverflechtungen und ihrer wissenschaftlichen wie „literarischen" Aufarbeitung ließ keinen Zweifel daran aufkommen, dass es sich im Sinne Georg Forsters um einen unaufhaltsamen, unabänderlichen Prozess handelte, der von den unterschiedlichsten Interessen und Spekulationen „mit oder ohne Bewußtseyn" dieser Entwicklungen vorangetrieben werde. Georg Forster besaß folglich ein klares Epochenbewusstsein seiner Zeit; zweifellos eine Frucht seiner Reisen, die immer wieder seinen Beobachterstandpunkt veränderten und ihm andere Perspektiven auf seine Zeit ermöglichten. Es waren diese Bewegungen und ihre ständigen Reflexionen, die ihn von seinen Zeitgenossen nicht nur in Deutschland unterschieden.

Lassen Sie uns noch ein letztes Mal auf den Beginn des obigen Zitats zurückkommen! Mit dem Ausfüllen aller ‚Lücken' sind die Spielräume für jene Utopien, die im Zeichen von Thomas Morus' *Utopia* aus dem Jahr 1516 im Kontext der ersten Phase beschleunigter Globalisierung entstanden, längst deutlich kleiner geworden und zunehmend geschwunden. Forsters Bemerkungen machen nebenbei darauf aufmerksam, dass der schwindende Raum für den „u-topos" am Ausgang des 18. Jahrhunderts eine Situation entstehen lässt, in welcher nun nicht mehr der Raum, sondern die Zeit zur Projektionsfläche des Ersehnten, zumindest aber zum Erprobungsmittel des Erdachten wird: Die Uchronie[29] entsteht und findet in

---

[29] Vgl. hierzu Krauß, Henning: Der Ursprung des geschichtlichen Weltbildes, die Herausbildung der „opinion publique" und die literarischen Uchronien. In: *Romanistische Zeitschrift für*

Louis-Sébastien Merciers *L'an 2440*[30] ihren epochemachenden und bis in George Orwells vergangene Zukunftswelten fortwirkenden literarischen Ausdruck.

Der Hinweis auf den veränderten Kenntnisstand insbesondere der europäischen Wissenschaft als Resultat jenes Expansionsprozesses, der durch die verstärkte Zirkulation und Aufhäufung der unterschiedlichsten Wissensbereiche zum Ende des naturgeschichtlichen Tableaus beigetragen hatte, verändert nicht allein wissenschaftliche Epistemologien, sondern auch das Leben und Erleben einer Welt, die für die Zeitgenossen wesentlich weiter geworden ist. Nicht nur sei „unsere jetzige physische und statistische Kenntniß von Europa zur Vollkommenheit gediehen, sondern auch die entferntesten Welttheile" aus dem Schatten hervorgetreten, „in welchem sie noch vor kurzem begraben lagen".[31] Kein Zweifel: Das Weltbewusstsein hatte sich im Kontext der zweiten Phase beschleunigter Globalisierung längst zu verändern begonnen!

Die Lichtmetaphorik der Aufklärung wirft ein deutliches Licht auf Forsters eigenen Standpunkt: Die Fahrten von James Cook an die Nordwestküste Amerikas hätten viele neue Erkenntnisse gebracht, so dass „ohne ihn wohl schwerlich der Pelzhandel zwischen China und dieser neuentdeckten Küste zu Stande gekommen und zwischen den Höfen von Madrid und London eine Kollision desfalls entstanden wäre".[32] Noch hatte die erst 1799 gegründete Russisch-Amerikanische Handelskompagnie, ohne deren Existenz es nicht zu den Weltreisen des Freiherrn von Langsdorff und von Adelbert von Chamisso gekommen wäre, nicht in diese Verhältnisse eingegriffen. Seit dem Ende des Siebenjährigen Krieges war in ganz Europa aber das Bewusstsein dafür gewachsen, dass sich lokale Auseinandersetzungen rasch in regionale, ja in globale Konflikte verwandeln konnten, die gerade auch im außereuropäischen Raum – wie der langanhaltende Prozess der „Independencia" nur wenige Jahrzehnte später in der amerikanischen Hemisphäre zeigen sollte – zu fundamentalen Umwälzungen führen

---

*Literaturgeschichte* (Heidelberg) XI, 3–4 (1987), S. 337–352; und (ders.): La „Querelle des Anciens et des Modernes" et le début de l'uchronie littéraire. In: Hudde, Hinrich / Kuon, Peter (Hg.): *De l'utopie à l'uchronie. Actes du colloque d'Erlangen, 16–18 octobre 1986*. Tübingen: Narr 1988, S. 89–98.

**30** Vgl. Jurt, Joseph: Louis-Sébastien Mercier et le problème de l'esclavage et des colonies. In: *Anales del Caribe* (Santiago de Cuba) 7–8 (1987 / 1988), S. 94–107; sowie (ders.): Stadtreform und utopischer Entwurf: von Alberti bis L.-S. Mercier. In: Hahn, Kurt / Hausmann, Matthias (Hg.): *Visionen des Urbanen. (Anti-) utopische Stadtentwürfe in der französischen Wort- und Bildkunst*. Heidelberg: Winter 2012, S. 21–31.

**31** Forster, Georg: Die Nordwestküste von Amerika, und der dortige Pelzhandel, S. 393.

**32** Ebda., S. 395.

oder zumindest beitragen konnten. Selbstverständlich zählt auch die Haitianische Revolution zu jenen historischen Ereignissen, welche die Macht und Gewalt der in Gang gesetzten unerhörten Möglichkeiten gesellschaftlicher Umwälzungen allen denkenden Zeitgenossen vor Augen führten.

Die Problematik globaler Konvivenz hatte längst aufgehört, eine abstrakte philosophische Frage zu sein: Im Sinne selbst eines Cornelius de Pauw war die Auslöschung des Planeten durch den Menschen selbst zu einer realen Möglichkeit geworden. Auch jene, die in der Berliner Debatte beziehungsweise im „Disput um die Neue Welt" auf der anderen Seite standen, vermochten dies nicht anders zu sehen. Gerade deshalb blieb diese Frage eine brennende philosophische Herausforderung: Die Menschheit war in die Moderne eingetreten und damit in eine Epoche, in welcher die Selbstzerstörung des Menschen durch den Menschen zu einer realen Möglichkeit wurde.

Diese globale Bedrohung ist in unserer Epoche nur noch größer geworden. Zudem könnte man die These wagen, dass es gerade Phasen des Zerfalls einer beschleunigten Globalisierung sind, die als eine rasante Vervielfachung der unterschiedlichsten lokalen und regionalen Konfliktentwicklungen erlebt werden. Diese regional überall aufflammenden Konflikte vermögen freilich immer weltweite Veränderungen hervorzurufen, die für den gesamten Globus bedrohlich werden können. Anders als bei Georg Forster finden wir uns heute, Jahre nach dem Ausgang der vierten Phase beschleunigter Globalisierung, in einer Situation, in der eine Geschichte nach der Geschichte, gleichsam ein „Posthistoire Now!"[33] nicht mehr erlebt werden kann. Die Entschleunigung von Globalisierung, wie sie uns derzeit etwa in einer Welle neuer Nationalismen und Fundamentalismen, aber auch Aufrüstungen aller Art entgegentritt, ist mithin gerade nicht mit einem Erleben politischer, geschichtlicher oder gesellschaftlicher Ruhe und Stabilität gleichzusetzen. Und wie nach dem Ende der zweiten und der dritten Phase verfügt die Menschheit auch nach der vierten Phase beschleunigter Globalisierung nicht über wirksame internationale Mechanismen einer Konfliktregelung. So fällt es auch im Vergleich mit dem 18. Jahrhundert schwer, in der Menschheitsgeschichte einen ethischen Fortschritt oder Verbesserungen zumindest auf der Ebene internationaler Konfliktlösungsstrategien zu erkennen.

Der ‚Ausweg' von der mangels unbekannter Räume von der Utopie in die Uchronie umspringenden Projektion ist sicherlich nicht die einzige Möglichkeit, mit einer Raum-Zeit-Problematik ‚fertig' zu werden, die sich als Folge westli-

---

33 Vgl. Gumbrecht, Hans Ulrich: Posthistoire now. In (ders. / Link-Heer, Ursula, Hg.): *Epochenschwellen und Epochenstrukturen in der Literatur- und Sprachhistorie.* Frankfurt am Main: Suhrkamp 1985, S. 34–50.

cher Expansion und wissenschaftlicher Welt-Ausdehnung ergab. Denn ebenso
Georg Forster, Freiherr von Langsdorff oder Alexander von Humboldt wählten
auf ihr eigenes Leben bezogene und damit *lebbare* Reaktionsweisen, die sich
nicht alleine auf den Raum oder alleine auf die Zeit, sondern auf eine spezifische Verbindung der Dimensionen von Raum und Zeit bezogen. Sie wählten,
mit anderen Worten, die Reise als spezifische Seinsweise und entwickelten und
*lebten* das, was an dieser Stelle als – zugegebenermaßen gräcolatinisierter –
Neologismus begrifflich eingeführt sei: die *Vektopie*. Was ist neben Utopie und
Uchronie unter einer Vektopie zu verstehen?

Der Begriff der Vektopie steht für eine Verknüpfung der Projektionsflächen
von Utopie und Uchronie in Raum und Zeit auf eine Weise, welche die kineti-
sche[34] Dimension, die Erfahrung und das Erleben von Bewegung und mehr
noch von Vektorizität, zum eigentlichen Erprobungs- und Erlebensmittel von
Welt macht. Die ständige Bewegung in Raum und Zeit wird zum Lebens-Mittel
des reisenden Subjekts. Dieses weltweit ausgedehnte Welterleben beinhaltet
zugleich ein Weiter-Leben, das an dieser Stelle unserer Argumentation zunächst in einem räumlichen Sinne verstanden sei und folglich in erster Linie
den Radius des von Forster so genannten „Erfahrungswissens" betrifft. Es ist
das Erleben einer *weiter* gespannten Welt, das sehr wohl mit einem epistemologisch bedeutungsvollen Weiter-Denken verbunden ist.[35]

Anders als Utopie und Uchronie ist in der Vektopie eine materielle, auf Körper und Leib bezogene Dimension und damit ein Leben und Erleben von Welt
miteinbezogen, das ohne die ständige Ortsveränderung, ohne ein immer wieder
aufgenommenes Reisen nicht auskommt. Wissen wird aus der Bewegung erzeugt: Welt wird aus der Bewegung angeeignet: Weltwissen ist ohne Reisen
nicht zu haben. Die Vektopie entfaltet die Projektionen eines Lebens nicht aus
dem Raum, nicht aus der Zeit allein, sondern dank deren Kombinatorik aus
einer *Vektorizität*, in der alle früheren Bewegungen gespeichert und alle nachfolgenden Bewegungen bereits angelegt sind. Die Vektopie ist mehr als eine
Denkfigur: Sie ist vital mit dem Leben verknüpft und damit eine Lebensfigur,
welche wir bei den Reisenden des ausgehenden 18. Jahrhunderts gehäuft antreffen können.

---

**34** Das sich anbietende griechische Kompositum einer „Kinetopie" besäße den Nachteil, zu
stark mit vorwiegend kinematographischen, aber auch kinesiologischen Belegungen konfrontiert zu sein und entsprechend zu Missverständnissen führen zu müssen.
**35** Vgl. zum Begriff des Weiter-Denkens Ette, Ottmar: Weiter denken. Viellogisches denken /
viellogisches Denken und die Wege zu einer Epistemologie der Erweiterung. In: *Romanistische
Zeitschrift für Literaturgeschichte / Cahiers d'Histoire des Littératures Romanes* (Heidelberg) XL,
1–4 (2016), S. 331–355.

Dass das Erleben des Weltweiten, des die ganze Welt Umspannenden nicht an eine wie auch immer geartete „Reise um die Welt" gebunden ist, hat Georg Forster nicht am Beispiel eines Utopos, eines Heterotopos oder eines Atopos, sondern an einem Vektopos literarisch mitten in Westeuropa vorgeführt: „In einer Nacht hat sich unser Schauplatz so sehr verändert, dass nichts gegenwärtig Vorhandenes eine Spur des gestrigen in unserm Gedächtnis weckt. Wir leben in einer andern Welt, mit Menschen einer andern Art."[36]

Wie aber ist dieses von gestern auf heute erfolgte andere Erleben einer anderen Welt zu verstehen? Georg Forster lässt mit den soeben zitierten Worten das fünfundzwanzigste Kapitel seiner *Ansichten vom Niederrhein, von Brabant, Flandern, Holland, England und Frankreich im April, Mai und Junius 1790* beginnen; und in diesen Worten stellt ihr Verfasser die Reise zwischen zwei Orten als Reise in eine neue, in eine andere Welt dar. Wir haben es hier nicht mit der Raum-Ebene einer Utopie oder der Zeit-Ebene einer Uchronie, sondern mit einer Kombination aus beiden Dimensionen zu tun.

Dies ist keineswegs eine literarische Laune des weitgereisten Autors, der seine Reiseberichte stets stilsicher verfasste. Die Bewegung der Reisenden von Den Haag nach Amsterdam erweist sich vielmehr als eine Reisebewegung, die durch Worte gleichsam auf der Durchreise Orte und Menschen *in unterschiedlichen Welten* miteinander verbindet und zugleich wechselseitig kontrastiert. Dabei öffnet sich die hier von Georg Forster so meisterhaft in Szene gesetzte Diskontinuität auf jene Komplexität an Bewegungen, die sein literarisches Schreiben in seinen Reiseberichten seit seiner *Reise um die Welt* so sehr literarästhetisch auszeichnet. Denn der Bericht des Weltreisenden bietet weit mehr als Ansichten vom Niederrhein oder Ansichten aus dem westlichen Europa. Georg Forster spannt den Verstehenshorizont seines Reiseberichts vielmehr weltweit. Mit den Niederlanden, im weiteren Reiseverlauf aber auch England und Frankreich werden drei jener von ihm so apostrophierten „Seemächte" besucht, die sich durch globale Machtansprüche und weltweit akkumulierten Reichtum auszeichnen. Diese Länder sind die Protagonisten einer weltumspannenden kolonialen Vernetzung.

Es ist gewiß nicht vorrangig die itinerarische Grundstruktur, die literarisch entfaltete Bewegung der Reisenden im Reisebericht also, welche für die Erzeugung vektorieller Komplexität, wie sie Forsters Schreiben stets so eindrucksvoll entfaltet, verantwortlich zeichnet. Vielmehr wird vor den Augen der Leserschaft eine Landschaft entfaltet, die in diesem Falle einen urbanen Bewegungsraum,

---

36 Forster, Georg: *Ansichten vom Niederrhein.* München: The Hilliard Collection – Edition Deutsche Bibliothek 1985, S. 348.

eine im Westen des kontinentalen Europa gelegene Stadtlandschaft präsentiert und repräsentiert, die man als einen urbanen *Vektopos* begreifen darf. Was ist unter einem solchen Topos, unter einem solchen Ort zu verstehen?

Bevor wir auch nur einen Blick auf die großen Gebäude der Stadt Amsterdam werfen können, werden wir zur gewaltigen Werft der Admiralität geführt. Dies ist der Blickwinkel, aus dem die große Stadt als Welt-Stadt erstmals ihren Leserinnen und Lesern erscheint:

> In bewundernswürdiger Ordnung lagen hier, mit den Zeichen jedes besondern Kriegs-
> schiffs, in vielen Kammern die Ankertaue und kleineren Seile, die Schiffblöcke und Segel,
> das grobe Geschütz mit seinen Munitionen, die Flinten, Pistolen und kurzen Waffen, die
> Laternen, Kompasse, Flaggen, mit einem Worte, alles bis auf die geringsten Bedürfnisse
> der Ausrüstung. Vor uns breitete sich die unermeßliche Wasserfläche des Hafens aus,
> und in dämmernder Ferne blinkte der Sand des flachen jenseitigen Ufers. Weit hinab-
> wärts zur Linken hob sich der Wald von vielen tausend Mastbäumen der Kauffahrer; die
> Sonnenstrahlen spielten auf ihrem glänzenden Firnis.[37]

Das Lesepublikum bekommt nicht zuerst die Türme einer Stadt oder deren urbane Wahrzeichen zu sehen. Es geht vielmehr um die Grundlagen, um die Bedingungen dieser Stadt – und eben dies versucht Georg Forster seinen Leserinnen und Lesern zu vermitteln, ohne es ihnen explizit zu sagen. Eine Stadt vor der Stadt tut sich auf. Aus der Bewegung der Reisenden entsteht ein vektopischer Raum. Haben wir es hier nicht mit einer Stadt unter der Stadt zu tun, mit einer Stadt, die nur aus Bewegungen besteht und nur als Geflecht von Bewegungen verstanden werden kann? In diesem klug angelegten Rundblick über eine gewaltige Werft wird zunächst jene Gewalt in den Blick gerückt, welche die Grundlage für all jenen Reichtum, all jene Größe bildet, die hier mit ihren kleinen wie mit ihren großen Waffen, von der individuellen Pistole bis hin zur Gewaltmaschinerie eines ganzen Kriegsschiffes, wie in einem Waffenlager, wie in einem kriegerischen Arsenal, ausgebreitet und aufgelistet wird. Diese Stadt ist nicht aus harmlosen Bewegungen gemacht, nein: Die Pracht dieser Stadt ist ohne die Macht und Gewalt, die von dieser Stadt ausgehen, nicht zu denken.

Amsterdam ist ohne seine Kriegsflotte, ohne seine Kauffahrerflotte nicht zu denken. Vergessen wir nicht, dass auch ein Anton Wilhelm Amo einst als kleiner Junge über die Stadt ‚umgeschlagen' wurde, um als ‚Geschenk' an die Herzöge von Wolfenbüttel weitergereicht zu werden; und dass er Europa auch über diese Stadt wieder in Richtung Afrika verließ. Amsterdam ist als eine weltweit agierende Stadt alles andere als harmlos: Der Reichtum dieser Stadt ruht auf

---

37 Ebda., S. 348 f.

kolonialen Säulen. Doch wird diese Nahaufnahme einer materiellen Kultur, die in ihrer ganzen Dinghaftigkeit und Gewalttätigkeit eingeblendet wird, in einem zweiten Schritt in eine Landschaft überführt, die den Blick über die „unermeßliche Wasserfläche des Hafens" und über das entgegengesetzte Ufer in der Ferne hin zu jenem „Wald von vielen tausend Mastbäumen der Kauffahrer" gleiten lässt,[38] in deren Gegenwart sich die Elemente von Natur und Kultur, von Wasser und Hafen, von Bäumen und Masten, von Wind und Segeln unauflöslich miteinander verbinden. Natur lässt sich nicht anders als von der Kultur, von den Kulturen aus entwerfen. Und diese Kulturen sind ihrerseits nur vektoriell zu verstehen.

Georg Forster lenkt bewusst und absichtsvoll den Blick seines Lesepublikums auf diese Dimensionen. In dieser amphibischen Landschaft, die sich zwischen Meer und Land, zwischen Wasser und Sand über einen Wald erhebt, dessen Bäume längst zu Masten geworden und damit vom Land auf das Wasser übergesiedelt sind, wird ein Panoramablick entfaltet, der nicht zufällig von der Kriegsflotte der Admiralität zur Handelsflotte der Kauffahrer überleitet, ja sanft von Schiff zu Schiff herübergleitet. Denn ohne die Feuerkraft der Kriegsflotte wäre die Wirtschaftskraft der Handelsflotte nicht denkbar, bilden doch beide erst in ihrem Zusammenspiel jene reichen Grundlagen, auf denen sich die Stadt Amsterdam in ihrer Pracht entwickeln konnte – im Schutze jenes „prächtigen Arsenal", das „auf achtzehntausend Pfählen ruhend und ganz mit Wasser umflossen" in dieses Landschaftsgemälde hineingesenkt ist. Die zu Masten gewordenen Bäume tragen als unterirdische Wälder auch die Stadt, deren Schicksal an das mobile, das global bewegende Element des Wassers geknüpft ist. Georg Forster öffnet uns den Blick für diesen Hintergrund einer Stadt, deren Wahr-Zeichen wir sonst nicht in ihrer ganzen Bedeutung begreifen würden.

So tut sich an dieser Stelle der *Ansichten vom Niederrhein*, ganz dem wohlkalkulierten Beginn dieses Kapitels entsprechend, eine andere Welt auf, die ohne all diese Bewegungen nicht denkbar wäre, eine Welt, die rasch in ihren wahrhaft globalen Maßstäben buchstäblich aus dem Wasser auftaucht und vor unseren Augen in Bewegung gesetzt wird. Denn während der Besichtigung eines dieser Kriegsschiffe, und aus der dadurch ausgelösten Begeisterung über den „Wunderbau dieser ungeheuren Maschine",[39] tauchen etwas weiter zur Rechten „die Schiffe der Ostindischen Kompanie" mit ihren eigenen Werften auf, die sich bis zur Insel Osterburg erstrecken: „Die ankommenden und auslaufen-

---

**38** Ebda., S. 349.
**39** Ebda., S. 349.

den Fahrzeuge samt den kleinen rudernden Booten belebten die Szene."[40] Wir sind in die Mitte einer vektoriellen Landschaft gestellt: In diesem literarischen, aber geradezu kinematographischen Bewegungsbild geht es nicht um Raumgeschichte –Georg Forster ist es um eine Bewegungsgeschichte zu tun. Der Blick dieses Reisenden und Schriftstellers ist ein bewegungsgeschichtlicher.

Hinter den Fahrzeugen der Ostindischen Kompanie erscheint neben der Kriegsmaschinerie nun eine Handelsmaschinerie, die gemeinsam mit der militärischen Feuerkraft für die ungeheure Machtfülle verantwortlich zeichnet, welche sich Amsterdam und die Niederlande mit ihrem höchst modern ausgelegten und weltumspannenden kolonialen Räderwerk längst zu erwerben, zu erobern verstanden. So hält das Ich auch folgerichtig für einen kurzen Augenblick in seiner eigenen Bewegung inne und fixiert diesen „Schauplatz der umfassendsten Geschäftigkeit", verdanken doch „die Stadt und selbst die Republik ihr Dasein und ihre Größe" diesem wahrlich weltumfassenden Treiben.[41] Dabei ist der Blick des Reisenden auf diese globale Macht von Stadt und Staat ein durchaus positiver, habe man doch einst einen mit keinem anderen Volk in Europa vergleichbaren Mut aufgebracht, „mit Philipp dem Tyrannen, dem mächtigen Beherrscher beider Indien, und seinen Nachfolgern den achtzigjährigen Krieg zu führen".[42] Republikanischer Stolz schwingt hier in jeder Zeile Georg Forsters mit.

Der lange Kampf der Niederländer nicht nur gegen die europäische Besatzungsmacht, sondern mehr noch gegen die Weltmacht Philipps II. von Spanien, der über riesige Kolonialgebiete „en las dos Indias", in beiden Indien, herrschte, blendet hier auf wenigen Zeilen eine Geschichte der Globalisierung ein, in die sich der Reisende Georg Forster selbst sehr gut einzuordnen vermochte, durfte er sich doch sehr wohl als Teil dieser europäischen Globalisierungsgeschichte verstehen. Denn er integriert hier geschickt die frühe Vormachtstellung Spaniens als Weltmacht, eines Spanien, das gemeinsam mit Portugal den Verbund der hegemonialen iberischen Mächte bildete, welche die erste Phase beschleunigter Globalisierung vom südlichen Westrand Europas aus beherrschte. Der globalgeschichtliche Aufstieg der Niederlande siedelt sich in einer Zwischenphase an, die manches aus der ersten Phase übernahm und bereits einiges von der zweiten Phase beschleunigter Globalisierung vorwegnahm.[43]

---

40 Ebda.
41 Ebda., S. 350.
42 Ebda.
43 Vgl. hierzu das Auftaktkapitel in Ette, Ottmar: *TransArea. Eine literarische Globalisierungsgeschichte* (2012).

Doch die jahrhundertelange Geschichte der Globalisierung war keineswegs stehengeblieben. Georg Forster wusste sich selbst als einer der Protagonisten in einer weiteren, einer zweiten Phase der Beschleunigung dieser Globalisierungsprozesse, die nun aber nicht länger von Spanien und Portugal, sondern von England und Frankreich angeführt wurden. Durch seine Begleitung von James Cook und seinen literarisch durchgefeilten Reisebericht[44] war er aber nicht nur zum Protagonisten, sondern mehr noch zum Denker und Philosophen jener zweiten Phase beschleunigter Globalisierung geworden, die ihn im Übrigen mit der Veröffentlichung seines *A voyage round the world* in englischer wie deutscher Sprache zu einem weltweit gelesenen Schriftsteller von europäischem Rang werden ließ.

In seinen *Ansichten vom Niederrhein* klingt vieles von dieser großen Weltreise und vieles von diesem Welterfolg mit. Auch wenn sich ihm England auf dieser Reise nicht öffnete und sich seine kommerziellen Hoffnungen an der Themse nicht erfüllten: Georg Forster war zu diesem Zeitpunkt ein illustrer Deutscher von internationalem Renommee. Vor allem aber verfügte er auf der Grundlage seines weltumspannenden Welterlebens über einen weiteren Blick als die allermeisten seiner Zeitgenossen in Deutschland und Europa. Die Gestaltung der literarisch ausgefeilten Präsentation von Amsterdam mag hierfür ein beredtes Beispiel sein. Und sein ständiges Reisen war bis zum Pariser Ende seines kurzen Lebens Ausdruck einer Vektopie, die ständig auf der Suche nach einer besseren Zukunft für die Menschheit war.

Doch zurück zu Forsters reiseliterarischem Bewegungsbild von Amsterdam! Wir haben es beim Verfasser dieser *Ansichten* mit einem bezüglich derartiger Globalisierungsschübe hochgradig sensibilisierten Reiseschriftsteller zu tun, der sehr wohl die ganze Bedeutung der militärischen wie kommerziellen Macht der Niederlande einzuschätzen wusste – zumal er die Rolle der Niederlande als einer Art ‚Zwischenglied' zwischen diesen beiden großen Phasen beschleunigter Globalisierung offenkundig einzuordnen verstand. Denn wenn die Niederlande in ihrer Expansion auf eine ganze Reihe militärischer und politischer Strategien zurückgriffen, welche bereits die iberischen Mächte entwickelt hatten, so markierte die weltumspannende Expansion dieses selbst in europäischen Dimensionen kleinen Flächenstaates doch zugleich gerade mit der Gründung ihrer äußerst erfolgreichen Ostindischen Kompanie einen entscheidenden Schritt hin zu einem Welthandel neuen und dezidiert kapitalistischen

---

44 Vgl. hierzu Steiner, Gerhard: Georg Forsters „Reise um die Welt". In: Forster, Georg: *Reise um die Welt*. Herausgegeben und mit einem Nachwort von Gerhard Steiner. Frankfurt am Main: Insel Verlag 1983, S. 1015.

Typs. Neue, effizientere Formen der Kapitalbildung,[45] des Wissenstransfers und eines globalen Handelssystems wiesen den Weg, den in der zweiten Hälfte des 18. Jahrhunderts dann die Vormachtstellung der Briten und der Franzosen begründen sollte. Längst war Europa nicht mehr nur aus Europa heraus zu verstehen – die Forster'sche Stadtansicht von Amsterdam führte dies vor Augen. Europa lag im Zentrum internationaler Handelsströme, die von hier aus gesteuert wurden.

An jenen Veränderungen, die sich einem aufmerksamen Besucher Amsterdams des Jahres 1790 förmlich aufdrängen mussten, machte Georg Forster erkennbar, dass und warum man in Amsterdam – wie er zu Beginn des fünfundzwanzigsten Kapitels schrieb – nicht nur „in einer andern Welt" lebe, sondern es auch mit „Menschen einer andern Art" zu tun bekomme.[46] So beschrieb Forster gleich am Eingang zu seinem sechsundzwanzigsten, ebenfalls noch Amsterdam gewidmeten Kapitels seiner *Ansichten vom Niederrhein* die kulturellen, sozialen und habituellen Veränderungen, welche der auch von Raynal akklamierte Welthandel im 18. Jahrhundert mit sich brachte:

> In dem entnervenden Klima von Indien gewöhnen sich die europäischen Eroberer nur gar zu leicht an asiatische, weichliche Üppigkeit und Pracht. Treibt sie hernach das unruhige Gefühl, womit sie dort vergebens Glück und Zufriedenheit suchten, mit ihrem Golde wieder nach Europa zurück, so verpflanzen sie die orientalischen Sitten in ihr Vaterland. Man sträubte sich zwar in Republiken eine Zeitlang gegen die Einführung des Luxus; allein der übermäßige Reichtum bringt ihn unfehlbar in seinem Gefolge. Wenngleich nüchterne Enthaltsamkeit mehrere Generationen hindurch die Ersparnisse des Fleißes vervielfältigte, so kommt doch zuletzt das aufgehäufte Kapital an einen lachenden Erben, der über die Besorgnis hinaus, es nur vermindern zu *können*, die Forderungen der Gewinnsucht mit der Befriedigung seiner Sinne reimen lernt.[47]

Georg Forster umschrieb in dieser Passage die langsame, aber stetige Veränderung der europäischen Globalisierungsmächte im Zeichen ihrer weltweiten Beziehungen und jene Transformationen, welche sich auf das Alltagsleben in den Metropolen auswirkten. Die Einführungen besonderer Luxusartikel, die Veränderungen der Gastronomie, die Verwendung starker Gewürze sind nur einige wenige Aspekte dieser Umwälzungen, die sich selbstverständlich auch im Stadtbild der großen Metropolen niederschlugen. Auf diese Weise stehen die großen Metropolen der europäischen Kolonialmächte – und gerade auch der

---

45 Vgl. hierzu Ferguson, Niall: *Civilization. The West and the Rest.* New York: Penguin Books 2011, S. 196 f.
46 Forster, Georg: *Ansichten vom Niederrhein*, S. 348.
47 Ebda., S. 359.

urbane Vektopos Amsterdam – im Zeichen eines weltumspannenden Transfers von Kapital, von Luxusgütern und eines ‚orientalischen' Lifestyle, was im Sinne Forsters früher oder später zu einer grundlegenden Transformation dieser Metropolen selbst führen musste. Denn die langanhaltende Transfer- und Transformationsgeschichte, die in den Niederlanden insbesondere von der Ostindischen Kompanie ausging, ließ eine Veränderung und Umwandlung jener Lebensformen und Lebensnormen entstehen, welche die Bewohner auch von Amsterdam dazu brachte, ihren Lebensstil zu verändern, wie in einer anderen Welt zu leben und zu anderen Menschen zu werden. Georg Forster interessierte sich für all diese Veränderungen gleichsam auf der gesellschaftlichen Mikroebene und machte seine Leserschaft mit diesen Transformationsprozessen vertraut.

Festzuhalten bleibt: Amsterdam ist in diesem vektoriellen Sinne weit mehr als Amsterdam! Die Handelsmetropole öffnet sich auf eine ganze Welt, für die der Bewegungs-Raum des Hafens zum eigentlichen Umschlagplatz, zu einem Vektorenfeld globalen Zuschnitts wird. So werden andere Landschaften unter der Hafenlandschaft von Amsterdam sichtbar: Andere Städte etwa des asiatischen, aber auch karibischen Raumes zeichnen sich unter der Stadtlandschaft der niederländischen Metropole ab. Denn sie prägen das Leben in Amsterdam, das im tagtäglichen Austausch mit den niederländischen Kolonien stand, längst entscheidend mit.

Unter der Landschaft an der Oberfläche liegen andere Landschaften, unter der Stadt andere Städte – und wenn jedes Wort auch immer seinen Ort in sich fortträgt, so lässt die in den Worten des literarischen Reiseberichts entfaltete Vektorizität doch immer auch die Worte unter den Worten als Orte unter den Orten erkennbar werden. Es sind nicht statische, sondern vektopische Landschaften, die sich auf immer neue Landschaften im globalen Maßstab hin öffnen. Die Stadtlandschaft von Amsterdam ist nur als urbaner Vektopos zu verstehen: multirelational und mobil.

So beschränken sich die *Ansichten vom Niederrhein* keineswegs auf den Niederrhein, sondern öffnen sich im Genre und im Medium der Reiseliteratur auf eine Welt, die der Weltreisende Georg Forster auf ästhetisch überzeugende Weise als Teil eines globalen, weltumspannenden Zusammenhangs und Zusammenlebens zu gestalten verstand. Darin liegt der besondere Reiz seines Reiseberichts und seiner *Ansichten*. Es ist eine Welt, die vom Bewegungs-Raum des Hafens aus alles mit Bewegung, alles mit Leben erfüllt – einem Leben, das in seiner Beschleunigung sehr präzise zu erfassen ist:

> Die Stadt mit ihren Werften, Docken, Lagerhäusern und Fabrikgebäuden; Das Gewühl des fleißigen Bienenschwarmes längs des unabsehlichen Ufer, auf den Straßen und den Kanälen; die zauberähnliche Bewegung so vieler segelnder Schiffe und Boote auf dem

> Zuidersee und der rastlose Umschwung der Tausende von Windmühlen um mich her –
> welch ein unbeschreibliches Leben, welche Grenzenlosigkeit in diesem Anblick! Handel
> und Schiffahrt umfassen und benutzen zu ihren Zwecken so manche Wissenschaft; aber
> dankbar bieten sie ihr auch wieder Hilfe zu ihrer Vervollkommnung.[48]

Es ist der Anblick eines Lebens in Akzeleration, eines sich enorm beschleunigenden Lebens, in dem „ferne Weltteile aneinander" sowie unterschiedliche Zonen und Nationen zueinander geführt werden.[49] Der Weltreisende Forster weiß um diese Bewegungen, die so vielen anderen Zeitgenossen entgehen, weil sie anders als Forster nicht *weiter* denken. Das Leben in einer derartigen Metropole ist in diesem (auch konsumptiven) Sinne ein weiteres Leben als das in Zonen von geringerer globaler Verdichtung und Vernetzung. All dies erfolgt im Zeichen einer Zirkulation des Wissens, deren weltweite Dimensionen es nicht länger zulassen, auf dieselben Worte zurückzugreifen; auch die Sprachen, dies wusste der vielsprachige Forster, mussten sich verändern. Es wird ein gewaltiger „Reichtum von Begriffen" nun „immer schneller" in Umlauf gesetzt;[50] ein Reichtum an Lexemen, der mit den beschleunigten Ausdifferenzierungsprozessen nicht allein im Bereich der Wissenschaften Schritt halten muss.

Forster ist ein Meister des Wortes – ebenso bereits in der englischen Fassung seiner *Reise um die Welt* wie in seiner deutschen Bearbeitung und all seinen späteren deutschsprachigen Schriften. Der Ort öffnet sich auf viele Orte, das Wort öffnet sich auf viele Worte – und um die Bewegung dieses sich beschleunigenden Lebens darzustellen, ist der Reisebericht für Georg Forster zweifellos die adäquate literarische Ausdrucksform. War Forster nicht ein Meister dieses Genres und zugleich der reiseliterarische und reisetechnische Lehrmeister Alexander von Humboldts, der ihn im Übrigen auf dieser Reise an den Niederrhein, nach England und ins revolutionäre Paris – dies gilt es an dieser Stelle endlich nachzutragen – begleitete?

Die reiseliterarische Inszenierung von Amsterdam bildet zweifellos ein ebenso perfektes wie paradigmatisches Beispiel eines vektoriellen Welterlebens, einer Welt-Anschauung aus der Bewegung. Denn in seinen ästhetischen Gestaltungsformen lässt sich ein Ort wie die damalige niederländische Welthandelsmetropole nur aus ihren globalen Zusammenhängen heraus begreifen. Amsterdam wird folglich mit guten Gründen – und hieran zeigt sich das literarische Geschick des Reiseschriftstellers – ausgehend von seinem Hafen her portraitiert, kann doch nur durch die Darstellung jener globalen

---

**48** Ebda., S. 351.
**49** Ebda.
**50** Ebda.

Vektorizität, die von der Kriegs- wie von der Handelsflotte verkörpert werden, die künstlerische Re-Präsentation von Amsterdam im Reisebericht gelingen. Dies sind die Veduten, dies sind die *Ansichten* einer Stadt, die viele Städte und viele Länder ist.

In diesem Sinne ist Amsterdam eine hochgradig vektorisierte Landschaft, eine Stadt-landschaft in und aus der Bewegung, die von einer statischen Raumgeschichte ohne diese Weitung und Erweiterung niemals adäquat erfassbar wäre. So repräsentiert dieser urbane Vektopos für Georg Forster eine Vektopie, die sich freilich niemals an einen festen Ort, an einen festen Wohnsitz allein rückzubinden wüsste.

Allerdings gab es für Forster diesen Ort der politischen Hoffnungen, diesen Ort, an dem er nicht nur die Geschichte einer Nation, nicht nur die Geschichte eines Kontinents, sondern auch die Geschichte der Menschheit überhaupt sich vollenden zu sehen erhoffte. Es ist eine Stadt, die er in seinem Reisebericht ein weiteres Mal in seinem Leben erreichte und die inmitten von Umwälzungen stand, denen Forster mit allergrößten Hoffnungen entgegensah. Das revolutionäre Paris, das schon wenige Jahre später den Endpunkt seiner Lebensreise markieren sollte, wurde mit dem weltumspannenden Pathos einer Menschheit, die hier ihre Ansprüche und Rechte universalistisch proklamierte, zweifellos zur besten Verkörperung jener Vektopie, die Georg Forsters Leben prägte.

Kurz vor seinem Tod am 10. Januar 1794 in der französischen Hauptstadt hielt Georg Forster im Winter des Jahres 1793 im siebten Brief seiner *Parisischen Umrisse*, des letzten Werks aus seiner Feder, mit klarsichtigem Stolz und jenem revolutionären Geist, der ihn zeit seines Lebens auszeichnete, unmissverständlich und an die Bewahrer des Alten gerichtet fest: „Paris ist immer *unsere* Karte, und Ihr habt verloren."[51] Diese Sentenz aus seinem Pariser Exil, der Reaktion entgegengeschleudert, machte auf die weitreichenden Folgen der Französischen Revolution, aber auch auf jene herausragende Stellung der „ville-lumière" aufmerksam, die ebenso und mit demselben Enthusiasmus von Alexander von Humboldt, der an der Seite Forsters erstmals das revolutionäre Paris erlebte, hätte unterschrieben werden können. Denn für beide Weltreisenden bildete Paris, die

---

[51] Forster, Georg: Parisische Umrisse (1794). In: Günther, Horst (Hg.): *Die Französische Revolution. Berichte und Deutungen deutscher Schriftsteller und Historiker.* Frankfurt am Main: Deutscher Klassiker-Verlag 1988, S. 649. Zur Bedeutung von Paris gerade im deutsch-französischen Kontext vgl. Lüsebrink, Hans-Jürgen: „La Patrie des Droits de l'Homme." Zur Identifikation deutscher Frankreichforscher mit dem Frankreich der Aufklärung und der Französischen Revolution. In: Grunewald, Michel / Lüsebrink, Hans-Jürgen / Marcowitz, Reiner / Puschner, Uwe (Hg.): *France-Allemagne au XXe siècle. La production de savoir sur l'Autre.* Bd. 2: *Les spécialistes universitaires de de l'Allemagne et de la France.* Bern – Frankfurt am Main – New York: Peter Lang 2012, S. 301–314.

Hauptstadt der République des Lettres, den wohl entscheidenden Bezugspunkt ihres Lebens, so wichtig auch Berlin für einen Humboldt über lange Strecken seines späten Lebens gewesen sein mag. Aus dieser Sicht erscheinen die *Ansichten vom Niederrhein* mit ihrem perspektivischen Vektopos Paris wie eine niemals ankommende, nie zu Ende gehende Reise in die Revolution.

Die frühe, im letzten Jahrzehnt des 18. Jahrhunderts stattgefundene Begegnung und gemeinschaftliche Reise mit Georg Forster kann in ihrer Bedeutung für den jungen Alexander von Humboldt kaum überschätzt werden. Als Freund und Lehrer war der Verfasser der *Ansichten vom Niederrhein* nicht nur der Reisegefährte des 1769 geborenen Jüngeren der beiden Humboldt-Brüder, sondern auch Vorbild und literarisches Modell für ein Schreiben, das mit den *Ansichten der Natur* schon bald ein zwar anders konzipiertes, aber ähnlich multiperspektivisch aufgebautes und im Übrigen beim deutschsprachigen Publikum sehr erfolgreiches Buch schuf. In seiner 1806 in französischer Sprache verfassten und ebenso selbstironisch wie augenzwinkernd an den Schöpfer der modernen Autobiographie, Jean-Jacques Rousseau, gemahnenden Schrift mit dem Titel *Mes confessions* vermerkte Humboldt dazu:

> Im Frühjahr schlug mir Herr Georg Forster, dessen Bekanntschaft ich in Mainz gemacht hatte, vor, ihn nach England auf der schnellen Reise zu begleiten, die er in einem kleinen, durch die Eleganz seines Stils mit Recht berühmten Werk (Ansichten etc.) beschrieben hat. Wir fuhren nach Holland, England und Frankreich. Diese Reise kultivierte meinen Verstand und bestärkte mich mehr als je zuvor in meinem Entschluss zu einer Reise außerhalb Europas. Zum ersten Mal sah ich das Meer damals in Ostende, und ich erinnere mich, dass dieser Anblick den allergrößten Eindruck auf mich machte. Ich sah weniger das Meer als die Länder, zu denen mich dies Element eines Tages tragen sollte.[52]

Der Traum oder vielleicht mehr noch das Phantasma einer (damals noch nicht näher bestimmten) außereuropäischen Reise schwebte dem jungen Humboldt schon lange vor Augen. Seit der denkwürdigen Reise mit Forster aber begann es, als Vektopie – als Wissenschaft und Leben aus der Bewegung – konkrete Gestalt anzunehmen. Die Ziele dieser großen Reise wechselten wiederholt, fest aber war der Entschluss Alexanders, dass ihn diese Reise aus Europa heraus führen müsse. Das genaue Reiseziel war für Humboldt in dieser Phase noch zweitrangig: Die Devise lautete, Europa zu verlassen!

---

**52** Humboldt, Alexander von: Mes confessions. In: *Le Globe* 7 (janvier – février 1868), S. 182. Eine deutschsprachige Übersetzung findet sich erstmals in Humboldt, Alexander von: Meine Bekenntnisse (Autobiographische Skizze 1769–1805). In (ders.): *Aus meinem Leben. Autobiographische Bekenntnisse.* Zusammengestellt und erläutert von Kurt-R. Biermann. München: Beck 1987, S. 49–62. Meine Übersetzung greift auf das französischsprachige Original zurück (O.E.).

In *Mes confessions* aus dem Jahre 1806, also nach Abschluss seiner großen, von 1799 bis 1804 durchgeführten Reise in die Amerikanischen Tropen, ist noch immer die ganze Faszinationskraft zu spüren, die von Georg Forster auf seinen noch jungen Reisegefährten ausgegangen war. Noch in Humboldts späten Schriften ist sie zu bemerken – und vergessen wir dabei nicht, dass der Verfasser des *Kosmos* nicht nur seinen Lehrmeister um mehrere Jahrzehnte überlebte, sondern während seines in Raum und Zeit weitgespannten Lebens auch über einen vielfach längeren Zeitraum publizierte als der ältere Forster. Sie waren beide Mitglieder der Berliner Akademie der Wissenschaften und höchst erfolgreiche Vertreter eines translingualen *ZwischenWeltenSchreibens*,[53] insofern der eine auf Englisch und auf Deutsch, der andere auf Deutsch und Französisch publizierte.

**Abb. 38:** Die 4.000 eng beschriebenen Seiten von Humboldts Amerikanischen Reisetagebüchern.

Humboldt lernte von Forster. Vielleicht mehr noch als dieser war der Verfasser der *Reise in die Äquinoktial-Gegenden des Neuen Kontinents* an der Beobachtung auch nur mikrologisch zu erfassender Phänomene interessiert, vergaß es jedoch nie, seine empirisch gestützte Detailuntersuchungen in einen makrologischen Zusammenhang zu stellen und damit einen beobachteten Mikrokosmos auf einen theoretisch durchdachten Makrokosmos zu beziehen. Bereits wenige Jahre nach der Rückkehr von seiner großen transkontinentalen Reise in die amerikanischen Tropen, die seinen Bekanntheitsgrad ebenso national wie international ungeheuer hochschnellen ließ, veröffentlichte der preußische Wissenschaftler Passagen, in denen er auf die Berliner Debatte um die Neue Welt Bezug nahm und den Auffassungen eines Cornelius de Pauw den Todesstoß versetzte. So notierte der weitgereiste Gelehrte in seiner auf Paris im April 1813

---

53 Vgl. zu diesen Konzepten Ette, Ottmar: *ZwischenWeltenSchreiben. Literaturen ohne festen Wohnsitz (ÜberLebenswissen II)*. Berlin: Kulturverlag Kadmos 2005. Zu Fragen der Vertextung und Literarisierung vgl. auch Görbert, Johannes: *Die Vertextung der Welt. Forschungsreisen als Literatur bei Georg Forster, Alexander von Humboldt und Adelbert von Chamisso*. Berlin: Walter de Gruyter 2014.

datierten Einleitung in seine *Vues des Cordillères et Monumens des Peuples Indigènes de l'Amérique* mit großer Klarheit und Entchiedenheit:

> Die Beflissenheit, mit der man sich Untersuchungen über Amerika hingab, nahm seit Beginn des 17. Jahrhunderts ab; die spanischen Kolonien, welche die einzigen Regionen umschlossen, die zuvor von zivilisierten Völkern bewohnt worden waren, blieben den ausländischen Nationen versperrt; und noch neuerdings, als Abbé Clavijero in Italien seine Alte Geschichte von Mexico erscheinen ließ, sah man Tatsachen als höchst fragwürdig an, die doch von einer Fülle an Augenzeugen, die einander oftmals feindlich gesinnt waren, bezeugt worden waren. Berühmte Schriftsteller, die mehr von den Kontrasten als von der Harmonie der Natur ergriffen waren, hatten sich darin gefallen, ganz Amerika als ein sumpfiges Land zu malen, das der Fortpflanzung der Tierwelt entgegenstünde und erst seit kurzem von Horden bewohnt sei, die ebenso wenig zivilisiert wären wie die Bewohner der Südsee. In den historischen Untersuchungen über die Amerikaner (*recherches historiques sur les Américains*) war eine absolute Skepsis an die Stelle einer gesunden Kritik getreten. Man vermengte die deklamatorischen Beschreibungen eines Solís und einiger anderer Schriftsteller, die Europa niemals verlassen hatten, mit den einfachen und wahren Berichten der ersten Reisenden; es schien die Pflicht eines Philosophen zu sein, alles zu leugnen, was von Missionaren beobachtet worden war.
>
> Seit dem Ende des letzten Jahrhunderts hat sich in der Art, wie man die Zivilisation der Völker und die Gründe betrachtet, die deren Fortschritte behindern oder begünstigen, eine glückliche Revolution (*une révolution heureuse*) vollzogen. Wir haben Nationen kennen gelernt, deren Sitten, Institutionen und Künste sich fast im selben Maße von denen der Griechen und Römer unterscheiden, wie die primitiven Formen ausgelöschter Tiere sich von denen jener Spezies unterscheiden, die Gegenstand der deskriptiven Naturgeschichte sind. Die Gesellschaft von Calcutta hat ein lebhaftes Licht über die Geschichte der Völker Asiens verbreitet. Die Denkmäler Ägyptens, die in unseren Tagen mit bewundernswerter Genauigkeit beschrieben wurden, sind mit den Denkmälern der am weitesten entfernten Länder verglichen worden, und meine Untersuchungen über die indigenen Völker Amerikas erscheinen in einer Epoche, in der man keineswegs mehr all jenes für unserer Aufmerksamkeit unwert erachtet, was sich vom Stil entfernt, für den uns die Griechen unnachahmliche Vorbilder hinterlassen haben.[54]

Diese Passage markiert einen freilich vorläufigen Schlusspunkt in jener Berliner Debatte, in die auf beiden Seiten des Atlantiks so viele Reisende und so viele Daheimgebliebene eingegriffen hatten. Ebenso wenig wie die Werke Humboldts sind auch die Schriften Langsdorffs ohne diesen epistemologisch fundamentalen Hintergrund der Berliner Debatte nicht zu denken. Mit unverkennbaren Anspielungen auf die Werke de Pauws und Raynals signalisierte Alexander von Humboldt nicht nur die Entstehung eines neuen Diskurses über die Neue Welt,

---

54 Humboldt, Alexander von: *Vues des Cordillères et Monumens des Peuples Indigènes de l'Amérique*. Nanterre: Editions Erasme 1989, S. ii f.

in dessen Geschichte der Name Clavijeros nicht fehlen durfte, sondern machte auch darauf aufmerksam, dass mit Blick auf ‚Westindien' wie auf ‚Ostindien' neue, empirische Grundlagen der Zirkulation von Wissen über die gesamte außereuropäische Welt entstanden waren.

Gestatten Sie an dieser Stelle eine kurze Anmerkung: Die Namen der Vertreter der europäischen Philosophen wie de Pauw oder Raynal nannte Humboldt in dieser Passage nicht, wohl aber den Namen von Francisco Javier Clavijero, der für seine Forschungen über die altamerikanischen Kulturen von großer Bedeutung war und der die Wertschätzung des preußischen Forschers genoss! Zum Zeitpunkt der Niederschrift dieser Zeilen hatten sich die positive Aufnahme und die Namen der beiden Abbés bereits längst verdunkelt: Die Folgen dieser Umwälzung, die Humboldt als „glückliche Revolution" bezeichnete, waren deutlich spürbar. Das Bewusstsein, sein eigenes Werk in einer veritablen Epochenschwelle vorzulegen und zu dieser epochalen Umwälzung etwas Substanzielles beizutragen, hätte bei Alexander von Humboldt kaum ausgeprägter sein können.

Die in der angeführten Passage in dichter Folge aufgeführten Aspekte wurden überdies in die heitere Semantik einer „glücklichen Revolution" berückt, die sich zutiefst von jener „étonnante révolution" unterscheidet, von der de Pauw zu Beginn seines Werkes sprach.[55] Zug um Zug entkräfteten neue Dokumente in den Archiven und Bibliotheken der Neuen wie der Alten Welt, aber auch die Feldforschungen vieler amerikanischer wie europäischer Gelehrter vor Ort die unhaltbar gewordenen Thesen des niederländischen Philosophen, dessen Name in den Schriften Humboldts kaum mehr genannt zu werden brauchte. Humboldt überging ihn schweigend. Die Berliner Debatte hatte zu einem weltweiten Disput geführt, der in seinem Ergebnis wesentlich zu der von Humboldt beobachteten und belegten wissenschaftlichen Revolution beitrug. Ohne die Erfahrung und das Erleben der zweiten Phase beschleunigter Globalisierung und ihrer Konsequenzen hätte sich diese Wissenschaftsrevolution nicht auf eine so durchschlagende Weise vollzogen. Dies bedeutete freilich nicht, dass nicht wesentliche Bestandteile der ‚philosophischen Systeme' eines de Pauw oder eines Raynal nicht in die philosophischen Überlegungen eines Kant oder Hegel Eingang gefunden hätten. Ich habe diesen eher betrüblichen Aspekt philosophischer Intertextualität bereits hervorgehoben und will daher nur noch auf einen für unsere Vorlesung wesentlichen Punkt zurückkommen.

---

55 Pauw, Cornelius de: *Recherches philosophiques sur les Américains, ou Mémoires intéressants pour servir à l'Histoire de l'Espèce humaine*, Bd. I, S. a2v.

Denn all dies sollte uns nicht dazu verleiten, die Auswirkungen gerade auch der Thesen des Cornelius de Pauw zu unterschätzen und von einer „glücklichen Revolution" auszugehen, die alle Bereiche der Wissenschaften erfasst hätte. Denn dem Hauptwerk de Pauws kam zweifellos eine zwar diffuse, aber langanhaltende und nicht selten subkutane Wirkung zu, die sich keinesfalls an der *expliziten* Bezugnahme auf den Namen des Holländers festmachen lässt. De Pauw war keine zitierfähige Quelle mehr, seine Thesen aber wirkten fort. Es wäre daher keinesfalls übertrieben, in Weiterentwicklung der Überlegungen Antonello Gerbis[56] von einer diffusen Langzeitwirkung zu sprechen, die sich insbesondere auf die Philosophie, aber auch auf den Spannungsraum von Philologie und Rassismus beziehen ließe.[57]

Denn das Inferioritätsdenken de Pauws blieb mit Blick auf die außereuropäische Welt nicht nur in Hegels berühmten *Vorlesungen über die Philosophie der Weltgeschichte* noch lange in Europa lebendig. Mit der Einsicht in das Historisch-Geworden-Sein der Berliner Debatte verbindet sich heute die Notwendigkeit, ihr historisches Geworden-Sein polylogisch und relational, kritisch und selbstkritisch an den Anforderungen *unserer* zu Ende gegangenen Phase beschleunigter Globalisierung zu überprüfen, um die konstruktive, kreative – und nicht die zerstörerische – Macht der Wissenschaften zu nutzen. Dabei gilt es, in einer ganz grundlegenden Weise Aufklärung als ein weltumspannendes Epochenphänomen zu begreifen, wobei man allen Versuchungen widerstehen sollte, Vertreter der Aufklärung europäischer oder amerikanischer Herkunft schematisch einander entgegenzustellen und unter Missachtung der tatsächlichen Komplexität der Diskussionen, Diskurse und Debatten je nach eingenommenem Blickwinkel positiv oder negativ zu bewerten. Zu einer derartigen Sichtweise versucht unsere Vorlesung einen Beitrag zu leisten und sich einer Auffassung von ‚Aufklärung' entgegenzustemmen, die sie als einen rein europäischen und zumeist auf Frankreich, England und Deutschland begrenzten Markenartikelversteht.

Georg Heinrich Freiherr von Langsdorff steht mit seinen Reisen in die außereuropäische Welt, vor allem aber mit seiner Expedition von 1824 bis 1828 zweifellos auf der Seite jener „glücklichen Revolution", die allem Wissen über die sogenannte Neue Welt eine neue empirische Grundlage zu verschaffen suchte. Doch auch und gerade in seinen Schriften ist die berühmte und so lange Zeit prägende Berliner Debatte nicht zu einem Ende gekommen. Schreibt

---

56 Vgl. hierzu Gerbi, Antonello: *La Disputa del Nuovo Mondo*, S. 118 f.
57 Vgl. hierzu nochmals Messling, Markus / Ette, Ottmar (Hg.): *Wort Macht Stamm. Rassismus und Determinismus in der Philologie (18. / 19. Jh.)*, a.a.O.

er sich auch mit seiner nur durch ein glückliches Zusammenspiel von Zufällen zustande gekommenen Teilnahme an der großen russischen Weltumsegelung deutlich auf der Seite der „philosophes voyageurs" ein und richtet sich seine eigene Expedition auch dezidiert am neuen empirisch fundierten Forschungsparadigma aus, so verdankt gerade seine Auseinandersetzung mit unterschiedlichsten indigenen Kulturen doch noch viel den Einschätzungen eines de Pauw und dessen Anhängern. Damit stand Langsdorff keineswegs allein.

Die Liebeserklärung, die Langsdorff bereits in seinem Reisebericht an Brasilien richtet, ist freilich weit mehr als die emphatische Äußerung eines Gefühls; vielmehr schreibt der Forscher, dass er mit der Fortsetzung der russischen Weltumsegelung „das schönste und reichste Land der Erde verlassen"[58] habe. Und er fügte noch einen Satz hinzu, in dem sich bereits die Konturen eines Lebensprojekts abzuzeichnen scheinen: „Die Rückerinnerung an meinen Aufenthalt in Brasilien, wird mir *zeitlebens* unvergesslich bleiben!"[59]

Eine solche Aussage hätte auch Alexander von Humboldt, der am Río Negro nur bis zur brasilianischen Grenze vorstieß und sich aus Sicherheitsgründen nicht auf portugiesisches Territorium wagte, ebenfalls unterschreiben können. Vor dem Hintergrund seines *nomadischen* Wissenschafts- und Wissenskonzepts[60] wäre das gesamte Lebensprojekt Alexander von Humboldts ohne den Begriff der Freiheit freilich schlechterdings weder vorstellbar noch verstehbar, gingen in seiner Sehnsucht nach einem umfassenden Welterleben doch Wissenschafts- und Lebensprojekt Hand in Hand. Wir werden freilich auch im Schaffen Alexander von Humboldts gleich sehen, dass es zu Beginn seiner Reise durch die amerikanischen Tropen noch Restbestände eines Rassedenkens gab, dessen Herkunft sehr wohl noch auf in der Berliner Debatte um die Neue Welt vertretene Positionen zurückgeht.

Benannte Forsters Vorrede zum Bericht über die *Entdeckungs*reise James Cooks die methodologischen und epistemologischen Prämissen einer empirisch auf natur- wie kulturwissenschaftlicher Feldforschung basierenden innovativen Reise, so setzte Alexander von Humboldt am Ende des 18. Jahrhunderts diese Konzeption noch weiter ausgreifend in die Tat um, indem er seine *Relation historique* als Reisebericht einer *Forschungs*reise im modernen Sinne – und im

---

58 Langsdorff, Georg Heinrich von: *Bemerkungen auf einer Reise um die Welt in den Jahren 1803 bis 1807*, S. 67.
59 Ebda. (Kursivsetzung O.E.).
60 Vgl. Ette, Ottmar: Nomadisches Denken: Alexander von Humboldts lebendige Wissenschaft. In: Stoyan, Dietrich (Hg.): *Bergakademische Geschichten. Aus der Historie der Bergakademie Freiberg erzählt anlässlich des 250. Jahrestages ihrer Gründung.* Freiberg: Mitteldeutscher Verlag 2015, S. 95–102.

Sinne der Moderne – konzipierte und realisierte. An Forsters Wissens(chafts)-
verständnis geschult, ging Humboldt weit über die Ansichten seines Lehrers hinaus, um einen neuen Typus von Forschungsreise und einen neuen Typus von
Wissen hervorzubringen: Die transdisziplinäre Humboldt'sche Wissenschaft[61]
war im Entstehen begriffen. Doch die Entfaltung einer derartigen Wissenschaft
der Zukunft brauchte ihre Zeit ...

Die *Amerikanischen Reisetagebücher* Alexander von Humboldts geben uns
einen perfekten Einblick in das langsame Entstehen dieser transdisziplinären
Wissenschaft, aber auch in die anfangs noch von zahlreichen europäischen
Vorurteilen geprägte Sichtweise der indigenen Bevölkerungen im tropischen
Amerika. Der Berliner Natur- und Kulturforscher war noch weit entfernt davon,
zu jenem herausragenden Gelehrten zu werden, der die Erforschung der altamerikanischen Kulturen mitbegründete und durch seine wegweisenden Untersuchungen etwa in seinen *Vues des Cordillères et monumens des Peuples
Indigènes de l'Amérique* vorantrieb.

Nehmen wir als Beleg für diesen komplizierten Prozess eine Passage seiner
*Amerikanischen Reisetagebücher* zu den Chaymas-Indianern! Diese scheint zunächst einen rein beschreibenden Charakter aufzuweisen, gewährt aber immer
wieder einen tiefen Einblick in die Schwierigkeiten eines in Europa sozialisierten jungen Wissenschaftlers, der sich mit für ihn noch fremden Völkern und
Kulturen in den Amerikas konfrontiert sieht und zugleich auf die Informationen
der christlichen Missionare in diesen Gebieten angewiesen ist. Dort vermerkt
der preußische Kulturforscher:

> Zu den Chaymas, einem indianischen Stamm in San Fernando, Aricagua, San Antonio,
> Guanaguana, zu beiden Seiten der hohen Gebirgskette des Cocollar und Guácharo, längs
> des Río de Camanacao, Río Colorado, Guarapiche, und Areo, zwischen den west-östlich-
> eren Cumangotes und östlicheren Guaraunos, am längsten kultiviert und daher am
> schwächlichsten, schon verweichlicht. Homogenität der Gestalt, einer wie alle. Verschie-
> denheit der Lebensart, Leidenschaften und Völkerzüge! haben in Europa Verschiedenheit
> der Form veranlasst. Flache, griechische Stirn. Die Augenwinkel nach außen etwas auf-
> wärts gezogen (chinesisch), lang geschlitzt, lange Augenwimpern: Augenlider meist halb
> geschlossen. Nase lang, gerade, nach unten breiter und gefletscht. Maul gerade, große
> dicke, nicht aufgeworfene Lefzen. Falten von der Nase zum Munde tief gefurcht ein Drei-
> eck, dessen Basis der Mund. Gesicht flach, georgisch, aber Maxillen sehr breit. Rasse
> klein, meist 4 Fuß 10 Zoll, breitschultrig und fleischig. Runde Glieder, braunes, sehr
> schlechtes Haar, sitzen gern, aber immer auf der Erde auf Hintern, mit eng vorgestreck-
> ten, ungekrümmten Beinen, wie die Hunde; Weiber tragen die sehr langen Arme fast
> immer gekreuzt, die Schultern berührend. Busen kuhartige Euter. Völlige Bartlosigkeit.

---

61 Vgl. hierzu das Auftaktkapitel in Ette, Ottmar: *Alexander von Humboldt und die Globalisierung. Das Mobile des Wissens.* Frankfurt am Main – Leipzig: Insel Verlag 2009.

Haar im Alter unverändert, vor 90 – 100 Jahren nie grau. Große Füße und große Geschicklichkeit in den biegsamen Zehen. Kleidung der Weiber ein weißes leinenes oder baumwollenes Hemd, dicht unter dem Halse ausgeschnitten, bis an die Knie herabhängend. Arme bloß, das vordere und hintere Teil des Hemdes auf der halbbloßen Schulter mit einem schmalen Bande zusammengehalten. Ebenso Knaben bis 12 Jahre. Männer Hemden mit Ärmeln. Keine Hosen. Weiber Haare hinten in 2 Flechten, die auf dem Rücken verbunden einen Bogen bilden. Widerwillen gegen Kleidung trotz der Furcht vor den Mönchen (García tadelt, p. 270). Außerhalb des Dorfes, besonders wenn es regnet, ziehen sie Hemden aus, tragen sie zusammengerollt unter dem Arm und ziehen es erst an, wenn sie sich dem Dorfe nähern. (Mutter 10 Jahr Kontsch. Meiners III, p. 157.) //Bl. 155v// Ebenso in den Häusern meist ganz nackt. In Guanaguana trafen wir mit dem Pater eine fünfunddreißigjährige Indianerin, ganz nackt, sehr fett, das Kind an offener Straße säugend, ein widriger Anblick. Als wir uns näherten, bedeckt sie die Scham mit dem Kinde.[62]

In diesen Beobachtungen kommt eine Vielzahl europäischer Vorurteile zum Ausdruck, die aus heutiger Sicht leicht zu erkennen sind. Schockierend mögen uns heute Beschreibungen und Begriffe vorkommen, welche die indigene Bevölkerung in die Nähe von Tieren zu rücken scheinen. Ich wollte Ihnen dieses Zitat vor Augen stellen, um Ihnen klarzumachen, dass selbst ein Alexander von Humboldt einige Zeit brauchte, um sich von diesen Eindrücken und Beschreibungen zu befreien, die während der ersten Phase seiner 1799 begonnenen Reise im heutigen Venezuela entstanden. Welch ein Unterschied zu jener Souveränität, mit der er seine nur wenige Jahre später datierten Forschungen im Geiste einer Öffnung gegenüber den indigenen Kulturen der Amerikas durchführte! Seine Untersuchungen etwa zu den Zeitvorstellungen der verschiedenen indigenen Völker im Vergleich mit Kalender-Bildern weltweit machten ihn nur wenige Jahre später zu einem der großen Vorreiter bei der wissenschaftlichen Würdigung der amerikanischen Kulturen.

Es gibt viele gute Gründe dafür anzunehmen, dass die *Amerikanischen Reisetagebücher* den Verständigungsort für seine kritischen und selbstkritischen Beobachtungen bildeten und gleichsam den Geburtsort dieser neuen, epistemologisch höchst innovativen Humboldt'schen Wissenschaft darstellen. Diese Wissenschaft war und blieb nicht allein auf der Ebene des Denk- und Schreibstils, sondern auch des Wissenschaftsstils von einem nomadischen Wissenskonzept geprägt. Alexander von Humboldt konzipierte sein Leben nicht als Utopie und nicht als Heterotopie, weder als fernes Ideal eigener Vorstellungskraft von Natur und Kultur noch als eine Sehnsucht nach dem Anderort, nach

---

62 Humboldt, Alexander von: *Das Buch der Begegnungen. Menschen – Kulturen – Geschichten aus den Amerikanischen Reisetagebüchern.* Herausgegeben, aus dem Französischen übersetzt und kommentiert von Ottmar Ette. Mit Originalzeichnungen Humboldts sowie historischen Landkarten und Zeittafeln. München: Manesse Verlag 2018, S. 86.

einem Gegen-Ort zu seinem bisherigen Leben; vielmehr konstruierte er seine Wissenschaft,[63] aber auch sein gesamtes Leben als *Vektopie*: als ein Leben aus der Bewegung und in ständiger Bewegung.

Zahlreich sind die Passagen in Alexander von Humboldts weitgespanntem Oeuvre, in denen sein Nomadenleben im Zeichen persönlicher wie wissenschaftlicher Freiheit die oft euphorisch geschilderte Bewegung (verstanden als *Motion* und *Emotion*) in verdichteter Form vor Augen führt. doch bleiben wir zeitlich weiterhin im 18. Jahrhundert und bei Alexanders Zeugnissen aus dieser Zeit! Fraglos lässt sich seine Ankunft in der Welt der amerikanischen Tropen als ein Welterleben begreifen, das sich in wissenschaftlicher, aber auch höchst persönlicher und körperlicher Weise leibhaftig als literarische Ausdrucksform einer Vektopie, eines Lebens aus der Bewegung und als Bewegung, deuten lässt. So schrieb er in einem seiner ersten Lebenszeichen aus der ‚Neuen Welt', einem auf „Cumaná in Südamerika, d. 16. Jul. 1799"[64] datierten Brief an seinen Bruder Wilhelm:

> Welche Bäume! Kokospalmen, 50 bis 60 Fuß hoch! Poinciana pulcherrima, mit Fuß hohem Strauße der prachtvollsten hochrothen Blüthen; Pisange, und eine Schaar von Bäumen mit ungeheuren Blättern und handgroßen wohlriechenden Blüthen, von denen wir nichts kennen. Denke nur, dass das Land so unbekannt ist, dass ein neues Genus welches Mutis (s. *Cavanilles iconus, tom.* 4) erst vor 2 Jahren publizirte, ein 60 Fuß hoher weitschattiger Baum ist. Wir waren so glücklich, diese prachtvolle Pflanze (sie hatte zolllange Staubfäden) gestern schon zu finden. Wie groß also die Zahl kleinerer Pflanzen, die der Beobachtung noch entzogen sind? Und welche Farben der Vögel, der Fische, selbst der Krebse (himmelblau und gelb)! Wie die Narren laufen wir bis itzt umher; in den ersten drei Tagen können wir nichts bestimmen, da man immer einen Gegenstand wegwirft, um einen andern zu ergreifen. Bonpland versichert, dass er von Sinnen kommen werde, wenn die Wunder nicht bald aufhören. Aber schöner noch als diese Wunder im Einzelnen, ist der Eindruck, den das Ganze dieser kraftvollen, üppigen und doch dabei so leichten, erheiternden, milden Pflanzennatur macht. Ich fühle es, dass ich hier sehr glücklich sein werde und dass diese Eindrücke mich auch künftig noch oft erheitern werden.[65]

---

63 Vgl. die Kurzbeschreibung des im Januar 2015 angelaufenen Langzeitvorhabens der Berlin-Brandenburgischen Akademie der Wissenschaften in Ette, Ottmar: Dem Leben auf der Spur. Das Akademievorhaben „Alexander von Humboldt auf Reisen – Wissenschaft aus der Bewegung" ediert Humboldts transdisziplinäre Aufzeichnungen. In: *Die Akademie am Gendarmenmarkt 2015/16* (Berlin) (2015), S. 8–13.
64 Humboldt, Alexander von: An Wilhelm von Humboldt. In (ders.): *Briefe aus Amerika 1799–1804*. Herausgegeben von Ulrike Moheit. Berlin: Akademie Verlag 1993, S. 41.
65 Ebda., S. 42.

Dieser Ort an der heute venezolanischen Küste ist keine Utopie (und selbstverständlich auch keine Dystopie), sondern der Ort einer Vektopie: Leben und Wissenschaft aus der äußeren wie inneren Bewegung. Kaum eine andere der vielen Passagen im umfangreichen Schaffen Alexander von Humboldts gibt mit vergleichbarer Dichte und Intensität jenem Glücksgefühl Ausdruck, das der junge Europäer kurz nach seiner Ankunft in den Regionen, die er bald als „Südamerika", bald als „Amerika"[66] bezeichnete, in Worte zu fassen versuchte. Es fiel ihm schwer, die richtigen Worte zu finden!

Sein Welterleben entfaltet sich hier mit aller Euphorie als ein Leben in einer für ihn weiter gewordenen Welt, zu der nun die amerikanische Hemisphäre hinzugekommen ist. Alexander schildert Wilhelm eine Welt des Wunderbaren: Und als aufmerksamer Leser des Christoph Kolumbus, dessen Nachnamen er im Nachnamen seiner wie Wilhelms Mutter (Colomb) trug, wusste er von der langen (Literatur-) Geschichte des Wunderbaren im europäischen Diskurs über die amerikanische Hemisphäre. Humboldt schreibt sich ganz bewusst in diese Tradition ein, und er spielt zweifellos mit Versatzstücken dieses Diskurses. Ein wissenschaftliches wie persönliches Eldorado, gewiss: aber nicht im Sinne eines Ander-Orts, sondern einer Weitung und Erweiterung! Sie bot ihm die Chance, weiterzudenken und weiter zu denken – auch jenseits jenes neuen Diskurses über die Neue Welt, als dessen Begründer Alexander von Humboldt gelten darf.[67]

Der Brief an seinen älteren Bruder Wilhelm zeigt eine innere Befreiung des jungen Humboldt an, der endlich ein Leben so zu führen beginnt, wie er es sich in seinen Träumen vorgestellt hat. Die den gesamten Brief durchziehende Semantik des Glücks ist in ihren verschiedenartigen Einfärbungen allgegenwärtig und schließt jenes „Glück", das man beim Durchbrechen der Blockade englischer Kriegsschiffe und im weiteren Verlauf der gesamten Seereise gehabt habe – während derer er „viel auf dem Wege gearbeitet"[68] – ebenso mit ein wie das persönliche Erleben des eigenen und des mit seinem französischen Reisegefährten Aimé Bonpland geteilten Glücks. Ein Leben außerhalb fester bürgerlicher Normen und Gewohnheiten schien nun möglich und greifbar nahe: Und die Tropen Amerikas bildeten hierfür den idealen Ort für wissenschaftliche Forschungen wie für emotionale Sehnsüchte.

---

66 Ebda., S. 41.
67 Vgl. hierzu Ette, Ottmar: Der Blick auf die Neue Welt. In: Alexander von Humboldt: *Reise in die Äquinoktial-Gegenden des Neuen Kontinents*. Herausgegeben von Ottmar Ette. Mit Anmerkungen zum Text, einem Nachwort und zahlreichen zeitgenössischen Abbildungen sowie einem farbigen Bildteil. Bd. 2. Frankfurt am Main – Leipzig: Insel Verlag 1991, S. 1563–1597.
68 Humboldt, Alexander von: An Wilhelm von Humboldt, S. 41.

Über allem schwebt das Gefühl einer schier unendlichen (Bewegungs-) Freiheit, die sich in den unterschiedlichsten Bereichen, auf der Ebene eines Wissenschaftsprojekts wie eines Lebensprojekts, manifestiert. Die Konstellation von Bewegung, Arbeit und Glück ist allgegenwärtig: Die innere Bewegung steht in engster Beziehung zur äußeren. Wie die Reise seit dem 4. Juli 1799, als er „zum erstenmal das ganze südliche Kreuz vollkommen deutlich"[69] erblickte, unter einem guten, der ganzen Unternehmung günstigen Stern zu stehen schien, erzeugte auch das intensive Welterleben des Neuen in der ‚Neuen Welt' bei den beiden europäischen Reisenden eine intensive Euphorie, die bei Humboldt stets mit einem Höchstmaß an kreativer Unruhe[70] einherging. Alexander von Humboldt war in seiner Welt ...

Denn der junge Natur- und Kulturforscher aus Berlin war am Ziel seines großen, in vielen Jugendbriefen geäußerten Traumes angekommen: Endlich hatte er – wie der mit ihm befreundete Georg Forster – die ‚Alte Welt' auf einer Reise in außereuropäische Regionen verlassen. Und doch stand er erst am Beginn seines amerikanischen Abenteuers und jenes neuen Diskurses über die Neue Welt, dessen Geburtsurkunde die Amerikanischen Reisetagebücher darstellen. Ohne Humboldts Vektopie wären weder sie noch die Humboldt'sche Wissenschaft denkbar. Die Neue Welt war für Humboldt in jeglicher Hinsicht der Beginn einer neuen Welt; und die ungeheuren Kräfte, die der noch nicht Dreißigjährige im Verlauf seiner fünfjährigen Reise durch die amerikanischen Tropen zu mobilisieren verstand, sind ohne diese emotionale Grundlage und das Gefühl einer von ihm selbst zu bestimmenden Freiheit nicht vorstellbar.

Wissenschaftsprojekt und Lebensprojekt stehen in einer intensiven Wechselbeziehung – und auch hierüber wird uns die aufmerksame Analyse der Amerikanischen Reisetagebücher zahlreiche neue Einsichten vermitteln. Es besteht kein Zweifel daran, dass der junge Humboldt geradezu idealtypisch jene moderne Subjektivität verkörpert, die sich im Verlauf der zweiten Hälfte des 18. Jahrhunderts herausbildete. Das im Brief an Wilhelm von Humboldt zum Ausdruck gebrachte Glücksempfinden war ganz offenkundig von der wissenschaftlichen Dimension der Forschungsreise nicht zu trennen.

Die Verzückung, für die Humboldt in seinem Brief nach immer neuen Worten suchte, war das Ergebnis einer Verrückung, einer Delokalisierung, in der die beiden Europäer wie Verrückte, wie „Narren"[71] umherlaufen und sich auf

---

69 Ebda., S. 42.
70 Vgl. zur Unruhe Ette, Ottmar: Un esprit d'inquiétude morale: Vectoricité et économie d'un sentiment intense chez Alexander von Humboldt. In: Espagne, Michel (Hg.): *La Sociabilité européenne des frères Humboldt*. Paris: Editions Rue d'Ulm 2016, S. 47–68.
71 Humboldt, Alexander von: An Wilhelm von Humboldt, S. 42.

kein einziges Untersuchungsobjekt konzentrieren können. Zu sehr waren sie mit sich selbst beschäftigt, als dass sie wirklich wissenschaftliche Arbeit hätten leisten können. Der Verrückte verweist in seiner Verzückung auf die Vektopie als Movens seines Denkens und Schreibens, seines Beobachtens und Sammelns, seines Forschens und Lebens. Ein Staunen angesichts der „Wunder",[72] die nicht aufhören wollen, hat sich der deutsch-französischen Forschergemeinschaft bemächtigt, vergleichbar mit jenem topischen (und tropischen) Staunen, das die europäischen Seefahrer und ‚Entdecker' bei den ersten Reisen des Kolumbus ergriff.[73] Der Brief aus Cumaná an Wilhelm zeigt uns deutlich, wie sehr sich Alexander von Humboldt all dieser Ingredienzien seines Glücksgefühls bewusst war.

Doch Alexander von Humboldt blieb, im Angesicht der Vielzahl all dieser Wunder, bei dieser Ver*wunder*ung nicht stehen. Die Bewegung, so wichtig sie auch als epistemologische Grundlage seines Denk-, Schreib- und Wissenschaftsstils war, blieb kein Selbstzweck, kein Zweck an sich, sondern bildete die Voraussetzung für ein nicht nur glückliches, sondern glückendes Wissenschafts- und Lebensprojekts. Daher verharrte der noch nicht Dreißigjährige in seinem ersten amerikanischen Brief an den älteren Bruder, der diesen Ende Oktober 1799 in Spanien erreichte, keineswegs bei der Darstellung einer ‚närrischen', unkontrollierten Bewegungsweise, so stark die Repräsentation des Glücksempfindens auch immer wirken mochte. Denn Alexander zeigte sich, wie sich sagen ließe, diesen Glücksgefühlen gewachsen.

Eine zweite Bewegung kommt hinzu. Die Erfahrung der Delokalisierung und Verrückung, der äußeren wie der inneren Bewegung angesichts der Größe und der Farben jener Gegenstände, die sich dem deutsch-französischen Forscherteam entgegenstellen, aufdrängen und wieder entziehen, wird sogleich mit dem Versuch gekoppelt, diese Delokalisierung mit Hilfe des Rückgriffs auf eine auch in Amerika selbst ausgeübte Wissenschaft und damit an eine „scientific community" in der Neuen Welt zu relokalisieren. Und damit vor allem wieder in kontrollierbare und kontrollierte Bahnen zu lenken, so dass die Ebene des Lebensprojekts wiederum jene des Wissenschaftsprojekts speiste.

Der Verweis auf die Forschungen des berühmten, seit 1760 in Neu-Granada arbeitenden spanischen Botanikers José Celestino Mutis, den Humboldt mit hohem Aufwand und nicht geringerer Werbewirkung später in der vizekönigli-

---

72 Ebda.
73 Zur Relevanz des Staunens in der Geschichte der europäischen Expansion vgl. Greenblatt, Stephen: *Wunderbare Besitztümer. Die Erfindung des Fremden: Reisende und Entdecker.* Aus dem Englischen von Robin Cackett. Berlin: Wagenbach 1994, S. 27 f.

chen Hauptstadt Bogotá besuchen sollte, um mit dieser für die Aufklärung in Neu-Granada zentralen Figur sein „Heu"[74] (also seine bisherigen Pflanzensammlungen) zu vergleichen, blendet jene Technik der Humboldt'schen Forschungsreise ein, die für seine Wissenschaftspraxis von fundamentaler Bedeutung war: nicht nur eine Reise zu dem zu Erforschenden, sondern auch zu den dortigen Forschern und ihren Ergebnissen, nicht nur zu den Reichtümern der Natur, sondern auch zu jenen der Archive und Bibliotheken des spanischen Kolonialreichs durchzuführen. Das europäische Subjekt behandelt die amerikanische Welt nicht einfach als Objekt, sondern lässt es in seinen Subjekten auch selbst zu Wort kommen.

Es verwundert daher nicht, dass Humboldt überaus neugierig auf die „scientific community" in der Neuen Welt und insbesondere auf die Vertreter einer nicht-europäischen Aufklärung war, von der er schon vor seiner Abreise gehört hatte. José Celestino Mutis war in diesem Zusammenhang nach dem Aufenthalt Humboldts in Spanien nur die vorerst sichtbarste Figur dieser neugranadinischen und insgesamt amerikanischen Aufklärung. Stets suchte er den Austausch mit amerikanischen Kollegen, solange sich mit diesen nicht persönliche Konfliktzonen entwickelten. Das Humboldt'sche Vorhaben war zielgerichtet und – auch mit Blick auf die Einbindung der politischen Macht wie der kreolischen Eliten – wohldurchdacht. Nur dank seiner klugen, diplomatisch stets geschickten Choreographie konnte der junge Preuße alles in Bewegung setzen, was zum Erfolg seiner amerikanischen Reise wichtig werden sollte.

Auch auf der wissenschaftlichen Ebene wird die Vektopie der Verrückung noch in der zitierten Passage selbst wissenschaftlich produktiv gemacht, um sie in eine gelenkte Choreographie der systematischen Erkundung und Erforschung umzuleiten. So verschwindet die Bewegung keinesfalls, doch wird sie neu kanalisiert: Aus den glücklichen Narren sollen glückliche Wissenschaftler werden, die sich freilich in einem wesentlich erweiterten, weiteren Feld zu bewegen wissen. Humboldts Glücksgefühl ist mit dieser Weitung seines Blicks verbunden. Euphorie ist für ihn nichts Wissenschaftsfernes, sondern Ansporn und Mittel.[75] Humboldts glückhaftes Welterleben ist an ein sich ständig ausweitendes, erweiterndes Leben zurückgebunden. Amerika erweitert Raum und Zeit zugleich: Vektopie lässt sich als ersehnte und nie zum Stillstand kommende Bewegung des Welterlebens verstehen, das für den noch jungen Mann keine Grenzen zu definieren schien.

---

74 Humboldt, Alexander von: *Reise auf dem Río Magdalena, durch die Anden und Mexico.* Teil I: Texte. Aus seinen Reisetagebüchern zusammengestellt und erläutert durch Margot Faak. Mit einer einleitenden Studie von Kurt-R. Biermann. Berlin: Akademie-Verlag 1986, S. 93.
75 Vgl. hierzu Kap. 18 „Euphorie der Wissenschaft" in Ette, Ottmar: *Weltbewußtsein*, S. 171–183.

Dies bedeutet stets auch, dass die – im Sinne Georg Forsters – ‚mikrologische' Dimension der einzelnen Gegenstände, welche die beiden Reisenden in Verzückung setzen, zunehmend in makrologische Zusammenhänge eingebaut wird. Wir wohnen der Genese der Humboldt'schen Wissenschaft bei. Die Einzelphänomene sind in dieser in Entstehung begriffenen Wissenschaft immer auf den „Eindruck" zu beziehen, den „das Ganze dieser kraftvollen, üppigen und doch dabei so leichten, erheiternden, milden Pflanzennatur macht".[76] Es geht Humboldt um den „Totaleindruck",[77] um die Wahrnehmung des Zusammenwirkens aller Kräfte der Natur durch das moderne Subjekt, das Subjekt in der Moderne.

Nein, in Humboldts Welt ging es nicht um eine wie auch immer geartete Vermessung der Welt! Eine solche war lange vor Humboldt – wie wir sahen – von den französischen Geometern der Akademie-Expeditionen vorgenommen worden. Das auf den ersten Blick so ‚Außer-Ordentliche' des amerikanischen Forschungsobjekts wird relational eingebunden in ein Ganzes, in eine Gesamtordnung, innerhalb derer die Einzelphänomene in ihrer Signifikanz und Funktionalität zugleich auseinander- und wieder zusammengedacht, wahrgenommen und verstanden werden müssen. Nichts bleibt isoliert und für sich allein. Die Humboldt'sche Vernetzungswissenschaft zielt auf den Gesamteindruck und lässt sich als eine relationale Wissenschaftspraxis verstehen, die unterschiedlichste Wissensbestände und Disziplinen quert und die beständigen Querungen miteinander vernetzt. Das ‚Geheimnis' ihres Erfolgs liegt in der Vektorizität dieser relationalen Querungen, die dank ihrer Dynamik alles mit allem in Verbindung zu bringen vermögen. Darin und nicht in der simplen Vermessung liegt die Grundstruktur des Humboldt'schen Denkens und Schreibens.

Glückszustand und Euphorie des europäischen wissenschaftlichen Subjekts sind in diesem Brief zweier europäischer Forscher aus Amerika an einen europäischen Gelehrten in Europa zweifellos an die sinnliche Erfahrung einer anderen, nicht-europäischen Welt geknüpft: Es ist ein Erleben der amerikanischen Welt, das den französischen Reisegefährten nach eigener, von Humboldt

---

76 Humboldt, Alexander von: *Briefe aus Amerika*, S. 42.

77 Vgl. hierzu u. a. Hard, Gerhard: „Der Totalcharakter der Landschaft". Re-Interpretation einiger Textstellen bei Alexander von Humboldt. In: *Alexander von Humboldt: Eigene und neue Wertungen der Reisen, Arbeit und Gedankenwelt*. Wiesbaden: Beilhe 1970, S. 49–73; Trabant, Jürgen: Der Totaleindruck. Stil der Texte und Charakter der Sprachen. In: Gumbrecht, Hans Ulrich / Pfeiffer, K. Ludwig (Hg.): *Stil. Geschichte und Funktionen eines kulturwissenschaftlichen Diskurselements*. Frankfurt am Main: Suhrkamp 1986, S. 169–188; sowie Kraft, Tobias: From Total Impression to Fractal Representation: the Humboldtian „Naturbild". In: Kutzinski, Vera / Ette, Ottmar / Walls, Laura Dassow (Hg.): *Alexander von Humboldt and the Americas*. Berlin: Verlag Walter Frey – edition tranvía 2012, S. 144–160.

referierter Aussage geradezu „von Sinnen kommen"[78] ließ. Den Forschern eröffnen sich in den Weiten des amerikanischen Kontinents ungeheure Betätigungsfelder, die aufgrund der relativen Unbekanntheit dieser Regionen für die europäische Wissenschaft enorme Innovationspotentiale zu bieten versprachen. Es ist dieses Erleben des Weiten und der Erweiterung, das die Anziehungskraft der Forschungsobjekte für die Forschungssubjekte regelt und in eine transatlantisch asymmetrische Ökonomie der Expansion des Wissens übersetzt.

Die erforschbare Welt hat sich für die beiden erstmals in Amerika Feldforschung betreibenden Europäer fundamental erweitert: Es ist weniger das ‚Andere', das ja unmittelbar mit dem ‚Eigenen' durch dieselbe Wissenschaftssprache verbunden wird, als das ‚Weite', das die ‚Welt' überhaupt in einen weltweiten Erlebensraum verwandelt. Erst durch dieses *Weitere* eröffnet sich eine Welt, die sich nicht in altbekannten, in den *Recherches philosophiques sur les Américains* oder der *Histoire des deux Indes* zur Genüge repetierten Gegensätzen zwischen ‚Alter' und ‚Neuer' Welt aufspaltet.

Auch wenn sich vor allem zu Beginn seiner Forschungsreise viele Restbestände dieses Diskurses, der bei Cornelius de Pauw, Guillaume-Thomas Raynal oder William Robertson die Welt in ‚Eigenes' und ‚Anderes' scheiden zu können schien, auch im Humboldt'schen Diskurs finden lassen, geht der preußische Kultur- und Naturforscher doch über derlei Gegensatzkonstruktionen deutlich hinaus. Cornelius de Pauw oder Antoine-Joseph Pernety waren zwar bezüglich der Bedeutung der amerikanischen Welt und ihrer Bewohner gegensätzlicher Meinung, stimmten aber darin überein, die altweltliche einer neuweltlichen Hemisphäre gegenüberstellen zu können, unabhängig davon, ob man sie jeweils positiv oder negativ, als überlegen oder unterlegen bewertete. Gegenüber diesem beherrschenden Paradigma europäischer Aufklärungsphilosophie aber entfaltete Humboldt eine neue Sichtweise, buchstäblich ein neues Weltbewusstsein.

Halten wir also fest: Seit dem Beginn der europäischen Expansion in der ersten Phase beschleunigter Globalisierung hatten diese Alterität und mehr noch eine radikale Alterisierung („othering") die europäischen Diskurse geprägt.[79] Bei Alexander von Humboldt deuten sich Wege eines Verstehens an, die nicht mehr ausschließlich auf den Konstruktionen des jeweils Anderen, Fremden, Nicht-Europäischen beharren und beruhen, sondern sich auf eine

---

78 Humboldt, Alexander von: *Briefe aus Amerika*, S. 42.
79 Vgl. Todorov, Tzvetan: *Die Eroberung Amerikas. Das Problem des Anderen.* Aus dem Franzuösischen von Wilfried Böhringer. Frankfurt am Main: Suhrkamp 1985.

Epistemologie der Erweiterung beziehen lassen. Diese beruhte nicht auf Alterität, sondern auf Relationalität.

Insofern bietet sich die Neue Welt – als gegenüber der Alten Welt wissenschaftlich weitaus weniger erforschter Teil des Planeten – bei Humboldt als ‚neu' im Sinne einer Erweiterung an, hält sie doch allein im Bereich der Pflanzenwelt eine noch unabschätzbare Zahl zuvor unerforschter Gewächse bereit, welche es mit den bereits erforschten zu vergleichen galt. Der Akzent liegt nicht auf dem Anderen, sondern auf dem Weiteren, das stets *relational* aufzufassen ist und sich daher auch leicht mit dem vorherigen Wissensstand relationieren lässt. Hieran entzündet sich Humboldts Euphorie, sein Glücksgefühl angesichts einer ganzen Welt, die es für die Wissenschaften noch zu ‚entdecken' und des Weiteren mit der europäischen zu verbinden galt. Humboldts Projekt wuchs und wurde ein Weltprojekt.

Sein glückhaftes Weltbewusstsein ist ein Bewusstsein von einer ständigen Weitung der Welt: weit weg, aber keineswegs radikal getrennt von jener „dürftigen Sandnatur",[80] in die er sich einst auf Schloss Tegel und in Berlin so „eingezwängt"[81] gefühlt hatte. Es ist die Fülle eines durch die ‚Verrückung' in greifbare Nähe gerückten Weltwissens, das den von Humboldt dargestellten und bewusst in Szene gesetzten Zustand der Euphorie am Bewegungsort einer Vektopie auslöst: die Lust am weiten Leben, an einem Leben (und Arbeiten) im weitestmöglichen Sinne – auch in dem einer Erweiterung der Sinne.

Wie aber, wenn der Begriff des *Weiter-Lebens* durch den des *Weiterlebens* ergänzt und vorrangig auf die Zeitlichkeit *und* Begrenztheit des eigenen Lebens bezogen wird und damit das Risiko des eigenen Todes mitbedacht werden muss, das durch die nicht selten wagemutigen Aktionen Alexander von Humboldts nicht nur im veröffentlichten Reisebericht der *Relation historique*, sondern auch in den *Amerikanischen Reisetagebüchern* immer wieder dramatisch vor Augen geführt wird? Wie also, wenn der Reisende im Reisebericht aufgrund der ihm drohenden oder von ihm in Kauf genommenen Gefahren mit der Möglichkeit seines eigenen Todes konfrontiert wird und über sein Weiterleben reflektiert?

Derartige Reflexionen sind in Reiseberichten keineswegs eine Seltenheit oder gar die Ausnahme, sondern finden sich gerade bei Reisen von Europäern in die Tropen häufig, die stets aus europäischer Perspektive Fülle und Falle zu-

---

**80** Humboldt, Alexander von: Ich über mich selbst (mein Weg zum Naturwissenschaftler und Forschungsreisenden 1769–1790. In (ders.): *Aus meinem Leben. Autobiographische Bekenntnisse.* Zusammengestellt und erläutert von Kurt-R. Biermann. München: Verlag C.H. Beck 1987, S. 38.
**81** Ebda.

gleich sind, also mit ihren Reichtum an klimatischen, geographischen oder kulturellen Phänomenen ebenso glänzen wie mit dem Reichtum an Tropenkrankheiten, einer gefährlichen Tierwelt oder bedrohlichen sozialen Phänomenen (um hier nur einige der in Reiseberichten bis heute immer wieder auftauchenden Stereotypen aufzuzählen). In den *Amerikanischen Reisetagebüchern* wird die Möglichkeit des eigenen Todes in den unterschiedlichsten Variationen eingeblendet und in schriftlicher Form reflektiert. Es sind bei Humboldt die Reaktionsweisen moderner Subjektivität. Denn der preußische Schriftsteller hat sich dort ebenso mit dem *Weiter-Leben* wie dem *Weiterleben* in der (selbst-)kritischen Spaltung des modernen Subjekts, die wir am Beispiel Rousseaus erstmals in diesen Vorlesungen beobachten konnten, intensiv auseinandergesetzt.

Es ist keine Frage, dass die gesamte Unternehmung der amerikanischen Tropenreise ein gewagtes, ja tollkühnes Unterfangen war, in welchem die Forscher hohe Risiken für Leib und Leben eingingen. Denn immer wieder sehen sich Aimé Bonpland und Alexander von Humboldt zusammen mit Carlos Montúfar sowie ihren jeweiligen lokalen Begleitern und Führern etwa in der Vulkanwelt der Anden im heutigen Ecuador auf Schritt und Tritt tödlichen Gefahren ausgesetzt. Nicht nur am Chimborazo, sondern auch bei anderen Besteigungen der großen „Nevados" taucht der Tod in seiner Allgegenwart in Alexander von Humboldts Tagebuch immer wieder an markanter Stelle (und keineswegs in abstrakter, theoretischer Form) auf.

Beispielsweise nimmt die zweite Besteigung des Pichincha und insbesondere der riskante Aufstieg zum Krater des Rucupichincha am 26. Mai 1802 all jene Gefahren eines mit heutigen Sicherheitsvorkehrungen in keiner Weise vergleichbaren Aufstiegs, aber auch die Angstvorstellungen des Reisenden vorweg, denen wir wenige Wochen später im Reisetagebuch des jungen Preußen am Chimborazo begegnen werden:

> Der Schwefelgeruch verkündete uns, dass wir am Krater waren, aber wir bezweifelten, dass wir über ihm waren. Ein Schneefleck von kaum drei Fuß Breite verband zwei Felsbrocken. Wir gingen über diesen Schnee in der Richtung a b. Er trug uns vollkommen. Wir machten zwei bis drei Schritte, der Indianer voran und in seinem indianischen Phlegma. Ich war ein wenig an seiner Linken hinter ihm, als ich mit Schaudern sah, dass wir auf einer Schneebrücke über dem Krater selbst gingen. [...] Und ich bemerkte ein blaues Licht zwischen dem Schnee und diesem Stein d. Während der zweiten Expedition haben wir alle dieses blaue Licht in dem gleichen Loch gesehen, es scheint brennender Schwefel zu sein, denn es war keine Sonne da, um es einem Sonnenreflex zuschreiben zu können. Wir wären also in 200 Toisen Tiefe gefallen und zwar in den am stärksten entzündeten Teil des Kraters, und ohne dass man in Quito, wenn nicht durch unsere Spuren im Schnee, gewußt hätte, was aus uns geworden war. Ich fühlte mich vor Schrecken zittern und ich erinnere mich, dass alles was ich tat, war, zu rufen: „Nicht bewegen, unten ist Licht", indem ich mich selbst auf den Bauch gegen den Felsen c warf und den Indianer

an seiner ruana (Poncho) zurückzog. Wir glaubten uns auf diesem Felsen c in Sicherheit. Wir entdeckten, dass der Rand dieses Felsens auf allen Seiten, außer hinter uns, in die Luft ragte. Wir hatten kaum zwei Toisen im Quadrat, um uns zu bewegen. Wir begannen, die Gefahr zu prüfen, aus der wir uns gerettet hatten. Wir warfen einen Stein auf den Schnee, der dem Loch, durch welches wir die Schwefelflamme gesehen hatten, zunächst lag. Dieser Stein vergrößerte das Loch und wir vergewisserten uns, dass wir über einer Spalte (*crevasse*) zwischen den beiden Felsen b und c gegangen waren und dass eine Decke von gefrorenem Schnee, aber von acht Zoll Dicke, uns gehalten hatte.[82]

L'odeur de soufre nous avertit que nous étions près de la bouche mais nous nous doutions que nous étions sur elle. Une tache de neige d'à peine trois pieds de large unissait deux morceaux de roches. Nous marchâmes sur cette neige dans la direction a b. Elle nous portait parfaitement. Nous fîmes deux à trois pas, l'Indien en avant et dans son phlègme indien. J'étais un peu à sa gauche derrière lui lorsque je vis avec un frémissement cruel que nous marchions sur un pont de neige sur la bouche même. J'aperçus que d était une pierre soutenue en l'air par les roches b et c, et j'aperçus une lueur bleue entre la neige et cette pierre d. Nous avons tous observé dans le second voyage cette lumière bleue dans le même trou, cela paraît du soufre brûlant. Car il n'y avait pas de soleil pour pouvoir l'attribuer à un reflet solaire. Nous serions donc tombés à 200 t[oises] de profondeur et dans la partie du cratère qui est la plus enflammée et sans qu'à Quito, si non par les traces dans la neige, on eut su ce que nous étions devenus. Je me sentis tressaillir d'effroi et je me souviens que tout ce que je fis c'était d'écrier: „quieto, luz por abajo", en me jetant sur le ventre contre le rocher c et en tirant l'Indien par sa Rouane (Poncho). Nous nous crûmes en sûreté sur ce rocher c. Nous découvrîmes que de tous les côtés exceptée derrière nous, le bord de ce rocher était en l'air. Nous n'avions à peine que deux toises carrées pour nous mouvoir. Nous commençâmes à examiner le danger duquel nous nous étions tirés. Nous jetâmes une pierre sur la neige plus proche du trou par lequel nous avions vu la flamme de soufre. Cette pierre agrandit le trou et nous nous rassurâmes que nous avions marché sur une crevasse entre les deux rochers b et c et qu'une couche de neige gelée, mais à peine de 8 pouces de grosseur, nous avait soutenus. Nous croyons que cette crevasse ne va que jusqu'à e f, car de là à gauche nous n'avons pas pu enfoncer la neige et nous imaginons que le rocher c, y tient au rocher b. Nous y avons passé dans ce voyage et dans le suivant sans danger et c'est le chemin le plus sûr pour parvenir à la pierre qui forme une galerie au-dessus du cratère.[83]

---

**82** In Erwartung der bevorstehenden Veröffentlichung der kommentierten Hybridedition der Ausgabe unserer *edition Humboldt* an der Berlin-Brandenburgischen Akademie der Wissenschaften zitiere ich nach Humboldt, Alexander von: *Reise auf dem Río Magdalena, durch die Anden und Mexiko. Teil I: Texte*. Herausgegeben von Margot Faak. Mit einer einleitenden Studie von Kurt R. Biermann. Zweite, durchgesehene und verbesserte Auflage. Berlin: Akademie Verlag 2003, S. 203.

**83** Verwiesen sei hier durch die transkribierte Widergabe des französischsprachigen Zitats im Fließtext auf das Original von Humboldts *Amerikanischen Reisetagebüchern* VII bb/c, 11v–12r sowie die leicht konsultierbaren Digitalisate des Originals; Digitalisat 11v: http://resolver. staatsbibliothek-berlin.de/SBB000152B400000499; sowie Digitalisat 12r: http://resolver.staats bibliothek-berlin.de/SBB000152B400000500.

Das Höllenfeuer mit seinem beißenden Schwefelgestank versinnbildlicht, in welcher Gefahr sich die Reisenden auf einem prekären Schneebrett, das Humboldt anhand einer beigefügten Skizze visualisiert, direkt über der Krateröffnung befinden. Er fühle, so vermerkt er wenige Zeilen später, noch „beim Schreiben dieser Zeilen Beklemmung. Ich sehe mich wieder über diesem entsetzlichen Schlund hängen".[84] Eine albtraumartige Szene: Eindrücklicher kann die Gefahr für Leib und Leben kaum geschildert werden. Das erinnernde Ich und das erinnerte Ich treten auseinander und spiegeln sich wechselseitig in einem verdoppelten Schrecken, der noch immer nachwirkt und Nachbilder produziert: im Phantasma des eigenen Todes, im Phantasma des eigenen spurlosen Verschwindens, im Medium der Gattung seiner Reisetagebücher, die einen engen Bezug zu Formen moderner Autobiographie aufweisen. Die *Amerikanischen Reisetagebücher* zeigen uns auch in solchen Passagen die literarischen Ausdrucksformen moderner Subjektivität.

Auf schriftstellerisch beeindruckende Weise intensivieren das reisende Ich und das schreibende Ich in diesem Wechselbezug nicht nur die gleichsam unter den Reisegefährten lauernde Gefahr, durch ein Abbröckeln des Schnees in die Tiefe, in einen Höllenschlund gerissen zu werden, sondern bringen dieses Schweben zwischen Leben und Tod in einen unmittelbaren Zusammenhang mit dem eigenen Schreiben. Denn Humboldt blendet in der Folge nicht nur einen Verweis auf La Condamines Reisebericht von einer Welt ein, die niemals als „Aufenthaltsort für Lebewesen"[85] dienen könne, sondern bezieht sich unmittelbar danach – und nicht von ungefähr – auch auf Miltons *Paradise Lost*, das er in der Erregtheit seiner Niederschrift interessanterweise Pope zuschreibt. Vor allem aber stellt er die Beziehung zu seinem eigenen Schreiben her, das den Schrecken des drohenden Todes nicht nur präsentiert und repräsentiert, sondern zugleich auch zu bannen sucht und auf die Phantasie des Menschen, auf die Literatur hin öffnet. Denn aus der Literatur stammt das Bilderreservoir, dessen Humboldt sich intertextuell bedient, um seine eigene Situation und die seines Weiterlebens ebenso verstehen wie für seine (von ihm durchaus ins Auge gefasste künftige) Leserschaft nachvollziehbar in Szene setzen zu können. Die Literatur verweist aber zugleich auf eine Dimension, die weit über das eigene Leben hinausgeht: Sie *ist* das Medium des Weiterlebens. In ihr ist das Schaffen von Dante, Milton oder Pope auch noch nach Jahrhunderten lebendig und für die Leserschaft abrufbar.

---

84 Ebda.: „[...] mais en même temps plus désagréable. Je me sens étouffé (ansio[so]) en écrivant ces lignes. Je me crois encore suspendu sur ce gouffre affreux." Vgl. auch Digitalisat von Tagebuch VII bb/c, 12r.

85 Ebda.: „On croit voir un monde [zwei Wörter gestrichen] détruit et sans espérance de pouvoir jamais servir de demeure à des êtres organisés."

Zweifellos ist die Niederschrift der Todesangst zuallererst das Zeichen des eigenen Überlebens: ein Lebenszeichen an die anderen, an die Leser, an sich selbst, überlebt zu haben, noch am Leben zu sein, zu leben. Ich schreibe, also lebe ich. Denn wer eine Gefahr beschreiben und niederschreiben kann, muss sie zunächst einmal überlebt haben. So wird die Schrift zum Zeichen des (eigenen) Überlebens, ja vermag sich in ein *Überlebenswissen* zu verwandeln.[86] In diesem ganz elementaren Sinne ist das Reisetagebuch selbst Zeichen und Beweis nicht nur eines Überlebenswillens, sondern eines ÜberLebensWissens, das den Reisenden und den Schreibenden, den Erinnerten und den Erinnernden, den sich der Gefahr Aussetzenden und den diese Todesgefahr in das Lebenswissen der Literatur Übersetzenden zu einer stets prekären und gefährdeten ästhetischen Einheit verbindet. Doch die im obigen Zitat geäußerte Frage, was *nach dem Tod* der Reisegruppe geschehen wäre, wenn man auf der Suche nach den Verschollenen bestenfalls noch sich im Schnee verlierende Spuren vorgefunden hätte, bleibt zunächst offen – so offen wie der Schlund des Kraters.

Aber dieser Abgrund lässt tief blicken: Das Humboldt'sche Phantasma, gegen das die Schrift immer wieder ankämpft, ist das eigene Verschwinden von der Erdoberfläche, ohne Spuren zu hinterlassen. Dieses Phantasma des spurlosen Verschwindens findet sich in seinen *Amerikanischen Reisetagebüchern* verschiedentlich und durchweg pochend. Das eigene Schreiben wird in diesem Kontext zum Gegenmittel, zum Lebensmittel und Überlebensmittel, insofern es darauf abzielt, Spuren zu hinterlassen, nicht einfach zu verschwinden. Die tägliche, zur Routine und zum Ritual gewordene Niederschrift des Erlebten vermag es, das eigene Leben in der Schrift *festzuhalten* und in ein potentielles Lesen der Anderen, der Zeitgenossen wie der Nachwelt, zu übersetzen. Leben wird so in ein Lesen übersetzt, das das Überleben des reisenden wie des schreibenden Ich sichert und die Schrift in jene stets prekäre Brücke verwandelt, die sich über die Spalte, über den Absturz ins Nichts, in eng aneinander gepressten Zeilen hinwegsetzt. Aber geht es hier nur um ein Überleben?

Humboldts Schreiben bewegt sich zweifellos zwischen der Hölle des Kraters, des eigenen Verschwindens, und dem Paradies der Literatur, das gleichsam ein ,ewiges' Leben verkündet *und* darstellt, präsentiert *und* repräsentiert. Denn Alexander von Humboldt hat sehr wohl literarische Ambitionen und arbeitet als Schriftsteller an seinen literarischen Ausdrucksformen – auch bereits in seinen *Amerikanischen Reisetagebüchern*. Kaum etwas hat Humboldts Einbildungskraft nachhaltiger beschäftigt und bedrückt als die in seinem Tagebuch

---

86 Vgl. zu dieser Begrifflichkeit Ette, Ottmar: *ÜberLebensWissen I–III*. Drei Bände im Schuber. Berlin: Kulturverlag Kadmos 2004–2010.

unterschiedlich ausgestalteten und aufsteigenden Bilder von (eigenen) Spuren, die ins Nichts führen: sei es durch einen Absturz in den Krater, ein Kentern auf dem Orinoco oder einen Schiffsuntergang, wie er ihn später bei der Überfahrt in die USA befürchtete. Es ist das Phantasma des eigenen spurlosen Verschwindens, das er beim Schreiben literarisch entwirft und dem er dieses Schreiben trotzig entgegensetzt, um eben nicht spurlos zu verschwinden. Durch die Fortschreibung des Tagebuches wird die Fortsetzung der Reise, des Schreibens, des eigenen Lebens buchstäblich *festgehalten* – wenn auch im Tagebuch nur von Tag zu Tag. Die *Amerikanischen Reisetagebücher* stehen daher für weitaus mehr als für das Festhalten einer Erweiterung des Wissens und für die neu erworbenen Grundlagen der Humboldt'schen Wissenschaft. Sie sind die literarische Ausdrucksform eines *Humboldtian Writing*, eines Schreibens, das seine eigenen Schreibformen sukzessive entfaltet.[87]

In allen Bearbeitungen, die Alexander von Humboldt seinem Versuch angedeihen ließ, den Gipfel des Chimborazo zu ersteigen, bewegt sich das Leben der Reisenden geradezu obsessiv auf Messers Schneide: auf jener „cuchilla", die – wie Humboldt sehr wohl wusste – im Spanischen nicht nur für den schmalen Fels-Grat, sondern im Wortsinne für das Seziermesser, die Messerklinge und das Schlächter-Beil steht. So lesen wir in den stets in Schreibrichtung mehr oder minder steil ansteigenden Zeilen des Tagebuchs:

> Wir stießen dabei auf einen schmalen Grat, auf eine höchst eigentümliche Cuchilla [eigentl. Messer, Schneide]. Unser Weg war kaum 5 – 6 Zoll, bisweilen keine 2 Zoll breit. Der Abhang zu unserer Linken war von erschreckender Steilheit und von einem an der Oberfläche gefrorenen (verkrusteten) Schnee bedeckt. Zu unserer Rechten gab es kein Atom Schnee, aber der Abhang war von groben Felsbrocken übersät (bedeckt). So hatte man die Wahl, ob man sich lieber die Knochen brechen wollte, wenn man gegen diese Felsen prallte, von denen man in 160 – 200 Toisen Tiefe hübsch empfangen worden wäre, oder ob man zur Linken über den Schnee in einen noch viel tieferen Abgrund rollen wollte. Der letztere Absturz schien uns der grauenhaftere zu sein. Die gefrorene Kruste war dünn, und man wäre im Schnee begraben worden ohne Hoffnung, jemals wieder aufzutauchen. Aus diesem Grunde neigten wir alle unseren Körper stets nach rechts.[88]

> Nous trouvames une file une cuchilla très curieuse. Le chemin avait a peine 5-6 pouces de large quelquefois pas 2 po[uces]. A gauche la pente etait d'une rapidité effrayante et cou-

**87** Vgl. zu diesem Begriff und zur literarischen Analyse Humboldt'scher Texte Ette, Ottmar: Eine „Gemütsverfassung moralischer Unruhe" – „Humboldtian Writing": Alexander von Humboldt und das Schreiben in der Moderne. In: Ette, Ottmar / Hermanns, Ute / Scherer, Bernd M. / Suckow, Christian (Hg.): *Alexander von Humboldt – Aufbruch in die Moderne*. Berlin: Akademie Verlag 2001, S. 33–55.
**88** Humboldt, Alexander von: *Das Buch der Begegnungen*, S. 239.

verte de neige gelée (croutée) à la surface. A droite il n'y avait pas un atome de neige mais la pente etait semée (couverte) de grandes masses de roches. On avait a choisir s'il [Buchstabe gestrichen] valait mieux se briser les membres en tombant contres ces rochers où l'on aurait eté bien recu à 160-200 t.[oises] de profondeur, ou si a gauche on voulait rouler sur la neige a un [Wort gestrichen] abime beaucoup plus profond. La derniere chute nous parut la plus affreuse. La croute gelée était mince et on se serait enterré dans la neige sans esperance de revenir au jour. C'est pour cela que nous laissions toujours notre Corps penché a droite.[89]

Das Phantasma des gemeinschaftlichen Todes wird hier alternativ in zwei Richtungen entworfen. Ganz offenkundig stoßen wir erneut auf das Humboldt verfolgende Bild eines Verschwindens, eines Sich-Auflösens in oder unter der Materie. Die bevorzugte Neigung nach rechts steht für die von den Reisenden präferierte Todesart, die immerhin sichergestellt hätte, dass der Abgestürzte nicht spurlos von der Erdoberfläche verschwunden und im tiefen weichen Schnee versunken wäre, ohne je wieder aufzutauchen. Wie im Höllenfeuer des Kraters wäre er unter der eisigen Schneedecke jeglicher Auffindung entzogen gewesen. Lassen Sie mich bitte an dieser Stelle – ich kann der Versuchung nicht widerstehen – kurz anmerken, dass Humboldt noch nicht ahnen konnte, dass die vom Menschen verursachten Klimaveränderungen ihn dann freilich zu Beginn des 21. Jahrhunderts wieder ans Tageslicht befördert hätten! Eine Vorstellung, die allerdings auch nicht besonders tröstlich gewesen wäre ...

Doch zurück zu dieser dramatischen und gewiss zugleich traumatischen Szene des Humboldt'schen Schreibens! Der Absturz nach rechts würde im Vergleich mit dem nach links sicherstellen, dass die Felsen, auf denen der Reisende am Ende seines Sturzes aufschlagen müsste, den menschlichen Körper zumindest noch „schön empfangen" und so für die Nachwelt – wenn auch zerschmettert – aufbewahren würden. Andernfalls – und diese Vorstellung verfolgte Humboldt – wären ebenso der Körper des Forschers wie auch sein Tagebuch auf immer unter der Schneedecke unauffindbar verschollen (den Klimawandel einmal nicht eingerechnet). In beide Richtungen musste ein Sturz tödlich verlaufen: An ein *Überleben* war nicht zu denken. Doch beim Absturz auf die Felsen würde das Reisetagebuch vor dem Verschwinden bewahrt: Es geht hier nicht um ein Überleben, sondern um ein *Weiterleben* – ein Weiterleben nach dem Tode in der Schrift, im Geschriebenen, in der Literatur.

So öffnet sich die Bewegung auf Messers Schneide hin auf zwei mögliche Todesarten, von denen nur die eine unwiderruflich, die andere aber – dank der

---

[89] Um einen textuellen Eindruck der Amerikanischen Reisetagebücher an dieser Stelle zu vermitteln, sei hier nicht auf die von Margot Faak herausgegebene Edition verwiesen, sondern auf eine präzise Transkription der Digitalisate.

Präsenz der durch das Tagebuch aufbewahrten Schrift – letztlich unauslöschlich ist und ein Weiterleben ermöglicht. Das bloße Überleben sichert nur die
Fortsetzung des Lebens bis zu jenem Punkt, an dem das physische Leben unausweichlich seinen Endpunkt findet. Das Weiterleben aber geht über diesen
scheinbaren Endpunkt des eigenen Lebens hinaus und stellt das eigene Leben
bis auf Weiteres auf Dauer. Es zielt auf das, was über Raum und Zeit, was über
die eigene physische Begrenztheit deutlich hinausgeht und ein Stückchen
Ewigkeit gewährt. Es geht um ein Leben über den Tod hinaus, freilich ein Weiterleben bis auf Weiteres: Solange es Leserinnen und Leser gibt, welche die
Schrift zu dekodieren bereit und in der Lage sind. In diesem Sinne verstanden
ist das erschriebene Weiterleben gestundete Zeit – und die Hoffnung, in verschriftlichter Form am Leben zu bleiben.

Das hat übrigens auch Konsequenzen für unser Fach, für die Philologie:
Editionsprojekte wie das unserer Forschergruppe an der Berlin-Brandenburgischen Akademie der Wissenschaften sind – dies sei hier nebenbei bemerkt –
Vorhaben, die darauf abzielen, eine Schrift, ein Schreiben und ein Denken weit
über den physischen Tod der Autorin oder des Autors hinaus am Leben zu halten
und ein Weiterleben zu ermöglichen. Es geht des Weiteren bei einem Editionsvor-
haben nicht um ‚tote‘ Buchstaben, sondern um die Chance, das Weiterleben eines
Denkens (und eines Denkers) abzusichern und *lebendig* zu halten, so dass es im
Polylog mit den Lebenden stets *weitere* Bedeutungen annehmen kann, die über
das hinausgehen, was zu Lebzeiten gedacht worden ist. Denn das Geschriebene,
der vor uns liegende Text, ist nicht auf das zu einem bestimmten Zeitpunkt Gedachte reduzierbar. Er lebt als lebendiger Text in den Formen seiner sich in Zeit
und Raum stets verändernden Aneignung weiter.

Ein derartiges Weiterleben zielt hierbei nicht auf ein Konservieren um des
Konservierens willen, sondern führt zu einem weiteren Leben dieses Denkens
und damit zu einem weiteren, ständig sich erweiternden Leben der Lebenden.
In diesem Sinne geht es nicht um ein ‚nacktes‘ Überleben,[90] sondern um ein
*Weiterlebenswissen*, das dem Akt des Schreibens stets als Hoffnung, stets als
*prospektive* Spur vektoriell eingeschrieben ist. Alexander von Humboldts Reflexion der unterschiedlichen Todesarten belegt, wie sehr sich sein eigenes Schreiben nach Spuren sehnte, die in die Zukunft führen und seinem Welterleben ein
Weiterleben sichern konnten.

Als Wissenschaftler verkörperte Alexander von Humboldt eine enorme Ausweitung des Wissens über die außereuropäische Welt und einen damit verbunde-

---

90 Vgl. hierzu Agamben, Giorgio: *Homo sacer. Die souveräne Macht und das nackte Leben.*
Aus dem Italienischen von Hubert Thüring. Frankfurt am Main: Suhrkamp 2002.

nen wissenschaftlichen Paradigmenwechsel, für den er den Begriff der ‚glücklichen Revolution' prägte; als Schriftsteller entwickelte er in einer Vielzahl von
Gattungen und Buchvorhaben seinen eigenen, vom translingualen Schreiben geprägten literarischen Stilwillen; und als Mensch repräsentierte er die Spezifik
einer modernen Subjektivität, in welcher alle Aspekte seines Wissenschafts-,
Schreib- und Lebensprojekt auf charakteristische Weise zum Ausdruck kamen. Er
wurde zu jenem „philosophe voyageur", den sich Jean-Jacques Rousseau für die
zweite Hälfte des 18. Jahrhunderts erträumt hatte.

# Fray Servando Teresa de Mier, José Cadalso oder die Schärfe neuspanischer wie spanischer Blickwechsel

Es kann keinen Zweifel daran geben, dass der nun vorzustellende und zu be-
sprechende neuspanische beziehungsweise mexikanische Dominikanermönch
Fray Servando José Teresa de Mier Noriega y Guerra, der an einem 18. Oktober 1765
in Monterrey das Licht der Welt erblickte, ein wichtiger Teil jenes Disputs um die
Neue Welt war, dem wir ausführlich in dieser Vorlesung unsere Aufmerksamkeit gewidmet haben. Diese Tatsache sowie wie Wendung Miers an eine vorwiegend neuspanische und amerikanische Leserschaft wird in seinen Schriften auf
Schritt und Tritt deutlich. So erwähnte er beispielsweise in einer seiner Schriften,
wenn auch mehr als „anécdota"[1], einen lügnerischen Reisebericht über Amerika,
der vor allem aus finanziellen Motiven geschrieben worden sei, den er aber für repräsentativ bezüglich all der Lügen hielt, die in Europa über Amerika und die
Amerikaner verbreitet würden.

Gegen solche zum Teil dreiste Lügen wandte sich der Dominikaner ener-
gisch. Beim europäischen Publikum schien jedoch eine große Nachfrage nach
solchen Reiseberichten zu herrschen, welche die dominierenden Stereotypen
über Amerika bestätigten. Mier schildert nun, wie er gegen diesen ‚Reisebericht', den ursprünglich französischen *Viajero Universal*, anzuschreiben und zu
polemisieren versuchte, was jedoch vergeblich geblieben sei:

> Ich schrieb an Tres Palacios und beklagte mich über die Blasphemien, welche der *Viajero*
> gegen den verehrenswerten Bischof Casas veröffentlichte, und dass er bezüglich der Geo-
> graphie Amerikas absolut ignorant war. Tres Palacios schickte diesen Brief an Estala und
> sagte ihm, dass wir Mexikaner allesamt so seien und dass er uns dieses Geschäft schwer-
> machen solle. Daraufhin kopierte Estala gegen Amerika und speziell gegen Mexiko alle
> Absurditäten und Ungereimtheiten von de Pauw und seinen Nachfolgern Raynal, Robert-
> son und Laharpe, so als ob deren Argumente nicht längst von Valverde, Carli, Clavijero,
> Molina, Iturri, Madison und vielen mehr in Staub aufgelöst worden wären. [...]
>
> So verlaufen alle Dinge in Spanien. Ich begann, gegen den *Viajero* zu schreiben und
> um in die Zeitung die *Cartas de Tulitas Cacaloxochitl Cihuapiltzin Mexica*, eines mexikani-
> schen Fräuleins, gegen den *Viajero Universal* zu setzen. [...] Doch der *Viajero* wurde ins
> Portugiesische übersetzt und diente später als Leitschnur für die englische Geographie

---

1 Mier, Fray Servando Teresa de: *Memorias*. Edición y prólogo de Antonio Castro Leal. México:
Editorial Porrúa 1946, Bd. 2, S. 186.

von Guthrie, der zudem allen Unsinn von Estala gegen Mexiko abschrieb. So finden die Beleidigungen und die Irrtümer kein Ende.[2]

Fray Servando Teresa de Mier lässt keinen Zweifel daran, dass derartige Publikationen in Europa noch immer Teil jener Polemik europäischer Aufklärer gegen die amerikanischen Kolonien waren und trotz aller erfolgreichen Gegenargumente gegen die Schriften von de Pauw, Robertson oder Raynal noch immer in Europa und insbesondere in Spanien massiv zirkulierten. Wir können dies vor dem Hintergrund unserer Vorlesung, mit Blick auf Kant oder Hegel auch für die deutsche Philosophie *grosso modo* bestätigen. Denn diese Ansichten blieben in Europa populär und der Absatz derartiger vorurteilsbeladener Schriften und ‚Reiseführer' hoch.

Beim *Viajero universal* handelt es sich um eine gesamteuropäische, aus kommerziellen Gründen entstandene und mit verbreiteten europäischen Vorurteilen spielende, verzerrende Darstellung Amerikas, die nicht die Darstellungen etwa der neuspanischen Aufklärung, sondern europäischer Autoren berücksichtigten. Wir hatten freilich gesehen, dass die aufklärerischen europäischen „Abbés" wie Cornelius de Pauw, Guillaume-Thomas Raynal oder William Robertson niemals nach Amerika gereist waren; dennoch wurden ihre Ansichten in einen Reiseführer über die Amerikas aufgenommen. Dem stellte sich der neuspanische Mönch, der ebenfalls dem niederen Klerus zuzurechnen war, mit allem Nachdruck entgegen.

In Europa blieben diese Bemühungen Miers freilich ohne größeren Erfolg. Denn die – wie wir im Zeitalter Donald Trumps sagen könnten – *alternativen Fakten* europäischer Philosophen zählten weit mehr und wurden erst mit dem von Alexander von Humboldt mitbewirkten Paradigmenwechsel kurz nach der Wende zum 19. Jahrhundert auch in Europa zumindest im Bereich der Wissenschaft in Frage gestellt.[3] Fraglos lässt sich Fray Servandos wiederholte Darstellung Europas in Form eines Reiseberichtes aus der Perspektive eines Amerikaners als der gelungene Versuch eines Gegenentwurfs, vielleicht gar – denken wir an den emotionalen Grundton wie den oft vehementen Stil seiner *Memoiren*, an die „vehemencia natural de mi estilo"[4] und an seine „einfordernde amerikanische Wut",[5] als eine

---

2 Mier, Servando Teresa de: *Memorias*, Bd. 2, S. 187.

3 Vgl. Ette, Ottmar: Réflexions européennes sur deux phases de mondialisation accélérée chez Cornelius de Pauw, Georg Forster, Guillaume-Thomas Raynal et Alexandre de Humboldt. In: *HiN – Alexander von Humboldt im Netz. Internationale Zeitschrift für Humboldt-Studien* (Potsdam – Berlin) XI, 21 (2010), S. 1–28 (http://www.hin-online.de).

4 Mier, Fray Servando Teresa de: *Memorias*, Bd. 1, S. 234.

5 Calvillo, Manuel: Nota previa. In: Mier, Fray Servando Teresa de: *Cartas de un americano, 1811–12*. Nota previa de Manuel Cavillo. Mexiko: Partido Revolucionario Institucional 1976, S. lviii: „ira americana reivindicadora."

Art literarischer Rache an den europäischen Verballhornungen verstehen. Fray Servando bediente sich dabei der ‚Methode von de Pauw' und hob gerade die skurrilen und absurden Seiten der von ihm besuchten europäischen Länder fest. Eine größere Wirkung seiner Schriften auf die Zeitgenossen in Europa lässt sich freilich in keiner Weise beobachten.

**Abb. 39:** Servando Teresa de Mier (1763–1827).

Doch wie kam es überhaupt dazu, dass der neuspanische Kleriker über Europa berichten konnte? War er von seinem Orden ausgeschickt worden? Hatte ihn irgend ein amerikanisches Periodikum in die Alte Welt entsandt? Oder war er selbst, vergleichbar mit einem Alexander von Humboldt, auf eigene Kosten aufgebrochen, um eine Forschungsreise quer durch die damaligen Staaten Europas anzutreten und seinen Landsleuten von dieser Reise zu berichten? Nichts von alledem ist zutreffend. Denn die Reisen Fray Servandos waren alles andere als freiwillig.

Zunächst einmal dürfen wir festhalten, dass Fray Servando keinen eigentlichen Reisebericht veröffentlichte, sondern sich der Gattung der Autobiographie im Sinne Rousseaus bediente, auch wenn er noch immer – und fälschlich – die Gattungsbezeichnung *Memoiren* wählte. Doch er war kein berühmter Fürst oder hoher Kirchenmann, kein Vizekönig oder Staatsmann, sondern ein einfacher Kleriker, der seine eigene Lebensgeschichte im Lichte moderner Subjektivität mit Hilfe einer Reihe literarischer Verfahren entfaltete, auf die wir mit Blick auf das 19. Jahrhundert bereits in unserer Vorlesung über das Zeitalter einer Romantik zwischen zwei Welten ausführlich gekommen waren.[6] Ich möchte mich daher an dieser Stelle auf jene Aspekte konzentrieren, die den 1765 geborenen im Lichte des Zeitalters der Aufklärung zeigen und weniger seine aktive Rolle beleuchten, die er im Kampf um die „Independencia" Neuspaniens und der spanischen Kolonien in Amerika im 19. Jahrhundert spielen sollte.

Fray Servando Teresa de Mier wurde weltweit durch den großartigen Roman des kubanischen Romanciers Reinaldo Arenas berühmt, der in *El mundo aluci-*

---

6 Vgl. das Fray Servando und Simón Bolívar gewidmete Kapitel in Ette, Ottmar: *Romantik zwischen zwei Welten*, S. 335–382.

*nante* den mexikanischen Mönch und dessen *Memoiren* folgt. Servandos Texte werden zum Ausgangspunkt einer literarisch gekonnt dargestellten Verfolgungsjagd durch die verschiedensten Gebiete Neuspaniens, Amerikas und Europas. Der junge Arenas hatte freilich gut bei seinem literarischen Meister aufgepasst und zugehört. Denn die Wiederentdeckung von Fray Servando Teresa de Mier ist zweifellos ein wesentliches Verdienst des kubanischen Dichters, Essayisten und Romanciers José Lezama Lima, der den Dominikaner zurecht zwischen Barock und Romantik situierte.

Wir dürfen allerdings hinzufügen, dass Fray Servando selbstverständlich ein genuiner Bestandteil der neuspanischen Aufklärung war, deren Konturen Lezama freilich weniger interessierten als Barock und Romantik. In seinem archipelartig aufgebauten Essayband *La expresión americana*, mit dem wir uns bereits in unserer Vorlesung zu den Literaturen des 20. Jahrhunderts beschäftigt haben,[7] hatte der Autor von *Paradiso* das persönliche, literarische und politische Schicksal des Mexikaners Revue passieren lassen und kam in seinem Kapitel „El romanticismo y el hecho americano" zu folgender Einschätzung:

> Bei ihm geht die religiöse Verfolgung in die politische Verfolgung über, und als er in London ist und Nachrichten vom Aufstand eines Pfarrers namens Hidalgo erhält, verfasst er sogleich Flugschriften, welche die separatistischen Einstellungen rechtfertigen. Er streift um die Kerker und nähert sich freundschaftlich dem Liberalismus von Jovellanos an, kämpft gegen die französische Invasion oder geht mit den Verschwörern von Mina an Land: Am Ende findet er mit der Proklamation der Unabhängigkeit seines Landes die Fülle seiner Rebellion und jene Form, welche seine Reife brauchte, damit sein Leben schließlich den Sinn seiner historischen Projektion zu erreichen vermochte.
>
> In Fray Servando, in diesem Übergang vom Barock zur Romantik, überraschen wir verborgene und höchst amerikanische Überraschungen. Er glaubt mit der Tradition zu brechen, wo er sie doch erweitert. So trifft er, wenn er sich vom Spanischen zu trennen glaubt, doch wieder darauf, nur erweitert.[8]

Der Kubaner José Lezama Lima weist in seinen Ausführungen zum einen darauf hin, wie die persönlich bedingte Rebellion des Protomexikaners Fray Servando, die aus bestimmten gesellschaftlichen, religiösen und individuellen Bedingungen erwächst, in die politische Revolte und Revolution einfließt, ja spektakulär umschlägt. Zum anderen ordnet er den Dominikanermönch einer Zwischenstellung zu, die vom kolonialspanischen Barock zur amerikanischen Romantik hinüberleitet, welche hier unverkennbar als eine „Romantik zwischen zwei Welten" verstanden und selbstbe-

---

**7** Vgl. hierzu das Kapitel in Ette, Ottmar: *Von den historischen Avantgarden bis nach der Postmoderne*, S. 745 ff.

**8** Lezama Lima, José: *La expresión americana*. Madrid: Alianza Editorial 1969, S. 91.

wusst als „expresión americana" einem rein europäischen Verständnis von Romantik entgegengestellt wird.

Fray Servando Teresa de Mier wird damit in einer ganz besonderen Weise zu unserem Gewährsmann für die „amerikanische Ausdrucksweise" an einer Scharnierstelle zwischen dem 18. und dem 19. Jahrhundert. In eben dieser Funktion ist er für unsere Sichtweise einer „Aufklärung zwischen zwei Welten" von großem Interesse – und nicht nur als ein später Teilnehmer an der Polemik zwischen Europa und Amerika um die Neue Welt. Denn er steht in seinen Anfängen noch im Barockzeitalter, wird zu einem Teil jener neuspanischen Aufklärung, deren Bedeutung erst so spät in Europa erkannt zu werden beginnt, und entwickelt ausgehend von den Errungenschaften der Aufklärung ein deutlich romantisch akzentuiertes Bild von Unabhängigkeit und Freiheit, das sich mit seiner pikaresken Gestalt auf faszinierende Weise verbindet. Fray Servando vermochte es, seine persönliche Rebellion mit jenen kollektiven Freiheitsbewegungen zu verbinden, welche das Zeitalter um die Wende zum 19. Jahrhundert prägten.

Doch dieser nur kurz umrissene und skizzierte Weg war alles andere als eine Vergnügungsreise oder ein Spaziergang durch die Geschichte. Der Leidensweg von Fray Servando Teresa de Mier beginnt mit jener denkwürdigen Predigt am 12. Dezember 1794 zu Ehren der Jungfrau von Guadalupe in Mexiko-Stadt. Diese Predigt wird zum Ausgangspunkt einer jahrzehntelangen Verfolgung des Dominikaners, die mehr als die Hälfte seines über sechzig Jahre langen Lebens andauern wird. Aber wie konnte eine kurze Predigt eine solche Wirkung zeitigen? Und welche Bedeutung kommt ihr im Kontext der historischen, philosophischen und mentalitätsgeschichtlichen Entwicklungen jener Zeit zu?

Zunächst einmal war es nicht irgendeine Predigt in irgendeiner Kirche Neuspaniens, sondern eine Ansprache in der Kathedrale von Mexiko-Stadt und vor dem versammelten hohen Klerus des Vizekönigreichs. Fray Servando griff in seiner Predigt auf eine Tradition zurück, die sich bereits in den ersten Jahren nach der Conquista herausgebildet hatte. Auf eine Vielzahl von Analogien zwischen indigenen und christlichen Riten gestützt war die Ansicht entstanden, dass der Neue Kontinent bereits vor Ankunft der Spanier christianisiert worden beziehungsweise mit der christlichen Lehre in Verbindung gekommen sei.[9] Dies war kein harmloser Gedanke oder eine bloße Einzelmeinung: Eine solche Anschauung barg in den Augen des herrschenden kolonialspanischen Systems Sprengstoff pur.

Fray Servando muss dies sehr wohl klar gewesen sein. Dennoch griff er im Angesicht des spanischen wie des neuspanischen Klerus auf dieses Erklärungs-

---

9 Vgl. hierzu auch Todorov, Tzvetan: *Die Eroberung Amerikas. Das Problem des Anderen.* Aus dem Französischen von Wilfried Böhringer. Frankfurt am Main: Suhrkamp 1985, S. 246–250.

muster zurück, ein Ideologem, das ihn ohne jeden Zweifel als Neuspanier auswies. Der junge Dominikaner verteidigte den Glauben und die Überzeugung, die Erscheinung der Jungfrau von Guadalupe – die längst schon zur Patronin Mexikos und, wenn man so will, zu einer nationalen Symbolfigur geworden war – ginge auf die vorspanische Zeit zurück. Auch das von ihr hinterlassene Bildnis stamme nicht aus der Epoche nach der spanischen Eroberung, sondern entspringe einer ersten christlichen Missionierung Amerikas durch den Heiligen Thomas, den man später unter dem Namen des Quetzalcóatl weiterverehrt hätte. Damit bezog Fray Servando ein wichtiges Element der „Religiosidad popular" und den – aus offizieller kirchlicher Sicht – ‚Aberglauben' der indigenen Bevölkerung ein:

> Aus diesem Grunde schlug ich zwei wahrscheinliche Propositionen oder Setzungen vor, auf die sich in der Substanz die ganze Predigt reduzierte. Das Übrige waren lediglich Episoden von geringer Wichtigkeit, um einige Löcher zu stopfen, welche die Kritik in der Tradition freigelegt hat. die erste war, dass das Evangelium in Amerika bereits Jahrhunderte vor der Eroberung durch den Heiligen Thomas gepredigt wurde, den die Indianer bereits Santo Tomé auf Siriakisch nannten. Weil *Quetzal* auf Grund der Kostbarkeit der Federn des Quetzalli auf den aztekischen Bildern dem Heiligenschein unserer Heiligen entsprach, so wie Ranken und Strahlen um ein Gesicht ein distinktives Merkmal der Gottheit bilden, wobei dies folglich so viel meinte wie Heiliger. Und *coatl*, korrumpiert *coate*, bedeutet dasselbe wie Tomé, das heißt Zwilling, durch die Wurzel *taam*, denn auf Hebräisch sagt man *Thama* oder *Taama*, und mit griechischen Anklängen *Thomas*, den die Griechen aus demselben Grunde in ihrer Sprache auch *Dydimo* nannten.[10]

Die gelehrten Ausführungen von Fray Servando, der das Griechische und Hebräische, aber auch die indigenen sprachen in dieser Passage anführt, können nicht darüber hinwegtäuschen: Der neuspanische Dominikanermönch eignete sich damit eine volksreligiöse Tradition an, die zweifellos einen gewissen Verbreitungsgrad im damaligen Neuspanien gehabt haben dürfte. Aber er tat dies nun vom Standpunkt der offiziellen Katholischen Kirche aus, die zu den wichtigsten Stützpfeilern der spanischen Kolonialherrschaft in den Amerikas zählte. Das war bei aller vorgeschobenen Gelehrsamkeit fürwahr unerhört für die versammelte klerikale Gemeinschaft. War sich der junge Prediger Fray Servando Teresa de Mier dieser Tatsache bewusst? Oder tat der damals achtundzwanzigjährige Geistliche ganz bewusst diesen Schritt in eine offene Rebellion gegen die herrschende katholische Lehrmeinung oder Doxa?

Diese Frage ist bis heute nicht abschließend geklärt und wird sich wohl auch nie eindeutig klären lassen. Denn diese synkretistische Verbindung zweier

---

10 Mier, Fray Servando Teresa de: *Memorias*, Bd. 1, S. 20.

volksreligiöser Traditionen zu einer letztlich protonationalen Symbolik[11] – vergessen Sie nicht, dass die Virgen de Guadalupe noch im heutigen Mexiko die Verkörperung der Nation ist und eine ungeheure Ausstrahlungskraft besitzt! – bezog ihre politische Explosivität daraus, dass die Verlegung der göttlichen Erscheinung in die vorkolumbische Zeit einer heilsgeschichtlichen Legitimation der spanischen Conquista logischerweise den Boden entzog. Die spanischen Eroberer begründeten ihre Unterwerfung der indigenen Bevölkerungen ja gerade damit, sie von barbarischen Religionen erlöst und ihnen den christlichen Glauben gebracht zu haben. Diesen Stützpfeiler der herrschenden spanischen Macht zu attackieren, war zumindest subversiv, vielleicht sogar revolutionär. Denn damit war das zentrale Ideologem des spanischen Kolonialismus berührt und eine göttliche Rechtfertigung jeglicher spanischen Herrschaft auf dem amerikanischen Kontinent in Frage gestellt. Fray Servando Teresa de Mier musste dies in seiner Logik sehr wohl klar gewesen sein, weniger aber vielleicht die Härte der Konsequenzen, die sich daraus für ihn und seine Laufbahn beziehungsweise sein weiteres Leben ergaben.

Denn der bei der Predigt anwesende höhere, aus Spanien stammende Klerus erkannte diese Gefahr und reagierte umgehend: Erzbischof Núñez de Haro ließ gegen diese, dem kreolischen Selbstverständnis entsprungene Vorstellung und ihren Vertreter predigen und entzog Fray Servando bereits am folgenden Tage die „missio canonica". Die Kirche reagierte schnell, denn es waren für die spanische Kolonialmacht gefährliche Zeiten: Es brodelte in den kreolischen Eliten im gesamten Kolonialreich. So griff der spanische Dienstvorgesetzte von Fray Servando hart durch und wollte ein Exempel statuieren, um andere kreolische Kleriker mit ähnlichen Vorstellungen abzuschrecken.

Diese Verhaltensweise war durchaus rational. Wenn man sich die besondere Rolle, die der mexikanische Klerus wenige Jahre später bei der Unabhängigkeitsrevolution in Neuspanien spielte, vor Augen hält, so erscheint die Reaktion des Kirchenoberen aus dessen Perspektive als sehr wohl verständlich. Gewiss handelte es sich nur um eine mündliche Predigt – doch sie konnte ungesühnt wie ein Fanal wirken. Eine erzwungene Widerrufung seiner Position, die der junge Dominikaner mit dem Hinweis auf die Ungemütlichkeit des Gefängnisses begründete, änderte

---

11 Vgl. Reyes, Alfonso: Prólogo a Fray Servando. In (ders.): *Obras completas*. México: Fondo de Cultura Económica 1956, S. 552. Dort auch weiterführende Literatur zur Jungfrau von Guadalupe; zur politischen Dimension des Marienkultes vgl. Aguila, Yves: Sur les prémices d'un sentiment national en Nouvelle Espagne (1805–1810). In: Pérez, Joseph et al. (Hg.): *Esprit créole et conscience nationale. Essais sur la formation des consciences nationales en Amérique Latine*. Paris: Editions du Centre National de la Recherche Scientifique 1980, S. 69–96.

nichts mehr an der Entscheidung: Fray Servando Teresa de Mier wurde 1795 zu zehnjähriger Verbannung nach Spanien in ein Kloster bei Santander verurteilt.

In seinen *Memorias* beschäftigte sich Fray Servando durchaus gleich zu Anfang mit seiner eigenen Predigt, spielte deren Bedeutung aber eher herunter, um die ihm widerfahrene Ungerechtigkeit in umso grellerem Licht erscheinen zu lassen. Doch fügte er auch andere Überlegungen mit an, welche geeignet waren, die beherrschende Rolle Spaniens seit der sogenannten Entdeckung und Eroberung herabmindern zu können. In diesem Zusammenhang lesen wir in seinen *Memoiren*:

> Darüber hinaus war es auch noch leicht, nach Amerika zu gelangen, indem man die kleine Meerenge durchquerte, die es von Asien trennt, oder indem man von Insel zu Insel hüpft, insofern es zwischen beider Küsten eine Kordillere gibt, und dies auf den Schiffen von China, das in den ersten Jahrhunderten des Christentums in Verbindung mit beiden Amerikas stand. Dies steht laut Monseigneur Wache fest, der in Peking selbst die geographischen Karten der Chinesen studierte und in seiner Abhandlung über eine unbekannte Insel, welche er vor dem Institut National de France präsentierte und die unter den dortigen *Mémoires* im Druck erschien; er berichtet von den Namen, welche die Chinesen beiden Amerikas gaben, und beschreibt die Route, auf der sie kamen, und er berichtet sogar, dass im Jahre 450 des Herrn Jesus Christus Geistliche in unser Amerika kamen, wo sie die Religion von Joë verbreiteten, welche der christlichen sehr ähnlich ist und daher von ihm leicht mit jener verwechselt werden konnte.[12]

Diese Passage ist im Kontext unserer Vorlesung überaus spannend. Denn zusätzlich zu den ‚beiden Welten' erscheint hier eine ‚dritte Welt', die viel früher als die Spanier und Europa nach Amerika gekommen ist: Asien – und dabei an erster Stelle China. Fray Servando Teresa de Mier bezieht sich in seinen *Memorias* auf eine am renommierten „Institut" in Paris präsentierte Abhandlung über eine frühe ‚Entdeckung' Amerikas durch chinesische Seefahrer; eine Tatsache, die von der heutigen Historiographie längst bestätigt wurde und die dem Dominikaner dazu dient, die sogenannte ‚Entdeckung' Amerikas durch Christoph Kolumbus und die Spanier in ihrer Bedeutung ebenso herunterzuspielen wie die Christianisierung der amerikanischen Völker, die lange Jahrhunderte vor den Spaniern bereits durch die Chinesen mit ihrer Religion erfolgt sei.

Auf den ersten Blick könnte es sich hierbei um eine Anekdote, um eine kleine Episode oder um eine mehr oder minder disparate Einzelmeinung handeln. Doch Fray Servandos These entspricht der bei den neuspanischen Kreolen verbreiteten Überzeugung, sich nicht nur in der Mitte der amerikanischen Hemisphäre, sondern auch im Zentrum der Welt zwischen Europa und Asien zu befinden und von daher ausgezeichnete Möglichkeiten in Handel, Wirtschaft und Politik zu besitzen, wäre die lästige koloniale Abhängigkeit von Spanien erst einmal überwunden. In

---

12 Mier, Fray Servando Teresa de: *Memorias*, Bd. 1, S. 31.

einer langen historischen Tradition verstand sich Mexiko als das Zentrum aller vier Weltteile, die unseren Planeten noch über weite Strecken des 18. Jahrhunderts bildeten. Wie sehr sich der neuspanische Dominikaner längst mit diesem Amerika identifizierte, macht auch die Verwendung des Begriffs „Nuestra América" deutlich: ein Begriff, der für die Identifizierung der Kreolen nicht mit der spanischen Herrschaft, sondern mit dem eigenen Amerika zeugt und im 19. Jahrhundert – ich habe darauf in meiner Vorlesung über die *Romantik zwischen zwei Welten* hingewiesen[13] – eine enorme Bedeutung erhalten sollte. Fray Servando drückte in dieser Passage folglich das aus, was eine kreolische Elite in Neuspanien wie in den Amerikas insgesamt empfand und dachte.

Kommen wir an dieser Stelle wieder zurück zur weiteren Entwicklung des Lebens unseres Dominikanermönchs! Mit der Verurteilung und der Verbannung beginnt jener zentrale Abschnitt in seinem Leben, der ihn nach Europa, genauer: nach Spanien, Frankreich, Italien, Portugal und England führen sollte. Fray Servando steht genau im Fadenkreuz jener transatlantischen Beziehungen, welche sich bereits im Vorfeld der Unabhängigkeitsbestrebungen grundsätzlich verändert hatten und die die spanische Kolonialherrschaft über Neuspanien in der Tat ins Wanken bringen sollten. Spanien war im Zuge des erwähnten geokulturellen Dominantenwechsels schon lange nicht mehr das geistige Mutterland der in Amerika geborenen Kreolen.

Diese sogenannte ‚Reise' des Dominikaners, die nichts anderes als eine nie enden wollende Kette von Verfolgungen, Gefängnisaufenthalten und erstaunlicherweise immer wieder gelingenden Ausbruchsversuchen war, steht unter einem ganz anderen Zeichen als Alexander von Humboldts Reise in die Neue Welt, die fast zeitgleich stattfand und mit der Fray Servandos Bewegungen durch Europa in stärkstem Kontrast stehen.[14] Der Unterschied wird bereits im Titel deutlich: Denn war die Reise in die Äquinoktial-Gegenden von Humboldt und Bonpland ab 1799 eigenständig unternommen worden, so lautet das Kernstück der sogenannten *Memoiren* des Dominikaners *Relación de lo que sucedió en Europa al Doctor Don Servando Teresa de Mier después que fué trasladado allá por resultas de lo actuado contra él en México, desde julio de 1795 hasta octubre de 1805.*

Der fundamentale Blickwechsel gegenüber der Humboldt'schen Reise durch die amerikanischen Tropen ist bei Fray Servandos Inhaftierungs- und Fluchtbewegungen quer durch Europa offenkundig. Die zehnjährige Flucht bewegt sich nicht

---

13 Vgl. Ette, Ottmar: *Romantik zwischen zwei Welten*, S. 342 ff.
14 Vgl. hierzu erstmals Ette, Ottmar: Der Blick auf das Andere. Eine kontrastive Lektüre der Reisen Alexander von Humboldts und Fray Servando Teresa de Miers. In: Schlieben-Lange, Brigitte et al. (Hg.): *Europäische Sprachwissenschaft um 1800. Bd. 2: Methodologische und historiographische Beiträge zum Umkreis der „idéologie".* Münster: Nodus Publikationen 1991, S. 137–171.

entlang eines vorberechneten Planes, sondern angetrieben vom ständigen Aufbegehren und der Rebellion gegen die bestehenden Herrschaftsstrukturen und so vieles in Europa, das mit der kolonialen Unterdrückung von *Nuestra América* in Verbindung steht. Die passiven Verbformen drücken deutlicher als alles andere die Unfreiwilligkeit des ganzen Geschehens aus, von dem Fray Servando berichtet. Denn 1795 beginnt für den Kreolen eine Odyssee, die ihn erst nach langen Jahren wieder in die Heimat, in sein Ithaka, zurückführen sollte. Es handelte sich bei weitem nicht um eine Forschungsreise, sondern zunächst um eine Überstellung in ein spanisches Gefängnis zur Umerziehung eines aufmüpfigen Klerikers, den man im Mutterland wieder zur Räson bringen wollte. Doch die Unterdrückung, die sich hautnah am Körper des Kreolen vollzieht, steht für die Unterdrückung seiner amerikanischen Heimat, für die der kreolische Kleriker immer mit neuem Elan eintritt.

Ist der erste Teil der *Relación* noch ganz autobiographischen Darstellungsformen verpflichtet und versucht er, den Leser zum Zeugen der Unschuld des Autors zu machen – so wie Rousseau in den *Confessions* einst mit dem Buch in der Hand der Gerechtigkeit teilhaftig werden wollte –, so tendiert der Text in seinem weiteren Verlauf immer stärker zu deskriptiven Formen, zu einem wenn auch manchmal phantasievoll ausgeschmückten (da den phantastischen Reisebeschreibungen nachempfundenen) Reisebericht, ja zum Versuch einer Darstellung der bereisten europäischen Länder, die auf irgend eine Weise stets mit der Kolonialherrschaft Spaniens über Neuspanien verbunden sind. Vor diesem Hintergrund vollzieht sich der radikale Blickwechsel, den die *Memorias* des Fray Servando in Europa nun für ein vorwiegend amerikanisches Lesepublikum vollziehen.

Fray Servando beschrieb in seinen *Memoiren* freilich weder Natur noch Landschaft; es standen vielmehr politische und administrative Vorgänge und Gegebenheiten sowie Sitten und Bräuche im Vordergrund aller Beschreibungen. Die Geographie Spaniens, die Fray Servando höchst schmerzhaft, „a golpes y palos“[15] auf seinen erzwungenen Reisen erlernte, interessiert ihn freilich kaum. So hält er auch die Sierra de Guadarrama, verantwortlich für die den Kreolen so schreckende Kälte von Madrid, für einen Ausläufer der Pyrenäen.[16] Doch verzeihen wir ihm das, da erst mit den barometrischen Höhenmessungen von Humboldt im Jahre 1799 erstmals klar wird, in welcher Höhenlage sich Zentralspanien mit seinen Mesetas befindet. Das Mutterland des spanischen Imperiums war geographisch weitaus weniger bekannt und vermessen als etwa das benachbarte Frankreich. Verwunderlich ist diese Fehleinschätzung angesichts der mangelnden geographischen Kenntnis Spaniens um die Jahrhundertwende nicht, hatte die spanische Kolonialmacht doch zwar die Kolonien und die

---

**15** Mier, Fray Servando Teresa de: *Memorias*, Bd. 2, S. 244: „mit Schlägen und Knüppeln.“
**16** Ebda., Bd. 2, S. 188.

Schifffahrtswege dorthin auf immer präziser werdenden Karten genau vermessen, darüber aber die Untersuchung des eigenen Landes stark vernachlässigt. Gegenüber den beherrschenden Mächten der zweiten Phase beschleunigter Globalisierung, mithin gegenüber England und Frankreich, war Spanien im aufklärungszeitalter in die zweite Reihe verbannt.

Dieses Spanien erscheint aus der Perspektive des amerikanischen Kreolen als durch und durch korrupt. So schildert Fray Servando, wie ihm die Augen über die korrupte Kolonialverwaltung in Spanien erst spät aufgegangen seien, weswegen er es für umso wichtiger halte, diejenigen seiner Landsleute mit Hilfe seiner Schriften zu öffnen. Denn das aus amerikanischer Perspektive so glänzende Spanien erscheint, in seiner Macht aus der Nähe betrachtet, eher als heruntergekommen und provinziell:

> Damals war es, als ich die Augen mit Blick auf die Praxis unserer Regierung öffnete und zugleich auf die Hilfsmittel, welche den Amerikanern auf beiden Wegen, dem geheimen und dem über den *Consejo de Indias*, zur Verfügung stehen, um ihre Einnahmen und Dringlichkeiten zu sichern, und so wird es gut sein, dass ich meinen Landsleuten die Augen öffne, damit sie absolut niemals darauf vertrauen, Gerechtigkeit zu erlangen, da dieses nur dann gilt, wenn große Gunst oder viel Geld herrscht, damit sie versuchen, hier ihre Klagen soweit sie es können durchzusetzen, selbst bei schlechter Zusammenstellung. Denn dort ist die Macht absoluter, und der Hof und die Tribunale sind käuflicher, und größer die Zahl der Bedürftigen, der Übelwollenden und der Intriganten, so dass die Hilfsmittel schwieriger um nicht zu sagen unmöglich sind für einen Armen, also in einem Wort: Dort geht es nicht um das Gewissen, sondern um Geld und Politik, denn beim Spiel der Intelligenz und Verhalten der Höfe geht es just um das Gegenteil der Moral.[17]

Diese Passage ist für die Sichtweise der „Madre Patria" durch den Dominikaner charakteristisch. Die hier von Fray Servando angesprochenen „paisanos" sind die Bewohner jenes Gebietes, das der Mexikaner immer wieder als „Nuestra América"[18] bezeichnet. Der Ausdruck, der sich in den spanischen Kolonien der Neuen Welt bis ins 17. Jahrhundert schriftlich zurückverfolgen lässt, zeugt – wie bereits betont – von der beginnenden Identifikation der Kreolen mit ihrem Kontinent und ihrem Geburtsort.[19] Am Ende des 18. Jahrhunderts, also am Vorabend der Unabhängigkeitsrevolution der spanischen Kolonien, war „Nuestra América" zu einem wichtigen Bestandteil des Vokabulars der (in der Neuen Welt geborenen) Kreolen geworden. Fray Servando war zweifellos auch auf Ebene der von ihm gewählten Begrifflichkeit Teil jener revolutionären Trägerschicht, für die er in seinen Schriften die Stimme erhob.

---

**17** Ebda., Bd. 1, S. 243.
**18** Vgl. etwa auch ebda., Bd. 2, S. 173 ff.
**19** Vgl. Almarza, Sara: La frase „Nuestra América": historia y significación. In: *Caravelle* 43 (1984), S. 5–22.

Er unternimmt in der obigen Passage den Versuch, seine Landsleute vor einer absichtsvoll fehlenden Gerechtigkeit im spanischen Mutterland zu warnen, indem er die Korruption und Käuflichkeit in den kolonialen Strukturen der iberischen Kolonialmacht demaskiert. Jegliches Vertrauen in eine wie auch immer geartete Gerechtigkeit am spanischen Hofe zu Madrid sei bei seinen „paisanos" daher nachweislich fehl am Platze. Fray Servando wusste sich in derlei Einschätzungen aber nicht nur mit vielen seiner Landsleute vereint, sondern auch mit jenen Vertretern einer spanischen Aufklärung, die sich für grundlegende Reformen in Spanien stark machten und die spanische Herrschaftsstruktur einer scharfen aufklärerischen Kritik unterwarfen, welche die Brüchigkeit der spanischen Monarchie noch vor den Niederlagen gegen Napoléons Armeen aufzeigte.

Fray Servandos Spanienbild ist von Sittenverfall und moralischer Degenerierung, von abscheulicher sexueller Freizügigkeit insbesondere bei den Spanierinnen und von einem ruhelosen Ausrauben der Kolonien bestimmt, welche sich endlich zur Wehr setzen müssten. Spanien wird in Wirklichkeit nicht von seinem König, auch nicht von seinen Ministern, sondern von den Beamten am Hofe regiert, den „covachuelos".[20] Gegen diese aber richtet sich der ganze Hass des Kreolen. Denn von ihnen ist keinerlei Gerechtigkeit zu erwarten, herrschen in ihren Kreisen doch Verleumdung, Täuschung und Korruption ohne Ende vor. Der ganze Hof ist in den Augen des neuspanischen Denkers nichts anderes als ein einziges Bordell.[21] Wer als Amerikaner angesichts dieser Zustände noch an Gerechtigkeit oder eine moralische Legitimation des Mutterlandes glaubt, müsse dringend eines Besseren belehrt werden.[22]

Die politische, moralische und religiöse Dekadenz Spaniens, des Feindes der menschlichen Vernunft, wird in allen Schriften des Dominikaners immer wieder herausgestrichen. Fray Servando Teresa de Mier erweist sich in all diesen Argumentationen nicht nur als Anhänger der neuspanischen Aufklärung, sondern als ein authentischer Vertreter dieser „filósofos", welchem freilich noch immer die Hoffnung eignet, bei Gleichgesinnten in Spanien Unterstützung zu finden. Dabei verwendet der von der neuspanischen Kirche verstoßene Kleriker argumentative Schemata, wie sie für die Aufklärung charakteristisch sind. In seiner *Apología* etwa bedient sich Fray Servando eines Grundschemas der Selbstverteidigung, das sich bereits in den Kapitelüberschriften dieses Werkes abzeichnet, welche kurz ange-

---

**20** Mier, Fray Servando Teresa de: *Memorias*, Bd. I, S. 234, 241 u. 244 ff.
**21** Ebda., Bd. 2, S. 166.
**22** Ebda., Bd. 1, S. 243.

führt seien: „Die Leidenschaften verschwören sich, um gegen die Unschuld vorzu-
gehen"; „Die Leidenschaften verleumden die Unschuld"; „Die Leidenschaften be-
leidigen die Unschuld"; „Die Leidenschaften kriminalisieren die Unschuld".[23] Es
gefiel dem auf all seinen Wegen in Europa Verfolgten stets, sich im Gewand einer
verfolgten Unschuld, einer „vertu persécutée", ganz so darzustellen, wie dies in der
französischen Aufklärungsliteratur der Fall war. Erinnert sei hier nochmals an die
klugen Einschätzungen des Kubaners José Lezama Lima, der in *La expresión americana* treffend formulierte: „Fray Servando war der erste Entflohene, ausgestattet mit
der notwendigen Kraft, um zu einem Ende zu gelangen, welches alles klärt, von der
barocken Herrlichkeit an, vom Herren, der den wollüstigen Dialog mit der Landschaft durchquert. Er war der Verfolgte, welcher aus seiner Verfolgung eine Art der
Integration macht."[24]

Das Grundschema verfolgter Tugend ist uns aus der französischen Aufklärung
wohlvertraut, bedienten sich doch die „philosophes" von Voltaire oder Jean-
Jacques Rousseau bis hinunter zum unwichtigsten Provinzphilosophen des legiti-
mierenden Bildes der „vertu persécutée", um ihren selbstlosen Einsatz für ihre
Ideen dem Publikum glaubhaft zu machen.[25] Gerade die Argumentationen des
Genfer Philosophen bringen an dieser Stelle eine Emotionalisierung des Diskurses
zum Tragen, der just in der Romantik auf starke Zuneigung stoßen sollte. Ungezählte Male in seinen *Memoiren* beschwor Fray Servando seine geradezu kindliche
Einfalt und Unschuld,[26] seine „santa sencillez",[27] seinen „candor natural",[28] „el
candor que se notó casi siempre en todos los grandes ingenios"[29] und bemühte
gar das Rousseau entliehene Bild der Ameisen, die er auf seinen Wegen sorgfältig
umgehe, um sie nicht zu verletzen.[30] Dieser Aspekt der Stilisierung der eigenen
Persönlichkeit ist als Waffe im Kampf gegen alle Formen der Unterdrückung wich-

---

23 „Las pasiones se conjuran para procesar a la inocencia"; „Las pasiones [...] calumnian a la
inocencia"; „Las pasiones infaman la inocencia"; „Las pasiones acriminan la inocencia".

24 Lezama Lima, José: *La expresión americana*, S. 97: „Fray Servando fue el primer escapado,
con la necesaria fuerza para llegar al final que todo lo aclara, del señorío barroco, del señor
que transcurre el voluptuoso diálogo con el paisaje. Fue el perseguido, que hace de la persecución un modo de integrarse."

25 Vgl. hierzu etwa Gumbrecht, Hans Ulrich / Reichardt, Rolf: Philosophe, Philosophie. In:
*Handbuch politisch-soziale Grundbegriffe in Frankreich: 1680–1820*. Herausgegeben von Rolf
Reichardt und E. Schmitt. Fasc. 3. München: Oldenbourg 1985, S. 47.

26 Mier, Fray Servando Teresa de: *Memorias*, Bd. 2, S. 227.

27 Ebda., Bd. 2, S. 232.

28 Ebda., Bd. 2, S. 241.

29 Ebda., Bd. 2, S. 239.

30 Ebda., Bd. 2, S. 10.

tig, verweist uns aber auch darauf, dass wir es bei dem neuspanischen Dominikaner mit einem Philosophen im Sinne moderner Subjektivität zu tun haben.

Seine Argumentationsstrategie enthielt freilich noch ein zusätzliches Element. Fray Servando ergänzte die von den Aufklärern benutzte Rechtfertigungsstrategie nämlich durch die Komponente seiner Amerikanität. Er vertrat gegenüber den Leidenschaften der moralischen Dekadenz in Spanien das Recht der „virtud americana perseguida", der verfolgten amerikanischen Tugend. Allein auf Grund seiner bewussten Amerikanität werde er verfolgt und zum bevorzugten Gegenstand aller Benachteiligungen: „Wenn sich ein böswilliges Spanierlein mit mir hätte aussprechen wollen, hätte ich ihm meine kurzen Zeilen gezeigt, ihn über alles unterrichtet und seiner Provinz die Ausgaben für meine Spesen erspart. Aber was gibt man einem Spanierlein aus der Provinz, aus der er stammt? Das Geschäft besteht ja gerade darin, den Kreolen zu verfolgen [...]."[31]

Die Grenze nach Frankreich, der Heimstätte der Aufklärung, passierte Fray Servando Teresa de Mier auf eben jene Weise, in der einst Jean-Jacques Rousseau dasselbe Frankreich verlassen hatte, um sich der Verfolgung durch seine Flucht in die Schweiz zu entziehen: Er ließ sich den genauen Verlauf der Grenzlinie zeigen, überschritt sie und küsste dann euphorisch den Boden des freien Landes.[32] Jean-Jacques Rousseau ist in den Schriften des Mexikaners weitaus präsenter, als dies auf den ersten Blick erscheinen möchte – und als es Fray Servando vielleicht selbst auch wahrhaben wollte. Rousseaus philosophische wie mentalitätsgeschichtliche Bedeutung weit über die Epoche der Aufklärung und weit über die Grenzen Europas hinaus wird auch an dieser Tatsache sehr deutlich.

Rousseaus Einfluss lässt sich zweifellos auch bei einem der wichtigsten Vertreter der spanischen Aufklärung konstatieren, mit dem wir in dieser Vorlesung wieder nach Europa zurückkehren. Freilich in ein Europa, das im Siècle des Lumières so sehr an den Rand Europas und der europäischen République des Lettres gerückt war, dass bisweilen in der Forschung gar an der Existenz einer Aufklärung in Spanien gezweifelt werden konnte. Doch derlei Fehleinschätzungen sind längst, auch im Nachbarland Frankreich, vom Tisch und wir verstehen heute die transatlantischen Verbindungen zwischen der spanischen und der neuspanischen Aufklärung sowie den Aufklärern aus unterschiedlichen Areas der kolonialspanischen Territorien in Amerika weitaus besser.

---

**31** Mier, Fray Servando Teresa de: *Memorias*, Bd. 2, S. 232: „A no ser un gachupín malignante se hubiera explicado conmigo, le hubiera mostrado mis breves líneas, instruídole de todo, y ahorrado a su Provincia el gasto de mi manutención. Pero ¿qué se le da a un gachupín de la Provincia de que es ahijastro? El negocio es perseguir al criollo [...]."
**32** Ebda., Bd. 2, S. 17.

Als vielleicht repräsentativstes Beispiel für einen in Spanien wirkenden Aufklärer möchte ich Ihnen gerne José Cadalso vorstellen, der überdies für uns den Vorteil besitzt, ein Werk geschrieben zu haben, das sich in unmittelbarer Verbindung – man könnte fast sagen in einem kritischen Dialog – mit den *Lettres persanes* von Montesquieu lesen lässt, mit denen wir uns ja zu Beginn unseres Weges durch die Aufklärung zwischen zwei Welten auseinandergesetzt haben.

José Cadalso y Vázquez de Andrade wurde am 8. Oktober 1741 im andalusischen Cádiz geboren und verstarb bei einem tragischen Geschehen am 26. Februar 1782 bei der Belagerung von Gibraltar. Er entstammte einer reichen Kaufmannsfamilie, die sich väterlicherseits vom Señorío de Vizcaya ableitete, so dass man ihm dem Adel zurechnen darf. Mit Rousseau verbindet ihn bereits das Schicksal, dass – wie er selbst schrieb – seine Mutter bei seiner Geburt zu einem Zeitpunkt verstarb, als der Vater geschäftlich in den amerikanischen Kolonien beschäftigt war. So kam es, dass der Sohn ohne Mutter aufwuchs und seinen Vater erst mit dreizehn Jahren kennenlernte: Sein Onkel, der Jesuit Mateo Vázquez, kümmerte sich liebevoll um den verwaisten Jungen und dessen Erziehung. Dieser Onkel war ein „hombre de letras", der es bis zum Rektor des Colegio de Jesuitas in Cádiz brachte und dem Jungen die bestmögliche Ausbildung zukommen lassen wollte.

Er schickte den hochbegabten Jungen zur weiteren Ausbildung nach Paris ans Lycée Louis-le Grand, eine französische Eliteeinrichtung, die ebenfalls von Jesuiten geleitet wurde. In seinen *Apuntaciones autobiográficas* erzählt Cadalso, wie er im Alter von neun Jahren an dieses Lycée kam, als der Père Latour der Einrichtung vorstand, der auch Protecteur Voltaires bei dessen Aufnahme in die Académie war. So genoss der junge Cadalso eine mit den brillantesten französischen Aufklärern vergleichbare Ausbildung. Als der Vater wieder nach Europa zurückkehrte, folgte ihm sein Sohn nach London, später nach Italien, Deutschland, Holland und schließlich wieder nach Spanien, wo der junge Mann zu Madrid in das Seminario de Nobles eintrat. José Cadalso galt seinen Mitschülern als europäisierender Kosmopolit, der über einen wesentlich breiteren Erfahrungshorizont als sie selbst oder ihre Lehrer verfügte und feinste Manieren besaß. Spanien freilich war dem jungen Mann nach eigener Aussage vollständig fremd geworden.

José Cadalso aber fügte sich jedoch, den Befürchtungen seines Vaters zum Trotz, in Spanien wieder bestens ein und lebte als junger modebewusster Adeliger in einer Umgebung, in der er schon durch seine Fremdsprachen, aber auch durch seine literarische Bildung herausstach. Auch durch spätere Reisen war es der junge José Cadalso gewöhnt, zwischen verschiedenen kulturellen und sprachlichen Welten zu leben. Da sein Vater die militärische Berufung und den kriegerischen Enthusiasmus seines Sohnes fürchtete, schickte er ihn erneut ins Ausland, so dass er im Alter von achtzehn bis zwanzig Jahren erneut in Paris und in London lebte, wo er seine literarische Bildung erweitern konnte. Doch nach der Nachricht vom Tode sei-

**Abb. 40:** Pablo de Castas Romero: Postumes Portrait von José Cadalso (1741–1782).

nes 1761 in Dänemark verstorbenen Vaters kehrte er nach Spanien zurück, wo er freiwillig in das Kavallerieregiment eintrat, das in den Feldzug gegen Portugal 1762 eingriff. Cadalsos Leben stand künftig im Zeichen der in Spanien vielberufenen „Armas y Letras", der Kriegs- und der Dichtkunst.

Gemessen an seinen hohen Ansprüchen, ging es mit der militärischen Karriere freilich nur langsam voran. Cadalso sucht nach neuen Verbindungen auch bei Hofe. 1766 lernt er in Alcalá Gaspar Melchor de Jovellanos kennen, eine für seine aufklärerische Ausrichtung entscheidende Bekanntschaft. Jovellanos erinnert sich, dass Cadalsos „Ingenio" schon damals gerühmt wurde, und er selbst habe sich der Poesie nach diesem Vorbild zugewandt. Im selben Jahr noch wird der Capitán und Dichter zum Ritter des Santiago-Ordens geschlagen und kommt in Kontakt mit dem Conde de Aranda, dem nach dem Fall von Esquilache neuen starken Mann unter dem Aufklärer-König Carlos III. Aranda wurde 1767 die Aufgabe der Ausweisung der Jesuiten aus Spanien und den spanischen Kolonien übertragen, eine für die Aufklärungsepoche im spanischsprachigen Bereich wichtige Entscheidung von epochaler Bedeutung auf beiden Seiten des Atlantik. Wir hatten in unserer Vorlesung etwa Francisco Javier Clavijero als einen jener Jesuiten kennengelernt, der sein Werk über die alte Geschichte Mexikos aus diesem Grunde im italienischen Exil verfassen musste. Cadalso verdankte seine blendende Ausbildung eben diesen Jesuiten, doch empfand er wenig Mitleid mit den Angehörigen der Compañía de Jesús, über die er manch spöttische Bemerkung verlor.

Auf Grund einer satirischen Darstellung der amourösen Sitten am Hofe, die man mit seinem Namen in Verbindung brachte, wurde Cadalso für einige Zeit nach Zaragoza verbannt. Dort war auch von Teilnahmen an den für Spanien charakteristischen „Tertulias"[33] die Rede, die der auch im Salon der Duquesa de Benavente Erfahrene geflissentlich porträtierte. All diese Erfahrungen sollten in Cadalsos *Car-*

---

[33] Vgl. zu dieser Institution, auf die ich bereits zu Beginn unserer Vorlesung eingegangen bin, die schöne Arbeit von Gelz, Andreas: *Tertulia. Literatur und Soziabilität im Spanien des 18. und 19. Jahrhunderts*. Frankfurt am Main: Vervuert 2006.

*tas Marruecas* eingehen, mit denen wir uns sogleich beschäftigen werden. In seinem Exil befasste sich Cadalso intensiver mit der Dichtkunst. Auch verband ihn zunehmend eine Freundschaft mit Nicolás Fernández de Moratín, möglicherweise durch Vermittlung des Conde de Aranda. Der oft elegant gekleidete junge Mann ging zunehmend in seinem eigenen Schreiben und im literarischen Leben Spaniens auf. Doch waren auch in der sechsmonatigen Verbannung in Zaragoza seine militärischen Hoffnungen nicht verschwunden.

Nach dem Ende der Verbannung und der Rückkehr nach Madrid stößt Cadalso zu Beginn der siebziger Jahre erstmals auf finanzielle Probleme. Doch diese Zeit wird überstrahlt von seiner Liebschaft mit einer der berühmtesten Schauspielerinnen der Epoche, María Ignacia Ibáñez, die als „Filis" in seiner Lyrik präsent ist. Es ist die große Liebe seines Lebens, doch wird die Idylle durch den unerwarteten Tod der Schauspielerin an Typhus im Alter von fünfundzwanzig Jahren auf tragische Weise im April 1771 zerstört. Cadalso ist schwer getroffen. Zudem erregt diese Liaison Unwillen bei der Gesellschaft am spanischen Hofe, da er Angehöriger des Militärs und Ritter des Santiago-Ordens ist, so dass diese Liebesbeziehung mit einer einfachen Schauspielerin als unschicklich empfunden wurde. Für Cadalso aber war die junge Schauspielerin die begabteste Frau, die er je kennengelernt hatte und die nach seiner Aussage die Extravaganz besaß, sich in ihn zu verlieben, als er finanzielle Probleme hatte und gesellschaftlich in Zusammenhang mit seiner sechsmonatigen Verbannung eher marginalisiert war. Aber diese Liebe von nur wenigen Monaten prägte den Schriftsteller zutiefst. Noch seine *Noches lúgubres* können auf diesen autobiographischen Schicksalsschlag als Ausgangspunkt zurückgeführt werden.

José Cadalso war ein prominentes Mitglied der berühmten Tertulia de la Fonda de San Sebastián, an der auch sein Freund Nicolás Fernández de Moratín teilnahm. Der Beginn dieser hochgespannten Tertulia lag in dem Zeitraum, als der Conde de Aranda 1773 als Botschafter nach Paris geschickt wurde. Diese Tertulia erwies sich als literarisch höchst produktiv, da neben Iriarte oder Moratín auch Cadalso mit seinen *Cartas Marruecas* brillierte, die freilich zu Lebzeiten des Autors nicht mehr veröffentlicht wurden. Längst gehörte Cadalso zu den literarischen und politischen Zirkeln der spanischen Aufklärung.

Die Zeit im aragonesischen ‚Exil' bedeutete für Cadalso den Aufbruch in seine literarisch sicherlich produktivste Periode, welche zwischen die Jahre 1771 und 1774 fällt. Es ist hier nicht der Ort, auf seine reiche lyrische Produktion, in welcher er in Spanien auch als Erneuerer auftrat, oder auf seine Theaterstücke einzugehen, die zeitgemäßen neoklassischen Vorgaben folgten. Wir wollen uns auf die Prosa konzentrieren und hierbei weniger auf seine *Noches Lúgubres* eingehen, die nach dem Tode ihres Autors veröffentlicht für die spanische Romantik ein wegweisender Bezugspunkt wurden, als uns vielmehr auf die *Cartas Marrue-*

*cas* konzentrieren, für die Cadalso eine Druckerlaubnis zwar beantragte, aber niemals erhielt. Zwischen beiden Werken siedelt sich die zu Lebzeiten Cadalsos in Spanien wohl berühmteste Schrift des Autors an – *Los eruditos a la violeta*, mit der er aufklärerische Bildungsziele verfolgte und einer bloß oberflächlichen Bildung entschlossen entgegentrat.

José Cadalso ging enttäuscht vom spanischen Hofe und auf seine literarische Arbeit konzentriert zu seinem Regiment zurück und schloss seine *Cartas Marruecas* während seines kurzen Aufenthalts 1773/1774 in Salamanca ab. Während dieser kurzen Zeit wurde er zum Mittelpunkt eines Zirkels literarischer Freunde und Dichter, auf die er großen Einfluss ausübte. Von Salamanca ging Cadalso dann mit seinem Regiment nach Extremadura zu einem Zeitpunkt, als sein militärischer Enthusiasmus längst geschwächt war und bescheideneren Ansprüchen Platz machte. 1776 wurde er zum Sargento Mayor und 1777 zum Comandante de Escuadrón ernannt: Es brauchte Zeit für die erhofften Beförderungen. Um sich weiter auszeichnen zu können, bat er, an der Belagerung des noch immer von Briten besetzten Gibraltar 1779 teilnehmen zu dürfen, was gelang, so dass er als Ayudante de Campo des spanischen Generals an die Front vor Gibraltar verlegt wurde. Er soll sogar einen Plan zur Einnahme der Festung entworfen haben; einen Plan, den er an Floridablanca schickte und der eine vollständige Blockade von See wie von Land her vorsah. Doch am 26. Februar 1782 wurde er bei der Inspektion der Frontlinie von einer Granate am Kopf getroffen und verstarb – kurz nachdem er noch zum Coronel befördert worden war – im Alter von vierzig Jahren.

Cadalso war kaum dreiunddreißig Jahre alt, als er seine *Cartas marruecas* abschloss. Es handelt sich um jenen Text, mit dem wir uns in der Folge in der gebotenen Kürze aus der Perspektive einer Aufklärungssicht beschäftigen wollen, welche Europa im Kontext außereuropäischer Diskurse und von Diskursen über Außereuropa zu begreifen versucht. Cadalso hat diese *Marokkanischen Briefe* – wie bereits berichtet – in Salamanca zwischen Mai 1773 und August 1774 fertiggestellt. Er verfasste sie also im Grunde in noch kürzerer Zeit, als dies der junge Montesquieu – dessen *Lettres persanes* sind ja ebenfalls ein Jugendstück – geschafft hatte. Aber Cadalso hatte ja auch mancherlei Vorbilder, darunter jenes des illustren Franzosen selbst.

Die weitere Veröffentlichungsgeschichte ist rasch erzählt: Das abgeschlossene Werk reichte José Cadalso im Oktober 1774 beim Consejo de Castilla in der Zensurbehörde ein, um die Druckgenehmigung zu erhalten. Er war freilich skeptisch, und seine Skepsis sollte sich bewahrheiten, machte man ihm doch zwar Hoffnungen, ließ ihn dann aber jahrelang warten, bevor es zu einer endgültigen Ablehnung kam. So wurden anders als die *Lettres persanes*, die ja – wie Sie sich erinnern – anonym im Ausland gedruckt wurden, die *Cartas marruecas* nicht mehr zu Lebzeiten des Autors veröffentlicht. Trotzdem zirkulierten damals bereits handschriftliche Abschriften – vier an der Zahl sind bis heute bekannt geworden – innerhalb der spanischen Künstler- und Intellektuellenkreise. Erst im Februar 1789, also sieben Jahre nach seinem Tod und im Epochenjahr der Französischen Revolution, begannen die *Cartas marruecas* Cadalsos im *Correo de Madrid* sukzessive zu erscheinen, wobei einzelne Fragmente schon zuvor publiziert worden waren.

José Cadalsos Briefroman besteht aus insgesamt neunzig Briefen, denen eine „Introducción" sowie andere paratextuelle Teile vorangestellt, nachgestellt oder andernorts einverleibt wurden. Cadalso spielte in seiner Einleitung, aber selbstverständlich auch schon im Paratext seines Titels auf evidente und bekannte ‚ausländische' Vorbilder an, deren Erfahrungen einer wechselseitig sich beleuchtenden Reflexion und Geschichte er für seine *Marokkanischen Briefe* übernahm und adaptierte. Diese aufklärerische Intertextualität ist für das Verständnis des gesamten Werkes unerlässlich.

In den *Cartas marruecas* ist die Zahl der Briefeschreiber gering. Sie beschränkt sich auf drei, von denen zwei Araber sind, während Nuño Núñez hingegen ein spanischer Christ ist. Im Unterschied zu Montesquieus Persern sind für die Spanier die Marokkaner keineswegs so weit entfernt wie die Perser für die Franzosen. Die Struktur und mehr noch die Anordnung der Briefe sind im Vergleich mit Montesquieus *Lettres persanes* weitaus weniger fixiert und festgelegt: Cadalso hatte offenkundig nicht die Absicht, die starke Systematisierung seines intertextuellen ‚Vorgängers' zu übernehmen. Der spanische Aufklärer arbeitete dabei durchaus mit der historischen Wirklichkeit, indem er bei der Namensgebung von Gazel auf einen im Grunde gleichnamigen marokkanischen Botschafter anspielte, der einige Jahre zuvor Madrid für mehrere Monate besucht hatte und zu einem stadtbekannten Phänomen geworden war. Sie sehen also, dass schon bei dieser ersten Annäherung deutlich wird, dass es sich nicht einfach um eine bloße Imitation von Montesquieus Werk ein halbes Jahrhundert danach, sondern um einen sehr eigenständigen Versuch handelt. Dieser fand deshalb auch zu Recht an herausragender Stelle Aufnahme in die spanischen Literaturgeschichten. José Cadalso schrieb sich eigenständig in eine der Filiationen europäischer Aufklärung ein, wobei er – wie wir gleich sehen werden – nicht vergaß, sehr eigene Akzente zu setzen.

Zu den wichtigen intertextuellen Bezugstexten, auf welche die Forschungsliteratur zu den *Cartas marruecas* früh schon hinwies, gehört Oliver Goldsmiths *The Citizen of the World* von 1762. Es handelt sich dabei um die Briefe eines chinesischen Mandarins, der aus London nach China schreibt und aus dem britischen Königreich berichtet. Auch gegenüber diesem Bezugstext gibt es eine Reihe von Übereinstimmungen, die uns jedoch – abgesehen vom beherrschenden Thema des Weltbürgers, das den gebildeten Kosmopoliten Cadalso interessieren musste – nicht näher zu interessieren brauchen. Denn dass Cadalso als ein früh schon mit unterschiedlichen europäischen Ländern und Sprachen vertrauter Mensch sich von Beginn an selbst auch als Weltbürger, als „Ciudadano del universo" begriff, ist sehr naheliegend. Und in der Tat war er ja auch ein spanischer Bewohner jener République des Lettres, die sich im 18. Jahrhundert als intertextualisierendes Strukturmerkmal und grundlegende Kommunikationsbedingung in Europa herausgebildet hatte.

Freilich darf man in diesem europäischen Zusammenhang sehr wohl hinzufügen, dass Cadalso dies aus der Position Spaniens als Vertreter eines längst marginal gewordenen Landes tun musste, dem man vor allem in Frankreich keinerlei aufklärerische Impulse zuschrieb. Denn Spanien war zwar noch immer im Besitz des größten Kolonialreiches einer europäischen Macht, winnerhalb Europas aber längst von nur mehr marginaler Bedeutung und gehörte nicht zu jener „petite Europe", in der – wie wir sahen – Pierre Chaunu die eigentlichen dynamischen Kräfte Europas sich bündeln sah. Überdies war Spanien für Frankreich ein kolonialer Rivale, dessen Einfluss es in Europa zu begrenzen galt.

José Cadalso entwickelte freilich seinen spanischen Briefroman so, dass sich eine Vielzahl von augenzwinkernd vorgetragenen Berührungspunkten mit seinen intertextuellen Bezugstexten und insbesondere mit Montesquieus vorbildgebendem Text ergaben. Der marokkanische Briefeschreiber Gazel berichtet so im achtzigsten Brief an seinen Lehrer und Meister zuhause, an Ben-Beley in Marokko, aus einer Perspektive und aus einem Selbstverständnis, die sich sehr wohl mit der Entwicklung von Usbek in Paris in Verbindung bringen ließen. Die nachfolgend angeführte Passage wirft ein Licht auf die Dimensionen des Austauschs zwischen den Angehörigen verschiedener europäischer Staaten und Kulturen – freilich bezogen allein auf jene gesellschaftliche Gruppe oder genauer: Elite, der diese Beziehungen auch möglich und zugänglich waren. Im Folgenden also ein Auszug aus Brief Nummer 80, von Gazel an Ben-Beley:

> Vor wenigen Tagen war ich bei einem exquisiten Scherz zugegen, den mit Nuño mehrere seiner ausländischen Freunde veranstalteten; freilich nicht von jenen, die zur Schande ihres jeweiligen Vaterlandes in der Welt herumlungern und voll der Laster all jener Länder sind, durch die sie in Europa gelaufen sind, und die mit sich die Gesamtheit all dieser Übel in diese Ecke der Welt schleppen, sondern vielmehr von jenen anderen, welche das Gute aller Länder nachzuahmen und wertzuschätzen versuchen und daher sehr gerne in allen aufgenommen werden. Mit einigen von diesen, die in Madrid wohnen, steht Nuño in Verbindung, und er liebt sie wie seine Landsleute, denn als solche erscheinen ihm alle guten Menschen in der Welt, so dass er ihnen gegenüber ein wahrhaftiger Kosmopolit ist, mit anderen Worten: ein Weltbürger.[34]

---

34 Cadalso, José: *Cartas marruecas*. Madrid: En la imprenta de Sancha 1793 S. 191 f.

Auch hier stoßen wir also wieder auf das Idealbild des „citoyen de l'univers", des Weltbürgers und Kosmopoliten,[35] der in einer für das 18. Jahrhundert nicht weniger typischen Weise wiederum mit dem Begriff der „virtud", der „vertu" also, verknüpft wird, der wiederum einen der Schlüsselbegriffe des europäischen wie amerikanischen Aufklärungszeitalters schlechthin darstellt. Freilich sehen wir zugleich, dass der Kosmopolit in der Rede des in Madrid lebenden Marokkaners erstaunlicherweise ein die verschiedenen Länder Europas kennender Geist ist. Mit anderen Worten: Von Außereuropa ist in dieser Passage überraschenderweise nicht die Rede, obwohl Gazel doch gerade diesen Typus von Weltbürger, den er selbst auch darstellt, im Kopf gehabt haben dürfte. Doch vielleicht dachte José Cadalso zu sehr an seine eigenen Erfahrungen als junger Mann, die er hier niederschrieb, und weniger an die Tatsache, dass sich die Welt dieser Weltbürger nicht auf Europa beschränken konnte. Und wie sehr der Handel Verbindungen mit anderen Kontinenten schuf, wusste der spanische Schriftsteller aus dem Leben seines eigenen Vaters.

Doch kehren wir nochmals zur Struktur des gesamten Briefromans zurück! Von den insgesamt neunzig Briefen stammen sechsundsechzig Briefe von Gazel und richten sich an Ben-Beley; dazu kommen acht Briefe von Ben-Beley an Gazel sowie drei Briefe, die Nuño jeweils von Gazel und von Ben-Beley erhält, wobei er wiederum vier Briefe an Ben-Beley und sechs Briefe an Gazel schickt. Gleichwohl bildet Nuño einen zentralen und aktiven Punkt innerhalb dieser Korrespondenz. Zudem ist Nuño nicht zuletzt und vor allem der Führer Gazels durch die ihm zunächst wenig vertraute spanische, abendländische und christliche europäische Welt, die er aus der ‚erfundenen' marokkanischen Perspektive erblickt. Manches mag dabei dem Blick des jungen Cadalso geschuldet sein, als er als junger Mann wieder nach Spanien kam und sich im Seminario de Nobles erst einmal an die spanische Hauptstadt mit ihrem turbulenten Leben gewöhnen musste.

Die *Cartas marruecas* beinhalten eine klare Perspektivierung der spanischen Geschichte, als deren epochale Grundeinheiten die „Reyes Católicos", die „Austrias" sowie die „Borbones" und damit die in Spanien regierenden Herrscherhäuser vorgeführt werden. Die Geschichte der Herrscher tritt damit als sinnstiftende Einheit in die sich in der Folge abspielenden und dargestellten Ereignisse wie ein ordnendes und lineares Prinzip ein. Repräsentiert diese dynastische Sichtweise von Geschichte ein modernes Geschichtsverständnis? Jedenfalls spielt sie gerade auch in der Bewertung der Rolle Spaniens als Kolonialmacht in Übersee eine wichtige Rolle.

---

**35** Vgl. hierzu Kleingeld, Pauline: Six Varieties of Cosmopolitanism in Late Eighteenth-Centruy Germany. In: *Journal of the History of Ideas* (Baltimore) LX, 3 (July 1999), S. 505–524.

Denn in den *Cartas marruecas* treten ein Verständnis und eine Sichtweise ans Tageslicht, die in deutlichem Kontrast zu jener Bewertung des spanischen Kolonialismus stehen, die wir anhand verschiedener hispanoamerikanischer wie europäischer Texte bereits kennengelernt haben. José Cadalso war sich dieser gesamteuropäischen wie hispanoamerikanischen Kritik am spanischen Kolonialismus sehr wohl bewusst, wie der Beginn der folgenden Passage verdeutlichen mag. Nur zu gut kannte er die Argumente, die gegenüber dem spanischen Kolonialreich und dessen Aufrechterhaltung gewöhnlich ins Feld geführt wurden. Doch stand er treu zum Königshaus und dessen Ansprüchen auf das weitgespannte Kolonialreich, das sich Spanien vor allem in Amerika erobert hatte.

Aus diesem Grunde ließ er dieser Passage dann in nicht weniger als einundzwanzig Punkten eine umfangreiche Verteidigung der spanischen Conquista und insbesondere des Hernán Cortés folgen, der im Übrigen auch an anderer Stelle zum Idealbild des großen Spaniers, ja zu einem der größten Spanier, die dieses Land je hervorgebracht habe, stilisiert wird. Hören wir nun aber den Brief von Gazel an Ben-Beley über die Frage nach der Situation Amerikas:

> Ich habe gerade etwas von dem gelesen, was von den nicht-spanischen Europäern über die Eroberung Amerikas geschrieben wurde.
>
> Wenn man auf der Seite der Spanier nichts hört als Religion, Heldentum, Vasallentum und andere des Respekts würdige Begriffe, so ertönt auf der Seite der Ausländer nichts als Habsucht, Tyrannei, Perfidie und andere nicht weniger grässliche Dinge. Ich konnte nicht anders, als dies meinem Freunde Nuño mitzuteilen, welcher mir sagte, dass dies ein der feinen Erörterung, gerechter Kritik und reifer Reflexion höchst würdiger Gegenstand sei; aber dass ich unter alledem und unter Bewahrung meines Rechtes darauf, mir davon einen Begriff zu machen, der mir fürderhin am gerechtesten erschiene, fürs Erste nur darüber nachdächte, dass die Völker, die so sehr ihre Stimme gegen die Grausamkeit der Spanier in Amerika erheben, genau dieselben sind, die an die Küsten von Afrika fahren, um vernunftbegabte Tiere beiderlei Geschlechts ihren Eltern, Brüdern, Freunden und siegreichen Kriegern abzukaufen, und dies ohne mehr Recht als das von weißen Käufern und von schwarzen Verkauften; sie schiffen sie gleich Tieren ein; sie verschleppen sie nackt, an Hunger und an Durst leidend, über Tausende von Meilen; dann laden sie sie in Amerika aus; sie verkaufen sie auf öffentlichem Markte wie Vieh zum höchsten Preise als gesunde und robuste Burschen, und zu weit mehr noch die unglücklichen Frauen, die sich mit einer weiteren Frucht des Elends in sich finden; sie nehmen das Geld; sie nehmen es mit in ihre allermenschlichsten Länder, und mit dem Produkt dieses Verkaufes drucken sie Bücher, die voller eleganter Vorwürfe, rhetorischer Verwünschungen und beredter Anklagen gegen Hernán Cortés und all das sind, was er getan; und was hat er getan?[36]

---

36 Cadalso, José: *Cartas marruecas*, S. 33f.

Diese rhetorisch höchst geschickten Anklagen von José Cadalso gegen Spaniens Rivalen in Europa, die Spaniens Kolonialreich und die Grausamkeiten der Spanier angriffen, um gleichzeitig aber an einem lukrativen Sklavenhandel zu verdienen, an dem sie sich schamlos bereicherten, offenbaren eine Sichtweise, welche die spanische Herrschaft über Amerika rechtfertigt und die anderen Mächte Europas bezichtigt, sich nur aus Neid gegen Spanien zu verbünden. José Cadalso stand nicht umsonst als Militär, der für sein Vaterland kämpfte, fest an der Seite seiner Nation.

Offenkundig versucht Cadalso, in dieser Passage gegen die gegen Spanien gerichtete „Leyenda negra" zu argumentieren, die hauptsächlich von Briten und Franzosen ins Feld geführt worden war, um die Grausamkeiten der spanischen Eroberung Amerikas anzuprangern und gleichzeitig die eigenen unmenschlichen Taten zu vertuschen. Denn *de facto* war es ja nicht so, dass sich diese Mächte in ihrem kolonialistischen Wahn humaner verhalten hätten: Frankreich etwa optimierte die Ausbeutung schwarzer Sklaven noch bedeutend und machte Saint-Domingue zur profitabelsten europäischen Kolonie weltweit. Spanien aber, das noch immer das größte Kolonialreich besaß, versuchte man als besonders grausam darzustellen, um damit besser von der eigenen kolonialen Praxis ablenken zu können.

An genau dieser Stelle kippt die aufklärerische Argumentation des Spaniers José Cadalso um in einen nationalen Stolz auf die Eroberungen, welche die Konquistadoren in Amerika mit gutem Recht vorangetrieben hätten. Cadalso vollzieht an derartigen Stellen einen Blickwechsel nicht nur gegenüber amerikanischen Positionen wie diejenigen von Francisco Javier Clavijero oder Fray Servando Teresa de Mier, sondern auch gegenüber dem europäischen *Mainstream* der Aufklärung, der in Spanien – wie wir sahen – den eigentlichen Feind des Menschengeschlechts ausgemacht zu haben schien. Die gegenseitigen Propagandamaschinen der europäischen Kolonialmächte liefen auch und gerade in der Aufklärungsepoche auf vollen Touren und versuchten, die eigene kolonialistische Barbarei im hellsten Licht der Zivilisation erscheinen zu lassen. Bei José Cadalso erleben wir einen scharf akzentuierten Blickwechsel, gewiss, der aber einmal mehr die kolonialen Verstrickungen nicht nur Spaniens, sondern auch der anderen kolonialen Mächte Europas ins Blickfeld rückt. Dass im aufklärerischen Licht die eigene Barbarei verdunkelt wird, gehört ohne jeden Zweifel zu der von uns bereits mehrfach angesprochenen (kolonialen) Dialektik der Aufklärung.

Lassen Sie mich nebenbei anmerken, dass man selbst heute noch bei spanischen Geschichtsschreibern bisweilen auf derartige Argumentationen treffen kann. Diese beschwören die Größe Spaniens und verweisen dabei zugleich – und dies ist zweifellos ein zutreffender Gesichtspunkt – auf die kolonialistischen Absichten vor allem der neuen Führungsmächte der Globalisierung im 18. Jahrhundert, also

Frankreich und England, aber auch Holland, um deren wenig humane Taten offenzulegen. Ähnliche nationalistische Argumentationen und Sichtweisen des Kolonialismus sind gerade im englischsprachigen Raum von großer Bedeutung, ist letztlich der Stolz auf das eigene „Empire" doch auch heute noch ungebrochen. Lassen Sie mich dem noch hinzufügen, dass all diese kolonialistischen Verbrechen europäischer Mächte bis heute nicht gesühnt sind und es noch nicht einmal Entschuldigungen gegenüber den Kolonisierten, gegenüber den Versklavten gegeben hat, sondern bestenfalls den Streit darüber, wer sich innerhalb seiner schrecklichen Barbarei noch vorgeblich ‚humaner' oder weniger barbarisch verhalten habe. Wie schwer es den europäischen Ländern noch immer fällt, ihren eigenen Kolonialismus beziehungsweise das Profitieren von anderen kolonialen Mächten einzuräumen und sich dafür zu entschuldigen, zeigt die aktuelle, hauptsächlich von Bénédicte Savoy angestoßene und mit vielen privaten Verletzungen verbundene Restitutions-Debatte um die Rückgabe geraubter Kunstwerke in Berlin.

Doch kehren wir zurück ins Zeitalter der Aufklärung und zu José Cadalso sowie seinen *Marokkanischen Briefen*! Die sich an die oben zitierte Passage anschließende Verteidigung des Hernán Cortés in den genannten einundzwanzig Punkten hat sich, wie wir etwas flapsig sagen könnten, dann gewaschen: Denn in Cadalsos Argumentationen erfolgt ein Rundumschlag, der zeigen kann, wie die Kritik aus spanischer Sicht an der Kultivierung einer „Leyenda negra" durch Nationen, die selbst am Kolonialismus bestens verdienen, in ihr Gegenteil insoweit umschlagen kann, als damit wiederum eine Verteidigung des eigenen Kolonialismus fundiert wird. Wichtig ist, hier vor allem zu erkennen, wie sehr die Auseinandersetzung mit Außereuropa den europäischen Aufklärungsdiskurs in letztlich fast unaufhebbare Widersprüche verwickelt. Dies ist es, was ich mit der kolonialen Dialektik der Aufklärung meine: eine aufklärerische Kritik, die rasch in ihr Gegenteil umschlägt und Folgen zeitigt, die konträr zu den ursprünglichen oder eigentlichen Zielen der Aufklärung sind.

Denn deutlich wird sehr wohl, dass die anderen europäischen Nationen wie Holland, Frankreich oder England an der „Leyenda negra" vor allem deshalb interessiert waren, um im Schlagschatten dieses Topos und dieser berechtigten Kritik ihren eigenen Kolonialismus gleichsam ungeschehen zu machen und noch besser vorantreiben zu können. Es ist, als hätte es das eigene kolonialistische Verhalten, die Ausbeutung von Sklaven, die Ausbeutung ganzer Kontinente nie gegeben.

Natürlich gilt dies gerade auch für die großen Kolonialismuskritiker Voltaire (den Cadalso sicherlich mitgemeint haben könnte) oder Raynal, die in der Tat zu den härtesten Angreifern insbesondere gegen den spanischen Kolonialismus zählten und dabei ganz heimlich unheimlich selbst hohe Gewinne aus ihren Investitionen in den Sklavenhandel einzustreichen verstanden. Das Argument von Nuño Núñez gegenüber einem aus Afrika stammenden Marokkaner, der Spanien natürlich als ein expansives Land sehen muss, das dereinst die arabische Präsenz auf der Iberischen Halbinsel beendigte, das Argument also, man könne nicht den spanischen Kolonialismus angreifen und zugleich die Menschen Afrikas in die Sklaverei treiben und als Ware meistbringend verhökern, musste stechen: ebenso bei einem ‚Afrikaner' wie bei einem Spanier, der diese *Marokkanischen Briefe* zu Gesicht bekommt.

Man könnte in diesem Zusammenhang durchaus von einem Argument sprechen, das zum einen autolegitimatorisch ist und zum anderen so ziemlich alles im Namen der eigenen partikularen Werte wie Ehre, Tapferkeit oder Vasallentum rechtfertigt. Ich widerstehe der Versuchung nicht, Ihnen doch zumindest einen kleinen Ausschnitt aus diesem Rechtfertigungs-Diskurs vorzuführen und zwar an einer Stelle, an der es um eine berühmte weibliche Figur geht, jene der „Malinche" nämlich. Doch sehen Sie selbst etwa den fünften von insgesamt einundzwanzig Punkten:

> 5° Aus derselben menschlichen Schwäche weiß Cortés im Sinne seiner Absichten Vorteil zu ziehen. Eine adelige Indianerin, an welcher er leidenschaftlich Gefallen gefunden, dient ihm als zweite Dolmetscherin, und sie ist bei der Expedition von höchstem Nutzen: Sie ist die erste Frau, die einem Heere nicht geschadet, und ein bemerkenswertes Beispiel dafür, wie nützlich das schöne Geschlecht sein kann, solange es seine naturgemäße Subtilität auf löbliche und große Ziele richtet.[37]

Diese Passage – und übrigens auch ihr grotesker Kommentar in der Fußnote des spanischen Herausgebers meiner Ausgabe – mag belegen, dass die Frage der Geschlechtlichkeit sehr wohl mit der kolonialen Abhängigkeit in Verbindung zu bringen ist.[38] In der mexikanischen Geschichte galt die Malinche als *die* indigene Verräterin schlechthin, half sie doch Hernán Cortés bei der Niederwerfung der Azteken von Tenochtitlán. Sie war die Dolmetscherin, die „lengua" des Eroberers, aber auch eine gute Ratgeberin des spanischen Konquistadoren. Der männliche Blick auf die Frau ist oftmals ein kolonialistischer Blick, der die Frau bestenfalls zur Erreichung eines Zwecks nutzen will und damit kolonisiert. Wir könnten diese Thematik noch anhand weiterer Beispiele entwickeln, doch soll dies einer Vorlesung vorbehalten bleiben, die sich der Erfindung wie der Entdeckung Amerikas widmen wird.

Aber ich möchte Sie nicht nur vertrösten, sondern Ihnen auch zwei Punkte in Erinnerung rufen! Erstens die Tatsache, dass in der Tat die Präsenz Amerikas in der Aufklärungsliteratur wie in den Schriften des 18. Jahrhunderts allgegenwärtig ist, auch wenn man sich dieser Tatsache nicht immer bewusst sein muss. Und

---

**37** Cadalso, José: *Cartas marruecas*, S. 35.
**38** Vgl. hierzu Hölz, Karl: *Das Fremde, das Eigene, das Andere. Die Inszenierung kultureller und geschlechtlicher Identität in Lateinamerika*. Berlin: Erich Schmidt Verlag 1998.

zweitens die Anmerkung, dass das argumentative Gerüst der Aufklärung in dem Augenblick, in dem die überseeische und koloniale Dimension hinzutritt, erheblich ins Wanken gerät und sich Widerspruch auf Widerspruch türmt. Wir hatten dies in unserer Vorlesung zum einen am Blick der Europäer auf die nicht-europäische Welt und dann in aller Deutlichkeit erneut in der Anwendung der europäisch abendländischen Prinzipien auf die europäische Aufklärung selbst durch nicht-europäische Autoren gesehen. Gerade die Berliner Debatte um die Neue Welt war im Kontext des Disputs, der seit Beginn des 16. Jahrhunderts transatlantisch um Amerika entbrannt war, in allen Einzelheiten und Konsequenzen diskutiert worden.

Denn in der Tat sind die Begrifflichkeiten der europäischen Aufklärung unhinterfragt an den Interessen Europas ausgerichtet und keineswegs an jenen universalen Prinzipien, die ständig den Diskurs der europäischen Aufklärung prägen. In diese Wunde hat die Aufklärung in Amerika schmerzhaft ihren Finger gelegt, was in Europa freilich gerne vergessen wurde. Europa brauchte lange, um den Diskurs der Aufklärung auch auf sich selbst anzuwenden und ihn auch auf sein asymmetrische Verhältnis zu außereuropäischen Teilen der Welt zu beziehen. Die „utilidad del bello sexo", die Nützlichkeit des schönen Geschlechts, ist in den *Marokkanischen Briefen* des José Cadalso in ironischer Brechung nur eine zusätzliche Dimension dieser Widersprüche und Abhängigkeiten, in welche sich die Aufklärung in Europa verstrickte.

Diese Verstrickungen beziehen sich gerade auch auf die wechselseitigen Vorwürfe der Grausamkeit und Unmenschlichkeit, welche die europäischen Nationen stets auf die jeweils anderen zu projizieren pflegten und ihre Vorwürfe dabei im Gewand aufklärerischer Kritik vortrugen. Diese widerspruchsvolle Dialektik der aufgeklärten Kritik ist bis heute nicht vorüber: Wir stecken vielmehr mitten drin! Denn die furchtbaren und beispiellosen Verbrechen, die im Namen Deutschlands etwa während des sogenannten ‚Dritten Reiches' verübt wurden, all die barbarischen und millionenfachen Massenmorde, die nie aus der Geschichte Deutschlands zu tilgen sein werden, haben den anderen aufgeklärten Nationen nicht zuletzt auch dazu gedient, ihre eigenen Verbrechen, ihren eigenen Antisemitismus, ihren eigenen Rassismus geflissentlich zu übersehen, um auf diese Weise alle Schuldkomplexe zu ‚bewältigen' und sich reinzuwaschen. Die Literaturen der Welt freilich sind in ihrer Gesamtheit ein untrügliches Medium, das anders als eine nationale Geschichtsschreibung zu disziplinieren ist. So ist ein Roman der französischen Schriftstellerin Cécile Wajsbrot, der sich mit den polnischen Pogromen an Juden *nach* 1945 beschäftigt, niemals ins Polnische übersetzt worden. Doch die Zeit wird auch hier kommen, um Dinge anzusprechen, welche die nationale oder nationalistische Historiographie noch geflissentlich übersieht. Die Literaturen der Welt bewahren nicht allein das polylogische Gedächtnis dieser Geschichte auf, sondern ermöglichen es vor allem, die Vergangenheit prospektiv für die Zukunft fernab aller Projektionen und Vertuschungen zu nutzen.

Die probate Vorgehensweise, mit dem Verweis auf die Schuld und die Verbrechen anderer die eigene Schuld zu tilgen und die Größe der eigenen Nation herauszustreichen, ist ein Verfahren, das uns der spanische Aufklärer José Cadalso gegen seinen Willen in seinen *Cartas marruecas* in aller wünschenswerten Deutlichkeit vor Augen führt. Auch in diesem für Sie vielleicht etwas unerwarteten Sinne sind wir noch immer Kinder der Aufklärung und zugleich Kinder einer Dialektik der Aufklärung, welche bereits innerhalb der Aufklärung selbst – innerhalb einer *Aufklärung zwischen zwei Welten* – transatlantisch freigelegt worden ist. Wir müssen uns nur dem von Europa weitgehend ausgeschlossenen Teil der Aufklärung gegenüber öffnen. Doch in der Rede von einer Dialektik der Aufklärung steckt noch im letzten Teilchen unserer kritischen Reflexionen und Argumente die gefährliche Möglichkeit einer Instrumentalisierung von Vernunft, die gegen-vernünftig und irrational selbstlegitimatorisch ist. Davor gilt es sich auch heute noch zu schützen!

Bei unserer Analyse von José Cadalsos *Cartas marruecas* habe ich einmal nicht mit der Analyse des Paratextes begonnen, sondern bin sogleich in medias res gegangen. Doch möchte ich Ihnen gegen Ende unseres kurzen Durchgangs doch noch einen Blick auf die „Introducción" gewähren. Sie beginnt mit dem Verweis auf Cervantes' *Don Quijote*, um dann selbst eine ähnlich gelagerte Herausgeberfiktion – das Auffinden des Manuskripts eines Freundes und dessen selbstlose Veröffentlichung – natürlich fiktional vorzutäuschen, im Grunde ganz so, wie es auch Jean-Jacques Rousseau mit den Briefen seines Briefromans *Julie ou la Nouvelle Héloïse* tat.

Nun, Sie wissen ja, dass sich ein derartiges Verfahren nicht nur bei Cervantes oder Rousseau findet, sondern auch in Montesquieus *Lettres persanes* und somit in einer doppelten literarischen Filiation, in welche sich die *Cartas marruecas* einschreiben. Daher wird in der Einleitung auch gleich noch diese Herausgeberfiktion wieder dekonstruiert, in ihrer Mechanik also vorgeführt, ohne doch ganz einfach destruiert zu werden. So bleibt dieses seltsame Oszillieren zwischen Herausgeberfiktion und Autorenanspruch bis in den letzten Abschnitt der Einleitung aufrechterhalten, wo noch ein letztes Mal die Bedeutung des gesamten Textes angesichts der zu erwartenden Kritik aus Spanien unterstrichen werden soll. Dabei steht erneut die Prinzipientreue der spanischen Aufklärung im Vordergrund – eine Ausrichtung an Vorstellungen der Aufklärung wie etwa der „hombría de bien", gleichsam des aufrichtig gemeinten Gutmenschentums, der „virtud", der „razón" oder der „imparcialidad", die in dieser Passage noch einmal deutlich hervortreten:

Wenn ich in der Konsequenz dessen als armer Herausgeber dieser Kritik mich in gleich welchem Hause einer dieser beiden Orden präsentiere, so können sie mir, auch wenn sie mich
mit einigem guten Willen aufnehmen, es doch nicht abnehmen, dass ich mir gemäß aller
Umstände sage: dass sie in diesem selben Augenblick untereinander sagen: Dieser Mann ist
ein schlechter Spanier; oder aber: Dieser Mensch ist ein Barbar. Aber meine Eigenliebe wird
mich trösten (wie dies in vielen Fällen bei anderen geschieht), und so werde ich mir selbst
sagen: Ich bin nicht mehr als ein gutmeinender Mensch, der ein Papier zur Welt gebracht,
welches mir sehr unparteiisch erschien, ein Papier über den empfindlichsten Gegenstand,
den es auf der Welt gibt, nämlich die Kritik einer Nation.[39]

Noch einmal wird in dieser Passage das Pathos des Aufklärers beschworen, der
sich gegen die Anfeindungen seiner Gesellschaft und seiner Zeitgenossen zur
Wehr setzen muss. Der zentrale Begriff der Aufklärung, die *Kritik*, wird hier mehrfach als verpflichtendes Ideal und als Praxis genannt, die den aufklärerischen
„hombre de bien" von all seinen Widersachern unterscheidet. Darüber hinaus
sind es die zentralen Werte und Begriffe der Aufklärung, die vom – wie wir etwas
avant la lettre sagen können – ‚Intellektuellen' innerhalb einer aufkommenden
bürgerlichen Gesellschaft verlangen, sich gegen den Mainstream, gegen die vorherrschende Meinung, gegen einen blinden Nationalismus und gegen die Ansichten der Mehrheit zu stellen. Dass es Cadalso freilich durchaus verstand, die Ehre
Spaniens zu verteidigen, haben wir am Beispiel der Verteidigung von Hernán Cortés gesehen.

Es besteht keinerlei Zweifel daran, dass José Cadalso – wie so viele Aufklärer
vor ihm und nach ihm – diese Position einer ‚verfolgten Tugend' für sich reklamiert. Das Bild des kritischen Intellektuellen, wie es im Grunde in der Aufklärung
bereits angelegt und in der Figur Voltaires vorgelebt wurde, ist in Cadalsos *Cartas
marruecas* sehr wohl zu finden, ist es doch dieser kritische Intellektuelle, dem die
Aufgabe anvertraut wird, das Volk zu leiten und natürlich auch aus dessen Igno-
ranz und Unmündigkeit herauszuführen. Zugleich aber muss sich dieser „filósofo", dieser ‚Intellektuelle', auf einer anderen Stufe, auf einer anderen Ebene als
das Volk ansiedeln. Cadalso weiß sich hier sehr wohl im Verbund mit anderen kritischen Philosophen, „philosophes" und „filósofos", die letztlich einen ähnlichen
gesellschaftlichen Führungsanspruch in ihren Ländern erhoben. Von dieser Position des Intellektuellen avant la lettre aus wird sein gesamtes Handeln, gerade
auch sein sprachliches Handeln, verankert und begründet.

Aufschlussreich ist zweifellos der Hinweis in den *Cartas marruecas*, die Europäer seien insgesamt mächtig stolz auf ihr 18. Jahrhundert, doch solle man sich
vom Schein nicht täuschen lassen: Denn es gebe zwar viel Aufklärung, deren
Schein jedoch trüge. Eben dies wird wiederum zum Ausgangspunkt für die neu

---

**39** Cadalso, José: *Cartas marruecas*, S. viii.

einsetzende Kritik des „hombre de bien". Denn Kritik ist, wie wir schon mehrfach sahen, das zentrale Wort und Versprechen der Aufklärung. Doch wie gewaltig die Zonen sind, die keiner Kritik oder nur einer ganz bestimmten selbstlegitimierenden Kritik offenstehen, haben wir gerade am Beispiel des Verhältnisses zwischen Europa und dem kolonisierten ‚Rest' der Welt gesehen.

Lassen Sie mich an dieser Stelle der Vorlesung aus einer vielleicht überraschenden Perspektive auf die Frage nach den Intellektuellen zurückkommen, deren Begriff freilich im 18. Jahrhundert noch nicht im modernen Sinne zur Verfügung stand. Nun sind wir im Verlauf unserer Vorlesung immer wieder auf Mitglieder des Klerus als Träger der Aufklärung – etwa auf einen der berühmten „Abbés", den Abbé Raynal oder den Kirchenmann de Pauw, auf den Jesuiten Clavijero oder ebenfalls in Neuspanien auf den Dominikaner Fray Servando Teresa de Mier – aufmerksam geworden oder haben zumindest bemerkt, wie sehr bestimmte Autoren wie etwa Cadalso, aber auch Voltaire und viele andere, von der hervorragenden Ausbildung insbesondere durch Jesuiten geprägt wurden. Die „philosophes" des 18. Jahrhunderts besitzen eine auf den zweiten Blick keineswegs zufällige Beziehung zum Klerus, gehören diesem entweder an oder aber übernehmen Funktionen, Rollen und Selbstverständnis dieser minoritären Gruppe innerhalb der Gesellschaft des Siècle des Lumières, um diese Funktionen und Rollen in der Folge dann zu entsakralisieren.

Das ist mit Blick auf die weitere gesellschaftliche Entwicklung nach dem Aufklärungszeitalter höchst aufschlussreich. In gewisser Weise – und dies zeigen auch etwa die späteren Überlegungen eines Antonio Gramsci – sind die französischen (und anderen) Philosophen und in ihrer Folge die Intellektuellen die Erben des Priestertums in einer dann zunehmend entsakralisierten, profanen bürgerlichen Gesellschaft. Dies erklärt zum einen die besondere Bedeutung der „Abbés" oder der „Frayles", zum anderen aber auch manche Verhaltensweise von Intellektuellen heute, die ohne diese Vorgeschichte schlechterdings nicht verstanden werden könnten. Denn sie sind in vielerlei Hinsicht noch immer die entsakralisierten Kleriker einer nicht länger gottgläubigen Gesellschaft – Hohepriester eines Denkens, das für sich eine Führungs- und Leitungsrolle beansprucht.

Es ist daher interessant, einmal die Überlegungen nachzuprüfen, die etwa in der französischen *Encyclopédie* nach der Jahrhundertmitte zum Thema „Priester" angestellt wurden. Der entsprechende Artikel wurde von keinem Geringeren als Paul-Henri Thiry, Baron d'Holbach verfasst, der 1723 in Edesheim bei Landau geboren wurde und als großer französischer Aufklärungsphilosoph zu Beginn des Jahres der Französischen Revolution in Paris verstarb. Schauen wir uns einen Auszug aus diesem Artikel einmal etwas genauer an:

Es ist angenehm, über seinesgleichen zu herrschen; die *Priester* verstanden die hohe Meinung, die sie im Geist ihrer Mitbürger von sich erzeugt hatten, zu ihrem Vorteil auszunutzen; sie behaupteten, dass die Götter sich ihnen offenbarten; sie gaben ihre Ratschläge bekannt; sie lehrten Dogmen; sie schrieben vor, was man glauben und was man verwerfen sollte; sie legten fest, was dem göttlichen Wesen gefiel oder missfiel; sie verkündeten Orakel; sie sagten dem unruhigen und wissbegierigen Menschen die Zukunft voraus, sie ließen ihn aus Furcht vor den Strafen zittern, mit denen die empörten Götter den Vermessenen drohten, die an ihrer Mission zu zweifeln oder ihre Lehre zu diskutieren wagten. [...]

Die schreckliche Inquisition liefert in den Ländern, wo sie eingeführt ist, häufig Beispiele für Menschenopfer, die an Barbarei denen der mexikanischen *Priester* keineswegs nachstehen. Anders liegen die Dinge in den vom Licht der Vernunft und der Philosophie aufgeklärten Landstrichen, wo der *Priester* niemals vergisst, dass auch er Mensch, Untertan und Staatsbürger ist.[40]

In dieser Passage aus dem Artikel der *Encyclopédie* wird deutlich, welche Bedeutung den Priestern sozusagen transkulturell – also quer durch die verschiedenen Kulturen hindurch – beigemessen wird. Die Priester werden einerseits aus ihrer sozialen Rolle heraus definiert, andererseits aus ihrem Sozialverhalten, das sich dadurch auszeichnet, dass sie sich Machtpositionen innerhalb des Staates und jenseits von ihm zu erobern trachten und auch stets zu erobern schon immer getrachtet hätten. Damit kommt Priestern eine Leitfunktion innerhalb der kulturellen Spannungsverhältnisse und innerhalb der unterschiedlichsten Gesellschaften und Kulturen zu. Auf diese Weise werden sie einerseits zu Männern des Wissens, andererseits aber auch zu Herren über das Wissen, die nicht nur den Zugang zum Wissen kontrollieren, sondern auch Strafen verhängen und den rechtmäßigen Weg, das Dogma, von dem es kein Abweichen gibt, zu verkündigen berufen sind.

Als Extremform dieser Herrschaft der Priester, die für sich eine besondere Aura beanspruchen, darf die Inquisition gelten, die wiederum in erster Linie auf Spanien zielt, in zweiter aber auch auf andere Länder, in denen sie wirksam war. Folgen wir der Schlusspassage des obigen Zitats, dann kann das Licht der Vernunft und der Philosophie die Einstellung der Angehörigen des Klerus selbst insoweit verändern, als diese sich nunmehr nicht länger allein von jener gesellschaftlichen Formation her begreifen und selbst verstehen, die man als Gemeinschaft der Kirche oder auch als Religion bezeichnet. Es ist also keineswegs zwingend davon auszugehen, dass es einen grundsätzlichen Gegensatz zwischen Priestern und Philoso-

---

**40** D'Holbach, Paul Henri Thiry Baron: Artikel „Prêtres". In: Diderot, Denis / D'Alembert, Jean-Baptiste le Rond (Hg.): *Encyclopédie, ou Dictionnaire raisonné des sciences, des arts et des métiers*, 1re éd. Dix-sept volumes plus neuf volumes de planches. Paris 1751, Bd. 13, S. 340–343, hier S. 341.

phen, zwischen Kirchenmännern und Intellektuellen gibt, wie er später ins 18. Jahrhundert zurückprojiziert wurde.

Entscheidend vielmehr ist, dass wir in diesem Bereich die gesellschaftlich akkreditierten Kontinuitäten sehen. Die Tonsur und damit eine berufliche Karriere innerhalb des Klerus sagte im 18. Jahrhundert wenig aus über den wirklichen Glauben des jeweiligen Menschen. So werden wir gegen Ende unseres Durchgangs durch das 18. Jahrhundert auf einen Menschen stoßen, dessen Name keineswegs die Assoziationen von Gläubigkeit und Religion erweckt, es sei denn, man würde darunter die Verehrung der Frauen verstehen.

TEIL 6: **Zwischen den Geschlechtern**

# Giacomo Casanova oder der *Jacques le Fataliste* der Liebe

Als der eigentliche Vater der französischen *Encyclopédie* darf der bereits mehrfach erwähnte Denis Diderot gelten, der von 1713 bis 1784 lebte und ebenfalls – wie so viele historische Figuren und „philosophes" unserer Vorlesung – ein Jesuitenzögling war. Diderot verfasste im Verlauf der siebziger Jahre des 18. Jahrhunderts einen Roman, der aus heutiger Sicht eine Vielzahl insbesondere mentalitätsgeschichtlicher Entwicklungen vorwegnahm, die sich in jener Zeit anbahnten und die wir zu Beginn unserer Vorlesung bereits intensiv angesprochen hatten.

Dieser Text, der einige Elemente des ersten Romans der Moderne – Miguel de Cervantes' *Don Quijote* – in verfremdender Gestalt wieder aufnimmt, ist kein anderer als *Jacques le fataliste et son maître*. Es handelt sich um einen raffinierten Erzähltext, der von Reisestrukturen vollständig durchzogen ist. Er führt anhand dieser fundamental offenen Bewegungs-Strukturen aber vor allem Verstehens-Strukturen vor Augen und stellt es den Leserinnen und Lesern des Romans anheim, ihre eigenen Verstehens-Bewegungen anhand der Lektüre kritisch zu überprüfen. Noch heute ist es faszinierend, die radikale Modernität dieses Diderot'schen Erzähltexts zu überprüfen.

Die Koppelung zwischen beiden Strukturen – denen der Reisebewegungen und denen des Verstehens – wird uns bereits ab dem Incipit des Romans vor Augen geführt. Denn die Entfaltung der Narration gerät zu jedem Zeitpunkt zu einer kritischen Reflexion all jener Bewegungen, welche die Protagonisten des Romans, aber zugleich auch das Lesepublikum ausgeführt haben. In der berühmt gewordenen Eingangsszene, in welcher der Erzähler mit dem Leser ein fiktives Zwiegespräch über die Protagonisten des nachfolgenden Texts führt, treten die spezifischen Grundstrukturen der Reisebewegung im Roman und deren Koppelung oder Interaktion mit den Lesenden deutlich vor Augen. So heißt es in diesem experimentellen Text aus der Feder des französischen Philosophen:

> Wie hatten sie sich getroffen? Durch Zufall, wie jedermann. Wie nannten sie sich? Was kümmert sie das? Woher kamen sie? Vom nächstgelegenen Ort. Wohin gingen sie? Weiß man denn, wohin man geht? Was sagten sie? Der Herr sagte nichts, und Jacques sagte, dass sein *Capitaine* sagte, dass alles, was uns hier unten an Gutem und an Schlechtem zustößt, dort oben geschrieben ward.[1]

---

1 Diderot, Denis: *Jacques le fataliste et son maître*. Edition critique par Simone Lecontre et Jean Le Galliot. Genf: Droz 1977, S. 3.

Dieser brillante Romanauftakt – ich gebe es gerne zu – fasziniert mich stets aufs Neue. Kann man mit weniger Worten einen Roman beginnen lassen, der notwendig seine Leserschaft und deren Reaktionen in das eigene Romangeschehen einbaut? Und einen moderneren zumal? denn in diesem Incipit ist der Schlüssel zum gesamten Erzähltext zu sehen; ein Schlüssel freilich, der nicht den Zugang zu einer klaren Bewegungsfigur eröffnet, sondern allem Tür und Tor öffnet, was sich bewegt. Denn von Beginn an werden alle möglichen Denk- und Bewegungsfiguren ganz bewusst eingeblendet und zugleich auch in ihrer vorgeblichen Vorbestimmtheit – im sehr eigentümlichen Fatalismus des Dieners Jacques – verankert. Und sein Herr und Meister schweigt, denn er hat nichts zu sagen! Mit Blick auf die historische Umbruchsituation der anstehenden Französischen Revolution ließe sich hinzufügen: Er hat nichts mehr zu sagen.

Am Anfang also steht ein Dialog der Erzähler- mit der Leserfigur. Doch die Erwartungsklischees der fiktiven Leserfigur werden ein ums andere Mal enttäuscht und ihre Fragen führen nur zu Gegenfragen: „Est-ce que l'on sait où l'on va?" Die Fragen dieser Leserfigur treiben zugleich die Handlung voran. Und von welcher Kraft wird diese Handlung angeschoben? Der Zufall erscheint von Beginn an als eigentlicher Motor des Geschehens, und doch ist es, wie der allzu früh verstorbene Freiburger Romanist Erich Köhler in einer denkwürdigen Studie herausarbeiten konnte, ein Zufall, der im dialektischen Spiel mit der geschichtlichen Notwendigkeit ein in der jeweiligen historischen Situation angelegtes Mögliches entbindet und entfaltet.[2] Die herausragende Rolle des Zufalls ist es, die das narrative Spiel in Gang setzt und hält – und fast fühlt man sich an Honoré de Balzac erinnert, der nur wenige Jahrzehnte später im Vorwort zu seiner *Comédie humaine* seiner Leserschaft erklärte, dass der Zufall „le plus grand romancier du monde" sei. Doch darauf will ich nicht zurückkommen, dies hatten wir ausführlich in unserer Vorlesung zum 19. Jahrhundert und zur *Romantik zwischen zwei Welten* besprochen.

Dem Geschehen in Diderots *Jacques le fataliste* liegt ebenso wenig ein göttlicher Heilsplan zugrunde wie der Reise ein detaillierter oder auch nur (voraus-) bestimmbarer Fahrplan. Alles ist von einem Augenblick auf den anderen veränderbar, ja verwirrbar; Herkunft und Zielort entziehen sich der Kenntnis der Leserschaft. Ein genau bestimmbarer Ort der Ankunft wird durch die Betonung

---

2 Vgl. Köhler, Erich: *Der literarische Zufall, das Mögliche und die Notwendigkeit.* München: Fink 1973, sowie (ders.): „Est-ce que l'on sait où l'on va?" – Zur strukturellen Einheit von „Jacques le Fataliste et son Maître". In (ders.): *Vermittlungen. Romanistische Beiträge zu einer historisch-soziologischen Literaturwissenschaft.* München: Fink 1976, S. 219–239.

einer radikalen Offenheit der Zukunft und des weiteren Reisewegs ersetzt: Weiß man denn, wohin die Reise geht?

Ich möchte an dieser Stelle unsere Lektüre von Diderots narrativem Kleinod – seinem erzählerischen „bijou" – abbrechen, um zu einem Werk zu kommen, das in vielerlei Hinsicht diese narrative Modellform in einem vielbändigen Erzählwerk umzusetzen scheint. Und doch ist dieses vielbändige Werk nichts anderes als die Lebensgeschichte eines Menschen, den der Zufall in die unterschiedlichsten Länder Europas verschlagen hat – im Übrigen auch, wie wir gleich sehen werden, nach Berlin, nach Potsdam und nach Sanssouci. Es handelt sich um die Lebensgeschichte eines Italieners, dessen Namen Sie ganz ohne Zweifel kennen und den ich Ihnen nicht zu buchstabieren brauche: die Memoiren von Giacomo Casanova.

Vor diesem Hintergrund ist es nur folgerichtig, dass Casanovas *Histoire de ma vie* im Grunde eher zufällig und kurz nach einer letzten Begegnung mit der schönen Irene beziehungsweise ihrer Tochter abbricht, als der Schriftsteller und Darsteller seines Lebens am 3. September 1774 das berühmte Begnadigungsschreiben der Inquisition erhielt, das ihm die Rückkehr nach Venedig erlaubte. Damit waren die Reisewege des Giacomo Casanova noch lange nicht erschöpft, wohl aber die literarischen Bewegungen, deren nicht enden wollende Parcours ich Ihnen gerne anhand der letzten Passage vor dem Abbrechen der *Geschichte meines Lebens*[3] gerne vorführen möchte. Lauschen Sie also bitte dem Ende dieser Memoiren:

> Sie erschien einige Tage später mit ihrer Tochter, die mir gefiel und mir kleine Liebkosungen nicht verweigerte. Eines schönen Morgens traf sie den Baron Pittoni, der die kleinen Mädchen ebenso liebte wie ich, an Irenes Tochter Geschmack fand und die Mutter bat, ihm gelegentlich die gleiche Ehre zu erweisen wie mir. Ich ermutigte sie, dieses Angebot anzunehmen, und der Baron verliebte sich in das Mädchen. Das war ein Glück für Irene, denn gegen Ende des Karnevals wurde sie angezeigt. Wäre der Baron nicht ihr Freund geworden, hätte er die Strenge der Polizeivorschriften walten lassen; so aber warnte er sie rechtzeitig, mit dem Spielen aufzuhören. Man konnte sie zu keiner Geldstrafe verurteilen, weil man, als man überraschend bei ihr erschien, keine Gäste vorfand.
>
> Zu Beginn der Fastenzeit reiste sie mit der ganzen Truppe ab; drei Jahre später traf ich sie in Padua, wo ich mit ihrer Tochter eine weit zärtlichere Bekanntschaft schloss.[4]

Es hätte kaum ein schöneres Ende dieser literarischen Lebensgeschichte geben können als dieses unvermittelte Ende, das die eine Liebesgeschichte abschließt,

---

**3** Casanova Chevalier de Seingalt, Giacomo: *Geschichte meines Lebens*. Mit einem Essay von Peter Quenell. Herausgegeben und eingeleitet von Sauter. XII Bände. Berlin: Propyläen-Verlag 1985.
**4** Ebda., Bd. 12, S. 255 f.

um nach einem Sprung in Raum und Zeit eine weitere Liebesgeschichte zu beginnen, die sich vielversprechend anlässt, um sodann kommentar- und wortlos abzubrechen. Die Liebe zur Mutter öffnet sich auf die Liebe zur Tochter, wobei sich zwischen beide viele andere Liebesgeschichten einreihen, die der venezianische Autor freilich nicht mehr zu erzählen vermag.

Was hätte es verändert, wenn Casanova uns auch noch diese Liebesgeschichten und die damit verbundenen Reisebewegungen erzählt beziehungsweise dem Papier seiner Memoiren anvertraut hätte? Er hätte auch nach seiner Rückkehr nach Venedig und dem kurzen Aufenthalt in seiner Vaterstadt schon bald nicht mehr sagen können, wie sich seine Lebensgeschichte als Lebensreise weiter entspinnen würde. Denn stets nahm er in eben jenem aktiven Fatalismus – wie er für Diderots *Jacques le fataliste* so charakteristisch ist – die Dinge wahr, die auf ihn zukamen, und erfreute sich der nächsten Gelegenheit zu einer liebevollen Bekanntschaft, die „da oben geschrieben" ward, um mit den Worten von Jacques' Hauptmann zu sprechen.

Beschäftigen wir uns also mit einem literarischen Autor, mit dem ich mich bereits in meiner Vorlesung über Reiseliteratur auseinandergesetzt habe,[5] einem Schriftsteller, der freilich nicht für das Verfassen von Reiseliteratur berühmt geworden ist. Wir befinden uns in der zweiten Hälfte des 18. Jahrhunderts und daher mitten in der zweiten Phase beschleunigter Globalisierung. Ich möchte Ihnen auf der vorletzten Strecke dieser Vorlesung über die *Aufklärung zwischen zwei Welten* einen Autor vorstellen, der eher für die literarische Darstellung der Sitten seiner Zeit und insbesondere die Formen intimen Lebens stehen kann, die er wie kaum ein anderer Schriftsteller uns nahezubringen verstand. Doch will ich unsere Vorlesung über das Aufklärungszeitalter nicht abschließen, ohne auf den Bereich dieses intimen Lebens zu kommen, den auch ein Fray Servando Teresa de Mier wiederholt darstellte. Er tat dies freilich aus der Position eines Dominikanermönches und ‚Outsiders', während Casanova eine gesellschaftliche Außenposition besaß, die es ihm erlaubte, ebenso die Lebensnormen wie die Lebensformen der „vie intime" des 18. Jahrhunderts sehr detailreich und von innen zu porträtieren.

Dabei ist zum einen das vielbewegte Leben Giacomo Casanovas, der sich den Ehrentitel eines Chevalier de Seingalt recht selbstbewusst erwählte und den „sein galant", den galanten Busen dabei bestimmt auch im zwinkernden Auge hatte, nicht von vielfältigsten Reisen zu trennen, die ihn an verschiedene

---

5 Vgl. das Casanova gewidmete Kapitel im Auftaktband der Reihe „Aula" in Ette, Ottmar: *ReiseSchreiben*, S. 341–367.

**Abb. 41:** Francesco Casanova: Porträt seines Bruders Giacomo Girolamo Casanova (1725–1798).

Enden des damaligen Europa führte. Wir erhalten folglich nicht nur ein Sittengemälde von Venedig oder dem Veneto, sondern im Grunde von ganz Europa über einen Zeitraum, welcher die Jahrzehnte größter philosophischer Aktivitäten umfasst. Und unser Autor war über all diese Entwicklungen bestens informiert, wie wir bereits gesehen hatten, als wir Giacomo Casanova zu einem Besuch bei Jean-Jacques Rousseau begleiteten.

Casanova war im vollsten Sinne ein Kind seiner Zeit und daher befugt, ja prädestiniert dafür, uns dieses Zeitalter in allen intimen wie gesellschaftlichen Aspekten vorzustellen. Er liebte die erlesene Gesellschaft und kostete ihren weiblichen Charme aus, bis er jeweils an andere Orte fliehen musste, um sich selbst vor Verfolgungen zu schützen und andererseits seine amourösen Abenteuer weiterführen zu können. Zum anderen aber lebte und liebte er nicht nur dieses Leben, sondern schrieb es auch im avancierten Alter nieder, wurde also zum Verfasser der *Histoire de ma vie*, mit der er seine Laufbahn schriftstellerisch krönte und zu einem gelungenen Abschluss führte.

So ging der Venezianer ein in jene ‚Hall of Fame‘ der Liebenden, die der Liebe und dem Gott Amor, aber nicht der Geliebten opfern – und zugleich in jene der Reisenden, hatte er gegen Ende seines Lebens doch einen guten Überblick über die Fürstenhöfe, die sich über fast ganz Europa verstreuten, sowie über die unterschiedlichsten Landschaften, die er auf seinen Fahrten und Fluchten durchquerte. Casanova war ein Europäer im vollen Wortsinne und ähnlich europäisch-kosmopolitisch geprägt wie sein Zeitgenosse José Cadalso, der schon in früher Kindheit eine vorzügliche Bildung genoss. Casanova hingegen verschaffte sich diese Bildung eher autodidaktisch und bildete sich ständig durch viele menschliche Kontakte in wechselnden kulturellen und sprachlichen Kontexten weiter. Es kann kein Zweifel daran bestehen: Giacomo Casanova ist sicherlich eine der faszinierendsten Figuren des großen Zeitalters der Aufklärung. Auch wenn er kein umfassendes philosophisches System geschaffen hat, hinterließ er doch eines der aufschlussreichsten Werke, um das Zeitalter der Aufklärung in Europa sinnlich zu begreifen – und dies vor allem im Bereich des europäischen Adels, aber auch mit Einblicken in das Leben von

Bauernmädchen oder bürgerlichen Frauen, von aristokratischen Salondamen bis zu ihren philosophischen Gästen.

Denn Giacomo Casanova bewegt sich in seinen literarischen Texten stets innerhalb eines *Vektorenfeldes des Begehrens*. Seine unsteten, sprunghaften Reisebewegungen beruhen immer auch auf einem Begehren des Anderen – anderer Landschaften, anderer Reichtümer, anderer Erfahrungen und anderer Menschen. Seine Neugier ist ebenso unersättlich wie seine Liebessehnsucht. In der Bewegung des Reisens und des oder der Reisenden verknüpfen sich Motion und Emotion, verbinden sich also die physisch-topographische Bewegung mit der inneren Gefühlsbewegung, wobei diese emotionale Seite des Reisens nicht als sekundär bewertet werden sollte. Denn das Begehren ist eine mächtige Antriebskraft in der affektiven Ökonomie des Menschen.[6] In Giacomo Casanova verkörpern sich die emotionalen Beweg-Gründe von Mobilität.

Andererseits hat eben dieses Begehren und seine Ökonomie auch sehr viel damit zu tun, dass das Reisen nicht selten auch mit dem Sammeln einhergeht.[7] Wir sammeln bei unseren Reisen Erfahrungen und Erlebnisse, bisweilen aber auch Reiselektüren, die sich für uns in Gemeinschaft mit bestimmten Landschaften einprägen. Vor allem aber sammeln wir Kontakte mit anderen Menschen, wobei dies bei Casanova sicherlich im Bereich intimer zwischenmenschlicher Beziehungen ganz zweifellos der Fall war. Giacomo Casanova kann aus der Sicht dieser affektiven Ökonomie[8] folglich als ein passionierter Sammler bezeichnet werden. Dabei war seine Sammelleidenschaft unbegrenzt, so wie es auch das abrupte Ende seines vielbändigen Lebenswerkes der *Geschichte meines Lebens* exemplarisch vor Augen führt.

Vor diesem Hintergrund sollten wir uns mit ein paar Stationen im Leben des Giacomo Casanova beschäftigen, um auf diese Weise einen Überblick über einige biographische Facetten seines autobiographischen Leben-Schreibens zu erhalten. Vorausgeschickt sei, dass es dem Lebenslauf des Venezianers wahrlich nicht an Bewegung fehlte; und doch war dies zugleich repräsentativ für die Blütezeit des europäischen 18. Jahrhunderts und eine gewisse gesellschaftliche Elite, welche von einem hohen Grad an Internationalisierung sowie an internationalem Austausch geprägt war, wie wir ihn vielleicht erst in unserer aktuellen

---

**6** Vgl. zu diesem Komplex Hindemith, Gesine / Stöferle, Dagmar (Hg.): *Der Affekt der Ökonomie. Spekulatives Erzählen in der Moderne*. Berlin – Boston: Walter de Gruyter 2018; sowie Bidwell-Steiner, Marlen: *Das Grenzwesen Mensch. Vormoderne Naturphilosophie und Literatur im Dialog mit postmoderner Gendertheorie*. Belin – Boston: Walter de Gruyter 2017.
**7** Vgl. Sánchez, Yvette: *Coleccionismo y literatura*. Madrid: Ediciones Cátedra 1999.
**8** Vgl. hierzu Schlünder, Susanne / Stahl, Andrea (Hg.): *Affektökonomien. Konzepte und Kodierungen im 18. und 19. Jahrhundert*. Paderborn: Wilhelm Fink 2018.

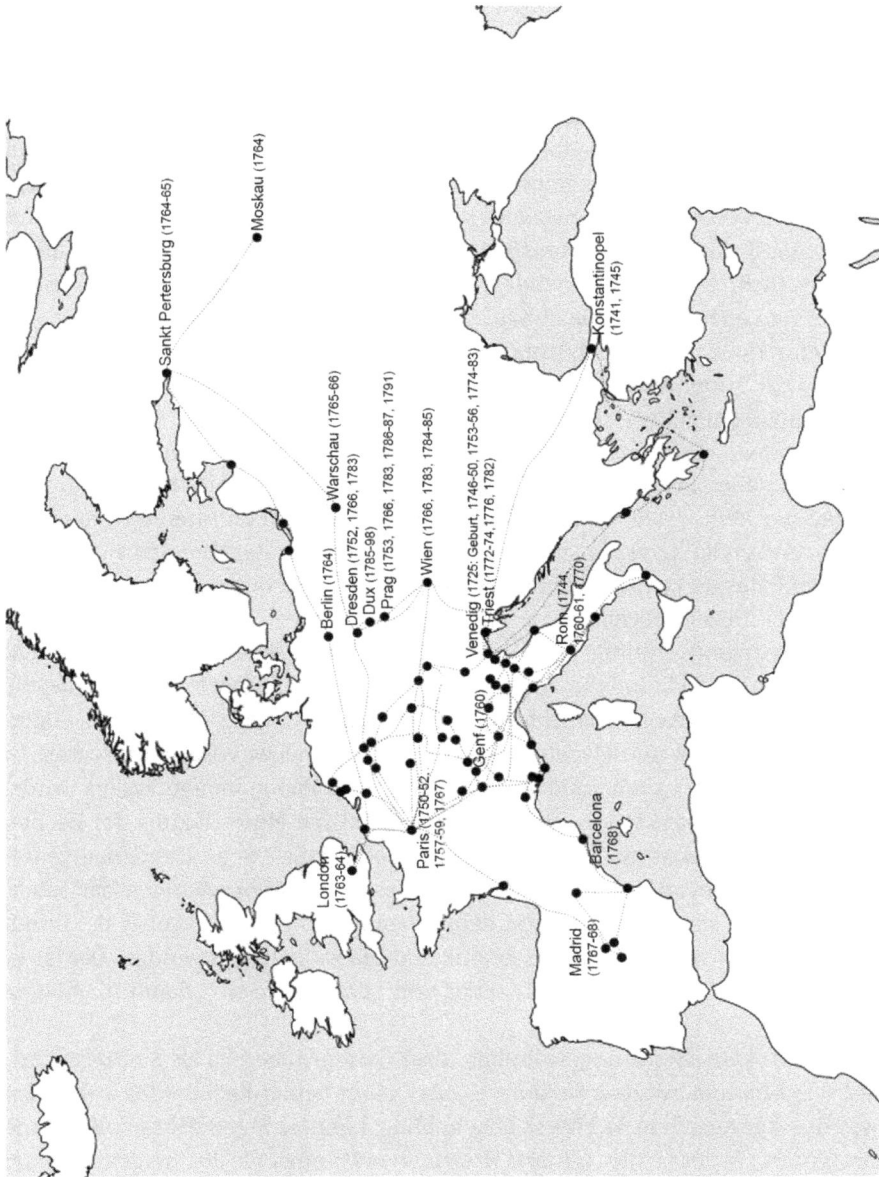

**Abb. 42:** Casanovas wichtigste Reisestationen in Europa.

Epoche wieder erreicht haben. Mit Casanova befinden wir uns ganz selbstverständlich innerhalb der République des Lettres des europäischen Aufklärungszeitalters. Mag diese Elite auch zahlenmäßig begrenzt gewesen sein: Sie war national wie international zumeist bestens vernetzt.

Giacomo Girolamo Casanova wurde am 2. April 1725 in Venedig als Sohn des Gaetano Casanova und seiner Frau Zanetta geboren. Nichts deutete auf den späteren Lebensweg des Venezianers hin, der nicht von adeliger Abkunft war. Seine Eltern waren beide Schauspieler – eine für das künftige Leben des jungen Mannes nicht ganz unbedeutende Tatsache. Denn bühnenreife Inszenierungen gab es im Leben Casanovas zuhauf. Die Lagunenstadt – so ließe sich sagen – war seine Heimat und blieb trotz aller Fluchten, Reisen und Verbannungen im Grunde der Mittelpunkt seines gesamten Lebens, auch wenn sie dem für lange Zeiten aus seiner Vaterstadt Verbannten und von der Inquisition Verfolgten bisweilen wie ein ferner, unerreichbarer Traum erschien. Nach Venedig trieb es ihn von allen ,Ausflügen' und Exkursionen – so weit weg sie ihn auch immer führen mochten – stets wieder zurück. Es verbitterte ihn im Alter sehr, noch ein letztes und endgültiges Mal aus der Stadt mit ihren Kanälen und den vielen mysteriösen Palästen verbannt worden zu sein. Aber Casanova war auch fernab der Stadt stets stolzer Venezianer.

Als neunjähriger Junge kam Giacomo – sein Vater verstarb bereits, als er acht Jahre alt war – in ein Internat ins nahe gelegene Padua,[9] wo wir Casanova bereits am Ende seiner Lebensgeschichte gesehen hatten. Er erwies sich rasch als außergewöhnlich begabt und eignete sich schnell immer neues Wissen an, so dass er bereits 1737 an der altehrwürdigen Universität von Padua immatrikuliert wurde. Nach fünfjährigem Studium erwarb er dort den Grad eines Doktors der Rechte, auch wenn wir nicht moderne mitteleuropäische Maßstäbe an das damalige Bildungssystem anlegen sollten. Im Zentrum seiner Studien wie auch der seiner Kommilitonen stand die Lehre von den Sieben Freien Künsten, wobei als Grundstudium die Fächer Grammatik, Rhetorik und Dialektik gelehrt wurden. Der junge Casanova absolvierte alles mit Bravour und qualifizierte sich damit für höhere Aufgaben.

Es war keineswegs ungewöhnlich, dass Casanova bereits als Siebzehnjähriger sein Studium mit dem Doktortitel, als Doktor beider Rechte (des weltlichen wie des kanonischen Rechtes) abschließen konnte. Seine Mutter wie seine Großmutter wollten die Zukunft des jungen Mannes als Rechtsgelehrter im Dienste der Katholischen Kirche sichern; daher erhielt er 1740 die Tonsur und

---

9 Vgl. zur Biographie u. a. Loos, Erich: Einleitung. In: Casanova Chevalier de Seingalt, Giacomo: *Geschichte meines Lebens*, Bd. 1, S. 37–60.

1741 die niederen Weihen: Aus dem Studenten wurde der Abate Casanova und damit einer jener unzähligen „Abbés", die das Aufklärungszeitalter auf beiden Seiten des Atlantiks bevölkerten. Den jungen und talentierten Kleriker empfahl die rührige Mutter zunächst einem Bischof in Kalabrien: Casanova reiste 1743 nach Martirano in der Nähe des schönen Cosenza, was den Beginn eines durchaus abenteuerlichen Wanderlebens markierte. Denn das bescheidene Bergstädtchen in Kalabrien vermochte ihn nicht zu halten – Casanova hatte andere Pläne.

Über Neapel reiste er nach Rom, wo er als Sekretär des spanischen Gesandten Kardinal Aquaviva eine sichere Laufbahn hätte beginnen können. Alle Türen standen ihm offen, ein gesellschaftlicher Aufstieg erwartete ihn. Er verfügte zudem über beste Beziehungen zum Papst, der ihn zum „apostolischen Protonotar" ernannte sowie zum Ritter des Goldenen Sporns, was ihm die Führung des Titels eines Chevalier ermöglichte. Alles hätte so gut in seinem Leben laufen können, wenn nicht eine amouröse Entführungsgeschichte seinen weiteren Aufstieg unterbrochen hätte. Der junge Mann musste Rom fluchtartig verlassen und seine vom Zufall diktierte Bewegungsfigur hatte begonnen.

Giacomo Casanova gelangte nach Bologna, wo er sich 1744 entschloss, das geistliche Gewand abzulegen und sein Glück – ganz im Sinne von Stendhals *Le rouge et le noir* – nunmehr als Soldat zu versuchen. Doch anders als José Cadalso war er zum Soldaten und Offizier nicht geboren: Bereits 1745 verzichtete er nach Erfahrungen im Dienste der Republik Venedig auf der Insel Korfu und wohl auch in Konstantinopel auf eine Fortsetzung seiner eher tristen und bescheidenen Soldatenlaufbahn. Er träumte von höheren Aufgaben, für die er sich empfehlen wollte und für die er noch nach passenden Gelegenheiten suchte.

Eine solche präsentierte sich schon bald: Casanova lebte zunächst in Venedig vom Geigenspiele und hatte zudem das Glück, den Senator Bragadin von einer Art Schlaganfall zu heilen. Dieser glaubte darauf im geschickten Casanova einen Vermittler zum Überirdischen gefunden zu haben und behandelte ihn wie einen Sohn, so dass ihm nun wieder alle Mittel für ein gutes Leben zur Verfügung standen. Es ist auffällig, wie häufig sich das Glück und die Möglichkeit zu einem ‚normalen' Lebenslauf in Casanovas Karriere eröffneten. Doch auch diese Türen schlug der junge Mann wieder entschlossen zu: Zwischen 1746 und 1749 scheint er alle in ihm schlummernden Fähigkeiten als Spieler und Verführer vervollkommnet zu haben. Sein Lebenswandel wurde der venezianischen Inquisition verdächtig, so dass er 1749 Venedig verließ, mehrere oberitalienische Städte besuchte und schließlich ins französische Lyon reiste, wo der ehemalige venezianische Abbé Freimaurer wurde. Das Schicksal hatte es mit Casanova anders gemeint: Casanova ließ sich von allerlei sich ihm bietenden Zufällen treiben. Mit einer Art aktivem Fatalismus ergriff er jede Gelegenheit beim Schopfe, die sich ihm bot: nicht nur in Sachen Liebe.

Schon 1750 finden wir ihn erstmals in Paris, wo es ihm nicht schwerfiel, bald Zugang zu den vornehmsten Zirkeln zu finden. 1752 ging er dann nach Dresden, um am dortigen Hofe seine als Schauspielerin tätige Mutter zu besuchen. Für deren Theatergruppe schrieb Casanova die italienische Fassung einer französischen Oper sowie eine Parodie auf eine Tragödie von Racine: Casanova war mit der europäischen Literatur bestens vertraut. Beide Werke wurden mit Erfolg aufgeführt. Hätte der Sohn von Schauspielern das Zeug zu einem berühmten Bühnenautor gehabt?

Vom damaligen Elbflorenz begab er sich weiter nach Wien und schließlich wieder nach Venedig, wo er nach zwei Jahren müßiggängerischer Abenteuer am 26. Juli 1755 wegen Beschäftigung mit den Geheimwissenschaften, Beleidigung der Religion sowie wegen seiner Tätigkeit als Freimaurer verhaftet und unter den berüchtigten Bleidächern des Dogenpalastes eingekerkert wurde – den sogenannten ‚Bleikammern‘. Doch gerade dieses berühmte Gefängnis, aus dem es wohl niemals gelungene Ausbruchsversuche gegeben hatte, bildete für sein waches Denken eine Herausforderung: Wie ein italienischer Fray Servando Teresa de Mier plante er minutiös seine Flucht.

Und sein Plan gelang: Am 31. Oktober 1756 glückte ihm sein sensationeller Ausbruchsversuch, der überall in Europa Aufsehen erregte. Casanova hatte seinen sprichwörtlichen Lebenswillen und Überlebenswillen, aber auch seine Intelligenz tatkräftig unter Beweis gestellt. Auch wenn sein Buch über diesen seinen Ausbruchversuch erst sehr viel später, im Jahre 1788, erscheinen sollte: Die europäische Öffentlichkeit wurde auf den Venezianer aufmerksam.

Casanova beschloss, wieder nach Paris zu reisen, wo der aufgrund seiner spektakulären Flucht berühmt Gewordene durch sein außerordentliches Organisationstalent als Mitbegründer der Königlichen Lotterie und durch das Vertrauen der Marquise d'Urfé zu einem reichen Mann wurde. So war die Lotterie für ihn ebenfalls ein wichtiges Sprungbrett, auch wenn es ihm nicht wie La Condamine im Verbund mit Voltaire gelang, sie mathematisch zu knacken. Wieder einmal schien Casanova in einer beneidenswerten Stellung zu sein, die ihm alle Chancen für ein glückliches und ruhiges Leben eröffnete.

Und wieder einmal kam alles anders! Denn auch diesmal schlug Casanova diese Chance aus und genoss seine Stellung in vollen Zügen, wobei er erneut seine Spielernatur bewies. Durch seine Aktivitäten geriet er bald wieder in Verdacht, so dass er es vorzog, Ende 1759 die französische Hauptstadt mit unbekanntem Ziel zu verlassen. Ein unstetes Nomadenleben zwischen verschiedensten europäischen Städten schloss sich an: Giacomo Casanova wird auf seinen Reisen durch Frankreich, Deutschland, die Schweiz oder die Niederlande für seine vielfältigen Liebschaften berühmt und berüchtigt. Es ist *der* Casanova, welcher nicht mehr als illustrer Ausbrecher, sondern als unersättlicher Liebhaber geradezu sprichwörtlich in die europäische Sittengeschichte einging.

Diese bewegte Phase endete mit einem Aufenthalt in London von Juni 1763 bis März 1764. Bei Casanova verstärkte sich zwischenzeitlich freilich das Bewusstsein, den Höhepunkt seines vielbewegten Lebens bereits überschritten zu haben. Sein Weg führte den Venezianer auch zu Friedrich den Großen an den preußischen Hof zu Potsdam und Berlin; doch das Angebot Friedrichs, Erzieher an der Kadettenakademie der preußischen Armee zu werden, lehnte Casanova schließlich ab. Es hätte einem ja Angst und Bange um die jungen Kadetten des Preußenkönigs und um den möglichen Sittenverfall in Preußen werden können, hätte Casanova dieses erzieherische Amt übernommen ... War Friedrich der Große doch nicht ganz auf der Höhe seiner Zeit, zumindest was die europäische Gerüchteküche anging? Oder war Casanovas Ruf doch nicht so weit nach Osten gedrungen? Sei es, wie es wolle, Casanova versucht nun sein Glück vergeblich am Hofe der Zarin Katharina II von Russland. Obwohl sich der Venezianer neun Monate in St. Petersburg und am dortigen Hof aufhält, kann oder will ihm die Zarin doch keine adäquate Stellung bieten: Wusste sie mehr als der – anders als sie – in Liebesdingen nicht sehr erfahrene Preußenkönig? Casanova jedenfalls orientiert sich wieder neu.

Seine nächste Station ist Warschau, wo er das Duell um Liebeshändel mit dem polnischen Kronkämmerer Graf Branicki wie dieser schwerverletzt übersteht, so dass er im Sommer 1766 fluchtartig Polen wieder verlassen muss und nach Wien weiterzieht. Dort war man besser unterrichtet als in Preußen. In Wien gerät er bald mit der sogenannten ‚Keuschheitskommission' in Konflikt und wird des Landes verwiesen. Ein erneuter kurzer Aufenthalt in Paris endet wiederum mit der Ausweisung im November 1767, wonach er sich nach Spanien wendet, dessen rigoroses gesellschaftliches Klima ihm aber missfällt. In Madrid wird er bald wegen unerlaubten Waffenbesitzes kurzzeitig eingekerkert. Auf der Iberischen Halbinsel pendelt sein Leben weiterhin zwischen Gefängnis und Bett: Liebeshändel bringen ihm in Barcelona 1768 eine Kerkerhaft von zweiundvierzig Tagen ein, die er unter anderem zur Niederschrift einer umfangreichen Verteidigung der venezianischen Politik gegen französische Historiographen nutzt. Casanova dachte an seine geliebte Lagunenstadt und sehnte sich nach ihr. Er versuchte alles, um die venezianische Obrigkeit wie die heilige Inquisition günstig für seine Gnadengesuche zu stimmen.

Das angesprochene Werk über Venedig erschien 1769 unter falscher Verlagsangabe in Lugano, wobei diese Veröffentlichung ihm die Gunst der venezianischen Regierung gewinnen und die Rückkehr in die Heimatstadt ermöglichen sollte. In der Folge verfasste Casanova eine Fülle literarischer Arbeiten, die sich mit verschiedensten, auch naturwissenschaftlichen Themen befassen. Er hält sich in der Nähe des Territoriums der Republik Venedig auf, um dem von ihm ersehnten Ruf der Serenissima sofort folgen zu können; doch dieser lässt auf sich warten. So arbeitet er 1771 in Florenz an einer Übersetzung der *Ilias*, von der mehrere Teile erscheinen, und lebt dann von 1772 bis 1774 – mit einer großen historiographischen Arbeit über Polen beschäftigt – unter anderem in Triest.

Casanova hält sich vorwiegend in Italien auf, um im Begnadigungsfalle schnellstmöglich nach Venedig eilen zu können. Dabei entstehen unvermeidlich zahlreiche Liebschaften in unterschiedlichen italienischen Landschaften; doch gewährt uns der Venezianer auch tiefe Einblicke in das Leben einer internationalen Elite im Zeitalter der europäischen Aufklärung. Man beschäftigte sich viel mit Spielen um Liebe und Geld, aber auch mit mancherlei Naturwundern und Kuriositäten, die man sich gerne zum Ziele eines gemeinsamen unterhaltsamen Nachdenkens vorführte. Ich möchte Ihnen gerne eine dieser Szenen aus der *Geschichte meines Lebens* zeigen, bei der wir eine italienische Herzogin mit ihren internationalen Gästen betrachten können:

> Nach dem Souper spielte sie mit den beiden Engländern und den beiden Sachsen eine Parti Quinze; die Einsätze waren klein, die Verluste mittelmäßig, die Sachsen gewannen. Ich entschloß mich, ein anderes Mal mitzuspielen. Am nächsten Tag gingen wir alle zum Mittagessen zum Prinzen von Francavilla, der uns ein prächtiges Mahl auftischte und uns gegen Abend zu einem kleinen Badebecken führte, das er am Strand besaß; dort zeigte er uns ein Naturwunder. Ein Priester sprang ganz nackt ins Wasser, schwamm und ruhte sich von Zeit zu Zeit aus, ohne deshalb unterzugehen. Er verwandte dazu keinen Kunstgriff. Uns blieb nur der Schluß übrig, daß es nur durch den inneren Bau seines Organismus zu erklären war. Nachher führte der Prinz Milady ein höchst anziehendes Schauspiel vor. Er ließ vor ihr reizende halbwüchsige Burschen ganz nackt im Wasser schwimmen; sie alle waren Lustknaben des liebenswürdigen Prinzen, der seiner Veranlagung nach das männliche Geschlecht dem weiblichen vorzog. Die Engländer fragten ihn, ob er ihnen das gleiche Schauspiel mit Mädchen bieten wolle; er versprach es ihnen für den nächsten Tag in seinem Teich im Garten eines Hauses, das er in der Nähe von Portici besaß.[10]

Wir erleben eine internationale Gesellschaft beim Spiele und bei unterschiedlichen Lustbarkeiten auf dem adeligen Anwesen. Giacomo Casanova berichtet ganz selbstverständlich ebenso von homosexuellen Liebesspielen mit Lustknaben wie von heterosexuellen Amüsements, die in diesem Falle für die Engländer mit gewiss minderjährigen italienischen Mädchen vorbereitet werden. All dies wäre in den bürgerlichen europäischen Gesellschaften des 19., des 20. und des 21. Jahrhunderts Straftatbestände gewesen, wobei der Umgang mit zweifel-

---

10 Casanova, Giacomo: *Geschichte meines Lebens*, Bd. 11, S. 316.

los ebenfalls minderjährigen Lustknaben sowohl wegen des Missbrauchs Minderjähriger als auch wegen homosexueller Beziehungen verfolgt worden wäre. Lediglich die Homosexualität wurde in verschiedenen Ländern Europas im Verlauf der zweiten Hälfte des 20. oder zu Beginn des 21. Jahrhunderts entkriminalisiert, selbst wenn sie in manchen auch europäischen Ländern noch immer unter Strafe steht und als Verbrechen behandelt wird. Ich möchte Ihnen mit dieser kurzen Szene nicht ein Modell sexueller Freizügigkeit vor Augen führen oder gar den sexuellen Missbrauch von Minderjährigen ,normalisieren', sondern Ihnen bewusst machen, mit welcher Selbstverständlichkeit die internationale Adelsgesellschaft des 18. Jahrhunderts mit unterschiedlichsten Formen von Sexualität umging. Ich bitte Sie, dies in Erinnerung zu behalten, wenn wir uns ein wenig später in der gebotenen Kürze mit dem Marquis de Sade beschäftigen werden.

Doch zurück zu den gleichzeitigen Unternehmungen und Plänen Casanovas, wieder in sein Venedig zurückkehren zu dürfen! Durch unterschiedliche Agentendienste suchte er die Gunst der venezianischen Inquisition für sich zu gewinnen und die dortige Regierung für sich einzunehmen. Lange muss sich der gebürtige Venezianer gedulden, doch erfüllen sich seine Hoffnungen endlich im November 1774, als ihm die ersehnte Begnadigung zuteilwird: Giacomo Casanova darf an einem 14. September des Jahres 1774 in sein so sehnlich vermisstes Venedig zurückkehren.

In seiner Geburtsstadt lebt er zunächst zurückgezogen; er arbeitet unter anderem als Spitzel für die venezianische Staatsinquisition und verschafft sich damit einen scheinbar sicheren Status. Seine spitzelberichte unterzeichnet er, wenn man der Forschungsliteratur glauben darf, mit dem Pseudonym Antonio Pratolini.[11] Doch es gibt keine Kontinuität im Leben des Giacomo Casanova außer der, ständig in Bewegung oder auf der Flucht zu sein – und es ist überaus spannend, die Parallelen zu unserem neuspanischen Dominikanermönch Fray Servando Teresa de Mier auszuleuchten. 1782 verfasst er nach dem Wortwechsel mit einem Patrizier eine scharfe Satire, was ihm die abermalige und endgültige Verbannung aus Venedig einträgt. Sein Wanderleben setzt wieder ein, das ihn für kurze Zeit nach Paris und schließlich nach Wien führt, wo er 1784 Sekretär des venezianischen Gesandten Foscarini wird – doch auch diese Position wird nicht von Dauer sein.

Nach Foscarinis Tod bietet ihm der junge Graf von Waldstein die Stelle eines Bibliothekars in seinem Schloss im nordböhmischen Dux an: Im September 1785

---

**11** Vgl. Bolitho, William: *Zwölf gegen das Schicksal – Die Geschichte des Abenteuers.* Traunstein: Müller und Kiepenheuer 1946, S. 78.

übernimmt Casanova sein neues Amt, unterhält eine weitläufige Korrespondenz mit zahlreichen europäischen Persönlichkeiten, widmet sich wissenschaftlichen und literarischen Arbeiten und beginnt um 1790 mit der Niederschrift seiner Memoiren. Diese umspannen insgesamt die Jahre zwischen 1733 und 1774, mithin vier bedeutsame Jahrzehnte jener Epoche der Aufklärung, die Giacomo Casanova in seiner in französischer Sprache verfassten *Histoire de ma vie* als ein herausragender Zeitzeuge für uns kommentiert und uns nahebringt. Ein Leben, das sich wie ein Reisebericht liest, kommt zu seinem intensiven schriftstellerischen Ende.

Denn nach einer schwierigen Veröffentlichungs- und Übersetzungsgeschichte wird es dieses Bild sein, das von Giacomo Casanova bleibt: das des venezianischen Schriftstellers, der in der Sprache der République des Lettres schreibt und Europäer durch und durch ist. Erst vor wenigen Jahren hat die Bibliothèque de France die Manuskripte von Casanovas *Histoire de ma vie* für einen nicht ganz zweistelligen Millionenbetrag erworben, der meines Wissens nur noch durch die zwölf Millionen für den Ankauf der Reisetagebücher Alexander von Humboldts überboten wurde. Auch diese Tatsache mag belegen, dass Casanova längst aus der etwas verruchten Ecke herausgekommen und zu einem der großen in französischer Sprache schreibenden Autoren des 18. Jahrhunderts geworden ist. Und als solcher figuriert er auch in unserer Vorlesung als Verfasser eines der Hauptwerke des 18. Jahrhunderts.

Zeit seines Lebens blieb Giacomo Casanova Venedig mit allen Fasern seiner Existenz verbunden. Das damals recht freizügige Klima der Stadt der Inseln formte und prägte ihn von Grund auf. Zugleich kann er als das bezeichnet werden, was man im 18. Jahrhundert einen „cosmopolite" oder im Deutschen einen „Weltbürger" nannte, obwohl er Europa – die Alte Welt – nie verließ. Casanova war ein solcher europäischer Weltbürger in eben jenem Sinne des Spaniers José Cadalso, als dass sich der illustre Venezianer als typischer Vertreter jener französisch gebildeten und französischsprachigen Elite in der internationalen République des Lettres zwischen den Ländergrenzen hin- und herbewegte. Es war die feudalistische Zeit vor Beginn eines bürgerlichen Zeitalters der Nationalismen. Unter diesem Gesichtspunkt war Casanova sehr wohl eine repräsentative Figur für die Eliten des europäischen Jahrhunderts der Aufklärung. Es handelt sich um eine Welt des Ancien Régime, die mit dem Ende des Jahrhunderts in weiten Teilen Europas – von einem restaurativen Intermezzo einmal abgesehen – zu existieren aufhörte.

Als Giacomo Casanova mit der Niederschrift seiner in französischer Sprache abgefassten *Histoire de ma vie* im Jahr 1789 oder spätestens 1790 begann, blickte er auf einen langen Zeitraum zurück, den er ganz im Sinne der Memoiren seiner Zeit – wie auch der modernen Autobiographie, die mit Jean-Jacques Rousseaus *Confessions* ihren eigentlichen Beginn und ersten Höhepunkt erst wenige Jahre zuvor hatte – inhaltlich immer stark an großen Persönlichkeiten ausrichtete, denen er begegnet war, zugleich aber natürlich gerade den amourösen Geschichtchen und Geschichten einen großen Teil seiner verschriftlichten Aufmerksamkeit widmete. Casanova war auch in diesem Sinne ein Kind seiner Zeit und mehr noch: auf der Höhe seiner Zeit. Denn seine *Histoire de ma vie* trägt alle Zeichen einer zwar feudalistischen politischen Grundauffassung, weist zugleich aber auch untrügliche Indizien moderner Subjektivität auf.

Man hat mit Rückgriff auf seine eigene Formulierung auch zu Recht von einer genießenden Niederschrift der ‚Memoiren' gesprochen, die keine Memoiren im klassischen Sinne waren. Denn Casanova hat ganz offensichtlich dieses Verfassen und die Erinnerungen und Ausgestaltungen, die er gegen Ende seines Lebens zu Papier brachte, selbst sehr genossen. Mit einer Wendung von Roland Barthes könnte man diesen Reisebericht seines Lebens ganz in das Zeichen einer „Lust am Text" stellen, die alle Seiten dieses Texts durchdringt. Casanova schwelgte nicht nur in seinen Erinnerungen, sondern auch in seinen Fähigkeiten, diese Geschichte des eigenen Lebens facettenreich zu Papier zu bringen.

Zugleich entstand das, was man mit Philippe Lejeune[12] einen autobiographischen Pakt nennen könnte: Der Autor steht mit seinem Namen dafür ein, dass es sich bei dem Ich, dem wir in diesem Buch begegnen und das als Verfasser auf dem Buchdeckel steht, tatsächlich um den realen, textextern referentialisierbaren Autor mit Haut und Haaren handelt. Wir wissen freilich aus unserer Begegnung mit Jean-Jacques Rousseaus *Les Confessions*, dass es sich beim autobiographischen Schreiben um ein Oszillieren zwischen Fiktion und Diktion handelt, das wir mit dem Begriff der *Friktion*[13] belegt haben.

Denn wichtig ist für uns an dieser Stelle, dass es beim autobiographischen Schreiben kein monolithisches Ich gibt, sondern dass es sich in mindestens zwei Ichs aufspaltet, die miteinander in engster Verbindung stehen: erstens in das erzählende Ich, das sich an seine früheren Wanderungen und Erfahrungen erinnert, und zweitens in das erinnerte Ich, das die Situationen erlebt und durchlebt, welche später dann vom erzählenden Ich ‚erzählt' beziehungsweise in schriftlicher Form festgehalten werden. Diese beiden Figurationen des Ich erlauben es, einen spezifischen literarischen Spielraum zu schaffen, in welchem sich moderne Subjektivität friktional auszudrücken vermag.

---

12 Vgl. das Standardwerk von Lejeune, Philippe: *Le pacte autobiographique*. Paris: Seuil 1975.
13 Vgl. hierzu Ette, Ottmar: *ReiseSchreiben. Potsdamer Vorlesungen zur Reiseliteratur*, S. 141–149.

Diese Grundkonstellationen charakterisieren das Schreiben von Giacomo Casanova, das im Übrigen wie ein später Rückblick auf das 18. Jahrhundert und damit auf das Zeitalter der Aufklärung wirkt. Von der spezifischen Memoirenliteratur ist freilich noch das grundlegende Element vorhanden, all jene historischen Figuren aufzulisten, denen das Ich im Verlauf der Geschichte seines Lebens begegnet ist. Es gibt also schon im 18. Jahrhundert frühe Mischformen, welche die Gattungsentwicklung der Autobiographie ganz entscheidend mitgeprägt haben und die auf andere Weise noch in den zeitgenössischen Formen autofiktionalen Schreibens vorhanden sind.

Eben diese Gattungsmischung ist in Giacomo Casanovas *Histoire de ma vie* ausgezeichnet zu beobachten – sogar in einem sehr starken Maße, da sich in der Tat bei ihm die autobiographischen, die memoirenspezifischen und die reiseliterarischen Gattungscharakteristika gleichsam wechselseitig verstärken. Die Textdiegese, also der raum-zeitliche Bereich, der in der *Geschichte meines Lebens* ausgespannt wird, endet also keineswegs mit dem Jahr 1774, der Rückkehr nach Venedig, in der Casanova im Grunde jene zweite Phase zu Ende gehen sah, von der zu berichten und zu erzählen dem alten Mann noch Freude machte. So können Sie es zwar in allen literaturwissenschaftlichen Darstellungen lesen, die mit unterschiedlicher Akzentsetzung zur *Geschichte meines Lebens* verfasst wurden, doch wird dabei ein wesentliches Element übersehen.

Denn ‚natürlich‘ wird die Situation des schreibenden, des erzählenden Ich immer wieder eingeblendet, wobei diese Position auch durch die Reflexionen, die metatextuellen Einschübe im Text immer wieder in besonderem Masse erscheint und die entsprechenden historischen, kulturellen, erotischen und anderen Erfahrungen einbringt. Wir sehen so ein gewiss stilisiertes schreibendes und erzählendes Ich bei der Arbeit. Es ist ständig im Begriff, sich über lange Zeiträume seines Lebens hinweg zu erinnern, so dass diese Phase der langen Niederschrift im Alter auf dem nordböhmischen Schloss Dux im Text selbst sehr wohl präsent ist. Bis zu seinem Tode war Casanova mit der Fertigstellung und Überarbeitung seiner Memoiren beschäftigt – Eine wichtige Dimension seiner literarischen Arbeit war gleichsam seine Suche nach der verlorenen Zeit!

Nachdem wir nun schon das Ende dieser Niederschrift kennengelernt und es mit der Gesamtstruktur von Leben und Werk Giacomo Casanovas in Verbindung gebracht haben, sollten wir am besten nun mit dem Beginn des umfangreichen zwölfbändigen Textes weitermachen, der erst lange Zeit nach Ableben des Verfassers zunächst in deutscher Übersetzung ab 1822 bei Brockhaus in Leipzig zu erscheinen begann. Ich habe mich daher auch bei meinen Zitaten an die Neuausgabe dieser Leipziger Edition gehalten. Denn die Veröffentlichungsgeschichte der Memoiren ist durchaus kurios und endet nicht mit dem erwähnten Aufkauf des französischen Manuskripts für einen Millionenbetrag durch die Pariser Nationalbibliothek.

Der große Erfolg dieser recht problematischen Erstausgabe, von der aus paradoxerweise wieder zurück ins Französische übersetzt wurde – die Nachfrage war so groß, dass im Laufe der Zeit in Frankreich wie in Deutschland jeweils mehr als einhundert verschiedene Ausgaben erschienen – stellte alle Erwartungen in den Schatten. Er verankerte bereits frühzeitig den Namen des frankophilen Italieners im kollektiven Gedächtnis der abendländischen Welt als eine Art Prototyp oder repräsentativer Figur des männlichen Verführers in der Literatur – So werden Sie auch erstmals auf den Namen Casanova gestoßen sein! Aber war es wirklich dieses Bild, das Casanova von sich selbst transportiert sehen wollte? Viel gäbe es dazu zu sagen, doch sollten wir uns nun mit der Vorrede beschäftigen!

Ihr ist als Motto ein unvollständiges Cicero-Zitat vorangestellt, das am Ende dieser Vorrede erneut bemüht wird, so dass eine Art Kreisstruktur entsteht und jenes Motto zusätzlich in seiner Bedeutung herausgehoben wird: „Wer sich nicht selbst kennt, weiß gar nichts." Damit ist das zentrale Motiv der Selbsterkenntnis, der Selbsterfahrung von Beginn an in den Text eingeblendet: ein Grundelement moderner Subjektivität. Vielleicht wäre hier mehr das Bild zu suchen, das Casanova philosophischerweise von sich am liebsten verbreiten wollte – was er durchaus mit vollem Recht tun konnte! Nach diesem Motto heißt es dann:

> Ich erkläre meinem Leser von vornherein, dass ich bei allem, was ich zeit meines Lebens an Gutem oder Bösem getan habe, sicher bin, entweder verdienstvoll gehandelt oder gesündigt zu haben, und dass ich mich deshalb für ein mit freiem Willen begabtes Wesen halten muß. [...] Ich glaube an die Existenz eines unkörperlichen Schöpfergottes, der Herr alles Gestaltgewordenen ist. Der Beweis dafür, dass ich nie daran gezweifelt habe, ist für mich die Tatsache, dass ich stets auf seine Vorsehung zählte, in allen meinen Nöten durch das Gebet Zuflucht bei ihm suchte und auch stets erhört wurde. [...]
>
> Der Leser, der zum Nachdenken neigt, wird aus diesen meinen Erinnerungen ersehen, dass ich nie auf ein bestimmtes Ziel zusteuerte und deshalb nur dem System folgte – wenn es überhaupt eines ist –, mich dahin treiben zu lassen, wohin der Wind blies. Wie viele Wechselfälle birgt doch diese Unabhängigkeit von jeglicher Methode in sich! Meine Mißgeschicke haben mir ebenso wie die Glücksfälle gezeigt, dass auf dieser gleichermaßen körperlichen wie moralischen Welt das Gute aus dem Bösen hervorgeht, wie das Böse aus dem Guten. Meine Irrwege werden den Nachdenklichen die entgegengesetzten Pfade weisen oder sie die hohe Kunst lehren, sich stets im Sattel zu halten. Es gilt nur, Mut zu haben, denn Kraft ohne Vertrauen ist zu nichts nütze. Ich habe oft erlebt, dass mir durch einen unbedachten Schritt, der mich eigentlich an den Rand des Abgrunds hätte führen müssen, das Glück in den Schoß fiel. [...]
>
> Trotz des Vorrates an trefflicher Moral als natürlicher Frucht der in meinem Herzen eingewurzelten göttlichen Prinzipien, bin ich ein Leben lang ein Opfer meiner Sinne gewesen. Vom rechten Weg abzuweichen, machte mir Vergnügen, und ich habe fortwährend Fehler begangen [...]. Aus diesem Grunde hoffe ich, lieber Leser, dass du, weit davon

> entfernt, in meiner Geschichte schamlose Prahlerei zu entdecken, darin solche Züge findest, die einer Generalbeichte zustehen, obschon du im Stil meiner Berichte weder das Gehabe eines Büßers noch das Schuldgefühl eines Menschen finden wirst, der errötend über seine losen Streiche Rechenschaft ablegt.[14]

Die Grundhaltung, in welcher Casanova die erwünschte Rezeption seines Textes sieht, ist die der Wahrnehmung als Beichte und damit als „Confession". Dass er dabei nicht das Gewand des Büßers wählt, ist etwas, das zweifellos seinem Naturell entspricht, und präsentiert eine Haltung, die zugleich aber auch die von Jean-Jacques Rousseau gegenüber seinen autobiographischen Schriften war. Auch letzterer war weit davon entfernt, das Büßergewand anzulegen, um sein Leben zu rechtfertigen; vielmehr trat er erhobenen Hauptes und mit dem Buch seiner *Confessions* in der Hand herausfordernd vor den höchsten Gott. Dieser möge seinem herausragenden Leben Gerechtigkeit widerfahren lassen! Die Parallelen zwischen den autobiographischen Texten Casanovas und Rousseaus sind trotz allen literarischen Gattungsunterschieden offenkundig. Casanova stand Rousseau vielleicht näher, als ihm selbst bewusst war und als ihm selbst vor dem Hintergrund seiner Darstellung des Genfer Philosophen vor Augen stand.

In dieser etwas längeren Passage gibt es eine ganze Reihe von Charakteristika, die wir in der Folge immer wieder in Casanovas *Histoire de ma vie* antreffen werden. Zum einen findet man am Anfang und am Ende der hier aufgeführten Überlegungen direkte Anreden an den Leser, der nicht notwendig nur ein männlicher sein musste. Denn wir wissen heute, dass die erotische Literatur im 18. Jahrhundert gerade auch von Frauen – Marie-Antoinette ist hier nur ein besonders bekanntes Beispiel – sehr goutiert und gerne gelesen wurde. Freilich war die tatsächliche Zugänglichkeit des Casanova'schen Lebensberichts im 18. Jahrhundert höchst eingeschränkt.

Es scheint sich auf textinterne Weise eine direkte Beziehung zu bilden zwischen dem realen Autor und dem Ich-Erzähler einerseits – die gemäß des autobiographischen Pakts stillschweigend miteinander identifiziert werden – und dem expliziten (und allen impliziten) Leserfiguren andererseits. Dabei muss man dieser expliziten Leserfigur laut Ich-Erzähler (und hier besonders dem erzählenden Ich) ein gewisses Alter und eine gewisse Lebenserfahrung zuschreiben: Denn für die Jugend habe er fürwahr nicht geschrieben! Ich werde dennoch Ihnen gegenüber keine größeren Vorsichtsmaßnahmen walten lassen, denn Casanova ist ganz sicherlich in Sachen Erotik ein harmloses Lesevergnügen

---

14 Casanova, Giacomo: *Geschichte meines Lebens*, Bd. 1, Vorrede, S. 63 ff.

Schließlich befinden wir uns laut Vorwort eindeutig auf dem Gebiet der Philosophie, auch wenn Casanova ein System in seinen Lebens-Untersuchungen beim besten Willen nicht erkennen will. Vielmehr wendet er sich explizit von jeder stringenten Methode, von jedem monologischen System ab und rechnet sich keiner Philosophie zu, die irgendeinem Systeme folgt. Im Gegensatz dazu macht er den Fehler als ein grundlegendes Erkenntnisinstrument aus: Man könnte sagen, dass Casanova durch seine vielen von ihm begangenen Fehler zwar vielfältig gescheitert ist, aber zugleich auch dadurch gescheiter wurde. Man könnte vielleicht sogar so weit gehen, Casanova einer Poetik des Fehlers, ja einer Poetologie des Fehlers im System zuzurechnen, wie sie vor allem zu Beginn des 21. Jahrhunderts aufmerksam diskutiert worden ist.[15] Denn das erzählende Ich erklärt offenkundig den Fehler zu einer zentralen Erkennungsmarke seines eigenen Lebens: zumindest aus der Position des weise gewordenen erzählenden Ich, das seine Memoiren auf Schloss Dux verfasst. Leben und Schreiben stehen so bei Casanova in einem Wechselverhältnis des Lernens, das sich über Jahrzehnte seiner Lebensgeschichte erstreckt und auch im Alter noch nicht zu Ende ist.

Daneben findet sich eine schon zu Beginn recht deutlich prononcierte Absicht, das Christentum und den christlichen Glauben mit dem Libertinage, mit der Freizügigkeit in philosophischen wie in erotischen Dingen, in Einklang und Übereinstimmung zu bringen. Es handelt sich dabei um eine Vorstellung, die Casanova – der ja einst eine Tonsur besessen hatte – immer wieder der Erwähnung wert ist. Die Verfolgungen durch die venezianische Inquisition mögen für den alternden Italiener lehrreich gewesen sein. Doch den Anspruch auf ein gottgefälliges Leben hat er auch im Angesicht seines baldigen Todes bei weitem nicht aufgegeben.

Casanova betont in seinem Vorwort, dass er nie auf ein bestimmtes Ziel zugesteuert sei und nie eine klare Route verfolgt habe, sondern die jeweiligen Gelegenheiten stets beim Schopfe packte, sobald sie sich ihm darboten. In diesem Sinne stimmt er mit jenem aktiven Fatalismus mitsamt seinen ständigen Kurswechseln überein, wie ihn Diderots *Jacques le fataliste* auszeichnet. Casanova ist wie Jacques zwar nicht der Herr über alle Dinge, wohl aber sein eigener Herr. Das Fehlen einer Methode ist etymologisch gesehen das Fehlen eines klaren, geraden Weges, den er gerade nicht befolgte, um auf alles spontan und unvermittelt reagieren zu können. Zu dieser Art eines aktiven Fatalismus braucht

---

**15** Vgl. hierzu unter anderem Ingold, Felix Philipp / Sánchez, Yvette (Hg.): *Fehler im System. Irrtum, Defizit und Katastrophe als Faktoren kultureller Produktivität.* Göttingen: Wallstein Verlag 2008.

es jedoch eine Menge Selbstvertrauen und auch Mut, den sich Casanova selbst sehr wohl bescheinigt.

Das Einräumen einer Achtung der obersten religiösen Instanz hat selbstverständlich auch mit der Frage der Zensur und der Gepflogenheiten im 18. Jahrhundert zu tun. Aber Casanova plante offenkundig nicht – obwohl er dann doch noch wohl auf Druck seiner Freunde einen erfolglosen Versuch der Veröffentlichung unternahm –, seine Lebenserinnerungen noch vor seinem Ableben zu veröffentlichen. Für ihn selbst war nicht die Veröffentlichung, sondern die Niederschrift der Geschichte seines Lebens das Entscheidende. Wir können gleichwohl eine intensive Inszenierung der Beziehung zwischen Autor und Leserschaft von Beginn an konstatieren. Sie wird sich durch den gesamten Text ziehen und deutet auf einen Schriftsteller, der sehr wohl die Grenzen zwischen der Memoirenliteratur und der modernen Autobiographie bewusst überschritt und Elemente beider Gattungen miteinander mischte. Als ein Prahlhans wollte der Ich-Erzähler freilich in den Augen der geneigten Leserschaft nicht dastehen. Und so sollten wir es auch vermeiden, die *Histoire de ma vie* als Protzen mit der eigenen sexuellen Potenz missszuverstehen! Diese ist freilich die Voraussetzung dafür, die unterschiedlichen Facetten eigener Subjektivität, vor allem aber auch deren soziopolitischen Kontexte und die Gesellschaften Europas im Aufklärungszeitalter darzustellen.

Zur spezifischen Art des Fatalismus Casanovas gehört, dass er im Verlauf seines Lebens immer wieder von seinen eigenen Sinnen überwältigt worden sei. Der Venezianer zeigt sich freilich weit davon entfernt, dies zu bedauern: Seinen Sinnen habe er an entscheidenden Punkten seines Lebens immer wieder nachgegeben und sei ihren Lockrufen gefolgt! Man könnte daher die These wagen, dass Casanova als sinnlich ausgerichteter Mensch nicht einer rationalen Orientierung, sondern stets einer unmittelbaren Lusterfüllung gefolgt sei und sich daraus auch die vektorielle Anlage seiner gesamten Lebensbewegung ergeben habe: ein ständiges Hin und Her, geprägt von zahlreichen Abwegen und Holzwegen, auf denen er das Europa seiner Zeit durchquerte. Die Parallele zur angeführten Eröffnung von Diderots *Jacques le fataliste et son maître* ist offenkundig: „Woher kamen sie? Vom nächstgelegenen Ort. Wohin gingen sie? Weiß man denn, wohin man geht?"

Nur auf den ersten Blick ist die Szene belanglos, welche eine erste wichtige Reisebewegung des erzählten Ich schildert; tatsächlich aber erweist sie sich bei genauerer Lektüre als überaus hintergründig. diese erste Reise erfolgt nicht in Gesellschaft einer Geliebten, wie man vielleicht erwarten könnte, sondern vielmehr der eigenen Mutter. Sie begleitet ihren Sohn auf dessen Reise von Venedig nach Padua an Bord eines Schiffs, des Burchiello, das mitten in der Nacht seine Fahrt beginnt. Das Ziel der Reise wird angesteuert, weil die Ärzte empfohlen haben, den Jungen von Venedig zu entfernen, da das dortige Klima an seinen starken Nasenblutungen schuld sei – ein Leiden, das Casanova im Verlauf seines langen Lebens übrigens niemals wirklich besiegen konnte. Wolle man den Jungen nicht verlieren, so hatten die Ärzte geraten, dann müsse man ihn in ein anderes Klima bringen.

Die angestrebte Luftveränderung führte die kleine Reisegruppe in das nicht sehr weit entfernte, aber klimatisch durchaus differente Padua, wo der Junge bei einer Pflegefrau in die Obhut gegeben wurde, die ihn dann zur Schule schicken und über ihn wachen sollte. Interessant ist nun, wie die Reise dargestellt und fokalisiert wird und inwieweit sie gleichsam eine Mise en abyme vieler anderer, nachfolgender Reisen darstellt:

> Sobald es tagte, stand meine Mutter auf und öffnete ein Fenster gegenüber meinem Bett. Die Strahlen der aufgehenden Sonne trafen mein Gesicht und ließen mich die Augen aufschlagen. Das Bett war so niedrig, dass ich das Land nicht sehen konnte. Ich erblickte durch das Fenster nur die Wipfel der Bäume, mit denen die Ufer des Flusses durchweg gesäumt sind. Das Schiff schwamm dahin, doch mit einer so gleichmäßigen Bewegung, dass ich davon nichts spüren konnte. Deshalb setzten mich die Bäume, die rasch vor meinen Augen vorbeizogen, in Erstaunen. „Ach, liebe Mutter!" rief ich. „Was ist denn los? Die Bäume wandern ja!"
>
> In diesem Augenblick kamen die beiden Herren herein, und als sie mich so verdutzt sahen, fragten sie, was mich denn so beschäftige. „Wie kommt es", fragte ich zurück, „dass die Bäume wandern?"
>
> Sie lachten; meine Mutter aber seufzte und sagte mitleidig zu mir: „Das Schiff bewegt sich und nicht die Bäume. Zieh dich jetzt an."
>
> Ich begriff augenblicklich, wie diese Erscheinung zustande kam, und mit meinem erwachenden und ganz unvoreingenommenen Verstand dachte ich folgerichtig weiter. „Dann ist es also möglich", sagte ich zu ihr, „dass sich auch die Sonne nicht bewegt, sondern dass wir es sind, die von Westen nach Osten wandern." Meine gute Mutter jammerte über so viel Dummheit, und Signor Grimani beklagte meinen Unverstand; ich stand ganz verstört und traurig da und war dem Weinen nahe. Nur Signor Baffo gab mir wieder neuen Mut. Er kam auf mich zu, küßte mich zärtlich und sagte: „Du hast recht, mein Kind, die Sonne bewegt sich nicht. Verliere nicht den Mut, bilde dir stets dein eigenes Urteil und laß die andern ruhig lachen." [...] Das war die erste wirkliche Freude, die ich in meinem Leben genoß.[16]

Die vektoriellen Bewegungen der Reise sind der Ort einer ersten eigenständigen Erkenntnis des Ich und zugleich der Ort eines *Wissens aus der Bewegung*. Dies wird auch für das künftige Leben des Ich eine Leitschnur bleiben: Mit der Bewegung, mit der Veränderung der Perspektive, ist Erkenntnis – und zwar lustvolle Erkenntnis – verbunden. Denn es ist auf der Reise, durch den Blick aus dem Fenster des fahrenden Schiffs, dass der kleine Junge auf grundlegende Fragen

---

16 Casanova, Giacomo: *Geschichte meines Lebens*, Bd. 1, S. 87 f.

und Antworten, die das ganze Universum betreffen, gebracht wird und zugleich lernt, dass man für sich allein denken muss, ohne den anderen einfach nachzugeben. Casanova markiert an diesem Augen-Blick der Reise den Ursprung seines unabhängigen, eigenständigen Denkens, das auf die Reaktionen der Anderen nur wenig Rücksichten nimmt.

Entscheidend in dieser Szene ist die Bewegung, die Veränderung der Perspektive und die verschiedenen Standpunkte, die ein Beobachter-Ich sowie andere Figuren gegenüber demselben Gegenstande einnehmen können. Die Erkenntnis ist also ein Kind der Bewegung, eine Frucht des Reisens, das von so zentraler Bedeutung für den Ich-Erzähler ist, weil sich aus dieser Mobilität zugleich auch sich verändernde Blickwinkel und damit eine Multiperspektivität ergeben. Die äußere wie auch die innere Bewegung sind von zentraler Bedeutung, um den gesamten Text der nachfolgenden *Histoire de ma vie* verstehen zu können: Sie erst eröffnen jene verschiedenartigen Perspektiven auf die Welt, welche im nachfolgenden Bericht eines Lebens auf der Suche nach Liebe quer durch Europa effektvoll in Szene gesetzt werden.

Dabei ist der lustvolle Genuss, das Genießen, die Freude an der Erkenntnis ein ganz zentraler Faktor. So wie das Schreiben des alten Casanova ein genießendes ist, so ist auch das Prinzip Lust ein zentrales Handlungsmotiv für das erzählte Ich, das sich immer wieder gerne von seinen Sinnen überwältigen lässt. Erkenntnis ist ein ebenso lustvoller Prozess wie die Sexualität, welche auf diesen Seiten recht freizügig ausgelebt werden kann. Die *Histoire de ma vie* ist ein genießender Text, ein „texte de plaisir", der lustvoll niedergeschrieben und lustvoll gelesen werden kann. Die Lust am Text ist ebenso für die Niederschrift wie für die Lektüre, ebenso für die Produktion wie für die Rezeption der *Geschichte meines Lebens* von überragender Bedeutung.

Doch nicht allein das Dionysische, sondern auch das Apollinische ist auf diesen Seiten von Beginn an und ab dieser Szene einer ersten Reise mit der Mutter gegenwärtig. Damit wird die Reisebewegung gleichsam zum Erkenntnismotor eines Denkens und eines Schreibens (wie auch eines Lesens), das sich beständig in Bewegung weiß und alten Vorurteilen die eigene Er-Fahrung des Ich entgegenstellt. Das Reisen ist mit Erkenntnis und Freude, mit Wissen und Lust und Lust am Wissen gepaart. Nichts vermag den stetigen Erkenntnisprozess des Ich-Erzählers aufzuhalten. In seiner Freiheit, in der Freiheit seiner Bewegungen, wird lustvolle Erkenntnis zum Ziel eines Subjekts, das sich unabschließbar um seine Objekte dreht. Und es ist ein modernes Subjekt, für welches die Selbstreflexion wie auch die Abgrenzung von allen anderen Subjekten entscheidende Aspekte der Selbstkonstituierung als Individuum sind. Die Modernität der Reise- und Erkenntnisbewegungen geht mit der Modernität der Subjektbildung Hand in Hand.

Die gesamten hermeneutischen Bewegungsfiguren der *Histoire de ma vie* sind von Diskontinuitäten und Abbrüchen gekennzeichnet. Einkerkerungen, Ausbruchsversuche, Ausweisungen und fluchtartiges Verlassen sind wie beim neuspanischen Dominikaner Fray Servando Teresa de Mier narrative Elemente, die sich in diesem Leben als Reise, in diesem Lebensbericht als Reisebericht ständig wiederholen. Bei Fray Servando wie bei Casanova ist hierbei die Nähe zur „Novela picaresca" offenkundig, zum Schelmenroman des 17. Jahrhunderts. Beide stellen auf eine jeweils umfassende Weise das Europa des Aufklärungszeitalters dar.

Giacomo Casanovas Lebensgeschichte ist eine lange Beichte, aber vorgetragen in einem stolzen, selbstbewussten Ton – niemals in dem eines Büßers, der zutiefst sein Leben bereut hätte. Sie trägt damit auch auf dieser Ebene Züge der Novela picaresca, aber weit mehr noch jene einer modernen Subjektivität, welche sich bewusst gegen die herrschenden gesellschaftlichen Normen und Konventionen stellt. Wie beim „pícaro" finden wir auch bei Casanova ein beständiges Queren unterschiedlichster sozialer Stände und Gruppen, von den niedersten Klassen – also etwa den Bauern, zu denen auch die hübschen Bauernmädchen gehörten, die Casanova keineswegs verachtete – bis hinauf zu den höchsten Höhen der Gesellschaft, zu den Fürsten und vor allem Fürstinnen, Herzögen und Herzoginnen, an den großen wie den kleinen Höfen Europas.

Der eigentliche Treibstoff für seine Reisen und alle Bewegung ist das Begehren, wohl weitaus mehr noch als die Lust oder gar die Wollust, die Casanova sich von seinen jeweiligen Eskapaden und Abenteuern erhofft. Giacomo Casanova ist einer, der sich – zumindest nach Aussage seines Ich-Erzählers – treiben lässt im Vektorenfeld eines Begehrens, das ständig neue Objekte findet und wieder aus den Augen verliert. In ihm ist ein unmäßiges Wollen, ständig neue Umgebungen, ständig neue Geliebte, ständig neue Erfahrungen und Erlebnisse zu sammeln und dadurch Neues sinnlich zu erleben. Für dieses Begehren gibt es keine Grenze, keinen Überdruss, keine Langeweile. Denn wie das Ein- oder Ausatmen wiederholt sich bei ihm auch die Liebe niemals.

Dabei sind Casanovas erotische Besitzergreifungen und heterosexuelle Inbesitznahmen ebenso wie sein ausgeprägtes Nomadentum von erstaunlicher Haltbarkeit und Widerstandsfähigkeit. Erst spät stellen sich bei ihm auf den verschiedensten Ebenen Ermüdungserscheinungen ein, wobei in der Forschungsliteratur, aber auch schon bei Casanova selbst das Jahr 1763 – und damit sein Aufenthalt in London – als ein Jahr der Wende dargestellt wird. Mag sein, dass ihn eine unerfüllte Liebe zu einem jungen, kaum achtzehnjährigen Mädchen fast in den Selbstmord und damit an einen Punkt stärkster Selbstreflexion geführt hatte. Casanova musste sich der Vektoren seines Begehrens wieder von neuem versichern – und dies gelang!

Dass der Treibstoff der Reisebewegungen im Grunde immer ein *Triebstoff* war, macht Casanova mit seinem Verweis auf die sinnliche Dominanz seiner Lebenserfahrungen deutlich. Dieser sinnliche und zugleich sensualistische Aspekt seiner Lebensphilosophie ist vielfach gedeutet worden. Entsprechend stark ist auf dieser Bedeutungsebene auch die sinnliche Wahrnehmungswelt des Texts ausgestattet, betont der weitgereiste Venezianer doch schon in der Vorrede seines Werks, dass jede Frau, in die er sich verliebte, stets für ihn angenehm duftete; und dass er dies umso mehr genoss, je mehr sie bei seinen zärtlichen Bemühungen ins Schwitzen kam. Gerade dieser olfaktorischen und taktilen Sinnenfreude dürfen wir bei der Analyse seines Lebensberichts eine größere Aufmerksamkeit schenken, kommt ihr doch unter Einbeziehung aller körperlichen Flüssigkeiten eine gleichsam dionysische Qualität zu.

Im Grunde ist der Lebensbericht also ein Reisebericht und der Reisebericht ein Liebesbericht aus dem Vektorenfeld eines unendlich wiederholten und erneuerten Begehrens. Die Bewegungen im Text und im Leben überlagern sich, die Mobilität schreibt sich ein in ein immer komplexer werdendes Vektorenfeld, das vom eigenen Begehren unter Spannung gehalten wird. Das Leben selbst erscheint als Reise – ein Topos, den wir seit der Antike in der abendländischen Literatur verfolgen können. Doch die Lebensreise des Giacomo Casanova war eine besondere!

Die *Geschichte meines Lebens* ist zudem ein hochgradig selbstreflexiver Text. Giacomo Casanova gibt in seiner Vorrede klare Hinweise zur Art der Niederschrift und seinem Gattungsverständnis. Die nachfolgenden Reflexionen zeugen vom hohen Grad an Bewusstheit und Selbstreflexion bei dem galanten Philosophen:

> Ein antiker Autor belehrt mich in schulmeisterlichem Ton: „Wenn du nichts vollbracht, was das Aufschreiben lohnt, so schreibe wenigstens etwas, das wert ist, gelesen zu werden." Diese Vorschrift ist so schön wie ein in England geschliffener Diamant reinsten Wassers, aber sie betrifft mich nicht, weil ich weder die Geschichte eines berühmten Mannes noch einen Roman schreibe. Ob wert oder unwert, mein Leben ist mein Stoff, und mein Stoff ist mein Leben. Da ich es gelebt habe, ohne je daran zu denken, mich könnte einmal die Lust packen, es aufzuzeichnen, mag es ein gewisses Interesse besitzen; das aber hätte es wohl kaum, wenn ich mein Leben in der Absicht geführt hätte, es in meinen alten Tagen niederzuschreiben und, was weit mehr ist, es auch noch zu veröffentlichen.[17]

Casanova situiert seinen eigenen Text zwischen den Memoiren eines großen Mannes und einem Roman: Beides aber habe er nicht geschrieben! Es geht folglich um ein Ich, das wie im Falle Rousseaus kein in der Gesellschaft berühmter

---

17 Casanova, Giacomo: *Geschichte meines Lebens*, Bd. 1, Vorrede, S. 66 f.

Mann ist, sondern um eines, das es nach eigenem Gutdünken wert ist, *gelesen* zu werden, auch wenn es keinen großen Namen trägt und nicht von fürstlichem Geblüte ist. Diese Passage, die mit einem Zitat von Plinius dem Jüngeren beginnt und mit einem ironischen Verweis auf die keineswegs berühmte englische Diamantenschleifkunst weitergeht, wird danach von einer Datierung des Vorworts explizit auf das Jahr 1797 fortgeführt, in welchem Casanova den bereits erwähnten Genuss bei der Niederschrift seines Texts hervorhebt. Es ist ein Blick zurück am Ende eines Jahrhunderts, das sicherlich nicht das Jahrhundert Casanovas war, das der weitgereiste Venezianer aber bezogen auf Europa wie nur wenige einzufangen verstand. Es ist zudem der Blick zurück auf eine Welt, die im Begriff stand, am Ende dieses Jahrhunderts hinter dem Horizont zu verschwinden.

Nachdem man in einer kontroversen Rezeptionsgeschichte im 19. Jahrhundert bisweilen die gesamte *Geschichte meines Lebens* für Erfindung und pure Fiktion, deren Verfasser sogar für eine erflunkerte Figur gehalten hatte, belegten die Forschungen insbesondere im 20. Jahrhundert eindrucksvoll, wie präzise die Erinnerungen und Gedächtnisleistung des Venezianers waren. Sie belegten, wie genau er sich – selbstverständlich unterstützt von seinem Tagebuch – an bestimmte Abläufe erinnerte, auch wenn sich bisweilen Fehler und Lücken in seiner „narratio" nachweisen lassen. Aber dies war bei einem Abstand von mehreren Jahrzehnten wahrlich keine Überraschung! Wie Jean-Jacques Rousseau konnte er mit dem Buch seines Lebens in der Hand vor seinen Schöpfer wie vor seine Leserschaft treten und bei aller Friktionalität autobiographischen Schreibens doch für die historische Wahrheit des von ihm verfassten Buchs plädieren. Auch Casanova konnte wie Jean-Jacques dabei hinzufügen, dass er wie kein anderer Mensch gemacht sei, und dass es auch nach ihm niemals einen Menschen geben werde, der ihm gliche.

Zweifellos machte Giacomo Casanova durch seine spektakuläre Flucht aus den Bleikammern – die er nachträglich 1788 beschrieb und separat in Buchform veröffentlichte, später aber in veränderter Form in seine *Histoire de ma vie* miteinbezog – bei einer europäischen Öffentlichkeit erstmals auf sich aufmerksam. Casanova war folglich durchaus ein Gedächtniskünstler, dem es um eine möglichst präzise Darstellung seiner Lebens- und Liebesabenteuer ging. Daraus aber nun den wie in einem Pendelschlag umgekehrten Schluss zu ziehen, es handle sich bei der *Histoire de ma vie* ganz einfach um einen dokumentarischen Text, der sich in einen direkten mimetischen Bezug zur außersprachlichen Wirklichkeit setzen lasse, wäre ohne Zweifel ebenso irreführend wie ein Verweis in das Reich der Fiktion: Dies würde der Komplexität der friktionalen Anlage dieses Erzähltexts nicht gerecht!

Kein Zweifel kann daran bestehen, dass Casanova, der übrigens im Alter neben vielen anderen Schriften noch einen utopischen Roman verfasste, sich selbst als „philosophe", als „honnête homme" und vor allem als „homme de lettres" verstand und in der Tat ein genuiner Bestandteil jenes Siècle des Lumières war, dass so stolz auf seine kritische Rationalität schien. Er sah sich in der République des Lettres als einen Schriftsteller, der zwar als italienischer Muttersprachler im Französischen mit mancherlei Tücken und fehlgeleiteten Italianismen zu kämpfen hatte, aber gleichwohl über ein hohes Talent als Literat von europäischem Format verfügte. Längst ist es in der Forschung unstrittig, den wagemutigen Venezianer als einen talentierten und versierten Schriftsteller anzusehen und die literarische Qualität seines gesamten Texts nicht länger in Zweifel zu ziehen. Die Konsultation seines Werks ist unabdingbar für all jene, die sich einen aussagekräftigen Eindruck vom intimen Leben einer internationalisierten Feudalgesellschaft in Europa zu verschaffen versuchen.

Sie suchen nach einem Portrait des preußischen Königshofs zu Potsdam, um sich ein lebendiges Bild der Gesellschaft um den Preußenkönig Friedrich den Großen machen zu können? Fragen Sie nach bei Giacomo Casanova, er ist ein guter Gewährsmann! Ich hatte schon erwähnt, dass seine Erfahrungen 1763 in London – insbesondere mit einer ihm nicht gefügigen jungen Dame – nicht die besten waren, so dass er später dieses Jahr 1763 als einen Wendepunkt in seinem Leben ansah. Er verließ schließlich im März 1764 überstürzt die englische Hauptstadt, um zurück auf den Kontinent zu kommen, von wo aus er über Dünkirchen, Brüssel, Lüttich, Wesel, Minden und Braunschweig – wo er sich in der Nähe gleich die wunderbare Bibliothek zu Wolfenbüttel zeigen ließ – Magdeburg erreichte. Von dort aus brach er nach Berlin auf und machte selbstverständlich auch in Potsdam am Hofe zu Sanssouci Station. Angesichts des herausragenden Rufs des damaligen Preußenkönigs war dies zumindest für einen bestimmten Zeitraum ein fast obligatorischer Halt. Und Sie haben das Privileg, sich diese Szenerien an den Originalschauplätzen und im Park von Sanssouci perfekt vorstellen zu können!

Kein Geringerer als Friedrich der Große – der bekanntlich homosexuelle Neigungen hatte – hielt unseren Venezianer nach eigenem Bekunden für einen schönen Mann, auch wenn die Begegnung zwischen beiden nicht besonders intensiv und lange währte. Giacomo Casanova kam im Juli nach Potsdam und Berlin; im August besuchte er gemeinsam mit Friedrich dem Großen eine Kadettenanstalt, was der preußische König dazu nutzte, seinem venezianischen Gast – wie bereits berichtet – das Angebot zu unterbreiten, an dieser Kadettenanstalt als Erzieher zu arbeiten. Sie mögen daran erkennen, wie gut noch immer Casanovas Ruf war – oder wie wenig sich der preußische König um diesen Ruf einen Kopf machte ... Nun, der Chevalier de Seingalt lehnte dankend ab, was wir herzlich bedauern:

Denn wir hätten seine pädagogischen und didaktischen Schritte mit den ihm anvertrauten jungen Kadetten gerne in Erzählungen und Dokumenten der Zeit nachvollzogen.

Nein, ich kann Ihnen von keiner Liebesgeschichte, von keiner schwungvollen Affäre Casanovas in Potsdam berichten: Die Potsdamer Schönheiten scheinen auf Casanova ihre Wirkung nicht entfaltet zu haben. Aber hübsche Anekdoten gibt es dennoch, und ich möchte sie Ihnen auch keineswegs vorenthalten. Wo konnte Casanova in Potsdam den König der Preußen erblicken? Natürlich bei der Parade, wo sonst!

> In Potsdam sahen wir den König bei der Parade; er kommandierte sein erstes Bataillon, dessen Soldaten alle in den Uhrtäschchen ihrer Hosen eine goldene Uhr hatten. So belohnte der König den Mut, den sie bewiesen hatten, als sie ihn unters Joch nahmen, wie einst Cäsar in Bithynien den Nikomedes. Man machte gar kein Hehl daraus.
>
> Unser Schlafzimmer im Gasthof lag gegenüber einem Durchgang, den der König benutzte, wenn er das Schloß verließ. Die Läden der Fenster waren geschlossen; unsere Wirtin erzählte uns den Grund. In dem gleichen Zimmer wie wir hatte nämlich die sehr hübsche Tänzerin Reggiana gewohnt, und als der König sie eines Morgens beim Vorübergehen ganz nackt erblickt hatte, war sogleich der Befehl ergangen, dass man die Fenster schließen solle; das war schon vor vier Jahren geschehen, doch hatte man sie nie wieder geöffnet. Seine Majestät hatte vor ihren Reizen Angst gehabt; nach seiner Liebschaft mit der Barberina wollte er nichts mehr davon wissen. Später sahen wir im Schlafzimmer des Königs das Porträt dieses Mädchens, das der Cochois, der Schwester der Schauspielerin, die den Marquis d'Argens geheiratet hatte, und das der Kaiserin Maria Theresia aus ihrer Jungmädchenzeit, in die er sich verliebt hatte, weil er Kaiser werden wollte.
>
> Nachdem wir die Schönheit und die Eleganz der Räume des Schlosses bewundert hatten, sahen wir überrascht, wie er selbst wohnte. Wir erblickten in einer Ecke des Zimmers hinter einem Wandschirm ein schmales Bett; Hausrock und Pantoffel waren nicht vorhanden. Der anwesende Diener zeigte uns eine Nachtmütze, die der König aufsetzte, wenn er erkältet war; sonst behielt er seinen Hut auf, was recht unbequem sein mußte.[18]

Wir können an dieser Szene eine ganze Menge an Informationen herausgreifen. Dabei ist es auffällig, dass Friedrich des Großen Leidenschaft für Männer bei den Zeitgenossen offenkundig kein Thema war, sondern man dem König allerlei Geschichten um hübsche Frauen andichtete. Offensichtlich war es dies, was man von gekrönten Häuptern erwartete, selbst oder gerade in Potsdam. Sie sehen: Wir erfahren bei dieser Art von Hofberichterstattung eine Menge Klatsch und Tratsch, was sicherlich durchaus zeitgemäß war in der gesellschaftlichen Elite des 18. Jahrhunderts! Schon damals gab es jede Menge Paparazzi, die aus erster Hand möglichst getreue Portraits des Lebens der Monarchen schießen

---

18 Casanova, Giacomo: *Geschichte meines Lebens*, Bd. 10, S. 87.

wollten. Der König von Preußen schlief also mit Hut und hatte keine Pantöffel-chen. Literatur kümmert sich also um *alle* Lebensumstände und zeigt uns, wie man zu einem bestimmten Zeitpunkt an einem bestimmten Ort zu leben pflegte oder auch gelebt haben könnte. Sie beschreibt uns nicht die geschichtliche Wirklichkeit, wie sie wirklich gewesen ist: Das besorgen bestenfalls schon die Historiographen. Literatur erzählt uns – ganz im Sinne des Aristoteles – wie es hätte gewesen sein können, und sie tut dies anhand des Blicks *eines* Menschen, der uns als Gewährsmann für die Darstellung einer *gelebten* Wirklichkeit dient. Dass wir dabei ganz nebenbei erfahren, dass Friedrich der Große keine Pantöf-felchen trug, tut der lebendigen Darstellungsfähigkeit der Literatur keinen Abbruch.

Wir sehen zugleich, wie präzise Casanova beobachtet und darüber hinaus basierend auf seinen Notizen noch Jahrzehnte später alles festhielt, was ihm er-lauben konnte, eine bestimmte Gesellschaft oder eine bestimmte Persönlichkeit zu porträtieren – hier jene von Friedrich dem Großen. Es ist schade, dass wir nicht über die Tagebücher Casanovas verfügen: Er scheint sie wohl gegen Ende seines Lebens auf Schloss Dux verbrannt zu haben. Doch die detaillierte Erin-nerungsfähigkeit des Venezianers ist beeindruckend. Das zitierte Portrait in Abwesenheit des Königs wird später noch durch mehrfache Beobachtungen *in presentia* ergänzt: Auch von einem Dialog wird berichtet, doch können wir dies getrost beiseitelassen – dies sind die sozialen Netzwerke, wie sie im 18. Jahrhundert funktionierten und wie sie für Giacomo Casanova überle-benswichtig waren.

Es geht letzterem entgegen seines Rufs nicht ausschließlich um die Darstel-lung der verschiedenen Abenteuer und vor allem Liebesabenteuer, die er quer durch Europa – von der Südspitze Italiens bis nach Moskau, von Preußen bis nach England, von Polen bis nach Spanien, nicht zuletzt aber in Frankreich und Italien – zu bestehen hatte. Liest man die *Histoire de ma vie* vorurteilslos, dann zeigt sich, dass selbst noch die Beschreibung der Frauenzimmer – wie bei der obigen Darstellung eines solchen in Potsdam – den Blick nicht nur auf nackte Tatsachen, sondern auf soziale und kulturelle Situationen und Entwick-lungen eröffnet, die ein lebendiges Bild der jeweiligen Gesellschaft projizieren. Auf diesem Gebiet kann die Bedeutung von Casanovas *Geschichte meines Le-bens* gar nicht überschätzt werden: Sie vermittelt uns ein anschauliches Bild vom Leben einer gesellschaftlichen Elite im europäischen 18. Jahrhundert, auch wenn sie sich keineswegs auf das Dokumentarische beschränkt, sondern literarisch inszeniert, arrangiert und orchestriert.

Oft steht eine geliebte Frau für Casanova stellvertretend für einen bestimm-ten Fürstenhof, eine bestimmte Landschaft oder eine Region, die dem Reisen-den noch unbekannt ist. Es handelt sich dabei um das für männliche Reisende charakteristische Rebecca-Motiv,[19] das wir wiederholt auch bei unserem Venezianer konstatieren können. Oft sind es die Frauen, die ein ihm noch unbekanntes Gebiet verkörpern: Die Annäherung an diese Landschaft geht mit der Annäherung an eine schöne Unbekannte Hand in Hand. In diesem Zusammenhang erlaubt die nun folgende erotische Szenerie in ihrem gerafften Ablauf eine Reihe von Einblicken in die kulturellen, gesellschaftlichen und moralischen Kontexte der Zeit insoweit, als hier eine repräsentative Geschlechterbeziehung geknüpft und sexuell vollzogen wird, welche uns in die Lebensformen und Lebensnormen der Zeit hineinblicken lässt.

Lassen Sie mich zur Erläuterung kurz den Kontext für die nachfolgende Szenerie aus der *Histoire de ma vie* rekonstruieren! Der Ich-Erzähler hat gerade nicht nur das eigene Geld, sondern auch die Diamanten einer Geliebten verspielt und zugleich an den reichen Murray seine andere Geliebte, Tonina, abgetreten. Sie sehen, Frauen wurden in den phallogozentrischen Gesellschaften des 18. Jahrhunderts wie Objekte im männlichen Besitzstand betrachtet, um die man Wetten abschließen oder Tauschgeschäfte in die Wege leiten konnte. Das Schicksal hält freilich nur wenige Zeilen später einen Trost für den momentan glücklosen Venezianer bereit – und zwar in der reizenden Gestalt von Toninas jüngerer Schwester Barberina, die sich dem Venezianer ganz bewusst als jenem Manne nähert, der sie von ihrer Jungfernschaft befreien soll. Dann folgt die kurze, gedrängte Szene. Barberina bittet überdies ihren Geliebten vor der Einwilligung, danach ihrer Schwester Tonina davon zu berichten und zu bestätigen, dass sie zuvor noch Jungfrau gewesen sei. Der Ich-Erzähler – längst in Liebesdingen wie in Liebesdiensten sehr erfahren – willigt leichten Herzens ein und hat das Folgende zu berichten:

> Nach dieser Einleitung frühstückten wir; dann legten wir uns in vollkommenem Einverständnis ins Bett und hatten eher den Eindruck, Hymen zu opfern als Amor.
> Das Fest war für Barberina neu, und ihre Wonnen, ihre unreifen Ideen, die sie mir mit der größten Naivität mitteilte, und ihre von reizender Unerfahrenheit gewürzte Hingabe überraschten mich, weil ich selbst alles neu fand. Ich glaubte, eine Frucht zu genießen, deren Süße ich in der Vergangenheit noch nie so vollkommen genossen hatte. Barberina schämte sich, mir einzugestehen, daß ich ihr weh getan hatte, und das gleiche Bedürfnis nach Verstellung spornte sie dazu an, mir in jeder Hinsicht zu beweisen, daß sie größere Lust empfand, als es wirklich der Fall war. Sie war noch kein ausgewachsenes Mädchen, und die Rosen ihres knospenden Busens waren noch nicht erblüht; voll entwickelt war sie nur in ihrem jungen Kopf.

---

19 Zum Rebecca-Motiv vgl. den ersten Band der Reihe „Aula" in Ette, Ottmar: *ReiseSchreiben*, insb. S. 187.

> Wir standen zum Mittagessen auf; dann legten wir uns erneut ins Bett und blieben darin bis zum Abend. Laura fand uns bei ihrer Rückkehr angezogen und zufrieden. Ich schenkte der hübschen Barberina zwanzig Zechinen und verließ sie mit dem Versprechen meiner ewigen Liebe, sicherlich ohne jede Absicht, sie zu täuschen; aber was das Schicksal für mich bereithielt, ließ sich schlecht mit solchen Plänen vereinen.[20]

Hymen, nicht Amor: Wir wohnen der Szenerie einer Entjungferung bei, in welcher der Mann auf den ersten Blick nur ausführendes Instrument ist, das auf Geheiß ‚arbeitet‘! Der Ich-Erzähler vollzieht folglich aus eigener Sicht zunächst einen Liebesdienst, welcher vom Mädchen angeordnet wurde. Doch dieser erweist sich rasch für ihn als höchst genussreich, und so kann er dieser Liebesszene, die uns Heutige an Nabokovs *Lolita* erinnert, sehr viel abgewinnen. Die Formel über die Liebe, die das Ende dieser Passage schmückt, scheint aus dem Herzen gesprochen, wiederholt sich in der *Histoire de ma vie* aber mehrfach und kann daher als formelhaft gelten.

Denn der Handelsreisende in Sachen Liebe lässt sich in keinem Falle von Liebesschwüren und den Versprechen unverbrüchlicher Treue aufhalten – zu sehr ist er seinem Nomadismus und der ewigen Wanderung verpflichtet. Casanova ist ein Stadtnomade, und sein Lebenszentrum ist ein immer wieder wechselndes Bett, in dem im Sinne Roland Barthes' nur die Proxemie, das mit Händen Greifbare, und die Isorhythmie, der rhythmische Gleichklang der Körper, zählen.[21] Casanova portraitiert sich in dieser Szene freilich als ein dem Willen der jungen Frau unterworfenes Organ: Hierin kommt ein gewisser Fatalismus zum Ausdruck, da er sich den ihn betreffenden Wendungen des Schicksals jeweils getreu zu unterwerfen vorgibt. Dass dies mit einem Bewegungsmuster zu tun hat, das im 18. Jahrhundert von Denis Diderot in seinem *Jacques le fataliste et son maître* künstlerisch entwickelt worden war, hatte ich bereits ausführlich entwickelt. Giacomo Casanova erscheint in solchen Szenen als der wahre *Jacques le fataliste* der Liebe.

Im obigen Zitat wird die eigentliche Szene der Entjungferung in einer knappen, von topischen Metaphern nur vordergründig beleuchteten und ausgeschmückten Sprache gleichsam mit einem klinisch-sezierenden Blick behandelt.

---

**20** Casanova, Giacomo: *Geschichte meines Lebens*, Bd. 4, S. 199.

**21** Vgl. zu diesen Begriffen Barthes, Roland: *Comment vivre ensemble. Simulations romanesques de quelques espaces quotidiens. Notes de cours et de séminaires au Collège de France, 1976–1977.* Texte établi, annoté et présenté par Claude Coste. Paris: Seuil – IMEC 2002; sowie das zweite Kapitel in Ette, Ottmar: *ZusammenLebensWissen. List, Last und Lust literarischer Konvivenz im globalen Maßstab (ÜberLebenswissen III)*. Berlin: Kulturverlag Kadmos 2010; sowie (ders.): *Konvivenz. Literatur und Leben nach dem Paradies.* Berlin: Kulturverlag Kadmos 2012.

Der Ich-Erzähler verhält sich zunächst wie in einer Versuchsanordnung. Doch der Übergang vom „observer" zum „participant" ist rasch und fließend – freilich ohne die auch sprachlich präzisen Qualitäten als Beobachter gänzlich zu tilgen. Wir haben bereits festgehalten, dass es sich aus heutiger Sicht um Beischlaf mit Minderjährigen handelt, dass wir diesen nach heutigem Urteil gültigen Straftatbestand aber nicht auf das Jahrhundert der Aufklärung übertragen dürfen, da es einen derartigen juristischen Tatbestand noch nicht gab. Die gesamte Szenerie wechselt zügig von der kalkulierten Versuchsanordnung zu einer wahren Liebesszene, in welcher sich Körper und Leib, Körper-Haben und Leib-Sein bei beiden Liebespartnern lustvoll durchdringen.

Halten wir an dieser Stelle noch einmal fest, dass die Initiative für diesen Akt – wie so häufig bei Casanova – von der weiblichen Partnerin ausgeht, die in Liebesdingen noch nicht so erfahren ist! Diese aktive Rolle, die Casanova den Frauen nicht immer, aber doch recht häufig zuweist, ist aufschlussreich. Denn oft sind es die Frauen, welche die latente Liebesbereitschaft des Venezianers abrufen. Man kann an dieser Stelle eine Parallele zur ersten Liebeserfahrung des Venezianers ziehen, insofern die etwas ältere Bettina doch ebenfalls die Initiative ergriffen und einen noch unerfahrenen Jungen namens Giacomo Casanova gleichsam initiiert hatte. Wie einstmals Bettina, so ergreift auch Barberina die Liebe beim männlichen Schopf. Was sich danach zwischen beiden abspielt, hat etwas geradezu Maschinenhaftes an sich: Die Mechanik der Liebe wird routiniert in Gang gesetzt. Dies bietet dem männlichen Ich-Erzähler die Gelegenheit, seinen klinischen Blick auf die Ereignisse zu werfen und die Liebesäußerungen seiner noch jugendlichen Partnerin kritisch zu analysieren. Wir haben es hier nicht mit erotischer Prahlerei, sondern mit einer Nahaufnahme aus der „vie intime" des Aufklärungszeitalters zu tun.

Der Ich-Erzähler brüstet sich in dieser Szenerie gegenüber dem Lesepublikum nicht etwa mit seinen männlichen Wundertaten, sondern hält den Schmerz und das Bemühen des Mädchens fest, sich der Situation gewachsen zu zeigen und Lust vorzutäuschen, wo Schmerz vorherrscht. Er beobachtet dabei genau das Verhältnis von Körper-Haben und Leib-Sein bei seiner Partnerin und versucht, bei ihrem leiblichen Empfinden die Relation von Schmerz und Lust zu analysieren. Denn beide Komponenten sind bei der Jugendlichen vereint, bildet die Entjungferung doch eine Durchdringung beider Wahrnehmungsbereiche des intensiven Leib-Seins. Der vom Ich-Erzähler vollzogene Blickwechsel, mit den Augen seiner Partnerin die Liebesszene zu betrachten, führt ihn zugleich tiefer in das Liebesgeschehen hinein, ist auch er doch nun in der Lage, höchste Lust zu empfinden und die Szenerie körperlich, aber zweifellos auch intellektuell zu genießen.

Die bereits besprochenen Liebesschwüre des Ich-Erzählers werden aus einer gleichsam gedoppelten Perspektive, jener des erzählten Ich und jener anderen, korrigierenden des erzählenden Ich dargestellt. Aus dieser Doppelperspektive entsteht eine Spannung, welche zwischen der Situation selbst und ihrer weiteren Verarbeitung unterscheidet und zugleich bekräftigt, dass es das erlebende Ich sehr wohl sehr ernst mit seinen Schwüren gemeint habe. Zugleich durchschaut das männliche Ich das Verhalten des unerfahrenen, aber liebeshungrigen Mädchens. Die Stratageme der noch nicht in ihrem Körper, aber sehr wohl in ihrem Kopf entwickelten jungen Frau werden der männlichen Sezierkunst zugänglich gemacht – und es bleibt offen, woher das Mädchen seine Vorstellungen von der Liebe bezog. Hatte sie Zugang zur erotischen Literatur ihrer Zeit, bei der die weibliche Leserschaft einen hohen Anteil ausmachte? Oder hatte sie von der Liebe detailliert von ihrer erfahreneren Schwester gehört?

Denn es könnte sehr wohl sein, dass sich die Liebessehnsüchte und Liebeswünsche bei der Lektüre zeitgenössischer Liebesliteratur gebildet hatten. Wir lernen Liebe so, wie wir Lesen, Schreiben oder Rechnen lernen – und dies jeweils kulturabhängig. Der Kontrast zwischen Körper und Kopf scheint ein wenig auf *erlesene* Liebesvorstellungen hinzudeuten. Auch hierin ergibt sich eine gewisse Parallele zwischen der Barberina und Bettina, der so viele künftige Liebessituationen des Ich-Erzählers prägenden Ur-Liebespartnerin, mit der wir uns bereits in unserer Vorlesung über *LiebeLesen* beschäftigt haben[22] und auf die ich daher nicht zurückkommen will.

Zweifellos ist der analytische, bisweilen sezierende Blick des Venezianers trotz aller versuchten Blickwechsel ein zutiefst männlicher. Die Barberina erscheint als ‚süße Frucht‘, die das männliche Ich lustvoll genießt. Sie wird damit als Frau zugleich objektiviert, folglich in einen Gegenstand verwandelt, sowie naturalisiert, wird zu einem Stück Natur, das sich dem männlichen Blick und Biss darbietet. Wir stoßen an dieser Stelle auf eine Art Naturgeschichte der Frau im männlichen Bewusstsein; eine Geschichte, welche aus Sicht der Männer die Frau in den Bereich der Natur rückt, mit welcher sie die Zyklen teilt, die ihren Körper prägen.

Im traditionellen patriarchalisch-männlichen Blick ist die Sexualität der Frau naturverhaftet. In dieser gleichsam philosophischen Naturgeschichte der Frau wird alles an ihr in Natur verwandelt, werden all ihre Attribute naturalisiert und damit zugleich auch die Voraussetzungen dafür geschaffen, dass sich der Mann dieses natürlichen Objekts bedienen und bemächtigen kann. Nicht umsonst waren wir zuvor bereits auf viele naturalisierende Hinweise in Casano-

---

22 Vgl. den zweiten Band der „Aula“-Reihe in Ette, Ottmar: *LiebeLesen*, S. 304 ff.

vas *Histoire de ma vie* gestoßen. Sie ziehen sich komplett durch die Erinnerungen des Venezianers.

Die ‚Natürlichkeit' des Mädchens hält noch zusätzliche Freuden für den Ich-Erzähler bereit. Barberinas Hingabe wird zum Beispiel mit einer gehörigen Dosis Unerfahrenheit gewürzt, welche beim Ich-Erzähler deutlich neue Erfahrungshorizonte eröffnet, da er es gewöhnlich mit erotisch wie sexuell längst sehr erfahrenen Frauen zu tun hat. Das Lust-Objekt Frau besitzt gleichsam eine ‚Natürlichkeit', die es für den Mann nur noch appetitlicher und wohlschmeckender macht: Die Frau wird in ein Objekt verwandelt. Wir sehen hier in aller Deutlichkeit, wie und auf welcher Grundlage patriarchalisch bestimmte Vorstellungen die Geschlechterdifferenz bestimmen oder zumindest prägen.

Das erzählte Ich ist um einen Blickwechsel bemüht. Doch an dieser Stelle erscheint die Frau oder das Mädchen nur als Gegenstand im Blick des Mannes, so verständnisvoll sich dieser in der Szenerie auch geben mag. Sie wird zugleich objektiviert, naturalisiert und distanziert – und in diesem Zusammenhang mag am Ende auch das Geld stehen, das gleichsam als letzter Abschiedsgruß des Ich-Erzählers und als Entgelt für die kostenlosen Liebesschwüre gelten kann. Denn mit der Bezahlung für die Liebe distanziert sich der Mann von der affektiven, emotionalen Seite der Liebesbeziehung und lässt alleine noch die zeitweise Verschränkung der Körper ineinander gelten. Mit dem Geld wird Liebe abgegolten: Es entlohnt die zeitweise Zur-Verfügung-Stellung des weiblichen Körpers für die männliche Lust.

Die Barberina steht stellvertretend für den Typus des unschuldigen Mädchens, dessen Verbindung mit der Natürlichkeit der Frau und damit deren Objektivierung als Gegenstand wir bereits gesehen haben. Zugleich verkörpert sie aber auch den Topos der Zufallsbekanntschaft, des von Beginn an erotisch aufgeladenen Zusammentreffens mit einer schönen Unbekannten an einem dem Durchreisenden unbekannten Ort. Wir erkennen hier nicht allein die Identifizierung der unbekannten Schönen mit einer Stadt, mit einem Dorf oder einem Landstrich, sondern auch die Liebe erzeugende Macht des „hasard", welche die Zufallsbekanntschaft so stark erotisch auflädt. Wir stoßen an dieser Stelle auf ein berühmtes literarisches Motiv, das Charles Baudelaire in seinem berühmten Gedicht *A une passante* aus seinen *Fleurs du mal* auf die Großstadt und die zwar mögliche, aber nicht realisierte Liebe beziehen wird. Bei Casanova hingegen ist der Zufall Prinzip – ganz so wie bei dem Fatalisten Jacques: Beide nehmen die jeweiligen Gelegenheiten wann immer möglich wahr.

So wird bei Casanova dieses Motiv der Zufallsbekanntschaft sehr häufig von einer kurzen, aber heftigen Liebesbeziehung gekrönt. Gerade diese Gelegenheiten sind es, denen der Italiener stets mit allen Sinnen verfällt. Man könnte nach der Lektüre der *Histoire de ma vie* mit guten Gründen sagen: Gelegenheit macht Liebe. In eben diesem Sinne handelt der Ich-Erzähler in den verschiedenen Liebesepisoden seines Lebens, stets in latenter Liebesbereitschaft bei sich bietender Gelegenheit, mit schönen unbekannten Frauen ein Schäferstündchen zu verbringen. Dabei ist die Quantität in sich kein Ziel, wird aber durchaus im Tagebuch vermerkt und gelangt auch in die Aufzählungen und Listen, die in der *Geschichte meines Lebens* narrative Gestalt annehmen. Denn Casanova ist nicht nur passionierter Sammler, er erstellt auch Listen, wird von einer Liebschaft in die nächste getrieben und führt darüber Buch.

Die Barberina hat uns einen Vorgeschmack gegeben: Die Liebe und die Liebesbeziehungen sind hinsichtlich ihrer Diskursivität in starkem Maße von der Literatur geprägt. Dies ist insbesondere bei den Frauen der Fall. Die Barberina hat uns hier nur die Richtung gewiesen, die das 19. Jahrhundert befolgen wird: Flauberts Emma Bovary wird den Typus der Frau verkörpern, welche ihre Vorstellungen von der wahren Liebe aus den romantischen Romanen des frühen 19. Jahrhunderts bezog. In Casanovas *Geschichte meines Lebens* erweist sich die Position und Problematik des „Libertinage" im 18. Jahrhundert als eine auf einer grundlegenden Geschlechterungleichheit beruhende Beziehung – zumindest tendenziell ganz so, wie wir dies abschließend noch beim Marquis de Sade werden beobachten können. Die Gymnastik der Liebe jedenfalls – hier am Beispiel des 18. Jahrhunderts – kann nicht als Beleg für die Gleichheit der Geschlechter gelten, sondern ist eine Begegnung zwar auf gleicher Augen- und Mund-Höhe, aber doch in einer klaren Asymmetrie der Liebespartnerinnen und Liebespartner. Darüber sollten wir uns nicht hinwegtäuschen! Denn wir bewegen uns innerhalb der phallogozentrisch geprägten Atmosphäre der Gesellschaften der Aufklärung zwischen zwei Welten.

Die Liebe, so könnte man formulieren, erscheint nicht in erster Linie als Realisierung einer Zweierbeziehung, sondern als eine Art Figurenfeld, als ein Netzwerk verschiedener möglicher Konfigurationen, das sich gerade nicht auf eine heterosexuelle Zweierbeziehung reduzieren lässt. In Giacomo Casanovas *Histoire de ma vie* werden die verschiedenartigsten Figuren der Liebe vorgeführt und mit bestimmten prägenden Grundmustern in Beziehung gesetzt. Wir haben es also mit einer relationalen Logik zu tun, die als Versuchsanordnung in Serie geschaltet ist, wenn wir im Sinne des Venezianers von der Liebe sprechen. Derartige Vorstellungen ließen sich – wie wir noch sehen werden – im 18. Jahrhundert auch bei anderen Autoren herausdestillieren; allen voran beim „göttlichen Marquis", beim Marquis de Sade, bei dem freilich die tendenziell unendliche Reihe der Liebespartnerinnen absichtsvoll begrenzt wird.

Gegen Ende unseres Durchgangs durch die autobiographisierenden *Memoiren* des Giacomo Casanova sei nicht verschwiegen, dass er auf seinen Reisen nicht nur Höhen, sondern auch Tiefen durchzumachen hatte. So kam er nach einer Reihe von Enttäuschungen in die Nähe eines Selbstmordes. Nur ein Zufall, so erläutert er, habe ihn davon entfernt, und nur eine Frau, deren Zuneigung er verspürt, konnten ihn wieder ins Leben zurückholen und in eine dem Leben und der Liebe wieder zugewandte Person verwandeln. Wie später bei Honoré de Balzac und dessen Romanwelt bildet der Zufall das entscheidende Moment, ist der „hasard" der „plus grand romancier du monde". Dass er wenig später seine Liebesbezeugungen mit einer schönen Sarah austauschte, die daraufhin in eine ähnliche Zuneigung, aber zugleich in tiefe Ohnmacht verfiel, gehört zu den für den Ich-Erzähler weniger angenehmen Erlebnissen – wollte er doch, wie er in seinen *Memoiren* betonte, um nichts in der Welt den Schwächezustand der jungen Dame zur Befriedigung seiner Bedürfnisse nutzen.

Wenn sich Casanova – zumindest nach eigener Einschätzung – hier ganz als Ritter und edler Vertreter seines Geschlechts erwies, so rumorte es doch in ihm, in dieser Situation nicht auf seine Kosten gekommen zu sein. Seine Formel dafür ist einfach: „Um Sarah zu vergessen, hatte ich eine andere Sarah nötig."[23] Und in der Tat sollten sich recht bald wieder andere Liebschaften einstellen, von denen der Ich-Erzähler zu berichten weiß.

Allerdings gelangen wir an dieser Stelle erneut zum Thema der Liebe für Geld, der mehr oder minder blanken Prostitution. Denn es sind Liebschaften der berechnenden Art, die sich dem Manne eröffnen, der doch um seiner selbst geliebt werden will. Der Ich-Erzähler, der sich längst als „Libertin" zu erkennen gegeben hat, will endlich auf seine Kosten kommen und lässt es auch gegenüber einer jungen Schönen nicht an Beredsamkeit und Angeboten mangeln, um im Gegenzug eine Liebesnacht mit der jungen Dame verbringen zu können. Sehen wir uns diese Zweierbeziehung einmal näher an, denn sie sagt uns viel über die Liebeskonzeption des italienischen Verführers:

> „Was werden Sie für uns tun", fragte sie, „wenn ich die Nacht mit Ihnen verbringe?"
>
> „Ich werde Ihnen zwanzig Guineen geben, ich werde sie auch alle unterbringen und verköstigen, solange sie nett zu mir sind."
>
> Ohne jede Antwort begann sie, sich auszuziehen, und kam in meine Arme, nachdem sie mich vergeblich gebeten hatte, die Kerzen auszulöschen. Ich fand nur Fügsamkeit. Sie ließ mich gewähren, das war alles; sie beehrte mich nicht mit einem einzigen Kuß. Das Fest dauerte eine Viertelstunde. Meine einzige Hilfe war die Vorstellung, ich hielte Sarah in meinen Armen. Beim verliebten Zusammensein ist die Illusion eine Grundvoraussetzung. Ihre herzlose Stumpfheit ärgerte mich derart, daß ich aufstand, ihr eine Zwanzigpfundnote gab und sagte, sie solle sich anziehen und in ihr Zimmer hinaufgehen.

---

23 Casanova, Giacomo: *Geschichte meines Lebens*, Bd. 9, S. 420.

„Morgen früh werden Sie alle das Haus verlassen", fügte ich hinzu, „denn ich bin mit Ihnen nicht zufrieden. Statt sich der Liebe zu überlassen, haben Sie sich prostituiert. Schämen Sie sich!"
Sie zog sich an und entfernte sich wortlos; ich schlief sehr verdrossen ein.[24]

Wir wohnen hier einer Bankrotterklärung der Liebe in ihrem körperlichen Vollzug bei. Sie ist in dieser ‚Liebesbeziehung' zur reinen Mechanik, zur reinen Gymnastik verkommen, die nur vollzogen werden kann, wenn an die Stelle des benutzten Liebesobjekts ein anderer Körper, ein anderes geliebtes Wesen gedacht und imaginiert werden kann. Lassen Sie uns unsere Beschäftigung mit den Liebesbeziehungen Giacomo Casanovas also mit einer Szene beenden, die zwar einen vollzogenen Beischlaf, aber keinerlei Befriedigung oder gar Erfüllung des Liebesbegehrens beinhaltete! Die Bezahlung der Liebesmühen ist nichts anderes als die Unterschrift unter die Bankrotterklärung der Liebe.

Doch was ist das für eine Szene! Das gesamte ‚Fest', also die Liebesvereinigung, wird herzlos durchgeführt und entspricht damit in keiner Weise den Liebesvorstellungen des Venezianers. Auch wenn Casanovas Erzählerfigur durchaus von Zeit zu Zeit der Prostitution nicht abhold ist, so dürfen seine Liebesbeziehungen nicht nach ihr riechen. Die Fügsamkeit einer Frau kommt einer Unterwerfung unter den Willen des Mannes gleich – doch diese Unterwerfung muss nach Ansicht des Venezianers aus Liebe, aus freiem Willen und nicht aus finanziellen oder anderen utilitaristischen Erwägungen erfolgen. Nicht umsonst sind es bei Casanova häufig die Frauen, welche die Initiative ergreifen. Und wie bei der ersten Liebelei und Liebesbeziehung ist das erzählte Ich ein bevorzugter und geherzter Gegenstand einer weiblichen Liebe, die alle Sinne des erzählten Ich befriedigt.

Dennoch ist in dieser Szene eine kleine Bemerkung, eine eher marginale Beobachtung von großem Gewicht, welche der Ich-Erzähler gleichsam als Mittel seiner Erregung einsetzt. Denn er stellt sich während des Geschlechtsaktes vor, seine geliebte Sarah in den Armen zu halten und die Nacht mit ihr zu verbringen. Für den Ich-Erzähler ist also die *Illusion*, mit anderen Worten die *Fiktion*, eine „Grundvoraussetzung" für „verliebtes Zusammensein", das weit über den Vollzug des Geschlechtsakts hinausgeht. Es ist diese Illusion, dieses illusionäre und letztlich fiktionale Element, das die Flachheit der ewig wiederholten Positionen und Stellungen, der reinen Physis und Mechanik der Liebe, zu überbrücken versteht. So erst kann sich in der *Geschichte meines Lebens* eine Liebe einstellen, welche das männliche Ich immer wieder von neuem begehrt.

---

[24] Ebda., Bd. 10, S. 17 f.

Wir gelangen an diesem Punkt an die Grenzen der Liebe im Verständnis Giacomo Casanovas. Denn längst ist die oben beschriebene Liebes-Mechanik bei unserem Libertin heiß gelaufen und hat sich immer mehr ermüdet. So stellen sich nun Gedanken an Selbstmord ein, welche ein Weiter-Leben des Ich in Frage stellen. Lassen Sie mich abschließend noch diese bei Giacomo Casanova eigentlich kaum zu erwartenden Gedanken an den Freitod einblenden, zeigen sie doch auf, wie sehr die Quantität, wie sehr die rein physische Liebe den Venezianer auch mental ermüdet hat! Dabei wird ein weiteres Mal die Leserschaft als Zeuge angerufen:

> Der Leser kann mir glauben, daß alle, die sich wegen eines großen Kummers umgebracht haben, damit dem Wahnsinn zuvorgekommen sind, der sich ihres Verstandes bemächtigt hätte, wenn sie es nicht getan hätten, und daß daher alle, die verrückt geworden sind, dieses Unglück nur durch Selbstmord hätten verhindern können. Ich habe diesen Entschluß erst gefaßt, als ich daran war, den Verstand zu verlieren, wenn ich noch einen einzigen Tag gezögert hätte. Daraus ergibt sich: Der Mensch darf nie Selbstmord begehen, denn es kann der Fall eintreten, daß sein Kummer schwindet, bevor ihn der Wahnsinn befällt. Mit anderen Worten, wer stark genug ist, nie zu verzweifeln, ist glücklich. Ich war nicht stark genug, ich hatte alle Hoffnung verloren und wollte mich mit Vorbedacht umbringen.[25]

Suizid und Wahnsinn könnten am Ende jener Versuchsanordnung stehen, mit welcher Casanova die Liebe als ein mit unendlich vielen Liebespartnerinnen stets von Neuem aufzuführendes Liebesspiel konzipiert. Seine Gedanken an Selbstmord stehen in Relation mit seinen Gefühlen, letztlich an Wahnsinn zu erkranken und zuvor seinem Leben eigenhändig ein Ende bereiten zu müssen. Es ist eine unglückliche Seite an ihm, dem großen Frauenverführer, welche sich nicht im herkömmlichen Bild des Italieners findet, aber doch zu seiner psychischen Ausstattung gehört. Denn der Libertin, der stets vorgibt, seine Gefühle im Griff zu haben, läuft in einer nach Jahrzehnten der Irrfahrten schwierigen Phase Gefahr, seinen Rhythmus und seinen Weg, der ein ständiges Hin- und herspringen ist, zu verlieren. Die ständig neu ausgetauschten Liebespartnerinnen, die von ihm selbst gewählte Versuchsanordnung einer letztlich unabschließbaren Serie von ‚Objekten' verwirren den Libertin und nähern ihn dem Wahnsinn an. Doch Casanova kann sich wieder fangen und setzt mit verstärktem Elan seine Suche nach persönlichem Glück mit neuerlichen Reiseabenteuern, aber auch mit vielen gleichsam seriellen Liebesabenteuern in den unterschiedlichsten europäischen Ländern fort. Seine Suche nach Liebe ist eine rastlose Suche nach Erkenntnis.

---

**25** Ebda., Bd. 9, S. 376.

Hatte Roland Barthes in seinen *Fragments d'un discours amoureux* achtzig unterschiedliche Figuren aufgelistet,[26] so sind die einhundertsechzehn Frauen und Mädchen, welche in Casanovas *Histoire de ma vie* hautnah auftauchen, in gewisser Weise die Selbsterkundungen eines Ich, das sich letztlich doch – wie der alte Bibliothekar auf Schloss Dux – in absoluter Einsamkeit wiederfindet. Casanovas Schriften darf man nicht nur als Lebenswissen im Sinne eines Wissens von der Erotik, sondern mehr noch als einen Vorstoß hin zu einer Erotik des Wissens interpretieren.

Unser Durchgang durch diese Erotik des Wissens wäre nicht vollständig, würden wir an dieser Stelle nicht von einem Autor sprechen, der auf höchst bewusste Weise Versuchsanordnungen körperlicher Liebe entwarf, die seinen Namen im gesamten 19. Jahrhundert und während der ersten Jahrzehnte des 20. Jahrhunderts in den Dunstkreis des Perversen und Pathologischen stellten. Ich spreche vom Marquis de Sade, vom „Göttlichen Marquis", wie er auch genannt wurde, dessen Werke im Übrigen im 19. und 20. Jahrhundert stets in allen Giftschränkchen der Schriftsteller zu finden waren. Heute ist dies nicht mehr der Fall, sind sie doch längst seit den sechziger Jahren nicht zuletzt auf Grund der Studien eines Roland Barthes kanonisiert und in den Schulunterricht in Frankreich aufgenommen. Gerade der Sade geschickt in den Verbund dreier Schriftsteller aufnehmende Band *Sade, Fourier, Loyola* von Roland Barthes[27] hat viel zur *Normalisation* Sades beigetragen.[28]

**Abb. 43:** Charles-Amédée-Philippe van Loo: Angebliches Porträt von Donatien Alphonse François de Sade (1740–1814).

Sicherlich hat man die Edition von Sades Werken entschärft, indem man ihnen einen umfangreichen Apparat etwa an unterschiedlichen Paratexten beigab, welchen das geneigte Lesepublikum erst zu durchqueren hatte, bevor es zum eigentlichen Schreiben vorstoßen konnte. So ist, um ein Beispiel zu nennen,

---

**26** Eine Deutung von Casanova im Lichte der Barthes'schen Figuren der Liebe unternehme ich in meiner Vorlesung über *LiebeLesen*, S. 286–315.
**27** Vgl. Barthes, Roland: *Sade, Fourier, Loyola*. Paris: Seuil 1971.
**28** Vgl. auch Lely, Gilbert: *Sade. Etudes sur sa vie et sur son œuvre*. Paris: Gallimard 1967.

die in den sechziger Jahren des 20. Jahrhunderts in Frankreich erschienene Ausgabe der *Œuvres Complètes* des Marquis stets mit Vorworten gepflastert. Die Edition von *Les 120 Journées de Sodome* – das 1975 dank der Verfilmung durch Pier Paolo Pasolini im kollektiven (und visuellen) Gedächtnis des Westens gehalten wurde – etwa besitzt nicht weniger als fünf Vorworte und ein „Avertissement": fürsorgliche Paratexte, in denen unter anderem ein Psychiater, aber auch der Philosoph Pierre Klossowski zu Wort kommen und den Weg zu diesem einstmals verruchten Text ebnen.

Dennoch haftet dem Divin Marquis auch noch in Deutschland zu Unrecht ein anrüchiges Bild an, von dem sich der französische Schriftsteller wohl erst in einem weiteren Jahrhundert befreien können wird. Da ich bei unserer Vorlesung über *LiebeLesen* schon einmal auf Casanova und den Marquis de Sade kurz einging und dabei die Erfahrung machen musste, dass es auch bei den Studierenden Gruppen gibt, die sich massiv gegen die literaturwissenschaftliche Lektüre derartiger Texte zur Wehr setzen, möchte ich an dieser Stelle alles vermeiden, was Sie an den Rand des Entsetzens führen könnte. Für Ihre eigenen Lektüren sind ja nur Sie selbst verantwortlich!

Dass sich das literarische Schreiben von Donatien Alphonse François, Comte de Sade, der am 2. Juni 1740 in Paris geboren wurde und am 2. Dezember 1814 aus dieser Welt schied, sehr viel mit den gesellschaftlichen und politischen Dimensionen des europäischen Aufklärungszeitalters zu tun hat, mag seine Einführung in *Les 120 Jours de Sodome* zeigen:

Die beträchtlichen Kriege, welche Ludwig XIV. während des Verlaufs seiner Herrschaft zu führen hatte, erschöpften die Staatsfinanzen und die Möglichkeiten des kleinen Volkes, eröffneten gleichwohl aber das Geheimnis, eine enorme Menge an Blutsaugern zu bereichern, welche sich stets der öffentlichen Kalamitäten bedienen, die sie entstehen lassen, anstatt sie einzudämmen, und dies, um daraus alsbald nur um so größeren Profit zu ziehen. Das Ende dieser im Übrigen so sublimen Herrschaft stellt vielleicht eine der Epochen des französischen Reiches dar, in denen man die meisten dieser obskuren Reichtümer sehen konnte, welche allein durch Luxus und ebenso dumpfe Ausschweifungen wie sie selbst zerplatzen. Es war gegen Ende dieser Herrschaft und kurz bevor der Regent versuchte, vermittels des berühmten Tribunals, das man unter dem Namen der Justizkammer kennt, jene Unmenge an Halsabschneidern zur Kasse zu bitten, dass sich vier von ihnen jene einzigartigen Ausschweifungen vorstellten, von denen wir in der Folge zu berichten haben werden.

Es geschähe zu Unrecht, stellte man sich vor, dass sich allein der Bürgerstand mit diesem schändlichen Treiben beschäftigte; denn an dessen Haupte wusste man von sehr hohen Herren. Der Herzog von Blangis und sein Bruder, der Bischof von ... , die alle beide hierbei immense Reichtümer aufgehäuft hatten, stehen als unhinterfragbare Zeugen dafür ein, dass der Adel nicht anders als die anderen die Mittel keineswegs vernachlässigte, sich auf solchem Wege zu bereichern. Diese beiden illustren Persönlichkeiten, die durch gemeinsame Lüste und Affären intim verbunden waren mit dem berühmten Durcet und dem

Präsidenten von Curval, waren die ersten, die sich die Ausschweifungen vorstellten, deren Geschichte wir niederschreiben, und als man diese Pläne den beiden Freunden mitteilte, machten sich alle vier daran, die Akteure dieser berühmten Orgien zusammenzustellen.[29]

Donatien Alphonse François de Sade entwarf für die Darstellung der Orgien und sexuellen Praktiken stets eine gesellschaftliche Kontextualisierung, welche die dargestellten Ausschweifungen körperlicher Liebe und Befriedigung als einen Teil ihrer Epoche erscheinen ließ. Es gibt folglich hierarchische und finanzielle Hintergründe für all jene Geschichten, die in der Folge detailliert beschrieben werden. Wenn wir also in den *120 Tagen von Sodom* eine Versuchsanordnung erkennen können, die Züge eines Zwangslagers, ja vielleicht eines Konzentrationslagers vorwegnimmt und auf eine extreme Beherrschung insbesondere weiblicher Körper abzielt, so wird dies stets gesellschaftlich situiert und als Phänomen einer Epoche verstanden, die keineswegs weit außerhalb der Aufklärung – und vor allem der mit Max Horkheimer und Theodor W. Adorno verstandenen *Dialektik der Aufklärung* – steht. Um unser Bild vom 18. Jahrhundert abzurunden, müssen die Schriften des Marquis de Sade unbedingt mithinzugezogen werden, um nicht nur die ‚emanzipatorischen‘ Dimensionen der Aufklärung zu sehen. Denn es gab in eben dieser Epoche – wie wir sahen – eine starke ‚Modernisierung‘ kolonialer Abhängigkeitsverhältnisse während der zweiten Phase beschleunigter Globalisierung, in welcher wir uns auch bei diesem Schriftsteller und seinen Texten befinden.

Vor allem sollten wir nicht vergessen, dass es derartige Formen absoluter Herrschaft waren, die gerade auch in den Kolonien zur Anwendung kamen und am Ausgang des 19. Jahrhunderts jene Formen von „Concentration Camps" entwickelten, wie sie die Briten in Südafrika oder auch die Spanier in Kuba zur Anwendung brachten. Mit der oben zitierten Passage treten wir ein in das mehrfach wiederholte „imaginer", in die Vorstellungen und Bilderwelten, welche die totale Herrschaft über die Körper anstrebten, wie sie zum damaligen Zeitpunkt insbesondere auf den Zuckerrohrplantagen von Saint-Domingue herrschten. Dass die einst reichste Kolonie der Welt unglaubliche Profite und einen fabelhaften Luxus für das eingesetzte französische Kapital erwirtschaftete – und ich benutze hier bewusst zentrale Lexeme des Sade'schen Textes –, mag die andere Seite der obigen gesellschaftlichen Kontextualisierung darstellen und auch manche der „débauches", der Ausschweifungen erklären, die mit der Kolonialherrschaft europäischer Mächte immer einhergingen.

---

29 Sade, Donatien Alphonse François de: *Les 120 Journées de Sodome, ou l'École du libertinage*. Texte établi par Eugène Dühren. Paris: Club des Bibliophiles 1904, S. 1.

Es scheint mir daher wichtig, ja sogar entscheidend, die Beherrschung der Körper als deren Kolonisierung zu begreifen – und nicht umsonst spricht man etwa auch von ‚Sexsklaven', die ihren Herren ebenso sehr ausgeliefert sind wie die Arbeitssklaven ihren Sklavenbesitzern. Denn was uns vorgeführt wird, ist stets weniger der irrationale Abgrund eines feudalistischen Zeitalters, als vielmehr die Durchrationalisierung der Benutzung von Körpern, welche als willfährig gemachte Objekte – wie Roland Barthes in seinen Studien zu Sade gezeigt hat – möglichst zahlreichen Verwendungen, Stellungen und Positionen zugeführt werden können. Sind darin nicht die ‚Urszene' und mehr noch die Grundstrukturen kolonialer Herrschaft erkennbar? Dass diese Herrschaft innerhalb einer patriarchalischen und mehr noch phallogozentrischen Gesellschaft in den Texten des Divin Marquis über *weibliche* Körper ausgeübt wird, macht deutlich, dass es sich bei dieser Körper-Be*herr*schung um einen Kolonialismus handelt, der über die Körper der Frauen mit aller Konsequenz und menschenverachtenden Brutalität ausgeübt wird.

In meiner Vorlesung über *LiebeLesen* habe ich Bezüge herzustellen gesucht, die vom Don Juan Molières und damit dem französischen 17. Jahrhundert zweifache Verbindungslinien in das europäische 18. Jahrhundert bilden: zum einen zu Giacomo Casanova und zum anderen zur Figur des Marquis Sade. Wir bekommen auf diese Weise die grundlegenden Traditionslinien besser in den Griff, welche die europäischen Literaturen zweifellos durchziehen. Und es ist nun an uns, die Verführung und Beherrschung weiblicher Körper mit Bildern des Kolonialismus zusammenzudenken, wie sie diesen gesamten Zeitraum der Expansion Europas nicht nur am Rande bestimmen. Der europäische Kolonialismus ist nicht ‚jenes Andere', das wir fein säuberlich vom eigentlichen ‚Eigenen' abtrennen können oder einfach hübsch ‚gesondert' betrachten dürfen. Er durchzieht die europäischen Kulturen und selbstverständlich auch Literaturen vom Beginn der Frühen Neuzeit, von der ersten Phase beschleunigter Globalisierung an, zumindest bis tief ins 19. Jahrhundert. Doch er reicht in der Fortschreibung seiner Bilderwelten ins ins 21. Jahrhundert und damit bis zu uns.

Damit sei nicht behauptet, dass sich eine direkte Linie etwa von Molières *Dom Juan* und so vielen anderen, niemals in diesen Zusammenhang gestellten Liebes-Texten der europäischen Frühen Neuzeit unter kolonialistischen Vorzeichen unvermittelt bis zu Casanova und Sade ziehen ließe, wohl aber, dass eine vermittelte und komplexe Filiation besteht, die in ihrer Wirkmächtigkeit keineswegs geringer ausfällt als eine direkte literarische Verbindung. Die koloniale *Dialektik der Aufklärung* dynamisierte auch diese Relationen im 18. Jahrhundert und führte zu literarischen Ergebnissen, die wie die Werke von Casanova oder Sade für das Aufklärungszeitalter in Europa stehen. Auch darum ist es so wichtig, sich mit den Texten Casanovas wie mit jenen des Marquis de Sade literaturwissenschaftlich zu beschäftigen und diese nicht in die pathologische Ecke zu verfrachten.. Sie sind nicht ‚das Andere' einer Aufklärung zwischen zwei Welten: Sie stehen für diese Aufklärung selbst und dürfen aus ihr und ihrem umfassenden Verständnis nicht herausgebrochen werden.

Die Sade-Studien von Roland Barthes haben das Bild eines geradezu strukturalistischen Autors entworfen, der systematisch und methodisch vorging, der die Grenzen der körperlichen, objekthaften Kombinationsmöglichkeiten zu erforschen trachtete und der niemals die Wiederholung ein und derselben Liebessituation und Liebesstellung in seinen Schriften akzeptierte.[30] Barthes war an der Scharnierstelle zwischen Strukturalismus und Poststrukturalismus zweifellos für diese Art von fundamentalen Einsichten prädestiniert. Sade gehörte für Barthes ebenso wie Fourier oder Loyola zu den Fundamenten abendländischer Kultur und Literatur – Er war nicht aus ihr herauszulösen! Aus dieser von Barthes analysierten Sichtweise der Be*herr*schung menschlicher Körper entwickelte Sade eine durchaus physisch und physiologisch gemeinte Kombinatorik der Liebe, die letztlich einige der Grundannahmen Don Juans teilt und in der „variatio" den eigentlichen Urgrund für eine Lust erblickt, welche der Abwechslung, aber auch der ungeteilten männlichen Herrschaft bedarf. Der kolonialistische Unterton ist für uns nun leicht herauszuhören!

Im gleichen Atemzug verlagert und verdoppelt Donatien Alphonse François de Sade aber den Schwerpunkt der Leidenschaft und der im doppelten Wortsinne verstandenen *Passion*. Es geht nicht länger um den Prozess der strategisch vorbereiteten und geplanten Eroberung, sondern um die verschiedensten Formen der Inbesitznahme von Körpern oder – um es etwas stärker zu sagen – von Körper-Objekten. Wir könnten auch sagen: Es geht um deren Kolonialisierung und damit um deren hemmungslose Ausbeutung. Denn auch dies gehört zur Dialektik der Aufklärung, wollen wir diese und mit ihr die Aufklärung selbst in einem umfassenden Sinne begreifen. Wir haben es hierbei mit einer ebenfalls schier unendlichen Abfolge von „possessions" und Stellungen zu tun; zugleich mit einer gezielten Verlagerung des Leidens und damit der Passion in den Vollzug der Liebe und des Liebesaktes selbst. Diese Passion ist auf den Leib des Subjekts und dessen Lust gerichtet, wobei simultan – wenn auch nicht notwendig im selben Körper des Anderen – höchste Lust und höchstes Leiden sowie das Leiden an der Lust zum Vollzug und zum Höhepunkt gebracht werden. Dies, scheint mir, ist die Ökonomie der Sade'schen „imaginations" – und diese Ökonomie ist unverkennbar eine kolonialistische!

---

30 Vgl. Barthes, Roland: *Sade, Fourier, Loyola*. Paris: Seuil 1971.

Ich möchte Ihnen kurz einen Einblick in diese gezielte und wohlkalkulierte Kombinatorik von Stellungen anhand einer fast beliebig gewählten Passage aus Sades *Justine ou les malheurs de la vertu* vor Augen führen und damit zugleich das Thema Sade in unserer Auseinandersetzung mit Casanova auch schon wieder beenden. Ohne jeden Zweifel wäre es notwendig, sich wesentlich ausführlicher mit dem Marquis zu beschäftigen, doch scheint mir die akademische Gattung der Vorlesung hierfür nicht die geeignetste zu sein: Auch ein Erich Köhler fand bei seinen Heidelberger Studenten in bewegten Zeiten wenig Gegen-Liebe …

So präsentiere ich Ihnen also die Stelle, die mir eher zufällig in die Hand gefallen ist und in der Justine von ihren Peinigern berichtet. Bitte vergessen Sie nicht, dass diese Passage auf eine noch starr feudalistische und phallogozentrische Gesellschaft des Ancien Régime gemünzt ist, welche tief in den Kolonialismus verwickelt ist und gesellschaftliche Dimensionen des 18. Jahrhunderts evoziert, wie sie für das Zeitalter der Aufklärung fundamental sind:

> Der dritte hieß mich auf zwei voneinander entfernte Stühle steigen und setzte sich darunter, erregt von der Dubois, die an seinen Beinen platziert war, und er ließ mich vorbeugen, bis sein Mund sich quer zum Tempel der Natur befand; Sie könnten sich niemals vorstellen, Madame, was dieser obszöne Sterbliche zu begehren wagte; ich musste, ob nun Lust oder nicht, diese leichten Bedürfnisse befriedigen … Gerechter Himmel! Welch depravierter Mensch kann denn auch nur einen Augenblick lang Lust bei solchen Dingen empfinden! … Ich machte, was er wollte, ich überschwemmte ihn, und meine vollständige Unterwerfung erreichte bei diesem furchtbaren Menschen eine solche Trunkenheit, welche ohne diese Infamie nichts ausgerichtet hätte.[31]

Wir wohnen in dieser Passage einer Szene weiblicher Unterwerfung bei, in welcher die Frau oder besser die Frauen nichts anderes als Lustobjekte des Mannes sind, die ihrer kolonialen Ausbeutung zugeführt werden. Ich hätte diese, aber auch viele andere Passagen auswählen können, doch scheint mir diese Szene für unsere Vorlesung als besonders geeignet, da sie zwar das ist, was in den Vereinigten Staaten als „sexually explicit" bezeichnet wird, zugleich aber nichts direkt benennt, was – so hoffe ich – bei Ihnen Anstoß erregen könnte.

Gewiss, wir sind nicht mehr im Heidelberg der sechziger Jahre, wo die Erwähnung des „Göttlichen Marquis" durch den noch jungen Erich Köhler das Missfallen der Studierenden erregte und es Eier und Tomaten gehagelt haben soll, um die depravierte bürgerliche Literaturwissenschaft dieses allerdings linken Professors zu geißeln! Erich Köhler hat – soviel darf man sagen – unter die-

---

**31** Sade, Donatien Alphonse François de: *Justine ou les Malheurs de la vertu*. En Hollande : Chez les Libraires associés. Paris: Girouard 1791, S. 54 f.

sem Missverständnis zeit seines Lebens sehr gelitten; auch noch, als er die Universität Heidelberg geradezu fluchtartig verließ und an die Universität Freiburg wechselte, wo alles rund um die Achtundsechziger-Generation etwas ruhiger zu sein schien. So hoffe ich durchaus, Ihnen diese Passage zumuten zu können, da sie ein wichtiges Segment des Liebesbegehrens abdeckt, das nicht im Zentrum unserer Vorlesung steht, wohl aber im Kontext unserer Beschäftigung mit Giacomo Casanova und kurz auch mit dem Marquis de Sade nicht unerwähnt bleiben soll. Und ich bitte auch strafmildernd zu berücksichtigen, dass ich nicht verschreckt, sondern ganz planmäßig meinen Dienst als Professor an dieser Universität schon bald beenden werde; und ich möchte dies gerne tun, ohne am Ende noch Ihr Missfallen erregt zu haben oder – wie man im Elsass sagt – mit allerlei Legümen beworfen zu werden!

Was ich Ihnen an diesem Beispielstext aus der Feder Sades zeigen wollte, das ist die präzise und bewusste Kombinatorik, die der gesamten Sade'schen Lusttheorie zu Grunde liegt. Es geht folglich höchst rational zu auf diesen Seiten; und es sind gerade die unterschiedlichen Kombinatoriken dieser Mechanik der Lust, die im Mittelpunkt des Sade'schen Schreibens und seiner Imaginationen stehen. Roland Barthes hatte als französischer Literatur- und Kulturtheoretiker ein geradezu strukturalistisches Verhältnis zu Sade, dessen Szenerien ständiger Lusterzeugung er damit gleichsam die erotische Spitze nahm und einen bemerkenswerten Perspektivenwechsel in den Sade-Studien herbeiführte. Dies ist zweifellos ein Thema – die Kanonisierung Sades und dessen Überführung in einen Schulbuchautor –, das sich näher auszuführen lohnte. Doch fehlt mir die Zeit dazu in einer Vorlesung, in welcher es um die Aufklärung zwischen zwei Welten und um ein möglichst umfängliches Bild von der nicht allein europäischen Aufklärungsepoche geht.

Freilich müssen wir etwas ergänzen, das Roland Barthes geflissentlich und ganz bewusst aus seinen Studien ausblendete! Denn es kommt ein wichtiges, vielleicht das wichtigste Element noch hinzu, das ebenfalls in dieser Szene deutlich wird: die völlige Unterwerfung des Körpers der Frau, eine totale Gewalt, welche über die Körper aller Frauen ausgeübt wird und eine wichtige Grundbedingung für die Lust der Protagonisten ist. Der Raum, in welchem eine solche absolute Gewalt im 18. Jahrhundert ungestraft ausgeübt werden kann, ist *par excellence* der koloniale Raum. Die Berichte von brutaler Herrschaft über die Körper aller Sklaven, von Männern wie Frauen oder Kindern, sind aus den Kolonien der unterschiedlichsten europäischen Mächte Legion.

Denn die Kolonialherren verfügten über die Körper ihrer Sklaven und insbesondere ihrer Sklavinnen frei nach Belieben. Noch ein Gilberto Freyre berichtete in der ersten Hälfte des 20. Jahrhunderts von manchen sexuellen Phantasien und Praktiken, denen die Sklavenhalter ihre Sklavinnen unterzogen und sie im

Übrigen auch als willfährig gemachte Sexualobjekte benutzten. Dass hernach die weißen Frauen dieser schwarzen Herren die Körper dieser Sklavinnen verstümmelten, die zu Konkubinen ihrer Männer geworden waren, indem sie ihnen Gliedmaßen abschneiden ließen, schreckliche Wunden und Narben beibrachten oder anderweitig misshandelten,[32] rundet unser Bild von der Unmenschlichkeit und Barbarei des europäischen Kolonialismus nur ab. Diesbezüglich nur von kontinuierlichen Misshandlungen zu sprechen, wäre ein Euphemismus.

Wie in der kolonialen Gesellschaft haben wir es bei de Sade mit den Exzessen und dem erotischen Überschuss einer patriarchalischen und phallogozentrischen Ständegesellschaft im Ancien Régime zu tun, die auf diesen Seiten deutlich in den Fokus rückt. Deren Gewaltexzesse und die verschiedenartigsten Unterwerfungspraktiken von Frauen werden bei Sade nur konsequent ins Bild gesetzt. Lust dürfen bei all diesen Praktiken die Frauen nur dann empfinden, wenn dies jene der beteiligten Männer noch zu steigern imstande ist. Hinter der sexuellen Ausbeutung steht die koloniale Ausbeutung – und umgekehrt.

All dies und noch viel mehr läuft im 18. Jahrhundert unter dem Stichwort des „Libertinage"; eine Wendung, die sich ebenso in den zahlreichen Bänden von Giacomo Casanovas *Geschichte meines Lebens* wie in den ausschweifenden Werken des Marquis de Sade findet. In diesem eleganten Ausdruck steckt noch das Freiheitslexem: Und in der Tat ist es die Freiheit der Sklavenbesitzer, die frei über die Körper ihrer Sklaven und Sklavinnen verfügen können. Freilich erfasst dies nur die eine Seite dieser Wortfügung, die selbstverständlich andererseits die Freidenker miteinschließt und auf eine politisch-emanzipatorische Agenda abzielt, welche wir ebenfalls nicht vergessen dürfen.

Doch herrscht der *Libertin* völlig frei über die Körper der ihm Untergebenen, der von ihm Beherrschten – wie ein Sklavenhalter über seine Sklaven. Und die Unterworfenen und Gefügig-Gemachten sind in der patriarchalischen Gesellschaft mit Vorliebe die Frauen, die in ihrer Rechtlosigkeit in der Gesellschaft des Ancien Régime gleichsam die Rolle der Sklaven einnehmen. dies lässt sich deutlich in der oben angeführten Passage aus *Justine ou les malheurs de la vertu* erkennen. Keine der verschiedensten Körperöffnungen dieser Liebes- oder besser Sexsklavinnen ist dabei tabu, und alle können – wie in der obigen Szene – miteinander absichtsvoll kombiniert werden, *frei* nach dem Willen und den Gelüsten ihrer Herren. Aber lassen Sie uns an dieser Stelle einen Punkt ma-

---

**32** Vgl. hierzu ausführlich Freyre, Gilberto: *Casa-Grande & Senzala. Formação da família brasileira sob o regime de economía patriarcal.* 4a. edição, definitiva. Illustrações de Tomaz Santa Rosa. 2 Bde. Rio de Janeiro: Livrería José Olympio Editora 1943.

chen! Denn ich denke, dass Sie die vielberufene Dialektik der Aufklärung vollauf erfasst und verstanden haben, wie selbst den Texten europäischer „philosophes" zur „vie intime" eine koloniale Semantik und Pragmatik unterliegt. Ohne diese koloniale Dialektik, die genderspezifisch offen zu Tage liegt, ist die Aufklärung zwischen zwei Welten nicht zu haben.

# Rahel Levin Varnhagen oder der erkämpfte Bewegungsraum der Frauen

Im abschließenden Kapitel unserer Vorlesung geht es nicht um die Frauen als Gegenstände, als Objekte in den Augen einer interessierten Männerwelt, die sie auf die eine oder andere Weise in einer patriarchalischen Gesellschaft unter Kontrolle hält oder gar einsperrt, um sie dem eigenen Willen gefügig zu machen. Wir hatten in den Schriften von Giacomo Casanova durchaus eine Vielzahl an Frauen gesehen, welche selbst in Liebesdingen eigenständig die Initiative ergriffen und keineswegs nur Gehandelte in einem Stück waren, das von Männerhand geschrieben ward. Diese Vielzahl aktiver und agierender Frauen in Casanovas *Geschichte meines Lebens* kann uns freilich nicht darüber hinwegtäuschen, dass Frauen im Blick des Venezianers letztlich Objekte waren, die gerade auch durch ihr eigenständiges Agieren die Lust des männlichen Ich nur noch erhöhten. Sie waren stets hübsch anzuschauende und herausgeputzte Gegenstände im Blick eines Mannes, der sich ihrer bemächtigt, sich an ihnen lustvoll ergötzt, um sie kurz danach wieder fallen zu lassen.

Dass die Frau, von der nun abschließend die Rede sein soll, überhaupt ins Blickfeld einer breiteren Öffentlichkeit gerückt und als eine weibliche Verkörperung moderner Subjektivität gedeutet werden konnte, liegt wesentlich an einer anderen Frau, die sich ein gutes Jahrhundert später als junge Jüdin mit der Geschichte dieser Jüdin aus einer vergangenen Zeit beschäftigte und ein provokatives Buch schrieb,[1] auf dessen Geschichte ich an dieser Stelle nicht eingehen kann.[2] Die noch junge Hannah Arendt, damals verstrickt in ihr Verliebtsein in ihren philosophischen Lehrmeister Martin Heidegger, verfasste ein später einflussreiches Buch über jene Rahel Varnhagen, mit der wir uns in der Folge beschäftigen wollen. Arendts *Lebensgeschichte einer deutschen Jüdin aus der Romantik* war ein Text, den die in Königsberg geborene Philosophin im Jahr 1929 zeitgleich mit dem Abschluss ihrer Dissertation bei Karl Jaspers über den Liebesbegriff bei Augustinus in Angriff genommen hatte. Außer zwei noch fehlender Kapitel hatte sie es bis zu ihrer Flucht aus Nazideutschland im Jahr 1933 fertiggestellt und schrieb diese beiden Schlusskapitel im französischen Exil nieder,

---

1 Vgl. Arendt, Hannah: *Rahel Varnhagen. Lebensgeschichte einer deutschen Jüdin aus der Romantik.* München – Zürich: Piper 1981.
2 Ich habe dies getan in dem Hannah Arendt und Rahel Levin Varnhagen gewidmeten Kapitel in Ette, Ottmar: *ÜberLebenswissen. Die Aufgabe der Philologie.* Berlin: Kulturverlag Kadmos 2004.

bevor sie 1957 zuerst eine englischsprachige[3] und 1959 eine deutschsprachige Fassung erscheinen ließ. Es entstand ein Buch, ohne das Rahel Varnhagen im 20. Jahrhundert zumindest niemals derart rasch ein so großes Interesse erregt hätte. Einerseits lag dies am Renommee der aus Deutschland vor den Nationalsozialisten noch rechtzeitig ins Exil in die USA geflohenen großen deutschen Philosophin, andererseits aber auch an der außerordentlichen Figur wie vor allem den schriftlichen Zeugnissen, welche die große weibliche Gestalt an der Wende vom 18. zum 19. Jahrhundert hinterlassen hatte.

**Abb. 44:** Hannah Arendt auf dem 1. Kulturkritikerkongress, 1958.

Dabei entsprach Rahel in keiner Weise dem gängigen Klischee einer jungen, bezaubernd schönen Frau, wie wir dies quer durch unsere Texte des Aufklärungszeitalters haben aufleuchten sehen. Immer wieder blendet Hannah Arendt in ihre Geschichte eine Körpermetaphorik ein, die Rahels jüdisches Schicksal als ebenso „unentrinnbar wie ein Buckel oder ein Klumpfuß"[4] erscheinen ließ. Sie tat dies als Jüdin mit vollster Absicht: Denn in derlei körperlichen Stigmatisierungen, im sprichwörtlichen ‚Judenbuckel', verkörpert sich Geschichte als Natur, verleibt sich Geschichte Natur ein und lässt ein Schicksal als geradezu ‚natürlich' erscheinen.

Hannah Arendt porträtierte Rahel Levin Varnhagen – und dies ist eine Einschränkung, die man gegenüber diesem fulminanten Buch heute machen muss – in erster Linie und vor allem als eine Jüdin, die in ihrer Zeit eben im deutschsprachigen Raum gelebt habe. Das Insistieren der Philosophin auf der Körperlichkeit von Rahel fügte sich ganz bewusst in die generelle Zielsetzung ihrer Schrift ein. Denn der Körperleib hat seine das bloß Individuelle übersteigende Geschichte sowie seine eigene Logik und ist vom Geist der entsprechenden Person nicht zu

---

**3** Mir liegt vor: Arendt, Hannah: *Rahel Varnhagen. The Life of a Jewess.* First complete edition. Edited by Liliane Weissberg. Translated by Richard and Clara Winston. Baltimore – London: The Johns Hopkins University Press 1997.
**4** Arendt, Hannah: *Rahel Varnhagen*, S. 202.

trennen. Die Perzeption von Natur ist immer schon potenzierte Geschichte in Vergegenwärtigung.

Wäre der Mensch – wie Arendt formuliert – „nur auf Natur verwiesen", er ginge „an seiner Erfahrungslosigkeit, an seiner Unfähigkeit, mehr zu begreifen als sich selbst, zugrunde."[5] Die Logik des Körpers und jene des Leibes ist nicht mit einer Logik der Natur gleichzusetzen und auch nicht allein von dieser her zu begreifen. Überdies werden Körper als Objekte besonders dann, wenn es sich um Frauen und mehr noch um Jüdinnen handelt, gesellschaftlich in Wert gesetzt – oder eben auch nicht:

> Schönheit kann eine Macht sein bei Frauen, und Judenmädchen werden manchmal nicht nur ihrer Mitgift wegen geheiratet. Aber mit Rahel hat die Natur keine großen Umstände gemacht. [...] Klein von Gestalt, mit zu kleinen Händen und Füßen, im Gesicht eine Dispro-portion zwischen Ober- und Unterpartie, unter der klaren Stirn und den schönen durchsich-tigen Augen das zu lange Kinn, das nicht durchgebildet ist, als sei es an das Gesicht nur angehängt. [...] Also nicht reich, nicht gebildet und nicht schön! Also eigentlich ohne Waf-fen, den großen Kampf um Anerkanntsein in der Gesellschaft, um soziale Existenz, um ein Stückchen Glück, um Sicherheit und bürgerliche Situation zu unternehmen.[6]

Der äußeren Welt der Gegenstände setzt das Judentum zur damaligen Zeit nicht den politischen Kampf um gleiche Rechte, sondern allein das Denken entgegen: die Welt des Geistes, des Intellekts. Diese Welt, gepaart mit jener des politi-schen Kampfes, des Kampfes um politische, aber auch um weibliche Emanzipation, wird in Hannah Arendts Biographie nicht allein die Welt der Rahel Varnhagen, sondern auch der Hannah Arendt sein. Die beiden letzten, nach der Flucht aus Deutschland im Sommer 1938 in Frankreich wohl auch auf Drängen Walter Ben-jamins verfassten Kapitel des Buches legen von dieser neuen, aber doch schon vorweggenommenen Lebenserfahrung und dem dadurch geschärften politischen Denken jüdischer Existenz in besonderer Weise Zeugnis ab. *Rahel Varnhagen* prä-sentiert uns ein verdoppeltes Leben, ist zugleich Biographie einer Jüdin aus der anhebenden Romantik und Autobiographie einer in vielerlei Hinsicht gefährde-ten Jüdin des 20. Jahrhunderts.

Die von Hannah Arendt entwickelte auto/biographische Schreibform musste sich notwendig des Beistands wie des Gegenmodells des Begründers der Auto-biographie in der Moderne – auf den sich im Übrigen auch Rahel Varnhagen in einer Passage ihres Tagebuchs bezog – versichern: „*Rousseau* ist das größte Bei-spiel aller Reflexionssucht, weil es ihm gelungen ist, auch mit der Erinnerung

---

5 Ebda., S. 16.
6 Ebda., S. 17 f.

noch fertig zu werden, ja sie in wahrhaft genialer Weise in die zuverlässigste Sicherung vor dem Außen zu verwandeln."[7] Die Bewunderung für den Schöpfer der ersten Autobiographie der Moderne umfasst sowohl den Schriftsteller als auch den Philosophen der Aufklärung: Beide sind im Namen ‚Rousseau' miteinander verschmolzen. Und auch für Rahel selbst ist der Verfasser von *Les Confessions* eine Orientierung von grundlegender Bedeutung.

Wie aber beschrieb und umfasste Rahel Levin Varnhagen selbst ihr eigenes Leben? Auf welche Weise brachte sie dieses Leben auf den biographischen und autobiographischen Punkt? Hören wir noch ein letztes Mal Rahels Stimme in jener von Hannah Arendt. Denn gleich mit dem Incipit ihres Buches machte letztere deutlich, dass Rahel Teil einer Geschichte ist, die weit über sie hinausgeht:

> „Welche Geschichte! – Eine aus Ägypten und Palästina Geflüchtete bin ich hier und finde Hilfe, Liebe und Pflege von Euch! … Mit erhabenem Entzücken denk' ich an diesen meinen Ursprung und diesen ganzen Zusammenhang des Geschickes, durch welches die ältesten Erinnerungen des Menschengeschlechts mit der neuesten Lage der Dinge, die weitesten Zeit- und Raumfernen verbunden sind. Was so lange Zeit meines Lebens mir die größte Schmach, das herbste Leid und Unglück war, eine Jüdin geboren zu sein, um keinen Preis möcht' ich das jetzt missen." So berichtet Varnhagen von Rahels Totenbett. Dreiundsechzig Jahre hat sie gebraucht zu lernen, was 1700 Jahre vor ihrer Geburt begann, zur Zeit ihres Lebens eine entscheidende Wendung und hundert Jahre nach ihrem Tode – sie starb am 7. März 1833 – ein vorläufiges Ende nahm.
>
> Schwer mag es sein, seine eigene Geschichte zu kennen, wenn man 1771 in Berlin geboren wird und diese Geschichte schon 1700 Jahre früher in Jerusalem beginnt. Kennt man sie nicht, und ist man auch nicht geradezu ein Lump, der jederzeit Gegebenes anerkennt, Widriges umlügt und Gutes vergißt, so rächt sie sich und wird in ihrer ganzen Erhabenheit zum persönlichen Schicksal, was für den Betroffenen kein Vergnügen ist.[8]

Hannah Arendt stellt Rahel in ihrer einflussreichen, ja die Rezeptionsgeschichte der von ihr Portraitierten bis heute prägenden Biographie in den größeren Zusammenhang einer Geschichte des Judentums, dem die in Königsberg geborene Philosophin natürlich selbst auch angehörte. Ganz so, wie die Königsberger Philosophin ihre ursprünglich als Habilitationsschrift gedachte Studie hundert Jahre nach Rahels Tod vorläufig abschloss und mit einer Vielzahl an autobiographischen Fenstern versah, welche ihre Biographie kunstvoll als Autobiographie zu einem verdoppelten Überlebenschreiben werden ließen,[9] so verstand sie Rahel wie auch

---

7 Ebda., S. 22.
8 Ebda., S. 15.
9 Vgl. neben dem zitierten Kapitel aus *ÜberLebenswissen* auch Sánchez, Cecilia: Sobrevivir: transiciones del cuerpo mortal e inmortal en Hannah Arendt. In: Vatter, Miguel / Nitschack, Horst (Hg.): *Hannah Arendt: sobrevivir al totalitarismo*. Santiago de Chile: LOM Ediciones 2008, S. 77–88.

sich selbst auf der Hintergrundfolie einer jüdischen Geschichte und eines jüdischen Schicksals, von dem es in der letzten Kapitelüberschrift heißt: „Aus dem Judentum kommt man nicht heraus."[10]

Es mögen wohl solche Gedanken gewesen sein, die Rahels Grübeln durchzogen, als sie auf dem Tiefpunkt ihres bisherigen Lebens die nachfolgenden Sätze niederschrieb:

> Bei meinem Teetisch ... sitze nur ich mit Wörterbüchern; Tee wird gar nicht mehr bei mir gemacht; so ist alles anders! Nie war ich so allein. Absolut. Nie so durchaus und bestimmt ennuyirt. Denn nur Geistreiches, Gütiges, Hoffnungsgebendes kann eine so Gekränkte, eine so Getötete noch hinhalten. Alles ist aber vorbei! Im Winter, und im Sommer auch noch, kannte ich einige Franzosen: Mit denen sprach ich hin und her, und wir sprachen das ab, was fremde gesittete, Literatur liebende und übende Menschen, die nicht eines Landes sind, absprechen und abstreiten können. Die sind alle weg. Meine deutschen Freunde, wie lange schon; wie gestorben, wie zerstreut![11]

Rahel Levin Varnhagen sitzt vor den Trümmern ihrer Existenz, ihres Lebens. An einem Teetische in einer Wohnung, in der gar kein Tee mehr zubereitet wird, weil niemand mehr da ist, weil es kein Zusammenleben mehr gibt: keine Konvivialität und keine Konvivenz[12] in einem sich ehedem stetig erweiternden Kreis. Alle Freundinnen und Freunde der Frau, alle ihre Gäste, alle ihre Seelenverwandten sind gegangen, verschwunden, vom Winde verweht.

Eine absolute Einsamkeit umgibt diese Jüdin, die doch noch kurz zuvor der begehrte Mittelpunkt einer lustigen und zukunftszugewandten Salongesellschaft gewesen war. Doch diese Zeit der offenen Rede, diese Zeit auch eines weltoffenen Kosmopolitismus, wie er sich noch in den traurigen Worten an Gustav von Brinckmann zu erkennen gibt: All dies ist in einem Preußen endgültig verschwunden, das sich in die Befreiungskriege gegen die französische Fremdherrschaft gestürzt hat, in die Kriege gegen Napoleon und dessen verhasstes Heer. Alles steht in Flammen! Im auflodernden Nationalismus des frühen 19. Jahrhunderts verbrannte die République des Lettres der Aufklärungszeit, verbrannte der Kosmopolitismus eines Voltaire und selbst noch eines Fichte, verbrannte aber auch der Traum von einer Gleichstellung des Judentums, an den die Jüdin Rahel Varnhagen so fest geglaubt hatte.

An die Stelle der Konvivenz, des freudigen Zusammenlebens in einem von Soziabilität erfüllten Kreis, ist die Absenz getreten; eine Einsamkeit, die in ihrer

---

**10** Arendt, Hannah: *Rahel Varnhagen*, S. 201.

**11** Varnhagen, Rahel: Brief an Gustav von Brinckmann (1808). In (dies.): *Gesammelte Werke*. Bd. I. München: Matthes & Seitz 1983, S. 328.

**12** Zu diesem Term vgl. Ette, Ottmar: *Konvivenz. Literatur und Leben nach dem Paradies*. Berlin: Kulturverlag Kadmos 2012.

Absolutheit auf der nicht mehr ganz jungen Frau lastet wie niemals zuvor. Konvivenz und Konvivialität haben einer gähnenden Leere, einer trauererfüllten Einsamkeit Platz gemacht: „Alles ist vorbei!"

**Abb. 45:** Rahel Varnhagen von Ense, geborene Levin (1771–1833).

Gewiss hätten wir auch eine andere der großen „Salonières" der Aufklärungsepoche als Beispiel moderner weiblicher Subjektivität heranziehen können. Wir hätten uns etwa mit Germaine de Staël beschäftigen können, die es schon von Kindsbeinen an im Salon ihrer Mutter gewohnt war, mit den internationalen Gästen aus den verschiedensten europäischen Ländern zu parlieren. Auch das selbstbewusste Leben der Madame de Staël war von Napoleon geprägt und beschnitten worden, auch wenn sie sich zeit ihres Lebens gegen den selbstgekrönten Kaiser der Franzosen sehr erfolgreich zur Wehr setzte. Doch gehört ihr Werk vielleicht mehr schon dem 19. Jahrhundert und der Romantik an, als dies bei Rahel Varnhagen der Fall war, die im Grunde genau an der Wende des 18. zum 19. Jahrhundert platziert ist. Letztere musste mitansehen, wie ihr erster Salon, der Salon des 18. Jahrhunderts, in Trümmer zerfiel und unterging.

Dass Rahel Varnhagen ihre französischen Gesprächspartner erwähnte, ist kein Zufall, hatten die napoleonischen Armeen doch mit ihrer Besetzung Preußens auch die Gleichstellung der Juden mitgebracht – zugleich aber auch den Untergang einer nachfriderizianischen Gesellschaft besiegelt, welche zumindest teilweise im Zeichen von Toleranz und Offenheit stand. Preußen schien am Ende und die Zeit Friedrichs des Großen war nun endgültig vorbei, der Geist von Sanssouci verweht. Das preußische Rokoko mit seiner Heiterkeit war entschwunden wie seine Soldaten und die Langen Kerls. Das Jahrhundert der Aufklärung hatte aufgehört zu existieren.

Berlin wurde eine leere Wüste und die Franzosen sind weitergezogen – nach Osten wohl, ihrem eigenen Untergang, dem Untergang der „Grande Armée" siegreich im Licht der brennenden Dörfer und Städtchen Russlands entgegen. Doch auch die Deutschen sind fort, sind als ehemalige Gäste von Rahels Salon nicht mehr da. Sie sind entweder gefallen wie der Hohenzollern-Prinz Louis Ferdinand bei Saalfeld im Kampf gegen die Franzosen oder zwischen die Fronten von Preußen und Franzosen geraten wie Adelbert von Chamisso; andere haben es vorgezogen, beim Einmarsch von Napoleon in Berlin lieber in Paris zu bleiben, wie der mit seinem Amerikanischen Reisewerk beschäftigte Alexander von Humboldt, oder sie sind schon bald mit der Reorganisation des preußischen Staates betraut wie sein älterer Bruder Wilhelm; einige tragen sich mit dem Gedanken, den preußischen Staatsdienst zu quittieren und Königsberg wieder zu verlassen – wie der bald in französische Kriegsgefangenschaft geratende Heinrich von Kleist oder der seiner zutiefst anti-französischen Haltung ergebene und sich an Österreich ausrichtende Friedrich von Gentz. Sie alle gehörten wie selbstverständlich dem illustren Kreis an, der sich um Rahel Levin Varnhagen geschart und die „Salonière" umschwärmt hatte. Doch mit diesem Kreis war es aus, weil die Welt, die ihn bildete, nicht mehr bestand.

Wir hatten uns in unserer Vorlesung über die Romantik zwischen zwei Welten nicht nur mit Germaine de Staël, sondern auch mit Rahel Levin Varnhagen beschäftigt und dabei freilich jene Aspekte besonders beleuchtet, die mit dem 19. Jahrhundert in direkter Verbindung standen.[13] In diesem 19. Jahrhundert hatten sich nach dem napoleonischen Sturm die Dinge neu geordnet, insofern es paradoxerweise zu einer Restauration der alten europäischen Monarchien kam. Noch für mehr als ein Jahrhundert sollte Preußen prominent auf den europäischen Karten verzeichnet sein und die Geschicke des europäischen Kontinents wesentlich mitbestimmen. Doch das Neue waren die Nationalismen und nationale Bewegungen, die sich überall in Europa rasch ausbreiteten und nie wieder eine République des Lettres entstehen ließen. Diese Grundvoraussetzung der Aufklärungsepoche gehörte für immer der Vergangenheit an.

Auch im fernen Berlin verstand man sich vordem als Teil dieser Ideengemeinschaft. Und in diesem Geiste war Rahel Levin Varnhagen groß geworden. All das, wofür zwischen 1790 und 1806 der sogenannte Salon der Rahel Levin gestanden hatte, all das, was er noch nicht gesellschaftsfähig, aber doch zumindest salonfähig gemacht hatte – mithin die gezielte Überwindung ebenso nationaler wie religiöser, ebenso ‚rassischer' wie ständischer oder gesellschaftlicher Schranken – war ein für alle Mal dahin. Oder besser nein: Er wurde zu einem Teil jener verschütteten Traditionen, welche das Mobile Preußen *bewegten*[14] und die von einzelnen großen Figuren der Geisteswelt wiederbelebt werden konnten! Dass Berlin auch Teil einer République des Lettres war, die weit über die Grenzen Europas hinausreichte, wussten nicht sämtliche Mitglieder

---

**13** Vgl. Ette, Ottmar: *Romantik zwischen zwei Welten*, S. 519–545.
**14** Vgl. hierzu Ette, Ottmar: *Mobile Preußen. Ansichten jenseits des Nationalen*. Stuttgart: J.B. Metzler Verlag 2019.

von Rahels beschwingtem Kreise. Nicht allen war klar, dass nur wenige Jahrzehnte zuvor Berlin das Zentrum einer weltweit geführten Debatte um die Neue Welt gewesen war. Doch einer ihrer Gäste, der junge Alexander von Humboldt, der auch mit Freude die Salons der für ihre Schönheit berühmten Jüdin Henriette Herz zu Berlin frequentierte, war sich dieser Tatsache sehr wohl bewusst. Anders als die meisten anderen Besucher von Rahels erstem Salon ließ er sich nicht von der Pandemie des Nationalismus anstecken.

Doch Atmosphäre und Logosphäre hatten sich in Preußen gewandelt. Selbst ein Alexander von Humboldt sah sich in der eigenen Familie mit Vorwürfen konfrontiert, zu einem wahren Franzosen geworden zu sein.[15] Mit dem stark aufkommenden Franzosenhass gingen ein nie ausgerotteter Antisemitismus in Preußen und zugleich ein aufglühender Nationalismus einher; eine Kombinatorik, welche über anderthalb Jahrhunderte die Geschicke Preußens und Deutschlands bestimmen sollte. In einem derartigen gesellschaftlichen Kontext wurde bald auch das immense schriftstellerische und wissenschaftliche Werk eines Alexander von Humboldt zu einer verschütteten Tradition im deutschsprachigen Raum.

Für letzteren waren diese allgemeinen Veränderungen schwierig – bewegte er sich doch im deutsch-französischen Umfeld –, aber letztlich doch zu ertragen, da er über fast ein Vierteljahrhundert seinen Hauptwohnsitz in Paris hatte und später den preußischen Königen in Berlin und Potsdam sehr nahe stand. Nur in seinen Briefen an seinen Freund Varnhagen von Ense ließ er erkennen, wie sehr er die generelle Richtung verurteilte, welche die Politik in Europa eingeschlagen hatte. Für Rahel Levin Varnhagen aber, die als Frau und Jüdin doppelt benachteiligt war, hatten die gesellschaftlichen Veränderungen in Preußen dramatische Konsequenzen. Die Welt ihres ureigenen Kreises, ihre Dachstuben-Gesellschaft, war fast über Nacht für Rahel Levin zur „Welt von gestern" geworden, zu einem plötzlich unerreichbaren Traum[16] von einer Gemeinschaft, die sich in ihrer Tee-Gesellschaft über ein Jahrzehnt lang geradezu modellartig verwirklichen konnte. Was von diesem Traum blieb? Eine Frau sitzt 1808 vor den Trümmern ihrer Existenz – aber auch ihres Lebens?

---

**15** Vgl. hierzu Ette, Ottmar: „ ... daß einem leid tut, wie er aufgehört hat, deutsch zu sein": Alexander von Humboldt, Preußen und Amerika. In: *HiN – Alexander von Humboldt im Netz. Internationale Zeitschrift für Humboldt-Studien* (Potsdam – Berlin) III, 4 (2002), 24 p. (http://www.uni-potsdam.de/u/romanistik/humboldt/hin/hin4/ ette_1.htm).
**16** Vgl. zur Wichtigkeit des Traumes Hahn, Barbara: *„Im Schlaf bin ich wacher." Die Träume der Rahel Levin Varnhagen.* Frankfurt am Main: Luchterhand Literaturverlag 1990. Die Arbeiten von Barbara Hahn sind von immenser Bedeutung für die Aufwertung von Rahel auch und gerade in germanistischen Kreisen.

Hannah Arendt hätte diese letztere Frage sicherlich bejaht. In ihrer bereits mehrfach angeführten und einflussreichen *Lebensgeschichte einer deutschen Jüdin* stellte sie von Beginn an ihre Rahel ganz in das Licht des Judentums. Was uns heute selbstverständlich erscheint, war ein Jahrhundert nach Rahels Tod durchaus innovativ. Doch alles habe im Leben der Rahel Varnhagen im Zeichen einer unüberbrückbaren und in ihrem Judentum verankerten Ambivalenz gestanden: „Die Schande, die kein Mensch und kein Gott abnehmen kann, ist am Tage eine fixe Idee. Weiterkommen, Assimilation, Geschichte lernen sind in der Nacht ein komisch-verzweifeltes Spiel. Aus solchem Auseinanderklaffen findet nur die Zweideutigkeit einen bleibenden Ausweg, da sie beides nicht ernst nimmt und im Zwielicht der Mischung Resignation und neue Kraft erzeugt."[17]

Aus Resignation und Verzweiflung habe die Jüdin ihre Kraft für ein ständiges Schwanken zwischen Ernst und Spiel, zwischen gesellschaftlicher Anpassung und unbedingtem Freiheitswillen geschöpft. In diesem ambivalenten Schwanken sei alles „so klar und so undeutbar zugleich"[18] geblieben. Das Wissen über das Leben der Anderen wird gleichsam zum komisch-verzweifelten Spiel mit dem eigenen Leben; ein Spiel, das im Zwielicht der Mischung beider Leben Klarheit und Undeutbarkeit in eins setzt. Es ist sicherlich diese fundamentale Ambivalenz aller Bereiche ihres Lebens und damit auch der Veränderungen ihres Lebens, aus der Rahel Levin Varnhagen ihre kreativen Widerstandskräfte formte.

Gestatten Sie mir noch ein letztes Wort zu Hannah Arendts sehr spezifischem Blick auf die „deutsche Jüdin aus der Romantik"! Denn es ist auffällig, dass es ihr[19] nicht um die „condition féminine", nicht um die Weiblichkeit und mehr noch ihre besondere Situation und Marginalisierung als Frau geht,[20] sondern allein die „condition juive" im Mittelpunkt ihrer Aufmerksamkeit steht. Aus dieser Perspektive ist das abrupte Ende des Rahel'schen Salons auch gleichbedeutend mit dem Absturz von einem Höhepunkt, den die deutsche Jüdin im Sinne Hannah Arendts in ihrem Leben nie wieder erreichen konnte.

Aus dieser Blickrichtung musste auch alles, was mit Karl August Varnhagen von Ense, mit seiner aufopferungsvollen Bewunderung, mit seiner Vermäh-

---

**17**  Ebda., S. 137 f.
**18**  Ebda., S. 104.
**19**  Vgl. allgemein Brunkhorst, Hauke: *Hannah Arendt.* München: Beck 1999.
**20**  Vgl. zur Kritik an dieser „Leerstelle" Arendts insbesondere Maslin, Kimberly: Rahel Varnhagen: Arendt's Experiential Ontology. In: *New German Critique* (Durham) XL, 119 (Summer 2013), S. 77–96; sowie aus anderer Perspektive Benhabib, Seyla: The Pariah and Her Shadow: Hannah Arendt's Biography of Rahel Varnhagen. In: Honig, Bonnie (Hg.): *Feminist Interpretations of Hannah Arendt.* University Park: The Pennsylvania State University Press 1995, S. 83–104; sowie (dies.): The Pariah and Her Shadow: Hannah Arendt's Biography of Rahel Varnhagen. In: *Political Theory* () XXIII, 1 (February 1995), S. 5–24.

lung mit Rahel und selbst noch mit seiner Pflege ihres Nachlasses und ihrer Schriften zu tun hatte, im Zeichen eines Abstieges, eines Unverständnisses, ja eines Nicht-Begreifen-Könnens stehen, dessen sie Varnhagen mit nachhaltigen Folgen bezichtigte. Denn der erst nach der Hochzeit nachträglich nobilitierte Varnhagen wurde zu so etwas wie dem dummen Trottel in der jüdischen Lebensgeschichte Rahels stilisiert. Dieser Sichtweise möchte ich ausdrücklich widersprechen!

Denn war nicht Karl August Varnhagen von Ense just in jenem Jahr 1808, in dem wir Rahel Levin vor den Trümmern ihrer Existenz gesehen hatten, mit seiner Bewunderung und Liebe am Horizont ihres Lebens und Schreibens aufgetaucht? Hatte er ihr nicht nach ihrer Konvertierung zum Christentum die so lange Vermählung offeriert und schließlich auch die Möglichkeit geboten, in Berlin ihren zweiten Salon zu eröffnen und damit die Fäden ihres Lebens weiterzuspinnen, kurz: zu jener Rahel Varnhagen zu werden, wie Hannah Arendt sie selbst zu nennen pflegte? Entsteht so nicht erst jene komplexe Figur einer Rahel Levin Varnhagen, deren schillernde Ambivalenz und Widersprüchlichkeit sich erst in vollem Maße entwickeln konnte? Und vielleicht mehr noch: Karl August Varnhagen von Ense ermöglichte es Rahel, die Verfügungsgewalt über sich selbst und ihren ersten Salon zurückzuerhalten und sich auf dieser Grundlage dadurch weiterzuentwickeln, dass sie ihre eigene glanzvolle Vergangenheit als „Salonière" wiedergewann.

Wie sah diese Vergangenheit von Rahel aus? Rahel Levin war in Berlin 1771 in eine wohlhabende jüdische Kaufmanns- und Bankiersfamilie als ältestes Kind hineingeboren worden und wuchs in behüteten Verhältnissen auf. Ihr Vater Markus Levin war als Juwelierhändler in Geldgeschäften geschickt und lenkte als Patriarch die Geschicke seiner Frau Chaie wie seiner Familie streng, aber stets in einem Rahmen, in welchem Geselligkeit und Konvivialität einen hohen Stellenwert besaßen. Die Kinder waren an ein Haus voller Gäste und vieler Gespräche gewöhnt: Soziabilität war ein hohes Gut, das Rahel zeit ihres Lebens zu bewahren suchte.

Nach dem plötzlichen Tod ihres Vaters im Jahr 1790, der Übernahme der Geschäfte durch die männlichen Nachkommen und der raschen Regelung aller finanziellen Fragen entstand noch im selben Jahr in der Berliner Jägerstraße ein Salon, als dessen Mittelpunkt sich die junge, zwar wohl nicht sehr hübsche, aber ungeheuer sprühende, auffassungsschnelle und geistreiche Rahel Levin herauskristallisierte. Es handelte sich um einen jener jüdischen Salons, die sich auch um andere Frauen von jüdischer Abstammung wie Henriette Herz oder Dorothea Schlegel gebildet hatten und für jene intellektuelle Offenheit einstanden, die für das Berlin des ausgehenden 18. Jahrhunderts so charakteristisch war. In den Salons herrschte ein freier Geist, der auch die traditionellen Geschlechterrollen erfasst hatte. Gerade für die Jüdinnen bot sich hier die Chance, mit anderen Lebensentwürfen und Lebenspraktiken zu experimentieren. Ihre Rolle als jüdische Gastgeberinnen erlaubte es ihnen, die unterschiedlichen Stände in einer gepflegten Atmosphäre des offenen Wortes zusammenzubringen. Als Frauen kam ihnen im Salon eine gesellschaftliche Rolle zu, welche ihnen an anderer Stelle in der patriarchalischen preußischen Gesellschaft nicht zugestanden hätte.

Diese zum damaligen Zeitpunkt eines ausgehenden 18. Jahrhunderts durchaus tolerante Atmosphäre der preußischen Hauptstadt machte sich die junge Rahel Levin zunutze und bildete um sich her einen rasch wachsenden Kreis, den man in Anlehnung an die Pariser Strukturen und Gepflogenheiten heute einen „Salon" zu nennen pflegt. Auch wenn sich die entstehenden jüdischen Salons in Berlin stark von ihren Pariser Vorbildern unterschieden, sei hier doch dieser längst eingebürgerte Begriff für jene Form von Soziabilität verwendet, in deren Mittelpunkt jeweils eine Frau als „Salonière" stand. Ähnlich wie in den Pariser Salons des 17. des 18. und größtenteils auch des 19. Jahrhunderts prägten Frauen die von ihnen gepflegten Kreise und gaben einen Ton vor, der für die jeweiligen Soziabilitäten charakteristisch war. So erhielten beispielsweise die Brüder Humboldt in den jüdischen Salons von Henriette Herz oder Rahel Levin ihre durchaus standesgemäße Einführung in die Berliner Gesellschaft.

Ab 1790 entstand der erste Salon der Rahel Levin, die zwar nicht mit der Schönheit einer Henriette Herz konkurrieren konnte, wohl aber durch ihre schnelle Auffassungsgabe, ihre Schlagfertigkeit und die Offenheit ihres Denkens all jene begeisterte, die schon bald ihre vielfältigen Impulse und Anregungen zu schätzen gelernt hatten. Rahel wurde zum umschwärmten Mittelpunkt. Auch der Versammlungsort war mit Bedacht gewählt: Denn nicht in den Gesellschaftsräumen, die einst ihr Vater für seine geselligen Runden benutzt hatte, sondern in der Dachstube war nun der Platz,[21] wo man sich in bewusst einfacher Umgebung traf, um über alles zu sprechen, was die Hauptstadt und ihre Bewohner, aber auch was Europa und die Welt anging. Die kleine Gesellschaft entwickelte sich zu einem Modell Preußens *en miniature* – zumindest eines Preußen, das Zugang zur Bildung hatte und Bildung nicht als einen Besitz, sondern als ein ständiges, ununterbrochenes Bemühen, kurz: als eine gesellschaftliche Verpflichtung begriff.

---

21 Zur Entstehung des ersten Salons der Rahel Levin vgl. Danzer, Gerhard: Die Dachstubenwahrheiten der Rahel Varnhagen. In (ders., Hg.): *Europa, deine Frauen. Beiträge zu einer weiblichen Kulturgeschichte.* Berlin – New York: Springer Verlag 2015, S. 57–70.

Die kleine Rahel verstand es, ebenso Künstler wie Literaten, Intellektuelle wie Politiker, Wissenschaftler wie Philosophen an sich zu binden und in ihrer ‚Dachstube' bei Tee und Butterbroten jene Gesprächsatmosphäre zu kreieren, die all ihren Gästen ein Höchstmaß an Austausch und Gedankenfreiheit garantierte – und zugleich auch abverlangte. Bei ihr traf sich, was in Berlin den Anspruch hatte, gehört zu werden; bei ihr wurde an Ideen formuliert, was morgen zu Plänen reifte. Es war noch etwas zu spüren von jenem aufklärerischen Europa, welches das 18. Jahrhundert geprägt hatte und bald schon verschwinden sollte.

Rahels Salon blühte: So trafen sich bei ihr zum Tee – um nur einige der Geister jener Zeit zu nennen – die Brüder Schlegel wie die Brüder Humboldt, Jean Paul oder Ludwig und Friedrich Tieck, Prinz Louis Ferdinand von Preußen wie dessen schöne Geliebte Pauline Wiesel, Friedrich de la Motte Fouqué und Friedrich von Gentz, Johann Gottlieb Fichte, Adelbert von Chamisso. Zudem fand sich ein so dichter Kreis an Adeligen und Bürgerlichen, an Wissenschaftlern und Künstlern ein, dass sich hier ein gesellschaftliches Experiment vollziehen konnte: Preußen als Modell, Preußen als Konfiguration von Ideen, Gedanken und Philosophemen zu (er)leben. Gerade die scheinbare Anspruchslosigkeit dieses Salons, dieser ‚Dachstube', die sich so scharf von der Pariser Welt der Salons unterschied, sorgte dafür, dass die sich bildende kleine Gesellschaft die höchsten Ansprüche an geistige Innovation und Wendigkeit erfüllte.

Vor allem die gesellschaftliche „Aufbruchstimmung"[22] zwischen 1795 und 1805 bildete den entscheidenden Hintergrund für eine Entwicklung, in welcher Rahel Levins Salon zu einem wahren „Experimentierfeld"[23] für eine soziale, politische, kulturelle und literarische Situation wurde, in welcher ebenso die Standesgrenzen wie nationale Hemmnisse, ebenso die Grenzen zwischen verschiedenen Religionen und Konfessionen wie zwischen den Geschlechtern durchlässig wurden. In Rahels Dachstube lebte noch etwas von jener République des Lettres, deren Internationalität sich noch in den gegenläufigen Zeiten im Zeichen der Romantik in einem Alexander von Humboldt verkörpern sollte. Lebensformen und Lebensnormen erschienen veränderbar, beweglich, mobil ...

Auf diese Weise bildete sich in der Dachstuben-Gesellschaft Rahels ein Preußen heraus, das hätte sein können und doch nicht sein durfte. Es handelt sich um ein Preußen als Traum, ein Preußen, das niemals bestand und keine Verwirklichung fand. Es war ein Preußen der Potentialitäten, des Polylogs über

---

**22** Danzer, Gerhard: Rahel Varnhagen – eine Frau entdeckt sich über die Kultur. In: Pilz, Elke (Hg.): *Bedeutende Frauen des 18. Jahrhunderts. 11 biographische Essays.* Würzburg: Königshausen & Neumann 2007, S. 157–172, hier S. 162.
**23** Ebda.

alle Grenzen hinweg, für das sich die brillantesten Köpfe versammelten und Gesprächsfäden knüpften, die weit in die Zukunft reichen sollten, Zukunft gestalten wollten. Es war ein Land, in welchem man zwischen Angehörigen aller Stände, aller Herkünfte und aller Religionen die Konvivenz in Differenz, das Zusammenleben über alle Brüche und Grenzen hinweg, durcherleben konnte. Eine Gesellschaft im Kleinen, die sich zunehmend auch für die Frauen öffnete. Denn in den Gesellschaften des 19. Jahrhunderts sollten letztere gerade im Bereich der Literatur eine stetig wachsende und wichtigere Rolle spielen. Der Lebensweg der Germaine de Staël legt hiervon ein beredtes Zeugnis ab.

Aber auch Rahel Levin bezeugte die wachsende *Agency* und das gewachsene Bewusstsein von Frauen, nicht länger Objekte, sondern selbstbestimmte Subjekte in ihren Gesellschaften zu sein. Gewiss lebte diese kleine Gesellschaft um Rahel Levin eine Gemeinschaft als Traum für die Zukunft und kann nicht für die Gesamtgesellschaft Preußens stehen. Die Gegenwart wurde überdies schon bald rauer, gerade auch für jüdische Frauen. Denn die napoleonischen Kriege veränderten die politische und soziale, aber auch ökonomische und kulturelle Situation grundlegend. Sie ließen bald alle Hoffnungen schwinden, ein derartiges Gespräch in seiner Vielstimmigkeit und radikalen Offenheit fortzuführen und damit eine Skizze dessen zu entwerfen, was vom Imaginierbaren ins Denkbare und vom Denkbaren ins Schreibbare, vom Schreibbaren aber auch ins Lebbare und Gelebte hätte überführt werden können.

Der Salon der Rahel Levin bildete mit all seinen Figuren von Politikern und Künstlern, von Schriftstellern und Philosophen, von Männern und Frauen ein sich in ständiger Bewegung befindliches Mobile, in welchem sich Beziehungen zwischen all ihren Figuren knüpften, die als Konfigurationen eines prospektiven Preußen gelten konnten: der Berliner Salon als Mobile einer heraufziehenden Gesellschaft. Es handelt sich dabei freilich um eine Gesellschaft, die zu keinem Zeitpunkt der preußischen Geschichte verwirklicht werden konnte.

Das schlagende Herz dieses Salons bildete eine Rahel Levin, die keineswegs nur die Meisterin des gesprochenen Wortes, der Konversation und des anregenden und gedankenreichen Gesprächs war. Denn sie hatte sehr früh schon damit begonnen, neben die so wichtige Ebene der Mündlichkeit das Netzwerk einer schriftlichen Kommunikation zu legen, das sie in den folgenden Jahren weiter ausbauen sollte. Von ihren ersten Briefpartnern wie dem jüdischen Medizinstudenten David Veit an, der ihren Bildungshorizont wesentlich vergrößerte, entwickelte sie ein komplexes Netzwerk an Relationen, so dass bis in ihr Todesjahr 1833 eine intensive Korrespondenz entstand, die wohl bis weit über zehntausend Briefe umfasste.[24] Es war ein Fluss von Informationen, der selbst im Krisenjahr 1808 nicht versiegte. Zugleich avancierte der Brief bei Rahel Levin Varnhagen zum herausragenden Medium für die Entfaltung einer weiblichen Subjektivität, die in ihrer Modernität und Offenheit noch heute beeindruckt.

Doch bis in die jüngste Vergangenheit waren die Widerstände gegen die Anerkennung der literarischen Ausdrucksfähigkeiten und -formen von Rahel – bis hinein in die Germanistik – zu spüren. Längst schon ist die These nicht mehr zu halten, dass es sich bei Rahel um eine „Schriftstellerin ohne eigentliches Werk"[25] handle. Sie habe lediglich Briefe verfasst – so lautete das Argument – und darüber die Schaffung eines eigentlichen literarischen Werkes vernachlässigt. Doch dies beruhte auf einem normativen Verständnis von Literatur – der Begriff bildete sich historisch erst im letzten Drittel des 18. Jahrhunderts in einer dem heutigen Verständnis nahen Form heraus –, das gerade auch die sogenannten ‚kleinen' Formen wie Briefe oder Aphorismen aus dem engeren Literaturbegriff ausschloss. Doch es sind gerade die Briefe, in denen sich – wie wir nicht nur in Rousseaus *Julie ou la nouvelle Héloïse* sahen – moderne Subjektivität ausdrückt. Rahel Levin war eine Meisterin dieser kleinen Form.

So hat sich die Meinung bezüglich dieser Schriftstellerin gewandelt. Seit langem ist Rahel Levin Varnhagen als Autorin im eigentlichen Sinne berühmt und die Tatsache anerkannt, dass ihre Korrespondenz wesentlicher Bestandteil eines auch im engeren Sinne literarischen Werks ist.[26] Gewiss hat sie sich eher randständiger[27] literarischer Gattungen bedient und sich vor allem mit Briefen, Tagebuchaufzeichnungen oder Aphorismen beschäftigt; aber sie tat dies so brillant, dass sich hier eine wahre literarische Pionierin hervortat. Längst ist das Briefwerk der Rahel Levin Varnhagen kanonisch geworden: Die unterschiedlichsten Ausgaben wechselten und wechseln einander ab, ihre Korrespondenz

---

**24** Vgl. Danzer, Gerhard: Die Dachstubenwahrheiten der Rahel Varnhagen, S. 59. Als Beispiel für eine besonders gut gelungene Edition sei genannt Levin Varnhagen, Rahel: *Briefwechsel mit Jugendfreundinnen.* Herausgegeben von Barbara Hahn. Göttingen: Wallstein Verlag 2021.
**25** Vgl. Fuchs, Renata: „Soll ein Weib wohl Bücher schreiben; Oder soll sie's lassen bleiben?": The Immediate Reception of Rahel Levin Varnhagen as Public Figure. In: *Neophilologus* (Budapest) XCVIII, 2 (April 2014), S. 314; vgl. hierzu neuerdings auch Lamping, Dieter: *Rahel Varnhagen. Ich lasse das Leben auf mich regnen.* Mit Grafiken von Simone Frieling. Ebersbach und Simon 2021.
**26** Vgl. Krauss, Andrea: Major Minor Form: Marginalia on Rahel Levin Varnhagen's „Rahel. Ein Buch des Andenkens für ihre Freunde". In: *The German Quarterly* (Cherry Hill) 88 (Spring 2015), S. 149–171; sowie allgemein Whittle, Ruth: *Gender, Canon and Literary History. The Changing Place of Nineteenth-Century German Women Writers.* Berlin – Boston: de Gruyter 2013.
**27** Vgl. hierzu Krauss, Andrea: Major Minor Form: Marginalia on Rahel Levin Varnhagen's „Rahel. Ein Buch des Andenkens für ihre Freunde", S. 149–171.

ist mehr als nur Zeugnis ihrer Zeit und ihres Mensch-Seins. Sie ist Ausdrucksform moderner weiblicher Subjektivität und im besten Sinne ein Stück hoher Literatur.

In gewisser Weise ist diese Korrespondenz die Fortsetzung der Lebendigkeit des Salonlebens mit den Mitteln der Literatur. Denn die Briefpartnerinnen und Briefpartner von Rahel sind nicht weniger breit gestreut und verschiedenartig als die Besucher ihres Berliner Salons. Da gibt es zum einen die Korrespondenz mit ihren Freundinnen und Freunden, insbesondere mit Karl Gustav von Brinckmann, mit Alexander von der Marwitz oder gerade auch mit einer Pauline Wiesel,[28] mit der sie just seit ihren schweren Jahren und bis zu ihrem Tod verbunden blieb. Stellenweise lesen sich die erhaltenen Korrespondenzen wie ein Briefroman, bei dem freilich das Leben Regie führte. In jedem Falle besitzen diese Briefe eine selbstreflexive Tiefenschärfe und literarische Qualität, welche sie zu ganz besonderen Zeugnissen weiblichen Schreibens machen.

Doch Rahels Korrespondenz geht weit über den Austausch mit ihren intimen Freunden oder Liebhabern wie Graf Karl von Finckenstein[29], Wilhelm Bokelmann, Raphael d'Urquijo oder Karl August Varnhagen von Ense hinaus. Auch im Medium des Briefs entsteht *in nuce* eine kleine Gesellschaft, deren wechselseitige Vernetzungen, aber auch deren intime Zwiegespräche wir erfahren. Wir sehen eine Briefeschreiberin bei der Arbeit, die weit über das Anekdotische oder Dokumentarische hinausgeht und in ihrer Korrespondenz mit Wilhelm oder Alexander von Humboldt, mit Jean Paul,[30] Karoline Gräfin von Schlabrendorff oder Heinrich Heine sich nicht nur offen für die Emanzipation der Juden in Preußen, sondern auch für die Emanzipation der Frauen mit Verve einsetzt. Gerade die zweite Dimension, welche auf eine selbstbestimmtere Position der Frauen in der Gesellschaft abzielte, wurde von Hannah Arendt zum größten Teil ausgeblendet, da sie sich ganz auf das Judentum Rahel Varnhagens konzentrierte. Die Breite von Rahels Themen, aber zugleich deren geistige Tiefe sind dabei aufschlussreich, insgesamt aber auch erstaunlich. Dies gilt für Wort und Schrift – und beide Medien verhalten sich zueinander komplementär. So vermerkt etwa ein Wilhelm von Hum-

---

28 Vgl. hierzu Schmid, Pia: Die Freundinnen Rahel Levin Varnhagen und Pauline Wiesel. Zum Freundschaftskult im deutschen Bildungsbürgertum. In: Labouvie, Eva (Hg.): *Schwestern und Freundinnen. Zur Kulturgeschichte weiblicher Kommunikation.* Köln – Weimar – Wien: Böhlau Verlag 2009, S. 101–119.
29 Vgl. hierzu Stern, Carola: *Der Text meines Herzens. Das Leben der Rahel Varnhagen.* Reinbek bei Hamburg: Rowohlt 1994, S. 63–78.
30 Vgl. Albrecht, Andrea: Bildung und Ehe „genialer Weiber". Jean Pauls „Diesjährige Nachlesung an die Dichtinnen" als Erwiderung auf Esther Gad und Rahel Levin Varnhagen. In: *Deutsche Vierteljahresschrift für Literaturwissenschaft und Geistesgeschichte* (Stuttgart) 80 (2006), S. 378–407.

boldt über die gemeinsamen Monate in der französischen Hauptstadt noch Jahrzehnte später rückblickend:

> Als ich mich mit meiner Familie in Paris aufhielt, war sie [d.i. Rahel] mehrere Monate dort, und es fiel nicht leicht ein Tag aus, wo wir uns nicht gesehen hätten. Man suchte sie gerne auf, nicht bloß, weil sie wirklich von sehr liebenswürdigem Charakter war, sondern weil man fast mit Gewissheit darauf rechnen konnte, nie von ihr zu gehen, ohne nicht etwas von ihr gehört zu haben und mit hinweg zu nehmen, das Stoff zu weiterem ernsten, oft tiefen Nachdenken gab oder das Gefühl lebendig anregte.[31]

Rahel Levin Varnhagen strahlte ebenso im Salon oder im intimen Zwiegespräch wie in der brieflichen Kommunikation, die ihr mit anderen Mitteln erlaubte, Beziehungen aufrechtzuerhalten. Doch es ging ihr um mehr als nur um die Aufrechterhaltung von Gesprächssituationen. Wir können in ihren Briefen einen ausgeprägten Stilwillen erkennen. Ganz so, wie Rahel Levin Varnhagen eine Meisterin des Gesprächs und der gebildeten Konversation war, so war sie auch eine Meisterin der brieflichen Kommunikation: rasch von einem Gegenstand zum anderen springend, sich in der Gedankenwelt ihrer Zeitgenossen hin- und her bewegend, einfallsreich und stets mit jener Intensität schreibend, wie sie ihr ebenso im mündlichen Gespräch wie in der schriftlichen Korrespondenz so natürlich war. Gewiss sind ihre Briefe wie die Gespräche oft flott, aus der Unmittelbarkeit entstanden; und doch hat sie stets nach Formen gesucht, welche diesem Willen zur Spontaneität entsprachen.

Rahel Levin war nicht an Berlin gebunden und ihre Bewegungen über nationale Grenzen hinweg sagen uns auch etwas von der Selbstbestimmtheit ihres Lebens als Frau. Aus ihrer Zeit in Paris stammt ein Brief vom 2. April des Jahres 1801 an David Veit, in welchem sie ihre Einschätzung der französischen Hauptstadt und auch ihre Enttäuschung mittels eines zitierten schriftlichen Eintrags kundtut, den sie an ihren Briefpartner weiterleitet. Die Lebendigkeit ihrer Konversation ist in diesen Zeilen ebenso präsent wie die Auseinandersetzung mit einem Anderen, das für sie längst aufgehört hat, ein Anderes und damit eine Herausforderung zu sein:

> Ich schrieb mir letzthin in ein kleines Büchelchen: „Lange existieren die guten Dinge, ehe sie ihr Renommee haben, und lange existiert ihr Renommee, wenn sie nicht mehr sind." Das ist alles, was ich Ihnen über Paris sagen möchte. Lange, dünkt mich, ist es und kann es nicht mehr Paris sein; nach dem seit Jahrhunderten ganz Deutschland Paris geworden

---

31 Humboldt, Wilhelm von: Brief an Charlotte Diede (1834). In: Varnhagen, Rahel: *Gesammelte Werke*. München: Matthes & Seitz 1983, Bd. 10, S. 383 f.

ist. Denn mir kömmt Paris vor wie ein zusammengedrängtes Deutschland, und wenig verschieden. Das könnt ich sehr ausspinnen: ein andermal! tun Sie's selbst, derweil.[32]

Diese Passage ist charakteristisch für den Schreibstil der Rahel. Denn sehr oft zielt sie in ihren Briefen darauf ab, ihre Briefpartner in ihr Spiel zu ziehen, sie „ausspinnen" zu lassen, was sie im Zwiegespräch mit sich selbst gefunden und erfunden hat: gleichsam jene Leerstelle anzubieten, die von ihrem Briefpartner eigenhändig ausgefüllt werden kann und muss. Die lebendige Interaktion steht im Herzen ihrer Rede an ihre Korrespondenten, ohne dass sich Rahel dadurch in ihrer Bewegung festlegen ließe. Sie ist es, die sich bewegt, die einen Gedanken entwickelt, um ihn dann plötzlich abzubrechen. Die überraschende Wendung ist ihr Grundzug im Mündlichen wie im Schriftlichen: Nie kann sich ihr Gesprächs- oder Briefpartner vor Überraschungen sicher sein. Insofern ist das überraschende Moment für Rahel charakteristisch; ihr Versuch, den Anderen mit-denken, mit-schreiben zu lassen und ein wenig koboldhaft in das eigene Spiel zu ziehen.

Ja sicher, ganz Deutschland ist mittlerweile Paris geworden – und warum dann nicht auch die Gesprächsführung der Rahel, welche die überraschenden Wendungen übernahm, die für die Konversationen der Pariser Salons so charakteristisch waren? Ein Alexander von Humboldt musste sich ganz wie zu-hause in Paris fühlen. Aber wenn ganz Deutschland zu Paris geworden ist, was ist dann noch von einer französischen Hauptstadt zu erwarten, die sich längst in ihrem Gegenüber verkörpert hat?

Rahels unstillbare Neugier und ihr anhaltendes Interesse gerade gegenüber allen Ausdrucksformen weiblicher Existenz zeigt sich durchgängig, besonders aber in der Korrespondenz mit all jenen Briefpartnerinnen, die ihr – wie etwa die berühmte Schauspielerin Auguste Henriette Brede[33] – die harten professionellen Bedingungen eines beruflichen Lebens als selbständige, unabhängige Frau vor Augen zu führen suchten. Rahel, die als Frau und als Jüdin doppelt marginalisiert war, versuchte gemeinsam mit ihren Briefpartnerinnen, die spezifische Lage von Frauen in den Gesellschaften an der Wende zum 19. Jahrhundert präzise zu begreifen. Dabei ging es nicht nur um die Entwicklung moderner weiblicher Subjektivität, sondern um die genauen Bedingungen des Lebens von Frauen in zutiefst patriarchalischen Gesellschaften.

---

**32** Varnhagen, Rahel: *Briefe und Aufzeichnungen*. Herausgegeben von Dieter Bähtz. Frankfurt am Main: Insel Verlag 1986, S. 66.
**33** Vgl. hierzu Deiulio, Laura: Performing German Women's Professional Identity: The Correspondence of Rahel Levin Varnhagen and Auguste Brede. In: *German Studies Review* XXXVIII, 3 (October 2015), S. 509–529.

Die Rahel'sche Korrespondenz ist im Kern keine Fortsetzung des Salons in einem anderen Medium, spinnt nicht das mündliche Salongespräch mit anderen, schriftlich textuellen Mitteln weiter. Die Korrespondenz eröffnet vielmehr eine *weitere* Welt, eine räumlich wie zeitlich ausgeweitete Welt, welche über das Hier und Jetzt der unmittelbaren, direkten Interaktion hinausgeht. Auf diese Weise nutzt Rahel Levin Varnhagen den spezifischen Mehrwert literarischer Kommunikation und liefert uns das, was sie über die Figur der „Salonière" hinaus zu einer deutschen und gewiss auch europäischen Schriftstellerin macht.

Es ist die Korrespondenz, die gerade in jenen Jahren so wichtig und gewichtig, für Rahel vielleicht lebensrettend wird, als ihr Salon zum Erliegen kommt und schließlich alle Freundinnen und Freunde ihrer Dachstube fernbleiben. Man könnte sagen, dass Rahel Levin gleichsam mit doppeltem Netz arbeitet und ihr zweites, schriftliches Netzwerk schon längst gesponnen hat, als ihr mündliches Netz von den politischen Ereignissen so jäh und unerwartet zertrennt wurde. Das Mobile der Figuren verändert seine Konfigurationen; doch es verschwindet nicht, sondern besteht in schriftlicher Form verändert fort, ehe es in einem wiederum grundlegend transformierten politischen Kontext eine zweite Chance in der Mündlichkeit erhält, ein zweites Leben erlebt. Doch um dieses ‚Nach-Leben' im 19. Jahrhundert haben wir uns bereits in der Vorlesung über die *Romantik zwischen zwei Welten* bemüht.

Der napoleonische Sturm kam 1806 für Preußen, aber auch für Rahel unerwartet. Weder das Land, in welchem Reformen überfällig waren, noch ihre Dachstubengesellschaft waren darauf ausreichend vorbereitet. Brachte das Jahr 1808 auch die endgültige Einsicht in das Scheitern all ihrer Pläne, eine kleine, aber ausgewählte Gesellschaft um sich zu scharen, die so etwas sein konnte wie der Mikrokosmos eines künftigen Berlin und Preußen, so läutete dieses Jahr doch auch klare Veränderungen ein. Diese neuen Chancen und Möglichkeiten verknüpften sich mit dem Namen Varnhagen von Ense.[34] Doch den Briefwechsel mit Varnhagen von Ense, der bald schon die ganze Breite der Beziehungen zwischen beiden auszuleuchten begann, wollen und brauchen wir nicht mehr verfolgen.

Ein neues Zeitalter hatte begonnen: Dieses Zeitalter einer *Romantik zwischen zwei Welten* bot den Frauen in Europa wie in den Amerikas verstärkte Möglichkeiten, sich in ihren Gesellschaften neue Positionen und einen neuen Bewegungsraum zu erkämpfen. Insofern bildete der Salon, die Dachstuben-Gesellschaft, Rahel Levin wie später Rahel Varnhagen die unschätzbare Gelegenheit, aus traditionellen Rollenerwartungen zu entfliehen und sich nach dem Tode des Vaters

---

34 Vgl. Danzer, Gerhard: Rahel Varnhagen – eine Frau entdeckt sich über die Kultur, S. 161.

nicht von ihren Brüdern (wie ihre Schwester Rose) rasch verheiraten zu lassen, sondern mit allen Risiken und Nebenwirkungen ein selbstbestimmtes Leben zu führen. Neue Formen von Soziabilität, wie sie die aufkommenden Salons von Jüdinnen zeigten, waren das entscheidende Mittel zu einer Sprengung nicht nur überkommener Gesellschafts-, sondern auch Geschlechterordnungen. Starke Frauen wie Germaine de Staël, aber auch wie Gertrudis Gómez de Avellaneda, wie George Sand oder Flora Tristan eroberten bis hin zu Juana Borrero neue Positionen als Schriftstellerinnen, die ihre Nachfolgerinnen aller Rückschläge zum Trotz weiter ausbauten. Noch sind wir heute – im Jahr 2021 – weit von einer Gleichstellung entfernt. Doch in den Literaturen der Welt zeichnet sich zum gegenwärtigen Zeitpunkt eine Situation ab, welche die Bedingungen einer auf Gleichheit (und nicht Uniformität) aller Geschlechter beruhenden Gesellschaft vorwegnimmt.

Davon waren wir zu Beginn des 19. Jahrhunderts wahrlich weit entfernt: Die napoleonischen Kriege hatten in Europa das Zeitalter der Aufklärung beendet, sorgten indirekt über den Einmarsch französischer Truppen in Spanien neben vielen anderen Faktoren aber auch dafür, dass fast zeitgleich ebenso in den Amerikas das „Siglo de las Luces" seinen Abschluss fand. Nach den Unabhängigkeitsrevolutionen in den Amerikas war auch in der Neuen Welt eine neue Zeit heraufgezogen. Die epochale Wende in den ersten Dekaden des 19. Jahrhunderts bereitete in Europa wie in Amerika der *Aufklärung zwischen zwei Welten* ganz unpathetisch ihr dialektisches Ende.

# Die Zitate in der Originalsprache

Die Zitate sind in alphabetischer Reihenfolge nach den Nachnamen der Autor\*innen angeordnet. Bei mehreren Zitaten desselben Autors oder derselben Autorin aus verschiedenen Werken oder Werkausgaben erfolgte die Anordnung in chronologischer Reihenfolge nach den Publikationsjahren der verwendeten Ausgaben, wobei mit den älteren Publikationen begonnen wurde. Bei mehreren Zitaten innerhalb einer Textausgabe richtet sich deren Abfolge nach den Seitenzahlen.

**Bolivar, Simon:** *Carta de Jamaica. The Jamaica Letter. Lettre à un Habitant de la Jamaïque.* **Caracas: Ediciones del Ministerio de Educación 1965, S. 58**: A pesar de todo, los mexicanos serán libres porque han abrazado el partido de la patria, con la resolución de vengar a sus antepasados o seguirlos al sepulcro. Ya ellos dicen con Raynal: llegó el tiempo, en fin, de pagar a los españoles suplicios con suplicios y de ahogar esa raza de exterminadores en su sangre o en el mar.

**Cadalso, José:** *Cartas marruecas.* **Madrid: En la imprenta de Sancha 1793, S. viii:** En consecuencia de esto, si yo, pobre editor de esta crítica, me presento en cualquiera casa de una de estas dos órdenes, aunque me reciban con algún buen modo, no podrán quitarme que yo me diga, según las circunstancias: en este instante están diciendo entre sí: este hombre es un mal español; o bien: este hombre es un bárbaro. Pero mi amor propio me consolará (como suele a otros en muchos casos), y me diré a mí mismo: yo no soy más que un hombre de bien, que he dado a luz un papel, que me ha parecido muy imparcial, sobre el asunto más delicado que hay en el mundo, cual es la crítica de una nación.

**S. 33f.:** Acabo de leer algo de lo escrito por los europeos no españoles acerca de la conquista de la América. Si del lado de los españoles no se oye sino religión, heroísmo, vasallaje y otras voces dignas de respeto, del lado de los extranjeros no suenan sino codicia, tiranía, perfidia y otras no menos espantosas. No pude menos de comunicárselo a mi amigo Nuño, quien me dijo que era asunto digní-simo de un fino discernimiento, juiciosa crítica y madura reflexión; pero que entre tanto, y reservándome el derecho de formar el concepto que más justo me pareciese en adelante, reflexionase por ahora sólo que los pueblos que tanto vo-cean la crueldad de los españoles en América son precisamente los mismos que van a las costas de África a comprar animales racionales de ambos sexos a sus padres, hermanos, amigos, guerreros victoriosos, sin más derecho que ser los compradores blancos y los comprados negros; los embarcan como brutos; los lle-van millares de leguas desnudos, hambrientos y sedientos; los desembarcan en

América; los venden en público mercado como jumentos, a más precio los mozos sanos y robustos, y a mucho más las infelices mujeres que se hallan con otro fruto de miseria dentro de sí mismas; toman el dinero; se lo llevan a sus humanísimos países, y con el producto de esta venta imprimen libros llenos de elegantes inventivas, retóricos insultos y elocuentes injurias contra Hernán Cortés por lo que hizo; ¿y qué hizo?

**S. 35:** 5° De la misma flaqueza humana sabe Cortés sacar fruto para su intento. Una india noble, a quien se había aficionado apasionadamente, le sirve de segundo intérprete, y es de suma utilidad en la expedición: primera mujer que no ha perjudicado en un ejército, y notable ejemplo de lo útil que puede ser el bello sexo, siempre que dirija su sutileza natural a fines loables y grandes.

**S. 191f.:** Pocos días ha presencié una exquisita chanza que dieron a Nuño varios amigos suyos extranjeros; pero no de aquéllos que para desdoro de su respectiva patria andan vagando el mundo, llenos de los vicios de todos los países que han corrido por Europa, y traen todo el conjunto de todo lo malo a este rincón de ella, sino de los que procuran imitar y estimar lo bueno de todas partes y que, por tanto, deben ser muy bien admitidos en cualquiera. De éstos trata Nuño algunos de los que residen en Madrid, y los quiere como paisanos suyos, pues tales le parecen todos los hombres de bien del mundo, siendo para con ellos un verdadero cosmopolita, o sea ciudadano universal.

**Chaunu, Pierre:** *La Civilisation de l'Europe des Lumières.* **Paris: Flammarion 1982, S. 7f.:** Entre 1680 et 1770, voire 1780, dates rondes, une réalité s'impose, dense, difficile à cerner, certes, pourtant irréfutable: l'Europe des Lumières. Depuis la charnière des XIIe – XIIIe siècles, une mutation se produit, au niveau du vieil espace méditerranéen, basculé vers le nord, en chrétienté latine. On dira, bientôt, l'Europe. A partir du XVIe siècle, les mutations, au sein de l'espace-temps Méditerranée-Europe, ont pris une dimension planétaire. Tout effort de découpage, toute périodisation, donc, n'en est que plus chanceuse. Moins justifiée? Certes, non! Le temps proche, c'est aussi le temps des réalités humaines plus denses, plus complexes, donc plus inégales. Le temps, partant, des chevauchements. L'Europe des Lumières a cessé de croître que disparaît à peine l'Europe classique, les Lumières n'en finissent pas de s'éteindre ou de se transformer, à la fin du XVIIIe siècle. Elles subsistent au sein de la révolution industrielle, dont elles sont largement responsables. Et ne sommes-nous pas tous, plus ou moins, aujourd'hui encore, des *Aufklärer*? du moins, l'étions-nous hier.

**Chimalpahin, zitiert nach Mignolo, Walter: Zur Frage der Schriftlichkeit in der Legitimation der Conquista. In: Kohut, Karl et al. (Hg.):** *Der eroberte*

*Kontinent.* **Frankfurt am Main: Vervuert 1991, S. 87:** Entonces, el papel pintado y la historia de los linajes antiguos fueron dejados a su querido hijo el señor don Domingo Hernández Ayopochtzin, quien se instruyó en la ciencia de la cuenta de los libros y pintó un libro escribiéndolo con letras sin añadirle nada, sino como un fiel espejo de las cosas que de allí trasladó. Nuevamente ahora yo he pintado, he escrito con letras un libro en donde he dado cabida a todas las viejas historias.

**Clavijero, Francisco Javier:** *Historia Antigua de México.* **Prólogo de Mariano Cuevas. Edición del original escrito en castellano por el autor. México: Editorial Porrúa [7]1982, S. xxii:** He leído y examinado con diligencia todo cuanto se ha publicado hasta ahora sobre la materia; he confrontado las relaciones de los autores y he pesado su autoridad en las balanzas de la crítica; he estudiado muchísimas pinturas históricas de los mexicanos; me he valido de sus manuscritos, leído antes cuando estaba en México, y he consultado muchos hombres prácticos de aquéllos países.

**S. xxxiv:** No son pocas las pinturas históricas escapadas de la inquisición de los primeros misioneros, sino con respecto a la indecible abundancia que había antes, como se ve en mi *Historia,* en la de Torquemada y en otros escritores [...]. Ni menos son tales pinturas de significación ambigua, sino para Robertson y para todos aquellos que no entienden los caracteres y figuras de los mexicanos, ni saben el método que tenían para representar las cosas, así como son de significación ambigua nuestros escritos para aquellos que no saben leer. Cuando se hizo por los misioneros el lamentable incendio de las pinturas, vivían muchos historiadores acolhuas, mexicanos, tepanecas, tlaxcaltecas etc., los cuales trabajaron por reparar la pérdida de tales monumentos, como en parte lo consiguieron, o haciendo nuevas pinturas o sirviéndose de nuestros caracteres, aprendidos ya por ellos, o instruyendo de palabra a sus mismos predicadores en sus antigüedades, y así éstos pudieron conservarlas en sus escritos, como lo hicieron Motolinia, Olmos y Sahagún.

**S. 44 f.:** Las naciones que ocupaban estas tierras antes de los españoles, aunque muy diferentes entre sí en su lenguaje y parte también en sus costumbres, eran casi de un mismo carácter. La constitución física y moral de los mexicanos, su genio y sus inclinaciones, eran las mismas de los acolhuas, los tlaxcaltecas, los tepanecas y las demás naciones, sin otra diferencia que la que produce la diferente educación. Y así, lo que dijere de unos quiero que se entienda de los demás. Varios autores, así antiguos como modernos, han emprendido el retrato de estas naciones; pero entre tantos no se ha hallado uno que sea exacto y en todo fiel. La pasión y los prejuicios en unos autores, y la falta de conocimiento o de reflexión en otros, les han hecho emplear diversos colores de los que debieran. Lo que yo diré va fundado sobre un serio y prolijo estudio de su historia, y sobre el íntimo trato de los mexicanos por muchos años. Por otra parte, no reconozco en mí cosa alguna que pueda preocuparme en favor o en contra de ellos. Ni la razón de compatriota inclina mi discernimiento en su favor, ni el amor de mi nación o el celo del honor de mis nacionales me empeña a condenarlos; y así diré franca y sinceramente lo bueno y lo malo que en ellos he conocido.

**S. 103 f.:** Nezahualcóyotl, que sobre el singular amor que tenía a su nación, era dotado de rara prudencia, dio tales providencias para la reforma del reino que en pocos años se vio mucho más floreciente que en tiempos de sus antecesores. Dio nueva forma a los consejos que estableció su abuelo y proveyó sus plazas en las personas que halló más idóneas. Un consejo había para las causas puramente civiles, y entre otros asistían en él cinco señores que le habían sido muy fieles en tiempo de sus adversidades; otro había para las causas criminales, presidido de dos príncipes hermanos suyos de mucha integridad. El consejo de guerra se componía de los más famosos capitanes, entre los cuales tenía el principal lugar su yerno, el señor de Teoti huacán, que era general de ejército y uno de los trece próceres del reino. El consejo de hacienda constaba de los mayordomos del rey y de los principales mercaderes de la corte; tres eran los mayordomos mayores a cuyo cargo estaba la recaudación de los tributos y rentas reales. Creó una especie de academia de poesía, de astronomía, de música, de pintura, de historia y del arte adivinatorio, y llamó a ella los más hábiles profesores del reino; éstos se congregaban a tiempos en cierto lugar a conferir sus luces y arbitrios, y para cada una de estas ciencias y artes fundó escuelas en la corte. Por lo que mira a las artes mecánicas repartió la ciudad de Texcoco en treinta y tantos barrios, y señaló a cada arte el suyo con exclusión de los demás; en un barrio estaban los plateros, en otro los lapidarios, en otro los tejedores y así los demás. Para fomento de la religión edificó varios templos, nombró ministros para el culto de sus dioses, les dio casas y les asignó rentas para su sustento y para los demás gastos religiosos; y para el esplendor mayor de su corte construyó grandes edificios dentro y fuera de la ciudad y formó nuevos jardines y bosques que en parte subsistieron muchos años después de la conquista y hasta hoy se observan algunos vestigios de aquella magnificencia. Suplico a los lectores no se anticipen a condenar mi credulidad en esta y otras materias semejantes, hasta haberse enterado de lo demás que diremos en esta historia, y principalmente de lo que producimos en nuestras *Disertaciones*.

**S. 462:** Si algún filósofo de Guinea emprendiese una obra sobre el modelo de la de Paw, con el título de *Investigaciones filosóficas sobre los europeos*, podría valerse del mismo argumento de Paw para demostrar la malignidad del clima de Europa y las ventajas del de Africa.

**S. 524:** Pero a cualquier americano de mediano ingenio y alguna erudición que quisiese corresponder en la misma moneda a estos escritores (como hemos dicho en otra parte de un filósofo guineo), le sería fácil componer una obra con este título: *Investigaciones filosóficas sobre los habitantes del Antiguo Continente.* Siguiendo el mismo método de Paw, recogería lo escrito sobre países estériles del Mundo Antiguo, montañas inaccesibles, llanuras pantanosas, bosques impenetrables, desiertos arenosos y malos climas, reptiles e insectos asquerosos y nocivos, serpientes, escuerzos, escorpiones, hormigas, ranas, ciempiés, escarabajos, chinches y piojos, cuadrúpedos irregulares, pequeños, defectuosos y pusilánimes, gentes degeneradas, de color feo, estatura irregular, facciones deformes, mala complexión, ánimo apocado, ingenio obtuso e índole cruel. Cuando llegase al artículo de los vicios, ¡qué inmensa copia de materiales no tendría para su obra! ¡Qué ejemplares de vileza, perfidia, crueldad, superstición y disolución! ¡Qué excesos en toda suerte de vicios! La sola historia de los romanos, la más célebre nación del Mundo Antiguo, le proporcionaría una increíble cantidad de las más horrendas maldades. Reconocería, pues, que semejantes defectos y vicios no eran comunes ni a todos los países ni a todos los demás habitantes del Antiguo continente; pero no importa, pues escribiría sobre el mismo modelo de Paw y sirviéndose de la misma lógica. Esta obra sería sin duda mucho más apreciable y digna de crédito que la de Paw, porque cuando este filósofo no cita contra América y los americanos sino a los autores europeos, el escritor americano, por el contrario, no se valdría para su curiosa obra sino de los autores nativos del mismo continente contra el que escribiría.

**Dalembert, Louis-Philippe: *Le Roman de Cuba*. Monaco: Editions du Rocher 2009, S. 74:** Dans la mêlée, Giron se retrouve face à face avec l'esclave Salvador Golomón, un Nègre créole, autrement dit né dans l'île. Avant qu'il ait le temps d'armer son mousquet, celui-ci lui plante sa lance dans la poitrine. Le Français tombe, terrassé. Et Salvador Golomón de se précipiter pour lui donner le coup de grâce. Puis, de sa machette, il lui tranche la tête. A la vue de leur chef mort, les deux ou trois forbans encore debout ont vite fait de prendre la fuite. La tête du Français sera exposée sur la place principale de Bayamo. Ainsi s'est achevée la carrière du pirate français Gilbert Giron, qui laissera son nom à la plage où il a débarqué avec ses comparses.

**D'Holbach, Paul Henri Thiry Baron: Artikel „Prêtres". In: Diderot, Denis / D'Alembert, Jean-Baptiste le Rond (Hg.): *Encyclopédie, ou Dictionnaire rai-***

*sonné des sciences, des arts et des métiers*, 1re éd. **Dix-sept volumes plus neuf volumes de planches. Paris 1751, Bd. 13, S. 340–343, hier S.** 341: Il est doux de dominer sur ses semblables; les prêtres surent mettre à profit la haute opinion qu'ils avaient fait naître dans l'esprit de leurs concitoyens; ils prétendirent que les dieux se manifestaient à eux; ils annoncèrent leurs décrets; ils enseignèrent des dogmes; ils prescrivirent ce qu'il fallait croire et ce qu'il fallait rejeter; ils fixèrent ce qui plaisait ou déplaisait à la divinité; ils rendirent des oracles; ils prédirent l'avenir à l'homme inquiet et curieux, ils le firent trembler par la crainte des châtiments dont les dieux irrités menaçaient les téméraires qui oseraient douter de leur mission, ou discuter leur doctrine. [...]; dans les pays où l'affreuse inquisition est établie, elle fournit des exemples fréquents de sacrifices humains, qui ne le cèdent en rien à la barbarie de ceux des prêtres mexicains. Il n'en est point ainsi des contrées éclairées par les lumières de la raison et de la philosophie, le prêtre n'y oublie jamais qu'il est homme, sujet, et citoyen.

**Diderot, Denis:** *Jacques le fataliste et son maître.* **Edition critique par Simone Lecontre et Jean Le Galliot. Genf: Droz 1977, S. 3:** Comment s'étaient-ils rencontrés? Par hasard, comme tout le monde. Comment s'appelaient-ils? Que vous importe? D'où venaient-ils? Du lieu le plus prochain. Où allaient-ils? Est-ce que l'on sait où l'on va? Que disaient-ils? Le maitre ne disait rien, et Jaques disait que son Capitaine disait que tout ce qui nous arrive de bien et de mal ici bas était écrit là-haut.

**Friedrich II.:** *Correspondance de Frédéric Second, Roi de Prusse, avec le Comte Algarotti.* **Pour servir de suite aux éditions des œuvres posthumes de ce Prince. Berlin: Chez George Gropius, Libraire 1887, S. 98:** C'est Montézuma. J'ai choisi ce sujet, et je l'accomode à présent. Vous sentez bien que je m'intéresserai pour Montézuma, que Cortès sera le tyran, et que par conséquent on pourra lâcher en musique même, quelque lardon contre la barbarie de la r.c. Mais j'oublie que vous êtes dans un pays d'Inquisition; je vous en fais mes excuses, et j'espère de vous revoir bientôt dans un pays hérétique, où l'opéra même peut servir à reformer les mœurs, et à détruire la superstition.

**Humboldt, Alexander von:** *Relation historique du Voyage aux Régions équinoxiales du Nouveau Continent ...* **Nachdruck des 1814–1825 in Paris erschienenen vollständigen Originals, besorgt, eingeleitet und um ein Register vermehrt von Hanno Beck. Bd. III. Stuttgart: Brockhaus 1970, S. 348:** L'aspect de la Havane, à l'entrée du port, est un des plus rians et des plus pittoresques dont on puisse jouir sur le littoral de l'Amérique équinoxiale, au nord de l'équateur. Ce site, célébré par les voyageurs de toutes les nations, n'a pas le luxe de végétation qui orne les bords de la rivière de Guayaquil, ni la sauvage majesté des côtes rocheuses de Rio Janeiro, deux ports de l'hémisphère austral: mais la grâce qui, dans nos climats, embellit les scènes de la nature cultivée, se mêle ici à la majesté des formes végétales, à la vigueur organique qui caractérise la zone torride. Dans un mélange d'impressions si douces, l'Européen oublit le danger qui le menace au sein des cités populeuses des Antilles; il cherche à saisir les élémens divers d'un vaste paysage, à contempler ces châteaux forts qui couronnent les rochers à l'est du port, ce bassin intérieur, entouré de villages et de fermes, ces palmiers qui s'élèvent à une hauteur prodigieuse, cette ville à demi cachée par une forêt de mâts et la voilure des vaisseaux.

**Humboldt, Alexander von: *Vues des Cordillères et Monumens des Peuples Indigènes de l'Amérique*. Nanterre: Editions Erasme 1989, S. ii f.:** L'ardeur avec laquelle on s'étoit livré à des recherches sur l'Amérique, diminua dès le commencement du dix-septième siècle; les colonies espagnoles, qui enferment les seules régions jadis habitées par des peuples civilisés, restèrent fermées aux nations étrangères; et récemment, lorsque l'abbé Clavigero publia en Italie son Histoire ancienne du Mexique, on regarda comme très-douteux des faits attestés par une foule de témoins oculaires souvent ennemis les uns des autres. Des écrivains célèbres, plus frappés des contrastes que de l'harmonie de la nature, s'étoient plu à dépeindre l'Amérique entière comme un pays marécageux, contraire à la multiplication des animaux, et nouvellement habité par des hordes aussi peu civilisées que les habitans de la mer du Sud. Dans les recherches historiques sur les Américains, un scepticisme absolu avoit été substitué à une saine critique. On confondoit les descriptions déclamatoires de Solis et de quelques autres écrivains qui n'avoient pas quitté l'Europe, avec les relations simples et vraies des premiers voyageurs; il paroissoit du devoir d'un philosophe de nier tout ce qui avoit été observé par des missionnaires. Depuis la fin du dernier siècle, une révolution heureuse s'est opérée dans la manière d'envisager la civilisation des peuples et les causes qui en arrêtent ou favorisent les progrès. Nous avons appris à connoître des nations dont les moeurs, les institutions et les arts diffèrent presque autant de ceux des Grecs et des Romains, que les formes primitives d'animaux détruits diffèrent de celles des espèces qui sont l'object de l'histoire naturelle descriptive. La société de Calcutta a répandu une vive lumière sur l'histoire des peuples de l'Asie. Les monumens de l'Egypte, décrits de nos jours avec une admirable exactitude, ont été comparés aux monumens des pays les plus éloignés, et mes recherches sur les peuples indigènes de l'Amérique paroissent à une époque où l'on ne regarde pas comme indigne d'attention tout ce qui s'éloigne du style dont les Grecs nous ont laissé d'inimitables modèles.

**La Condamine, Charles-Marie de:** *Voyage sur l'Amazone.* **Choix de textes, introduction et notes de Hélène Minguet. Paris: François Maspéro, 1981,S. 60 f.:** Arrivé à Borja, je me trouvais dans un nouveau monde, éloigné de tout commerce humain, sur une mer d'eau douce, au milieu d'un labyrinthe de lacs, de rivières et de canaux qui pénètrent en tous sens une forêt immense qu'eux seuls rendent accessibles. Je rencontrais de nouvelles plantes, de nouveaux animaux, de nouveaux hommes. Mes yeux, accoutumés depuis sept ans à voir des montagnes se perdre dans les nues, ne pouvaient se lasser de faire le tour de l'horizon, sans autre obstacle que les seules collines du Pongo qui allaient bientôt disparaître à ma vue. A cette foule d'objets variés, qui diversifient les campagnes cultivées des environs de Quito, succédait l'aspect le plus uniforme: de l'eau, de la verdure, et rien de plus. On foule la terre aux pieds sans la voir; elle est si couverte d'herbes touffues, de plantes et de broussailles qu'il faudrait un assez long travail pour en découvrir l'espace d'un pied. Au-dessous de Borja, et quatre à cinq cents lieues au-delà en descendant le fleuve, une pierre, un simple caillou, est aussi rare que le serait un diamant. Les sauvages de ces contrées ne savent ce que c'est qu'une pierre, n'en ont pas même l'idée. C'est un spectacle divertissant de voir quelques-uns d'entre eux, quand ils viennent à Borja, et qu'ils en rencontrent pour la première fois, témoigner leur admiration par leurs signes, s'empresser à les ramasser, s'en charger comme d'une marchandise précieuse, et bientôt après les mépriser et les jeter, quand ils s'aperçoivent qu'elles sont si communes.

**S. 61 ff.:** Avant que de passer outre, je crois devoir dire un mot du génie et du caractère des originaires de l'Amérique méridionale, qu'on appelle vulgairement, quoique improprement, Indiens. Il n'est pas ici question des créoles espagnols ou portugais, ni des diverses espèces d'hommes produites par le mélange des Blancs d'Europe, des Noirs d'Afrique et des Rouges d'Amérique, depuis que les Européens y sont entrés et y ont introduits des Nègres de Guinée. [...] Il faudrait donc, pour donner une idée exacte des Américains, presque autant de descriptions qu'il y a de nations parmi eux; cependant, comme toutes les nations d'Europe, quoique différentes entre elles en langues, mœurs et coutumes, ne laisseraient pas d'avoir quelque chose de commun aux yeux d'un Asiatique qui les examinerait avec attention, aussi tous les Indiens américains des différentes contrées que j'ai eu occasion de voir dans le cours de mon voyage m'ont paru avoir certains traits de ressemblance les uns avec les autres; et (à quelques nuances près, qu'il n'est guère permis de saisir à un voyageur qui ne voit les choses qu'en passant) j'ai cru reconnaître dans tous un même fond de caractère. L'insensibilité en fait la base. Je laisse à décider si on la doit honorer du nom d'apathie, ou l'avilir par celui de stupidité. Elle naît sans doute du petit nombre de leurs idées, qui ne s'étend pas au-delà de leurs besoins. Gloutant jusqu'à la voracité, quand ils ont de quoi se satisfaire; sobres, quand la nécessité les y oblige, jusqu'à se passer de tout sans paraître rien désirer; pusillani-mes et poltrons à l'excès, si l'ivresse ne les transporte pas; ennemis du travail, indifférents à tout motif de gloire, d'honneur ou de reconnaissance; uniquement occupés de l'objet présent, et toujours déterminés par lui; sans l'inquiétude pour l'avenir; incapables de prévoyance et de réflexion; se livrant, quand rien ne les gêne, à une joie puérile, qu'ils manifestent par des sauts et des éclats de rire immo-dérés, sans objet et sans dessin; ils passent leur vie sans penser et ils vieillissent sans sortir de l'enfance, dont ils conservent tous les défauts.

**S. 62 f.:** Toutes les langues de l'Amérique méridionale dont j'ai eu quelque notion sont fort pauvres; plusieurs sont énergiques et susceptibles d'élégance, et singuliè-rement l'ancienne langue du Pérou; mais toutes manquent de termes pour expri-mer les idées abstraites et universelles; preuve évidente du peu de progrès qu'ont fait les esprits de ces peuples. *Temps, durée, espace, être, substance, matière, corps,* tous ces mots et beaucoup d'autres n'ont point d'équivalent dans leurs langues: non seulement les noms des êtres métaphysiques, mais ceux des êtres moraux, ne peuvent se rendre chez eux qu'imparfaitement et par de longues périphrases. Il n'y a pas de mot propre qui réponde exactement à ceux de *vertu, justice, liberté, recon-naissance, ingratitude* [...].

**S. 84:** Dans le cours de notre navigation, nous avons questionné partout les In-diens des diverses nations, et nous nous étions informés d'eux avec grand soin s'ils avaient quelque connaissance de ces femmes belliqueuses qu'Orellana pré-tendait avoir rencontrées et combattues, et s'il était vrai qu'elles vivaient eloig-nées du commerce des hommes, ne les recevant parmi elles qu'une fois l'année, comme le rapporte le père Acuña dans sa relation [...].

**S. 93:** La communication de l'Orinoque et de l'Amazone, récemment avérée, peut d'autant plus passer pour une découverte en géographie que, quoique la jonction de ces deux fleuves soit marquée sans aucune équivoque sur les cartes anciennes, tous les géographes modernes l'avaient supprimée dans les nouvelles, comme de concert, et qu'elle était traitée de chimérique par ceux qui semblaient devoir être le mieux informés de sa réalité. Ce n'est probablement pas la première fois que les vraisemblances et les conjectures purement plausibles l'ont emporté sur des faits attestés par des relations de voyages, et que l'esprit de critique poussé trop loin a fait nier décisivement ce dont il était seulement encore permis de douter.

**Lévi-Strauss, Claude:** *Race et histoire.* **Suivi de L'œuvre de Claude Lévi-Strauss par Jean Pouillon. Paris: Denoël 1984, S. 10:** Mais le péché originel de l'anthropologie consiste dans la confusion entre la notion purement biologi-que de race (à supposer, d'ailleurs, que, même sur ce terrain limité, cette notion puisse prétendre à l'objectivité ce que la génétique moderne conteste) et les productions sociologiques et psychologiques des cultures humaines.

**Lezama Lima, José: *La expresión americana*. Madrid: Alianza Editorial 1969, S. 91:** De la persecución religiosa va a pasar a la persecución política, y estando en Londres, al tener noticias del alzamiento del cura Hidalgo, escribe folletos justificando el ideario separatista. Rodando por los calabozos, amigándose con el liberalismo de Jovellanos, combatiendo contra la invasión francesa, o desembarcando con los conjurados de Mina, al fin encuentra con la proclamación de la independencia de su país, la plenitud de su rebeldía, la forma que su madurez necesitaba para que su vida alcanzara el sentido de su proyección histórica. En Fray Servando, en esa transición del barroco al romanticismo, sorprendemos ocultas sorpresas muy americanas. Cree romper con la tradición, cuando la agranda. Así, cuando cree separarse de lo hispánico, lo reencuentra en él, agrandado.

**Mier, Fray Servando Teresa de: *Memorias*. Edición y prólogo de Antonio Castro Leal. México: Editorial Porrúa 1946, Bd. 1, S. 20:** Para esto expuse como probables dos proposiciones, a que en substancia se redujo todo el sermón. Lo demás no eran sino episodios de poca importancia para tapar algunos agujeros que la crítica ha abierto en la tradición. La primera fue que el Evangelio ha sido predicado en América siglos antes de la conquista por Santo Tomás, a quien los indios llamaron ya Santo Tomé en lengua siriaca. Porque *quetzal*, por la preciosidad de la pluma de Quetzalli, correspondía en las imágenes aztecas a la aureola de nuestros santos, así como zarcillos y rayos alrededor de la cara era un distintivo de la divinidad, y, por consiguiente, vale como decir santo. Y *coatl*, corruptamente *coate*, significa lo mismo que Tomé, esto es, mellizo, por la raíz *taam*, pues en hebreo se dice *Thama* o *Taama*, y con inflexiones griegas *Thomas*, a quien, por lo mismo, los griegos también llamaban *Dydimo* en su lengua.

**Bd. 1, S. 31:** Ora de ésta no sólo era fácil venir a la América, pasando el corto estrecho que la separa del Asia, o pasando de isla en isla, de que hay a las costas entre ambas una cordillera, sino en los buques de la China, que estaba en comunicación con ambas Américas en los siglos primeros del cristianismo. Consta de monseñor Wache, que estudió en Pekín mismo los mapas geográficos de los chinos, y en su memoria sobre una isla desconocida, presentada al Instituto Nacional de Francia, e impresa entre sus Memorias, refiere los nombres que los chinos daban a ambas Américas, describe el derrotero con que venían, y aun cuenta que el año de Jesucristo 450 pasaron religiosos a nuestra América, donde extendieron la religión de Joë, que, como es parecida a la cristiana, puede ser la equivocase con ella.

**Bd. 1, S. 243:** Como entonces fue cuando yo abrí los ojos para conocer la práctica de nuestro gobierno y el remedio de los americanos en las dos vías, reservada y del Consejo de Indias, para sus recursos e impetraciones, será bien que yo se los abra a mis paisanos, para que no se fíen absolutamente en que tienen justicia, cosa sólo valedera si media gran favor o mucho dinero, y procuren acá transigir sus pleitos como puedan, aunque sea a mala composición. Porque allá el poder es más absoluto, más venal es la corte y los tribunales, mayor el número de los necesitados, de los malévolos e intrigantes, los recursos más difíciles, por no decir imposible, para un pobre, y, en una palabra: allá no se trata de conciencia, sino de dinero y de política, que en la inteligencia y práctica de las cortes es precisamente lo inverso de lo moral.

**Bd. 2, S. 187:** Yo escribí a Tres Palacios quejándome de las blasfemias que el viajero había escrito contra el venerable obispo Casas, y de que absolutamente ignoraba la geografía de América. Tres Palacios envió la carta a Estala, diciéndole que así éramos todos los mexicanos, y que nos cargase la mano. Estala entonces copió contra la América y especialmente contra México todos los absurdos y desatinos de Paw [sic!] y sus secuaces Raynal, Robertson y Laharpe, como si no estuviesen ya pulverizados por Valverde, Carli, Clavijero, Molina, Iturri, Madisson, etc. [...] Así van todas las cosas en España. Yo comencé a escribir contra el viajero, para poner en el diario, *Cartas de Tulitas Cacaloxochitl Cihuapiltzin Mexica*, o señorita mexicana, al viajero universal. [...] Pero el *Viajero* se tradujo en portugués, y luego ha servido de guía a la geografía inglesa de Guthrie, que ha copiado todos los dislates de Estala contra México. Así se perpetúan las injurias y los errores.

**Montesquieu, Charles de Secondat, Baron de: Quelques réflexions sur les Lettres persanes. In (ders.): *Lettres Persanes*. Texte établi par André Lefèvre. Paris: A. Lemerre 1873, Bd. 1, S. 1f.:** Rien n'a plu davantage, dans les *Lettres persanes*, que d'y trouver, sans y penser, une espèce de roman. On en voit le commencement, le progrès, la fin. Les divers personnages sont placés dans une chaîne qui les lie. A mesure qu'ils font un plus long séjour en Europe, les mœurs de cette partie du Monde prennent dans leur tête un air moins merveilleux et moins bizarre, et ils sont plus ou moins frappés de ce bizarre et de ce merveilleux, suivant la différence de leurs caractères. D'un autre côté, le désordre croît dans le sérail d'Asie à proportion de la longueur de l'absence d'Usbek, c'est-à-dire à mesure que la fureur augmente et que l'amour diminue. D'ailleurs, ces sortes de roman réussissent ordinairement, parce que l'on rend compte soi-même de sa situation actuelle; ce qui fait plus sentir les passions que tous les récits qu'on en pourrait faire. Et c'est une des causes du succès de quelques ouvrages charmants qui ont parus depuis les *Lettres persanes*. Enfin, dans les romans ordinaires, les digressions ne peuvent être permises que lorsqu'elles forment elles-mêmes un nouveau roman. On n'y saurait mêler de raisonnements, parce qu'aucun des personnages n'y ayant été assemblé pour raisonner, cela choquerait le dessein et la nature de l'ouvrage. Mais dans la forme de lettres, où les acteurs ne sont pas choisis, et où les sujets qu'on traite ne sont dépendants d'aucun dessein ou d'aucun plan déjà formé, l'auteur s'est donné l'avantage de pouvoir joindre de la philosophie, de la politique et de la morale à un roman, et de lier le tout par une chaîne secrète et, en quelque façon, inconnue.

**Bd. 1, S. 10 f.:** Tantôt je me voyais en ce lieu où, pour la première fois de ma vie, je te reçus dans mes bras; tantôt, dans celui où tu décidas cette fameuse querelle entre tes femmes. Chacune de nous se prétendant supérieure aux autres en beauté. Nous nous présentâmes devant toi après avoir épuisé tout ce que l'imagination peut fournir de parures et d'ornements. Tu vis avec plaisir les miracles de notre art; tu admiras jusques où nous avait emportées l'ardeur de te plaire. Mais tu fis bientôt céder ces charmes empruntés à des grâces plus naturelles: tu détruisis tout notre ouvrage. Il fallut nous dépouiller de ces ornements qui t'étaient devenus incommodes; il fallut paraître à ta vue dans la simplicité de la nature. Je comptai pour rien la pudeur; je ne pensai qu'à ma gloire. Heureux Usbek, que de charmes furent étalés à tes yeux! Nous te vîmes longtemps errer d'enchantements en enchantements: ton âme incertaine demeura longtemps sans se fixer; chaque grâce nouvelle te demandait un tribut; nous fûmes en un moment toutes couvertes de tes baisers; tu portas tes curieux regards dans les lieux les plus secrets; tu nous fis passer en un instant dans mille situations différentes: toujours de nouveaux commandements et une obéissance toujours nouvelle.

**Bd. 1, S. 126 f.:** Il me semble, Usbek, que nous ne jugeons jamais des choses que par un retour secret que nous faisons sur nous mêmes. Je ne suis pas surpris que les Nègres peignent le diable d'une blancheur éblouissante et leurs dieux noirs comme du charbon; que la Vénus de certains peuples ait des mamelles qui lui pendent jusques aux cuisses; et qu'enfin tous les idolâtres aient représenté leurs dieux avec une figure humaine et leur aient fait part de toutes leurs inclinations. On a dit fort bien que, si les triangles faisaient un dieu, ils lui donneraient trois côtés. Mon cher Usbek, quand je vois des hommes qui rampent sur un atome, c'est-à-dire la terre, qui n'est qu'un point de l'Univers, se proposer directement pour modèles de la Providence, je ne sais comment accorder tant d'extravagance avec tant de petitesse.

**Bd. 1, S. 127 f.:** Tu me demandes s'il y a des Juifs en France? Sache que, partout où il y a de l'argent, il y a des Juifs. Tu me demandes ce qu'ils y font? Précisément ce qu'ils font en Perse: rien ne ressemble plus à un Juif d'Asie qu'un Juif européen. Ils font paraître chez les chrétiens, comme parmi nous, une obstination invincible pour leur religion, qui va jusques à la folie. La religion juive est un vieux tronc qui a produit deux branches qui ont couvert toute la Terre: je veux dire le Mahométisme et le Christianisme; ou plutôt c'est une mère qui a engendré deux filles, qui l'ont accablée de mille plaies: car, en fait de religion, les plus proches sont les plus grandes ennemies. [...] Ils n'ont jamais eu en Europe un calme pareil à celui dont ils jouissent. On commence à se défaire parmi les Chrétiens de cet esprit d'intolérance qui les animait. On s'est mal trouvé, en Espagne, de les avoir chassés, et, en France, d'avoir fatigué des chrétiens dont la croyance différait un peu de celle du prince. On s'est aperçu que le zèle pour les progrès de la religion est différent de l'attachement qu'on doit avoir pour elle, et que, pour l'aimer et l'observer, il n'est pas nécessaire de haïr et de persécuter ceux qui ne l'observent pas. Il serait à souhaiter que nos musulmans pensassent aussi sensément sur cet article que les Chrétiens; que l'on pût, une bonne fois, faire la paix entre Hali et Abubeker et laisser à Dieu le soin de décider des mérites de ces saints prophètes. Je voudrais qu'on les honorât par des actes de vénération et de respect, et non pas par de vaines préférences; et qu'on cherchât à mériter leur faveur, quelque place que Dieu leur ait marquée, soit à sa droite, ou bien sous le marchepied de son trône.

**Bd. 2, S. 71:** Ces deux nations, ayant conquis avec une rapidité inconcevable des royaumes immenses, plus étonnées de leurs victoires que les peuples vaincus de leur défaite, songèrent aux moyens de les conserver; et prirent, chacune pour cela, une voie différente. Les >Espagnols, désespérant de retenir les nations vaincues dans la fidélité, prirent le parti de les exterminer et d'y envoyer d'Espagne des peuples fidèles. Jamais dessein horrible ne fut plus ponctuellement exécuté. On vit un peuple aussi nombreux que tous ceux de l'Europe ensemble disparaître de la Terre à l'arrivée de ces barbares, qui semblèrent, en découvrant les Indes, n'avoir pensé qu'à découvrir aux hommes quel était le dernier période de la cruauté. Par cette barbarie, ils conservèrent ce pays sous leur domination. Juge par là combien sont funestes, puisque les effets en sont tels: car enfin, ce remède affreux était unique. Comment auraient-ils pu retenir tant de millions d'hommes dans l'obéissance?

**Morvilliers, Masson de: Espagne. In Panckoucke, Charles-Joseph (Hg.):** *Encyclopédie méthodique ou par ordre des matières. Géographie moderne.* **Paris: Pandoucke 1782, Bd. 1, S. 554–568, hier S. 556:** Ce seroit sans doute un événement bien singulier, si l'Amérique venoit à secouer le joug de l'Espagne, & si pour lors un habile vice-roi des Indes, embrassant le parti des Américains, les soutenoit de sa puissance & de son génie. Leurs terres produiroient bientôt nos fruits; & leurs habitans n'ayant plus besoin de nos marchandises, ni de nos denrées, nous tomberions à-peu-près dans le même état d'indigence, où nous étions il y a quatre siècles. L'Espagne, je l'avoue, paroît à l'abri de cette révolution, mais l'empire de la fortune est bien étendu; & la prudence des hommes peut-elle se flatter de prévoir & de vaincre tous ses caprices.

**S. 565:** L'Espagnol a de l'aptitude pour les sciences, il a beaucoup de livres, & cependant, c'est peut-être la nation la plus ignorante de l'Europe. Que peut-on espérer d'un peuple qui attend d'un moine la liberté de lire & de penser? Le livre d'un Protestant est proscrit de droit, qu'importe de quelle matière il traite, parce que l'auteur est Protestant! Tout ouvrage étranger est arrêté; on lui fait son procès, il est jugé [...]. Aujourd'hui le Danemarck, la Suède, la Russie, la Pologne même, l'Allemagne, l'Italie, l'Angleterre et la France, tous ces peuples, ennemis, amis, rivaux, tous brûlent d'une généreuse émulation pour le progrès des sciences & des arts! Chacun médite des conquêtes qu'il doit partager avec les autres nations; chacun d'eux, jusqu'ici, a fait quelque découverte utile, qui a tourné au profit de l'humanité! Mais que doit-on à l'Espagne? Et depuis deux siècles, depuis quatre, depuis dix, qu'a-t-elle fait pour l'Europe? Elle ressemble aujourd'hui à ces colonies foibles & malheureuses, qui ont besoin sans cesse du bras protecteur de la métropole: il nous faut l'aider de nos arts, de nos découvertes; encore ressemble-t-elle à ces malades désespérés qui, ne sentant point leur mal, repoussent le bras qui leur apporte la vie! Cependant, s'il faut une crise politique pour la sortir de cette honteuse léthargie, qu'attend-elle encore? Les arts sont éteints chez elle; les sciences, le commerce! elle a besoin de nos artistes dans ses manufactures! Les savans sont obligés de s'instruire en cachette avec nos livres! Elle manque de mathématiciens, de physiciens, d'astronomes, de naturalistes!

**Pauw, Cornelius de:** *Recherches philosophiques sur les Américains, ou Mémoires intéressants pour servir à l'Histoire de l'Espèce Humaine.* **Par Mr. De P\*\*\*. Avec une Dissertation sur l'Amérique & les Américains, par Dom Pernety. Bd. 1. London 1775, S. IV f.; sowie (ders.):** *Recherches philosophiques sur les Américains, ou Mémoires intéressants pour servir à l'Histoire de l'Espèce humaine.* **Par Mr. De P\*\*\*. Berlin: Chez Georges Jacques Decker 1768–1769, Bd. 1, S. a2v f.:** Il n'y a pas d'evénement plus mémorable parmi les hommes, que la Découverte de l'Amérique. En remontant des temps présents aux temps les plus reculés, il n'y a point d'evénement qu'on puisse comparer à celui là; & c'est sans doute, un spectacle grand & terrible de voir une moitié de ce globe, tellement disgraciée par la nature, que tout y étoit ou dégéneré, ou monstrueux. Quel Physicien de l'Antiquité eut jamais soupçonné qu'une même Planète avoit deux Hémisphères si différents, dont l'un seroit vaincu, subjugué & comme englouti par l'autre, dès qu'il en seroit connu, après un laps de siècles qui se perdent dans la nuit & l'abyme des temps? Cette étonnante révolution qui changea la face de la terre & la fortune des Nations, fût absolument momentanée, parce que par une fatalité presqu'incroiable, il n'existoit aucun équilibre entre l'attaque et la défense. Toute la force & toute l'injustice étoient du côté des Européens: les Américains n'avoient que de la foiblesse: ils devoient donc être exterminés & exterminés dans un instant.

**Bd. 1, S. 90:** [...] une étincelle de discorde, pour quelques arpents de terre au Canada, enflamme et embrase l'Europe; & quand l'Europe est en guerre, tout l'Univers y est: tous les points du globe sont successivement ébranlés comme par une puissance électrique: on a agrandi la scene des massacres et du carnage depuis Canton jusqu'à Archangel; depuis Buénos-Aires jusqu'à Quebec. Le commerce des Européens ayant intimement lié les différentes parties du monde par la même chaîne, elles sont également entraînées dans les révolutions & les vicissitudes de l'attaque & de la défense, sans que l'Asie puisse être neutre, lorsque quelques marchands ont des querelles en Amérique, pour des peaux de Castor, ou du bois de Campèche.

**Bd. 1, S. 102:** Le nombre presqu'infini de lacs & de marécages dont les Indes occidentales sont couvertes, n'avoit pas été formé uniquement par les eaux fluviales extravasées, ni par les brouillards attirés par les montagnes et les forêts: ces lacs paroissoient être des dépôts d'eaux qui n'avoient pu encore s'écouler des endroits jadis noyés par une secousse violente, imprimée à toute la machine du globe terraquée: les nombreux volcans des Cordillieres & des rochers du Mexique, les tremblements qui ne cessent jamais dans l'une ou dans l'autre branche des Andes, prouvent que la terre n'y est pas encore en repos de nos jours.

**Bd. 1, S. 123:** Il n'est proprement ni vertueux, ni méchant: quel motif auroit-il de l'être? La timidité de son ame, la foiblesse de son esprit, la nécessité de se procurer sa subsistance au sein de la disette, l'empire de sa superstition, & les influences du climat l'égarent, & l'égarent très-loin; mais il ne s'en aperçoit pas. Son bonheur est de ne pas penser, de rester dans une inaction parfaite, de dormir beaucoup, de ne se soucier de rien, quand sa faim est apaisée, & de ne se soucier que des moyens de trouver la nourriture, quand l'appétit le tourmente. Il ne construiroit pas de cabane, si le froid & l'inclémence de l'air ne l'y forçoient: il ne sortiroit pas de la cabane, s'il n'en étoit chassé par le besoin: sa raison ne vieillit pas: il reste enfant jusqu'à la mort, ne prévoit rien, ne perfectionne rien, & laisse la nature dégénérer à ses yeux, sous ses mains, sans jamais l'encourager & sans la tirer de son assoupissement. Fonciérement paresseux par naturel, il est vindicatif par foiblesse, & atroce dans sa vengeance, parce qu'il est lui-même insensible: n'ayant rien à perdre que la vie, il regarde tous ses ennemis comme ses meurtriers.

**Bd. 2, S. 68 f.:** Le véritable pays où son espèce a toujours réussi & prospéré, est la Zone tempérée septentrionale de notre hémisphère: c'est le siège de sa puissance, de sa grandeur, & de sa gloire. En avançant vers le Nord, ses sens s'engourdissent & s'émoussent: plus ses fibres & ses nerfs gagnent de solidité & de force, par l'action du froid qui les resserre; & plus ses organes perdent de leur finesse; la flamme du génie paroît s'éteindre dans des corps trop robustes, où tous les esprits vitaux sont occupés à mouvoir les ressorts de la structure & de l'économie animale. [...] Sous l'Equateur son teint se hâle, se noircit; les traits de la physionomie défigurée révoltent par leur rudesse: le feu du climat abrége le terme de ses jours, & en augmentant la fougue de ses passions, il rétrécit la sphère de son ame: il cesse de pouvoir se gouverner lui-même, et ne sort pas de l'enfance. En un mot, il devient un Nègre, & ce Nègre devient l'esclave des esclaves.

Si l'on excepte donc les habitants de l'Europe, si l'on excepte quatre à cinq peuples de l'Asie, & quelques petits cantons de l'Afrique, le surplus du genre humain n'est composé que d'individus qui ressemblent moins à des hommes qu'à des animaux sauvages: cependant ils occupent sept à huit fois plus de place sur le globe que toutes les nations policées ensemble, & ne s'expatrient presque jamais. Si l'on n'avoit transporté en Amérique des Africains malgré eux, ils n'y seroient jamais allés: les Hottentos ne voyagent pas plus que les Orangs [...].

**Bd. 2, S. 207:** Toute la force & toute l'injustice étoient du côté des Européens: les Américains n'avoient que la faiblesse, ils devoient être exterminés, & exterminés dans un instant. [...] Il est seul au monde, & ignore qu'on peut être bienfaisant, charitable, & généreux. On ne sauroit imaginer un plus grand abrutissement de notre nature, que cet état d'indolence & d'inertie où l'on ne connoît pas la vertu de faire du bien, & où l'on ne s'occupe jamais qu'à penser pour soi, ou pour ses maîtres.

**Pauw, Cornelius de:** *Recherches philosophiques sur les Américains ou Mémoires intéressants pour servir à l'Histoire de l'Espèce Humaine. Par Mr. de P\*\*\*. Avec une Dissertation sur l'Amérique & les Américains, par Dom Pernety. Et la Défense de l'Auteur des Recherches contre cette Disser-*

*tation.* **Berlin: Chez Georges Jacques Decker 1770, Bd. 3, S. 11:** A l'entendre parler, il semble qu'il lui suffisoit de prendre la plume pour composer une réfutation dans les formes [...]. Aussi ne donne-t-il aucune observation sur l'Histoire Naturelle: il a mieux aimé employer la morale, des compilations extraites du compilateur Gueudeville, & enfin des raisonnements à perte de vue. Quand on attaque un livre écrit sur une science, il faut se servir d'arguments tirés de cette science, & non d'une autre.

**Pauw, Cornelius de: Amérique. In: *Supplément à L'Encyclopédie ou Dictionnaire raisonné des Sciences, des Arts et des Métiers. Par une Société de Gens de Lettres. Mis en ordre et publié par M\*\*\*. Tome premier. Amsterdam: Chez M.M. Rey, libraire 1776, S. 352:*** [...] la pauvreté de leur langue, dont le dictionnaire pourroit être écrit en une page, les empêche de s'expliquer. On sçait que les Péruviens mêmes, quoique réunis en une espèce de société politique, n'avoient pas encore inventé des termes pour exprimer les êtres métaphysiques, ni les qualités morales qui doivent le plus distinguer l'homme de la bête, comme la justice, la gratitude, la miséricorde. Ces qualités étoient au nombre des choses qui n'avoient point de nom: la vertu elle-même n'avoit point de nom dans ce pays, sur lequel on a débité tant d'exagérations. Or, chez les petits peuples ambulans, la disette des mots est encore incomparablement plus grande; au point que toute espèce d'explication sur des matieres de morale & de métaphysique, y est impossible.

**S. 353:** Quand on veut avoir une idée de l'état où se trouvoit le nouveau-monde au moment de la découverte, il faut étudier les relations, & employer sans cesse une critique judicieuse & sévere pour écarter les faussetés & les prodiges dont elles fourmillent: les compilateurs qui n'ont aucune espece d'esprit, entassent tout ce qu'ils trouvent dans les journaux des voyageurs, & font enfin, des romans dégoûtants, qui ne se sont que trop multipliés de nos jours; parce qu'il est plus aisé d'écrire sans réfléchir, que d'écrire en réfléchissant.

**Pernety, Antoine-Joseph: *Journal historique d'un Voyage aux Iles Malouïnes en 1763 & 1764, pour les reconnoître, & y former un établissement; et de deux Voyages au Détroit de Magellan, avec une Relation sur les Patagons.* 2 Bde. Berlin: Etienne de Bourdeaux 1769, Bd. 1, S. 107 f.:** Les choses ainsi disposées, le Vicaire dit à Mr. de Bougainville: „Pour être reçu dans la noble & puissante société du Seigneur Président de la Ligne, il faut prendre, au préalable, quelques engagemens, que vous promettez d'observer. Ces engagemens n'ont pour objet que des choses raisonnables. A la bonne heure, répondit Mr. de Bougainville. Promettez-vous, dit alors le Vicaire, d'être bon Citoyen, & pour cet effet de travailler à la population, & de ne pas laisser chômer les filles, toutes les fois que l'occasion favorable s'en présentera? – Je le promets."

**Bd. 1, S. 112:** Lorsque le Navire dans sa route ne doit pas passer la Ligne, mais seulement le Tropique, ceux des Equipages qui l'ont déjà passé, ne voulant pas perdre ce droit de tribut, se sont avisés de nommer le Tropique, le *fils aîné du Bon-homme [de] la Ligne, héritier présomptif de ses droits.* Ils jouent en conséquence, au passage du Tropique, la même farce que les autres sous l'Equateur.

**Pernety, Antoine-Joseph: Dissertation sur l'Amérique et les Naturels de cette partie du Monde. In: Pauw, Cornelius de: *Recherches philosophiques sur les Américains, ou Mémoires intéressants pour servir à l'Histoire de l'Espèce humaine par Mr. de P. Nouvelle Edition, augmentée d'une Dissertation critique par Dom Pernety; & de la Défense de l'Auteur des Recherches contre cette Dissertation.* 3 Bde. Berlin: Decker 1770, Bd. 3, S. 7 f.:** Monsieur de P. vient de mettre au jour un Ouvrage sous ce titre, *Recherches Philosophiques sur les Américains.* Il s'efforce d'y donner l'idée la plus désavantageuse du nouveau Monde & de ses habitants. Le ton affirmatif & décidé avec lequel il propose et résoud ses questions; le ton d'assurance avec lequel il parle du sol & des productions de l'Amérique, de sa température, de la constitution corporelle & spirituelle de ses habitants, de leurs mœurs & de leurs usages, enfin des animaux; pourroient faire croire qu'il a voyagé dans tous les pays de cette vaste étendue de la terre; qu'il a vêcu [sic!] assez longtemps avec tous les peuples qui l'habitent. On seroit tenté de soupçonner, que, parmi les Voyageurs, qui y ont fait de longs séjours, les uns nous ont conté des fables, ont travesti la vérité par imbécillité, ou l'ont violée par malice.

**S. 48:** Soit par l'exercice, soit par la constitution de leur tempérament, ils sont fort sains, exempts de paralysie, d'hydropilie, de goutte, d'héthysie, d'asthme, de gravelle, de pierre; maladies dont la Nature qui a tant donné à notre continent, a bien encore voulu nous favoriser. Elle avoit cependant laissé la pleurésie au Canada; & nous leur avons porté la petite vérole. Les Américains nous ont communiqué la leur par droit d'échange & de commerce.

**S. 49 f.:** Soit par l'exercice, soit par la constitution de leur tempérament, ils sont fort sains, exempts de paralysie, d'hydropilie, de goutte, d'héthysie, d'asthme, de gravelle, de pierre; maladies dont la Nature qui a tant donné à notre continent, a bien encore voulu nous favoriser. Elle avoit cependant laissé la pleurésie au Canada; & nous leur avons porté la petite vérole. Les Américains nous ont communiqué la leur par droit d'échange & de commerce.

**S. 81–83:** Sans avoir de Licurgues pour Législateurs, les Caraïbes, & en général tous les Américains respectent infiniment les vieillards, les écoutent avec attention, déferent aux sentiments des anciens, & se reglent sur leurs volontés. Ils sont naturellement francs, véridiques, & ont donné dans tous les temps des marques de candeur, de courtoisie, d'amitié, de générosité, & de gratitude. Ceux qui les ont pratiqué long-temps leur rendent plus de justice que Mr. de P. Si l'on trouve aujourd'hui chez eux le mensonge, la perfidie, la trahison, le libertinage, & plusieurs autres vices, on doit s'en prendre aux pernicieux exemples des Européens, & aux mauvais traitements que ceux ci ont exercés contre eux. A chaque page des relations, on voit combien ceux de l'ancien Continent ont fait valoir dans le nouveau, l'art qu'ils savent si bien, de tromper vilainement.

**S. 115 f.:** J'avoue que nous sommes faits les uns pour les autres, & que de cette dépendance mutuelle résulte tout l'avantage de la société. Mais la première intention de cette union, ou Contrat Social; a été d'obliger tous les contractants à se prêter des secours mutuels, & non de laisser tout usurper aux uns; de les autoriser même dans leurs usurpations & de laisser manquer de tout aux autres.

**Polo, Marco / Kolumbus, Christoph / Santaella, Rodrigo de / Gil, Juan: El libro de Marco Polo anotado por Cristóbal Colón. El libro de Marco Polo versión de Rodrigo de Santaella. Edición, introducción y notas de Juan Gil. Madrid: Alianza Editorial 1987, S. 132:** Pasemos ahora a describir las regiones de la India; empezaremos por la isla de Ciampagu, que es una isla al oriente en alta mar, que dista de la costa de Mangi mil cuatrocientas millas. Es grande en extremo y sus habitantes, blancos y de linda figura, son idólatras y tienen rey, pero no son tributarios de nadie más. Allí hay oro en grandísima abundancia, pero el monarca no permite fácilmente que se saque fuera de la isla, por lo que pocos mercaderes van allí y rara vez arriban a sus puertos naves de otras regiones. El rey de la isla tiene un gran palacio techado de oro muy fino, como entre nosotros se recubren de plomo las iglesias. Las ventanas de ese palacio están todas guarnecidas de oro, y el pavimento de las salas y de muchos aposentos está cubierto de planchas de oro, los cuales tienen dos dedos de grosor. Allí hay perlas en extrema abundancia, redondas y gruesas y de color rojo, que en precio y valor sobrepujan al aljófar blanco. También hay muchas piedras preciosas, por lo que la isla de Ciampagu es rica a maravilla. [...] El mar donde está la isla de Ciampagu es Océano y se llama mar de Cim, es decir, „mar de Mangi", ya que la provincia de Mangi está en su costa. En el mar donde está Ciampagu hay otras muchísimas islas, que contadas con cuidado por los marineros y pilotos de aquella región se ha hallado que son siete mil ccclxxviii, la mayor parte de las cuales está poblada por hombres. En todas las islas susodichas los árboles son de especias, pues allí no crece ningún arbusto que no sea muy aromático y provechoso. Allí hay especias infinitas; hay pimienta blanquísima como la nieve; también hay suma abundancia de la negra. Con todo, los mercaderes de otras partes rara vez aportan por allí, pues pasan un año completo en el mar, ya que van en invierno y vuelven en verano. Sólo dos vientos reinan en aquel mar, uno en invierno y otro en verano.

**Raynal, Guillaume-Thomas:** *Histoire philosophique et politique des établissemens et du commerce des européens dans les deux Indes.* **Genf: Chez Jean-Léonard Pellet, ab 1780, Bd. 1, S. 3:** L'Image auguste de la vérité m'a toujours été présente. O vérité sainte! C'est toi seule que j'ai respectée. Si mon Ouvrage trouve encore quelques Lecteurs dans les siecles à venir, je veux qu'en voyant combien j'ai été dégagé des passions & des préjugés, ils ignorent la contrée où j'ai pris naissance, sous quel Gouvernement je vivois, quelles fonctions j'exerçois dans mon pays, quel culte je professois: je veux qu'ils me trouvent tous leur concitoyen, leur ami.

**Bd. 3, S. 248 f.:** Sans la science de la mécanique & l'invention de ses machines, point de grands monumens. Sans quarts de cercle & sans télescope, point de progrès merveilleux en astronomie, nul précision dans les observations. Sans fer, point de marteaux, point de tenailles, point d'enclumes, point de forges, point de scies, point de haches, point de coignées, aucun ouvrage en métaux qui mérite d'être regardé, nulle maçonnerie, nulle charpente, nulle menuiserie, nulle architecture, nulle gravure, nulle sculpture. [...] Dépouillons le Mexique de tout ce que des récits fabuleux lui ont prêté, & nous trouverons que ce pays, fort supérieur aux contrées sauvages que les Espagnols avoient jusqu'alors parcourues dans le Nouveau-Monde, n'étoit rien en comparaison des peuples civilisés de l'ancien continent.

**Bd. 3, S. 344:** Selon les apparences, la cour de Madrid ne diminuera jamais le nombre des troupes qu'elle entretient dans la Nouvelle-Espagne: mais la partie du revenu public qu'absorboient les fortifications, ne doit pas tarder à grossir ses trésors, à moins qu'elle ne l'emploie, dans la colonie même, à former des établissemens utiles. Déjà sur les bords de la rivière d'Alvarado, où les bois de construction abondent, s'ouvrent de grands chantiers. Cette nouveauté est d'un heureux présage. D'autres la suivront sans doute. Peut-être, après trois siècles d'oppression ou de léthargie, le Mexique va-t-il remplir les hautes destinées auxquelles la nature l'appelle vainement depuis si long-tems.

**Bd. 5, S. 54 f.:** Maudit soit donc le moment de leur découverte! Et vous, souverains Européens, quel peut être le motif de votre ambition jalouse pour des possessions, dont vous ne pouvez qu'éterniser la misère? & que ne les restituez-vous à elles-mêmes, si vous désespérez de les rendre heureuses! Dans le cours de cet ouvrage, j'ai plus d'une fois oser vous en indiquer les moyens: mais je crains bien que ma voix n'ait crié & ne crie encore dans le désert.

**Bd. 6, S. 69:** Aussi la traite des noirs seroit-elle déjà tombée, si les habitans des côtes n'avoient communiqué leur luxe aux peuples de l'intérieur du pays, desquels ils tirent aujourd'hui la plupart des esclaves qu'ils nous livrent. C'est de cette manière que le commerce des Européens a presque épuisé de proche en proche les richesses commerçables de cette nation. Cet épuisement a fait presque quadrupler le prix des esclaves depuis vingt ans; & voici comment. On les paie, en plus grande partie, avec des marchandises des Indes Orientales, qui ont doublé de valeur en Europe. Il faut donner en Afrique le double des ces marchandises. Ainsi les colonies d'Amérique, où se conclut le dernier marché des noirs, sont obligées de supporter ces diverses augmentations, & par conséquent de payer quatre fois plus qu'elles ne payoient autrefois. Cependant, le propriétaire éloigné qui vend son esclave, reçoit moins de marchandises que n'en recevoit, il y a cinquante ans, celui qui vendoit le sien au voisinage d la côte. Le profit des mains intermédiaires; les frais de voyage, les droits, quelquefois de trois pour cent qu'il faut payer aux souverains chez qui l'on passe, absorbent la différence de la somme que reçoit le premier propriétaire, à celle que paie le marchand Européen.

**Bd. 7, S. 118:** Il n'est pas d'autre moyen de conserver les isles, qu'une marine redoutable. C'est sur les chantiers & dans les ports d'Europe, que doivent être construits les bastions & les boulevards des colonies de l'Amérique. Tandis que la métropole les tiendra, pour ainsi dire, sous les ailes de ses vaisseaux; tant qu'elle remplira de ses flottes le vaste intervalle qui la sépare de ses isles, filles de son industrie & de sa puissance; sa vigilance maternelle sur leur prospérité, lui répondra de leur attachement. C'est donc vers les forces de mer que les peuples, propriétaires du Nouveau-Monde, porteront désormais leurs regards. La politique de l'Europe, veut en général garder les frontières des états, par des places. Mais pour les puissances maritimes, il faudroit peut-être des citadelles dans les centres, & des vaisseaux sur la circonférence. Une isle commerçante n'a pas même besoin de places. Son rempart, c'est la mer qui fait sa sûreté, sa subsistance, sa richesse. Les vents sont à ses ordres, & tous les élémens conspirent à sa gloire.

**Raynal, Guillaume-Thomas:** *Histoire philosophique et politique des établissements et du commerce des européens dans les deux Indes.* **Tome cin-**

**quième. Genf: Chez Jean-Léonard Pellet, Imprimeur de la Ville & de l'Académie 1781, Buch 1, S. 1 f.:** Il n'y a point eu d'événement aussi intéressant pour l'espèce humaine en général, & pour les peuples de l'Europe en particulier, que la découverte du Nouveau Monde & le passage aux Indes par le cap de Bonne-Espérance. Alors a commencé une révolution dans le commerce, dans la puissance des nations, dans les mœurs, l'industrie et le gouvernement de tous les peuples. [...] Tout est changé, & doit changer encore. Mais les révolutions passées & celles qui doivent suivre, ont-elles été, seront-elles utiles à la nature humaine? L'homme leur devra-t-il un jour plus de tranquillité, de bonheur & de plaisir? Son état sera-t-il meilleur, ou ne fera-t-il que changer?

**Buch 1, S: 3 f.:** Elevé au-dessus de toutes les considérations humaines, c'est alors qu'on plane au-dessus de l'atmosphère, & qu'on voit le globe au-dessous de soi. C'est de-là qu'on laisse tomber des larmes sur le génie persécuté, sur le talent oublié, sur la vertu malheureuse. [...] C'est de-là qu'on voit la tête orgueilleuse du tyran s'abaisser & se couvrir de fange, tandis que le front modeste du juste touche la voûte des cieux. C'est là que j'ai pu véritablement m'écrier, *je suis libre*, & me sentir au niveau de mon sujet. C'est là enfin que, voyant à mes pieds, ces belles contrées où fleurissent les sciences & les arts, & que les ténèbres de la barbarie avoient si long-temps occupées, je me suis demandé: qui est-ce qui a creusé ces canaux? qui est-ce qui a desséché ces plaines? qui est-ce qui a fondé ces villes? qui est-ce qui a rassemblé, vêtu, civilis$#x00E9; ces peuples? & qu'alors toutes les voix des hommes éclairés qui sont parmi elles m'ont répondu: c'est le commerce, c'est le commerce.

**Rousseau, Jean-Jacques:** *Les Rêveries du promeneur solitaire.* In (ders.): *Collection complète des œuvres de J. J. Rousseau,* 17 Bde. Genf 1782, Bd. 10: *Les Confessions,* **S. 369:** Me voici donc seul sur la terre, n'ayant plus de frère, de prochain, d'ami, de société que moi-même. Le plus sociable et le plus aimant des humains en a été proscrit par un accord unanime. Ils ont cherché dans les raffinements de leur haine quel tourment pouvait être le plus cruel à mon âme sensible, et ils ont brisé violemment tous les liens qui m'attachaient à eux. J'aurais aimé les hommes en dépit d'eux-mêmes.

**S. 434:** De toutes les habitations où j'ai demeuré (et j'en ai eu de charmantes), aucune ne m'a rendu si véritablement heureux et ne m'a laissé de si tendres regrets que l'île de Saint-Pierre au milieu du lac de Bienne. Cette petite île qu'on appelle à Neuchâtel l'île de La Motte est bien peu connue, même en Suisse. Aucun voyageur que je sache n'en fait mention. Cependant elle est très agréable et singulièrement située pour le bonheur d'un homme qui aime à se circonscrire; car quoique je sois peut-être le seul au monde à qui sa destinée en ait fait une loi, je ne puis croire être le seul qui ait un goût si naturel, quoique je ne l'aie trouvé jusqu'ici chez nul autre.

**S. 480 f.:** C'est la chaîne des idées accessoires qui m'attache à la botanique. Elle rassemble et rappelle à mon imagination toutes les idées qui la flattent davantage. Les prés, les eaux, les bois, la solitude, la paix surtout et le repos qu'on trouve au milieu de tout cela sont retracés par elle incessamment à ma mémoire. Elle me fait oublier les persécutions des hommes, leur haine, leurs mépris, leurs outrages, et tous les maux dont ils ont payé mon tendre et sincère attachement pour eux. Elle me transporte dans des habitations paisibles au milieu de gens simples et bons tels que ceux avec qui j'ai vécu jadis. Elle me rappelle et mon jeune âge et mes innocents plaisirs, elle m'en fait jouir derechef, et me rend heureux bien souvent encore au milieu du plus triste sort qu'ait subi jamais un mortel.

**S. 497:** Le bonheur est un état permanent qui ne semble pas fait ici-bas pour l'homme. Tout est sur la terre dans un flux continuel qui ne permet à rien d'y prendre une forme constante. Tout change autour de nous. Nous changeons nous-mêmes et nul ne peut s'assurer qu'il aimera demain ce qu'il aime aujourd'hui. Ainsi tous nos projets de félicité pour cette vie sont des chimères.

**S. 501:** Je n'eus jamais ni présence d'esprit ni facilité de parler; mais depuis mes malheurs ma langue et ma tête se sont de plus en plus embarrassés. L'idée et le mot propre m'échappent également, et rien m'exige un meilleur discernement et un choix d'expressions plus juste que les propres qu'on tient aux enfants. Ce qui augmente encore en moi cet embarras, et l'attention des écoutants, les interprétations et le poids qu'ils donnent à tout ce qui part d'un homme qui, ayant écrit expressément pour les enfants, est supposé ne devoir leur parler que par oracles. Cette gêne extrême et l'inaptitude que je me sens me trouble, me déconcerte et je serais bien plus à mon aise devant un monarque d'Asie que devant un bambin qu'il faut faire babiller.

**Rousseau, Jean-Jacques: *Julie ou la Nouvelle Héloïse*, Paris: A. Houssiaux 1852–1853, S. 30:** Qu'as-tu fait, ah! qu'as-tu fait, ma Julie? tu voulais me récompenser, et tu m'as perdu. Je suis ivre, ou plutôt insensé. Mes sens sont altérés, toutes mes facultés sont troublées par ce baiser mortel. Tu voulais soulager mes maux! Cruelle! tu les aigris. C'est du poison que j'ai cueilli sur tes lèvres; il fermente, il embrase mon sang, il me tue, et ta pitié me fait mourir. O souvenir immortel de cet instant d'illusion, de délire et d'enchantement, jamais, jamais tu ne t'effaceras de mon âme; et tant que les charmes de Julie y seront gravés, tant que ce cœur agité me fournira des sentiments et des soupirs, tu feras le supplice et le bonheur de ma vie!

**S. 41:** Quand les lettres d'Héloïse et d'Abélard tombèrent entre vos mains, vous savez ce que je vous dis de cette lecture et de la conduite du théologien. J'ai toujours plaint Héloïse; elle avait un cœur fait pour aimer: mais Abélard ne m'a jamais paru qu'un misérable digne de son sort, et connaissant aussi peu l'amour que la vertu. Après l'avoir jugé, faudra-t-il que je l'imite? Malheur à quiconque prêche une morale qu'il ne veut pas pratiquer!

**S. 71:** Julie! me voici dans ton cabinet, me voici dans le sanctuaire de tout ce que mon cœur adore. Le flambeau de l'amour guidait mes pas, et j'ai passé sans être aperçu. Lieu charmant, lieu fortuné, qui jadis vis tant réprimer de regards tendres, tant étouffer de soupirs brûlants; toi qui vis naître et mourir mes premiers feux, pour la seconde fois tu les verras couronner; témoin de ma constance immortelle, sois le témoin de mon bonheur, et voile à jamais les plaisirs du plus fidèle et du plus heureux des hommes. Que ce mystérieux séjour est charmant! Tout y flatte et nourrit l'ardeur qui me dévore. O Julie! il est plein de toi, et la flamme de mes désirs s'y répand sur tous tes vestiges: oui, tous mes sens y sont enivrés à la fois. Je ne sais quel parfum presque insensible, plus doux que la rose et plus léger que l'iris, s'exhale ici de toutes parts, j'y crois entendre le son flatteur de ta voix. Toutes les parties de ton habillement éparses présentent à mon ardente imagination celles de toi-même qu'elles recèlent: cette coiffure légère que parent de grands cheveux blonds qu'elle feint de couvrir; cet heureux fichu contre lequel une fois au moins je n'aurai point à murmurer; ce déshabillé élégant et simple qui marque si bien le goût de celle qui le porte; ces mules si mignonnes qu'un pied souple remplit sans peine; ce corps si délié qui touche et embrasse ... quelle taille enchanteresse! ... au-devant deux légers contours ... O spectacle de volupté! ... la baleine a cédé à la force de l'impression ... Empreintes délicieuses, que je vous baise mille fois! Dieux, dieux! que sera-ce quand ... Ah! je crois déjà sentir ce tendre cœur battre sous une heureuse main! Julie! ma charmante Julie! je te vois, je te sens partout, je te respire avec l'air que tu as respiré; tu pénètres toute ma substance: que ton séjour est brûlant et douloureux pour moi! Il est terrible à mon impatience. O viens, vole, ou je suis perdu. Quel bonheur d'avoir trouvé de l'encre et du papier! J'exprime ce que je sens pour en tempérer l'excès; je donne le change à mes transports en les décrivant. Il me semble entendre du bruit; serait-ce ton barbare père? [...] Oh! mourons, ma douce amie! mourons, ma bien-aimée de mon cœur! Que faire désormais d'une jeunesse insipide dont nous avons épuisé toutes les délices?

**S. 112:** Mon ami, l'on peut sans amour avoir les sentiments sublimes d'une âme forte: mais un amour tel que le nôtre l'anime et la soutient tant qu'il brûle; sitôt qu'il s'éteint elle tombe en langueur, et un cœur usé n'est plus propre à rien. Dis-moi, que serions-nous si nous n'aimions plus? Eh? ne vaudrait-il pas mieux cesser d'être que d'exister sans rien sentir, et pourrais-tu te résoudre à traîner sur la terre l'insipide vie d'un homme ordinaire, après avoir goûté tous les transports qui peuvent ravir une âme humaine? [...] Je ne sais si tu retrouveras ailleurs le cœur de Julie; mais je te défie de jamais retrouver auprès d'une autre ce que tu sentis auprès d'elle. L'épuisement de ton âme t'annoncera le sort que je t'ai prédit; la tristesse et l'ennui t'accableront au sein des amusements frivoles; le souvenir de nos premières amours te poursuivra malgré toi; mon image cent fois plus belle que je ne fus jamais, viendra tout à coup te surprendre. A l'instant le voile du dégoût couvrira tous tes plaisirs, et mille regrets amers naîtront dans ton cœur. Mon bien-aimé, mon doux ami, ah! si jamais tu m'oublies ... Hélas! je ne ferai qu'en mourir; mais toi tu vivras vil et malheureux, et je mourrai trop vengée.

**Rousseau, Jean-Jacques:** *Les Confessions.* **Paris: Launette 1889, I, S. 1f.:** Je forme une entreprise qui n'eut jamais d'exemple et dont l'exécution n'aura point d'imitateur. Je veux montrer à mes semblables un homme dans toute la vérité de la nature; et cet homme ce sera moi. Moi seul. Je sens mon cœur et je connais les hommes. Je ne suis fait comme aucun de ceux que j'ai vus; j'ose croire n'être fait comme aucun de ceux qui existent. Si je ne vaux pas mieux, au moins je suis autre. Si la nature a bien ou mal fait de briser le moule dans lequel elle m'a jeté, c'est ce dont on ne peut juger qu'après m'avoir lu. Que la trompette du jugement dernier sonne quand elle voudra; je viendrai, ce livre à la main, me présenter devant le souverain juge. Je dirai hautement: voilà ce que j'ai fait, ce que j'ai pensé, ce que je fus. J'ai dit le bien et le mal avec la même franchise. Je n'ai rien tu de mauvais, rien ajouté de bon, et s'il m'est arrivé d'employer quelque ornement indifférent, ce n'a jamais été que pour remplir un vide occasionné par mon défaut de mémoire; j'ai pu supposer vrai ce que je savais avoir pu l'être, jamais ce que je savais être faux. Je me suis montré tel que je fus, méprisable et vil quand je l'ai été, bon, généreux, sublime, quand je l'ai été: j'ai dévoilé mon intérieur tel que tu l'as vu toi-même. Etre éternel, rassemble autour de moi l'innombrable foule de mes semblables; qu'ils écoutent mes confessions, qu'ils gémissent de mes indignités, qu'ils rougissent de mes misères. Que chacun d'eux découvre à son tour son cœur aux pieds de ton trône avec la même sincérité; et puis qu'un seul te dise, s'il l'ose: *Je fus meilleur que cet homme-là.*

**S. 4:** Je sentis avant de penser: c'est le sort commun de l'humanité. Je l'éprouvai plus qu'un autre. J'ignore ce que je fis jusqu'à cinq ou six ans; je ne sais comment j'appris à lire; je ne me souviens que de mes premières lectures et de leur effet sur moi: c'est le temps d'où je date sans interruption la conscience de moi-même. Ma mère avait laissé des romans. Nous nous mîmes à les lire après souper mon père et moi. Il n'était question d'abord que de m'exercer à la lecture par des livres amusants; mais bientôt l'intérêt devint si vif, que nous lisions tour à tour sans relâche et passions les nuits à cette occupation. Nous ne pouvions jamais quitter qu'à la fin du volume. Quelquefois mon père, entendant le matin les hirondelles, disait tout honteux: allons nous coucher; je suis plus enfant que toi. En peu de temps j'acquis, par cette dangereuse méthode, non seulement une extrême facilité à lire et à m'entendre, mais une intelligence unique à mon âge sur les passions. Je n'avais aucune idée des choses que tous les sentiments m'étaient déjà connus. Je n'avais rien conçu, j'avais tout senti. Ces émotions confuses que j'éprouvais coup sur coup n'altéraient point la raison que je n'avais pas encore; mais elles m'en formèrent une d'une autre trempe, et me donnèrent de la vie humaine des notions bizarres et romanesques, dont l'expérience et la réflexion n'ont jamais bien pu me guérir.

**Rousseau, Jean-Jacques: *Discours sur l'origine et les fondements de l'inégalité parmi les hommes*. In (ders.): *Œuvres complètes*. Bd. III. Edition publiée sous la direction de Bernard Gagnebin et Marcel Raymond avec, pour ce volume, la collaboration de François Bouchardy, Jean-Daniel Candaux, Robert Derathé, Jean Fabre, Jean Starobinski et Sven Stelling-Michaud. Paris: Gallimard 1975, S. 213:** Les Académiciens qui ont parcouru les parties Septentrionales de l'Europe et Méridionales de l'Amérique, avoient plus pour objet de les visiter en Géomètres qu'en Philosophes. Cependant, comme ils étoient à la fois l'un et l'autre, on ne peut pas regarder comme tout à fait inconnues les régions qui ont été vues et décrites par les La Condamine et les Maupertuis. [...] A ces relations près, nous ne connoissons point les Peuples des Indes Orientales, fréquentées uniquement par des Européens plus curieux de remplir leurs bourses que leurs têtes. [..] toute la terre est couverte de Nations dont nous ne connoissons que les noms, et nous nous mêlons de juger le genre- humain! Supposons un Montesquieu, un Buffon, un Diderot, un Duclos, un d'Alembert, un Condillac, ou des hommes de cette trempe voyageant pour instruire leurs compatriotes, observant et décrivant comme ils *savent faire*, la Turquie, l'Egipte, la Barbarie, l'Empire de Maroc, la Guinée, les pays des Caffres, l'intérieur de l'Afrique et ses côtes Orientales [...]: puis dans l'autre Hémisphère le Méxique, le Perou, le Chili, les Terres Magellaniques, sans oublier les Patagons vrais ou faux [...]; supposons que ces nouveaux Hercules, de retour de ces courses mémorables, fissent ensuite à loisir l'Histoire naturelle, Morale et Politique de ce qu'ils auroient *vu*, nous *verrions* nous mêmes sortir un monde nouveau de dessous leur plume, et nous apprendrions ainsi à connoître le nôtre.

**Sade, Donatien Alphonse François de:** *Justine ou les Malheurs de la vertu.* **En Hollande : Chez les Libraires associés. Paris: Girouard 1791, S. 54 f.:** Le troisième me fit monter sur deux chaises écartées, et s'asseyait en dessous, excité par la Dubois placée dans ses jambes, il me fit pencher jusqu'à ce que sa bouche se trouvât perpendiculairement au temple de la nature; vous n'imagineriez pas, madame, ce que ce mortel obscène osa désirer; il me fallut, envie ou non, satisfaire à de légers besoins ... Juste Ciel! quel homme assez dépravé peut goûter un instant le plaisir à de telles choses! ... Je fis ce qu'il voulut, je l'inondai, et ma soumission tout entière obtint de ce vilain homme une ivresse que rien n'eût déterminée sans cette infamie.

**Sade, Donatien Alphonse François de:** *Les 120 Journées de Sodome, ou l'École du libertinage.* **Texte établi par Eugène Dühren. Paris: Club des Bibliophiles 1904, S. 1:** Les guerres considérables que Louis XIV eut à soutenir pendant le cours de son règne, en épuisant les finances de l'Etat et les facultés du peuple, trouvèrent pourtant le secret d'enrichir une énorme quantité de ces sangsues toujours à l'affût des calamités publiques qu'ils font naître au lieu d'apaiser, et cela pour être à même d'en profiter avec plus d'avantage. La fin de ce règne, si sublime d'ailleurs, est peut-être une des époques de l'empire français on l'on vit le plus de ces fortunes obscures qui n'éclatent que par un luxe et des débauches aussi sourdes qu'elles. C'était vers la fin de ce règne et peu avant que le Régent eût essayé, par ce fameux tribunal connu sous le nom de Chambre de justice, de faire rendre gorge à cette multitude de traitants, que quatre d'entre eux imaginèrent la singulière partie de débauche dont nous allons rendre compte. Ce serait à tort que l'on imaginerait que la roture seule s'était occupée de cette maltôte; elle avait à sa tête de très grands seigneurs. Le duc de Blangis et son frère l'évêque de ... qui tous deux y avaient fait des fortunes immenses, sans des preuves incontestables que la noblesse ne négligeait pas plus que les autres les moyens de s'enrichir par cette voie. Ces deux illustres personnages, intimement liés et de plaisirs et d'affaires avec le célèbre Durcet et le président de Curval, furent les premiers qui imaginèrent la débauche dont nous écrivons l'histoire, et l'ayant communiquée à ces deux amis, tous quatre composèrent les acers de ces fameuses orgies.

**Voltaire:** *Dictionnaire philosophique* **[1764]. Tome VI. In:** *Œuvres complètes de Voltaire,* **Tome XXI. Paris: Chez J. Esneaux, Éditeur-Libraire 1822, S. 185 f.:**

Une patrie est un composé de plusieurs familles; et, comme on soutient communément sa famille par amour-propre, lorsqu'on n'a pas un intérêt contraire, on soutient par le même amour-propre sa ville ou son village, qu'on appelle sa patrie. Plus cette patrie devient grande, moins on l'aime, car l'amour partagé s'affaiblit. Il est impossible d'aimer tendrement une famille trop nombreuse qu'on connaît à peine. Celui qui brûle de l'ambition d'être édile, tribun, préteur, consul, dictateur, crie qu'il aime sa patrie, et il n'aime que lui-même. Chacun veut être sûr de pouvoir coucher chez soi sans qu'un autre homme s'arroge le pouvoir de l'envoyer coucher ailleurs; chacun veut être sûr de sa fortune et de sa vie. Tous formant ainsi les mêmes souhaits, il se trouve que l'intérêt particulier devient l'intérêt général: on fait des vœux pour la république quand on ne fait que pour soi-même. Il est impossible qu'il y ait sur la terre un Etat qui ne se soit gouverné d'abord en république: c'est la marche naturelle de la nature humaine. [...] Il reste dans notre Europe huit républiques sans monarques: Venise, la Hollande, la Suisse, Gênes, Lucques, Raguse, Genève et Saint-Marin. On peut regarder la Pologne, la Suède, l'Angleterre comme des républiques sous un roi; mais la Pologne est la seule qui en prenne le nom. [...] Telle est donc la condition humaine, que souhaiter la grandeur de son pays c'est souhaiter du mal à ses voisins. Celui qui voudrait que sa patrie ne fût jamais ni plus grande, ni plus petite, ni plus riche, ni plus pauvre, serait le citoyen de l'univers.

**Voltaire: De Colombo, et de l'Amérique. In (ders.): *Œuvres complètes de Voltaire*. Texte établi par Louis Moland. Bd. 12: Essai sur les mœurs (2). Paris: Garnier 1883, S. 379:** La réponse de Colombo à ces envieux est célèbre. Ils disaient que rien n'était plus facile que ses découvertes. Il leur proposa de faire tenir un œuf debout; et aucun n'ayant pu le faire, il cassa le bout de l'œuf, et le fit tenir: „Cela était bien aisé, dirent les assistants. — Que ne vous en avisiez-vous donc?" répondit Colombo. Ce conte est apporté du Brunelleschi, grand artiste, qui réforma l'architecture à Florence longtemps avant que Colombo existât. La plupart des bons mots sont des redites. La cendre de Colombo ne s'intéresse pas à la gloire qu'il eut pendant sa vie d'avoir doublé pour nous les œuvres de la création; mais les hommes aiment à rendre justice aux morts, soit qu'ils se flattent de l'espérance vaine qu'on la rendra mieux aux vivants, soit qu'ils aiment naturellement la vérité.

**Voltaire: Candide ou l'optimisme. In: *Romans et Contes*. Texte établi sur l'édition de 1775, avec une présentation et des notes par Henri Bénac. Paris: Editions Garnier Frères 1966, S. 137–221, hier S. 137:** Il y avait en Vestphalie, dans le château de monsieur le baron de Thunder-ten-tronckh, un jeune garçon à qui la nature avait donné les mœurs les plus douces. Sa physiognomie annonçait son âme. Il avait le jugement assez droit, avec l'esprit le plus simple; c'est, je crois, pour cette raison qu'on le nommait Candide. Les anciens domestiques de la maison soupçonnaient qu'il était fils de la sœur de monsieur le baron, et d'un bon et honnête gentilhomme du voisinage, que cette demoiselle ne voulut jamais épouser parce qu'il n'avait pu prouver que soixante et onze quartiers, et que le reste de son arbre généalogique avait été perdu par l'injure du temps.

**S. 177 f.:** „Je suis âgé de cent soixante et douze ans, et j'ai appris de feu mon père, écuyer du roi, les étonnantes révolutions du Pérou dont il avait été témoin. Le royaume où nous sommes est l'ancienne patrie des Incas, qui en sortirent très imprudemment pour aller subjuguer une partie du monde et qui furent enfin détruits par les Espagnols. Les princes de leur famille qui restèrent dans leur pays natal furent plus sages; ils ordonnèrent, du consentement de la nation, qu'aucun habitant ne sortirait jamais de notre petit royaume; et c'est ce que nous a conservé notre innocence et notre félicité. Les Espagnols ont eu une connaissance confuse de ce pays, ils l'ont appelé *El Dorado*; et un anglais, nommé le chevalier Raleigh, en amême approché il y a environ cent années; mais, comme nous sommes entourés de rochers inabordables et de précipices, nous avons toujours été jusqu'à présent à l'abri de la rapacité des nations de l'Europe, qui ont une fureur inconcevable pour les cailloux et pour la fange de notre terre, et qui, pour en avoir, nous tueraient tous jusqu'au dernier."

**S. 182:** „Eh! mon Dieu! lui dit Candide en hollandais, que fais-tu là, mon ami, dans l'état horrible où je te vois? – J'attends mon maître, M. Vanderdendur, le fameux négociant, répondit le nègre. – Est-ce M. Vanderdendur, dit Candide, qui t'a traité ainsi? – Oui, monsieur, dit le nègre, c'est l'usage. On nous donne un caleçon de toile pour tout vêtement deux fois l'année. Quand nous travaillons aux sucreries, et que la meule nous attrape le doigt, on nous coupe la main; quand nous voulons nous enfuir, on nous coupe la jambe: je me suis trouvé dans les deux cas. C'est à ce prix que vous mangez du sucre en Europe.

# Bildquellenverzeichnis

# Personenregister